HEHNE · LAPP · ROLL

Handbuch der Kriminalistik

AF900388

Handbuch der Kriminalistik

Kriminaltaktik für Praxis und Ausbildung

Prof. Peter Hehne
Leitender Kriminaldirektor a. D.

Matthias Lapp
Leitender Kriminaldirektor a. D.
Deutsche Hochschule der Polizei, Fachgebiet Kriminalistik – Grundlagen der Kriminalstrategie

Prof. Dr. Holger Roll
Fachhochschule für öffentliche Verwaltung, Polizei und Rechtspflege, Fachbereich Polizei, Güstrow

7., überarbeitete Auflage 2026

BOORBERG

Bibliografische Information der Deutschen Nationalbibliothek | Die Deutsche Nationalbibliothek verzeichnet diese Publikation in der Deutschen Nationalbibliografie; detaillierte bibliografische Daten sind im Internet über www.dnb.de abrufbar.
7. Auflage, 2026

ISBN 978-3-415-07789-8

© 2000 Richard Boorberg Verlag
Das Werk einschließlich aller seiner Teile ist urheberrechtlich geschützt. Jede Verwertung, die nicht ausdrücklich vom Urheberrechtsgesetz zugelassen ist, bedarf der vorherigen Zustimmung des Verlages. Dies gilt insbesondere für Vervielfältigungen, Bearbeitungen, Übersetzungen, Mikroverfilmungen und die Einspeicherung und Verarbeitung in elektronischen Systemen.
Die Nutzung sämtlicher Inhalte für das Text- und Data-Mining ist ausschließlich dem Richard Boorberg Verlag GmbH & Co KG vorbehalten. Der Verlag untersagt eine Vervielfältigung gemäß § 44b Abs. 2 UrhG ausdrücklich.
Anfragen gemäß EU-Verordnung über die allgemeine Produktsicherheit (EU) 2023/988 (General Product Safety Regulation – GPSR) richten Sie bitte an:
Richard Boorberg Verlag GmbH & Co KG, Produktsicherheit, Scharrstraße 2, 70563 Stuttgart; E-Mail: produktsicherheit@boorberg.de

Titelfoto: © New Africa – stock.adobe.com
Satz: abavo GmbH, Nebelhornstraße 8, 86807 Buchloe

Druck und Bindung: LAUPP & GÖBEL GmbH, Robert-Bosch-Straße 42, 72810 Gomaringen

Richard Boorberg Verlag GmbH & Co KG | Scharrstraße 2 | 70563 Stuttgart
Stuttgart | München | Hannover | Berlin | Weimar | Dresden
www.boorberg.de

Vorwort zur siebten Auflage

Die siebte Auflage dieses Handbuches wird von einem neuen Autorenteam verantwortet, nachdem die Mitbegründer und langjährigen Herausgeber, Horst Clages und Rolf Ackermann, den „Staffelstab“ in deren Hände übergeben haben.

Im Jahr 2024 starb Rolf Ackermann im Alter von 89 Jahren. Mit ihm verlieren wir einen engagierten Streiter für die Wissenschaft Kriminalistik und die fundierte kriminalistische Aus- und Fortbildung, vor allem für polizeiliche Ermittlerinnen und Ermittler. Seinen Rat werden wir vermissen.

Auch die siebte Auflage bleibt dem Konzept und der Tradition des Handbuches treu. Neben der Vermittlung von fachwissenschaftlichen Erkenntnissen und Methodenwissen will es vor allem Handlungsanleitung für die Wahrnehmung kriminalistischer Aufgaben der Verbrechensbekämpfung geben.

Dabei beschränkt sich das Handbuch bewusst auf die Kriminaltaktik. Die anderen Teilgebiete der Kriminalistik sowie rechtliche Fragestellung werden nur in einem unmittelbar notwendigen Umfang behandelt.

Insofern werden durchgängig taktisch-methodische Hinweise gegeben, die sowohl für die Praxis als auch hinsichtlich der dargestellten theoretischen Grundlagen für die Studierenden an den Fachhochschulen von Bedeutung sind.

Die Grundstruktur des Handbuches wurde nicht verändert, Inhalte allerdings aktualisiert. Zudem erfolgte aus Platzgründen eine Abkehr vom akademischen Diskurs.

Auch die mit der sechsten Auflage angedeutete Entwicklung einer eigenen kriminalistischen Teildisziplin „Digitale Ermittlungsmethodik“ wurde verworfen. Die Autoren sind der Auffassung, dass trotz der Besonderheiten digitale Ermittlungen nicht neben den anderen Teildisziplinen stehen, sondern in diesen aufgehen, vor allem in der Speziellen Kriminalistik, der Kriminaltaktik, der Kriminaltechnik und der Kriminalstrategie.

Die Verfasser bedanken sich für das rege Interesse von Studierenden, Lehrenden und Anwendern der kriminalistischen Praxis und nehmen Vorschläge zur weiteren Vervollkommnung dieses Werkes gern entgegen.

Alperstedt, Weilrod, Hohen Demzin

Die Verfasser

Oktober 2025

Vorwort zur ersten Auflage

Mit dem vorliegenden Handbuch der Kriminalistik wird konzeptionell das Ziel verfolgt, neben der Vermittlung von fachwissenschaftlichen Erkenntnissen und Methodenwissen vor allem Handlungsanleitungen für die Wahrnehmung kriminalistischer Aufgaben der Verbrechensbekämpfung zu geben. Der Inhalt des Handbuches umfasst Anleitungen zur Beweissicherung, Aufgaben und Maßnahmen der Fallbearbeitung, beschreibt mögliche kriminalistische Arbeitsweisen, Mittel und Verfahren zur Täterermittlung und die umfassende Beweisführung im Strafverfahren. Der Schwerpunkt der einzelnen Kapitel liegt folglich im allgemeinen kriminaltaktischen Bereich. Ihrem Charakter nach ist der Inhalt der jeweiligen Kapitel als kriminaltaktisches Handlungsmuster zu verstehen. Dem Konzept folgend, werden durchgängig taktisch-methodische Hinweise gegeben, die sowohl für den Praktiker als auch bezüglich der dargestellten theoretischen Grundlagen für die Studenten an den Fachhochschulen von Bedeutung sind.

Soweit in den einzelnen Kapiteln Rechtsprobleme angesprochen sind, beschränken sich die Abhandlungen auf das für Praxis und Ausbildung notwendige Maß. Das Werk stellt damit eine anwendungsbezogene Verbindung zwischen Theorie und Praxis der Verbrechensbekämpfung her. Der Hinweis auf jeweils weiterführende Literatur zu den einzelnen Kapiteln soll es dem Leser ermöglichen, seine Kenntnisse nach seinen besonderen fachlichen Bedürfnissen zu erweitern und zu vertiefen.

Auf die Darstellung kriminalistischer Maßnahmen der Verfolgung und Aufklärung spezieller Kriminalitätsfelder wurde verzichtet, da dieses den Charakter eines Handbuches allein wegen deren Spezifika gesprengt hätte.

Erstmalig wurden in einem kriminalistischen Grundwerk auch Themen aufgenommen, die bisher in der allgemeinen Literatur zur Kriminalistik in der Bundesrepublik Deutschland noch keinen oder wenig Eingang gefunden hatten, wie beispielsweise die kriminalistische Versionsbildung, die hinlänglich als Hypothesenbildung bekannt ist und die darauf aufbauende Planung der kriminalistischen Untersuchung, die sich auf die gezielte deliktspezifische Planung im Ermittlungsverfahren und nicht schlechthin auf polizeiliche Planungsprozesse konzentriert. Von Bedeutung sind sicher auch Kapitel wie die grafische Darstellung von Bewegungsabläufen und die Ausführungen zum „Subjektiven Porträt“, die das allgemein als „Phantombild“ bezeichnete Hilfsmittel zur Täterermittlung nicht in erster Linie als technisches Problem, sondern als Produkt der Wiedergabe von subjektiv Wahrgenommenem kennzeichnen.

Bedauerlicherweise leidet die Kriminalistik im polizeilichen Denken fortschreitend unter der fatalen Vorstellung, jedes Tätigwerden bei der Straftatenbekämpfung als schlichtes polizeiliches Handeln verstehen zu wollen, das auch von jedem Polizeivollzugsbeamten ohne Weiteres beherrschbar sei.

Die Verfasser legen Wert auf die Feststellung, dass die kriminalpolizeiliche Vorgangsbearbeitung neben dem eingriffsrechtlich gesicherten Einsatz die Anwendung spezieller kriminalistischer Methoden, die Kenntnis über deliktspezifische Begehungsweisen und über typisches Täterhandeln und kriminalistisches Erfahrungswissen verlangt. Diese Feststellung hat keineswegs nur Gültigkeit für die Kriminalpolizei, sondern auch gleichermaßen für die Schutzpolizei. Insoweit richtet sich das Handbuch der Kriminalistik an alle Polizeivollzugsbeamten, die in der Verbrechensbekämpfung tätig sind und im Besonderen auch an Studenten in der Fachhochschulausbildung der Polizei.

Basdorf, Bad Honnef, Güstrow

Januar 2000

Die Verfasser

Gesamtinhaltsverzeichnis

Abkürzungsverzeichnis

3 D	dreidimensional
a. a. O.	am angegebenen Ort
Abb.	Abbildung
Abs.	Absatz
Abschn.	Abschnitt
AFIS	Automatisches Fingerabdruckidentifizierungssystem
AG	Arbeitsgruppe, Arbeitsgemeinschaft, Aktiengesellschaft
Alt.	Alternative
Anl./Anlg.	Anlage
AO	Anordnung
App	Application
APT	Advanced Persistent Threat
Art.	Artikel
AsylVfG	Asylverfahrensgesetz
ATOS	Anleitung Tatortarbeit Spuren
ATRG	Gesetz über das Ausländerzentralregister
AufenthG	Aufenthaltsgesetz
Aufl.	Auflage
AusführG	Ausführungsgesetz
Ausg.	Ausgabe
AV	Allgemeine Verfügung
AZ	Aktenzeichen
AZR	Ausländerzentralregister
BA	Bachelor of Arts
BAnz.	Bundesanzeiger
BAO	Besondere Aufbauorganisation
Bd.	Band
bearb.	bearbeitet
Beschl.	Beschluss
betr.	betrifft
BGB	Bürgerliches Gesetzbuch
BGBl.	Bundesgesetzblatt
BGH	Bundesgerichtshof

BGHSt.	Bundesgerichtshof in Strafsachen
BIM	Building Information Modeling
BKA	Bundeskriminalamt
BKAG	Bundeskriminalamtgesetz
BKBl.	Bundeskriminalblatt
BMJ	Bundesministerium für Justiz
BoD	Books on Demand
BOS	Behörden und Organisationen mit Sicherheitsaufgaben
BPolG	Bundespolizeigesetz
BRD	Bundesrepublik Deutschland
BT	Bundestag
BtM/BTM	Betäubungsmittel
BtMG	Betäubungsmittelgesetz
Buchst.	Buchstabe
BVerfG	Bundesverfassungsgericht
BVerfGE	Amtliche Sammlung der Entscheidungen des Bundesverfassungsgerichtes
BWV	Berliner Wissenschaftsverlag
BZR	Bundeszentralregister
bzw.	beziehungsweise
C	Celsius
ca.	cirka
CaaS	Cybercrime as a Service
CD	Compact Disc
d.A.	der Autor
d.h.	das heißt
d.V.	der Vorschrift
DAD	DNA-Analysedatei
DDR	Deutsche Demokratische Republik
DGfK	Deutsche Gesellschaft für Kriminalistik e.V.
DHPol	Deutsche Hochschule der Polizei
DNA	Deoxyribonucleic acid
DNS	Desoxyribonukleinsäure
DP	Deutsche Polizei
DVP	Deutsche Volkspolizei
EASy	Ermittlungs- und Analyseunterstützendes EDV-System

ebd.	ebenda
ED	Erkennungsdienst
ed	erkennungsdienstlich
EDV	Elektronische Datenverarbeitung
Einl.	Einleitung
EGMR	Europäischer Gerichtshof für Menschenrechte
EMA	Einwohnermeldeamt
EO	Ereignisort
Erl.	Erlass
erw.	erweitert
et al.	und andere
etc.	et cetera
ETK	Einsatztrupp zur Kriminalitätsbekämpfung
EU	Europäische Union
EuGRZ	Europäische Grundrechte Zeitschrift
EURODAC-VO	EU Verordnung Nr. 603/2013 vom 26.6.2013
Europol	Europäisches Polizeiamt
evtl.	eventuell
EXTRAPOL	Extranet der Polizei
Fa.	Firma
ff.	fortfolgende
FH	Fachhochschule
FlugDA	Fluggastdatengesetz
FN	Fußnote
FoS	Field of Science and Technology
FS	Fernschreiben
gem.	gemäß
GemRdErl.	Gemeinsamer Runderlass
GemRLInanspVPers	Gemeinsame Richtlinie über die Inanspruchnahme von Informanten sowie über den Einsatz von V-Personen
GES	Gesichtserkennungssystem
GG	Grundgesetz
ggf.	gegebenenfalls
GIS	Geografisches Informationssystem
GmbH	Gesellschaft mit beschränkter Haftung
GMBl.	Gemeinsames Ministerialblatt
GPS	Global Positioning System

GVG	Gerichtsverfassungsgesetz
GZR	Gewerbezentralregister
HPolBB	Hochschule der Polizei Brandenburg
HRRS	Heinrichs, Rechtswissenschaftliche Rundschau und Studien
Hrsg.	Herausgeber
ICE	Intercity Express
i.d.	in der
i.d.F.	in der Fassung
i.d.R.	in der Regel
i.e.S.	im engeren Sinne
IMEI	International Mobile Equipment Identity
IMK	Konferenz der Innenminister von Bund und Ländern
IMSI	International Mobile Subscriber Identity
INPOL	Informationssystem der Deutschen Polizei
INTERPOL	Internationale Polizeiorganisation
IP	Internet Protocol
IRG	Gesetz über internationale Rechtshilfe in Strafsachen
IT	Information Technology/Informationstechnik
IuK	Informations- und Kommunikationstechnik
i.w.S.	im weiteren Sinne
JGG	Jugendgerichtsgesetz
JuMi	Justizminister
JVA	Justizvollzugsanstalt
KAN	Kriminalaktennachweis
Kap.	Kapitel
KBA	Kraftfahrzeugbundesamt
KCanG	Konsumcannabisgesetz
KFA	Kriminalistische Fallanalyse
Kfz.	Kraftfahrzeug
Kg	Kilogramm
KI	Künstliche Intelligenz
KKF	Kriminalistisch-kriminologische Fallanalyse
kl.	klein
km	Kilometer
KP	Kriminalpolizei
KpS	Kriminalpolizeiliche Sammlung
KUP	Kriminalistische Untersuchungsplanung

lat.	lateinisch
LF	Leitfaden
LG	Landesgericht
LKA	Landeskriminalamt
LKÄ	Landeskriminalämter
LKW	Lastkraftwagen
m	Meter
MA	Master of Arts
max.	maximal
MBl	Ministerialblatt
MedCanG	Madizincannabisgesetz
MEK	Mobiles Einsatzkommando
MI	Ministerium des Innern
Mistra	Mitteilung in Strafsachen
MJ	Ministerium der Justiz
Nds.	Niedersachsen
neub.	neu bearbeitet
NfD	Nur für den Dienstgebrauch
NJW	Neue Juristische Wochenschrift
NoeP	nicht offen ermittelnder Polizeibeamter
Nr.	Nummer
NStZ	Neue Zeitschrift für Strafrecht
NSU	Nationalsozialistischer Untergrund
NW	Nordrhein-Westfalen
NRW	Nordrhein-Westfalen
NWR	Nationales Waffenregister
o.	oder
o. a.	oben angeführt
o. Ä.	oder Ähnliches
obj.	objektiv
OECD	Organization for Economic Co-operation and Development
OEG	Opferentschädigungsgesetz
o. g.	oben genannten
OFA	Operative Fallanalyse
OK	Organisierte Kriminalität
OLG	Oberlandesgericht
OSINT	Open Source Intelligence

OVG	Oberverwaltungsgericht
OWiG	Ordnungswidrigkeitengesetz
PassG	Passgesetz
PAuswG	Personalausweisgesetz
PB	Polizeiliche Beobachtung
PC	Personalcomputer
PCR	Polymerase Chain Reaction
PDV	Polizeiliche Dienstvorschrift
PFA	Polizeiliche Führungsakademie
Pkt.	Punkt
PKW	Personenkraftwagen
PolG	Polizeigesetz
PolUVfRdErl	Polizei-Umfangsverfahrensrunderlass
PP	Polizeipräsidium
PrümVtrAG	Ausführungsgesetz zur Prümer Vertrag und zum Ratsbeschluss Prüm
RA	Rechtsanwalt
Rae.	Rechtsanwälte
Rdnr.	Randnummer
rechtl.	rechtlich
RiStBV	Richtlinien über das Straf- und Bußgeldverfahren
RIVASt	Richtlinien für den Verkehr mit dem Ausland in strafrechtlichen Angelegenheiten
RN/Rn	Randnummer
RUB	Ruhr-Universität-Bochum
RÜ	Rechtsprechungsübersicht
RZ	Randziffer
S.	Seite
s.	siehe
SchlHA	Schleswig Holsteinische Anzeigen
SDÜ	Schengener Durchführungsübereinkommen
SEK	Spezialeinsatzkommando
SHB	Steinbeiß-Hochschule-Berlin
SIM	Subscriber Identity Module
SIS	Schengener Informationssystem
SMS	Short Message Service
s. o.	siehe oben
sog.	sogenannte

Soko	Sonderkommission
StA	Staatsanwaltschaft
StGB	Strafgesetzbuch
StPO	Strafprozessordnung
StR	Revisionssachen beim Bundesgerichtshof
STR	Short Tandem Repeat
StV	Zeitschrift Strafverteidiger
StVO	Straßenverkehrsordnung
StVollzG	Strafvollzugsgesetz
subj.	subjektiv
Tgbnr./Tgb.-Nr.	Tagebuchnummer
TKÜ	Telekommunikationsüberwachung
TOA	Tatortarbeit
TV	Television
u.	und
u. a.	und andere
u. ä.	und ähnliche
u. Ä.	und Ähnliches
u. a. m.	und anderes mehr
überarb.	überarbeitet
Univ. Habil.-Schr.	Universität Habilitationsschrift
USB	Universal Serial Bus
usw.	und so weiter
u. U.	unter Umständen
UV	ultraviolett
u. v. a.	und vieles anderes
VE	Verdeckter Ermittler
VE ME PolG	Vorentwurf zur Änderung des Musterentwurfs eines einheitlichen Polizeigesetzes des Bundes und der Länder
VEB	Volkseigener Betrieb
veröffentl.	veröffentlicht
VERMI/UTOT	Vermisste/unbekannte Tote
VDP	Verlag Deutsche Polizei
VG	Verwaltungsgericht
vgl.	vergleiche
ViCLAS	Violent Crime Linkage Analysis System
Vorbem.	Vorbemerkung

V-Personen	Vertrauenspersonen
VP	Vertrauensperson
VS	Verschlusssache
VZR	Verkehrszentralregister
WEZ	Wiedererkennungszeuge
WLAN	Wireless Local Area Network
www.	world wide web
z. B.	zum Beispiel
ZEG	Zivile Einsatztruppe
ZEVIS	Zentrales Verkehrs-Informationssystem
ZFA	Zollfahndungsamt
ZFR	Zentrales Fahrzeugregister
Ziff.	Ziffer
ZKA	Zollkriminalamt
ZollVG	Zollverwaltungsgesetz
ZRP	Zeitschrift für Rechtspolitik
z. T.	zum Teil
zugl.	zugleich
ZW	Zusammenwirken

Literaturverzeichnis

Ackermann, R.: Kriminalistische Fallanalyse. Lehr- und Studienbriefe Kriminalistik/Kriminologie. Band 13, Verlag Deutsche Polizeiliteratur, Hilden 2010

Ackermann, R.: Unverdientes Schattendasein der Kriminalistik in Deutschland. In: der kriminalist 12/2009–1/2010

Ackermann, R.: Zusammenhang von kriminalistischer Hypothesen- und Versionsbildung und Fallanalyse. In: Kriminalistik, 7–10/2005

Ackermann, R.: Zur Funktion und den Aufgaben der Kriminalistik. In: Kriminalistik 5–6/2002

Ackermann, R.; Clages, H.; Roll, H.: Handbuch für Kriminalistik. 6. Auflage, Boorberg Verlag, Stuttgart 2022

Ackermann, R.; Koristka, Ch.; Leonhardt, R.; Nisse, R.; Wirth, I.: Zum Stellenwert der Kriminalistik – Kriminalistik als Wissenschaft im System der Kriminalwissenschaften. Sonderdruck Kriminalistik 2000

Adler, F.; Hermanutz, M.: Strukturiert vernehmen mit Vernehmungskarten. In: Kriminalistik 5/2013

Anuschat, E.: Die Gedankenarbeit des Kriminalisten – Kriminalistische Schlussfolgerungskunst und ihre Grenzen. S. Gerstmanns Verlag, Berlin W 10, 1921

Anwaltspraxis Neuregelung des Einsatzes verdeckter Ermittler. Fundstelle: https://anwaltspraxis-magazin.de/schlagzeilen/2024/06/12/neuregelung-des-einsatzes-verdeckter-ermittler/, abgerufen am: 12.05.2025

Artkämper, H.: Qualitätsstandards bei Lichtbildvorlagen und Identifizierungsgegenüberstellungen. In: Die Kriminalpolizei 2009 Fundstelle: http://www.kriminalpolizei.de/ausgaben/2009/juni/detailansicht-juni/artikel/qualitaetsstandards-bei-lichtbildvorlagen-und-identifizierungs gegenueberstellungen.html, abgerufen am 30.11.2020

Artkämper, H.: Polizeiliche Vernehmungen. In: Kriminalistik 8–9/1998a

Artkämper, H.: Belehrungsproblematik und Verwertbarkeit. In: Polizeiheute 1/1998b

Artkämper, H.: Fehlerquellen in der Beschuldigtenvernehmung. In: Kriminalistik 6–7/1996

Artkämper, H.; Floren, T.; Schilling; K.: Vernehmungen: Taktik, Psychologie, Recht. Verlag Deutsche Polizeiliteratur, Hilden 2021; ProQuest Ebook Central, https://ebookcentral.proquest.com/lib/fh-guestrow/reader.action?docID=6639042&query=Artk%26auml%3Bmper&ppg=443, abgerufen am 23.11.2024

Artkämper, H.; Floren, T; Schilling, K.; Keller, C.; Metzger, P.; May. L.: Vernehmungen: Taktik – Psychologie – Recht, 7. Auflage, Verlag Deutsche Polizeiliteratur, Hilden 2025

Bachhiesl, Ch.; Bachhiesl, S.; Leitner, J. (Hrsg.): Kriminologische Entwicklungslinien, LIT Verlag, Wien 2014

Becker; J.: Was ist ein Super-Recognizer? In: Anwaltspraxis Magazin; 19.12.2023; https://anwaltspraxis-magazin.de/fachbeitraege/strafrecht/2023/12/19/wie-super-sind-super-recognizer/, abgerufen am 24.11.2024

Belitz, L.: Verteidigungsstrategien und Vernehmungsstrategien aus kriminalistisch-philosophischer Sicht. In: Wissenschaftliche Zeitschrift der Humboldt-Universität zu Berlin, Reihe Geistes- und Sozialwissenschaften 40/1991

Belitz, L.; Rüffler, U.: Kriminalistische Psychologie. In: Clages, H./Ackermann, R. (Hrsg.) Der rote Faden, 15. Auflage, Verlag C. F. Müller, Heidelberg 2023

Bender, R.; Wartemann, F.: Vernehmung. In: Kube, E./Störzer, H. U./Timm, K. J.: Kriminalistik, Band 1, Boorberg Verlag, Stuttgart 1992

Benfer, J.: Eingriffsrechte. Verlag C. H. Beck, München 1997

Berresheim, A.; Capellmann, M.: Personen mit und ohne Aussagewiderstand. In: Kriminalistik 2/2013

Berresheim, A.; Weber, A.: Die strukturierte Zeugenvernehmung und ihre Wirksamkeit. In: Kriminalistik 12/2003

Berthel, R.: Erster Masterstudiengang „Kriminalistik“ in Brandenburg gestartet. In: Kriminalistik 10/2020a

Berthel, R.: Kriminalistik studieren in Deutschland – eine widersprüchliche Geschichte. In: der kriminalist 7–8/2020b und 9/2020c

Berthel, R.; Lapp, M.: Kriminalstrategie: Konzepte der Verbrechensbekämpfung. 2. Auflage, Verlag C. F. Müller, Heidelberg 2024

Berthel, R.; Schröder, D.: Kriminologie und Kriminalistik im System der Kriminalwissenschaften. In: Berthel, R. et al.: Lehr- und Studienbriefe Kriminalistik/Kriminologie, Band 1, 2. Aufl., Verlag Deutsche Polizeiliteratur, Hilden 2006

Bertram, P./Beyer, W.: Durchsuchung und Beschlagnahme. Fachbuchreihe Kriminalistik, 3. Auflage 1984, Ministerium des Innern der DDR, Publikationsabteilung

Birkenstock, W.; Hauff, M.; Neidhardt, K.: Der Masterstudiengang „Master of Public Administration – Police Management“ und die Entwicklung der PFA zur Deutschen Hochschule der Polizei. In: Die Polizei 2005 96(5)

Borsdorff, A.: Schleierfahndung. In: M. Möllers (Hrsg.), Wörterbuch der Polizei (3. Aufl.). C.H.Beck München 2018.

Brainscape: Methoden der kriminalistischen Erkenntnisgewinnung Flashcards; https://www.brainscape.com/flashcards/4-methoden-der-kriminalistischen-erkennt-6440492/packs/10092256, abgerufen am 09.04.2025

Breker, R.: Virtuelle Realität: Aufbruch in eine neue Wirklichkeit. In: Kriminalistik 1/2019

Brisach, C.-E.: Planung der Kriminalitätskontrolle. Boorberg Verlag, Stuttgart 2001

Brodag, W.-D.: Kriminalistik. 8. Auflage, Boorberg Verlag, Stuttgart 2001

Büchler, H.; Lohmeyer, A.: Leitfaden Sonderkommissionen. Bundeskriminalamt, Wiesbaden 1997

Büchler, H.; Schielke, H.: Effektivität und Effizienz kriminalpolizeilicher Organisationsformen auf Zeit. In: Forschungsreihe Nr. 31, Bundeskriminalamt 1994

Büchner, D.: Nach der Flut … In: Kriminalistik 2/2022

Bundesamt für Sicherheit in der Informationstechnik: Advanced Persistent Threat. https://www.bsi.bund.de/DE/Themen/Unternehmen-und-Organisationen/Informationen-und-Empfehlungen/Empfehlungen-nach-Gefaehrdungen/APT/apt_node.html, abgerufen am 12.05.2025

Bundesamt für Sicherheit in der Informationstechnik: Darknet und Deep Web – wir bringen Licht ins Dunkle. Fundstelle: https://www.bsi.bund.de/DE/Themen/Verbraucherinnen-und-Verbraucher/Informationen-und-Empfehlungen/Darknet-und-Deep-Web/darknet-und-deep-web_node.html, abgerufen am 12.05.2025

Bundesamt für Verfassungsschutz: Hacktivismus. Bundeskriminalamt Wiesbaden, Fundstelle: https://www.verfassungsschutz.de/SharedDocs/glossareintraege/DE/H/hacktivismus.html, abgerufen am 12.05.2025

Bundeskriminalamt: Abteilung „Cybercrime" (CC). Bundeskriminalamt Wiesbaden, Fundstelle: https://www.bka.de/DE/DasBKA/OrganisationAufbau/Fachabteilungen/Cybercrime/cybercrime_node.html, abgerufen am 12.05.2025

Bundeskriminalamt: ATOS (Anleitung Tatortarbeit Spuren), „bundeseinheitliche Richtlinie für Praxis und Lehre zur Optimierung der Suche und Sicherung von Spuren, herausgegeben von der Projektgruppe „Anleitung Tatortarbeit – Spuren" der Kommission Kriminalwissenschaft und -technik/Erkennungsdienst der Arbeitsgemeinschaft Kriminalpolizei (AG Kripo) und veröffentlicht im polizeilichen Extranet. Fundstelle: Extrapol

Bundeskriminalamt: Beilage zum Bundeskriminalblatt Nr. 136/94. Bundeskriminalamt Wiesbaden

Bundeskriminalamt: BKA-Erkennungsdienst. Bundeskriminalamt Wiesbaden, Fundstelle https://www.bka.de/DE/UnsereAufgaben/Ermittlungsunterstuetzung/Erkennungsdienst/erkennungsdienst_node.html#doc19616bodyText4, abgerufen am 24.11.2024

Bundeskriminalamt: Cybergrooming. Bundeskriminalamt Wiesbaden, Fundstelle: https://www.bka.de/DE/UnsereAufgaben/Aufgabenbereiche/Zentralstellen/Kinderpornografie/Cybergrooming/Cybergrooming_node.html, abgerufen am 12.05.2025

Bundeskriminalamt: Quellen TKÜ und Online-Durchsuchung. https://www.bka.de/DE/UnsereAufgaben/Ermittlungsunterstuetzung/Technologien/QuellentkueOnlinedurchsuchung/quellentkueOnlinedurchsuchung_node.html, abgerufen am 12.05.2025

Bundeskriminalamt: Bundeskriminalblatt Sonderausgabe: ED-Behandlung von Beschuldigten wegen des Tatverdachts des sexuellen Missbrauchs von Kindern. Ausschreibung der BKA Wiesbaden, Bundeskriminalblatt Nr. 160/2002

Bundeskriminalamt: Das BKA und seine Gründungsgeneration in der frühen Bundesrepublik. Verlag Luchterhand 2012

Bundeskriminalamt: Der Nationalsozialismus und die Geschichte des BKA – Spurensuche in eigener Sache. Sonderband Polizei und Forschung, Verlag Luchterhand 2011

Bundeskriminalamt: Methodik der Operativen Fallanalyse (OFA). vom 09. Juni 2010, Bundeskriminalamt Wiesbaden 2016

Bundeskriminalamt: Mitteilung des Bundeskriminalamtes (BKA) über die Einrichtung einer neuen Abteilung Cybercrimebekämpfung (CC) am 01.04.2020. In: der kriminalist, 5/2020

Bundeskriminalamt: Qualitätsstandards der Fallanalyse für die Polizeien des Bundes und der Länder. Bundeskriminalamt Wiesbaden 2010

Burghard, W.; Hamacher, H.-W et al.: Kriminalistik Lexikon. Grundlagen Kriminalistik Bd. 20, 3. Aufl., Kriminalistik Verlag, Heidelberg 1996

Burghard, W.; Hamacher, H.-W. (Hrsg.): Organisierte Kriminalität, Betäubungsmittelkriminalität. Lehr- und Studienbriefe Kriminalistik, Heft 7, Verlag Deutsche Polizeiliteratur, Hilden 1990a

Burghard, W.; Hamacher, H.-W. (Hrsg.): Verdächtigenermittlung/Fahndung. Lehr- und Studienbriefe Kriminalistik, Heft 9, 1. Aufl., Verlag Deutsche Polizeiliteratur, Hilden 1990b

Büring, A.: Die geistige und praktische Tatrekonstruktion im Lichte der kriminalistischen Denklehre. Boorberg Verlag, Stuttgart 1992

Busam, G.: Das Geständnis im Strafverfahren, Schmidt-Römhild Verlag 1983

Clages, H.: Erster Angriff. In: Clages, H.; Ackermann, R.; Gundlach, T. E. (Hrsg.): Der rote Faden – Grundsätze der Kriminalpraxis, 15. Aufl., Verlag C. F. Müller, Heidelberg 2023

Clages, H.: Lehrbuch für Ausbildung und Praxis. 3. Aufl., Richard Boorberg Verlag, Stuttgart 1997

Clages, H.: Klausurenband Kriminalistik – Methodik und Technik der Fallbearbeitung. Kriminalistik Verlag Heidelberg 1989

Clages, H.; Ackermann, R. (Hrsg.): Der rote Faden – Grundsätze der Kriminalpraxis. 14. Aufl., Verlag C. F. Müller, Heidelberg 2019

Clages, H.; Ackermann, R.; Gundlach T. E. (Hrsg.): Der rote Faden – Grundsätze der Kriminalpraxis. 15. Aufl., Verlag C. F. Müller, Heidelberg 2023

Clas, H.: Identifizierung durch Ohrabdruckspuren. In: Kriminalistik 6/2014

Clas, H.: Identifizierung durch Ohrabdruckspuren. In: Kriminalistik 3/2011

Dallmeyer, J.: Strafgesetzbuch. von Heintschel-Heinegg, B.; Kudlich, H. (Hrsg.), 4. Auflage, C. H. Beck München 2024, Fundstelle: Beck-Online; https://beck-online.beck.de/Dokument?vpath=bibdata%2Fkomm%2Fbeckokstgb_63%2Fstgb%2Fcont%2Fbeckokstgb.stgb.p258.htm&anchor=Y-400-W-BECKOK-G-STGB-P-258, abgerufen am 25.01.2025

de Vries, H.: Der DNA-Beweis in der Krise. In: Kriminalistik 11/2013a

Dellwo, V.; Hove, I.; Leemann, A.; Kolly, M.-J.: Verbrecherjagd mit gesprochener Stimme. In: Kriminalistik, Heft 2/2014

Dern, H.: Bewertung inkriminierter Schreiben. In: Kriminalistik 5/2006

Descartes, R.: Abhandlung über die Methode, richtig zu denken und Wahrheit in den Wissenschaften zu suchen, Erstdruck 1637 Leiden; Neuausgabe mit einer Biographie des Autors, Herausgegeben von Karl-Maria Guth, Hoffenberg Sonderausgabe, Berlin 2016, S. 13–14

Deutscher Bundestag: Drucksache 18/11277, S. 13, Gesetzentwurf der Bundesregierung, Entwurf eines Gesetzes zur effektiveren und praxistauglicheren Ausgestaltung des Strafverfahrens, 2017, Fundstelle: https://dserver.bundestag.de/btd/18/112/1811277.pdf. abgerufen am 26.09.2025

Deutscher Bundestag: Drucksache 18/9534 vom 05.09.2016; der Gesetzentwurf der Bundesregierung, Entwurf eines Zweiten Gesetzes zur Stärkung der Verfahrensrechte von Beschuldigten im Strafverfahren und zur Änderung des Schöffenrechts, Fundstelle: https://dip21.bundestag.de/dip21/btd/18/095/1809534.pdf, abgerufen am 30.11.2020

Deutscher Bundestag: Drucksache 17/14600 vom 22.08.2013, Beschlussempfehlung und Bericht des 2. Untersuchungsausschusses nach Artikel 44 des Grundgesetzes*, (Bericht des NSU-Untersuchungsausschusses) vom 22.08.2013. BT-Drs. 17/17/14600.

Diemer, H.; Schatz, H.; Sonnen, B.-R.: Jugendgerichtsgesetz. 8. neu bearbeitete Auflage, Verlag C.F. Müller, Heidelberg 2020

Dombek, E.M.: Die „erweiterte DNA-Analyse" im Strafprozessrecht – §§ 81e und 81f StPO de lege ferenda. Masterarbeit am Institut für Kriminalistik der Steinbeis Hochschule Berlin, 2019

Dowling, C.; Gundlach, T.: Der „Verbal Overshadowing"-effekt beim Wiedererkennen von Gesichtern. In: Kriminalistik 5/2012

Drummond, N.: Investigative Interviewing – The PRICE Model in Scotland. *iIIRG BULLETIN, 1*(1) 2009, 24–32.

Dubielzig, C.; Meinerz, Ch.: Forensische Phonetik (Stimme, Sprache und Audio). In: Clages/Ackermann/Gundlach (Hrsg.), Der rote Faden 15. Auflage Kriminalistik Verlag Heidelberg 2023

Dudenverlag: DUDEN – Duden „Etymologie": Herkunftswörterbuch der deutschen Sprache. (Der Duden in 10 Bänden: das Standardwerk zur deutschen Sprache, Band 7). Dudenverlag Etymologie, Herkunftswörterbuch der deutschen Sprache, 6. Aufl., Dudenverlag, Mannheim 2020

Eggler, M.: Befragung von kindlichen Zeugen. In: Kriminalistik 11/2009

Eisenberg, U.: Visuelle Gegenüberstellung und auditive Gegenüberstellung im Strafverfahren. In: Kriminalistik 7/95

Eisenberg, U.; Kölbel, R.: Jugendgerichtsgesetz. 25. Auflage, C.H. Beck, München 2024; Beck-Online; Fundstelle: https://beck-online.beck.de/Dokument?vpath=bibdata%2Fkomm%2Feisenbergjgg_25%2Fjgg%2Fcont%2Feisenbergjgg.jgg.p1.htm&anchor=Y-400-W-EISENBERGJGG_25-NAME-ID_50, abgerufen am 25.01.2025

Ellebrecht N.; Weber, D.: Risiken erweiterter DNA-Analysen. In: Kriminalistik 1/2020

Engelhardt, J.; Heuschkel, M. L.; Richter, S.; Schiemann, A.; Labudde, D.: Digital-anthropometrischer Ringabgleich als forensisches Instrument zur bildgestützten, biometrischen Personenidentifizierung. In: Kriminalistik 6/2024

Eschelbach, R. Die Erhebung von Zeugenaussagen im Strafprozess, Deckers, R./Köhnken, G. (Hrsg.), 2. Auflage, BWV, Berliner Wissenschaftsverlag, Berlin 2014

Facette: Machen Sie sich ein Bild vom Täter. Fundstelle: http://www.facette.com/index.php?id=1&L=1%27%60%28%5B%252525252525252525252525252525252525252525252525252525252525252525257B%25

25252525252525252525252525252525252525252525252525252525252525252
5252525255E%7E, 2018, abgerufen am 15.10.2025

Feist, H.: Kriminalistik und forensische Wissenschaften, VEB Deutscher Verlag der Wissenschaften, Berlin 1970, Heft 1

Frister, H.: Polizeihandeln im Strafverfahren. In Lisken/Denninger, Handbuch des Polizeirechts (7. Aufl.) (Rn. 48, 49). München: C.H. Beck 2021

Forker, A.: Schnittstellen zwischen Kriminalistik und Kriminologie und ihre kriminalpolitische Wertung, Festschrift anlässlich des 70. Geburtstages von Prof. Dr. Hans-Dieter Schwind. Verlag C.F. Müller Verlag, Heidelberg 2006

Forker, A.: Einführung in die Kriminalistik. In: Kriminalistische Kompetenz, Verlag Schmidt-Römhild, Lübeck 2000

Forker, A.: Zur Rolle und zu den Arten von kriminalistischen Versionen, Ausgewählte Beiträge zur kriminalistischen Untersuchungsplanung. Ministerium des Innern der DDR – Kriminalistisches Institut der DVP, Berlin 1975

Forker, A. (Hrsg.): Folterwerkzeuge und ihre Anwendung 1769 – Constitutio Crmininalis Theresiana, Reprint Verlag Leipzig

Frankl, S.: Personenidentifizierung mittels Mensch und Maschine. In: Kriminalistik 2/2019

Frings, C.: Studienbegleitskript zum Thema Wiedererkennungsverfahren. In: Kriminalistik 5/2010 und 6/2010

Frings, Ch.; Kersting, St.: Wahllichtbildvorlagen – Ein Forschungsprojekt zur Validität. In: Kriminalistik 2/2020

Frings, Ch.; Raabe, F.: Lehr- und Studienbriefe Kriminalistik/Kriminologie, Grundlagen der Kriminaltechnik, Bd. I und II, 2. Aufl., Verlag Deutsche Polizeiliteratur, Hilden 2016, E-Book; Fundstelle: https://ebookcentral.proquest.com/lib/fh-guestrow/reader.action?docID=6311018&query=Kriminaltechnik%2520frings&ppg=58, abgerufen am 17.12.2024

Frister, H.: Vernehmung. In: Lisken, H.; Denninger, E. (Hrsg.): Handbuch Polizei- und Sicherheitsrecht, 7. Auflage, Verlag C.H. Beck München 2021

Füllgrabe, U.: Polizeipsychologie. 3. Auflage, Boorberg Verlag, Stuttgart 1990

Füllkrug, M.: Die strafprozessuale Verwertung von Beschuldigten- und Zeugenvernehmungen. In: Kriminalistik 4/2020

Gercke, B., Temming, D.; Zöller, M. A. (Hrsg.): Strafprozessordnung. 7. Auflage, Verlag C. F. Müller, Heidelberg 2023

Getto, W.: Kriminalistisches Denken und polizeiliche Tatsachenfeststellung. In: Kriminalistik 8–12/1998

Glitza, K.-H.: Observation. 4. Aufl., Boorberg Verlag, Stuttgart 2014

Göschel, H. (Hrsg.): Meyers Universallexikon. 3. Auflage, Bibliographisches Institut Leipzig 1980

Graf, J. P.: StPO § 100a Telekommunikationsüberwachung. In: Graf J. S.: BeckOK, StPO mit RistBV und Mistra, 55. Edition; Fundstelle: https://beck-online.beck.de/?vpath=bibdata%2Fkomm%2FBeckOKStPO_54%2FSTPO%2Fcont%2FBECKOKSTPO%2eSTPO%2eP100A%2ehtm, abgerufen am 12.05.2025

Graf, J. P.: StPO § 100b Online-Durchsuchung. In: Graf, J. P.: BeckOK, StPO mit RistBV und Mistra, 55. Edition; Fundstelle: https://beck-online.beck.de/?vpath=bibdata%2Fkomm%2FBeckOKStPO_54%2FSTPO%2Fcont%2FBECKOKSTPO%2eSTPO%2eP100B%2ehtm, abgerufen am 12.05.2025

Graf, J. P.: StPO § 100e Verfahren bei Maßnahmen nach §§ 100a bis 100c. In: BeckOK, StPO mit RistBV und Mistra, 55. Edition; Fundstelle: https://beck-online.beck.de/?vpath=bibdata%2Fkomm%2FBeckOKStPO_55%2FSTPO%2Fcont%2FBECKOKSTPO%2eSTPO%2eP100E%2ehtm; abgerufen am: 12.05.2025

Groten, M./Schmelz, G.: Die Bedeutung der mitochondrialen DNA-Analyse für das Strafverfahren. In: Kriminalistik, 6/2019

Gruber, G. M.: Identifizierung verschiedener Strukturen (Arterie, Vene, Nerv und Sehne). Universität Wien 2010, Fundstelle: http://www.meduniwien.ac.at/organ-morphologieZ/OM%20I%20Endversionen/Identifizierung%20verschiedener%20Strukturen%20Endversion.pdf, abgerufen am 01.12.2016

Gundlach, T.: Die Kriminalistische Wabenanalyse. In: der kriminalist 1–2, 3–4, 5–6/2025

Gundlach, T.: Die kriminalistische Wabenanalyse. In: H. Artkämper & H. Clages (Hrsg.), Kriminalistik gestern – heute – morgen: Festschrift zum 10-jährigen Bestehen der Deutschen Gesellschaft für Kriminalistik (Schriftenreihe der Deutschen Gesellschaft für Kriminalistik e. V. Band 4), Boorberg Verlag, Stuttgart 2013

Hammersley, R.; Read, D. J.: Das Wiedererkennen von Stimmen. In: Köhnken, G./Sporer, S. L. (Hrsg.): Identifizierung von Tatverdächtigen durch Augenzeugen, Verlag für Angewandte Psychologie, Stuttgart 1990

Hansjakob, T.; Gundlach, Th.; Straub, P.: Kriminalistisches Denken, 12. Aufl., Verlag C.F. Müller, Heidelberg 2024, E-Book; Fundstelle: https://ebookcentral.proquest.com/lib/fh-guestrow/reader.action?docID=7372845&query=gundlach%2520kriminalistisches%2520denken&ppg=2, abgerufen am 17.12.204

Harnisch, S.; Pohlmann, M.: Strafprozessuale Maßnahmen bei Mobilfunkendgeräten. In: HRRS, 5/2009, S. 202–217, Fundstelle: https://www.hrr-strafrecht.de/hrr/archiv/09-05/hrrs-5-09.pdf, abgerufen am 12.05.2025

Hauptmann, W.: Kriminalistik – Ein Torso? In: Kriminalistik 12/1995

Häusermann, P.: Mord in Millionärsfamilie. Fundstelle: http://archiv.rhein-zeitung.de/on/98/06/24/topnews/engelbach.html, abgerufen am 18.11.2016

Hegmann, S.: StPO § 110a Verdeckter Ermittler. In: Graf, J. S.: BeckOK, StPO mit RistBV und Mistra, 55. Edition; Fundstelle: https://beck-online.beck.de/?vpath=bibdata%2Fkomm%2FBeckOKStPO_54%2FSTPO%2Fcont%2FBECKOKSTPO%2eSTPO%2eP110A%2ehtm, abgerufen am: 12.05.2025

Hegmann, S.: StPO § 100c Akustische Überwachung außerhalb von Wohnraum. In: Graf, J. S.: BeckOK, StPO mit RistBV und Mistra, 55. Edition; Fundstelle: https://beck-online.beck.de/?vpath=bibdata%2Fkomm%2FBeckOKStPO_55%2FSTPO%2Fcont%2FBECKOKSTPO%2eSTPO%2eP100F%2ehtm; abgerufen am: 12.05.2025

Hegmann, S.: StPO § 100f Akustische Überwachung außerhalb von Wohnraum. In: Graf, J. S.: BeckOK, StPO mit RistBV und Mistra, 55. Edition; Fundstelle: https://beck-online.beck.de/?vpath=bibdata%2Fkomm%2FBeckOKStPO_55%2FSTPO%2Fcont%2FBECKOKSTPO%2eSTPO%2eP100F%2ehtm; abgerufen am: 12.05.2025

Hegmann, S.: StPO § 100i Technische Ermittlungsmaßnahmen bei Mobilfunkendgeräten. In: Graf, J. S.: BeckOK, StPO mit RistBV und Mistra, 55. Edition; Fundstelle: https://beck-online.beck.de/?vpath=bibdata%2Fkomm%2FBeckOKStPO_54%2FSTPO%2Fcont%2FBECKOKSTPO%2eSTPO%2eP100I%2ehtm, abgerufen am: 12.05.2025

Heid, Ph.: Die Kriminalistik im System der Kriminalwissenschaften. In: Kriminalistik 10/2020

Heinisch, T. A.: Vom Phantombild zur 3D-Tatrekonstruktion mit animierbarem Täter-Avatar mittels des rheinland-pfälzischen Phantombildsystems GEMINUS, unveröffentlichte Transferarbeit, Steinbeis-Hochschule Berlin, Masterstudiengang Kriminalistik 2020

Henrichs, S.: Staatliche Schutzpflichten und Auswirkungen auf Regelungsstandards der präventiv-polizeilichen Wohnraumüberwachung. In: Kriminalistik 11/2005

Henrichs, S., Weingast, K.: StPO § 100a Telekommunikationsüberwachung. In: Barthe, C.; Gericke, J.: Karlsruher Kommentar zur Strafprozessordnung; 9. Auflage 2023, Fundstelle: https://beck-online.beck.de/?vpath=bibdata%2Fkomm%2FKarlsKoStPO_9%2FStPO%2Fcont%2FKarlsKoStPO%2EStPO%2Ep100a%2Ehtm; abgerufen am 12.05.2025

Henrichs, S., Weingast, K.: StPO § 100f Akustische Überwachung außerhalb von Wohnraum. In: Barthe, C.; Gericke, J.: Karlsruher Kommentar zur Strafprozessordnung; 9. Auflage 2023, https://beck-online.beck.de/?vpath=bibdata%2Fkomm%2FKarlsKoStPO_9%2FStPO%2Fcont%2FKarlsKoStPO%2EStPO%2Ep100f%2Ehtm; abgerufen am 12.05.2025

Hermanutz, M.; Adler, F.: Strukturierte Vernehmung mit Vernehmungskarten. In: Kriminalistik, 6/2012

Hermanutz, M.; Adler, F.: Strukturierte Kindervernehmung mit Bildkartenmethode. In: Kriminalistik 11/2009

Hermanutz, M.; Litzke, M.; Kroll, O.: Strukturierte Vernehmung und Glaubhaftigkeit – Leitfaden, Boorberg Verlag, 4. Auflage 2018

Hermanutz, M.; Litzcke, S. M.; Kroll, O.; Adler, F.: Polizeiliche Vernehmung und Glaubhaftigkeit, 2. Auflage, Boorberg Verlag, Stuttgart 2008

Herrle, C.: Anwesenheitsrecht des Verteidigers; Fundstelle: https://ra-herrle.de/2015/07/15/anwesenheitsrecht-vernehmungen-durchsuchungen/, abgerufen am 25.01.2025

Heubrock, D.; Donzelmann, N.: Einsatzkarten zur Vernehmung von Zeugen und von Kindern. Verlag für Polizeiwissenschaft, 2010

Heubrock, D.; Dorn, Ch.; Rodiek, S.; Stadler, M. A.: Die videogestützte Bewegungsanalyse zur Identifizierung maskierter Tatverdächtiger. In: Polizei & Wissenschaft, Verlag für Polizeiwissenschaft, Frankfurt am Main, Ausgabe 1/2007

Heubrock, P.; Palkies, P.: Der Rapport. In: Kriminalistik 11/2008

Hölemann, H.: Brandsimulationsmodelle bei der Brandermittlung. In: Kriminalistik 4/2010

Holzhauer, H.: Kriminalistische Serendipity – Ermittlungserfolge im Spannungsfeld zwischen Berufserfahrung, Gefühlsarbeit und Zufallsentdeckungen. Über die Bedeutung von Serendipity im Rahmen (kriminal)polizeilicher Ermittlungstätigkeit. [Diss. Universität Hamburg]. Universität Hamburg. 2016

Hoppmann, G.: Erweiterte DNA-Untersuchungen. In: Kriminalistik 3/2019

Huberty; S.: Kriminalistische Entscheidungen im Ermittlungsverfahren und ihre Auswirkungen auf das Strafverfahren [Diss. Deutsche Hochschule der Polizei] (Schriftenreihe der Deutschen Hochschule der Polizei, 22). Dt. Hochschule der Polizei – Hochschulverlag, Münster 2024

Hug, M.: Strafprozessuale Aspekte der Tatrekonstruktion. In: Kriminalistik 4/2010

Hunsicker, E.: Strafrechtliche Vermögensabschöpfung und Präventive Gewinnabschöpfung. In: Kriminalistik 11/2018

Huzel, E.: Vorladung. In E. Möllers (Hrsg.) Wörterbuch der Polizei. (3., neu bearb. u. erw. Aufl.). München: C. H. Beck 2018

Jarvers, L.: Open Source Intelligence in Sicherheitsbehörden organisieren. In: Kriminalistik 2/2024 (Teil 1), Heft 3/2024

Jung, W.: Über das Ohr zum Täter. In: Kriminalistik 10/1984

Juraacademy: Verfahrensgrundsätze und Prinzipien im Strafprozess. Fundstelle: https://www.juracademy.de/strafprozessrecht/strafprozess-grundsaetze.html, abgerufen am 17.11.2024

Keller, Ch.: Erkennungsdienstliche Maßnahmen auf der Grundlage von Polizei- und Strafprozessrecht – Teil A. In: Kriminalistik 2/2014, Teil B. In: Kriminalistik 4/2014

Keller, Ch. (Hrsg.): Basislehrbuch Kriminalistik: Strategien und Techniken der Verbrechensaufklärung, 2. Auflage, Verlag Deutsche Polizeiliteratur, Hilden 2024

Keller, Ch. (Hrsg.): Basislehrbuch Kriminalistik, Verlag Deutsche Polizeiliteratur, Hilden 2019

Keller, Ch. (Hrsg.): Verdeckte personale Ermittlungen, Verlag Deutsche Polizeiliteratur, Hilden 2017

Klein, M.; Gammon, L.: Erkennungsdienstliche Behandlung nach § 81b 2. Alt StPO. In: Kriminalistik 3/2019

Kleinschmidt, A.: Die Zulässigkeit der erkennungsdienstlichen Behandlung nach § 81b Alt. 2 StPO. In: Kriminalistik 4/2013

Knäpper, L.; Schröder, D.; Wicke, G.-D.: Nutzung biometrischer Systeme bei der Polizei: Schwerpunkt Gesichtserkennung. In: der kriminalist 12/2004

Köhnemann, S.; Teifel, H.; Kriegsmann, D.; Weichhold, G.; Simon, Th.; Kruger, A.: Das mobile RapidHit ID Analysegerät. In: Kriminalistik 7/2021

Köhnken, G.: Gegenüberstellungen – Fehlerquellen bei der Identifizierung durch Augenzeugen. In: Kriminalistik 4/1993

Köhnken, G.: Fehlerquellen im Gegenüberstellungsverfahren. In: Köhnken, G./Sporer, S. L. (Hrsg.): Identifizierung von Tatverdächtigen durch Augenzeugen, Verlag für angewandte Psychologie Stuttgart 1990a

Köhnken, G.; Sporer, L. (Hrsg.): Identifizierung von Tatverdächtigen durch Augenzeugen. Verlag für angewandte Psychologie, 1. Aufl., Stuttgart 1990b

Kölbel, R.; Walther, E.: Audiovisuelle Vernehmung im Ermittlungsverfahren (Grundlagen Kriminalistik). C. F. Müller Verlag Heidelberg 2024

Kohler, D.; Petzold K.: Auswertung und Analyse 4.0: Das Projekt „Entwicklung Berufsbild Kriminalitätsanalytik“: Teil 2: Projektstruktur und -vorgehen. In: der kriminalist, 52 (1–2) 2020

Kohler, D.; Mahnken, J., Petzold, K.: Auswertung und Analyse 4.0: Das Projekt „Entwicklung Berufsbild Kriminalitätsanalytik“: Teil 3: Das Berufsbild Kriminalitätsanalytik. In: der kriminalist, 53 (1–2) 2021a

Kohler, D.; Mahnken, J., Petzold, K.: Auswertung und Analyse 4.0: Das Projekt „Entwicklung Berufsbild Kriminalitätsanalytik“: Teil 4: Das Berufsbild Kriminalitätsanalytik. In: der kriminalist, 53 (9) 2021b

Kolesnitschenko, A./Matusowskij, G. A.: Zum System der Versionen und der Methodik ihrer Aufstellung, in: Kriminalistik und gerichtliche Expertise, Bd. 7, Kiew 1970, zitiert nach Strauß, E./Ackermann, R., 1989

Krahl, M.: Der Anwendungsbereich der polizeilichen Beobachtung nach § 163e StPO als strafprozessuale Ermittlungsmaßnahme. Fundstelle: https://beck-online.beck.de/Dokument?vpath=bibdata%2Fzeits%2Fnstz%2F1998%2Fcont%2Fnstz.1998.339.1.htm&pos=16; abgerufen am: 14.09.2025

Krauß, M.: Grundsatz der Verhältnismäßigkeit. In: Graf, j. P.: Strafprozessordnung, 53. Edition C. H. Beck München 2024, Beck-Online, Fundstelle: https://beck-online.beck.de/?vpath=bibdata%2Fkomm%2FBeckOKStPO_53%2FSTPO%2Fcont%2FBECKOKSTPO%2eSTPO%2eP112%2eglD%2ehtm, abgerufen am 26.01.2025

Kube, E.; Aprill, R.: Planung der Verbrechensbekämpfung. In: Kriminalistik 6/1995

Kühne, H.-H.: Strafprozessrecht. 9. Auflage, Verlag C. F. Müller, Heidelberg 2015

Küster, D.: Automatisiertes Fingerabdruck-Identifizierungssystem (AFIS), taktisch-betriebliche Anforderungen, Systemkonzept. PFA-Schlussbericht, Arbeitstagung vom 13. 09.–15.09.1993 in Münster

Lackner, K.; Kühl, C.; Heger, M.: Strafgesetzbuch. Kommentar, 30. Auflage, C. H. Beck 2023

Landtag NRW: Gesetzesbegründung DHPolG. Drucksache 13/6258

Lange, H.-J.; Wendekamm, M.: Polizeiwissenschaft als Verwaltungswissenschaft – zur weiteren Entwicklung der Deutschen Hochschule der Polizei (DHPol). In: D. Wehe, H. Siller (Hrsg.), Handbuch Polizeimanagement: Polizeipolitik – Polizeiwissenschaft – Polizeipraxis (2. Aufl.) 2023 (S. 1159–1187). Wiesbaden: Springer Gabler. Fundstelle: https://doi.org/10.1007/978-3-658-34388-0_65, abgerufen am 14.10.2025

Larl, W.: Virtuelle Realität. In: Artkämper, H./Clages, H.: Kriminalistik gestern – heute – morgen, Boorberg Verlag 2013

Leitner, M.; Kocher, M.; Glasner, Ph.: Vorhersage zukünftiger Deliktstatorte und Deliktzeiten: Eine Zusammenfassung ausgewählter Vorhersagemethoden. In: Artkämper/Gundlach/Straub (Hrsg.), Schriftenreihe der DGfK e. V., Kriminalistik – ein aktueller Themenüberblick, Boorberg Verlag 2020

Leonhardt, R.: Zur Feststellung von Wahrnehmbarkeitsbereichen im Rahmen der Zeugenermittlung. In: Kriminalistik und forensische Wissenschaften, Berlin, Heft 55–56/1984

Leonhardt, R.: Die Analyse der Begehungsweise als Grundlage für die Zeugenermittlung. In: Kriminalistik und forensische Wissenschaften, Berlin, Heft 39/1980

Leonhardt, R.: Hauptwege zur Ermittlung des unbekannten Täters im Anfangsstadium einer kriminalistischen Untersuchung. In: Kriminalistik und forensische Wissenschaften, Berlin, Heft 25/1976

Leonhardt, R.; Schurich, F.-R.; Roll, H.: Kriminalistische Tatortarbeit. Kriminalistik Verlag, Heidelberg 1995

LKA M-V: Erkennungsdienstliche Richtlinien des Landes Mecklenburg-Vorpommern (ED-Richtlinie), vom 05. Oktober 2016. LKA Rampe – Dez 52–200.37.01

LKA M-V: Richtlinien für das DNA-Verfahren in Mecklenburg-Vorpommern vom 01.03.2021. Landeskriminalamt Mecklenburg-Vorpommern. LKA M-V Rampe

LKA NRW: Raubüberfälle auf Geldinstitute: Eine phänomenologische Untersuchung. (Stand: 11. Juli 2012). Düsseldorf 2012

Löwe-Rosenberg: Die Strafprozessordnung und das Gerichtsverfassungsgesetz. 2. Band, Hrsg.: Rieß, P.; 28. Neubearbeitete Auflage, Walter De Gruyter, Berlin 2024

Magulski, R.: Fallbeurteilung, Fallbearbeitung und kriminalistisches Denken. Kriminalistik Verlag, Heidelberg 1982

Mahl, I.: Identifizierungsmaßnahmen im Wiedererkennungsverfahren. In: Kriminalistik 4/2023

Mahnken, J.; Rabitz-Suhr, S.: Auswertung und Analyse 4.0: Das Projekt „Entwicklung Berufsbild Kriminalitätsanalytik“: Teil 1: Entstehen und Analyse der Ausgangssituation. In: der kriminalist, 51(12) 2019

Makowski, R.: Entwicklung eines Programms zur Erstellung von Weg-Zeit-Diagrammen, Bachelorarbeit an der Fachhochschule für öffentliche Verwaltung, Polizei und Rechtspflege, Fachbereich Polizei, Güstrow 2018

Makowski, R.; Roll, H.: Entwicklung eines Programms zur Erstellung von Weg-Zeit-Diagrammen. In: Stember, J. (Hrsg.): Zwischen innovativer Polizeiarbeit und neuem Management, Nomos Verlagsgesellschaft Baden-Baden 2020

Märkert, W.: Kommt der „Anwalt der ersten Stunde“? Bundesdeutsche Gesetzesinitiativen im Lichte europäischer Gesetzgebung. In: der kriminalist 4/2020a

Märkert, W.: Audio- oder audiovisuelle Aufzeichnung von Beschuldigten- und Zeugenvernehmungen – ein Misstrauensbeweis oder rechtsstaatliche Notwendigkeit? Teil I, In: der kriminalist 5/2020; Teil II, In: der kriminalist 6/2020b

Marquardt, A.: Was bei Belehrungen zu beachten ist, um Verwertungsverbote zu vermeiden. In: der kriminalist 4/2017

Marquardt, A.; Bettels, K.: Bedeutung der ersten frühen Vernehmung für das Schwurgerichtsverfahren. In: Kriminalistik 6/2019

Mayer, M.: Die erkennungsdienstliche Behandlung gemäß § 81b 2. Alt. StPO. In: Kriminalistik 8–9/2015

Mendelin, H.; Wortmann, R.: Das Handbuch für Phantombildersteller und Zeugen, 2. überarbeitete Auflage, Verlag BoD Books on Demands Norderstedt 2017

Meriam Library Evaluating Information – Applying the CRAAP Test, Fundstelle: https://library.csuchico.edu/sites/default/files/craap-test.pdf, abgerufen am 12.05.2025

Meyer-Goßner, L./Schmitt, B.: Strafprozessordnung, Beck’sche Kurzkommentare. 67. neu bearbeitete Auflage, Verlag C. H. Beck München 2024

Meyer-Goßner, L./Schmitt, B.: Richtlinien für das Strafverfahren. In: Strafprozessordnung, Beck’sche Kurzkommentare (Anhang 3), 67. neu bearbeitete Auflage, Verlag C. H. Beck München 2024

Meyer-Wieck, H.: Rechtswirklichkeit und Effizienz der akustischen Wohnraumüberwachung („großer Lauschangriff“) nach § 100c Abs. 1 Nr. 3 StPO, Max-Planck-Institut für ausländisches und internationales Strafrecht, 2004, Fundstelle: https://pure.mpg.de/rest/items/item_2501746_3/component/file_3014461/content, abgerufen am 12.12.2025

Ministerium des Innern; Ministerium der Justiz Niedersachsen (PolUVfRdErl,NI). Gem. RdErl. d. MI u. d. MJ v. 1.1.2019 – 23.11-01447/5 – vom 1. Januar 2019 (Nds. MBl. S. 3), geändert durch RdErl. vom 15. November 2024 (Nds. MBl. 2024 Nr. 571). – VORIS 21021 –.

Ministerium des Innern NRW Organisation der Kreispolizeibehörden des Landes Nordrhein-Westfalen, Runderlass des Ministeriums des Innern – 401-22.58.06.01 – vom 28. Januar 2025; Nr. 6.4., Fundstelle: https://recht.nrw.de/lmi/owa/br_bes_text?anw_nr=1&gld_nr=2&ugl_nr=2052&bes_id=54592&val=54592&ver=7&sg=1&aufgehoben=N&menu=, abgerufen am 15.09.2025

Ministerium des Innern; Ministerium der Justiz NRW Runderlass über die Vernehmung im Wege der Bild- und Tonübertragung im Ermittlungsverfahren („Onlinevernehmung"). Gemeinsamer Runderlass des Ministeriums des Innern und des Ministeriums der Justiz vom 12. September 2024 (MBl. NRW. 2024 S. 985), Fundstelle: https://recht.nrw.de/lmi/owa/br_vbl_detail_text?print=1&anw_nr=7&val=21855&ver=8&sg=&menu=0&vd_id=21855&keyword=, abgerufen am 14.10.2025

Ministerium für Justiz, Europa und Verbraucherschutz und Ministerium für Inneres, ländliche Räume, Integration und Gleichstellung Verwaltungsvorschrift: Zusammenarbeit von Staatsanwaltschaft und Polizei. Gl. Nr. 4500.15, Gemeinsame Bekanntmachung des Ministeriums für Justiz, Europa und Verbraucherschutz und des Ministeriums für Inneres, ländliche Räume, Integration und Gleichstellung vom 8. Februar 2021 – II 30/3262-10-3/IV 423-19.14.20 –, Fundstelle: https://www.schleswig-holstein.de/DE/fachinhalte/F/fischerei/Downloads/verlaengerungKormoranschadensrichtlinie.pdf?__blob=publicationFile&v=1, abgerufen am 14.10.2025

Milne, R.; Bull, R.: Psychologie der Vernehmung. 1. Auflage Huber Verlag Bern 2003

Mitsch, W.: StGB § 77d Zurücknahme des Antrags. In: erb, V.; Schäfer, J. (Hrsg.) Münchener Kommentar zum StGB Band 2, 4. Auflage, C. H. Beck München 2024, Beck-Online, Fundstelle: https://beck-online.beck.de/?vpath=bibdata%2Fkomm%2FMuekoStGB_4_Band2%2FStGB%2Fcont%2FMuekoStGB%2EStGB%2Ep77d%2EglIV%2Egl1%2Ehtm, abgerufen am 25.01.2025

Mohr, M.; Schimpel, F.; Schmer, N.: Die Beschuldigtenvernehmung. Lehr- und Studienbriefe Kriminalistik/Kriminologie, Band 5, Verlag Deutsche Polizeiliteratur, Hilden 2006

Nack, A.: Der Zeuge vom Hörensagen. In: Kriminalistik, Heft 3/99

Nack, A.: Vernehmungslehre – Grundlagen der Vernehmungstechnik und Vernehmungstaktik. In: Kriminalistik 6/1995

Naumann, L.: DNA-Reihenuntersuchungen in der polizeilichen Praxis: „Freiwillig", „relativ freiwillig" oder „unfreiwillig freiwillig"? In: Die Polizei 12/2013

Niehaus, S.: Die Wahrheit über die Lüge. In: Kriminalistik 8–9/2009

Nöthen-Schürmann, U.: Vernehmungszimmer für kindliche Opfer beim PP Krefeld. In: der kriminalist 6/1967

Nowrousian, B.: Das strafprozessuale Ermittlungsverfahren, Polizeibeamte als Zeugen vor Gericht, Legendierte Kontrollen. In: C. H. Keller (Hrsg.), Basislehrbuch Kriminalistik, Hilden 2019.

Nowrouisian, B.: Legendierte Kontrollen – Anmerkungen zur Entscheidung des BGH v. 26.04.2017. In: Kriminalistik 5/2018

OECD Revised Field of Science and Technology (FoS) Classification in the Frascati Manual: Document JT03222603. Paris: OECD 2007. Fundstelle: https://one.oecd.org/document/DSTI/EAS/STP/NESTI(2006)19/FINAL/en/pdf, abgerufen am 14.10.2025

Odenthal, H.-J.: Die Gegenüberstellung im Strafverfahren. 3. Aufl., Boorberg Verlag, Stuttgart 1999

Odenthal, H. J.: Die Gegenüberstellung zum Zwecke des Wiedererkennens. In: Neue Zeitschrift für Strafrecht 10/1985

Ostendorf, H.; Brüning; J.: Strafprozessrecht. 5. Auflage, Nomos Verlagsgesellschaft, Baden-Baden 2024

Peglow, D.: Ein Geständnis ablegen? Nein, das dürfen Sie nicht – Sachverständigenanhörung im Rechtsausschuss des Deutschen Bundestages. In: der kriminalist 12/2019

Peters, K.; Bröckers, B.: Vermögensabschöpfung im Strafverfahren. C. F. Müller, Heidelberg 2019

Pfeifer, G.; Fischer, Th.: Strafprozessordnung Kommentar. Verlag C. H. Beck, München 1995, S. 336

Phillip, E.: Die Gegenüberstellung. 1. Aufl. Kriminalistik Verlag, Heidelberg 1981

Pick, A.: Durchsuchung, Beschlagnahme, Verhaftung. Lehr- und Studienbriefe Kriminalistik Nr. 3, 4. Aufl., Verlag Deutsche Polizeiliteratur, Hilden 1997

Pieper, H.-G.: Sicherstellung/Beschlagnahme nach der StPO. In: Kriminalistik 8–9/2008

Pretzel, A.; Kuret, N.: KT-Untersuchungsmethodik zur Kriminalitätsbekämpfung. In: Kriminalistik 11/2023

Radtke; H.: Freiheitsentziehung durch den Richter. In: Epping, V.; Hilgruber, C.: Grundgesetz, 59. Auflage C. H. Beck München 2024, Beck-online

Rauchert, M.: Psychologische Grundlagen der Wiedererkennung. In: Forum der Kriminalistik Beilage I, Ministerium des Innern, Berlin 4/1990

Rauschenberger, F.: Heimliches Abhören und Aufzeichnen des nicht öffentlich gesprochenen Wortes innerhalb von Wohnungen. In: Kriminalistik 11/2005

Recht aktuell: Abhören von Gesprächen eines U-Gefangenen. BGH, Urteil vom 27.07.1998 – 3 StR 78/98 in NJW 1998, S. 3284. In: Kriminalistik, Heft 5/199

Recht aktuell: Einsatz von V-Leuten bei Unverdächtigen, BGH, Urteil vom 18.11.199 – StR 222/99. In: Kriminalistik, 4/2000

Recht aktuell: Tatprovokation durch Vertrauensperson der Polizei. In: Kriminalistik, 12/2001

Recht aktuell: Zur Eilkompetenz der Strafverfolgungsbehörden bei Durchsuchungen. In: Kriminalistik 10/2015

Reiche, P.: Fallbearbeitungssystem, Wozu eigentlich? In: Kriminalistik 12/2014

Reinhold, S.; Schweizer, Cl.; Scheer, G.: Suggestion – Die Bedeutung des Phänomens im Rahmen polizeilicher Vernehmungen. In: Kriminalistik 2/2016

Riechert, H.: Die Polizei des Dritten Reiches im Dienst der Rassenhygiene. In: Archiv für Polizeigeschichte 1994

Rodorf, A.: Freiheitsbeschränkung und Freiheitsentziehung, Fundstelle: http://www.rodorf.de/04_staatsr/gr_27.htm, abgerufen am 03.01.2021

Roll, H.: Kriminalistische Tatortarbeit. In: Clages, H.; Ackermann, R.; Gundlach, T. E. (Hrsg.): Der rote Faden – Grundsätze der Kriminalpraxis, 15. Aufl., Verlag C. F. Müller, Heidelberg 2023

Roll, H.: Tatortarbeit. Verlag Deutsche Polizeiliteratur, Hilden 2013

Roll, H.: Bericht über die 6. Jahrestagung der Deutschen Gesellschaft für Kriminalistik e. V. (DGfK). In: Kriminalistik, Heft 7/2009

Roll, H.: Vernehmung zwischen Konfrontation und Kooperation. In: Kriminalistik 12/2008

Roll, H.: Klausurenkurs Kriminaltaktik – Band 2, Weitere Ermittlungsführung in Fragen und Antworten. Boorberg Verlag, Stuttgart 2002

Roll, H.: Klausurenkurs Kriminaltaktik – Band 1, Erster Angriff und Vernehmung in Fragen und Antworten. Boorberg Verlag, Stuttgart 1999

Römer, A.: Die Vernehmung. In: Stelzer, E. (Hrsg.): Sozialistische Kriminalistik, Band 3/2, VEB Deutscher Verlag der Wissenschaften, Berlin 1984a

Römer, A.: Identifizierung durch Wiedererkennen. In: Stelzer, E. (Hrsg.): Sozialistische Kriminalistik, Band 3/2, 1. Aufl., VEB Deutscher Verlag der Wissenschaften, Berlin 1984b

Rotzinger, B.: Wiedererkennungsverfahren, Skript für die Lehre in Kriminalistik. Fachhochschule – Hochschule für Polizei, Baden-Württemberg (unveröffentlicht), Villingen-Schwenningen 1997

Ruhmannseder, F.: Strafgesetzbuch. In: von Heintschel-Heinegg, B.; Kudlich, H. (Hrsg.), 4. Auflage, C.H. Beck München 2024, Beck-Online; Fundstelle: https://beck-online.beck.de/Dokument?vpath=bibdata%2Fkomm%2Fbeckokstgb_63%2Fstgb%2Fcont%2Fbeckokstgb.stgb.p258.htm&anchor=Y-400-W-BECKOK-G-STGB-P-258, abgerufen am 25.01.2025

Ruhr-Universität Bochum (RUB): Wissenschaftliche Weiterbildung zum Kriminalisten an der Ruhr-Universität Bochum. Presseerklärung März 2016

Rupprecht, R. (Hrsg.): Polizei-Lexikon. 2. Auflage, Kriminalistik Verlag, Heidelberg 1995

Sauerland, M.; Krix, A. C.; Merckelbach, H.: Warum ein „Ich bin mir sicher" aufschlussreich ist – Die Bedeutsamkeit der subjektiven Sicherheit von Zeugen bei der Bewertung von Personenidentifizierungs-Entscheidungen. In: Kriminalistik 11/2016

Schäfer, D.: Die DNA-Reihenuntersuchung. In: Kriminalistik 8–9/2024

Schall, I. M.: Beweisverwertungsverbot bei informatorischer Befragung im Strafverfahren. Juristische Reihe Tenea/www.jurawelt.com, Band 8 Tenea Verlag für Medien, Berlin 2002

Schmelz; G.: Ringalarmfahndung und Täterfluchtverhalten. Verwaltungsfachhochschule Wiesbaden. VS-NfD 2005

Schmidt, A.: Der Fall Niels Högel: Serienmorde in Krankenhäusern. In: der kriminalist 3/2019 (Teil 1); 4/2019 (Teil 2); 5/2019 (Teil 3 Vernehmung)

Schmidt-Sommerfeld, Ch.: Verdeckte Ermittlungen bei Rauschgiftbekämpfung. In: Kriminalistik 7/2001

Schmitz, H. W.: Kriminalistische Handlungslehre. In: Kriminalistik 1/1995

Schneickert, H.: Die Kriminalpolizei, Band 2, Kriminaltaktik und Kriminaltechnik. Deutscher Polizeiverlag Lübeck, 1926; Kriminaltaktik und Kriminaltechnik (Die Kriminalpolizei Band II) 1. Januar 1929

Schröder, J.; Hermanutz, M.: Neuer strukturierter Vernehmungsleitfaden zur Kompetenzerweiterung mit Vernehmungskarten. In: Kriminalistik 11/2016

Schröer, N.: Das Dominanzgefälle in polizeilichen Beschuldigtenvernehmungen. In: Kriminalistik 8–9/2004

Schüler, G.: Vom Bild zur Identität. In: Kriminalistik, Heft 8–9/2016

Schulte, R.; Neidhardt, K.: Kriminologie und Kriminalistik im System der Kriminalwissenschaften. In: Clages, H./Neidhardt, R./Weihmann, R. (Hrsg.), Lehr- und Studienbriefe Kriminalistik/Kriminologie, Bd. 1, Verlag Deutsche Polizeiliteratur Hilden 2005

Schurich, F.-R.: Vorbereitung, Durchführung und Bewertung von Wiedererkennungsmaßnahmen. In: Forum der Kriminalistik Beilage I, Ministerium des Innern, Berlin, Heft 3/1990 und 4/1990

Schurich, F.-R.; Wirth, I. (Hrsg.): Die Kriminalistik an den Universitäten der DDR. Verlag Dr. Köster Berlin, 1. Auflage 2015

Seeber, L.: Zusammenarbeit von Polizei und Staatsanwaltschaft im Rahmen computerunterstützter Fahndungsmaßnahmen am Beispiel von Berlin. In: BKA (Hrsg.). Möglichkeiten und Grenzen der Fahndung (BKA-Vortragsreihe, Bd. 25, S. 153–161). BKA Wiesbaden, 1980

Shaw, J.: Das trügerische Gedächtnis. Carl Hanser Verlag München 2016

Sickor, J.: Das Geständnis (Bochum, Univ., Habil.-Schr., 2012/2013; Jus poenale; Bd. 1). Tübingen: Mohr Siebeck.

Siebertth, T.; Ebert, L.; Wermuth, M; Arnold, J.; Dobler, E.: Das 3D-Zentrum Zürich. In: Kriminalistik 2/2021

Snetkow, W. A./Sinin, M. A./Delang, A.: Das subjektive Porträt. Ministerium des Innern der DDR, Publikationsabteilung, Berlin 1980

Soiné, M.: Ermittlungsverfahren und Polizeipraxis. 2. Aufl., Verlag C. F. Müller, Heidelberg 2019

Soiné, M.: Personale verdeckte Ermittlungen in sozialen Netzwerken zur Strafverfolgung. In: NStZ 2014; Fundstelle: https://beck-online.beck.de/Dokument?vpath=bibdata%2Fzeits%2Fnstz%2F2014%2Fcont%2Fnstz.2014.248.1.htm&pos=9&hlwords=on, abgerufen am 12.05.2025

Speckhardt, K. H.; Wiesbacher, D. F.; Anders, K. P.: Handbuch für Kriminalisten. 2. überarbeitete Auflage, Berlin 1987

Sprung, L.; Sprung, H.: Grundlagen der Methodologie und Methodik der Psychologie. VEB Deutscher Verlag für Wissenschaften, Berlin 1984

Steinbeis-Hochschule Berlin (SBH): Deutschlandweit erster Masterstudiengang an der staatlich anerkannten Steinbeis-Hochschule Berlin offiziell akkreditiert. Presseerklärung 08. März 2016, www.school-grc.de

Steinert, U.: Beweislehre. HPolBB Oranienburg, Fundstelle: https://www.kriminalwissenschaft.de/Lehrmaterialien/05Skriptum_Beweislehre.pdf, abgerufen am 16.11.2024

Steller, M.: Nichts als die Wahrheit? Wilhelm Heyne Verlag, München 2015

Sticher, B.; Grasnick, N.: Super-Recognizer – Hochleistende in der Gesichtserkennung. In: Kriminalistik 6/2019

Straub, P., et. al.: Kriminalistisches Denken. 11. Aufl., Verlag C. F. Müller, Heidelberg 2020.

Strauch, H.; Wirth, I.; Reisinger, W.: Personenidentifizierung durch Röntgenbildvergleich am Schädel. In: Archiv für Kriminologie (210/2002)

Strauß, E.; Ackermann, R.: Die kriminalistische Untersuchungsplanung – Untersuchungsmethodik. Ministerium des Innern der DDR, Publikationsabteilung, Berlin 1986

Strauß, E.; Ackermann, R.: Kriminalistische Untersuchungsplanung, in: Sozialistische Kriminalistik. Band 3/1 Kriminaltaktik, VEB Verlag der Wissenschaften Berlin, 1984

Tegtmeyer, H.; Vahle, J.: Polizeigesetz Nordrhein-Westfalen mit Erläuterungen. 13. Aufl., Boorberg Verlag, Stuttgart 2022, Ebook; Fundstelle: https://ebookcentral.proquest.com/lib/fh-guestrow/reader.action?docID=7099924&query=Tegtmeyer%2520Vahle&ppg=75, abgerufen am 04.01.2025

Teichmann, F.; Falker, M.-C.: Risiken der Gesichtserkennungstechnologie und rechtlicher Rahmen. In: Kriminalistik 5/2020

Temming, D. Strafprozessordnung. In: Gercke, B., et al.: Strafprozessordnung, 7. Auflage, Verlag C. F. Müller, Heidelberg 2023

Thurau, T.; Herbst, F.; Menges, S.: SmartRank: Erweiterte Datenbank-Recherche im Bereich der DNA-Analytik. In: Kriminalistik 7/2023

Trankell, A.: Der Realitätsgehalt von Zeugenaussagen, Methodik der Aussagepsychologie. Vandenhoeck u. Ruprecht, 1971 Göttingen 1971

Trankell, A.: Zur Methodik der Glaubwürdigkeitsuntersuchungen. In: Psychologie und Praxis, Hogrefe Verlag Göttingen, Heft 1/1956-57

Uhlig, A.: Operative Fallanalyse. In: Clages/Ackermann/Gundlach, Der rote Faden, 15. neu bearbeitete Auflage, Verlag C.F. Müller, Heidelberg 2022

Vahle, J.: Richtervorbehalt und Bereitschaftsdienst, Anmerkungen zum Beschluss des BVerfG vom 12.03.2019 – 2 BvR 675/14. In: Kriminalistik 06/2019

Vahle, J.: Verdeckte Ermittlungen der Polizei zur Strafverfolgung und Gefahrenabwehr. In: Kriminalistik 10/2006

Verhoff, M.A./Heidorn, F.: Forensische DNA-Analyse – Grenzen der Beweisführung. In: der kriminalist 3/2006

Verrel, T.: Kinderdelinquenz – ein strafprozessuales Tabu? In: NStZ, C.H. Beck München 2001, S. 284–290

von der Grün, U.I.: Verdeckte Ermittlungen 2. Auflage, C.H. Beck, 2025

von Häfen, M.: StPO § 163e. BeckOK, In: Graf, J. P.: 55. Edition;StPO mit RistBV und Mistra, Fundstelle: https://beck-online.beck.de/?vpath=bibdata%2Fkomm%2FBeckOKStPO_55%2FSTPO%2Fcont%2FBECKOKSTPO%2eSTPO%2eP163E%2ehtm, abgerufen am: 12.05.2025

von Häfen, M.: StPO § 163f. In: Graf, J. P.: 55. Edition BeckOK, StPO mit RiStBV und Mistra, Fundstelle: https://beck-online.beck.de/?vpath=bibdata%2Fkomm%2FBeckOKStPO_55%2FSTPO%2Fcont%2FBECKOKSTPO%2eSTPO%2eP163F%2ehtm, abgerufen am: 12.05.2025

von Jagemann, L.H.F.: Handbuch der gerichtlichen Untersuchungskunde. 2 Bände, Frankfurt/Main, 1838 und 1841

Wabnitz, H.-B.; Janovsky, T.; Schmitt, L.: Handbuch Wirtschafts- und Steuerstrafrecht. 6. Aufl., C.H. Beck, 2025

Walsh, D.; Oxburgh, G.; Redlich, A.; Myklebust, T. (Eds.): International Developments and Practices in Investigative Interviewing and Interrogation. Volume 1: Victims and witnesses. London: Routledge 2016a

Walsh, D.; Oxburgh, G.; Redlich, A.; Myklebust, T. (Eds.): International Developments and Practices in Investigative Interviewing and Interrogation. Volume 2: Suspects. London: Routledge, 2016b

Walder, H.: Kriminalistisches Denken. 5. Auflage, Kriminalistik Verlag Heidelberg 1996

Walder, H.; Hansjakob, Th.; Gundlach, Th. E.; Straub, P.: Kriminalistisches Denken. 12. neubearbeitete. Aufl., Verlag C. F. Müller, Heidelberg 2024

Weber, A.; Berresheim, A.: Polizeiliche Vernehmungen. In: Kriminalistik 12/2001

Weingarten, J.: § 158 Rn. 29. In: Barthe, C., Gericke, J. (Hrsg.): Karlsruher Kommentar zur Strafprozessordnung, 9. neu bearbeitete Auflage, C. H. Beck München 2023, beck-online, Fundstelle: https://beck-online.beck.de/Search?pagenr=1&words=KK-StPO%2FWeingarten%2C+9.+Aufl.+2023%2C+StPO+%C2%A7+158+Rn.+29%2C+beck-online&st=&searchid=, abgerufen am 25.01.2025

Weingarten, J.: § 161 Rn. 1–1c. In: Barthe, C.; Gericke, J. (Hrsg.): Karlsruher Kommentar zur Strafprozessordnung, 9. neu bearbeitete Auflage, C. H. Beck München 2023, beck-online, Fundstelle: https://beck-online.beck.de/?vpath=bibdata%2Fkomm%2FKarlsKoStPO_9%2FStPO%2Fcont%2FKarlsKoStPO%2EStPO%2Ep161%2EglI%2Ehtm, abgerufen am 10.09.2025

Weisser, N.-F.: Zum Betretungsrecht von Wohnungen bzw. Hotelzimmern durch einen nicht offen ermittelnden Polizeibeamten (NoeP). In: NZWiSt., 2018, 59; Fundstelle: https://beck-online.beck.de/?vpath=bibdata%2Fzeits%2FNZWIST%2F2018%2Fcont%2FNZWIST.2018.59.1.htm, abgerufen am 12.05.2025

Werner, R.: Beschlagnahme, Sicherstellung. In: Weber, K.: Rechtswörterbuch, 33. Edition, C. H. Beck München 2024; https://beck-online.beck.de/?vpath=bibdata/lex/Cre_33/cont/Cre.Beschlagnahme.htm, abgerufen am 25.01.2025a

Werner, R.: Geständnis. In: Weber, K.: (Hrsg.), Rechtswörterbuch (34. Aufl.). München: C. H. Beck 2025b

Westphal, N.: Der kriminalistische Beweis. Lehr- und Studienbriefe Kriminalistik/Kriminologie, Band 14, Verlag Deutsche Polizeiliteratur, Hilden 2013

Wirth, I.: Polizeiliche Todesermittlung. In: Clages/Ackermann/Gundlach (Hrsg.), Der rote Faden, 15. Aufl., Heidelberg 2023a

Wirth, I: DNS-Analytik biologischer Spuren. In: Clages/Ackermann/Gundlach (Hrsg.), Der rote Faden, 15. Aufl., Heidelberg 2023b

Wirth, I.: Identifizierung unbekannter Toter. In: Clages/Ackermann/Gundlach (Hrsg.), Der rote Faden, 15. Aufl., Kriminalistik Verlag Heidelberg 2023c

Wirth, I. (Hrsg.): Kriminalistik-Lexikon. 5. völlig neu bearbeitete und erweiterte Auflage, Kriminalistik Verlag, Heidelberg 2021

Wissenschaftsrat: Wissenschaft im Spannungsfeld von Disziplinarität und Interdisziplinarität: Positionspapier. Köln. Fundstelle: https://www.wissenschaftsrat.de/download/2020/8694-20.html, abgerufen am 14.10.2025

Wolf, H.-J.: Ergebnisse und theoretisch-methodologische Probleme einer psychologischen Analyse von Tötungsstraftaten gemäß § 112 StGB – ein Beitrag zur Entwicklung von Standardversionen über das Tatgeschehen und den Täter. Thesen zur Dissertation A. Berlin: Humboldt-Universität. [Dissertation: Wolf, H.-J. (1982). Ergebnisse und theoretisch-methodologische Probleme einer psychologischen Analyse von Tötungsstraftaten gemäß § 112 StGB: ein Beitrag zur Entwicklung von Standardversionen über das Tatgeschehen und den Täter [Diss. A, Humboldt-Universität zu Berlin]. Berlin: Humboldt-Universität.] 1982

Wyss, L.: Super-Recognizer bei der Polizei. In: Kriminalistik 4/2022

Zimbardo, P. G.: Der Luzifer-Effekt; Die Macht der Umstände und die Psychologie des Bösen, Springer Spectrum Verlag, Berlin 2012

Zimbardo, P. G.; Gerrig, R. J.: Psychologie. 21. aktualisierte Auflage, Pearson Studium München, Boston, San Francisco, Harlow, England Don Mills, Ontario, Sydney, Mexiko City, Madrid, Amsterdam 2018

Zimmermann, L.: Der Verdeckte Ermittler. In: Kriminalistik, 11/2023

Zöller, M. A.: Strafprozessordnung. In: Gercke, B.; Temming, D.; Zöller, M. A. (Hrsg.): Strafprozessordnung, Heidelberger Kommentar, 6. Aufl. Verlag C. F. Müller, Heidelberg 2023

Vorschriftenverzeichnis

3. Opferrechtsreformgesetz (3. ORRG), Gesetzes zur Stärkung der Opferrechte im Strafverfahren (3. Opferrechtsreformgesetz) vom. 21.12.2015 BGBl. I S. 2525 (Nr. 55); Geltung ab 31.12.2015

Abgabenordnung (AO), Abgabenordnung in der Fassung der Bekanntmachung vom 23. Januar 2025 (BGBl. 2025 I Nr. 24)

Asylgesetz (AsylG), Asylgesetz in der Fassung der Bekanntmachung vom 2. September 2008 (BGBl. I S. 1798), das zuletzt durch Artikel 2 des Gesetzes vom 25. Oktober 2024 (BGBl. 2024 I Nr. 332) geändert worden ist

Aufenthaltsgesetz (AufenthG), Aufenthaltsgesetz in der Fassung der Bekanntmachung vom 25. Februar 2008 (BGBl. I S. 162), das zuletzt durch Artikel 1 des Gesetzes vom 17. Juli 2025 (BGBl. 2025 I Nr. 173) geändert worden ist

Ausführungsgesetz zum Prümer Vertrag und zum Ratsbeschluss Prüm (PrümerVtrGk.a.Abk.), Artikel 1 G. v. 10.07.2006, BGBl. I S. 1458, 2007 II 857, zuletzt geändert durch Artikel 6 G. v. 01.06.2017 BGBl. I S. 1354

Brandenburgisches Polizeigesetz (BbgPolG), Gesetz über die Aufgaben, Befugnisse, Organisation und Zuständigkeit der Polizei im Land Brandenburg (Brandenburgisches Polizeigesetz – BbgPolG) vom 19. März 1996 (GVBl.I/96, [Nr. 07], S. 74), zuletzt geändert durch Gesetz vom 19. Juni 2024

Bundesberggesetz (BbergG), Bundesberggesetz vom 13. August 1980 (BGBl. I S. 1310), das zuletzt durch Artikel 39 des Gesetzes vom 23.Oktober 2024 (BGBl. 2024 I Nr. 323) geändert worden ist

Bundeskriminalamtgesetz (BKAG), Gesetz über das Bundeskriminalamt und die Zusammenarbeit des Bundes und der Länder in kriminalpolizeilichen Angelegenheiten (Bundeskriminalamtgesetz – BKAG) vom 1. Juni 2017 (BGBl. I S. 1354; 2019 I S. 400), das zuletzt durch Artikel 1 des Gesetzes vom 17. Juli 2025 (BGBl. 2025 I Nr. 172) geändert worden ist

Bundespolizeigesetz (BPolG), Gesetz über die Bundespolizei vom 19. Oktober 1994 (BGBl. I S. 2978, 2979), das zuletzt durch Artikel 5 des Gesetzes vom 6. Mai 2024 (BGBl. 2024 I Nr. 149) geändert worden ist

Bundeszentralregistergesetz (BZRG), Bundeszentralregistergesetz in der Fassung der Bekanntmachung vom 21. September 1984 (BGBl. I S. 1229, 1985 I S. 195), das zuletzt durch Artikel 5 des Gesetzes vom 19. Juli 2024 (BGBl. 2024 I Nr. 245) geändert worden ist

EU-Richtlinie 2013/48/EU des europäischen Parlaments und des Rates vom 22. Oktober 2013 über das Recht auf Zugang zu einem Rechtsbeistand in Strafverfahren und in Verfahren zur Vollstreckung des Europäischen Haftbefehls sowie über das Recht auf Benachrichtigung eines Dritten bei Freiheitsentzug und das Recht auf Kommunikation mit Dritten und mit Konsularbehörden während des Freiheitsentzugs

Eurodac-VO, VERORDNUNG (EU) Nr. 603/2013 DES EUROPÄISCHEN PARLAMENTS UND DES RATES vom 14. Mai 2024 über die Einrichtung von Eurodac für den Abgleich biometrischer Daten zur effektiven Anwendung der Verordnungen (EU) 2024/1351 und (EU) 2024/1350 des Europäischen Parlaments und des Rates und der Richtlinie 2001/55/EG sowie zur Feststellung der Identität illegal aufhältiger Drittstaatsangehöriger oder Staatenloser und über der Gefahrenabwehr und Strafverfolgung dienende Anträge der Gefahrenabwehr- und Strafverfolgungsbehörden der Mitgliedstaaten und Europols auf den Abgleich mit Eurodac-Daten, zur Änderung der Verordnungen (EU) 2018/1240 und (EU) 2019/818 des Europäischen Parlaments und des Rates und zur Aufhebung der Verordnung (EU) Nr. 603/2013 des europäischen Parlamentes und des Rates

Europäische Menschenrechtskonvention, Konvention zum Schutze der Menschenrechte und Grundfreiheiten vom 04.11.1950, Zuletzt geändert durch Protokoll Nr. 15 vom 24.6.2013 m. W. v. 1.8.2021, https://dejure.org/gesetze/MRK, abgerufen am 16.10.2025

Europäisches Haftbefehlsgesetz (EuHbG), Gesetz zur Umsetzung des Rahmenbeschlusses über den Europäischen Haftbefehl und die Übergabeverfahren zwischen den Mitgliedstaaten der Europäischen Union vom 20.07.2006 – BGBl. I 2006, Nr. 36 vom 25.07.2006, S. 1721

Gerichtsverfassungsgesetz (GVG), Gerichtsverfassungsgesetz in der Fassung der Bekanntmachung vom 9. Mai 1975 (BGBl. I S. 1077), das zuletzt durch Artikel 14 des Gesetzes vom 27. Dezember 2024 (BGBl. 2024 I Nr. 438) geändert worden ist

Gesetz über die förmliche Verpflichtung nichtbeamteter Personen (Verpflichtungsgesetz) (VerpflG) in der Fassung vom 15.08.1974, BGBl I 1974, S. 469, 547.

Gesetz über die internationale Rechtshilfe in Strafsachen (IRG), Gesetz über die internationale Rechtshilfe in Strafsachen in der Fassung der Bekanntmachung vom 27. Juni 1994 (BGBl. I S. 1537), das zuletzt durch Artikel 21 des Gesetzes vom 12. Juli 2024 (BGBl. 2024 I Nr. 234) geändert worden ist

Gesetz über Ordnungswidrigkeiten (OWiG), Gesetz über Ordnungswidrigkeiten in der Fassung der Bekanntmachung vom 19.02.1987 (BGBl. I S. 602), das zuletzt durch Artikel 4 des Gesetzes vom 17. Juli 2025 (BGBl. 2025 I Nr. 163) geändert worden ist

Gesetz zur effektiveren und praxistauglicheren Ausgestaltung des Strafverfahrens (ÜbwRÄndG) vom 17.08.2017, BGBl. Teil I 3202, 3630 (Nr. 58); zuletzt geändert durch Artikel 6 G. v. 09.12.2019 BGBl. I S. 2146

Gesetz zur Modernisierung des Strafverfahrens ((StraVMoG) vom 10.12.2019 BGBl. I S. 2121 (Nr. 46); zuletzt geändert durch Artikel 3 G. v. 04.12.2024 BGBl. 2024 I Nr. 395

Gesetz zur Fortentwicklung der Strafprozessordnung und zur Änderung weiterer Vorschriften vom 30.06.2021 (BGBl. I Nr. 37, S. 2099);

Gesetz zur Neuregelung des Rechts der notwendigen Verteidigung vom. 10.12.2019, BGBl. I S. 2128

Gesetz zur Neustrukturierung des Bundeskriminalamtgesetzes (BKA-NSG) vom 01.06.2017, v. 01.06.2017 BGBl. I S. 1354, 2019 BGBl. I S. 400 (Nr. 33)

Gesetz zur Fortentwicklung des Völkerstrafrechts vom 30.07.2024 (BGBl. 2024 I Nr. 255)

Gesetz zur Reform der strafrechtlichen Vermögensabschöpfung (VermAbschRÄndG) vom 13.04.2017, BGBl. I 2017, Nr. 22 vom 21.04.2017, S. 872

Gesetz zur Regelung der Verständigung im Strafverfahren (VerstStVfÄndG) vom v. 29.07.2009 BGBl. I S. 2353 (Nr. 49)

Gesetz zur Stärkung der Verfahrensrechte von Beschuldigten im Jugendstrafverfahren (JStrRAnpG), v. 09.12.2019 BGBl. I S. 2146 (Nr. 47)

Gesetz zur Verbesserung der inneren Sicherheit und des Asylsystems (InnSichVG) vom v. 25.10.2024 BGBl. 2024 I Nr. 332

GKV-Modernisierungsgesetz (GMG), Gesetz zur Modernisierung der gesetzlichen Krankenversicherung (GKV-Modernisierungsgesetz – GMG) vom 14. November 2003; v. 14.11.2003 BGBl. I S. 2190; zuletzt geändert durch Artikel 1 G. v. 15.12.2004 BGBl. I S. 3445

Grundgesetz für die Bundesrepublik Deutschland (GG), Grundgesetz für die Bundesrepublik Deutschland in der im Bundesgesetzblatt Teil III, Gliederungsnummer 100-1, veröffentlichten bereinigten Fassung, das zuletzt durch Artikel 1 des Gesetzes vom 22. März 2025 (BGBl. 2025 I Nr. 94) geändert worden ist

GVVG-Änderungsgesetz (GVVG-ÄndG), Gesetz zur Änderung der Verfolgung der Vorbereitung von schweren staatsgefährdenden Gewaltstraftaten (GVVG – Änderungsgesetz – GVVG-ÄndG) vom 15. Juni 2015, BGBl. I 2015 Nr. 23 S. 926 ff.

IMK-Beschluss vom 28.05.1998, Kriterienkatalog für unter Mitwirkung der Polizei von Medien initiierte Fernsehproduktionen zum Zwecke der Öffentlichkeitsfahndung, Fundstelle: PDV 384.1, Anlage 11

Jugendgerichtsgesetz (JGG), Jugendgerichtsgesetz in der Fassung der Bekanntmachung vom 11. Dezember 1974 (BGBl. I S. 3427), das zuletzt durch Artikel 21 des Gesetzes vom 25. Juni 2021 (BGBl. I S. 2099) geändert worden ist

Leitfaden 371 Eigensicherung im Polizeidienst, Bartels & Wernitz Druckerei und Verlag KG, Berlin, München 1995

Luftverkehrsgesetz (LuftVG), Luftverkehrsgesetz in der Fassung der Bekanntmachung vom 10. Mai 2007 (BGBl. I S. 698), das zuletzt durch Artikel 3 des Gesetzes vom 23. Oktober 2024 (BGBl. 2024 I Nr. 327) geändert worden ist

Ministerium für Inneres und Europa M-V, Belehrung über Rechtsbehelfe nach dem Landesverwaltungsverfahrensgesetz, Verwaltungsvorschrift des Ministeriums für Inneres und Europa vom 13. Januar 2017 – II 220 – 132-00123-2011/007-008 – VV Meckl.-Vorp. Gl. Nr. 340 – 3

Organisation der Kreispolizeibehörden des Landes Nordrhein-Westfalen, Organisation der Kreispolizeibehörden des Landes Nordrhein-Westfalen Runderlass des Ministeriums des Innern 401-22.58.06.01 vom 28. Januar 2025, Fundstelle: https://recht.nrw.de/lmi/owa/br_bes_text?anw_nr=1&gld_nr=2&ugl_nr=2052&bes_id=54592&val=54592&ver=7&sg=&aufgehoben=N&menu=0, abgerufen am 15.10.2025

Passgesetz (PassG), Passgesetz in der Fassung der Bekanntmachung vom 30. Oktober 2023 (BGBl. 2023 I Nr. 291), das zuletzt durch Artikel 4 des Gesetzes vom 23. Oktober 2024 (BGBl. 2024 I Nr. 322) geändert worden ist

PDV 100, Führung und Einsatz der Polizei, Ausgabe 2012, Stand 1/2016, VS-Nur für den Dienstgebrauch

PDV 131, Einsatz bei Entführungen, Stand 1999 (nicht aktuell)

PDV 132, Einsatz bei Geiselnahmen, Ausgabe 1995 (nicht aktuell)

PDV 133, Einsatz bei herausragenden Erpressungen, Ausgabe 1995 (nicht aktuell)

PDV 382, Bearbeitung von Jugendsachen

PDV 384.1, Polizeiliche Fahndung, VS-NfD, Ausg. 2004, Stand 09/2018, VS-NfD

PDV 384.2, Polizeiliche Beobachtung, VS-NfD, Ausg. 2004, Stand 05/2016, VS-NfD

PDV 389, Vermisste, unbekannte Tote, hilflose Personen, Ausg. 2004, Stand 04/2020

Personalausweisgesetz (PAuswG), Gesetz über Personalausweise und den elektronischen Identitätsnachweis (Personalausweisgesetz – PAuswG); Personalausweisgesetz vom 18. Juni 2009 (BGBl. I S. 1346), das zuletzt durch Artikel 8 des Gesetzes vom 23. Oktober 2024 (BGBl. 2024 I Nr. 323; I 2025 Nr. 137) geändert worden ist,

Polizei Umfangsverfahrensrunderlass (PolUVfRdErl, NI), Zusammenarbeit von Staatsanwaltschaft und Polizei; Beschleunigung der Verfahrensabläufe insbesondere in sog. Umfangsverfahren, Verwaltungsvorschrift Niedersachsen gem. RdErl. d. MI u. d. MJ v. 1.1.2019 – 23.11-01447/5 – vom 1. Januar 2019 (Nds. MBl. S. 3), geändert durch RdErl. vom 15. November 2024 (Nds. MBl. 2024 Nr. 571). – VORIS 21021, Fundstelle: https://voris.wolterskluwer-online.de/browse/document/6c007cfd-43fc-3e3c-94c2-09e9122b235f, abgerufen am 15.10.2025

Polizeihochschulgesetz (DHPolG), Gesetz über die Deutsche Hochschule der Polizei (Polizeihochschulgesetz – DHPolG) vom 15.02.2005, Artikel I des Gesetzes über die Deutsche Hochschule der Polizei (DHPolG) und zur Änderung dienstrechtlicher Vorschriften v. 15.2.2005 (GV. NRW. S. 88)

Rahmenbeschluss des Rates vom 13. Juni 2002 über den Europäischen Haftbefehl und die Übergabeverfahren zwischen den Mitgliedstaaten (2002/584/JI), Amtsblatt Nr. L 190 vom 18.07.2002, S. 0001-0020

Richtlinie 2014/42/EU des Europäischen Parlaments und des Rates vom 3. April 2014 über die Sicherstellung und Einziehung von Tatwerkzeugen und Erträgen aus Straftaten in der Europäischen Union (ABl. L 127/39 vom 29.04.2014, S. 39; L 138 vom 13.05.2014)

Richtlinien für das Strafverfahren und Bußgeldverfahren (RiStBV), Neufassung vom 28. März 2023 (Banz AT 19.6.2023 B 1), in: Meyer-Goßner/Schmitt: Strafprozessordnung, Beck'sche Kurzkommentare, 67. Auflage, S. 2635 ff., Verlag C. H. Beck München 2024

Richtlinien für die Beschaffung von Schriftproben für die Handschriftenvergleichung, Herausgeber BKA Wiesbaden, in: Löwe-Rosenberg, Die Strafprozessordnung und das Gerichtsverfassungsgesetz, 2. Band, Hrsg.: Rieß, P., 26. Neubearbeitete Auflage, Walter De Gruyter, Berlin 2012, § 93 StPO, RN 13, S, 751 ff.

RistBV Anlage A: Gemeinsame Richtlinien der Justizminister/-senatoren und der Innenminister/-senatoren des Bundes und der Länder über die Anwendung unmittelbaren Zwanges durch Polizeibeamte auf Anordnung des Staatsanwalts, Fundstelle: https://www.verwaltungsvorschriften-im-internet.de/BMJ-RB3-20230328-SF-A001.htm, abgerufen am 16.10.2025

RistBV Anlage B: Richtlinien über die Inanspruchnahme von Publikationsorganen und die Nutzung des Internets sowie anderer elektronischer Kommunikationsmittel zur Öffentlichkeitsfahndung nach Personen im Rahmen von Strafverfahren, Fundstelle: https://www.verwaltungsvorschriften-im-internet.de/BMJ-RB3-20230328-SF-A002.htm, abgerufen am 16.10.2025

RistBV, Anlage D: Gemeinsame Richtlinien der Justizminister/-senatoren und der Innenminister/-senatoren der Länder über die Inanspruchnahme von Informanten sowie über den Einsatz von Vertrauenspersonen (V-Personen) und Verdeckten Ermittlern im Rahmen der Strafverfolgung; Beck-Online, Fundstelle: https://beck-online.beck.de/Dokument?vpath=bibdata%2Fkomm%2Fbeckokstpo_53%2Fristbv%2Fcont%2Fbeckokstpo.ristbv.amtabschnitt336.htm&pos=8&hlwords=on, abgerufen am 16.10.2025

RistBV, Anlage F: Richtlinien über die internationale Fahndung nach Personen, insbesondere im Schengener Informationssystem (SIS) und auf Grund eines Europäischen Haftbefehls, Fundstelle: https://www.verwaltungsvorschriften-im-internet.de/BMJ-RB3-20230328-SF-A006.htm, abgerufen am 16.10.2025

Runderlass über die Vernehmung im Wege der Bild- und Tonübertragung im Ermittlungsverfahren. Gemeinsamer Runderlass des Ministeriums des Innern und des Ministeriums der Justiz vom 12. September 2024 (MBl. NRW. 2024 S. 985). Fundstelle: https://recht.nrw.de/lmi/owa/br_bes_text?anw_nr=1&gld_nr=3&ugl_nr=3214&bes_id=53950&val=53950&ver=7&sg=0&aufgehoben=N&menu=, abgerufen am 16.10.2025

Schengener Durchführungsübereinkommen (SchÜbkDÜbk), Übereinkommen zur Durchführung des Übereinkommens von Schengen vom 14. Juni 1985 zwischen den Regierungen der Staaten der Benelux-Wirtschaftsunion, der Bundesrepublik Deutschland und der Französischen Republik betreffend den schrittweisen Abbau der Kontrollen an den gemeinsamen Grenzen vom 19. Juni 1990 (BGBl. 1993 II S. 1013)

Sozialgesetzbuch (SGB) Fünftes Buch (V) – Gesetzliche Krankenversicherung – (Artikel 1 des Gesetzes v. 20. Dezember; 1988, BGBl. I S. 2477), das zuletzt durch Artikel 1 des Gesetzes vom 25. Februar 2025 (BGBl. 2025 I Nr. 64) geändert worden ist; Fundstelle: https://www.gesetze-im-internet.de/sgb_5/SGB_5.pdf, abgerufen am 15.09.2025

Strafgesetzbuch (StGB), Strafgesetzbuch in der Fassung der Bekanntmachung vom 13. November 1998 (BGBl. I S. 3322), das zuletzt durch Artikel 2 Absatz 2 des Gesetzes vom 7. November 2024 (BGBl. 2024 I Nr. 351) geändert worden ist

Strafprozessordnung (StPO), Strafprozeßordnung in der Fassung der Bekanntmachung vom 7. April 1987 (BGBl. I S. 1074, 1319), die zuletzt durch Artikel 2 des Gesetzes vom 17. Juli 2025 (BGBl. 2025 I Nr. 163) geändert worden ist

Strafprozeßordnung 1975. RIS (Rechtsinformationssystem des Bundes, Bundeskanzleramt Österreich): Bundesrecht konsolidiert: Gesamte Rechtsvorschrift für Strafprozeßordnung 1975; Fassung vom 16.10.20254, BGBl. Nr. 631/1975 (WV), https://www.ris.bka.gv.at/GeltendeFassung.wxe?Abfrage=Bundesnormen&Gesetzesnummer=10002326&ShowPrintPreview=True, abgerufen am 29.12.2024

Strafvollzugsgesetz – StVollzG, Gesetz über den Vollzug der Freiheitsstrafe und der freiheitsentziehenden Maßregeln der Besserung und Sicherung (Strafvollzugsgesetz – StVollzG), Strafvollzugsgesetz vom 16. März 1976 (BGBl. I S. 581, 2088; 1977 I S. 436), das zuletzt durch Artikel 3 des Gesetzes vom 17. Juli 2025 (BGBl. 2025 I Nr. 163) geändert worden ist

Verwaltungsgerichtsordnung (VwGO), Verwaltungsgerichtsordnung in der Fassung der Bekanntmachung vom 19. März 1991 (BGBl. I S. 686), die zuletzt durch Artikel 5 des Gesetzes vom 24. Oktober 2024 (BGBl. 2024 I Nr. 328) geändert worden ist

Verwaltungsvorschrift des Ministeriums für Inneres und Europa vom 13. Januar 2017 – II 220 – 132-00123-2011/007–008 – VV Meckl.-Vorp. Gl. Nr. 340–3, Belehrung über Rechtsbehelfe nach dem Landesverwaltungsverfahrensgesetz

Zollverwaltungsgesetz (ZollVG), Zollverwaltungsgesetz vom 21. Dezember 1992 (BGBl. I S. 2125; 1993 I S. 2493), das zuletzt durch Artikel 23 des Gesetzes vom 15. Juli 2024 (BGBl. 2024 I Nr. 236) geändert worden ist

Zusammenarbeit von Staatsanwaltschaft und Polizei. Gl. Nr. 4500.15, Gemeinsame Bekanntmachung des Ministeriums für Justiz, Europa und Verbraucherschutz und des Ministeriums für Inneres, ländliche Räume, Integration und Gleichstellung vom 8. Februar 2021 – II 30/3262-10-3/IV 423-19.14.20 -, Verwaltungsvorschrift Schleswig-Holstein Fundstelle: https://www.schleswig-holstein.de/DE/fachinhalte/F/fischerei/Downloads/verlaengerungKormoranschadensrichtlinie.pdf?

Zweites Gesetz zur Stärkung der Verfahrensrechte von Beschuldigten im Strafverfahren und zur Änderung des Schöffenrechts vom 27.08.2017 Gesetz vom 27.08.2017 – BGBl. I 2017, Nr. 60 vom 04.09.2017, S. 3295

Rechtsprechungsverzeichnis

AG Lüneburg, Beschluss vom 05.09.2014, Az.: 15 Gs 554/14, Stimmvergleich. JurionRS 2014, 38425; Fundstelle: https://www.jurion.de/Urteile/AG-Lueneburg/2014-09-05/15-Gs-554_14

BGH, Beschluss vom 24.04.2024 – 4 StR 50/24 (LG Siegen), Besitz von Betäubungsmitteln in nicht geringer Menge. Fundstelle: https://juris.bundesgerichtshof.de/cgi-bin/rechtsprechung/document.py?Gericht=bgh&Art=en&Datum=Aktuell&Sort=12288&nr=138037&pos=2&anz=1322, abgerufen am 16.10.2025

BGH, Beschluss vom 24.04.2024 – 5 StR 21/24 (LG Berlin): Beweiswert von Identifizierungen oder Wiedererkennungen von sog. „Recognizern". Fundstelle: HRR Strafrecht.de; https://www.hrr-strafrecht.de/hrr/5/24/5-21-24.php, abgerufen am 16.10.2025

BGH, Beschluss vom 15.02.2023 – 2 StR 270/22 (LG Erfurt), Beihilfe zum Handeltreiben mit Betäubungsmittel in nicht geringer Menge. Fundstelle: https://juris.bundesgerichtshof.de/cgi-bin/rechtsprechung/document.py?Gericht=bgh&Art=en&Datum=2023-2-15&nr=133393&anz=19&pos=4, abgerufen am 16.10.2025

BGH, Beschluss vom 12.10.2011 – 2 StR 362/11 (LG Aachen), Lückenhafte Beweiswürdigung (Erörterungsmängel; molekulargenetische Untersuchung von DNA-Spurenträgern). Fundstelle: https://www.hrr-strafrecht.de/hrr/2/11/2-362-11.php, abgerufen am 16.10.2025

BGH, Beschluss BGH vom 21. Mai 2004 – 1 StR 170/04 – Beschluss (LG Mannheim), Totschlag. Fundstelle: https://juris.bundesgerichtshof.de/cgi-bin/rechtsprechung/document.py?Gericht=bgh&Art=en&Datum=2004&Sort=6&nr=29441&pos=19&anz=3087, abgerufen am 16.10.2025

BGH, Beschluss vom 19.06.1997–1 StR 168/97, Pflicht zur Aufbewahrung von Tonbändern. Fundstelle: in: NJW 1997, S. 611 und Kriminalistik, Heft 2, 1998, S. 128.

BGH, Beschluss vom 24.02.1994 – 4 StR 317/93 (LG Saarbrücken), BGHSt 40, 66 Zum Beweiswert des Wiedererkennens einer Stimme. Fundstelle: https://www.hrr-strafrecht.de/hrr/4/93/4-317-93.php, abgerufen am 16.10.2025

BGH, Beschluss vom 18.03.1992 – 1 BGs 90/92, 2 BJs 186/91 – 5; BGHSt 38, 237; Beschlagnahmefähigkeit von Behördenakten (Sperrerklärung; Gewaltenteilung; Akteneinsicht; Aufklärungspflicht; Recht auf ein faires

Verfahren). Fundstelle: https://www.hrr-strafrecht.de/hrr/1/92/1-bgs-90-92.pdf, abgerufen am 16.10.2025

BGH, Beschluss vom 27.02.1992 – 5 StR 190/1991 (OLG Celle), BGHSt 38, 214; Beweisverwertungsverbot nach unterbliebener Belehrung des Beschuldigten über sein Aussageverweigerungsrecht bei der polizeilichen Vernehmung (Ausnahmen vom Beweisverwertungsverbot). Widerspruchslösung); Fundstelle: https://www.hrr-strafrecht.de/hrr/5/91/5-190-91.php, abgerufen am 13.10.2025

BGH, GSSt 1/96 – Beschluss vom 13. Mai 1996, Rn 21, BGHSt 42, 139. „Hörfalle", Fundstelle: https://www.hrr-strafrecht.de/hrr/5/96/gsst-1-96.php3, abgerufen am 13.10.2025

BGH, Urteil vom 10. Februar 2021, 6 StR 326/20 – 1 (LG Cottbus), Zeugnisverweigerungsrecht (Sachverhalt mit Angehörigen und Nichtangehörigen); verbotene Vernehmungsmethoden (falsche Belehrung; unvorsätzliche Irreführung); Beweisverwertungsverbot (Heilung; Zustimmung des aussageverweigerungsberechtigten Zeugen); Vernehmung der sitzungsvertretenden Staatsanwältin (Beweiswürdigung eigener zeugenschaftlicher Bekundungen; Grenze zulässiger Mitwirkung). Fundstelle: https://www.hrr-strafrecht.de/hrr/6/20/6-326-20-3.php, abgerufen am 16.10.2025

BGH, Urteil vom 30.12.2014 – 2 StR 439/13, Übergang von Zeugen in den Beschuldigtenstatus.: Fundstelle: Kriminalistik 7/2015, S. 452

BGH, Urteil vom 14.04.2011 – 4 StR 501/10, Wahllichtbildvorlage. Fundstelle: https://juris.bundesgerichtshof.de/cgi-bin/rechtsprechung/document.py?Gericht=bgh&Art=en&nr=56322&pos=0&anz=1, abgerufen am 16.10.2025

BGH, Urteil vom 09.11.2011 – 1 StR 524/11 (LG Heilbronn), BGHR; Anforderungen an die Wahllichtbildvorlage und Verwertbarkeit sowie Beweiswert bei Fehlern. Fundstelle: https://www.hrr-strafrecht.de/hrr/1/11/1-524-11.pdf, abgerufen am 15.10.2025

BGH, Urteil vom 15.02.2005 – 1 StR 91/04 (LG Memmingen), Beweiswürdigung (Wiedererkennung auf Grund einer sequentiellen Videowahlgegenüberstellung); Aufklärungspflicht (Einholung eines anthropologischen Identitätsgutachtens: Eignung des Materials von Raumüberwachungskameras und anzuwendende Grundsätze; Rekonstruktionsverbot); schwere räuberische Erpressung. Fundstelle: https://www.hrr-strafrecht.de/hrr/1/04/1-91-04.pdf, abgerufen am 16.10.2025

BGH, Urteil vom 21.01.2004 – 1 StR 364/03 (LG Ellwangen), Grundsatz der Selbstbelastungsfreiheit (belastende Beweiswürdigung einer verspäteten freiwilligen Abgabe einer Speichelprobe; nemo tenetur; gescheitertes, widerlegtes Alibi; Recht des Beschuldigten, zu lügen; Begründung des Tatverdachtes); gefährliches Werkzeug (verwendungsspezifische Auslegung; Fesselung; sexuelle Nötigung; schwerer Raub. Fundstelle: https://www.hrr-strafrecht.de/hrr/1/03/1-364-03.pdf, abgerufen am 16.10.205

BGH, Urteil vom 24.01.2001; 3 StR 324/00, BGHSt. 266, Beweisgewinnung durch den Einsatz von GPS. Fundstelle: https://juris.bundesgerichtshof.de/cgi-bin/rechtsprechung/document.py?Gericht=bgh&Art=en&sid=085b89b4788648afe499d9c56dc564c8&nr=19243&pos=0&anz=1, abgerufen am 16.10.2025

BGH, Urteil vom 27.10.1999 – 3 StR 241/99 (LG Oldenburg), Darlegungspflicht bei nicht standardisierten Sachverständigengutachten. Fundstelle: https://www.hrr-strafrecht.de/hrr/3/99/3-241-99.pdf, abgerufen am 16.10.2025

BGH, Urteil vom 24.07.1998 – 3 StR 78-98 (LG Lübeck), BGHSt 44, 138; Untersuchungshaft; Begriff der Wohnung (nicht bei einem Besuchsraum in der Vollzugsanstalt); Aufzeichnung von Gesprächen des Untersuchungsgefangenen mit Angehörigen; Beweisantrag (Ablehnung wegen Unzulässigkeit; Darlegungsanforderungen: Beruhen); Aufklärungsrüge (Darlegungsanforderungen). Fundstelle: https://www.hrr-strafrecht.de/hrr/3/98/3-78-98.pdf

BGH, Urteil vom 24.02.1994 – 4 StR 317/93 (LG Saarbrücken), BGHSt 40, 66; freie Beweiswürdigung (Beweiswert des Wiedererkennens einer Stimme: entsprechende Anwendung der Grundsätze der Gegenüberstellung; Verwertbarkeit eines heimlich herbeigeführten Stimmenvergleichs; informationelle Selbstbestimmung; Grundsatz der Selbstbelastungsfreiheit). Fundstelle: https://www.hrr-strafrecht.de/hrr/4/93/4-317-93.pdf, abgerufen am 16.10.2025

BGH, Urteil vom 21. Juli 1994 – 1 StR 83/94 – Urteil (LG München I), BGHSt 40, 211; Verwertung von Angehörigenäußerungen gegenüber V-Mann im Strafprozess bei Zeugnisverweigerung in der Hauptverhandlung (Fall Sedlmayr; Umgehung der Zeugnisverweigerungsrechte; Begriff der Vernehmung: keine Vernehmung bei Befragung durch V-Mann; funktioneller Vernehmungsbegriff; Reichweite des Verwertungsverbots: Anwendung auf informatorische Befragungen); Recht auf ein faires Verfahren (Verwertungsverbot als Ausnahme); Beschuldigtenbegriff. Fundstelle: https://www.hrr-strafrecht.de/hrr/1/94/1-83-94.php, abgerufen am 13.10.2025

BGH, Urteil vom 15. Mai 1992 3 StR 419/91 – (LG Osnabrück) – Beeinträchtigung der Willensfreiheit durch Ermüdung. Fundstelle: https://www.hrr-strafrecht.de/hrr/3/91/3-419-91.pdf, abgerufen am 16.10.2025

BGH, Urteil vom 29.10.1992 – 4 StR 358/92 (LG Münster). BGHSt 38, 388; Garantenstellung von Polizeibeamten außerhalb ihrer Dienstzeit. Fundstelle: https://www.hrr-strafrecht.de/hrr/4/92/4-358-92.pdf, abgerufen am 16.10.2025

BGH, Urteil vom 15. Dezember 1983 – 1 BvR 209/83 –, Rn. 1–215, Volkszählungsurteil. Fundstelle: https://www.bverfg.de/e/rs19831215_1bvr020983, abgerufen am 09.10.2025

BGH, Urteil vom 14. Juni 1960 – 1 StR 683/59 (LG München I), Es ist ohne Zustimmung des Angeklagten unzulässig, im Strafverfahren gegen ihn eine Tonbandaufnahme als Beweismittel zu verwenden, die unter Verletzung seines Persönlichkeitsrechts heimlich über ein von ihm geführtes privates Gespräch vom Gesprächsteilnehmer hergestellt worden ist. Fundstelle: https://opinioiuris.de/node/892/daten, abgerufen am 16.102025

BGH, Urteil vom 16.12.1953 – 5 StR 294/53, Mitteilungspflicht eines Kriminalpolizeibeamten bei außerdienstlicher Kenntnis von einem Raub – Formale Anforderungen an den Eröffnungsbeschluss – Behinderung der Strafverfolgung durch einen Kriminalbeamten. Fundstelle: https://research.wolterskluwer-online.de/document/bf8a1c13-51f9-45fc-8c0b-05476c497bb3, abgerufen 16.10.205

BVerfG, Beschluss vom 12.03.2019 – 2 BVR 675/14, Verfassungsrechtliche Vorgaben für die Einrichtung eines richterlichen Bereitschaftsdienstes (Recht auf Unverletzlichkeit der Wohnung; präventiver Richtervorbehalt für Durchsuchungsanordnungen; Eilkompetenz der Ermittlungsbehörden bei Gefahr im Verzug; Erfordernis. Fundstelle: https://dejure.org/dienste/vernetzung/rechtsprechung?Gericht=BVerfG&Datum=12.03.2019&Aktenzeichen=2%20BvR%20675%2F14, abgerufen am 15.10.205

BVerfG, Beschluss vom 16.06.2015 – 2 BuR 27/18/10, 2 BvR 1849/11, 2 BvR 2808/11; Zur Eilkompetenz der Strafverfolgungsbehörden bei Durchsuchungen. Fundstelle: Kriminalistik 10/2015, S. 588

BVerfG, Beschluss vom 29.09.2013 – 2 BvR 939/13, DNA-Analyse (Entnahme von Körperzellen; molekulargenetische Untersuchung; Identitätsfeststellung in künftigen Strafverfahren; Recht auf informationelle Selbstbestimmung; Prognoseentscheidung; Einzelfallbetrachtung; erhöhter Begründungsbedarf bei Abweichung. Fundstelle: Recht aktuell: Voraussetzungen einer molekulargenetischen Untersuchung, in: Kriminalistik, 6/2014, S. 395

BVerfG, Beschluss vom 08.03.2011 – 1 BvR 142/05 – Rn. (1–29), Zur polizeilichen Ingewahrsamnahme eines Beschuldigten zwecks Feststellung seiner Identität und Durchführung erkennungsdienstlicher Maßnahmen. Fundstelle: https://dejure.org/dienste/vernetzung/rechtsprechung?Gericht=BVerfG&Datum=08.03.2011&Aktenzeichen=1%20BvR%20142/05, abgerufen am 10.10.2025

BVerfG, Beschluss vom 22.05.2009 – 2 BvR 287/09 und 400/09, Fundstelle: Juristische Arbeitsblätter: Genetischer Fingerabdruck bei Jugendlichen. Heft 5/2008, S. 394/395

BVerfG, Beschluss vom 14.12.2004 – 2 BvR 1249/04, Darlegungsanforderungen bei einer Verfassungsbeschwerde (Geltendmachung einer verfassungsrechtlich zwingenden Rechtsfolge in Abweichung zu einer fachgerichtlich gewählten); Subsidiarität der Verfassungsbeschwerde; Folterverbot (Verfahrenshindernis). Fundstelle. https://www.bundesverfassungsgericht.de/SharedDocs/Entscheidungen/DE/2004/12/rk20041214_2bvr124904.html, abgerufen am 16.10.2025

BVerfG, Beschluss vom 27.05.1997 – 2 BvR 1992/92; Anordnung eine Durchsuchung. Fundstelle: https://www.bundesverfassungsgericht.de/SharedDocs/Entscheidungen/DE/1997/05/rs19970527_2bvr199292.html, abgerufen am 25.01.2025

BVerfG, Beschluss vom 25.02.1987 – 1 BvR 1086/85 (BVerfGE 74, 257), Anzeige wegen sexuellen Mißbrauchs. Fundstelle: https://dejure.org/dienste/vernetzung/rechtsprechung?Gericht=BVerfG&Datum=25.02.1987&Aktenzeichen=1%20BvR%201086/85, abgerufen am 16.10.2025

BVerfG, Pressemitteilung Nr. 53/97 vom 11.06.1997 vom 16.07.1997, Aussage eines Zeugen bei der Strafkammer.

BVerfG, Pressemitteilung Nr. 54/2015 vom 15.07.2015; Eilkompetenz der Ermittlungsbehörden für eine Durchsuchungsanordnung endet mit der Befassung des zuständigen Richters. Fundstelle: https://www.bundesverfassungsgericht.de/SharedDocs/Pressemitteilungen/DE/2015/bvg15-054.html, abgerufen am 15.09.2025

BVerfG, Urteil vom 29.05.1973 – 1 BvR 424/71, 1 BvR 325/72, Hochschulurteil. Fundstelle: NJW 1973, 1176

LG Berlin, Beschluss vom 26.06.1989 – 522 Qs 49/89 – Videographieren eines Beschuldigten, Recht aktuell, in: Kriminalistik 1/90, S. 16 und NStZ 1989, Heft 10, S. 488

LG Bielefeld, Beschluss vom 29.09.2010 – 10 Qs 404/10 und 10 Qs 405/10; Fundstelle: Recht aktuell: Entnahme einer Speichelprobe zwecks Aufklärung eines Tötungsdelikts. In: Kriminalistik, 1/2011, S. 20

LG Bielefeld, Beschluss v. 22.11.2007 – Qs 587/01 I, Zu den Anforderungen an die Rechtmäßigkeit einer Durchsuchungsanordnung. Fundstelle: https://dejure.org/dienste/vernetzung/rechtsprechung?Gericht=LG%20Bielefeld&Datum=22.11.2007&Aktenzeichen=I%20Qs%20587/07, abgerufen am 25.01.2025

LG Frankfurt a.M., Urteil vom 20.12.2004 – 5/27 – KLs 7570 Js 203814/03 (4/04), Voraussetzungen für das Vorliegen einer unzulässigen Nötigungshandlung im Rahmen polizeilicher Vernehmungen; Kollision der polizeilichen Auskunftspflicht mit dem umfassenden Schweigerecht des Beschuldigten; Abwägung des Schutzes der Menschenwürde des Täters. Fundstelle: NJW 2005, 692

OLG Braunschweig, Beschluss vom 05.07.2006 – Ss 81/05, Fundstelle: Beurteilung der Aussagekraft eines anthropologischen Vergleichsgutachtens; Anforderungen an die Auswertung einer Videoaufnahme durch Sachverständige zur Identifizierung eines Straftäters; Auswertung der durch eine Überwachungskamera gefilmten Objekte durch Sachverständige; Beachtung der für anthropologische Vergleichsgutachten geltenden Grundsätze durch Sachverständige. Fundstelle: https://voris.wolterskluwer-online.de/browse/document/13111bea-2ce3-419a-bedc-55b5b94ea032, abgerufen am 16.10.2025

OLG Celle, Urteil vom 26.11.2014 – 32 Ss 176/14, Ausübung des Festnahmerechts bei nur leichtem Tatverdacht nicht gerechtfertigt. Fundstelle: https://voris.wolterskluwer-online.de/browse/document/5f4d149d-1f3e-3301-829a-05cb703e5179, abgerufen am 12.10.2025

OLG Celle, Urteil vom 11.01.1985, 3 Vas 20/84, Anfertigung von Bildaufnahmen, Bild- und sonstigen Aufzeichnungen. Fundstelle: https://dejure.org/dienste/vernetzung/rechtsprechung?Gericht=OLG%20Celle&Datum=11.01.1985&Aktenzeichen=3%20VAs%2020/84, abgerufen am 25.01.2025

OLG Karlsruhe, Beschluss vom 17.03.1993 – 3 Hes 77/83, Beweiswert der Wiedererkennungsleistung. Fundstelle NStZ 1993, 377

OLG Köln, Beschluss vom 13.12.1991 – Ss 379/91, Angeklagter; Belastungszeuge; Hauptverhandlung; Identifizieren; Beweiswürdigung. Fundstelle: https://openjur.de/u/443685.html, abgerufen am 15.10.2025

OLG Stuttgart, 04.05.2016 – 4 Ss 543/15, Verwertbarkeit von Dashcam-Aufzeichnung im Straßenverkehr, Fundstelle: https://beck-online.beck.de/?vpath=bibdata%2Fzeits%2FZD%2F2016%2Fcont%2FZD.2016.375.1.html, abgerufen am 12.06.2025

OVG Lüneburg, Beschluss vom 29.06.2016 – 11 ME 100/16, Fundstelle: Recht aktuell: Zur Anordnung der sofortigen Vollziehung bei erkennungsdienstlicher Anordnung. In: Kriminalistik, Kriminalistik Verlag Heidelberg Heft 4/2017, S. 247–248

OVG Lüneburg, Beschluss vom 22.04.2015 – 11 ME 58/15, erkennungsdienstliche Behandlung; Ermessen; Fingerabdruck; Geeignetheit; Gefahrenvorsorge; Handflächenabdruck; Handkantenabdruck; Intimbereich; körperliches Merkmal; KURS Niedersachsen; erkennungsdienstliche Maßnahme; Nackt ED; Nackt ED-Behandlung; Sexualstraftäter; Strafverfolgungsvorsorge; Verhältnismäßigkeit; Wiederholungsgefahr; Ziel, https://voris.wolterskluwer-online.de/browse/document/96b7b9cf-0121-4ee5-97b1-3fcdda981c4f, abgerufen am 26.01.2025

OVG Lüneburg, Beschluss vom 17.07.2009 – 11 ME 402/09, Notwendigkeit der Erhebung einer Anfechtungsklage neben dem Verpflichtungsantrag im einstweiligen Rechtsschutzverfahren i. R. e. Marktzulassungsverfahrens; Notwendige Beiladung von Mitbewerbern in der Situation der „Konkurrentenverdrängungsklage“ bei Marktzulassungsstreitigkeiten; Transparente und rechtzeitige Bekanntgabe behördlicher Vergaberichtlinien Fundstelle: Recht aktuell: Erkennungsdienstliche Behandlung zur Verhütung von Straftaten, in: Kriminalistik 8–1/2010, S. 37

VG Kassel, Urteil vom 30.11.2009 – 4 K 1084/08 KS, Abstrakte Wiederholungsgefahr bei Sexualstraftaten. Fundstelle: openJur 2012, 32402, https://openjur.de/u/30g5055.html; abgerufen am 30.11.2017

VG Regensburg, Urteil vom 28.06.2011 – RO 4 K 11.233, Fingerabdrucknahme, Fundstelle: Recht aktuell: Erkennungsdienstliche Maßnahmen bei Verstößen gegen das BtMG, in: Kriminalistik 2/2015b, S. 112

VG Saarlouis, Urteil vom 21.01.2010 – 6 K 860/08, Erkennungsdienstliche Behandlung. Fundstelle: JurionRS 2010, 41196, https://recht.saarland.de/bssl/document/NJRE000988929, abgerufen am 16.10.2025

VGH Mannheim, Baden-Württemberg, Urteil vom 29.05.2008 – 1 S 1503/07, Erkennungsdienstliche Behandlung wegen Besitzes von Kinderpornographie. Fundstelle: https://beck-online.beck.de/Rechtsprechung/29335?Filter=spubtyp0%3Aent%7Csgericht0%3A1E64D907-725E-4E32-BFA9-490910FE8169%7Cspub0%3ANJW%7Csgericht1%3A1E64D907-725E-4E32-BFA9-490910FE8169.C6DCEE90-30FD-4B4A-9C39-162FE8C51E23%7Cspub1%3A%22Neue%20Juristische%20Wochenschrift%20-%202008%22%7Cspubtyp0%3Aent&ONLYTOP10PUBS=False&DOCID=140347193&PAGENR=1&SHOWCONTEXT=True&Addfilter=sgericht2%3A1E64D907-725E-4E32-BFA9-490910FE8169.C6DCEE90-30FD-4B4A-9C39-162FE8C51E23.VGHMANNHEIM, abgerufen am 25.09.2025

KAPITEL I
Einführung in die Kriminalistik

Inhalt

1 Ursprung der Kriminalistik

1.1 Historisches

1 Die Kriminalistik befasst sich mit allen grundsätzlichen Aufgaben und Maßnahmen der Untersuchung von Straftaten. Sie ist ein wissenschaftliches, theoretisch begründetes, durch praktische Erfahrungen gestütztes sowie eng mit den Strafrechtswissenschaften verbundenes Fachgebiet, das sich mit den Mitteln, Methoden und Verfahren zur Aufdeckung, Untersuchung und Vorbeugung von Straftaten sowie anderen, ähnlich aufklärungsbedürftigen Sachverhalten befasst.

Sie entwickelte sich aus den frühen untersuchungskundlichen und richterlich angeordneten Aufgabenstellungen zur Umsetzung von Strafrechtskodifikationen. Im Zentrum ihrer Aufgaben steht die Erarbeitung wissenschaftlich begründeter Methoden zur allumfassenden Aufklärung, das heißt, die gerichtsfeste Untersuchung und Beweisführung zu Straftaten, insbesondere auch die Ermittlung von unbekannten Straftätern sowie die Bekämpfung der Kriminalität in und durch die Gesellschaft (Kriminalitätskontrolle).

Im deutschsprachigen Raum wird in historischen Betrachtungen zu den Begründern der Kriminalistik häufig der Österreicher *Hans Gross* (1847–1915) als „Altmeister der Kriminologie und Kriminalistik“[1] bezeichnet. Mit der Herausgabe des zweibändigen „Handbuch der gerichtlichen Untersuchungskunde“ (1838 und 1841) begründete *Hans Gross* erstmals den **wissenschaftlichen Charakter** der Untersuchungs- und Ermittlungspraxis von Kriminalfällen. Ihm fällt das Verdienst zu, die **wissenschaftliche Kriminalistik** mit

1 Feist, S. 269.

begründet zu haben. Wie in jeder wissenschaftlichen Entwicklung kann diese Leistung selten einer einzigen Persönlichkeit zugeordnet werden. Auch *Ludwig Hugo Franz von Jagemann* (1806–1853) und weitere an ihrer Grundsteinlegung beteiligten Wissenschaftler und Praktiker begründeten und entwickelten die umfassende wissenschaftliche Untersuchungskunde im Strafverfahren. *Von Jagemann,* der bereits 1838 das „Handbuch der gerichtlichen Untersuchungskunde“[2] veröffentlichte, kann als Mitbegründer der **Untersuchungskunde**, dem Vorläufer der wissenschaftlichen Kriminalistik, angesehen werden. Auch Eugène François Vidocq (1775–1857) wird eine Gründerrolle zugesprochen. Der französische Kriminelle und Kriminalist hat aber eher die heute als „verdeckt“ bezeichnete kriminalistische Tätigkeit vorangebracht. Ebenso ist an die Verdienste von Franz von Liszt, der 1882 in Marburg das erste kriminalistische Seminar gründete, sowie weitere Vorreiter der Kriminalistik zu denken. Es gibt allerdings keinen personalisierten Gründervater.

Nicht unerwähnt bleiben darf der oben bereits erwähnte Strafrechtswissenschaftler *Franz von Liszt* (1810–1899). Er war ein Vertreter der soziologischen Rechtsschule und Mitbegründer der Internationalen kriminalistischen Vereinigung. *Liszt* begründete bereits 1888 in Marburg ein Kriminalistisches Seminar, setzte dieses 1889 in Halle und danach an der rechtswissenschaftlichen Fakultät der Friedrich-Wilhelm-Universität zu Berlin fort.[3] *Franz von Liszt* betrachtete seine Arbeiten stets als Ausgangspunkt für weitere Tätigkeiten auf dem Gebiet der Kriminalistik. Er begründete sozusagen die kriminalistische Lehre als **universitäre** Disziplin. Schon *Liszt* erkannte, dass Kriminalistik nicht nur ein „polizeiliches Instrument“ zur Straftatenuntersuchung sein kann. So wie *Ackermann*[4] und andere Kriminalwissenschaftler stets neu die außerpolizeiliche Bedeutung der Kriminalistik herausstellen, äußerte sich *von Liszt* in seiner berühmten Antrittsvorlesung am 27. Oktober 1899 im Auditorium Maximum der Berliner Universität über die Aufgaben und die Methode der Strafrechtswissenschaft. Er beklagte „die fehlenden Möglichkeiten für jeden jungen Juristen, sich in der schwierigen Kunst, im Strafverfahren den Tatbestand festzustellen, zu üben“ und fordert, der berufsmäßigen, praktischen-technischen Ausbildung der künftigen Kriminalisten ganz so wie der juristisch-logischen an der 2

---

2 Erster Band Theorie der Untersuchungskunde, zweiter Band Pragmatik der Untersuchungskunde als Beispiele.

3 Schurich, Wirth (Hrsg.). In einem Kapitel zur Kriminalistik an der Berliner Universität (1810–1994) wird das Wirken *Franz von Liszts* von der Gründung bis zur Berufung (1810–1899) beschrieben.

4 Ackermann, 2009/2010.

Universität, im akademischen Unterricht eine Grundlage zu geben. Aber damit das geschehen kann, muss erst die ganze Summe von Techniken, Erfahrungen und Fertigkeiten, die der kriminalistische Praktiker braucht, gesammelt und geordnet ins System gebracht werden. Für dieses System hat *Hans Gross* die Bezeichnung **„Kriminalistik"** in der Literatur eingeführt.[5] *Liszt* hat die Kriminalistik erstmalig ex cathedra als integrierten Bestandteil der Strafrechtswissenschaft bezeichnet. Bei der historischen Betrachtung sollten auch Namen wie *H. Schneickert, M. Hagemann, u. a.*[6] nicht unerwähnt bleiben. *Franz von Liszt* kämpfte in den Jahren bis 1920 unermüdlich auch im heute noch gültigen Verständnis von Kriminalistik als einer Wissenschaft, die insbesondere Strafrechtswissenschaften auf kriminalistischem Gebiet anzuregen und zu fördern geeignet sei. Die ursprüngliche Verbundenheit zwischen Kriminalistik und den Straf- und Strafprozessrechtswissenschaften, einschließlich der Rechtsmedizin hat bis heute nicht an Aktualität verloren.

3 Im Zentrum der Bemühungen zur Bildung eines universitären „Kriminalistischen Instituts" stand auch die enge Zusammenarbeit mit dem damaligen Leiter des Gerichtsmedizinischen Instituts der Berliner Universität *Fritz Straßmann* (1858–1940).[7] Auch auf diesem Gebiet kriminalistischer und rechtsmedizinischer integrativer Zusammenarbeit haben sich die Vorstellungen von *Liszt* zur kriminalistischen Untersuchung und Beweisführung zu Straftaten als richtig erwiesen. In den Jahren 1920–1945 werden an der Berliner Universität kriminalistische Lehrveranstaltungen von *H. Schneickert* und *Max Hagemann* abgehalten. *Hagemann,* der zeitweilig Staatsanwalt und Leiter der Berliner Kriminalpolizei war, leitete von 1951–1952 als Präsident das neu geschaffene Bundeskriminalamt. Die Rolle der Kriminalpolizei und die Nutzung der Kriminalistik zur Verfolgung Andersdenkender in der Zeit des Nationalsozialismus bedarf nach wie vor einer gründlichen historischen Untersuchung. Die daraus gezogenen Lehren können dazu beitragen, frühzeitig Gefahren für unsere Demokratie zu erkennen und dem Missbrauch von Macht entgegenzuwirken.[8] So stellte sich das Bundeskriminalamt seiner Geschichte und veröffentlichte dazu Forschungsergebnisse.[9]

---

5 Zitiert nach Schurich, Wirth (Hrsg.), S. 10.

6 Schurich, Wirth (Hrsg.), geben zu deren Wirken für die Kriminalistik einen ausführlichen und vertiefenden Überblick, wobei die darin enthaltenen wissenschaftlichen Leistungen des 2015 verstorbenen Dr. Rainer Leonhardt besonders erwähnt werden sollen.

7 Schurich, Wirth (Hrsg.), S. 13–15.

8 Weiterführende Quellen zu diesem Thema finden sich bei Riechert, 1994.

9 Bundeskriminalamt (Hrsg.), 2011; Bundeskriminalamt (Hrsg.), 2012; Bundeskriminalamt (Hrsg.), 2009.

1.2 Aktuelles

Die geschichtliche Betrachtung sollte auch hinsichtlich der neuzeitlichen Entwicklungen ergänzt werden. Es erscheint notwendig, die Entwicklung der Kriminalistik als Wissenschaft in den bis 1989 existierenden beiden deutschen Staaten für den Zeitraum von 1945 bis heute, dem Jahr 2025, zu untersuchen und objektiv sowie unvoreingenommen, unter Berücksichtigung der Entwicklung der unterschiedlichen Gesellschaftssysteme, aufzuarbeiten. Im Rahmen dieses Handbuchs kann lediglich auf die universitäre Entwicklung verwiesen werden. 4

Aus einem kriminalistischen Lehrauftrag entwickelte sich an der Humboldt-Universität zu Berlin von 1945–1952 ein Institut für Kriminalistik unter *A. Kanger.* Daraus entstand 1952–1961 die Fachrichtung Kriminalistik an der rechtswissenschaftlichen Fakultät. Von 1961–1968 vollzog sich unter *H.-E. Stelzer* die Gründung der Sektion Kriminalistik an der Humboldt-Universität. Danach folgte eine Periode universitärer kriminalistischer Lehre in einem vierjährigen Hochschulstudium mit Abschluss des akademischen Grades Diplomkriminalist, die bis 1994 andauerte. Im Zuge der Wiedervereinigung Deutschlands wurde nach einem Beschluss des Berliner Senats vom 18. Dezember 1990 die Sektion Kriminalistik der Humboldt-Universität zu Berlin „mangels Bedarfs" abgewickelt und stellte 1994 die Lehre ein. Die letzten kriminalistisch gut ausgebildeten Absolventen arbeiten heute vorrangig in Landeskriminalämtern.[10]

Die Kriminalistik entwickelte sich unabhängig von der fehlenden universitären Lehre auch außerhalb der Universitäten, insbesondere in den Polizeien der deutschen Bundesländer und im Bund ständig weiter.

Kriminalistik ist heute in der Praxis der Polizeibehörden zur Straftatenuntersuchung, den Polizeifachhochschulen des Bundes und der Länder in Form unterschiedlich ausgeprägter Tätigkeit in Lehre und Forschung etabliert. Starke Impulse erfährt die Wissenschaft durch kriminalistisch-kriminologische Forschungsstellen der Landeskriminalämter, des Bundeskriminalamtes und dem dort angegliederten Kriminalistischen Institut sowie den Kriminalistikfachgebieten der Deutschen Hochschule der Polizei (DHPol). Die kriminalistische Forschung in der Bundesrepublik ist noch nicht hinreichend ausgeprägt. Der großen praktischen Anerkennung der Kriminalistik stehen Defizite einer staatlich anerkannten hochschulischen/universitären kriminalistischen Spezialistenausbildung außerhalb der Poli-

10 Zu den Hintergründen sowie dem Aufstieg und Ende dieses universitären Lehrfaches wird das Studium der Veröffentlichung von Schurich, Wirth (Hrsg.) empfohlen.

zei gegenüber. Die bereits von *Gross* und *Liszt* geforderte vertiefende wissenschaftlich-forschende Erkenntnisvermittlung, welche über die rein handwerkliche Anleitung zur Straftatenuntersuchung hinausgeht, könnte auch die kriminalistische Qualität der Beweisführung deutlich fördern.

Die **Grundlagenausbildung** im Fach Kriminalistik erhalten die Studierenden der Fachhoch- bzw. Hochschulen der Polizei im Rahmen einer dreijährigen Bachelor-Ausbildung, die mit dem Prädikat Bachelor of Art (BA) Polizeivollzugsdienst (police service) abschließt. An einigen Fachhochschulen werden die angehenden Polizisten nach dem Grundstudium auch speziell kriminalistisch ausgebildet und danach in der Laufbahnrichtung Kriminalpolizei oder im Bereich Cybercrime eingesetzt.

Ein Neuanfang wurde diesbezüglich mit der Implementierung eines Masterstudienganges „Kriminalistik" an der staatlich anerkannten Steinbeis-Hochschule Berlin im Jahr 2014 gemacht.[11] Hier konnte in einem zweijährigen Aufbaustudium der akademische Grad eines Master of Art (M.A.) Kriminalistik erworben werden. Der Studiengang wurde deutschlandweit als erster Masterstudiengang Kriminalistik 2016 offiziell akkreditiert, jedoch 2021 aus strukturellen Gründen durch die Hochschule eingestellt.

Eine weitere weiterbildende Qualifizierungsmöglichkeit besteht mit dem Masterstudiengang Kriminologie, Kriminalistik und Polizeiwissenschaft an der Ruhr-Universität Bochum.[12]

In einem Aufsatz von *Berthel*[13] wird die aktuelle Situation der Entwicklung der Kriminalistik von ihren Anfängen, insbesondere in den letzten vierzig Jahren, zusammengefasst. Unter dem Thema „Kriminalistik studieren in Deutschland – eine widersprüchliche Geschichte" sind die aktuellen Ausbildungsmöglichkeiten dargestellt; darunter auch die im Oktober 2020 vollzogene erstmalige Implementierung eines Masterstudienganges Kriminalistik an einer Hochschule der Polizei, hier an der Hochschule Polizei des Landes Brandenburg.[14]

Unabhängig von der Entwicklung der Kriminalistik ist die Kriminalität in der Bundesrepublik Deutschland und ihrem internationalen Umfeld ein ernsthaftes Hemmnis in der Entwicklung der Gesellschaft, seiner Bürger und des freiheitlich-demokratischen Rechtsstaates geworden. Jährlich sind mehr als 6 Millionen bekannt gewordene Straftaten, vorrangig durch die

11 Steinbeis-Hochschule Berlin (SHB).
12 Ruhr-Universität Bochum (RUB).
13 Berthel, 2020b.
14 Berthel, 2020a.

Polizei, kriminalistisch zu untersuchen. Neben der Alltagskriminalität und steigenden Massenphänomenen, Cybercrime, Organisierte Kriminalität und Terrorismus weist das Kriminalitätslagebild eine zunehmende Gewaltbereitschaft sowie die internationale Vernetzung der Täter aus. Ebenso häufen sich extremistische und rassistische Verbrechen sowie gewaltsame fremdenfeindliche Angriffe auf Personen und Sachen. Spektakuläre Straftaten fordern die Sicherheitsbehörden immer wieder heraus. Insofern ist die Kriminalität zu einem ernsten Problem der inneren Sicherheit geworden.

Vor diesem Hintergrund ist die wissenschaftliche Kriminalistik gefordert, zukunftsorientierte Lösungen zu finden und insbesondere auf den Gebieten der Straftatenaufdeckung, -untersuchung und -vorbeugung Neues zu entwickeln. Die Kriminalistik wirkt durch die Nutzung kriminalistischer Methoden, Erfahrungen und Erkenntnisse in der polizeilichen, justiziellen, staatlichen oder nichtstaatlichen Straftatenbekämpfung der Gesellschaft entscheidend mit. 5

Die Kriminalistik darf nicht als eine abstrakte Wissenschaft betrachtet werden, deren Wert ausschließlich in der Handhabung ihrer praktischen untersuchungskundlichen Methoden liegt. Sie darf auch nicht nur in ihren historischen Bezügen und vergangenen Betrachtungsweisen gesehen werden. Das Ziel ist, die Kriminalistik als eine moderne Wissenschaft unter Nutzung der Erkenntnisse des wissenschaftlich-technischen Fortschritts als Instrument der Straftatenbekämpfung im Zeitalter der Digitalisierung universell weiterzuentwickeln.

2 Anforderungen an eine Wissenschaft

2.1 Allgemeine Anforderungen

Wissenschaft ist die höchste Form der theoretischen Tätigkeit und zugleich deren Resultat. Als Wissenschaft wird ein **System von Kenntnissen** über die Gesetze der Natur, der Gesellschaft und des Denkens verstanden. Ihre Erkenntnisse werden in Begriffen, Aussagen, Theorien und erkannten Gesetzmäßigkeiten fixiert. Das Bundesverfassungsgericht hat sich im Zusammenhang mit dem Schutz der Wissenschaftsfreiheit mehrfach mit der Frage beschäftigt, was als Wissenschaft zu gelten habe. Danach umfasst die wissenschaftliche Tätigkeit „alles, was nach Inhalt und Form als ernsthafter planmäßiger Versuch zur Ermittlung der Wahrheit anzusehen ist."[15] 6

15 BVerfG, Urteil vom 29.5.1973 – 1 BvR 424/71 und 325/72 – RN 128.

Die wissenschaftliche Tätigkeit richtet sich auf bestimmte Gegenstände bzw. Aufgaben. Einen solchen **ausgewählten Gegenstandsbereich** bildet z. B. die Kriminalitätsbekämpfung einer Gesellschaft.

Es gibt unterschiedliche Betrachtungsweisen zum Wissenschaftsbegriff und der Wissenschaftseinteilung. In Verallgemeinerung von verschiedenen Theorien kann von einer Wissenschaft gesprochen werden, wenn sie:

7

- über einen eigenen spezifischen **Gegenstandsbereich** verfügt und diesen systematisch erforscht;
- über eine eigene **Theorie** verfügt, welche das theoretische Wissen über das Wirken von gegenstandsbezogenen Gesetzen und Gesetzmäßigkeiten in einem System von Kenntnissen erfasst;
- über eine **Methodologie** und spezielle von ihr genutzte Methoden und Verfahren verfügt;
- sowie eine **praktische Verankerung** zur Anwendung ihrer Methoden sowie Nutzung ihrer Erkenntnisse gegeben ist.

Das Ziel jeder Wissenschaft besteht darin, neue Erkenntnisse und Gesetzmäßigkeiten zu entdecken und sie in der gesellschaftlichen Praxis umzusetzen.

Merke

Wissenschaft ist ein System von Kenntnissen über die Gesetze der Natur, Gesellschaft und des Denkens und somit die höchste Form der theoretischen Tätigkeit und zugleich deren Resultat.

Allgemeine Anforderungen an die Wissenschaft sind die Verarbeitung empirischer Erkenntnisse, d. h., aus praktischer Erfahrung, Beobachtung und Experiment, Analyse, Deduktion, Induktion und Synthese festgestellte Tatsachen werden beurteilt. Das theoretische Wissen über das Wirken bestimmter Gesetze oder Gesetzmäßigkeiten wird als System von Kenntnissen in einer Theorie zusammengefasst. Sie entwickelt ihre speziellen Methoden und Verfahren. Wissenschaft ist mit der Praxis eng verbunden und braucht zur Anwendung ihrer Erkenntnisse in der Lehre und Praxis eine institutionelle Verankerung.

2.2 Kriminalistik als Wissenschaft

8 Nachdem bis zum Ende des 19. Jahrhunderts Zweifel bestanden, ob die Kriminalistik eine Wissenschaft mit eigenständigem Gegenstand ist, wurden im Übergang zum 21. Jahrhundert die Konturen dieses Fachgebietes deutlicher und ihre Anerkennung als Wissenschaft wird heute

kaum noch bezweifelt. Die Entwicklung der Kriminalistik vollzog sich nach *Zbinden* (1954) in drei **Entwicklungsphasen**:

1. vorwissenschaftliche Kriminalistik,
2. Entwicklung der Kriminalistik zur gerichtlichen Untersuchungskunde,
3. Herausbildung und Entwicklung der Kriminalistik als Wissenschaft.

Auf die ersten beiden Phasen wurde in Abschnitt 1 bereits eingegangen. Die **9**
Kriminalistik befindet sich jetzt in der dritten Phase. „Die Phase der Herausbildung und Entwicklung als Wissenschaft, in der die Kriminalistik zunehmend naturwissenschaftlich-technische, soziologische und psychologische Erkenntnisse aufnimmt und auf ihre speziellen Tätigkeitsbelange ausrichtet, sich weiter abhebt von anderen mit dem Verbrechen befassten wissenschaftlichen Disziplinen (z.B. Kriminologie), sich strukturell und organisatorisch national und international profiliert und ihren eigenständigen Platz innerhalb der Kriminalwissenschaften findet.“[16] Geprägt ist diese Phase von der Herausbildung und Entwicklung ermittlungstaktischer Methoden zur gerichtsfesten Beweisführung, der Entwicklung und Adaption naturwissenschaftlich-technischer Methoden für die Straftatenuntersuchung und das Einbringen von Erkenntnissen und Methoden der forensischen Wissenschaften für kriminalistische Zielstellungen und Belange. Ausdrücklich wurde im Gesetzgebungsverfahren für die Deutsche Hochschule der Polizei der **eigenständige Charakter** der Wissenschaft Kriminalistik festgestellt.[17] Wissenschaft und Praxis sind eng miteinander verflochten. Die Kriminalistik verwirklicht sich durch die Anwendung ihrer Methoden in der polizeilichen Tätigkeit, insbesondere der Kriminalpolizei und den anderen Rechtspflegeorganen, im Besonderen der justiziellen Tätigkeit. Sie ist also nicht mit Kriminalpolizei als Organisationseinheit der Polizei gleichzusetzen. Die Anwendung und das Beherrschen von praktischen handwerklichen Fähigkeiten bei der Straftatenuntersuchung allein begründen aber noch keine Wissenschaft. Um als Wissenschaft anerkannt zu werden, bedarf es besonderer Anforderungen, insbesondere zum Gegenstand, der Theorie, den Methoden und ihrer institutionellen Verankerung.

2.2.1 Gegenstand

Gegenstand der Kriminalistik ist die **Methodik** der Straftatenuntersuchung. Sie befasst sich mit einem abgegrenzten spezifischen Gegenstand, der durch andere Wissenschaften nicht vertreten wird.

16 Ackermann, Koristka, Leonhardt, Nisse, Wirth, S. 11.

17 Landtag NRW, Gesetzesbegründung DHPolG Drucks. 13/6258, S. 29.

Merke

Ihr Gegenstand sind das Wissen und die Erkenntnisse über die Mittel, Methoden und Verfahren der Verhütung, Aufdeckung, Untersuchung und Aufklärung von Straftaten und anderen, ähnlich aufklärungsbedürftigen Sachverhalten sowie die Erkenntnisse, die sich auf die Verbrechensbekämpfung in der Gesellschaft ausrichten.

Diesem **speziellen Gegenstand** widmet sich **kein** anderes Wissenschaftsgebiet, auch keine in den anderen Kriminalwissenschaften verankerte Einzelwissenschaft wie Strafrechtswissenschaft, Strafprozessrechtswissenschaft, Kriminologie oder Rechtsmedizin.

10 In der Kriminalistik als Einzelwissenschaft war der ursprüngliche Gegenstand auf die Methoden der Untersuchung von Verbrechen beschränkt. Wie auch die Phänomenologie des Verbrechens erweitert sich der Gegenstandsbereich ständig. Durch fortschreitende Differenzierung werden, wie in anderen Wissenschaften, immer neue Aufgabenbereiche und Teildisziplinen entwickelt. Der Wissensbestand zu speziellen Fragestellungen des Faches wächst, Teildisziplinen und neue Gegenstandsbereiche bilden sich heraus.

2.2.2 Theorie und Methodologie

11 Ein wesentliches Merkmal der Zuordnung als „Wissenschaft" ist das Vorhandensein von Theorien. Eine Theorie spiegelt eine abstrakte Anschauung zu bestimmten Erscheinungen der objektiven Realität wider. Theorie wird definiert als „abstrakte Betrachtungsweise; System wissenschaftlich begründeter Aussagen zur Erklärung bestimmter Erscheinungen oder Ähnliches."[18] Theoretische Betrachtungen (wie Analyse, Beobachtung) führen zu wissenschaftlich begründeten Aussagen bzw. Erkenntnissen, die der Erklärung von Gesetzmäßigkeiten und Zusammenhängen dienen, die bei der Straftatenuntersuchung und -bekämpfung auftreten. Somit trifft eine Theorie **systematisch** geordnete Aussagen über bestimmte Sachfragen oder Probleme des Denkens. Es ist das gesammelte und beobachtete Faktenwissen. Daraus folgt in einer weiteren Ebene die theoretische Zusammenfassung empirischer Daten als Theorien. Das sind die in einer Theorie formulierten Anschauungen und Ergebnisse der wissenschaftlichen Betrachtung. Diese finden ihren Niederschlag in objektiven Gesetzen bzw. Gesetzmäßigkeiten, Grundsätzen und Prinzipien (z.B. Prinzi-

18 Dudenverlag, S. 744.

pien des Ersten Angriffs). Die Kriminalistik verfügt über weitreichende theoretische Erkenntnisse, die in allgemeinen und speziellen Theorien formuliert sind und die Grundlage für die praktische Anwendung der kriminalistischen Methoden bilden, d. h. nach denen kriminalistisch untersucht bzw. gehandelt wird.

Zu nennen sind beispielsweise:

- die Spurentheorie,
- die Identifizierungstheorie,
- die Beweiserlangungstheorie,
- die kriminalistische Expertisentheorie,
- die Theorie und Methodologie der Informationserschließung,[19]
- die Theorie der Logik und des kriminalistischen Denkens

und andere.

Merke

Die Theorie erfasst die allgemeine theoretische Beschreibung der kriminalistischen Tätigkeit unter Berücksichtigung der Erkenntnisse anderer Wissenschaften. Unter **Theorie ist die abstrakte Betrachtungsweise** einzelner zur Kriminalistik gehörender Gegenstände (Aufgaben) zu verstehen. Sie ist ein System wissenschaftlich begründeter Aussagen zur Erklärung bestimmter Erscheinungen, die sich bei der Straftatenaufklärung ergeben. Sie deckt Gesetzmäßigkeiten und innere Zusammenhänge bei der Anwendung ihrer Methoden auf und ordnet bzw. systematisiert diese Erkenntnisse.

Es gibt weder eine rein theoretische noch nur eine praktische Kriminalistik. Theoretische Erkenntnisse müssen in ihrer Wechselwirkung zwischen Theorie und Praxis umgesetzt werden. Theoretische Erkenntnisse sollen immer einen hinreichenden Bezug zur Wirklichkeit haben und deshalb ist es auch falsch, Theorie und Praxis gegenüberzustellen. Die stark auf die Vermittlung handwerklicher Fähigkeiten und Fertigkeiten ausgerichtete Kriminalistik-Ausbildung sollte vertiefendes theoretisches Hintergrundwissen vermitteln, um Fehler bei der praktischen Anwendung zu vermeiden.

---

19 Schließt Gesetzmäßigkeiten und Prinzipien der Informationserlangung und -speicherung, des Informationsflusses sowie der korrelativen Verknüpfung von Informationen und Informationsinhalten, beispielsweise in Datenbanken, Sammlungen etc., ein.

12 Die Begriffe Methodologie, Methodik und Methode werden in der deutschen Sprache nicht immer hinreichend klar getrennt und teilweise synonym gebraucht. Obwohl die Befassung mit den Unterschieden sehr theoretisch anmutet, soll dies an dieser Stelle aus Verständnisgründen kurz erfolgen.

Wissenschaftstheoretisch kann man eine hierarchische Aufteilung vornehmen:

Die Methodologie (oder Methodenlehre) befasst sich mit der Theorie der wissenschaftlichen Methoden. Bezogen auf die Kriminalistik umfasst die kriminalistische Methodologie solche Methoden, mit denen die Kriminalistik verallgemeinert zu Erkenntnissen gelangt. Es geht also nicht um das Vorgehen im Einzelfall. Diese allgemeinen Methoden haben einen solchen Allgemeinheitsgrad, der es gestattet, ihre Erkenntnisse in allen speziellen Zweigdisziplinen, z.B. der Kriminaltaktik oder der Kriminaltechnik, anzuwenden.

Eine Methode ist ein System von Grundsätzen, Forderungen, Vorschriften oder Regeln, das zur Erlangung von Erkenntnissen dient bzw. die Art und Weise des Vorgehens beschreibt.

Aus einzelnen Methoden wiederum entwickelt sich die übergeordnete **Methodik**[20]. Zusammenhänge zwischen Methoden, Methodologie und Methodik sind in Abschnitt 2.2.3 erläutert.

Theorie und **Methodologie** (Methodenlehre) der Kriminalistik sind nicht voneinander zu trennen.

Insofern knüpfen diese allgemeinen Methoden unmittelbar an die o.g. Theorien an. Es handelt sich beispielsweise um allgemeine Methoden im Zusammenhang mit:

- kriminalistischen Spuren,
- der Identifizierung,
- der Beweisführung,
- kriminalistischen Expertisen,
- der kriminalistischen Informationserschließung,
- dem kriminalistischen Denken.

Dabei ersetzt die allgemeine kriminalistische Theorie und Methodologie nicht spezielle theoretische und methodische Ansätze von anderen Zweigdisziplinen. Im Gegenteil: Diese Methodik, die beinhaltet, **welche** Methoden bei bestimmten kriminalistischen Tätigkeiten, z.B. im Ersten Angriff oder bei der Vernehmung eines jugendlichen Ersttäters, Anwendung finden sollten, bildet einen Schwerpunkt bei der Vermittlung kriminalistischer Kompetenzen.

---

20 Als „Lehre von den wissenschaftlichen Methoden".

2.2.3 Methode, Methodik

Als **Methode** wird allgemein das planmäßige Vorgehen bei der Untersuchung von Sachverhalten oder beim Lösen von Aufgaben verstanden. Eine Methode beinhaltet eine bestimmte Untersuchungsweise, sie schließt die Art und Weise des Vorgehens bei der Problemlösung ein.

Methoden[21] sind an die Durchführung und Lösung von spezifisch kriminalistischen Aufgaben gebunden, beispielsweise Methoden der Ermittlung unbekannter Täter. Methodenanwendung ist ein spezielles Charakteristikum für wissenschaftliches Vorgehen. Eine Wissenschaft nutzt neben **allgemeinen** Methoden jedoch auch **spezielle** Methoden.

Die Kriminalistik verfügt über ein breites, auf ihren Gegenstand bezogenes Methodenspektrum zur Straftatenuntersuchung.

Allgemeine Methoden der Kriminalistik sind hauptsächlich: 13

- Auswertung/Analyse/Synthese
- Beobachtung
- Besichtigung
- Befragung
- Vergleich
- Prognose
- Rekonstruktion
- Experiment
- Mathematische Methoden
- Logische Methoden
- Versions-/Hypothesenbildung

Spezielle Methoden der Kriminalistik bauen auf allgemeinen Methoden auf und sind auf die Lösung spezieller Aufgaben ausgerichtet, beispielsweise:

Methoden der

- Informationserlangung
- Informationsprüfung
- Suche und Sicherung von Mikrospuren

---

21 Methoden (griechisch: methodos „Weg"; „Gang einer Untersuchung"): Sie beinhalten das planmäßige Verfahren zur Erreichung eines bestimmten Zieles.

- Sicherung von gasförmigen Stoffen
- naturwissenschaftlich-technischen Beweismitteluntersuchung
- kriminalistischen Fallanalyse
- verdeckten Ermittlung
- kriminalistischen Versions-/Hypothesenbildung
- Vernehmung von Kindern
- Auswertung digitaler Datenträger und weitere.

Damit wird deutlich, dass Methoden mit der **Lösung einer Aufgabe** verbunden sind. Kriminalistische Methoden beinhalten, wie beim praktischen Vollzug einer Aufgabe *(der erkennenden Untersuchungstätigkeit des Kriminalisten)* planmäßig vorzugehen ist. Methodenanwendung verfolgt ein bestimmtes Ziel. Vorrangig ist, neue Erkenntnisse zu gewinnen, zu begründen und zu prüfen. Die in der Kriminalistik zur Fallaufklärung einsetzbaren Methoden sind vielfältig. Sie beschreiben die kriminalistische Vorgehensweise aufgabenbezogen bzw. spezifisch, also die Art und Weise, wie bei der Lösung einer Aufgabe methodisch vorzugehen ist (z.B. Sicherung eines mit Blutspuren behafteten Tatwerkzeuges) bzw. wie ein angestrebtes Ziel zu erreichen ist.

Zu einer Methodik zusammengeführte Methoden sind beispielsweise die Methodik des Ersten Angriffs, die Vernehmungsmethodik oder die digitale Ermittlungsmethodik.

2.2.4 Institutionelle Verankerung

14 Schließlich ist die **institutionelle** Verankerung eine praktische Anforderung an eine Wissenschaft. Sie bedarf der Anknüpfung an Bereiche, deren Aufgaben- bzw. Tätigkeitsfelder mit dem Gegenstand der Wissenschaft verbunden sind oder sie tangieren. Wissenschaft muss in Institutionen der Lehre, Forschung und Praxis „beheimatet" sein und diesen dienen. Die Kriminalistik ist als eigenständige Disziplin in wesentlichen Teilbereichen der polizeilichen Lehr- und Forschungseinrichtungen des Bundes und der Länder, an den Fach- bzw. Hochschulen der Polizei, den Landeskriminalämtern, der Deutschen Hochschule der Polizei sowie den Forschungsbereichen des Bundeskriminalamtes[22] und weiterer Anwender, wie z.B. Zollkriminalamt, verankert. Aber auch an den Rechtsmedizinischen Instituten finden sich kriminalistsche Teilbereiche. Eine Wissenschaft ist dann besonders effizient, wenn sich ihre Erfahrungen und Erkenntnisse unmittelbar in der Praxis, wie bei

22 Insbesondere des Kriminaltechnischen und Kriminalistischen Instituts.

der Straftatenuntersuchung und Kriminalitätsbekämpfung, anwenden und in praktisches Handeln umsetzen lassen.[23] Institutionell verankert ist die Kriminalistik auch bei außerpolizeilichen Nutzern wie Staatsanwaltschaften, Gerichten und weiteren staatlichen Einrichtungen, denen strafprozessuale Rechte und Befugnisse, wie dem Luftfahrt-Bundesamt oder dem Eisenbahn-Bundesamt, gesetzlich eingeräumt sind. Hinzu kommen aber auch nichtstaatliche Akteure, wie z. B. Strafverteidiger, Versicherungen oder Wirtschaftsprüfer. Wünschenswert wäre es für die Kriminalistik, einen universitären wissenschaftlichen Ankerpunkt (eine Heimat) zu schaffen, der über polizeiliche Sichtweisen hinaus das breite Spektrum anderer etablierter Wissenschaftszweige zur Erkenntnisgewinnung nutzen und steuern könnte.

3 Aufgaben und Begriff der Kriminalistik

Nach Beurteilung der kennzeichnenden Merkmale einer Wissenschaft ist festzustellen, dass die Kriminalistik diesen Anspruch, eine Wissenschaft zu sein, für sich erheben kann. Einer jungen Wissenschaft ist dabei einzuräumen, den wissenschaftlichen Charakter ihrer Erkenntnistätigkeit und Methodenanwendung noch nicht in jedem Bereich vollständig ausgeprägt zu haben. Entscheidend ist jedoch das Bestreben der Weiterentwicklung ihrer Aufgaben und der Methoden zu ihrer Lösung. Erst die nähere Betrachtung der **Aufgaben** in ihrem Bezug zum **Gegenstand** ermöglicht festzustellen, wie Kriminalistik begrifflich zu beschreiben ist. 15

3.1 Aufgaben

Die Aufgaben der Kriminalistik werden im Wesentlichen von der Bekämpfung des Verbrechens, der Untersuchung von Straftaten bestimmt. Ihrem Ursprung nach hat sie die Aufgabe, im Vorfeld richterliche Entscheidungen vorzubereiten. Ihre Aufgabe ist die Untersuchung von Straftaten (Verbrechen und Vergehen) und anderen, ähnlich aufklärungsbedürftigen Sachverhalten mit dem Ziel, die Wahrheitsfindung zu unterstützen und dazu die entsprechenden Beweise zu suchen, zu sichern, zu sammeln und auszuwerten. Dazu 16

23 Die unmittelbare Erkenntnisverwertung einer Wissenschaft ist jedoch kein ausschlaggebendes Kriterium, da beispielsweise die theoretische Grundlagenforschung ihre hypothetischen Annahmen (z. B. in der Krebsforschung) über Jahrzehnte prüfen muss. Auch der erst am 12.2.2016 gelungene Nachweis der vor hundert Jahren (11.5.1916) von *Einstein* aufgestellten Hypothese zur Existenz von Gravitationswellen im Rahmen seiner Relativitätstheorie zeigt die teilweise langen Zeiträume zwischen Erkenntnis und Erkenntnisverwertung.

entwickelt sie die für die Aufgabenlösung erforderlichen wissenschaftlich fundierten und praktisch orientierten Mittel, Methoden und Verfahren.

Wichtige **Aufgabenbestandteile** sind:

17 ■ **Die Ermittlung unbekannter Täter** zu Straftaten. Diese originäre Aufgabe, die von keiner anderen Wissenschaft wahrgenommen wird, ist eine komplexe Aufgabenstellung, die oft mit großen Schwierigkeiten verbunden ist und den Einsatz aller in der Kriminalistik vereinigten Gebiete, tangierenden Wissenschaften, sowie Nutzung detektivischer Fähigkeiten und Fertigkeiten erfordert;

18 ■ **Die umfassende Sachverhaltsaufklärung**. Aufgabe der Kriminalistik ist im Zusammenhang mit der Täterermittlung die allseitige Erforschung des Sachverhaltes (§ 163 Abs. 1 StPO). Die Aufgabe des „Erforschens“ impliziert aktives eigenständiges, in die Tiefe gehendes Ermitteln und Untersuchen. Mittels kriminalistischer Methoden werden Details, Hintergründe, Ursachen, sachliche und personale Zusammenhänge zu Straftaten und kriminalistisch relevanten Sachverhalten aufgeklärt. Der Begriff Aufklärung wird in der Kriminalistik einerseits als Aufklärung des gesamten Ablaufs eines Ereignisses oder einer Tat, andererseits als Umschreibung der Täterermittlung verstanden;

19 ■ **Die Beweisführung** im Rahmen der Straftatenuntersuchung. Die umfassende Tataufklärung verlangt auf kriminalistische Art und Weise Beweis zu führen, wie und durch wen die Straftat begangen wurde. Die kriminalistische Aufgabe besteht in der Beweisfindung, Beweissicherung, Beweisprüfung und Beweisführung. Die Kriminalistik entwickelt dazu ständig neue Instrumente und Verfahren der Beweisfindung und Beweisführung, die letztlich der Wahrheitserforschung dienen.[24] Die strafprozessualen Anforderungen an die Beweisführung werden in Kapitel II behandelt.

20 ■ **Die Strategieentwicklung** zur Bekämpfung speziell ausgewählter Delikte und Erscheinungsformen der Kriminalität. Beispielsweise zur Bekämpfung von Serienstraftaten. Über ihre ursprünglichen Aufgaben in der Straftatenuntersuchung hinaus entwickelt die Kriminalistik im Rahmen ihrer polizeilichen Tätigkeit in Zusammenarbeit mit anderen staatlichen und gesellschaftlichen Verantwortungsträgern strategische Varianten zur Bekämpfung der Kriminalität.[25]

---

24 Wie z.B. die DNA-Analyse oder die kriminalistische Anwendung der Möglichkeiten der Informations- und Kommunikationstechnologie.

25 Vgl. Berthel, Lapp.

Weitere Aufgaben sind: 21

- Die Fahndung nach Personen, Sachen oder Vermögenswerten.
- Die Entwicklung von repressiven und präventiven Methoden der Straftatenbekämpfung.
- Die Aufdeckung von Straftaten aus der Latenz (dem Dunkelfeld).
- Die taktische und technische Methodenentwicklung für die Untersuchungspraxis sowie Bekämpfung neuer Kriminalitätsphänomene.
- Die Weiterentwicklung der Theorie und Methodologie der Kriminalistik.
- Die Kriminalistische Forschung in Zusammenarbeit mit anderen Wissenschaftsbereichen und der polizeilichen/kriminalistischen Praxis.

Von diesen und weiteren Aufgaben der Kriminalistik zur systematischen Erforschung von Sachfragen, die Einfluss auf die Kriminalitätsaufklärung und -verhinderung und im Besonderen auf die Straftatenuntersuchung haben, geht auch ihre begriffliche Kennzeichnung aus.

3.2 Definition Kriminalistik

Ein Begriff ist ein gedankliches Abbild von invarianten Eigenschaften eines bestimmten Gegenstandes. Bezogen auf die Kriminalistik sind es die Aufgaben und Funktionsweise der Untersuchung von Straftaten und der Verbrechensbekämpfung. Jeder Begriff unterliegt der subjektiven Interpretation von Beziehungen zwischen den darin enthaltenen Aussagen bzw. Festlegungen. Ebenso haben die aus dem jeweiligen Kenntnis- und Entwicklungsstand einer Wissenschaft hervorgebrachten Faktoren Einfluss auf die Begriffsbildung. Aufgaben und Methoden einer Wissenschaft verändern sich im Laufe der Zeit *(z.B. Entstehung neuer Aufgaben/Methoden aufgrund neuer Erscheinungsformen der Kriminalität)*. Daraus erklären sich die vielen **unterschiedlichen Begriffsbestimmungen** zur Kriminalistik in der Literatur. 22

Die nachfolgende von *Ackermann* publizierte Definition geht zurück auf eine Arbeitsgruppe aus Kriminalistikdozenten[26] des Bundes und der Länder in den Jahren 1998–2000. In wissenschaftlichen Streitgesprächen wurde letztendlich weitgehend Übereinstimmung zu inhaltlichen Aufgaben der Kriminalistik erzielt und eine Definition[27] für die Wissenschaft Kriminalistik abgeleitet:

---

26 Die Mitglieder dieser Arbeitsgruppe sind in einem Sonderdruck aus der „Kriminalistik", 9/00, 10/00, 11/00 und 12/00, herausgegeben 2001, namentlich benannt.

27 Ackermann, Koristka, Leonhardt, Nisse, Wirth, S. 3–4.

23 **Kriminalistik** ist die Wissenschaft von der Aufdeckung, Untersuchung und Verhütung von Straftaten und ähnlich aufklärungsbedürftigen Sachverhalten. Ihr Gegenstand sind die Gesetzmäßigkeiten und Erscheinungen des Entstehens von Informationen (Spuren/Beweisen) bei der Straftatenbegehung sowie die Methoden ihres Auffindens, Sicherns und Bewertens für Ermittlungs- und Beweiszwecke. Ihre Aufgabe ist, Ereignisse mit strafrechtlicher und kriminalistischer Relevanz aufzudecken, deren Ablauf zu untersuchen, den Täter zu ermitteln und mit hinreichender Sicherheit zu überführen, einschließlich der Suche nach Personen oder Sachen (Repression). Sie entwickelt aus Erkenntnissen zur Straftatenuntersuchung Verfahren zur Verhütung künftiger Straftaten (Prävention) und gibt kriminalstrategische Empfehlungen zur Kriminalitätskontrolle und Bekämpfung von Straftaten.

24 Mit der Definition als Wissenschaft wird der wissenschaftliche Charakter der Kriminalistik, einerseits Theorie und Lehre und andererseits in Umsetzung ihrer Erkenntnisse praktische Handlungsgrundlage für die Straftatenuntersuchung zu sein, erfasst. Ihr Gegenstand richtet sich auf das Erkennen und die Interpretation aller durch Straftaten entstehenden materiellen und nichtmateriellen Veränderungen bzw. Wahrnehmungen. Dabei entwickelt sie vielfältige Methoden zur beweisrelevanten Untersuchung von Straftaten durch die Polizei und andere Institutionen. Die Methoden der Kriminalistik beschränken sich nicht auf rein handwerkliches Handeln, z.B. bei einer Spurensicherung. Gemeint sind damit Erkenntnismethoden der Geisteswissenschaften und sie umfassen auch einen erheblichen Anteil naturwissenschaftlich-technischer Methoden bei der Beweisfindung und zur Beweisführung bei der Straftatenuntersuchung.

25 Die Zweckbindung der Kriminalistik mit ihren Teilbereichen (vgl. Abb. I.1) ist nicht nur auf das Strafverfahren und die Polizei ausgerichtet. Die Erkenntnisse und Erfahrungen dieser Wissenschaft werden auch als Instrumente bei der Untersuchung von strafrechtlich *(zunächst)* noch nicht zu verfolgenden Ereignissen *(z.B. nichtnatürliche Todesfälle, Unfälle, Katastrophen)* zur Sachverhaltsaufklärung genutzt. Hinzu kommen Sachverhalte, die überhaupt keine strafrechtliche Relevanz besitzen (z.B. Ordnungswidrigkeiten, zivilrechtliche Konflikte). Begrifflich werden diese als „ähnlich aufklärungsbedürftige Sachverhalte“ bezeichnet. Ursprünglich wurde in diesem Zusammenhang von „kriminalistisch relevanten Ereignissen“ gesprochen. Dabei handelt es sich jedoch um einen „Zirkelschluss“, da die Kriminalistik nicht mit „kriminalistisch relevanten Ereignissen“ definiert werden kann.

26 Die Aufgabe der **Verhütung** künftiger Straftaten bei speziellen Delikten oder ausgewählten Deliktarten schließt auch ihre **Verhinderung** im Sinne

der Nichtzulassung von erkennbar vor der Ausführung stehenden Straftaten ein. Vorrangig aus praktischen Untersuchungserfahrungen von speziellen Delikten und Deliktgruppen leitet die Kriminalistik wissenschaftliche Erkenntnisse ab, die auf diese bezogen zu kriminalstrategischen Empfehlungen für die Bekämpfung besonderer Erscheinungsformen der Kriminalität und der Kriminalitätskontrolle durch den Staat führen. Diese kriminalstrategischen Empfehlungen können sich auf alle Straftatenkategorien und z. B. auch auf Ordnungswidrigkeiten beziehen. Die Kriminalistik, speziell Kriminalstrategie, leistet damit einen Teilbeitrag in dem durch die Kriminalpolitik, weiteren Kriminalwissenschaften *(z. B. Kriminologie, Strafrecht)* sowie der Gesellschaft und ihren Einrichtungen ressortübergreifend zu führenden Kampf gegen die Kriminalität.

3.3 Aufgaben außerhalb der polizeilichen Straftatenbekämpfung

Die Kriminalistik ist nicht ausschließlich an die polizeiliche Straftatenbekämpfung gebunden. Sie hat eine weiterreichende Funktion bei der Bekämpfung des Phänomens Kriminalität in der gesamten Gesellschaft und durch die damit beauftragten Behörden und Einrichtungen sowie Organe der Strafrechtspflege. Darüber hinaus löst sie Aufgaben in nichtstrafrechtlichen Bereichen anderer Rechtsnatur. Sie stellt ihre Erkenntnisse, Mittel, Methoden und Verfahren sowie praktischen Erfahrungen sämtlichen Institutionen zur Verfügung, die Aufgaben im Zusammenhang mit der Straftatenuntersuchung oder -bekämpfung bzw. Strafverfolgung[28] zu lösen haben. Das schließt auch private Sicherheitsdienstleister (z. B. Flughafenkontrolle) und Detekteien sowie z. B. Sicherheitsabteilungen in Unternehmen ein. Daneben werden die Erkenntnisse, Mittel, Methoden und Verfahren sowie praktischen Erfahrungen z. B. auch durch die Nachrichtendienste genutzt. 27

Das betrifft ebenfalls die **Aufdeckung** von Verdachtsgründen zu Straftaten (Latenzaufdeckung). So haben beispielsweise Krankenkassen und ihre Spitzenverbände die gesetzliche Pflicht, „Stellen zur Bekämpfung von Fehlverhalten im Gesundheitswesen" einzurichten. Das sind organisatorische Einheiten, die Fällen und Sachverhalten nachzugehen haben, die auf unregelmäßige oder auf rechtswidrige oder zweckwidrige Nutzung von Finanzmitteln hinweisen. Diese Organisationseinheiten (Stellen) „sollen die Staatsanwaltschaft unverzüglich unterrichten, wenn die 28

28 Diese sind weitgehend gesetzlich geregelt, z. B. im Bundesberggesetz, Luftverkehrsgesetz, Zollverwaltungsgesetz oder in der Abgabenordnung.

Prüfung ergibt, dass ein Anfangsverdacht auf strafbare Handlungen mit nicht nur geringfügiger Bedeutung bestehen könnte" (Vorfeldermittlungen).[29] Außerhalb der Polizei nutzen für ihre jeweils spezifische Aufgabenerfüllung insbesondere:

29
- die Justiz- und Strafverfolgungsorgane,
- die weiteren Kriminalwissenschaften,
- öffentliche Lehr- und Forschungseinrichtungen,
- andere staatliche und nichtstaatliche Institutionen/Einrichtungen,
- Kontroll-, Revisions- und Aufsichtsorgane,
- die Finanzaufsicht

die Instrumentarien der Kriminalistik.

30 Die **polizeiliche Straftatenbekämpfung** ist das umfangreichste Anwendungsgebiet von Erkenntnissen der Kriminalistik. Ihre Erfahrungen und Methoden bilden im breiten Feld polizeilicher Aufgabenerfüllung wichtige **Grundlagen** polizeilichen Handelns. Dabei ist eine Wechselwirkung zwischen kriminalistischen und polizeilichen Handlungsfeldern (z.B. Einsatzgeschehen) unbestritten. Kriminalistische Methoden wirken in vielfältige polizeiliche Handlungsfelder hinein. Die Lehren zur kriminalistischen Tatortarbeit bilden z.B. unter Berücksichtigung spezifischer Situationsbedingungen die Grundlage für die Verkehrsunfallortuntersuchung. Die Grundsätze und Methoden der Vernehmung durchziehen alle polizeilichen Handlungsfelder, auch außerhalb der Straftatenuntersuchung, und so ließe sich die Aufzählung fortsetzen.

Kriminalistische und kriminologische Teildisziplinen sind Lehrthemen bei der Juristenausbildung. Sie beinhalten praxisrelevante Fragestellungen für auszubildende Staatsanwälte, Richter, Rechtsanwälte oder Verteidiger in kriminalistischen, kriminaltechnischen und kriminaltaktischen Fragestellungen wie Vernehmungslehre und -technik. Außer den Justizorganen nehmen eine Vielzahl anderer Ermittlungspersonen im gesetzlichen Auftrag und unter Anleitung der Staatsanwaltschaft regelrechte kriminalpolizeiliche Untersuchungsaufgaben und strafprozessuale Zwangsmaßnahmen wahr. Das sind beispielsweise als Ermittlungspersonen berufene Mitarbeiter des Zollfahndungsdienstes und Zollkriminalamtes (ZKA), des Außenprüfungs- und Steueraufsichtsdienstes, der Bergbauämter, des Luftfahrt-Bundesamtes (Zentralstelle für Flugunfalluntersuchung), der Ämter für Arbeitssicherheit, des

29 Neufassung § 197a SGB V Abs. 1 Ziff. 4 – neu geschaffen durch GKV-Modernisierungsgesetz.

Eisenbahn-Bundesamtes und seiner Landesämter und andere. Insbesondere zu deren Aus- und Fortbildung ist eine außerpolizeiliche hochschulische Etablierung der Kriminalistik angezeigt.

Zu diesen Adressaten kommen Bedienstete von nichtöffentlichen und privatrechtlichen Einrichtungen wie das gesamte private Sicherheitsgewerbe, Detekteien, Wirtschaftsprüfdienste und andere hinzu.

4 Binnenstruktur der Kriminalistik

Die Kriminalistik war ursprünglich in zwei Bereiche eingeteilt, die **Kriminaltaktik** und **Kriminaltechnik**. Im 20. Jahrhundert wird ihr System 31
erweitert. Hinzu kommt die Kriminalstrategie, die kriminalistische Psychologie (in verschiedenen Varianten) und manche Autoren fügen die Kriminaldienstkunde und Kriminallogistik hinzu. Die anzutreffende Erweiterung des Wissenschaftsgegenstandes Kriminalistik auf dienstkundliche und logistische Aufgaben ist jedoch fraglich[30]. In der Ausbildung und Lehre müssen allerdings auch systemische Kenntnisse, vor allem hinsichtlich der Existenz polizeilicher Informations- und Auskunftssysteme und administrativer Regularien, interner Weisungen bzw. Dienstvorschriften vermittelt werden. Die innere Einteilung von Wissenschaften folgt allerdings nach Gesichtspunkten, die sich am **Kern** der Aufgaben orientieren. Nach umfangreichen Diskussionen der letzten Jahre und unter Berücksichtigung der Tatsache, dass Kriminalistik nicht nur eine praktische Wissenschaft ist, sondern über einen hohen Anteil naturwissenschaftlich-technischer sowie anderer wissenschaftlicher Verfahren und Methoden verfügt, wird davon ausgegangen, dass Kriminalistik eine anerkannte und neben der Kriminologie existierende **selbstständige Wissenschaft** ist. Folglich gibt sie sich eine nach Ordnungskriterien gestaltete innere Struktur. Demzufolge umfasst die Wissenschaft Kriminalistik auf wesentliche Aufgaben bezogene Bestandteile (Teildisziplinen), die im wechselseitigen Zusammenhang zueinanderstehen, sich ständig weiterentwickeln und verändern können. Diese Teildisziplinen werden in der Abb. I.1 als wissenschaftsstrukturelles System dargestellt.

Die Wissenschaft Kriminalistik gliedert sich strukturell in die folgenden wesentlichen miteinander verflochtenen Gebiete, die als Teildisziplinen bezeichnet werden.

---

30 Brodag, S. 22.

32

System der Kriminalistik und ihre Bestandteile (Teildisziplinen)[1]

Theorie/ Methodologie/ Geschichte

- Geschichte der Kriminalistik
- Theorie- und Methodenentwicklung
- Methodologie
- Identifizierungstheorie
- Versions-/ Hypothesenbildung
- Didaktik der Kriminalistik
- …

Kriminaltaktik

- Anzeigenaufnahme, Erster Angriff und Tatortarbeit
- Offene und verdeckte Ermittlungsmethoden
- Digitale Ermittlungsmethoden
- Verdächtigen- und Täterermittlung
- Vernehmung/ Identifizierung/ Wiedererkennung
- Durchsuchung/ Beschlagnahme
- Fahndung
- Operative Analyse
- Sammlungsvergleich
- …

Kriminaltechnik (Naturwissenschaftlich-technische Kriminalistik)

- Theoretische und naturwissenschaftliche Grundlagen
- Spezielle Expertisengebiete, z. B.
  - Technische Formspuren
  - Schusswaffen/Ballistik
  - Daktyloskopie
  - Signalementslehre/ Gesichtserkennung
  - Handschriften
  - Dokumente/Urkunden
  - Akustik/Sprechererkennung
  - Kriminalistische Fotografie/Videografie
  - Kriminalistische Biologie
  - Kriminalistische Chemie
  - Toxikologie
  - Anwendungstechnik
  - Digitale Forensik
  - …
- Sachverständigentätigkeit
- …

Spezielle Kriminalistik

- Delikts- bzw. Deliktsgruppenbezogene Ermittlungen, z. B.
  - Politisch Motivierte Kriminalität
  - Organisierte Kriminalität
  - Betäubungsmitteldelikte
  - Cybercrime
  - Massen- und Straßenkriminalität
  - Wirtschaftskriminalität
  - …
- Untersuchung bes. Erscheinungsformen, z. B.
  - Tötungsdelikte
  - Vermisstensachen
  - Körperverletzungsdelikte
  - Sexualdelikte
  - Raub und Erpressung
  - Entführung und Geiselnahme
  - Schwere Eigentums und Betrugsdelikte
  - Branddelikte
  - Fälschungsdelikte
  - Größere Schadensereignisse
  - …

Kriminalistische Psychologie

- Psychologische Grundlagen kriminalistischen Handelns
- Verhaltenspsychologie
- Kommunikation
- Gefährdungsbewertung
- Kriminalistisches Denken
- Fallanalyse
- …

Kriminalstrategie

- Planung und Umsetzung von Strategien zur Kriminalitätsbekämpfung (präventiv und repressiv)
  - Deliktsstrategien
  - Regionalstrategien
  - Fachstrategien
- Strategische Analyse
- Organisation der Kriminalitätsbekämpfung
- Case Management
- Kriminalistische Prognose
- Politikberatung

1 Das Schema unterliegt dem Erkenntnisfortschritt und neuen Entwicklungen. Es gibt keine starren Grenzen zwischen den Teildisziplinen.

Abb. I.1 System der Kriminalistik und ihrer Bestandteile (Teildisziplinen)

Die strukturelle Gliederung entspricht den gegenstandsbezogenen Sachkomplexen, mit denen sich die Kriminalistik aktuell in ihrer Gesamtheit beschäftigt.[31] Die Untergliederungen einer Wissenschaft werden im Allgemeinen in der Theorie als **Zweigdisziplin, Teildisziplin, Bestandteil** oder **Teilgebiet**[32] bezeichnet. Man kann sie auch Hauptgebiete nennen. Für die Kriminalistik erscheint es angebracht, diese als **Hauptbestandteile** oder **Teildisziplinen** zu bezeichnen.

Die hauptsächlichen Bestandteile der Kriminalistik sind nach dem gegenwärtigen Erkenntnisstand die folgenden Zweigdisziplinen:

1. Theorie/Methodologie/Geschichte **33**
2. Kriminaltaktik
3. Kriminaltechnik (Naturwissenschaftlich-technische Kriminalistik)
4. Spezielle Kriminalistik
5. Kriminalistische Psychologie
6. Kriminalstrategie

Diese innere Struktur geht von den gegenstands- und aufgabenbezogenen **34** Gegebenheiten der Kriminalistik aus. Die strukturelle Gliederung entspricht den kriminalistischen Schwerpunktaufgaben in der theoretischen Einordnung und bei der praktischen Anwendung ihrer Methoden. Die innere Struktur berücksichtigt bestehende Berührungspunkte zu anderen Bezugswissenschaften, beispielsweise der Kriminaltechnik zur Biologie, Physik, Chemie, Medizin usw. oder die der Kriminaltaktik zum Strafprozessrecht, polizeilichem Eingriffsrecht, der Psychologie, Logik und anderen. Dabei kann unstrittig die eine oder andere Aufgabe einer Teildisziplin je nach Affinität auch einem anderen Gebiet zugeordnet werden. Beispielsweise ist denkbar, Fragen der Logik und des kriminalistischen Denkens im Bereich der Theorie und Methodologie der Kriminalistik anzusiedeln. Im Strukturschema erfolgte jedoch eine Zuordnung zur kriminalistischen Psychologie, weil viele Fragen des kriminalistischen Denkens ihre Erklärung über Erkenntnisse der Psychologie finden. In der folgenden systematisierten Übersicht sind unter den jeweiligen Teildisziplinen auch die **wesentlichen** inhaltlichen Bestandteile und Aufgaben der Disziplin genannt. Sie sind nicht vollständig aufgeführt. Es soll vor allem sichtbar gemacht werden, mit welchen speziellen

---

31 Eine Wissenschaftsstruktur kann nicht allein aus Lehrplanthemen unterschiedlicher Fachhochschulen oder aus der Praxis der Anwendung kriminalistischer Methoden und Verfahren abgeleitet werden.

32 Eine dogmatische Begriffsanwendung verbietet sich. Man gebraucht die Begriffe aufgabenbezogen.

Aufgaben und Methoden sich die jeweiligen Teilbereiche inhaltlich befassen. Alle Teildisziplinen korrespondieren miteinander. So werden beispielsweise die Prinzipien, Regeln, taktischen Vorgehensweisen, Methoden zur Erfassung nichtmaterieller Spuren bei der Tatortarbeit im Rahmen des Ersten Angriffs durch die Kriminaltaktik bestimmt. Die dabei anzuwendenden speziellen Mittel, Methoden und Verfahren zur Suche und Sicherung einzelner Spuren und Spurenarten und die Möglichkeiten zu ihrer Auswertung erarbeitet die Kriminaltechnik. Aus diesem Grunde darf die der Veranschaulichung dienende Gliederung der Binnenstruktur der Kriminalistik nicht dogmatisch verstanden werden. Sie unterliegt aufgaben- und zeitbezogenen Veränderungen in der Gesellschaft, in der allgemeinen Wissenschaftsentwicklung, insbesondere bei den Kommunikations- und Technikwissenschaften. Beispielsweise führte die Digitalisierung der Gesellschaft zu wesentlichen Veränderungen in der praktischen kriminalistischen Ermittlungs- und Untersuchungstätigkeit. Daher hatte Ackermann[33] als neue Teildisziplin die „Digitale Ermittlungsmethodik" vorgeschlagen. Dieser Ansatz wird in dieser Auflage wieder aufgegeben. Alle mit der Digitalisierung verbundenen Veränderungen lassen sich eindeutig den bisherigen Teildisziplinen zuordnen: So ist z.B. die Digitale Forensik eine Teildisziplin der Kriminaltechnik, digitale Ermittlungen sind Teil der Kriminaltaktik und die Untersuchung der Cybercrime Teil der Speziellen Kriminalistik.

4.1 Verhältnis zwischen Allgemeinem und Besonderem in der Kriminalistik

35 Die Gliederung der Kriminalistik in sechs Teildisziplinen berücksichtigt die wesentlichen Aufgabenfelder, ohne eine Trennung in **Allgemeine** und **Besondere Kriminalistik** vorzunehmen.

Allgemeine und besondere kriminalistische Methoden und Verfahrensweisen stehen in Wechselbeziehung zueinander. Grundlagen für das Vorgehen bei der Straftatenuntersuchung bilden zunächst immer die Methoden der „Allgemeinen Kriminalistik". Für alle anzuwendenden Methoden, zu realisierenden Aufgaben und Maßnahmen gibt es von der Kriminaltaktik empfohlene Vorgehensweisen. Beispielsweise Prinzipien/Regeln der Tatortarbeit. Diese sind allgemeingültig für das Vorgehen. Die Tatortarbeit verlangt jedoch, viele besondere, auf das **Einzelne**[34] ausgerichtete

33 Ackermann, Clages, Roll, Kapitel I RZ 32.

34 Gemeint ist die einzelne zu untersuchende Straftat, die in der Vielfalt ihres möglichen Auftretens immer individuell und einzigartig ist und mit keiner anderer Straftat identisch

Vorgehensweisen und Methoden anzuwenden, die insofern gegenüber dem Allgemeinen einzeln und besonders sind. Das Einzelne drückt jedem individuellen, einzigartigen und unverwechselbaren Geschehen oder jeder Aufgabe seinen Stempel auf. Um im Beispiel zu bleiben, die Suche und Sicherung von Werkzeugspuren oder die Ermittlung weiterer Zeugen bei der Tatortortarbeit sind das Besondere mit jeweils an die Aufgabe gebundenen Vorgehensweisen. Diese wiederum erlauben ebenfalls eine Verallgemeinerung. Die Dialektik besteht darin, dass die Summe der Erfahrungen bei der Suche und Sicherung von Werkzeugspuren (Besonderes) zum Allgemeinen für diese Aufgabe führt.

Die Kriminalistik stützt sich auf die erkenntnistheoretischen Ansätze wissenschaftlichen Denkens. Sie unterscheidet deshalb zwischen Einzelnem, Allgemeinem und Besonderem. Aus diesem dialektischen Zusammenhang heraus grenzt die Kriminalistik allgemeine von besonderen Methoden ab. Diese Einteilung ist kein Strukturproblem, sondern eine Betrachtungsweise. Jede Erscheinung, jede einzelne Straftat, jeder Gegenstand, jede Vorgehensweise ist individuell und nur mit sich selbst identisch. Die Betrachtung einer großen Zahl ähnlich begangener Einbruchsdiebstähle wird für jeden einzelnen Fall etwas Individuelles, Begrenztes und sich von den anderen Fällen Unterscheidendes zeigen und somit als Einzelheit erfasst. Zugleich spiegeln sich jedoch in der Tatbegehungsweise der einzelnen Delikte Eigenschaften wider, die für viele dieser Delikte zutreffen. Das heißt, sie sind durch Gemeinsamkeiten (z. B. beim Aufbrechen von Wohnungen oder Serienstraftaten) miteinander verbunden, bilden deshalb einen allgemeinen Zusammenhang. Diese Eigenschaften fasst die Kriminalistik als das Allgemeine zusammen und entwickelt daraus allgemeingültige Methoden. Die allgemeinen Methoden sind für die gesamten Aufgaben der Straftatenuntersuchung gültig.

Merke 36

Allgemeines in der Kriminalistik spiegelt die für einzelne Aufgaben zutreffenden Eigenschaften wider, die für alle Aufgaben einer bestimmten Klasse oder Gruppe zutreffend sind. Im Regelfall ist Allgemeines in Grundsätzen, Prinzipien, Regeln oder Methoden zusammengefasst, die allgemein zutreffend sind (Grundsätze oder Prinzipien der Tatortuntersuchung, der Vernehmung, der Täterermittlung usw.).

---

ist, auch wenn diese z. B. am gleichen Ort, mit gleicher Begehungsweise oder vom gleichen Täter begangen wurde.

Allgemeine Methoden der Kriminalistik bilden die Grundlage des Handelns in der Kriminaltaktik, der Kriminaltechnik und speziellen Kriminalistik. Allgemeine Methoden reichen wegen der Individualität der zu untersuchenden Fälle und der Aufgaben jedoch oft nicht aus. Sie können zwangsläufig keine besonderen Situationen und Umstände berücksichtigen, sonst ginge ihr Allgemeinheitsgrad verloren. Deshalb müssen die allgemeinen Methoden **aufgabenbezogen adaptiert** werden. Das heißt, sie müssen den speziellen oder besonderen Bedingungen der Aufgabe angepasst werden. Allgemeine Grundsätze für die kriminalistische Untersuchung gelten für alle im Strafgesetzbuch oder in anderen Gesetzen beschriebenen Delikte oder Deliktgruppen. Für das einzelne Delikt reichen die allgemeinen Orientierungen vielfach jedoch nicht aus. Es sind z.B. spezielle (vom allgemeinen abweichende) Vorgehensweisen für die Untersuchung von Sexualstraftaten, wie auch anderen Delikten/Deliktarten notwendig. Die wesentliche Aufgabe des Teilbereiches „Spezielle Kriminalistik“ ist, die allgemeinen Methoden für ausgewählte Straftaten und Erscheinungsformen der Kriminalität zu adaptieren. Diese Anpassung oder auch Modifizierung drückt das **Besondere** in der Kriminalistik aus. Am Beispiel soll das verdeutlicht werden:

37 **Beispiel:**

Die kriminaltaktischen Prinzipien (Kontaktherstellung, Belehrung, Gesprächsphasen, freie Rede, Befragung usw.) für die Vernehmung beinhalten Orientierungen, die **allgemein** für jede Vernehmung anzuwenden sind. Für die Vernehmung von Zeugen und Beschuldigten gibt es jedoch weitreichende Unterschiede.[35] Diese machen das **Besondere** aus. Ebenso verhält es sich, wenn Kinder oder Jugendliche zu vernehmen sind. Deshalb entwickelt die Besondere Kriminalistik auf der Grundlage der allgemein für die Vernehmung von Personen gültigen Taktik besondere Vorgehens- und Verhaltensweisen, um beispielsweise den körperlichen, geistigen und sittlichen Reifegrad eines Kindes bei einer Vernehmung gebührend zu berücksichtigen.

Alle von der Kriminaltaktik im strafprozessrechtlichen Rahmen entwickelten allgemeinen taktischen Orientierungen zum Vorgehen bei der Straftatenuntersuchung gelten für jedes einzelne zu untersuchende Delikt. Diese können, da sie das Allgemeine für die Untersuchung aller Straftaten ausdrücken, jedoch nicht für jeden spezifischen Sachverhalt Geltung haben, weil sie die Unterschiede zwischen der Phänomenologie der verschiedenartigen Delikte nicht berücksichtigen können. Deshalb entwickelt dazu die „spezielle“ Kriminalistik die auf das Delikt oder die Situationen zutreffenden Besonderheiten.

35 Auf diese Unterschiede kann hier nicht näher eingegangen werden.

Und auch das **Besondere** enthält für sich genommen wiederum **Einzelnes**, was auf das **Allgemeine** zurückwirkt. Im System der Kriminalistik (Abb. I.1) werden die Allgemeine und Besondere Kriminalistik in ihrer übergreifenden Funktion nicht ausgewiesen. Die theoretische Betrachtung ist allerdings wichtig, um zu zeigen, auf welcher Erkenntnisstruktur die Wissenschaft Kriminalistik beruht. Praktisch ist die **Besondere Kriminalistik** mit der **Speziellen Kriminalistik** gleichzusetzen. Wie bereits ausgeführt, befasst sich diese mit besonderen Erscheinungsformen und Phänomenen der Kriminalität, beispielsweise Jugend- und Kinderkriminalität, der Organisierten Kriminalität u.a. Die Teildisziplin Spezielle Kriminalistik wird in der Lehre auch häufig als die **„Untersuchung besonderer Verfahrensarten oder spezieller Straftaten und Straftatengruppen"** bezeichnet. 38

4.2 Theorie/Methodologie/Geschichte

Die Theorie und Methodologie bilden einen der wissenschaftlichen Grundsteine für die Kriminalistik. Dieses Gebiet wirkt übergreifend auf sämtliche Teildisziplinen bzw. Hauptgebiete der Binnenstruktur ein. Es befasst sich als allgemeingültige Disziplin der Kriminalistik mit den theoretischen und methodologischen Grundlagen der kriminalistischen Tätigkeiten. Das bedeutet allerdings nicht, dass dieses Gebiet allein für die Theorie und andere Teilbereiche für die Praxis zuständig seien. Jede Teildisziplin entwickelt ihre speziellen theoretischen Ansätze weiter, beispielsweise die Kriminaltechnik zur Identifizierungstheorie. Die Theorie und Methodologie wertet die Erkenntnisse anderer Wissenschaften, insbesondere der forensischen aus und entwickelt System, Struktur und Grundfragen der Kriminalistik weiter (vgl. Abschnitt 2.2.2). 39

Die wichtigsten **Gebiete** sind: 40

- Geschichte und Entwicklung der Kriminalistik als Wissenschaft
- Theorie- und Methodenentwicklung
- Koordinierung von Methoden zu einer strukturierten Methodologie
- Identifizierungstheorie
- Didaktik der Kriminalistik

Theoretische Erkenntnisse werden durch alle kriminalistischen Teildisziplinen erarbeitet, indem diese den wissenschaftlichen und praktischen Erkenntnisfortschritt ihres Faches bei der Kriminalitätsbekämpfung auswerten, kasuistische Falldarstellungen analysieren und bewerten sowie die gesetzmäßigen Zusammenhänge und Neuerungen herausarbeiten und sie methodologisch zusammenfassen.

4.3 Kriminaltaktik

41 Die Vielfalt der begrifflichen Fassung von Kriminaltaktik in der Fachliteratur macht es schwierig, eine einzig gültige Begriffsbestimmung als Definition zu verwenden. Deshalb soll zunächst der **Gegenstand der Kriminaltaktik** und des **taktischen Vorgehens** näher charakterisiert werden. Häufig anzutreffen ist, dass bei der Benennung von kriminalistischen Aufgabenstellungen der Begriff Kriminalistik verwendet wird, jedoch tatsächlich **Kriminaltaktik** gemeint ist. Kriminaltaktik ist nur ein Teilgebiet der Kriminalistik. In die Kriminalistik wurde der Begriff **Kriminaltaktik** durch *Weingart* (1904) eingebracht. Er charakterisiert Kriminaltaktik mit durchaus heute noch üblichen Attributen wie „das Vorgehen methodisch gestalten", „erst klarmachen, welche Fragen zu lösen sind, welche Schwierigkeiten zu überwinden sind … hiernach einen Arbeitsplan aufstellen" (Fallanalyse, Versionsbildung, Untersuchungsplanung).[36] Kriminaltaktik beruht auf dem militärischen Begriff der Taktik. Das zugrunde liegende Adjektiv (griech. Taktikos) ist abgeleitet vom griechischen „tattein", was so viel heißt wie auf den rechten Platz stellen, ordnen. Gleichbedeutend ist Taktik dem französischen tactique entlehnt und in diesem Sinne wird Taktik seit Ende des 18. Jahrhunderts verwendet.

42 Im übertragenen Sinn wird „Taktik" auch heute noch im allgemeinen Sinne für „kluges, planmäßiges Vorgehen, geschicktes Ausnützen einer Situation" gebraucht.[37] Hervorzuheben ist, dass Taktik vor allem auch für das Ausnutzen oder Schaffen von bestimmten Situationen bei der Straftatenuntersuchung steht. Unter Ausnutzung solcher Bedingungen sollen bestimmte Untersuchungsziele erreicht werden (z. B. Stellen eines Täters auf frischer Tat, Anwendung einer kriminalistischen List, Gestaltung der Vernehmungstaktik oder Ergreifen eines Serienstraftäters). Die das taktische bzw. geordnete Vorgehen beschreibenden Attribute sind in unterschiedlichen Definitionen zur Kriminaltaktik enthalten.

Festzuhalten ist: Unter Kriminaltaktik wird nicht nur das taktisch kluge, zweckmäßige und zielgerichtete **Vorgehen** bei der Straftatenuntersuchung verstanden. Aufgabe der **Kriminaltaktik** ist die kluge und zweckorientierte praktische Anwendung der zur Verbrechensaufklärung zur Verfügung stehenden Methoden und Verfahrensweisen[38], sowie deren Weiterentwicklung.

---

36 Ackermann, Koristka, Leonhardt, Nisse, Wirth, S. 11.

37 Ausführlicher beschrieben in: Dudenverlag, S. 734.

38 Wie Anzeigenaufnahme, Tatortarbeit, Vernehmung, Durchsuchung, Fahndung, Festnahme, offene oder verdeckte Ermittlungsmethodik und die anderen in Abb. I.1 aufgeführten Methoden.

Die Kriminaltaktik bedient sich dabei der in der Strafprozessordnung, den Richtlinien über das Straf- und Bußgeldverfahren und anderen rechtlichen Regelungen vorgesehenen Methoden sowie weiterer im freien taktischen Ermessen liegender Möglichkeiten, um zu Erkenntnissen für die Falluntersuchung/-aufklärung und die Kriminalitätsbekämpfung zu gelangen.

Kriminaltaktische Methoden der Erkenntnisgewinnung sind beispielsweise die kriminalistische Informationserhebung und -auswertung (Kap. XIV), Zeugen- und Verdächtigenermittlung (Kap. VI) oder der Erste Angriff (Kap. IV). Bestandteil ihrer Methodik sind ferner die strafprozessrechtlich geregelten Methoden zur Sachverhaltsaufklärung wie Vernehmung, Durchsuchung, Beschlagnahme, offene oder verdeckte Ermittlungstätigkeit, Datenabgleich und weitere. In den rechtlichen Regelungen ist die Art und Weise (Taktik des Vorgehens) zur Erlangung neuer Erkenntnisse durch die jeweilige Methode im Detail nicht bestimmt und erlaubt taktisch angelegte Spielräume für zweckmäßiges Handeln. Nur in wenigen Vorschriften der StPO werden detaillierte Orientierungen zum möglichen Handlungsrahmen gegeben. Sie schließen durch Verbote taktischen Spielraum aus wie z.B. Regelungen zu verbotenen Vernehmungsmethoden (§ 136a StPO). Die Kriminaltaktik trägt dafür Sorge, dass geschickt, zweckbestimmt und planvoll vorgegangen wird. Für die einzelnen Aufgaben bestimmt sie systematisches, logisches, denk- und folgerichtiges Handeln, um auf effiziente Weise zu gesicherten Untersuchungsergebnissen (z.B. bei der Durchsuchung einer Wohnung) zu kommen. Taktische Orientierungen, einschließlich der Anwendung von List, Täuschung, Hinterhalt, Fallen, u.a. werden im Hinblick auf die angestrebte Zielerreichung berechnend und vorausschauend gegeben. Dabei dürfen diese ausschließlich in den rechtlich zulässigen Rahmenbedingungen des Handelns realisiert werden. 43

Als Teildisziplin der Kriminalistik befasst sich die Kriminaltaktik mit der **Art und Weise des Vorgehens** und den **Methoden** der Straftatenuntersuchung.[39]

Kriminaltaktik ist eine Teildisziplin der Kriminalistik. Sie ist die Lehre von den theoretischen Grundlagen und der praktischen Umsetzung von Erkenntnissen, Methoden und Verfahren zur Vorbereitung, Durchführung und Ergebnisbewertung von offenen und verdeckten Ermittlungshandlungen und Maßnahmen zur Erlangung von aus Wahrnehmungsprozessen resultierenden ermittlungs- und 44

39 Vgl. Ackermann, Koristka, Leonhardt, Nisse, Wirth, S. 12 und Ackermann, 2005, S. 462.

beweisrelevanten Erkenntnissen. Sie bestimmt die rechtlich zulässige, zweckmäßige und folgerichtige Art und Weise des Vorgehens unter Berücksichtigung der individuellen Umstände des Sachverhaltes. Die Kriminaltaktik nutzt diese Erkenntnisse für die Aufdeckung, Aufklärung und Verhütung von Straftaten und ähnlich aufklärungsbedürftigen Ereignissen und entwickelt diese weiter.

45 Die Kriminaltaktik beschreibt die Theorie der Ermittlungstaktik für die vielfältigen von ihr zur Erkenntnisgewinnung eingesetzten Methoden und Verfahren, beispielsweise die theoretischen Grundlagen der Vernehmung oder die Grundanforderungen für das Experiment bzw. eine Rekonstruktion. Die Kriminaltaktik befasst sich theoretisch und vorrangig jedoch mit der praktischen Anwendung ihrer konkreten Methoden wie: Anzeigenaufnahme, Erster Angriff, Tatortarbeit, Vernehmung, Durchsuchung, Fahndung, Methoden der Täterermittlung, offene und verdeckte Ermittlungsmethoden und weitere in Abb. I.1 dargestellten Aufgaben. Die praktische Umsetzung von Ermittlungshandlungen schließt die taktisch und methodisch zweckmäßige und zugleich rationelle Vorgehensweise und Verwertung von Erfahrungen der Praxis, z.B. bei der Vernehmung, der Tatortarbeit oder Gegenüberstellung ein. Wesentliches Element der Taktik ist, dass jeweils die situationsbedingten Umstände des Einzelfalles genügend berücksichtigt werden. Bedeutsam für die Beweisführung ist die Ergebnisbewertung von durchgeführten Ermittlungshandlungen. Es ist Aufgabe der Kriminaltaktik, die Wirksamkeit und Aussagekraft von kriminaltaktischen Methoden der Erkenntnisgewinnung zur Beweisführung im Strafverfahren weiter auszugestalten. Hierbei geht es nicht nur um die beweisrelevante Einordnung von einzelnen Spuren und Sachbeweisen, sondern um die zusammenhängende Bewertung ermittelter Umstände und Sachverhalte aus beweisrechtlicher Sicht, z.B. die Bewertung von Aussagen, eines Geständnisses, die Beurteilung der Glaubwürdigkeit eines Zeugen, die Beziehung zwischen Aussagen und materiellen Beweisen usw. Die Kriminaltaktik bestimmt insofern weitgehend den Gang der Untersuchung in einem Ermittlungsverfahren. **Ihre spezifische Ausgestaltung erfährt die Kriminaltaktik in der speziellen Kriminalistik.** Diese nutzt die allgemeinen Verfahren und Methoden der Kriminaltaktik zur Untersuchung einzelner Straftaten oder Deliktgruppen und modifiziert diese nach konkreten Untersuchungserfordernissen.

4.4 Naturwissenschaftlich-technische Kriminalistik (Kriminaltechnik)

Die Kriminaltechnik ist eine Teildisziplin der Kriminalistik, die sich auf der Grundlage verschiedener Wissenschaftsdisziplinen, vor allem naturwissenschaftlich-technischer Richtungen, mit der Praxis, Lehre und Forschung auf den Gebieten der Suche, Sicherung und Auswertung sowie wissenschaftlichen Begutachtung kriminalistischer Spuren und anderer Beweismittel befasst. 45a

Den Gegenstand der **Kriminaltechnik** bildet die Gesamtheit der naturwissenschaftlich-technischen Erkenntnisse und Methoden sowie der darauf basierenden technischen Mittel und Verfahren zur Suche, Sicherung und Auswertung von Spuren, die zur Beweisführung für die Zwecke der Aufdeckung, Untersuchung und Verhütung von Straftaten und anderen, ähnlich aufklärungsbedürftigen Ereignissen eingesetzt werden.[40] 46

In früheren Jahren beschränkte sich die Kriminaltechnik alleinig auf die Suche und Sicherung von Spuren und die Fotografie (z.B. Tatortfotografie). Diese auch heute noch teilweise vertretene Auffassung ist jedoch viel zu eng. Die Kriminaltechnik ist, wie die Kriminaltaktik, eines der traditionellen Teilgebiete der Kriminalistik. Die Bezeichnung Kriminaltechnik hat sich in der Praxis der Kriminalitätsbekämpfung eingebürgert. Wissenschaftstheoretisch ist diese Benennung jedoch nicht eindeutig, weil ihr Gegenstand nicht auf die „Technik" reduziert werden darf. Treffender beschreibt deshalb der Begriff „naturwissenschaftlich-technische Kriminalistik" diese wissenschaftliche Teildisziplin. Sie unterstützt mit ihren speziellen Möglichkeiten die Täterermittlung und Beweisführung in besonderem Maße. Auf der Grundlage unabhängig wirkender Naturgesetze und unter Ausnutzung der daraus gewonnenen Erkenntnisse, der Erkenntnistheorie und der Ergebnisse des wissenschaftlich-technischen Fortschritts entwickelt sie eigenständige Methoden, die der Verhütung bzw. Verhinderung, Aufdeckung und Aufklärung strafbarer Handlungen dienen. Aufgabe der Kriminaltechnik ist es, Spuren zu dokumentieren, Spuren- und Vergleichssammlungen verschiedenster Art anzulegen und Spurenvergleiche zur Ermittlung unbekannter Täter durchzuführen. Ein wesentlicher Bestandteil ist die Sammlung und Auswertung von Vergleichsmaterialien zur Unterstützung der Tataufklärung oder auch die Mitwirkung bei der Anwendung fallanalytischer Verfahren. Speziell aus- 47

40 Ackermann, Koristka, Leonhardt, Nisse, Wirth, S. 12.

gebildete Kriminaltechniker führen zu komplizierten Fällen die kriminaltechnische Tatortarbeit, vorwiegend in den Diensteinheiten „Tatortdienst“, durch. Im Bundeskriminalamt sowie bei den Landeskriminalämtern bestehen spezielle Expertiseneinrichtungen, die sich mit der wissenschaftlichen Begutachtung der verschiedenartigen Spuren befassen.

48 Die **Kriminaltechnik** untergliedert sich u.a. in die folgenden wesentlichen Gebiete:

- kriminalistische Fotografie/Videografie,
- Werkzeug- und Formspuren,
- Ballistik (Schusswaffenuntersuchung),
- Daktyloskopie,
- Handschriftenuntersuchung,
- Dokumentenuntersuchung,
- kriminalistische Biologie,
- kriminalistische Chemie,
- Akustik (Sprechererkennung),
- kriminalistische Untersuchung von Hard- und Software,
- digitale Forensik,
- Präventionstechnik und -methodik.

Die Quellen der naturwissenschaftlich-technischen Kriminalistik, die Besonderheiten ihrer Untersuchungsmethoden sowie ihre theoretischen Grundlagen sind in einer Arbeit zum Stellenwert der Kriminalistik[41] hinreichend beschrieben. Kernkompetenzen sind die praktische kriminaltechnische Arbeit im einzelnen Strafverfahren, Forschung und Weiterentwicklung von kriminaltechnischen Methoden zur Verbesserung der Wirksamkeit des Sachbeweises sowie die Unterhaltung und Weiterentwicklung von Sammlungen und Informationssystemen.

49 Die Kriminaltechnik darf nicht darauf reduziert werden, naturwissenschaftliche und technische Entwicklungen lediglich zu verfolgen, um sie dann für kriminaltechnische Zwecke anzuwenden. Es gibt keine adäquat von der Kriminalistik zu übernehmenden Mittel, Methoden und Verfahren, außer wenn sie für diesen Zweck speziell entwickelt worden sind. Alle

41 Ackermann, Koristka, Leonhardt, Nisse, Wirth, S. 12–16.

außerhalb der Kriminaltechnik entwickelten neuen Verfahren (z. B. DNA)[42] bedürfen einer an Recht, Gesetz, taktischer Anwendung und dem **Ziel** des Strafverfahrens gebundenen Adaptation bzw. Weiterentwicklung. So bildet beispielsweise die Zeichenerkennung lediglich die Grundlage für das System AFIS, und auch die informationstechnologischen Grundlagen für INPOL bedurften einer langwierigen spezifischen und polizeilich anwendungsorientierten Entwicklung. Besondere Sorgfalt ist anzulegen, wenn sogenannte einfache labormäßige Standarduntersuchungen von kriminalistischen Spuren ausgelagert werden. Die ganzheitliche Betrachtung eines einheitlichen und aufeinander bezogenen Sachverhalts, der zwischen einzelnen Spuren besteht (Beweisführung), darf nicht zerstört werden. Die aktuelle Analyse der Phänomenologie des Verbrechens und neuartiger Tatbegehungsweisen, wie auch schnelllebig wachsende naturwissenschaftlich-technische Entwicklungen verlangen eine ständige Optimierung der Methoden, um den Aussagewert des Sachbeweises zu erhöhen.

4.5 Spezielle Kriminalistik (Untersuchung besonderer Delikte, Deliktgruppen und Erscheinungsformen)

Als eine Teildisziplin der Kriminalistik hat die Spezielle Kriminalistik **50**
die Aufgabe, die Methoden und Verfahrensweisen zur Untersuchung und Bekämpfung von speziellen Delikten, Straftatbeständen und Erscheinungsformen der Kriminalität zu entwickeln und diese bei der praktischen Verfahrensbearbeitung umzusetzen. Thematisch ist diese Aufgabe auch als die „Kriminalistische Bearbeitung besonderer Verfahrensarten" bekannt. Alternativ wird deshalb auch ihre Bezeichnung als „Besondere Kriminalistik" diskutiert.

Dieses Teilgebiet der Kriminalistik untersucht und entwickelt die über allgemeine Aufgabenbeschreibungen der Kriminaltaktik oder Kriminaltechnik hinausgehenden besonderen und **abweichenden Vorgehensweisen**, die bei der Untersuchung von bestimmten, meist sehr bedeutsamen einzelnen Delikten, Deliktgruppen, Kategorien oder besonderen Erscheinungsformen der Kriminalität erforderlich sind. Ansätze einer solchen Differenzierung gegenüber Kriminaltaktik und Kriminaltechnik lassen sich bereits seit dem 19. Jahrhundert, z. B. für die Untersuchung von Tötungsstraftaten, nachweisen.

---

42 So unterscheidet sich ein mit medizinischen Zielstellungen angewandtes DNA-Verfahren wesentlich von der DNA-Feststellung im Strafprozess, und Aussagen, wie sie z. B. zu genetischen Erbsubstanzen in der Medizin getroffen werden können, sind im Rahmen des Strafprozesses nicht möglich.

51 Den Gegenstand der **Speziellen Kriminalistik** bildet die Gesamtheit der Gesetzmäßigkeiten, Erscheinungen und Methoden, die für die Aufdeckung, Untersuchung und Verhütung von Straftaten und kriminalistisch relevanten Tatsachen, Sachverhalten und Ereignissen, die für einzelne Delikte, Deliktgruppen bzw. -kategorien, für bestimmte Personengruppen und Erscheinungsformen der Kriminalität spezifisch sind und abweichende Besonderheiten zu berücksichtigen haben. Ausgehend von der Phänomenologie der Einzeldelikte untersucht sie den kriminalistisch-kriminologischen Charakter und Besonderheiten einzelner Delikte bzw. Straftatengruppen und wendet diese Erkenntnisse bei der Straftatenuntersuchung an.[43]

52 Die Spezielle Kriminalistik verbindet ihre Erkenntnisse mit denen der anderen kriminalistischen Disziplinen, der Kriminologie, der Strafrechts- und Strafverfahrenswissenschaft sowie der forensischen Wissenschaften und vervollkommnet im Ergebnis die **deliktspezifischen Untersuchungsmethoden.**[44]

53 **Vorrangig** sind das bezogen auf Delikte bzw. Deliktkategorien:

- Straftaten gegen Leben und Gesundheit,
- polizeiliche Todesermittlung/unbekannte Tote,
- Vermisstenfalluntersuchung,
- Straftaten gegen die sexuelle Selbstbestimmung,
- Raub, Erpressung,
- Körperverletzungsdelikte,
- Betrug,
- besondere Begehungsweisen des Diebstahls,
- Branddelikte,
- Straftaten gegen die Umwelt,
- Entführungen, Geiselnahmen.

54 Bezogen auf **ausgewählte kriminalphänomenologische** Erscheinungen wie bestimmte Personengruppen, Erscheinungsformen oder Konzentration von Straftaten sind das:

- deliktische Kinderhandlungen,
- Jugendkriminalität,
- Organisierte Kriminalität,

---

43 In Anlehnung an Roll, 1999, S. 20.

44 Ackermann, Koristka, Leonhardt, Nisse, Wirth, S. 17.

- Wirtschaftskriminalität,
- Politisch motivierte Kriminalität,
- Cybercrime,
- Massen- und Straßenkriminalität,
- Große Schadensereignisse/Katastrophen

und andere.

Die spezielle Kriminalistik fungiert somit als Bindeglied zwischen Allgemeinem und Besonderem.

> **Beispiel:**
>
> Für die Untersuchung von Umweltstraftaten gelten eine Reihe abweichender spezieller Regelungen. In einem Fall einer ungenehmigten Mülldeponie, auf der gefährliche Abfallstoffe, giftige Stoffe und unsortierter kontaminierter Bauschutt abgelagert wurden und an dessen Örtlichkeit ein Bach vorbeifließt, kann bei der kriminaltechnischen Untersuchung des Ereignisortes nicht wie bei einem Einbruchsdiebstahl in eine Wohnung vorgegangen werden. Die Besonderheiten beginnen bei der Tatortsicherung, Zutrittsregelungen, Eigenschutz, einer völlig veränderten Art und Weise der Spurensuche und -sicherung (z. B. im fließenden Gewässer), Art und Weise der Spurenverpackung und vieles mehr. Solche deliktbezogenen Methoden und Verfahren bei der Straftatenuntersuchung erarbeitet die Spezielle Kriminalistik.

Bezogen auf ausgewählte kriminalphänomenologische Erscheinungen der Kriminalität befasst sich die Spezielle Kriminalistik mit Methoden und Verfahrensweisen zu ihrer Aufdeckung, Untersuchung, Vorbeugung einschließlich von strategischen Entscheidungen zur Verhinderung bzw. Einflussnahme auf die Entwicklung dieser Erscheinungsformen.

4.6 Kriminalistische Psychologie

55 Die Psychologie als eine Wissenschaft vom Erleben und Verhalten von Menschen und Tieren befasst sich mit den Gesetzmäßigkeiten normaler psychischer Erscheinungen, ebenso aber auch mit ihren Abweichungen und Störungen. Erst ab etwa 1850 entwickelte sich die Psychologie aus der Philosophie heraus zu einer eigenen Wissenschaft. Die Kriminalistik nutzt Erkenntnisse ihrer Disziplinen, die für die Aufklärung und Untersuchung von Straftaten besondere Bedeutung haben. Damit grenzt sie sich auch von der forensischen Psychologie im Gutachterbereich ab. Vorrangig für die Kriminalistik sind Erkenntnisse der allgemeinen Psychologie, der Persönlichkeitspsychologie, Sozialpsychologie, Entwicklungspsychologie und auch der pädagogischen Psychologie.

56 Darin eingeschlossen sind (ausgewählte) Aufgaben wie:

- Erkenntnisse zur Beschreibung und Erklärung allgemein wirkender Gesetzmäßigkeiten des menschlichen Verhaltens, bezogen auf die Straftatenaufklärung besonders zu Täter und Opfer. Das beinhaltet Fragestellungen des menschlichen (kriminalistischen) Denkens, Lernens, Gedächtnisprozesse, Wahrnehmung, Behalten und Wiedergabe, Motivation und Gefühle.
- Erarbeitung und Anwendung wissenschaftlich fundierter Befragungsmethoden zur Aufklärung von Straftaten, insbesondere bei Kindern und Jugendlichen, Personen mit intellektuellen Beeinträchtigungen oder mit besonderem Aussagewiderstand.
- Mitwirkung bei der kriminalistischen Fallanalyse (KFA), vorrangig Operative Fallanalyse (OFA) und der Erarbeitung von Tat- und Täterhypothesen bzw. Versionen und von Täterprofilen (Persönlichkeitstypologien).

Im Einzelnen betrifft das im Untersuchungs- und Ermittlungsprozess häufig auftretende Problemstellungen wie:

- Beurteilung der Glaubhaftigkeit von Aussagen,
- Fragen der Suggestion,
- Vernehmungsstrategien,
- Verteidigungsstrategien,
- persönlichkeitsbezogene Aspekte bei Vernehmungen,
- Entstehung von Aussagen und Geständnis,
- Geständniswiderruf,
- Wiedererkennungsverfahren,
- Gefährdungseinschätzungen,

um nur einige zu nennen.

57 Die forensische Psychologie legt einen stärkeren Akzent auf die mit dem gerichtlichen Verfahren in Zusammenhang stehenden Erkenntnisprobleme zu Tat und Täter, beispielsweise Gutachten zur Schuldfähigkeit, Glaubwürdigkeitsgutachten zu Zeugen und Beschuldigten, Untersuchungen zu möglichen Verbrechensmotiven, klinische Diagnosen (z. B. zur möglichen Wiederstraffälligkeit) und Ähnlichem.

Es ist unbestritten, dass in der kriminalistischen Ermittlungstätigkeit psychologische und soziologische Methoden in ihrem wechselseitigen Bezug zur Kriminalistik sowie Logik und kriminalistisches Denken immer mehr an Bedeutung gewinnen, vorrangig in der Vernehmungslehre.

Merke

Die kriminalistische Psychologie befasst sich mit den psychologischen Grundlagen der kriminalistischen Ermittlungstätigkeit und der psychischen Situation der daran beteiligten bzw. betroffenen Personen (Kriminalist; Täter; Opfer) und vermittelt Erkenntnisse zu psychischen Komponenten des Handelns der Beteiligten sowie damit in Zusammenhang stehender Handlungsabläufe.

Auch im Jahr 2025 sind Fragen des kriminalistischen Denkens genauso **58**
aktuell wie zu Zeiten von *Hans Gross*, *Erich Anuschat* oder *Hans Walder*. Denken ist eine kriminalistische Hauptbeschäftigung. Leider wird es vernachlässigt, unzulässig vereinfacht und in der kriminalistischen Ausbildung und Lehre unterschätzt. Dabei legt kriminalistisches Denken den Grundstein zum Erkennen der Aufklärungschancen. „Logisches Denken ist geschultes Denken, es arbeitet planmäßig, systematisch, nach Regeln, deren Erforschung seit Jahrtausenden Lebensaufgabe der größten Denker aller Zeiten war", wie das *Erich Anuschat*[45] in seinem 1921 erschienen Werk, Die Gedankenarbeit des Kriminalisten – Kriminalistische Schlussfolgerungskunst und ihre Grenzen, bereits treffend beschrieb.

In diese Teildisziplin eingeordnet sind zwangsläufig auch alle Fragen des kriminalistischen Denkens als Erkenntnisprozess sowie der angewandten Logik, der kriminalistischen Analyse und Analyseverfahren, die ihre Umsetzung beispielsweise in der „Kriminalistischen Fallanalyse" oder auch bei der „Versions-/Hypothesenbildung" haben, die einer ausführlichen Betrachtung bedürfen[46] und in anderen Kapiteln teilweise behandelt werden. *Getto*[47] hat mit Hinweisen auf die Grundwerke der Logik und des Denkens die praktische Anwendung von logischen Verfahren und Denkoperationen im Untersuchungsprozess in anschaulicher Weise publiziert. Zu verweisen ist auch auf das Standardwerk von *Walder*, weitergeführt von *Hansjakob*[48], sowie die Neuerscheinung eines Lehr- und Studienbriefes Kriminalistik/Kriminologie zur kriminalistischen Fallanalyse.[49]

45 Anuschat, S. 5.

46 Vertiefende Hinweise dazu in: Ackermann, 2002, S. 31–35.

47 Getto, S. 567.

48 Walder, Hansjakob, Gundlach, Straub, 2024.

49 Ackermann, 2010.

4.7 Kriminalstrategie

59 Lange Zeit war die Zugehörigkeit der Kriminalstrategie zur Kriminalistik umstritten. Insbesondere deshalb, weil Kriminalistik auf die Untersuchung des konkreten Einzelfalles reduziert wurde, Kriminalstrategie sich aber mit der Planung und Organisation der Gesamtheit der Maßnahmen der Kriminalitätsbekämpfung befasst. Damit berührt die Kriminalstrategie das Strafverfahren übergreifende kriminalpolitische Ziele und Aufgaben. Die Kriminalistik könne aber nicht die Verantwortung für strategische Entscheidungen zur Beeinflussung des Kriminalitätsgeschehens einer Gesellschaft übernehmen. Zudem wurde die Kriminalistik sehr stark auf das Strafverfahren und die Polizei reduziert. Kriminalitätsbekämpfung finde jedoch auch außerhalb der Polizei statt. Außerdem würde die Funktion anderer Disziplinen, die sich ebenfalls mit Kriminalitätsbekämpfung im allgemeinen Sinne befassen, wie z.B. die Strafrechtswissenschaften oder die Kriminologie[50], dadurch ausgehebelt. Diese Argumentation ist nicht schlüssig. So kann z.B. auch die Medizin nicht die Verantwortung für entsprechende individuelle oder gesellschaftliche Entscheidungen zur Gesundheit des Einzelnen oder der Gesellschaft insgesamt übernehmen. Entscheidungen zur Kriminalitätsbekämpfung insgesamt werden von der Politik und anderen legitimierten Entscheidungsträgern getroffen. Die Berücksichtigung wissenschaftlicher Erkenntnisse ist dabei zwar wünschenswert, aber nicht garantiert. Letztlich resultiert die Wirksamkeit der gesamtgesellschaftlichen Kriminalitätsverhütung und -bekämpfung aus dem möglichst evidenzbasierten Zusammenwirken aller relevanten staatlichen und privaten Akteure. Wissenschaft kann hierfür einen wichtigen Beitrag leisten.

60 Gleichwohl fokussieren sich kriminalstrategische Aufgaben der Kriminalistik auf die mit ihrem Gegenstand verbundenen Aufgaben. Es sind Aufgaben, auf welche bei der Straftatenaufdeckung, Straftatenuntersuchung und -bekämpfung sowie der Kriminalprävention tatsächlich Einfluss genommen wird und Veränderungen in der sozialen und gesellschaftlichen Wirklichkeit eingeleitet werden können. Kriminalstrategische Orientierungen und Entscheidungen stehen in Wechselbeziehungen mit anderen Zweigdisziplinen der Kriminalistik, im Besonderen bei der Bekämpfung deliktspezifischer, personenbezogener und objektbezogener Phänomene der Kriminalität, beispielsweise zur Entwicklung von Strategien der Bekämpfung der Organisierten Kriminalität, des Kindesmissbrauchs oder der Cyberkriminalität. Damit hat Kriminalstrategie auch ihren Platz in

50 Ackermann, Clages, Roll, Kapitel I RZ 59.

der Binnenstruktur der Kriminalistik und konzentriert sich in der inhaltlichen Aufgabenstellung vor allem auf:

- Planung und Umsetzung von Strategien zur Kriminalitätsbekämpfung (präventiv und repressiv), z. B. Repressionskonzepte mit strategischen Zielstellungen für die Untersuchung und Bekämpfung ausgewählter Straftaten und Erscheinungsformen (z. B. Serienstraftaten), 61
- Organisation der Kriminalitätsbekämpfung,
- Kriminalitätsprognose zur Vorbeugung und Verhütung von Straftaten (Prävention),
- Case Management,
- Politikberatung.

Mit der Weiterentwicklung der Kriminalstrategie im Rahmen der Kriminalitätsbekämpfung durch die Polizei befassten sich *Berthel* und *Lapp*[51] in einer aktuell herausgegebenen Schrift „Kriminalstrategie" mit den vielseitigen Ansichten zum Gegenstand und zu den Aufgaben der Kriminalstrategie.

5 Kriminalistik im System der Wissenschaften

International werden die Wissenschaften nach den tragenden Gebieten eingeteilt, mit denen sich diese beschäftigen. Das sind Naturwissenschaften, Ingenieurwissenschaften und technische Wissenschaften, Medizin und Gesundheitswissenschaften, Agrarwissenwissenschaften, Gesellschaftswissenschaften und Geisteswissenschaften[52]. Diese Wissenschaftsdisziplinen sind in ein vielschichtiges Binnensystem strukturiert, denen die Einzelwissenschaften zugeordnet sind. Der moderne Wissenschaftsbetrieb ist von einer hohen Spezialisierung bestimmt.[53] Der Gegenstand der Kriminalistik ist gesellschaftswissenschaftlicher Natur, umfasst allerdings auch weitreichende naturwissenschaftlich-technische Aufgabenstellungen. 62

Die Kriminalwissenschaften werden üblicherweise in juristische und nichtjuristische unterschieden. Die Kriminalistik wird dabei als Geistes- 63

51 Berthel, Lapp.

52 OECD.

53 Bereits 2003 zählte man etwa 4.000 Einzel- und Unterdisziplinen von Wissenschaften, deren wissenschaftliche Tätigkeit in Institutionen (Universitäten, industriell oder staatlich geförderten Instituten, staatlichen Behörden usw.) eingegliedert sind; Bibliographisches Institut & F.A. Brockhaus AG, 2003. Diese Zahl dürfte sich inzwischen weiter erhöht haben. Vgl. Wissenschaftsrat, 2020.

wissenschaft dem nichtjuristischen Bereich der Kriminalwissenschaften zugeordnet. Sie ist aus ihrer ursprünglich zugedachten Funktion, Recht durch untersuchungskundliches Handeln umzusetzen, hervorgegangen. Die Mittel und Methoden der Kriminalistik sowie deren Aufgaben zur Straftatenaufklärung werden überwiegend über das Recht, insbesondere das Strafprozessrecht und Polizei- und Ordnungsrecht, realisiert. Zugleich ist die Kriminalistik aber auch durch einen hohen Anteil naturwissenschaftlich-technisch geprägter Methoden zur Beweissuche und Beweisführung geprägt, die allein Bestandteil der Kriminalistik und nicht anderer Naturwissenschaften sind.

64 Die wechselseitigen Zusammenhänge zwischen den Rechtswissenschaften und der Kriminalistik sind so stark, dass eine abstrakte Trennung nicht sinnvoll erscheint. Die Juristen (Richter, Staatsanwälte, Verteidiger) nutzen uneingeschränkt kriminalistische Methoden (z.B. Vernehmung, Gegenüberstellung, Ortsbesichtigungen), und umgekehrt beruht kriminalistisches Handeln auf rechtswissenschaftlichen, vor allem strafprozessrechtlichen Handlungsvorschriften und Entscheidungen.

65 Es erscheint folgerichtig, die ausschließlich auf das Verbrechen und ihre Bekämpfung ausgerichteten Disziplinen[54] als **Kriminalwissenschaften** zu bezeichnen. Die **forensischen Wissenschaften** sind solche, die als eigenständige Wissenschaften (z.B. Medizin – Rechtsmedizin oder Psychologie – Forensische Psychologie) auf das Strafverfahren und seine Untersuchung ausgerichtete spezielle Aufgaben lösen und dabei die spezifischen Erkenntnisse, Gesetzmäßigkeiten und Instrumente **ihrer** Wissenschaft (Mutterwissenschaft) nutzen. Sie werden dadurch nicht zu einer Kriminalwissenschaft. Auf die Berührungspunkte und Schnittmengen zwischen den juristischen und nichtjuristischen Wissenschaften machten auch *Berthel* und *Schröder*[55]aufmerksam. Vertiefende Gedanken zu diesem Problem sind in Abschnitt 5.2 zu finden.

Entscheidend für das Funktionieren eines Systems ist die Ausgestaltung der Beziehungen, die Vernetzung der darin integrierten Wissenschaften. Vorrangig ist dabei das Bemühen um gemeinsame theoretische Erkenntniserlangung und praktischer Methodenentwicklung, wie das beispielsweise in der Zusammenarbeit zwischen Kriminalistik und Rechtsmedizin der Fall ist. Die Systeme sind aufeinander angewiesen.

---

54 Das sind: Strafrechtswissenschaft, Strafprozessrechtswissenschaft, Kriminalistik und Kriminologie.

55 Berthel, Schröder, S. 13.

66

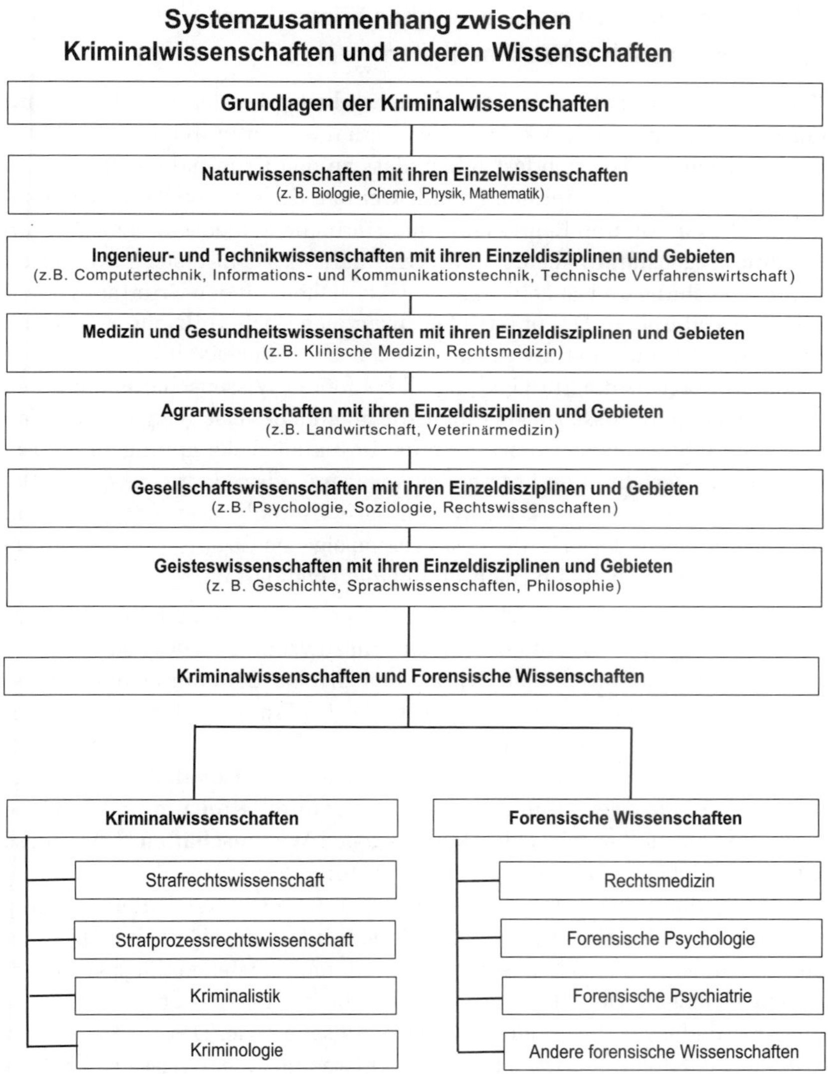

Abb. I.2 Systemzusammenhang Kriminalwissenschaften

5.1 Beziehungen zu ausgewählten Kriminal- und Forensischen Wissenschaften

67 Kriminalwissenschaften sind die Wissensgebiete, die sich unmittelbar mit der Kriminalität und dem kriminellen Verhalten von Individuen beschäftigen. „Allgemein lässt sich feststellen, dass zu den Kriminalwissenschaften jene Wissenschaftsdisziplinen gezählt werden, die die Erklärung, Untersuchung, Prävention und Repression von kriminellem, menschlichem Verhalten zum Gegenstand haben."[56] Die Kriminalistik ist in erster Linie durch Lehre, Forschung und gemeinsame Projektarbeiten mit den Kriminalwissenschaften verbunden. Die praktische Zusammenarbeit vollzieht sich durch Erkenntnisverknüpfung zwischen ihnen bei der Beweisführung. Darüber hinaus verfolgt sie die Entwicklung aller anderen Wissenschaften, mit dem Ziel, neue Erkenntnisse zu gewinnen, die möglicherweise geeignet sind, den Prozess der Straftatenaufklärung und Kriminalitätsbekämpfung zu verbessern, indem Verfahren und Methoden angepasst oder adaptiert werden. Daher wird die Kriminalistik im System der Kriminalwissenschaft verortet. Sie hat eine eigene Theorie und besitzt einen eigenen Gegenstand, obwohl sie noch nicht ausreichend im Hochschulbereich etabliert ist. [57]

68 Im Zeitalter des wissenschaftlich-technischen Fortschritts erfahren Wissenschaften aufgrund des schnellen Erkenntniszuwachses ständig eine weitere Differenzierung, ähnlich dem Prinzip biologischer Zellteilung. Spezialisierung bedeutet zugleich tieferes und verzweigtes Eindringen in den Wissenschaftsgegenstand. Das führt auch dazu, dass sich Gegenstände unterschiedlicher Wissenschaften annähern. Es entstehen **Wissenschaftshybriden.** Das sind mindestens zwei zusammengesetzte oder durch Kreuzung entstandene neue Wissenschafts**zweige**, aber **keine eigenen Wissenschaften.**[58] Auf diese Weise entwickelten sich in den letzten zweihundert Jahren auch die forensischen (gerichtlichen) Wissenschaften. Die immer stärkere Differenzierung wissenschaftlicher Erkenntnisgegenstände führt zwangsläufig zur Differenzierung in den Mutterwissenschaften und daraus entstehen die jeweils spezifischen Gebiete wie z. B. die Forensische Chemie, Forensische Psychologie, die Kriminalpsychologie oder Forensische Psychiatrie. Das Wesen solcher Wissenschaftshybriden ist, dass Erkenntnisse aus einem Wissenschaftsbereich mit denen eines anderen Wissenschaftsbereichs spezifisch angereichert werden. Dadurch wird eine „Mutterwissenschaft" nicht aufgehoben. Die Bezeichnung „Forensische Wissenschaften" ist deshalb als ein Oberbe-

---

56 Berthel, Schröder, S. 9.
57 Heid, S. 584–589.
58 Wissenschaftsrat.

griff für die von ihrer Mutterwissenschaft abgezweigte Disziplin zu sehen, die ihre speziellen Erkenntnisse bei der Lösung von vielfältigen Fragestellungen zur Lösung von Aufgaben der Rechtspflege einsetzen.[59]

Die „Gerichtsmedizin“ wandelte sich nicht willkürlich oder einer Be- 69
zeichnung wegen zur „Rechtsmedizin“. Rein medizinische Erklärungen genügen nicht mehr, sie müssen den Zusammenhang zum Nachweis rechtlicher Tatbestände erbringen. Neben Strafrecht und Strafprozessrecht ist die Rechtsmedizin eine der am engsten mit der Kriminalistik verbundenen Forensischen Wissenschaften.[60] Die Rechtsmedizin partizipiert in Wechselwirkung beispielsweise auch aus den Verfahrensanwendungen sowie Mitteln und Methoden bei polizeilichen Todesermittlungen oder Angriffen auf Leben und Gesundheit.

5.1.1 Rechtswissenschaften

Ziele, Aufgaben und die Funktionen des Rechts bei der Straftatenaufklä- 70
rung werden in anderen Fächern vermittelt, obwohl sie vom kriminalistischen Handeln nicht zu trennen sind. Die Rechtswissenschaften, vor allem Strafrecht, Strafprozessrecht, Ordnungswidrigkeitenrecht bis hin zum Bürgerlichen Recht und Verwaltungsrecht, sind die unmittelbaren Bezugswissenschaften zur Kriminalistik. Der originäre Zusammenhang ergibt sich aus der Untrennbarkeit der Ziele des Strafverfahrens und der Methoden zur Aufklärung von Straftaten. Kriminalistische Rechtsanwendung schließt auch die sich unmittelbar aus dem Grundgesetz ergebenden Grundrechte und die in ihnen enthaltene Werteordnung sowie das Rechtsstaatsprinzip ein. Jegliches staatliche kriminalistische Handeln in der Bundesrepublik unterliegt der rechtlichen Zulässigkeit.

5.1.2 Kriminologie

Kriminalistik und Kriminologie haben eine gemeinsame Geschichte, die 71
insbesondere in der Phase der Entwicklung der Kriminalistik zur gerichtlichen Untersuchungskunde nachzuweisen ist. „Erst nach Abschaffung der Folter und Einführung des Prinzips der freien Beweiswürdigung ab Mitte des 18. und in der ersten Hälfte des 19. Jahrhunderts war der Weg für die Entwicklung der Kriminalistik als Untersuchungskunde eröffnet, da nun die richterliche Überzeugung nicht mehr auf das Geständnis gegründet werden musste, was zur Erschließung neuer Erkenntnisquellen und damit zu

59 Vgl. dazu auch: Wirth (Hrsg.), Forensische Wissenschaften.

60 Niemand käme auf den Gedanken, deshalb die Rechtsmedizin aus der medizinischen Wissenschaft herauszulösen und sie formal einer nichtjuristischen Kriminalistik zuzuordnen.

einer empirischen Ergründung des Ablaufs der Straftat und der differenzierten Schuld des Täters führte.“[61] Hier finden sich bereits die ersten Ansatzpunkte der Wissenschaftsentwicklung und ihrer späteren Differenzierung. Zwischen Kriminalistik und Kriminologie gibt es wissenschaftsgeschichtlich sehr enge Beziehungen, die sich von jeher in Lehre, Forschung und Praxis bis in die Gegenwart bewährt haben. Mitunter hat es aber den Anschein, als habe die unterschiedliche institutionelle und universitäre Entwicklung beider Fachrichtungen zur Distanzierung und zu Divergenzen geführt. Als nichtjuristische autonome Kriminalwissenschaften tragen sie teilweise unabhängig voneinander und teilweise abhängig auf ihre eigene Weise indirekt und vermittelnd zur Kriminalpolitik und ihrer Durchsetzung bei.[62] Besonders eindrucksvoll wird die Herausbildung der Kriminalistik aus der Grazer Kriminologie durch *Hans Gross* in dem Werk „Kriminologische Entwicklungslinien“[63] beschrieben.

72 Zwischen Kriminalistik und Kriminologie besteht ein besonders enges und stärker ausgeprägtes Bezugsverhältnis als zu anderen Wissenschaften. „Ohne die durch Kriminalistik erlangten Tatsachenerkenntnisse ist die kriminologische Erforschung der Verbrechens- und Kriminalitätswirksamkeit nicht durchführbar, ohne kriminologische Erkenntnisse über Ursachen und Bedingungen von Straftaten wiederum keine rationale Kriminalitätskontrolle denkbar.“[64]

73 Schnittstellen

Diesen wechselseitigen Bezug zwischen Kriminologie und Kriminalistik kennzeichnet *Forker* (2006) als dadurch geprägt, dass einerseits eine Vielzahl kriminologischer Wertungen primär von praktischen kriminalistischen Ergebnissen ausgeht, andererseits kriminologische Verallgemeinerungen auf die kriminalistische Methodik, auf Kriminalstrategie und Kriminaltaktik sowohl im Allgemeinen wie auch auf das kriminalistische Vorgehen im Einzelfall zurückwirken. Solche Wechselwirkungen bringen für beide Wissenschaften Erkenntnisgewinn. Zudem gibt es Gemeinsamkeiten wie:

- Die Wissenschaftsgebiete sind vom Begriff des Verbrechens „crimen“ abgeleitet;
- sie gehören zu den nichtjuristischen Wissenschaften;

61 Forker, 2000, S. 17.
62 Forker, 2006, S. 739; Forker, 2000, Abschnitt KR. I.
63 Bachhiesl, Bachhiesl, Leitner.
64 Schulte, Neidhardt, S. 11–13.

- ihre Bindung an juristische Kriminalwissenschaften;
- dabei hat die Kriminologie besonders enge Verbindung zum **Strafrecht**,
- die Kriminalistik zum **Strafprozessrecht**;
- beide befassen sich unter unterschiedlichen Aspekten mit der Tat, dem Täter wie auch mit dem Opfer;
- beide wenden vorrangig soziologische Forschungsmethoden an, die Kriminalistik darüber hinaus stärker auch naturwissenschaftlich-technische Forschungsmethoden.

Trotz dieser und anderer Gemeinsamkeiten haben die beiden Wissenschaften ihre unterschiedlichen speziellen Aufgabenfelder.

Unterschiede 74

Die **Kriminologie** als empirische und interdisziplinäre Wissenschaft befasst sich mit der geordneten Gesamtheit des Erfahrungswissens über das Verbrechen, den Rechtsbrecher, die negative soziale Auffälligkeit und mit der Kontrolle des Verhaltens sowie der Wirkung von Strafen und Sanktionen. Sie untersucht Einzelerscheinungen als auch gesellschaftliche Phänomene. Ihr Wissensgebiet lässt sich vereinfacht mit den drei Grundbegriffen Verbrechen, Verbrecher und Verbrechenskontrolle kennzeichnen. Ihr sind auch die Opferbelange und z. T. Probleme der Verbrechensverhütung (Kriminalprävention) zugeordnet.

Zu ihren vielfältigen Aufgabengebieten (Gegenstand) gehört die Untersuchung der sozialen und individuellen Kriminalisierungs- und Entkriminalisierungsprozesse (Kriminalpolitik), das Verbrechen als Einzelerscheinung, die Kriminalität als Massenerscheinung, deren Entwicklung und Erscheinungsformen (Phänomenologie). Sie forscht nach den Ursachen der Kriminalität und einzelnen kriminellen Karrieren.

Es ist unschwer zu erkennen, dass es dabei vielfältige Berührungspunkte zur Kriminalistik gibt.

Die **Kriminalistik**, die bereits definiert wurde, vermittelt auf der anderen 75
Seite das Wissen über die Mittel, Methoden und Verfahren der Verhütung, Aufdeckung, Untersuchung und Aufklärung von Straftaten, einschließlich der „Fahndung" nach Personen, Sachen und Vermögenswerten. Es geht hierbei vorrangig um die Feststellung von Straftaten, das Aufspüren derjenigen, die diese begangen haben und das Erbringen des Nachweises über alle Umstände der Straftat, sowie zur Feststellung von Ursachen und Bedingungen.

Ihre Hauptaufgabe ist in diesem Zusammenhang die Suche, Sicherung und Auswertung von Beweismitteln, die Täterermittlung, die Überführung von

Verdächtigen als Täter (Beschuldigte), die umfassende Aufklärung aller Straftaten (einschließlich derjenigen mit unbekanntem Täter) und sämtlicher, durch einen Täter begangenen Straftaten sowie die Schaffung von beweisrechtlichen Voraussetzungen zur Durchführung eines rechtsstaatlichen Strafverfahrens. Über die Untersuchung von Einzelstraftaten hinaus befasst sich die Kriminalistik mit theoretischen und praktischen Fragen des Kampfes der Gesellschaft gegen die Kriminalität und spezielle Erscheinungsformen (Kriminalitätskontrolle/Kriminalstrategie).

5.1.3 Rechtsmedizin

76 Die Rechtsmedizin, teilweise auch noch als Gerichtsmedizin bezeichnet, ist ein spezieller forensischer Wissenschaftsbereich, der sehr eng mit der Kriminalistik verbunden ist. Die Rechtsmedizin ist eine spezielle Fachdisziplin der Medizin, die sich in erster Linie mit der Begutachtung und Rekonstruktion von Vorgängen, die zum gewaltsamen Tod von Menschen geführt haben, beschäftigt. Ihre Tätigkeit beschränkt sich nicht auf die Erforschung der Ursachen des Todes. Einen breiten Raum nimmt die Begutachtung der Verletzungen von lebenden Personen ein, vorrangig bei Opfern von Gewalt- und Sexualstraftaten (z.B. Vergewaltigung, Kindesmisshandlung, Körperverletzung, häuslicher Gewalt). Die Rechtsmedizin trägt mit ihren speziellen Methoden zur Identifizierung von Leichen und von Leichenteilen bei. Die enge Zusammenarbeit von Rechtsmedizin und Kriminalistik wird z.B. bei der Identifizierung von Katastrophenopfern deutlich, bei der Kriminalisten und Rechtsmediziner gemeinsam zur Identifizierung beitragen (z.B. durch Anwendung der Daktyloskopie und des Spurenvergleichs in Identifizierungskommissionen bei großen Schadensereignissen).

Die kriminalpolizeiliche Arbeit hat in vielen Fällen das Ziel, Vergleichsmaterial zu Identifizierungs- und Beweiszwecken zu sichern. Neben der typischen Gutachtertätigkeit haben sich weitere Expertisengebiete wie die forensische Serologie oder die forensische Toxikologie an den rechtsmedizinischen Instituten etabliert.

Rechtsmedizinische Grundkenntnisse gehören zur kriminalistischen Kompetenz von Polizeivollzugsbeamten, im Besonderen jedoch von Kriminalisten. Diese Kenntnisse werden in der polizeilichen Ausbildung und im Rahmen der Fortbildung vermittelt. Die Rechtsmedizin trägt auch zur Aufdeckung von bisher unbekannten Tötungsdelikten durch die obligatorische Leichenschau vor der Einäscherung von Toten bei. Die Struktur der rechtsmedizinischen Institute ist in den Bundesländern uneinheitlich, ebenso die rechtlichen Regelungen zur ärztlichen Leichenschau. Eine besonders enge praktische Arbeitsbeziehung gibt es zwischen Kriminalistik und Rechtsmedizin bei der Tatortarbeit, der Spurensuche und -sicherung am Körper von Opfern und deren Bekleidung, zu Fragen der Beweisführung, bei der Bearbeitung von großen Schadensereignissen bzw. Katastrophenfällen und im Zusammenhang mit der Gutachtertätigkeit. Seit 2012 entwickelten sich innerhalb der Rechtsmedizin auch „Gewaltschutzambulanzen", in denen z.B. Opfer häuslicher Gewalt untersucht werden, die bisher keine Strafanzeige erstattet haben. Die rechtsmedizinischen Beweismittel werden sozusagen vorsorglich gesichert und asserviert.

5.1.4 Polizeiwissenschaft

Nach umfangreichen Diskussionen im Zusammenhang mit der Gründung **77** der Deutschen Hochschule der Polizei (DHPol) wurde der Begriff der Polizeiwissenschaft „vorläufig definiert [. . .] als das Wissenschaftsgebiet, das die polizeiliche Grundfunktion (Gewährleistung innerer Sicherheit unter Inanspruchnahme des staatlichen Gewaltmonopols), die Polizei als Institution (Police) und ihr Verhalten, sowie ihre Tätigkeit (policing) – wie sie ist, wie sie sein kann und soll und wie sie nicht sein darf – mit wissenschaftlichen Methoden theoretisch (police theory), empirisch (police research) und systematisch erforscht"[65] Nach wie vor ist es jedoch noch nicht gelungen, diese als eigenständige Disziplin in Deutschland zu etablieren.[66] Insofern ist offen, in welchem Verhältnis diese zur Kriminalistik stehen könnte. Im Gesetz über die Deutsche Hochschule der Polizei (DHPolG)[67] ist in § 4 als Aufgabe gestellt, auf den polizeilichen Tätigkeitsfeldern zu forschen, ohne dazugehörige Wissenschaftsgebiete zu nennen. In Absatz 2 heißt es weiter: „Darüber hinaus hat die Hochschule die Aufgabe, die Polizeiwissenschaft durch Forschung, Lehre, Studium und Weiterbildung zu pflegen und zu entwickeln." Die Verquickung von polizeilichen und kriminalistischen Aufgaben und die systemische Einordnung ihrer Beziehungen zueinander bleibt ein wesentliches zukünftig zu lösendes wissenschaftliches und praktisches Problem.

5.2 Beziehungen zu anderen Wissenschaften

Da die Kriminalistik eine Wissenschaft mit einem hohen integrierten Anteil **78** naturwissenschaftlich-technischer Verfahren und Erkenntnisse ist, besteht

65 Birkenstock, Hauff, Neidhardt, S. 134.
66 Lange, Wendenkamm, S. 1169.
67 Polizeihochschulgesetz.

zwangsläufig auf speziellen Gebieten eine weitreichende Zusammenarbeit mit anderen nicht zum System der Kriminalwissenschaften gehörenden Fachgebieten. Diese Zusammenarbeit beschränkt sich nicht auf technische Forschungsbereiche, ist jedoch in dieser Zielrichtung sehr ausgeprägt. Ebenso die Gesellschaftswissenschaften, zu denen die Kriminologie eine starke Bindung hat, sind für die Kriminalistik im Hinblick auf gesellschaftliche Prozesse und das Sozialverhalten bedeutungsvoll. Die ständige Auswertung neuer wissenschaftlicher Erkenntnisse für Zwecke der Kriminalitätsbekämpfung und der speziellen Methodenentwicklung ist Voraussetzung für ein hohes Qualitätsniveau kriminalpolizeilicher Untersuchungen. Die Kriminalistik darf sich dabei auf zufällige Abfallprodukte anderer Wissenschaften nicht verlassen. Jede Wissenschaft forscht zunächst stets nur für ihren eigenen Gegenstand und die jeweiligen Forschungsziele. Es ist daher auch unrichtig, zu behaupten, die Kriminalistik adaptiere lediglich neue technische Verfahren. Sie kann neue Erkenntnisverfahren nur selten linear übernehmen oder umformen. Bei allen bedeutsamen Neuentwicklungen von kriminalistischen Mitteln, Methoden und Verfahren zur Beweisführung oder Unterstützung der Straftatenaufklärung gab es stets unmittelbare kooperative Zusammenarbeit und Mitwirkung bei der Forschung, um sie für Zwecke der Straftatenuntersuchung und -aufklärung nutzbar zu entwickeln. Für die Kriminalistik notwendig ist, die neuesten Forschungsergebnisse und Weiterentwicklungen auf **allen Wissenschaftsgebieten** systematisch zu verfolgen, um Ansatzpunkte und Nahtstellen für eine kriminalistische Methodenforschung zu finden und kriminalistisch geeignete Anwendungen zu initiieren.

5.2.1 Naturwissenschaften/Ingenieurwissenschaften und technische Wissenschaften

79 Der Bezug der Kriminalistik zu den Naturwissenschaften, die wiederum stark untergliedert sind, ist nicht nur für die Entwicklung von neuen Verfahren und Methoden für die Spurensuche und -sicherung bedeutungsvoll. Die Kriminalistik nutzt vor allem die aus naturgesetzlichen Zusammenhängen entwickelten Methoden der Chemie im eigentlichen Sinne, der physikalischen Chemie, der Physik, der Geologie, Genetik und Physiologie (z.B. Wiedererkennung) sowie von anderen Einzelwissenschaften für die **Spurenauswertung, Spurenbegutachtung und Beweisführung** für ihre Zwecke (vgl. Abschnitt 5 naturwissenschaftlich-technische Kriminalistik). In interdisziplinären Gruppen werden neu erkannte Gesetzmäßigkeiten aus der Natur in Projekten verfolgt und einzelne Verfahren für die Kriminalistik, insbesondere für die Beweisführung und die Erhöhung des Beweiswertes materieller Spuren, adaptiert. Gemeint sind damit **spezielle Erkenntnisse** für die krimi-

nalistisch-juristische Beweisführung. So etwa die geringere Verzerrung von Spuren, die Zugänglichkeit zu materiellen Spuren, zur Stabilität von Merkmalen, zur besseren Reproduzierbarkeit und Bewertungsmöglichkeiten zwischen der Existenz von Spuren und ihrem Zusammenhang mit Straftaten. Die Ingenieurwissenschaften und technischen Wissenschaften haben in den letzten Jahrzehnten ebenfalls eine erhebliche Innovationsphase durchlaufen. Die explosionsartige Ausbreitung und Vervollkommnung der Informations- und Kommunikationstechnologie, ein Gegenstand der Technikwissenschaften, zeigt die enge Vernetzung zwischen den Wissenschaften, im Besonderen auch der Kriminalistik im Zusammenhang mit der Entstehung neuer Kriminalitätsphänomene und Entwicklung von Methoden ihrer Bekämpfung.

5.2.2 Gesellschafts- und Geisteswissenschaften

Die Gesellschafts- und Geisteswissenschaften haben den Aufschwung ihrer **80** Entwicklung durch den Erfolg der Naturwissenschaften im 19. Jahrhundert zu verdanken, weil auch sie versuchten, auf dem eigenen Feld ihrer Tätigkeit bzw. ihrem Gegenstand den beweisbaren Erklärungsidealen für ihre Probleme so nahe zu kommen, wie es die Naturwissenschaften taten. Aus ihrer Beschäftigung mit Phänomenen des geschichtlich-gesellschaftlichen Lebens, der Geschichte, dem Staat, Recht, Wirtschaft, Sprache, Religion, Kunst, sozialen Entwicklungen und weiteren Lebensbereichen ergeben sich zwangsläufig viele Beziehungen zur Kriminalistik. Vor allem sind es Erkenntnisse des Rechts, der Soziologie und der Psychologie, die wechselseitig kriminalistisch genutzt werden. Zunehmend entwickeln sie sich als methodisch-empirische Disziplinen und übernehmen auch Methoden der Naturwissenschaften. So nutzt die Kriminalistik beispielsweise für ihre Zwecke soziologische Methoden der Forschung. Das Beziehungsgeflecht zwischen Kriminalistik und den Gesellschafts- und Geisteswissenschaften ist umfassend und beruht auf der fortschreitenden Spezialisierung.

Beispiel:

Bei der kriminalistischen Sprecheridentifizierung nach Merkmalen der Stimme und Sprechweise greift die Kriminalistik auf sprachwissenschaftliche Erkenntnisse zurück. Das betrifft nicht allein die sozio-linguistische oder phonetisch-linguistische Auswertung von sprechercharakteristischen Merkmalen. Dabei erforscht die Sprachwissenschaft die sprechergebundenen Merkmale zum Zwecke der gerichtsfesten Identifizierung nicht. Das ist Aufgabe der Kriminalistik (Kriminaltechnik-Phonetik). Erkenntnisse der Sprachwissenschaft werden nicht nur technisch genutzt, sondern auch im Bereich der Kriminaltaktik, z. B. im Zusammenhang mit Erpressung und Erpresserbriefen oder der Sprachauswertung von erpresserischen Drohanrufen. Daraus ist der komplexe und wissenschaftsübergreifende Charakter erkennbar. Die Bewertung inkriminierter Schreiben und die forensische Autorenerkennung sind beispielsweise neue Gebiete der Sprachwissenschaft.[68]

In ähnlicher Weise ließen sich die Beziehungen zwischen Kriminalistik und vielen anderen Gesellschafts- und Geisteswissenschaften herstellen.

6 Theorie, Praxis und Forschung

6.1 Theorie

81 Während in der Theorie durch **abstrakte Betrachtung** von Sachverhalten begründete Aussagen zur Erklärung von bestimmten Erscheinungen getroffen werden, ist die Aufgabe der Praxis, Theorien und Erfahrungen der Kriminalistik durch **praktisches Handeln** bei der Straftatenuntersuchung anzuwenden. Dabei ist die Praxis der Straftatenbekämpfung Grundlage jeglichen theoretischen Denkens sowie Ursprung und Ausgangspunkt für neue Erkenntnisse. Insofern **gehören Theorie und Praxis immer zusammen, weil ein wechselseitiger Bezug besteht. Ausschließlich durch die praktische kriminalistische Arbeit bzw. Experimente,** können Zweckmäßigkeit, Nutzen und die Richtigkeit von abstrakt gewonnenen Erkenntnissen geprüft werden. Daher wird die Praxis auch als höchstes Kriterium der Wahrheit bezeichnet.

6.2 Praxis

82 **Kriminalistische Praxis** ist die bewusste, zielgerichtete Tätigkeit zur Lösung von Aufgaben der Straftatenuntersuchung bzw. Kriminalitätsbekämpfung.

Kriminalistische Verfahrensweisen der Praxis richten sich nicht nur auf materielle Objekte, wie beispielsweise bei der Spurensuche und -sicherung. Vorrangig ist es die soziale Komponente polizeilichen Handelns, die Konfliktbewältigung und Zusammenarbeit mit Menschen, die in irgendeiner Beziehung mit der Straftatenuntersuchung steht. Anders ausgedrückt: Praxis ist, wie der Polizeibeamte seine rechtlichen, soziologischen, kriminalistischen u. a. Mittel, Methoden und Verfahren mit dem

68 Dern, S. 323–327.

größten Effekt zur Zielerreichung einsetzt und damit zugleich eine soziale Funktion der Gesellschaft im Kampf gegen das Verbrechen erfüllt.

Ohne Zweifel hat die praktische Anwendung kriminalistischer Methoden und Verfahren im alltäglichen Prozess der Kriminalitätsbekämpfung eine erhebliche Bedeutung. Sie darf allerdings nicht darauf reduziert werden. Die Kriminalistik ist mehr als eine weitgehend handwerkliche Tätigkeit oder Hilfswissenschaft, z.B. für Strafverfolgungsorgane. Allein die Weitergabe praktischer Erfahrungen reicht nicht aus, denn die Summe von Erfahrungen führt nicht automatisch zu mehr Wissen.

Es gilt vielmehr, diese Erfahrungen kontinuierlich zu sammeln, auszuwer- **83**
ten, zu systematisieren, zu ordnen, nach bestimmten Gesetzmäßigkeiten zu durchforsten und sie so aufzubereiten, dass sie für künftige praktische Fälle der Straftatenuntersuchung als verallgemeinertes Wissen wiederverwendet werden können. Dazu reicht die Veröffentlichung von kasuistischen Einzelfällen nicht aus. Es ist eine wissenschaftliche (theoretische) Aufgabe der Kriminalistik, daraus neue Erkenntnisse zu gewinnen.

6.3 Forschung

Die kriminalistische Praxis ist zugleich auch Triebkraft für die For- **84**
schung. Sie stellt Anforderungen und Ansprüche an die kriminalistisch forschende Tätigkeit, indem sie die ungelösten Probleme und Verfahrensweisen, bestehende Lücken zur Gewährleistung der Aufklärung aller Straftaten, offene Fragen zur Beweisführung und andere bestehende Defizite zugänglich macht. Somit ist die Praxis auch Ziel der Erkenntnis bei der Realisierung von wissenschaftlichen Forschungsprojekten. Jede einseitige Polarisierung zwischen Wissenschaft und Praxis ist fehl am Platze. Die kriminalistische Forschung erstreckt sich nicht auf das gesamte Spektrum polizeilicher Aufgaben. Sie konzentriert sich auf die unmittelbar mit der Straftatenuntersuchung und Kriminalitätsbekämpfung im engeren Sinne verbundenen Forschungsaufgaben.

Der komplexe Charakter der Straftatenuntersuchung und Beweisführung **85**
erfordert interdisziplinäre Zusammenarbeit, wie sie sich beispielsweise in der kriminalistisch-kriminologischen Forschung oder der Forschungskooperation mit soziologischen, kommunikationswissenschaftlichen oder naturwissenschaftlichen Disziplinen zeigt.

6.4 Schlussbemerkungen

86 Dieser Überblick über die Kriminalistik vermittelt ausgewählte theoretische und praktische Sachzusammenhänge, die ein Grundverständnis dafür herbeiführen sollen, was unter Kriminalistik zu verstehen ist und wie ihre Stellung in der Gesellschaft, der Polizei und bezogen auf andere Wissenschaften ist. Kriminalistik ist keine Hilfswissenschaft und kein vorrangig handwerkliches Instrument, keine reine Handlungslehre, die sich lediglich mit der Weitergabe gemachter praktischer Erfahrungen befasst, und über ein „Kunsthandwerk" nicht hinaus reicht.

Mit diesem einführenden Kapitel zur Entwicklung, zu Aufgaben und Funktionen der Kriminalistik wird lediglich ein grundrissartiger Überblick gegeben. Aber ohne theoretische und methodologische Grundfragen zu kennen, sind die weiteren Ausführungen zu den kriminalistischen Methoden manchmal schwierig zu verstehen. Zugleich soll die Lücke zu anderen kriminalistischen Publikationen geschlossen werden, die sich ohne theoretische Grundlagen auf die Darstellung von praktischen kriminalistischen Verfahrensweisen bzw. Lehrthemen beschränken.

KAPITEL II
Beweislehre, Beweisführung

II

Inhalt

1 Begriffe, Bedeutung, Beweisarten

1.1 Beweisdefinition, Bedeutung

Nach deutschem Recht ist es Aufgabe des Gerichts, darüber zu entscheiden, ob eine Straftat als bewiesen gilt und der Tatverdächtige auch tatsächlich schuldiger Täter ist. Dies geschieht mit den strafprozessualen Beweismitteln und unter Beachtung von Beweisgrundsätzen. 1

Im Ermittlungsverfahren ist es u.a. Aufgabe von Polizei und Staatsanwaltschaft, diese Entscheidung durch entsprechende Aufklärungs- und Ermittlungshandlungen vorzubereiten.

Demzufolge hat die Polizei im Ermittlungsverfahren ihre Tataufklärungshandlungen stets nach strafprozessualen Grundsätzen zu gestalten. Für die Beweisführung im Ermittlungsverfahren bedeutet dies, dass sich die Polizei nur der strafprozessual zulässigen Beweismittel bedienen darf. Dabei hat sie die rechtlichen Beweiserhebungsgrundsätze zu beachten.

2 **Beweisen** heißt, dem beurteilenden Gericht einen Sachverhalt durch jedermann überzeugende und beliebig oft reproduzierbare Fakten so darzustellen, dass ein vernünftiger Zweifel an dem von den Strafverfolgungsorganen (Staatsanwaltschaft und Polizei) bei vorläufiger Tatbewertung angenommenen Tatgeschehen nicht möglich ist.[1]

Eine Legaldefinition des Begriffs „Beweis" enthält die Strafprozessordnung nicht.

Merke

Als Beweis gelten Tatsachen oder Erfahrungssätze oder Aussagen darüber, die in der Hauptverhandlung zu der Überzeugung des Gerichts führen müssen, dass eine Behauptung wahr oder unwahr ist. Der Beweis muss mit lückenlosen, nachvollziehbaren und logischen Argumenten zur persönlichen Überzeugung des Richters führen, sodass keine Zweifel bestehen, dass ein bestimmtes Geschehen sich so und nicht anders zugetragen hat.

Eine absolute oder eine mathematische Sicherheit werden vom Gesetz wegen der begrenzten menschlichen Erkenntnismöglichkeit nicht verlangt.

3 **Tatsachen** sind konkrete Umstände, die Ereignisse, Vorgänge, Gegebenheiten, Eigenschaften und Zusammenhänge eines Geschehens betreffen. Sie können sich in der Vergangenheit ereignet haben oder in der Gegenwart liegen. Darunter fallen z. B. Handlungen von Menschen, deren psychischer Zustand oder ihre Absichten und Motive, der Zustand oder die Eigenschaft von Sachen, der Ablauf eines Tatgeschehens u. Ä.[2]

1 Zur Erläuterung der strafprozessualen Beweisproblematik wird auf die Ausführungen von Meyer-Goßner/Schmitt, Einl., RZ 48 ff. verwiesen. Mit der kriminalistischen Beweisproblematik befasst sich ausführlich Westphal.

2 Zum prozessualen Tatsachenbegriff Kühne, S. 462, RZ 752 ff.

In Abgrenzung dazu sind Beurteilungen und Wertungen keine Tatsachen, da sie subjektiv geprägt und persönlich sind.[3]

In der Beweisführung im Strafprozess sind solche Tatsachen von Belang, die für den Beweis von Tat und Täterschaft bedeutsam sind. Welche Tatsachen bedeutsam für die Beweisführung sind, ist nach dem jeweiligen Einzelfall zu beurteilen.

Tatsachen werden u. a. unterschieden nach äußeren Tatsachen und inneren Tatsachen.

Äußere Tatsachen treten in der Außenwelt in Erscheinung. Innere Tatsachen tragen sich im Inneren eines Menschen zu. Es sind z. B. Absichten oder Motive des Handelns.

Häufig kann von äußeren Tatsachen auf innere Tatsachen geschlossen werden.

Beispiel:

- Der Schlag des Täters X mit einer Eisenstange auf den Kopf des Opfers Y. Die Wucht, mit der der Schlag ausgeführt worden ist, sowie die dadurch verursachte Verletzung sind äußere Tatsachen.
- Die Frage, welche Absichten oder Motive der Tat bei X zugrunde liegen, sind innere Tatsachen.
- Die Tatsache, dass eine Eisenstange als Tatwerkzeug benutzt worden ist sowie die Wucht des Schlages und der Grad der Verletzung bei Y lassen ggf. auf das Motiv (innere Tatsache) der Tat schließen.

Merke

Im Ermittlungsverfahren ist es Aufgabe des ermittelnden Kriminalisten, alle verfügbaren und mutmaßlichen äußeren und inneren Tatsachen über eine Tat festzustellen sowie die daraus abzuleitenden kriminalistischen Versionen zusammenzustellen, zu überprüfen und beweismäßig zu untermauern.

Erfahrungssätze sind dem Wesen nach Regeln, die sich auf wissenschaftliche Erkenntnisse oder auf allgemeine Lebenserfahrungen begründen. Soweit Erfahrungssätze keine Ausnahme zulassen, haben sie eine an Sicherheit grenzende Wahrscheinlichkeit zum Inhalt.[4] 4

3 Zur Vertiefung des Tatsachenbegriffs wird auf die Ausführungen bei Clages (1997), S. 55 verwiesen, dort mit weiteren Quellenangaben.

4 Definition unter Orientierung an Meyer-Goßner/Schmitt, § 337 StPO, RZ 31.

Nach der Beweiskraft von Erfahrungssätzen unterscheidet die Rechtslehre zwischen absoluten und relativen Erfahrungssätzen. Den absoluten Erfahrungssätzen wird eine generelle Gültigkeit zugeschrieben. Sie sind von hoher Beweiskraft, so z. B. der Erfahrungssatz, dass Papillarlinienbilder individuell und höchstpersönlich sind und dass zwei Menschen nicht über die gleichen Papillarlinienbilder verfügen. Ein anderer Erfahrungssatz besagt, dass eine Person, die nachweislich zu einer bestimmten Zeit an einem bestimmten Ort war, nicht anderswo gewesen sein kann.

Relative Erfahrungssätze sind zwar allgemeingültig, ihre Beweiskraft steht jedoch im Einzelfall in Abhängigkeit von bestimmten individuellen Bedingungen. So besagt z. B. ein wissenschaftlich begründeter Erfahrungssatz, dass der menschliche Körper im Laufe einer Stunde etwa 0,1 ‰ Alkohol abbaut. Dieser Erfahrungssatz kann jedoch nicht absolut gelten, sondern ist im konkreten Fall abhängig von der individuellen körperlichen Konstitution eines Menschen.

Eine dritte Kategorie der Erfahrungssätze sind solche, die sich auf allgemeine Lebenserfahrung (oder Berufserfahrung) begründen, z. B., dass die Flucht eines Verdächtigen für seine Täterschaft spricht. Sie haben nur einen relativ geringen Beweiswert.

Erfahrungssätze sind in der kriminalistischen Praxis im Besonderen bei der Beweiswürdigung von Indizienbeweisen von Bedeutung. Es ist zu berücksichtigen, dass Erfahrungssätze fehlerhaft interpretiert werden und damit zu falschen Ergebnissen führen können.

1.2 Beweisführung

5 Als **Beweisführung** wird die „Maßnahme des Anklagevertreters (auch des Verteidigers) im Strafprozess mit dem Ziel, das Gericht mit den strafprozessualen Beweismitteln vom Vorliegen aller für seine Entscheidung erheblichen Tatsachen zu überzeugen“[5] bezeichnet.

„Die Beweisführung der Staatsanwaltschaft erstreckt sich auf die Darstellung des objektiven und subjektiven Tatbestandes, das Fehlen von Rechtfertigungsgründen und Schuldausschließungsgründen. Sie muss alle den Angeklagten be- und entlastenden Umstände erfassen. Die gleichen Grundsätze gelten auch für die polizeiliche Ermittlungstätigkeit.“[6]

5 Wirth (Hrsg.), S. 87.
6 Wirth (Hrsg.), S. 87.

Beweisen im Sinne der Strafprozessordnung ist keine Feststellung von einzelnen Tatsachen. Beweisen bedeutet vielmehr die Klärung im Regelfall unterschiedlicher beweisbedürftiger Sachverhalte.

Das Beweisverfahren wird unterschieden nach Strengbeweis- und Freibeweisverfahren.[7] 6

Ausgangspunkt der kriminalistischen Beweisführung in einer Strafsache ist die Beweislage nach Abschluss des Ersten Angriffs oder nach Kenntnisnahme von einer Straftat, bei dem/der erste Beweiserhebungsmaßnahmen durchgeführt und dokumentiert worden sind. 7

Die Beurteilung der Beweislage vor Beginn der Ermittlungshandlungen ist Teil einer umfassenden kriminalistischen Fallanalyse. 8

Die einzelnen Beweismittel sind in einer kombinatorischen Bewertung zusammenzufassen und einer logischen gedanklichen Prüfung zu unterziehen.

Es ist zu fragen:

- Was wird aufgrund der vorliegenden Beweismittel mit welchem Wahrscheinlichkeitsgrad bewiesen?
- Sind Beweislücken, Widersprüche, logische Brüche oder Zweifel vorhanden?
- Sind zusätzliche ergänzende Beweiserhebungsmaßnahmen erforderlich, wenn ja, welche und in welcher Reihenfolge?

Das Ergebnis dieser Prüfungshandlungen findet seinen Niederschlag in der kriminalistischen Untersuchungsplanung, in der u. a. die Festlegung der weiteren Ermittlungshandlungen unter der Zielvorgabe der Beweisführung erfolgt. 9

Vor Beendigung des Beweisführungsprozesses ist die abschließende Beurteilung der Beweislage vorzunehmen. Sie stellt die Gesamtbeurteilung der über eine Straftat und deren Umstände erhobenen Beweise dar. Sie ist stets eine vorläufige Tatbewertung aufgrund des vorliegenden über eine Tat erhobenen Sachstandes bei Abschluss der Ermittlungen. 10

Eine Tat gilt im Ermittlungsverfahren dann als aufgeklärt, wenn aufgrund der Beweisbewertung hinreichender Tatverdacht begründet werden kann, d. h., wenn die Wahrscheinlichkeit einer späteren Verurteilung des Beschuldigten besteht. 11

---

7 Vgl. RZ 36 dieses Kapitels.

1.3 Beweisarten

1.3.1 Unterscheidung nach direktem und indirektem Beweis

12 Ergibt sich der Beweis unmittelbar aus der beweiserheblichen Tatsache, liegt ein direkter Beweis vor. D.h. ein Beweis ist direkt, wenn die rechtserheblichen Umstände (wie z.B. Tatbestandsmerkmale, Rechtswidrigkeit, Schuld, Strafzumessungsgründe) sich direkt aus der Beweisaufnahme ableiten.

Beispiel:

Der Zeuge A sagt aus, er habe beobachtet, wie der Beschuldigte X auf das Opfer Y mit einer Eisenstange eingeschlagen habe.

Es liegt ein direkter Beweis für die Täterschaft des X vor.

Der direkte Beweis wird mit den Mitteln des Personalbeweises geführt.

13 Muss erst von einer mittelbaren Tatsache, einem Indiz, auf eine unmittelbar entscheidungserhebliche Tatsache geschlossen werden, liegt ein indirekter Beweis vor. Der indirekte Beweis wird auch als Indizienbeweis oder Anzeichenbeweis bezeichnet.

Indizien sind Merkmale, die mehr oder weniger deutlich auf den Täter, die Tat, auf einzelne Tathandlungen, das Tatmotiv, Absichten, Tatwirkungen oder andere beweiserhebliche Sachverhalte hinweisen. Insoweit sind Indizien sog. Beweisanzeichen.

Das Wesen des Indizienbeweises liegt darin, dass die festgestellte mittelbare Tatsache unter Anwendung von Denkgesetzen und Erfahrungssätzen zu der unmittelbar entscheidungserheblichen Tatsache in einen schlussfolgernden Zusammenhang gebracht wird.

Beispiel:

Die Tatsache, dass an einem Einbruchstatort eine daktyloskopische Spur gefunden worden ist, beweist lediglich die Anwesenheit des Spurenverursachers am Tatort. Sie beweist nicht direkt die Täterschaft des Spurenverursachers.

Sie muss zu dieser entscheidungserheblichen Tatsache noch in einen schlussfolgernden Zusammenhang gebracht werden. Dies geschieht in der Regel durch zusätzliche Indizien.

Weitere Indizien, die für die Täterschaft des Spurenverursachers sprächen, wären z.B. die Feststellung der daktyloskopischen Spur an der Innenseite des vom Täter aufgebrochenen Tresors und die Feststellung, dass die daktyloskopische Spur nur vom Täter stammen kann.

Aufgrund der Aneinanderreihung der Indizien kann sodann folgerichtig der Schluss gezogen werden, dass der Spurenverursacher der Täter ist.

Das vorstehende Beispiel zeigt eine sog. Indizienkette. Es wird von einem Indiz auf das nächste geschlossen und am Ende auf die beweiserhebliche Tatsache. Der Beweiswert einer Indizienkette ist abhängig von der Stärke oder der Schwäche der einzelnen Glieder, d.h. der einzelnen Indizien der Kette. 14

Merke

Um einen Indizienbeweis in das Verfahren einbringen zu können, erfordert es:

- besonders gute kriminalistische Kenntnisse,
- eine logische Kombinationsgabe,
- ein „absolutes“ (hohes Maß) an Objektivität,
- die Lückenlosigkeit in der Beweisführung,
- die Widerspruchsfreiheit, und zwar widerspruchsfrei in sich und in Bezug auf andere Beweise,
- keine anderen als die zu beweisenden Umstände zuzulassen (lediglich eine Alternative darf zur Erklärung zutreffend sein),
- die Eineindeutigkeit des Schlusses.

Weisen mehrere Indizien für sich auf eine beweiserhebliche Tatsache hin, liegt eine sog. Indizienreihe vor. 15

Beispiel:

1. Indiz: daktyloskopische Spur einer bestimmten Person am Tatort.
2. Indiz: der Spurenverursacher wurde zur Tatzeit am Tatort durch Zeugen beobachtet und identifiziert.
3. Indiz: Auffinden des Diebesgutes bei dem Spurenverursacher.

Die vorliegenden Indizien weisen selbstständig für sich mit unterschiedlichem Beweiswert auf den Tatverdacht gegen eine bestimmte Person hin.

Der Beweiswert einer Indizienreihe wird im Wesentlichen bestimmt durch den individuellen Beweiswert der einzelnen Indizien und durch die Schlüssigkeit, mit der die Summe der vorliegenden Indizien auf die beweiserhebliche Tatsache hinweist.

1.3.2 Unterscheidung nach materiellen und ideellen Beweisen

16 Für diese Unterscheidung ist das kriminalistisch relevante Ereignis ausschlaggebend. Dieses ruft ideelle (im Bewusstsein der in die Tat involvierten Personen) und materielle (in der objektiven Realität) Veränderungen[8] hervor.

Aus diesen Veränderungen leiten sich dann ideelle (auch: subjektive oder „Personalbeweise") Beweismittel[9] sowie materielle (auch: objektive oder „Sachbeweise"[10]) Beweismittel ab.

Ideelle Beweismittel sind:

- Aussagen von Zeugen,
- Aussagen von Beschuldigten,
- Aussagen von Sachverständigen.

Materielle Beweismittel sind:

- Gegenstände (z.B. Tatwerkzeuge, Tatmittel, Tatbeute, durch die Straftat hervorgebrachte Gegenstände),
- Situationen (z.B. Lageveränderungen, Ortsveränderungen, Veränderungen von Eigenschaften der Objekte),
- Aufzeichnungen (Bild- und Tonaufzeichnungen, schriftliche Aufzeichnungen),
- Spuren.

17 Der materielle Beweis wird dadurch gekennzeichnet, dass eine Sache oder Sachgegebenheit losgelöst von dem Tathergang aus sich selbst spricht und für einen an der Tat unbeteiligten Dritten Schlüsse auf den Tathergang zulässt.[11]

Gegenstand des Sachbeweises sind Indizien. Wird ein Beweis mit Mitteln des Sachbeweises geführt, spricht man auch vom sog. Indizienbeweis.

1.3.3 Beweisunterscheidung nach der StPO

18 Beweismittel nach der Strafprozessordnung sind Sachverständige, Augenschein, Urkunde, Zeuge und Beschuldigter.

---

8 Diese Veränderungen werden für die Kriminalistik durch die Locard'sche Regel beschrieben. Vgl. Wirth (Hrsg.), S. 413; Vgl. dazu auch Roll (2013), S. 21ff.

9 Vgl. Roll (2013), S. 31.

10 Vgl. auch Stichwort „Sachbeweis" Wirth (Hrsg.), S. 522.

11 Weitere Ausführungen bei Meyer-Goßner/Schmitt, unter dem Stichwort „Beweismittel", Einl. RZ 49. Siehe auch die Ausführungen zum strafprozessualen Beweis in Hansjakob/Gundlach/Straub, S. 339ff.

Sachverständiger ist eine Person, „die im Straf- oder Zivilverfahren aufgrund ihres bes. Fachwissens auf einem spez. Gebiet für bestimmte Beweisfragen benötigte Erfahrungssätze[12] aufzeigt und sie auf konkrete Sachverhalte anwendet oder die beweiserheblichen Tatsachen aufgrund bes. Sachkunde feststellt."[13] 19

Der Sachverständige zieht aus den gegebenen Tatsachen kraft seiner besonderen Sachkunde allgemeingültige Schlüsse und gibt Urteile ab.[14] Der Sachverständige ist Gehilfe des erkennenden Gerichts.[15]

Der Sachverständige ist zwar einerseits Gehilfe des Richters, andererseits Beweismittel wie jedes andere. Er hat auf einem bestimmten Wissensgebiet eine dem Richter i. d. R. fehlende Sachkunde, die für die Beurteilung bestimmter beweiserheblicher Sachverhalte von Bedeutung ist.

Aufgaben des Sachverständigen sind u. a.:

- die Vornahme bloßer Verrichtungen (z. B. Entnahme von Blutproben gem. §§ 81a Abs. 1, 81c Abs. 2 StPO),
- Feststellen von Tatsachen für Auftraggeber, die nur durch besondere Sachkunde wahrnehmbar sind (z. B. Ermittlung der Alkoholkonzentration in einer Blutprobe),
- Mitteilung von lediglich Erfahrungssätzen seines Fachwissens ohne Schlussfolgerungen auf den Sachverhalt (z. B. Erläuterung eines technischen Vorgangs),
- Ziehen von Schlussfolgerungen und Darlegung dieser durch **Begutachtung** eines vom Auftraggeber mitgeteilten oder von ihm selbst durch Sachkunde festgestellten Sachverhalts in Anwendung seines Fachwissens.

Sachverständige müssen nicht zwangsläufig wissenschaftlich tätig sein. Infrage kommen auch Kaufleute oder Handwerker, die auf ihrem Fachgebiet besonders sachkundig sind.

Der **Augenschein** besteht in der sinnlichen Wahrnehmung von Beweismitteln durch den Richter. 20

12 Vgl. RZ 4 dieses Kapitels.
13 Wirth (Hrsg.), S. 523.
14 Ausführlich dazu Kühne, S. 520, RZ 856 ff.
15 Vgl. Meyer-Goßner/Schmitt, Vorbemerkung zu § 72 StPO, RZ. 8.

Beweismittel des **Augenscheins** sind Sachen oder Sachgegebenheiten jeder Art, ferner der lebende Mensch, auch seine Verhaltensweisen und seine Reaktionsfähigkeit. Alles ist Augenschein, was mit den menschlichen Sinnen wahrgenommen werden kann.[16]

21 Der **Urkundsbeweis**[17] besteht in der Auswertung des Gedankeninhaltes von Schriftstücken.

Ist nicht der Gedankeninhalt, sondern sind Sachgegebenheiten eines Schriftstückes beweiserheblich, z. B. die Altersbestimmung, ist das Schriftstück nicht Urkunds-, sondern Augenscheinsbeweis. Urkunden sind im Sinne der Beweisführung Schriftstücke jeder Art, die verlesbar sind. im Gegensatz zu § 267 StGB wird weder Echtheit noch Erkennbarkeit des Ausstellers verlangt, auch Kopien des Originals sind zulässig, ebenso die Abschrift einer Tonbandaufnahme. In Durchsetzung des Unmittelbarkeitsprinzips ist danach die Einführung polizeilicher Protokolle und Aktenvermerke sehr eingeschränkt möglich.

In der kriminalistischen Praxis sind Schriftstücke häufig sowohl Urkunds- als auch Augenscheinsbeweis.

22 **Zeuge** ist, wer in einem nicht gegen sich selbst gerichteten Strafverfahren über Wahrgenommenes aussagt.[18]

23 Die besondere Bedeutung des Zeugenbeweises liegt darin, dass nicht selten bestimmte Teilbereiche des Tatgeschehens aus dem Komplex materieller Tatspuren allein nicht oder nicht voll erschließbar sind oder dass im Einzelfall materielle Spuren der Tat nicht zur Verfügung stehen, sodass in diesen Fällen die Beweisführung sich vorwiegend oder ausschließlich auf Zeugenaussagen stützen muss.[19]

Der Zeugenbeweis wird durch die Vernehmung des Zeugen[20] erhoben.

24 Zeugenwahrnehmungen können sich auch mittelbar auf die Tat beziehen. In diesem Fall spricht man von sog. Ergänzungszeugen. Beziehen sich

16 Siehe dazu Kühne, S. 530–531.

17 In welchem Umfang der Urkundenbeweis in der Hauptverhandlung zulässig ist, regeln die §§ 249 bis 256 StPO.

18 Vgl. Wirth (Hrsg.), S. 719.

19 Siehe auch Ausführungen im Kapitel VI.

20 Siehe auch Ausführungen im Kapitel XIII.

Zeugenaussagen auf Äußerungen Dritter, handelt es sich um Zeugen vom „Hörensagen".[21]

Über Charaktereigenschaften von Dritten sind Zeugenaussagen nur zulässig, wenn der Zeuge tatsächliche Umstände berichten kann, die für das Gericht einen Schluss auf die charakterliche Disposition einer Person zulassen.

Gegenstand von Zeugenaussagen können auch einfache Bewertungen des Zeugen sein, jedoch keine Werturteile. Eine einfache Bewertung eines Zeugen wäre z. B. seine Aussage, dass der Beschuldigte mit sehr hoher Geschwindigkeit gefahren sei. Ein Werturteil wäre die Aussage des Zeugen, dass der Beschuldigte einen schlechten Charakter habe.

Der Zeugenbeweis ist deshalb stets auf seinen Tatsachengehalt und die ihm zugrunde liegende Wahrnehmung und auf Wahrhaftigkeit zu überprüfen, denn Zeugenaussagen können fehlerhaft oder auch bewusst irreführend sein.

Der **sachverständige Zeuge** (§ 85 StPO) ist eine Sonderform des Zeugen- **25**
beweises. Er bekundet Tatsachen, für deren Wahrnehmung eine besondere Sachkunde erforderlich ist, z. B. der Notarzt, der ein Opfer am Tatort ärztlich versorgt hat, über dessen Verletzungszustand.

Der **Beschuldigte** (Angeschuldigter oder Angeklagter) zählt zwar nicht zu den **26**
förmlichen Beweismitteln im Strafprozess, seine Aussagen oder Einlassungen zur Sache, z. B. das Geständnis oder Aussagen zu seiner Entlastung, gehen jedoch in die Beweisführung und die Beweiswürdigung ein. Der Beschuldigte ist insoweit Beweismittel i. w. Sinne.

Damit wird dem Rechtsgrundsatz Rechnung getragen, dass dem Beschuldigten Gelegenheit gegeben werden muss, zu den gegen ihn erhobenen Beschuldigungen Stellung zu nehmen und zu seiner Entlastung beizutragen. Der Beschuldigte kann jedoch nicht Zeuge in eigener Sache sein, dieser Rechtsgrundsatz ergibt sich schon allein aus den unterschiedlichen Rechten und Pflichten. Dem Beschuldigten obliegt eben, im Gegensatz zum Zeugen, keine Aussage- und Wahrheitspflicht.[22]

---

21 Zum Begriff und der Beweisproblematik des Zeugen vom „Hörensagen" siehe Meyer-Goßner/Schmitt, § 250 StPO, RZ 4.

22 Kühne, S. 493, RZ 803.

27 Der Beschuldigte hat das Recht, Beweismittelanträge zu stellen, auch schon während der ersten Vernehmung gegenüber der Polizei. Wird dem Antrag nicht gefolgt, ist darüber ein begründeter Vermerk in die Ermittlungsakte aufzunehmen.

Der Beschuldigte kann schweigen oder zur Sache aussagen.

28 Kriminalistisch ist die Beschuldigtenaussage u.a. von Bedeutung, um von dem Beschuldigten Angaben über die Tat und die Art seiner Tatbeteiligung zu erlangen, so z.B. sein Geständnis. Darüber hinaus können über seine Aussage weitere Ermittlungsansätze zur Aufklärung der Tat oder der Täterschaft erlangt werden.

1.4 Beweisverbote

29 Bestimmten Maßnahmen der Beweiserhebung und der Verwertung von Beweisen können rechtliche Verbote entgegenstehen. Es sind sog. Beweiserhebungsverbote und Beweisverwertungsverbote.[23]

Beweisverbote dienen der Wahrung übergeordneter rechtsstaatlicher Grundsätze im Strafverfahren. Sie begründen sich aus den verfassungsrechtlich garantierten Grundrechten, insbesondere aus der Menschenwürde und dem Recht auf freie Entfaltung der Persönlichkeit.

30 Beweiserhebungsverbote richten sich sowohl an die Strafverfolgungsbehörden als auch an die Gerichte. Im Ermittlungsverfahren schließen sie bestimmte Beweisgewinnungsmaßnahmen[24] aus, z.B. die Gewinnung von Aussagen unter Anwendung unerlaubter Vernehmungsmethoden. Eine uneingeschränkte, nicht an Schranken gebundene Aufklärung durch Polizei und Justiz würde gegen rechtsstaatliche Grundsätze verstoßen.

Man unterscheidet[25]:

- Beweisthemenverbote (diese untersagen die Aufklärung bestimmter Tatsachen, z.B. solche, die in anderen Verfahren schon festgestellt sind) § 100c StPO,
- Beweismittelverbote (diese untersagen die Verwendung bestimmter Beweismittel (z.B. §§ 52–55, 81c Abs. 3 StPO),
- Beweismethodenverbote (diese untersagen eine bestimmte Art und Weise der Beweisgewinnung) § 136a StPO.

23 Zur Vertiefung siehe Meyer-Goßner/Schmitt, Einl. RZ 50–57e.

24 In der einschlägigen Literatur auch als Beweisgewinnungsverbote bezeichnet.

25 Vgl. auch Steinert.

Beweisverwertungsverbote bezeichnen die Grenzen der Verwertung von Beweisergebnissen im Strafprozess. 31

Aus der Tatsache, dass Beweise unter Verstoß gegen das Beweiserhebungsverbot erhoben worden sind, folgt nicht notwendig ein Beweisverwertungsverbot.

Rechtlich wird unterschieden zwischen absoluten und relativen Verwertungsverboten. Absolute Verwertungsverbote haben die Rechtsfolge, dass die unter Verstoß gegen Beweiserhebungsverbote erhobenen Beweise im Strafprozess definitiv nicht verwertet werden dürfen. § 136a Abs. 3 StPO enthält ein solches absolutes Verwertungsverbot bei der Anwendung unerlaubter Vernehmungsmethoden[26], auch dann, wenn die Zustimmung des Betroffenen vorliegt. Dies kann z.B. der Fall sein, wenn eine Vernehmung mit Zustimmung des Vernommenen unter Anwendung eines sog. Lügendetektors erfolgt ist. 32

Bei relativen Verwertungsverboten ist aufgrund des Einzelfalles zu entscheiden, ob ein Beweismittel verwertbar oder unverwertbar ist.[27] Dies kann der Fall sein, wenn ein Beweis erlangt worden ist, z.B. durch die Verletzung der Vertraulichkeit des Wortes, so durch eine verdeckte Vernehmung, und wenn eine Straftat von erheblicher Bedeutung vorliegt und andere Ermittlungsmethoden erheblich weniger Erfolg versprechen oder wesentlich erschwert wären.[28]

2 Rechtsgrundlagen

Gesetzlicher Auftrag der Strafverfolgungsbehörden (Staatsanwaltschaft und Polizei) im Ermittlungsverfahren ist die beweiskräftige Feststellung des tatsächlichen Geschehens, d.h. ob eine aufgestellte Behauptung wahr oder unwahr, ein Geschehen, so wie es sich zeigt, nicht anders abgelaufen ist, der Verdächtige einer Tat auch der wirkliche Täter ist. 33

26 § 136a Abs. 1 u. 2 StPO i.V.m. § 163a Abs. 4 Satz 2 StPO.

27 Die Rechtslage ist hier keineswegs eindeutig. Zur Vertiefung wird auf Gercke, Temming, Zöllner, Einl., RZ 109ff., mit einer ausführlichen Darstellung aus der Rechtsprechung, verwiesen.

28 Informationen, die durch eine sog. „Hörfalle" gewonnen worden sind, fallen nicht darunter. Sie unterliegen nicht dem Verwertungsverbot, wenn es sich um eine Straftat von erheblicher Bedeutung handelt und wenn andere Ermittlungsmethoden weniger Erfolg versprechen oder der Erfolg wesentlich erschwert wäre. Vgl. Meyer-Goßner/Schmitt, § 110c StPO, RZ 3.

34 Im Rahmen dieser Aufklärungspflicht haben die Strafverfolgungsbehörden von Amts wegen in einer Strafsache alle be- und entlastenden Beweise zu erheben und diese lückenlos in das Verfahren einzubringen. Rechtsgrundlage bilden die §§ 152 ff. StPO (Verfolgungszwang).

Gesetzliche Grundlage für diese Amtsaufklärungspflicht sind für die Polizei §§ 160, 163 StPO i.V.m. § 244 StPO. Die Amtsaufklärungspflicht begründet das Erfordernis, dass sich die Beweisaufnahme auf alle Tatsachen und alle tauglichen und erlaubten Beweismittel erstreckt, die für das Verfahren von Bedeutung sind.

35 Beweisbedürftig sind alle Sachverhalte, die für den Beweis von Tat und Täterschaft oder für die Unschuld des Verdächtigen entscheidungserheblich sind. Die Beurteilung, welche Sachverhalte entscheidungserheblich sind, richtet sich nach den Beweisanforderungen im Einzelfall.

In diesem Rahmen ist es die generelle Aufgabe des Kriminalisten im Ermittlungsverfahren,

- die Straftat und das Tatgeschehen aufzuklären und
- die Täterschaft zu beweisen,
- gleichermaßen aber auch die Tatsachen zu erheben und in das Verfahren einzubringen, die den Verdächtigen entlasten.

Merke

Der Ermittlungsauftrag gilt nicht unbegrenzt. Ihm sind verfassungsrechtliche Grenzen gesetzt.

„Es ist auch sonst kein Grundsatz der Strafprozessordnung, dass die Wahrheit um jeden Preis erforscht werden müsste (§§ 245, 52 ff., 252, 81a ff., 95 ff., 69 Abs. 3 StPO).“[29]

In Fällen, in denen für die Strafverfolgung das Opportunitätsprinzip gilt, z. B. bei Privatklagedelikten, ermittelt die Polizei soweit, dass die Staatsanwaltschaft eine Entscheidungsgrundlage dafür hat, ob öffentliches Interesse an der Strafverfolgung zu bejahen ist.[30]

36 Das Beweisverfahren wird unterschieden nach **Strengbeweis** und **Freibeweis**.

Strengbeweis meint das Beweisverfahren nach den §§ 244 bis 256 StPO unter Beachtung der Grundsätze der Mündlichkeit (§ 261 StPO) und der

29 BGH, Urteil vom 14.6.1960 g. A. – 1 StR 683/59.
30 Vgl. Meyer-Goßner/Schmitt, § 163 StPO, RZ 2.

Öffentlichkeit der Verhandlung (§ 169 StPO). Das Strengbeweisverfahren gilt nur für bestimmte Beweisfragen in der Hauptverhandlung.

Das **Freibeweisverfahren** gilt für alle Beweiserhebungen außerhalb der Hauptverhandlung, d. h. im Ermittlungsverfahren für die Strafverfolgungsbehörden (und in der Hauptverhandlung, soweit dort nicht das Strengbeweisverfahren vorgeschrieben ist). Das Freibeweisverfahren ist keineswegs ein Verfahren, in dem Beweiserhebungen nach Gutdünken der Ermittlungsorgane erhoben werden dürfen. 37

Es gelten vielmehr die in der Strafprozessordnung aufgestellten **Beweiserhebungsregeln** wie z. B. die Aussagefreiheit des Beschuldigten, die Zeugnisverweigerungsrechte, der Grundsatz des rechtlichen Gehörs u. a. m.[31]

Die Rechtsvorschrift gebraucht den Beweisbegriff vor allem im Zusammenhang mit der Hauptverhandlung im Strafprozess, und zwar im Hinblick auf die Beweisaufnahme, § 244 StPO, und die freie Beweiswürdigung, § 261 StPO.

Das Gericht begründet sein Urteil im Strafprozess nach dem Ergebnis der Beweisaufnahme in der Hauptverhandlung nach dem Grundsatz der **freien Beweiswürdigung**. Wesentliches Merkmal der freien Beweiswürdigung[32] ist die „... aus dem Inbegriff der Verhandlung geschöpfte Überzeugung“ (§ 261 StPO) des Gerichts von der Schuld oder der Unschuld des Angeklagten und dass eine Tat so und nicht anders geschehen ist, ohne dass vernünftige Zweifel vorhanden sind. Soweit Zweifel vorhanden sind, gilt der Grundsatz in **dubio pro reo** (im Zweifel für den Angeklagten).[33] 38

Kriterien für den erbrachten Beweis sind nicht die absolute oder mathematische Sicherheit, sondern die subjektive Gewissheit, d. h. die Überzeugung des Gerichts.

Das Gericht ist bei seiner Überzeugungsbildung nicht an **bestimmte** Beweisregeln gebunden. Die Überzeugungsbildung muss jedoch mit lückenlosen, nachvollziehbaren Argumenten geführt worden sein und die Prinzipien der Denkgesetze und der Logik berücksichtigen.

---

31 Weitere Ausführungen siehe Meyer-Goßner/Schmitt, Einl. RZ 23.

32 Zum Grundsatz der freien richterlichen Beweiswürdigung wird auf die Ausführungen von Meyer-Goßner/Schmitt, § 261 StPO, RZ 3 ff. verwiesen.

33 Meyer-Goßner/Schmitt, § 261, RZ 26.

Neben den Grundsätzen der freien Beweiswürdigung und dem Grundsatz in dubio pro reo sind weitere strafprozessuale Prinzipien des Strafverfahrens im Prozess der Beweisführung zu berücksichtigen. [34]

39 Besondere Rechtsgrundlagen leiten sich aus den in der StPO zulässigen Beweismitteln ab:

- Sachverständiger, §§ 72 ff. StPO,
- Augenschein, § 86 StPO,
- Urkunde, § 249 StPO,
- Zeuge, §§ 48 ff. StPO,
- Beschuldigter, § 157 StPO.

40 In einigen Fällen schreibt die Strafprozessordnung die Hinzuziehung des **Sachverständigen** obligatorisch vor. Dies sind:

- § 87 StPO, Leichenschau und Leichenöffnung,
- § 91 StPO, Vergiftungsverdacht,
- § 92 StPO, Gutachten bei Geld- und Wertzeichenfälschungen.

Die Befugnis für die Hinzuziehung des Sachverständigen im Ermittlungsverfahren haben die Staatsanwaltschaft und die Polizei.[35] Beabsichtigt die Polizei, im Ermittlungsverfahren einen Sachverständigen zu beauftragen, empfiehlt sich die vorherige Abstimmung mit der Staatsanwaltschaft.

3 Kriminalistisch-methodische Aspekte der Beweisführung

3.1 Allgemeine Aspekte

41 Beweisen im Sinne der Strafprozessordnung ist keine Feststellung von einzelnen Tatsachen. Beweisen bedeutet vielmehr die Klärung im Regelfall unterschiedlicher beweisbedürftiger Sachverhalte.

42 Grundsätzlich ist die Beweisführung im Ermittlungsverfahren geprägt von der:

- Suche nach Beweisen,
- Sicherung von Beweisen,

34 Zu den Prinzipien des Strafverfahrens vgl. juracademy oder auch Meyer-Goßner/Schmitt, Einl. RZ 18–29d

35 Meyer-Goßner/Schmitt, § 73, StPO RZ 1.

- Auswertung von Beweisen,
- Überprüfung von Beweisen,
- abschließenden Beurteilung,
- Beweisvorlage.

Die **Suche nach Beweisen** bezieht sich sowohl auf das Feststellen von Sach- als auch Personalbeweisen. Bei den Sachbeweisen wäre z.B. die Suche nach Spuren und anderen materiellen Beweismitteln im Rahmen des Ersten Angriffs zu benennen oder auch die Durchführung von Durchsuchungen[36] zum Zwecke des Auffindens von Beweisen. Die Ermittlung von Personalbeweisen bezieht sich auf Zeugen- und Verdächtigenermittlung[37] und deren Vernehmung.[38] 43

Das **Sichern von Beweisen** ist dadurch gekennzeichnet, dass die Beweismittel für das Verfahren so gespeichert werden, dass sie jederzeit abrufbar sind und keinen Veränderungen unterliegen können. Dazu gehören z.B. die Protokollierung von Aussagen bei Personalbeweisen, die Sicherung von Sachbeweisen i.S. von Dokumentation, kriminaltechnischer Sicherung oder Sicherung im Original und deren Asservierung. Weiterhin ist hier die Vorbereitung der Beweismittel für eine mögliche Begutachtung durch Sachverständige einzuordnen. 44

Beim **Auswerten von Beweisen** steht im Mittelpunkt die Fragestellung, welchen Wert das Beweismittel für die Erkenntnisgewinnung aufweist. 45

Beim Auswerten von der Beweislage ist wie folgt zu verfahren:

In einem ersten Schritt ist

- festzustellen, welche Beweismittel vorliegen und ob es sich um Beweismittel des Personalbeweises oder des Sachbeweises handelt,
- zu prüfen, ob die vorliegenden Beweismittel mit der Tat im Zusammenhang stehen,
- zu prüfen, ob die Beweise rechtsfehlerfrei erhoben worden sind,
- zu überprüfen, ob die erhobenen beweiserheblichen Tatsachen als gesichert gelten können oder ob sie bestimmte Unsicherheitsfaktoren aufweisen,
- festzustellen, ob das Beweismittel zur Identifizierung (Individualisierung oder Gruppenidentifizierung) ausreicht oder nur Hinweischarakter trägt,

36 Vgl. Kapitel XI.
37 Vgl. Kapitel VI.
38 Vgl. Kapitel XIII.

- zu prüfen, ob es sich um einen direkten oder indirekten Beweis handelt,
- zu beurteilen, mit welchem Wahrscheinlichkeitswert sie auf eine bestimmte beweiserhebliche Tatsache hinweisen.

Sodann sind die einzelnen Beweismittel in einer kombinatorischen Bewertung zusammenzufassen und einer logischen gedanklichen Prüfung zu unterziehen.

46 Die **Beweisüberprüfung** beinhaltet die Feststellung, ob und wie sich ein Beweis in den Rahmen der Gesamtbeweislage und der vorliegenden Ermittlungsergebnisse einpasst. Hier ist zu prüfen, inwieweit Widersprüche zu anderen Beweismitteln vorhanden sind. Treten Widersprüche auf, sind deren Ursachen zu ermitteln. Abschließend ist festzustellen, ob zusätzliche ergänzende Beweiserhebungsmaßnahmen erforderlich sind, wenn ja, welche und in welcher Reihenfolge?

47 Das Ergebnis dieser Prüfungshandlungen findet seinen Niederschlag in der kriminalistischen Untersuchungsplanung, in der u. a. die Festlegung der weiteren Ermittlungshandlungen unter der Zielvorgabe der Beweisführung erfolgt.

48 Vor Beendigung des Beweisführungsprozesses ist die **abschließende Beurteilung** der Beweislage vorzunehmen. Sie stellt die Gesamtbeurteilung der über eine Straftat und deren Umstände erhobenen Beweise dar und ist stets eine vorläufige Tatbewertung aufgrund des vorliegenden über eine Tat erhobenen Sachstandes bei Abschluss der Ermittlungen.

49 Die abschließende **Beweisvorlage** erfolgt, um festzustellen inwieweit die Beweismittel ausreichen, um einen dringenden Tatverdacht gem. § 203 StPO zu begründen.

Mögliche Ergebnisse des Prozesses der Beweisvorlage können sein:

- Bestimmung von weiteren Ermittlungshandlungen, die eine bessere Beweissituation erbringen können,
- Erhebung der Anklage durch die Staatsanwaltschaft,
- Einstellung des Verfahrens gem. §§ 153, 153a–f, 170 StPO.

50 **Grundsätze der Beweisführung:**

- Die Beweise müssen mit strafprozessual zulässigen, lückenlosen, nachvollziehbaren und logischen Argumenten erbracht werden, die keinen vernünftigen Zweifel daran lassen, dass ein bestimmtes Geschehen sich so und nicht anders zugetragen hat. (Rechtmäßigkeit der Beweisführung)

- Die Beweise müssen sowohl in be- als auch in entlastender Hinsicht geprüft werden. (Allseitigkeit der Beweisführung)
- Die Dokumentation und das Zurverfügunghalten von Beweisen muss den bestehenden Weisungen und Vorschriften entsprechen. (Vorschriftsmäßigkeit der Beweisführung)
- Der Kriminalist hat bei der Fallbearbeitung stets objektiv und unvoreingenommen Beweise zu suchen, zu sichern, zu bewerten und die Ergebnisse der Beweisaufnahme vollständig in das Verfahren einzuführen. (Objektivität und Vollständigkeit der Beweisführung)
- Er hat umfassend zu prüfen und zu klären, welche Beweise für den Nachweis von Tat und Täterschaft im konkreten Fall zu erheben sind. Jede Möglichkeit zum Auffinden und Sichern von Beweisen ist zu nutzen. (Unvoreingenommenheit)
- Im Rahmen dieses Auftrags hat er fallbezogen eine sorgfältige kriminalistische Analyse aller über die Tat vorliegenden Informationen auf ihre Beweiserheblichkeit zu prüfen (Gründlichkeit der Beweisführung) und
- die Ergebnisse zur Grundlage einer systematischen Untersuchungsplanung für die Beweisführung zu machen.

Merke

Grundsätzlich sind von Amts wegen sämtliche in einem Fall erkennbaren und vorhandenen Beweismittel nach rechtsstaatlichen Grundsätzen zu erheben und in das Ermittlungsverfahren einzuführen. Der Verzicht auf die Erhebung bestimmter Beweise vor dem Hintergrund einer vermeintlich bereits mit anderen Beweismitteln „eindeutig" bewiesenen Tat kann sich als kriminalistischer und verfahrensrechtlicher Fehler erweisen.

Bewiesen wird eine Tat oder die Täterschaft im Regelfall auch nicht mit einer beweiserheblichen Tatsache bzw. mit einem Beweismittel allein, sondern mit einer Mehrzahl von Beweisen, die unterschiedliche Beweiswerte aufweisen und in einem inneren logischen Zusammenhang stehen.

Die Beweisführung im Ermittlungsverfahren ist ein dynamischer Prozess, der ständig mit dem Fortgang der Beweiserhebung und des daraus resultierenden Erkenntnisstandes über die gegenwärtige Beweislage neu bewertet und überprüft werden muss. Das Ergebnis ist sodann erneut Grundlage für die Entscheidung über ggf. weitere ergänzende Beweiserhebungsmaßnahmen.

3.2 Besondere Aspekte hinsichtlich der Beweisarten

3.2.1 Direkte und indirekte Beweise

51 Als kriminalistische Grundsätze zum Erheben des Indizienbeweises gelten:

- In der Praxis der Ermittlung und Beweisführung sind nicht nur Indizien zu suchen, festzustellen und zu bewerten. Es ist auch sicherzustellen, dass die festgestellten Indizien sowohl ihrem Informationsgehalt nach als auch in Bezug auf die Tat als gesichert gelten, bevor sie in den Beweisführungsprozess einbezogen werden.
- Jedes beweisrelevante Indiz weist für sich mit einer geringeren oder größeren Wahrscheinlichkeit auf das zu Beweisende hin.[39]
- Je größer die Individualität einer materiellen Spur ist, desto höher ist der Wahrscheinlichkeitsgrad, mit dem sie auf eine beweiserhebliche Tatsache hinweist.
- Jedes einzelne Indiz ist auf seinen Wahrscheinlichkeitswert, mit dem es auf die zu beweisende Tatsache hinweist, kritisch zu prüfen.
- Bei geringem Aussagewert der vorliegenden Indizien, oder wenn Zweifel an deren Beweisrelevanz vorhanden sind, ist es erforderlich, zusätzliche gezielte Ermittlungshandlungen vorzunehmen, um die Beweislage zu verbessern.
- Der Beweis in einer Sache wird im Regelfall mit einer Mehrzahl unterschiedlicher Indizien mit verschiedenen Wahrscheinlichkeitswerten geführt.
- Der Indizienbeweis ist stets lückenlos und frei von Widersprüchen zu führen, und zwar widerspruchsfrei in sich und in Bezug auf andere Beweise. Als Ergebnis muss die Feststellung stehen, dass nur eine Alternative zutreffend ist und andere ausscheiden.
- Indizienbeweis und direkter Beweis sollen sich in der Beweisführung ergänzen.

3.2.2 Personal- und Sachbeweise

52 **Sachbeweise**

In der polizeilichen Ermittlungspraxis sind hauptsächlich kriminaltechnische Sachbeweise in der Form von materiellen Spuren der Tat von Bedeutung. Die Beweisführung im Strafverfahren wird heute wesentlich vom kriminalistischen Sachbeweis getragen. Das bedeutet jedoch keines-

39 Zum Indizienbeweis siehe auch Walder, Hansjakob, Gundlach, Straub, S. 341.

wegs, dass beim Vorliegen von Sachbeweisen auf die Beweisführung mit den Mitteln des Personalbeweises verzichtet werden kann. Für das Ermittlungsverfahren ist es sowohl aus Gründen des umfassenden Beweiserhebungsgebotes als auch aus kriminalistischen Erfordernissen unverzichtbar, Sach- **und** Personalbeweise zu erheben und in das Verfahren einzubringen, um den Grundsatz, dass kein Beweismittel eine im Voraus festgelegte Beweiskraft aufweist, umzusetzen.

Merke

Der Beweiswert eines Sachbeweises kann durch Fehler in der Beweiserhebung (Spurensicherung), in der Untersuchung, der Auswertung und in der Inbeziehungsetzung zu entscheidungserheblichen Tatsachen verfälscht werden.

Personalbeweise 53

Aussagen von **Zeugen** zum Tatgeschehen dürfen nicht vorbehaltlos übernommen werden, denn die Wahrnehmung von Menschen ist individuell geprägt, die Wertung ist subjektiv und der Mensch ist geneigt, Lücken im Wahrnehmungsgehalt nach eigenen Vorstellungen auszufüllen.

Der Zeugenbeweis ist deshalb stets auf seinen Tatsachengehalt und die ihm zugrunde liegende Wahrnehmung und auf Wahrhaftigkeit zu überprüfen, denn Zeugenaussagen können fehlerhaft oder auch bewusst irreführend sein.

Kriminalistisch ist die **Beschuldigtenaussage** u. a. von Bedeutung, um von dem Beschuldigten Angaben über die Tat und die Art seiner Tatbeteiligung zu erlangen. Darüber hinaus können über seine Aussage weitere Ermittlungsansätze zur Aufklärung der Tat oder der Täterschaft erlangt werden.

Problematisch ist die Beurteilung des Wahrheitsgehaltes der Beschuldig- 54
tenaussage. Die Beschuldigtenaussage ist stets zu überprüfen. Die Überprüfung der Aussage kann z. B. geschehen

- durch den Abgleich des Aussageinhaltes
  - mit dem objektiven Tatbefund,
  - mit vorliegenden kriminaltechnischen Gutachten,
  - mit Zeugenaussagen,
- durch eine Alibiüberprüfung,
- durch die Anwendung kriminalistischer Erfahrungssätze,
- durch die Einbeziehung von Verhaltensweisen, die der Beschuldigte in vorausgegangen Fällen zeigte.

55 Die Hinzuziehung eines **Sachverständigen** als Beweismittel richtet sich nach der erforderlichen speziellen Sachkunde (Fachgebiet). Falls das Gericht selbst über die notwendige Sachkunde verfügt, die für die Beurteilung beweiserheblicher Tatsachen im Einzelfall erforderlich ist, bedarf es der Hinzuziehung des Sachverständigen nicht.

Folgende **Grundsätze** sollten für die Auswahl, die Hinzuziehung und den Einsatz eines Sachverständigen beachtet werden:

- Bei der Auswahl des Sachverständigen ist dessen besondere Fachrichtung zu berücksichtigen.
- Stehen geeignete Sachverständige aus dem Bereich der Polizei zur Verfügung, z. B. für Kriminaltechnik, sollten diese herangezogen werden. In diesen Fällen ist es bei der Bearbeitung der leichten bis mittleren Kriminalität geübte Praxis, eine vorherige Abstimmung mit der Staatsanwaltschaft nur bei komplizierter Sach- oder Rechtslage vorzunehmen.
- Zur Vorbereitung des Gutachtens ist der Sachverständige auf sein Verlangen hin zu unterstützen (§ 80 StPO). Diese Verpflichtung trifft auch für die Polizei zu, z. B. bei der Vernehmung von Auskunftspersonen auf Verlangen des Gutachters.
- Die Beschaffung des zu begutachtenden Untersuchungsmaterials ist im Regelfall Aufgabe des sachbearbeitenden Kriminalisten. Dieser legt auch das Untersuchungsziel fest.
- Wird der Sachverständige bereits in der Phase der Tatortbefundaufnahme zur Erhebung und Sicherung von Beweisen herangezogen, stellt er das Untersuchungsmaterial sicher. Diese Verfahrensweise ist stets dann zu empfehlen, wenn bei komplizierter und schwieriger Spurenlage Spurensuche und -sicherung unter Anwendung der speziellen Fachkunde des Sachverständigen erfolgen müssen.
- Die Heranziehung des Sachverständigen zur Tatortarbeit enthebt den für den Einsatz am Tatort verantwortlichen Kriminalisten nicht seiner Verantwortung für die sachgerechte Durchführung der Tatortarbeit.
- Es ist sicherzustellen, dass Sachverständige nicht strafverfolgend tätig werden. Es ist vor dem Einsatz des Sachverständigen eindeutig zu klären, ob er als Gutachter oder lediglich zur fachlichen Unterstützung beratend hinzugezogen werden soll. Wird dieser Grundsatz nicht beachtet, kann der Sachverständige nach § 74 i. V. m. § 22 StPO abgelehnt werden.

3.2.3 Augenschein

Da die Polizei ihre Beweisführung im Ermittlungsverfahren prozesskonform gestalten muss, ist es für den Kriminalisten wichtig, Kenntnis von den prozessualen Augenscheinsgegenständen zu haben, denn nicht jedes gegenständliche Beweismittel ist auch Gegenstand des Augenscheins. 56

Beispielhafte Aufzählung von Augenscheinsobjekten im Ermittlungsverfahren:

- Augenscheinsobjekte treten als Formspuren, Materialspuren, Gegenstandsspuren, gasförmige Spuren, räumliche Situationsspuren in Erscheinung. 57
- Gegenstand des Augenscheins können ferner Filme, Fotos, Bild- und Tonaufzeichnungen, Röntgenaufnahmen, Dokumente (z. B. Tatortbefundbericht), Rekonstruktionen und Experimente[40], Dokumentationen von Vernehmungen u. Ä. sein.
- Tatort- und Unfallskizzen sind nur dann Gegenstand des Augenscheins, wenn sie amtliches Kartenmaterial oder amtliche Lage- bzw. Baupläne zur Grundlage haben. Sind Tatort- und Unfallskizzen aufgrund persönlicher Wahrnehmungen des Tatortbeamten gefertigt, zählen sie nicht zu den Mitteln des Augenscheins, sondern werden durch Vernehmung des Beamten in die Hauptverhandlung eingeführt.
- Der lebende Mensch kann z. B. dann Gegenstand des Augenscheins sein, wenn er am Körper beweiserhebliche Merkmale oder Verletzungen hat. Das gilt auch für den Leichnam eines Menschen.

Wird durch die Staatsanwaltschaft oder die Polizei ohne richterlichen Auftrag gehandelt, dann ist es eine nichtrichterliche Besichtigung. Der Besichtigende ist als Zeuge zu vernehmen. Eine Verlesung des Besichtigungsprotokolls in der Beweisaufnahme ist unzulässig (§ 249 Abs. 1 StPO). Fotos, Filme, Tonbandaufzeichnungen erbringen als Augenscheinbeweisobjekt auch Beweis über ihren Inhalt.

40 Siehe auch Kap. VII.3.

KAPITEL III
Strafanzeige

Inhalt

1 Begriffliche Grundlagen, Bedeutung, Ziele

Die Strafanzeige ist 1

- die Mitteilung eines strafrechtlich relevanten Sachverhaltes,
- die Mitteilung des Verdachts eines solchen,
- die Beschuldigung einer bestimmten Person

an die in der Strafprozessordnung (§ 158 Abs. 1 StPO) genannten Strafverfolgungsbehörden oder an deren Amtswalter.

Mit ihr wird die Einleitung eines Ermittlungsverfahrens oder die Prüfung, ob zur Einleitung eines Ermittlungsverfahrens Anlass besteht, bezweckt.

III

2 Rechtsgrundlagen

2.1 Gesetzliche Bestimmungen

Wesentliche gesetzliche Bestimmungen sind: 2

§ 152 StPO	Offizial- und Legalitätsprinzip
§ 152a StPO	Immunität der Abgeordneten
§ 153 StPO	Absehen von der Verfolgung bei Geringfügigkeit
§ 158 StPO	Strafanzeige und Strafantrag
§ 159 StPO	Anzeigepflicht bei Leichenfund, Verdacht auf unnatürlichen Tod
§ 160 StPO	Pflicht zur Sachverhaltsaufklärung
§ 163 StPO	Aufgaben der Polizei im Ermittlungsverfahren
§ 374 StPO	Privatklageberechtigte
§ 469 StPO	Kostenpflicht des Anzeigenden bei unwahrer Anzeige
§ 470 StPO	Kosten bei Zurücknahme des Strafantrags
§§ 77–77d StGB	Strafantrag, Ermächtigung, Strafverlangen
§ 138 StGB	Nichtanzeige geplanter Straftaten
§ 145d StGB	Vortäuschen einer Straftat
§ 164 StGB	Falsche Verdächtigung
§ 258a StGB	Strafvereitelung im Amt

2.2 Rechtliche Voraussetzung

3 **Gesetzliche Grundlage für die Erstattung oder die Aufnahme von Strafanzeigen ist § 158 StPO.** Es ist eine Verfahrens- oder Formvorschrift und hat zum Inhalt das Recht zur Erstattung von Strafanzeigen durch jedermann.

4 Die Einleitung eines Ermittlungsverfahrens setzt stets den Anfangsverdacht (zureichende tatsächliche Anhaltspunkte) nach § 152 Abs. 2 StPO voraus. Ist aufgrund der Anzeige der Anfangsverdacht nicht zu begründen, sind die mit der Anzeige vorgetragenen Verdachtsgründe zu prüfen, ggf. sind zusätzliche amtliche Maßnahmen zur Aufklärung des angezeigten Sachverhalts zu treffen. Die Rechtslehre spricht in diesen Fällen von Vorermittlungen, die nach überwiegender Rechtsmeinung zulässig sind.

III

2.3 Anzeigepflicht

2.3.1 Umfang und Grenzen der Anzeigepflicht

5 Erhält der Bürger Kenntnis von einer Straftat oder der Täterschaft einer Person, besteht für ihn keine generelle Anzeigepflicht. Eine Anzeigepflicht für jedermann besteht nur im Rahmen von § 138 StGB, Nichtanzeige geplanter Straftaten.

2.3.2 Verpflichtung des Polizeibeamten zur Anzeigeerstattung bei dienstlicher Kenntnisnahme

6 Strafverfolgungsbehörden und deren Beamte sind verpflichtet, Straftaten, die ihnen **dienstlich** zur Kenntnis gelangen, anzuzeigen. Die Pflicht zur Anzeigeerstattung für Polizeibeamte enthält § 163 StPO (sog. Legalitätsprinzip). Es ist ohne Bedeutung für die Verpflichtung zur Anzeigeerstattung, ob der Polizeibeamte aufgrund von eigenen Feststellungen, durch Auswertung von amtlichen Akten oder polizeilichen Meldungen, von Veröffentlichungen in den Medien oder in einem anderen Zusammenhang dienstlich Kenntnis von einem begründeten Verdacht erhält.

7 Liegen lediglich **vage Verdachtsgründe** vor, dürfen sie nicht unbeachtet bleiben. Die Polizei hat in diesen Fällen eine **rechtliche Verdachtsaufklärungspflicht**, d. h. sie hat durch zusätzliche Ermittlungen zu prüfen, ob sich die vorliegenden Verdachtsindizien zu einem begründeten Anfangsverdacht verdichten oder sich nicht bestätigen.

8 Einer Strafvereitelung im Amt (§ 258a StGB) macht sich der Polizeibeamte schuldig, der es unterlässt, bei dienstlicher Kenntnisnahme von einer rechts-

widrigen Tat diese anzuzeigen und damit absichtlich oder wissentlich einen Dritten ganz oder teilweise der Strafverfolgung entzieht (Verfolgungsvereitelung). Der Polizeibeamte unterliegt gem. § 163 StPO einer besonderen Rechtspflicht zur Strafverfolgung (s. o. Legalitätsprinzip). Bestimmte Aufgabenzuweisungen nach dem Geschäftsverteilungsplan einer Polizeibehörde engen die Verpflichtung zur Strafverfolgung nicht ein.

Eine Strafanzeige hat der Polizeibeamte auch dann der Staatsanwaltschaft vorzulegen, wenn er Zweifel an ihrer Richtigkeit hat. Entfernt ein Vorgesetzter eine Strafanzeige aus dem Geschäftsgang, weil er Zweifel an deren Richtigkeit hat, handelt er tatbestandsmäßig i. S. von § 258a StGB.

Verfolgungsvereitelung liegt auch vor, wenn der Polizeibeamte nach **9**
Kenntnis von einer rechtswidrigen Tat die Vorlage einer Strafanzeige für längere Zeit unterlässt und damit den Täter für einen nicht unerheblichen Zeitraum der Strafverfolgung entzieht.

2.3.3 Verpflichtung des Polizeibeamten zur Anzeigeerstattung bei außerdienstlicher Kenntnisnahme

Nach anerkannter Rechtsauffassung ist ein Polizeibeamter nicht unein- **10**
geschränkt verpflichtet, ihm **außerdienstlich**, auf **privatem** Wege bekannt gewordene Straftaten anzuzeigen. Eine Anzeigepflicht besteht nur dann, wenn nach Art und Schwere der Tat die „Belange der Öffentlichkeit und der Volksgesamtheit in besonderem Maße berührt sind“.[1]

Die Rechtsprechung billigt damit auch dem nach dem Legalitätsprinzip grundsätzlich zur Strafverfolgung verpflichteten Polizeibeamten im Rahmen des allgemeinen Persönlichkeitsrechts aus Art. 1 und 2 GG einen geschützten Bereich menschlicher Beziehungen (Privatsphäre) zu, der auch durch beamtenrechtliche Berufspflichten nur begrenzt eingeschränkt werden kann.[2]

Die von der Rechtsprechung vorgenommene Differenzierung zwischen Anzeigepflicht und dem Verzicht auf Anzeigeerstattung bei privater Kenntnis ist jedoch zu unbestimmt.[3] Eine Anzeigepflicht bei privat erlangter Kenntnis dürfte in Auslegung der Rechtsprechung bei Vergehenstatbeständen nicht vorliegen, bei Verbrechenstatbeständen (im Sinne von § 12 Abs. 1 StGB) stets.

---

1 So der BGH, 6. Strafsenat in seinem Urteil vom 16.12.1953 unter Bezugnahme auf ein Urteil des Reichsgerichts, BGHSt. 5, 225 ff. Weitere Quellen zur Anzeigepflicht bei außerdienstlich erlangtem Wissen bei Weingarten, § 158 Rn. 29.

2 BGH, Urteil vom 29.10.1992 – 4 StR 358/92.

3 Vgl. Weingarten, § 158 Rn. 29.

Beachte

In der polizeilichen Praxis stellt sich häufig die Frage, ob die Kenntniserlangung über eine Straftat außerhalb der regelrechten Dienststunden stets in den privaten Bereich fällt und dadurch eine Anzeigepflicht entfällt. Maßgeblich ist hier nicht das Kriterium, ob der Polizeibeamte die Kenntnis während seiner offiziellen Dienststunden bekommt, sondern ob er das Wissen in seiner amtlichen Eigenschaft als Strafverfolgungsbeamter oder im Zusammenhang mit seiner spezifischen Strafverfolgungstätigkeit erhält.

Die Entscheidung: Anzeigepflicht **ja** oder **nein** kann den Polizeibeamten stets in die Gefahr des strafrechtlichen Vorwurfs der Strafvereitelung im Amt durch Unterlassen oder eines disziplinaren Vorwurfs nach dem Beamtenrecht bringen.

2.3.4 Verpflichtung des beamteten Vorgesetzten zur Strafanzeige

11 In der Praxis stellt sich häufig die Frage, ob beamtete Vorgesetzte zur Strafanzeige verpflichtet sind, wenn sie Kenntnis von Straftaten nachgeordneter Mitarbeiter erhalten. Dazu ist grundsätzlich Folgendes festzuhalten:

Eine allgemeine Anzeigepflicht des Behördenleiters, der nicht nach dem Gesetz zur Strafverfolgung besonders verpflichtet ist, besteht nicht.[4] Eine Pflicht zur Anzeige kann sich allenfalls aus der beamtenrechtlichen Dienst- und Treuepflicht nach pflichtgemäßem Ermessen ergeben, wenn die Straftat eines Mitarbeiters nach Art und Umfang die Öffentlichkeit besonders berührt. Dies trifft besonders für jene Dienstvorgesetzten zu, die eine sog. Doppelfunktion ausüben, d.h. die gleichzeitig Leiter einer Verwaltungsbehörde und einer Polizeibehörde sind[5], z.B. Regierungspräsidenten oder Landräte.

12 Der Leiter einer Polizeibehörde unterliegt bei dienstlicher Kenntnis grundsätzlich der Strafverfolgungspflicht. Einen Ermessensspielraum hat er nicht. Die gleiche Verpflichtung trifft alle nachgeordneten Polizeibeamten in Vorgesetztenfunktionen gegenüber ihren Mitarbeitern.

13 Bei **außerdienstlicher** Kenntnis von Straftaten von geringer Bedeutung, die durch Mitarbeiter begangen worden sind, besteht **keine** uneingeschränkte Strafverfolgungspflicht des (Dienst-)Vorgesetzten.

Dieser Grundsatz wird eingeschränkt, wenn die Straftaten im Zusammenhang mit der Wahrnehmung dienstlicher Obliegenheiten des Polizei-

4 In diesem Sinne Meyer-Goßner/Schmitt, § 158 StPO, RZ 6.

5 Meyer-Goßner/Schmitt, § 158 StPO, RZ 6.

dienstes begangen worden sind. Ist dies der Fall, besteht auch bei außerdienstlicher Kenntnis für den Vorgesetzten grundsätzlich Anzeigepflicht. Im Zweifel besteht zumindest die Pflicht des Vorgesetzten, dem Dienstvorgesetzten zu berichten. Diese Verpflichtung, die über die strafrechtliche Rechtspflicht zur Anzeigeerstattung hinausgeht, ergibt sich aus der beamtenrechtlichen Dienst- und Treuepflicht des Beamten.[6]

2.3.5 Strafanzeige gegen Angehörige

Nach § 258 Abs. 6 StGB ist die Strafvereitelung zugunsten eines Angehörigen straffrei. Dies gilt gem. § 258a Abs. 3 StGB nicht für Amtsträger, die „zur Mitwirkung bei dem Strafverfahren …" berufen sind. Danach ist ein Polizeibeamter grundsätzlich verpflichtet, gegen Angehörige Strafanzeige zu erstatten, wenn er Kenntnis davon erhält, dass sie eine Straftat begangen haben. **Ausnahmen** von der Anzeigepflicht gegen Angehörige können sich jedoch auch dann ergeben, wenn 14

- außerdienstlich auf privatem Wege die Kenntnis von der Straftat erlangt wurde und
- es sich zweifelsfrei nicht um eine Straftat handelt, die nach Art und Schwere für die öffentliche Sicherheit von besonderer Bedeutung ist,
- aus anderen Gründen im Einzelfall eine Anzeige für den Verpflichteten unzumutbar ist.[7]

Wer Angehöriger i. S. von § 258 Abs. 6 StGB ist, bestimmt § 11 Abs. 1 Ziff. 1 StGB.

2.3.6 Selbstanzeige des zur Mitwirkung am Strafverfahren verpflichteten Amtsträgers

Ist ein Polizeibeamter Täter, Teilnehmer, Begünstigter oder Hehler einer Straftat, besteht **keine** Anzeigepflicht gegen sich selbst. Die Strafvereitelungshandlung zu seinen Gunsten (Selbstbegünstigung) ist straflos. Dies gilt auch im Hinblick auf die Anzeigepflicht gegen den Haupttäter, wenn der Polizeibeamte als Teilnehmer an der Haupttat beteiligt war.[8] 15

Die Straflosigkeit der Selbstbegünstigung gilt jedoch nicht, wenn der Polizeibeamte schon vorher verpflichtet war, die Haupttat zu verfolgen, d. h. sich z. B. erst durch Annahme einer gehehlten Sache aus der Haupttat und durch Bestechung von der Erstattung einer Anzeige hat abhalten lassen.

---

6 So argumentiert auch der BGH in seinem Urteil vom 29.10.1992 – 4 StR 358/92 im Zusammenhang mit der Garantenstellung von Polizeibeamten bei außerdienstlichen Kenntnissen.

7 Ruhmannseder, § 258a StGB Rn. 14.

8 Ruhmannseder, § 258a StGB Rn. 12 und 13.

2.4 Strafverfolgungsbehörden

16 Strafanzeigen können gem. § 158 Abs. 1 StPO bei

- der Staatsanwaltschaft,
- der Polizei,
- den Amtsgerichten

erstattet werden, und zwar ungeachtet ihrer örtlichen und sachlichen Zuständigkeit im Einzelfall.

Die genannten Behörden und deren Amtsträger sind verpflichtet, Strafanzeigen des Bürgers entgegenzunehmen, zu prüfen und ggf. an die für die weitere Bearbeitung zuständigen Behörden weiterzuleiten.

2.5 Recht zur Anzeigeerstattung

17 Strafanzeige kann jeder Bürger erstatten, unabhängig vom Alter oder der Anzeigetüchtigkeit des Anzeigeerstatters, sodass auch Kinder, Jugendliche oder Menschen mit kognitiven Beeinträchtigungen Strafanzeige erstatten können. Die Anzeigeerstattung setzt keine Prozessfähigkeit voraus. Sonderregelungen gelten hinsichtlich der Delikte, die nur auf Antrag verfolgt werden (§§ 77 ff. StGB).

18 Es wird nicht gefordert, dass der Anzeigeerstatter von der Straftat unmittelbar berührt ist, d.h. z.B. Opfer bzw. Betroffener der von ihm angezeigten Straftat ist.

Anzeigeerstatter können sein:

- der durch die Straftat Verletzte oder Geschädigte,
- die Staatsanwaltschaft oder die Polizei von Amts wegen aufgrund ihrer gesetzlichen Strafverfolgungspflicht,
- Behörden der öffentlichen Verwaltung,
- der Täter selbst,
- jede beliebige unbeteiligte Person.[9]

2.6 Gründe für die Erstattung von Strafanzeigen

19 Die weit überwiegende Anzahl der Strafanzeigen wird von Bürgern erstattet. Die Gründe, die zur Anzeigeerstattung führen, sind vielfältig. Der häufigste Anlass zur Anzeigeerstattung liegt darin, dass der Anzeigeerstatter Opfer/

9 Ausführlich dazu Weingarten, § 158 Rn. 4–8.

Geschädigter einer Straftat geworden ist. Die Motive sind – je nach der Art der Straftat oder des verletzten Rechtsgutes – unterschiedlicher Natur.

Folgende Motive und Beweggründe kommen häufig vor:

- Mit der Strafanzeige wird die Bestrafung des Täters angestrebt. Motive sind Genugtuung des Opfers, Sühne für begangenes Unrecht usw.
- Die Strafanzeige ist Voraussetzung für das Geltendmachen von Versicherungsansprüchen aus der Straftat, wenn eine vertragsrechtliche Anzeigepflicht besteht.
- Mit der Strafanzeige sollen gleichzeitig Schadenersatzansprüche bei dem Täter verfolgt und durchgesetzt werden.
- Rache, Neid, Eifersucht, Geltungsbedürfnis sowie psychopathologische Persönlichkeitsstörungen sind ebenfalls Beweggründe und Ursachen für das Erstatten von Strafanzeigen.

Nicht selten sind Motivüberschneidungen oder Motivbündel gegeben.

Beachte

Kriminalistisch bedeutsam ist, den Anlass oder Grund der Strafanzeige eines Bürgers bereits zum Zeitpunkt der Anzeigeerstattung festzustellen oder zu erkennen, damit der aufnehmende Polizeibeamte/die -beamtin den angezeigten Sachverhalt richtig beurteilen und entsprechend reagieren kann.

2.7 Verpflichtung zur Wahrheit und Objektivität

Der Anzeigeerstatter ist zur Wahrheit und Objektivität der von ihm vor- 20
getragenen Beschuldigung oder des von ihm mit seiner Anzeige dargestellten Sachverhalts verpflichtet.

Bei Nichtbeachtung der Verpflichtung zur Wahrheit und Objektivität kann sich der Anzeigeerstatter u.a.

- der falschen Verdächtigung (§ 164 StGB),
- des Vortäuschens einer Straftat (§ 145d StGB),
- des Betruges (§ 263 StGB),
- der üblen Nachrede (§ 186 StGB) oder
- der Verleumdung (§ 187 StGB)

strafbar machen.

Darüber hinaus kann er nach § 823 Abs. 1 BGB zum Schadensersatz verpflichtet werden. Wer jedoch im guten Glauben eine Strafanzeige erstattet, ist nicht schadenersatzpflichtig, wenn sich seine Anzeige später als unrichtig oder unaufklärbar erweist.[10]

Liegen Zweifel an der Richtigkeit des angezeigten Sachverhaltes vor, kann die Aufnahme der Strafanzeige nicht generell abgelehnt werden. Der Anzeigeerstatter ist jedoch über seine Wahrheitspflicht und die Folgen der Nichtbeachtung nachweisbar zu belehren. Die Zweifel sind aktenkundig zu machen.

2.8 Strafanzeigen von Anzeigeerstattern mit Hang zur Hypergrafomanie (Vielschreiber)

21 Strafanzeigen/Beschuldigungen von Personen, die als Querulanten oder sog. Vielschreiber amtsbekannt sind oder die einen Hang zur häufigen meist rechtlich unbegründeten Anzeigeerstattung haben, können nicht von vornherein unbeachtet gelassen werden. Liegen erkennbar haltlose mündliche Verdächtigungen vor, sollte auf die schriftliche Aufnahme einer Strafanzeige verzichtet werden. Es empfiehlt sich in diesen Fällen, einen Aktenvermerk mit Begründung aufzunehmen. Der Anzeigeerstatter ist aktenkundig zu belehren. Bei einer schriftlich eingegangenen Anzeige ist ein entsprechender Hinweis über die vorliegenden Erkenntnisse zum Anzeigeerstatter und über die polizeiliche Bewertung des angezeigten Sachverhalts zur Anzeige zu nehmen. Die Vorgänge sind der zuständigen Staatsanwaltschaft zur weiteren Entscheidung zuzuleiten.

3 Formen der Strafanzeige

22 Die Strafanzeige nach § 158 Abs. 1 StPO ist an keine gesetzlich vorgeschriebene Form gebunden, d.h. sie ist formfrei. Bei Antragsdelikten (§ 158 Abs. 2 StPO) ist der Strafantrag schriftlich abzufassen[11].

Strafanzeigen können

- mündlich,
- schriftlich,
- zu Protokoll oder
- in anderer geeigneter Form, z.B. per E-Mail oder über Internetportale der Polizei,

---

10 BVerfGE, Beschluss vom 25.2.1987 – 1 BvR 1086/85 (BVerfGE 74, 257).

11 Gem. § 158 Abs. 2 StPO bestehen bei Antragsdelikten inhaltlich weitere Anforderungen. Erforderlich ist der Verfolgungswille des Geschädigten.

erstattet werden. Zulässig sind auch fernschriftliche Anzeigen oder Anzeigen per Telefax oder SMS.

Mündlich oder fernmündlich erstattete Anzeigen sind zu beurkunden (§ 158 Abs. 1 StPO). Eine besondere Beurkundungsform schreibt das Gesetz nicht vor. Bei der mündlich erstatteten Anzeige geschieht die Beurkundung nach erfolgter Protokollierung des angezeigten Sachverhalts durch die Unterschriften des Aufnehmenden und des Anzeigenden. Die fernmündlich erstattete Anzeige wird im Regelfall nach Niederschrift durch die Unterschrift des aufnehmenden Beamten beurkundet.

Mündlich oder fernmündlich aufgenommene Strafanzeigen sollten möglichst 23
zu einem zeitnahen späteren Zeitpunkt aus Beweisgründen und um Missverständnisse auszuschließen, vom Anzeigeerstatter unterschrieben werden.

Unterbleibt die Beurkundung durch den Anzeigenden oder verweigert er seine Unterschrift, hat dies keine strafprozessualen Auswirkungen auf die Strafanzeige. Auch bei schriftlichen Anzeigen wird rechtlich weder eine lesbare noch eine Unterschrift des Anzeigenden überhaupt zwingend gefordert.

Mit der Einführung der elektronischen Akte bei Polizei und Justiz wird die Unterschrift entfallen und durch eine elektronische Signatur ersetzt.

4 Antragsdelikte, Privatklagedelikte

4.1 Antragsdelikte

Grundsätzlich werden Straftaten von Amts wegen verfolgt. Ausnahmen 24
von diesem Grundsatz stellen die sog. Antragsdelikte und die Privatklagedelikte dar.

Die Strafverfolgung von Antragsdelikten ist von der Stellung eines frist- und formgerechten Strafantrages durch den Berechtigten abhängig. Der Strafantrag ist eine sog. Prozessvoraussetzung. Bei bestimmten Straftaten, die grundsätzlich nur auf Antrag verfolgbar sind, kann die Staatsanwaltschaft jedoch auch ohne Strafantrag des Verletzten ein Ermittlungsverfahren einleiten, wenn wegen des besonderen öffentlichen Interesses eine Strafverfolgung von Amts wegen geboten erscheint.

Privatklagedelikte werden von Amts wegen nur verfolgt, wenn an der Straf- 25
verfolgung öffentliches Interesse besteht. Ansonsten wird es dem Verletzten überlassen, Privatklage zu erheben, ohne dass die Staatsanwaltschaft mitwirkt.

Straftaten, die nur auf Antrag verfolgt werden, nennt im Einzelnen das Strafgesetzbuch. Delikte, die auf dem Wege der Privatklage verfolgt werden können, enthält § 374 StPO. Antragsdelikte sind auch überwiegend Privatklagedelikte.

4.1.1 Antragsberechtigte

26 Der zur Stellung eines Strafantrages Berechtigte ist grundsätzlich der Verletzte (§ 77 Abs. 1 StGB). Verletzt ist derjenige, der durch die Tat in erster Linie betroffen ist, d. h. in dessen Rechte eingegriffen worden ist.[12] Andere Personen als der Verletzte haben ein Antragsrecht nach § 77 Abs. 2–4 StGB, z. B. Ehegatten oder Kinder anstelle des Verstorbenen, bei Geschäftsunfähigkeit des Verletzten der gesetzliche Vertreter. Daneben sind z. B. Dienstvorgesetzte neben dem Verletzten in besonderen Fällen nach § 77a StGB antragsberechtigt.

4.1.2 Frist- und Formerfordernis

27 Die Stellung des Strafantrags ist an

- eine bestimmte Frist und
- eine bestimmte Form

gebunden.

28 **Antragsfrist:**

Die Antragsfrist beträgt i. d. R. drei Monate (§ 77b StGB). Wird innerhalb dieses Zeitraumes ein Strafantrag nicht gestellt, ist die Tat nicht mehr verfolgbar. Die Frist beginnt, wenn der Berechtigte Kenntnis von der Tat und dem Täter erhält.

29 **Antragsform und -inhalt:**

Bei der Polizei ist der Strafantrag schriftlich zu erstatten. Bei Gerichten oder der Staatsanwaltschaft kann der Strafantrag schriftlich oder zu Protokoll angebracht werden (§ 158 Abs. 2 StPO). Der Strafantrag stellt die Erklärung des Verletzten dar, dass er die Verfolgung der Straftat wünscht. Der Inhalt der Erklärung muss zweifelsfrei das Verlangen nach Strafverfolgung erkennen lassen.

30 Die mit der Unterschrift des Antragsberechtigten und Datum versehene Erklärung, „Ich stelle Strafantrag für alle im Gesetz vorgesehenen Fälle" oder „Ich stelle Strafantrag" ist ausreichend. Eine rechtliche Qualifizierung der Tat wird nicht gefordert.

---

12 Dallmeyer, § 77 StGB Rn. 16.

Merke

Die telefonische oder mündliche Stellung des Strafantrags durch den Berechtigten bei der Polizei mit anschließender Aktennotiz des aufnehmenden Beamten genügt nicht.

4.1.3 Rücknahme des Strafantrags

Der Berechtigte kann bis zum rechtskräftigen Abschluss des Strafverfahrens den Strafantrag zurücknehmen. Die Rücknahme ist unwiderruflich (§ 77d Abs. 1 StGB). Eine besondere Form der Rücknahme des Strafantrags sieht das Gesetz nicht vor. Es ist ausreichend, wenn der Berechtigte die zweifelsfreie Erklärung abgibt, die Strafverfolgung nicht weiter zu wollen.[13] Wird die Erklärung der Rücknahme bei der Polizei abgegeben, empfiehlt es sich in jedem Falle, die Rücknahme mit Datum und Unterschrift des Berechtigten zu protokollieren. 31

Bei Rücknahme des Strafantrages durch den Berechtigten hat dieser im Regelfall gem. § 470 StPO die Kosten zu tragen. Da diese Kostenregelung weitestgehend unbekannt ist, sollte bei Rücknahme des Antrags der Berechtigte darauf hingewiesen werden. Ebenfalls sollte er über die Unwiderruflichkeit der Rücknahme informiert werden. Die erneute Stellung des Strafantrags scheidet aus (§ 77d Abs. 1 Satz 3 StGB). Es ist zu vermeiden, dass durch die Art und Weise der Information Einfluss auf die Rücknahmeentscheidung genommen wird. Eine Pflicht zur Belehrung durch die Polizei besteht nicht.

4.1.4 Polizeiliche Eingriffsmaßnahmen bei Antragsdelikten

Besteht die Gefahr, dass wichtige Beweismittel vor Stellung des Strafantrages verloren gehen, so können diese in geeigneter Weise gesichert oder beschlagnahmt werden (in diesem Sinn RiStBV Nr. 6[14]). 32

Die vorläufige Festnahme nach § 127 Abs. 3 StPO ist auch dann zulässig, wenn ein Strafantrag noch nicht gestellt worden ist.

In diesen Fällen ist die Frage, ob der Verletzte beabsichtigt, Strafantrag zu stellen, unverzüglich zu klären. Das Ergebnis ist ohne Verzug der Staatsanwaltschaft zur Entscheidung vorzulegen.

13 Mitsch, § 77d StGB Rn. 23–24.

14 Richtlinien für das Strafverfahren und das Bußgeldverfahren (RiStBV).

4.2 Privatklagedelikte

4.2.1 Welche Delikte können auf dem Weg der Privatklage verfolgt werden?

33 Mit der Privatklage können nur die in § 374 Abs. 1 Nr. 1 bis 8 StPO aufgeführten Straftaten verfolgt werden. Hier nicht genannte Straftaten sind ausgeschlossen.

Liegt öffentliches Interesse an der Strafverfolgung von Privatklagedelikten vor, leitet die Staatsanwaltschaft ein Ermittlungsverfahren von Amts wegen ein, beziehungsweise führt ein bereits eingeleitetes Verfahren fort. Anderenfalls verweist sie den Geschädigten auf den Weg der Privatklage.

34 **Öffentliches Interesse:**

RiStBV Nr. 86 Abs. 2: „Ein öffentliches Interesse wird in der Regel vorliegen, wenn der Rechtsfrieden über den Lebenskreis des Verletzten hinaus gestört und die Strafverfolgung ein gegenwärtiges Anliegen der Allgemeinheit ist, z. B. wegen des Ausmaßes der Rechtsverletzung, der Rohheit oder Gefährlichkeit der Tat, der rassistischen, fremdenfeindlichen, antisemitischen oder sonstigen menschenverachtenden Beweggründe des Beschuldigten, wegen der besonderen Schutzbedürftigkeit des Verletzten, der Stellung des Verletzten im öffentlichen Leben oder wegen relevanter Voreintragungen des Beschuldigten in einem inländischen oder ausländischen Strafregister.

Ist der Rechtsfrieden über den Lebenskreis des Verletzten hinaus nicht gestört worden, so kann ein öffentliches Interesse auch dann vorliegen, wenn dem Verletzten wegen seiner Beziehung zum Beschuldigten nicht zugemutet werden kann, die Privatklage zu erheben, und die Strafverfolgung ein gegenwärtiges Anliegen der Allgemeinheit ist."

Gegen Jugendliche (14 bis unter 18. Lebensjahr) ist Privatklage nicht zulässig (§ 80 Abs. 1 JGG).[15]

4.2.2 Wie ist von der Polizei bei der Anzeige von Privatklagedelikten zu verfahren?

35 - Bei der Anzeige eines Privatklagedelikts durch den Verletzten ist der Anzeigeerstatter darauf hinzuweisen, dass eine Strafverfolgung von Amts wegen nur bei Vorliegen öffentlichen Interesses erfolgt. Der Polizeibeamte bleibt auch bei Privatklagedelikten verpflichtet, die Anzeige

15 Weitere Informationen zur Privat- und Nebenklage nach § 80 JGG bei Diemer, Schatz, Sonnen, S. 748 ff.

aufzunehmen. Allein die Staatsanwaltschaft entscheidet über den Umgang mit Strafanzeigen[16].

- Der Anzeigeerstatter sollte über
  - den Gang des Privatklageverfahrens (§§ 381 bis 383 StPO),
  - den rechtlich vorgeschriebenen Sühneversuch (§ 380 StPO) bei Hausfriedensbruch, Verletzung des Briefgeheimnisses, Beleidigung, Körperverletzung, Bedrohung oder Sachbeschädigung sowie
  - über die Kostenregelung bei Privatklagedelikten (§ 471 StPO)

  durch den aufnehmenden Polizeibeamten informiert werden.
- Besteht der Anzeigeerstatter auf der Aufnahme einer Strafanzeige, ist diese entgegenzunehmen. Die Verweisung auf den Privatklageweg liegt in der Entscheidung der Staatsanwaltschaft.
- Handelt es sich um ein Antragsdelikt, was meistens der Fall sein wird, ist unabhängig von der Frage, ob die Staatsanwaltschaft die Strafverfolgung von Amts wegen betreiben wird, ein schriftlicher Strafantrag gem. § 158 Abs. 2 StPO aufzunehmen.

5 Aufnahme von Strafanzeigen

5.1 Allgemeine Verhaltensgrundsätze

Folgende allgemeine Verhaltensgrundsätze sollten bei der Aufnahme von Strafanzeigen Beachtung finden. 36

- Im Fall einer Anzeigenaufnahme beeinflusst der Kontakt zwischen Bürger und Polizei unter Umständen die Einstellung des Anzeigenerstatters zur Polizei. Durch eine offene und aufgeschlossene, vorurteilsfreie Verhaltensweise gegenüber dem sich in einer Problemsituation befindenden Bürger, kann die Situation positiv bestimmt werden.
- Der Anzeigeerstatter erwartet im Regelfall Hilfestellung und Verständnis von der Polizei.
- Treten Sie bei der Anzeigenaufnahme stets korrekt, höflich und zuvorkommend auf.
- Beachten Sie den Grundsatz der Gleichbehandlung aller Anzeigenden ohne Ansehen der sozialen Stellung, Herkunft oder Religion.

---

16 Insbesondere bei bereits vorbestraften Beschuldigten besteht ein großes öffentliches Interesse an der Verfolgung solcher Privatklagedelikte.

- Individuelle Persönlichkeitsmerkmale sowie Lebenserfahrung, Bildungsstand, gesellschaftliche Stellung und die aus dem anzuzeigenden Sachverhalt resultierenden besonderen Umstände bestimmen ganz wesentlich das Verhalten des Anzeigeerstatters gegenüber der Polizei.
- Verhalten Sie sich dem Anzeigenden gegenüber ruhig und sicher. Auf empörtes oder aufgeregtes Verhalten sollten Sie beruhigend einwirken. Lassen Sie sich nicht provozieren; handeln Sie mit Überlegung!
- Berührt die angezeigte Tat die Intimsphäre oder das Ehrgefühl des Anzeigenden ist besonders taktvoll und rücksichtsvoll zu verfahren! Berücksichtigen Sie die ggf. länderinternen Erlassregelungen bei der Aufnahme von Sexualdelikten.
- Beachten Sie die Rechte und Befugnisse von Verletzten in Strafverfahren nach dem Opferschutzgesetz. Bei der ersten Vernehmung ist dem Verletzten das Merkblatt über Rechte und Befugnisse von Verletzten in Strafverfahren auszuhändigen.

5.2 Entgegennahme der Anzeige

5.2.1 Aufnahme und Überprüfung der Personalien

37 Bei der Aufnahme der Personalien des Anzeigeerstatters sollte Folgendes besonders beachtet werden:

- Personalpapiere aushändigen lassen.
- Personalien vollständig notieren und ggf. als Kontrolle ergänzend erfragen.
- Überprüfung auf Gültigkeit und Prüfung der ausstellenden Behörde.
- Übereinstimmung des Lichtbildes mit dem Anzeigeerstatter prüfen.
- Sichtprüfung auf Fälschungsmerkmale vornehmen.
- Ist Anlass gegeben, sollten Person und Personalpapiere unauffällig in den Fahndungssystemen der Polizei überprüft werden, ggf. ist die Überprüfung in örtlichen Informationssystemen zu veranlassen.

5.2.2 Entgegennahme des angezeigten Sachverhalts

38 Bei der Entgegennahme der Strafanzeige ist wie folgt zu verfahren:

- Der Anzeigeerstatter sollte den Sachverhalt zunächst möglichst zusammenhängend ohne Zwischenfragen des Aufnehmenden schildern.
- Der angezeigte Sachverhalt ist daraufhin zu beurteilen, ob ggf. noch während der Anzeigenaufnahme Sofortmaßnahmen zu veranlassen sind.

- Je nach Komplexität der Sachverhaltsschilderung wird empfohlen, Notizen zum geschilderten Sachverhalt anzufertigen.
- Ist bereits bei der Anzeigenaufnahme erkennbar, dass Aussage- und/ oder Zeugnisverweigerungsrechte vorliegen, ist der Anzeigende in seiner Sachverhaltsschilderung zu unterbrechen und darüber zu belehren. Die Belehrung ist aktenkundig zu machen. Es ist davon auszugehen, dass der Anzeigeerstatter den von ihm angezeigten Tatbestand oder die Beschuldigung und die daraus resultierende Einleitung eines Strafverfahrens beabsichtigt, d.h., dass er sich der Konsequenzen seiner Aussage bewusst ist. Aus Rechtsgründen sollte jedoch auf eine Belehrung nicht verzichtet werden. Besonders bei der protokollarischen Anzeige, die den Charakter einer Vernehmung hat, sollte dieser Rechtsgrundsatz beachtet werden.
- Danach ist der angezeigte Sachverhalt schriftlich aufzunehmen.
- Bei schwerwiegenden Straftaten oder bei Straftaten, die spezielle Kenntnisse erfordern, empfiehlt es sich, die Anzeigenaufnahme durch die jeweilige Spezialdienststelle oder mit deren Unterstützung vornehmen zu lassen.

5.2.3 Niederschrift der Strafanzeige

Bei der Niederschrift der Anzeige sollte wie folgt verfahren werden: 39

- Bei mündlich erstatteten Anzeigen, bei denen der Anzeigeerstatter persönlich erscheint, ist die Anzeige in Protokollform aufzunehmen.
- In allen anderen Fällen der mündlichen Anzeige erfolgt die Niederschrift in Berichtsform.
- Bei eigenen Feststellungen ist ebenfalls die Berichtsform zu wählen.
- Die protokollarische Anzeigenaufnahme erfolgt – wie bei der Vernehmung – in der Ich-Form.
- Die Ausdrucksweise des Anzeigeerstatters ist zu beachten. Missverständliche Formulierungen sind zu klären. Wesentliche Aussagen sind wörtlich niederzulegen.
- Der Anzeigeerstatter kann auch den Anzeigentext diktieren. In diesen Fällen ist die Formulierung: „nach Diktat …“ zu verwenden.
- Dokumentieren Sie den zeitlichen Beginn und das Ende der Anzeigenaufnahme.

5.3 Fernmündliche Strafanzeige

40 Telefonisch erstattete Strafanzeigen sind entgegenzunehmen. Für die Entgegennahme und Niederschrift der Anzeige gelten grundsätzlich die allgemeinen Regeln, die auch für andere Anzeigeformen gelten.

Folgende Besonderheiten sind zu beachten:

- Das Telefonat mit dem Anzeigeerstatter sollte aufgezeichnet werden. Der Anrufer ist davon vor Beginn der Aufzeichnung in Kenntnis zu setzen.
- Die genauen Personalien, deren Schreibweise, die Anschrift, der Ort und die Rufnummer, von der der Anzeigeerstatter aus anruft, sind zu erfragen und festzuhalten.
- Uhrzeit und Ort der Anzeigenaufnahme sind zu dokumentieren.
- Zunächst ist der Anzeigeerstatter zu veranlassen, den Sachverhalt kurz und knapp zu schildern. Sodann ist der Sachverhalt erneut schildern zu lassen und aufzunehmen. Verständnisfragen sollten sofort gestellt werden.
- Erfordert es die polizeiliche Lage, sind dem Anzeigeerstatter Verhaltensanweisungen zu geben.
- Bei komplizierten und umfangreichen Sachverhalten sollte der Anzeigeerstatter veranlasst werden, die Anzeige schriftlich zu erstatten oder sie auf der Polizeidienststelle mündlich zu Protokoll zu geben. Unabhängig davon ist bereits das Telefonat mit dem Anzeigenerstatter durch den aufnehmenden Polizeibeamten zu protokollieren und als Anzeige zu erfassen[17].

5.4 Anzeigen über Online-Wachen der Polizei

41 Strafanzeigen über die Internetportale der Polizei bieten zwischenzeitlich alle Bundesländer Deutschlands an. Sie geben Gelegenheit, eine Reihe einfach gelagerter Delikte wie Betrug, Diebstahl in Zusammenhang mit Kraftfahrzeugen, Sachbeschädigungen oder Hasspostings (Hate Crime) mit Mitteln der IT anzuzeigen. Diese Online-Wachen der Polizei sind nicht für Notfälle gedacht.

Die Polizei schützt sich vor missbräuchlicher Verwendung dieser Datenportale durch die Speicherung der IP-Adresse des Absenders. Besonders bei Straftaten, die im Internet begangen werden, wie etwa der Warenkreditbetrug oder das Verbreiten von Hasspostings, bietet sich die Anzeige online an, da für den Anzeigenden kein Medienbruch entsteht und Be-

17 Es soll dadurch sichergestellt werden, dass die Anzeige nicht unter den Tisch fällt, falls es sich der Anzeigenerstatter anders überlegt.

weismittel wie etwa E-Mails, Fotos oder Screenshots unmittelbar zur Polizei hochgeladen werden können.

- Die Geschäftsverteilung in den polizeilichen Dienststellen regelt die Bearbeitung von über das Internetportal der Polizei erstatteten Anzeigen.
- Das für den Anzeigenerstatter verfügbare Online-Formular enthält Pflichtfelder, die auszufüllen sind, um eine entsprechende Bearbeitung zu gewährleisten.
- Die Bestätigung, dass Anzeige erstattet wurde, erhält der Anzeigende in aller Regel sofort auf elektronischem Weg.
- Falls zur Bearbeitung der Anzeige weitere Angaben erforderlich sind, ist mit dem Anzeigeerstatter durch die Polizei Kontakt aufzunehmen, um die weiteren Informationen zu erfragen.
- Nach der Anzeigenprüfung durch die Polizei oder Staatsanwaltschaft ist der Anzeigenerstatter über das weitere Vorgehen zu informieren.
- Soweit die Online-Anzeige den Anfangsverdacht einer Straftat darstellt, erfolgen die weiteren kriminalistischen Maßnahmen zur Beweissicherung wie im Gang eines Ermittlungsverfahrens üblich und erforderlich.

5.5 Inhalt der Strafanzeige

Die inhaltliche Wiedergabe des angezeigten Sachverhaltes erfolgt nach 42
den sog. „W-Fragen". Damit ist die Gewähr gegeben, dass nichts Wesentliches übersehen wird und die Schilderung des Anzeigeinhaltes in sachlogischer Folge geschieht.

Wer zeigt an?

- Es sind die vollständigen Personalien und die Anschrift des Anzeigeerstatters zu dokumentieren.
- Seine strafprozessuale Stellung wie Geschädigter, Zeuge, unbeteiligter Dritter ist zu klären und aufzunehmen.
- Wer ist Beschuldigter oder Verdächtigter? Gründe für den Verdacht sind zu erfragen und sinngetreu aufzunehmen, erforderlichenfalls wortgetreu zu dokumentieren.
- Die Personalien der Person, gegen die sich der Verdacht richtet, sind – soweit sie dem Anzeigeerstatter bekannt sind – vollständig aufzunehmen.
- Die Personen- und Bekleidungsbeschreibung des unbekannten Täters ist möglichst genau festzustellen. In geeigneten Fällen ist die Frage zu

klären, ob der Anzeigende in der Lage ist, den Täter zu identifizieren. Ggf. sollte der Anzeigeerstatter noch während der Anzeigenaufnahme Einsicht in eine Lichtbildvorzeigedatei nehmen.

Wann wurde die Tat begangen oder entdeckt?

- Tatzeit, Beobachtungszeit, Zeitpunkt der Kenntniserlangung nach Uhrzeit, Datum und Wochentag sind festzuhalten; bei ungenauer Erinnerung sind die Angaben ggf. hilfsweise einschränken oder bestimmen zu lassen.
- Erforderlichenfalls sind Witterungsverhältnisse, Beleuchtungsverhältnisse zum Zeitpunkt der Tat oder zur Beobachtungszeit aufzunehmen.

Wo ist der Tatort oder Ereignisort?

- Es ist nach Ereignisort, Tatort, Fundort zu unterscheiden.
- Die genaue Beschreibung der Örtlichkeit und der Lage, ggf. mithilfe von Kartenmaterial, ist festzustellen.
- Soweit der Anzeigenerstatter bereits Fotos oder Videos (Smartphone) vom Tatort gefertigt hat, soll er um unverzügliche Übermittlung ggf. per E-Mail gebeten werden.[18]

Was ist geschehen?

- Die Art der Straftat ist festzustellen; eine genaue strafrechtliche Subsumtion wird zum Zeitpunkt der Anzeigenaufnahme nicht gefordert.
- Es ist jedoch eine präzise Beschreibung der Tat abzufordern, die eine tatbestandliche Einordnung ermöglicht. Die Tatbestandsmerkmale der in Frage kommenden Delikte sind dabei zu beachten.

Wie wurde die Tat begangen?

- Es ist grundsätzlich eine Beschreibung des Tatverlaufs nach Vortatphase, Haupttatphase und Nachtatphase vorzunehmen.
- Das Verhalten des Täters ist soweit bekannt in allen drei Tatphasen zu beschreiben.
- Je nach Art des Delikts sind Angaben zum Opferverhalten und der Zustand des Opfers festzuhalten.
- Sonstige Folgen der Tat sind zu erfragen.
- Wie war das Verhalten des Anzeigeerstatters nach der Tat?

---

18 Aus mit dem Smartphone gefertigten Fotos lassen sich oft Geodaten zur exakten Bestimmung des Aufnahmeortes auslesen.

- Was wurde vom Anzeigeerstatter veranlasst?
- Wurden Veränderungen am Tatort vorgenommen, wenn ja, welche?

Womit wurde die Tat begangen?

- Tatwerkzeuge und besondere Begehungsweisen sind zu beschreiben.
- Verwendung eines Kraftfahrzeugs usw.?

Welches Rechtsgut ist verletzt?

- Bei körperlichen Verletzungen sind diese aus Beweisgründen ärztlich feststellen zu lassen. Der Anzeige sollte ein ärztliches Attest nachgereicht werden.
- Ggf. sind die Verletzungen durch Fotos zu dokumentieren.
- Abhandengekommene und beschädigte Gegenstände sind mit genauer Beschreibung aufzunehmen, ggf. sind Fotos nachzufordern.
- Soweit Stehlgut individualisierende Seriennummern oder andere Registrierungskennzeichen (z.B. Codierung von Fahrradrahmen) trägt, sind diese zu erfragen.
- Angaben zur Versicherung des Geschädigten sind aufzunehmen, wann wurde die Versicherung informiert?
- Wie hoch schätzt der Anzeigenerstatter den Schaden?

Die Aufzählung ist nicht abschließend, sondern nur beispielhaft. Sie ist als allgemeine Richtschnur zu verstehen. Der Sachverhalt ist unter Beachtung des konkreten Falles aufzunehmen.

6 Besondere Arten von Strafanzeigen

6.1 Anonyme und pseudonyme Anzeigen

6.1.1 Motive, Gründe

Bei anonym (namenlos) oder pseudonym (unter Falschnamen) erstatteten 43
Anzeigen ist es Absicht des Anzeigenden, seine Identität zu verbergen.

Die Gründe für das Verschleiern der Identität im Rahmen der Anzeigenerstattung können vielfältig sein. So kann Angst um die persönliche Sicherheit oder die Sicherheit der Familie oder auch Furcht vor Stigmatisierung dafür ursächlich sein. Unlautere Motive wie Rache oder Hass können ebenfalls Beweggründe sein. Enge persönliche Beziehungen zu dem Angezeigten führen ggf. dazu, nicht offen unter Nennung des Namens

Anzeige zu erstatten. Nicht selten ist festzustellen, dass sich der Anzeigeerstatter scheut, in ein strafprozessuales Verfahren hineingezogen zu werden und deshalb seine Identität verschweigt.

6.1.2 Kriminaltaktische Grundsätze

44
- Anonyme oder pseudonyme Anzeigen gehen bei der Polizei telefonisch, meistens jedoch schriftlich ein. Sie sind von der Polizei entgegenzunehmen.
- Der angezeigte Sachverhalt bzw. die Beschuldigung sind stets sorgfältig zu prüfen. Es ist eine kriminalistische Erfahrung, dass anonyme Anzeigen zwar auch dazu benutzt werden, missliebige Personen zu Unrecht zu beschuldigen, überwiegend haben die Anzeigen jedoch einen wahren Kern.
- In vielen Fällen werden auf diese Art wichtige Hinweise für die Entdeckung und für die Aufklärung schwerer Straftaten gewonnen. Die Entgegennahme und die Ermittlungen haben sich deshalb zwar vordringlich auf die Aufklärung des angezeigten Sachverhalts oder die Beschuldigung zu richten, verlangen aber auch die Ermittlung und Identifizierung des Anrufers oder Briefschreibers.
- Allein aufgrund einer anonymen Anzeige ist im Regelfall ein Tatverdacht nicht begründbar. Strafprozessuale Eingriffsmaßnahmen ausschließlich auf der Grundlage von anonymen Beschuldigungen sind grundsätzlich unzulässig.
- Es empfiehlt sich, Beschuldigte erst dann zu vernehmen, wenn sich die gegen sie erhobenen strafrechtlichen Vorwürfe durch polizeiliche Ermittlungen bestätigt haben und ein auf Tatsachen begründeter Anfangsverdacht vorliegt.[19]
- Erweisen sich Hinweise oder Beschuldigungen als nachweislich unwahr, ist zu prüfen, ob gegen den anonymen Anzeigeerstatter ein Ermittlungsverfahren nach §§ 164, 145d[20] StGB einzuleiten ist.
- Andererseits ist die Identifizierung des Anzeigeerstatters ggf. als wichtiger Zeuge geboten. Insbesondere in Fällen, in denen die Aussage des Anzeigeerstatters zunächst einziges Beweismittel ist, sollte seine Identität geklärt werden.

---

19 In diesem Sinne RiStBV Nr. 8.

20 § 145d StGB, Vortäuschung einer Straftat, ist gegenüber § 164 StGB, Falsche Verdächtigung, subsidiär.

- Die Identifizierung des Anzeigenerstatters kann auch vor dem Hintergrund, dass sich im Gang der Ermittlungen eine Tatbeteiligung des Anzeigenden herausstellt, von Bedeutung sein.

6.1.3 Verfahrensweisen bei der Entgegennahme von anonymen Anzeigen oder Hinweisen

Bei telefonischer Entgegennahme **45**

- ist der Anrufer möglichst zu veranlassen, seine Anzeige offen unter Nennung seines Namens zu erstatten. Der entgegennehmende Polizeibeamte sollte im Gespräch geschickt versuchen, die Gründe für die Anonymität zu erfragen und nach Möglichkeit argumentativ den Anzeigenden davon zu überzeugen, seine Anzeige offen zu erstatten.
- Dabei sollten Hinweise auf die sachgerechte Beurteilung des angezeigten Sachverhaltes und auf die Identifizierung des Anrufers gewonnen werden.
- Falls die technischen Voraussetzungen vorhanden sind, ist das Gespräch aufzuzeichnen Die Ermächtigung ergibt sich aus § 163 StPO, wonach die Polizei den Auftrag hat, Straftaten zu erforschen. Eine direkte Rückverfolgung des Anrufs wird sich in der Praxis schwierig gestalten, da es für Anrufer, die anonym bleiben wollen, verschiedene Techniken gibt, das zu unterbinden.[21]
- Bei anonymen Anzeigen ist die Information gegenüber dem Anrufenden, dass das Gespräch aufgezeichnet wird, ausreichend.
- Bei der anonymen Schilderung schwerer Straftaten kann die Identifizierung des anonymen Anrufers auch auf Basis eines Beschlusses nach § 100g StPO gelingen, soweit bei dem Anrufer der Verdacht besteht, dass es sich um Täter oder Teilnehmer der schweren Straftat handelt. Dabei ist Schnelligkeit gefragt, um die gesetzlichen Speicherfristen bei den Providern nicht zu überschreiten.

Bei schriftlichen Anzeigen

- ist sicherzustellen, dass bereits beim Eingang anonymer Schriftstücke alles vermieden wird, was eine später kriminaltechnische Auswertung erschweren oder unmöglich machen könnte.
- ist zu vermeiden, dass die Schriftstücke und dazu gehörende Briefumschläge mit Eingangsstempel, Leit-, Sicht- oder Bearbeitungsvermerken

---

21 So z. B. durch Call-ID-Spoofing, bei dieser Technik wird dem Angerufenen eine falsche, in der Regel vom Anrufer selbst gewählte Telefonnummer angezeigt, um seine Identität zu verschleiern.

versehen und evtl. vorhandene Spuren durch unsachgemäßen Umgang beeinträchtigt werden.

- sind Schriftstücke und Briefumschläge spurengerecht zu verwahren und unverzüglich dem Erkennungsdienst zur Spurensicherung und -auswertung zuzuleiten.

Merke

Anonyme und pseudonyme Anzeigen sind grundsätzlich entgegenzunehmen. Strafprozessuale Maßnahmen sind nur dann zulässig, wenn sie durch polizeiliche Ermittlungen begründet sind. Die Ermittlungen haben sich sowohl auf die Aufklärung des angezeigten Sachverhalts als auch auf die Identifizierung der anonymen oder pseudonymen Anzeigeerstatter zu erstrecken.

6.2 Vertrauliche Strafanzeigen

6.2.1 Allgemeine Rechtsgrundsätze

46 Vertrauliche Anzeigen sind Meldungen über möglicherweise strafbares oder rechtswidriges Handeln bei dem der Hinweisgeber darum bittet, seine Identität nicht offenzulegen. Der Begriff wird auch in Zusammenhang mit Whistleblowing verwendet.[22]

- Die vertrauliche Strafanzeige ist dadurch gekennzeichnet, dass der Anzeigeerstatter die Geheimhaltung seiner Identität durch die Strafermittlungsorgane (Polizei, Staatsanwaltschaft) gegenüber dem Betroffenen begehrt.
- Die Zusage der vertraulichen Behandlung, d. h. der Geheimhaltung der Identität des Anzeigenden durch Polizei und Staatsanwaltschaft ist grundsätzlich gestattet, jedoch nur in sehr engen rechtlichen Grenzen und unter Beachtung bestimmter Verfahrensgrundsätze.
- Der Anzeigeerstatter ist prozessrechtlich Zeuge und damit wichtiges prozessuales Beweismittel. Die besondere Natur des Beweismittels gebietet es grundsätzlich, dass der Zeuge zum Zwecke der Wahrheitserforschung vor der Staatsanwaltschaft und/oder dem Gericht aussagt.
- Jeder Zeuge ist zur Zeugnisleistung verpflichtet, sofern nicht gesetzliche Ausnahmen bestehen.

---

22 Whistleblowingsysteme sind ebenfalls in der Wirtschaft bekannt und stellen häufig ein internes Meldesystem in Unternehmen dar. Anbieter derartiger Systeme versprechen sich durch eine herabgesetzte Meldeschwelle (die Identität des Meldenden bleibt verborgen) mehr Mitteilungen über fehlerhafte Prozesse oder Unregelmäßigkeiten, die den Betriebsablauf stören.

- Zeugnispflichten sind u. a. 47
  - die Pflicht zur Angabe seiner Personalien und
  - die Pflicht, wahrheitsgemäß auszusagen, es sei denn, der Zeuge hat ein gesetzliches Zeugnisverweigerungsrecht.
- Daraus ergibt sich für den Anzeigeerstatter grundsätzlich die Pflicht, unter Nennung seiner Personalien offen über eine Wahrnehmung auszusagen.

Beachte

Die Pflicht des Bürgers zur Aussage über eine Sache besteht **auch** gegenüber der Polizei, soweit die Staatsanwaltschaft die Polizei mit der Vernehmung beauftragt hat.

- Grundsätzlich ist auf eine offene Zeugenaussage des Anzeigeerstatters hinzuwirken, damit der Anzeigeerstatter als Zeuge für das Verfahren zur Verfügung steht.
- Begehrt ein Anzeigeerstatter die Zusicherung der Vertraulichkeit bzw. 48
  die Geheimhaltung seiner Identität gegenüber Dritten und verbietet sich nicht schon von vornherein aufgrund der angezeigten Straftat (Bagatelldelikt) eine vertrauliche Behandlung, sind zunächst die Beweggründe des Verlangens auf Geheimhaltung seiner Identität zu prüfen.

  Es ist festzustellen, ob besondere schutzwürdige Interessen des Anzeigeerstatters bei Offenbarung seiner Identität gefährdet wären.

  Der Wahrheitsgehalt und die Folgerichtigkeit der abgegebenen Begründung sind kritisch zu würdigen.
- Wird festgestellt, dass schutzwürdige Interessen des Anzeigeerstatters bei Bekanntwerden seiner Identität gefährdet sind, sollte er zunächst auf die Zeugenschutzvorschriften des § 68 StPO hingewiesen werden.
- Die Polizei prüft, ob unter Beachtung der Besonderheiten des Einzelfalles die Zeugenschutzvorschriften für den Anzeigeerstatter einen hinreichenden Schutz bieten.

Zeugenschutzvorschriften nach §§ 68 StPO ff. 49

Zeugenschutzvorschriften[23] sind enthalten in § 68 StPO (Vernehmung zur Person), § 68a StPO (Bloßstellen von Zeugen), § 68b StPO (Zeugenbei-

23 Zur Erläuterung der Zeugenschutzvorschriften wird auf Meyer-Goßner/Schmitt, §§ 68 ff. StPO verwiesen.

stand), § 247a StPO (Audiovisuelle Zeugenvernehmung) und in der RiStBV Nr. 130a (Schutz der Zeugen) und Nr. 222 (Vernehmung von Kindern).

6.2.2 Voraussetzungen für die Zusicherung der Vertraulichkeit

50 Für die Zusicherung der Vertraulichkeit und die Behandlung vertraulicher Hinweise bei der Verfolgung von Straftaten gelten die bundeseinheitlichen gemeinsamen Richtlinien von Justiz und Polizei für die Inanspruchnahme von Informanten, den Einsatz von V-Personen und Verdeckten Ermittlern sowie die dazu ergangenen ergänzenden landesspezifischen Regelungen.[24]

Die Zusicherung der Vertraulichkeit ist danach nur erlaubt

- bei Delikten der Schwerkriminalität, der Organisierten Kriminalität, des illegalen Betäubungsmittel- und Waffenhandels, der Falschgeldkriminalität und der Staatsschutzkriminalität;
- bei Delikten der mittleren Kriminalität nur ausnahmsweise nach sorgfältiger Prüfung des Einzelfalles **und** nur dann, wenn durch die Massierung gleichartiger Straftaten die öffentliche Sicherheit ernsthaft gefährdet ist.

Bei Delikten der Bagatellkriminalität ist die Zusicherung der Vertraulichkeit **nicht** statthaft.

Der Anzeigeerstatter ist im Sinne der o. a. Richtlinien Informant. Ihm darf Vertraulichkeit nur zugesichert werden, wenn er bei Bekanntwerden seiner Identität erheblich gefährdet wäre oder unzumutbare Nachteile zu erwarten hätte.

Eine uneingeschränkte Zusage der Vertraulichkeit darf **nicht** erteilt werden, wenn bei vorläufiger Bewertung der Sachlage und des Ermittlungsstandes nicht ausgeschlossen werden kann, dass die Offenbarung der Identität des Anzeigeerstatters und seine zeugenschaftliche Aussage im Verfahren „zum Schutze höherwertiger Rechtsgüter" erforderlich sein wird.[25]

In der Praxis ist eine solche Prognose in aller Regel schwierig, sodass in jedem Einzelfall vor Zusicherung der Vertraulichkeit eine sorgfältige Prüfung und Abwägung der strafprozessualen Erfordernisse der Unmittelbarkeit der Beweisaufnahme und der vollständigen Sachverhaltserforschung einerseits und der Erfüllung öffentlicher Aufgaben im Rahmen

24 Die Richtlinien wurden jeweils als gemeinsame Erlasse der Justiz- und der Innenminister des Bundes und der Länder in den Bundesländern als verbindliche Rechtsvorschrift eingeführt; siehe: RistBV Anlage D.

25 Weingarten, § 158 StPO Rn. 18–24.

der Strafverfolgung durch Zusicherung der Vertraulichkeit andererseits geboten ist.

6.2.3 Entscheidungsbefugnis

Wer ist befugt, Vertraulichkeit zuzusichern? 51

Vor Zusicherung der Vertraulichkeit ist die Einwilligung der Staatsanwaltschaft herbeizuführen, es sei denn, dass im Einzelfall wegen des damit verbundenen Zeitverzugs der Untersuchungszweck gefährdet wäre. Kann die Einwilligung nicht rechtzeitig eingeholt werden, so ist die Staatsanwaltschaft im Nachhinein unverzüglich zu unterrichten.

Innerhalb der Polizei ist die Entscheidungsbefugnis und das Entscheidungsverfahren über die Zusicherung der Vertraulichkeit durch interne Dienstanweisung zu regeln. Nur die in der Polizei durch Dienstanweisung ermächtigten Personen sind im Regelfall befugt, über die Zusicherung der Vertraulichkeit zu entscheiden. Sie führen auch die erforderliche Zustimmung der Staatsanwaltschaft herbei.

Bei Gefahr im Verzuge entscheidet der nächste Vorgesetzte des sachbearbeitenden Polizeibeamten, bei dessen Unerreichbarkeit der Sachbearbeiter selbst. Die sonst mit der Entscheidung Beauftragten sind unverzüglich zu unterrichten.

6.2.4 Kriminaltaktische Verfahrensweise

- Die vertrauliche Anzeige sollte ohne Nennung des Namens und der Wohnanschrift in Protokollform niedergelegt werden. In der Sachdarstellung ist zu vermeiden, dass Dritte aus ihr Schlüsse auf die Identität des Anzeigeerstatters ziehen können. Nur hilfsweise sollte die Berichts- oder Vermerksform gewählt werden. 52
- Der Anzeigeerstatter ist über Umfang und Grenzen der Zusicherung der Vertraulichkeit in einem gesonderten Schriftstück zu belehren. Dieses Schriftstück ist *nicht* Teil der Ermittlungsakten, sondern ist Teil der gesonderten schriftlichen Dokumentation (siehe unten) über die Zusicherung der Vertraulichkeit.

  Die **Belehrung** soll enthalten, 53

  - dass die Zusage der Vertraulichkeit entfällt, falls der Anzeigeerstatter bewusst oder leichtfertig wahrheitswidrige Angaben macht oder sich eine strafbare Beteiligung des Anzeigeerstatters herausstellt;
  - den Hinweis auf die Strafbarkeit bei vorsätzlich falscher Verdächtigung (§ 164 StGB) und der Vortäuschung einer Straftat (§ 145d StGB);

  – den Hinweis, dass trotz Zusicherung der Vertraulichkeit der Anzeigeerstatter als Zeuge vernommen werden kann, wenn andere Umstände (als die vertrauliche Anzeige) auf ihn hindeuten.

- Die Zusicherung der Vertraulichkeit ist zu **dokumentieren**.

  Die Dokumentation soll folgende Angaben enthalten:
  – Name und Anschrift des Anzeigeerstatters
  – Anlass und Begründung der Zusicherung der Vertraulichkeit
  – Art und Grad der Gefährdung bei Offenbarung der Identität des Anzeigeerstatters und/oder Begründung der Unzumutbarkeit einer offenen Zeugenaussage
  – Einwilligung der Staatsanwaltschaft mit Datum und Uhrzeit; Name des einwilligenden Staatsanwalts; bei nachträglicher Benachrichtigung der Staatsanwaltschaft ist die Gefahr im Verzuge (siehe oben) darzulegen
  – Zusicherung der Vertraulichkeit durch die Polizei mit Datum, Uhrzeit, Name des Berechtigten
  – Belehrung des Anzeigeerstatters über Umfang und Grenzen der Zusicherung der Vertraulichkeit (siehe oben)

  Die Dokumentation ist Teil der Handakten, die polizeiintern in geeigneter Weise sicher aufzubewahren sind. Weder die Dokumentation noch Hinweise darauf gehören in die Ermittlungsakten.

- Der Staatsanwaltschaft ist auf Anforderung der Name und die Anschrift des vertraulichen Anzeigeerstatters zur Kenntnis zu geben. Sie stellt ihrerseits die vertrauliche Behandlung sicher.

6.2.5 Rechtsschutz vor Offenbarung des Anzeigeerstatters

54 ■ Polizei und Staatsanwaltschaft sind an eine rechtmäßig erteilte Zusicherung der Vertraulichkeit grundsätzlich gebunden.

55 ■ Der Polizeibeamte wird in diesen Fällen vor Gericht auf entsprechende Fragen die Auskunft über die Identität des Anzeigeerstatters unter Hinweis auf seine Verschwiegenheitspflicht (§ 67 Abs. 3 BBG) verweigern. Eine eingeschränkte Aussagegenehmigung, d.h. eine partielle Beschränkung der Aussagegenehmigung des Dienstvorgesetzten auf einzelne Tatkomplexe oder Fragen, ist zulässig.[26]

26 Meyer-Goßner/Schmitt, § 54 RZ 22.

- Verlangt das Gericht im Rahmen seiner umfassenden Aufklärungspflicht (§ 244 Abs. 2 StPO) von der ermittelnden Polizeibehörde die Benennung des Namens und der ladungsfähigen Anschrift des vertraulichen Anzeigeerstatters zum Zwecke der zeugenschaftlichen Vernehmung, so trifft in analoger Anwendung von § 96 StPO die Entscheidung darüber die zuständige oberste Dienstbehörde, für die Polizei das jeweilige Innenministerium. Die Auskunft darf nur verwehrt werden, wenn die Offenbarung der Identität des vertraulichen Anzeigeerstatters dem Wohle des Bundes oder eines deutschen Landes Nachteile bereiten würde (§ 96 StPO). 56
- Ist die Zusicherung der Vertraulichkeit zu Recht erfolgt, wird die oberste Dienstbehörde dem ersuchenden Gericht gegenüber eine begründete **Sperrerklärung** abgeben, d.h. die Identität wird gegenüber dem Gericht nicht offenbart. Damit ist der vertrauliche Anzeigeerstatter für das Gericht ein unerreichbares Beweismittel.[27] 57
- Der Betroffene (Beschuldigte, Angeklagte) kann auf dem Verwaltungsrechtsweg von der ermittelnden Polizeibehörde die Benennung des vertraulichen Anzeigeerstatters verlangen.
- Die Polizeibehörde ist in ihrer Entscheidung über das Verlangen zu einer sorgfältigen Rechtsgüterabwägung zwischen den öffentlichen Aufgaben der wirksamen Strafverfolgung einerseits und den Interessen des Betroffenen an der Offenlegung der Identität des ihn belastenden Anzeigeerstatters (Informanten) andererseits verpflichtet. Ist die Zusage der Vertraulichkeit rechtmäßig erfolgt, wird die Polizeibehörde das Verlangen ablehnen. Die Entscheidung unterliegt der verwaltungsgerichtlichen Nachprüfung. Hat die Behörde rechtsfehlerfrei entschieden, wird das Verwaltungsgericht zu keinem anderen Ergebnis kommen, d.h. die Klage wird abgewiesen.

6.3 Selbstanzeige

6.3.1 Motive und Anlässe

Selbstanzeigen sind die Mitteilungen von Personen, in denen sie von sich aus eine durch sie selbst begangene Straftat offenlegen. 58

27 Weitere Erläuterungen zum Begriff des „unerreichbaren Beweismittels" siehe bei Meyer-Goßner/Schmitt, § 244 StPO, RZ 62.

Selbstanzeigen werden aus unterschiedlichen Motiven und Anlässen erstattet.

Vorwiegend sind folgende Motive und Anlässe festzustellen:

- Der Zweck von Selbstanzeigen besteht u.a. darin, Straffreiheit oder Strafmilderung zu erlangen.[28]
- Psychopathologische Selbstbezichtiger treten nicht selten nach aufsehenerregenden Straftaten aus Geltungsbedürfnis in Erscheinung, obwohl sie nicht Täter der Tat sind. Diese Anzeigen sind in besonderem Maße bei spektakulären Straftaten, bei denen ein hoher öffentlicher Aufklärungsdruck für die Polizei besteht, geeignet, die Ermittlungen in die falsche Richtung zu lenken bzw. die weiteren Ermittlungen nach dem wirklichen Täter zu vernachlässigen oder einzustellen.
- Selbstanzeigen werden aus Reue, Gewissenskonflikten oder ähnlichen Motiven erstattet, und zwar
  - im unmittelbaren zeitlichen Zusammenhang nach schweren Konflikttaten oder nach Straftaten, die unter Drogeneinfluss wie Betäubungsmitteln oder Alkohol begangen worden sind, wenn der Täter das Ausmaß seiner Tat und die Folgen seines Handelns erkennt;
  - nach lang anhaltenden Gewissenskonflikten über bereits länger zurückliegende schwere Straftaten. In der kriminalistischen Praxis kommt es hin und wieder vor, dass z.B. nach einem Tötungsdelikt der Täter erst nach vielen Jahren seine Täterschaft durch Selbstanzeige offenbart.
- Selbstanzeigen von Nötigungs- oder Erpressungsopfern werden dann erstattet, wenn Gegenstand der Nötigung oder Erpressung eine durch das Opfer begangene Straftat ist. Nach § 154c StPO kann die Staatsanwaltschaft von der Verfolgung der Tat deren Offenbarung angedroht worden ist, absehen, wenn nicht wegen der Schwere der Tat eine Sühne unerlässlich ist. Eine Einstellung nach § 154c StPO soll grundsätzlich nur erfolgen, wenn die Nötigung oder die Erpressung strafwürdiger ist als die Tat des Genötigten oder Erpressten.[29]

  Die Polizei hat keine Befugnis, dem Erpressten die Anwendung des § 154c StPO zuzusichern. Sie sollte ihn jedoch darauf hinweisen.

---

28 Diese Aussage bezieht sich in erster Linie auf Selbstanzeigen im Steuerstrafrecht sowie bei Wirtschaftsstraftaten.

29 RiStBV Nr. 102 Abs. 1.

- In Fällen, in denen Straftäter mit ihrer alsbaldigen Entdeckung rechnen, werden Selbstanzeigen häufig in der Absicht erstattet, damit die strafprozessuale Position der Täter zu verbessern.

6.3.2 Kriminaltaktische Grundsätze für die Aufnahme von Selbstanzeigen

- Die vollständigen Personalien des Anzeigeerstatters sind festzustellen. 59
Die Person ist unverzüglich in den polizeilichen Informationssystemen zu überprüfen.
- Der Sachverhalt, der Gegenstand der Selbstanzeige ist, sollte in einem Vorgespräch sorgfältig und umfassend erfragt werden.
- Die Selbstanzeige ist grundsätzlich in Protokollform aufzunehmen.
- Der Anzeigende ist, da es sich hier um eine Form der Vernehmung handelt, über sein Zeugnis- und Aussageverweigerungsrecht zu belehren.
- Wert ist auf die Ermittlung des Motivs bzw. des Anlasses der Selbstanzeige zu legen.
- Bei der Aufnahme des Sachverhaltes sind u. a. Angaben zu erfragen, die es ermöglichen, bei bekannten Straftaten die Tatschilderung mit dem objektiven Tatbefund abzugleichen und zu überprüfen.
- Aus Beweis- und Überprüfungsgründen soll in der Sachverhaltsschilderung auf Tatfakten eingegangen werden, die Täterwissen sind.
- Bei unbekannten Straftaten sind erforderlichenfalls noch während der Anzeigenaufnahme Maßnahmen des Ersten Angriffs einzuleiten.
- Wird durch den Täter ein Kapitalverbrechen angezeigt, das außerhalb der örtlichen Zuständigkeit der aufnehmenden Polizeibehörde liegt, ist unverzüglich mit der örtlich zuständigen Polizeibehörde Kontakt aufzunehmen.
- Strafprozessuale Maßnahmen gegen den Selbstbezichtiger wie vorläufige Festnahme, Durchsuchung, Blutentnahme, ED-Behandlung usw. sind einzelfallabhängig zu prüfen und zu veranlassen.
- In geeigneten Fällen ist eine richterliche Vernehmung des Selbstbezichtigers anzuregen.
- Je nach Art der angezeigten Straftat ist ein Sachbearbeiter der Fachdienststelle hinzuzuziehen, in deren Bearbeitungszuständigkeit die Straftat liegt.

6.4 Anzeigen in besonderen Fällen

6.4.1 Anzeigenaufnahme bei sexuellen Gewaltdelikten

60 Bei dem Erstkontakt der Polizei mit dem Opfer eines sexuellen Gewaltdelikts sind wegen der Besonderheit der psychischen Ausnahmesituation, in der das Opfer steht, Einfühlungsvermögen und der Situation angemessene Zurückhaltung zu üben.

Andererseits sind bei der Fahndung und Ermittlung des Tatverdächtigen alle notwendigen Maßnahmen einzuleiten, die der Schwere des Delikts angemessen sind. Das Opfer soll erkennen können, dass die Polizei sich in besonderem Maße um die Tataufklärung und die Ermittlung des Tatverdächtigen bemüht.

Vor Beginn der Befragung zur Tat sollte das Opfer auf die Möglichkeit hingewiesen werden, eine Vertrauensperson zu benachrichtigen und hinzuzuziehen. Das Opfer soll sich ohne Druck entscheiden können, ob es seine Angaben in Gegenwart einer weiteren Person machen will.

Die erste Befragung von weiblichen Opfern sollte nach Möglichkeit von einer Beamtin und ungestört in einem Raum ohne Publikumsverkehr stattfinden.

Unter Berücksichtigung der psychischen Ausnahmesituation, in der im Regelfall das Opfer eines sexuellen Gewaltdeliktes unmittelbar nach der Tat steht, soll die Erstbefragung sich auf die grobe Feststellung des Sachverhaltes, den Tatort, die Tatzeit sowie auf Hinweise zum Täter, auf Zeugen und mögliche Spuren der Tat beschränken.

Auf Fragen zur Vorgeschichte der Tat und zu den weiteren Einzelheiten des Tatherganges sowie zu den persönlichen Verhältnissen des Opfers ist zu diesem Zeitpunkt zu verzichten. Sind Intimfragen zu diesem Zeitpunkt unerlässlich, ist der Fragehintergrund zu erläutern.

Äußerungen zu Zweifeln am Wahrheitsgehalt der von dem Opfer geschilderten Tat sollten unterbleiben, ebenfalls Vorwürfe, die das Verhalten des Opfers betreffen.

Opfer, die vulnerablen Gruppen angehören oder unter Alkoholeinfluss stehen, sind nicht zurückzuweisen.

Es ist sicherzustellen, dass wichtige Beweismittel nicht vernichtet oder für die Spurenauswertung beeinträchtigt werden. Je nach Sachlage ist eine unverzügliche ärztliche Anamnese durch einen Facharzt ggf. auch zur Versorgung des Opfers erforderlich.

6.4.2 Strafanzeigen gegen Abgeordnete des Deutschen Bundestages und der Landtage

Abgeordnete des Deutschen Bundestages und der Landtage dürfen wegen einer rechtswidrigen Tat nur mit Genehmigung der jeweiligen Parlamente strafrechtlich verfolgt werden. Dies gilt grundsätzlich nicht, wenn der Tatverdächtige bei der Begehung der Tat oder im Laufe des folgenden Tages festgenommen wird (Art. 46 Abs. 2 GG[30], § 152a StPO). Die Immunität ist ein Prozesshindernis. 61

Strafanzeigen gegen Abgeordnete sind von der Polizei entgegenzunehmen und ohne weitere Ermittlungen unverzüglich an die Staatsanwaltschaft zu übersenden. Ebenso ist bei Strafanzeigen gegen Abgeordnete zu verfahren, die von Amts wegen erstattet werden. Das weitere staatsanwaltschaftliche Verfahren regeln RiStBV Nr. 191 ff.

Wird ein Abgeordneter als Tatverdächtiger auf frischer Tat vorläufig festgenommen, ist die Staatsanwaltschaft unverzüglich zu informieren.

III

6.4.3 Strafanzeigen gegen Diplomaten und andere bevorrechtigte Personen

Diplomaten und andere bevorrechtigte Personen sind nach §§ 18 bis 21 GVG von der deutschen Gerichtsbarkeit befreit.[31] Strafanzeigen gegen diesen Personenkreis sind von der Polizei entgegenzunehmen und ohne Verzug der Staatsanwaltschaft zuzuleiten. 62

Werden Straftaten, die von diesem Personenkreis begangen worden sind, von Amts wegen festgestellt, ist ein Bericht zu fertigen. Dieser ist der Staatsanwaltschaft zu übersenden.

6.4.4 Strafanzeigen gegen Kinder

Gem. § 19 StGB sind Kinder schuldunfähig. Werden Kinder wegen der Begehung einer rechtswidrigen Tat auffällig, sind sie wegen der von ihnen begangenen Tat strafrechtlich nicht verfolgbar. Dieser strafrechtliche Rechtsstatus verbietet die Aufnahme von Strafanzeigen gegen Kinder. Von der Aufnahme einer Strafanzeige ist zwar abzusehen, der Sachverhalt ist jedoch in Form eines Berichts unter Angaben der Personalien und der Anschrift des auffällig gewordenen Kindes, des Erziehungsberechtigten sowie des Geschädigten aufzunehmen. 63

30 Die Länderverfassungen enthalten entsprechende Vorschriften, teils mit Abweichungen.

31 Verfahrenshinweise enthält die RiStBV, XII. Abschnitt, Nr. 193 ff.

Behördeninterne Regelungen sehen aus Gründen der Praktikabilität der Daten- und Sachverhaltserfassung auch die Aufnahme einer Strafanzeige anstelle eines Berichts über das auffällig gewordene Kind vor.

Der Sachverhalt ist umfassend aufzuklären.

Alle weiteren polizeilichen Ermittlungen haben sich darauf zu beschränken,

- ob strafmündige Personen an der Tat beteiligt waren,
- ob eine Verletzung der Fürsorge- und Erziehungspflicht vorliegt,
- ob vormundschaftsgerichtliche oder behördliche Maßnahmen anzuregen sind.

Ggf. ist die Identität des Kindes zum Zwecke der Abwehr von Gefahren für das Kind oder zur Wahrung zivilrechtlicher Ansprüche festzustellen.

Beachte

Werden Kinder bei der Begehung einer rechtswidrigen Tat auf frischer Tat betroffen, ist ihre vorläufige Festnahme nach § 127 StPO nicht zulässig[32], da eine verfolgbare Straftat wegen der Schuldunfähigkeit des Kindes nicht vorliegt.

Strafprozessuale Maßnahmen, die als Voraussetzung die Verdächtigen- oder Beschuldigteneigenschaft fordern, sind aus gleichem Grund bei Kindern nicht anwendbar.

Erforderlichenfalls muss auf polizeirechtliche Vorschriften zum Zwecke der Gefahrenabwehr zurückgegriffen werden.[33]

32 Meyer-Goßner/Schmitt, § 127 StPO, RZ 3a, dort mit weiteren Quellen.

33 Hinsichtlich weiterer Maßnahmen bei (straf-)auffälligen Kindern wird auf Eisenberg, Kölbel, 25. Aufl. 2024, JGG § 1 Rn. 18, 18a verwiesen.

KAPITEL IV
Erster Angriff/Tatortarbeit

Inhalt

IV

IV

1 Begriff, Inhalt und Ziele

1.1 Erster Angriff

Man versteht unter **„Erstem Angriff“**[1] alle unaufschiebbaren polizeitaktischen Maßnahmen zur Abwehr von Gefahren und/oder zur Aufklärung von rechtswidrigen Taten. 1

Der Erste Angriff besteht „grds. aus Sicherungsangriff und Auswertungsangriff. Vordringliche Maßnahmen sind neben Maßnahmen der Gefahrenabwehr der Schutz des objektiven und des subjektiven Tatortbefundes im Sicherungsangriff und die Tatortbefundaufnahme im Auswertungsangriff.“[2]

Die Maßnahmen, die im Ersten Angriff zu ergreifen sind, werden in Polizeidienstvorschriften beschrieben.[3]

Der Erste Angriff beginnt zu dem Zeitpunkt, zu dem die Polizei Kenntnis 2 von einem polizeilich bedeutsamen Ereignis erhält, das unaufschiebbare Maßnahmen erforderlich macht. Der Erste Angriff endet, wenn die Polizeikräfte den Ereignisort verlassen bzw. die Tatortbefundaufnahme abgeschlossen ist und weitere Folgeermittlungen festgelegt worden sind.

Die im Ersten Angriff zu treffenden „unaufschiebbaren Maßnahmen“ beschränken sich keineswegs nur auf den Ort der Tat (Tatort), sondern sie umfassen alle polizeilichen Maßnahmen der Gefahrenabwehr und der Strafverfolgung, die unverzüglich getroffen werden müssen, unabhängig vom Ort des Anlasses. In der polizeilichen Praxis steht jedoch der Tatort überwiegend im Mittelpunkt des Ersten Angriffs.

Mit dem Ersten Angriff werden folgende generelle Ziele verfolgt: 3

- Abwehr von Gefahren und/oder Unterbindung nicht abgeschlossener Tathandlungen,
- Sicherung und Schutz von Beweismitteln,
- Feststellung und Dokumentation des Tatortbefundes,
- Sicherstellung der Tataufklärung, der Täterergreifung und der strafprozessualen Beweisführung.

1 Ausführlich zum Begriff des Ersten Angriffs siehe Clages (2023), S. 79 ff.
2 Wirth (Hrsg.), S. 194/195.
3 Vgl. PDV 100 VS-NfD, die hier nicht näher erläutert wird.

4 Die Maßnahmen des Ersten Angriffs haben sowohl gefahrenabwehrenden als auch strafverfolgenden Zweck. In der polizeilichen Einsatzpraxis fallen besonders im Ersten Angriff häufig unaufschiebbare Maßnahmen der Strafverfolgung mit gefahrenabwehrenden Maßnahmen gleichermaßen zusammen.[4] Die einschlägige Rechtsliteratur spricht hier von einer sog. doppelfunktionalen Aufgabe der Polizei.[5]

1.2 Kriminalistische Tatortarbeit

5 Ausgangspunkt für die Definition ist der Begriff des **Tatortes**. Will man diesen definieren, so kann man unterscheiden in den:

- **juristischen Tatort** nach § 9 Abs. 1 StGB,
- **Ereignisort** ist der Ort, an dem ein polizeilich bedeutsames Ereignis geschieht,
- **kriminalistischen Tatort** ist der Ort, an dem sich kriminalistisch relevante Handlungen ereignet haben.

Der **kriminalistische Tatort** wird wiederum unterschieden nach

- Tatort im engeren Sinne, d.h. dem eigentlichen Ort der Tat,
- Tatort im weiteren Sinne, z.B. dem Fundort, dem Zu- oder Abgangsort, dem Vorbereitungsort, dem Verbergungsort u.Ä.

6 **Tatortarbeit** ist eine „zusammenfassende Bezeichnung für die kriminalistische Tätigkeit am Tatort während des Ersten Angriffs. Die Tatortarbeit bildet die Grundlage für den weiteren kriminalistischen Untersuchungsprozess."[6]

Merke

„Nach den differenzierten inhaltlichen Anforderungen und den spezifischen Zielstellungen ist die Tatortarbeit durch folgende teils sukzessive, teils parallel zu realisierende Aufgabenkomplexe gekennzeichnet, deren Übergänge flexibel und dynamisch verlaufen:

- Tatortsicherung,
- Tatortbesichtigung mit dem Ziel der gedanklichen Rekonstruktion des Ereignisses,

4 Clages (1997), S. 167 ff.
5 Siehe auch unter: Ziff. 2.1.4.
6 Wirth (Hrsg.), S. 617, 618.

- Tatortuntersuchung mit den Bestandteilen der Suche, Sicherung und operativen Auswertung von Spuren,
- Ermittlungen im Wahrnehmbarkeitsbereich,
- Ergebnisbewertung,
- Einleitung erster vom Tatort aus zu realisierender Maßnahmen,
- Dokumentation der Tatortarbeit."[7]

Betrachtet man die **Bedeutung** des Tatortes für die kriminalistische Ermittlungsführung, so sind es formale und fallspezifische Kriterien, die die Bedeutung des Tatortes kennzeichnen: 7

Formale Kriterien wären:

- die Begründung der örtlichen Zuständigkeit der Polizei,
- die Begründung des Gerichtsstandes im ersten Rechtszug.

Fallspezifische Kriterien sind:

- das Feststellen von Spuren und anderen materiellen Beweismitteln,
- das Feststellen von Zeugen und Verdächtigen am Tatort und dessen Umgebung,
- die Möglichkeit, das relevante Ereignis gedanklich zu rekonstruieren,
- die Überprüfung erster Versionen zum Sachverhalt,
- die Bestimmung des räumlichen Umfangs zur Durchführung erster Maßnahmen.

Der Tatort ist in den meisten Fällen Träger von Spuren der Tat, die für das kriminalistische Erkenntnis- und Beweisverfahren über das Tatgeschehen und die Täterschaft von Bedeutung sind.

Der Tatort hat eine herausragende kriminalistische Relevanz. Nicht selten können Delikte nur anhand von Tatortspuren aufgeklärt und bewiesen werden, besonders wenn Opfer, Zeugen oder sonstige Auskunftspersonen, die Angaben zur Tat machen könnten, fehlen oder ungeeignet sind.

7 Leonhardt, Roll, Schurich, S. 85.

Die Bedeutung des Tatortes für das strafprozessuale Verfahren ist jedoch keineswegs bei allen Delikten gleich. Es ist zu unterscheiden zwischen Delikten, bei denen der Tatort

- grundsätzlich keine oder nur eine geringe kriminalistische Relevanz hat, wie bei Unterschlagung, Beleidigung, Betrug, Rauschgiftdelikten, Amtsdelikten usw. und
- eine hohe Relevanz aufweist, sog. Tatortdelikte wie Tötungs-, Brand- oder Einbruchsdelikte, Sprengstoffanschläge, Verkehrsunfälle usw.

Im Einzelfall wird der praktische kriminalistische Nutzen des Tatortes bestimmt

- von der Art der Straftat,
- von dem Spurenaufkommen am Tatort,
- der kriminalistischen Auswertbarkeit der Spuren,
- den sonstigen Informationen zur Tat, die am Tatort erhoben werden können.

8 Bei der Aufnahme der Tätigkeit am Ereignisort ist nicht in jedem Fall von vornherein erkennbar, ob es sich um den eigentlichen Ort der Tat, d.h. den Tatort oder z.B. um den Fundort bzw. Ablageort handelt. Deshalb gilt grundsätzlich, dass an jedem Ereignisort, der mit einer Tat im Zusammenhang stehen kann, von Anfang an akribisch vorzugehen ist.

Stellt man den Ersten Angriff und die Tatortarbeit gegenüber, so ist zu konstatieren, dass der Erste Angriff und die Tatortarbeit vom Grundsatz her inhaltsgleich sind. Der Erste Angriff jedoch stellt einsatztaktische Aspekte in den Vordergrund, die Tatortarbeit ist eher kriminalistisch/kriminaltaktisch geprägt.[8]

2 Rechtsgrundlagen

2.1 Gefahrenabwehr

9 Der gesetzliche Auftrag zur Gefahrenabwehr im Rahmen des Ersten Angriffs und der Tatortarbeit ergibt sich aus den Polizeigesetzen der Länder.

---

8 Der Schwerpunkt der Darstellung wird im Bereich der Kriminalistik liegen, einsatztaktische Aspekte werden in Grundsätzen erläutert.

Der gesetzliche Auftrag zur Gefahrenabwehr im Ersten Angriff und im Rahmen der Tatortarbeit ist gesetzlich auf 10

- die Verhütung von Straftaten,
- die Vorsorge für die Verfolgung zukünftiger Straftaten sowie auf
- die Vorbereitung für die Hilfeleistung und
- das Handeln in Gefahrenfällen

begrenzt. In allen anderen unaufschiebbaren Fällen trifft die Polizei notwendige Maßnahmen der Gefahrenabwehr nur dann, wenn die eigentlich zuständige Behörde nicht rechtzeitig tätig werden kann.[9]

2.2 Strafverfolgung

2.2.1 Erster Angriff/Tatortarbeit insgesamt

Rechtsgrundlagen bei dem Verdacht einer Straftat sind §§ 163, 152, 161 StPO sowie § 152 GVG. Nach diesen Rechtsvorschriften haben die Behörden und Beamten des Polizeidienstes Straftaten zu erforschen und alle keinen Aufschub gestattenden Anordnungen zu treffen, um die Verdunkelung der Sache zu verhüten. 11

§ 163 StPO überträgt der Polizei damit 12

- eine eigenständige Erforschungspflicht,
- das Recht, Straftaten zu untersuchen und
- die Pflicht zur Beweissicherung,

ohne erst Aufträge der Staatsanwaltschaft abwarten zu müssen. Der polizeiliche Strafverfolgungsauftrag wird nicht auf den ersten Zugriff reduziert. Vielmehr sind von der Polizei alle rechtlich zulässigen Maßnahmen zu ergreifen, um den beweiskräftigen Aufklärungserfolg sicherzustellen. In Bezug auf den Ersten Angriff bedeutet dies, dass alle notwendigen Maßnahmen unverzüglich einzuleiten oder zu tätigen sind, die der **Beweissicherung**, der **Tataufklärung**, der **Tätergreifung** und der **Beweisführung** dienen.

Merke 13

§ 163 StPO ist keine reine Aufgabenzuweisung. Sie enthält vielmehr eine generelle Eingriffsbefugnis für Ermittlungen[10]. Die Norm gibt der Polizei jedoch

9 Die gesetzliche Ausgestaltung des Rechts der Gefahrenabwehr kann aufgrund der Gesetzeskompetenz der Länder von Bundesland zu Bundesland voneinander abweichen.

10 Meyer-Goßner/Schmitt, § 163 StPO, RZ 1 mit weiteren Hinweisen zur Rechtsproblematik.

nicht das Recht, strafprozessuale Eingriffe in Rechte Dritter anzuordnen oder vorzunehmen. Das Recht zum Eingriff regeln für strafprozessuale Maßnahmen die in der Strafprozessordnung näher bezeichneten Befugnisnormen.

14 Die Polizei ist verpflichtet[11], die Staatsanwaltschaft unverzüglich vom Bekanntwerden von Straftaten zu unterrichten, die rechtlich oder der Sache nach schwierig oder die bedeutsam sind.[12]

15 Diese Unterrichtungspflicht trifft auch auf den Ersten Angriff zu. Dadurch wird sichergestellt, dass die Staatsanwaltschaft erforderlichenfalls schon in dieser frühen Phase der Strafverfolgung ihre gesetzliche Sachleitungsbefugnis im Ermittlungsverfahren ausüben kann.

Unbeschadet der organisatorischen Selbstständigkeit der Behörden bilden die Ermittlungen von Polizei und Staatsanwaltschaft eine Einheit.

2.2.2 Ermittlungshandlungen im Rahmen des Ersten Angriffs/der Tatortarbeit

2.2.2.1 Identitätsfeststellung

16 Die Feststellung der Identität der am Einsatzort anwesenden Personen ist eine der häufigsten Maßnahmen im Ersten Angriff.

Werden am Ereignisort Personen angetroffen, die als Tatbeteiligte i. w. S. infrage kommen und sind ihre Personalien nicht bekannt, ist die Polizei nach Maßgabe der einschlägigen gesetzlichen Bestimmungen aus Gründen der Beweissicherung verpflichtet und ermächtigt, ihre Identität festzustellen.

Rechtlich wird unterschieden zwischen:

- Identitätsfeststellung zum Zwecke der Gefahrenabwehr. Sie ist nach den Polizeigesetzen der Länder aufgrund von Spezialermächtigungen zulässig.
- Strafprozessualer Identitätsfeststellung, und zwar
  - die Identitätsfeststellung beim Verdächtigen gem. § 163b Abs. 1 StPO,
  - die Identitätsfeststellung beim Unverdächtigen gem. § 163b Abs. 2 StPO,
  - Freiheitsentziehung zur Identitätsfeststellung gem. § 163c 2 StPO.

---

11 Meyer-Goßner/Schmitt, § 163 StPO, RZ 1.

12 Weitergehende Informationen der Pflicht zur Informierung der Staatsanwaltschaft, vgl. Meyer-Goßner/Schmitt, § 163 StPO, RZ 4.

Im Einzelnen sind folgende Maßnahmen zulässig: 17

- Anhalten einer Person,
- **Personalien**feststellung, (§ 111 OWiG),
- Klärung des rechtlichen **Status** der Person,
  - bei **verdächtigen** Personen erfolgt die Belehrung über die Straftat und den Anlass der Identitätsfeststellung (gem. § 163a Abs. 4 StPO).
  - bei **Unverdächtigen** erfolgt die Belehrung[13] darüber, zur Aufklärung welcher Straftat seine Identitätsklärung dienen soll (gem. § 69 StPO).
- **Festhalten** (gem. § 163b Abs. 1 Satz 2 i. V. m. § 163c StPO).[14]
- **Verbringen zur Polizeidienststelle** (gem. § 163b Abs. 1 Satz 2 i. V. m. § 163c StPO). Das Verbringen wird von den Bestimmungen des Festhaltens miterfasst.
- **Durchsuchen**[15] der Person und der mitgeführten Sachen (§ 163b Abs. 1 Satz 3 i. V. m. Satz 2). Diese Maßnahme darf nur gegenüber Verdächtigen durchgeführt und unter Beachtung des Verhältnismäßigkeitsgrundsatzes auch mittels Zwang durchgesetzt werden.
- **Erkennungsdienstliche Behandlung**[16] (gem. § 163b Abs. 1 Satz 3 i. V. m. Satz 2 StPO und i. V. m. § 81b [1. Alternative] StPO). Bei Verdächtigen nur, wenn die Identität auf andere Weise nicht oder nur mit erheblichen Schwierigkeiten festgestellt werden kann, bei Unverdächtigen nicht gegen den Willen der Betroffenen. In der Regel wird bei der Tatortarbeit die erkennungsdienstliche Behandlung nur in Ausnahmefällen vor Ort durchgeführt. In den meisten Fällen erfolgt die Vorladung oder die Verbringung des Betroffenen zur Dienststelle (z. B. zur Abnahme von Vergleichsmaterial).

Beachte 18

Bei allen Maßnahmen der Identitätsfeststellung ist der Grundsatz der Verhältnismäßigkeit zu beachten.

IV

13 Vgl. Meyer/Goßner, Schmitt § 163b StPO, RZ 3.
14 Vgl. Meyer/Goßner, Schmitt § 163b StPO, RZ 7–8.
15 Vgl. Meyer/Goßner, Schmitt § 163b StPO, RZ 9–12.
16 Vgl. Meyer/Goßner, Schmitt § 163b StPO, RZ 13, 14.

2.2.2.2 Informatorische Befragung/Vernehmung

19 Mit der informatorischen Befragung werden erste Informationen zum Ereignis festgestellt und ein Überblick über das Ereignis gewonnen. Insbesondere geht es darum, einzuschätzen:

- Welches Ereignis liegt vor?
- Welche Gefahrensituationen sind vorhanden?
- Ist der Verdacht einer Straftat gegeben?
- Welche Sofortmaßnahmen sind einzuleiten?
- Welche weiteren Bereiche (neben dem eigentlichen Ort) sind relevant?
- Welche Personen halten sich am Ort auf?

Als Rechtsgrundlage gilt der § 163 StPO.[17]

Vorrangig ist zu klären, welche verfahrensrechtliche Stellung (rechtlicher Status) die am Ereignisort anwesenden Personen nach dem vorliegenden Informationsstand haben. Sind sie Opfer, Zeugen, Verdächtige, Beschuldigte oder Unbeteiligte?

Im Ersten Angriff ist es häufig aufgrund des eingeschränkten Informationsstandes schwierig abzugrenzen, wer Zeuge, Unbeteiligter, Verdächtiger oder Beschuldigter ist. Auswirkungen kann dies u.a. auf die Rechtmäßigkeit der Erhebung personenbezogener Daten, auf bestimmte Eingriffsmaßnahmen gegen den Betroffenen, z.B. bei der Identitätsfeststellung, bei freiheitsentziehenden Maßnahmen oder auf die Belehrung haben.

20 Als **tatverdächtig** gilt diejenige Person, bei der aufgrund von Tatsachen auf die nahe Möglichkeit der Täterschaft zu schließen ist.[18] Der **Verdacht** besteht schon, wenn Anhaltspunkte vorliegen, die die Täterschaft (oder Teilnahme) der betroffenen Person als möglich erscheinen lassen.[19] Bloße Vermutungen reichen jedoch nicht aus.

Merke

Die glaubhafte Aussage eines Opfers oder eines Zeugen einer Straftat, eine bestimmte Person sei Täter, genügt für die Begründung der Verdächtigeneigenschaft.

17 Vgl. Meyer/Goßner, Schmitt § 163 StPO, RZ 27ff.

18 Vgl. zur Problematik des strafprozessualen Verdachts sowie zum Tatsachenbegriff die Ausführungen bei Clages (1997), S. 54ff., mit Beispielen aus der polizeilichen Praxis und weiteren Literaturnachweisen.

19 Der Tatverdacht i.S.d. §§ 102, 163b StPO, Durchsuchung beim Verdächtigen, Identitätsfeststellung, beim Verdächtigen, muss nicht bereits soweit konkretisiert sein, dass die Beschuldigteneigenschaft begründbar ist.

Auch mehrere Personen können als Verdächtige infrage kommen, wenn nach Lage der Dinge nur eine Person Täter sein kann.

Personen, die mit ihrer Aussage Beweis über die von ihnen erlebten oder wahrgenommenen Tatsachen geben können, sind **Zeugen**[20]. Zeugenwahrnehmungen können sich auch mittelbar auf die Tat beziehen oder auf Äußerungen Dritter. Auch **Opfer** und **Geschädigte** sind im Regelfall Zeugen. 21

Merke

Ist erkennbar, welche verfahrensrechtlichen Stellungen die anwesenden Personen haben, erfolgt unmittelbar die Belehrung nach dem jeweils bestimmten rechtlichen Status der Person als Zeuge oder Beschuldigter. Die weitere Informationsgewinnung richtet sich dann nach den Bestimmungen der Durchführung von Zeugen- und Beschuldigtenvernehmungen.[21]

Beachte

Ist die verfahrensrechtliche Stellung des Betroffenen oder der gegen ihn gerichtete Verdacht aufgrund mangelhafter Information rechtlich oder tatsächlich unklar, wird aus rechtsstaatlichen und prozessualen Beweisgründen stets die für den Betroffenen rechtlich günstigere mögliche Variante zulässiger Maßnahmen ausgewählt.

IV

2.2.2.3 Sicherung des Tatortbefundes zu Beweiszwecken

Ein wesentlicher Zweck des Ersten Angriffs und der Tatortarbeit ist die Sicherung von Beweisen für das Strafverfahren. Zu diesem Zweck können gem. § 94 Abs. 1 StPO sowohl der Tatort in seiner räumlichen Umgrenzung sowie Gegenstände, die als Beweismittel von Bedeutung sein können, in Verwahrung genommen oder in anderer Weise sichergestellt werden. Dies geschieht durch die formlose Sicherstellung oder durch die förmliche Beschlagnahme. Als Beweisgegenstände kommen alle beweglichen und unbeweglichen körperlichen Gegenstände in Betracht. 22

Für Grundstücke wird ein Betretungs- und/oder Veränderungsverbot ausgesprochen. Allseits umschlossene Räume sind zweckmäßigerweise zu versiegeln.

20 Zur Definition des „Zeugen" sie auch Kapitel VI. RZ 1ff.

21 Vgl. Kapitel XIII.

Genügt die Sicherung einzelner Spuren, kann unter Umständen auf die Beschlagnahme des Tatortes verzichtet werden.

Die Voraussetzungen für die Sicherstellung oder Beschlagnahme nach § 94 StPO sind dann gegeben, wenn

- mindestens der Anfangsverdacht einer Straftat vorliegt und
- die Möglichkeit der Beweisbedeutung (Beweisvermutung) gegeben ist.

Dringende Gründe werden für die Beweiserheblichkeit des Gegenstandes nicht gefordert. Die Vermutung der Beweiserheblichkeit genügt.

Die Beschlagnahme von Gegenständen zum Zwecke der Gefahrenabwehr nach dem Polizeirecht bleibt unberührt.

2.2.2.4 Einzuleitende Maßnahmen bei Störhandlungen

23 Störungen von Maßnahmen am Einsatzort gehen im Allgemeinen von Schaulustigen, Verfahrensbeteiligten oder auch in Einzelfällen von Medienvertretern aus. Durch das Verhalten der Störer kommt es immer wieder zu Behinderungen von Hilfeleistungen, z. B. zur Blockierung von Rettungs- oder Feuerlöschfahrzeugen. Weiterhin besteht die Gefahr, dass Spuren des Tatgeschehens vernichtet oder beeinträchtigt und dadurch die polizeiliche Tatortarbeit, die Tataufklärung und Beweisführung erschwert oder unmöglich gemacht werden.

Sowohl die Strafprozessordnung als auch die Polizeigesetze geben der Polizei ein amtliches Selbsthilferecht gegen Störer zum Zwecke der Beseitigung der Störungen von Amtshandlungen.

24 § 164 StPO gibt demjenigen, der am Tatort den Einsatz leitet, die Ermächtigung, Störer, die am Ereignisort die amtliche Tätigkeit vorsätzlich stören oder sich den rechtmäßigen Anordnungen widersetzen, vorübergehend bis zur Beendigung seiner Amtsverrichtungen, jedoch nicht über den nächstfolgenden Tag hinaus, festzunehmen. Die Verhältnismäßigkeit der Maßnahme sowie der Richtervorbehalt für die Freiheitsentziehung sind zu beachten. Die Festnahme oder das Festhalten des Störers kann erforderlichenfalls auch mit unmittelbarem Zwang durchgesetzt werden.

Störer können neben Schaulustigen auch Anwesenheitsberechtigte sein, z. B. der Eigentümer eines Grundstückes oder der Wohnungsinhaber.

Bei Störung von Maßnahmen der Strafverfolgung ergibt sich die Befugnis zur Platzverweisung aus § 164 StPO. Widersetzt sich der Betroffene, resultiert daraus das Recht der vorläufigen Festnahme.[22]

---

22 Meyer-Goßner/Schmidt, § 164 StPO, RZ 1.

Die Befugnis, Störungen von Amtshandlungen zum Zwecke der **Gefahrenabwehr** zu unterbinden, ergibt sich aus den einschlägigen Eingriffsbefugnissen der Polizeigesetze. 25

Die Platzverweisung besteht in der Aufforderung an den oder die Störer, den Einsatzbereich zu verlassen oder die Zu- bzw. Abfahrt von Rettungsfahrzeugen freizumachen. Die Platzverweisung setzt eine konkrete Gefahr voraus.

Unter die Maßnahme des Platzverweises fällt auch die Absperrung des Ereignis-/Tatortes unter Verwehrung des Zutritts oder das Räumen des Tatortbereichs.

Die Platzverweisung kann mit Zwang durchgesetzt werden.

2.2.3 Schutz privater Rechte

Der Schutz privater Rechte im Ersten Angriff und im Rahmen der Tatortarbeit ist der Polizei für Fälle übertragen, in denen gerichtlicher Schutz nicht rechtzeitig zu erlangen ist und wenn ohne polizeiliche Hilfe die Verwirklichung des Rechts vereitelt oder wesentlich erschwert werden würde. 26

Typische Eingriffsmaßnahmen im Ersten Angriff in private Rechte sind u. a.

- die Sicherstellung oder Sicherung von Sachen, um den Eigentümer oder sonst Berechtigten vor Verlust oder Beschädigung zu schützen, oder
- die Identitätsfeststellung des Schädigers.

2.2.4 Zusammentreffen von Strafverfolgung und Gefahrenabwehr

Für das Einsatzhandeln im Ersten Angriff ist es charakteristisch, dass häufig Maßnahmen der Gefahrenabwehr und der Strafverfolgung zusammenfallen. Aus diesen sog. „Gemengelagen"[23] ergeben sich regelmäßig für das Einsatzhandeln zwei zu entscheidende rechtliche Problemkreise und zwar 27

- die Entscheidung über die anzuwendenden Befugnisnormen, d. h. richten sich die polizeilichen Maßnahmen nach dem Polizeirecht oder nach dem Strafprozessrecht?
- bei Aufgabenkollision zwischen Maßnahmen der Gefahrenabwehr und der Strafverfolgung die Entscheidung, welcher Maßnahme der Vorrang einzuräumen ist.

---

23 Mit dem Begriff „Gemengelagen" werden Einsatzlagen umschrieben, in denen sich Aufgaben der Gefahrenabwehr und der Strafverfolgung überschneiden. Siehe auch zur Rechtsproblematik der Abgrenzung von Gefahrenabwehr und Strafverfolgung bei Gemengelagen: Tegtmeyer/Vahle, § 1 PolG NRW, RZ 37 ff.

Folgende Rechtsgrundsätze sind zu berücksichtigen:

28 - Bei **doppelfunktionalem Handeln**[24] richtet sich die Rechtsgrundlage danach, welchem rechtlichen Schwerpunkt der angestrebte Zweck zuzuordnen ist.
- Maßnahmen im Ersten Angriff sind von Beginn des Einschreitens bis zur Beendigung nur nach einem Rechtskreis zu begründen. Dies schließt jedoch nicht aus, dass sich auch bei einheitlichem äußeren Geschehensablauf die Zweckrichtung des Einschreitens laufend ändern kann.[25]
- Treffen bei polizeilichen Einsätzen im Einzelfall gleichzeitig Aufgaben der Gefahrenabwehr und der Strafverfolgung zusammen, ist zunächst die gleichzeitige angemessene Wahrnehmung der Aufgaben anzustreben.

29 - Ist dies nicht möglich, so spricht man von sog. **Aufgabenkollision**. In diesen Fällen ist nach dem Grundsatz der Güter- und Pflichtenabwägung jeweils für die konkrete Lage zu entscheiden, ob die Gefahrenabwehr oder die Strafverfolgung das höherwertige Rechtsgut ist.[26]

30 Zur Entscheidung, ob Maßnahmen der Gefahrenabwehr oder Maßnahmen der Strafverfolgung eingeleitet werden, sind folgende Kriterien zu berücksichtigen:

- die Schwere des zu verfolgenden Delikts im konkreten Fall,
- das gefährdete Rechtsgut,
- Ausmaß und Stärke der drohenden Gefahr,
- die besondere Gefährlichkeit des Täters,
- Art und Höhe des möglichen Schadens.

IV

3 Charakteristik des Ersten Angriffs

3.1 Grundstruktur

31 Der Erste Angriff umfasst den Sicherungsangriff und den Auswertungsangriff. Der erste Abschnitt, der Sicherungsangriff, ist weitestgehend von Sofortmaßnahmen geprägt. Der zweite Abschnitt, der Auswertungsangriff, hat in der Hauptsache die Aufnahme und Dokumentation des Ereignisortbefundes zum Zweck.

---

24 Vgl. Meyer/Goßner, Schmitt § 163 StPO, RZ 17.

25 Siehe dazu die weitergehenden Erläuterungen bei Tegtmeyer/Vahle, § 1 PolG NRW, RZ 40ff.

26 RiStBV Anlage A.

Für das Handeln während des Sicherungsangriffs und des Auswertungsangriffs sind bestimmte allgemein gültige Aufgaben- und Maßnahmenkataloge festgelegt. Mit ihnen werden taktisch bedeutsame Einsatzgrundsätze für den Ersten Angriff einheitlich bestimmt. Grundsätzlich sind folgende Aufgaben umzusetzen:

- Einleitung von Sofortmaßnahmen,
- Sicherung und Schutz von Beweismitteln,
- Feststellung und Dokumentation des objektiven und subjektiven Tatortbefundes.

Diese Aufgaben sind für das Praxishandeln der Polizei grundsätzlich verbindlich, jedoch mit der Einschränkung, dass Einsatzerfordernisse des jeweiligen konkreten Falles für das Einsatzhandeln maßgebend sind.[27]

Grundsätzlich ist zu konstatieren, dass der Erste Angriff von einsatztaktischen und kriminalistisch-kriminaltaktischen Aspekten charakterisiert ist.

Der Sicherungsangriff ist die erste Phase des Ersten Angriffs und ist ge- 32
kennzeichnet durch die Realisierung von Sofortmaßnahmen, wie z. B.[28]:

- Aufklärung der Lage (Verschaffen eines Überblicks),
- Einleitung gefahrenabwehrender Maßnahmen (z. B. Hilfeleistung für Verletzte),
- Sicherung des Ortes (z. B. durch geeignete Absperrmaßnahmen),
- Feststellen von am Ort anwesenden Personen (z. B. Zeugen, Verdächtige, ereignisortberechtigte Personen),
- Schutz und ggf. Sicherung des objektiven und subjektiven Tatortbefundes (z. B. Notsicherung von Spuren, Kennzeichnen von vorgenommenen Veränderungen [z. B., durch Hilfeleistungen], Trennung von Zeugen),
- Festnahme und Verfolgung von flüchtigen Tatverdächtigen,
- Freihalten und Freimachen von unberechtigten Personen,
- Veranlassen von notwendigen Verkehrsmaßnahmen (z. B. Umleitung, Wegleitung, Räumen von Parkplätzen),
- Informationsweitergabe an Einsatz leitende Stelle,
- Anforderung von Spezialkräften (z. B. Kriminaldauerdienst, Rechtsmediziner).

27 Vgl. PDV 100.
28 Vgl. Roll (2013), S. 74 ff.

33 Der Auswertungsangriff stellt die zweite Phase des Ersten Angriffs dar und schließt sich dem Sicherungsangriff an. Inhaltlich geprägt ist der Auswertungsangriff von der kriminalistischen Tatortarbeit.[29]

Die Ziele[30] bestehen in:

- der Aufnahme des objektiven und subjektiven Tatortbefundes,
- der Sicherung der für das weitere Verfahren notwendigen Beweismittel,
- der gedanklichen Rekonstruktion des Ereignisses,
- dem Gewinnen von ersten Anhaltspunkten für die Täterermittlung.

Somit ist der Auswertungsangriff von kriminalistischen Fragestellungen[31] und methodischem Vorgehen charakterisiert.[32]

34 Der Erste Angriff ist geprägt durch Beurteilungs-, Entscheidungs- und Handlungsprozesse. Sie lassen sich nach ihrem inhaltlichen Schwerpunkt grob in vier Phasen gliedern, und zwar in die

- Beurteilungsphase,
- Sofortphase,
- Beweissicherungs- und Dokumentationsphase,
- erste Ermittlungsphase.

IV

35 Ausgang des Handelns ist die Information über das Ereignis. Man erhält entweder durch Dritte oder aufgrund eigener Wahrnehmungen Kenntnis von dem Ereignis. Nach Kenntnis der Mitteilung erfolgt eine erste Beurteilung der Information. Die Beurteilung konzentriert sich im Wesentlichen auf folgende Fragestellungen:

- Was liegt vor; auf welchen mutmaßlichen Anlass lässt die Ereignisinformation schließen?
- Ist eine Gefahrenlage, eine Verdachtslage oder eine Gemengelage gegeben?
- Liegt ein Anlass vor, der ein unverzügliches polizeiliches Tätigwerden erfordert; ist folglich eine Sofortlage gegeben?
- Kann der mit der Erstinformation mitgeteilte Informationsinhalt als gesichert gelten?
- Wie kann ggf. ein größeres Maß an Klarheit über das Ereignis erlangt werden?

---

29 Vgl. Abschnitt 4. dieses Kapitels.

30 Vgl. Clages (1997), S. 188 ff.

31 In diesem Abschnitt erfolgt eine Beschreibung einsatztaktischer Aspekte. Kriminalistische Problemstellungen werden im Abschnitt 4 dargestellt.

32 Zum Verhältnis von einsatztaktischen und kriminalistischen Fragestellungen im Ersten Angriff vgl. auch Roll (2013), S. 83/84.

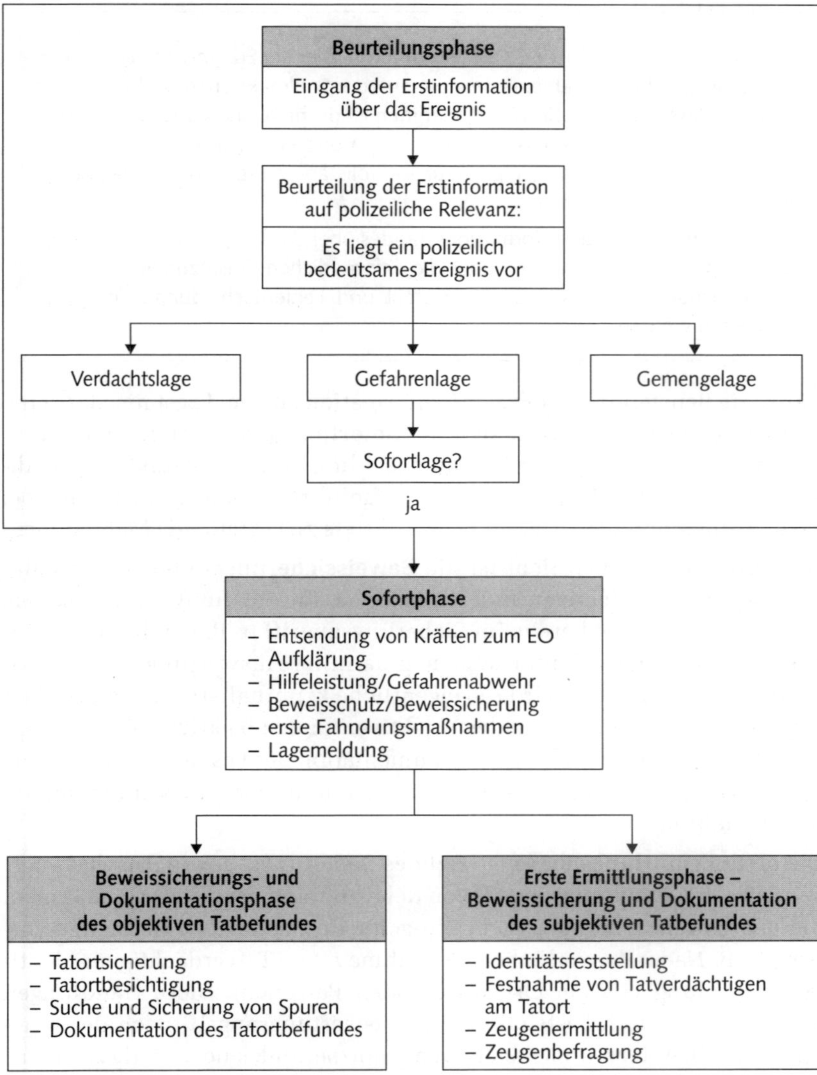

Abb. IV.1 Phasen der polizeilichen Lagebewältigung im Ersten Angriff

Beachte

Je aussagefähiger und sicherer die Information über ein Ereignis ist, desto geringer ist die Gefahr von Fehlentscheidungen oder Fehlreaktionen. Neben der Einleitung anlassbezogener Sofortmaßnahmen ist deshalb das Bestreben darauf zu richten, Aufklärungsergebnisse über die Lage und eine Verdichtung des Informationsstandes über das Ereignis zur Vervollständigung und Konkretisierung des Lagebildes zu erlangen.

Mit der Verdichtung des Informationsstandes über das Ereignis soll erreicht werden, dass die Entscheidungen über die erforderlichen Einsatzmaßnahmen auf eine gesicherte Informationsbasis gestellt und Fehlentscheidungen möglichst vermieden werden.

36 Führt die Beurteilung der Ereignisinformation zu dem Ergebnis, dass eine Sofortlage vorliegt, schließt sich die **Sofortphase** des polizeilichen Einsatzes an. Die Sofortphase ist hauptsächlich von einsatztaktischen Abläufen geprägt. Die in der Abb. IV.1 aufgeführten Maßnahmen sind sog. Standardmaßnahmen, d. h. im Regelfall stets zu ergreifende Maßnahmen.

37 Aus kriminalistischer Sicht ist die **Beweissicherungs- und Dokumentationsphase** des objektiven und subjektiven Tatortbefundes relevant. Sie beginnt ansatzweise bereits im Sicherungsangriff (z. B. bei der der Notsicherung von Spuren)[33] und setzt sich dann im Auswertungsangriff fort. In dieser Einsatzphase wird die eigentliche kriminalistische Tatortarbeit geleistet, d. h. die Erhebung des objektiven und subjektiven Tatortbefundes sowie die beweissichernde Dokumentation der Feststellungen für die Fortführung von Anschlussermittlungen und der Beweisführung im Strafverfahren.

38 Die **erste Ermittlungsphase** ist Teil des Sicherungs- sowie Auswertungsangriffes. Im Sicherungsangriff von Relevanz sind vor allem Maßnahmen, die aus beweissichernder Sicht ein schnelles, sofortiges Handeln erfordern (z. B. Nacheile, vorläufige Festnahme eines Tatverdächtigen, Identitätsfeststellung von am Ort anwesenden Personen). Diese Handlungen können auch durch Feststellung im Auswertungsangriff nach der Erhebung des objektiven und subjektiven Tatortbefundes notwendig werden.

Die in den nachfolgenden Abschnitten dargestellten Aspekte beziehen sich im Wesentlichen auf einsatztaktische Hinweise. Die spezifisch kriminalistischen Anforderungen werden im Abschnitt 4 dargelegt.

33 Siehe RZ 49 dieses Kapitels.

3.2 Sicherungsangriff

3.2.1 Einleitungsphase

3.2.1.1 Kenntniserlangung vom Ereignis

Ereignismeldungen gehen bei der Polizei häufig fernmündlich ein. Bei der Entgegennahme einer fernmündlichen Ereignismeldung ist wie folgt zu verfahren: 39

Fragestellungen zum Ereignis:

Zur Vermeidung von Zeitverlusten nur das Wesentliche erfragen:

- Wer erstattet die Ereignismeldung? (Zu erfragen sind Name, Vorname, genaue Anschrift, Telefonnummer, Erreichbarkeit).
- Was ist geschehen? (Kurze Sachschilderung; gezielte Fragestellungen).
- Ist der Mitteiler Tatzeuge?
- Wann war der Zeitpunkt der Beobachtung?
- Wo ist der Ereignisort?
- Was wurde inzwischen von dem Mitteiler veranlasst?

Ersuchen und Hinweise an den Mitteiler: (je nach Sachlage)

- Am Ereignisort verbleiben, soweit dies zumutbar ist;
  ggf. das Tatgeschehen weiter beobachten und die Kommunikation aufrechterhalten.
- Nichts verändern oder berühren.
- Ereignisort sichern.
- Polizei erwarten und einweisen.
- Je nach Sachlage fernmündlichen Rückruf vereinbaren und, zum Zwecke der Überprüfung der Mitteilung, Rückruf sowie Überprüfung des Anrufers veranlassen.

Ggf. ist die sachlich zuständige Dienststelle zu informieren.

3.2.1.2 Entsendung von Einsatzkräften an den Ereignisort

Im Regelfall werden zunächst Kräfte des Wach- und Wechseldienstes zum Ereignisort entsandt. Die Entsendung erfolgt durch die zuständige Einsatzzentrale/Einsatzleitstelle. 40

Es sind folgende **Einsatzgrundsätze** zu beachten:

- Information über die Lage an die Einsatzkräfte geben; an Abhörmöglichkeiten des Polizeifunks denken!
- Gezielte Aufträge erteilen.

IV

- Soweit erforderlich, ist ein Führer der Einsatzkräfte zu bestimmen.
- Es ist zu entscheiden, ob ein Sondersignal einzusetzen ist und wie sich an den Ereignisort angenähert wird (z. B. offen oder gedeckt).
- Bei getrennter Anfahrt sind unter Beachtung der Einsatzlage Anfahrtswege festzulegen; ggf. Meldeort der Kräfte bestimmen.
- Auf der Fahrt zum Ereignisort sind tatbezogene Umstände zu bedenken, und es ist auf entgegenkommende Fahrzeuge und Personen zu achten.
- Je nach Lage hat die Annäherung an den Ereignisort verdeckt zu erfolgen.
- Eigensicherung beachten.

3.2.1.3 Eintreffen am Ereignisort

41 Folgende Grundsätze sind zu berücksichtigen:

- Aufklärung über die Lage betreiben, soweit nur ungenaue oder ungesicherte Informationen vorliegen,
- Überblick über das Ereignis gewinnen,
- Entscheidung treffen, welche Maßnahmen, insbesondere zur Gefahrenabwehr und Hilfeleistung einzuleiten sind.

42 Liegt eine sog. Gemengelage vor, hat die Durchführung der notwendigen präventiven und repressiven Maßnahmen grundsätzlich gleichermaßen zu erfolgen. Ist dies aufgrund der Einsatzsituation nicht zu gewährleisten, ist nach dem Grundsatz der Güter- und Pflichtenabwägung zu verfahren.

Beachte

- Sind Verletzte zu versorgen, gehen notwendige Erste-Hilfe-Maßnahmen allen anderen Maßnahmen vor. Erforderlichenfalls ist eine notärztliche Versorgung zu veranlassen.
- Spuren, die durch die ärztliche Versorgung von Verletzten vernichtet, verändert oder verursacht werden, sind kenntlich zu machen und zu dokumentieren.
- Bei der Überführung von Verletzten in ein Krankenhaus ist ggf. eine polizeiliche Begleitung zu veranlassen. Diese Forderung ist besonders dann zu beachten, wenn
  - der Verletzte tatverdächtig ist,
  - Spurensicherungsmaßnahmen an der Person des Verletzten oder an der Bekleidung erforderlich sind,
  - verletzte Opfer durch Angriffe gefährdet sind,
  - bedeutsame Informationen vom verletzten Opfer eingeholt werden müssen.
- Je nach Art und Schwere der Tat und der Auswirkungen auf das/die Opfer ist ggf. eine psychologische Opferbetreuung zu veranlassen.

Falls vom Ereignisort Gefahren für Leib oder Leben ausgehen:

- sind im Ereignisortbereich die gefährdeten Personen zu warnen und aufzufordern, den Gefahrenbereich unverzüglich zu verlassen,
- ist der Gefahrenbereich zu räumen und durch Absperrung freizuhalten.

Grundsätzlich ist zu beachten:

- Hilfe für Opfer und andere Verletzte leisten.
- Notarzt und Notarztrettungswagen anfordern.
- Vor Abtransport von Verletzten Identität feststellen; unter Umständen polizeiliche Begleitung veranlassen.
- Spuren am Verletzten (Opfer/Täter) und an deren Kleidung erhalten.
- Lage, Veränderungen, benutzte Wege usw. dokumentieren.

3.2.2 Verschaffen eines Überblicks

Das Verschaffen eines Überblicks bezieht sich auf die Aufklärung sachli- 43
cher, örtlicher, zeitlicher und personeller Aspekte am Ereignisort. Die zu erhebenden Informationen sollten auf die Klärung nachfolgender Umstände ausgerichtet sein:

- Was ist geschehen; liegt eine Straftat vor und wenn ja, augenscheinlich welche?
- Sind Verletzte ärztlich zu versorgen; sind Rettungskräfte bereits alarmiert?
- Sind Gefahrenquellen vorhanden; sind Gefährdete zu warnen?
- Ist der Ereignisort aus gefahrenabwehrenden Gründen sofort zu räumen und abzusperren?
- Was wurde von wem bereits veranlasst?
- Wer ist am Ereignisort anwesend; wer ist Tatbeteiligter, wer Zeuge, wer Unbeteiligter?
- Wer hat sich wohin entfernt?
- Sind unverzüglich Fahndungsmaßnahmen nach Flüchtigen einzuleiten?
- Feststellungen zur Lage, Ausdehnung und Besonderheiten des Ereignisortes, die Auswirkungen auf den Polizeieinsatz haben.
- Sind aufgrund der Besonderheiten des Ereignisortes für den Ersten Angriff zusätzliche Kräfte, Führungs- und Einsatzmittel anzufordern?
- Lagemeldung an die Einsatzzentrale erstatten.

Grundsätzlich gilt:

- Nach Eintreffen am Ereignisort sachverhalts-, personen- und ortsbezogen Überblick über die Lage verschaffen.
- Mit Anzeigeerstatter/Meldenden Verbindung aufnehmen.
- Entscheiden, welche weiteren Sofortmaßnahmen erforderlich sind.
- Benachrichtigung zuständiger Dienststellen veranlassen.
- Ggf. Heranführung weiterer Einsatzkräfte, Spezialisten, Führungs- und Einsatzmittel veranlassen.
- Erforderlichenfalls Fahndungsmaßnahmen über Leitstelle einleiten oder erweitern.

3.2.3 Erste einzuleitende Ermittlungshandlungen

44 Aus der Analyse der Situation vor Ort können sich erste notwendige Ermittlungshandlungen ableiten, die sich vorrangig auf eine Feststellung des Tatverdächtigen, erste Fahndungsmaßnahmen und die Sicherung des Ereignisortes beziehen.

Bei Antreffen von Tatverdächtigen am Tatort sind diese bei Vorliegen der strafprozessualen Voraussetzungen vorläufig festzunehmen. Dabei sind unbedingt die Grundsätze der Eigensicherung zu berücksichtigen.

Merke

Spuren, die am Körper oder an der Bekleidung von Verdächtigen vorhanden sind, oder Beweisgegenstände, die sie bei sich führen, dürfen nicht vernichtet, beeinträchtigt oder weggeworfen werden; wenn es geboten ist, die Sicherung oder Beschlagnahme vornehmen.

45 Die Verfolgung flüchtender Rechtsbrecher im Rahmen der **Nacheile** ist aufzunehmen oder zu veranlassen, wenn

- zwischen Tatbegehung, Flucht der Täter und dem Eintreffen der Polizeikräfte am Ereignisort ein enger zeitlicher und räumlicher Zusammenhang besteht und
- die Verfolgung und Ergreifung der Flüchtigen erfolgversprechend erscheint und
- am Ereignisort keine anderen Maßnahmen vorrangig zu treffen sind.

An die Einsatzzentrale ist die Fahndungslage mit stichwortartiger Sachstandsschilderung und Informationen über den aktuellen Sachstand abzusetzen und ggf. ständig zu aktualisieren.

Dies schließt die Einleitung anderer Fahndungsmaßnahmen wie Tatortbereichsfahndung oder Ringalarmfahndung nicht aus. Einsatzkräfte sind über die fahndungsrelevanten Erkenntnisse zu informieren.

Die Tatortbereichsfahndung ist auszulösen, wenn

- Anhaltspunkte dafür vorliegen, dass der/die Täter noch im Tatortbereich ergriffen werden kann/können oder weitere
- Fahndungshinweise zu erlangen sind.

3.2.4 Schutz und Sicherung des Ereignisortes

3.2.4.1 Allgemeine Grundsätze

Die Ereignisortsicherung umfasst alle Maßnahmen, die zur Sicherung des 46
objektiven und subjektiven Tatbefundes eingeleitet werden. Im Mittelpunkt der polizeilichen Handlungen steht der Schutz vorhandener Spuren vor äußeren Einflüssen und das Bewahren des Zustandes bei Eintreffen der Polizei am Tatort. Die vorhandenen Spuren sind insbesondere vor Zerstörung oder Vernichtung zu schützen, da dieses Untersuchungsmaterial unwiederbringlich ist.

IV

Merke

Der Ereignisort ist für die Tatortbefundaufnahme möglichst in seinem ursprünglichen Zustand zu erhalten. Notwendige Veränderungen sind auf das unbedingt erforderliche Maß zu beschränken und zu dokumentieren. Wahrnehmungs- und aussageverändernde Einflüsse auf Zeugen oder Tatbeteiligte sind zu verhindern.

Als allgemeine Grundsätze für das Vorgehen im Sicherungsangriff sind 47
zu berücksichtigen:

- Ruhe und Umsicht bewahren!
- Nicht überstürzt, sondern sorgfältig handeln!
- Stillschweigen bewahren! Es gilt, keine Auffassungen, Vermutungen, Vorstellungen oder Versionen zur Sache gegenüber Dritten zu äußern!
- Einsatzfahrzeuge grundsätzlich aus dem Absperrgebiet heraushalten, außerhalb des Absperrbereichs abstellen!
- Erste Informationen über das Ereignis, wesentliche Einzelheiten und getroffene Feststellungen schriftlich oder durch Tonaufzeichnung festhalten, erforderlichenfalls fotografieren!
  - Müssen Räume oder Objekte betreten werden, Beschaffenheit der Türen und Schließvorrichtungen beachten und notieren.

- Muss eine Tür aufgeschlossen werden, notieren, in welchem Zustand das Schloss war, z. B. Schlossriegel eingeschnappt, ein- oder mehrfach verschlossen, Schlüssel im Schloss.
- Zustand und Stellung von Fenstern und Öffnungen festhalten, Öffnungsbreite angeben, z. B. geöffnet, halb geöffnet, angelehnt, Oberlicht geöffnet oder geschlossen, Jalousien heruntergelassen.
- Zustand von Sicherungstechnik feststellen und festhalten.
- Zustand der Beleuchtung notieren, z. B. eingeschaltet, ausgeschaltet, defekt.
- Vorhandensein und Zustand sonstiger Türsicherungen, z. B. vorgeschobener Riegel, vorgelegte Kette festhalten.
- Bei Gasaustritt vorgefundene Stellung der Gashähne dokumentieren. Keine eigenen Fingerspuren (Schutzbekleidung) daran hinterlassen.
- Feststellen, ob andere Personen vor Eintreffen der Polizei die Stellung der Gashähne verändert haben.
- Zählerstand der Gas- und Stromleitung feststellen.
- Raumtemperatur dokumentieren.

- Werden während des Sicherungsangriffs Veränderungen im Ereignisortbereich unvermeidlich, stets Lage, Zustand, vorgenommene Veränderungen kennzeichnen und notieren; dokumentieren, durch wen die Veränderungen erfolgten!
- Den Ereignisortbereich niemals vorzeitig verlassen. Der als erster am Ereignisort eingetroffene Polizeibeamte wird von den Kräften des Auswertungsangriffs als Auskunftsperson benötigt und hat sich am Tatort zur Verfügung zu halten. Nach Eintreffen der Kräfte des Auswertungsangriffs dem leitenden Beamten mündlich Bericht über das Ereignis und das Veranlasste erstatten!
- Ablösungen von Kräften während des Einsatzes vermeiden!
- Über Durchführung des Sicherungsangriffs schriftlichen Bericht fertigen, der inhaltlich mit der Entgegennahme der Ereignismeldung oder der Einsatzanweisung beginnt und mit der Übergabe an die Kräfte des Auswertungsangriffs endet!

3.2.4.2 Sicherung des Ereignisortes

48 Die räumliche Sicherung des Ereignisortbereichs erfolgt durch Absperrung. Absperrmaßnahmen dienen der Sicherung des Ereignisortbefundes und der Sicherung von Gefahrenquellen.

Sie soll unkontrollierten Personen- und Fahrzeugverkehr, unkontrolliertes Verbringen von Sachen aus dem Tatortbereich, störendes Einwirken auf Spuren oder andere Beweismittel sowie Veränderungen des Tatortes ausschließen.

Der abzusperrende Ereignisortbereich wird festgelegt nach

- der räumlichen Ausdehnung des Tatgeschehens,
- den örtlichen Verhältnissen des Tatortes.

Grundsätze:

- Tatorte im Freien sind grundsätzlich weiträumig abzusperren.
- Die Absperrung von Tatorten in Gebäuden richtet sich nach den baulichen Voraussetzungen und der mutmaßlichen Tatbegehung.
- Zu- und Abgangswege des Täters sind bei der räumlichen Festlegung des Absperrbereichs zu berücksichtigen.
- Abgesperrtes Gelände ist von Unberechtigten zu räumen und freizuhalten.
- Muss der Absperrbereich betreten werden, ist zu beachten, dass dies unter Berücksichtigung der mutmaßlichen oder erkennbaren Spuren erfolgt, sodass die Spurenlage nicht beeinträchtigt wird,
- der Begehungsbereich (sog. Spurengasse) festgelegt wird,
- nur eine begrenzte Anzahl von Personen den Bereich betreten,
- das Betreten sowie erfolgte Veränderungen dokumentiert werden.

Außerdem gilt grundsätzlich:

- Unmittelbaren Ereignisort nach Möglichkeit nicht betreten!
- Nichts verändern, nichts unnötig anfassen!
- Nicht rauchen!
- Nichts fortwerfen!
- Toiletten, Wasserhähne pp. nicht benutzen!
- Nicht aufstützen oder anlehnen!
- Keine Kleidungsstücke im Tatortbereich ablegen!
- Spuren vor Verlust oder Beeinträchtigung schützen!
- Veränderungen notieren!
- Eigene Spuren markieren!
- Unbefugte, auch Angehörige, Betroffene und nicht zuständige Vorgesetzte vom Tatort fernhalten!

IV

3.2.4.3 Schutz und Sicherung des objektiven Ereignisortbefundes

49 Gefährdete Spuren sind gegen Vernichtung oder Beeinträchtigungen besonders zu schützen, dies kann z. B. geschehen durch

- Abdecken zum Schutz gegen Witterungseinflüsse,
- vorgezogene fotografische Sicherung,
- Beschreiben von situativen Spuren,
- Asservierung von Beweisgegenständen,
- Sicherung von flüchtigen Stoffen oder gefährdeten Spuren, z. B. durch Notsicherung.

Merke

Unter Notsicherung ist zu verstehen, dass, wenn der Schutz von Spuren und anderen materiellen Beweismitteln bis zur Tatortuntersuchung (Spurensicherung) nicht gewährleistet werden kann, die kriminaltechnische Sicherung und die Dokumentation bereits in dieser Phase der Ereignisortarbeit durchzuführen ist.

Diese Vorgehensweise ist genau zu dokumentieren und festzuhalten,

- wo die Spur gesichert wurde,
- mit welchem Verfahren die Spurensicherung erfolgte,
- auf welchem Spurenträger die Spur sich befand,
- Ergebnisbewertung,
- wer die Spur gesichert hat.

Werden am Ereignisort Tatwerkzeuge und/oder Tatmittel festgestellt, so gilt:

- Tatwerkzeuge/Tatmittel oder andere Beweisgegenstände sowie zurückgelassene oder verlorene Gegenstände nicht unnötig berühren!
- Keine Versuche mit Tatwerkzeugen/Tatmitteln vornehmen, z. B. Einpass- oder Schließversuche!

Die Befriedigung persönlicher Neugier führt häufig zur Spurenvernichtung oder -beeinträchtigung und stellt das Untersuchungsergebnis infrage.

3.2.4.4 Schutz und Sicherung des subjektiven Ereignisortbefundes

50 Werden Personen am Tatort angetroffen, ist Folgendes zu veranlassen:

- Feststellung, wer von den Anwesenden Tatbeteiligter, Tatzeuge oder Unbeteiligter ist; bei Tatbeteiligten ist die Art ihrer Tatbeteiligung zu ermitteln.

- Identitätsfeststellung einschließlich der Personenüberprüfung in den polizeilichen und ggf. außerpolizeilichen Informationssystemen.
- Trennung von Zeugen und Tatbeteiligten und der Zeugen untereinander, um mögliche Beeinflussungen zu verhindern.
- Aufforderungen an Zeugen, in Tatortnähe erreichbar zu verbleiben.
- Kurze informatorische Befragung der Zeugen zu ihren Wahrnehmungen; Erörterung des Sachverhaltes über die informatorische Befragung hinaus vermeiden. Ergebnis der informatorischen Befragung schriftlich oder auf Tonträger festhalten.
- Feststellung, wer den Ereignisort wann und wohin bereits verlassen hat.

Zeugen sind wichtige Informationsquellen für die Erschließung des Tatgeschehens. Sie können wichtige Beweismittel sein. Für sie gilt:

- Unverzügliche Identitätsfeststellung!
- Zeugen nach Möglichkeit trennen!
- Kurze informatorische Befragung vornehmen (erforderlichenfalls an Zeugenbelehrung denken)!
- Erreichbarkeit für weitere Aussagen feststellen!
- Im Wahrnehmbarkeitsbereich nach weiteren möglichen Zeugen suchen!

3.3 Auswertungsangriff

3.3.1 Einleitungsphase

Bei Eingang der Ereignismeldung bei der zuständigen Fachdienststelle **51**
der Kriminalpolizei wird im Regelfall der Sicherungsangriff durch Kräfte des Wach- und Wechseldienstes vorausgegangen sein. Die Information über das Ereignis erfolgt entweder vom Einsatzort direkt, in der Mehrzahl der Fälle über die Einsatzzentrale.

Zur Vorbereitung auf den Einsatz sind für die Fachdienststelle bestimmte Informationen über das Ereignis von Bedeutung. Inhalt und Umfang der Informationen orientieren sich an den „W-Fragen".

Soweit geboten, sind erste lagebezogene Aufträge an die Polizeikräfte am Tatort zu erteilen.

Aufgrund der ersten Informationen über das Tatgeschehen hat der für den Einsatz Verantwortliche

- zu entscheiden, welche Kräfte, Führungs- und Einsatzmittel für die Bewältigung des Auswertungsangriffes erforderlich sind und deren Alarmierung und Bereitstellung zu veranlassen,

- vor Abfahrt zum Tatort die Einsatzkräfte in die bekannte Lage einzuweisen, ggf. die Kräfte für die Durchführung des Auswertungsangriffes bereits zu gliedern und gezielte Aufträge zu erteilen,
- Meldungen und Benachrichtigungen durchzuführen,
- den Beginn der Einsatzdokumentation zu veranlassen.

3.3.2 Aufklärung am Ereignisort

52 Nach Eintreffen am Tatort

- informiert sich der Leiter des Auswertungsangriffs über den Sachstand:
  - die im Sicherungsangriff getroffenen und veranlassten Maßnahmen,
  - die am Tatort vorgenommenen Veränderungen,
  - die Kräftelage der am Tatort zur Verfügung stehenden Einsatzkräfte,
- übernimmt der Leiter des Auswertungsangriffs die Einsatzleitungen,
- veranlasst er die Dokumentation von:
  - Ankunftszeit,
  - Witterung, Temperatur,
  - Personalien der am Tatort angetroffenen Personen.

53 Als Nächstes hat sich der Leiter des Auswertungsangriffs – oder je nach Art und Schwere der Tat der Tatortbeamte – einen Gesamtüberblick über die Tatortsituation zu verschaffen. Dies geschieht durch eine erste Inaugenscheinnahme. Es ist die Vorstufe der eigentlichen Tatortbefundaufnahme.

Die Inaugenscheinnahme soll einen ersten allgemeinen Überblick über das Tatgeschehen geben, sie soll Antwort auf folgende sich regelmäßig stellende Fragen geben:

- Welche Straftat liegt mutmaßlich vor?
- Sind offensichtlich erkennbare tatrelevante Spuren vorhanden?
- Welche spurentragenden Bereiche sind erkennbar bzw. kommen infrage?
- Liegt ein bestimmter Täterverdacht vor?
- Sind Sofortmaßnahmen zu treffen oder zu ergänzen, welche und mit welcher Priorität?
- War das Tatgeschehen durch Dritte akustisch und/oder optisch wahrnehmbar?

Erforderlichenfalls sind zur Beantwortung der Fragen gezielte Informationen zu erheben.

Beachte

Vermeidung einer zu frühen Festlegung auf eine bestimmte Tat- oder Tatverlaufsversion bei noch ungesichertem Informationsstand!

3.3.3 Aufnahme des Ereignisortbefundes

Es erfolgt die Aufnahme des objektiven und subjektiven Tatortbefundes mit dem Ziel, die vorhandene Ereignisortsituation zu bestimmen und für die weiteren Ermittlungen festzuhalten sowie objektive und subjektive Beweismittel zu sichern. **54**

Die Aufnahme des objektiven Tatortbefundes erfolgt aus der Tatortuntersuchung[34]. Die Aufnahme des subjektiven Tatortbefundes wird durch die Ermittlungen im Wahrnehmbarkeitsbereich[35] bestimmt.

3.3.4 Einleitung von direkt vom Ereignisort ausgehenden Maßnahmen

Ähnlich wie in der Phase des Sicherungsangriffs sind unaufschiebbare Ermittlungshandlungen einzuleiten, die insbesondere der Täterverfolgung und der Auswertung am Ereignisort erhobener Informationen dienen, z.B.: **55**

- Einleitung und Präzisierung von Fahndungsmaßnahmen,
- Durchführen von Vernehmungen vor Ort,
- Beschlagnahme des Ereignisortes.

3.3.5 Dokumentation

Die Dokumentation[36] zur Ereignisortarbeit verfolgt die Ziele: **56**

- die eingeleiteten und durchgeführten Maßnahmen zu protokollieren,
- Beweismittel zu sein.

3.4 Abschluss des Ersten Angriffs

Bevor der Erste Angriff beendet wird, gilt es, den erhobenen Tatbefund **vor Ort** auszuwerten, um **57**

- das Tatgeschehen zu erschließen,
- Daten zum Täter zusammenzufassen,
- weitere Ermittlungsrichtungen zu erschließen.

---

34 Vgl. Abschnitt 4.
35 Vgl. Abschnitt 4.
36 Vgl. Abschnitt 4.

In die Auswertung sind alle im Zusammenhang mit dem zu untersuchenden Sachverhalt gefertigten Dokumente (z.B. Fahndungsberichte, Protokoll zur Anzeigenaufnahme Tatortbefundbericht) einzubeziehen.

Die Ergebnisse der Datenanalyse führen zu weiteren kriminalistischen Maßnahmen, die im nächsten Untersuchungsabschnitt eingeleitet werden.[37]

Der erste Angriff ist dann abgeschlossen, wenn:

- die Ereignisortarbeit beendet ist,
- die eingesetzten Kräfte den Ereignisort verlassen,
- der Tatort wieder frei gegeben wird,
- die nachfolgenden Ermittlungshandlungen und -richtungen festgelegt sind,
- alle Dokumente der Ereignisortarbeit gefertigt wurden.

Aus kriminalistischer Perspektive beginnt die Phase der weiteren Ermittlungsführung i. S. d. Beweissuche, Beweiserhebung, Beweissicherung.

IV

4 Kriminalistische Tatortarbeit

4.1 Tatortsicherung

58 Als **Tatortsicherung** werden „Alle Maßnahmen zur unveränderten Erhaltung des objektiven und subjektiven Tatortbefundes nach dem Eintreffen der Polizei"[38] bezeichnet.

Die Sicherung des Tatortes ist durch verschiedene Etappen geprägt, in Abhängigkeit von der konkreten Lage, die nicht zwingend in der dargestellten Reihenfolge ablaufen, sondern auch parallel oder in anderer Reihenfolge ablaufen können:

- erste Situationsanalyse,
- Bestimmung der räumlichen Ausdehnung des Tatortes,
- Absperren an den Tatortgrenzen,
- Schutz des objektiven Tatortbefundes,
- Schutz des subjektiven Tatortbefundes.

---

37 Leonhardt, Roll, Schurich, S. 34.

38 Wirth (Hrsg.), S. 621.

Im Rahmen der Tatortsicherung erfolgt eine erste **Situationsanalyse,**[39] deren Ziel es ist, sich einen Überblick zu verschaffen und anwesende Personen (z. B. Tatortberechtigte, Anzeigenerstatter) zu befragen. Es gilt festzustellen, welchen allgemeinen Charakter das Ereignis aufweist, ob und in welchem Umfang gefahrenabwehrende Maßnahmen einzuleiten sind. 59

Neben den gefahrenabwehrenden Maßnahmen erfolgt im Rahmen der Situationsanalyse eine weitere Analyse, um Hinweise auf eine Charakterisierung des Tatortes zu erlangen (z. B. zur Art des Tatortes [z. B. Tatort im Freien, Gebäude, Wohnung, Büroräume, angegriffene Räume], zur territorialen Lage und der vermutlichen Grenzen des Tatortes, zur Gefährdung der Tatortsituation einschließlich der Spurensituation, zu Möglichkeiten, den Tatort zu betreten, ohne die Spurensituation zu verändern).

Nur selten ist der Tatort zu Beginn der Tatortarbeit in seiner Ursprünglichkeit erhalten. Er ist vielfältigen Einflüssen ausgesetzt, die sich verändernd auf die Tatortsituation auswirken. 60

Verändernde Einwirkungen auf den Tatort können entstehen durch:

- Täter oder Tatbeteiligte, z. B. um die Tat, das Tatgeschehen oder die Täterschaft zu verschleiern,
- unbeteiligte Dritte wie z. B. Schaulustige, die die Spurenlage beeinträchtigen,
- Rettungs- oder Hilfskräfte sowie durch Lösch- oder Sicherungsmaßnahmen,
- Verkehrsmittel, wenn der Tatort im öffentlichen Verkehrsraum liegt,
- Witterungseinflüsse, die Spuren vernichten, unbrauchbar machen oder verändern,
- Tierfraß oder Verschleppen von gegenständlichen Spuren der Tat durch Tiere,
- natürliche Veränderungen am Tatort durch Zeitablauf, z. B. stoffliche Auflösungen, Fäulnis,
- eigene Kräfte.

Merke

Veränderungen der Tatortsituation und der Spurenlage können die Tataufklärung infrage stellen.

IV

39 Vgl. auch Roll (2023), S. 104.

> Das polizeiliche Ziel ist stets darauf auszurichten, den Tatort bis zur Aufnahme des Tatortbefundes möglichst unverändert zu erhalten.
>
> Der Tatort ist deshalb ohne Zeitverzug aufzusuchen und zu sichern.

61 Der **Schutz des objektiven Tatortbefundes** umfasst, dass gefährdete Spuren oder andere materielle Beweismittel vor Vernichtung oder Veränderung zu schützen sind, z. B. durch[40]

- Abdecken von Spuren und Beweismitteln,
- fotografische Dokumentation,
- sofortige Sicherung von Substanzen, die sich durch biologische oder chemische Prozesse selbst auflösen oder verändern,
- Notsicherung und Notasservieren von gefährdeten Gegenständen und Spuren.

Die Feststellungen sind zu registrieren. Wenn es notwendig ist, sollte unverzüglich mit der Notsicherung[41] der Spuren begonnen werden.

62 Zum Schutz des subjektiven Tatortbefundes zählen Maßnahmen[42] wie:

- Identitätsfeststellung der am Tatort angetroffenen Personen,
- Feststellen des rechtlichen Status dieser Personen,
- Trennung von potenziellen Zeugen,
- Ergebnisbewertung,
- Feststellen, wer den Tatort bereits verlassen hat,
- Vernehmungen von Zeugen, um ihre Aussagen bei der Tatortarbeit nutzen zu können.

> **Beachte**
>
> Der Ort der ersten Vernehmung ist so zu wählen, dass andere potenzielle Zeugen oder Verdächtige nicht über den Inhalt der Aussage informiert werden können.
>
> Ein Informationsaustausch der Ermittler untereinander sollte erfolgen, jedoch nicht öffentlich durchgeführt werden.

40 Vgl. Leonhardt, Roll, Schurich, S. 91.
41 Vgl. RZ 49 dieses Kapitels.
42 Vgl. Roll (2013), S. 90.

4.2 Tatortbesichtigung

Die Tatortbesichtigung ist die Inaugenscheinnahme des Tatortes. In der kriminalistischen Praxis ergeben sich grundsätzlich zwei Fallkonstellationen, und zwar 63

- die Tatortbesichtigung im Rahmen des Ersten Angriffs zeitnah zur Tatbegehung,
- die Tatortbesichtigung zeitversetzt zur Tatbegehung.

Ziel der Tatortbesichtigung ist die Gewinnung eines Überblicks oder eines persönlichen Bildes von der Tatortsituation durch den ermittlungsführenden Kriminalisten.

Durch die Besichtigung des Tatortes verschaffen sich die zur Spurensuche eingesetzten Kräfte durch eigene sinnliche Wahrnehmung, Prüfung und gedankliche Rekonstruktion des Tatablaufs einen allgemeinen Überblick über die Tatortsituation und über die Spurenlage. Das Ziel besteht darin, das Ausmaß des zu untersuchenden Tatortbereiches zu bestimmen, die zweckmäßigsten Methoden zum taktischen Vorgehen bei der Tatortuntersuchung auszuwählen und Festlegungen zum Zusammenwirken mit den anderen Ermittlungskräften, die den subjektiven Tatbefund aufnehmen, zu treffen. Daneben hat die Besichtigung zum Ziel, den Einsatz von Spezialkräften im Einzelnen, z. B. Kriminaltechniker, Gerichtsmediziner, Hundeführer zu bestimmen und Aufträge zu erteilen.

Liegt ein sog. **Tatortdelikt** vor, sollte auf eine zeitnahe Besichtigung des Tatortes unter keinen Umständen verzichtet werden, auch wenn vordergründig die Inaugenscheinnahme für die Durchführung des Verfahrens als nicht erforderlich angesehen wird. Regelmäßig gibt erst die Kenntnis der Tatortsituation die Möglichkeit, die Ermittlungen sachgerecht zu steuern und Informationen zur Tat umfassend zu beurteilen. 64

In Fällen, in denen die Polizei erst mit erheblicher zeitlicher Verzögerung von einer Straftat Kenntnis erhält, z. B. bei verspäteter Anzeigeerstattung, hat der Kriminalist die Frage zu prüfen, ob eine Tatortbesichtigung noch sinnvoll ist.

Merke

Grundsätzlich sollte auf eine Tatortbesichtigung nie verzichtet werden!

Auf der Grundlage des vorliegenden Informationsstandes über die Tat, das Tatgeschehen, den ersten Feststellungen am Tatort sowie die im Sicherungsangriff getroffenen Maßnahmen erfolgt die erste kriminalistische Beurteilung der Lage durch den Leiter der Tatortarbeit. 65

Grundlagen für die Tatortbesichtigung sind:[43]

- eigene Wahrnehmungen des Ermittlers,
- die Entgegennahme des Berichts des Leiters der Tatortsicherungsmaßnahmen (Sicherungsangriffs),
- Vernehmungen und Befragungen von tatortberechtigten Personen,
- die Einsichtnahme in Unterlagen (z.B. Bauzeichnungen, Lagepläne).

Ziel der Besichtigung ist es, das kriminalistisch relevante Ereignis gedanklich zu rekonstruieren.

Das Ergebnis der Tatortbesichtigung soll möglichst Auskunft geben zu folgenden Problemkomplexen:[44]

- Sind dringend notwendige Sofortmaßnahmen einzuleiten (z.B. Maßnahmen der Gefahrenabwehr, Notsicherung materieller Beweismittel)?
- Ist von der ursprünglichen Tatversion auch weiterhin auszugehen oder ist sie zu revidieren?
- Entspricht die bisherige Tatortsicherung den Anforderungen oder muss sie präzisiert werden?
- Liegt ein bestimmter Täterverdacht vor und wie ist die Beweislage?
- Sind gezielte Fahndungsmaßnahmen nach Flüchtigen zu treffen oder zu ergänzen, wenn ja, mit welcher Priorität?
- Sind vordringlich Ermittlungsmaßnahmen zur Feststellung von Zeugen durchzuführen?
- Wie ist bei der Tatortarbeit zweckmäßig vorzugehen?
- Welche spurentragenden Bereiche sind möglich?
- Wie ist die räumliche Ausdehnung des Wahrnehmbarkeitsbereiches einzuschätzen?
- Sind zusätzliche Einsatzkräfte erforderlich, z.B. für die Ausweitung oder Verdichtung von Absperr- oder Suchmaßnahmen?
- Welche Spezialkräfte oder Sachverständige müssen zur Tatortbefundaufnahme herangezogen werden; welche Spezialgeräte oder sonstigen Führungs- und Einsatzmittel sind zusätzlich erforderlich?
- Sind vordringlich bestimmte Beweise zu erheben?
- Gibt es konkrete Hinweise auf die Begehungsweise?

---

43 Vgl. Roll (2013), S. 91 ff.

44 Die Aufzählung ist nicht abschließend.

Merke

Bei der praktischen Durchführung der Besichtigung des Tatortes gelten folgende Prinzipien:

- Überblick verschaffen, um die mögliche Gesamtspurenlage einschätzen zu können (Zu-, Abgangswege, Ort der eigentlichen Tatbegehung).
- Beurteilung der örtlichen Verhältnisse; gedankliche Rekonstruktion des Tatablaufs zur Bestimmung der Orte, an denen Spuren vorhanden sein müssten.
- Beurteilen, in welcher Reihenfolge einzelne Handlungen durchzuführen sind; falls mehrere Kriminalisten/Kriminaltechniker an einem Tatort eingesetzt werden, sind die zu untersuchenden Bereiche/Sektoren/Abschnitte festzulegen und exakt zu bestimmen.
- Prüfen, ob der Sachlage nach alle benötigten kriminaltechnischen Geräte, Spurensicherungsmittel usw. vorhanden sind.

Die Ergebnisse der ersten Lagebeurteilung sind sodann in entsprechende Maßnahmen im Rahmen der weiteren Tatortarbeit umzusetzen.

4.3 Tatortuntersuchung

4.3.1 Definition und Bedeutung

„Die Tatortuntersuchung umfasst die Aufnahme des objektiven Tatortbefundes. Zuerst erfolgt die Beschreibung der am Tatort vorgefundenen Situation. Dabei soll ein objektives, d. h. möglichst vollständiges und fehlerfreies Bild von der Tatortsituation dokumentiert werden. Weitere Aufgaben sind die zielgerichtete Suche nach Spuren (Spurensuche) und anderen materiellen Beweismitteln (Vergleichsmaterial), die gegenständliche Sicherung von Spuren oder der Einsatz kriminaltechnischer Verfahren (Spurensicherung) sowie die operative Spurenauswertung.“[45] **66**

Mit der Tatortbefundaufnahme wird der Zweck verfolgt, ein objektives, vollständiges und fehlerfreies Bild über den Tatortbefund durch Tatsachenfeststellung zu erlangen und für das weitere Verfahren zu dokumentieren. Das kriminalistische Problem besteht darin, die für die Tataufklärung und Beweisführung bedeutsamen Tatsachen lückenlos zu erkennen und zu erheben, denn die Ausgangslage ist regelmäßig von mehr oder weniger großen Informationsdefiziten geprägt, sodass bestimmte kriminalistisch-methodische Grundregeln der Tatortarbeit besonders zu beachten sind. **67**

45 Wirth (Hrsg.), S. 621, 622.

Merke

Folgende Grundregeln sind bei der Tatortuntersuchung einzuhalten:

- Bei der Tatortbefundaufnahme ist systematisch und mit größter Sorgfalt vorzugehen; keine Mühe scheuen, Geduld aufbringen.
- Die Arbeitsschritte Beschreiben, Fotografieren, Vermessen, Spurensuche und -sicherung haben Hand in Hand zu erfolgen.
- Es ist dabei wie folgt vorzugehen:
  - Erst sehen,
  - dann fotografieren (fotografische Gesamtaufnahmen und Aufnahmen von wichtigen Sektoren),
  - Spurensuche und Markierung der Spuren,
  - fotografische Spurensicherung,
  - beschreiben, vermessen der Spuren.

  Die endgültige Sicherung der Spuren richtet sich jeweils nach der Spurenart, dem Spurenträger, Zustand der Spuren oder nach den Umständen des Einzelfalles.
- Nichts betreten oder berühren, was nicht auf Spuren untersucht worden ist; nichts verändern, was nicht beschrieben oder fotografiert worden ist.
- Keine Gegenstände im Tatortbereich ablegen, nicht rauchen, nicht essen.
- Keine Waschgelegenheiten oder Toiletten im Tatortbereich benutzen.

IV

4.3.2 Erhebung des Tatortbefundes durch Beschreiben

68 Die Aufnahme des Tatortbefundes durch Beschreiben ist ein wesentlicher Teil der Tatortbefunddokumentation. Die Beschreibung wird ergänzt durch die fotografische Aufnahme des Tatortes, durch Pläne, Skizzen oder Zeichnungen vom Tatort sowie durch Messdaten.[46] Über das Ergebnis wird ein Tatortbefundbericht gefertigt.

Die Beschreibung erfolgt zweckmäßig parallel zur Suche und Sicherung von Spuren der Tat und der fotografischen Aufnahme des Tatortes.

69 Beschrieben werden im Regelfall

- der weitere Tatort,
- der Weg des Täters zum engeren Tatort,
- die räumliche Situation des Tatortes,
- die situativen Verhältnisse am Tatort,
- die materielle Spurenlage,

46 Zum Begriff, der Technik und der praktischen Anwendung der fotografischen Messverfahren/Fotogrammetrie siehe ergänzend Wirth (Hrsg.), S. 240.

- der Weg, auf dem der Täter den Tatort verlassen hat,
- die Art und Weise des Vorgehens bei der Beschreibung des Tatortbefundes.

Merke

Folgende Grundregeln sind bei der Beschreibung zu berücksichtigen:

- Die Beschreibung des Tatortbefundes soll planmäßig geschehen. (Zur Beschreibungssystematik können nur allgemeine Hinweise gegeben werden.)
- Die Wahl einer Beschreibungssystematik sollte nach Zweckmäßigkeitsgesichtspunkten unter Orientierung an den besonderen Verhältnissen des Tatortes sowie nach deliktspezifischen Erfordernissen erfolgen.
- Das gewählte Vorgehen bei der Beschreibung ist nach Möglichkeit beizubehalten.
- Es ist zweckmäßig, zwischen der Beschreibung des weiteren und des engeren Tatortes zu unterscheiden, da der engere Tatort in der Regel eine höhere Detaillierung in der Beschreibung erfordert.
- Es empfiehlt sich, zunächst eine Übersichtsbeschreibung vorzunehmen. Der engere Tatort ist genau zu lokalisieren und einzugrenzen. Dies sollte unter Verwendung von Geländekarten (Maßstab mindestens 1: 25 000) erfolgen.
- Die Beschreibung von räumlich ausgedehnten Tatorten im Freien sollte nach festgelegten Geländesektoren vorgenommen werden.
- Bei der Beschreibung sowohl von Tatorten im Freien als auch in geschlossenen Räumen ist stets von einem festzulegenden und genau bezeichneten Fixpunkt auszugehen. Erforderlichenfalls sind mehrere Fixpunkte zu wählen.
- Es empfiehlt sich, die Beschreibungsabfolge – ausgehend von dem Fixpunkt – im Uhrzeigersinn vorzunehmen.
- Vor dem Betreten von Tatortsektoren zum Zwecke der Beschreibung sind die Bereiche zunächst nach Spuren abzusuchen; dabei sind mögliche latente Spuren zu berücksichtigen.
- Geschlossene Räume sind in ihrer Lage innerhalb eines Gebäudes zu bezeichnen. Die Beschreibung ist durch Gebäudequerschnitte und durch Raumgrundrisse zu ergänzen.
- Gehören mehrere Räume zum Tatortbereich, ist eine Abfolge der Beschreibung festzulegen, die sich nach dem erkennbaren Tatablauf richtet.
- Vor dem Betreten von Räumen
  - ist die Stellung und der Zustand von Türen und Türschlössern zu beschreiben und auf Spuren zu untersuchen,
  - sind fotografische Gesamtaufnahmen des aufzunehmenden Raumes zu fertigen.

IV

- Nach dem Betreten von Räumen sind
  - der Zustand von Fenstern,
  - die Stellung von Lichtschaltern,
  - der Zustand elektrischer Beleuchtung und der Beleuchtungskörper,
  - die Stellung von Gashähnen und
  - ähnliche bedeutsame Feststellungen zu beschreiben und zu fotografieren,
  - Geruchsspuren zu beachten,
  - ggf. die Raumtemperaturen in den Wohnräumen zu messen,
  - die situativen Verhältnisse in den Räumen zu dokumentieren.

Beschreibungen können durch Skizzen, Fotografien, Videoaufzeichnungen und Zeichnungen ergänzt werden.

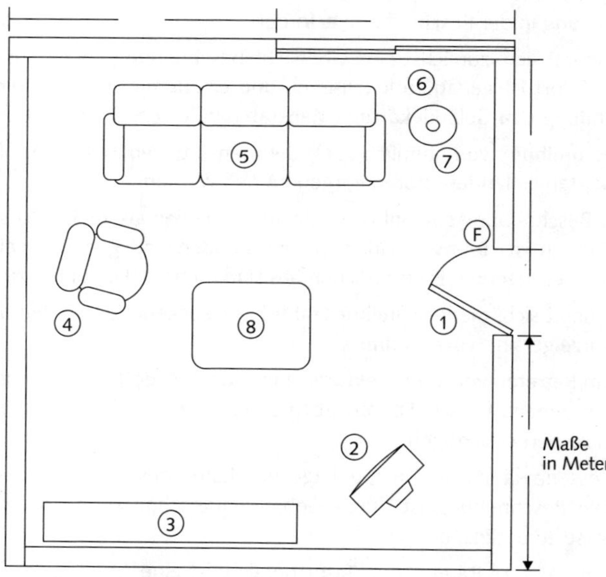

Legende:

(F) Fixpunkt

(1) bis (8) Reihenfolge der zu beschreibenden Möbelstücke

Ergänzend werden
- der Raum in Grundriss und Höhe und
- die Möbelstücke in ihrer Lage zum Fixpunkt und zueinander vermessen.

Abb. IV.2 Beschreibungssystematik eines Raumes

Die Beschreibung erfolgt zweckmäßig parallel zur Suche und Sicherung von Spuren der Tat und der fotografischen Aufnahme des Tatortes.

4.3.3 Spurensuche

Die Spurensuche umfasst das zielgerichtete Vorgehen am Tatort, um materielle Beweismittel zu finden, um damit Tatzusammenhänge aufzuklären. **70**

Eine erfolgreiche Suche und Sicherung von Spuren setzt die lückenlose und systematische Absuche der potenziell spurentragenden Bereiche voraus, sodass als Erstes die abzusuchenden Tatortbereiche festzulegen sind.

Als spurentragende Bereiche kommen allgemein infrage

- der Tatort im engeren Sinne,
- der Fundort,
- der Weg des Täters zum und vom Tatort,
- Opfer, Tatverdächtige,
- Werkzeuge und Tatmittel.

Beachte

- Die lückenlose Tataufklärung und Beweisführung erfordern die Erhebung aller be- und entlastenden Umstände.
- Es sind möglichst alle am Fund- oder Tatort vorhandenen und erkennbaren Spuren zu sichern, vorrangig solche, die direkt zum Täter führen.
- Über die Verwertbarkeit der Spuren ist erst nach der Tatortuntersuchung zu entscheiden!
- Auch bei vermeintlich eindeutiger Beweislage darf auf die Erhebung von Spuren nicht verzichtet werden.
- Verlasse keinen Tatort ohne gesicherte Spur!

Methodisch werden bei der Spurensuche zwei Vorgehensweisen[47] unterschieden, und zwar **71**

- **die systematische (objektive) und**
- **die heuristische (subjektive)** Suchmethode.

Systematische Suchmethode **72**

Bei der Anwendung der systematischen Suchmethode wird der gesamte Tatortbereich lückenlos nach Spuren der Tat abgesucht. Die Wahl der systematischen Suchmethode wird bevorzugt

47 Weitere Ausführungen auch bei Roll (2013), S. 97 ff.

- grundsätzlich bei Kapitaldelikten oder
- in Fällen, in denen nur wenige Erkenntnisse über den Tatablauf und das Vorgehen des Täters vorliegen und somit eine eindeutige Tatversion nicht ableitbar ist, angewandt.

Um das gründliche und lückenlose Absuchen des Tatortbereichs sicherzustellen und die sachgerechte Behandlung aufgefundener Spuren durch Suchkräfte zu gewährleisten, sind folgende taktische Regeln zu beachten:

- Den eingesetzten Kräften sind Suchbereiche zuzuweisen.
- Suchbereiche sollen sich überlappen.
- Abgesuchte Bereiche sind zu kennzeichnen. Die Kennzeichnung ist später die Grundlage für die Dokumentation des objektiven Tatortbefundes.
- Insbesondere bei umfangreichen Suchmaßnahmen sind den Suchkräften Verfahrens- und Verhaltensregeln für die Spurensuche und für das Auffinden von Spuren zu geben.

Hauptsächlich finden bei der systematischen Spurensuche folgende **Suchsysteme** Anwendung:[48]

- das spiralförmige Absuchen des gesamten Tatortbereichs regelmäßig von außen hin zum Zentrum der Tat,
- die Einteilung in Sektoren und das linienförmige Absuchen der Sektoren des Tatortbereichs.

48 Zu weiteren Vorgehensweisen bei der objektiven Spurensuche vgl. auch Roll (2013), S. 99ff.

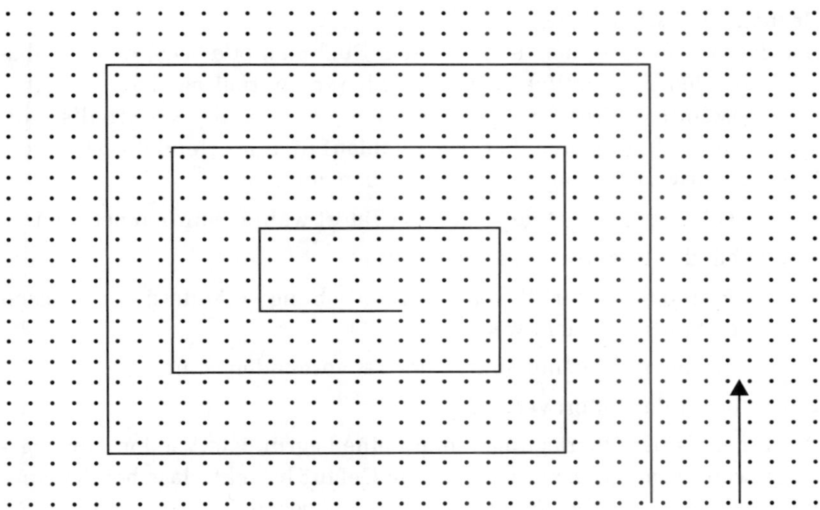

abzusuchender Tatortbereich
Suchrichtung im Suchbereich

Abb. IV.3 Spiralförmige Absuche des Tatortbereichs

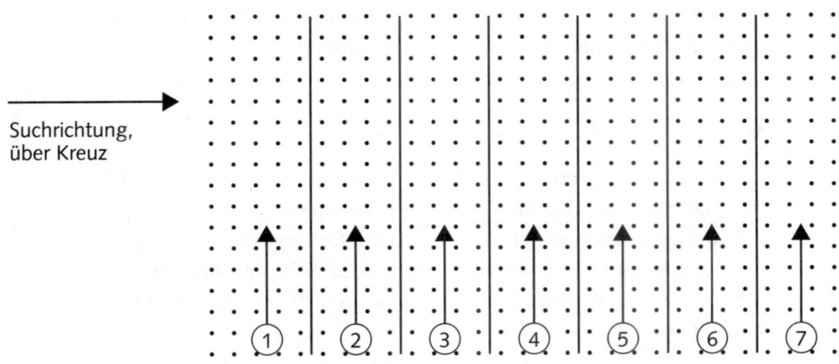

abzusuchender Tatortbereich
① Suchbereiche, numeriert
Suchrichtung, Vorgehen in Linie

Abb. IV.4 Linienförmige Absuche des Tatortbereichs nach Sektoren

73 Heuristische Suchmethode

Bei der Anwendung der heuristischen Suchmethode wird der Suchbereich auf den mutmaßlich oder erkennbaren spurentragenden Tatortbereich beschränkt. Dieses Vorgehen setzt voraus, dass der Kriminalist hinreichende Informationen über den Tatablauf und das Handeln des Täters hat, die Antwort auf folgende Fragen geben können:

- Auf welchem Weg hat der Täter den Tatort wahrscheinlich betreten?
- Wie hat der Täter die Tat ausgeführt?
- Was wurde am Tatort durch die Tatbegehung verändert; wo müssten welche Spuren gesucht werden?
- Wo könnten ggf. latente Spuren der Tat vorhanden sein?
- Wie hat er den Tatort verlassen?

Das Ergebnis der Überlegungen muss eine begründete Version zur Begehungsweise ermöglichen, da sonst die Gefahr besteht, dass bei der Spurensuche von falschen Voraussetzungen ausgegangen wird und das Ergebnis lückenhaft sowie fehlerbehaftet ist.

IV

Beachte

Das Vorgehen nach einem heuristischen Suchplan ermöglicht einerseits eine gezielte Spurensuche bei relativ geringem Kräfte- und Zeitaufwand, insbesondere bei ausgedehnten Tatorten, andererseits besteht die Gefahr der lückenhaften Spurensuche und -sicherung bei fehlerhafter Tatversion.

Merke

- Der Beginn der Spurensuche sollte an dem Ort erfolgen, den der Täter als erstes betreten hat (Zugangsweg). Als Orientierung für die weitere Suche von Spuren gilt das gedankliche Nachvollziehen des Vorgehens des Täters. Ist der Zugangsweg nicht bekannt, empfiehlt es sich, den Beginn der Spurensuche zum Abgangsweg zu verlegen und dann rückvollziehend die Spurensuche vorzunehmen.
- Gelingt es, das Ereignis gedanklich zu rekonstruieren, lässt sich die Reihenfolge der Entstehung der Spuren nachvollziehen. Damit besteht die Möglichkeit, auch Mikrospuren und latente Spuren zu suchen.
- Die angrenzenden Bereiche der Spurensuche sollten nicht verändert werden, damit dort notfalls (falls sich die zugrundgelegte Tatversion als nicht richtig erweist) die Spurensuche fortgesetzt werden kann.

4.3.4 Spurensicherung

Die Spurensicherung umfasst einen Prozess vom Erkennen bis zur operativen Nutzung der Spur bzw. der Auswertung der Spur. Ziel der Spurensicherung ist es, die Sachbeweise so zu sichern, dass sie für das Verfahren nutzbar gemacht werden können und ihr Beweiswert in das Verfahren eingebracht werden kann. 74

Die Spurensicherung verläuft nach einem Algorithmus, der für jede Spur angewandt werden kann:[49]

1. Erkennen/Wahrnehmen der Spur.
2. Fotografie der unbeeinflussten Spur.
3. Kennzeichnung und Nummerierung der Spur.
4. Verbale Erfassung/Beschreibung der Spur.
5. Fotografie/Videografie.
6. Kriminaltechnische Spurensicherung.
7. Verpackung und Beschriftung.
8. Beschaffung von Vergleichsmaterial.
9. Dokumentation.

Erkennen/Wahrnehmen von Spuren 75

Das Erkennen von Spuren zielt darauf ab, akustische, optische oder auch Geruchswahrnehmungen zu machen, die für die Tatortarbeit relevant sein können. Um die Wahrnehmungsfähigkeit zu erhöhen, ist der Einsatz von Hilfsmitteln (optische Geräte, Lichtquellen, chemische Verfahren) zu empfehlen.

Fotografie der unbeeinflussten Spur 76

Mit einer fotografischen/videografischen Aufnahme der Spur vor der eigentlichen kriminaltechnischen Sicherung wird der Zustand der unbeeinflussten Spur festgehalten.

Kennzeichnung/Nummerierung der Spur 77

Die erkannte Spur wird nummeriert. Im Rahmen der gesamten Tatortarbeit und der späteren kriminalistischen Untersuchung wird diese Nummerierung beibehalten.

49 Vgl. Roll (2013), S. 104 ff.

78 **Verbale Erfassung/Beschreibung**

Die Beschreibung der einzelnen Spur erfolgt nach den Grundsätzen der Tatortbeschreibung.[50] Folgende Angaben sind zu erfassen:

- Spurennummer,
- Spurenart,
- Auffindeort,
- äußere Merkmale der Spur (z.B. Form, Farbe, Größe),
- Besonderheiten (z.B. Fremdsubstanzen in der Spur, Spurenkonkurrenz, Lage der Spur).

Diese Beschreibung wird schriftlich oder per Tonaufzeichnungen durchgeführt und gilt als Grundlage für die später anzufertigende Tatortdokumentation.

Fotografieren/Videografieren

79 Lichtbildaufnahmen, digitale Bildgebungsverfahren sowie Tatortskizzen ergänzen die Tatortbeschreibung und verdeutlichen anschaulich die Tatort- und Beweissituation. Auf eine entsprechende fotografische Dokumentation des Tatortes sollte deshalb – auch in Fällen der massenhaft auftretenden mittleren Kriminalität bei Tatortdelikten – nicht verzichtet werden.

80 Die Aufgabe der **Tatortfotografie** ist es, den Zustand und die Verhältnisse am Tatort oder in der Umgebung eines Fund-/Tatortes sowie vorhandene Spuren fotografisch zu sichern.

Ausgehend von den Anforderungen an eine unvoreingenommene und objektive Beweisführung dient die Tatortfotografie dazu,

- die Situation am Fund-/Tatort zu erfassen,
- festgestellte Spuren fotografisch zu sichern,
- die Lage von Spuren zu anderen Sachbeweisen zu dokumentieren,
- Zusammenhänge im Rahmen der Dokumentation der Tatortarbeit darzustellen, indem sie ein verbindendes Element zur Beschreibung des Tatortes im Tatortbefundbericht bzw. zur bildlichen Darstellung in Skizzen/Zeichnungen ist.

50 Vgl. Abschnitt 4.3.2 RZ 68ff.

Tatortfotografien lassen sich einteilen in: 81

Orientierungsaufnahmen
Orientierungsaufnahmen geben einen Überblick über die Lage des Tatortes zu seiner Umgebung, beispielsweise zu benachbarten Gebäuden, Straßen, Grundstücken, Firmen u. a.

Übersichtsaufnahmen
Sie erfassen den Fund- bzw. Tatort in seinem gesamten Umfang mit den wichtigsten vom Täter verursachten Veränderungen.

Teilübersichtsaufnahmen
Da es aus räumlichen Gründen meistens nicht möglich ist, den gesamten Tatort auf einem Bild zu erfassen, werden Teilübersichtsaufnahmen gefertigt, die es gestatten, einen exakten Überblick über Teilbereiche des Tatortes zu erhalten.

Detailaufnahmen
Darunter sind Aufnahmen einzelner relevanter Spuren, Teile von Spuren, Gegenstände und Veränderungen zu verstehen, die mit dem Ereignis in Beziehung stehen. Sie sollen vor allem Zusammenhänge zwischen angetroffenen Veränderungen und Spuren (z. B. vom Täter liegen gelassenes Werkzeug, umgeworfene Gegenstände, vorgenommene Veränderungen, herausgerissene Schubladen u. a.) vermitteln. Die Fertigung von Detailaufnahmen ist während des gesamten Verlaufs der Spurensuche und -sicherung notwendig und dient der Ergänzung der Spurenfotografie.

Spurenfotografie
Die Spurenfotografie ist einerseits Teil der Tatortfotografie sowie auch direktes Mittel der Spurensicherung. Es gibt Spuren, die ausschließlich fotografisch und nicht mittels anderer Verfahren gesichert werden können.

Die große Vielfalt, Erscheinungsformen, Farben und Dimensionen von Spuren und Spurenträgern bedingen den Einsatz aller Möglichkeiten der Fotografie, um die Lagebeziehungen der Spuren zur Umgebung und zueinander sowie diese selbst detailliert darzustellen.

Ziel der Spurenfotografie ist es, sichtbare und/oder latente Spuren so zu dokumentieren, dass anschließend eine entsprechende Auswertung/Begutachtung des Inhalts der Fotografie erfolgen kann.

Als methodische Hinweise für die Fotografie gilt es zu berücksichtigen:

- Stativ verwenden,

- Lage von Spuren und Gegenständen durch Nummerntafeln kennzeichnen,
- Beleuchtung so arrangieren, dass bedeutsame Strukturen, insbesondere Reliefspuren deutlich sichtbar werden,
- Spuren mit angelegtem Maßstab fotografieren,
- Spuren- und Filmebene exakt parallel ausrichten, optische Achse der Kamera senkrecht auf den Mittelpunkt der Spur ausrichten,
- formatfüllend fotografieren,
- immer zwei Aufnahmen fertigen, und zwar
- von der Lage der Spur zum Spurenträger und
- von der Spur selbst.

Merke

Von ausgedehnten Tatorten sind Übersichtsaufnahmen zu fertigen. Erforderlichenfalls sind einzelne Geländeabschnitte überlappend zu fotografieren, um den Tatort in seiner gesamten Ausdehnung fotografisch zu dokumentieren.

Werden mehrere Tatortfotos von unterschiedlichen Standorten aus gefertigt oder aus unterschiedlicher Perspektive, sind unter Verwendung von Karten oder Skizzen die Standorte der Aufnahmen sowie die Aufnahmerichtungen einzuzeichnen und entsprechend der Abfolge der Fotos zu nummerieren.
Wichtige Gegenstände oder Spuren allgemein werden mit Nummernschildern versehen und fotografiert. Dies erleichtert die Zuordnung der einzelnen Fotos zum Tatort.

Die im Bildbericht zusammengefassten einzelnen Tatortfotos sind ggf. zu erläutern.

Bei der fotografischen Dokumentation von umfangreichen Tatorten im Freien ist es ggf. erforderlich, fotogrammetrische Verfahren einzusetzen.

82 Neben der Tatortfotografie können der Ort und die Spuren auch videografiert werden. Mithilfe der **Videografie** ist es möglich, noch ablaufende dynamische Prozesse am Ereignisort anschaulich und beweiskräftig zu dokumentieren. Die Technik ermöglicht es, fließend von Orientierungs-, Übersichts-, und Teilübersichtsaufnahmen zur Spurenfotografie überzugehen und Detailaufnahmen fertigen zu können.

Durch die dokumentarische Erfassung dynamischer Prozesse können Handlungs- und Bewegungsabläufe sowie Folgen von Straftaten in ihrer Komplexität dargestellt werden. Die Videoaufzeichnung ist unmittelbar nach dem Aufnahmeprozess verfügbar. Die sofortige Wiedergabemöglichkeit kann z.B. genutzt werden, um den Tatortkräften Hinweise für ihr taktisches Vorgehen bei der Spurensuche und -sicherung zu geben.

Des Weiteren bietet die Tatortvideografie die Möglichkeit der synchronen Bild-Tonaufzeichnung. Der geübte Kriminalist ist damit in der Lage, den wesentlichen Teil der Erhebung des objektiven Tatortbefundes sprachlich originär und bildhaft zu dokumentieren.

Der Einsatz der Tatortvideografie ist insbesondere bei

- Bränden und Explosionen,
- Katastrophen und folgenschweren Schadensereignissen,
- Straftaten gegen die Umwelt,
- Straftaten, die bei Eintreffen der Polizei noch nicht beendet sind bzw. ablaufen,
- erkennbaren dynamischen Folgen von Straftaten,
- der Tatortbefundaufnahme bei Tötungsdelikten zu berücksichtigen.

Merke

Der Einsatz von Videotechnik dient der objektiven Erfassung des gesamten Informationspotenzials – und nicht nur der Spuren – am Ereignisort und seiner näheren Umgebung, einschließlich der Zu- und Abgangswege und der Fund- und Feststellungsorte sowie der Beweisdokumentation vom Tat- bzw. Ereignisort.

Sie soll darüber hinaus weitere am Einsatz beteiligte Polizeikräfte, Polizeiführer, Spezialisten, Sachverständige, den Staatsanwalt oder andere berechtigte Personen mit der ursprünglichen Ereignisortsituation vertraut machen, ohne dass es zu unmittelbarem Kontakt mit dem Tat- bzw. Ereignisort kommt. Dadurch wird auch erreicht, dass der Tatort geschützt und Spuren weder vernichtet noch beeinträchtigt werden. Die Videografie dient weiterhin der Unterstützung der operativen Spurenauswertung und ergänzt den Tatortbefundbericht.

Das Einsatzspektrum der Videografie zur Lösung kriminalistischer und anderer polizeilicher Aufgaben der Straftatenbekämpfung ist wesentlich breiter als das der Tatortvideografie. Zu beachten ist im Besonderen die fortschreitende Entwicklung der digital basierten Aufzeichnungstechnik, deren Möglichkeiten der Tatortdokumentation derzeit keineswegs in Gänze abzusehen sind.

Für die Tatortdokumentation können auch **3D-Laserscanner-Messverfahren** oder fotogrammetrische Verfahren genutzt werden.[51] Diese Verfahren 83

51 Vgl. dazu auch Larl, S. 317–328; Breker, S. 43ff.; Sieberth, Ebert, Wermuth, Arnold, Dobler, S. 109ff.

ermöglichen, den Tatort in seiner Gesamtheit zu dokumentieren. Besondere Leistungsmerkmale des Verfahrens sind u. a.:

- die dreidimensionale Erfassung, Dokumentation und die Vermessung des Ereignisortes,
- eine Sichtfeld-Darstellung in dreidimensionaler Betrachtung des Raumes,
- die optische Spurensicherung, -markierung und -vermessung,
- eine virtuelle „Raumbegehung",
- die Darstellung und Vermessung unzugänglicher Orte,
- die Schussrichtungsbestimmung und 3D-Darstellung, d.h. Durchschuss- und Auftreffpunkt/oder sondierbarer Schusskanal,
- Volumenbestimmung von Halden, Aufschüttungen, Aushub.

Der Einsatz von Drohnen kann die gefertigte Dokumentation ergänzen bzw. kann dann genutzt werden, wenn Orte nur schwer zugänglich sind oder von ihnen eine Gefahr ausgeht.

84 **Kriminaltechnische Sicherung von Spuren**

Die methodischen und praktischen Vorgehensweisen der kriminaltechnischen Sicherung bei einzelnen Spurenarten sind nicht Gegenstand dieses Abschnitts. Es wird hier auf die Ausführungen von *Frings/Rabe*[52] verwiesen.[53]

85
- Aufgefundene Spuren sind zu kennzeichnen.
- Sie sind vor ihrer Sicherung oder Verlagerung mit Nummerntafeln und mit Maßstab zu fotografieren.
- Die Gesamtspurenlage ist zu vermessen.
- Die Spurenbeschaffenheit ist zu beschreiben.
- Die Spuren sind mit kriminaltechnischen Verfahren zu sichern.

86 **Merke**

- Einpassversuche bei Formspuren sind zu unterlassen.
- Spurenübertragungen sind unter allen Umständen zu vermeiden.

52 Frings, Rabe, S. 58 ff.

53 Vgl. auch ATOS (Anleitung Tatortarbeit Spuren), „bundeseinheitliche Richtlinie für Praxis und Lehre zur Optimierung der Suche und Sicherung von Spuren, herausgegeben von der Projektgruppe ‚Anleitung Tatortarbeit – Spuren' der Kommission Kriminalwissenschaft und -technik/Erkennungsdienst der Arbeitsgemeinschaft Kriminalpolizei (AG Kripo) und veröffentlicht im polizeilichen Extranet (Extrapol)", Wirth (Hrsg.), S. 33.

- Kennzeichnung und Verpackung von Spuren sind mit äußerster Sorgfalt vorzunehmen.
- Spuren sind getrennt zu verpacken; es ist nur spurengeeignetes Verpackungsmaterial zu verwenden.
- Es ist sicherzustellen, dass Spuren nicht verwechselt werden können.
- Beeinträchtigung der Spuren durch den Transport sind zu vermeiden.

Verpackung und Beschriftung 87

„Die Verpackung der gesicherten Spuren hat so zu erfolgen, dass eine Spurenzerstörung oder -veränderung ausgeschlossen ist. Dies ist besonders bei Spuren zu berücksichtigen, die einer natürlichen Veränderung (z.B. Fäulnis, Verwesung, chemische Reaktionen bei Substanzen) unterliegen.

Die Verpackung ist eindeutig zu beschriften. Als Angaben müssen enthalten sein:

- die Vorgangsnummer,
- die Spurennummer (die in allen Protokollen, Zeichnungen und Skizzen dieselbe ist),
- die Art der Spur,
- der Tatort und der Fundort der Spur,
- Datum, Uhrzeit, Name des Spurensichernden,
- der Name von Geschädigten oder Beschuldigten,
- die sachbearbeitende Dienststelle.

Jede Spur ist separat zu verpacken. Der Transport der Spuren ist so vorzunehmen, dass keine Beschädigungen auftreten und dass die Spuren untereinander nicht in Kontakt kommen können.“[54]

Beschaffen von Vergleichsmaterial 88

Die Sicherung von Vergleichsmaterial umfasst sowohl die Tätigkeiten am Tatort als auch die spätere Durchführung von erkennungsdienstlichen Maßnahmen. Vergleichsmaterial kann gesichert werden bei

- tatortberechtigten Personen,
- Zeugen,
- hilfeleistenden Personen (Arzt, Feuerwehr),
- eingesetzten Ermittlungsbeamten.

54 Roll (2013), S. 109.

Ziel ist es, durch eine kriminaltechnische Untersuchung gesicherte Spuren dem Ereignis zuzuordnen bzw. sie als irrelevant (Trugspuren) zu klassifizieren.

89 **Dokumentation**

Die Dokumentation des Tatortbefundes erfolgt durch den Tatortbefundbericht.[55]

4.3.5 Operative Spurenauswertung

90 Die operative Auswertung von Spuren ist die zusammenhängende Beurteilung aller Informationen und sachlichen Beweismittel, um weitere Erkenntnisse über die Vorbereitung und die Planung der Tat sowie das Tatgeschehen und den Handlungsablauf zu gewinnen. Die Ziele der operativen Auswertung von Spuren bestehen darin, dass

- eine Relevanzprüfung der vorgefundenen Spuren durchgeführt wird,
- Anhaltspunkte für Versionsbildung und Untersuchungsplanung gefunden werden,
- Anhaltspunkte für die Feststellung weiterer Spuren zu finden sind,
- Anhaltspunkte für die Beschaffung von Vergleichsmaterial gegeben werden,
- Anhaltspunkte für den Ausschluss von Tatortberechtigten festgestellt werden,
- eine Präzisierung für die Sachverständigenanforderung vorgenommen werden kann,
- neue Ermittlungsrichtungen festgelegt werden können,
- Anhaltspunkte für fahndungsrelevante Informationen gefunden werden.

4.4 Ermittlungen im Wahrnehmbarkeitsbereich

91 Die Ermittlungen im Wahrnehmbarkeitsbereich[56] sind Bestandteil der Tatortarbeit. Hauptinhalt der Ermittlungen im Wahrnehmbarkeitsbereich sind die Zeugenermittlung und die Zeugenvernehmung.

Die Ermittlungen dienen weiterhin dazu,

- Gegenstände, Sachen und Spuren, die dem Ereignis bzw. dem Täter zugeordnet werden können, zu finden, z. B. Verstecke, Tatwerkzeuge,

55 Vgl. Abschnitt 4.7 RZ 94 ff.

56 Auf eine ausführliche Erläuterung der Ermittlungen im Wahrnehmbarkeitsbereich wird an dieser Stelle verzichtet und auf das Kapitel VI.1.3. RZ 13 ff. verwiesen.

- Feststellung weiterer Verdächtiger,
- Feststellen von Tatortberechtigten,
- Feststellen weiterer Tatbeteiligter,
- Feststellen von Transportmitteln, die der Tatbegehung gedient haben.

4.5 Informations-/Ergebnisbewertung

Im Rahmen der Tatortarbeit (noch vor Ort) erfolgt eine erste Auswertung des objektiven und subjektiven Tatortbefundes. 92

Ziele[57] dieser Auswertung sind:

- weiteres Erschließen des Tatgeschehens,
- Zusammenfassung der Informationen zum Tatverdächtigen (Ableitung von Tätermerkmalen)[58],
- Beurteilung der Spurenlage,
- Erschließung und Präzisierung von weiteren Ermittlungsansätzen.

4.6 Einleitung erster vom Tatort aus zu realisierender Maßnahmen

Es ist nicht zwingend, dass erste Ermittlungshandlungen erst in dieser Phase der Tatortarbeit umgesetzt werden. Sie können während der gesamten Tatortarbeit vollzogen werden. Ziel ist es, den Tatverdächtigen auf der Grundlage der im Rahmen der Tatortarbeit gewonnenen Kenntnisse unverzüglich festzustellen, z. B. durch die Einleitung von Fahndungsmaßnahmen, der Nacheile, dem Einsatz eines Fährtenhundes. 93

IV

4.7 Dokumentation

4.7.1 Tatortbefundbericht

Der **Tatortbefundbericht** ist „gemäß PDV 100 schriftliche Fixierung von Ablauf und Ergebnis des Ersten Angriffs. Der Tatortbefundbericht enthält neben den allgemeinen Angaben über den Einsatz am Tatort den objektiven und subjektiven Tatortbefund."[59] 94

57 Vgl. Roll (2013), S. 116.
58 Vgl. Kapitel VI.2.3.1.
59 Wirth (Hrsg.), S. 619.

Der Tatortbefundbericht wird ergänzt durch folgende Anlagen:

- die Fotodokumentation (Lichtbildmappe) vom Tatort,
- Dokumentation der Messdaten pp. vom Tatort,
- Zeichnungen und/oder Skizzen vom Tatort,
- den Spurensicherungsbericht,
- Berichte über spezielle Einsatzmaßnahmen wie Suchmaßnahmen am Tatort, Einsatz eines Fährtenhundes usw.

95 Die Tatortbefunddokumentation ist die Basis für die Überprüfung der mit der Tatortbefundaufnahme erhobenen Daten und liefert die Entscheidungsgrundlage für die fortzuführenden Ermittlungen.

- Sie dient der strafprozessualen Beweissicherung und Beweisführung, indem die am Tatort festgestellten Tatsachen durch Wort und Bild, ggf. auch durch Ton festgehalten und für die staatsanwaltschaftliche Verfahrensentscheidung und für die gerichtliche Wahrheits- und Entscheidungsfindung dokumentiert werden. Sie ist damit auch Mittel der Kommunikation zwischen Verfahrensbeteiligten, z.B. zwischen Polizei und Staatsanwaltschaft oder dem Gericht.
- Sie ist die Grundlage für kriminaltechnische und andere gutachterliche Untersuchungen und Auswertungen des mit der Dokumentation erhobenen Spurenmaterials.

96 Im Tatortbefundbericht werden niedergelegt:

Einsatzmaßnahmen im Ersten Angriff
Die schriftliche Dokumentation der Einsatzmaßnahmen beginnt mit dem Eingang der Ereignismeldung bei der aufnehmenden Polizeidienststelle und endet mit der Darstellung der unmittelbar aus dem Ergebnis der Tatortbefundaufnahme resultierenden ersten Ermittlungshandlungen.

Ablauf der Tatortbefundaufnahme
Der Ablauf der Handlungsphasen der Tatortbefundaufnahme wird im Einzelnen beschrieben, d.h., es wird dokumentiert, in welchen Schritten wie vorgegangen worden ist.

Ergebnisse der Tatortbefundaufnahme
Die im Rahmen der Tatortbefundaufnahme am Tatort festgestellten beweisrelevanten materiellen Tatsachen sowie der ermittelte subjektive Tatbefund werden durch Beschreiben, Lichtbildaufnahmen, Skizzen, digitale Messdaten pp. beweiskräftig dokumentiert.

Schlussfolgerungen aus dem Tatortbefund

Die mit der Tatortbefundaufnahme erhobenen Informationen werden einer kriminalistisch-kriminologischen Analyse und Synthese zu Tat und Täterschaft unterzogen; die Ergebnisse werden kritisch überprüft, sorgfältig begründet und schriftlich fixiert.

Ergeben sich aufgrund des vorliegenden Informationsstandes alternative kriminalistische Erklärungsmöglichkeiten, werden die daraus resultierenden kriminalistischen Versionen an dieser Stelle erörtert.

Es wird empfohlen, den Tatortbefundbericht[60] im Regelfall wie folgt zu **97**
gliedern:

Hauptteil 1: Allgemeine Angaben zum Einsatzgeschehen

Hauptteil 2: Objektiver Tatortbefund

Hauptteil 3: Subjektiver Tatortbefund

Hauptteil 4: Schlussfolgerungen

Hauptteil 5: Abschließende Maßnahmen

Die Niederschrift des Tatortbefundberichtes soll in der Gegenwartsform **98**
formuliert und unmittelbar nach Beendigung des Ersten Angriffs vorgenommen werden. Ein zeitlich großer Abstand zwischen Tatortbefundaufnahme und der Niederschrift des Tatortbefundberichtes ist zu vermeiden. Rückdatierungen der Niederschrift sind unzulässig.

Der Tatortbefundbericht soll von dem Beamten erstellt werden, der den Tatortbefund erhoben hat. In Fällen der leichten bis mittleren Kriminalität wird dies der Tatortbeamte sein. Werden Kommissionen eingesetzt, wird der Tatortbefundbericht von dem Leiter der Tatortgruppe erstellt.

Objektive und subjektive Tatsachenfeststellung sind sorgfältig voneinander zu trennen.

Formatierte Tatortberichte erleichtern die Erstellung des Tatortbefundberichtes bei Straftaten, die an die Tatortbefunddokumentation spezifische Anforderungen stellen, z. B. in Todesermittlungssachen oder bei Branddelikten. Die Verwendung von deliktspezifischen Checklisten wird empfohlen. Sie rationalisieren die Tatortbefundaufnahme und -beschreibung und geben dem nicht spezialisierten Kriminalisten Anleitung und Hilfestellung.

Die Beschreibung des Tatortbefundes soll unter Hinweis auf ergänzende Lichtbilder, Skizzen oder Pläne oder bei Tat- und/oder Täterspuren auf die

60 Das Muster einer detaillierten Gliederung eines Tatortbefundberichts wird in Anlage 1 am Ende dieses Kapitels dargestellt.

jeweilige Spurennummer, unter der die einzelnen Spuren dokumentiert worden sind, erfolgen. Eine einmal vorgenommene Nummerierung der Spuren ist in allen zu erstellenden Unterlagen wie Tatortbefund- und Spurensicherungsberichten, bei Lichtbildaufnahmen, Zeichnungen, Skizzen, Beschreibungen beizubehalten.

Bei Tatorten mit umfangreichen Spurenkomplexen sollte ein Spurensicherungsbericht gefertigt werden, der Teil des Tatortbefundberichtes ist.

Merke

Der Tatortbefund (insbesondere die Spurenlage) wird mit folgenden Zielen ausgewertet:

- Erschließung des Tatgeschehens,
- Zusammenfassung der Informationen zum Täter,
- Erschließung weiterer Ermittlungsrichtungen,
- Beweis von Tat und Täterschaft.

IV

4.7.2 Planzeichnungen und Skizzen

99 Die **Planzeichnung** ist eine maßstabsgerechte Zeichnung vom Tatort. Sie stellt hohe Anforderungen an die Exaktheit der zeichnerischen Darstellung. Soweit möglich, sollten rechnergestützte Systeme Verwendung finden. In der kriminalistischen Praxis steht der Kriminalist nicht selten in der Situation, die räumlichen Verhältnisse des Tatortes zunächst als Handskizze zu dokumentieren, deshalb haben die bewährten Grundlagen der Tatortskizzierung nach wie vor ihre Gültigkeit.

Empfehlungen:

- Für die Grundrisszeichnung eines Gebäudes, einer Wohnung oder eines einzelnen Raumes oder für die Schnittzeichnung eines Gebäudes sollten nach Möglichkeit Bauzeichnungen verwendet werden.
- Sofern es für die Wiedergabe der Tatortsituation von Bedeutung ist, sind Einrichtungsgegenstände in Räumen maßstabsgerecht einzuzeichnen und deren Lage zu vermessen. Die Messdaten sind in die Skizze aufzunehmen.
- Ist es notwendig, Einrichtungsgegenstände oder Spuren in ihrer Lage an den Wänden eines Zimmers zeichnerisch darzustellen, wird eine sog. Kreuzprojektion (s. Abb. IV.5) gefertigt.
- Skizzen von Geländeteilen sind unter Verwendung von amtlichem Kartenmaterial (Maßstab 1: 2 500) zu fertigen.

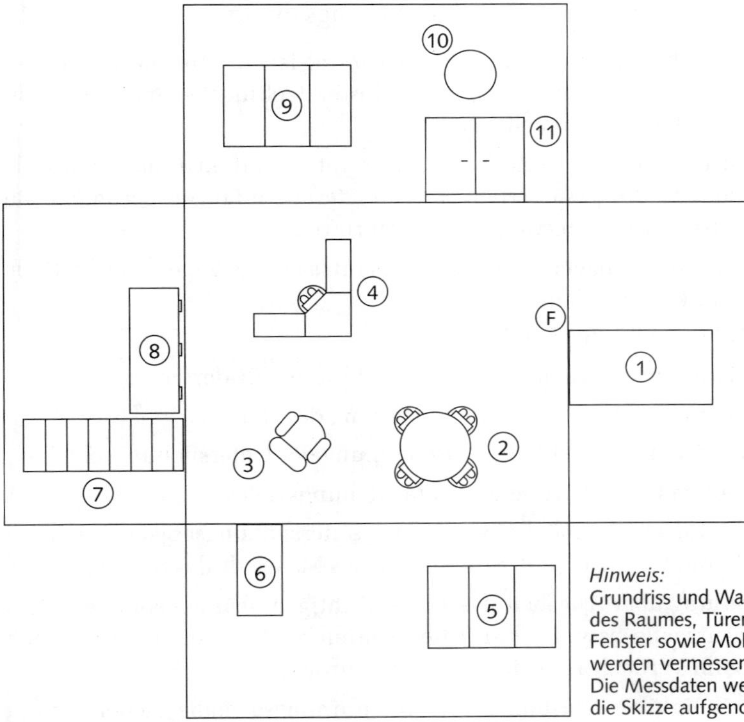

Legende:

(F) Fixpunkt	(4) Schreibtischkombination	(8) Sideboard
(1) Eingangstür	(5) Fenster	(9) Fenster
(2) Couchtisch mit 4 Sesseln	(6) Aktenschrank	(10) Spiegel
(3) Sessel	(7) Bücherregal	(11) Aktenschrank

Abb. IV.5 Kreuzprojektion eines Raumes

- Erforderlichenfalls sind spezielle technische Messverfahren einzusetzen, wenn Gegenstände im Gelände zu vermessen und deren Lage in Karten zu dokumentieren ist.

Die **Skizze** ist eine grobe, nicht maßstabsgerechte zeichnerische Darstel- 100
lung. Sie wird gefertigt, wenn die umrisshafte Skizzierung des Tatortes, von Teilbereichen des Tatortes oder die skizzenhafte Darstellung der Tatortsituation, ggf. unter Ergänzung von Messdaten, für die Dokumentation genügt.

4.8 Kriminaltechnischer Untersuchungsantrag

101 Der kriminaltechnische Untersuchungsantrag ist ein „an eine Expertiseneinrichtung gerichteter Antrag auf kriminaltechnische Spurenuntersuchung und Spurenbegutachtung.“ [61]

Der Spurensicherungsbericht und der Antrag auf kriminaltechnische Untersuchung des gesicherten Spurenmaterials erlangen besondere Bedeutung bei der Dokumentation der Tatortarbeit.

102 Der **kriminaltechnische Untersuchungsantrag** sollte folgende inhaltliche Schwerpunkte enthalten:

- Schilderung des Sachverhalts,
- Bezeichnung des Tatortes/Fundortes (Skizzen, Bilder/Fotos),
- Tatzeit und Zeitpunkt der Sicherstellung des Objekts,
- eindeutige und vollständige Bezeichnung der Untersuchungsobjekte,
- eindeutige Formulierung des Untersuchungszieles,
- Mitteilungen aller möglichen, auf das Untersuchungsobjekt einwirkenden Veränderungen (z.B. Einwirkung des Materials des Spurenträgers),
- Mitteilung über Angaben des Tatverdächtigen über angebliche Entstehungsursache bzw. Herkunft der Spuren an Untersuchungsobjekten, die beim Verdächtigen sichergestellt wurden,
- Mitteilung über Umstände, die eine ordnungsgemäße Sicherung und Verpackung verhinderten,
- Mitteilung, ob Untersuchungsobjekte teilweise bzw. völlig zerstört werden dürfen,
- Mitteilung, ob Gegenstände nach Abschluss der Untersuchung vernichtet werden können oder ob sie als Beweismittel weiterhin von Bedeutung sind,
- Hinweis auf besondere Dringlichkeit (z.B. Verjährung),
- Name der Dienststelle und des spurensichernden Beamten,
- Hinweise auf mögliche Veränderungen des Spurenmaterials.

Fragen, die in einem Untersuchungsantrag gestellt werden können, sind immer abhängig von der gesicherten Spurenart, der Qualität des Spurenmaterials, der Möglichkeiten der Auswertung.

61 Wirth (Hrsg.), S. 652.

Ein Untersuchungsantrag auf kriminaltechnische Auswertung des Spurenmaterials muss folgende Anforderungen erfüllen: 103

(1) Kurze und detaillierte Sachverhaltsdarstellung

(2) Genaue Kennzeichnung des Zeitpunktes und der Umstände der Spurenbehandlung (Spurensicherung, Aufbewahrung, Verpackung)

(3) Angaben zu Asservaten aus dem Besitz Tatverdächtiger:

Hinweise zum Grad der Verbindung zu

- Tatorten,
- Leichenfundorten,
- Opfern,
- Wohngemeinschaften,
- Verwandtschaften,
- Bekanntschaften,
- Kontakten (z. B. Wohn- und Aufenthaltsorte).

(4) Auftragsformulierung

- nicht global „Gutachten zu erstellen“,
- bestimmte Punkte deutlich abgrenzen,
- Fragen stellen,
- präzise Angaben zum Zweck der Untersuchung.

(5) Verhältnismäßigkeit beachten:

Art und Umfang des Auftrages in Abhängigkeit vom

- zu untersuchenden Sachverhalt,
- zu erwartenden Kosten- und Zeitaufwand,
- zu erwartenden Ergebnis (Individualidentifizierung, Gruppenidentifizierung).

4.9 Abschluss der Tatortarbeit

Die kriminalistische Tatortarbeit wird mit der ersten Auswertung der Ergebnisse des Tatortbefundes nach Abschluss der Tatortbefundaufnahme beendet. Damit wird der nächste methodische Schritt, nämlich die sich anschließende kriminalistische Untersuchungsplanung, eingeleitet. 104

Voraussetzung für eine fehlerfreie aussagekräftige Ereignisbeurteilung ist die Qualität des dem Tatgeschehen zugrunde liegenden erhobenen Datenmaterials.

Mit der Auswertung der aus der Tatortarbeit erhobenen Informationen sollen Kenntnisse über die Tat erlangt, vertieft oder verfestigt werden, vor allem

- über die Tat einschließlich der strafrechtlichen Relevanz,
- über die Entstehung und den Ablauf der Tat,
- ob ein sog. Beziehungsdelikt vorliegt,
- zu Opfern, Geschädigten bzw. zum Tatobjekt,
- über das Tatmotiv,
- zum Modus Operandi,
- über Tatverdächtige und Zeugen,
- über die Beweissituation,
- über eilbedürftige Nachermittlungen, Einsatz- oder Fahndungsmaßnahmen,
- über Ansätze für den Fortgang der kriminalistischen Ermittlungen.

Anlage 1
Tatortbefundbericht

105 Gliederung und Inhalt

1. Allgemeines
   1.1 Eingang der Ereignismeldung
      1.1.1 Erste Kenntnisnahme durch die Polizei
         – Inhalt der Ereignismeldung,
         – Datum, Uhrzeit,
         – Personalien des Mitteilers,
         – Art der Übermittlung (telefonisch, persönlich, anonym usw.).
      1.1.2 Einsatzmaßnahmen des Sicherungsangriffs
         – eingesetzte Kräfte,
         – durchgeführte Einsatz-/Fahndungsmaßnahmen,
         – am Ereignisort angetroffene Personen,
         – ggf. getroffene Feststellungen.

1.2 Vorbereitung des Auswertungsangriffs

1.2.1 Information der untersuchenden Dienststelle über das Ereignis

- Wer teilte was mit, wer nahm die Information entgegen?
- Datum und Uhrzeit der Information,
- Besondere Aufbauorganisation (BAO) zur Bewältigung des Einsatzes, Name des Polizeiführers,
- Alarmierung der Kräfte, Bereitstellung von Führungs- und Einsatzmitteln.

1.2.2 Information übergeordneter Verantwortungsträger/der Staatsanwaltschaft und deren Eingreifen am Ereignisort

1.2.3 Datum und Uhrzeit des Ausrückens zum Ereignisort, Zeitpunkt des Eintreffens am Ereignisort

1.2.4 Angaben über Wetter, Temperatur, Wind-, Boden- und Sichtverhältnisse, Verkehrsdichte

1.3 Erste Informationen am Tatort

- Wer wurde am Ereignisort angetroffen?
- Personalien und Dienststelle der Polizeikräfte und hinzugezogener Personen,
- Personalien der Geschädigten (Opfer), Angehörigen, Zeugen, sonstiger Personen.

1.4 Veränderungen am Ereignisort durch Einsatz- oder Hilfeleistungsmaßnahmen

2. Objektiver Tatortbefund

2.1 Ablauf der Tatortbefundaufnahme

2.1.1 Eingesetzte Kräfte, Führungs- und Einsatzmittel des Auswertungsangriffs

- Leiter und Stärke der eingesetzten Kräfte mit Namen, Funktion und Dienstbezeichnung, übertragene Aufgabenbereiche,
- hinzugezogene Spezialkräfte und deren Aufträge, Arzt, Rechtsmediziner usw.,
- spezielle Einsatzmittel (technische Einsatzmittel, Spürhunde usw.).

2.1.2 Absperr- und Suchmaßnahmen im Tatortbereich

IV

2.2 Beschreibung des Tatortes

2.2.1 Tatort im weiteren Sinne

Beschreibung der Lage des Ortes, der Gemarkung, der Straße, des Hauses, der Umgebung des Tatortes, Zugangsmöglichkeiten.

2.2.2 Tatort im engeren Sinne

Beschreibung des eigentlichen Tatortes mit seinen für die Tat und die Ermittlung wesentlichen Einzelheiten.

2.3 Beschreibung des Tatobjektes

Die Beschreibungssystematik richtet sich nach der Art und den speziellen Erfordernissen des Tatobjektes, z.B. die Beschreibung von Leichen oder die Dokumentation eines Brandobjektes.

Veränderliche Erscheinungen und Merkmale sind sorgfältig unter Angabe der Uhrzeit der Feststellung zu dokumentieren.

2.4 Spuren und sonstige Beweismittel

2.4.1 Art der Spuren, Genaue Lage aller Spuren, Methode und Ablauf der Spurensicherung, Name des sichernden Beamten, Verbleib der Spuren (bei komplexer bzw. schwieriger Spurenlage ist ein gesonderter Spurensicherungsbericht zu fertigen, der Teil des Tatortfundberichts ist).

2.4.2 Sonstige Beweismittel und deren Verbleib

3. Subjektiver Tatortbefund

3.1 Feststellungen und Erkenntnisse

- zur Person der am Tatort angetroffenen Geschädigten/Opfer, Verdächtigen, Angehörigen, Zeugen, sonstigen Personen,
- zur Täter-Opfer-Beziehung.

3.2 Wesentliche Ergebnisse der ersten Aussagen zur Tat

- Wer hat die Tat entdeckt?
- Wer hat welche sachdienlichen Wahrnehmungen gemacht oder zur Kenntnis genommen?
- Vorgenommene Veränderungen,
- Angaben zum Deliktsschaden, Verletzungen usw.,
- Hinweise auf Tatverdächtige.

3.3 Reaktion und Verhaltensweisen von Opfern und Zeugen

3.4 Feststellungen zum Wahrnehmbarkeitsbereich

4. Schlussfolgerungen (aus den Ergebnissen der Tatortbefundaufnahme; Aufzählung beispielhaft)
   4.1 Vorläufige Feststellungen zum Delikt
   - strafrechtlich,
   - kriminologisch.

   4.2 Erste Folgerungen zum Tatgeschehen
   - Tatort/Fundort, Tatzeit, Tathergang, erkennbarer Modus Operandi, benutzte Werkzeuge/Mittel bei der Tatausführung, Tatmotiv, Tatziel erreicht?
   - Schutzmaßnahmen des Täters vor Entdeckung oder Überraschung,
   - Fluchtzeitpunkt, Fluchtweg des Täters, benutzte Tatfahrzeuge,
   - hatte der Täter Vorkenntnisse zum Tatobjekt? Sind besondere tatspezifische Kenntnisse und Fertigkeiten für die Tatbegehung erforderlich?
   - Vortäuschungsindizien?

   4.3 Schlussfolgerungen zum Täter
   4.3.1 Überlegungen zur Eingrenzung des Tatverdächtigenkreises
   - Wer hatte ein Motiv zur Tat?
   - Wer verfügt über besondere körperliche, geistige Fähigkeiten und Kenntnisse, die für die Tatbegehung erforderlich waren?
   - Vermutlicher Tätertyp, grausam, heimtückisch, triebhaft, rücksichtslos?
   - Mutmaßliche Wirkungen der Tat auf den Täter wie Verletzungen, Schäden oder Spuren an der Kleidung des Tatverdächtigen.

   4.3.2 Beurteilung des Täterverdachts gegen bestimmte Personen

   4.4 Fahndungsversionen bei Flucht des Täters

5. Abschließende Maßnahmen
   5.1 Zeitpunkt der Beendigung der Tatortuntersuchung

   5.2 Getroffene bzw. noch zu treffende Maßnahmen, z. B. vorläufige Festnahme von Verdächtigen, Sicherung oder Beschlagnahme des Tatortes, Beschlagnahme von Beweismitteln, erforderliche zusätzliche Suchmaßnahmen, Beantragung einer gerichtlichen Leichenöffnung usw., Antrag auf kriminaltechnische Untersuchung, Herbeiführung eines richterlichen Durchsuchungsbeschlusses

5.3 Erste eingeleitete Fahndungs- und Ermittlungsmaßnahmen

5.4 Meldungen und Berichte

KAPITEL V
Fallanalyse, Versions-/Hypothesenbildung, Untersuchungsplanung

Inhalt

V

V

1 Kriminalistische Fallanalyse

1.1 Zusammenhang Fallanalyse – Versionsbildung – Untersuchungsplanung

1 Zwischen der Analyse einer Straftat, der Ableitung von kriminaltaktischen Ideen zu ihrer umfassenden Aufklärung, der Festlegung von Aufgaben und Maßnahmen zur Täterermittlung sowie umfassenden Tataufklärung besteht ein innerer logischer und methodischer Zusammenhang.[1] Die daraus resultierende Methodik der Untersuchung/Ermittlung bei der Fallbearbeitung umfasst die

- kriminalistische Fallanalyse,

1 Vgl. dazu Ackermann (2005).

- Versions-/Hypothesenbildung und
- Untersuchungsplanung (Aufgabenbestimmung).

Nach dem Bekanntwerden einer Straftat oder eines kriminalistisch relevanten Ereignisses werden im Rahmen der Fallbearbeitung in aller Regel sofort zielgerichtet Daten und Informationen (Spuren und Beweismittel) gesucht, die der Aufklärung des Sachverhaltes dienlich sein können. Das geschieht bei **Sofortlagen** im Rahmen des Ersten Angriffs[2] mit allen erforderlichen polizeilichen und kriminalistischen Maßnahmen der Spurensuche und -sicherung. Bei **Ermittlungslagen** werden möglichst zeitnah durch erste Prüfungen sowie aktive Untersuchungshandlungen Maßnahmen zur Beweissicherung und Sachverhaltsaufklärung durchgeführt. Diese Maßnahmen führen dazu, ein erstes Informationspotenzial für die Aufklärung des Einzelfalles zu schaffen. Dieses Daten- und Informationspotenzial ist besonders zu Beginn von Untersuchungen oft noch lückenhaft, unvollständig und inhaltlich widersprüchlich. Daraus ergibt sich die Notwendigkeit, durch weitere Ermittlungsmaßnahmen Informationslücken zu schließen, um den oder die Täter schnell zu ermitteln und den Sachverhalt im erforderlichen Umfang und beweissicher aufzuklären. Das erfordert zunächst die vorurteilsfreie Sichtung, Analyse, Auswertung und Beurteilung des vorhandenen **Informationspotenzials**. Nachdem ein gesicherter Überblick über das Geschehen vorhanden ist, erfolgt die **fallanalytische Beurteilung** der Straftat. Dabei werden u. a. strafprozessuale, strafrechtliche, kriminalistische, insbesondere kriminaltaktische, kriminologische und administrativ-organisatorische Aspekte sowie Fragen der Gefahrenabwehr berücksichtigt. Die fallanalytische Beurteilung der Straftat bzw. von einzelnen Sachverhalten ist praktisch bei **jeder Bearbeitung eines Ermittlungsverfahrens** erforderlich. Unterschiedlich sind allerdings der Aufwand und die anzuwendenden Methoden.[3] Es müssen jeweils die für den Sachverhalt und Einzelfall zutreffenden Methoden verwendet werden. Fallanalyse, Versions-/Hypothesenbildung sowie die darauf aufbauende Planung der Maßnahmen und Ermittlungsaufgaben sind Bestandteil der kriminalistischen Denk- und Erkenntnistätigkeit bei der Straftatenuntersuchung und ein Aufgabengebiet der Kriminaltaktik.

Der Prozess logisch-gedanklicher Tätigkeit durchzieht die gesamte kriminalistische Untersuchung bis zur Aufklärung des Falles und darüber 2
hinaus. Die kriminalistische Gedankenarbeit hat jedoch bei Beginn der

2 Vgl. Kap. IV, Erster Angriff.

3 Vgl. Kap. V, Abschnitt 1.4.

Untersuchung einen besonders hohen Stellenwert, weil die aus der Beurteilung des Sachverhaltes gezogenen Schlüsse für die Aufklärung möglicherweise auch Orientierungen beinhalten, welche die Untersuchung in die falsche Richtung führen können.

Bereits bei der ersten analytischen Beurteilung eines Sachverhaltes entwickeln sich Vorstellungen darüber, wie sich etwas zugetragen haben könnte und welche Zusammenhänge zwischen den festgestellten Fakten des Sachverhaltes bestehen. Es werden Überlegungen angestellt, wie sich einzelne Tat- oder Handlungsabläufe vollzogen haben könnten, wer als Täter infrage kommen könnte und wie erkannte Widersprüche oder offene Untersuchungsfragen aufgeklärt werden können.

3 Kriminalistische Fallanalyse, Versions-/Hypothesenbildung und Untersuchungsplanung sind methodisch gesehen unterschiedliche Aufgaben, obwohl sie sozusagen in einem Zuge und bei gleitendem Übergang erledigt werden.

Bei der Fallanalyse werden der Sachverhalt sowie Spuren und Beweise anhand der Ermittlungsergebnisse (Feststellungen) beurteilt. Die für die Beurteilung des Falles maßgeblichen Fakten werden herausgearbeitet.

Mit Methoden der Versions-/Hypothesenbildung werden Erklärungen (begründete Vermutungen) gesucht und Vorstellungen darüber entwickelt, wie sich die bei der Analyse festgestellten unklaren bzw. nicht eindeutig erklärbaren Sachverhalte zugetragen haben könnten. Dabei werden einzelne zunächst isolierte Analysefakten mosaikartig zusammengeführt. Der Logik des menschlichen Denkens folgend geschieht das auch **bereits während der Fallanalyse.** Schon hier entwickeln sich zwangsläufig erste Vorstellungen und werden Ideen geboren, **„wie“** sich **der problematische Sachverhalt/Ablauf** zugetragen haben könnte. Es werden hypothetische Annahmen (Versionen) gebildet.

Von diesen Versionen werden wiederum die notwendigen Ermittlungsaufgaben (Untersuchungsplanung) abgeleitet, um die erarbeiteten Schlussfolgerungen zu prüfen.

Daher besteht zwischen diesen drei kriminalistischen Aufgaben ein logischer Zusammenhang, der jedoch aus theoretischen Erwägungen, methodischen Gründen und zum besseren Verständnis getrennt dargestellt wird.

4 Psychologisch wird unter Denken die **gesamte** (in Zusammenhang stehende) Verstandestätigkeit als spezifisch menschliche Form der Informationstätigkeit begriffen. Kriminalistisch sind das analytische, synthetische, abstrakte, gegenstandsbezogene und produktiv-schöpferische Herangehen sowie das

reproduktive Denken von besonderer Bedeutung[4]. Diese Denkprozesse laufen bei der Fallbeurteilung als **komplexe** Fähigkeit des Kriminalisten ab. Es schließt ein, durch logisches und spontanes Erfassen von Situationen und Zusammenhängen (Intelligenz) neue Erkenntnisse zu gewinnen. Deshalb wird methodisch in den folgenden Schritten vorgegangen (vgl. Abb. V.1):

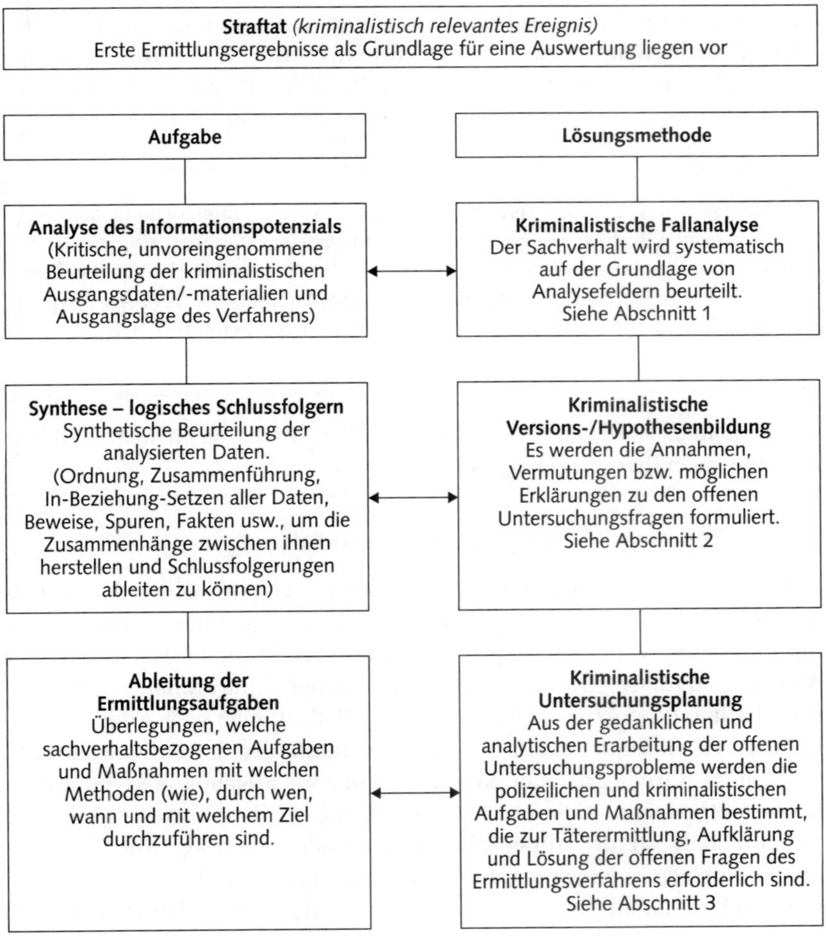

Abb. V.1 Zusammenhang Fallanalyse – Versions-/Hypothesenbildung – Untersuchungsplanung

4 Zum Kriminalistischen Denken siehe z.B. auch Walder, Hansjakob, Gundlach, Strauch; Holzhauer oder Huberty.

Die Aufeinanderfolge dieser Arbeitsschritte ergibt sich aus der Logik der Sache und ist nicht umkehrbar. Welche speziellen Erkenntnismethoden im Einzelnen anzuwenden sind, hängt vom Zeitpunkt der Analyse und der Planung ab. Aus praktischen Gründen ist es bei schwerwiegenden Verbrechen oft erforderlich, bereits zu einem sehr frühen Zeitpunkt erste Versionen aufzustellen und die dazu erforderlichen Aufgaben und Ermittlungsmaßnahmen zu planen und durchzuführen. Deshalb sind diese Arbeitsschritte fortlaufend erneut durchzuführen, wenn erste Ermittlungsergebnisse vorliegen und die Informationsinhalte als bestätigt angesehen werden können (Prinzip der Dynamik der Versionsbildung und Planung).

Beachte

Fallanalyse und Versions-/Hypothesenbildung sowie Untersuchungsplanung dürfen nicht künstlich voneinander getrennt werden, dennoch sind sie nicht identisch. Sie unterscheiden sich insbesondere durch die unterschiedlichen Ziele und die methodischen Instrumente, die für die Analyse, die Versions-/Hypothesenbildung, die „Schlussfolgerungskunst" und die Planung der Aufgaben angewandt werden.

5 Im Folgenden wird auf den ersten Arbeitsschritt, die kriminalistische Fallanalyse, näher eingegangen.

1.2 Zum Begriff der Kriminalistischen Fallanalyse

6 Für die Erarbeitung realitätsnaher Versionen/Hypothesen ist eine vorurteilsfreie, auf bestätigten Fakten beruhende Analyse des Falles notwendig, um damit Voraussetzungen für seine Aufklärung zu schaffen sowie Ableitungen für die Ermittlung treffen zu können. Eine einheitliche Definition „Fallanalyse" existiert nicht. Mehrere Definitionen oder Arbeitsbegriffe beziehen sich auf spezifische Anwendungsfelder der Fallanalyse und weniger auf ihre begriffliche Kennzeichnung als **allgemeine kriminaltaktische Methode,** die nicht nur für Spezialfälle, sondern vorrangig auch als **Grundmodell für die alltägliche Verfahrensbearbeitung Gültigkeit hat.** Erst in den letzten Jahren setzte sich langsam der Gedanke durch, dass ein **spezifisches Modell** (wie die Operative Fallanalyse [OFA]) kein Oberbegriff sein kann. Spezifische Anwendungen beruhen stets auf einem **Grundmodell.** Die Kriminalistische Fallanalyse ist ein allgemeingültiges für alle Straftaten anwendbares Grundmodell. Ableitungen für spezielle fallanalytische Anwendungen (wie es die OFA ist) beruhen auf dem **Grundmodell** und nicht umgekehrt. Sie spezifizieren die allgemeine Methode, modifizie-

ren diese auf ein spezifisches Anwendungsgebiet, wie z.B. Tötungsstraftaten. Gegen die Begriffsverwendung „Operative Fallanalyse" ist nichts einzuwenden, jedoch wird die OFA damit nicht zum Oberbegriff der Fallanalytik. Ein Grundmodell muss immer geeignet sein, weiterentwickelte Spezifikationen ableiten zu können.

Inhalt und Struktur eines Grundmodells der kriminalistischen Fallanalyse können nach Analysefeldern geordnet werden, die sich an generellen kriminalphänomenologischen Erkenntnissen orientieren. *Clages* kennzeichnet die **„Kriminalistische Fallanalyse"** begrifflich folgendermaßen: *„Ihrem Wesen nach handelt es sich um ein am Einzelfall orientiertes Analyse- und Syntheseverfahren, in dem nach kriminalistischen und kriminologischen Kriterien die über den Fall vorliegenden Informationen in einem analytischen Denkprozess durchdrungen, bewertet und nach der Methode der kriminalistischen Synthese zu einem Bild über Tat, Täter und Opfer und deren tatrelevantem Verhalten zusammengefügt werden. Es wird ergänzt durch die Beurteilung der Beweislage zum Zeitpunkt des Analyseverfahrens."*[5]

Fallanalyse ist demzufolge eine **kriminalistisch-kriminologische und logische Faktenanalyse**, welche Schlussfolgerungen für den Weg der Aufklärung erlaubt und Ermittlungsunterstützung zur Verfolgung von Tat- und Täterversionen geben soll. Keinesfalls, oder nur in Ausnahmen, kann die Fallanalyse zur direkten Ermittlung oder Überführung des Täters führen. Diese auf eine Straftat oder ein Ereignis begrenzte Analyse unterscheidet sich kaum von Analysen, wie sie beispielsweise die Gesellschafts- oder Wirtschaftswissenschaften anwenden. Ihr Gegenstand ist im Strafverfahren speziell auf den zur Aufklärung einer Straftat zu analysierenden Sachverhalt ausgerichtet. Analyse ist nichts anderes als eine grundlegende logische Operation des kriminalistischen Denkprozesses. Es wird über das gesamte zum Fall vorliegende Informationspotenzial, „das Ganze" einer Straftat nachgedacht, und dabei der Sachverhalt gedanklich zergliedert, zerlegt, aufgelöst bzw. in seine einzelnen inhaltlichen Bestandteile aufgespreizt. Nachdem dies geschehen ist, werden die einzelnen Elemente des Sachverhaltes (z.B. Tatort, Tatzeit, Tatbegehung, Spuren, Ursachen, Motive, Täterhinweise, Widersprüche) in Form der „Synthese" wiederum so zusammengesetzt, dass die wechselseitigen **Zusammenhänge** zwischen diesen erkannten Informationen sichtbar werden. Die **Synthese**[6] des Kriminalisten fügt danach diejenigen Fakten zusammen, die geeignet 7

V

5 Clages, Ackermann (2019), S. 20; S. 125 ff.

6 Synthese (lat. gr.): allgemeine Vereinigung, Zusammenfügen von (selbstständigen) Teilen zu einem einheitlichen Ganzen; in: Göschel, S. 248.

sind, etwas zu erklären sowie Zusammenhänge (z.B. zwischen Beteiligten) herzustellen, die bei der isolierten Betrachtung nicht erkennbar gewesen sind. Die Synthese führt dabei zu neuen Sichtweisen.

Da es eine Vielzahl von weiteren Begriffserklärungen und Definitionen zur Fallanalyse gibt, soll mit der folgenden Definition ausdrücklich eine allgemeine **„Grundform des analytischen Verfahrens“** beschrieben werden, worauf alle weiteren fallspezifischen Verfahren aufbauen.

8 **Kriminalistische Fallanalyse (KFA) nach Ackermann/Clages**

„Die Kriminalistische Fallanalyse (KFA) ist ein kriminaltaktisches Instrument[7], mit dessen Hilfe eine Straftat[8] auf der Grundlage des jeweils vorhandenen objektivierten Daten- und Informationspotenzials analytisch mit dem Ziel bewertet wird, neue kriminalistische Erkenntnisse zu gewinnen, die ermittlungsunterstützend der umfassenden Tataufklärung, insbesondere der Ermittlung und Überführung unbekannter Täter dienen können. Es ist ein am Einzelfall orientiertes gedankliches Analyse- und Syntheseverfahren. Ihr Ziel ist die Gewinnung neuer, weiterführender Erkenntnisse, vor allem der Feststellung bisher nicht erkennbarer Zusammenhänge, die der Beweisführung und Ermittlungsunterstützung dienen. Der Sachverhalt wird nach kriminalistisch-kriminologischen Kriterien bzw. Analysefeldern in einem analytischen Denkprozess durchdrungen, bewertet und nach der Methode der kriminalistischen Synthese zu einem möglichen Bild über Tat, Täter und Opfer zusammengefügt.“

In der sich daraus entwickelnden „synthetischen Zusammenschau“ sollen nach gedanklicher Rekonstruktion des möglichen Tatverlaufs und der Erkenntnisse zum Täter die offenen Ermittlungsprobleme und Zusammenhänge erkannt und neue Ansatzpunkte zur Unterstützung der Ermittlungstätigkeit gefunden werden.

In einem Lehr- und Studienbrief „Kriminalistische Fallanalyse“[9] wird auf die historische Entwicklung der Fallanalyse sowie die bestehende Abgrenzung zum Begriff **Täterprofil** näher eingegangen. Darin werden auch die allgemeingültigen Methoden der **Fallanalyse für den täglichen Kriminalitätsanfall** dargestellt. Zudem wird auf die methodisch abweichende **Operative Fallanalyse (OFA)** eingegangen, die maßgeblich für Tötungs-

---

7 Dem Grunde nach ist es eine kriminaltaktische Methode, die häufig auch als Werkzeug bezeichnet wird.

8 Auch kriminalistisch relevante Ereignisse, Sachverhalte oder einzelne Episoden aus Straftaten.

9 Ackermann (2010).

und sexuelle Gewaltdelikte sowie andere schwerwiegende Verbrechen Anwendung findet und vorrangig durch die OFA-Einheiten der Landeskriminalämter und des Bundeskriminalamtes durchgeführt wird. Das methodische Vorgehen ist durch vorgegebene Qualitätsstandards bestimmt. *Uhlig*[10] hat die historische Entwicklung, Anwendungsbereiche, methodische Grundprinzipien und den Ablauf der Operativen Fallanalyse verständlich und aktuell beschrieben.

1.3 Problemerkenntnis

Die Kriminalistische Fallanalyse dient dazu, die bei der Falluntersuchung existierenden **Probleme** zu erkennen, die auch als „Knotenpunkte“, „Schlüsselfragen“ oder „Roter Faden“ des Ermittlungsverfahrens bezeichnet werden. 9

Problematische Sachverhalte existieren praktisch bei jeder Fallaufklärung. Entscheidend ist ihre Bedeutung für erkannte Ermittlungsansätze, fehlende Beweise/Daten/Informationen sowie für die jeweils verfolgten Untersuchungsziele. Hinzu kommt, dass während der Untersuchung oft weitere oder neue Probleme entstehen. Zahlreiche Fragestellungen im Ermittlungsverfahren stellen sich allerdings als unproblematisch dar. Sie können durch Prüfung, Besichtigung, Vernehmung, Befragung, Nachfrage, Kontrolle, Recherche oder sonstige Feststellungen bzw. Ermittlungshandlungen problemlos aufgeklärt werden. Folglich muss nicht jede denkbare kriminalistische oder polizeiliche Aufgabe über den Weg der Bildung von Versionen/Hypothesen gelöst werden. Diese richten sich in ihrem Kern auf **problematische** Untersuchungsfelder. Ihr Ziel ist die Aufhellung von Erkenntnisdefiziten und das Schließen von Wissenslücken. Versionen/Hypothesen werden ausschließlich zu offenen und ungeklärten Fragestellungen, zu denen es mehrere alternative Erklärungsmöglichkeiten oder Lösungen gibt, aufgestellt. Deshalb kommt es bei der fallanalytischen Beurteilung von Sachverhalten darauf an, die tatsächlich bestehenden problematischen Fragestellungen fallbezogen zu erkennen. **Aufgabe der Fallanalyse ist es, diejenigen Probleme herauszufiltern, die zu einem neuen Wissens- oder Erkenntnisstand führen und Ermittlungsunterstützung geben können.** Die Problemerkenntnis ist deshalb ein wichtiger Schritt sowohl bei der **fallanalytischen Beurteilung der Ausgangsdaten** als auch bei der darauf aufbauenden Versions-/Hypothesenbildung selbst.

10 Uhlig (2022).

Merke

Ein **Problem** im Ermittlungsprozess liegt vor, wenn die Ermittlungsperson ein bestimmtes sachverhaltsbezogenes Erkenntnisziel hat, dieses mit ihrem aktuell verfügbaren Wissens- und Kenntnisstand über die Sache aber nicht unmittelbar bzw. aus dem Sachverhalt heraus erklären oder ableiten kann.

Im Regelfall hat der Sachbearbeiter bei der Fallaufklärung aber nicht nur ein einziges, sondern mehrere Probleme unterschiedlicher Art zu lösen, die sich beispielsweise auf den Zusammenhang zwischen einzelnen Spuren und sachlichen Beweismitteln, Aussagen, dem Beweiswert, taktischen Erwägungen usw. beziehen. In diesen Fällen spricht man von einer **Problemsituation**. Je präziser ein Problem oder Problemsituationen definiert und beschrieben werden, desto sicherer können darauf die Maßnahmen zur Problemlösung aufgebaut werden und desto wahrscheinlicher ist auch ihre Lösung (Zielerreichung).

Merke

Eine **Problemsituation** liegt dann vor, wenn das über mehrere zusammenhängende Erkenntnisgegenstände bekannte Wissen nicht ausreicht, um in kausalen Beziehungen stehende Sachverhalte, Situationen oder offene Untersuchungsprobleme exakt erklären oder beweisen zu können, wie z. B. strittige oder unlogische Abläufe, unterschiedliche Tatbeteiligung, Lücken in Indizienketten.

Mit dem **Erkennen** der für die Beweisführung wesentlichen **Untersuchungsprobleme** werden die Grundlagen für spätere Problemlösungen (umfassende Tataufklärung) geschaffen. Die kriminalistisch-beweisrechtliche Zielstellung ist, auf dem Wege der Wahrheitsfeststellung nach Möglichkeit alle erkannten Probleme des Falles bis zum Abschluss des polizeilichen Ermittlungsverfahrens gelöst zu haben.

1.4 Methoden der Kriminalistischen Fallanalyse

1.4.1 Analysegrundlagen

10 Die bei der Fallanalyse und Untersuchungsplanung erforderliche gedankliche Arbeit vollzieht sich nach bestimmten methodischen Vorgehensweisen. Die wichtigste Methode ist die kognitive Durchdringung des zu untersuchenden Falles. Das geschieht bei der Fallanalyse und bei der in Abschnitt 3 dieses Kapitels beschriebenen Untersuchungsplanung in erster Linie durch die gedankliche Auseinandersetzung mit den bisher vorliegenden Untersuchungs-

resultaten, die sich im Ermittlungsvorgang in Form von Anzeigen, Berichten über den Sicherungs- oder Auswertungsangriff, Tatortbefundberichten, Bildanlagekarten, Spurensicherungsberichten, Vernehmungsniederschriften und anderen **Ausgangsmaterialien** wiederfinden. Dabei wird nach bestimmten methodischen Regeln vorgegangen. Es werden die zu Untersuchungsbeginn vorhandenen Ausgangsmaterialien/-informationen analysiert und hinsichtlich ihrer Nützlichkeit für die Täterermittlung, Aufklärung und Beweisführung bewertet. Dabei werden aufklärungsbedürftige Fragestellungen und Untersuchungsziele bestimmt sowie festgelegt, was noch zu ermitteln ist.

Der erste Schritt beinhaltet die erkenntnistheoretische, beweisrechtliche und kriminalistische Auseinandersetzung mit dem **Inhalt** der zum Zeitpunkt der Fallanalyse vorliegenden Ermittlungsresultate. Es ist notwendig, diese zu prüfen, um sie hinsichtlich ihrer Verwendbarkeit für die weitere Sachaufklärung beurteilen zu können. Methodisch geschieht das, indem man sich zunächst mit dem **Ausgangsmaterial** vertraut macht. Es beinhaltet die erste Durchsicht der Ermittlungsunterlagen, die auch mit der Inaugenscheinnahme und Besichtigung von Spuren und Beweisgegenständen sowie schon vorhandenen Bilddokumentationen, unter Umständen auch erneuter Besichtigung von Orten, einhergeht.

Methodisches Vorgehen: 11

- Die Unterlagen gewissenhaft lesen;
- alle bis zu diesem Zeitpunkt bereits durchgeführten Ermittlungshandlungen und polizeilichen Maßnahmen einschätzen und deren Ergebnisse beurteilen;
- wenn offene Fragen oder Widersprüche auftauchen, Angaben, Informationen bzw. wichtige Daten fehlen, also offene Untersuchungsprobleme erkennbar sind, sofort notieren;
- die Straftat nach kriminalistischen und logischen Aspekten zerlegen oder zergliedern, z.B. nach Handlungsabläufen, Episoden, Entschlussfassung, Planung, Vorbereitung, Durchführung in den einzelnen Tatphasen bis zur Sicherung des Ergebnisses der Straftat (Verschleierung), Personenzusammenhänge, Erfüllung von Tatbestandsmerkmalen (damit werden bereits individuelle fallbezogene Analysefelder näher bestimmt);
- feststellen, welche Beweismittel zu welchen offenen und ungeklärten bzw. noch nicht bewiesenen Sachverhalten beigebracht werden müssen;
- Zusammenhänge zwischen getroffenen Feststellungen und einzelnen Sachverhalten analysieren;

- Unterlagen im Untersuchungsvorgang unter Berücksichtigung der Prinzipien des Aktenaufbaus zweckmäßig ordnen.

Nachdem der Sachbearbeiter sich zunächst einmal mit dem Sachverhalt und vorliegenden Beweisen vertraut gemacht und einen **Überblick** über Inhalt und Stand der Ermittlungen gewonnen hat, folgt die eigentliche **Kriminalistische Fallanalyse**, das tiefere analytische Eindringen in die erkannten offenen Probleme und den gesamten Sachverhalt. Es ist die gedankliche Auseinandersetzung mit den tatsächlichen Fakten, die zum Erkenntniszuwachs und der Wahrheitsfeststellung führen sollen. Bei der unvoreingenommenen analytischen Beurteilung der Fakten könnten jene Regeln nützlich sein, die *Descartes* schon im 16. Jahrhundert beschrieb.

Logische Regeln des vernünftigen Denkens

(von René Descartes 1637)

„Die **erste** *war, niemals eine Sache als wahr anzunehmen, wenn ich nicht sicher erkenne, dass es wirklich wahr ist, d.h. mich aufs sorgfältigste vor Übereilung und Vorurteil zu hüten und nur das in mein Wissen aufzunehmen was sich meinem Verstande so klar und deutlich darstellte, dass ich keinerlei Anlass hatte, daran zu zweifeln.*

Die **zweite:** *jede schwierige Frage, die ich untersuchen würde, in so viele einzelne Teile zu zerlegen, als zu einer vollkommenen Lösung erforderlich wären.*

Die **dritte:** *meine Gedanken stets in eine gewisse Ordnung zu bringen, indem sie mit den einfachsten und am leichtesten fasslichen Gegenständen begann, um stufenweise nach und nach zur Erkenntnis des Verwickelteren zu gelangen und eine gleiche Ordnung mit den Dingen selbst anzunehmen, selbst wenn sie nicht von Natur aus in einem Folgeverhältnis stehen.*

Und die **letzte:** *sowohl bei Erforschung des Wesens einer Sache als auch bei Betrachtung aller im einzelnen sich ergebenden Schwierigkeiten so vollständige Aufzählungen und so umfassende Übersichten zu geben, dass ich mich gegen die Möglichkeiten sicherte, etwas zu übersehen.“*[11]

Die Beurteilung der analysierten Fakten erfasst im Wesentlichen:

- die inhaltliche Beurteilung der in den Ermittlungsunterlagen bzw. Untersuchungsdokumenten enthaltenen Informationen;
- die Aufdeckung von Widersprüchen, Plausibilitätsfeststellung;

11 Descartes, S. 13–14.

- die juristische Prüfung der Verdachtsgründe und Tatbestandsmäßigkeit;
- das Einschätzen des Wahrheitsgehaltes und der Stichhaltigkeit;
- die Prüfung, ob es sich um Tatsachen, Vermutungen, bewiesene oder nicht bewiesene Aussagen und Feststellungen handelt;
- das Prüfen der Glaubwürdigkeit von Zeugenaussagen und Informationsquellen, einschließlich des Inhalts und ihrer Verwertbarkeit im Strafprozess;
- das Herausfinden und Skizzieren der Tatbegehungsweise und ihrer einzelnen Elemente.

Die Ermittlungsunterlagen werden entsprechend dem kriminalistischen Erkenntnis- und Ermittlungsziel nach **Sachkomplexen, Personenzusammenhängen** oder anderen **Ordnungskriterien** genauer ausgewertet und analysiert. Nach logischen und beweisrechtlichen Aspekten werden die in den Ermittlungsunterlagen enthaltenen Informationen mit den für die Täterermittlung und Beweisführung objektiv notwendigen, d. h. tatsächlich benötigten Informationen und Beweisen verglichen. Bei schweren Verbrechen, insbesondere Tötungsdelikten und schweren Gewaltstraftaten, dient diese Analyse auch zur Klärung, ob die Ausgangsinformationen eine ausreichend objektive Grundlage für den möglichen Einsatz einer Diensteinheit „Operative Fallanalyse“ bilden.

Mit dieser Methode des **kriminalistischen Vergleichs** wird zwangsläufig 12
festgestellt, welche Differenzen zwischen dem erreichten und notwendigen Erkenntnisstand bestehen. Die Untersuchungsprobleme werden herauskristallisiert. Im Weiteren vollzieht sich das als **Synthese**, indem die zunächst zergliederten Sachverhalte des bisherigen Untersuchungsresultats durch wechselseitige Ergänzungen wieder zusammengeführt werden. Infolge dieser Zusammenführung werden die „weißen Flecken“, das heißt die offenen Untersuchungsprobleme sowie bestehende Zusammenhänge und die noch notwendigen Ermittlungs- und Untersuchungsaufgaben bestimmt. Die kritische Herausarbeitung der Untersuchungsprobleme und die Bestimmung der fehlenden Beweismittel führen in der Regel bereits zur **Bildung von kriminalistischen Versionen** (vgl. Kapitel V, Abschnitt 1.1).

Zur praktischen Handhabung und als methodische Orientierung wird nachfolgend ein **Grundmodell** der Kriminalistischen Fallanalyse (KFA) vorgestellt.[12] Es ist eine allgemeine Analyse-Methodik, die für die gesam-

---

12 In der Literatur existieren auch andere Grundmodelle für die Fallanalyse, z. B. das Waben-Modell von Gundlach (2013, 2025).

te Breite des täglichen Straftatenanfalls anwendbar ist. Auf der Basis der dabei erkannten offenen Untersuchungsprobleme können bei Vorliegen der notwendigen Voraussetzungen weitere **spezielle Methoden,** wie z.B. **Operative Fallanalyse für besondere Deliktarten,** eingesetzt werden.

1.4.2 Grundmodell Fallanalyse

13 Im Ermittlungsprozess können in Abhängigkeit von der **Deliktart**[13], **Schwere** der Straftat, **Schwierigkeitsgrad** der Untersuchung, **Informationsvolumen**, sowie dem erkennbaren Wert bisher gewonnener Informationen, Spuren und Beweise verschiedenartige fallanalytische Methoden angewandt werden. Ein Grundmodell gibt eine bestimmte Richtung an. Es dient als **Orientierung**. Es ist nicht starr und unbeweglich, sondern erlaubt die Berücksichtigung der jeweiligen falltypischen Besonderheiten.

Es gibt noch keine einheitliche, durch eine Theorie und wissenschaftliche Struktur geprägte (und anerkannte) kriminalistische Methodik der Fallanalyse. Die Methoden für die Fallanalyse, ebenso für die Versions- und Hypothesenbildung sind heute schon so umfangreich und vielfältig, dass sie in einem Handbuch dieser Art nicht vorgestellt werden können. Fragestellungen, die sich im Analyseprozess der kriminalistischen Falluntersuchung ergeben, sind denen der Natur- und Geisteswissenschaften ähnlich. Sie konzentrieren sich allerdings auf den spezifischen Gegenstand, „Straftaten allseitig und umfassend aufzuklären". Die praktische Frage ist: Was soll wie mit welcher Zielstellung analysiert werden? Die bestehenden fallanalytischen Methoden, Datenbanken und Fallstrukturdateien oder andere Methoden zur Unterstützung der Fallanalyse können dabei delikt-, situations- und zielbezogen Anwendung finden. Dabei bestimmt die **Individualität des Einzelfalles** die Methodenwahl und das Vorgehen. Nachfolgend werden in einer Auswahl einige Methoden (Möglichkeiten) der Kriminalistischen Fallanalyse (KFA) vorgestellt.

1.4.3 Fallanalyse nach Analysefeldern

14 Was an anderer Stelle bereits zur Versions- und Hypothesenbildung sowie Kriminalistischen Untersuchungsplanung ausgeführt ist, gilt ebenso für die Fallanalyse: **Unabhängig vom Schwierigkeitsgrad bedarf es bei jeder Bearbeitung eines Ermittlungsverfahrens der Analyse des Falles.** Zu berücksichtigen ist allerdings der Aufwand, der im entsprechenden Verhältnis zur Schwere der Tat stehen muss. Deshalb ist bei einfach gelagerten Fällen (leichte bis mittlere Kriminalität) die **gedankliche Analyse** des Fal-

---

13 Zum Beispiel: Raubüberfall auf ein Juweliergeschäft, Wohnungseinbruch, Vermisstenfall.

les, das logische und erkenntnisseitige Durchdringen der Probleme zur Ableitung der notwendigen Ermittlungsaufgaben zweckmäßig und üblich.

In allen anderen Fällen sollte die Fallanalyse jedoch zwingend unter Nutzung von standardisierten Vorgaben erfolgen, welche der Qualitätssicherung der Analyse dienen. Dieses Grundmodell der Kriminalistischen Fallanalyse (KFA) ist in Analysefelder gegliedert. Darin enthaltene Standardfragen/Kriterien geben dem Sachbearbeiter Hinweise, **was** fallbezogen zu analysieren ist. Solche von *Clages*[14] entwickelten und von weiteren Autoren bearbeiteten **Beurteilungskriterien** erfuhren in den letzten Jahren verschiedene Modifizierungen und werden aktuell als **Analysefelder** bezeichnet. **Dieser Begriff implementiert eine weiter ausgedehnte, nicht streng auf ein einzelnes starres Kriterium gerichtete Betrachtungsweise.** Die Fallanalyse konzentriert sich auf die kriminalistisch zu untersuchende Einzelstraftat. Nach den in den Analysefeldern vorgegebenen Kriterien wird der Sachverhalt kriminalistisch analysiert (vgl. Abb. V.2).

Analysefelder sind abgegrenzte Episoden einer Straftat, die zur Unterstützung einer qualifizierten und modifizierbaren Bewertung von Einzelfällen näher betrachtet werden. Sie dienen als Anhalt für den Sachbearbeiter. Nach Ausgangslage und Verfahrensziel können Analysefelder entsprechend der individuellen Fallkonstellation angepasst werden.

Jedes einzelne Analysefeld wird nach strafrechtlichen, kriminaltaktischen, kriminaltechnischen, kriminologischen, polizeitaktischen und anderen einzelfallbezogenen Aspekten aufgegliedert. Damit wird der gesamte Fall untersuchungstaktisch „auseinandergenommen", „zerlegt", um zu Erkenntnissen über offene Fragen, Widersprüche, Informationslücken, noch beizubringende Beweise, Zusammenhänge etc. zu gelangen. Das geschieht, indem beispielsweise zum Analysefeld **Tatort** alle tatort- und tatbezogenen sowie aufklärungsrelevanten Fakten beurteilt werden, die in Beziehung zum Tat-/Ereignisort stehen.

14 Clages (1997), S. 47–49; Clages (1989), S. 26–31.

Analysefelder

1. Verdachtslage	**2. Tatsituation**	**3. Beweislage**
Erste Beurteilung: ■ der Ausgangssituation und bisherigen Maßnahmen ■ Gefahrenlage ■ Erscheinungsbild und Charakter des Ereignisses ■ Verdacht auf eine Straftat ■ Verdacht auf eine Ordnungswidrigkeit ■ Andere Rechtsverletzungen ■ Verdachtslage gegen bestimmte Personen/Personenkreise ■ Erste allgemeine augenscheinliche Beurteilung des Ereignisses ■ Handlungserfordernisse ***Zusammenfassende Bewertung der Ausgangslage***	***Beurteilung:*** ■ Tatort ■ Spurenlage ■ Tatzeit ■ Begehungsweise (Modus Operandi) ■ Besondere Tatumstände ■ Tatmittel ■ Angriffsobjekte ■ Beute/Diebesgut/Vorteil ■ Tatmotiv, Ursache, Anlass ■ Opfer ■ Tatzeugen ■ Täter/Tatverdächtige **Zusammenfassende Bewertung der Tatsituation**	***Beurteilung Beweislage:*** **Personalbeweis** ■ Zeugenaussagen ■ eigene Feststellungen ■ Hintergrundinformationen ■ Verdachtsgründe gegen bestimmte Personen ■ Beschuldigtenaussage/Geständnis ■ Bewertung der Aussageinhalte ■ be- und entlastende Aussagen ■ Bewertung der Aussageinhalte ■ Stimmigkeit von Aussagen ■ Möglichkeiten zur Erschließung weiterer Informationsquellen **Sachbeweis** ■ Vorhandene Spuren der Tat ■ Andere sachliche Beweismittel wie: Sachen, Gegenstände Tatwerkzeuge, Urkunden, Augenscheinsgegenstände ■ Kriminaltechnische Auswertungsmöglichkeiten der Spuren ■ Nach der Tatbegehungsweise noch zu erwartende Spuren ■ Dokumentation der Sachbeweise **Zusammenfassende Beurteilung der Beweislage, erkannte Zusammenhänge, was kann zweifelsfrei bewiesen werden, Widersprüche, Beweislücken, weitere notwendige Beweiserhebungsmaßnahmen**

4. Tat- und Täterversionen/ Hypothesen	5. Fahndungslage	6. Rechtslage
Beurteilung: ■ Versionen zum Tatablauf ■ Widersprüche ■ Zweifel am Tatablauf ■ Vorstellungen zur Tatvorbereitung, Tatdurchführung und Sicherung des Ergebnisses ■ Verdacht gegen bekannte Person ■ Notwendige Maßnahmen zur Überführung/Geständniserlangung ■ Versionen zu allen offenen Untersuchungsfragen ■ Versionen zu unbekanntem Täter begründen und aufstellen ■ Taktische Aufklärungs- und Ermittlungsmaßnahmen ***Entwicklung von begründeten Vorstellungen (Versionen/ Hypothesen) zu allen Aspekten der Tat und der Täterschaft, zu denen offene Untersuchungsfragen bestehen.***	***Beurteilung:*** ■ Vorliegender Fahndungsinformationen ■ Erfolgsaussichten ■ Dringlichkeit ■ Laufender Fahndungsmaßnahmen nach bekanntem Flüchtigen ■ Fahndungsmaßnahmen nach unbekanntem Flüchtigen (Beschreibung; Phantombild) ■ Öffentlichkeitsfahndung gesetzlich möglich und zweckmäßig ■ Zielgruppenorientierte Öffentlichkeitsfahndung ■ Fahndungsmaßnahmen zur Zeugengewinnung ■ Fahndungsräume; Fahndungsarten ■ Sachfahndungsmaßnahmen nach materiellen Beweismitteln, Diebesgut, Vergleichsmaterial ***Prüfen, ob Maßnahmen ausreichend sind, bzw. welche noch notwendig sind.***	***Rechtliche Beurteilung:*** ■ des Ereignisses ■ Straftat(en), Vergehen, Verbrechen ■ Gefahren ■ Art, Schwere und Ausmaß ■ Fortbestand oder beseitigt ■ Zeitliche Dringlichkeit ■ Rechtliche Schwerpunkte polizeilichen Handelns ■ Gefahrenabwehr; Strafverfolgung, doppelfunktionales Handeln ■ Rechtscharakter getroffener polizeilicher Maßnahmen ■ Befugnisnormen für polizeiliche Eingriffsmaßnahmen (z. B. Durchsuchung) ■ Besondere Zuständigkeiten, einschließlich Staatsanwaltschaft ***Beurteilung, welche rechtlichen Ermittlungsmöglichkeiten noch zur Verfügung stehen, um Defizite zu Tat und Täter zu beseitigen.***

Abb. V.2: Analysefelder

Beispiel der Beurteilung des Analysefeldes Tatort 15

- Wo befindet sich der Tatort?
- Welche räumliche Ausdehnung hat er?
- Ist es ein willkürlich ausgewählter Tatort?
- Wer hat Tatortkenntnisse oder Zutrittsmöglichkeiten?
- Zugangs- und Fluchtmöglichkeiten!
- Ist Tatort gleich dem Fundort?
- Welche Spurenverursachung lassen Tatort und -handlungen erwarten?

- Kann der Tatort nachträglich verändert worden sein?
- Welcher Zusammenhang besteht zwischen Tatort und Tatzeit?
- Wer könnte am Tatort oder seiner Umgebung etwas wahrgenommen haben?
- Welche Bedeutung hat der Tatort im öffentlichen oder nichtöffentlichen Raum?
- Mögliche weitere orts- und sachverhaltsbezogene Fragestellungen.

In dieser Art werden alle weiteren für den Fall zutreffenden Analysefelder beurteilt. Den Analysefeldern können auch weitere fall- und situationsbezogene Felder hinzugefügt werden. Die isolierte Betrachtung der einzelnen Analysefelder ist ein methodisches Verfahren der Analyse und Grundlage für die synthetische **Zusammenführung** der daraus gewonnenen Erkenntnisse. So kann die Beurteilung des Tatortes stets nur im Zusammenhang mit der Beurteilung aller anderen Faktoren, beispielsweise zur **Tatzeit**, bewertet werden und auch dahingehend, ob der Tatort Bedeutung zur Qualifizierung eines strafrechtlichen Tatbestandes hat. Kein Kriterium steht für sich allein. Alle Analysefelder stehen in einem wechselseitigen Zusammenhang. Erst durch die Beurteilung der bestehenden **Zusammenhänge (Synthese)** lassen sich die notwendigen Schlüsse und Ableitungen für die Versions-/Hypothesenbildung ziehen. Die Vorgehensweise und inhaltliche Aspekte zur Beurteilung der einzelnen Analysefelder sind ausführlich und beispielhaft bei *Clages/Ackermann*[15] beschrieben.

Mit der folgenden Übersicht wird in Anlehnung an die **W-Fragen** eine Orientierung für den methodischen Weg gegeben, was bei der Fallanalyse praktisch zu berücksichtigen ist (vgl. Abb. V.3).

16 **Methodische Orientierungen zum Vorgehen bei einer Kriminalistischen Analyse – Fallanalyse**

	Was ist eine Analyse? Ein Erkenntnisverfahren, dessen Wesen in der gedanklichen oder tatsächlichen Aufteilung, Zerlegung, Zergliederung eines Ganzen (Straftat/Ereignis) in seine einzelnen Teile, eines Systems in seine Elemente, besteht. Die isolierte Betrachtung der einzelnen Bestandteile eines ganzheitlichen Sachverhaltes soll zu neuen Erkenntnissen für die Tataufklärung führen.
Wann?	▪ während des Ersten Angriffs ▪ nach dem Ersten Angriff ▪ bei Untersuchungsbeginn zu Ermittlungslagen ▪ im Ergebnis von neu gewonnenen Ermittlungsresultaten ▪ zur Beurteilung von Zwischenergebnissen der Ermittlung, um neue Aufklärungsansätze zu finden

15 Clages, Ackermann (Hrsg.) (2019), Kapitel 3, II.A. sowie in: Ackermann (2010).

Was?	■ Sachverhalt zu einer Straftat ■ Sachverhalt zu einem kriminalistisch relevanten Ereignis ■ ausgewählte Sachverhalte ■ Episoden einer Straftat
Wonach?	■ durch gedankliche Analyse ■ unter Zuhilfenahme von Analysefeldern ■ nach vorgegebenen Beurteilungskriterien ■ nach speziellen fallanalytischen Verfahren (z. B. OFA)
Wie?	Mit Methoden der Natur- und Geisteswissenschaften, einschließlich soziologischer Methoden, wie: ■ Kriminalistik (Versionsbildung) ■ Mathematik (Logik) ■ Informationsverarbeitung ■ Organisationswissenschaften ■ allgemeine Wissenschaftsmethoden (z. B. Vergleich) ■ juristische Methoden zur Sachverhaltsbewertung
Wer?	■ Ermittlungsperson ■ Staatsanwalt ■ Auswerter in SOKO; BAO ■ OFA-Mitarbeiter LKA, BKA ■ Sachverständiger ■ Fachspezialist
Warum?	■ Aufklärung eines Sachverhaltes ■ Gewinnung von Anhaltspunkten zur Täterermittlung und Sachaufklärung ■ Auffinden von Hinweisen zur Spuren- und Beweismittelsuche ■ Aufdeckung von Widersprüchen ■ Feststellen neuer Beweise/Zusammenhänge ■ Erforschung von Motiven/Ursachen/Hintergründen ■ Abwehr von Gefahren
Womit?	■ Verwenden von Hilfsmitteln der Analyse ■ Vergleichsreihen ■ Tatzeitreihen ■ Personenaufstellungen ■ Mindmaps ■ GIS ■ Crime Mapping ■ Spezielle Computerprogramme ■ Brainstorming

Abb. V.3 Methodische Orientierungen zum Vorgehen bei der KFA

1.4.4 Spezielle fallanalytische Methoden/Werkzeuge

Neben der oben beschriebenen Fallanalyse **„Grundmodell-Analysefelder“** gibt es weitere Methoden (oft als Werkzeuge beschrieben) zur ana- 17 lytischen Zergliederung von fallbezogenen Sachverhalten. Eine solche spezielle Fallanalyse ist beispielsweise die **„Operative Fallanalyse“**, die wie folgt definiert wird: *„Bei der Fallanalyse handelt es sich um ein kriminalistisches Werkzeug, welches das Fallverständnis bei Tötungs- und sexuellen Gewaltdelikten sowie anderen geeigneten Fällen von besonderer Bedeutung auf der Grundlage objektiver Daten und möglichst umfassender Informationen zum Opfer mit dem Ziel vertieft, ermittlungsunterstützende Hinweise zu erarbeiten.“*[16] Hierbei handelt es sich um einen **Spezialfall** der KFA. Diese Arbeitsweise ist wegen der Anwendung von sehr speziellen Methoden nicht allgemein anwendbar. *Uhlig*[17] zeigt auf, wann sie anwendbar ist und wie methodisch vorgegangen wird. Mit ihr werden ausgewählte schwere Delikte unter Hinzuziehung von Spezialkräften unterschiedlicher Wissenschaftsgebiete fallanalytisch bewertet, um neue Ermittlungsansätze zu finden. Die der Operativen Fallanalyse zugrunde liegende **Methodik**[18] hat das Bundeskriminalamt für den klassischen Anwendungsbereich Tötungsdelikte und sexuell assoziierte Gewaltdelikte veröffentlicht und beschreibt darin auch andere fallanalytische Verfahren wie **Vergleichende Fallanalyse** und **Geografische Fallanalyse**.

18 Die Fallanalyse ist kein neues Wundermittel der Kriminalistik. Schon vor mehr als hundert Jahren haben mit der Straftatenuntersuchung betraute Ermittlungspersonen fallanalytisch gearbeitet und das nicht nur bei Tötungsdelikten. Kriminalisten haben seit jeher nachgedacht, überlegt und sich Vorstellungen vom Täter (dem Täterbild) erarbeitet. Im Rahmen dieser geistig-schöpferischen Arbeit haben sie sich ebenso Gedanken darüber gemacht, wie sich ein bestimmter Sachverhalt zugetragen haben könnte und findige Ideen entwickelt, wie Täter zu finden sind, wie man sie der Tat überführen kann und wie etwas zu beweisen sei. Indes haben sich die Verfahrensweisen, Möglichkeiten und Methoden verändert. Diese sind vielfältiger und spezieller geworden. Neben dem allgemeinen **Grundmodell Fallanalyse** nach Analysefeldern entsprechen **spezielle Fallanalysen** heute der Phänomenologie der Vielfalt der Straftaten noch besser. Sie sind am jeweiligen Analyseziel ausgerichtet und dementsprechend bezeichnet. Die Nutzung von Informations- und Datenbanksystemen wirkt sich fördernd auf den Aufklärungsprozess aus.

Methoden und Hilfsmittel für die fallanalytische Beurteilung von Straftaten oder Elementen ihrer Tatbegehung sind auch (vorwiegend computer-

16 Bundeskriminalamt (2010).
17 Uhlig (2022).
18 Bundeskriminalamt (2016).

gestützte) spezielle Analyseverfahren und Informationssysteme, wie beispielsweise:

- Fallanalyse unter Zuhilfenahme von Mindmaps,
- Fallanalyse unter Nutzung von Crime Mapping,
- Fallanalyse mittels Moderationstechnik,
- Fallanalyse mittels Fallbearbeitungssystems,
- Fallanalyse mittels Analyse-Software,
- Geografisches Informationssystem (GIS),
- Fallanalyse durch Netzwerkanalyse.

Diese unterstützen nicht nur die speziellen fallanalytischen Methoden, sondern auch die Arbeit nach dem vorgestellten Grundmodell.

Kriminalitätsanalytik 19

Angesichts stetig steigender Datenmengen und der rasanten Verbesserung der technischen Möglichkeiten gewinnen Auswertung und Analyse bei den Sicherheitsbehörden weiter an Bedeutung. In diesem Zusammenhang ist z. B. das vom LKA Hamburg entwickelte Berufsbild „Kriminalitätsanalytik" sowie die gemeinsam von der Deutschen Hochschule der Polizei und dem LKA Hamburg durchgeführte berufsbegleitende Fortbildung „Kriminalitätsanalytik" zu nennen.

Dabei wird Kriminalitätsanalytik in einen umfassenden Sinn verstanden. Die bisherigen Termini „Operative und Strategische Auswertung" werden ausdifferenziert (operative, taktische, strategische und administrative Analyse). Ein Teil der spezifischen Methoden der Kriminalitätsanalyse sind auch für die Kriminalistische Fallanalyse anwendbar (z. B. Zeitreihen, Netzwerkanalysen, Geldflussanalysen).[19]

2 Kriminalistische Versions-/Hypothesenbildung

2.1 Bedeutung und Begriff

2.1.1 Bedeutung der Versions-/Hypothesenbildung

Die Bildung von kriminalistischen Versionen/Hypothesen ist eine bewährte Methode der Kriminalistik, um bei der Falluntersuchung zu neuen Erkenntnissen über ungeklärte Sachverhalte zu gelangen. Ausgehend vom Ergebnis der Kriminalistischen Fallanalyse sollen die festgestellten Wis- 20

19 Kohler, Petzold; Kohler, Mahnken, Petzold, 2021a, b; Mahnken, Rabitz-Suhr.

senslücken über eine Straftat oder einzelne Tatabläufe geschlossen werden. Ziel ist, über die Aufstellung von kriminalistischen Versionen/Hypothesen weitere Erkenntnisse zu gewinnen oder vorhandenes Wissen zu überprüfen. Das Anliegen jeder kriminalistischen Untersuchung ist, sich über die im Mosaik einer Straftat fehlenden Elemente Gedanken zu machen. Es werden Überlegungen angestellt, wie sich die Straftat zugetragen haben könnte, wer der Täter ist und wie er die Straftat begangen haben könnte. Diese gedankliche Arbeit steht vor jeder kriminalistischen Ermittlungstätigkeit. Der Kriminalist hat zu überlegen, wie er bei der Straftatenuntersuchung vorgehen will und was er zu prüfen und zu ermitteln beabsichtigt.

Das Wesen der Versions- oder Hypothesenbildung besteht in dem Versuch, Erklärungen für Sachverhalte zu finden, die bislang nicht erklärbar gewesen sind. Ihrem Wesen nach sind kriminalistische Versionen Hypothesen gleichzusetzen. In der Kriminalistik tragen für den kriminalistischen Untersuchungszweck formulierte Hypothesen oder Versionen dazu bei, von unvollkommenem Wissen zum vollständigen, umfassenden, sicheren Wissen über einen bestimmten Erkenntnisgegenstand zu gelangen.

Beispiel:

Wurde an einem Tatort zu einem Einbruchsdiebstahl in ein Geschäftshaus eine daktyloskopische Spur gesichert, überlegt der Kriminalist, ob diese tatrelevant ist und wer sie verursacht haben kann. Er stellt Überlegungen dahingehend an, wer die Spur verursacht haben könnte, ob es eine tatortberechtigte Person oder der Täter war. Kommt er zu dem Schluss, dass nur der Täter Spurenverursacher sein kann, entwickelt er Vorstellungen, wie er über diese Spur zur Ermittlung des Täters kommt.

V

Die Aufstellung von Versionen/Hypothesen entspringt nicht bezugslos allein der gedanklichen Arbeit des Kriminalisten, sondern beruht auf gesicherten Fakten, Spuren, Beweisen und dem schon bekannten und analysierten Sachverhalt. Dieses Informationspotenzial sollte weitgehend objektiviert, in der ersten Untersuchungsphase zumindest geprüft sein. Versionen/Hypothesen sollen das bereits vorhandene Wissen erweitern. Grundlage ihrer Bildung sind festgestellte Tatsachen, deshalb sind sie keine bloßen unbegründeten Vermutungen oder reinen Spekulationen. Insofern spricht man von **wissenschaftlich begründeten Vermutungen**, die stets im Zusammenhang mit einem bereits bekannten Sachverhalt stehen.

Beispiel:

Ergibt die Tatortuntersuchung zum o. g. Einbruchsdiebstahl, dass der Täter den Tatort durch eine Tür verlassen hat, in der von innen ein Schlüssel steckte, aber dennoch unklar geblieben ist, wie er den Tatort betreten hat, so werden mögliche Erklärungsweisen als hypothetische Annahmen (Versionen) formuliert:

1. Der unbekannte Täter ließ sich am Tatort einschließen.
2. Der unbekannte Täter hat vor Schließung des Tatobjekts ein Fenster entriegelt, angelehnt und ist später dadurch eingestiegen.
3. Der unbekannte Täter manipulierte am Schlüssel, öffnete mit einem Nachschlüssel und steckte den Schlüssel nach der Tat wieder ins Schloss.

In ähnlicher Weise werden zu allen weiteren ungeklärten Fragestellungen der Tat sowie zum Täter Versionen bzw. Hypothesen gebildet. Sie dienen dazu, Zusammenhänge des polizeilich oder kriminalistisch relevanten Ereignisses zu erklären und die Ursachen bestimmter Erscheinungen zugänglich zu machen, die unserer Beobachtung bzw. Feststellung nicht unmittelbar erschließbar sind.

Merke

Versionen/Hypothesen werden in der Regel zu Beginn der kriminalistischen Ermittlung im Ergebnis und Zusammenhang mit der Kriminalistischen Fallanalyse erarbeitet.

Ihre Aufstellung ist jedoch nicht an bestimmte Zeitpunkte oder Untersuchungsabläufe gebunden. **Es ist eine den gesamten kriminalistischen Ermittlungsprozess dynamisch begleitende gedankliche Tätigkeit,** die sich nach der polizeilichen Ermittlung im staatsanwaltschaftlichen und später im gerichtlichen Verfahren fortsetzt und im Grunde erst dann endet, wenn die Wahrheit in einem Strafverfahren gerichtlich festgestellt ist. Im laufenden Ermittlungs- und Beweisprozess ergeben sich aus neuen Ermittlungsresultaten stets auch neue Fragestellungen und Problemsituationen, die oft nur durch die erneute Begründung von Versionen, also hypothetischen Annahmen, zu klären sind.

Beachte

Die Bildung von Versionen/Hypothesen ist eine kriminalistische Methode zur Lösung von Problemsituationen[20], bei der mittels einer durch Tatsachen begründeten Annahme Erklärungen für das zu lösende Problem gefunden werden sollen. Versionen bilden den Ausgangspunkt für die Planung der Ermittlungstätigkeit. Die Versionsbildung begleitet faktisch den gesamten Untersuchungsverlauf bei der Fallbearbeitung, bis schließlich die Wahrheit festgestellt ist.

20 Definition Problem und Problemsituation vgl. Kap. V, Abschnitt 1.3.

2.1.2 Begriffsverwendung und Definition

21 Der Hypothesenbegriff geht auf den seit Menschengedenken geprägten Forschergeist der Natur- und Geisteswissenschaften und den menschlichen Trieb zurück, Unbekanntes zu erkunden, Erklärungen für unzugängliche oder nicht völlig erklärbare Erscheinungen, Sachverhalte und Symptome der uns umgebenden materiellen Welt und Gesellschaft zu finden. Ihrem Ursprung nach ist die kriminalistische Version eine Hypothese für ein **besonderes Anwendungsgebiet,** die Straftatenaufklärung. Ob als Begriff **Version** oder **Hypothese** verwendet wird, ist nicht entscheidend. Vielmehr kommt es darauf an, das Wesen der Versions- oder Hypothesenbildung für das spezielle kriminalistische Anwendungsgebiet, die kriminalistisch-forschende Tätigkeit,[21] zu erfassen.

Kriminalistische Versionen können allerdings, im Gegensatz zu reinen wissenschaftlichen Hypothesen, nicht in unendlichen Zeiträumen bestätigt oder widerlegt werden. Bei der Straftatenermittlung/Falluntersuchung bestehen strafprozessrechtlich geregelte Zeitgrenzen zur Erklärung von hypothetischen Annahmen. Es gibt viele weitere Argumente, die den Unterschied zur **wissenschaftlichen** Hypothese veranschaulichen und die Verwendung des Begriffs der kriminalistischen Version als **Oberbegriff** für kriminalistisch-hypothetische Annahmen oder Vermutungen favorisieren.[22] Der Begriff der Kriminalistischen Version charakterisiert eine auf den strafprozessrechtlichen Ermittlungsprozess angewandte spezifische Form der wissenschaftlichen Hypothese in der Kriminalistik. Version wird dem Ursprung nach als eine Fassung, eine Lesart, als Erklärung von mehreren möglichen Lesarten,[23] bezeichnet. Dieser Begriff wurde und wird vorrangig in den ehemaligen und jetzt der Europäischen Union angehörenden sozialistischen Staaten einschließlich der DDR verwendet. Schon 1982 verwendete auch *Magulski* den Begriff Unfallversionen.[24] Der Begriff der Version hat Eingang in die PDV 100 gefunden und seine Verwendung in der Praxis wird breiter.[25] Interessierte können die Vielfalt der in der deutschen Kriminalistik verwendeten Begriffe um die Hypothesen- oder Versionsbildung nachlesen.[26]

---

21 Im Sinne von ausforschen, erforschen, erkunden.

22 Ein Handbuch bietet keine Gelegenheit, das näher zu erklären. Anhalte findet der Leser in: Strauß, Ackermann (1984) und bei Strauß, Ackermann (1986).

23 Version: (lat.), weibl. -en, 1. eine Lesart (von mehreren möglichen Lesarten), Fassung, 2. Ausführung, Modell; Fremdwörterbuch, S. 588; vgl. ebenso Göschel, S. 472.

24 Magulski, S. 43.

25 PDV 100, Nr. 2.2.1, 2.2.5.

26 Beispielsweise: Annahmen und Erklärungs-Hypothesen: Walder 1996; Versionen/Versionsbildung: Strauß; Ackermann, 1986; Versionsbildung: Belitz; Rüffer (2023); Versionsbildung/Modellbildung; Hypothese: Schmitz.

Kriminalistische Versionsbildung ist ein **Prozess** und mehr als nur das Aufstellen bzw. die Formulierung von einzelnen Versionen. Es ist eine in sich geschlossene spezielle kriminalistische **Methodik**, welche den gesamten Verlauf der Arbeit mit Versionen von ihrer Bildung bis zur Überprüfung und dem Prüfungsergebnis erfasst. Er beginnt mit der analytischen Beurteilung des Daten- und Informationspotenzials, seiner aufklärungsbezogenen Bewertung, der Extraktion der noch ungeklärten oder strittigen Probleme des Verfahrens und endet bei der Aufstellung und Begründung von einzelnen Versionen unter Berücksichtigung zwischenzeitlich neu gewonnener Erkenntnisse/Fakten.

Begriffsinhalt 22

Kriminalistische Versionen sind auf der Grundlage von vorhandenem Wissen, Kenntnissen und Fakten (Tatsachen) im Rahmen der Straftatenuntersuchung begründete hypothetische Annahmen oder Vorstellungen darüber, wie sich ein bestimmter kriminalistisch relevanter, momentan noch nicht erklärbarer Sachverhalt zugetragen haben könnte. Variantenhaft nebeneinander gestellte Versionen helfen, bestimmte Zusammenhänge zu erklären. Sie werden gebildet, wenn **wesentliche** ungeklärte Fragen und Probleme bei der Beweisführung und Straftatenuntersuchung noch zu lösen sind, um Wissenslücken zu füllen, Ermittlungsansätze zu finden und Ermittlungsaufgaben festzulegen. Mithilfe der Versionen wird versucht, Ursachen für bestimmte Erscheinungen zu finden, die unserer Beobachtung nicht unmittelbar zugänglich sind. Versionen sind wissenschaftlich begründete Vermutungen bzw. Annahmen, die Wahrscheinlichkeitscharakter tragen. Ihre spezifische Funktion im kriminalistischen Ermittlungsprozess ist, kurzfristig neue aufklärungsrelevante Anhalte zu gewinnen. Sie ist nicht darauf orientiert, wissenschaftliche Behauptungen langfristig hinsichtlich ihrer Widerlegbarkeit zu prüfen. Vielmehr sind Ermittlungsversionen zunächst kurzlebig, weil sie oft zügig verifiziert werden können und sich aus den daraus gewonnenen neuen Erkenntnissen auch neue Versionen ergeben.

In Abweichung von der Naturwissenschaft ist meistens eine größere Anzahl nebeneinander gestellter hypothetischer Annahmen oder Vermutungen zur Erklärung fehlenden Wissens oder noch nicht vorhandener Kenntnisse notwendig.

Versionen werden alternativ zu erkannten Untersuchungsproblemen aufgestellt, überprüft, ausgeschlossen oder bestätigt.

Beachte

Die Version soll Feststellungsergebnisse oder andere theoretische Schlussfolgerungen des Kriminalisten, gestützt auf gesicherte Erkenntnisse, erklären. Die als gesichert geltenden Erkenntnisse (bisherige Ermittlungsresultate, Aussagen, Spuren, Beweismittel) reichen aber nicht aus, die in der Version gegebene Erklärung zu beweisen, deshalb sind weitere Erkenntnisschritte erforderlich, um die bestehenden Lücken des Wissens durch weitere kriminalistische Ermittlungen und Beweiserhebungen widerspruchsfrei zu schließen.

2.2 Kriminalistische Versionsarten

23 Kriminalistische Versionen werden in unterschiedliche Arten oder Systeme eingeteilt. In der Theorie mangelt es nicht an begründeten Erklärungen für die Notwendigkeit der Gruppen- bzw. Arteinteilung.

Diese Arten sind sehr unübersichtlich, weil auch die Begriffsvielfalt[27] zur Bezeichnung von Versionen groß ist. Es wird darauf verzichtet, solche Arten im Einzelnen darzustellen. Übersichtlicher ist es, die häufig in der Praxis vorkommenden typischen Versionen und deren Ziel- und Zweckbestimmung darzustellen. Zwischenzeitlich hat sich die Bezeichnung **„Kriminalistische Versionen"** als allgemein gültiger **Oberbegriff** für die unterschiedlichen Arten und Bezeichnungen von Versionen eingebürgert. Es genügt, eine einfache Unterteilung in die von der Praxis am häufigsten angewandten (typischen) Versionen, nämlich **Allgemeine Versionen** und **Spezielle Versionen.**

24 Die in der Übersicht (Abb. V.4) aufgeführten Versionen werden in den folgenden Abschnitten näher erklärt. Sie werden begrifflich gekennzeichnet und beispielhaft erläutert, **wozu** und **wie** die einzelnen Versionen gebildet werden und **was** mit ihrer Hilfe geklärt werden kann. Die Bildung von Versionen ist Voraussetzung, damit die darin geäußerten Vermutungen später zielstrebig überprüft, verifiziert oder falsifiziert werden können.

27 Die Begriffsvielfalt wird bereits aus der folgenden Aufzählung einiger in der kriminalistischen Fachliteratur verwendeten Bezeichnungen sichtbar: Kriminalistische Hypothesen, Ermittlungshypothesen, Fahndungshypothesen, Prognostische Täterhypothesen, Standardhypothesen, Polizeiliche Hypothesen, Kriminalistische Ereignisversionen, Tatversionen, Täterversionen, Kriminalistische Versionen, Allgemeine Versionen, Spezielle Versionen Untersuchungsversionen, Ermittlungsversionen, Fahndungsversionen, Standardversionen, Kriminalistische Hypothesenbildung, Allgemeine Ereignishypothesen, Spezielle Ereignishypothesen, Fahndungshypothesen und andere.

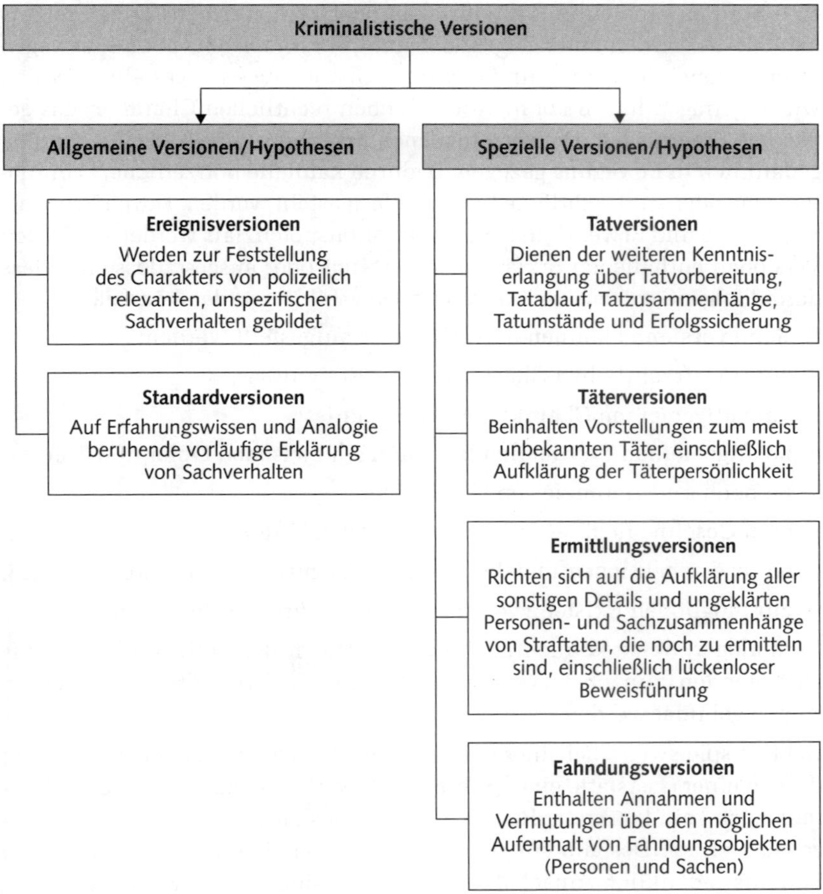

Abb. V.4 Typische Kriminalistische Versionen

2.2.1 Allgemeine Versionen

2.2.1.1 Ereignisversionen

Ereignisversionen sind weit gefasste, jedoch begründete erste Vorstellun- 25
gen bzw. Annahmen über diffuse polizeilich oder kriminalistisch relevante Ereignisse bzw. Sachverhalte. Sie werden aufgestellt, um den noch unspezifischen Charakter eines der Polizei bekannt gewordenen Sachverhaltes beurteilen zu können. Das geschieht im Regelfall im Anfangsstadium einer polizeilichen Untersuchung, wenn noch unklar ist, ob es sich um

eine Straftat, eine Ordnungswidrigkeit oder kein strafbewehrtes Ereignis handelt. Es werden unter Zugrundelegung eines meistens noch sehr vagen Informationsinhalts und -umfangs erste Überlegungen angestellt, **was** sich **wie** zugetragen haben könnte und welchen rechtlichen Charakter das gemeldete Ereignis hat. Die verschiedenen Erklärungsmöglichkeiten werden gedanklich in Erwägung gezogen. Dadurch kann die polizeiliche, kriminalistische oder strafrechtliche Relevanz festgestellt werden. Durch Prüfung, Ermittlung und Erweiterung des Informationspotenzials werden die in den Versionen enthaltenen Erklärungen bestätigt oder ausgeschlossen, sodass darauf folgend später **spezielle Versionen** gebildet werden können.

Ereignisversionen können beispielsweise aufgestellt werden:

- zum strafrechtlichen Charakter eines Ereignisses,
- zum allgemeinen Charakter eines Ereignisses,
- zu allgemeinen viktimellen Beziehungen zwischen Opfer und Täter,
- zu noch undifferenzierten Beteiligten,
- zum Geschlecht eines infrage kommenden Täters,
- ob bei einem Leichenfund die Tatzeit länger zurückliegen kann oder nicht,
- zur möglichen Existenz von materiellen Spurenerscheinungen u. a.

In analoger Weise können auch zu anderen in der polizeilichen Praxis auftretenden zunächst „verschwommenen" Sachverhalten Ereignisversionen gebildet werden.

Geht beispielsweise bei einer Polizeiwache die telefonische Mitteilung ein, dass in einer Gaststätte eine „Schlägerei" stattfindet, kann im Regelfall daraus noch kein konkreter Rückschluss auf das tatsächliche Geschehen gezogen werden. Deshalb stützen sich die ersten Überlegungen zu diesem Ereignis gedanklich zunächst auf Ereignisversionen. In Verfolgung solcher Ereignisversionen kann, dem Beispiel folgend, eine Ordnungswidrigkeit oder eine Straftat vorliegen. Wird vor Ort der Verdacht einer Straftat begründet, könnten die Versionen lauten: Es liegt eine Beleidigung, Hausfriedensbruch, Körperverletzung, schwere Körperverletzung etc. vor.

Die Aufstellung von Ereignisversionen kommt nicht nur in der Anfangsphase einer Ermittlung in Betracht. Es können auch während des Untersuchungsverlaufs derart allgemeine Problemstellungen zu einzelnen Sachfragen auftreten, die noch keine Schlüsse in Form von speziellen Versionen erlauben.

2.2.1.2 Standardversionen

Standardversionen sind mögliche und typische Erklärungsweisen für bestimmte wiederkehrende Sachverhalte. Es sind auf Analogieschluss gegründete Annahmen/Vermutungen. Standard drückt etwas Feststehendes, Genormtes, Wiederholbares, also Typisches aus. Standardversionen beinhalten durch Tatsachen begründetes und erworbenes Wissen, vor allem kriminalistische Erfahrung aus früher untersuchten ähnlichen Fällen. Im Analogieschluss werden **typische** Versionen gebildet, die bei **wiederkehrenden** Ausgangssituationen oder beim Anfall von ausgewählten Straftaten häufig erneut auftreten können. 26

„Standardversionen sind das Ergebnis der Analyse und der wissenschaftlichen Verallgemeinerung empirischer Sachverhalte. Sie haben das Wiederkehrende, das Invariante von kriminalistisch relevanten Ereignissen zum Gegenstand. Ihre Gültigkeit erstreckt sich demzufolge nicht allein auf einen einzigen Fall, vielmehr auf eine Klasse von Ereignissen. Das klassenbildende Merkmal ist die **Analogie** der Situation. Das Zugrundelegen invarianter Situationsmerkmale ermöglicht, bereits vor Eintritt des konkreten Ereignisses vorausschauend Annahmen zu bestimmten Fragen zu begründen und zu formulieren.“[28]

Weil Standardversionen Erkenntnisse aus vorausgegangenen Untersuchungen analoger Delikte berücksichtigen und Erklärungsweisen für bestimmte wiederholbare ähnliche Sachverhalte geben, werden sie deshalb auch als die charakteristischsten Annahmen/Vermutungen oder als typische Versionen bezeichnet.[29] Entsprechende gedankliche Muster müssen allerdings den charakteristischen, individuellen Umständen der zur Aufklärung anstehenden Straftat entsprechen.

Standardversionen können sich auf ein bestimmtes Ereignis oder Vorkommnis, auf die Situation und Umstände des Sachverhaltes, auf die Phänomenologie eines speziellen Delikts oder auf mögliche Täter/Täterkreise beziehen.

Beachte

Zwischen **Ereignisversionen** und **Standardversionen** besteht ein sehr enger **Zusammenhang.** Zwischen diesen beiden Arten gibt es fließende Übergänge. Besonders wenn in der Anfangsphase einer Untersuchung das Informationspotenzial sprunghaft wächst, können Ereignisversionen baldmöglichst so konkretisiert werden, dass sie sich zu Standardversionen entwickeln, die bereits exaktere Aussagen beinhalten.

28 Kolesnitschenko, Matusowskij, S. 7–13.

29 Forker (1975), S. 59.

Überlegungen zu Standardversionen werden im Regelfall nach dem Bekanntwerden von bestimmten Delikten angestellt. Sie geben „grobe" Richtungen für die Erklärung von wiederkehrenden Sachverhalten an. Im Verlauf der weiteren Untersuchungen weichen Standversionen **speziellen kriminalistischen Versionen**, die objektiver an die festgestellten Tatsachen des individuellen Verfahrens gebunden sind.

> **Beispiel:**
>
> Geht bei einem Dienstgruppenleiter die Meldung über einen Brand ein, so ist im Regelfall zunächst nur die Tatsache bekannt, dass an einem bestimmten Ort eine Sache in Brand geraten ist. Zweifelsohne haben zunächst die dringenden Sofortmaßnahmen einschließlich der Rettungs- und Löschmaßnahmen Vorrang. Die polizeilichen Maßnahmen des Sicherungsangriffs werden durchgeführt. Bereits zu diesem Zeitpunkt stellt sich die Frage nach der Ursache des Brandes. Es muss festgestellt werden, welchen rechtlichen Charakter das Ereignis, das gemeldete **Feuer**, trägt. Es kann sich um ein Naturereignis, eine unverschuldete Inbrandsetzung, aber auch um eine vorsätzliche Brandstiftung handeln. Demzufolge kann auch eine strafrechtliche Relevanz gegeben sein. Um solche Fragen zu beantworten, muss sich der mit der Untersuchung betraute Polizeibeamte zunächst die allgemeine Frage nach der strafrechtlichen und kriminalistischen Relevanz stellen.

Dieses Beispiel zeigt zugleich auch den oben bereits erwähnten engen Zusammenhang und fließenden Übergang von Ereignisversionen zu Standardversionen. Aufgrund von Erfahrungswissen lassen sich zum beispielhaften Sachverhalt bereits folgende **Standardversionen** aufstellen.

- Es liegt eine vorsätzliche Inbrandsetzung (Brandstiftung) vor.
- Es handelt sich um eine Selbstentzündung.
- Es liegt eine fahrlässige Brandstiftung vor.
- Es handelt sich um einen technischen Defekt.
- Der Brand ist Folge eines Naturereignisses.

In dieser Art und Weise werden Standardversionen deliktorientiert auch zu anderen häufig auftretenden Sachverhalten, wie z.B. im Zusammenhang mit der polizeilichen Todesermittlung nach Auffinden eines unbekannten Toten, aufgestellt.

2.2.2 Spezielle Versionen

27 **Spezielle Versionen** sind hypothetische Annahmen bzw. sachlich begründete Vermutungen zu einzelnen Elementen des zu untersuchenden Sachverhaltes. Sie richten sich auf **spezifische Detailfragen** ungeklärter Probleme eines Ereignisses. Sie gehen über die Klärung von allgemeinen

Fragestellungen und Standardannahmen hinaus. Mit ihrer Hilfe wird versucht, Details, spezifische Sachverhalte oder Zusammenhänge zu erklären. Die speziellen Versionen richten sich vorrangig auf die Erklärung von offenen fallbezogenen Untersuchungsfragen. Sie können zu jedem auf den individuellen Eigenarten des Sachverhaltes beruhenden Problem und „unaufgeklärten" Untersuchungsfragen gebildet werden. Mit ihrer Hilfe werden die bestehenden Informations- und Beweislücken geschlossen. Die **speziellen Versionen** richten sich vorrangig auf

- die Aufklärung des Tatverlaufs und Tatumfangs,
- die Tätermittlung und Persönlichkeitsaufklärung bekannter Täter,
- die Erforschung von Anlass, Ursache und Motiv,
- noch notwendige Ermittlungen bzw. Untersuchungen zu rechtlichen Fragestellungen,
- die Herbeischaffung noch fehlender oder unvollständiger Beweismittel,
- die Fahndung nach Personen und Sachen,
- die Vorhersage möglicher neuer Tathandlungen durch Serienstraftäter[30]
- und die Aufklärung von deliktbezogenen speziellen Sachfragen

des Ermittlungsverfahrens. Bezogen auf diese konkreten Aufgaben und Zielstellungen werden **spezielle Versionen** aufgabenbezogen als

- Tatversionen,
- Täterversionen,
- Ermittlungsversionen und
- Fahndungsversionen

benannt.

Die Erarbeitung von speziellen Versionen ist die gebräuchlichste Verfahrensweise im Ermittlungsverfahren. Da Versionen zu sämtlichen offenen Untersuchungsfragen gebildet werden können, ist es möglich, auch andere spezielle Versionen zu verwenden und aufgabenbezogen zu bezeichnen. Bei den Ereignisversionen und Standardversionen wurde bereits der oft bestehende enge Zusammenhang zwischen den jeweiligen Versionsarten herausgestellt. Ähnlich ist das auch bei den speziellen Versionen. Die zur besseren Übersicht vorgenommene Einteilung ist deshalb kein Dogma. Wenn offene Fragen zu Tat und Täter schon erkennbar verbunden sind, dürfen sie nicht durch Bildung von eigenständigen Tat- und Täterversionen künstlich voneinander getrennt werden (vgl. dazu das Beispiel in Kapitel V, Abschnitt 2.2.2.2).

30 Leitner, Kocher, Glaser.

2.2.2.1 Tatversionen

28 **Tatversionen** sind die alternativ aufgestellten hypothetischen Annahmen, die der Aufklärung und Ermittlung eines noch unbekannten Tatverlaufs oder von anderen Tatzusammenhängen dienen. Sie beziehen sich auf die Feststellung bestimmter Begehungsweisen, Tatabläufe, Fragen der Vorbereitung und Planung der Straftat, Tatbeteiligung von Mittätern und die Aufklärung des Umfangs der Tat. Darin eingeschlossen sind Versionen, welche den Tatablauf und -hergang wegen der Qualifizierung strafrechtlicher Tatbestandsmerkmale aufhellen sollen. Tatversionen gehen vom Modus Operandi aus. Sie zielen darauf ab, Beweislücken zu schließen, die sich auf die Planung und Vorbereitung, die Haupttatphase sowie die Nachtatphase beziehen. Vielfach ist es notwendig, sich über Tatversionen auch Klarheit über noch unbestimmte Details des Tatablaufs oder die Tatbeteiligung bei mehreren Tätern zu schaffen.

Beispiel:

Unbekannte Täter haben in einem ebenerdigen Geschäftshaus einen Einbruchsdiebstahl verübt.

Dabei wurde ein 187 kg schwerer Tresor vom Standort in einem Büroraum bis zur Straße transportiert und dann offenbar von einem Kranwagen auf die Ladefläche gehoben und abtransportiert. Es bestehen Unklarheiten zum Tatablauf. Aus der Spurenlage sind keine eindeutigen Hinweise erkennbar, „wie", bzw. „auf welche Weise" der Tresor bis zum Lkw befördert wurde. Die Beantwortung dieser Frage hat Bedeutung für die Spurensuche sowie die Beweisführung und es lassen sich möglicherweise Hinweise über die Anzahl der Täter ableiten.

In einem solchen Fall kann die Bezeichnung der Ermittlungsversionen so aussehen:

Versionen zum Transport des Tresors:

- Verwendung von Rollen
- Nutzung eines technischen Zugmittels, Objekt am Boden geschleift
- Ausnutzung der Körperkraft von Tatbeteiligten

Es ist verständlich, dass jede dieser angenommenen Versionen nach ihrer Bestätigung oder dem Ausschluss zu weiteren speziellen Aktivitäten, z. B. zum Auffinden der aus dem nunmehr festgestellten Tatablauf entstehenden Spuren, führt.

2.2.2.2 Täterversionen

Täterversionen sind die unmittelbar auf die Ermittlung und Feststellung 29
von Tatverdächtigen gerichteten kriminalistischen Versionen. Sie haben die Täterermittlung zum Ziel. Die Aufstellung von Täterversionen ist in der kriminalpolizeilichen Ermittlungstätigkeit am häufigsten anzutreffen. Mehr als die Hälfte aller angezeigten Straftaten sind Delikte mit „unbekanntem Täter". Die Versionsbildung beruht auf den bereits erkannten Spuren, Hinweisen und Informationen zu der noch unbekannten Person. Die Versionen zum Täter enthalten Vorstellungen darüber, wer Täter sein könnte. Sie enthalten Mutmaßungen über sein körperliches Aussehen, über welche Persönlichkeitsmerkmale, Fähigkeiten, Fertigkeiten und Eigenschaften er möglicherweise verfügen könnte und wo er zu suchen ist.

Die Praxis der Versionsbildung zum Täter zeigt, dass es meistens nicht möglich ist, direkt zum Täter führende Versionen zu begründen. Deshalb richten sie sich vordergründig auf die Ermittlung von **Verdächtigenkreisen,** aus denen dann mögliche Täter eliminiert werden müssen.

Beachte

Keine utopischen Täterversionen aufstellen. Aus dem Sachverhalt abgeleitete und mit schöpferischer Fantasie sowie unter Verwendung früherer Untersuchungserfahrungen begründete reale Täterversionen bilden, die auch überprüfbar sind!

Nach der Ermittlung des Täters sollte auf alle Fälle ein Vergleich zwischen den aufgestellten Täterversionen und den später tatsächlich getroffenen Feststellungen vorgenommen werden. Derartige Auswertungen dienen dazu, Fehlerquellen in der kriminalistischen Denktätigkeit sowie bei der Versionsprüfung aufzudecken und neue Erkenntnisse für die kriminalistische Täterermittlung zu gewinnen.

An einem praktischen Beispiel soll gezeigt werden, wie Tat- und Täterversionen wegen des bestehenden Zusammenhangs gemeinsam aufgestellt und formuliert werden können.

Beispiel:

An einem Sonntagabend im Monat Januar gegen 20.00 Uhr läuft die 18-jährige Geschädigte auf einer Straße in der Nähe des S-Bahngeländes. Es herrscht kein Personen- und wenig Straßenverkehr. Die Geschädigte wird durch einen „Unbekannten" verfolgt, eingeholt, in den Arm genommen und gewaltsam ca. 50 m weit auf eine Wiese geführt. Es herrscht eine Temperatur von -3° C. Der Boden ist gefroren und mit verkrustetem Schnee bedeckt. Der Täter entkleidet die Frau und vergewaltigt sie. Danach flüchtet er. Es gibt eine vage Personenbeschreibung (22–25 Jahre, männlich). Nach der Tat begibt sich das Opfer zu den Eltern ihres Freundes, mit dem es offenbar Zerwürfnisse gibt. Sie erzählt das Vorgefallene. Der Vater des Freundes fährt mit ihr zur Anzeigeerstattung auf die Polizeiwache. Die Tatortuntersuchung und der Einsatz eines Fährtenhundes führten zu keinen verwertbaren Spuren. Am nächsten Tag wird bei Tageslicht eine erneute Tatortbesichtigung vorgenommen, dabei wird ca. 20 m vom angegebenen Tatort der Slip des Opfers gefunden.

Bezogen auf den Sachverhalt können daraus Versionen zum Täter (Täterversionen) als auch Versionen zum Tatablauf (Tatversionen) aufgestellt werden.

Beispielhaft können diese lauten:

- Täter ist eine ca. 22 bis 25 Jahre alte, unbekannte, männliche, ortsansässige oder überörtlich handelnde Person.
- Es handelt sich um einen Zufallstäter, der sich unter Ausnutzung der situativen Umstände plötzlich zur Tat entschloss und dem Opfer einen Schock versetzte.
- Es handelt sich um einen Zufallstäter, der aus dem Täterkreis kriminalistisch bereits in Erscheinung getretener Sexualstraftäter oder Gewaltstraftäter stammt.
- Es liegt keine Sexualstraftat vor. Die Straftat wurde aus noch unbekannten Motiven vorgetäuscht (§ 145a StGB). Die Anzeigeerstatterin ist Täterin zur Vortäuschung einer Straftat.
- Täter ist dem Opfer bekannt, es macht wissentlich falsche Angaben aus noch ungeklärten Motiven.
- Täter ist eine psychisch gestörte Person oder ein Freigänger aus einer Justizvollzugsanstalt.

V

2.2.2.3 Ermittlungsversionen

30 **Ermittlungsversionen** verfolgen den Zweck, Erklärungen für alle im Ermittlungsverfahren noch offenen speziellen und beweiserheblichen Untersuchungs- und Sachfragen zu geben. Sie können sich auf ausgewählte Episoden, Details eines Sachverhaltes oder auch auf Teilkomplexe beziehen. Der Begriff orientiert sich weitgehend an der noch erforderlichen „Ermittlung" zu weiteren offenen Fragen. Können bestehende Annahmen oder Vermutungen zu Detailfragen sachlich nicht in anderen Tat- und Täterversionen oder Fahndungsversionen „angesiedelt" werden, stellt der Ermittlungsbeamte Ermittlungsversionen auf. Deren grundsätzliche Zielstellung ist, durch deren Überprüfung zu neuen Erkenntnissen für die **umfassende** Sachverhaltsauf-

klärung zu kommen. Mit ihrer Bezeichnung weist die Ermittlungsversion auf die Vielfalt der zur Überprüfung der verschiedenartigen Sachverhalte erforderlichen operativ-taktischen Handlungen bzw. Maßnahmen wie Ortsbesichtigungen, Vernehmungen, Prüfungen, Alibiermittlungen, Gegenüberstellungen, Rekonstruktionen, Nachprüfungen, Nachfragen, Kontrollen – das Ermitteln – hin. Ermittlungsversionen sind universell. Man könnte diese auch als **Sachversionen** bezeichnen, weil sie sich auf die gegenständlich sehr unterschiedlichen und im Ermittlungsverfahren noch zu beweisenden Sachfragen ausrichten.

Ermittlungsversionen können sachverhaltsgebunden zu allen noch offenen Untersuchungsdetails aufgestellt werden, beispielsweise

- zur Herkunft einer Tatwaffe,
- zu bestehenden Personenverbindungen,
- zur Feststellung eines unbekannten Fluchtfahrzeuges,
- zum Verbreitungsgebiet bestimmter Textilien,
- zum Produktionszeitraum von Produkten zur Tatzeiteinengung,
- zu technologischen Abläufen eines Geldtransportes

und anderen auf die konkrete Einzelstraftat (deliktorientiert) und den unaufgeklärten Sachverhalt bezogene Erkenntnisdefizite.

2.2.2.4 Fahndungsversionen

Fahndungsversionen sind hypothetisch begründete Annahmen und alterna- 31
tive Vorstellungen über offene Fragen zum möglichen Aufenthalt von flüchtigen bekannten oder unbekannten Tätern oder zu gegenständlichen Fahndungsobjekten. Mit ihrer Hilfe werden alternative Vorstellungen entwickelt, wo sich Fahndungsobjekte gegenwärtig aufhalten und wie diese sich zukünftig verhalten könnten. Fahndungsversionen sind auf einen bestimmten Zweck ausgerichtete spezielle Versionen. Sie dienen einerseits dem kriminalistischen Erkenntnisgewinn zum Aufspüren der Fahndungsobjekte und andererseits der Bestimmung von Maßnahmen der polizeilichen Fahndung. Es werden durch Fakten und Fluchtumstände begründete Mutmaßungen über das aktuelle oder zukünftige Verhalten von flüchtigen bekannten und unbekannten Tätern oder von Sachen (z.B. Diebesgut, Fluchtfahrzeuge, weggeworfene Kleidung) angestellt. Fahndungsversionen müssen kreativ, zügig und unter dem zur Nacheile gebotenen Zeitdruck erarbeitet werden. Je schneller Klarheit über begründete Annahmen zum Fluchtverhalten besteht, desto wirksamer können die polizeitaktischen Maßnahmen der Fahndung eingeleitet werden (vgl. hierzu Kapitel IX. Polizeiliche Fahndung).

Fahndungsversionen sind meistens umfangreich. Besonders wichtig sind sie für die polizeiliche Zielfahndung[31], weil erst nach Bildung der Fahndungsversionen die konkreten Aufgaben zur Verfolgung und Suche abgeleitet werden können. Diese Versionen werden in Abhängigkeit von den bereits vorliegenden Informationen und Fakten zu den Fahndungsobjekten, zum Fluchtweg, dem möglichen Aufenthaltsort oder Fluchtzielen aufgestellt. Die Grundrichtungen der Versionsbildung sind vor allem davon abhängig, ob

- nach einem unbekannten Täter,
- nach einem unmittelbar im Zusammenhang mit der Tatdurchführung flüchtigen unbekannten Täter (Banküberfall),
- einem bekannten Täter,
- einem aus einer Strafvollzugseinrichtung entflohenen oder einem nicht in den Haft- oder Maßregelvollzug zurückgekehrten Verurteilten u.a.

zu fahnden ist.

Fahndungsversionen sind eine relativ eigenständige und **typische Art der speziellen Versionen**, die auch prognostische Züge (z.B. Voraussage, wie sich der Flüchtige künftig verhalten könnte) trägt. Die Fahndungsversionen werden wie andere Versionen auch nach ihrer konkreten Aufgaben- und Zielstellung benannt.

Solche Fahndungsversionen sind beispielhaft:

- zu Aufenthalts- oder Verbringungsorten,
- zum Fluchtweg,
- zur Vorbereitung des Fluchtverhaltens und der Fluchtmittel (z.B. nach Raubüberfall auf Sparkasse),
- zu Versteckmöglichkeiten von Personen und Sachen,
- zum Verbringen und Absatz des Diebesgutes,
- zu Kontaktpersonen und Unterschlupfmöglichkeiten,
- zur Veränderung des Aussehens des Flüchtigen und seiner Kleidung nach der Tat.

> **Merke**
>
> Bei der Erarbeitung von Fahndungsversionen ist sowohl das bisherige Verhalten (Vergangenes), das aktuelle Verhalten (Gegenwärtiges), insbesondere aber das mögliche künftige Verhalten (Zukünftiges) des Flüchtigen (Fluchtverhalten,

31 Vgl. Kapitel IX, Polizeiliche Fahndung.

Verstecke, Untertauchen), als auch das spätere mögliche Auftauchen von in Fahndung gestellten Sachen zu beachten. Von der Konkretheit und Genauigkeit der Fahndungsversionen werden die polizeitaktischen Fahndungsmaßnahmen und somit der Erfolg der Fahndung bestimmt.

2.3 Bildung und Formulierung von Versionen

An die Aufstellung von Versionen sind wichtige Bedingungen geknüpft, die **32**
gewährleisten sollen, dass nur tatsächliche und objektiv begründete Vermutungen – in Form von Versionen – aufgestellt werden. Quelle der Versionsbildung ist der zu untersuchende Individualfall. Es können jedoch auch fallbezogene Informationen aus Fallbearbeitungssystemen oder Vorgangsbearbeitungsprogrammen herangezogen werden. Aber „die kriminalistische Beurteilung und Hypothesenbildung" nimmt uns das Fallbearbeitungssystem nicht ab.[32] Die folgenden Anhaltspunkte sollen helfen, die inhaltliche Qualität der Versionsbildung zu unterstützen. Sie umfassen Hinweise, an was der Ermittlungsbeamte denken sollte, wenn er und/oder sein Team sich Gedanken über Versionen zu ungeklärten Sachverhaltsfragen machen.

Es gelten die folgenden allgemeinen **Grundsätze**:

Informationsauswertung

- Sämtliche zur Verfügung stehenden Informationen zum Sachverhalt auswerten;
- Informationen so erfassen, dass Zusammenhänge hergestellt werden können;
- Beweiswert der einzelnen Informationen und Beweise beurteilen;
- prüfen, ob sie mit der Straftat/dem Ereignis ursächlich und tatsächlich in Zusammenhang stehen;
- als Spuren zustande gekommene materielle Widerspiegelungen hinsichtlich ihrer Aussagekraft und Beweisfähigkeit entsprechend berücksichtigen;
- die subjektiven Beweismittel, insbesondere die Aussagen von Opfern, Verletzten, Anzeigeerstattern und anderen Tatbeteiligten verwerten;
- Informations- und Beweismittelbewertung objektiv und unvoreingenommen durchführen, den Grad subjektiver Einflussmöglichkeiten, z. B. bei Zeugenaussagen, berücksichtigen;

32 Reiche, S. 735.

- bei der Informationsauswertung auch „Beiläufigkeiten und Kleinigkeiten“[33] nicht übersehen;
- zunächst auf alle verfügbaren gesicherten Informationen zurückgreifen;
- später auf verwertbar eingestufte Beweise, Fakten, Erkenntnisse und Informationen stützen, die sich als tragfähig für eine reale Versionsbildung erweisen;
- dennoch in der Phase der ersten Informationsauswertung keine Chance zur Aufklärung und Wahrheitsfeststellung vergeben.

Widersprüche aufdecken

- Widersprüche in und zwischen den Informationen bei der Fallanalyse aufdecken und weiterverfolgen;
- Ursachen für Widersprüche frühzeitig feststellen;
- beachten, dass Widersprüche u.a. durch oberflächliche und unvollständige Protokollierung des Tatortbefundes, falsches Vorgehen im Ersten Angriff, bewusste Falschaussagen oder Fehlinterpretationen entstehen können;
- aus Lebenssachverhalten entstehende mögliche Irrtümer berücksichtigen;
- sollte ein Widerspruch nicht geklärt werden können, so sind Versionen mit beiden (oder mehreren) Alternativen aufzustellen.

Praktikable Versionen aufstellen

- Zunächst auch unwahrscheinlich klingende Versionen berücksichtigen, wenn diese praktikabel erscheinen;
- lebensnahe, durch Tatsituation und -umstände begründete sowie naheliegende Vorstellungen einbringen;
- nicht alle theoretisch begründbaren Erklärungen führen zur Lösung. Der Abstraktionsgrad für „denkbare“ Versionen sollte nicht zu hoch sein. Auch theoretisch formulierte Versionen müssen praktikabel sein;
- alternative und praktikable Versionsbildung schützt vor Einseitigkeit und verhindert vorzeitiges Festlegen auf eine einzige Untersuchungsrichtung oder einen bestimmten Täter;
- von den als wesentlich erkannten Informationen und Sachverhalten ausgehen, um konzentriert ermitteln zu können und sich nicht zu verzetteln.

---

33 Hauptmann, S. 779.

Widerspruchsfreie Versionen aufstellen

- Die aufzustellenden Versionen müssen widerspruchsfrei sein;
- aufgestellte Versionen dürfen nicht im Widerspruch zu gesicherten wissenschaftlichen Erkenntnissen und Erfahrungen aus Lebenssachverhalten sein;
- die zu erarbeitenden Vorstellungen, Vermutungen, Möglichkeiten und angenommenen Erklärungen müssen vom tatsächlich vorhandenen kriminalistischen Erkenntnispotenzial ausgehen;
- Annahmen zur Frage, wie sich ein Sachverhalt zugetragen haben könnte, oder zu anderen Untersuchungsproblemen müssen in sich schlüssig sein;
- intuitives Denken als das unmittelbare, meistens plötzliche verstandesmäßige Erfassen bestimmter Situationen (plötzliche Eingebung) und die Fähigkeit, daraus richtige kriminalistische Schlussfolgerungen zu ziehen, unterstützt die Versionsbildung;
- Versionsbildung als eine Form des logischen Schließens und der Verknüpfung von Denkresultaten muss auch spontane, unkonventionelle, aus dem Ermittlungsteam heraus geborene logische Erklärungen[34] berücksichtigen;
- Versionen dürfen keine anderen Wissenschaften oder dem Faktenmaterial des Ereignisses widersprechende Inhalte haben;
- widerspruchsfreie Versionen verhindern, die Ermittlungen auf Nebengleise zu führen.

Schöpferische Ideenfindung bei der Versionsbildung

- Die persönlichen intellektuellen Fähigkeiten der Ermittlungsperson müssen in die Ideenfindung eingehen;
- das individuelle Vorstellungsvermögen und der Ideenreichtum entwickeln sich durch das vertiefte gedankliche „Eindringen" in die Informationen des analysierten Ausgangsmaterials;
- neben logischen müssen auch fantasievolle Vorstellungen entwickelt werden, ohne etwas zu überziehen und in „Fantasterei" zu verfallen;

---

34 Getto. Auf Fragestellungen zur Anwendung der formalen Logik bei der Versionsbildung, der Abduktion, der Deduktion, Induktion und Konklusion sowie Probleme der objektiven Hermeneutik und der Vertextung von Informationen als Basis für die Täterermittlung soll in diesem für den Praktiker gedachten Handbuch nicht eingegangen werden. Probleme der psychologischen Struktur der Intuition sind bis heute noch nicht vollständig ergründet. Getto befasst sich mit vertiefenden Ausführungen zur Anwendung logischer Methoden bei der Versionsbildung, zur Modellbildung, dem Analogieschluss, der Reduktion, Deduktion und Induktion sowie Elementen der Aussagenlogik.

- mit Hilfe schöpferischer Fantasie erzeugt der Kriminalist ein Bild, wie sich eine Tat zugetragen haben könnte und andere offene Fragen zu erklären sind;
- im Prozess der Verdachtsschöpfung kann noch nicht jedes Detail, jede Vermutung oder Annahme begründet werden;
- Versionsbildung als geschultes kriminalistisches Denken muss dennoch Originalität widerspiegeln.

Erfahrungswissen einbringen

- Berufserfahrung und fachliche Sachkunde sind Voraussetzungen für die Versionsbildung;
- modernste wissenschaftlich-technische Auswertungsverfahren der Wissenschaft und Technik bei der Spurenauswertung können die auf Erfahrung beruhende gedankliche Arbeit des Kriminalisten nicht ersetzen;
- die Herstellung logischer Zusammenhänge zwischen Spureninformationen und personalen Beweisen, um z. B. vorgetäuschte Spuren oder einen fingierten Tathergang erkennen zu können, beruht einzig auf kriminalistischen Denkprozessen;
- Kreativität, Originalität und Kombinationsfähigkeit bei der Hypothesenbildung, Selbstkritik, Flexibilität, Gründlichkeit, Systematik und Konsequenz werden trotz moderner Technik immer zu den wichtigsten Eigenschaften des Kriminalisten gehören;[35]
- Versionen zu bedeutsamen Verfahren sollten nicht von einem einzelnen Sachbearbeiter allein gebildet werden;
- Erfahrungen anderer Kriminalisten, Kriminaltechniker, Mitarbeiter der Fachkommissariate, von externen Sachverständigen, Wissenschaftlern oder anderen spezialisierten Kräften deliktbezogen einfließen lassen.

Zeitbezogene Versionen bilden

- Kriminalistische Versionen dürfen sich nicht allein auf die in der Vergangenheit des kriminalistischen Geschehens liegenden Fragestellungen ausrichten;
- aufzustellende Versionen müssen sowohl Erklärungsansätze für in der Vergangenheit liegende Sachverhalte als auch für sich gegenwärtig noch vollziehende Abläufe sowie auf die in Zukunft zu erwartenden Handlungen und Verhaltensweisen (z. B. eines noch unbekannten Serientäters oder eines Flüchtigen) ausrichten;

35 Hauptmann, S. 780.

- eine zeitbezogene Versionsbildung ermöglicht es, die taktischen Varianten des weiteren Vorgehens zur Tataufklärung und Täterermittlung sach- und zeitorientiert festzulegen.

Versionen nicht als Wahrheit ansehen

- Aufgestellte Versionen dürfen niemals als Wahrheit angesehen werden;
- Versionen sind auf Tatsachen beruhende begründete Vermutungen und ihr Inhalt trägt Wahrscheinlichkeitscharakter; sie beinhalten Annahmen, deren Richtigkeit vermutet wird;
- sie sind kein Beweis, sondern im Prozess der Beweisführung eine Zwischenstufe zur schrittweisen Erlangung von Beweisen und neuen Erkenntnissen;
- Versionen fehlt die Eigenschaft, die objektive Realität im vollen Umfang widerzuspiegeln, d.h. objektive Wahrheit zu sein;
- ist der Inhalt einer Version durch Beweise bestätigt oder widerlegt, hört sie auf, Vermutung oder Annahme zu sein. Die Aussage lautet dann: Es ist so (Verifikation)! Ihr Inhalt hat sich bestätigt oder er wurde widerlegt (Falsifikation). Damit hat sich die kriminalistische Funktion der Version erfüllt.

2.3.1 Inhaltliche Anforderungen an die Bildung/Aufstellung von Versionen

Die Bildung von kriminalistischen Versionen beruht auf begründeten An- 33
nahmen. Basis ist das objektiv existierende Daten-/Informationsvolumen. Die erforderlichen Ausgangsinformationen werden durch Erhebung des objektiven und subjektiven Tatortbefundes und seiner Auswertung im Rahmen der Kriminalistischen Fallanalyse (vgl. Kapitel V, Abschnitt 1) gewonnen. Die Versionsbildung verlangt **schöpferische Fantasie** und **Vorstellungskraft**. Es müssen die auf praktischen polizeilichen Erfahrungen (phänomenologisches Fachwissen) beruhenden Ideen, Vorstellungen und Erklärungen in fantasievoll, aber real gebildete Versionen mit eingehen. Versionen sind das Ergebnis **logischer** und **intuitiver** kriminalistischer Gedankenarbeit. Zudem fließt immer auch allgemein gesichertes Wissen der menschlichen Gesellschaft mit ein.

Gedankenarbeit impliziert kriminalistisches Denken im konkreten Fall. Es ist nicht nur abstraktes, sondern auch logisches Denken, das als geschultes Denken planmäßig, systematisch und nach bestimmten Regeln unter dem Einfluss von Erfahrung zu Schlussfolgerungen führt, schrieb *Anuschat* bereits 1921. Das heißt, Versionsbildung ist Schlussfolgerungskunst.[36] Einzu-

36 Anuschat.

bringen sind kriminalistische und menschliche Erfahrung, Logik im Sinne von geschultem Denken, Planmäßigkeit und Systematik. Versionsbildung verlangt Sinnen und Grübeln sowie vergleichendes kriminalistisches Nachdenken. Während der Versionsaufstellung ist abzuwägen, was für und was gegen eine Version (also die angenommene Erklärung) sprechen könnte. Ohne kritisches und streitbares Hinterfragen im Sinne eines „Advocatus Diaboli" kommen keine tragfähigen Versionen zustande.[37] Und es ist auch zu bedenken, dass die menschliche Fähigkeit des Denkens der Schlussfolgerungskunst Grenzen setzt.

2.3.2 Formulierung von Versionen

34 Versionen sollen voneinander abgrenzbar, kriminalistisch praktikabel und sprachlich eindeutig formuliert sein. Das verlangt ihre sprachlich korrekte und an den individuellen Sachverhalt angepasste Formulierung. Sie sollen kurz und prägnant gehalten werden und das Wesentliche des Inhalts der als wahrscheinlich angenommenen Erklärung widerspiegeln. Sie dürfen kein Wortgemenge aus Ideen, Aufgaben und Lösungen sein. Es muss möglich sein, aus den aufgestellten Versionen die eigentliche Untersuchungsfrage abzuleiten und davon die Ermittlungsaufgaben zu bestimmen. Die so formulierten Versionen bilden die Grundlage für die Planung der kriminalistischen Ermittlungstätigkeit.

Merke

Versionen dürfen nicht bereits den Charakter von Untersuchungsfragen tragen oder schon Ermittlungsaufgaben und Maßnahmen beinhalten. Sie sollten so abgefasst werden, dass im sprachlichen Ausdruck erkennbar ist, **wozu** sie gebildet wurden und von welchen begründeten Annahmen und Vorstellungen der Polizeibeamte ausgeht.

Beispiele zur Formulierung von Versionen:

Beispiel 1

Auf der Fahrt von Bahnhof A nach Bahnhof B muss der Regionalzug Nr. 15426 infolge eines Schadens am Triebfahrzeug betriebsbedingt halten. In diesem Streckenabschnitt fährt als nachfolgender Zug der ICE Nr. 1456. Durch erhöhte Aufmerksamkeit und Einleitung einer Schnellbremsung gelingt es dem Triebfahr-

37 Deutscher Bundestag (2013), Drucks. 17/14600, S. 843–844. Im NSU-Untersuchungsausschuss wurde u. a. die „mangelnde Offenheit für alternative Ermittlungsansätze" als ein Grund für das Scheitern der Ermittlungen gegen den NSU ausgemacht.

zeugführer des ICE Nr. 1456, einen Zusammenstoß mit dem auf freier Strecke haltenden Regionalzug zu verhindern. Es liegt der Verdacht einer Straftat nach § 315a StGB – Gefährdung des Bahn-, Schiffs- und Luftverkehrs – vor.

Es soll der Komplex zur Ursache der Einfahrt in den gesperrten Streckenabschnitt aufgegriffen werden. Demnach sind spezielle Versionen, hier Tatversionen, als Versionen zur Ursache aufzustellen, welche wie folgt formuliert werden können:

Versionen zur Ursache:

- Das Einlassen des ICE Nr. 1456 in den besetzten Streckenabschnitt erfolgte aufgrund falscher Zugmeldungen (verfrühte Rückmeldung usw.) zwischen den Fahrdienstleitern der Bahnhöfe A und B.
- Der Fahrdienstleiter des Bahnhofs A betätigte pflichtwidrig das Ersatzsignal für die Fahrt des ICE Nr. 1456.
- Der Triebfahrzeugführer des ICE Nr. 1456 überfuhr auf dem Bahnhof A infolge mangelhafter Signalbeobachtung das „Halt“ zeigende Ausfahrtsignal.
- Es liegen technische Mängel an den Signal-, Stellwerks- bzw. Fernmeldeanlagen vor.

Beispiel 2

Auf dem Streckengleis von A nach B (Kilometer 43.850) wird die Leiche einer bekannten männlichen Person, des Kurt H., aufgefunden.

H. ist der Polizei bekannt. Er war Alkoholiker und verkehrte in kriminellen Kreisen. Auffindesituation: Der Kopf ist vom Rumpf getrennt und befindet sich im inneren Gleisbett an der Innenkante der rechten Schiene, während der Rumpf in gleicher Höhe außerhalb und quer zum Gleis liegt. H. wurde offensichtlich von einem Eisenbahnfahrzeug überfahren. Obwohl die Umstände auf eine Selbsttötung schließen lassen, ist aus analogen Fällen bekannt, dass Täter, nachdem sie ein Tötungsverbrechen begangen haben, die Leiche verbringen und versuchen, einen Suizid des Opfers durch Eisenbahnüberfahrung vorzutäuschen.

Versionen:

- H. wurde außerhalb des Gleiskörperbereichs getötet und die Leiche anschließend auf das Gleis verbracht.
- H. wurde im bewusstlosen Zustand (z. B. nach Schlägen) auf das Gleis gelegt und danach von einem Eisenbahnfahrzeug überfahren.
- Es liegt ein Unfall vor. H. wurde, weil er sich unbefugt im Gleiskörperbereich aufhielt (Abkürzung einer Wegstrecke, Trunkenheit), von einem Eisenbahnfahrzeug erfasst und überfahren.

- Es liegt ein Suizid vor.
- Es liegt ein natürlicher Tod vor. Der H. starb ohne fremdes Zutun. Er stürzte, lag infolge einer Überdosis Alkohol im Gleiskörperbereich, starb, danach erfolgte die Eisenbahnüberfahrung.

2.4 Versionsprüfung

35 Versionsbildung ist nur sinnvoll, wenn die Versionen danach gewissenhaft geprüft werden und festgestellt wird, ob die gedanklichen Vorstellungen des Kriminalisten richtig oder falsch gewesen sind. Die Versionsbildung allein bringt noch keinen neuen Erkenntniszuwachs, der die „dunklen“ Flecken des Ermittlungsverfahrens aufhellen kann. Versionen sind dann nützlich und bringen Erkenntniszuwachs, wenn sie im Ermittlungsprozess dazu beitragen, über die bekannten Tatsachen hinausgehend neue Erkenntnisse bzw. Tatsachen zu erschließen. Deshalb werden die aufgestellten Versionen durch strafprozessrechtlich zulässige und kriminaltaktisch zweckmäßige Ermittlungen überprüft. Das geschieht durch Ableitung der konkreten polizeilichen oder kriminalistischen Ermittlungsaufgaben und Maßnahmen. Durch deren praktische Umsetzung im Ermittlungsprozess wird festgestellt, ob diese zutreffend sind oder nicht. Auf den bestehenden Zusammenhang zwischen Versionsbildung und Ableitung der Ermittlungsaufgaben wurde in Kapitel V, Abschnitt 1.1 bereits eingegangen. Wird durch das Ergebnis der Prüfung eine Version als unrichtig falsifiziert (so war es nicht), so ist auch dieses Resultat kriminalistischer Erkenntniszuwachs, denn es wird damit wahrscheinlicher, dass eine andere zum Problem aufgestellte Version sich als richtig erweist. Damit übt die Versionsprüfung auch eine Art Kontrollfunktion im Ermittlungsverfahren aus.

V

Beachte

Der Wert der gewissenhaften Durchdringung des in einem Ermittlungsverfahren vorhandenen Informationspotenzials bei der kriminalistischen Fallanalyse und die Nützlichkeit einer ausgewogenen Aufstellung von Versionen zeigt sich letztlich immer am Ergebnis der Ermittlungen zur Versionsprüfung.

2.4.1 Methoden der Versionsprüfung

36 Das Hauptanliegen der Versionsbildung besteht darin, kurzfristig die Versionen auszuschließen, die sich als nicht richtig erwiesen haben, um somit die weitere Untersuchung in die richtige Richtung (umfassende Aufklärung; Wahrheitsfindung) zu führen. Die Versionsprüfung wird über

die von der Kriminaltaktik vorgegebene „normale" Ermittlungstätigkeit realisiert und vollzieht sich unter Verwendung der üblichen kriminalistischen Ermittlungsmethoden wie der Zeugen- und Verdächtigenermittlung oder der Alibifeststellung. Dabei wird nicht jede Version einzeln oder isoliert vom Sachverhalt geprüft. Die Prüfung geschieht komplex, indem nach Aufstellung der Versionen die sich daraus ergebenden **Untersuchungsfragen** gestellt und die davon abzuleitenden konkreten **Ermittlungsaufgaben** und **Maßnahmen** bestimmt und durchgeführt werden.

Methoden der Versionsprüfung sind sämtliche zum kriminaltaktischen Potenzial gehörenden Ermittlungs- und Überprüfungsmaßnahmen wie

- Ortsbesichtigungen,
- Vernehmungen,
- Alibiermittlungen,
- Rückfragen,
- Überprüfung von Informationsspeichern und kriminalpolizeilichen personenbezogenen Sammlungen,
- Durchsuchungen,
- Observationen,
- Wiedererkennungsmaßnahmen/Gegenüberstellungen

und andere Ermittlungsmaßnahmen (vgl. dazu auch Kapitel VI. Zeugen- und Verdächtigenermittlung sowie Kapitel VII. Alibifeststellung).

Merke

Versionen müssen schnell und **sicher** geprüft werden. Erforderlich sind gewissenhafte und akribisch genaue Prüfungsmaßnahmen. Am Ende der Versionsprüfung muss sicher sein, dass die aufgestellte Version richtig oder falsch ist. Ist eine Version einmal ausgeschlossen, obwohl sie richtig war, kann das zur Nichtaufklärung führen. Beispiele für oberflächliche Ermittlungen, zweifelhafte Prüfungsergebnisse und vorschnelle Entscheidungen zur Nichtweiterverfolgung von Versionen, welche sich später als richtig erwiesen, sind genügend bekannt.

Versionen stehen nicht beziehungslos nebeneinander. Sie stehen meistens in einem kausalen wechselseitigen Zusammenhang. Zwischen ihnen bestehen informationsseitig und beweisrechtlich Querverbindungen. Deshalb darf auch ihre Überprüfung nicht isoliert voneinander erfolgen. Zu einer einzelnen Version durchgeführte Ermittlungshandlungen bringen vielfach auch Erkenntnisgewinn bzw. Aussagen zu anderen aufgestellten

Versionen oder bereits bekannten Tatsachen. Die Ermittlungsresultate ergänzen sich dem Sachverhalt entsprechend zwangsläufig.

Versionsprüfung ist originäre kriminalistische Ermittlungstätigkeit, die mit filigraner kriminalpolizeilicher Kleinarbeit verbunden ist. Sie muss aktive Züge tragen. Durch die Prüfung der in den Versionen enthaltenen Verdachtsgründe werden ständig auch neue Erkenntnisse und Ansatzpunkte zur Aufklärung gefunden. Versionsprüfung ist keine von den sonstigen Ermittlungsaufgaben losgelöste Maßnahme. Eingebettet in die gleichzeitige Lösung der anderen Ermittlungs- und Untersuchungsaufgaben müssen effiziente Methoden des komplexen und zugleich arbeitsteiligen Vorgehens gewährleistet werden. Jedes Ergebnis von Versionsprüfungen führt zu neuen tat- oder täterbezogenen Feststellungen zum Sachverhalt und fördert somit den zügigen Fortgang der Fallbearbeitung.

2.4.2 Kriterien der Versionsprüfung

2.4.2.1 Wahrscheinlichkeit des Zutreffens von Versionen

37 Sind die Versionen aufgestellt, bedarf es der Beurteilung ihres Wertes für den Aufklärungsprozess. Da zunächst möglichst alle infrage kommenden Versionen aufgestellt werden, befinden sich darunter auch solche, deren Zutreffen weniger wahrscheinlich ist. Diese dürfen nicht von vornherein ausgeschlossen werden. Zwangsläufig ist die Wahrscheinlichkeit des Zutreffens der einen oder anderen Version zu beurteilen, um Prioritäten für die Ermittlungstätigkeit zu setzen. Es ist über die Dringlichkeit der Versionsprüfung zu entscheiden, denn die wahrscheinlichsten Versionen müssen in der Regel zuerst geprüft werden.

Der Wert einer Version steht in Abhängigkeit von weiteren sachverhaltsbezogenen Erkenntnissen des erreichten Ermittlungsstandes. Deshalb sollte keine absolute nummerische Werteskala aufgestellt werden. Die Priorität wird allerdings weitgehend von der **Wahrscheinlichkeit des Zutreffens einer Version** bestimmt, woraus Festlegungen zur Reihen- oder Rangfolge der Durchführung der Ermittlungsmaßnahmen abzuleiten sind.

2.4.2.2 Rangfolge der Versionsprüfung

38 Die Priorität einer Version und der hohe Grad der Wahrscheinlichkeit ihres Zutreffens allein ist nur ein Entscheidungskriterium zur Bestimmung der Rangfolge (Was tue ich zuerst?). Die Realisierung der Ermittlungsaufgaben zur Versionsprüfung ist ebenso davon abhängig, wie und wann, in welcher Aufeinanderfolge, parallel oder nacheinander und unter welchen zeitlichen, situativen und anderen Bedingungen der komplexen Vorgangsbearbeitung sie begonnen werden soll.

Die Bestimmung der Rang- oder Reihenfolge zur Prüfung der einzelnen Versionen ist im Wesentlichen von

- kriminalistischen,
- methodischen,
- straf- und strafprozessrechtlichen,
- organisatorischen und logistischen

sowie den aktuellen Lagebedingungen einschließlich der erforderlichen Gefahrenabwehr abhängig.

Die Reihenfolge der Ermittlungshandlungen wird nicht allein von formallogischen Gesichtspunkten bestimmt. Auch von der Bedeutung der Informationen bzw. Erkenntnisse, die im Ergebnis der betreffenden Ermittlungstätigkeit zu erwarten sind, hängt ab, welche Aufgaben zuerst in Angriff zu nehmen sind. Das jeweilige Ermittlungsziel, die individuelle Sachlage des Falles, der Ermittlungsgegenstand und die gewählte taktische Grundlinie des Vorgehens bestimmen letztendlich die Rang- und Reihenfolge der Versionsprüfung durch Ermittlungen.

Weitere **allgemein gültige Faktoren** für die Bestimmung der Rangfolge sind:

- die polizeiliche Lage,
- der Vorrang von Ermittlungshandlungen und Maßnahmen, deren verzögerte Durchführung unwiderrufliche Informationsverluste nach sich ziehen würde (z.B. wenn weitere Spuren zu erwarten sind, die vernichtet werden könnten oder Beteiligte Absprachen und Verschleierungshandlungen durchführen können),
- das Bestehen und mögliches Entstehen neuer Gefahrensituationen,
- Maßnahmen, die den Täter daran hindern, seine Straftaten fortzusetzen,
- die Abhängigkeit der geplanten Maßnahmen voneinander,
- der Zeitfaktor,
- der Eintritt unvorhergesehener, durch die Polizei nicht unmittelbar beeinflussbarer situationsbedingter Umstände, die es notwendig machen, die Reihenfolge der Ermittlungen zu ändern,
- die personellen und logistischen Möglichkeiten

und der Umstand, dass ausgehend von der aktuellen Untersuchungssituation jede Maßnahme das Ziel haben sollte, **günstigere Ausgangsbedingungen** für die Fortführung der Ermittlungen und die Aufklärung der Sache zu schaffen.

2.4.2.3 Parallelität der Versionsprüfung

39 Die Bestimmung einer Rangfolge der Versionsprüfung bedeutet nicht, jede Version einzeln und nacheinander zu prüfen. Versionen können nacheinander oder nebeneinander (parallel) überprüft werden, entscheidend ist die angenommene Wahrscheinlichkeit ihres Zutreffens.

Anzustreben ist stets, mehrere Versionen nebeneinander zu überprüfen und diesen Grundsatz auch bei der Bestimmung der Reihenfolge der Ermittlungen zu beachten sowie beim Einsatz der Kräfte und Mittel zu berücksichtigen. Die angestrebte gleichzeitige Prüfung mehrerer Versionen sichert eine zügige und variable Ermittlungsführung. In einem Zusammenhang stehende Sachverhaltsinformationen stehen dann frühzeitig zur Verfügung und machen eine erneute Lagebeurteilung und Bewertung möglich.

Falsch wäre es, zunächst alle Kräfte und Mittel ausschließlich auf eine einzige Version zu konzentrieren und die Prüfung anderer wahrscheinlicher Versionen erst dann in Angriff zu nehmen, wenn die erste Version abgeklärt ist bzw. die Ermittlungen sich „festgefahren“ haben. Das widerspricht nicht nur dem Prinzip der Objektivität der Ermittlung, sondern auch der Logik der Versionstheorie.

2.4.2.4 Kontinuität der Versionsprüfung

40 Aus Erfahrungen der Praxis muss auf eine planmäßige, systematische und **kontinuierliche Prüfung** der Versionen hingewiesen werden. Bei der Bearbeitung besonders schwerer Verbrechen nimmt die Ermittlung in der Praxis gelegentlich leider sporadische Züge an. Bei fehlendem Controlling wird wahllos von einer zur anderen Version „gesprungen“, ohne dass die Prüfung mit einem sicheren Ergebnis abgeschlossen ist. Schädliche Routine muss bei der Versionsprüfung ausgeschlossen werden.

41 Durch mangelnde Konsequenz bei der Verfolgung der Versionen werden nicht nur Aufklärungschancen vergeben. Jede nicht aufgeklärte Straftat birgt die Gefahr in sich, dass Täter erneut z. T. erhebliche Straftaten begehen und sich damit neuerlicher Zeitaufwand oft um ein Vielfaches erhöht, von den rechtspolitischen Folgen und Wirkungen auf den Betroffenen sowie in der Gesellschaft ganz abgesehen.

Bei später aufgeklärten Delikten zeigt sich häufig, dass in früher aufgestellten Versionen der Täter mit anvisiert war, das Schlüsselproblem der Untersuchung erkannt und der richtige Ansatz für die Aufklärung gefunden wurde, die Prüfung der Versionen jedoch nicht mit der notwendigen Konsequenz und Beharrlichkeit (vgl. Kap. VII Alibifeststellung) bis zur Klärung aller offenen Fragen geführt wurde.

Beispiel:

In den späten Abendstunden dringt ein unbekannter männlicher Täter durch die offene Haustür in ein Mehrfamilienhaus ein.

Er klingelt an der Wohnungstür einer ihm nicht bekannten jungen Frau und fordert von dieser Geschlechtsverkehr. Als sie nicht einwilligt, verletzt er sie mit mehreren Messerstichen schwer und flüchtet. Nach der Tatbefundaufnahme geraten zwei junge Männer, A und B, in Tatverdacht. Sie befanden sich während des angenommenen Tatzeitraums angetrunken im Tatortbereich und begingen Sachbeschädigungen im öffentlichen Verkehrsraum. Es wurden Versionen zu den Tätern aufgestellt. Die Prüfung der Version „A ist Täter" ergab, dass A sich zur Tatzeit wegen der begangenen Sachbeschädigung auf der Polizeiwache befand. Er wurde als Täter eindeutig ausgeschlossen. Die Version „B ist der Täter" wurde gleichfalls ausgeschlossen. Er war ebenfalls der Wache zugeführt worden. Die Versionsprüfung erfolgte jedoch oberflächlich. Der Beamte gab sich mit einer telefonischen Nachfrage auf der Wache zufrieden und legte die Version „Täter ist der B" ad acta. Der Fall wurde polizeilich nicht aufgeklärt. Ein Jahr nach der Tat erkennt das Opfer in einer Gaststätte zufällig den B uneingeschränkt als Täter. Die Tat wird ihm nachgewiesen und er legt ein Geständnis ab. Die erneute Prüfung ergab, dass B zwar zugeführt worden war. Da er jedoch nicht an den Sachbeschädigungen beteiligt war, wurde er nach Identitätsfeststellung entlassen und befand sich zur Tatzeit nicht mehr auf der Wache, sondern nur A blieb auf der Wache zurück.

Kontinuität, Zielstrebigkeit und größte Gewissenhaftigkeit bei der kriminalistischen Ermittlungstätigkeit sind Voraussetzung, um eine Version endgültig ausschließen zu können. Es ist unerlässlich, die Prüfung von Versionen mit der genügenden Konsequenz bis zu Ende zu führen. Bei der Beurteilung von Ermittlungsergebnissen nicht selbst durchgeführter Überprüfungen sollte der Polizeibeamte hohe Maßstäbe anlegen. Erst auf der Grundlage einer durch objektive Fakten gefestigten Überzeugung kann eingeschätzt werden, ob eine Version bestätigt wurde, auszuschließen oder eine Erweiterung notwendig ist. Wie bei der Alibifeststellung dürfen nicht zweifelsfrei geklärte Versionen keinesfalls ohne Weiterverfolgung abgelegt werden.

3 Kriminalistische Untersuchungsplanung

3.1 Bedeutung, Gegenstand, Ziel und Aufgaben der Untersuchungsplanung

3.1.1 Bedeutung

42 In den vorangegangenen Abschnitten dieses Kapitels wurde vermittelt, in welcher Weise kriminalistische Sachverhalte im Hinblick auf noch aufzuklärende Sachverhalte und Probleme analysiert (Kriminalistische Fallanalyse) und daraus gedanklich Schlussfolgerungen (Versionen/Hypothesen) darüber abgeleitet werden, wie sich die ungeklärten Sachverhalte des Ermittlungsverfahrens zugetragen haben könnten. Die daraus abgeleiteten Annahmen und Vermutungen sind nunmehr zu überprüfen (Versionsprüfung), um festzustellen, ob sie richtig oder falsch sind. **Die vorrangig gedankliche und analytische kriminalistische Tätigkeit geht damit in die Phase der praktischen operativen Ermittlungstätigkeit über.**

Wie jede menschliche Tätigkeit bedarf auch die Ermittlung in Strafsachen einer vorausschauenden Planung. Für die Durchführung von polizeilichen Ermittlungsaufgaben und polizeilichen Maßnahmen bei der Straftatenuntersuchung ist die Planung des beabsichtigten Vorgehens Voraussetzung, um den Erfolg des Handelns sicherzustellen. Die mit der Vorbereitung, Planung, Organisation und Koordination von Aufklärungs- und Ermittlungstätigkeiten zusammenhängenden Aufgaben werden in ihrer Gesamtheit als **kriminalistische Untersuchungsplanung (KUP)** bezeichnet. Untersuchungsplanung beinhaltet die geistig schöpferische Denktätigkeit des Kriminalbeamten bei der Vorbereitung und Planung einer Untersuchung einschließlich der Fertigkeiten zur Erarbeitung von Untersuchungsplänen oder von anderen Planungsdokumenten. Die letztgenannte Aufgabe wird als **Planungstechnik** bezeichnet. Kriminalistische Untersuchungsplanung ist ein Instrument zur Unterstützung der Fallbearbeitung im polizeilichen Ermittlungsverfahren.

Der mit der kriminalpolizeilichen Sachbearbeitung beauftragte Polizeibeamte kommt nicht umhin, sich über die gesamte kriminalistische Untersuchung sowie die einzelnen polizeilichen Ermittlungshandlungen, Maßnahmen und Schritte des Vorgehens im Voraus Gedanken zu machen. Zielbezogen ist zu überlegen, wie an die Lösung der Aufgaben herangegangen werden muss, welche personellen und materiell-technischen, logistischen sowie speziellen kriminaltechnischen Mittel, Methoden und Verfahren oder Spezialisten einzusetzen sind. Das schließt auch ein, sich über die **Art und Weise des Vorgehens**, die Taktik der Durchführung der Aufgaben und Maßnahmen im Klaren zu sein.

Die Strafprozessordnung bezeichnet die zur Straftatenaufklärung zulässigen Aufgaben und Maßnahmen sowohl als Ermittlung, Untersuchung und Aufklärung. Die notwendigen kriminalpolizeilichen Tätigkeiten zur Täterermittlung und Tataufklärung vollziehen sich als ein komplexer Untersuchungsprozess. Alle Aufklärungsmaßnahmen stehen im wechselseitigen Zusammenhang und bedingen sich gegenseitig.

Eine gut durchdachte und wohlüberlegte kriminalistische Untersuchungsplanung trägt dazu bei,

- die Aufgaben und Untersuchungsziele exakt zu bestimmen,
- die einzelnen Schritte des Vorgehens festzulegen,
- die Aufgaben und Maßnahmen zweckmäßig und rechtzeitig vorbereiten und organisieren zu können,
- die Ermittlungshandlungen im Rahmen der gesamten Untersuchung zu koordinieren,
- die Qualität der Beweisführung zu sichern,
- alle gegebenen strafprozessrechtlichen, polizeirechtlichen und kriminalistischen Mittel, Methoden und Verfahren taktisch klug und zweckmäßig zur Täterermittlung und allseitigen Straftatenaufklärung einsetzen zu können.

Damit sichert Untersuchungsplanung eine effiziente polizeiliche Ermittlung. Durch die Qualität der Planung wird zugleich die Qualität der Beweisführung (Einhaltung von Qualitätsstandards) und Wahrheitsfindung unterstützt und ein beweissicheres Strafverfahren gewährleistet.

3.1.2 Gegenstand

Gegenstand[38] der kriminalistischen Untersuchungsplanung (KUP) ist die 43
Vorbereitung und Planung der kriminalpolizeilichen Aufgaben und sonstigen polizeilichen Maßnahmen, die unmittelbar mit der Bearbeitung (Aufklärung) von einzelnen Strafverfahren (Falluntersuchung) in Zusammenhang stehen.

Andere polizeiliche Planungsaufgaben wie die Planung strategischer Aufgaben zur Kriminalitätsbekämpfung, Planung der Verbrechensbekämpfung, Planung der Kriminalitätskontrolle[39] oder die polizeiliche Einsatz-

38 Strauß, Ackermann (1986), S. 12–19.
39 Brisach.

planung sind nicht Gegenstand der Untersuchungsplanung. Dagegen gehören alle für die Bearbeitung von Strafverfahren notwendigen Aufgaben und Maßnahmen, welche eine rationelle und zielstrebige Ermittlung und Untersuchung zur Täterermittlung bzw. Aufklärung des Gesamtumfangs der Straftat gewährleisten sollen, zum Gegenstand der Untersuchungsplanung. Die Planung der Untersuchung konzentriert sich demzufolge auf die **Fallaufklärung** im **Strafverfahren.**

Dabei beschränkt sich die Untersuchungsplanung nicht nur auf die Überprüfung von aufgestellten Versionen. Ihr Gegenstand umfasst ebenso alle weiteren Ermittlungsaufgaben des Verfahrens, welche sich nicht auf Versionen gründen. Untersuchungsplanung ist damit ebenso ein Instrument der **Untersuchungskoordination und -kooperation**.

3.1.3 Ziel und Aufgabe

44 Das **Ziel** der Untersuchungsplanung ist die Vorbereitung einer vorausschauenden, rationellen und effizienten kriminalpolizeilichen Ermittlungstätigkeit, die Handlungsziele festzulegen und eine sinnvolle Organisation und Koordination der Kräfte und Mittel zu gewährleisten, den Weg der Wahrheitsfindung zu bestimmen sowie die Taktik des Vorgehens bei der Ermittlung festzulegen. Die Zielbestimmung wirkt sich auf das gesamte Management der Untersuchung und Ermittlung aus.

Hauptziel der KUP ist, die systematische, planvolle und abgestimmte weitere Untersuchung zu gewährleisten, um im Strafverfahren fehlende Informationen festzustellen und Beweismittel zu erheben, die es gestatten, den in der Vergangenheit liegenden Prozess des kriminalistisch relevanten Ereignisses (der Straftat) nach Möglichkeit vollständig, objektiv und wahr zu ermitteln. **Die Untersuchungsplanung dient damit auch der Unterstützung der Wahrheitsfindung im Strafprozess.** Sie beschränkt sich nicht auf Management, bloße Vorbereitung, Organisation und Koordination der Kräfte und Mittel bzw. auf die rationelle und effiziente Ermittlungsführung oder die Festlegung der Taktik des Vorgehens.

Die **typischen Aufgaben** der kriminalistischen Untersuchungsplanung sind:

- den Weg zur Feststellung der Wahrheit, speziell zur Täterermittlung, Tataufklärung und Beweisführung, zu planen,
- die sich aus kriminalistischen Versionen ergebenden **Untersuchungsfragen** zu bestimmen,
- davon die Untersuchungs-/Ermittlungsaufgaben abzuleiten,

- in materiell-rechtlicher (Tatbestandserfüllung), strafprozessualer und kriminalistischer Hinsicht durch gedankliche Vorausschau die zweckmäßigste Art und Weise der Ermittlungstätigkeit festzulegen und damit die **Taktik des Vorgehens** zu bestimmen
- sowie den organisatorischen, koordinierten, sinnvollen und rationellen Ermittlungsverlauf, einschließlich der benötigten Kräfte und Einsatzmittel, festzulegen.

Planung beinhaltet die **Vorausschau** künftigen Handelns. Insofern ist Untersuchungsplanung nicht nur auf die Ausarbeitung von Plänen (Entschlüssen/Konzeptionen) ausgerichtet. Sie ist in erster Linie ein Prozess der **intellektuellen** Auseinandersetzung mit dem zu Planungsbeginn vorhandenen Informationspotenzial sowie der Beweislage.

Zur **Aufgabe** der Untersuchungsplanung gehört, neben der Bestimmung von Hauptrichtungen der Untersuchung/Ermittlung, die erforderlichen polizeilichen Methoden und Arbeitsschritte zur Erreichung des jeweils angestrebten Zieles abzustecken. Der die Straftat untersuchende Kriminalist muss exakt einschätzen, mit welchen kriminalistischen Mitteln, Methoden und Verfahren er die jeweiligen Untersuchungsziele zu realisieren gedenkt. Zum Beispiel einen Verdächtigen zu ermitteln, ein noch fehlendes Beweismittel zu beschaffen, eine Erklärung für einen noch nicht bekannten Zusammenhang zu finden, ein Fahndungsobjekt aufzuspüren u. Ä. Dabei muss er auch zu erwartende Alternativergebnisse vorausgehender Ermittlungen beachten bzw. Schwierigkeiten oder Hemmnisse, beispielsweise Schutzbehauptungen eines Beschuldigten in einer Vernehmung oder die Möglichkeit der Abwesenheit eines Festzunehmenden am Festnahmeort, und diese möglichen Umstände bei der Planung seines Vorgehens vorausschauend berücksichtigen.

3.2 Vorgehen bei der Untersuchungsplanung

Der Kriminalist plant die Bearbeitung eines Falles unter sehr verschiedenartigen Voraussetzungen. Es bestehen unterschiedliche Ausgangssituationen zu Untersuchungs- und Planungsbeginn. 45

Die typischen **Ausgangssituationen** sind: 46

- Übertragung der Bearbeitung einer Anzeige in einer Ermittlungslage, zu der noch keine Ermittlungsergebnisse vorliegen (die Bearbeitung eines Ermittlungsverfahrens von Anfang an);
- Übertragung der Bearbeitung eines Ermittlungsvorganges, zu welchem bereits umfangreiches Ausgangsmaterial vorliegt, beispielsweise Ergebnisse aus Vorfeldermittlungen zum Verdacht von Wirtschaftsstraftaten;

- Übernahme eines Ermittlungsvorganges zu einer Straftat, nachdem bereits ein Sicherungs- und Auswertungsangriff durch andere Kräfte durchgeführt wurde und die entsprechenden Ermittlungs- bzw. Feststellungsergebnisse vorliegen;
- Fortsetzung der Ermittlungen zu einer Straftat, zu welcher der Sachbearbeiter den Ersten Angriff selbst geführt hat und deshalb über Detailkenntnisse verfügt;
- Übernahme von Ermittlungsvorgängen, die vordem durch andere Sachbearbeiter oder Organisationseinheiten bearbeitet wurden;
- Untersuchungsplanung unmittelbar aus dem Ersten Angriff heraus, insbesondere bei schweren Verbrechen, Einsatz von Besonderen Aufbauorganisationen (BAO), Tätigkeit von ständigen Kommissionen (z. B. bei Verdacht eines Tötungsverbrechens von Morduntersuchungskommissionen).

Aus diesen unterschiedlichen Ausgangssituationen ergeben sich jeweils **Besonderheiten, wie bei der Planung im Einzelfall vorzugehen ist.**

Zu berücksichtigen ist, dass der sachbearbeitende Kriminalist im Regelfall eine größere Anzahl unterschiedlich strukturierter Strafverfahren **gleichzeitig** zu bearbeiten hat. Das können Straftaten mit Einzeltätern, Gruppentätern oder Serienstraftaten sein. Wenn ein Sachbearbeiter die Untersuchung in einer derartig unübersichtlichen Situation zu planen hat, ist er gezwungen, die Unterschiedlichkeit des jeweiligen Ermittlungsstandes zu berücksichtigen. Bearbeitet er ein Verfahren **allein**, so umfasst Untersuchungsplanung zugleich auch die persönliche Arbeitsplanung, was für die Koordination seiner eigenen Tätigkeit wichtig ist.

In einem Ermittlungsverfahren mit **unbekanntem Täter** wird sich die Planung zwangsläufig darauf konzentrieren, kriminalistische Aufgaben und Maßnahmen festzulegen, die der Ermittlung des Täters dienen, ohne dabei die Beweisführung zur allseitigen Sachverhaltsaufklärung zu vernachlässigen.

Bei der Untersuchung von Ermittlungsverfahren mit **bekanntem Täter** steht die Beweisführung zur Täterschaft im Vordergrund. Dabei kann z. B. die **Vernehmungsplanung** eine größere Rolle spielen.

3.2.1 Gedankliche und schriftliche Untersuchungsplanung

47 Die Planung der kriminalistischen Vorgangsbearbeitung ist unabhängig vom Schwierigkeitsgrad der jeweiligen Aufgabe in jedem Fall erforderlich. Ohne eine wohldurchdachte Aufgabenvorbereitung führt die Unter-

suchung in einem Strafverfahren mit Sicherheit zu Nachlässigkeiten und Fehlern. Untersuchungsplanung ist ein entscheidender Faktor für Qualitätssicherheit und Rationalität der Fallaufklärung. Wird nicht ausreichend oder oberflächlich geplant, entstehen potenzielle Risiken. Häufig wird die an den Ermittlungsvorgang gebundene Planung unterschätzt. Typische Fehler der Untersuchungsplanung sind:

- unzureichende Situations- und Lageanalyse,
- mangelhafte Zielplanung,
- unzureichende Aufgabenstrukturierung, fehlende Vorgehensplanung,
- unzweckmäßige Maßnahmenplanung,
- Mängel bei der Ablauforganisation,
- unzweckmäßige Informationsaufbereitung,
- mangelhafte Spuren- und Beweismittelbewertung.

Die Kriminalistik geht von zwei typischen **Planungsmöglichkeiten** (Arten) aus: der **gedanklichen** und/oder der **schriftlichen** Untersuchungsplanung. Die hohe Arbeitsbelastung in der kriminalistischen Praxis verlangt, großen administrativ-bürokratischen Aufwand – wie ihn die Planung manchmal auch darstellt – zu verhindern. Es gelten die Prinzipien der Einfachheit, Übersichtlichkeit und Aussagekraft. Wichtig ist vor allem, dass überhaupt geplant wird. Und daher genügt in den meisten Fällen die gedankliche Planung, denn **Planung dient vor allem dem Sachbearbeiter als Gedankenstütze**, damit er bei der Untersuchung nichts übersieht bzw. vergisst.

3.2.1.1 Gedankliche Planung

Die **gedankliche Untersuchungsplanung** umfasst alle geistigen Anforde- 48
rungen und praktischen Aufgabenstellungen sowie die logische Denktätigkeit zur Bestimmung der Untersuchungs- und Ermittlungsaufgaben sowie organisatorische Vorbereitungen des Ermittlungsbeamten, wenn er beabsichtigt, die Ermittlungen in einer Strafsache **ohne einen schriftlichen Plan** aus dem Gedächtnis und seiner Erfahrung heraus durchzuführen. Die gedankliche Ermittlungsplanung ist die am häufigsten anzutreffende **Art** der Planung des Vorgehens bei der Straftatenuntersuchung. Obwohl gedanklich zu planen heißt, keinen schriftlichen Ermittlungsplan auszuarbeiten, ist das nicht gleichbedeutend mit **Planlosigkeit** bei den beabsichtigten Ermittlungen zur Fallaufklärung.

Auch die gedankliche Ermittlungsplanung verlangt schöpferische Denktätigkeit des Kriminalisten. Die für die Vorbereitung und Durchführung von Ermittlungsaufgaben als „kriminalistisches Denken“[40] gekennzeichneten intellektuellen Aufgaben umfassen die fallanalytische Beurteilung des Sachverhaltes, das Erkennen und die Feststellung der offenen Untersuchungsprobleme, die Festlegung der Aufgaben sowie des Weges der weiteren Ermittlungen auf gedanklichem Wege.

Kriterien für gedankliche Untersuchungsplanung

Ist der Sachverhalt des Ermittlungsverfahrens auch ohne schriftliche Gedankenstütze überschaubar, so genügt die gedankliche Planung. Diese Entscheidung, keinen schriftlichen Plan auszuarbeiten, hängt von verschiedenen Faktoren ab – neben dem Kompliziertheitsgrad der Ermittlung und dem Umfang noch notwendiger Ermittlungen – insbesondere auch vom persönlichen Qualifikationsstand und den praktischen kriminalistischen Erfahrungen des Ermittlungsbeamten bei der Untersuchung von Strafsachen.

Im Regelfall genügt die gedankliche Vorbereitung und Planung der Ermittlung, wenn von einfachen, klar überschaubaren Sachverhalten ohne zunächst erkennbare Beweisprobleme ausgegangen werden kann und sich eindeutige kriminalistische oder polizeiliche Aufgaben und Maßnahmen ableiten lassen. Dabei spielt die Deliktart eine untergeordnete Rolle, entscheidend sind der Ermittlungs- und Organisationsaufwand.

Es muss sicher sein, dass der Kriminalist, der seine Ermittlungen plant, bei der späteren Ermittlung sowie Durchführung von einzelnen Aufgaben und Maßnahmen im Ermittlungsverfahren wie z. B. der Vernehmung, alle zu klärenden Fragestellungen beachtet, nichts vergisst oder unterlässt, was der Tätermittlung, Tataufklärung und Beweisführung als Grundlage zur Feststellung der Wahrheit durch das Gericht dient.

V

3.2.1.2 Schriftliche Planung

49 Der schriftlichen Untersuchungs-/Ermittlungsplanung geht die gedankliche Planung voraus. Der Unterschied besteht darin, dass das Resultat der gedanklichen kriminalistischen Planung jedoch in einem **Planungsdokument,** dem **Untersuchungsplan** oder einem anderen Planungsdokument, in überschaubarer und zweckmäßiger Form schriftlich niederzulegen ist.

Kriterien für einen schriftlichen Untersuchungsplan

Schriftliche Untersuchungs- oder Ermittlungspläne sind immer dann zu fertigen, wenn Verbrechen und andere schwere Straftaten oder kriminalistisch relevante Sachverhalte (z. B. große Schadensereignisse mit kriminalpolizeilicher Relevanz) zu untersuchen sind und ein größerer Kräfte- und

40 Walder, Hansjakob, Gundlach, Straub.

Mitteleinsatz erforderlich ist. Das betrifft vor allem die Untersuchung von Fällen durch BAO, Mordkommissionen oder Sonderkommissionen. Ebenso bei Straftaten, bei denen hinsichtlich der Täterermittlung, der Ermittlung des vollständigen Umfangs der Straftat und aller Tatbeteiligten sowie bei der Beweisführung komplizierte Untersuchungsbedingungen vorliegen, die Kompliziertheit und Vielschichtigkeit notwendiger Ermittlungen ohne planungstechnische Mittel nicht mehr realisierbar ist sowie die Überschaubarkeit ohne Hilfsmittel nicht mehr gewährleistet werden kann.

Schriftliche Untersuchungsplanung ist insbesondere angezeigt,

- wenn ein umfangreicher Informations- und Datenumfang vorliegt, **50**
- wenn in einer Strafsache mehrere Untersuchungskomplexe zu untersuchen sind und der Tatverdächtige in Verdacht steht, mehrere Straftaten begangen zu haben,
- wenn an der Tat eine größere Anzahl von Personen beteiligt sind,
- wenn Informationen, Spuren und Anhalte zu der zu untersuchenden Strafsache noch erheblichen Wahrscheinlichkeitscharakter haben und es an ihrer Eindeutigkeit bei der Beweisführung mangelt,
- wenn voraussehbar ist, dass im Ergebnis von Ermittlungsmaßnahmen vielschichtige Sach- und Personenzusammenhänge zutage treten, die miteinander zu verknüpfen sind und sich Koordinationsprobleme ergeben,
- wenn erwartete Ermittlungsergebnisse Alternativcharakter haben,
- wenn die Bestimmung der Reihenfolge der Ermittlungsaufgaben und -maßnahmen hinsichtlich des Zeitpunktes und der Art und Weise ihrer Durchführung Schwierigkeiten bereitet,
- wenn ein Verbrechen den Gegenstand des Ermittlungsverfahrens bildet,
- wenn bei Haftsachen,
- wenn es sich um solche Straftaten handelt, zu deren Aufklärung Sonderkommissionen, Einsatzgruppen oder andere Sonderorganisationsformen auf Zeit, bzw. Besondere Aufbauorganisationen (BAO) zum Einsatz kommen.[41]

Handelt es sich um weniger komplizierte und umfängliche Ermittlungsverfahren mit bekanntem oder unbekanntem Täter, ist es auch möglich, aufgabenbezogene verkürzte, delikt- oder organisationsorientierte **Ermittlungspläne** oder **Spezialuntersuchungspläne** zu erarbeiten, die von einer Grundform eines Untersuchungsplanes abweichen.

41 Vgl. Büchler, Schielke.

3.3 Planungsmethoden

51 In Anwendung kommende Planungsmethoden richten sich auf sachlich zu lösende Aufgaben aus. Im polizeilichen Aufgabenbereich zur Kriminalitätsbekämpfung ist es die **Planung des Ablaufs einer kriminalistischen Untersuchung.** Die Planung ist an bestimmte juristische Anforderungen (z.B. Tatbestandsnachweis) und strafprozessrechtliche Regelungen ihrer Durchführung gebunden. Da das Ziel der Untersuchung die Aufhellung von durch Personen begangenes, nicht gesellschaftskonformes, individuelles Handeln ist, verbietet sich die Anwendung rein administrativer oder formaler Planung, die keinen sozialen Bezug herstellt. Untersuchungsplanung wird über die Nutzung unterschiedlicher Planungsmöglichkeiten und Planungsmethoden, also über **Pläne** unterschiedlicher Art, realisiert. Diese sind an die Individualität des Einzelfalles, die bestehende Ausgangssituation, die jeweiligen Aufgaben sowie Zielvorgaben für die Aufklärung gebunden. Schon deshalb kann es keine starren algorithmischen Formen der Pläne geben. Unter dem Oberbegriff kriminalistischer Untersuchungsplanung finden die in der folgenden Übersicht gezeigten Pläne vorwiegend Anwendung (vgl. Abb. V.5).

3.3.1 Planungsmethoden – Planungsformen

52 Für den Ermittlungsbeamten besteht die Möglichkeit, bei der Fallbearbeitung aus den in der Übersicht dargestellten Planungsmethoden die geeignete Planungsform auszuwählen. Die Planungsformen bzw. Pläne sind nach bestimmten ihnen zugewiesenen Aufgaben bezeichnet. Dabei muss der Untersuchungsführende sich nicht starr für eine einzige Planungsform entscheiden. Oft werden mehrere Planungsformen und -methoden gleichzeitig benötigt, was der Aufgabenvielfalt bei der Untersuchung von komplexen Straftaten entspricht. Welche Planungsform im Einzelnen genützt wird, ist von Faktoren abhängig wie Schwierigkeitsgrad, bekannter Täter, unbekannter Täter, Gruppenstraftat, Deliktart, erkennbarer Ermittlungsaufwand, zu prüfende Versionen, mehrere Tatbeteiligte, persönlicher Qualifikationsstand, Alleinbearbeitung, Teambearbeitung, Bearbeitung in Sonderorganisationsform (BAO) und vielen anderen. Schon aus der unterschiedlichen Bezeichnung der Pläne und Planungsmöglichkeiten lassen sich Hinweise auf deren Zweck bzw. spezifische Funktion ablesen. Die Planung der Untersuchung soll vor allem verhindern, dass es zu Ermittlungsfehlern kommt und die Untersuchung nicht zielorientiert geleitet wird. Im Alltag und selbst in der Tätigkeit von Sonderkommissionen gibt es eine Reihe von Problemen, die auf mangelnde Planung der Untersuchungstätigkeit zurückzuführen sind. Viele

Schwachstellen der Untersuchung betreffen neben Leitungs- und Führungsfragen die Planung der Untersuchung. Die Planung wird als Koordination der Aufgaben, Mitarbeiter, Sachmittel und Kommunikation beschrieben. Planung ist ein „strukturierendes Element, ihr Kern ist die Festlegung der Aufgabenstruktur. Hier werden die voraussichtlich zu erledigenden Aufgaben unter Berücksichtigung der Ressourcen in eine zeitlich-logische Reihenfolge gebracht, es muss ein Vorgehenskonzept entworfen werden.“[42] Dieses kann sich auch auf die in den Bundesländern unterschiedlich existierenden Fallbearbeitungssysteme und Vorgangsbearbeitungsprogramme stützen.[43] Auf die differenzierten Arten und Formen derartiger Plandokumente wird in den folgenden Abschnitten schwerpunktmäßig eingegangen.

42 Büchler, Lohmeyer, S. 36–37.

43 Reiche, S. 730–736.

53

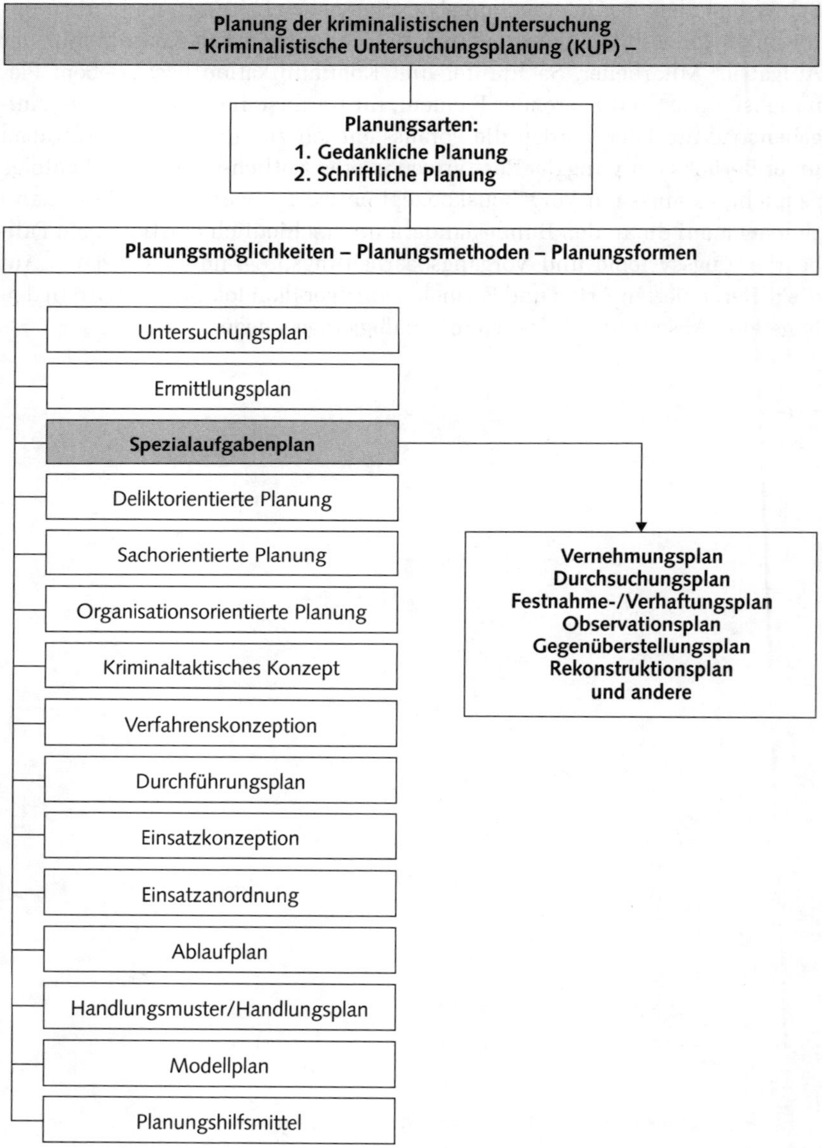

Abb. V.5 Planungsmethoden – Planungsformen

3.3.2 Untersuchungsplan

Der Untersuchungsplan ist die **Hauptform** und zugleich das Grundmodell für die Untersuchung schwerer, umfangreicher und schwierig aufzuklärender Straftaten. Als eine **Unterform** ist der **Ermittlungsplan** anzusehen. Zwischen einem **Untersuchungsplan** und einem **Ermittlungsplan** bestehen, obwohl sie wesensgleich sind, einige Unterschiede. Beide Pläne haben die gleiche Zielstellung, sie sollen die Vorbereitung und Durchführung von Untersuchungs- und Ermittlungsaufgaben unterstützen. Der Unterschied besteht in der inhaltlichen Ausgestaltung, der Form und dem Aufwand für die Planung einer Falluntersuchung. Sämtliche im Zusammenhang mit der Vorbereitung und Planung von kriminalistischen Untersuchungen zu lösenden Aufgaben/Tätigkeiten, einschließlich der Erarbeitung der unterschiedlichen Pläne, werden als **Kriminalistische Untersuchungsplanung** bezeichnet. Ergebnisse der Planung sind die Pläne. 54

Die Hauptform (Grundmodell) der in Abb. V.5 aufgeführten Planungsmöglichkeiten und -methoden ist der Kriminalistische Untersuchungsplan. Darauf bauen alle anderen modifizierten und nach ihrer Aufgabe/Funktion benannten Pläne auf. Das gilt ebenso für den **Ermittlungsplan**, der als die **vereinfachte Form** eines Untersuchungsplanes bezeichnet wird. Ist der Gesamtumfang eines Falles sehr groß, kann sich die Gesamtplanung in einem Untersuchungsplan allerdings auch als hinderlich erweisen, da die Zusammenhänge unübersichtlich werden. In diesen Fällen kann mit Teilplanungsmethoden gearbeitet werden. Dafür bietet sich im Regelfall ein Spezialaufgabenplan bzw. Ermittlungsplan an.

Wird der gesamte beabsichtigte Ablauf einer komplexen Falluntersuchung – also ein Untersuchungsprozess – geplant, wird ein Untersuchungsplan gefertigt. Beschränkt sich die Planung auf die Durchführung nur weniger und überschaubarer Ermittlungsaufgaben, so kann der Aufwand geringer gehalten werden. Es genügt dazu ein Ermittlungsplan (vgl. Abschnitt 3.3.3).

Obwohl ein Untersuchungsplan an keine bestimmte Form gebunden ist, dienen die folgenden methodischen Hinweise dem möglichen Aufbau und ihrer Gestaltung. Es sind grobe Anhaltspunkte. Die individuelle Gestaltung richtet sich nach Gegebenheiten und Aufgaben des zu lösenden Falles. Ein Untersuchungs- oder Ermittlungsplan darf nicht zu „Schematismus“ führen. Es können vielfältige Planungsmethoden (und Formen) einschließlich elektronischer Werkzeuge (ggf. modifiziert) verwendet werden.[44]

---

44 Etwa: Mindmaps „Planungsmodell“; Aufgabenplaner; Einfache Aufgabenverwaltung; Aufgabenplaner nach Ziel; Planungsmodelle; Managementfunktion zur Planung und Organisation; Projektplanung; Netzplantechnik u. a.

Merke

Struktur, Systematik, Aufbau und Form von Untersuchungsplänen sind abhängig von der Spezifik der zu lösenden Aufgaben und deren Umfang bei der Straftatenuntersuchung.

Sie sind an keine bestimmte Form gebunden. Ihrer Art nach setzen Untersuchungspläne kriminaltaktische Ermittlungskonzepte bzw. Vorgehenskonzepte in verbindliche Aufgabenstellungen um.

3.3.2.1 Anforderungen

55 Der Untersuchungsplan dient der

- Planung **sämtlicher** in einem Ermittlungsverfahren zu lösenden **Aufgaben**,
- Planung größerer **Ermittlungskomplexe**[45] oder Episoden im Rahmen eines Ermittlungsverfahrens, beispielsweise wenn ein oder mehrere Täter an einer größeren Anzahl Straftaten beteiligt sind bzw. tragende Ermittlungsrichtungen oder Versionen bei Entführungen, Erpressungen oder anderen schweren Verbrechen zu verfolgen sind,
- Planung der Täterermittlung und Tataufklärung zu **speziellen Delikten** oder **Erscheinungsformen** der Kriminalität, z. B. für
  - Serienstraftaten (vgl. dazu *Schmidt*,[46] der im Zusammenhang von Serienmorden in einem Krankenhaus auf die Notwendigkeit einer guten Vernehmungsplanung verweist),
  - Wirtschaftsdelikte,
  - Straftaten der Organisierten Kriminalität,
  - Straftaten der Politisch motivierten Kriminalität.

Im Untersuchungsplan werden sachverhaltsbezogen, logisch und zweckmäßig sowie in übersichtlicher Form die erforderlichen Aufgaben fixiert. Er soll einfach gegliedert, überschaubar und für den Zweitbetrachter plausibel sein.

Ob ein Untersuchungsplan handschriftlich oder unter Zuhilfenahme eines Computerprogramms aufgestellt wird, ist sekundär. Entscheidend ist, dass

---

45 Schmidt zeigt am praktischen Fall des Serienmörders N. Högel die Vielfalt möglicher Planungsmethoden, um auch organisatorisch die Vorgehensweisen bei der Lösung von einzelnen Untersuchungskomplexen (Vernehmung; Exhumierung; forensische Begutachtung; Zeugenerschließung usw.) effizient zu gestalten.

46 Schmidt.

alle Ermittlungsaufgaben eindeutig definiert und für den Sachbearbeiter verständlich sind. Wichtig ist, dass er und die anderen an der Vorgangsbearbeitung Beteiligten sich in dem Plan komplikationslos zurechtfinden.

Der Untersuchungsplan ist kein bloßer Maßnahmenplan. Ein Maßnahmen- oder Durchführungsplan beinhaltet lediglich die Art und Weise der Durchführung von vordem bereits festgelegten Aufgaben. Sie dienen vorrangig der organisatorischen und logistischen Durchführung von Einzelmaßnahmen, der Umsetzung von bereits festgelegten Aufgaben.

Der Untersuchungsplan ist auch keine Ermittlungskonzeption (oder Verfahrenskonzeption) (vgl. Rn. 64), in der Polizei und Staatsanwaltschaft unter Beachtung des Legalitätsprinzips grundsätzliche Maßnahmen treffen oder sich über bestimmte Aspekte des Verfahrens verständigen (z. B. Ressourcen, Prioritäten).[47]

3.3.2.2 Grundform und Aufbau

Es empfiehlt sich, den Untersuchungsplan in einen **Einleitungsteil** und einen **Aufgabenteil** zu gliedern. Der Einleitungsteil vermittelt eine Übersicht über die grundlegenden strategischen Aufgaben und Ziele der Untersuchung im Ganzen. Im zweiten Teil, dem Aufgabenteil, werden die einzelnen Ermittlungs- bzw. Untersuchungshandlungen und Maßnahmen aufgeführt (vgl. Anlage 1). 56

I. Einleitungsteil

- Kriminologische Kurzbezeichnung der Straftat/des Ereignisses,
- verletzte Strafrechtsnormen,
- Personalien des/der Tatverdächtigen/Beschuldigten,
- Tatzeit,
- Tat-/Ereignisort,
- Ausgangssituation,
- kriminaltaktisches Konzept/Hauptrichtungen der Ermittlung bzw. Untersuchung.

Im Einleitungsteil wird in kurzer Form die Ausgangslage zu Beginn der Planung mit wenigen Sätzen charakterisiert. Im Telegrammstil werden die grundlegenden Probleme und offenen Fragen des Ermittlungsverfahrens skizziert und die wichtigsten Ermittlungsziele bestimmt. Dabei findet die Individualität jedes Einzelfalles Berücksichtigung. Ein Einleitungsteil ist

47 Ministerium des Innern; Ministerium der Justiz Niedersachsen.

allerdings nur bei außergewöhnlichen und besonders umfangreichen Ermittlungsverfahren notwendig, im Regelfall bei Straftaten der Organisierten Kriminalität und anderen schweren Verbrechen. Im Einleitungsteil können entsprechend der Sachleitungsbefugnis des Staatsanwaltes für das Ermittlungsverfahren gegebene Hinweise, konzeptionelle Vorgaben und/oder konkrete Aufgabenstellungen für angeordnete Ermittlungen sowie staatsanwaltschaftliche Aufträge an die Kriminalpolizei aufgenommen werden. Detaillierte Ermittlungsaufgaben gehören in den Aufgabenteil.

II. Aufgabenteil

Es erweist sich als günstig, den Aufgabenteil auf einem Blatt in **vier Spalten** einzuteilen und diese zu bezeichnen mit

- Versionen/Hypothesen,
- Untersuchungsfragen/zu klärende Umstände/Ermittlungsprobleme,
- Ermittlungshandlungen/Maßnahmen/Aufgaben,
- Verantwortlichkeit/Termine/Bemerkungen/Realisierungsvermerke.

Im Aufgabenteil werden die bei der kriminalistischen Fallanalyse erkannten Untersuchungsprobleme und die sich daraus ergebenden Fragen aufgeführt. Es betrifft sämtliche im Ermittlungsverfahren offengebliebenen Fragen sowie Sachverhalte, zu denen noch Erklärungsbedarf besteht und zu deren Beantwortung weitere kriminalistische Ermittlungshandlungen bzw. Maßnahmen notwendig sind. Darüber hinaus gehören auch alle anderen im Verfahren noch zu lösenden Aufgaben, **die nicht auf Versionen beruhen,** in den Plan.

V

II.1 Versionen

Es ist zweckmäßig, den Aufgabenteil in der ersten Spalte mit den aufgestellten **Versionen** zu ungeklärten Sachumständen zu beginnen. Die einzelnen vorher bestimmten Versionen werden aufgelistet. Unter Umständen kann auch auf die Auflistung der Versionen verzichtet werden, um den Plan nicht zu verkomplizieren.

II.2 Untersuchungsfragen/zu klärende Umstände/Ermittlungsprobleme

Nicht immer, aber meistens, ergeben sich aus den aufgestellten Versionen offene Untersuchungsfragen oder noch nicht erklärbare Fragestellungen. Unter einer Untersuchungsfrage ist zu verstehen, **was** noch zu untersuchen ist. Offene Fragen werden auch als Ermittlungsprobleme bezeichnet. Sich ergebende Fragen werden schnörkellos und verständlich in Spalte 2 aufgenommen. Von den benannten **Untersuchungsfragen** werden wiederum die zu ihrer Klärung notwendigen Ermittlungsaufgaben und polizeilichen Maßnahmen abgeleitet. Je besser die beweisrechtlich und kriminalistisch bedeutsamen, noch nicht geklärten Ermittlungsprobleme skizziert sind, desto genauer lässt sich daraus ableiten, was noch zu tun ist. Es ist darauf zu achten, dass Untersuchungsfragen auch als Fragen formuliert werden und nicht schon als Aufgaben formuliert sind.

II.3 Ermittlungshandlungen/Aufgaben/Maßnahmen

Die konkreten Aufgaben werden in die Spalte **Ermittlungshandlungen/Aufgaben/Maßnahmen** aufgenommen. Das sind die sich aus den offenen Untersuchungsfragen ergebenden kriminalistischen Aufgaben und Maßnahmen. Diese werden detailliert bestimmt und umfassen alle der Sachverhaltsaufklärung dienlichen, kriminalistisch zweckmäßigen und strafprozessrechtlich möglichen Ermittlungshandlungen.

Merke

Die zu planenden Aufgaben und Maßnahmen so formulieren, dass sie schnell überschaubar sind. Eine effiziente Ermittlung wird durch kurze, verständliche und eindeutige Aufgabenformulierung unterstützt.

Die Festlegung der einzelnen Ermittlungshandlungen bzw. Maßnahmen verlangt Umsicht und operatives sowie logisches kriminalistisches Denken. Es ist zweckmäßig, schon im Zusammenhang mit der Bestimmung dieser Aufgaben die Reihenfolge ihrer Durchführung festzulegen bzw. zu beachten. Der weitere Ermittlungsablauf und die Rangfolge der zu planenden Aufgaben hängen u. a. von der bestehenden Gefahr des Informationsverlustes, der eingeschlagenen taktischen Grundlinie und der inhaltlichen Abhängigkeit der Maßnahmen zueinander ab.

II.4 Verantwortlichkeit/Termine/Bemerkungen/Realisierungsvermerke

Die Spalte **Verantwortlichkeit/Termine/Bemerkungen/Realisierungsvermerke** enthält ermittlungsorganisatorische Aufgaben. Diese Spalte kann nach eigenem Ermessen universell und variabel genutzt werden. Unter Bezugnahme auf die vorausgegangene Aufgabenbestimmung werden die Kräfte für die Aufgabendurchführung benannt, Zeitpunkt sowie Ort der Maßnahmen festgelegt, ebenso Zusatzkräfte, z. B. für Durchsuchungen, Einweisungstermine, erforderliche Führungs- und Einsatzmittel, Logistik und Koordinationsfragen.

Hier kann zugleich die Mitwirkung des Staatsanwaltes an einzelnen Ermittlungshandlungen (z. B. an einer Durchsuchung) oder die Teilnahme von Sachverständigen, Experten, Kriminaltechnikern und anderen sachkundigen Personen/Spezialisten terminiert werden. Letztendlich dient diese Spalte auch der Kontrolle. „Pläne sind in zweierlei Hinsicht Kontrollmittel. Einmal dienen sie der Klarstellung der Vorgaben der Entscheidungsträger; die Pläne ermöglichen die Kontrolle, ob den im Plan enthaltenen Verpflichtungen entsprochen worden ist, Pläne dienen zugleich aber auch der Kontrolle, ob die Planprämissen richtig waren.“[48]

Merke

Der Untersuchungsplan ist ein Handlungsplan für den sachbearbeitenden Kriminalisten. Er dient ihm als Orientierungshilfe und ist kein Stabsplan für Einsatzlagen. Je übersichtlicher der Plan ist, desto besser findet man sich zurecht.

Als grundlegende **Empfehlungen** sind abzuleiten:

- reale Termine stellen,
- Kräftesituation beachten,
- mit Unvorhergesehenem rechnen,
- Erledigungs- oder Kontrollvermerke fertigen,
- Resultate nur im Ausnahmefall aufnehmen.

3.3.3 Ermittlungsplan

57 Der Ermittlungsplan ist die **vereinfachte Form eines Untersuchungsplanes**. Es gibt Ermittlungsverfahren, bei denen die bloße gedankliche Planung nicht mehr ausreicht, andererseits der Aufwand für die Erarbeitung eines formvollendeten Untersuchungsplanes, wie er in Abschnitt 3.3.2 umfassend beschrieben wurde, nicht notwendig ist. Dazu bietet sich die Möglichkeit an, einen vereinfachten oder verkürzten Untersuchungsplan (den Ermittlungsplan) aufzustellen, der für die große Mehrheit der in den Polizeibehörden anfallenden Straftaten geeignet erscheint. Es genügt, kurz und übersichtlich aufzulisten, welche Aufgaben im Ermittlungsverfahren zu lösen sind. Einer bloßen gedanklichen Planung, ohne jede schriftliche Aufgabennotiz, ist die Aufstellung eines Ermittlungsplanes stets vorzuziehen, besonders für Dienstanfänger. Es besteht allerdings ebenso die Möglichkeit, sich nur für einzelne Aufgaben in einem **Spezialaufgabenplan**, beispielsweise einem Vernehmungsplan oder Durchsuchungsplan schriftlich vorzubereiten. Ein Ermittlungsplan erfüllt die Anforderung,

48 Kube, Aprill.

„Gedankenstütze" des Sachbearbeiters zu sein, wenn in einem Kopfteil die wichtigsten Angaben zu Tat, Täter und Tatumständen eingetragen werden. Es ist zweckmäßig, das Blatt in zwei Spalten zu teilen. Im linken Bereich werden die noch für erforderlich gehaltenen Aufgaben, Maßnahmen, notwendigen Ermittlungen und Prüfungen aufgelistet. Hier soll alles enthalten sein, was noch aufzuklären oder sonst im Verfahren zu tun ist. In der rechten Spalte wird festgehalten, wann, durch wen, wo, wie die einzelnen Maßnahmen durchgeführt werden sollen und welche besonderen Hinweise es dazu gibt. Ein Ermittlungsplan hat auch eine untersuchungsorganisatorische Funktion. Er dient dazu, dass vom Bearbeiter im Verfahren nichts unterlassen wird, was der Aufklärung dient, und auch formale Aufgaben nicht vergessen werden. Da der Aufwand gering ist und sich beim Ermittlungsbeamten oft eine große Anzahl Verfahren gleichzeitig in Bearbeitung finden und Sachverhalte schnell verwechselt werden können, sollte man sich im Regelfall immer für einen Ermittlungsplan zu jedem Verfahren entscheiden.

Beispiele von Ermittlungsplänen sind als Anlage 2 und 3 dieses Kapitels enthalten.

3.3.4 Spezialaufgabenplan

Spezialaufgabenpläne dienen zur Vorbereitung, Planung und Durchführung von **speziellen, relativ eigenständigen kriminalistischen Untersuchungs- oder Ermittlungsaufgaben.** Man fertigt solche für die Lösung von relativ abgegrenzten Teilaufgaben der Untersuchung. Sie können Bestandteil eines Untersuchungs- oder eines Ermittlungsplanes sein und **zusätzlich** zu diesem oder auch selbstständig für einzelne besondere Aufgaben, die einer speziellen Vorbereitung bedürfen, gefertigt werden. 58

Auch wenn es **nicht** notwendig erscheint, einen Untersuchungs- oder Ermittlungsplan für die gesamte Untersuchung zu fertigen, und gedankliche Planung und Vorbereitung ausreichen, kann es dennoch erforderlich sein, einzelne Aufgaben und Maßnahmen der Ermittlungen schriftlich zu planen, wozu Spezialaufgabenpläne gut geeignet sind.

Die Funktion eines Spezialaufgabenplanes besteht in der exakten Vorbereitung der strafprozessrechtlichen, kriminaltaktischen und beweisrechtlich richtigen und zweckmäßigen Durchführung **wichtiger Einzelaufgaben oder -maßnahmen**. Dadurch wird eine unübersichtliche Ausweitung des Untersuchungsplanes für den Gesamtvorgang verhindert. Der Untersuchungsplan wird sozusagen aufgespreizt und damit gesichert, spezielle Detailaufgaben und Fragen der Untersuchung im notwendigen Umfang festlegen zu können.

Spezialaufgabenpläne werden nach ihrer zielsetzenden Aufgabe als

- Vernehmungsplan,
- Durchsuchungsplan,
- Festnahme-/Verhaftungsplan,
- Observationsplan,
- Gegenüberstellungsplan,
- Rekonstruktionsplan

oder nach anderen speziellen Aufgabenstellungen bezeichnet.

Aufbau und Gestaltung sind so zu wählen, dass der Spezialaufgabenplan ein unterstützendes Hilfsmittel für die sachgerechte Durchführung der geplanten Aufgabe ist und dem Kriminalisten hilft, die Aufgabe leicht, vollständig, rationell sowie zeitsparend durchzuführen.

Zum Beispiel muss ein **Vernehmungsplan** so gestaltet sein, dass er dem Vernehmungsbeamten erspart,

- Belehrungstexte für unterschiedliche Adressaten (Zeugen, Beschuldigte, Kinder, Sachverständige usw.) herauszusuchen,
- im Untersuchungsvorgang zu blättern,
- sich während der Vernehmung Vorhalte aus Beweismitteln heraussuchen zu müssen,
- Tatbestandsmerkmale zu suchen, zu denen der Beschuldigte Stellung beziehen soll,
- während der Beschuldigtenvernehmung nachprüfen zu müssen, ob auf alles Erforderliche eingegangen worden ist, usw.

In einem Vernehmungsplan sollten die wichtigsten Angaben zur Kontaktaufnahme, Belehrung, Vernehmung zur Person und Sache, insbesondere aber die offenen Untersuchungsfragen (was sachlich noch zu klären ist), besondere Fragestellungen und Vermerke zu Quellenangaben/Fundstellen (z. B. für Vorhalte) enthalten sein. Ein mögliches Muster für die Gestaltung eines Vernehmungsplanes ist im Kapitel XIII Vernehmung zu finden.[49]

„Dem Vernehmer wird nur dann Kompetenz zugebilligt, wenn er den Akteninhalt kennt und nicht hilflos in dem Aktenberg blättert. Notieren Sie sich vorher, worauf es bei der Vernehmung ankommen könnte."[50] Der In-

49 Vergleiche: Abb. XIII. 2: Struktur eines Vernehmungsplanes.
50 Nack, S. 48.

halt von **Spezialaufgabenplänen** soll sich auf folgende Probleme konzentrieren:

- Ziel der Ermittlungs- und Untersuchungshandlungen,
- zu klärende Umstände, festzustellende Sachverhalte, wichtige Detailfragen,
- zu schließende Beweislücken, welche Beweismittel noch beizubringen sind,
- taktische Varianten, in welcher Art und Weise der Kriminalist vorzugehen beabsichtigt,
- Reihenfolge der Handlungen bzw. Maßnahmen,
- Ort und Zeitpunkt der Realisierung der Maßnahmen,
- Verantwortlichkeit,
- hinzuzuziehende weitere Kräfte oder andere Personen wie Staatsanwalt, Sachverständige, unbeteiligte Personen für Durchsuchung gemäß § 105 Abs. 2 StPO,
- Einsatzmittel, spezielle materiell-technische Sicherstellung (z.B. Kriminaltechnik),
- Koordinationsfragen.

Spezialaufgabenpläne sollten nicht von vornherein nach formellen dogmatischen Gesichtspunkten aufgestellt werden. Die Ausgangslage, das vorhandene Informationsvolumen, das Ziel und die Zweckmäßigkeit entsprechend des vorgesehenen Ablaufs der Handlung oder Maßnahme sind die entscheidenden Kriterien.

Die nachfolgende musterhafte Gliederung eines Spezialaufgabenplanes zur Vorbereitung und Planung einer Durchsuchung sollte deshalb lediglich als Anregung für die mögliche Gestaltung von Teilermittlungsplänen betrachtet werden (Vgl. Abb. V.6).

Durchsuchungsplan (Spezialaufgabenplan)
Einleitungsteil Polizeibehörde, Dienststelle, Kommissariat Vorgangs-/Tagebuchnummer Ort, Datum Anordnung der Durchsuchung, Rechtsgrundlagen Kurze Schilderung des Sachverhaltes Bezeichnung der Durchsuchungsobjekte Zielstellung der Durchsuchung
Aufgaben und Maßnahmen Umstände zu Durchsuchungsbeginn Beginn der Durchsuchung Einsatzkräfte; Sicherungs- und Durchsuchungskräfte Anordnung, Teilnahme von Durchsuchungszeugen Technische Ausstattung, Hilfsmittel Orte und Reihenfolge der Durchsuchung Gesuchte Gegenstände/Personen
Taktische Hinweise für die Durchführung und den Ablauf der Durchsuchung Anfahrt, Abstellmöglichkeit Einsatz-Kfz Zugang zum Objekt Mögliche Fluchtwege Verhalten bei Antreffen von Personen Sicherung von Vergleichsmaterial Beschlagnahme, Beweissicherung, Beschlagnahmeprotokoll, Kennzeichnung, Verpackung, Abtransport
Organisation Ort und Zeit der Einsatzbesprechung Aufgabenzuweisung Geheimhaltung Zusammenwirken, Informationsaustausch während Durchsuchung Maßnahmen nach Abschluss

Abb. V.6 Durchsuchungsplan (Spezialaufgabenplan).

3.3.5 Weitere Planungsmöglichkeiten

Wie dargestellt, sind **Untersuchungspläne, Ermittlungspläne und Spezialaufgabenpläne** die in der Praxis am häufigsten erforderlichen Pläne, die anzufertigen sind und den Sachbearbeiter bei der Ermittlungstätigkeit und der Beweisführung unterstützen sollen. 59

Darüber hinausgehend gibt es jedoch weitere spezielle Ausgangssituationen und Aufgaben im Untersuchungsprozess, die unter Zuhilfenahme weiterer Planungsdokumente zu realisieren sind. Es sind auf den speziellen Fall oder besondere Situationen zugeschnittene Pläne, insbesondere zur Lösung übergreifender polizeilicher Einsatzaufgaben, die im Zusammenhang mit der Falluntersuchung stehen, jedoch erweiterte polizeiliche Einsatz- und Führungskompetenzen verlangen. Diese weitergehenden Planungsmethoden/ Planungsformen werden nachfolgend vorgestellt und in Kurzform erläutert.

Deliktorientierte Planung 60

Sie soll die Besonderheiten des Untersuchungsgeschehens und der Aufklärungsmethodik zu speziellen Delikten, wie beispielsweise Wirtschaftsstraftaten, Umweltdelikten oder Sexualdelikten deliktspezifisch (Analogiekenntnisse) berücksichtigen.

Sachorientierte Planung 61

Geht davon aus, dass es bei umfangreichen Straftaten, Verbrechen mit einer größeren Täteranzahl, mehreren Einzelstraftaten oder Tatkomplexen günstiger ist, die Untersuchung nach bedeutsamen Sachkomplexen (Episoden) vorzunehmen und dementsprechend übersichtliche Planungsdokumente anzulegen.

Organisationsorientierte Planung 62

Wird notwendig, wenn besondere **Aufbauorganisationen**, Kommissionen, Einsatzgruppen u. Ä. an einem Fall arbeiten. Hier ist es günstig, die Aufgaben entsprechend der Organisationsstruktur festzulegen und zu planen. Beispielsweise für Tatortgruppe, Tätergruppe, Ermittlungsgruppe, Tatverdächtigenkomplexe usw. Die übergreifende Koordination darf bei dieser Planungsform nicht vernachlässigt werden.

Kriminaltaktisches Konzept 63

Konzept steht für eine Skizze oder einen **Entwurf.** Ein Konzept hat noch nicht die Qualität eines verbindlichen Untersuchungs- oder Ermittlungsplanes. Ein kriminaltaktisches Konzept enthält Ideen bzw. Grundvorstellungen von einer beabsichtigten Vorgehensweise und bestimmt wesentliche Grundrichtungen des vorgesehenen Handelns.

64 **Verfahrenskonzeption**

Eine **Verfahrenskonzeption** ist die abgewandelte Form eines kriminaltaktischen Konzepts. Es gelten die unter Ziff. 3.3.6 gemachten grundsätzlichen Aussagen zur Funktion eines Konzepts oder einer Konzeption. Vom kriminaltaktischen Konzept unterscheidet sich die Verfahrenskonzeption hinsichtlich ihres Anwendungsgebietes.

Verfahrenskonzeptionen finden vorrangig im Zusammenhang mit der Ziel- und Aufgabenbestimmung durch den Staatsanwalt Verwendung. Es sind die vom Staatsanwalt unter Kontrolle genommenen Ermittlungsverfahren, die dieser nicht selbst bearbeitet. „Auch wenn der Staatsanwalt den Sachverhalt nicht selbst aufklärt, sondern seine Ermittlungspersonen (§ 152 Abs. 1 GVG), die Behörden und Beamten des Polizeidienstes (§ 161 StPO) oder andere Stellen damit beauftragt, hat er die Ermittlungen zu leiten, mindestens ihre Richtung und ihren Umfang zu bestimmen. Er kann dabei auch konkrete Einzelanweisungen zur Art und Weise der Durchführung einzelner Ermittlungshandlungen erteilen...“[51] Diese Aufgabe verwirklicht der Staatsanwalt größtenteils über sogenannte Verfahrenskonzeptionen. Der konzeptionelle Charakter ergibt sich aus der Aufgabenstellung, „mindestens ihre Richtung und ihren Umfang zu bestimmen“. Der Staatsanwalt verwirklicht damit seine Sachleitungsbefugnis im Ermittlungsverfahren und gibt Grundrichtungen der Ermittlung und Aufklärung an. Werden keine weiteren Einzelanweisungen erteilt, erfolgt die Ausgestaltung dieser staatsanwaltschaftlichen konzeptionellen Orientierung durch die jeweils geeignete Art und Form der Untersuchungsplanung.

65 **Durchführungsplan**

Der **Durchführungsplan** dient als Bindeglied zwischen einem polizeilichen Entschluss, Untersuchungs- oder Ermittlungsplan und dient der praktischen Umsetzung der darin festgelegten Aufgaben.

Zweckbestimmung ist, die bereits festgelegten Aufgaben durch festgelegte polizeitaktische Maßnahmen umzusetzen.

66 **Einsatzkonzeption**

Einsatzkonzeptionen[52] dienen der allgemeinen polizeilichen Planung zur Einsatzplanung und Einflussnahme auf entstandene Brennpunkte, um präventive und repressive Maßnahmen taktisch klug und Erfolg versprechend durchzuführen. Beispielsweise finden Einsatzkonzeptionen und

51 RiStBV Nr. 3 Abs. 2..

52 Einsatzkonzeption, siehe PDV 100, Nr. 1.6.2.6.

ihre Maßnahmen bei der Untersuchung/Aufklärung von Serienstraftaten zur Verdächtigenermittlung Anwendung.

Einsatzbefehl 67

Ein **Einsatzbefehl**[53] dient der taktischen und organisatorischen Umsetzung schon festgelegter Aufgaben und Maßnahmen. Sie beinhaltet neben Aufgaben und Ziel den Kräfteeinsatz, Organisation, Logistik und Führungsverantwortlichkeit. Einsatzbefehle haben im Zusammenhang mit der kriminalistischen Untersuchung von Sachverhalten vor allem Bedeutung, wenn andere polizeiliche Einsatzkräfte mitwirken, beispielsweise bei massenhaften Durchsuchungen an unterschiedlichen Orten, Geländedurchsuchungen bei Vermisstenfällen usw.

---

53 PDV 100, Nr. 1.6.2 sowie Anlage 4.

Anlage 1
Beispiel eines Untersuchungsplanes
(komplizierte und schwierig aufzuklärende Sachverhalte)

68 Bezeichnung der Polizeibehörde: Ort, Datum

Bearbeitende Dienststelle:

Bearbeiter:

Tgb.-Nr.:

Untersuchungsplan

Teil I (Beschreibender Teil)

Kriminologische Kurzbezeichnung der Straftat/des Ereignisses:

Verletzte Strafrechtsnormen:

Personalien des/der Tatverdächtigen/Beschuldigten:

Tat-/Ereigniszeit:

Tat-/Ereignisort:

Kurzfassung der Ausgangssituation zu Beginn der Planung:

Kriminalistisches Konzept/Hauptrichtungen der Untersuchung/Ermittlung:

Teil II (Aufgabenteil)

1	2	3	4
Versionen; hypothetische Annahmen; begründete Vermutungen	**Untersuchungsfragen; zu klärende Sachverhalte und Tatumstände; Ermittlungsprobleme**	**Untersuchungsmaßnahmen; Ermittlungshandlungen; spezielle kriminalistische Aufgaben/ Handlungen; polizeiliche Maßnahmen**	**Organisation und Koordination; Verantwortlichkeit; Termine; Bemerkungen; Realisierung**
(Bei der Fallanalyse erkannte unklare Probleme, für die es mehrere Erklärungen gibt)	*(Was zu prüfen und zu tun ist)*	*(Wie es durchzuführen ist, welche Maßnahmen zur Klärung erforderlich sind)*	*(Organisations- und Kontrollinstrument)*

Anlage 2
Beispiel eines Ermittlungsplanes *(Täter unbekannt)*

Bezeichnung der Polizeibehörde: Ort, Datum 69

Bearbeitende Dienststelle:

Bearbeiter:

Tgb.-Nr.:

Ermittlungsplan

Sachverhalt:	Diebstahl einer Geldkassette gemäß § 242 StGB aus dem Umkleideschrank des Geschädigten Hans Weiler
Tatort:	Umkleideraum (Transportabteilung) der Fa. Landmaschinenbau
Tatzeit:	Mi., 05.11.2025, 21.30 Uhr bis 23.50 Uhr
Schaden:	680,00 Euro
Täter/Verdächtiger:	unbekannt

Aufgaben, Maßnahmen	**Verantwortlichkeit, Termine, besondere Bemerkungen**
1. Analyse der bisherigen Ermittlungsergebnisse zur Personenbewegung während der Tatzeit	05.11.2025
2. Vernehmung des Zeugen Friedrich zu seinen Beobachtungen im Waschraum	06.11.2025 13.00 Uhr, ist vorgeladen
3. Vernehmung des Zeugen Kaimann zu seinen Feststellungen bezogen auf den Tatverdächtigen Schirmer	06.11.2025 16:00 Uhr, im Betrieb aufsuchen
4. Situationsbedingte Umstände zum Schichtwechsel Spätschicht/Nachtschicht vor Ort überprüfen – namentliche Feststellung der angetroffenen Beschäftigten beider Schichten – Befragung – Widersprüche aus der Analyse der Personenbewegung klären	06.11.2025 ab 21.00 Uhr in der Fa. Landmaschinenbau

Aufgaben, Maßnahmen	Verantwortlichkeit, Termine, besondere Bemerkungen
5. Ermittlungen in der Transportabteilung zu Verdachtsmomenten wie – Geldschwierigkeiten von bestimmten Beschäftigten – plötzliches Zurückzahlen von geliehenen Geldbeträgen – Arbeitsbummelanten – Vorbestrafte – bisherige Vorkommnisse (kl. Diebstähle u. a.)	07.11.2025 Rücksprache mit Transport- und Versandleiter M.
6. Personenaufklärung Schirmer	07.11.2024 INPOL-Anfrage, Auswertung KAN, Anfrage Straftatenvergleich LKA
7. Befragung Schirmer zum Grund des Aufenthaltes im Betrieb trotz Krankschreibung – Wo hat er sich aufgehalten? – Tagesablauf – Alibi	11.11.2025 09.00 Uhr Ort: DZKB
8. Auswertbarkeit der gesicherten daktyloskopischen Spuren prüfen – bei positiver Aussage: Vergleichsabdrücke vom Geschädigten, Tatortberechtigten und Tatverdächtigen abnehmen	Spurenauswertung und -vergleich veranlassen (AFIS) u. U. Fingerabdrucknahme im ZW mit ED
9. Feststellung laufender bzw. vorläufig eingestellter anderer Ermittlungsverfahren zu Diebstählen im genannten Betrieb	21.11.2025 Prüfung elektronisches Anzeigentagbuch, Lagebilder, Straftatenvergleich

Schmitz

Kriminalkommissar

Anlage 3
Beispiel eines Ermittlungsplanes *(Täter bekannt)*

70

Bezeichnung der Polizeibehörde: Ort, Datum

Bearbeitende Dienststelle:

Bearbeiter:

Tgb.-Nr.:

Ermittlungsplan

Sachverhalt:	Vergewaltigung gemäß § 177 StGB
Tatort:	16515 Oranienburg, Stadtteil Neustadt, Feldweg
Tatzeit:	So., 23.11.2025, 23.35 Uhr
Täter/Verdächtiger/ Beschuldigter:	Mechatroniker Heldt, Joachim, geb. 13.09.1994 in Nürnberg wohnhaft: 16515 Oranienburg, Buchenallee 35

Aufgaben, Maßnahmen	**Verantwortlichkeit, Termine, besondere Bemerkungen**
1. Sicherung der Bekleidung der Geschädigten; Veranlassung der kriminaltechnischen Untersuchung	24.11.2025 Übersendung an LKA, Abt. KT mit weiterem Spurenmaterial
2. Erneute ärztliche Untersuchung der Geschädigten	24.11.2025 Rücksprache Dr. Neuländer
3. Zeugenvernehmung: Kalisch, Rita/Weber, Manuela zu Fragen der Kontaktaufnahme des H. mit der Geschädigten, Grad der alkoholischen Beeinflussung, Umstände und Zeitpunkt des Verlassens der Gaststätte durch H. und durch die Geschädigte	Vorladen zum Schutzbereich Oranienburg 25.11.2025 08.00 Uhr und 09.00 Uhr
4. Zeugenvernehmung Franzke, Richard (Gaststättenleiter) zum Aufenthalt des H. in der Gaststätte, Menge des getrunkenen Alkohols, Grad alkoholischer Beeinflussung, Verhalten	Vorladen zum Schutzbereich Oranienburg 25.11.2025 10.00 Uhr
5. Anforderung Auskunft Bundeszentralregister zu H.	25.11.2025 über StA
6. Feststellung der Art der Beziehung zwischen H. und der Geschädigten	Bei der Befragung bzw. Vernehmung von Frau Kalisch und Frau Weber

Aufgaben, Maßnahmen	Verantwortlichkeit, Termine, besondere Bemerkungen
7. Aufklärung der Person Heldt zu Fragen des Sexualverhaltens, der Sexualentwicklung bzw. Verhältnis zu weiblichen Personen	Ermittlungen an Arbeitsstelle, Ermittlungen im Wohn- und Freizeitbereich, Befragung der Eltern 26.11.2025
8. Prüfung, ob Heldt für die noch unaufgeklärten Straftaten in Nassenheide (EV Tgb.-Nr. 324/...) infrage kommen könnte	Lichtbildvorlage bei den Geschädigten A. und S., ggf. Gegenüberstellung, prüfen, wo H. sich zur Tatzeit aufhielt – 28.11.2025
9. Vergleich mit Straftaten ähnlicher Begehungsweise und Täterbeschreibungen	Abstimmung mit LKA, Straftatenvergleich 28.11.2025
10. Erneute Vernehmung des Beschuldigten H.	02.12.2025 siehe Vernehmungsplan
11. Prüfung der Aufrechterhaltung der Untersuchungshaft	ständig
12. Auswertung der kriminaltechnischen Gutachten sowie des ärztlichen Gutachtens	nach Eingang
13. Abschluss des Verfahrens, Übergabe an den Staatsanwalt beim Amtsgericht Oranienburg	11.12.2025

Kaiser
Kriminalkommissar

KAPITEL VI
Zeugen- und Verdächtigenermittlung

Inhalt

VI

1 Die Zeugenermittlung

1.1 Allgemeine Grundlagen

1.1.1 Definitionen, Bedeutung, Ziele

1 Die **Zeugenermittlung** umfasst die Gesamtheit der Maßnahmen und Methoden zur Feststellung von Zeugen und deren Aussagegewinnung in einem kriminalistisch relevanten Sachverhalt. Die Ziele der Zeugenermittlung sind vom zu untersuchenden Sachverhalt abhängig.

2 Der **Zeuge** ist eine Person, die in einem nicht gegen sie selbst gerichteten Strafverfahren über Wahrgenommenes aussagt.[1]

Die Zeugenaussage stellt eines der wichtigsten Beweismittel dar (in 95 % aller Strafverfahren und in 70 % aller Zivilprozesse sind Zeugenaussagen bei der Urteilsfindung entscheidend).[2] Daran ändert auch die Tatsache nichts, dass empirische Untersuchungen gezeigt haben, dass ein Drittel aller Zeugen[3] falsch aussagen (bewusst oder unbewusst). Im Gegenteil, für die polizeiliche Straftatenuntersuchung bedeutet dies, dass eine beweiskräftige methodische Vorgehensweise der Ermittlung und Vernehmung von Zeugen ausschlaggebend ist für die Verwertbarkeit des Zeugenbeweises vor Gericht.

Es ist erforderlich, Methoden der Objektivierung des Personalbeweises einzusetzen (z.B. durch sachliche Beweismittel oder Überprüfung des Wahrheitsgehaltes von Aussagen). Die Ermittlung von Zeugen muss unter formalen und kriminalistischen Aspekten den im jeweiligen Sachverhalt vorliegenden Bedingungen entsprechen.

3 Die Bedeutung der Ermittlung von Zeugen und des Zeugenbeweises ist darin begründet, dass:

- der Zeuge oft die einzige Informationsquelle darstellt,
- Zeugen oft die einzigen sind, die Kenntnis vom gesamten Tatablauf, von Ursachen, Bedingungen und Folgen sowie Teilhandlungen haben können,
- Zeugen Hinweise geben können auf die Persönlichkeit des Täters,

1 Vgl., auch Kap. II.
2 Vgl. Bender, Wartemann, S. 552.
3 Eschelbach, S. 80.

- unter Umständen ihre eigenen individuellen Interessen (Zeuge als Geschädigter bzw. Opfer) durch die Straftat angegriffen worden sind.

Die Zeugenvernehmung wird dadurch zur unverzichtbaren Entscheidungshilfe für den Richter. Zwischen Verhandlung und erster polizeilicher Vernehmung liegt oft ein großer Zeitraum und es ist ein Rückgriff auf die Ergebnisse des Ermittlungsverfahrens notwendig. Die Ermittlung von Zeugen ist somit eine wichtige und bedeutungsvolle Aufgabe für die polizeiliche Tätigkeit, denn Zeugen melden sich oft nicht freiwillig bei der Polizei und werden in einzelnen Fällen durch die Ermittlungsbehörden auch als solche nicht erkannt.

Sind Zeugen ermittelt, bestehen die Ziele ihrer Vernehmung darin, 4

- wahrheitsgemäße Aussagen zu erlangen,
- Hinweise auf die Motivation des Tatverdächtigen festzustellen,
- Ermittlungsansätze zu erkennen,
- Informationen zur Rekonstruktion der Begehungsweise der Straftat zu erhalten,
- das Vorliegen von Vorsatz oder Fahrlässigkeit zu klären,
- Tatverdächtige festzustellen und ihre Tatbeteiligung zu klären,
- Entschuldigungs- oder Schuldausschließungsgründe festzustellen,
- Persönlichkeitsfaktoren des Täters und des Opfers zu bestimmen,
- Besonderheiten der Begehungsweise festzustellen.

Merke 5

Im Mittelpunkt von Zeugenaussagen stehen folgende Informationskomplexe[4]:

- der unmittelbare Gegenstand der Beweiserhebung.
- Informationen zur Erreichung bestimmter Zwischenziele der Untersuchung (z. B. Festnahme des flüchtigen Täters).
- Angaben zu weiteren Zeugen.
- Umstände, deren Kenntnis zur Überprüfung und Einschätzung von Beweismitteln notwendig sind (z. B. Entstehungsbedingungen von Spuren, Handlungen und Interaktionen zwischen Täter und Opfer).
- Informationen, die für die Beweisführung nicht von herausragender Bedeutung, jedoch unter kriminaltaktischen Gesichtspunkten wichtig sind (z. B. Angaben zum Aufenthaltsort des Tatverdächtigen bei Fahndungsausschreibungen).
- Anhaltspunkte, Fakten für die Beurteilung der Glaubhaftigkeit der Aussage (z. B. emotionale Beteiligung des Zeugen, objektive Wahrnehmungsbedingungen).

4 Vgl. auch Kapitel XIII.

1.1.2 Zeugenarten

6 Zeugen unterscheiden sich nach der jeweiligen Tatphase, in der die Wahrnehmung gemacht wurde und nach eigener oder Fremdwahrnehmung des Ereignisses. Darüber hinaus ist eine Unterscheidung nach der dominierenden Empfindung (optisch, akustisch, taktil, odorologisch, Temperatur, Geschmack etc.) oder nach dem Charakter der wahrzunehmenden Erscheinung (z.B. räumliche, zeitliche oder Bewegungswahrnehmung) möglich.

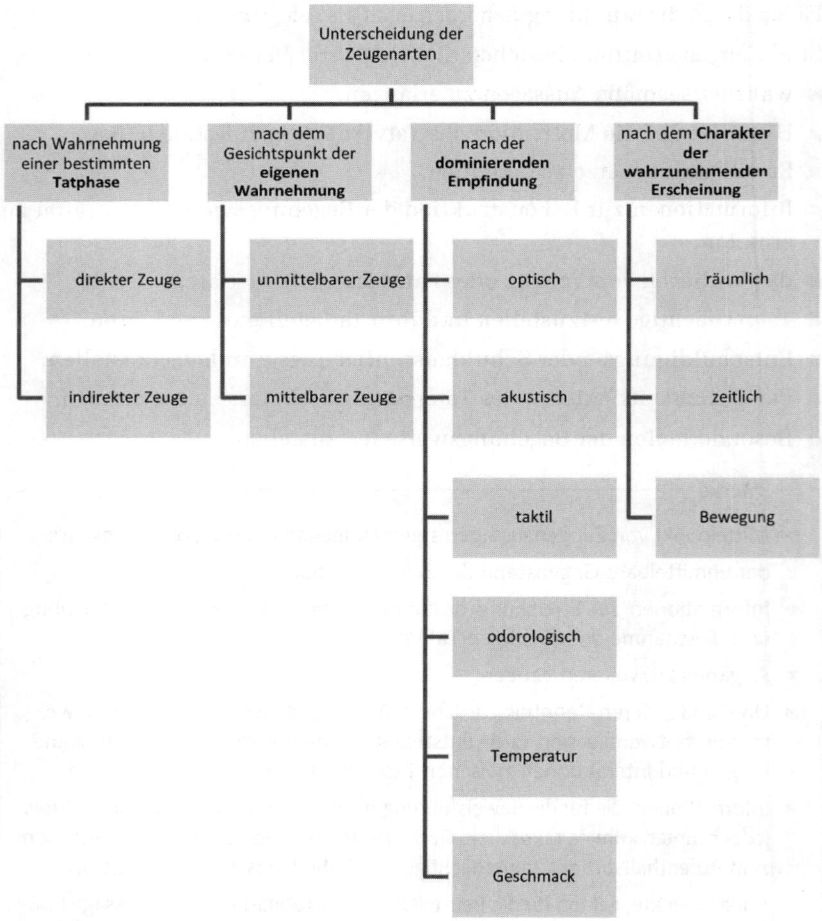

Abb. VI.1 Unterscheidung der Zeugenarten

VI

a) Nach der Wahrnehmung einer Tatphase unterscheidet man in direkte und indirekte Zeugen.

Ein **direkter Zeuge** ist eine Person, die in einem nicht gegen sich selbst gerichteten Strafverfahren über Wahrgenommenes zur **Haupttatphase** aussagt. 7

Angaben eines direkten Zeugen werden immer dann benötigt, wenn man die eigentliche Handlung des Täters am Tatort klären will.

Beispiele:

Inhaltlich werden Angaben

- zur Tatzeit,
- zum Tatort,
- zur Begehungsweise,
- zum Verhalten von Täter und Opfer am Tatort,
- zu tatauslösenden Momenten,
- zur Täterpersönlichkeit,
- zu Opfern, Geschädigten,
- zur Motivation und
- zu verwendeten Tatwerkzeugen und Tatmitteln zu erwarten sein.

Ein **indirekter Zeuge** ist eine Person, die in einem nicht gegen sich selbst gerichteten Strafverfahren über Wahrgenommenes zur **Vor- bzw. Nach**tatphase aussagt. 8

Der indirekte Zeuge kann zu Vorbereitungs- und Nachbereitungshandlungen der Tat aussagen. Zum eigentlichen Ereignis selbst hat er keine Wahrnehmungen gemacht. Aussagen zur Persönlichkeit des Täters (z.B. sog. Leumundszeugnisse bei jugendlichen Tätern) sind ebenfalls möglich.

Beachte

Besondere Bedeutung erlangt der indirekte Zeuge bei den Delikten, bei denen Vorbereitungshandlungen unter Strafe gestellt sind.

VI

Beispiele:

Inhaltlich ist mit folgenden Informationen zu rechnen:

Handlungen in der Vortatphase:

- Auskundschaften eines geeigneten Tatobjekts,
- Beschaffen von Tatmitteln und -werkzeugen,
- Planungshandlungen der Tat,
- Annäherung an das Tatobjekt,

Handlungen der Nachtatphase:

- Fluchtrichtung und -weg
- Verbringungsort von Tatbeute,
- Versteck- und Aufenthaltsort,
- genutzte Fluchtmittel und Nutzung des Beutegutes.

b) Unter dem Gesichtspunkt der eigenen Wahrnehmung des Ereignisses unterscheidet man unmittelbare und mittelbare Zeugen.

9 Ein **unmittelbarer Zeuge** ist eine Person, die in einem nicht gegen sich selbst gerichteten Strafverfahren über eigene Wahrnehmungen aussagt.

Die Wahrnehmungen können sich sowohl auf die Vor-, Haupt- und Nachtatphase beziehen. Bedeutend ist, dass der Zeuge zum kriminalistisch relevanten Sachverhalt, den er **selbst** wahrgenommen hat, aussagt.

10 Ein **mittelbarer Zeuge** ist eine Person, die in einem nicht gegen sich selbst gerichteten Strafverfahren über Wahrnehmungen von unmittelbaren Zeugen aussagt.

Der mittelbare Zeuge hat das kriminalistisch relevante Ereignis nicht in seiner Vor-, Haupt- oder Nachttatphase wahrgenommen. Er besitzt jedoch Kenntnis über diesen Sachverhalt, z.B. aufgrund eines Gesprächs mit einem unmittelbaren Zeugen. Das kriminalistisch typische Beispiel ist der „Zeuge vom Hörensagen“.[5]

VI

5 Vgl. Ostendorf, Brüning, § 16 II RZ 50.

Beispiele:

- Ein Polizeibeamter sagt vor Gericht über Informationen von Verdeckten Ermittlern aus.
- Ein Zeuge sagt zu Wahrnehmungen in Chats oder zu Posts in sozialen Netzwerken aus.

Der Zeuge vom Hörensagen ist ein zulässiges Beweismittel.

Das Strafverfahrensrecht benennt weiterhin den „sachverständigen“ Zeugen,[6] der sich vom „normalen“ Zeugen durch seine besondere Sachkunde zu Teilaspekten des zu untersuchenden Sachverhaltes unterscheidet. 11

1.2 Rechtsgrundlagen

Die Gewinnung von Zeugenbeweisen (Ermittlung und Aussagen von Zeugen) ist rechtlich in den Bestimmungen der Strafprozessordnung festgelegt.[7] 12

Grundsätzlich ist zu unterscheiden in Regelungen zur **Zeugenermittlung** und der **Informationsgewinnung** bei Zeugen.

Die rechtliche Grundlage für die Ermittlung von Zeugen wird aus dem Legalitätsprinzip gemäß § 163 Abs. 1 StPO abgeleitet. Für die konkrete Umsetzung der einzelnen Ermittlungshandlungen gelten spezialrechtliche Bestimmungen.

Die rechtlichen Grundlagen für die Informationsgewinnung bei Zeugen sind in den §§ 48 ff. StPO sowie im § 163 Abs. 3 und 4 StPO geregelt.

Zeugen können ihre Wahrnehmungen zufällig oder auch im Auftrag des Gerichts machen (z. B. der beauftragte Polizist, der feststellen soll, ob von einer bestimmten Stelle aus ein Gegenstand wahrnehmbar ist, sog. Augenscheinsgehilfe).[8]

Gegenstand der Zeugenaussage[9] können neben Tatsachen, Erfahrungen auch einfache Wertungen sein, die für das Gericht nachprüfbar sind (z. B. Leumundszeugnisse).

VI

6 Vgl. § 85 StPO.
7 Vgl. Kap. XIII.
8 Vgl. Meyer-Goßner/Schmitt, § 86, RZ 4.
9 Zu weiteren Grundlagen der Zeugenvernehmung siehe Kapitel XIII.

1.3 Taktisch-methodische Grundlagen

1.3.1 Allgemeine taktisch-methodische Grundlagen

13 Die taktisch-methodischen Grundlagen der Zeugenermittlung werden von verschiedenen Faktoren bestimmt, die zu berücksichtigen sind:

1. **Allgemeine Kriterien**
   – Welche Art von Zeugen gibt es beim zu untersuchenden Sachverhalt?
   – In welchen Situationen wurde eine Person Zeuge?
   – Welche Straftat liegt vor?
2. **Psychologische** Aspekte[10], wie z. B. die wirkenden Gedächtnisprozesse Wahrnehmen, Einprägen/Speichern, Reproduzieren oder Vergessen, beeinflussen die Vorgehensweise.
3. **Rechtliche** Faktoren bestimmen die möglichen einzuleitenden Zeugenermittlungshandlungen.
4. Die jeweilige **Ermittlungssituation** hat entscheidenden Einfluss auf die kriminaltaktische Vorgehensweise zur Ermittlung von Zeugen (z. B. Zeugenermittlung im Ersten Angriff, Zeugenermittlung durch Maßnahmen der Öffentlichkeitsfahndung).

Neben diesen Kriterien sind die Ausgangssituationen für die Zeugenfeststellung differenziert für den jeweiligen Sachverhalt zu betrachten:

- Der Zeuge ist Opfer oder Geschädigter der Straftat.

  Die Ermittlung des Zeugen ist in der Regel unproblematisch, da durch das Opfer/den Geschädigten zumeist Anzeige erstattet wird. Zu berücksichtigen ist in allen Fällen, dass ein Zeuge nicht aussagen kann (z. B. bei schweren Verletzungen des Opfers) oder eine hohe emotionale Beteiligung die Aussage beeinflusst.

  Mitunter (z. B. bei terroristischen Gewaltdelikten) müssen Zeugen als Opfer auch erst ermittelt werden.

- Der Zeuge befindet sich in einem territorialen Bereich im Umfeld des Tatortes (Wahrnehmbarkeitsbereich), in dem er das Ereignis wahrgenommen hat.

  Hier gilt es, diesen Bereich zu bestimmen und territorial einzugrenzen und systematisch nach Zeugen zu suchen, sie festzustellen und deren Aussagen zu erfassen.

VI

10 Vgl. Kap. VIII. Abschnitt 1.3.1.

- Der Zeuge hält sich zufällig am Ort der relevanten Handlung auf und hat auch keinen weiteren Bezug zu diesem Ort.

  Das bedeutet für die Untersuchungsführung, dass der Zeuge mit den Ermittlungen im Wahrnehmbarkeitsbereich nicht festzustellen ist. Ermittlungstaktisch wäre hier die Möglichkeit gegeben, über die Öffentlichkeitsfahndung Hinweise auf Zeugen zu erlangen.

- Eine Person wird Zeuge aufgrund sich wiederholender Handlungen.

  Dies kann der Fall sein, wenn der Zeuge sich im engsten sozialen Umfeld des Opfers befindet (Straftaten in der Familie, Straftaten in einer Gruppe [z.B. Jugendgruppe oder auch gewerbsmäßige bandenmäßige Straftaten]). Diese Konstellation ist ermittlungsmäßig schwierig einzuschätzen. Gründe dafür sind z.B.:

  - soziale Beziehungen zwischen Zeugen und Täter (bis hin zu Abhängigkeitsverhältnissen), was Einfluss auf die Aussage haben kann,
  - bei wiederholten Taten ist es schwierig, die einzelnen Handlungen, Tatbeteiligungen, Mittäter genau zuzuordnen,
  - u.U. könnte auch eine Mittäterschaft gegeben sein.

- Man wird Zeuge aufgrund dienstlicher oder beruflicher Tätigkeit (z.B. Feuerwehr, Rettungssanitäter).

  Dieser Fall setzt voraus, dass dokumentiert wird, welche Personen am Ort des Sachverhaltes eingesetzt waren. Sie zu bestimmen ist notwendig, um Veränderungen (z.B. durch Rettungshandlungen) am Ort nachzuvollziehen. In ihren Aussagen können sie u.U. Hinweise geben auf weitere anwesende Zeugen, evtl. den Tatverdächtigen oder auf Besonderheiten am Ort, die im Zusammenhang mit der Tat stehen können (z.B. versperrte Zugänge oder Fluchtwege).

- Eine Person wird im Nachhinein Zeuge der Straftat.

  Das wäre der typische „Zeuge vom Hörensagen“ der im Nachhinein von der Handlung erfährt. Denkbar wäre aber auch, dass der Täter in sozialen Netzwerken oder in anderen öffentlichen Medien Informationen zur Straftat preisgibt (z.B. Einstellen von Filmen, Diskussionen in Chatforen).

Diese möglichen unterschiedlichen Situationen erfordern jeweils eine andere kriminaltaktisch-methodische Vorgehensweise zur Zeugenermittlung.

14 **Merke**

Je früher Zeugen festgestellt werden können, desto Erfolg versprechender ist es, qualitativ hochwertige Zeugenaussagen zu gewinnen. Wird ein Zeuge unmittelbar nach dem Ereignis ermittelt, kann davon ausgegangen werden, dass seine Bereitschaft mitzuarbeiten am höchsten ist[11]. Hinzu kommt, dass auch Gedächtnisprozesse (z. B. Vergessen) die Qualität einer Zeugenaussage beeinflussen und deshalb der Grundsatz gilt, Zeugen möglichst unmittelbar nach der Tat zu vernehmen.

15 Die Zeugenermittlung hat **planmäßig** zu erfolgen. Dafür ist es methodisch notwendig,

- den territorialen Bereich (Wahrnehmbarkeitsbereich) bzw. Personenkreis, innerhalb dessen Zeugen ermittelt werden sollen, festzulegen,
- die über die Zeugen zu klärenden Fragen und Umstände des zu untersuchenden Sachverhalts zu bestimmen,
- die zeitlichen Umstände der Ermittlungshandlungen (Feststellen und Antreffen der entsprechenden Personen) zu planen,
- die zur Feststellung von möglichen Zeugen einzuleitenden Ermittlungshandlungen zu realisieren (z. B. Öffentlichkeitsarbeit),
- die einzusetzenden Kräfte und die zu verwendenden Hilfsmittel (Befragungsprogramme) vorzubereiten,
- bei umfangreichen Ermittlungshandlungen Festlegungen über die Koordinierung des Vorgehens, über die Auswertung von Zwischenergebnissen, die Erfassung der gewonnenen Informationen zu treffen,
- besondere, bei der Durchführung der Ermittlungshandlungen zu beachtende taktische Gesichtspunkte (Verhalten bei Feststellen von Tatverdächtigen, Wahrung des Untersuchungsgeheimnisses) hervorzuheben.

16 Die Ermittlung von Zeugen hat nach den Erfordernissen einer **operativen** Ermittlungsführung zu erfolgen.

Operativität und Zeugenermittlung bedeutet sofortiges und sicheres Reagieren auf sich plötzlich einstellende Veränderungen oder Wendungen der Ermittlungssituationen.

VI

11 Es muss jedoch auch auf eine Ausnahmesituation hingewiesen werden. Ist der Zeuge hochgradig emotional an der Tat beteiligt (z. B. Opfer von Gewalt oder eines Einbruchsdiebstahls), so kann die Zeugenaussage davon negativ beeinflusst werden.

Folgende Situationen sind u. a. denkbar:

- Veränderung der Richtung des Vorgehens aufgrund aktueller Ermittlungsergebnisse,
- Veränderung der Vernehmungstaktik bei Personen, bei denen von vornherein nicht klar ist, ob sie als Zeuge oder als potenzieller Tatverdächtiger infrage kommen (auch unter dem Aspekt der Beachtung rechtlicher Grundlagen),[12]
- Bedeutung der Zeugenaussage für das Vorgehen zur Spurensuche und -sicherung.

Potenzielle Zeugen müssen befragt werden. Ihre Aussage ist auf ihre kriminalistische Bedeutsamkeit einzuschätzen. Es wird entschieden, ob die Aussagen den Charakter einer Zeugenaussage annehmen und eine sofortige operative Nutzung des Aussageinhalts (z. B. für die Spurensuche und Fahndung) möglich und erforderlich ist. 17

Merke

Generell ist zur Zeugenermittlung folgende Vorgehensweise zu empfehlen: 18

1. Analyse der Ausgangssituation und der Beweislage,
2. Erarbeiten von Hypothesen/Versionen zum Wahrnehmbarkeitsbereich bzw. Wirkungsbereich aufzuklärender Umstände des Sachverhalts,
3. Entscheidung über Richtung und Umfang der Ermittlungen von Zeugen und der anzuwendenden Methoden und Verfahren (Operativität),
4. Durchführung der notwendigen Ermittlungshandlungen (Planmäßigkeit),
5. Feststellung und Vernehmung der ermittelten Personen als mögliche Zeugen,
6. Analyse ihrer Aussagen und Feststellung bzw. Ausschluss der Zeugenschaft,
7. Dokumentation und Protokollierung,
8. Entscheidung über weiteres Vorgehen aufgrund der Ermittlungsergebnisse.

1.3.2 Anforderungen und Grenzen des Zeugenbeweises

Der Zeugenbeweis ist durch seine Spezifik rechtlich, sachlich, subjektiv und objektiv begrenzt. 19

12 Vgl. auch BGH, Urteil vom 30.12.2014 – 2 StR 439/13.

20

Rechtliche Grenzen	Sachliche Grenzen	Objektive Grenzen	Subjektive Grenzen
Die Gewinnung von Zeugenbeweisen (Ermittlung von Zeugen und Gewinnung von Zeugenaussagen) ist **rechtlich** an die Bestimmungen der Strafprozessordnung gebunden.[13] Somit unterliegt die Ermittlung von Zeugen den strafverfahrensrechtlichen Grundsätzen und Prinzipien.[14]	Die **sachlichen** Grenzen des Zeugenbeweises ergeben sich in der Feststellung und Einschätzung des Wahrheitsgehaltes der Aussagen (Glaubhaftigkeit des Zeugen).[15] Die Überprüfung des Wahrheitsgehaltes erfolgt durch Außen- und Binnenkriterien.[16] ■ Bei der Prüfung durch **Außenkriterien** werden die Informationen aus der Aussage mit Daten, die außerhalb der Vernehmung durch andere Beweismittel gewonnen wurden (z. B. Widersprüche zu vorliegenden Sachbeweisen), verglichen. ■ Bei der Prüfung durch **Binnenkriterien** erfolgt eine logische und psychologische Überprüfung innerhalb der Aussage, eine Einschätzung der Verhältnisse Aussage – Persönlichkeit und Persönlichkeit – Motivlage.	Zu den **objektiven Grenzen**, die eine Zeugenaussage beeinflussen, zählen: ■ Das kriminalistisch relevante **Ereignis** selbst: Der ermittelnde Polizeibeamte hat die Wahrnehmbarkeit des Sachverhalts einzuschätzen. Es geht darum, zu prüfen, inwieweit das zu untersuchende Ereignis für einen bestimmten Zeugenkreis wahrnehmbar war (z. B. Überprüfung mit einem Untersuchungsexperiment oder einer Rekonstruktion). ■ Die **Situation am Tatort** (Wahrnehmungsbedingungen): Hier gilt es, zu prüfen, welche Bedingungen vorlagen, um das Ereignis überhaupt wahrnehmen zu können. Diese Wahrnehmungen sind abhängig von der konkret vorliegenden Situation am Ereignisort und natürlich vom Delikt selbst.	Als **subjektive Grenzen**, die einen Zeugenbeweis beeinflussen können, sind zu nennen: Die Person des **Wahrnehmenden** (Zeugen): Dieser Faktor bestimmt die Zeugenermittlung/Aussagengewinnung in der Hinsicht, dass durch den ermittelnden Polizeibeamten eingeschätzt werden muss, über welche subjektiven Fähigkeiten und Fertigkeiten die Person verfügt, um das relevante Ereignis wahrzunehmen, – inwieweit der emotionale Faktor der Beteiligung (z. B. als Opfer bzw. Geschädigter) auf die psychische Situation des Zeugen wirkte und damit die Wahrnehmung, das Einprägen und die Speicherung beeinflusste. Die emotionale Beteiligung

13 Vgl. Kap. XIII.
14 Zu rechtlichen Grundlagen zur Gewinnung von Zeugenaussagen vgl. Kapitel XIII.
15 Vgl. Hermanutz, Litzcke, Kroll, Adler.
16 Vgl. Trankell (1971).

Rechtliche Grenzen	Sachliche Grenzen	Objektive Grenzen	Subjektive Grenzen
		■ Die **Tatzeit:** Der Polizeibeamte hat unter Beachtung der Tatzeit festzustellen, welche Personenbewegung während des relevanten Ereignisses gegeben war, um daraus zu schlussfolgern, ob und welche Zeugen ermittelt werden können. So sind Unterschiede festzustellen in Abhängigkeit von der Tageszeit (Tag oder Nacht), aber auch von tatortspezifischen Besonderheiten in Bezug auf die relevante Zeit (Schließzeiten und Geschäftszeiten). ■ Die durch das Handeln des Täters erzielte **Wirkung** auf die Umwelt: Es muss die konkrete Begehungsweise des Täters analysiert werden, um abschätzen zu können, inwieweit die Handlung des Täters wahrnehmbar gewesen sein kann und somit auch von Zeugen hätte beobachtet werden können.	kann in zwei Richtungen wirken: • **Positiv:** durch verstärkte Aufmerksamkeit und Interesse am Sachverhalt wird die Wahrnehmung fokussiert und das Einprägen erfolgt bewusst, • **Negativ:** durch traumatische, schmerzhafte oder emotional stark belastende Erlebnisse wird die Wahrnehmung eingeschränkt (bis hin zur Amnesie). – der Zeuge über entsprechende Voraussetzungen verfügt, das Ereignis zu reproduzieren, – welches Interesse der Zeuge der Wahrheitsfindung entgegenbringt, – wie seine Intelligenz und sein Bildungsniveau die Aussage beeinflussen können,

Rechtliche Grenzen	Sachliche Grenzen	Objektive Grenzen	Subjektive Grenzen
		So sind z. B. Unterschiede bei Körperverletzungsdelikten im Familienkreis (Häusliche Gewalt, Kindesmissbrauch), wo oft als einziger Zeuge das Opfer auftritt, und in der Öffentlichkeit (z. B. in Gaststätten), wo der Täter mit einer Vielzahl von Zeugen rechnen muss, festzustellen. ■ Die **Vernehmungssituation:** Die Vernehmungssituation, d. h. die Gesamtheit der Bedingungen, unter denen die Aussage abgegeben wird, enthält eine Vielzahl von Faktoren, die auf die Aussage unmittelbar gestaltenden Einfluss nehmen können. Dazu gehören der Ort der Vernehmung (z. B. Dienstzimmer, Ereignisort, häusliches Milieu, Arbeitsplatz), die Frage in welchem Verfahrensstadium die Vernehmung	– inwieweit Erinnerungstäuschungen vorliegen[17] ■ Die Person des **Vernehmers:** Die Persönlichkeit des Vernehmers wird z. B. bestimmt durch sein Fachwissen, seine Intelligenz und das Bildungsniveau, den individuellen Möglichkeiten der Führung von Kommunikationsprozessen, seiner sozialen Kompetenz und der Vernehmungstaktik und -methodik. Diese Aspekte können die Aussage des Zeugen beeinflussen. ■ Die Art und Weise der **Aussagegewinnung:** Dieser Faktor hat erhebliche Bedeutung. Oft hängt es von der Art und Weise des Vorgehens in der Vernehmungsdurchführung ab, ob eine wahrheitsgemäße Aussage erlangt wird oder nicht. Das zeigt sich insbesondere dann, wenn z. B. durch Assoziationen der Aussageinhalt eines

17 Vgl. Shaw.

Rechtliche Grenzen	Sachliche Grenzen	Objektive Grenzen	Subjektive Grenzen
		durchgeführt wird (z. B. Ermittlungsverfahren oder gerichtliches Hauptverfahren) und weitere Faktoren, wie z. B. die Art und Weise der Protokollierung, die Anwesenheit anderer Personen, das Auftreten des Vernehmenden selbst.	Zeugen verbessert werden kann und es dadurch gelingt, dass der Zeuge den Sachverhalt gut gedanklich reproduzieren kann.[18]

Abb. VI.2 Grenzen des Zeugenbeweises

18 Vgl. Kap. XIII.

VI

1.3.3 Spezifische taktisch-methodische Grundlagen

1.3.3.1 Ermittlung von Zeugen im Rahmen des Ersten Angriffs

21 Eine erste Möglichkeit Zeugen festzustellen, bietet sich im Ersten Angriff[19] im Rahmen der Aufnahme des objektiven und subjektiven Tatortbefundes.

Durch die Tatortbefundaufnahme oder das Besichtigen des Tatortes werden Erkenntnisse oder Versionen zur Begehungsweise der Straftat abgeleitet. Darauf aufbauend wird eingeschätzt, inwieweit das Ereignis wahrnehmbar war (z. B. akustisch, optisch). Diese Wahrnehmbarkeit des Ereignisses bildet die Grundlage für das Festlegen der Ermittlungsbereiche, in denen potenzielle Zeugen festgestellt werden sollen. Ist der Modus Operandi bestimmt, so lässt sich davon ein potenzieller Wahrnehmbarkeitsbereich für die Ermittlung von Zeugen[20] ableiten.[21]

22 Der **Wahrnehmbarkeitsbereich** ist ein territorialer Bereich um den Ereignisort, in dem Personen die Möglichkeit haben, optische, akustische, odorologische oder andere Wahrnehmungen zum kriminalistisch relevanten Sachverhalt zu machen.

Ob tatsächlich Personen diesen Sachverhalt wahrgenommen haben, lässt sich erst durch kriminalistische Ermittlungen festlegen. Der Wahrnehmbarkeitsbereich ist territorial, personell und funktional strukturiert.

Hinzu kommt, dass der Wahrnehmbarkeitsbereich auch für unterschiedliche Phasen der Tat (Vortatphase, Haupttatphase, Nachtatphase) definiert werden sollte. In diesen, sich vom eigentlichen Tatort unterscheidenden Bereichen, können andere Personen Wahrnehmungen zum Sachverhalt gemacht haben (Vortatphase: Planung der Tat, Beschaffung von Tatwerkzeugen und Tatmitteln, Ankündigung der Tat in öffentlichen Medien; Nachtatphase: Verwertung des Beutegutes, Anbieten von Diebesgut auf Internetplattformen, Fluchtwege, Folgen der Tat, Diskussion in öffentlichen Chats zur Tat; Einstellen von Bildern und Filmen von der Tat in soziale Medien). Demzufolge gilt es auch hier, diesen Bereich zu bestimmen. Es wird hier schon deutlich, dass der Begriff des Wahrnehmbarkeitsbereiches sich um die Wahrnehmungen im Internet (soziale Medien, Chats) erweitert hat.

19 Vgl. Kapitel IV.

20 Vgl. Leonhardt (1980), S. 5–10 und (1984), S. 134–141.

21 Siehe Abbildung VI.3.

Merke

Die Festlegung des Wahrnehmbarkeitsbereiches ist die Grundlage für die Ermittlung von Zeugen im Rahmen des Ersten Angriffs.

Die Wahrnehmung einer Straftat hängt neben den persönlichkeitsbedingten Faktoren auch von tatspezifischen Umständen ab: **23**

- der Begehung der Straftat in der Öffentlichkeit bzw. Nichtöffentlichkeit (z. B. Raub oder Wirtschaftskriminalität) oder unabhängig von einer territorialen Eingrenzung (z. B. Straftaten im Internet),
- der Einbettung der Straftat in die entsprechende soziale Struktur (z. B. engstes soziales Umfeld bei Straftaten des sexuellen Missbrauchs von Kindern),
- der Wahrnehmungsmöglichkeit der einzelnen Phasen der Tat (Vor-, Haupt-, Nachtatphase),
- der Dauer der Handlung,
- der Begehung der Straftat durch einen Einzeltäter oder eine Tätergruppe,
- dem kriminellen Charakter der strafbaren Handlung (Erkennbarkeit des kriminellen Verhaltens),
- dem einmaligen Einwirken oder der Abfolge von mehreren kriminellen Handlungen.

Die Grundlage für die Bestimmung des Wahrnehmbarkeitsbereiches sind gesicherte Erkenntnisse bzw. Versionen zur Begehungsweise. Ausgehend vom vorliegenden Delikt und der spezifischen Tatortsituation ist festzulegen:

- durch wen (z. B. Einzelpersonen, Personengruppen),
- in welcher Art (z. B. akustisch, optisch),
- in welchem Zeitfenster,
- in welchem territorialen Bereich,
- welche Handlungen (z. B. Angaben zur Begehungsweise, zur Vor- und Nachtatphase) wahrgenommen werden konnten.

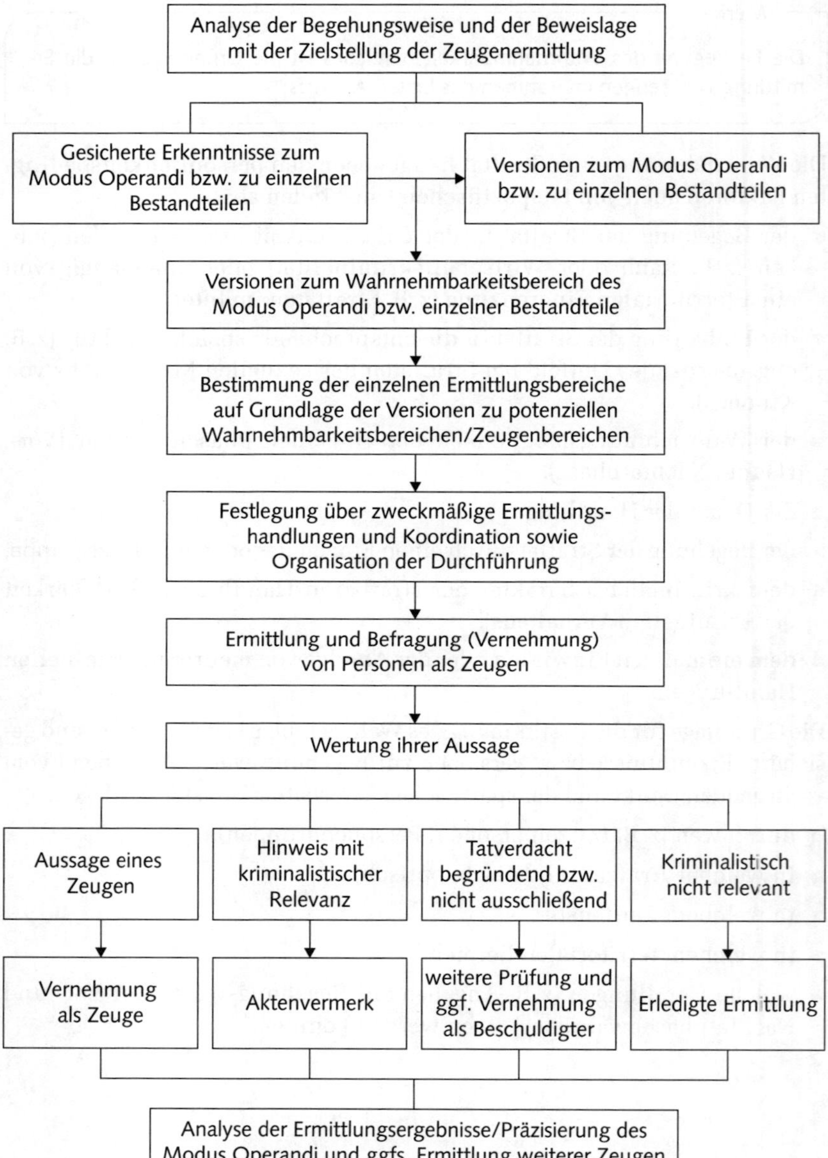

Abb. VI.3 Analyse der Begehungsweise und der Beweislage mit der Zielstellung der Zeugenermittlung

VI

Werden Personen ermittelt, so sind sie informativ zur Bestimmung ihres rechtlichen Status zu befragen, um dann nach entsprechender Belehrung ihre Aussage aufzunehmen.

Im Rahmen der Tatortbefundaufnahme, aber auch weiterer Ermittlungen ist es erforderlich, den Täterweg festzustellen, um Zu- und Abgangswege zu lokalisieren. 24

Ziele bestehen darin,

- den Wahrnehmbarkeitsbereich zu bestimmen, in dem Zeugen vorhanden sein könnten, die den Täter bei der Annäherung an den Tatort bzw. beim Verlassen des Tatortes wahrgenommen haben (z. B. in der Vor- und Nachtatphase).
- Spuren bzw. Gegenstände, die vom Täter stammen und im Zusammenhang mit dem zu untersuchenden Ereignis stehen, zu ermitteln.
- festzustellen, inwieweit Aufzeichnungen des Täterverhaltens vorhanden sein können (z. B. von Überwachungskameras öffentlicher oder privater Plätze; von Geschwindigkeitsmessungen; von Überwachungsmaßnahmen des Verkehrs).

Anhand der territorialen Ausdehnung des Täterweges sind ortsbezogene Zeugenermittlungsmaßnahmen durchzuführen.

Auf der Grundlage der ersten Erkenntnisse durch Ermittlungen im Wahrnehmbarkeitsbereich werden die Versionen und Fakten zur Begehungsweise bestätigt oder neu bewertet. Ggfs. muss danach die Eingrenzung des Wahrnehmbarkeitsbereiches präzisiert werden und eine erneute Zeugenermittlung erfolgen. Von Bedeutung sind diese Erkenntnisse auch für die Präzisierung der z. T. parallel ablaufenden Tatortarbeit. 25

Neben dem eigentlichen Tatort sowie der Zu- und Abgangswege sind weitere Tatbereiche und Besonderheiten zu berücksichtigen. Dies gilt insbesondere bei Straftaten, die einen Bezug zu den **elektronischen Medien** aufweisen. Hier gilt es darüber hinaus, auch eine Differenzierung zwischen Vorbereitungshandlungen, der tatsächlichen Tathandlung und Nachfolgehandlungen vorzunehmen. 26

Für diese Delikte gibt es somit für die Zeugenermittlung **keine territoriale Eingrenzung** des Wahrnehmbarkeitsbereichs, sondern eine funktionale. Somit ist jeder, der Informationen zu kriminalistisch relevanten Sachverhalten in elektronischen Medien wahrnimmt, ein potenzieller Zeuge, der allerdings nicht über die räumliche Ausdehnung des Tatortes ermittelt werden kann. Das hat wiederum zur Folge, dass der eigentliche Wahrnehmbarkeitsbereich im „Netz" nicht bestimmbar oder völlig unbestimmt ist.

Noch gravierender ist die Festlegung des Wahrnehmbarkeitsbereiches bei Straftaten, die direkt im Internet begangen werden (z. B. Cyber-Mobbing, Cyber-Bullying, Cyber-Stalking, Grooming). Hier entfällt u. U. sogar die territoriale Komponente der Zuordnung des Delikts.

Beispiele:

Die Vorbereitung des Deliktes kann u. a. darin bestehen, dass zu bestimmten Straftaten aufgerufen wird oder die Möglichkeit eröffnet wird, für die Straftatenbegehung die notwendigen Voraussetzungen zu schaffen oder Kontakte zu knüpfen.

Auch die eigentliche Umsetzung der Straftaten (Haupttatphase) kann u. U. ausschließlich im Netz erfolgen (z. B. Grooming, Hasskriminalität).

Nachfolgehandlungen, die unter Ausnutzung der elektronischen Medien vollzogen werden, sind u. a. das Anbieten von Diebesgut auf Verkaufsplattformen oder das Posten von Bildern, Videos und Kommentaren zum kriminalistisch relevanten Ereignis.

Für die Zeugenermittlung in diesen Fällen lassen sich als Ermittlungsansätze ableiten:

- die inhaltliche Analyse des Beitrages (hier wäre der Ansatz der „Inhaltsanalyse“[22] denkbar),
- der personelle Ansatz (wer verbreitet diese Nachricht),
- der zeitliche Ansatz (wann wurde die Information ins Netz gestellt),
- örtliche Aspekte der Darstellung (z. B. bei Bildern und Videos: welcher Ort wird überhaupt abgebildet, von welcher Position aus wurde die Aufnahme gefertigt),
- die Informationsverbreitung (über welche Wege werden die Informationen verbreitet; wer leitet was weiter, welche Apps werden genutzt, welche Plattform veröffentlicht die Information),
- die „technischen“ Parameter (von welcher IP-Adresse wurde veröffentlicht; wer ist Anbieter des Telekommunikationsdienstes),
- die Analyse des Motivs oder des Ziels der beabsichtigten oder realisierten Handlung (persönlich oder ideologisch) (wer hat einen Vorteil von der Handlung, wer erleidet einen Schaden, welche Auswirkungen hat das Ereignis),
- die Analyse derjenigen, die diese Nachricht anschauen, teilen oder bewerten.

22 Vergleichbar einer linguistischen Textanalyse.

VI

Als problematisch für die Ermittlung bei Delikten der Cybercrime wird sich in jedem Fall darstellen, dass eine Identifizierung der Zeugen nicht unmittelbar möglich sein wird. Darüber hinaus wirkt auch die Anonymität und Internationalität des Internets der Zeugenermittlung entgegen.

1.3.3.2 Die Ermittlung von Zeugen durch Befragung

Die **operative Befragung** hat eine Orientierungsfunktion. Es gilt hier festzustellen, welche Personen überhaupt Angaben zum Ereignis machen können und welche nicht. 27

Die **informatorische Befragung**[23] dient einer inhaltlichen Erfassung der sachverhaltsbezogenen Daten, um beispielsweise gefahrenabwehrende Handlungen einzuleiten, erste Ermittlungsansätze und Hinweise zur Tatortuntersuchung zu erhalten. Gleichzeitig gilt es, den rechtlichen Status der am Ereignisort angetroffenen Person festzustellen. Mögliche Ergebnisse der informatorischen Befragung sind in Abbildung VI.3 dargestellt.

> **Beachte**
>
> Steht der rechtliche Status der Person fest, ist diese entsprechend der Rechtsgrundlagen als Zeuge oder Beschuldigter zu belehren und die Vernehmung auf der Grundlage der bestehenden Normen durchzuführen!

1.3.3.3 Die Ermittlung von Zeugen durch Beobachtung

Der Wahrnehmbarkeitsbereich ist territorial, zeitlich, personal und funktional strukturiert. Aus diesem Grund ist es möglich, in diesem Bereich zur selben Zeit wie zur Tatzeit zu ermitteln und so möglicherweise Hinweise auf anwesende Personen zu gewinnen. 28

Zudem ermöglicht die Beobachtung zur Tatzeit, Hinweise auf die generelle Wahrnehmbarkeit des Ereignisses (z. B. Lichtverhältnisse, Personenbewegung, Anwesenheit von Personen) abzuleiten.

Die Beobachtung zur Ermittlung von Zeugen ist unter vier Aspekten von Bedeutung:

- Die Beobachtung (als eine Form der Wahrnehmung bei der Tatortbefundaufnahme), um im Wahrnehmbarkeitsbereich Zeugen zu ermitteln (z. B. bei Branddelikten; Personen, die sich in der Nähe des Brandortes aufhalten).

23 Vgl. Schall.

- Die Beobachtung der Personen- und Fahrzeugbewegung zur gleichen Zeit wie der Tatzeit am relevanten Ort, um potenzielle Zeugen zu ermitteln, die periodisch diesen Ort passieren (z. B. Pendler, Personen auf dem Weg zur Arbeit).
- Die Beobachtung (in der besonderen Form der Observation) eines Beschuldigten mit dem Ziel, Kontaktpersonen und somit eventuelle Zeugen zu ermitteln (in Abhängigkeit vom aufzuklärenden Delikt). Es ist bezogen auf den Einzelfall zu prüfen, inwieweit derartige Beobachtungen rechtlich zulässig sind.
- Die Beobachtung des Verhaltens in sozialen Netzwerken und weiteren elektronischen Medien.

Merke

Beobachtungen im Zusammenhang mit der Tatortarbeit sind in mehreren Richtungen durchzuführen:

- zur Ermittlung ereignisortberechtigter Personen, die Angaben zur Situation am Tatort vor und nach der Tat machen können,
- zu Zeugen, die zur Tat Angaben machen können,
- zu Zeugen, die aufgrund des Aufenthalts im Wahrnehmbarkeitsbereich Hinweise zur Vor-, Haupt- und Nachtatphase geben können,
- zu Zeugen, die am Ereignisort aufgrund ihrer Tätigkeit Veränderungen vorgenommen haben (z. B. Auffindezeuge, Rettungskräfte, Feuerwehr, Leichenschauarzt).

1.3.3.4 Die Ermittlung von Zeugen durch Öffentlichkeitsfahndung

29 Die Öffentlichkeit ist in Abhängigkeit vom zu untersuchenden Delikt und von der Schwere der Straftat[24] einzubeziehen. In vielen Fällen erfolgt eine Einbeziehung dann, wenn durch andere Ermittlungshandlungen keine Zeugen festgestellt werden konnten.

Die Möglichkeit der Öffentlichkeitsfahndung nach Zeugen ist gem. § 131b Abs. 2 StPO gegeben.

24 Vgl. Kap. IX.

Merke

Grundsätzlich ist bei der Ermittlung von Zeugen zu berücksichtigen:
- die Festlegung des Fahndungsraumes (örtlich, regional, überregional, international)
- die Auswahl geeigneter Medien (z.B. Internet, Printmedien allgemein, Fachzeitschriften)
- der Informationsumfang (kein Täterwissen vermitteln)
- die Folgen (z.B. Warnung des Täters, Verunsicherung der Bevölkerung).

1.3.3.5 Verwendung von öffentlich zugänglichen Medien zur Ermittlung von Zeugen

Zur Ermittlung von Zeugen ist es möglich, soziale Medien und Internet- 30 plattformen (z.B. YouTube, Kommunikationsplattformen, Verfolgen von Chats) auszuwerten.

Das Internet als öffentlicher Datenspeicher ist eine primäre Informationsquelle, die im Rahmen der Ermittlungen genutzt werden kann. Insbesondere können im Internet veröffentlichte Bilder, Videos, Chats zur Ermittlung von Zeugen ausgewertet werden. Bei der Auswertung sind die Metadaten von Interesse und können u.U. Ermittlungsansätze zur Feststellung der Identität der Person, die diese Daten eingestellt hat, geben. Zu beachten ist dabei, dass sichergestellt ist, dass die Daten authentisch sind und nicht manipuliert wurden.

Das Mittel der Kommunikation in sozialen Netzwerken zum Auffinden von Zeugen sollte genutzt werden. Nach Meyer-Goßner/Schmitt sind Internetermittlungen durch Online-Zugriff auf öffentlich zugängliche Datenbestände ohne besondere Zugangsberechtigung möglich.[25]

Eine weitere Möglichkeit der Nutzung besteht darin, soziale Medien zur Fahndung nach Zeugen zu nutzen.[26]

Darüber hinaus ist es möglich, Aufzeichnungen von privaten Stellen[27] 31 (z.B. Videoaufzeichnungen von Kreditinstituten, Einkaufszentren, Tankstellen, Privatgrundstücken) zu nutzen, um Hinweise auf an der Tat beteiligte Personen zu erlangen.

25 § 163, RZ 28a.

26 Vgl. Meyer-Goßner/Schmitt, § 131b StPO, RZ 2a und auch RiStBV, Ziff. 39.–43. sowie Anlage B der RiStBV Ziff. 1.1 und 2.3.

27 OLG Stuttgart vom 4.5.2016 – 4 Ss 543/15.

1.3.3.6 Die Ermittlung von Zeugen durch Untersuchungsexperimente und Rekonstruktionen

32 Untersuchungsexperimente und Rekonstruktionen[28] dienen vor allem dazu, die Bedingungen, die zum Zeitpunkt der Straftat am Tatort vorlagen, festzustellen. Auf Grundlage dieser Informationen können dann für ein Experiment oder eine Rekonstruktion solche Bedingungen geschaffen werden, die der zu untersuchenden Erscheinung zeitlich, örtlich und sachlich ähnlich sind. Das Ergebnis lässt Schlussfolgerungen auf den potenziellen Zeugenkreis zu.

Eine besondere Bedeutung erlangt die Durchführung eines Untersuchungsexperiments zur Feststellung des Vorhandenseins oder Fehlens spezieller Fähigkeiten bei ermittelten Personen (z. B. Wahrnehmung unter Tatort- und Tatzeitbedingungen bzw. das Feststellen der Tatsache, ob es überhaupt möglich war, das Ereignis wahrzunehmen). Das erfolgt zur Klärung der Frage, ob diese Personen die Zeugeneigenschaft erfüllen können.

1.3.3.7 Die Ermittlung von Zeugen durch Vernehmungen

33 Auch im Rahmen der Durchführung von Zeugen- und Beschuldigtenvernehmungen ist es möglich, Zeugen festzustellen. Dieser Aspekt bleibt in der kriminalistischen Praxis recht häufig unbeachtet. Jeder Zeuge und Beschuldigte sollte zu möglichen weiteren Zeugen der Vor-, Haupt- und Nachtatphase vernommen werden. So benannte Zeugen könnten:

- den Beschuldigten entlasten (Beweisführung in be- und entlastender Hinsicht),
- den Beschuldigten belasten und die Handlungen des Verdächtigen weiter präzisieren,
- im Verlauf weiterer Ermittlungen auch selbst die Beschuldigteneigenschaft erlangen (z. B. Anstifter, Mittäter),
- Hinweise auf weitere Zeugen geben.

VI

1.4 Dokumentation

34 Gemäß § 168b StPO sind Ermittlungshandlungen zu dokumentieren. Die Dokumentation der Zeugenfeststellung hat so zu erfolgen, dass eine spätere Nachvollziehbarkeit der Ermittlungshandlungen gewährleistet ist und

28 Vgl. Kapitel VII, Abschnitt 3.

damit auch für das Gericht eindeutige Schlussfolgerungen möglich sind. Die Formen der Dokumentation können sein:

- das Vernehmungsprotokoll (im Schwerpunkt orientiert sich das **Vernehmungsprotokoll** an der Wiedergabe der Aussage des Zeugen[29]),
- das Ermittlungsprotokoll (das **Ermittlungsprotokoll** ist chronologisch oder nach sachlichen Komplexen geordnet und beinhaltet wesentliche Ermittlungsergebnisse),
- der Ermittlungsbericht (der **Ermittlungsbericht** widerspiegelt die sachlichen, inhaltlichen, territorialen und zeitlichen Umstände des Ablaufs der gesamten Ermittlungen),
- der Ermittlungsfilm (der **Ermittlungsfilm** macht die Kontinuität, Systematik und Folgerichtigkeit umfangreicher Ermittlungen deutlich [Chronologie]),
- der Aktenvermerk (der **Aktenvermerk** beinhaltet ein schriftlich fixiertes Ergebnis von Ermittlungshandlungen oder anderen Maßnahmen [z.B. Telefonate, Absprachen], welches aktenkundig zu machen ist. Dieses Ergebnis muss nicht protokolliert werden, weil es für die Beweisführung an sich nicht relevant ist oder Informationen beinhaltet, die bereits in anderen Beweismitteln dokumentiert sind[30]).

2 Verdächtigenermittlung

2.1 Allgemeine Grundlagen

Die beweiskräftige Verdächtigenermittlung ist der Kernbereich polizeilicher Straftatenaufklärung. Eine Vielzahl von Anzeigen wird zunächst „gegen Unbekannt" aufgenommen. Im Rahmen der nachfolgenden Untersuchung ist es Ziel, die Wahrheit zu ermitteln und damit den Täter/Tatverdächtigen festzustellen. 35

Die Maßnahmen zur Ermittlung des Täters basieren auf der rechtlichen Grundlage der StPO. Welche Ermittlungshandlungen durchführbar sind, ist abhängig vom rechtlichen Status des Tatverdächtigen.

29 Vgl. Kapitel XIII.
30 Vgl. Wirth (Hrsg.), S. 14.

36 Im kriminalistischen Sinn ist der **Verdächtige** die Person, die objektiven und subjektiven Umständen nach als Täter infrage kommt.

Im Strafverfahren ist der Verdächtige eine Bezeichnung für eine Person, gegenüber der die Verdachtsmomente (noch) schwach sind und/oder gegen diese Person noch kein Verfahren als Beschuldigter betrieben wird. „Die Strafprozessordnung verwendet den Begriff des Verdächtigen, wenn lediglich ein vager Verdacht vorliegt.“[31]

37 **Beschuldigter** ist der Tatverdächtige, gegen den das Ermittlungsverfahren betrieben wird.

Nicht jeder Verdächtige muss rechtlich auch als Beschuldigter behandelt werden. Es kommt vielmehr auf den Verdachtsgrad an. „Die Beschuldigteneigenschaft setzt danach nicht nur das objektive Bestehen eines Verdachts, sondern auch den Verfolgungswillen der Strafverfolgungsbehörde hinsichtlich einer Verdachtshypothese voraus, der sich in einem Willensakt manifestiert.“[32]

38 **Täter (kriminalistisch)** ist die Person, die die Straftat verwirklicht hat, unabhängig davon, ob sie bekannt oder noch nicht bekannt ist.
Aus **strafprozessualer** Sicht spricht man vom Täter bei einer Person, die rechtskräftig verurteilt wurde.

2.2 Rechtsgrundlagen

39 Der rechtliche Rahmen zur Verdächtigenermittlung wird durch die Bestimmungen der Strafprozessordnung festgelegt. Die Generalvollmacht für das Durchführen von Ermittlungshandlungen leitet sich aus § 163 StPO ab. Die Polizei hat danach beim Vorliegen des Verdachts einer Straftat Ermittlungen jeder Art vorzunehmen, Auskünfte einzuholen und der Verdunklung von Straftaten entgegenzuwirken. Dazu leitet sie strafprozessual vorgeschriebene Maßnahmen ein.

VI

31 Wirth (Hrsg.), S. 661.
32 BGH, Urteil vom 30.12.2014 – StR 439/13.

Sind Ermittlungshandlungen nicht spezialgesetzlich geregelt, erfolgt die Ermächtigung zu deren Durchführung ebenfalls gem. § 163 StPO. Ihre Realisierung wird z. B. durch spezielle Dienstvorschriften bestimmt.

Die Durchführung von strafprozessualen Maßnahmen hängt unter anderem vom Verdachtsstatus ab.

Man unterscheidet strafprozessual folgende Verdachtsarten:

- den Anfangsverdacht gem. § 152 Abs. 2 StPO, 40
- den dringenden Tatverdacht gem. § 112 Abs. 1 StPO,
- den hinreichenden Tatverdacht gem. § 203 StPO.

Der **Anfangsverdacht** beschreibt zureichende Anhaltspunkte für das Vorliegen einer Straftat. 41

Diese Anhaltspunkte können auf

- kriminalistischen Erfahrungen,
- konkreten Verdächtigungen gegen bestimmte Personen,
- der Beweislage,
- der Person des Anzeigenden beruhen.

Der Anfangsverdacht ist von der Wertigkeit her die qualitativ geringste Verdachtsform. Er kann tatbezogen (es liegt der Verdacht einer Straftat vor) oder täterbezogen (es liegt der Verdacht vor, dass eine ganz bestimmte Person die Straftat begangen hat) begründet werden. Besteht ein tatbezogener Anfangsverdacht, so wird in der Regel gegen „Unbekannt" ermittelt. Hat man einen namentlich bekannten Tatverdächtigen, so ist ein täterbezogener Anfangsverdacht gegeben.

Der **dringende Tatverdacht**[33] ist stets im Zusammenhang mit der Verhaftung nach § 112 Abs. 1 StPO bzw. nach § 127 Abs. 2 StPO im Zusammenhang mit der vorläufigen Festnahme zu begründen. Erst bei Vorliegen eines dringenden Tatverdachts können diese strafprozessualen Zwangsmaßnahmen realisiert werden. Von der Wertigkeit her ist diese Verdachtsform am qualitativ höchsten, da einschneidende Maßnahmen der Einschränkung der persönlichen Freiheit eines Menschen bei Begründung des dringenden Tatverdachts vorgenommen werden können. 42

Dringender Tatverdacht kann unabhängig vom jeweiligen Stadium des Strafverfahrens begründet werden.

VI

33 Geregelt im § 112 Abs. 1 StPO. Bei der Begründung des dringenden Tatverdachts ist davon auszugehen, dass der Tatverdächtige mit großer Wahrscheinlichkeit als Täter infrage kommt. Vgl. Meyer-Goßner/Schmitt, § 112, RZ 5.

43 Der **hinreichende Tatverdacht**[34] wird durch den Staatsanwalt und das Gericht bei der Entscheidung zur Anklageerhebung begründet.

Qualitativ ist er höher als der Anfangsverdacht zu graduieren. Hinreichender Tatverdacht liegt vor, wenn der Staatsanwalt[35] einschätzt (im Sinne einer Prognose), dass eine Verurteilung des Tatverdächtigen wahrscheinlich ist (d.h. nicht unbedingt, dass er von einer Verurteilung überzeugt sein muss).

Merke

Die Graduierung des Verdachts ist entscheidend für die Durchführung der konkreten Ermittlungshandlung.

In der nachfolgenden Übersicht werden strafprozessuale Ermittlungshandlungen, ihre Grundlage, das Ziel dieser Handlungen und die für die Durchführung der Handlung notwendige Verdachtsform beschrieben.

Ziele der Handlungen	Verdachtsart	Strafprozessualer Status
Straftatenvergleich		**§ 163 StPO**
Feststellen Tatverdächtiger	tatbezogener Anfangsverdacht	
Tatortarbeit		**§ 163 StPO**
Sicherung von Beweismitteln	tatbezogener Anfangsverdacht	
Alibiermittlung		**§ 163 StPO**
Feststellen Tatverdächtiger	tatbezogener Anfangsverdacht	Verdächtige
Recherche in öffentlich zugänglichen Medien		**§ 163 StPO**[36]
a) Feststellen Tatverdächtiger	tatbezogener Anfangsverdacht	
b) Feststellen von Zeugen	tatbezogener Anfangsverdacht	
c) Sicherung von Beweismitteln	tatbezogener Anfangsverdacht	

VI

34 Vgl. § 203 StPO. Bei der Begründung des hinreichenden Tatverdachts ist davon auszugehen, dass eine hohe Wahrscheinlichkeit besteht, dass der Tatverdächtige verurteilt wird.

35 Vgl. Meyer-Goßner/Schmitt, § 203 RZ 2.

36 Vgl. Meyer-Goßner/Schmitt, § 163, RZ 28a.

Abb. VI.4 Verdachtsgraduierungen bei wesentlichen Ermittlungshandlungen

Ziele der Handlungen	Verdachtsart	Strafprozessualer Status
Recherche in öffentlich zugänglichen Medien		**§ 163 StPO**[37]
a) Feststellen Tatverdächtiger	tatbezogener Anfangsverdacht	
b) Feststellen von Zeugen	tatbezogener Anfangsverdacht	
c) Sicherung von Beweismitteln	tatbezogener Anfangsverdacht	
Maßnahmen zur Identitätsfeststellung		**§§ 163b, c StPO**
Klärung der Identität	täterbezogener Anfangsverdacht	Verdächtige, Unverdächtige[38]
Zeugenvernehmung		**§§ 48 ff., 58, 58a, b, 163 Abs. 3 und 4 StPO**
Sicherung von Beweismitteln	tatbezogener Anfangsverdacht[39]	Beschuldigte
Beschuldigtenvernehmung		**§§ 133 ff., 163a StPO**
Sicherung von Beweismitteln	täterbezogener Anfangsverdacht	Beschuldigte
Vernehmung, Gegenüberstellung		**§ 58 StPO**
a) Klärung von Widersprüchen	täterbezogener Tatverdacht	Beschuldigte, Zeugen
b) Identifizierung	täterbezogener Tatverdacht	Beschuldigte
Erkennungsdienstliche Maßnahmen		**§ 81b StPO**
Sicherung von Beweismitteln[40]	täterbezogener Anfangsverdacht[41]	Beschuldigte
Körperliche Untersuchung des Beschuldigten; Körperliche Eingriffe		**§ 81a StPO**
Sicherung von Beweismitteln	täterbezogener Anfangsverdacht[42]	Beschuldigte
Körperliche Untersuchung anderer Personen		**§§ 81c, d StPO**
Sicherung von Beweismitteln	tatbezogener Anfangsverdacht	Unverdächtige (Zeugen)

37 Meyer-Goßner/Schmitt, § 163, RZ 28a.

38 Unverdächtige dürfen nicht festgehalten werden, wenn dies außer Verhältnis zur Bedeutung der Sache steht. Erkennungsdienstliche Maßnahmen und die Durchsuchung dürfen nicht gegen den Willen des Unverdächtigen durchgeführt werden.

39 Wird im Verlauf der Zeugenvernehmung festgestellt, dass diese Person tatverdächtig sein kann, so ist die Zeugenvernehmung abzubrechen und bei genügend Anhaltspunkten eine Beschuldigtenvernehmung (Belehrung!) durchzuführen; vgl. auch BGH, Urteil vom 30.12.2014 – StR 439/13.

40 Die zweite Alternative: „für die Zwecke des Erkennungsdienstes" wird nicht erläutert.

41 In der Bewertung über den Anfangsverdacht hinausgehend.

42 In der Bewertung über den Anfangsverdacht hinausgehend.

VI

Ziele der Handlungen	Verdachtsart	Strafprozessualer Status
Molekulargenetische Untersuchung; DNA-Identitätsfeststellung		**§§ 81e–g StPO**
a) Sicherung von Beweismitteln	täterbezogener Anfangsverdacht	Beschuldigte
b) Identifizierung	täterbezogener Anfangsverdacht	Beschuldigte
DNA-Reihenuntersuchung		**§ 81h StPO**
a) Sicherung von Beweismitteln	tatbezogener Anfangsverdacht	Verdächtige
b) Identifizierung	tatbezogener Anfangsverdacht	Verdächtige
Durchsuchung bei Beschuldigten		**§§ 102 ff. StPO**
Sicherung von Beweismitteln	täterbezogener Anfangsverdacht	Beschuldigte
Untersuchungshaft		**§§ 112 ff. StPO**
Feststellen Tatverdächtiger	dringender Tatverdacht	
Ausschreibung zur Festnahme; Öffentlichkeitsfahndung		**§§ 131, 131a–c StPO**
Auffinden des Tatverdächtigen a) konkrete Person	dringender Tatverdacht	Beschuldigte
b) unbekannte Person	tatbezogener Anfangsverdacht	Verdächtige
Einrichtung von Kontrollstellen		**§ 111 StPO**
a) Sicherung von Beweismitteln	tatbezogener Anfangsverdacht	Jedermann
b) Sicherung von Beweismitteln	täterbezogener Anfangsverdacht	Jedermann
Postbeschlagnahme		**§§ 99, 100, 100e, 101 StPO**
Sicherung von Beweismitteln	täterbezogener Anfangsverdacht	Beschuldigte
Automatische Kennzeichenerfassung		**§ 163g**
Sicherung von Beweismitteln	tatbezogener Anfangsverdacht	
Polizeiliche Beobachtung		**§ 163e StPO**
Sicherung von Beweismitteln	täterbezogener Anfangsverdacht	Beschuldigte

Ziele der Handlungen	Verdachtsart	Strafprozessualer Status
Rasterfahndung		**§§ 98a, b, 101 StPO**
Feststellen Tatverdächtiger	tatbezogener Anfangsverdacht[43]	Verdächtige
Datenabgleich		**§ 98c StPO**
Feststellen Tatverdächtiger	tatbezogener Anfangsverdacht	Verdächtige, Zeugen
Observation		**§§ 163f, 100h, 101 StPO[44]**
Sicherung von Beweismitteln	täterbezogener Anfangsverdacht	Beschuldigte
Speicherung und Abgleich von Daten aus Kontrollen		**§§ 163d, 101 StPO[45]**
a) Sicherung von Beweismitteln	tatbezogener Anfangsverdacht	Jedermann
b) Feststellen Tatverdächtiger	täterbezogener Anfangsverdacht	Verdächtige
Überwachung der Telekommunikation		**§§ 100a, 100e, 101 StPO**
a) Sicherung von Beweismitteln	täterbezogener Anfangsverdacht	Beschuldigte
b) Feststellen Tatverdächtiger	täterbezogener Anfangsverdacht	Beschuldigte
Erhebung von Verkehrsdaten		**§§ 100g, 101 StPO**
a) Sicherung von Beweismitteln	täterbezogener Anfangsverdacht	Verdächtiger
b) Feststellen Tatverdächtiger	täterbezogener Anfangsverdacht	Verdächtiger

43 Die Bestimmungen des § 98a StPO enthalten zahlreiche Bedingungen, die qualifizierte Voraussetzungen für die Anwendung dieser Ermittlungshandlungen erfordern. Auf diese soll jedoch an dieser Stelle nicht weiter eingegangen werden (vgl. Meyer-Goßner/Schmitt, § 98a StPO, RZ 1–12).

44 Der § 100f StPO enthält keine Regelung zur Durchführung von Observationen, sondern definiert lediglich, unter welchen Bedingungen der Einsatz technischer Mittel zulässig ist.

45 Der § 163d StPO legt qualifizierte Voraussetzungen fest, die eine Datenspeicherung und -auswertung überhaupt erst ermöglichen (vgl. Meyer-Goßner/Schmitt, § 163d StPO, RZ 3–26).

Auskunft über Telekommunikationsverbindungen		**§§ 100e, 100i, j, k, 101, 101a, b StPO**
a) Sicherung von Beweismitteln	täterbezogener Anfangsverdacht	Verdächtiger
b) Feststellen Tatverdächtiger	täterbezogener Anfangsverdacht	Verdächtiger
Online-Durchsuchung		**§§ 100b, e, 101 StPO**
a) Sicherung von Beweismitteln	täterbezogener Anfangsverdacht	Beschuldigte
b) Feststellen Tatverdächtiger	täterbezogener Anfangsverdacht	Beschuldigte
Quellen-TKÜ		**§§ 100a, e, 101 StPO**
a) Sicherung von Beweismitteln	täterbezogener Anfangsverdacht	Beschuldigte
b) Feststellen Tatverdächtiger	täterbezogener Anfangsverdacht	Beschuldigte
Einsatz Verdeckter Ermittler		**§§ 110a, b, c, d, 101 StPO**
a) Sicherung von Beweismitteln	täterbezogener Anfangsverdacht	Beschuldigte
b) Feststellen Tatverdächtiger	täterbezogener Anfangsverdacht	Beschuldigte
Akustische Wohnraumüberwachung		**§§ 100c, d, e, 101 StPO**
a) Sicherung von Beweismitteln	täterbezogener Anfangsverdacht[46]	Beschuldigte
b) Feststellen Tatverdächtiger	täterbezogener Anfangsverdacht[47]	Beschuldigte
Akustische Überwachung außerhalb von Wohnungen		**§§ 110f, 101 StPO**
a) Sicherung von Beweismitteln	täterbezogener Anfangsverdacht[48]	Beschuldigte
b) Feststellen Tatverdächtiger	täterbezogener Anfangsverdacht[49]	Beschuldigte

VI

46 In der Bewertung über den Anfangsverdacht hinausgehend.
47 In der Bewertung über den Anfangsverdacht hinausgehend.
48 In der Bewertung über den Anfangsverdacht hinausgehend.
49 In der Bewertung über den Anfangsverdacht hinausgehend.

2.3 Kriminaltaktische und methodische Grundlagen

2.3.1 Deliktorientierter Ansatz

Die Methodik der Verdächtigenermittlung wird unterschieden in einen 44

- tat-/deliktorientierten (z. B. bei der Aufklärung von Allgemeiner Kriminalität, wie Diebstahlsdelikten, Körperverletzungen, Sexualdelikten, Tötungsdelikten) und
- täter- oder strukturorientierten Ansatz[50] (z. B. bei der Aufdeckung und Aufklärung von Kontrolldelikten, wie Betäubungsmittelkriminalität, Wirtschaftskriminalität, Organisierter Kriminalität oder der Prävention von terroristischen Gewaltdelikten).

Man kann davon ausgehen, dass im klassischen kriminalistischen Sinn beim deliktorientierten Ansatz die Aufklärung des Sachverhalts mit der Analyse der Sofortlage am Tatort oder mit der Einschätzung der Informationen im Rahmen der Anzeigenerstattung beginnt. Bei besonderen Ausgangssituationen (z. B. bei Wirtschaftskriminalität, Betrug oder Beleidigung) beginnt die Untersuchung als Ermittlungslage. Die Hauptquelle für eine Informationssammlung ist somit die vorhandene Ausgangssituation. Hier werden Informationen sowohl des Anzeigenerstatters als auch der eigenen geleisteten Tatortarbeit genutzt, um Tätermerkmale abzuleiten.

Merke 45

Als **Tätermerkmal** wird ein Merkmal charakterisiert, über das der Täter der zu untersuchenden Straftat verfügt.

Als grundlegende erkennbare Merkmale zur Charakterisierung des Täters lassen sich in der folgenden Abbildung dargestellte Faktoren beschreiben.

50 Wirth (Hrsg.), S. 614

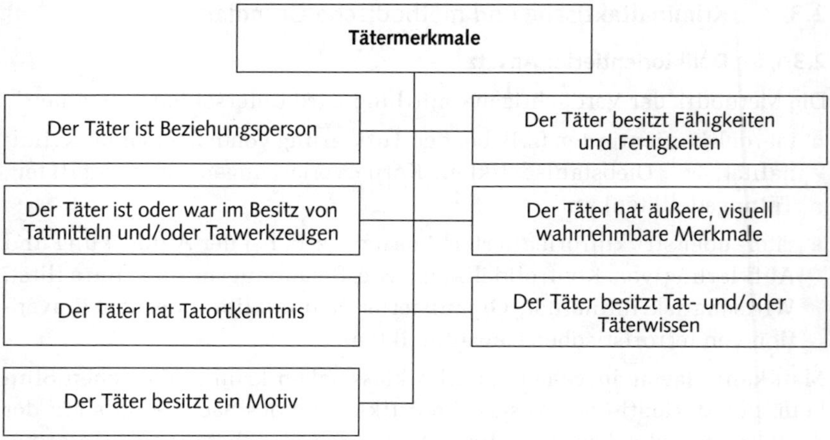

Abb. VI.5 Tätermerkmale

46 Der Täter ist **Beziehungsperson** im weitesten Sinn (z.B. die Auswahl des Tatortes, der Tatzeit, des angegriffenen Objekts, des Tatopfers lässt den Schluss zu, dass der Täter ganz bewusst den Ort der Handlung und das Opfer ausgesucht hat). Dieses Merkmal ist geeignet für die gezielte Feststellung des Verdächtigenkreises und eine Einengung der Tatverdächtigen. Für die Individualisierung des Täters ist es allein nicht geeignet.

47 Der Täter hat **Fähigkeiten und Fertigkeiten**, die zur Realisierung der Tat notwendig waren (z.B. die Fertigkeit, ein bestimmtes Schloss zu überwinden). Dieses Merkmal ist geeignet, um die Ermittlungsrichtungen festzulegen. In der Regel reicht dieses Merkmal nicht aus, den Verdächtigenkreis vollständig zu bestimmen. Der operative Nutzen und der Identifizierungswert des Merkmals sind abhängig von der Nichtalltäglichkeit der Fähigkeiten und Fertigkeiten sowie der jeweiligen Grundgesamtheit des Verdächtigenkreises.

48 Der Täter ist oder war im Besitz bestimmter **Tatwerkzeuge und Tatmittel (z.B. die Tatwaffe)**. Um Ermittlungsrichtungen zu bestimmen, ist dieses Merkmal ausreichend. Auch hier ist der Wert abhängig von der Individualisierbarkeit (Nichtalltäglichkeit) und der Anzahl vorhandener vergleichbarer Tatwerkzeuge.

49 Der Täter besitzt ein **Motiv** für die Tat. Der Ermittlungswert ist abhängig von der Deliktsart (z.B. Diebstahl, Sexualdelikt, Tötungsdelikt). Das Tatmotiv ist geeignet für die Überprüfung und Einengung des Verdächtigenkreises. Die Verdachtsbegründung, die ausschließlich auf dem Motiv beruht, muss differenziert eingeschätzt werden, da oftmals insbesondere am Beginn der Untersuchung die tatsächliche Motivlage noch nicht klar zu sein scheint (z.B. die Feststellung einer vorsätzlichen Brandstiftung lässt unterschiedliche Motivlagen zu, wie Rache, wirtschaftlichen Vorteil, Geltungsstreben, Feuerwehrmotiv ...). Wenn ein Motiv nicht sicher aus der Analyse der Begehungsweise ableitbar ist, dann ist das Merkmal als problematisch für die Charakterisierung als Tätermerkmal einzuschätzen.

Der Täter hat **Tatortkenntnis**. Das wird z.B. sichtbar über die Art und **50** Weise des Eindringens in das Tatobjekt oder auch die Auswahl des angegriffenen Gegenstandes. Dieses Merkmal ist geeignet für die Feststellung und Begrenzung des Verdächtigenkreises. Für eine Individualisierung allein ist das Merkmal ungeeignet. Wichtig ist festzustellen, dass die tatverdächtige Person auch zur Tatzeit am Tatort war. Tatortkenntnis ist ein notwendiges Tätermerkmal.

Äußere **visuell wahrnehmbare Merkmale** des Täters sind vor allem die **51** anatomisch-physiologischen Eigenschaften, Merkmale der Bekleidung, psychologische Merkmale, die sich in den Handlungen am Tatort widerspiegeln, sowie Merkmale vom Täter mitgeführter Gegenstände. Diese Merkmale sind geeignet, den Verdächtigenkreis einzuengen. In Einzelfällen dienen sie (z.B. bei einer Gegenüberstellung zum Zwecke der Wiedererkennung, bei einer Recherche in der Täterlichtbildvorzeigedatei oder bei der Auswertung von gespeichertem Foto- oder Datenmaterial) dazu, eine Person zu identifizieren. Operativ nutzbar sind diese Merkmale im Zusammenhang mit der Einleitung von Fahndungsmaßnahmen.

Der Täter besitzt **Tat- und/oder Täterwissen**. Dieses Merkmal ist erst dann **52** von Nutzen, wenn Aussagen oder ein bestimmtes Verhalten des Tatverdächtigen vorliegen. Das Merkmal hat einen hohen Verdachtswert, wenn ausgeschlossen werden kann, dass die tatverdächtige Person das Wissen nicht auf andere Weise erlangt hat. Für die Ermittlungsführung ist es nur bedingt geeignet, erlangt jedoch bei der Durchführung der Beschuldigtenvernehmung einen sehr hohen Stellenwert. Täterwissen darf nicht in der Öffentlichkeit preisgegeben werden. Mitunter allerdings veröffentlicht der Täter selbst Informationen über die Straftat (Text, Bilder), die er z.B. in sozialen Netzwerken postet. Damit wird der Wert dieses Merkmals erheblich eingeschränkt, da dadurch auch andere Personen Wissen über die Tat erhalten können. Durch diese Veröffentlichung besteht die Möglichkeit, den Tatverdächtigen u.U. zu identifizieren.

Merke

Aus der Arbeit mit Tätermerkmalen lassen sich folgende Grundregeln ableiten:

- Je mehr Merkmale auftreten, desto kleiner wird der Verdächtigenkreis.
- Je mehr Merkmale auf eine Person zutreffen, desto größer ist der Verdacht, dass sie als Täter infrage kommt.

53 Methodisch lassen sich folgende Schritte zur Verdächtigenermittlung[51] festlegen:

- Die Ausgangssituation wird dadurch bestimmt, dass der Täter Motive, Fähigkeiten und Fertigkeiten besitzt, die sein strafrechtlich relevantes Handeln bestimmt haben. Gleichzeitig wurde seine Vorgehensweise durch die tatsituativen räumlichen und zeitlichen Bedingungen beeinflusst. Diese Merkmale müssen festgestellt und analysiert werden, um ein Bild über den Täter zu erhalten.
- Diese Tätermerkmale bilden nun die Grundlage für die Täterversion, d.h., es wird gedanklich eine Person beschrieben, die über die analysierten Merkmale verfügt.
- Im Zuge der Untersuchungen werden jetzt Personen ermittelt, die diese Tätermerkmale besitzen. Dadurch wird der Verdächtigenkreis bestimmt.
- Durch weitere strafprozessuale Überprüfungsmaßnahmen wird aus dem Verdächtigenkreis die Person festgestellt, die tatsächlich Täter war.

54 Um eine Person als Täter festzustellen, lassen sich in Abhängigkeit vom Sachverhalt Ermittlungsrichtungen bestimmen. Liegen im Sachverhalt Hinweise zu den jeweiligen Ermittlungsrichtungen vor, lassen sich daraus konkrete Ermittlungsansätze ableiten.

Aus der Analyse von Tätermerkmalen lassen sich neben den eben beschriebenen weitere Ermittlungsrichtungen im Sachverhalt für die Aufklärung ableiten:

1. Ermittlungsrichtung: Materielle Beweismittel
   - Materielle Beweismittel, die zur Klärung des Sachverhalts und Ermittlung des Täters ausgewertet worden, sind:
     - Spuren seiner Tat und seiner Person unmittelbar am kriminalistisch relevanten Ort und rückwirkend Spuren des Tatortes an seiner Person.

51 Vgl. Leonhardt (1976), S. 5–16.

VI

- Gegenstände,
- Aufzeichnungen.

– Es geht vor allem darum, die Person anhand von **Spuren** (z.B. daktyloskopische Spuren, DNA-haltiges Material) zu identifizieren. Tatortspuren werden mit in polizeilichen Sammlungen vorhandenen Spuren oder abgenommenem Vergleichsmaterial verglichen, um Tatverdächtige festzustellen.

– Eine weitere Möglichkeit, den Sachverhalt über materielle Beweismittel zu klären, ergibt sich aus der Tatsache, dass der Tatort als materielle Basis und die Tatdurchführung Spuren beim Täter hinterlassen haben müssen (Wechselwirkung zwischen Handeln des Täters und Situation am Tatort).

– Bei diesem Aspekt stehen vor allem die Wirkungen des Tatortes auf die Person des Täters im Vordergrund. So gilt es zu klären, welche Spuren die Bedingungen des Tatortes beim Täter hinterlassen haben könnten (z.B. Glassplitter, Bodensubstanzen).

– Ebenso ist es möglich, den Täter über Gegenstände vom Tatort, die er mitgenommen hat, zu ermitteln. Der Fund derartiger Objekte (z.B. Diebesgut bei Durchsuchungen) wirkt verdachtserhärtend und kann unter Umständen die Überführung des Täters bedeuten.

– **Aufzeichnungen** als materielle Beweismittel können dazu dienen, erste Hinweise auf die Identität des Tatverdächtigen (z.B. durch Merkmale des Äußeren) zu erlangen, aber auch Fortbewegungsrichtungen festzustellen und das Verhalten am Tatort nachzuvollziehen.

Eine besondere Bedeutung kommt der Auswertung von Aufzeichnungen in öffentlich zugänglichen Medien zu (z.B. soziale Netzwerke, Chats), aus denen man u.U. Hinweise zum Tatverdächtigen ableiten kann.

2. Ermittlungsrichtung: Begehungsweise 55

– Grundlage für die Aufklärung des Sachverhalts und die Ermittlung des Täters können die **Art und Weise der Tatbegehung** bzw. typische, die Person und Persönlichkeit des Täters charakterisierende bzw. auf sie hindeutende Elemente der Tatbegehung sein.

– Hier steht im Mittelpunkt die Analyse der Begehungsweise (z.B. die Tatrekonstruktion im Rahmen einer Operativen Fallanalyse), um schlussfolgernd Hinweise auf die Persönlichkeit des Täters zu erlangen. Es soll z.B. festgestellt werden:

- welche besonderen Sachkenntnisse zur Durchführung der Straftat erforderlich waren,
- welche Vorbereitungshandlungen notwendig waren und wer davon Kenntnis hatte,
- ob die Begehungsweise auf einen oder mehrere Täter schließen lässt.

56 3. Ermittlungsrichtung: Tatursachen/Motivation/Zielsetzung der Deliktsdurchführung

Zwei Aspekte sind hierbei besonders zu berücksichtigen:

- die tatauslösende Situation bzw. tatbegünstigende Faktoren,
- die Motivlage.

Im Mittelpunkt steht hier, Angaben zu Tatvorteilen oder „befriedigten" Tatbedürfnissen zu ermitteln, um daraus ableitend Hinweise auf den Täter zu erlangen. Bei Eigentumsdelikten lassen sich z. B. Schlussfolgerungen aus dem Ort des Entdeckens von Diebesgut in Bezug auf das Täter- oder Hehlermilieu ableiten. Es ist ebenso notwendig, zu prüfen, welche Vorteile der Täter durch die Erlangung des Diebesgutes erreicht. Zu klären ist, zu welchem Zweck der Täter das Diebesgut erlangte (z. B. eigene Nutzung, Weiterveräußerung). Bei Sexualdelikten stellt sich häufig die Frage, ob der Täter sein Ziel erreicht hat und ob die Gefahr der Wiederholung einer Straftat gegeben ist.

Feststellungen zum Motiv lassen sich ableiten aus

- dem Delikt,
- der Begehungsweise,
- dem Ziel der kriminellen Handlung (Beutegut, andere Bedürfnisse),
- der Tatintensität,
- dem Opfer, dem Geschädigten (z. B. Zufallsopfer oder ausgewähltes Opfer),
- der Tatort- und der Spurensituation.

VI

57 4. Ermittlungsrichtung: Tatzeit/zeitliche Umstände der Tat

- Die Aufklärung der zeitlichen Umstände der Straftat dient vor allem dazu, festzustellen, ob eine bewusste Auswahl des Zeitpunktes der Begehung erfolgte oder ob eher ein zufälliger Zeitpunkt maßgebend ist. Durch diese Unterscheidung ist es möglich, einzuschätzen, inwieweit der Täter die Handlung vorbereitet und geplant hat oder ob eine Zufallstat (Gelegenheitstat) vorliegt. Die Einengung der Tatzeit dient auch dazu, einzuschätzen, welche Personen überhaupt als Tatverdächtige (Alibiermittlung) infrage kommen und welche Personen als Tatverdächtige auszuschließen sind. Ziel ist es, den Personenkreis zu bestimmen, der in der Lage war, in der ermittelten Zeit die strafbare Handlung zu begehen. Zu berücksichtigen sind Besonderheiten der Tatsituation, die zur Tatzeit vorlagen.

5. Ermittlungsrichtung: Tatwerkzeuge/Tatmittel[52] **58**
   - Es ist zu klären, ob der Täter Werkzeuge benutzt hat, die nur in bestimmten Branchen üblich sind und durch die man Ermittlungsansätze festlegen kann, z. B. durch Herkunftsbestimmung und Vertrieb, Eingrenzung der Nutzbarkeit, erforderliche Spezialkenntnisse.
6. Ermittlungsrichtung: Merkmale einer Person **59**
   - Grundlage für die Informationen zu Verhaltensauffälligkeiten bzw. zu Angaben zu Merkmalen des Äußeren des Täters können Zeugenaussagen zur Personen- und Bekleidungsbeschreibung (Körpergröße, Statur, Figur, Verletzungen beim Täter, Beschädigungen an der Bekleidung), das Erstellen subjektiver Porträts, Wiedererkennungsmaßnahmen (Gegenüberstellungen zum Zwecke der Identifizierung),[53] die Einsichtnahme in die Täterlichtbildvorzeigedatei sein.
   - Denkbar ist auch, dass vorhandenes Bild- und Filmmaterial, das im Zusammenhang mit dem Sachverhalt zufällig entstanden ist (z. B. Videoaufzeichnungen von Tankstellen, Kreditinstituten, Privaten Kameras oder Aufzeichnungen von öffentlichen Wegen und Plätzen) oder bewusst angefertigt wurde (z. B. Aufnahmen der Polizei bei Demonstrationen, Fußballeinsätzen oder private Aufnahmen von an der Tat Beteiligten), ausgewertet wird. Ein Abgleich mit dem Täterlichtbildsystem wäre ein möglicher Ermittlungsansatz (Gesichtserkennungssystem[54]), aber auch ein Bild-Bild-Vergleich in öffentlich zugänglichen Medien (z. B. Sozialen Netzwerken).
7. Ermittlungsrichtung: Kenntnisse/Fähigkeiten/Fertigkeiten des Tatverdächtigen **60**
   - Hier gilt es, aus der Analyse der Begehungsweise die Faktoren zu ermitteln, die Hinweise geben auf besondere Fähigkeiten und Fertigkeiten des Täters. Diese können sich sowohl in der spezifischen Tat-

VI

---

52 Vom Grunde her wäre diese Ermittlungsrichtung auch in die „Ermittlungsrichtung: Materielle Beweismittel" einzuordnen. Aufgrund der möglichen Spezifik von Tatmitteln und Tatwerkzeugen wird jedoch hier eine gesonderte Ermittlungsrichtung festgelegt.

53 Vgl. Kap. VIII.

54 Teichmann, Falker, S. 330 ff.

ausführung (z. B. Öffnen eines bestimmten Schlosstyps oder Überwinden spezieller Sicherungstechnik, die Verwendung von spezifischen Sprengstoffen und Sprengvorrichtungen) widerspiegeln als auch in Vor- und Nachbereitungshandlungen der Tat sowie im spezifischen Diebesgut. Aus den Umständen der Tat lassen sich u. U. auch Rückschlüsse auf psychische und physische Eigenschaften ziehen (wie z. B. berufliche Qualifikationen, Kraft, Beweglichkeit und Gewandtheit des Täters).

61 8. Ermittlungsrichtung: **Täter-Opfer-Beziehung (viktimelle Beziehung)**

- Im Mittelpunkt steht hierbei die Frage der Beziehung zwischen Opfer und Täter und damit ein Hinweis darauf, ob eine bewusste Opfer- bzw. Objektauswahl erfolgte oder ob der Täter sein Opfer/Objekt eher zufällig ausgewählt hat. Anhaltspunkte dafür erhält man, wenn festgestellt werden kann, ob der Angriff von Innen oder Außen erfolgte und damit erkennbar ist, ob der Täter am Tatort mit den Bedingungen vertraut war.
- Ein weiterer Ansatzpunkt sind die Ermittlungen zum Opfer, so z. B. sollte geprüft werden, inwiefern es Geschädigte gibt, die vom Erfolg der Tat profitieren.

62 9. Ermittlungsrichtung: **Auswertung von öffentlich zugänglichen Medien**

- Internetermittlungen[55] durch Online-Zugriff auf öffentlich zugängliche Datenbestände sind ohne besondere Zugangsberechtigung möglich. Weiterhin sind Ermittlungen in offenen Newsgroups, Internet-Chats oder auch die Kommunikation in sozialen Netzwerken unter einer Legende, wenn die Anmeldung unter einem Pseudonym problemlos möglich ist und von einer Vielzahl von Nutzern praktiziert wird, ohne besondere Ermächtigungsgrundlage nach §§ 161, 163 StPO zulässig. Ebenso kann die statische IP-Adresse über öffentlich zugängliche Kommunikationsplattformen bestimmt werden. Im Mittelpunkt steht hierbei die Frage der Beziehung zwischen Opfer und Täter und damit ein Hinweis darauf, ob eine bewusste Opfer- bzw. Objektauswahl erfolgte oder ob der Täter eher zufällig sein Opfer/Objekt ausgewählt hat. Anhaltspunkte dafür erhält man, wenn festgestellt werden kann, ob der Angriff von innen oder außen erfolgte und damit erkennbar ist, ob der Täter am Tatort mit den Bedingungen vertraut war.

55 Vgl. Meyer-Goßner/Schmitt, § 163 RZ 28a.

Bei der Auswertung sind die Metadaten von Interesse und können u. U. Ermittlungsansätze zur Feststellung der Identität der Person, die diese Daten eingestellt hat, geben. Zu beachten ist dabei, dass sichergestellt ist, dass die Daten authentisch sind und nicht manipuliert wurden.

– Einen methodischen Ansatz bietet eine sog. „OSINT"-Recherche[56] (Open Source Intelligence), die die Sammlung und Analyse öffentlich zugänglicher Informationen aus verschiedenen Quellen zur Erkenntnisgewinnung beinhaltet. Sie dient als Werkzeug, um Hintergründe von Personen, Netzwerken oder kriminellen Aktivitäten zu recherchieren, ohne dass verdeckte oder rechtlich beschränkte Ermittlungsmethoden erforderlich sind. Die so gewonnenen Informationen stammen aus öffentlich zugänglichen Quellen wie sozialen Medien, Nachrichtenwebseiten, Unternehmensdatenbanken oder auch Foren im Dark Web.

  Im Rahmen der Ermittlungen ermöglicht die Recherche:
  - Identitätsüberprüfungen (Verdächtige Personen können durch ihre Social-Media-Profile, öffentlichen Foreneinträge oder Kommentare identifiziert und analysiert werden
  - Netzwerkanalysen (Verbindungen und Interaktionen zwischen Personen, Organisationen oder Netzwerken können durch die Analyse von Freundes- oder Followerlisten, Kommentaren oder Likes nachvollzogen werden)
  - Geolokalisierungen (Standorte von Tatverdächtigen oder Tatorten können durch öffentliche Beiträge, Fotos mit Standortdaten oder Mobilfunkinformationen ermittelt werden).

  Die Nutzung von OSINT in der Strafverfolgung erfordert eine sorgfältige Abwägung zwischen den Informationsbedürfnissen und dem Schutz der Privatsphäre. Öffentliche Informationen sind zwar zugänglich, ihre Erhebung und Analyse muss jedoch im Einklang mit rechtlichen Rahmenbedingungen und Datenschutzvorschriften erfolgen. Ein weiterer Aspekt ist die Verifizierung von Informationen, da OSINT-Quellen nicht immer zuverlässig sind und Falsch- oder Desinformationen enthalten können.

56 Jarvers, S. 98 ff.

63 10. Ermittlungsrichtung: Künftiges kriminelles Verhalten.
- Dieser Aspekt steht in engem Zusammenhang mit dem Punkt c). Ziel ist es, auf der Grundlage der Analyse der Begehungsweise Anhaltspunkte zu finden (z. B. im Motiv oder im Erfolg der Straftat), die eine Prognose zur erneuten Straftatenbegehung gestatten. Daraus können Maßnahmen der Prävention, die ein Ergreifen des Täters auf frischer Tat ermöglichen, abgeleitet werden.

Alle Möglichkeiten zur Aufklärung des Sachverhalts sollten genutzt werden, da durch eine Kombination abgeleiteter Merkmale der Verdächtigenkreis sinnvoll eingegrenzt werden kann. Die beschriebenen Ermittlungsrichtungen spiegeln das Handeln des Täters wider und müssen durch den Untersuchungsführenden erkannt werden.

2.3.2 Täter- und strukturorientierter Ansatz

64 Der **täterbezogene** Ansatz hat seine Bedeutung vor allem bei

- der Bekämpfung der Organisierten Kriminalität[57],
- allen Straftaten, die durch konspirative und abgeschottete Täterhandlungen (z. B. terroristische Gewaltdelikte, Staatsschutzdelikte) gekennzeichnet sind,
- Kriminalitätserscheinungen, bei denen keine Anzeige zu erwarten ist (wie z. B. Betäubungsmitteldelikte),
- Intensivtätern[58],
- der Prävention von Straftaten (z. B. Verhinderung terroristischer Gewaltdelikte).

Die Besonderheiten des täterbezogenen Ansatzes resultieren aus der Spezifik des taktischen Vorgehens und der Beweisanforderung:

- die Straftäter stellen sich immer auf vermutete oder tatsächliche Maßnahmen der Verfolgungsbehörden ein,
- die kriminellen Aktivitäten werden verschleiert (konspiratives Vorgehen).

Ziel der kriminalistischen Ermittlungen ist es, in den Kernbereich des kriminellen Milieus einzudringen, eine Identifizierung der Hintermänner und Strukturen beweiskräftig vorzunehmen und ggf. Straftaten zu verhindern.

---

57 Vgl. Burghardt, Hamacher, (1990a) und Wirth (Hrsg.), S. 614.

58 In den Bundesländern regeln landesspezifische Erlasse (Intensivtätererlass) den Umgang mit Intensivtätern.

Die traditionellen Untersuchungsmethoden und der klassische fallbezogene Ansatz sind demzufolge nur bedingt nutzbar.

Dem konspirativen Täterverhalten müssen verdeckte Ermittlungstaktiken[59] entgegengehalten werden. Der täterbezogene Ansatz orientiert sich deshalb an Ermittlungen in einem bestimmten Umfeld, in dem Straftaten zu vermuten sind. Anzeigen sind im Bereich dieser Kriminalität nicht (oder höchst selten) zu finden. Aus diesem Grund muss die Methodik der Vorgehensweise zur Verdächtigenermittlung den Gegebenheiten angepasst werden.

Als Ausgangsthese für den täterbezogenen Ermittlungsansatz wird die Tatsache genutzt, dass die Kriminalpolizei die Akteure des kriminellen Milieus kennt[60] oder durch Maßnahmen der Gefahrenabwehr ermitteln kann (z.B. terroristische Gewaltdelikte, Gefährder). Durch genaue Beobachtung muss es möglich sein, auch die geplanten und vorbereiteten sowie die bereits von ihnen begangenen Straftaten aufzudecken und ihnen diese beweiskräftig zuzuordnen. **65**

Merke **66**

Der täterbezogene Ermittlungsansatz hat gegenüber dem tatbezogenen Ermittlungsansatz folgende Besonderheiten:

- Die Anwendung erfolgt nur in bestimmten Ermittlungsbereichen.
- Es erfolgt keine Anwendung des täterbezogenen Ansatzes bei bestimmten Einzeldelikten der allgemeinen Kriminalität (z. B. bei einfachen Straftaten und Bagatelldelikten).
- Der Ansatz erfolgt beim potenziell möglichen Täter. Ob diese Person tatsächlich straffällig wird, ist nicht mit Sicherheit einzuschätzen. Es existieren lediglich Anhaltspunkte für eine hohe Wahrscheinlichkeit, dass diese Person eine Straftat begehen wird.
- Die Anwendung erfolgt nur bei konkreten Erkenntnissen oder nur bei bestimmten Indikatoren.

VI

59 Vgl. Kap. XIV.
60 Vgl. Burghardt, Hamacher (1990a).

67 Der Ablauf der Ermittlungen beim täterbezogenen Ansatz lässt sich wie folgt darstellen:

1. Phase	■ Verdeckte Informationserhebung zur Begründung des Anfangsverdachts ■ Rechtliche Grundlage sind in dieser Phase die Polizeigesetze der Länder. Die Gefährdungssituation ergibt sich aus dem Charakter der Straftat.
2. Phase	■ Verdeckte Informationserhebung zur Erhärtung des Anfangsverdachtes ■ Rechtliche Grundlage ist die StPO
3. Phase	■ Offene Ermittlungsführung auf der Grundlage der Maßnahmen der StPO ■ Die durchzuführenden offenen kriminalistischen Ermittlungshandlungen zur Verdächtigenermittlung wurden bereits im Abschnitt 2.1. kurz genannt und finden ihre genaue Erläuterung in den jeweiligen Abschnitten dieses Buches.
4. Phase	■ Abschluss des Verfahrens mit Prozessbeobachtung, um wieder neue Anhaltspunkte zu gewinnen

Abb. VI.6 Phasen der Ermittlungstätigkeit beim täterbezogenen Ansatz

Mit dem Gewinnen von Erkenntnissen im Rahmen der Prozessbeobachtung kann ein neuer Ermittlungsansatz festgestellt werden, der dann wiederum bei der Ermittlungsphase 1 beginnt.

Eine detaillierte Beschreibung der beim tatbezogenen Ansatz durchführbaren Ermittlungshandlungen und ihre taktisch-methodischen Aspekte werden im Kapitel XIV gegeben.

VI

KAPITEL VII
Alibifeststellung, Ermittlung von Bewegungsabläufen, Kriminalistische Rekonstruktion und Untersuchungsexperimente

Inhalt

VII

1 Alibifeststellung

1.1 Bedeutung, Definitionen und rechtliche Fragen der Alibifeststellung

1 Das Alibi hat Bedeutung für die Wahrheitsfeststellung und Beweisführung im konkreten Verfahren. Mit der Alibifeststellung wird dem Prinzip der Rechtsstaatlichkeit in Strafverfahren entsprochen. Das Erkunden eines Alibis ist ein entscheidendes Mittel zur Überprüfung Tatverdächtiger und der Überführung von Verdächtigen als Täter oder dient dazu, diesen zu entlasten.

> Das **Alibi** ist die nachgewiesene Anwesenheit einer kriminalistisch interessierenden Person (insbesondere Verdächtiger und Beschuldigter) zur kriminalistisch interessierenden Zeit (in der Regel Tatzeit/Tatzeitraum) an einem anderen als dem kriminalistisch interessierenden Ort.[1]

2

> Der **Alibiort** ist der Ort, an dem sich die Person zur kriminalistisch relevanten Zeit aufgehalten hat.

> Der **Alibizeuge** ist ein Zeuge, der durch seine Angaben dem Tatverdächtigen eine Bestätigung des Aufenthalts an einem kriminalistisch nicht interessierenden Ort gibt.

VII

1 Das Alibi ist demzufolge **kein** *Abwesenheits*nachweis, wie es umgangssprachlich oft definiert wird, sondern ein *Nachweis der Anwesenheit* an einem anderen als dem kriminalistisch relevanten Ort.

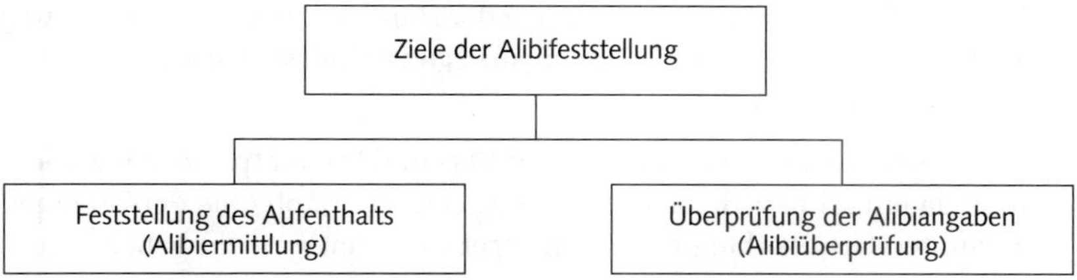

Abb. VII.1 Ziele der Alibifeststellung

Die **Alibiermittlung** umfasst alle Untersuchungshandlungen, die darauf ausgerichtet sind zu erfahren, an welchem Ort sich eine kriminalistisch interessierende Person zur Tatzeit aufgehalten hat. Die Ermittlung des Alibis erfolgt auf Initiative der untersuchungsführenden Institution. **3**

Die **Alibiüberprüfung** ist ein Teil des Gesamtprozesses der Ermittlungen, die vor allem darauf gerichtet sind, von betroffenen Personen (insbesondere Verdächtige und Beschuldigte) getätigte Alibiangaben auf ihren Wahrheitsgehalt zu überprüfen. Die Feststellung erfolgt aufgrund einer als Beweisantrag formulierten Aussage und verpflichtet die Ermittlungsbehörde, tätig zu werden. **4**

Für die Alibifeststellung können Informationen zu verschiedenen Aspekten von Bedeutung sein: **5**

- **Personen**

  Alibizeugen sind in Abhängigkeit von der jeweiligen Ermittlungssituation bereits bekannt oder namentlich noch festzustellen.

- **Zeiten**

  Zugrunde gelegt wird meist der jeweilige Tatzeitraum unter Einbeziehung der Vor- und Nachtathandlung. Im Einzelfall kann jedoch auch auf andere relevante Zeiträume Bezug genommen werden (z.B. Abfahrts- und Ankunftszeiten öffentlicher Verkehrsmittel, Ein- und Ausloggzeiten, Zeitnachweise der Nutzung von Informations- und Kommunikationsmitteln [z.B. Empfangen, Bearbeiten und Senden von E-Mails, Apps usw.]).

- **Orte**

  Der Bezugsort (meist der Tatort) muss genau festgelegt werden, um z.B. durch Ermittlungen im Wahrnehmbarkeitsbereich Zeugen festzustellen, die eine relevante Person zum Tatzeitpunkt wahrgenommen haben können. Neben der Festlegung eines konkreten Ortes ist es auch möglich, Wegstrecken als Grundlage (z.B. bei Ladungsdiebstählen oder Verkehrsdelikten) zu bestimmen. Hilfreich dabei sind unter Beachtung der rechtlichen Voraussetzungen Maßnahmen der Handyortung, der Auswertung von GPS-Daten oder Informationen aus Navigationssystemen.

- **Geschwindigkeiten**

  Diese Angaben sind vor allem bei der Vor- und Nachtatphase von Bedeutung, da ein Alibi z.B. davon abhängig sein kann, ob eine Person einen benannten Ort überhaupt in der angegebenen Zeit erreicht haben kann.

- **Handlungen/Sachverhalte**

  Insbesondere der Ablauf und die Dauer von vorgenommenen Handlungen sind für die Überprüfung und Ermittlung von Alibiangaben von Bedeutung. Sie geben Auskunft darüber, ob eine Person überhaupt in der Lage war, aufgrund der zeitlichen Bedingungen die zu untersuchende kriminalistisch relevante Handlung durchzuführen.

- **Aufzeichnungen**

  Bei einigen Sachverhalten sind insbesondere Zufallsaufzeichnungen (z.B. Foto-/Videoaufnahmen bei einer Ein- oder Ausfahrt aus einem Parkhaus) für die Begründung eines Alibis wertvoll und nutzbar.

- **Gegenstände und Sachen**

  Diese Gegenstände und Sachen (z.B. Fahrkarten, Flugtickets, Rechnungen, Kassenbelege, Tankquittungen, Stechuhrkarten usw.) können die Anwesenheit einer verdächtigen Person an einem bestimmten Ort belegen.

1.2 Rechtsgrundlagen der Alibifeststellung

6 Die Durchführung der Alibifeststellung ist eine typisch kriminalistische Aufgabe, die rechtlich weder in den Polizeigesetzen der Länder noch in der Strafprozessordnung festgelegt ist. Die Handlungen zur Ermittlung und Überprüfung des Alibis können vielfältige Formen annehmen und durch einzelne Ermittlungshandlungen (z.B. Vernehmung) realisiert werden. Abzuleiten ist die Alibifeststellung aus den §§ 161, 163 StPO.

Generell besteht die Möglichkeit, die Alibifeststellung bei

- Verdächtigen,
- Beschuldigten,
- Angeklagten und
- Zeugen durchzuführen.

Die Alibiüberprüfung ist Bestandteil der Beweisführungspflicht. Sie muss in be- und entlastender Hinsicht erfolgen und ist so durchzuführen, als

VII

wäre die behauptete Tatsache wahr (§ 244 Abs. 3 Ziff. 6). Es besteht keine Pflicht des Verdächtigen oder Beschuldigten (Angeklagten), Beweismittel zur Erbringung seines Alibis vorzulegen.

Merke

Im Prozess der Beweisführung gilt ein vorgetragenes Alibi (z. B. durch den Beschuldigten oder Angeklagten) als Beweisantrag (gem. §§ 163a Abs. 2, 244, 245 StPO) und ist demzufolge zu überprüfen.

In speziellen Situationen besteht die Möglichkeit der Ablehnung[2] der Überprüfung von Alibiangaben: 7

- **Offenkundigkeit**[3]: Eine Ablehnung kann erfolgen, wenn bereits durch die offenkundige Beweislage Alibiangaben ad absurdum geführt werden können und damit eine Überprüfung überflüssig wird.
- **Bedeutungslosigkeit**[4]: Wenn Tatsachen ohne Bedeutung oder bewiesene (nachgewiesene) Fakten als Alibiangaben gemacht werden, kann eine Überprüfung abgelehnt werden.
- **Ungeeignetheit oder Unerreichbarkeit**[5]: Sind entsprechende Beweismittel ungeeignet oder im Sachverhalt unerreichbar, ist es möglich, eine Alibiüberprüfung abzulehnen.

Eine Entscheidung über eine mögliche Ablehnung der Überprüfung eines Alibis ist in jedem Fall mit der Staatsanwaltschaft abzustimmen und bedarf eines richterlichen Beschlusses gem. § 244 Abs. 6 StPO.

1.3 Taktisch-methodische Aspekte der Alibifeststellung

1.3.1 Typische Ermittlungssituationen

Als Grundbedingung für die Alibifeststellung sind Mindestangaben zu einem möglichen Bezugszeitraum (Tatzeitraum) erforderlich, den es zu überprüfen gilt. 8

Im Regelfall wird Ausgangspunkt der Alibifeststellung ein bekannter und begrenzter Ort (Tatort oder Ereignisort) sein. Danach wird die Bezugszeit (Tatzeit) festgestellt oder eingegrenzt. Basierend auf diesen Informatio-

2 Vgl. Meyer-Goßner/Schmitt, § 244 StPO, RZ 47 ff.

3 Offenkundigkeit gilt als Oberbegriff für allgemein- und gerichtskundig. Vgl. Meyer-Goßner/Schmitt, § 244 StPO, RZ 50, 51, 52.

4 Vgl. Meyer-Goßner/Schmitt, § 244 StPO, RZ 54.

5 Vgl. Meyer-Goßner/Schmitt, § 244 StPO, RZ 58 ff.

nen, kann nun der tatsächliche Aufenthaltsort der interessierenden Person ermittelt werden.

In der praktischen kriminalistischen Tätigkeit sind jedoch auch andere Konstellationen möglich und häufig anzutreffen:

- Bekannt sind Tatort und die Tatzeit, Ziel ist es, Personen zu ermitteln, die zur Tatzeit am Tatort waren.
- Bekannt sind eine bestimmte Person (z.B. Verdächtiger) und der Tatort, es soll ermittelt werden, wann die bestimmte Person am Tatort gewesen sein kann.
- Bekannt sind eine bestimmte Person (z.B. Verdächtiger) und die Tatzeit, es soll ermittelt werden, wo sich die bestimmte Person zur Tatzeit aufhielt.

1.3.2 Methodische Hinweise zur Alibifeststellung

9 Als typische Ermittlungsmaßnahmen zur Überprüfung von Alibiangaben sind zu nennen:

- die Sicherung von sachlichen Beweismitteln und die Auswertung von Aufzeichnungen einschließlich der Auswertung elektronischer Datenspeicher sowie von Informations- und Kommunikationsmitteln,
- die Durchführung von Vernehmungen und Befragungen von Personen,
- die Feststellung von Bewegungsabläufen,
- die Durchführung von Rekonstruktionen/Experimenten.

10 **Sicherung von sachlichen Beweismitteln und Aufzeichnungen**

Sachliche Beweismittel, die Bedeutung haben für die Alibiermittlung, sind solche, die Auskunft geben über den Aufenthalt einer Person an einem ganz bestimmten Ort.

Beispiele:

Sachliche Beweismittel, die die Anwesenheit an einem Ort widerspiegeln, können sein:

- Eintrittskarten,
- Fahrkarten,
- Flugtickets,
- Nachweiskarten von Stechuhren,
- Parkscheine,
- Kassenbelege,

VII

- Videoaufzeichnungen,
- Fotografien,
- Elektronische Datenspeicher in Kommunikations- und Informationssystemen.

Sachliche Beweismittel werden im Wesentlichen durch folgende Ermittlungskomplexe festgestellt:

- als Feststellungen von Durchsuchungen und Beschlagnahmen,
- als Ergebnis von Besichtigungen an alibirelevanten Orten,
- als Ergebnisse von Tatortuntersuchungen,
- als Ergebnisse von Auswertungen elektronischer Systeme (z. B. Navigationsgeräte, GPS-Tracker, „Fitnessarmbänder“, smarte Haushaltsgeräte usw.),
- als Ergebnisse von Funkzellenauswertungen und Handyortungen.

Ziel der **Tatortuntersuchung** im Hinblick auf die Alibifeststellung ist es, 11
Spuren zu sichern, die eine Anwesenheit einer bestimmten Person am Tatort belegen. Problematisch ist jedoch, dass sich oftmals durch die Spuren kein zeitlicher Bezug feststellen lässt, sondern nur die Anwesenheit einer Person an diesem Ort. Ob diese Anwesenheit auch zur Tatzeit bestand, muss durch weitere Ermittlungshandlungen[6] geprüft werden.

Eine andere Möglichkeit, Beweismittel zur Alibiermittlung sicherzustel- 12
len, ist die Durchführung von **Durchsuchungen.**[7] Beweismittel, die im Zuge einer Durchsuchung von Bedeutung sind, sind solche Gegenstände (z. B. Kassenbelege, Quittungen von Parkuhren), die eine Anwesenheit an bestimmten Orten belegen. Von Bedeutung können aber auch technische Geräte sein, deren Auswertung Anhaltspunkte über relevante Zeiten und Orte liefert (z. B. GPS-Daten, Daten von Navigationsgeräten, Apps über sportliche Aktivitäten, Fitness-Tracker usw.)

Beachte

Die Nutzung dieser objektiven Beweismittel erfordert **immer eine Überprüfung**, ob die Person auch tatsächlich an diesem Ort war. Die Möglichkeit ist zu berücksichtigen, dass Beweismittel dieser Art z. B. von anderen Personen zur Verfügung gestellt werden, um ein Alibi zu konstruieren oder das technische Gerät durch eine andere Person genutzt wurde (Beziehungsperson des zu Überprüfenden, Alibizeuge).

VII

6 Voraussetzungen, taktische Vorgehensweisen, Rechtsgrundlagen der Tatortarbeit werden im Kapitel IV dargestellt.

7 Vgl. Kap. XI.

13 Die Auswertung von **Aufzeichnungen** zum **Zwecke** der Alibifeststellung erfährt immer mehr an Bedeutung. Grund dafür ist, dass zunehmend öffentliche Plätze und Wege durch Videokameras überwacht werden. Hinzu kommen private „Überwachungskameras" (z. B. bei Tankstellen, Kreditinstituten, Gewerbebetrieben, Gaststätten, Privatgrundstücken), deren Aufnahmen ebenfalls ausgewertet werden können. Durch Sicherstellung und eventuell digitaler Nachbearbeitung der Bilder ist eine Auswertung möglich. Zu beachten dabei ist jedoch, dass die Aufzeichnungen unterschiedlich lange gespeichert werden. Somit ist es aus kriminaltaktischer Sicht erforderlich, in einem möglichst kurzen Zeitabstand nach dem relevanten Ereignis die Aufzeichnungen auszuwerten und als Beweismittel zu sichern.

Zur Erhebung von Informationen zur Alibifeststellung sind die Bestimmungen zur Gefahrenabwehr (Polizeigesetze der Länder) und die gesetzlichen Grundlagen zum Datenschutz zu berücksichtigen.

Merke

Als Grundsatz gilt: Daten, die auf Grundlage des Gefahrenabwehrrechts erhoben wurden (z. B. durch „Überwachungskameras"), für deren Erhebung auch im Strafverfahren die rechtlichen Voraussetzungen vorhanden sind, können für die Beweisführung genutzt werden.

14 Ebenso relevant ist die Auswertung von elektronischen Speichern[8].

- Aufzeichnung der Internetnutzung, Einzelverbindungsnachweis bei Telefonaten.

  Hier steht im Mittelpunkt die Frage, zu welchem Zeitpunkt das elektronische Medium oder der Telefonanschluss genutzt wurde. Daraus lassen sich Hinweise ableiten, z. B. auf die zeitlichen Aspekte der Vor-, Haupt-, Nachtatphase, zur Kontaktaufnahme mit Mittätern oder auch zu Vorbereitungshandlungen (z. B. Absprachen mit Mittätern) oder auch, wo sich der Täter zu einem bestimmten Zeitpunkt aufhielt.
- Auskunft über Telekommunikationsverbindungen u. Ä.
- Bei der Auskunft über Telekommunikationsverbindungen ist feststellbar, in welchen Ortsnetzbereichen sich der Anrufer zum Zeitpunkt der Nutzung des Handys (SMS, Telefonat) befand. Dies gibt Hinweise auf seinen Aufenthaltsort und bei mehreren Nutzungen des Handys auch Hinweise auf seine Bewegungsrichtung.

8 Zu berücksichtigen sind die Voraussetzungen der rechtlichen Bestimmungen gem. §§ 100g–k, 101, 101a, b StPO.

- Auskunft über Ein- und Auslogdaten,
- Auskunft über Bewegungsabläufe (z. B. Geschwindigkeiten, Orte und Zeiten).

Merke 15

Zu prüfen ist in jedem Fall, ob die tatverdächtige Person diese Handlung, die aufgezeichnet wurde, vollzogen hat. Erst bei Ausschluss der Nutzung durch andere Personen kann dieses Beweismittel Beweiswert erlangen. Ebenso sind elektronische Besonderheiten (z. B. Rufumleitungen, Abfrage der E-Mails von anderen Computern, falsche Zeiteinstellungen von Computern usw.) zu berücksichtigen und zu überprüfen.

Eine Kontrolle hinsichtlich des Nutzers kann durch Auswertung von TKÜ-Maßnahmen[9] (wenn diese angeordnet waren) oder durch Vernehmungen der Gesprächspartner erfolgen.

Beachte

Bei Telefonaten und durchzuführenden Vernehmungen müssen in jedem Fall die aktuell-kriminaltaktischen Situationen berücksichtigt werden. Es ist oft nicht auszuschließen, dass die Gesprächspartner in die kriminelle Handlung als Mittäter involviert sind.

Vernehmungen und Befragungen 16

Bei Vernehmungen sollten hinsichtlich der Alibifeststellung folgende Fragen geklärt werden:

- Hielt sich der Verdächtige zur angegebenen Zeit am beschriebenen Ort auf?
- Wer kann diese Angaben bestätigen?
- Welche Umstände sprechen für die Abwesenheit/Anwesenheit des Tatverdächtigen?
- Welche Möglichkeiten bestehen, unbemerkt zum Tatort und ebenso vom Tatort weg zu gelangen?
- Wie viel Zeit wird dafür benötigt?
- Welche Beziehungen bestehen zwischen dem Alibizeugen und dem Tatverdächtigen?

9 Vgl. Kap. XIV.

Beachte

Für den Aufenthaltsort während der Tatzeit sollten möglichst viele Anhaltspunkte und Fakten erfragt werden, die objektivierbar sind (z. B. Anwesenheit von Personen, konkret vorgenommene Handlungen, benutzte Verkehrsmittel, Fahrzeiten).

Geben Beziehungspersonen (z. B. Freunde, Angehörige) dem Verdächtigen ein Alibi, so ist dieses gründlich zu prüfen. Hier ist auf eine entsprechende Belehrung zu achten.

Fragt man eine verdächtige Person im Rahmen einer Vernehmung zum Alibi, sollten folgende methodische Hinweise[10] berücksichtigt werden:

17
- Den genauen Tatzeitraum nicht sofort benennen. Unter Beachtung der taktischen Aspekte im konkreten Einzelfall sind die notwendigen Belehrungspflichten zum Gegenstand der Vernehmung zu berücksichtigen.
- Der zu benennende Zeitraum ist größer zu wählen.
- Angaben zum Tatzeitraum sind vom Verdächtigen/Beschuldigten zu benennen.
- Sofort nach der Ermittlung eines Verdächtigen ist eine Alibibefragung durchzuführen, um zu verhindern, dass der Verdächtige sich ein Alibi aufbauen kann (z. B. Absprache mit Zeugen).
- Es muss verhindert werden, dass der Betroffene zum Alibi Globalangaben macht.

Fehlerquellen bei Alibifeststellungen

18 Ebenso wie bei anderen Ermittlungshandlungen sind auch bei Alibifeststellungen fehlerhafte Einschätzungen möglich.

Fehler können dabei sowohl dem Betroffenen, dem Alibizeugen als auch dem Ermittlungsbeamten unterlaufen.

Wesentliche Fehler sind:

- Fehler des **Ermittlungsbeamten:**
  - Der den Alibifeststellungen zugrunde gelegte Zeitraum ist nicht stimmig (falscher Zeitpunkt, zu eng gefasster Zeitraum, Irrtum).
  - Richtige Alibifeststellungen werden durch den Ermittlungsbeamten falsch interpretiert.

10 Vgl. Kap. XIII.

- Fehler des **Alibizeugen**: 19
  - Der Alibizeuge macht unbewusst falsche Alibiangaben, weil er sich in Bezug auf Zeiten, Orte oder Personen irrt.
  - Der Alibizeuge macht bewusst falsche Angaben, weil er z. B. den Betroffenen schützen will, weil er vom Betroffenen unter Druck gesetzt wurde oder er eigenes Fehlverhalten verdecken will.
- Fehler des von der Alibiüberprüfung **Betroffenen:** 20
  - Der Betroffene macht bewusst falsche Angaben, weil er z. B. Täter ist und sich so schützen will, er private Lebensumstände verdecken will, ohne Täter zu sein oder er bedroht wird.
  - Der Betroffene macht unbewusst falsche Angaben, weil er sich irrt.

1.3.3 Anhaltspunkte für falsche Alibiangaben

Das Alibi ist oft für den Beschuldigten eine wesentliche Verteidigungsdominante. Relativ häufig ist deshalb zu beobachten, dass Verdächtige sich bemühen, sich durch ein tatsächliches oder vermeintliches Alibi zu entlasten. Für den Ermittlungsbeamten ist es schwierig, diese Informationen unverzüglich (z. B. im Rahmen der Vernehmung) zu überprüfen. 21

Dennoch existieren Anhaltspunkte, die unter sachverhaltsspezifischer und sehr differenzierter Wertung Hinweise auf falsche Alibiangaben geben können: 22

- Der Verdächtige/Beschuldigte macht extrem sichere, insbesondere zeitliche Alibiangaben (z. B. exakte Übereinstimmung mit der Tatzeit, Wertung als Täterwissen).
- Der Verdächtige/Beschuldigte macht unerklärlich verspätete Alibiangaben (nachdem z. B. vorher andere Verteidigungsargumente vorgebracht wurden oder schon mehrere Vernehmungen erfolgten).
- Der Verdächtige/Beschuldigte kann keine Alibizeugen benennen, obwohl solche nachweisbar vorhanden waren.
- Die vorgebrachten Alibiangaben sind nicht oder nur mit erheblichem Aufwand überprüfbar.
- In den Aussagen des Verdächtigen/Beschuldigten und angegebener Alibizeugen bestehen auffällig übereinstimmende Wortverwendungen, Redewendungen sowie Sach- und Detailübereinstimmungen, was auf Absprachen hindeutet.
- In den Alibiangaben treten Widersprüche zu anderen vorliegenden Beweismitteln auf.

- Zwischen Alibizeugen und Verdächtigen/Beschuldigten bestehen enge Beziehungen.

23 **Merke**

Die genannten Anhaltspunkte sind sorgfältig zu prüfen und differenziert zu werten. Nicht immer müssen falsche Alibiangaben einen tatrelevanten Hintergrund haben. Oft sind es persönliche Motive (z. B. Scham, Angst, Geheimnisse vor dem Lebenspartner, die mit wahren Alibiangaben aufgedeckt werden), die eine Person falsch aussagen lassen.

1.3.4 Bewertung von Alibifeststellungen

24 Aus beweisrechtlicher und kriminalistischer Sicht sind zur Ermittlung des Alibis zwei Grundsituationen zum Vorliegen eines Alibis zu bewerten:

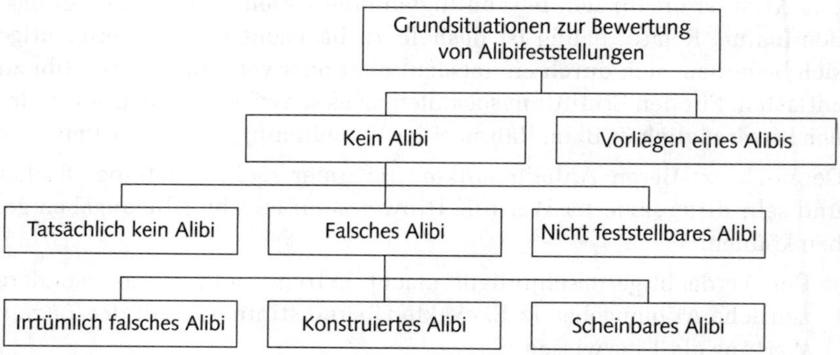

Abb. VII.2 Grundsituationen zur Bewertung von Alibifeststellungen

25 **Kein Alibi**

Die Konstellation, dass **kein Alibi** vorliegt, lässt folgende Möglichkeiten zu:

- Die Person besitzt tatsächlich kein Alibi (z. B. tätigt sie keine Aussage).
- Die Person benennt ein Alibi, was aber nicht beweisbar/feststellbar ist.
- Die Person benennt ein falsches Alibi.

Besitzt eine verdächtige Person kein Alibi, so kann die Möglichkeit gegeben sein, dass diese Person zur Tatzeit am kriminalistisch relevanten Ort war.

Wird der Nachweis erbracht, dass der Verdächtige/Beschuldigte zur Tatzeit am Tatort war, ist dieses Ergebnis bedeutsam, jedoch differenziert zu bewerten:

- Wird die Anwesenheit auch anderer Personen zur Tatzeit am Tatort nachgewiesen oder vermutet?
- Welche anderen Personen waren zur Tatzeit ebenfalls am Tatort?
- Welcher Tatzeitraum wurde den Ermittlungen zugrunde gelegt?
- Ist mit Gewissheit anzunehmen, dass sich der Verdächtige/Beschuldigte allein am Tatort zur Tatzeit aufgehalten hat?

Sofern der Nachweis der alleinigen Anwesenheit erbracht wird, ist das erheblich verdachtsbegründend. Als alleiniger Beweis für die Täterschaft ist diese Feststellung jedoch nicht ausreichend. Es besteht die Möglichkeit der unmittelbaren Täterschaft.

Nicht feststellbares Alibi 26

Ist das Alibi **nicht feststellbar,** so besagt dieses Ermittlungsergebnis, dass der Nachweis über den Aufenthaltsort der interessierenden Person zur relevanten Zeit **nicht endgültig** erbracht werden konnte.

Problematisch ist allerdings das vorzeitige „Aussondern" von Verdächtigen aufgrund vorliegender Alibiangaben. Häufig stellt sich erst im Laufe der Ermittlungen heraus, dass das angenommene Alibi falsch war. Damit können Beweismittel bereits vernichtet worden sein oder sie sind für das betreffende Verfahren nicht mehr erreichbar. Aus diesem Grund sollte stets eine sehr sorgfältige Prüfung der Alibiangaben erfolgen und auch damit gerechnet werden, dass falsche Alibiangaben vorliegen.

Die Nichtfeststellung eines Alibis hat weder verdachtsausschließende noch -verstärkende Wirkung. Geklärt werden müssen hier die Ursachen für dieses Ermittlungsergebnis. Unter Umständen sind die Alibifeststellungen/-überprüfungen auf der Grundlage von neuen vorliegenden Ergebnissen anderer Ermittlungsmaßnahmen zu wiederholen.

Falsches Alibi 27

Wird der Nachweis erbracht, dass das Alibi falsch ist, so ergibt sich die Konstellation des Nichtvorhandenseins eines Alibis.

Können derartige eindeutige Aussagen nicht getroffen werden, spricht man vom Vorliegen eines **scheinbaren** Alibis, bei dem Zweifel an der Richtigkeit bestehen.

Es sollten die Ursachen für ein möglicherweise falsches Alibi geklärt werden (z. B. Irrtum des Betroffenen, bewusste Falschaussagen von Alibizeugen oder Beschuldigten). Ein **irrtümlich** entstandenes Scheinalibi wirkt weder verdachtsverstärkend noch verdachtsausschließend.

28 Ein **konstruiertes** Falschalibi wirkt verdachtsverstärkend (Beachte: Motiv der Verschleierung von anderen als den Tathandlungen). Es reicht jedoch auf keinen Fall aus, um allein die Täterschaft zu begründen oder nachzuweisen.

Beispiele:

Ein Beschuldigter spricht sein Alibi mit einem Zeugen ab, indem ausgesagt werden soll, dass sich der Beschuldigte zur fraglichen Zeit beim Zeugen aufgehalten hat, tatsächlich war jedoch der Beschuldigte am Tatort. Bei den Vernehmungen geben beide Aussagepersonen gleiche Alibiangaben. Somit besitzt der Beschuldigte jetzt ein Alibi, das jedoch nicht richtig ist. Durch die Vernehmung anderer Zeugen wird ermittelt, dass die Angaben des Alibizeugen und des Beschuldigten falsch sind. Das Motiv dieser Aussage ist klar, es soll nicht bekannt werden, dass der Beschuldigte tatsächlich zur fraglichen Zeit am Tatort war.

Eine andere Konstellation ist folgende: Ein Beschuldigter spricht sein Alibi mit einem Zeugen ab, indem ausgesagt werden soll, dass sich der Beschuldigte zur fraglichen Zeit beim Zeugen aufgehalten hat, tatsächlich war jedoch der Beschuldigte in einem Spielcasino. Bei den Vernehmungen geben beide Aussagepersonen gleiche Alibiangaben. Somit besitzt der Beschuldigte jetzt ein Alibi, das jedoch nicht richtig ist. Durch die Vernehmung anderer Zeugen wird ermittelt, dass die Angaben des Alibizeugen und des Beschuldigten falsch sind.

Das Motiv dieser Aussage könnte jetzt sein, dass nicht bekannt werden soll, dass der Beschuldigte seiner Spielleidenschaft nachgegangen ist.

29 **Merke**

Bei falschen Alibis ist immer die Motivation für die unrichtigen Angaben zu prüfen. Nicht immer sind die Gründe, dass eine Straftat oder eine Beteiligung an einer Straftat verschleiert werden soll. Häufig sind andere Ursachen für Falschalibis von Bedeutung (Scham, Angst vor der Entdeckung bestimmter Handlungs- oder Verhaltensweisen).

30 **Vorliegen eines Alibis**

Es konnte der Beweis erbracht werden, dass die Person, deren Alibi überprüft wurde, an einem anderen als dem relevanten Ort war. Diese Feststellung bedeutet, dass die Person ein Alibi besitzt und somit als unmittelbarer Täter ausscheidet. Im Zusammenhang mit der Klärung des Sachverhalts sollte jedoch geprüft werden, ob unter Umständen diese Person nicht Anstifter bzw. mittelbarer Täter sein kann.

Beachte

Der Nachweis des Alibis ist ein wesentliches Verfahren zum Ausschluss von Personen aus größeren Personengruppen, in denen der Täter vermutet wird und damit ein Moment der Untersuchungseffektivität.

2 Ermittlung von Bewegungsabläufen

2.1 Begriffe, Ziele und Bedeutung

Die Analyse von Bewegungsabläufen dient allgemein dazu, sachverhalts- 31
relevante Bewegungsdaten von Tatverdächtigen, Zeugen und Unbeteiligten festzustellen. Einzelne Ziele der Ermittlung von Bewegungsabläufen können sein:

- Alibiüberprüfung, Alibiermittlung,
- Feststellen von Personenbewegungen, Aufenthaltsorten und -zeiten,
- Überprüfung von Aussagen (Widersprüche, Wahrheitsgehalt, Glaubhaftigkeit),
- Erfassen neuer Informationen,
- Erkennen von Ermittlungsansätzen,
- Überprüfung von Versionen,
- Vorarbeit für Experiment und Rekonstruktion.

Bei der Durchführung der quantitativen Analyse von Bewegungsabläufen im Rahmen der Alibiermittlung geht es vorrangig darum,

- die von Personen gemachten Angaben zu überprüfen,
- festzustellen, ob überhaupt die Möglichkeit von bestimmten Bewegungsabläufen gegeben war (z.B. die Angabe eines Verdächtigen, dass er nicht zur Tatzeit am Tatort war, sondern schon auf dem Weg nach Hause),
- neue Ermittlungsrichtungen festzulegen bzw. neue Ermittlungsansätze zu finden und
- die gewonnenen Erkenntnisse in einer grafischen Abbildung (z.B. Koordinatensystem) anschaulich darzustellen.

32 Eine Form der quantitativen Analyse von Bewegungsabläufen stellt das Weg-Zeit-Diagramm dar.

Ein **Weg-Zeit-Diagramm**[11] ist eine grafische Darstellung von Bewegungsabläufen in einem Koordinatensystem. Es macht Personen- und Fahrzeugbewegungen anschaulich, dient der Überprüfung von Aussagen Verfahrensbeteiligter, dem Ausschluss von Tatverdächtigen und der Aufdeckung vorhandener Widersprüche. Somit handelt es sich um eine wesentliche Methode der Alibifeststellung.[12]

2.2 Rechtsgrundlagen

33 Spezialrechtliche Normen für die Anfertigung grafischer Darstellungen von Bewegungsabläufen existieren nicht. Somit gilt auch hier der § 163 StPO als formal-rechtliche Grundlage.

Schätzt man den **Beweiswert** hinsichtlich der Täterschaft einer bestimmten Person ein, so ist dieser abhängig vom sicheren Nachweis dafür, dass keine anderen als die angenommenen Bewegungsabläufe gegeben waren. Diese Forderung ist in der kriminalistischen Praxis oft nur in den seltensten Fällen gegeben. Damit wird deutlich, dass Aussagen aus grafischen Darstellungsformen der Bewegungsabläufe Wahrscheinlichkeitscharakter tragen.

Eine positive Aussage bedeutet somit den Beweis der Möglichkeit, dass ein Bewegungsablauf unter den definierten Bedingungen stattgefunden haben kann. Ein Negativergebnis zieht den kategorischen Ausschluss des Verlaufs der Bewegung unter den zugrunde gelegten Bedingungen nach sich. Aus diesem Grund kann eine Aussage einer grafischen Weg-Zeit-Analyse nur einen Hinweis bzw. Indizienbeweis darstellen. Die Ergebnisse müssen durch andere Beweismittel (Sach- und/oder Personalbeweise) manifestiert werden und können erst dann Eingang in das Strafverfahren finden.

11 Vgl. Makowski, Roll, S. 263 ff.

12 Das Erarbeiten eines Weg-Zeit-Diagramms ist jedoch auch eine allgemeine kriminaltaktische Methode, die nicht nur bei der Alibifeststellung von Bedeutung ist. Sie findet immer dann Anwendung, wenn Sachverhalte untersucht werden, die eine strenge Zeit- und Ortsbezogenheit aufweisen, z. B. Ladungsdiebstähle, Menschenhandel, Transportgutdiebstähle (auf Straße und Schiene), Verkehrsdelikte (Unfallflucht), Tötungs-, Sexual-, Raubdelikte, Kfz-Delikte (Verschiebung von Kfz), Geiselnahmen, Entführungen.

2.3 Voraussetzungen und Zielstellungen der Anfertigung eines Weg-Zeit-Diagramms

Durch ein Weg-Zeit-Diagramm wird es möglich, innerhalb eines begrenzten Zeit- und Ortsbereiches erfolgte Bewegungen von Personen und Fahrzeugen grafisch sichtbar und anschaulich zu machen. 34

Für die Darstellung von Bewegungsabläufen in einem Weg-Zeit-Diagramm sind folgende **Voraussetzungen** maßgeblich:

- relativ begrenzte territoriale Bereiche und Bezugszeiträume mit überschaubaren Bewegungsabläufen,
- relativ sichere Angaben zu Geschwindigkeiten in Bezug auf die bekannten Bewegungsabläufe,
- Ausschluss bzw. Minimierung der noch unbekannten Bewegungsabläufe, wenn die festgestellten und bekannten Bewegungsabläufe nicht als Erklärung für die tatsächlich kriminalistisch relevanten anzusehen sind,
- Vorliegen eines sicheren Bezugsortes und
- Vorliegen einer sicheren Bezugszeit.

Die Methode ist **nicht** anwendbar, wenn Bewegungsabläufe kaum noch feststellbar und überschaubar sind und/oder sich auf eng begrenzte territoriale Bereiche (z. B. Kaufhäuser etc.) beziehen.

Merke 35

Es besteht nur dann die Möglichkeit, ein Weg-Zeit-Diagramm zu fertigen, wenn Orts-, Zeit- und Geschwindigkeitsdaten vorliegen. Es ist nicht unbedingt erforderlich, dass zu jedem einzelnen Bewegungsablauf alle drei Parameter vorhanden sind, zwei Kombinationsmöglichkeiten sind ausreichend[13], die die nachfolgenden Aussagen zulassen:

- Bekannt sind: eine Wegstrecke und die Geschwindigkeit zum Zurücklegen des Weges. Dargestellt im Diagramm wird der **Zeitraum**, in dem der Bewegungsablauf absolviert wurde.
- Bekannt sind: die Geschwindigkeit und die Zeit, in der der Bewegungsablauf stattfand. Dargestellt im Diagramm wird die **Wegstrecke**, die zurückgelegt wurde (z. B. Weg vom Tatort zum Fluchtfahrzeug).
- Bekannt sind: die Wegstrecke und der Zeitraum des Bewegungsablaufs. Dargestellt im Diagramm wird die **Geschwindigkeit** des Bewegungsablaufs (z. B. Abfahrts- und Ankunftszeiten von öffentlichen Verkehrsmitteln).

13 Speckhardt, Wiesbacher, Anders, S. 158 ff.

36 Darüber hinaus sind in Bezug auf die Alibiüberprüfung folgende Aussagen möglich:

- Feststellung, zu welcher Zeit bestimmte Punkte einer Wegstrecke erreicht oder passiert wurden und die Dauer des Aufenthalts an einem dieser Punkte,
- Feststellung von Bewegungsrichtungen (z. B. Fluchtrichtung oder die Annäherung an den Tatort),
- Darstellung von Orten und Zeiten von Begegnungen oder des Überholens von Personen (oder Fahrzeugen),
- Darstellung von Beschleunigungs- oder Bremsvorgängen während eines Bewegungsablaufs oder die Unterbrechung des Bewegungsablaufs (Verweilzeiträume),
- Feststellen von Widersprüchen in zeit- und ortsbezogenen Aussagen verschiedener Zeugen oder Zeugen und Verdächtigen,
- Überprüfung des Wahrheitsgehalts von orts- und zeitbezogenen Angaben einzelner Zeugen und Tatverdächtiger.

Neben den ableitbaren Informationen für die Alibiermittlung können bei der Anfertigung von Weg-Zeit-Diagrammen Erkenntnisse über territoriale oder temporale Anhaltspunkte zum Tatablauf (Tatorteingrenzung/Tatzeiteingrenzung) erlangt, Bewegungsabläufe bzw. zeit- und ortsgebundene Angaben zu noch unbekannten Personen festgestellt und Aufenthaltsorte von Personen oder Begegnungsorte im Zusammenhang mit der Durchführung von Wiedererkennungsmaßnahmen ermittelt werden.

2.4 Methodik der Vorgehensweise zur Anfertigung eines Weg-Zeit-Diagramms

37

Festlegen des Ziels	Ziel bestimmt: 1. Auswahl der Informationen 2. Interpretation des Ergebnisses
▾	
Erfassen der notwendigen Informationen	1. Ermittlung der Zeit oder einer Zeitspanne des Ereigniseintritts 2. Herausarbeiten interessierender Bewegungsabläufe 3. Bedeutungsvolle Bewegungskomponenten – Treffen, Begegnungen – Überholen – Beginn und Ende von Bewegungsabläufen
▾	

Bewertung von Informationen	1. Konstante Informationen 2. Variable Informationen
▼	
Systematisierung von Informationen	1. Tabellarische Systematisierung 2. Erarbeiten eines Entfernungsbildes 3. Übertragung der Informationen in eine Lageskizze
▼	
Bestimmung der Bezugszeit und des Bezugsortes	Auswahl einer sicher bestimmten Zeit und eines mit den relevanten Bewegungsabläufen in Beziehung zu setzenden relevanten Ortes
▼	
Anfertigung des Weg-Zeit-Diagramms	1. Bestimmung der Maße auf der Abszissen- und Ordinatenachse 2. Festlegen des Bezugspunktes 3. Übertragung aller zeit-, orts- und personenbezogenen Daten der Bewegungsabläufe

Abb. VII.3 Methodik zur Anfertigung eines Weg-Zeit-Diagramms

Die praktische Umsetzung der Anfertigung eines Weg-Zeit-Diagramms kann nach konventioneller Verfahrensweise gestaltet werden, aber auch mittels Computerprogramms.[14] Neben den grundlegenden Funktionen zur Darstellung des klassischen Weg-Zeit-Diagramms verfügt die Software über zahlreiche Methoden zur Darstellung weiterer polizeilich relevanter Sachverhalte.[15]

Sowohl für die klassische Verfahrensweise als auch für die Nutzung der Software gelten die nachfolgend aufgeführten methodischen Schritte.

Die Methodik wird an einem Beispielsachverhalt dargestellt.

Beispiel:

Ausgangssachverhalt

Am Abend des 13.09.XX wird dem Diensthabenden der Polizeiinspektion O. mitgeteilt, dass durch den Förster F. die Leiche der 28-jährigen Claudia C. gefunden wurde. Der Fundort befindet sich zwischen den Gemeinden X und Y in einem Gebüsch an der Einmündung zum Forsthaus (siehe Lageskizze).

Sofort einsetzende Ermittlungen der Kriminalpolizei erbrachten folgende Ergebnisse:

14 Vgl. Makowski, Roll, S. 263 ff.

15 Makowski, Roll, S. 269.

Aussage des Leiters der Bankfiliale des Dorfes X:

„... Claudia C. war Angestellte in unserer Filiale. Arbeitsbeginn bei uns ist mittwochs 08.30 Uhr, Ende 15.30 Uhr. Claudia C. verließ zusammen mit Lisa L. sofort nach Arbeitsende die Filiale."

Aussage von Lisa L.:

„... Claudia und ich sind sofort nach Arbeitsschluss gegangen. Ich wohne im Dorf X. Als wir bei meiner Wohnung angekommen waren, ist Claudia allein weitergegangen. Die Wohnung ist schräg gegenüber der Filiale am Ende des Dorfes, da, wo die Autowerkstatt ist."

Aussage des Busfahrers B.:

„... Ich fahre den Linienbus von Dorf X nach Dorf Y. Der Bus fährt dreimal täglich ... nachmittags fährt er um 15.50 Uhr im Dorf X an der Filiale los. Um 15.54 Uhr hält er im Dorf Y. Am 13.09.XX fuhr der Bus pünktlich. ... Als ich an der Einmündung zum Forsthaus vorbeikam (diese befindet sich auf halber Strecke nach Dorf Y), sah ich in Richtung Y gehend Claudia C. Aus Y kommend passierte zur gleichen Zeit der Schlosser S. diese Einmündung. Er fuhr mit seinem Moped ... Da Claudia C. auf der linken Seite ging und der Weg relativ schmal ist, fuhr ich nach rechts und verringerte die Geschwindigkeit. Ich wollte dem Mopedfahrer die Möglichkeit geben, der ihm entgegenkommenden Claudia C. auszuweichen.

An der Einmündung war ich, da ich weniger als 50 km/h fuhr, gegen 15.52 Uhr. ..."

Auszug aus der Vernehmung des Kfz-Schlossers S.:

„... Am gestrigen Tag (Mittwoch, den 13.09.XX) fuhr ich nachmittags zum Kaffee nach Hause. Ich wohne auf dem Einzelgehöft am Ortseingang des Dorfes Y. Da wir um 16.00 Uhr wieder angefangen haben zu arbeiten, ich arbeite als Kfz-Schlosser in der Autowerkstatt am Dorfausgang von X, verabschiedete ich mich um 15.50 Uhr von meiner Frau.

Während meiner Fahrt kam mir auf Höhe der Einmündung zum Forsthaus der Linienbus entgegen. In diesem Moment fiel mir ein, dass ich etwas vergessen hatte. Ich fuhr sofort wieder zurück. Kurz vor 16.00 Uhr (höchstens 1 bis 2 Minuten vor 16.00 Uhr, denn kurz nach meiner Abfahrt hörte ich die Kirchturmglocken schlagen) fuhr ich erneut in Richtung Dorf X. Kurz nach 16.00 Uhr (höchstens 2 bis 3 Minuten nach 16.00 Uhr) kam ich in der Werkstatt an."

Frage:

„Sind Ihnen während der ersten bzw. zweiten Fahrt entgegenkommende Personen aufgefallen? Haben Sie besondere Feststellungen gemacht?"

Antwort S.:

„Bei der ersten Fahrt kam mir nur der Linienbus entgegen. Sonst ist mir weder etwas während meiner ersten noch während meiner zweiten Fahrt aufgefallen. Ich habe nichts Besonderes gesehen und gehört."

Frage:

„Mit welcher Geschwindigkeit sind Sie gefahren?“

Antwort S.:

„Genau weiß ich es nicht, aber ich denke so ca. 50 km/h.“

Aussage des Försters F.:

„... Gestern (am Mittwoch, den 13.09.XX) habe ich nachmittags im Garten gearbeitet. Mein Garten befindet sich unmittelbar am Forsthaus. ... Kurz nach 16.00 Uhr – die Kirchenglocken hatten gerade aufgehört zu läuten – hörte ich einen kurzen und schrillen Schrei, den ich nicht einordnen konnte ... Ich hatte mir auch weiter nichts dabei gedacht. ...“

Aussage des Gemeindepfarrers:

„... Am Mittwoch war ich in meinem Büro der Pfarrkanzlei. Ich hatte das Radio an und hörte den Nachrichtensprecher gerade sagen, dass es 16.00 Uhr sei. In diesem Moment begannen die Kirchenglocken zu schlagen. Ich habe mich noch darüber gefreut, dass sie so genau zu läuten beginnen.“

Auszug aus dem Protokoll der Zeugenvernehmung des Werkstattbesitzers im Dorf X, Herrn W.:

„... Der Kollege S. arbeitet in meiner Werkstatt. So wie jeden Tag ist er auch gestern Nachmittag nach Hause gefahren. Leider kam er aber erst um 16.07 Uhr wieder zur Arbeit. Arbeitsbeginn ist eigentlich 16.00 Uhr.“

Frage:

„Woher wissen Sie, dass es genau 16.07 Uhr war?“

Antwort:

„Ich hatte meine Uhr um 16.00 Uhr gestellt und wartete auf S. Er ist schon des Öfteren später aus der Kaffeepause gekommen. Ich wollte diesmal die genaue Zeit notieren, um so Material für eine Abmahnung zu sammeln.“

Aussage der Ehefrau des Kfz-Schlossers S.:

„... auch gestern (Mittwoch, den 13.09.XX) kam mein Mann nachmittags nach Hause. Wie jeden Tag ist er um 15.50 Uhr wieder zur Arbeit gefahren. Ich verließ gleich nach ihm das Gehöft, um einkaufen zu gehen. ...“

Weitere Ermittlungsergebnisse:

- der Tatort ist mit dem Fundort der Leiche identisch,
- Witterungsbedingungen am Mittwoch, den 13.09.XX:
  - T = 18 ° Celsius,
  - kein Niederschlag,
  - kein Nebel,
  - keine Bewölkung.

VII

Skizze:

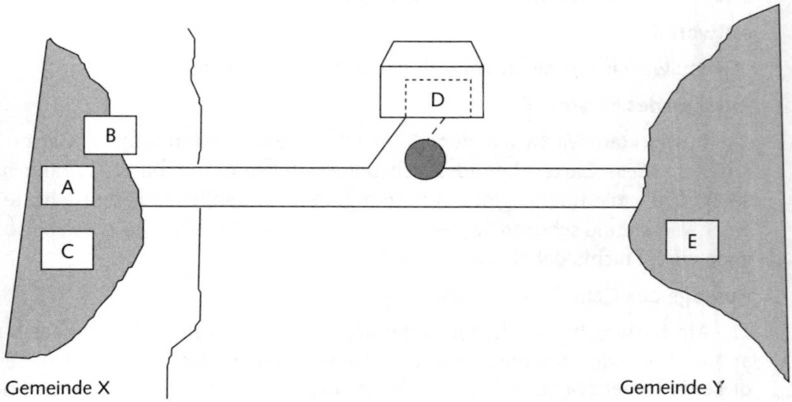

Legende:
A = Autowerkstatt
B = Wohnung von Lisa L.
C = Bankfiliale (davor Bushaltestelle)
D = Forsthaus
E = Gehöft des Kfz-Schlossers S. und seiner Frau

● = Fundort der Leiche von Claudia C.

Entfernung Gemeinde X – Gemeinde Y = 3 km
Entfernung Gemeinde X – Einmündung zum Forsthaus = 1,5 km

Abb. VII.4 Skizze zum beschriebenen Beispiel

2.4.1 Festlegen des Zieles

38 Das Festlegen des Zieles ist Grundvoraussetzung für die Anfertigung eines Weg-Zeit-Diagramms. Durch das Ziel werden die Auswahl der Informationen und die Interpretation des Ergebnisses bestimmt.

Das Ziel ist immer sachverhaltsabhängig.

Beispiel:

Das Ziel der Anfertigung eines Weg-Zeit-Diagramms im konkreten Sachverhalt besteht in:

1. der Überprüfung der Aussagen aller Beteiligten

2. der Klärung des Widerspruchs in den Aussagen zwischen S. und dem Busfahrer
   - S. gibt an, Claudia C. nicht gesehen zu haben
   - nach Aussage des Busfahrers hätte S. Claudia C. sehen müssen.

2.4.2 Erfassen der notwendigen Informationen

Inhalt der Phase des Erfassens der notwendigen Informationen ist: 39

- Die Ermittlung des Ereigniseintritts oder einer Zeitspanne, in der das Ereignis stattfand.
- Das Herausarbeiten weiterer kriminalistisch interessierender Zeitspannen und Bewegungsabläufe (z.B. Aussagen von Beschuldigten, deren Alibi überprüft werden soll).
- Das Hervorheben besonderer Bewegungskomponenten (wie z.B. Begegnungs-, Überhol- und Treffvorgänge, Beginn und Ende von Bewegungsabläufen).

Entscheidend ist, dass der einzelne Bewegungsablauf vollständig in einem bestimmten Zeitintervall erfasst und durch die tatsächlichen örtlichen Gegebenheiten begrenzt wird.

Die Erfassung von Informationen zu Ort und Zeit des kriminalistisch relevanten Ereignisses erfolgt durch die Auswertung durchgeführter Ermittlungshandlungen.

Das generelle Ziel der Erfassung der notwendigen Informationen ist die Feststellung der Bewegungsabläufe, bezogen auf einen konkreten **territorialen** und **zeitlichen** Bereich. Zugrunde gelegt werden (wenn bereits ermittelt) der Zeitraum/Zeitpunkt und der Ort des zu untersuchenden, kriminalistisch relevanten Ereignisses oder der Alibiort und die Alibizeit.

Merke

Als methodische Regeln für diese Phase gelten:

- Jeder Bewegungsablauf ist genau herauszuarbeiten.
- Geschwindigkeitsveränderungen (z.B. durch Beschleunigen, Abbremsen) sind zu berücksichtigen.
- In der Regel wird von gleichförmigen Geschwindigkeiten ausgegangen, mögliche Fehlerquellen sind zu beachten.

Beispiel:

Das Erfassen der notwendigen Informationen erfolgte bereits mit der Sachverhaltsdarstellung, da nur orts-, zeit- und geschwindigkeitsrelevante Informationen wiedergegeben wurden.

2.4.3 Bewertung der Informationen

40 Das Ziel des **Bewertens der Informationen** besteht darin, die Sicherheit und Genauigkeit der Angaben einzuschätzen und zu prüfen. Das hat einen entscheidenden Einfluss auf den Beweiswert des Weg-Zeit-Diagramms.

Generell sind zwei Typen von Angaben feststellbar: **konstante** (die als gesichert gelten können) und **variable** (die nicht feststehen).

Die konstanten Angaben dienen dazu, die **Bezugszeit** und den **Bezugsort** festzulegen. Die Nutzung variabler Angaben zieht Varianten bzw. größere Toleranzbreiten nach sich.

Alle Angaben sind auf ihre Exaktheit zu prüfen. Verschiedene Methoden können dafür angewandt werden (z. B. Uhren- oder Zeitvergleiche; Ein- und Ausloggzeiten bei elektronischen Geräten, Beginn, Ende oder Szenarien von Fernsehsendungen; Glaubhaftigkeitseinschätzungen von Zeugenaussagen).

Beispiel:

Das Bewerten der Informationen

Konstante/sichere Informationen:

- Aussage des Filialleiters – unmittelbar nach Arbeitsschluss verlassen Lisa L. und Claudia C. gemeinsam die Filiale
- Aussage der Lisa L.
- Aussage des Busfahrers, bezogen auf die Zeiten
- Aussage des Försters F.
- Aussage des Gemeindepfarrers
- Aussage des Werkstattbesitzers W.
- Aussage des S. in Bezug auf seine Abfahrt vom Gehöft
- Aussage der Frau des S. in Bezug auf die Abfahrt des S. vom Gehöft

Variable Informationen:

- Aussage des S. in Bezug auf die Zeiten und die Geschwindigkeit
- Aussage des S. in Bezug auf die zurückgelegte Wegstrecke
- Aussage des Busfahrers in Bezug auf die Geschwindigkeit.

2.4.4 Systematisierung der Informationen

41 Die **Systematisierung** der Informationen erfolgt in Form

- einer **tabellarischen** Erfassung vorhandener Informationen,
- des Erarbeitens eines **Entfernungsbildes** und
- des Übertragens der Daten in eine **Lageskizze**.

VII

Tabellarische Erfassung

Um ein einheitliches Vorgehen bei der Systematisierung der vorhandenen Informationen zu gewährleisten, sollte eine tabellarische Ordnung gewählt werden. 42

Als mögliche Ordnungskategorien gelten dabei:

- Personalangaben,
- Ortsangaben (z.B. Begegnungspunkte, Überholpunkte, Aufenthalte, Beobachtungspunkte, kriminalistisch relevante Orte [z.B. Tatort, Fundort], Ausgangsort, Endort),
- Zeitangaben (z.B. Beginn und Ende von Bewegungsabläufen, Überholvorgänge, Treffpunkte, Beobachtungen anderer Personen, ereignisrelevante Geschehnisse).

Beispiel:

Tabellarische Systematisierung vorhandener Informationen

Es ist möglich, eine Informationsübersicht in mehreren Tabellen darzustellen. Es werden Orts- und Zeitangaben der aussagenden Personen erfasst.

Claudia C.

Zeit	15.30	kurz nach 15.30	15.52
Ort	Bankfiliale	vor Wohnung Lisa L.	auf der Höhe der Einmündung zum Forsthaus

Busfahrer

Zeit	15.50	15.52	15.54
Ort	Haltestelle Dorf X	auf der Höhe der Einmündung zum Forsthaus	Haltestelle Dorf Y

Schlosser S.

– nach eigenen Angaben

Zeit	15.50	15.52	15.58 … 15.59	16.02 … 16.03
Ort	Gehöft, Ausgang Dorf Y	auf der Höhe der Einmündung zum Forsthaus	Gehöft, Ausgang Dorf Y	Werkstatt Dorf X

– nach Aussagen des Busfahrers

Zeit	15.52
Ort	auf der Höhe der Abbiegung zum Forsthaus

Schlosser S.	
– nach Aussage des Werkstattbesitzers W.	
Zeit	16.07
Ort	in der Werkstatt Dorf X
– nach Aussage der Ehefrau des S.	
Zeit	15.50
Ort	Gehöft Ausgang Dorf Y

43 Erstellen eines Entfernungsbildes

Das Ziel der Erarbeitung eines Entfernungsbildes besteht in der linearen Darstellung der ermittelten oder feststehenden Entfernungen zwischen allen Ausgangs- und Endpunkten, den Aufenthaltsorten und Treffpunkten sowie anderen interessierenden Orten und Punkten.

Es werden nur Ortsangaben verarbeitet.

Die Anfertigung eines Entfernungsbildes ist nicht unbedingt zwingend erforderlich, empfiehlt sich aber bei einer Vielzahl von darzustellenden Bewegungsabläufen. Es erleichtert die Skaleneinteilung bei der Anfertigung des Weg-Zeit-Diagramms.

Beispiel:

Im Sachverhalt wäre nicht unbedingt ein Entfernungsbild notwendig. Der Vollständigkeit halber soll es aber dargestellt werden.

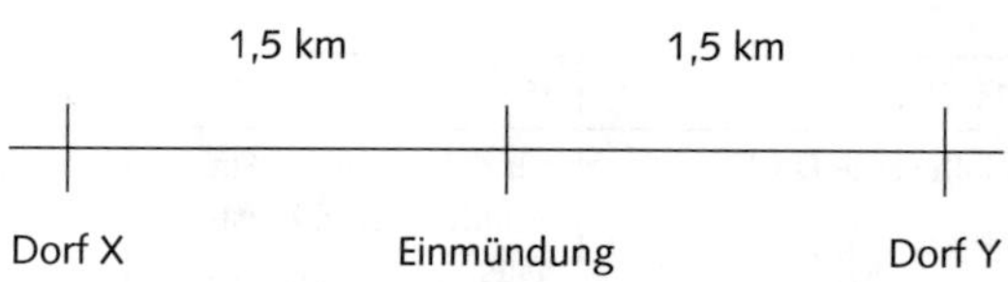

Abb. VII.5 Entfernungsbild zum beschriebenen Beispiel

44 Anfertigung einer Lageskizze

Bei der Übertragung der Informationen in eine Lageskizze ist methodisch folgendermaßen vorzugehen:

- Nach der tabellarischen Aufarbeitung ist es günstig, die vorhandenen Informationen in einem Lageplan mit genauen örtlichen und metrischen Angaben als Arbeitsskizze zu erfassen.

- Das Ziel besteht darin, die vorhandenen Angaben bildlich darzustellen und zu ordnen.
- Als Hilfsmittel können genutzt werden:
  - geografische Karten,
  - Grundrissskizzen (von Räumen und Gebäuden) und
  - Lagepläne.
- In diese Skizze werden eingezeichnet:
  - Anfang und Ende eines jeden Bewegungsablaufes,
  - zurückgelegte Wege und
  - Aufenthalte.

Merke

Der Beginn eines Bewegungsablaufes ist einheitlich mit einer ungeraden Zahl, das Ende mit der jeweils folgenden geraden Zahl zu bezeichnen. Damit wird erreicht, dass immer ein Zahlenpaar einen Bewegungsablauf dokumentiert und Beginn und Ende der Bewegungsabläufe unproblematisch nachvollziehbar und erkennbar sind.

Beachte

Bei komplizierten Bewegungsabläufen (z. B. bei Entführungen, Geiselnahmen, Formen der Eigentumskriminalität im Rahmen der OK oder mehrfachen Ortsveränderungen des Tatverdächtigen, dessen Alibi überprüft wird) empfiehlt es sich,

- eine Aufgliederung der Abläufe vorzunehmen,
- sie getrennt zu erfassen und
- in verschiedenen Weg-Zeit-Diagrammen aufzuarbeiten.
- Günstig ist es in diesen Fällen, wenn man die Bewegungen in verschiedene Etappen aufteilt und einzeln analysiert.

VII

Beispiel:

Die Lageskizze zeigt den Straßenverlauf zwischen den Orten X und Y und gibt die Bewegungsabläufe an.

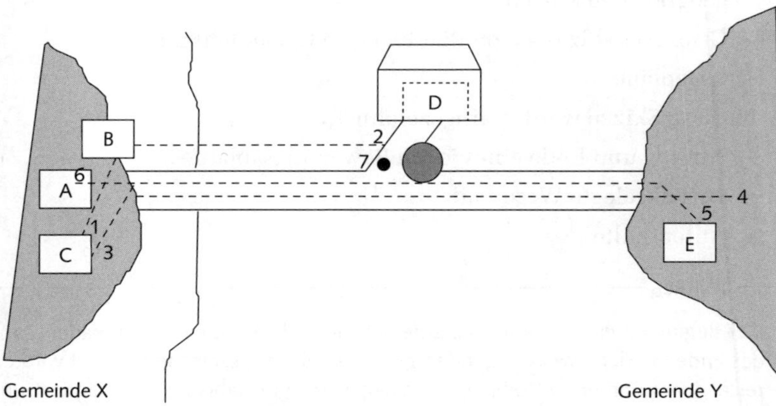

Legende:

1 – 2 Weg der Claudia C.
3 – 4 Weg des Busfahrers
5 – 6 Weg des S. nach eigenen Angaben
7 Treffpunkt S. mit Busfahrer nach Aussagen des Busfahrers und von S.

Abb. VII.6 Lageskizze zum beschriebenen Beispiel

2.4.5 Festlegen des Bezugsortes und der Bezugszeit

45 Methodisch werden Bezugsort und Bezugszeit wie folgt bestimmt:

- Um möglichst genaue Angaben zu erhalten, ist es erforderlich, den für den Bewegungsablauf relevanten Weg von einem konkreten Bezugspunkt bzw. Bezugsort zu vermessen.
- Der Bezugsort wird entsprechend der kriminalistischen Relevanz festgelegt. Er muss nicht in jedem Fall mit dem Ereignisort oder dem Alibiort identisch sein.
- Ebenso gilt es, eine Bezugszeit festzulegen, die als gesichert gelten kann (die Zeitangabe muss nicht zwingend die tat- oder alibirelevante Zeit sein).

VII

Merke

Die Bezugszeit und der Bezugsort müssen genau sein und sicher feststehen bzw. nur geringe Toleranzen aufweisen.

Beispiel:

- Als Bezugszeit wird der Zeitpunkt 16.01 Uhr festgelegt. Der Bezugszeit liegt der Schrei zugrunde, den der Förster F. wahrgenommen haben will.
- Als Bezugsort wird die Einmündung zum Forsthaus (Tatort) gewählt.

2.4.6 Anfertigung des Weg-Zeit-Diagramms

Das Ziel der **Anfertigung** des Weg-Zeit-Diagramms besteht nun darin, die herausgearbeiteten Bewegungsabläufe in einem Koordinatensystem darzustellen und durch die grafische Aufarbeitung der Angaben eine Interpretation zu ermöglichen. Die Darstellungsart in einem Diagramm (in einem oder mehreren Quadranten) ist variabel und hängt vom darzustellenden Sachverhalt ab. Entscheidend ist die Einordnung der Bezugszeit und des Bezugsortes in das Diagramm. Der Nullpunkt kann als Bezugsort und Bezugszeit gewählt werden (es ist jedoch auch möglich, einen anderen Bezugspunkt zu wählen, um die störenden Koordinatenachsen außerhalb der Bewegungskomponenten zu legen). **46**

Die technische Umsetzung der Zeichnung kann nach konventionellen Gesichtspunkten erfolgen oder durch Nutzung eines Softwareprogramms für Computergrafiken.[16]

Im Einzelnen ist nach folgendem Algorithmus zu verfahren: **47**

1. Bestimmung der Maße auf der Abszissenachse (x-Achse) und der Ordinatenachse (y-Achse):

   Es gibt keine Festlegung, auf welcher Achse die einzelnen Maße einzutragen sind. Diese Entscheidung ist sachverhaltsabhängig. Als günstig erweist es sich, eine kleine Skaleneinteilung zu wählen (in Abhängigkeit der vorhandenen Informationen), weil dadurch die Genauigkeit erhöht werden kann. Die Wahl der Zeit- (t) und Entfernungsintervalle (s) ist abhängig vom Gesamtzeitraum und vom territorialen Bereich, den es im Diagramm zu erfassen gilt.

16 Vgl. Makowski, Roll.

VII

2. Festlegen des Bezugspunktes:

   Der Bezugspunkt enthält eine Orts- und eine Zeitangabe, die als gesichert gelten kann (konstante Angabe).

3. Übertragung aller zeit-, orts- und personenbezogenen Daten der Bewegungsabläufe:

   Aus den tabellarischen Übersichten und dem Entfernungsbild werden nun die Angaben in das Koordinatensystem übertragen. Dabei empfiehlt es sich, die Daten personenbezogen unterschiedlich zu kennzeichnen (Farbe, Linienstruktur).

48 **Merke**

- Alle orts-, zeit- und personenbezogenen Daten (einschließlich Beschleunigungen, Verzögerungen und Aufenthalte) sind in das Koordinatensystem zu übertragen.
- Konstante Angaben sind als Punkte zu markieren und durch eine gerade Linie (unter Annahme einer gleichförmigen Geschwindigkeit) miteinander zu verbinden.
- Variable Angaben werden als Differenzwerte (Intervalle) hinsichtlich der Zeit- und Ortsangaben gekennzeichnet. Sie werden schraffiert grafisch dargestellt.
- Bei ungenauen Zeitangaben ist es erforderlich, ein Intervall zwischen
  - dem frühestmöglichen Zeitpunkt des Beginns und
  - dem spätestmöglichen Zeitpunkt des Beendens des Bewegungsablaufes festzulegen.
- Bei ungenauen Geschwindigkeiten ist es notwendig, dass die verschiedenen Varianten oder Grenzwerte benutzt werden. Aus den Differenzwerten ist nicht das arithmetische Mittel zu bilden! Es ist auch möglich, die Geschwindigkeitsvariante, die unter Beachtung aller anderen Daten am wahrscheinlichsten ist, gesondert zu kennzeichnen.
- Ungenaue Ortsangaben sind ebenfalls als Differenzwerte darzustellen.
- Variable und konstante Angaben sollten immer kombiniert werden, da dadurch der Aussagewert der variablen Daten erhöht werden kann.

In das Koordinatensystem sind ferner alle kriminalistisch (beweis-)bedeutsamen Orte und Zeiten (z.B. Begegnungs- und Aufenthaltspunkte) einzutragen. Diese sind auf der entsprechenden Achse einzutragen. Eine besondere Kennzeichnung erfordert der Tat- oder Alibiort (durchgehende Linie parallel zur Zeitachse).

Beispiel:

Weg-Zeit-Diagramm zum Tötungsdelikt an Claudia C.
Tatzeit: ca. 16.01 Uhr
Tatort: Einmündung zum Forsthaus zwischen den Orten X und Y

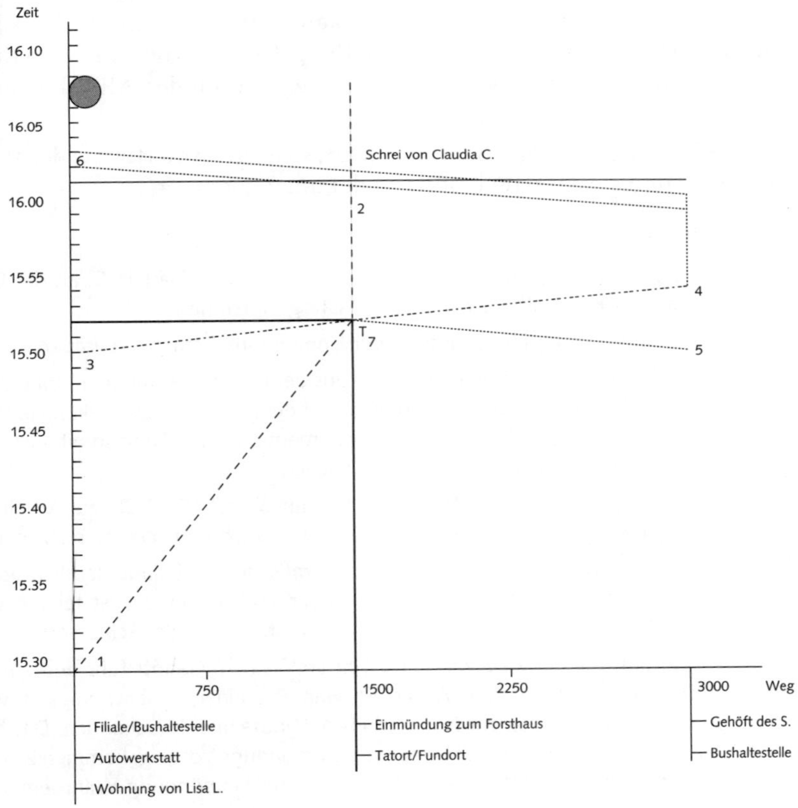

Legende:

- - - Weg der Claudia C.
-·-·- Weg des Busfahrers
········ Weg des S.
● Auskunft des Werkstattbesitzers
T Treffpunkt zwischen Claudia C., dem Busfahrer und S.
—— Bezugszeit und -ort

Abb. VII.7 Weg-Zeit-Diagramm zum beschriebenen Beispielsachverhalt

2.4.7 Auswertung des Weg-Zeit-Diagramms

49 Die **Auswertung** des Weg-Zeit-Diagramms orientiert sich an der Zielstellung.

Es gilt, Widersprüche in Angaben zu Bewegungsabläufen aufzudecken, Aussagen zum Alibi zu prüfen bzw. Erklärungsweisen dafür zu finden. Das Ergebnis des Weg-Zeit-Diagramms kann jetzt als eigenständiges Beweismittel (Indizienbeweis) zur Feststellung des Alibis oder als Vorhalt in der Vernehmung des Tatverdächtigen (Überprüfung des Alibis) genutzt werden.

Wird es als eigenständiger Beweis genutzt, so ist die Anfertigung des Weg-Zeit-Diagramms gem. § 168b StPO zu dokumentieren.

Beispiel:

1. Der Busfahrer sagt aus, dass er den Schlosser S. und Claudia C. an der Einmündung zum Forsthaus gegen 15.52 Uhr gesehen hat.

   S. behauptet, lediglich den Bus an der Einmündung bemerkt zu haben.

   Dieser Widerspruch ist sicherlich auch aus dem Beispiel erkennbar, ohne dass ein Weg-Zeit-Diagramm gefertigt wird. Mit der grafischen Darstellung jedoch lässt sich diese Tatsache optisch gut dokumentieren und kann somit auch zur Führung des Indizienbeweises veranschaulicht werden.
2. Nach Aussage des Werkstattbesitzers W. kam S. erst 16.07 Uhr zur Arbeit. S. hingegen sagt aus, schon gegen 16.02 ... 16.03 Uhr dort gewesen zu sein.

   Auch dieser Widerspruch wird durch die grafische Darstellung deutlich sichtbar (und wirkt damit auch überzeugender als die bloße Feststellung der unterschiedlichen Angaben des Werkstattbesitzers und des Schlossers).
3. S. sagt aus, dass er kurz vor 16.00 Uhr von seinem Gehöft fuhr und gegen 16.02...16.03 Uhr in der Werkstatt war. Bei einer Geschwindigkeit von 50 km/h braucht er bis zur Einmündung 1 Minute und 48 Sekunden. Das bedeutet, dass er gegen 16.00 Uhr an der Einmündung vorbeigekommen ist – er muss also mit hoher Wahrscheinlichkeit an der Einmündung Wahrnehmungen gemacht haben (akustisch oder visuell).

   Die Aussage des S. zeigt einen Widerspruch zur Realität. Es kann also davon ausgegangen werden, dass S. unwahre Angaben macht. Die Gründe dafür müssen durch weitere Ermittlungshandlungen bekannt werden. Hier kann das Weg-Zeit-Diagramm keine Hilfestellung leisten.
4. Der Förster F. nahm unmittelbar nach 16.00 Uhr einen Schrei wahr.

Eine Wertung der Ergebnisse erfolgt anhand der Zielstellung: Es sollten die Aussagen der Beteiligten überprüft werden.

Es kann davon ausgegangen werden, dass die geschilderten Bewegungsabläufe des Busfahrers, der Claudia C. und die Angaben des Försters F., des Werkstattbesitzers W., des Gemeindepfarrers und der Frau des S. wahr sein können. Es sprechen objektiv keine Argumente gegen die Annahme der Richtigkeit dieser Aussagen. Die Aussage des S. steht im Widerspruch zu der Aussage des Busfahrers und des Werkstattbesitzers W. Somit muss davon ausgegangen werden, dass S. unwahre Angaben tätigt und mit dieser Aussage sein tatsächliches Verhalten verschleiert.

Aus dem Weg-Zeit-Diagramm ist ablesbar, dass sich Claudia C. in der Zeit von 15.52 Uhr bis 16.01 Uhr in der Umgebung des Tatortes aufgehalten haben muss.

Aufgrund der widersprüchlichen Aussagen und der mit dem Weg-Zeit-Diagramm nachgewiesenen Nähe des S. zur Tatzeit am Tatort ist S. als Tatverdächtiger nicht auszuschließen.

Ebenfalls ist der Förster F. (aufgrund des Aufenthalts in Tatortnähe zur vermutlichen Tatzeit) als Verdächtiger nicht auszuschließen.

Gut wird der Widerspruch der Aussage des S. durch die grafische Darstellung der Bewegungsabläufe in einem Diagramm sichtbar. Es wird deutlich, dass Widersprüche in anderen Zeugenaussagen nicht feststellbar sind. Somit ist davon auszugehen, dass S. als Haupttatverdächtiger aufgrund der Indizienlage infrage kommt.

Weitere Ermittlungshandlungen (z. B. Spurenvergleich und Spurenauswertung, Vernehmungen) wären erforderlich, die Verdachtsmomente zu bestätigen bzw. zu widerlegen.

2.4.8 Ergänzung des Weg-Zeit-Diagramms

Das Weg-Zeit-Diagramm reicht allein nicht aus, um Hinweise für den zu **50** untersuchenden Sachverhalt zu geben. Es ist immer notwendig, das Diagramm mit interpretierenden Erläuterungen zu ergänzen. Generell muss das Weg-Zeit-Diagramm durch ein Protokoll[17] ergänzt werden.

Das Weg-Zeit-Diagramm sollte inhaltlich aus:

- der Überschrift mit Angabe des Ereignisses, das dargestellt wird,
- dem Koordinatensystem mit der Darstellung einzelner Bewegungsabläufe,
- der Legende zum Koordinatensystem,
- den Formaldaten
- Behörde/Dienststelle,

17 Vgl. Anlage VII.1 am Ende dieses Kapitels.

- Aktenzeichen und
- Verantwortlicher für die Anfertigung

bestehen.

Das Protokoll enthält:

- die Beschreibung des Anlasses und der Zielstellung,
- die Beschreibung des Ausgangssachverhaltes,
- eine Zusammenfassung der zugrunde gelegten Daten,
- die Auswertung und Ergebnisdarstellung der zu untersuchenden Bewegungsabläufe,
- die Interpretation der Ergebnisse und mögliche Schlussfolgerungen,
- die Formaldaten (Behörde/Dienststelle, Aktenzeichen und Verantwortlicher für die Anfertigung).

3 Untersuchungsexperiment und Rekonstruktion

3.1 Begriff, Bedeutung, Arten und Aufgabenstellungen

51 Untersuchungsexperimente und Rekonstruktionen sind kriminalistische Ermittlungsmethoden, die oft die einzige Möglichkeit darstellen, Beweismittel zu prüfen bzw. zu finden oder überhaupt (im Sinne der Versionsüberprüfung) neue Ermittlungsrichtungen festlegen zu können. Damit sind Rekonstruktion und Untersuchungsexperiment Methoden der Wahrheitsfeststellung.

> Das **Untersuchungsexperiment** ist eine kriminalistische Ermittlungsmethode mit dem Ziel, eine konkrete Einzelfrage im zu bearbeitenden Sachverhalt zu lösen. Die Klärung der Frage erfolgt durch gezielte, kontrollierte, meist mit variierenden Parametern und wiederholter Einwirkung des Durchführenden auf den zu untersuchenden Sachverhalt, Prozess oder Gegenstand. Das Untersuchungsexperiment dient dem Erkennen von Kausalzusammenhängen.

Eine Legaldefinition für Untersuchungsexperimente existiert in der StPO in Deutschland nicht.

52 Das Experiment wird als System vier verschiedener Faktoren aufgefasst, die in unterschiedlicher Konstellation zueinander gestaltet werden.

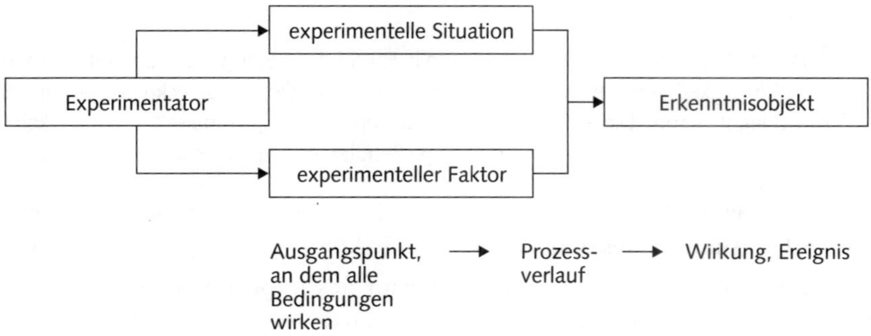

Abb. VII.8 Das experimentelle System[18]

Der **Experimentator** ist diejenige Person, die das Experiment leitet, seine Durchführung organisiert und selbst (bzw. durch ihn beauftragte Personen) gezielt Bedingungen setzt. Der Experimentator ist zuständig für die Organisation der Dokumentation und nimmt die Auswertung der Ergebnisse vor. **53**

Das **Erkenntnisobjekt** (Experimentalobjekt) ist die Erscheinung, die ausgelöst wird und stellt das Untersuchungsziel des Experiments dar. **54**

In Abhängigkeit vom experimentellen Faktor[19] wird das Ergebnis unterschiedlich ausfallen.

Beispiel:

Ausgangssachverhalt: Bei einem Experiment (Alibiüberprüfung) zur Untersuchung, wie schnell sich ein Tatverdächtiger von Ort A zu Ort B bewegen kann, wird die Geschwindigkeit (in Abhängigkeit von der Verkehrssituation) bestimmt.

Das Feststellen der Zeit für das Zurücklegen der Wegstrecke von A nach B in Abhängigkeit von der Geschwindigkeit (Verkehrssituation) ist somit das Erkenntnisobjekt.

Der **experimentelle Faktor** ist die Bedingung (oder der Bedingungskomplex), die variiert wird. **55**

18 Vgl. Sprung, Sprung.

19 Vgl. RZ 55 dieses Kapitels.

Beispiel:

Beim o.g. Experiment ist der experimentelle Faktor die Geschwindigkeit, mit der man in Abhängigkeit von der jeweiligen Verkehrssituation die Wegstrecke von A nach B zurücklegen kann. Die einzelnen Faktoren wären z.B. „normaler" Berufsverkehr, Schwerpunktzeiten (freitags und montags, Pendlerverkehr, verkehrsarme Zeiten).

56 Die **experimentelle Situation** umfasst alle relevanten Umweltbedingungen mit Ausnahme des experimentellen Faktors.

Die experimentelle Situation ist während des Experiments konstant zu halten und die Bedingungen sind adäquat zu denen zum Zeitpunkt des zu untersuchenden Ereignisses zu gestalten.

Beispiel:

Als experimentelle Situation gelten i.o.g. Experiment beispielsweise die Bedingungen:

- Fahrbahnverhältnisse,
- technischer Zustand des Fahrzeuges insgesamt,
- Zustand der Reifen und der Bremsanlage des Fahrzeuges,
- aktuelle Fahrtüchtigkeit des Kraftfahrers,
- Sicht-, Witterungsverhältnisse und viele andere Bedingungen mehr.

57 Untersuchungsexperimente unterscheiden sich in:

- Experimente zur Feststellung der Möglichkeit (bzw. Unmöglichkeit), eine bestimmte Erscheinung, einen Gegenstand, einen Prozess wahrzunehmen (z.B. wenn Zweifel an der Glaubhaftigkeit der Zeugenaussage zum Alibi bestehen),
- Experimente zur Feststellung der Möglichkeit (bzw. Unmöglichkeit), eine bestimmte Handlung unter definierten Bedingungen (Zeit, Ort) usw. auszuführen (z.B., ob die durch den Beschuldigten beschriebenen Handlungen in einer bestimmten Zeit überhaupt durchführbar waren und somit seine Alibiangaben stützen oder infrage stellen),
- Experimente zur Bestimmung des Vorhandenseins oder Fehlens beruflicher oder anderer spezieller Fähigkeiten und Fertigkeiten,
- Experimente zur Gewinnung materieller Widerspiegelungen (Spuren) eines Objektes und zum Erkenntnisgewinn über den Prozess der Abbildentstehung.

Neben den in der Realität durchzuführenden Experimenten werden auch computergestützte Verfahren genutzt, die bestimmte Handlungsabläufe simulieren. Diese Modelle ermöglichen es, unterschiedliche Handlungs- und Sachverhaltsabläufe und z. B. Folgen dieser Abläufe mathematisch zu berechnen.[20] Das Ergebnis dieses Simulationsprozesses kann als Indiz gewertet werden.

Die **kriminalistische Rekonstruktion** ist eine Ermittlungsmethode mit dem Ziel, durch die Wiederherstellung oder Nachbildung eines Zustandes oder durch die Wiederholung eines kriminalistisch relevanten Ereignisses oder eines Teils desselben, beweiserhebliche Tatsachen zu entdecken und festzustellen bzw. Beweismittel (z. B. Überprüfung der Alibiaussage) zu überprüfen. **58**

Eine Legaldefinition für Rekonstruktionen gibt es in der StPO in Deutschland nicht.

Dagegen findet sich im § 149 Abs. 1 Ziff. 2 StPO (Österreich) eine Definition für die Tatrekonstruktion. Demnach ist die Tatrekonstruktion eine „Vernehmung einer Person im Zuge eines Nachstellens des wahrscheinlichen Verlaufs der Tat am Tatort oder an einem anderen mit der Straftat im Zusammenhang stehenden Ort sowie die Ton- und Bildaufnahme über diese Vorgänge".[21]

Diese Definition hat insofern eine Bedeutung für die Anwendbarkeit in Deutschland, als dass sich daraus taktisch-methodische Hinweise zur Durchführung dieser Ermittlungshandlungen (Belehrungen, Dokumentation) ableiten lassen. Darüber hinaus werden als mögliche Beweismittel einer Rekonstruktion oder eines Experiments die Aussage (Zeuge oder Beschuldigter) oder der Augenschein benannt.

Nehmen Zeugen oder Beschuldigte teil (Aussagedemonstration am Ereignisort als besondere Form der Vernehmung)[22], gelten hier die Bestimmungen zur Durchführung von Zeugen- bzw. Beschuldigtenvernehmungen (Rechte, Pflichten, Belehrungen, Dokumentation).

Ist der Durchführende ein Sachverständiger, gelten die rechtlichen Grundlagen für die Gutachtertätigkeit.

Die kriminalistische Rekonstruktion ist begrifflich abzugrenzen von der gedanklichen Rekonstruktion.[23]

---

20 Vgl. Hölemann, S. 241.

21 Vgl. auch Hug, S. 256 ff.

22 Vgl. Roll (2013), S. 141.

23 In einiger Literatur, vgl. Büring, wird auch der Begriff „Tatrekonstruktion im weiteren Sinn" verwendet.

59 Unter **gedanklicher Rekonstruktion** versteht man eine vorläufige Erklärung des Tatsachengeschehens hinsichtlich seines Ablaufes und seines Verursachers. Diese Erklärung beruht auf Fakten und wird mittels logischer Schlüsse und Kombinationen vollzogen. Die so gewonnenen Erkenntnisse tragen wesentlich dazu bei, Ermittlungsrichtungen festzulegen.

Die gedankliche Rekonstruktion trägt Wahrscheinlichkeitscharakter und gleicht im Wesen einer kriminalistischen Version.

Die Rekonstruktion, bezogen auf den konkret zu untersuchenden Sachverhalt,[24] trägt materiellen Charakter. D.h., sie wird in der Realität oder an einem Modell[25] durchgeführt. Es ist unstrittig, dass einer „materiellen" Rekonstruktion immer eine „ideelle" (gedankliche Rekonstruktion) vorangeht.

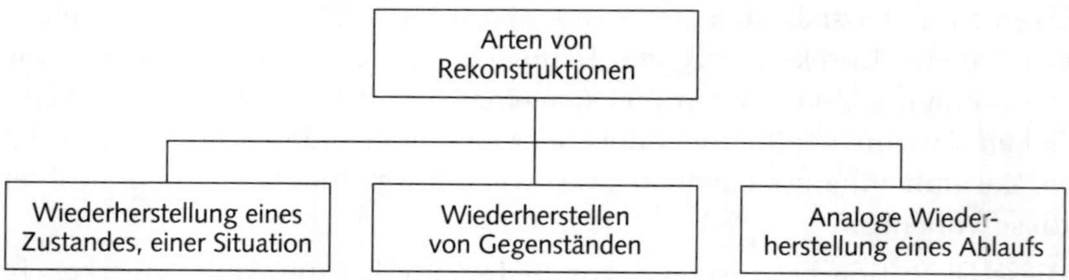

Abb. VII.9 Arten kriminalistischer Rekonstruktionen

60 Bei der Wiederherstellung eines **Zustandes** ist es Ziel, die Situation an einem Ort so wiederherzustellen, dass in Bezug auf die Beweisführung neue Erkenntnisse gewonnen werden können.

61 Das Ziel des Wiederherstellens von **Gegenständen** besteht darin, die zerstörten Gegenstände zu identifizieren. Oft wird diese Art der Rekonstruktion bei Störfällen und Havarien angewandt, um zu klären, ob die Ursachen des Ereignisses auf Materialfehler, Fehler in der Technologie oder Pflichtverletzungen zurückzuführen sind. Dazu gehört vor allem die Rekonstruktion von Werkzeugen, Einrichtungen, Bauteilen, Aggregaten und Baugruppen.

62 Die Rekonstruktion eines **Ablaufs** bedeutet in der Realität meist das Verhalten des Täters am Tatort (Begehungsweise) oder einen technischen Ablauf nachzuvollziehen. Das erfolgt mit dem Ziel, zu prüfen, inwieweit die

24 Vgl. Büring, „Tatrekonstruktion im engeren Sinne".

25 Vgl. Häusermann, Bei Ermittlungen zu einem Dreifachmord in Worms 1998 wurde ein Modell eines Hauses nachgestaltet und dies zur Aufklärung des Sachverhaltes genutzt.

Version zur Begehungsweise tatsächlich dem Modus Operandi entspricht. Damit können auch Aussagen von Beschuldigten und Zeugen bestätigt bzw. widerlegt werden. Diese Art hat ihre Bedeutung bei der Alibifeststellung.

Untersuchungsexperimente und Rekonstruktionen werden mit folgenden **Zielstellungen** durchgeführt: 63

- Entdeckung von beweiserheblichen Tatsachen,
- Überprüfung festgestellter Beweismittel,
- Überprüfung von Aussagen (z. B. Alibiangaben),
- Verifikation bzw. Falsifikation von Versionen,
- Veranschaulichung von Sachverhalten zur Überzeugungsbildung des Richters.

3.2 Rechtsgrundlagen

Die Durchführung und Dokumentation einer Rekonstruktion ist nur für das gerichtliche Verfahren geregelt. Hier sind die Bestimmungen des Augenscheinsbeweises (§§ 86, 168, 168a, b, d StPO) maßgebend. 64

Für die staatsanwaltschaftliche Rekonstruktion gelten die Bestimmungen des § 168b Abs. 1 StPO.

Für die Durchführung von Rekonstruktionen und Untersuchungsexperimenten durch die Polizei gelten formal weder die Bestimmungen zur Vernehmung noch die der Augenscheinsnahme. Gesetzliche Grundlage für die Tätigkeit der Polizei bildet auch hier der § 163 StPO und § 168b Abs. 1 StPO.

Bei Teilnahme von Zeugen und Beschuldigten sind diese vor der Durchführung von Untersuchungsexperimenten und Rekonstruktionen zu belehren und auf ihre Rechte und Pflichten hinzuweisen.[26] Unter diesen Umständen sind neben der Dokumentation des Experiments/der Rekonstruktion auch die Aussagen des Zeugen oder Beschuldigten zu protokollieren.

Sind Sachverständige die Durchführenden eines Experimentes oder einer Rekonstruktion gelten die rechtlichen Regelungen der §§ 72 ff. StPO.

Für das Darstellen der Vorgehensweise sowie der Ergebnisse von Untersuchungsexperimenten und Rekonstruktionen müssen die Bestimmungen über das Sachverständigenwesen berücksichtigt werden.

VII

26 Vgl. Kap. XIII.

3.3 Kriminalistisch-methodisches Vorgehen bei der Vorbereitung und Durchführung von Rekonstruktionen und Untersuchungsexperimenten

65 Sind für die Beweis- und Ermittlungsführung Untersuchungsexperimente und Rekonstruktionen notwendig, ist es erforderlich, rechtliche und kriminalistisch-methodische Kriterien zu berücksichtigen.

Im Mittelpunkt steht die Frage: Unter welchen Bedingungen ist es möglich, eine Rekonstruktion oder ein Untersuchungsexperiment durchzuführen?

Eine einheitliche Kriterienbestimmung existiert nicht. Dennoch sind Hauptfaktoren abzuleiten:

- Das Beweismittel, das notwendig ist, kann nicht auf eine andere Art und Weise erbracht werden.
- Es existieren Widersprüche zwischen einzelnen Beweismitteln, die auf andere Art und Weise nicht zu beheben sind (z.B. Widersprüche in den Alibiangaben des Beschuldigten und des Zeugen).
- Die Durchführung dient dem Schutz vor bzw. der Entkräftung des Geständniswiderrufs.
- Es ist erforderlich, spezielle technische Angaben zu überprüfen, die auf andere Art und Weise nicht nachvollziehbar sind.

66 Bei der Durchführung von Untersuchungsexperimenten und kriminalistischen Rekonstruktionen geht es darum, Tatsachen zu ermitteln, die verursachend eine bestimmte Wirkung hervorgerufen haben (Erkennen von Kausalzusammenhängen) und für die Beweisführung/Beweisermittlung (z.B. Alibifeststellung) von Bedeutung sind.

Die Anwendung von Experiment und Rekonstruktion ist nicht in jedem Fall möglich. So gibt es[27]:

- sachliche Grenzen (z.B. sind nicht alle Delikte dafür geeignet),
- u.U. andere Beweismittel (die den Sachverhalt besser aufklären lassen),
- begrenzte Ressourcen,
- den Opferschutz (wiederholte Viktimisierung, Teilnahme von Kindern, Opfer bestimmter Delikte wie Sexual- und Gewaltstraftaten) zu berücksichtigen.

27 Vgl. Hug, S. 257.

Vorbereitung von Experimenten und Rekonstruktionen 67

Untersuchungsexperiment und Rekonstruktion stellen besondere Anforderungen an die Vorbereitung und Durchführung.

Meist sind Spezialisten (Sachverständige) notwendig, ebenso eine umfangreiche Dokumentation des Verlaufs, um die Ergebnisse als Beweismittel verwerten zu können.

Für die Vorbereitung und Durchführung gelten grundsätzlich die gleichen Hinweise. Besonderheiten ergeben sich aus den spezifischen Zielstellungen der einzelnen Maßnahmen.

Methodisch ist in der Vorbereitung nach folgenden Schritten zu verfahren:

1. Vergleich von Informationen aus den unterschiedlichen Quellen und deren Wertung (Kategorisierung in variable und konstante Informationen)

   Das Ziel des Vergleichs von Informationen zum Sachverhalt aus den unterschiedlichen Quellen und deren Wertung besteht darin, die Angaben herauszufiltern, die sicher und genau sind, um auf ihnen basierend das Experiment/die Rekonstruktion zu gestalten.

2. Konkrete Zielbestimmung

   Die konkrete Zielbestimmung (Erkenntnisobjekt) wird durchgeführt, um zu untersuchende Fragen und Probleme festzulegen sowie zu klären, ob die benannten Aspekte nicht auch durch weniger aufwendige Ermittlungshandlungen erforscht werden können.

3. Bestimmung des Durchführungsortes

   Bei der Auswahl des Ortes des Experiments ist zu entscheiden, ob das Experiment/die Rekonstruktion

   - am Ereignisort,
   - an einem anderen Ort bzw.
   - unter Laborbedingungen[28]

   stattfinden soll.

   Bei einer Rekonstruktion wird im Regelfall der Ereignis-(Tat-)ort gewählt.

28 Laborbedingungen bei der Durchführung von Experimenten beziehen sich vor allem auf technische oder physikalisch-chemische Experimente. So werden z. B. ballistische Experimente oder Rekonstruktionen nur in sehr seltenen Fällen an realen Orten durchgeführt. Unter Laborbedingungen ist es auch möglich, ein Experiment bzw. eine Rekonstruktion an Modellen zu realisieren. Vgl. Häusermann.

VII

4. Bestimmung der Ausgangsbedingungen

   Die Bedingungen, unter denen das Experiment durchgeführt werden soll, sind festzulegen. Dabei sind der experimentelle Faktor zu bestimmen und die anderen wirkenden Bedingungen (experimentelle Situation) zu analysieren. Es ist Vorsorge zu tragen, dass sie während der Dauer des Experiments/der Rekonstruktion gleichbleibend sind. Sie müssen adäquat dem ursprünglichen Zustand sein.

   Diese Bedingungen sind **subjektiver** und **objektiver Art.**

Beachte

Die subjektiven Bedingungen nachzustellen, ist besonders schwierig. Dazu zählt z. B. das Verhalten der Opfer, der Geschädigten, des Verdächtigen. Voraussetzung ist hierbei immer, dass die teilnehmenden Personen guten Willens sind, an Rekonstruktionen oder Experimenten mitzuwirken. Besonders beachtet werden muss die emotionale Beteiligung (z. B. das „Nocheinmalerleben" der Straftat). Die psychologischen Aspekte können das Ergebnis beeinflussen.

Zu den objektiven Bedingungen ist vor allem die konkrete materielle Situation am Ereignisort zu zählen (Sachen, Gegenstände, Witterung ...).

5. Teilnehmerfestlegung

   Neben den die Untersuchung und das Experiment/die Rekonstruktion leitenden Polizeibeamten können verschiedene Personen teilnehmen:

   - der das Verfahren leitende Staatsanwalt,
   - Sachverständige (z. B. einer technischen Überwachungseinrichtung, Psychologen),
   - Beschuldigte,
   - Zeugen, Opfer, Geschädigte,
   - Personen, die den Ort sichern (damit für Unbeteiligte keine Gefahr besteht),
   - Spezialkräfte (z. B. bei der Durchführung von Experimenten/Rekonstruktionen im Rahmen einer Branduntersuchung, Kräfte der Feuerwehr).

Die Teilnehmer sind einzuweisen (z. B., wer konkrete Handlungen auszuführen hat) und psychologisch vorzubereiten (z. B. bei Straftaten, die eine hohe emotionale Beteiligung hervorrufen) sowie entsprechend der rechtlichen Grundlagen zu belehren.[29]

VII

29 Vgl. Hug, S. 258.

6. Festlegung von Maßnahmen zur Sicherung des störungsfreien Ablaufs

   Es ist zu prüfen, ob eintretende Wirkungen vertretbar sind und keinerlei Gefahren für Teilnehmer und Unbeteiligte bestehen. Festgelegt werden muss, in welchem Abstand um den Durchführungsort Sicherungsmaßnahmen eingeleitet werden, welcher Art sie sind und durch wen sie zu organisieren sind.

7. Bestimmung der Art und Reihenfolge der Handlungen und der Variablen der Einwirkungsbedingungen

   Die Durchführung des Experiments setzt voraus, dass die zu variierende Bedingung selektiert wird und es ist zu bestimmen, in welcher Reihenfolge bestimmte Grade der Bedingungen gesetzt werden. Sollten mehrere Versuche mit unterschiedlichen Variablen durchgeführt werden, so ist die Reihenfolge der einzelnen Versuche festzulegen.

   Sämtliche Handlungen sind zu dokumentieren, um die Ergebnisse anschaulich als Beweismittel nutzen zu können. Zwischenergebnisse sollten fortlaufend dokumentiert werden.

   Bei Rekonstruktionen existiert die Besonderheit, dass die exakte Ermittlung des ursprünglichen Zustandes des zu rekonstruierenden Objekts von besonderer Bedeutung ist. Die Bedingungen müssen sowohl objektiv als auch subjektiv dem Ursprungsereignis nachgestaltet sein.

8. Konkrete Durchführungsplanung

Durchführung von Experimenten und Rekonstruktionen **68**

Für die Durchführung von Experimenten und Rekonstruktionen ist es erforderlich, dass

1. äquivalente Bedingungen zum ursprünglichen Prozess geschaffen werden. Die experimentelle Situation ist konstant zu halten und nur der experimentelle Faktor ist zu variieren.
2. alle Umstände, Bedingungen und Handlungen exakt fixiert werden. Die Reproduzierbarkeit der Rekonstruktion und des Experiments muss gewährleistet sein. Die Wiederholbarkeit des Experiments ist zu garantieren.
3. die experimentellen Faktoren gut steuerbar sind, sodass ein mehrmaliges Wiederholen der einzelnen Versuche gewährleistet ist.
4. bei Notwendigkeit das Experiment/die Rekonstruktion in mehrere Etappen aufgegliedert wird (z. B. bei komplizierten Sachverhalten). Dadurch kann unter Umständen eine größere Exaktheit erreicht werden.

5. der Einsatz des experimentellen Faktors so erfolgt, dass Veränderungen im Ergebnis auf Variationen des Faktors allein zurückzuführen sind. Aus diesem Grund sollte der experimentelle Faktor relativ isoliert sein. Zufallsergebnisse sind auszuschließen.
6. eine ständige planmäßige Kontrolle und Standardisierung der experimentellen Situation zu erfolgen hat.
7. Veränderungseffekte des Experimentalobjekts möglichst exakt gemessen werden und der Nachweis erbracht wird, dass sie auf den experimentellen Faktor zurückzuführen sind.

3.4 Dokumentation

69 Der Dokumentation von Experiment und Rekonstruktion kommt eine große Bedeutung zu. Schließlich geht es um die Frage der Beweiserhebung und der überzeugenden Wirkung der Ergebnisse vor Gericht.

Werden Rekonstruktionen und Experimente durch Sachverständige durchgeführt, sind die Ergebnisse in Form eines Gutachtens zu dokumentieren. Eingang in das Verfahren findet der Sachverständigenbeweis gem. §§ 72 ff. StPO.

Für Polizeibeamte, die Untersuchungsexperimente und Rekonstruktionen durchführen, gilt es, zur Dokumentation ein formloses, inhaltlich in drei Abschnitte gegliedertes Protokoll[30] gem. § 168b StPO zu erstellen. Ergänzend zum Protokoll sollte bei dynamischen Prozessen eine Videoaufzeichnung gefertigt werden, die den gesamten Ablauf des Untersuchungsexperiments/der Rekonstruktion darstellt. In anderen Fällen kann diese Dokumentation durch fotografische Aufnahmen erfolgen.

Einzelne Experimentalabschnitte, die besondere Bedeutung in der Beweisführung erlangen können, sollten gesondert neben der allgemeinen Experimental-/Rekonstruktionsaufzeichnung protokolliert werden. Durch diese Form der Aufzeichnung wird die Aussagekraft erhöht und die Anschaulichkeit verbessert. Ergänzt werden sollte das Protokoll durch Bild- und/oder Tonaufzeichnungen, Skizzen und Zeichnungen.

Sind Zeugen und Beschuldigte an Untersuchungsexperimenten und Rekonstruktionen beteiligt, werden ihre Aussagen entsprechend protokolliert.[31]

30 Vgl. Anlage VII.2.
31 Vgl. Kap. XIII.

Anlage 1
Inhalt des Protokolls bei Anfertigung eines Weg-Zeit-Diagramms

1. Beschreibung des Anlasses und der Zielstellung für die Anfertigung des Diagramms
2. Beschreibung des Ausgangssachverhaltes

   Inhalt:
   - Straftat
   - Tatort
   - Tatzeit
   - Begehungsweise
   - Zeugenlage
   - Behörde/Dienststelle
3. Zusammenfassung der zugrunde gelegten Ausgangsdaten zu Bewegungsabläufen

   Inhalt:
   - insbesondere Angaben zu Orten, Zeiten, Personen, Geschwindigkeiten
   - Bewertung der Informationen und Einschätzung der Zuverlässigkeit und Genauigkeit
   - Beschreibung konstanter und variabler Angaben
   - Benennung der Ermittlungshandlungen, die zum Informationspotenzial geführt haben
4. Interpretation der Ergebnisse

   Inhalt:
   - Aussagekraft der Ergebnisse, Beweiserheblichkeit
   - Schlussfolgerungen, Widersprüche, offene Fragen
   - Einordnung der Erkenntnisse aus dem Weg-Zeit-Diagramm in den Gesamterkenntnisstand
   - notwendige zu realisierende Ermittlungshandlungen
   - Interpretation der Ergebnisse (Beantwortung der Fragen aus der Zielstellung)

5. Bemerkungen zur Verantwortlichkeit

   Benennung einer Person, die (falls das Weg-Zeit-Diagramm als Beweismittel vor Gericht erhoben wird) dazu aussagen kann

Anlage 2
Inhalt des Protokolls bei Durchführung von Untersuchungsexperimenten und Rekonstruktionen

1. Einleitender Teil

   Inhalt:
   - Zeitpunkt der Durchführung
   - Ort der Durchführung
   - Teilnehmer und Durchführende
   - Beschreibung der Situation am Durchführungsort
   - kurze Angabe vorhandener Informationen, auf denen die Durchführungsgestaltung basiert (Verweise auf vorliegende Beweismittel)
   - Ziel der Maßnahme
   - zu überprüfende Versionen bzw. Annahmen
   - zu überprüfendes Beweismittel
   - zu schaffendes Beweismittel
   - zu klärende Widersprüche
   - Grund der Maßnahme
   - Begründung, dass nur mit der Durchführung von Experiment bzw. Rekonstruktion die zu untersuchende Frage geklärt werden kann
   - Beschreiben der Mittel der Dokumentation
2. Beschreibender Teil

   Inhalt:
   - Beschreibung des Gesamtaufbaus
   - Beschreibung der experimentellen Situation, des experimentellen Faktors und des Erkenntnisobjekts
   - Beschreibung der Reihenfolge der einzelnen Handlungen
   - Beschreibung der einzelnen Versuche

- Versuchsaufbau und -verlauf
- Benennen des Versuchsdurchführenden
- Art und Weise der Durchführung
- Einzelergebnisse

3. Abschließender Teil

   Inhalt:

   - Ergebnisdarstellung der einzelnen Versuche
   - Bewertung der einzelnen Versuche und deren Ergebnisse
   - Beschreibung von Auffälligkeiten und Abweichungen
   - Beantwortung der Ausgangsfragen
   - Schlussfolgerungen

KAPITEL VIII
Wiedererkennungsverfahren und subjektives Porträt

VIII

Inhalt

VIII

1 Wiedererkennungsverfahren

1.1 Begriffe, Zielstellungen und Arten

1.1.1 Begriffe

Häufig können Zeugen oder Opfer von Straftaten den Täter oder andere Tatbeteiligte beschreiben oder wiedererkennen. Das ist insbesondere bei Delikten der Fall, bei denen Täter und Opfer unmittelbar miteinander konfrontiert waren, z. B. bei Raubdelikten, Betrugsdelikten, Sexualdelikten, Körperverletzungen oder auch dann, wenn Zeugen den Verlauf von Straftaten beobachten konnten und die konkreten Tatumstände es erlaubten, sich ein „Bild" des Täters einzuprägen. Im Rahmen von Wiedererkennungsverfahren wird diesem Umstand in der Kriminalistik Rechnung getragen. 1

Man unterscheidet verschiedene **Wiedererkennungsverfahren**: 2

- Wiedererkennung zum Zwecke der Identifizierung anhand visuell wahrnehmbarer Merkmale
  - Identifizierungsgegenüberstellung,
  - Wahllichtbildvorlage,
  - Wahlvideogegenüberstellung,
- Wiedererkennung zum Zwecke der Identifizierung anhand akustisch wahrnehmbarer Merkmale[1] (Stimmidentifizierung durch Höranalyse),
- Wiedererkennung im Rahmen einer Recherche in einer Lichtbildvorzeigedatei.[2]

Wiedererkennungsverfahren zum **Zwecke der Identifizierung** dienen dazu, bereits früher wahrgenommene Personen oder Gegenstände anhand ihrer Merkmalsausprägungen (z. B. Merkmale des Äußeren oder der Stimme) wiederzuerkennen bzw. als bekanntes Objekt oder Subjekt auszuschließen. 3

Bei den in der kriminalistischen Praxis genutzten Maßnahmen zum Zwecke der Identifizierung handelt es sich um **gezielte Wiedererkennungsmaßnahmen.** Sie werden nach

- der Anzahl der vorzuweisenden Objekte oder Personen (Einzel- oder Wahlkonfrontation),

---

1 Vgl. Kap. X.

2 Dieses Verfahren ist keine Gegenüberstellung im eigentlichen Sinn, sondern eine kriminalistische Maßnahme zur Verdächtigenermittlung. Aus diesem Grund wird sie in diesem Abschnitt nicht behandelt.

- der Sichtbarkeit des Identifizierungszeugen für den zu Identifizierenden (offen, gedeckt, verdeckt),
- der Art und Weise der Wahlkonfrontation (sequenziell, simultan),
- dem Ort der Durchführung (natürlicher Ort – Tatort, künstlicher Ort – Dienststelle oder andere Orte),
- der Kenntnis der Beteiligten (in Kenntnis des Identifizierenden, in Kenntnis des zu Identifizierenden, in Kenntnis beider) kategorisiert.[3]

4 **Merke**

Die Gegenüberstellung zum Zwecke der Identifizierung ist zu unterscheiden von der Gegenüberstellung zur Klärung von Widersprüchen.[4] Diese kann als eine besondere Form der Vernehmungsführung[5] angesehen werden.

Das Ziel der Gegenüberstellung zum Zwecke der Identifizierung besteht somit darin, eine im Vorfeld wahrgenommene Erscheinung (z. B. Person, Gegenstand) wiederzuerkennen.[6]

1.1.2 Arten von Wiedererkennungsverfahren

1.1.2.1 Wahlkonfrontation

5

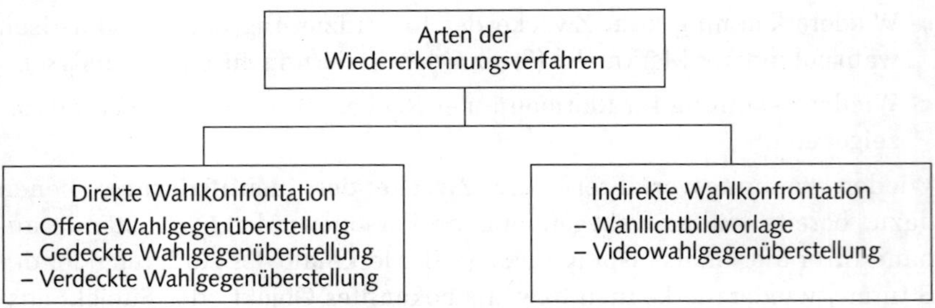

Abb. VIII.1 Arten der Wiedererkennungsverfahren

Die Wahlgegenüberstellung ermöglicht einem Wiedererkennungszeugen die Auswahl aus einer Vielzahl von vorgestellten Objekten/Personen. Wahlgegenüberstellungen können **sequenziell** (Objekte oder Personen werden nacheinander dem Identifizierungszeugen vorgeführt) oder **simultan** (der Identifizierungszeuge wird gleichzeitig den zur Auswahl ste-

3 Vgl. Römer (1984b), S. 178 ff. und Schurich.
4 Vgl. Kap. XIII.
5 Vgl. auch Frings, S. 332.
6 Vgl. Odenthal (1999), S. 64.

henden Personen oder Objekten gegenübergestellt) durchgeführt werden. Grundbedingungen von Wahlgegenüberstellungen sind die Möglichkeit und die Notwendigkeit der Auswahl.

Merke 6

Neben diesen Grundbedingungen müssen folgende allgemeine Anforderungen an die Vergleichspersonen gegeben sein:

- gleiches Alter,
- gleiche Körpergröße,
- annähernd gleiche Gestalt,
- annähernd gleiche Gesichtsform,
- gleiche Haarfarbe und Frisurform,
- gleiche Kleidung,
- Ähnlichkeit bei Gesichtsmerkmalen.
- Besitzt die zu identifizierende Person ein oder mehrere signifikante Merkmale, so müssen die Vergleichspersonen ebenfalls über dieses Merkmal verfügen. Erforderlichenfalls sind maskenbildnerische Veränderungen vorzunehmen.

Voraussetzungen für Wahlgegenüberstellungen sind: 7

- sehr gute Beschreibung der Person und der Bekleidung der wiederzuerkennenden Person,
- mehrere Vergleichspersonen[7], die dem Verdächtigem ähnlich sind.

Offene Wahlkonfrontation

Die offene Wahlgegenüberstellung ist dadurch gekennzeichnet, dass der Wiedererkennungszeuge den an der Gegenüberstellung Beteiligten sichtbar gegenübertritt. 8

Bei der offenen **sequenziellen** Wahlgegenüberstellung werden Vergleichspersonen nacheinander einzeln dem Zeugen gegenübergestellt. Die sequenzielle Wahlgegenüberstellung hat den Vorteil, dass der Wiedererkennungszeuge bei jeder einzelnen Person die Ähnlichkeit beurteilt. Er kann die vorgestellten Personen nicht miteinander vergleichen und sich für eine entscheiden, sondern er versucht, die eingeprägten Merkmale der tatverdächtigen Person auf jede gegenübergestellte Person zu übertragen und

7 In einiger Literatur (vgl. Rotzinger, S. 20 ff.) wird der Begriff „echte Vergleichsperson" benutzt. Es handelt sich dabei um Personen, die in Geschlecht, Hautfarbe und ethnischer Zugehörigkeit übereinstimmen müssen.

mit seinem Gedächtnisinhalt zu vergleichen. Diese Art der Gegenüberstellung empfiehlt sich bei sukzessiven Wahrnehmungen von Zeugen.

- Von Vorteil ist, wenn der Zeuge die Anzahl der gegenüberzustellenden Personen nicht kennt, da er sich bis zur letzten voll konzentriert.[8]
- Es ist ein Durchgang durchzuführen.

Beachte

Eine Wiederholung mit denselben Vergleichspersonen und den Tatverdächtigen könnte dazu führen, dass der Zeuge beim zweiten Durchgang die Person identifiziert, die er schon beim ersten Mal benannt hat. Der Zeuge gibt beim zweiten Versuch nicht das wieder, was er ursprünglich wahrgenommen hat, sondern das, was er beim ersten Durchgang wahrgenommen und sich eingeprägt hat (Reproduktion der Reproduktion). Aus diesem Grund ist kein zweiter Durchgang mit denselben Vergleichspersonen und dem Tatverdächtigen durchzuführen.

9 Bei der offenen **simultanen Gegenüberstellung** werden mehrere Vergleichspersonen und der Tatverdächtige gleichzeitig dem Wiedererkennungszeugen gegenübergestellt.

Die simultane Wahlgegenüberstellung hat den Vorteil, dass für den Wiedererkennungszeugen eine aktuelle Vergleichbarkeit gewährleistet ist. Sie empfiehlt sich bei Zeugen anzuwenden, die ganzheitlich wahrgenommen haben.

Gedeckte Wahlkonfrontation

10 Bei der **gedeckten Wahlgegenüberstellung** haben alle Beteiligten Kenntnis von der Gegenüberstellungsmaßnahme, jedoch ist der Wiedererkennungszeuge für die Vergleichspersonen und den Tatverdächtigen nicht sichtbar.

Die gedeckte Wahlgegenüberstellung kann simultan oder sequenziell durchgeführt werden.

In der Regel werden die Vergleichspersonen durch einen venezianischen Spiegel (Spiegel mit einseitiger Durchblicksmöglichkeit) betrachtet.

Diese Methode bietet den Vorteil, dass kein direkter Kontakt zwischen den Vergleichspersonen und dem Wiedererkennungszeugen besteht.

---

8 BGH, Urteil vom 9.11.2011 – 1 StR 524/11.

VIII

Merke

Eine gedeckte Gegenüberstellung wird meist aus zwei Gründen durchgeführt:

- wenn der Wiedererkennungszeuge dem Verdächtigen im konkreten Verfahrensstadium nicht bekannt werden soll, z. B. auch zur Wahrung schutzwürdiger Interessen,
- wenn in der Persönlichkeit des Wiedererkennungszeugen Gründe vorliegen (z. B. Suggestibilität, Angst, psychologische Belastungssituationen), die eine direkte Konfrontation als nicht ratsam erscheinen lassen.

Beispiele:

Personengruppen, bei denen eine gedeckte Wahlgegenüberstellung empfehlenswert ist, sind u. a.

- Personen, die den Wunsch geäußert haben, nicht direkt mit dem Tatverdächtigen konfrontiert zu werden,
- ängstliche und unsichere Zeugen,
- Kinder und Jugendliche,
- Opfer von Sexual- und Gewaltdelikten,
- aggressive bzw. unberechenbare Tatverdächtige.

Die gedeckte Gegenüberstellung gibt dem Zeugen mehr Ruhe und der Situationsdruck ist gegenüber der offenen Konfrontation geringer. Die emotionale Angespanntheit des Zeugen kann verringert werden, was sich wiederum positiv auf sein Erinnerungsvermögen und seine Wahrnehmungsfähigkeit auswirkt.

Die Organisation der Durchführung entspricht den Grundsätzen der offenen Wahlgegenüberstellung.

Beachte

In einigen Fällen kann es von Wert sein, der gedeckten Gegenüberstellung eine offene folgen zu lassen. Das kann jedoch nur dann realisiert werden, wenn der Wiedererkennungszeuge seiner Sache sicher ist. Der Wert dieser offenen Gegenüberstellung liegt **nicht** in der Beweiskraft (bzw. in der Erhöhung der Beweiskraft) des Wiedererkennens, sondern nur in der Wirkung dieser offenen Konfrontation auf den Tatverdächtigen (z. B. Aussage-/Geständnisbereitschaft).

VIII

Verdeckte Wahlkonfrontation

11 Die **verdeckte Wahlgegenüberstellung**[9] beinhaltet eine Gegenüberstellung des Beschuldigten mit dem Wiedererkennungszeugen ohne Kenntnis des Beschuldigten.

Das kann aus zwei Gründen erforderlich sein:

- der Beschuldigte ist nicht bereit, an einer Gegenüberstellungsmaßnahme mitzuwirken bzw. es existieren eindeutige Anhaltspunkte, dass der Beschuldigte diese Maßnahmen stören würde und/oder
- der Beschuldigte soll zum Zeitpunkt der Wiedererkennung aus taktischen Gründen nicht wissen, dass gegen ihn ermittelt wird und er als Täter bereits identifiziert wurde.

Bei dieser Art der Wiedererkennungsmaßnahme wird der Beschuldigte in einer natürlichen Umgebung (z.B. Bushaltestelle, Diskothek, Szenetreffpunkte) beobachtet und durch den Wiedererkennungszeugen identifiziert.

Merke

Bei dieser Wiedererkennungsmaßnahme ist die suggestive Gefahr nicht auszuschließen. Meist wird der Beschuldigte die einzige unter einer Vielzahl von dort anwesenden Personen sein, die dem „Täter" ähnlich ist. Somit erkennt der Zeuge diese Person als Täter. Eine echte Vergleichbarkeit mit ähnlichen Personen ist in der natürlichen Umwelt nicht gegeben. Die Gefahr der Suggestion besteht auch dadurch, dass der Zeuge genau an den Ort geführt wird, an dem sich der Beschuldigte aufhält.

„Gibt ein Zeuge bzw. Geschädigter an, dass der Täter sich dort (häufiger) aufhalten könnte, liegt es nahe, diesen Ort gemeinsam mit dem Zeugen aufzusuchen und dadurch zu versuchen, einen Beschuldigten zu identifizieren (spontane situative Identifikation).

Gleiches gilt bei Sachverhalten, in denen ein Anfangsverdacht gegen einen bestimmten Beschuldigten bereits besteht und dieser sich bereit erklärt, sich in seinem Umfeld oder am Tatort einer Gegenüberstellung zu stellen (organisierte situative Identifikation). Es geht also um eine Identifikation außerhalb der Räumlichkeiten der Polizei, die zunächst ihrem Grunde nach – es gibt ja nur einen Täter – eine Einzelidentifizierungsmaßnahme darzustellen scheint, sofern nicht bei einer organisierten situativen Gegenüberstellung Vergleichspersonen in die Lebenssituation integriert werden, was selten gelingen wird."[10]

9 Artkämper, Floren, Schilling; (Abschnitt: 18.17; RZ 1991), S. 456.

10 Artkämper (2009), (Spontane und organisierte) Situative Identifizierungsmaßnahmen.

Nebenwirkungen dieser Art von Wiedererkennung sind: 12

- das Erkennen des Zeugen durch den Tatverdächtigen,
- der Tatverdächtige erhält Kenntnis von seiner Identifizierung,
- der Tatverdächtige könnte unter Umständen den Zeugen unter Druck setzen oder bedrohen,
- die Reaktion des Tatverdächtigen als Indiz, als Täter erkannt worden zu sein,
- das Erkennen des Polizeibeamten durch den Beschuldigten,
- eine Äußerung des Tatverdächtigen kann dazu führen, dass das Wiedererkennen des Zeugen provoziert wird (Suggestion), eine unbeeinflusste Wahrnehmung wäre in diesem Fall nicht gewährleistet.

Problematisch ist die Dokumentation des Wiedererkennungsvorgangs. Da die gesamte Maßnahme verdeckt erfolgt, ist die Dokumentation ebenso durchzuführen. Eine begleitende Aufzeichnung käme den hohen Beweisanforderungen am ehesten nahe. Eine Dokumentation mittels Videoaufzeichnung oder zumindest durch Fertigung von Fotografien würde diesen Ansprüchen genügen. Damit wäre nachvollziehbar, unter welchen Umständen die Wiedererkennung erfolgte.

Ist diese Art der Dokumentation nicht möglich, wird ein Protokoll zum Ablauf der Wiedererkennungsmaßnahme, zum Ereignis selbst und zum Ergebnis der verdeckten Gegenüberstellung gefertigt.

Wahllichtbildvorlage

Neben der direkten Konfrontation mit Personen ist es ebenso möglich, eine Gegenüberstellung durchzuführen, bei der man den Wiedererkennungszeugen mit Abbildern (Aufzeichnungen) des Beschuldigten und von Vergleichspersonen konfrontiert. 13

Die in der Praxis verwendeten Aufzeichnungsmedien sind Lichtbilder (Wahllichtbildvorlage) und Videoaufzeichnungen bzw. Videoübertragungen (Wahlvideogegenüberstellung).[11] 14

Die **Wahllichtbildvorlage** hat gegenüber anderen Gegenüberstellungsmethoden einige Nachteile:

- keine räumliche, sondern nur flächenhafte Sicht auf zu identifizierende Objekte oder Personen,
- fehlende Bewegungsdynamik,

11 Vgl. Frings, S. 335 ff.

- Verfälschungseinflüsse durch Besonderheiten des fotografischen Mediums,
- partielle Abbilder.

Vorteile der Bildvorlage bestehen

- im geringeren Aufwand,
- in der Möglichkeit, eine relativ große Vergleichsgruppe zu organisieren,
- im geringeren Situationsdruck.

Die Wahllichtbildvorlage ist **sequenziell durchzuführen**.[12]

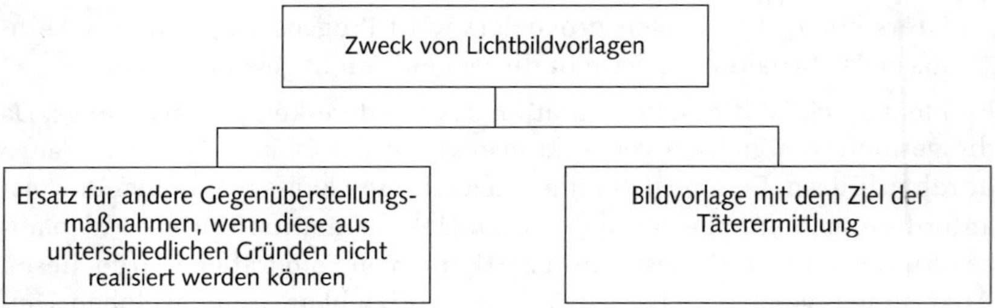

Abb. VIII.2 Zweck von Lichtbildvorlagen[13]

15 Bildvorlagen können aus taktisch-methodischer Sicht erfolgen, wenn:

- sie zur Identifizierung des Tatverdächtigen dienen, wenn dieser flüchtig ist, sich einer Gegenüberstellung entzieht oder zu erwarten ist, dass er eine Gegenüberstellung störend beeinträchtigt,
- andere Maßnahmen einen nicht vertretbaren Aufwand erfordern,
- wenn die zu identifizierende Person keinerlei Kenntnis erhalten soll, dass gegen sie ermittelt wird,
- ein Beschuldigter noch nicht namentlich bekannt ist und er durch Vorlage von Bildern aus der Lichtbildvorzeigekartei ermittelt werden soll,
- das Wiedererkennen des Beschuldigten durch den Zeugen für die Beweisführung von nachrangiger Bedeutung ist,
- ein unbekannter Toter bereits beigesetzt worden ist.

12 BGH, Urteil vom 14.4.2011 – 4 StR 501/10 und BGH, Urteil vom 9.11.2011 – 1 StR 524/11.
13 Vgl. Römer (1984b), S. 199/200.

Merke

Die Wahllichtbildvorlage muss den gerichtlichen Anforderungen einer Wahlgegenüberstellung entsprechen und ist dementsprechend vorzubereiten und zu dokumentieren. Insbesondere sollte darauf verzichtet werden, dem Zeugen mitzuteilen, dass sich ein Bild vom Tatverdächtigen in der Vorlage befindet.[14] Die Wahllichtbildvorlage ist vollständig (mit der Vorlage aller Bilder [**mindestens 8 Abbildungen von Personen**][15]) zu Ende zu bringen, auch wenn der Zeuge bereits vorher den Tatverdächtigen wiedererkennt.[16]

Alle für die Lichtbildvorlage genutzten Fotografien (bzw. Kopien von diesen) sind der Akte beizufügen und ein Protokoll über den Wiedererkennungsvorgang ist zu fertigen. Inhaltlich ist auf Folgendes zu achten:

- Beschreibung der Nummerierung und Reihenfolge der vorgelegten Bilder,
- namentliches Aufführen der Person, die erkannt wurde,
- Besonderheiten der durchgeführten Maßnahme (z. B. mehrfaches Vorlegen der Bilder).

In einer anschließenden Zeugenvernehmung sollten sowohl die Merkmale benannt werden, an denen der Zeuge die tatverdächtige Person erkannt hat, als auch die Merkmale, die nicht auf den Abbildern zu sehen waren.

Die **Lichtbildvorlage zur Ermittlung eines Tatverdächtigen** (z. B. Bilder aus **16**
der Vorzeigekartei werden einem Zeugen vorgelegt) dient dazu, eine dem Tatverdächtigen ähnliche Person (oder den Tatverdächtigen) zu ermitteln. Die Lichtbildvorlage unterscheidet sich insofern von der Wahllichtbildvorlage, als das die auf den Bildern dargestellten Personen sich nicht unbedingt ähnlich sind. Die notwendigen Voraussetzungen, die an eine Wahlkonfrontation (z. B. Ähnlichkeit der Vergleichsobjekte/-personen) gestellt werden, sind durch die Lichtbildvorlage nicht erfüllt. Somit dient diese Maßnahme lediglich dazu, Ermittlungsansätze zu gewinnen.

Eine mit demselben Zeugen nachfolgende Wahlkonfrontation verbietet sich.

---

14 BGH, Urteil vom 14.4.2011 – 4 StR 501/10.

15 RistBV, Ziff. 18 Abs. 3.

16 RistBV, Ziff. 18 Abs. 2.

Wahlvideogegenüberstellung

17 Die sequenzielle **Wahlvideogegenüberstellung**[17] basiert auf Einzelaufnahmen (mindestens 8 abgebildete Personen)[18] von Vergleichspersonen und dem Tatverdächtigen, die zu einem Videofilm zusammengeschnitten werden und nacheinander dem Wiedererkennungszeugen vorgespielt werden.

Die Aufnahmen können

- Übersichts- und Porträtaufzeichnungen,
- einzelne Verhaltensdemonstrationen (z. B. Bewegungsabläufe oder den Gang einer Person) und u. U. auch
- Sprechproben enthalten.

Der Wiedererkennungszeuge hat ebenso wie bei der direkten sequenziellen Wahlgegenüberstellung die Möglichkeit, unbeeinflusst zu entscheiden.

Voraussetzung für eine derartige sequenzielle Wahlvideogegenüberstellung ist, dass die Aufnahmen von den einzelnen Personen unter den gleichen Umständen und Bedingungen gefertigt werden.

Die Dokumentation erfolgt nach den gleichen Grundsätzen wie bei einer Wahlgegenüberstellung.

18 Diese Art von Gegenüberstellung weist gegenüber der direkten Wahlgegenüberstellung verschiedene Vorteile auf:

- keine Terminkoordinierungen zwischen den Wiedererkennungszeugen sowie den Vergleichspersonen und dem Beschuldigten,
- gute Möglichkeit, den gesamten Vorgang der Wiedererkennungsmaßnahme für die Beweisführung zu dokumentieren,
- keine direkte Konfrontation des Wiedererkennungszeugen mit dem Tatverdächtigen,
- bei Serientätern, die überörtlich handeln, leichte Möglichkeit, Wiedererkennungsmaßnahmen durchzuführen (Verschicken des Videobandes an andere Dienststellen),
- Videografieren des Beschuldigten bei Verfügbarkeit, im Nachhinein Aussuchen und Bereitstellen der Vergleichspersonen,
- keine Störungen der Gegenüberstellung durch Beschuldigten,
- kein Situationsdruck bei Gegenüberstellung,
- Nachvollziehbarkeit der Gegenüberstellung ist unmittelbar gegeben.

---

17 Nach den Urteilen des BGH vom 14.4.2011 – 4 StR 501/10 und vom 9.11.2011 – 4 StR 501/10 sind lediglich sequenzielle Wahlvideogegenüberstellungen zulässig.

18 RiStBV, Ziff. 18 Abs. 3.

VIII

1.1.2.2 Einzelkonfrontation

Die Einzelkonfrontation hat nur in Ausnahmefällen zu erfolgen. Generell soll der Zeuge bei einer Gegenüberstellung die Möglichkeit der Auswahl haben, da dadurch die suggestive Wirkung geringer wird. 19

Ausnahmefälle für Einzelgegenüberstellungen[19] sind:

- wenn ein Tatverdächtiger unmittelbar nach einem Zeugenhinweis aufgrund der Beschreibung festgenommen wird. Der Tatverdacht muss sich ausschließlich auf die Personenbeschreibung stützen. Sind weitere unaufschiebbare Maßnahmen gegen den Verdächtigen von der Identifizierung durch den Zeugen abhängig, kann eine Einzelgegenüberstellung erforderlich sein.
- wenn keine dem Beschuldigten ähnlichen Personen gefunden werden können.

> **Merke**
>
> Wiedererkennungsergebnisse im Rahmen einer Einzelkonfrontation erlangen vor Gericht im Regelfall einen geringeren Beweiswert als Ergebnisse von Wahlkonfrontationen.[20]

Die Einzelkonfrontation kann 20

- direkt (Vorstellen einer Person oder Vorweisen eines Gegenstandes/einer Sache) oder
- indirekt (über ein Aufzeichnungsmedium [Bild oder Videoband] erfolgen.

Ihre Dokumentation erfolgt nach den Grundsätzen der Wahlkonfrontation.[21]

In der kriminalistischen Praxis sind Situationen anzutreffen, in denen Identifizierungsprozesse erfolgen, ohne dass sie als Wiedererkennungsmaßnahme geplant waren: **spontane Wiedererkennung.** 21

---

19 Vgl. Rotzinger, S. 31.

20 „Das Ergebnis einer Einzelgegenüberstellung ist zwar nicht unverwertbar. Ihm kommt aber regelmäßig ein wesentlich geringerer Beweiswert zu als dem einer vorschriftsgemäß durchgeführten Wahlgegenüberstellung. Daher müssen im Fall einer Verurteilung die Urteilsgründe erkennen lassen, dass sich das Gericht der Mängel und der durch sie bedingten Beeinträchtigung des Beweiswertes bewusst ist. …" (Aus den Urteilsgründen des BGH-Urteils vom 24.2.1994 – 4 StR 317/93 [LG Saarbrücken] zum Beweiswert des Wiedererkennens einer Stimme; Vgl. auch Artkämper, Floren, Schilling (Abschnitt: 18.10, RZ 1962, S. 450).

21 Vgl. Mahl, S. 234.

VIII

Beispiel:

In einem Warteraum einer Polizeidienststelle erkennt ein Zeuge völlig spontan unter den wartenden Personen den Täter wieder.

Auch das Erkennen einer Person anhand eines veröffentlichten Fahndungsfotos zählt zur spontanen Wiedererkennung.

Das spontane Wiedererkennen kann durchaus Beweismittelcharakter erlangen.[22] Eine Verwertbarkeit der Aussage ist gegeben, wenn in einer nachfolgenden Zeugenvernehmung vor allem die Merkmale, an denen der Tatverdächtige erkannt wurde, im Mittelpunkt stehen und der Prozess der Wiedererkennung durch den Zeugen genau beschrieben wird. Das ist protokollarisch zu dokumentieren.

Hat der Zeuge schon vorher eine Personenbeschreibung abgegeben, lässt sich über den Vergleich feststellen, ob der Identifizierte tatsächlich als Verdächtiger infrage kommen kann.

22 **Beachte**

Eine weitere Gegenüberstellung (z. B. vorbereitete Wahlkonfrontation) verbietet sich!

1.2 Rechtsgrundlagen

23 Folgende Rechtsgrundlagen sind maßgebend:

- § 58 Abs. 2 StPO

  Unter Berücksichtigung der StPO-Änderungen nach dem Gesetz zur Modernisierung des Strafverfahrens[23] sowie des Zweiten Gesetzes zur Stärkung der Verfahrensrechte[24] bildet § 58 Abs. 2 die Grundlage für Gegenüberstellungen im Vorverfahren. Erfasst werden entsprechend der Gesetzesbegründung Identifizierungs- und Vernehmungsgegenüberstellungen. Neu ist in Absatz 2, dass bei einer Gegenüberstellung mit dem Beschuldigten dem Verteidiger die Anwesenheit gestattet ist, was vordem nicht möglich war.

  Der Termin ist dem Verteidiger rechtzeitig mitzuteilen. Kann er den Termin nicht wahrnehmen, hat er keinen Anspruch auf Terminverlegung.

  Zu berücksichtigen ist bei Gegenüberstellungen außerdem die Pflicht, den Beschuldigten auf seine Verteidigungsrechte hinzuweisen, falls er

22 Vgl. Artkämper, Floren, Schilling (Abschnitt: 18.17; RZ 1994), S. 456.
23 Gesetz zur Modernisierung des Strafverfahrens vom 10. Dezember 2019.
24 Zweites Gesetz zur Stärkung der Verfahrensrechte von Beschuldigten im Strafverfahren und zur Änderung des Schöffenrechts vom 27. August 2017.

noch keinen Verteidiger hat. Hier gilt § 140 StPO nach Maßgabe des §§ 141 Abs. 1, 141a StPO und des § 142 Abs. 1 StPO entsprechend.

Weiterhin ist zu berücksichtigen, dass durch die Gegenüberstellung die „zu identifizierende Person in Augenschein“[25] genommen wird und der Wiedererkennungszeuge im Rahmen der Wiedererkennungsmaßnahmen vernommen wird. Somit bildet der § 81a StPO nach herrschender Meinung die Rechtsgrundlage für den Beschuldigten[26]. Für den Zeugen gelten die Bestimmungen der Vernehmungsdurchführung (§§ 48 ff. StPO).

- § 163a StPO **24**

  Nicht nur bei einer Vernehmung, sondern auch bei einer Gegenüberstellung können Beschuldigte, die sich auf freiem Fuß befinden, durch den Staatsanwalt zur Gegenüberstellung zum Zwecke der Wiedererkennung gem. § 163a Abs. 3 StPO geladen werden. Der Beschuldigte ist zum Erscheinen vor der Staatsanwaltschaft verpflichtet. Durch die Übertragung der in §§ 133 bis 136a und § 168c Abs. 1 und 5 StPO geregelten Rechte an die Ermittlungspersonen kann die Ladung unter der Androhung geschehen, dass im Falle des Ausbleibens seine Vorführung[27] erfolgen werde.

Merke

Die zwangsweise Vorführung erscheint in der kriminalistischen Praxis jedoch bedeutungslos, da durch die zwangsweise Gegenüberstellung der Zweck der Maßnahme, ein unbeeinflusstes Wiedererkennen durch den Zeugen, infrage gestellt wird. Eine zwangsweise Durchführung ist möglich, jedoch muss der eingeschränkte Beweiswert des Ergebnisses dieser Wiedererkennungsmaßnahme berücksichtigt werden. Taktisch günstiger wäre es, gem. § 81b StPO (1. Alternative) eine Lichtbild- oder eine Videoaufzeichnung zu fertigen und diese dann dem Wiedererkennungszeugen vorzulegen.

- § 81a StPO gilt als Grundlage für die Durchführung[28]. Inbegriffen sind vorzunehmende Veränderungen der äußeren Erscheinung des Beschuldigten. Dazu zählen z. B.: **25**
  - Veränderungen der Haar- und Barttracht,
  - das Aufsetzen bzw. Absetzen einer Perücke,
  - das Tragen bestimmter Kleidung, das Entfernen von Kosmetik.

---

25 Vgl. Meyer-Goßner/Schmitt; § 58 StPO RZ 9.
26 Vgl. Meyer-Goßner/Schmitt; § 58 StPO, RZ 9.
27 Vgl. Meyer-Goßner/Schmitt; § 163a StPO, RZ 19.
28 Vgl. Meyer-Goßner/Schmitt, § 58 StPO, RZ 9.

VIII

Beachte

Wird in die Substanz des zu verändernden Merkmals eingegriffen (z. B. Abnahme eines Bartes gegen den Willen des Betroffenen), bedarf es einer richterlichen Anordnung nach § 81a Abs. 2 StPO, weil diese Maßnahme einen eigenständigen Eingriff darstellt.

26 ■ § 81b StPO

Diese Gesetzesnorm ist nicht ausschließlich auf die Gegenüberstellung zum Zwecke der Wiedererkennung ausgerichtet, wird aber von einer Mindermeinung als Rechtsgrundlage[29] vertreten.

Die Anfertigung eines Videofilmes oder einer Fotografie zur Vorführung vor Wiedererkennungszeugen, der/die neben den Beschuldigten weitere Personen zeigt, gilt als „ähnliche Maßnahme" nach § 81b StPO.[30]

27 Wesentliche Gerichtsentscheidungen, die eine Auswirkung auf die Durchführung der Identifizierungsgegenüberstellung haben:

■ Beschluss des OLG Köln[31]

Dieser Beschluss legt fest, dass eine Identifizierungsgegenüberstellung als Wahlgegenüberstellung durchzuführen ist, die Auswahlpersonen dem Tatverdächtigen ähnlich sein müssen, die Ermittlungshandlung vollständig zu dokumentieren ist und alle Lichtbilder, die vorgelegt wurden, den Akten beizufügen sind. Darüber hinaus stellt das Urteil fest, dass der Wert wiederholter Wiedererkennungen fragwürdig ist und konstatiert für diese einen eingeschränkten Beweiswert.

■ Beschluss des OLG Karlsruhe[32]

Das OLG Karlsruhe nimmt den o. g. Beschluss noch einmal auf und bestätigt ihn insbesondere hinsichtlich der Ähnlichkeit der Vergleichspersonen mit dem Tatverdächtigen und der Dokumentation aller Vergleichslichtbilder in der Akte.

■ BGH-Urteil – 4 StR 501/10[33]

Es ist bei einer Wahlgegenüberstellung die Unvoreingenommenheit eines Zeugen zu gewährleisten. Weitere Grundaussagen des Urteils sind,

---

29 Vgl. Meyer-Goßner/Schmitt; § 58 StPO, RZ 9.

30 Vgl. Meyer-Goßner/Schmitt; § 81b StPO, RZ 8; Odenthal (1999) S. 75; LG Berlin, Beschluss vom 26.6.1989 – 522 QS 49/89.

31 Beschluss des OLG Köln vom 13.12.1991 – Ss 379/91.

32 Beschluss des OLG Karlsruhe vom 17.3.1983 – 3 HEs 77/83.

33 BGH, Urteil vom 14.4.2011 – 4 StR 501/10.

dass eine sequenzielle Wahllichtbildvorlage einen höheren Beweiswert aufweist und dass wiederholtes Wiedererkennen in der Hauptverhandlung einen eingeschränkten Beweiswert haben kann. Keine unzulässige Suggestion im Zusammenhang mit einer Wahllichtbildvorlage wird angenommen, wenn der Vernehmungsbeamte den Zeugen darauf hinweist, dass ein Bild des Tatverdächtigen sich unter den vorgelegten befindet. Dennoch gilt dieser Hinweis als Einflussnahme auf den Zeugen.[34]

- BGH-Urteil – 1 StR 524/11[35]

  Drei wesentliche Prämissen wurden durch dieses Urteil benannt: dem Zeugen sollen wenigstens 8 Lichtbilder im Rahmen einer Wahllichtbildvorlage (auch Videos) vorgelegt werden, die Wahllichtbildvorlage (Vorführen von Videos) hat sequenziell zu erfolgen und wird die Wahllichtbildvorlage bei erkannter Person abgebrochen und werden damit nicht alle Bilder gezeigt, kann das den Beweiswert mindern.

In der Form und inhaltlich weichen Identifizierungsgegenüberstellungen zwar von üblichen Zeugenvernehmungen ab, Erscheinungs-, Auskunftspflicht und Dokumentation der Aussage richten sich jedoch nach den Bestimmungen der Zeugenvernehmung.[36]

Neben den o.g. rechtlichen Grundlagen bestehen für die Gegenüberstellung zum Zwecke der Wiedererkennung weitere Regelungen:

- Nr. 18 der Richtlinien des Strafverfahrens und Bußgeldverfahrens[37]; **28** diese schreiben fest, dass eine Gegenüberstellung in Form einer Wahlkonfrontation zu erfolgen hat und dass die Vorgehensweise zu dokumentieren ist.
- Darüber hinaus regeln Polizeiliche Dienstvorschriften[38], in welcher **29** Art und Weise Gegenüberstellungen zu organisieren sind. Folgende Faktoren sind bei der Gegenüberstellung von Kindern und Jugendlichen zu beachten:
  - Grundsätzlich sollten mit Kindern und Jugendlichen Gegenüberstellungen nur zum Zwecke der Wiedererkennung durchgeführt werden.
  - Es hat eine gedeckte Wahlkonfrontation zu erfolgen.
  - Bei der Gegenüberstellung soll der Polizeibeamte zugegen sein, der die Zeugenvernehmung mit dem Kind oder Jugendlichen durchgeführt hat.

---

34 Vgl. Eisenberg, 1995, S. 558.

35 BGH, Urteil vom 9.11.2011 – 4 StR 524/11.

36 Vgl. Kap. XIII.

37 RiStBV.

38 PDV 100 und PDV 382.

– Gegenüberstellungen zur Klärung von Widersprüchen sind nur in äußersten Ausnahmesituationen zulässig. Müssen sie aus beweistaktischer Sicht dennoch durchgeführt werden, sind die Kinder und Jugendlichen insbesondere psychologisch vorzubereiten. Dabei ist auf folgende Aspekte zu achten:
  - unter Umständen erstmalige Konfrontation mit dem Tatverdächtigen nach der Tat,
  - Suggestionsgefahr,
  - psychische Hemmnisse (Angst, Scham).
– Bei der Aufklärung von Sexualdelikten sind grundsätzlich keine Gegenüberstellungen zwischen Kindern und Tatverdächtigen zulässig. Sollte dennoch eine Gegenüberstellung notwendig werden, sind die Kinder vorzubereiten.
– Vorladungen von Kindern und Jugendlichen zu Gegenüberstellungen sind an den gesetzlichen Vertreter zu richten.
– Kinder und Jugendliche sollten vor Durchführung der Gegenüberstellung eine möglichst geringe Wartezeit haben. Sie sind von anderen Zeugen und Beschuldigten zu trennen.

Merke

Die gleichen Prinzipien sind bei der Durchführung von Gegenüberstellungen im Rahmen der Aufklärung von kinderdeliktischen Handlungen zu berücksichtigen. Tatverdächtige Kinder sind in diesen Fällen wie Zeugen zu behandeln.

Eine Dokumentationspflicht der Wiedererkennungsverfahren ergibt sich aus § 68b StPO.

1.3 Kriminaltaktisch-methodisches Vorgehen

1.3.1 Psychologische Grundlagen

1.3.1.1 Allgemeines

30 Psychologische Lehren und praktische Erfahrungen dieser Wissenschaft, verbunden mit kriminalistischem Sachverstand und Erfahrungswissen, bilden die Grundlage für eine geschlossene kriminalistische Psychologie.[39] Ein Teilgebiet ist die Vernehmungspsychologie. Sie befasst sich mit der Planung, Vorbereitung und Durchführung der Vernehmung als kommunikativem Prozess zwischen dem Ermittlungsbeamten auf der einen

39 Vgl. Belitz, Rüffer, S. 619.

und dem Beschuldigten oder Zeugen auf der anderen Seite. Im Mittelpunkt stehen dabei psychologische Methoden und Verfahren zur Gewinnung einer wahrheitsgemäßen Aussage.[40]

Aussagen von Zeugen oder Beschuldigten sind deren Äußerungen über eigene Bewusstseinsinhalte. Diese sind ihrem psychologischen Wesen nach subjektive Abbilder objektiv existierender oder wahrgenommener Ereignisse und Ergebnisse gedanklicher Tätigkeit (z.B. durch Denken oder Schlussfolgern unter Beteiligung der Fantasie). Das subjektive Abbild, über das in der Aussage mitgeteilt wird, entsteht über eine Vielzahl miteinander verflochtener psychischer Vorgänge. Grundlage bildet die Wahrnehmung, die eine bestimmte Person über ein kriminalistisch relevantes Ereignis getroffen hat. Die Wahrnehmung geht in das Gedächtnis ein, wird dort verinnerlicht und gespeichert. Während der Vernehmung oder der Wiedererkennungsmaßnahme wird später das im Gedächtnis haften gebliebene Ereignis, das Wahrgenommene aktualisiert, sprachlich als Aussage formuliert und im Vernehmungsprotokoll oder als Bild beim subjektiven Porträt dokumentiert. Aus diesem Grund ist es notwendig, sich im Zusammenhang mit der Vernehmung, dem Erstellen subjektiver Porträts und dem Wiedererkennen[41] mit dem Prozess der Aussagenentstehung zu befassen. 31

Merke 32

Jede Aussage hat Faktoren, die den Prozess der Entstehung der Aussage beeinflussen[42]:

- Jede Aussage hat ihre „Geschichte", die nicht erst mit der Erstbekundung beginnt, sondern schon mit der Wahrnehmung (historischer Aspekt).
- Die Entstehung der Aussage kann nicht losgelöst von der Persönlichkeit des Aussagenden betrachtet werden (Persönlichkeitsaspekt).
- Die Aussagesituation, d.h., die Gesamtheit der Bedingungen, unter denen die Aussage abgegeben wird, enthält eine Vielzahl von Faktoren, die auf die Aussage unmittelbar gestaltenden Einfluss nehmen (Situationsaspekt).
- Da eine Aussage mündlich vorgetragen wird, hat weiterhin die Frage Bedeutung, ob der Vernommene in der Lage ist, seine Gedankengänge ausreichend verständlich zu machen. Im Zusammenhang damit ist auch zu beachten, ob der Vernehmer die Aussage so versteht, wie sie gemeint war (semantischer Aspekt).

---

40 Die im nachfolgenden Abschnitt beschriebenen psychologischen Grundlagen sind allgemeingültig für die Themen Vernehmung, subjektives Porträt und Wiedererkennungsverfahren. Sie werden jedoch nur an dieser Stelle behandelt.

41 Vgl. Schurich; vgl. Rauchert; vgl. Römer (1984b), S. 181 ff.

42 Vgl. Römer (1984b), S. 75/76.

VIII

33 Für die Kriminalistik bedeuten diese Erkenntnisse, dass eine Aussage, das Erstellen eines subjektiven Porträts oder eine Wiedererkennungsleistung nicht erst im Moment der mündlichen Aussage im Rahmen einer Vernehmung beginnt, sondern bereits mit der ersten Wahrnehmung des kriminalistisch relevanten Ereignisses, von dem der Zeuge oft nicht weiß, dass es eine Straftat sein könnte.

Als Etappen der Herausbildung der Aussage lassen sich folgende psychische Prozesse ableiten:

- Wahrnehmung,
- Einprägen/Speichern und Behalten,
- Aktualisieren von Gedächtnisinhalten.

1.3.1.2 Wahrnehmen

34 **Wahrnehmen**[43] ist das Widerspiegeln unmittelbar auf die Sinnesorgane einwirkender Gegenstände und Erscheinungen der objektiven Realität im menschlichen Bewusstsein; Empfindungen werden zu ganzheitlichen Abbildern von Dingen oder Ereignissen zusammengefasst. Ziel ist das Gewinnen von Informationen über Erscheinungen der realen Welt.

35 Wahrnehmungen werden durch verschiedene Kriterien[44] bestimmt:

- **Gegenständlichkeit der Wahrnehmung**

  Gegenständlichkeit bedeutet, dass ein Ereignis, eine Person, ein Gegenstand in der Gesamtheit seiner Eigenschaften widergespiegelt wird. Einzelne Bestandteile werden in ihren räumlichen und zeitlichen Zusammenhängen wahrgenommen.

Merke

Dieses Kriterium der Wahrnehmung lässt sich für kriminalistische Zwecke durch assoziative Verbindungen nutzen.

Beispiel:

Es wäre möglich, dass sich ein Zeuge durch den räumlichen Zusammenhang bei einer Vernehmung (Aussagedemonstration) am Tatort an weitere Einzelheiten des Sachverhaltes erinnert.

43 Vgl. auch Zimbardo, Gerrig, S. 108.
44 Vgl. Rauchert.

- **Ganzheitlichkeit der Wahrnehmung** 36

  Dieses Kriterium beschreibt die Tatsache, dass jeder Gegenstand, jedes Ereignis oder jede Person durch eine Vielzahl von Eigenschaften gekennzeichnet ist, die von uns als Gesamtheit (Kombination einzelner Merkmale) wahrgenommen werden. Obwohl nur einzelne Merkmalsausprägungen erkennbar waren, werden Gegenstände als Gesamtheit erkannt.

Beachte

Dieses Problem der Ganzheitlichkeit der Wahrnehmung ist insbesondere bei Wiedererkennungsverfahren (z. B. Gegenüberstellung zur Identifizierung) zu beobachten.

Beispiel:

Ein Wiedererkennungszeuge erkennt spontan eine in der Reihe stehende Person als den Tatverdächtigen wieder. Bei einer nachfolgenden Vernehmung wird er gefragt, aufgrund welcher Merkmale er den Verdächtigen wiedererkannt hat. Der Zeuge, der ganzheitlich wahrgenommen hat, ist nun selten in der Lage, zu beschreiben, welche Merkmale es waren, die zur Identifizierung beigetragen haben. Er wird lediglich sagen können, dass es diese Person war.

Vom Beweiswert her ist diese Art der Wahrnehmung und Wiedererkennung höher einzuschätzen, als eine Beschreibung einzelner Merkmale, da der Zeuge hier eine Kombination verschiedenster Merkmale wahrgenommen, gespeichert und wiedererkannt hat.

- **Strukturiertheit der Wahrnehmung** 37

  Ganzheitlichkeit und Strukturiertheit ergänzen einander. Die Strukturiertheit der Wahrnehmung ermöglicht es, dass einzelne Merkmale erkannt werden können.

Merke

Bedeutung erlangt die Strukturiertheit beim sukzessiven Wiedererkennen (Erkennen anhand einzelner Merkmale), bei der Bestimmung einzelner Merkmale im Rahmen der Erstellung des subjektiven Porträts und bei der Zeugenvernehmung zur Personenbeschreibung des Tatverdächtigen.

Beispiele:

- Im Rahmen einer Vernehmung beschreibt ein Zeuge einzelne Merkmale des Tatverdächtigen, die er wahrgenommenen hat (z. B. die auffallende Tätowierung, einzelne Bekleidungsstücke, einen bestimmten Geruch). Die gesamte Person kann er jedoch nicht beschreiben.

VIII

- Dem Wiedererkennungszeugen werden bei der Erarbeitung eines subjektiven Porträts verschiedene Fotos von Personen mit unterschiedlichen Merkmalen (z. B. unterschiedliche Tätowierungen) gezeigt. Unter diesen Bildern erkennt der Zeuge die Tätowierung wieder, die der des Tatverdächtigen ähnlich ist.

38 ■ **Konstanz der Wahrnehmung**

Wahrnehmungskonstanz bedeutet, dass ein einmal definierter Gegenstand immer ein und derselbe Gegenstand in der Wahrnehmung bleibt.

Beispiel:

Eine einmal „definierte" Schusswaffe (z. B. Pistole) wird bei einem bewaffneten Raubüberfall als solche erkannt. Der Zeuge, der dazu aussagt, kann jedoch keine Feststellung treffen, ob es sich bei dieser Waffe um eine Imitation oder eine echte Waffe handelt. Für ihn bleibt das Aussehen relevant und seine Feststellung lautet: „Es war eine Pistole."

39 ■ **Sinnerfüllung der Wahrnehmung**

Das Wahrgenommene wird mit einem für den Zeugen relevanten Sinn „belegt". Der Gegenstand, die Person oder das Ereignis werden aufgrund der persönlichen Erfahrungen bekannten Erkenntnissen zugeordnet.

Merke

Die beschriebenen Kriterien treten bei jeder Wahrnehmung komplex in Erscheinung. Das bedeutet für die Durchführung von Vernehmungen, Wiedererkennungsmaßnahmen oder das Erarbeiten subjektiver Porträts, dass geprüft werden muss, welche Faktoren in welcher Auswirkung die Wahrnehmung kennzeichnen. Damit kann der Einfluss auf die Aussage bestimmt werden.

40 Wahrnehmungen, die ein Zeuge aufnimmt, unterliegen vielfältigen **Einflussfaktoren**.

Beachte

Es wird nicht immer das gesamte Geschehen, das ein Zeuge beobachtete, adäquat aufgenommen. Und es ist auch nicht zu erwarten, dass ein anderer Zeuge, der den gleichen Sachverhalt beobachtete, alles genauso wahrgenommen hat wie die andere Person.

Die Wahrnehmung wird von verschiedenen personalen Faktoren[45] beeinflusst:

- **Innere Bereitschaft und Einstellung** 41

  Die Wahrnehmung ist abhängig von der subjektiven Bedeutung des Ereignisses für den Zeugen und ist somit von seiner Erwartungshaltung bestimmt, die den individuellen Standpunkt zur Sache festlegt. Dieser wiederum ist ausschlaggebend für die Auswahl der Ereignisse, die aufmerksam wahrgenommen werden.

- **Soziale Faktoren** 42

  Einflüsse des sozialen Umfeldes können das Wahrnehmungserlebnis bestimmen. Das trifft für Personen mit einem besonderen Prestige ebenso zu wie für sozial schwache Menschen.

- **Ausfüllen von Lücken im wahrgenommenen Material** 43

  Fehler können auch durch die Auffüllung von Lücken[46] bei der wahrgenommenen Situation oder dem wahrgenommenen Ereignis entstehen. Um ein möglichst vollständiges Wahrnehmungsbild zu erreichen, wird Wirkliches mithilfe logischer Ableitungen durch Gewohntes ersetzt (z. B. sog. „Knallzeuge“). Aus gleichem Grund können auch nichtexistierende kausale Zusammenhänge hergestellt werden und atypisch verlaufende Ereignisse werden als typisch wahrgenommen.

- **Aufmerksamkeit bei der Wahrnehmung** 44

  Bei auf den Sachverhalt ausgerichteter Aufmerksamkeit ist mit größerer Wirklichkeitstreue zu rechnen, als wenn bestimmte Ereignisse, Vorgänge bzw. Abläufe nur am Rande wahrgenommen werden. Ist die Aufmerksamkeit allerdings auf einen einzelnen Punkt gerichtet, dann wird der gesamte Komplex, in dem sich der Punkt befindet, oft nicht wahrgenommen.

- **Interesse am Sachverhalt** 45

  Wahrnehmungen können auch nur ausschnitthaft sein. Je größer das persönliche Interesse an einem Sachverhalt ist, umso ausgeprägter sind die Wahrnehmungen dazu. Sympathie oder Antipathie, z. B. gegenüber Beteiligten, spielen eine große Rolle. Es kann zu einer Zentrierung des Aufmerksamkeitsverhaltens kommen. So wird z. B. die Aufmerksamkeit ausschließlich auf das Tatverhalten eines körperliche Gewalt anwendenden Täters und nicht auf das Verhalten der anderen Beteiligten

---

45 Vgl. Römer (1984a), S. 77 ff.

46 Vgl. Eisenberg, S. 559.

gerichtet. Das kann so weit gehen, dass andere Personen, Gegenstände oder Abläufe für den Wahrnehmenden zeitweilig weder optisch noch akustisch existieren.

46 ■ **Negativ wirkende Routineverrichtungen**

Viele Dinge des täglichen Lebens werden ständig wiederholend, automatisch oder mechanisch verrichtet. Fällt ein kriminalistisch interessierendes Ereignis in ein solches Feld des Aufmerksamkeitsverhaltens, kann es (bewusst oder unbewusst) zu falschen Aussagen kommen. Wird z. B. im Zusammenhang mit einem Brand am Montag eine Zeugin befragt, die arbeitstäglich den Kopierer ausschaltet, ob sie das auch am Freitag getan hat, kann es sein, dass sich diese lediglich an das erinnert, was sie üblicherweise zu tun pflegt und eben nicht genau den zu untersuchenden Zeitraum berücksichtigt.

47 ■ **Persönlichkeitseigenschaften**

Die Wahrnehmung einer Person ist geprägt von Erfahrungen, insbesondere von allgemeinen Lebenserfahrungen. Sie sind an die Persönlichkeitseigenschaft gebunden. So spielen u. a. die berufliche Qualifikation, die soziale Charakteristik, Fähigkeiten, Fertigkeiten, Begabung, Intelligenz und die berufliche Ausbildung eine große Rolle. Bei Erwachsenen findet man dabei eine Orientierung der Wahrnehmung auf das Wesentliche, das Erfassen des Sinns eines Reizkomplexes.

48 ■ **Aktuell-psychische Zustände**

Sowohl psychische Zustände als auch die aktuell psychische Verfassung können sich auf die Wahrnehmung auswirken. So kann ein psychisch belasteter und mit anderen Gedankengängen befasster Zeuge das Kerngeschehen einer Tat unter Umständen nicht vollständig erfassen. Die Beeinflussung durch Alkohol, Pharmaka oder Rauschgift und auch allgemeine körperliche Müdigkeit sind ebenfalls Faktoren, die Verzerrungen der Wahrnehmung herbeiführen können.

Darüber hinaus muss bei Zeugen beachtet werden, dass diese möglicherweise durch die Tat emotional beeinflusst (Traumatisierung) und unter Umständen sogar der ärztlichen Hilfe bedürfen. Die Aussagefähigkeit muss gegeben sein, um nicht zusätzliche Fehlerquellen entstehen zu lassen.

49 ■ **Reiz- und Empfindungsschwellen**

Reiz- und Empfindungsschwellen sind bei einzelnen Menschen unterschiedlich. Jedem Zeugen sind zudem natürliche Grenzen bei der Wahrnehmung gesetzt. Man kann nur eine bestimmte Menge von Ob-

VIII

jekten mithilfe der unterschiedlichen Sinnesorgane unterscheiden. Die Qualität der Wahrnehmung hängt wesentlich davon ab, welche Sinnesorgane gleichzeitig oder in Abfolge bestimmte Reize aufnehmen bzw. als Simultan- oder Sukzessivkontraste erfassen. Nicht jeder Zeuge, der einen Großbrand beobachtet, muss z.B. ein bestimmtes tatsächlich wahrnehmbares knisterndes Geräusch wahrgenommen haben.

- **Adaptation** 50

Im Zusammenhang mit den Reiz- und Empfindungsschwellen ist darunter die Anpassung der Wahrnehmung an bestimmte Reize, die nach bestimmter Zeit dann nicht mehr wahrgenommen werden, zu verstehen.

- **Wahrnehmungstäuschungen/Wahrnehmungsfehler** 51

Wahrnehmungstäuschungen treten als verschiedene Arten von Abweichungen zwischen dem Wahrgenommenen und den tatsächlichen Zuständen der objektiven Realität auf. Solche Täuschungen können relevant sein, wenn für bestimmte Wahrnehmungsobjekte oder für die einem Objekt zugeschriebenen Eigenschaften keine objektive Entsprechung besteht.

Es muss beim Wiedererkennungszeugen berücksichtigt werden, dass er subjektiv, situations- und umstandsbedingt Wahrnehmungsfehler gemacht haben kann, die allerdings nur schwer feststellbar sind. Bei der Vernehmung des Zeugen können auch Wiedergabefehler zustande kommen.

- **Objektive Wahrnehmungsbedingungen** 52

Die objektiven Wahrnehmungsbedingungen existieren unabhängig vom aufnehmenden Subjekt. Diese gehören nicht zu den psychologischen Einflüssen auf die Wahrnehmung. Bei der kriminalistischen Fallbearbeitung kommt es häufig vor, im Ergebnis von Aussagen an Ort und Stelle tatsächliche Wahrnehmungsbedingungen prüfen zu müssen.

- **Apperzeption** 53

Unter diesem Begriff ist das „Hinzuwahrnehmen“ zu verstehen. Es ist das Vermögen oder die Fähigkeit des Verstandes, zu abstrahieren und sich einheitliche Vorstellungen von einem Geschehen zu bilden. Bei einer Aussage von Zeugen oder Beschuldigten kann das tatsächlich Wahrgenommene mit diesen Abstraktionsresultaten vermischt sein.

Apperzeption heißt, dass die Wahrnehmung vom psychischen Leben und den Eigenschaften der Persönlichkeit geprägt ist. Die Wahrnehmung ist abhängig von den Erfahrungen des Subjekts, von Zielen und Motiven der Tätigkeit und der Einstellung.

Beachte

Es ist wichtig, die genannten Faktoren im Rahmen einer Vernehmung, der Erstellung des subjektiven Porträts oder im Vorfeld der Durchführung einer Wiedererkennungsmaßnahme zu prüfen und festzustellen. Nur so ist es möglich, Hinweise zu eventuellen Einflüssen und Fehlerkomponenten zu gewinnen und die Glaubhaftigkeit der Aussage einzuschätzen.

1.3.1.3 Speichern, Einprägen und Behalten

54 Das Einprägen/Speichern[47] beinhaltet die Phase der Gedächtnisprozesse, in der das Wahrgenommene im Gedächtnis „abgelegt" wird. Es beschreibt den Zeitraum zwischen Wahrnehmung und Aktualisierung von Gedächtnisinhalten.

Das Gedächtnis ist bereits an elementaren Formen des gegenständlichen Wahrnehmens beteiligt. Die Speicherung des Gedächtnismaterials hängt von verschiedenen Faktoren ab. Zum Beispiel wird Bedeutsames rascher und über längere Zeit gespeichert als Bedeutungsloses. Dabei wissen der Zeuge und mancher Beschuldigte oft nicht, ob Wahrgenommenes überhaupt einmal eine (kriminalistische oder strafrechtliche) Bedeutung erlangt.

Nicht alles, was erlebt wird, wird gespeichert. Aber es ist notwendig, dass das, was bei einer zeitlich oft später liegenden Vernehmung möglicherweise reproduziert werden soll, sich zunächst einprägen muss. In diesem komplexen Geschehen wird nicht nur etwas eingeprägt, sondern das Wahrgenommene wird auch gedanklich verarbeitet[48], man behält oder vergisst es, es wird bearbeitet und man erinnert sich wieder daran.

Merke

Einprägen ist die meist bewusste (oder unbewusste), absichtliche intentionale Aufnahme von Informationen zum Zwecke des langfristigen Behaltens.

55 Beim Einprägen werden **neue Informationen** in das System des bereits Gewussten (Apperzeption) eingeordnet. Das Wahrgenommene wird einer gewissen „Bearbeitung" unterzogen.

47 Vgl. Zimbardo, Gerrig (2018), S. 232 ff.
48 Vgl. Eisenberg, S. 559.

Das Einprägen[49] vollzieht sich 56

- in **raumzeitlichen** oder **assoziativen** Verbindungen („Knoten im Taschentuch").

  Bewusstseinsinhalte, die einmal gleichzeitig oder in einer Folge aufgetreten sind, bilden eine psychische Einheit. Bei einem späteren Auftritt eines Elementes des Eingeprägten wird der gesamte Erlebniskomplex aus dem Gedächtnis hervorgeholt.

  Dies widerspiegelt sich bei der Aussagedemonstration am Ereignisort (Vernehmung), bei der aufgrund der Situation am Ereignisort neue Erkenntnisse hervorgebracht werden. Auch beim Wiedererkennen, das auf einer ganzheitlichen Wahrnehmung beruht, wird dieses Phänomen (Kombination der Merkmale des Äußeren einer Person in ihren Beziehungen zueinander) deutlich, wenn der Wiedererkennungszeuge den Tatverdächtigen bestimmt.

> **Beispiel:**
>
> Ein Zeuge prägt sich im Zusammenhang mit einem Raubüberfall auf eine Poststelle das Äußere der tatverdächtigen Person ein. Nach Tagen begibt er sich zu dieser Poststelle und spontan fällt ihm dazu das Aussehen des Täters ein. Aus diesem Grund ist es günstig, Aussagedemonstrationen am Ereignisort durchzuführen.[50]

- In **sinnhaltigen** Verbindungen 57

  Sinnhaltige Verbindungen sind die, die eine Person dann aufbaut, wenn das wahrgenommene Ereignis für sie einen Sinn erfüllt. Es erfolgt dabei eine sinnhafte Auslese (Vergessen von Nebensächlichkeiten). Eingeprägtes Material kann nur dem Sinn (dem Verstand) nach reproduziert werden. Das bedeutet, wenn ein Zeuge den Sinn einer Handlung, eines Ereignisses nicht versteht, fällt es ihm schwer, sich diese Handlung einzuprägen.

Beim Einprägen unterscheidet man zwei Hauptformen: 58

- **beabsichtigtes** Einprägen (willkürlich)

  Tritt vorrangig dann auf, wenn die zu vernehmende Person die Bedeutung des Geschehens erkennt und die Möglichkeit künftiger Vernehmungen voraussieht. Dabei erfolgt eine genaue und oft vollständige Beschreibung des Sachverhalts und handelnder Personen.

---

49 Vgl. Römer (1984a), S. 80ff.

50 Vgl. Kap. XIII.

Beispiel:

Ein Zeuge prägt sich im Zusammenhang mit einem Raubüberfall auf eine Poststelle konkrete äußere Merkmale des Tatverdächtigen ein. Ursache für dieses Einprägen ist, dass er sich bewusst ist, evtl. als Zeuge später bei der Polizei vernommen zu werden.

59 ▪ **unbeabsichtigtes** Einprägen (unwillkürlich)

Ist dann gegeben, wenn die Person die Bedeutung des Sachverhalts nicht erkennt und das Geschehen „wie nebenbei" läuft. Geschwächt wird die Möglichkeit, sich unwillkürlich Ereignisse einzuprägen bei Stereotypen, Wiederholungen oder Automatismen. Hier ist eine genaue Zuordnung bestimmter Handlungen zu einzelnen Ereignissen (z.B. die Feststellung, ob das beobachtete Ereignis tatsächlich am Tattag wahrgenommen wurde) oft nicht möglich.

Merke

Die besten Bedingungen für das Einprägen sind dann gegeben, **wenn eine Person direkt an einer Handlung teilnimmt** oder wenn die Bewusstheit und Verständlichkeit den Grad der Einprägung erhöhen. Diese Faktoren sind in jedem Fall vor der Vernehmung, der Wiedererkennungsmaßnahme oder dem Erstellen eines subjektiven Porträts zu prüfen.

60 Das **Behalten** ist die Bewahrung von Informationen im Gedächtnis. Dem Behalten wirkt das Vergessen entgegen. Von einem Zeugen aufgenommene Informationen stehen nicht jederzeit vollständig und unverändert zur Verfügung. Das Eingeprägte, also bestimmte Informationen, werden bevorzugt gespeichert und langfristig behalten, andere aber schnell wieder vergessen. Der Zeuge oder Beschuldigte hat sie nicht behalten.

Im Laufe der Zeit nimmt die Gefahr des Verlustes oder der Entstellung von Informationen zu. Die Kurve des Vergessens bzw. Erinnerungsverlustes (nach *Ebbinghaus*)[51] durch Zeitablauf ist zu Beginn am größten und verflacht dann. Die taktische Forderung, Zeugen so früh wie möglich festzustellen und zu vernehmen, beruht darauf und soll den psychologisch bedingten Vorgängen des Vergessens entgegenwirken.

61 Der **Gedächtnisinhalt** ist nicht konstant, er verringert sich mit der Zeit. Das Vergessen ist abhängig von:

- der Art der Aufnahme der Information,

51 Vgl. Zimbardo, Gerrig (2018), S. 232 ff. oder auch Füllgrabe, S. 25.

- den Bedingungen des Einprägens,
- der subjektiven Verarbeitung und Bearbeitung,

Merke

Es muss deshalb berücksichtigt werden, dass Vernehmungen und Wiedererkennungsmaßnahmen im kurzen Abstand nach dem Ereignis durchgeführt werden sollten. Eine generelle Richtzeit kann nicht gegeben werden, da z. B. emotionale Einflüsse und individuelle Persönlichkeitseigenschaften die rationale Aktualisierung von Gedächtnisinhalten zeitlich unterschiedlich lang beeinflussen können. *Marquardt* und *Bettels* beweisen in einer aktuellen Studie die Vorteile einer frühzeitigen Aussage für die möglichst adäquate Wiedergabe von Gedächtnisinhalten.[52]

Für das Aussageverhalten ist wichtig zu unterscheiden, ob ein Sachverhalt **62** tatsächlich nicht mehr verfügbar ist (im allgemeinen, umgangssprachlichen Sinne vergessen wurde) oder er durch den Zeugen oder Beschuldigten selbst oder die angewandte Vernehmungsmethode (z. B. durch Assoziation) nicht reproduziert (hervorgeholt) werden kann.

Der Vernehmende kann unter Umständen auch auf Zeugen oder Beschuldigte treffen, die objektiv bedingte Störungen der Merkfähigkeit, des Einprägens, des Behaltens und des Reproduzierens haben. Gibt es Anzeichen für organisch oder psychisch begründete Gedächtnisstörungen, sollte ein Psychologe hinzugezogen werden.

Grundsätzlich sind nachfolgende Regeln (Bedingungen für die Merkfä- **63** higkeit) zu berücksichtigen, die einen Einfluss auf die Gedächtnisleistungen haben:

- Die Willkürlichkeit des Einprägens fördert das Behalten im Gedächtnis.
- Ein Einprägen im Sinnzusammenhang ist günstiger für die Gedächtnisleistung.
- Sinnvolles wird besser eingeprägt als Sinnloses.
- Ereignisse (Personen) prägen sich besser bei persönlicher Relevanz ein.
- Herausragendes prägt sich besser ein als Gewöhnliches.
- Wahrnehmungen mit emotionaler Beteiligung sind besser einprägsam.

---

52 S. 376 ff.

64 **Beachte**

Die Rolle der Emotionen[53] bei Gedächtnisprozessen kann sowohl eine positive als auch eine negative Wirkung hervorrufen. Positiv wirken Emotionen dann, wenn durch sie die Aufmerksamkeit bei der Wahrnehmung erhöht wird. Negativ wirken Emotionen dann, wenn sie z. B. durch Schock, Affekt oder Amnesie ein wirklichkeitsadäquates Wahrnehmen verhindern.

- Eine auf das Ereignis ausgerichtete Konzentration (Aufmerksamkeit) ermöglicht ein besseres Einprägen.
- Je mehr Sinnesgebiete an der Wahrnehmung und dem anschließenden Einprägen beteiligt sind, desto mehr Material kann behalten werden.
- Die Wahrnehmung und das Einprägen sind abhängig von Umfang und Komplexität des Ereignisses.
- Der Sinngehalt eines Ereignisses wird besser eingeprägt als konkrete Einzelheiten.
- Die Festigkeit des Einprägens nimmt zu, wenn das Ereignis sprachlich formuliert wurde.
- Eine Zunahme der Festigkeit ist ebenfalls gegeben, wenn man sich Gedanken über das Ereignis gemacht hat.
- Es erfolgt eine Zunahme der Merkfähigkeit bei Assoziationen.

1.3.1.4 Aktualisieren von Gedächtnisinhalten

65 Das Aktualisieren von Gedächtnisinhalten erfolgt, um sich Eingeprägtes in das Bewusstsein zurückzurufen, um z. B. im Rahmen einer Vernehmung eine Aussage zu machen oder auch ein Objekt/eine Person wiederzuerkennen.

Man unterscheidet zwischen der Reproduktion und dem Wiedererkennen.

53 Vgl. Römer (1984a), S. 82.

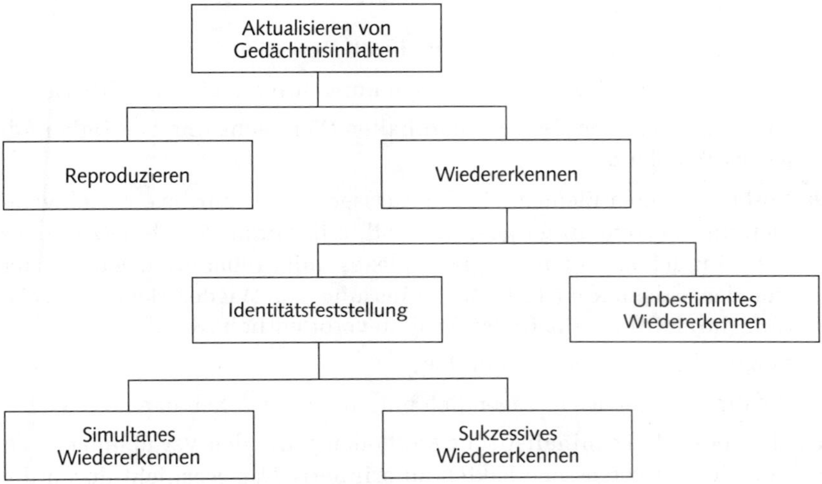

Abb. VIII.3 Aktualisieren von Gedächtnisinhalten

Die **Reproduktion** ist die aktive Aktualisierung vergangener Eindrücke in das Bewusstsein. Mitunter erfolgt eine Reproduktion auch ohne aktives Zutun. Das Reproduzieren beinhaltet eine gedankliche Beschreibung eines Sachverhaltes, eines Objektes oder einer Person. Diese Beschreibung wird verbal geäußert. **66**

Beispiel:

Eine Reproduktion erfolgt z.B., wenn ein Zeuge im Rahmen einer Zeugenvernehmung den Sachverhalt schildert, den er wahrgenommen hat. Ebenfalls gehört die verbale Beschreibung der Merkmale des Äußeren einer Person zur Reproduktion.

Nicht jede Vernehmung beginnt mit der Reproduktion von Gedächtnisinhalten im eigentlichen Sinne. Zunächst kommt es immer erst einmal darauf an, vom Zeugen oder Beschuldigten Sachverhalte zu erfragen, die meistens „abrufbereit" sind und ohne näheres Hinterfragen festgestellt werden können. Es ermöglicht „Vertrautes" wiederzuerkennen, sich zu erinnern. **67**

Das Reproduzieren von Informationen macht den Kern der Vernehmung und des Erarbeitens eines subjektiven Porträts aus und hat Einfluss auf die Vernehmungsmethoden.

Im Rahmen der Vernehmung hat der Vernehmer zu beachten:

- der Aussagende berichtet stets aus seiner Vorstellung über Vergangenes;

- Irrtum ist möglich;
- Ausfüllen von Gedächtnislücken durch Fantasie;
- Ausfüllen von Lücken zur Wahrnehmung durch logische Schlüsse;
- Durchmischen von Gedächtnisinhalten (Verwechslung der Reihenfolge des Tatablaufs);
- Einfluss fremder Elemente in die Aussage, weil Eindrücke verschwommen und lückenhaft gespeichert sind, z.B. durch Verschmelzung des ursprünglichen Vorstellungskomplexes mit anderen, eigenen oder fremden Erlebnissen (z.B. Beeinflussung der Wiedererkennungsleistung durch Bilder, die in den Medien veröffentlicht wurden);
- Möglichkeiten der Konfabulation;
- Gefahr von Prestigeaussagen (ich müsste es ja gesehen haben!).

68 Es gibt spezielle kriminalistische Methoden[54], um den Vernommenen zu helfen, sich an vergessene Fakten zu erinnern. Das geschieht durch die Art und Weise der Fragestellung und des Einbringens von Sachverhalten, die bei der zu vernehmenden Person assoziative Verbindungen aktivieren. Man verwendet auch Pläne, schematische Darstellungen, Zeichnungen, Fotografien, Modelle und Muster bei der Vernehmung. Ebenso geeignet sein können die Vorführung verschiedener Objekte, die Vorlage von Sachbeweisen, die Vernehmung an Ereignisorten u.a.

Beachte

Die Hilfestellungen bei Erinnerungen an vergessene Fakten dürfen **keine Elemente der Suggestion** enthalten!

69 Das **Erinnern** ist die Hauptform der Aktualisierung von Gedächtnismaterial. Es erfolgt, ohne dass ein aktuelles Wahrnehmungsbild gegeben ist. Die kriminalistische Vernehmungsmethodik zeigt Möglichkeiten der Nutzung der bisher in Grundzügen dargestellten vernehmungspsychologischen Grundlagen. Sie beruhen darauf, unwillkürlich Assoziationen hervorzurufen durch

- räumliche oder zeitliche Berührung,
- Einbringen von Ähnlichkeit bzw. Kontrast oder durch komplexe Assoziationen.

---

54 Z.B. Kognitives Interview, vgl. Artkämper, Floren, Schilling (Abschnitt: 5.1.1, RZ 452ff., S. 131).

Eine andere Form ist das willkürliche Erinnern als aktiver Reproduktionsprozess, z.B. durch bewusstes Nachdenken, Beseitigen von Erinnerungslücken, Schilderung des Sachverhaltes vom Ende an „rückwärts" oder durch Anknüpfen an andere Situationen des Aussagegeschehens.

Beim **Wiedererkennen** erkennt man Objekte, Prozesse oder Personen wieder, denen man vorher in einer anderen Situation bereits begegnet ist.[55] 70

Im Gedächtnis erfolgt ein Vergleich einer realen aktuellen Wahrnehmung (Wahrnehmungsbild) mit einem bereits früher gespeicherten Bild (Gedächtnisbild).

Das Wiedererkennen unterscheidet man in:

- unbestimmtes Wiedererkennen, 71

> **Beispiel:**
>
> Ein Zeuge begegnet einer anderen Person und meint, dass ihm diese Person irgendwie bekannt vorkommt, ohne sie jedoch mit einem Ereignis oder Sachverhalt in Zusammenhang bringen zu können.

- die Identitätsfeststellung. 72

> **Beispiel:**
>
> Im Rahmen einer Wahlgegenüberstellung identifiziert der Zeuge unter den auszuwählenden Personen den Tatverdächtigen.

Für die Gegenüberstellung zum Zwecke der Identifizierung ist die Identitätsfeststellung von Bedeutung. Das unbestimmte Wiedererkennen kann Indizienwert erhalten, aber auch nur dann, wenn dieses Wiedererkennen einen eindeutigen Sachverhaltsbezug aufweist.

> **Beispiel:**
>
> Ein Zeuge gibt an, dass eine der gegenübergestellten Personen sich mit anderen Personen zur Tatzeit am Tatort aufgehalten hat. Ob diese Person tatsächlich tatverdächtig ist, muss erst durch andere Ermittlungshandlungen geklärt werden.

Die Identitätsfeststellung lässt sich nochmals in zwei Formen des Wiedererkennens untergliedern,[56] in simultanes und sukzessives Wiedererkennen.

55 Vgl. Zimbardo, Gerrig (2018), S. 268 ff.
56 Vgl. Schurich; vgl. Rauchert.

VIII

73 Das **simultane** Wiedererkennen beruht auf einer ganzheitlichen Wahrnehmung.[57] Im Regelfall wird der Wiedererkennungszeuge spontan ein Objekt/eine Person identifizieren. In der kriminalistischen Praxis wird es häufig der Fall sein, dass die Person, die simultan wiedererkennt, meist eine relativ schlechte Personenbeschreibung abgeben kann. Dennoch hat diese Art der Wiedererkennung einen hohen Beweiswert, da die Kombination der Merkmale, die ein bestimmtes Objekt aufweist, einen Ganzheitseindruck vermittelt, der wiedererkannt wird.

Beispiel:

Ein Zeuge kann in einer ersten Vernehmung die Person des Täters nicht genau beschreiben, meint aber dennoch, dass er ihn wiedererkennen würde. In einer durchgeführten Wahlkonfrontation erkennt der Zeuge tatsächlich spontan den Tatverdächtigen wieder. In der nachfolgenden Vernehmung wird ihm die Frage gestellt, an welchen Merkmalen er denn nun die Person wiedererkannt hat. Darauf kann der Zeuge keine konkreten Angaben machen, sondern sagt lediglich aus, dass die Person, die er als Ganzes wiedererkannt hat, der Täter sein muss.

Beachte

Ähnlichkeitstäuschungen des Zeugen sind möglich.[58]

74 Die **sukzessive** Wiedererkennung beruht auf der Detailwahrnehmung (Strukturiertheit).[59] Der Wiedererkennungszeuge hat sich vom wiederzuerkennenden Objekt/Person spezifische Merkmale eingeprägt, an denen er eine Identifizierung vornehmen kann. Die Objekte, mit denen der Zeuge konfrontiert wird, werden nach diesen eingeprägten Merkmalen abgesucht und somit bei Übereinstimmungen die Identität festgestellt. Oftmals kann ein Zeuge das gesuchte Objekt beschreiben, allerdings werden häufig verschiedene Detailmerkmale genannt, ohne auf die Gesamterscheinung eingehen zu können. Fehlerhafte Zuordnungen sind nicht auszuschließen.

Beispiel:

Ein Zeuge erkennt bei einer Wahlgegenüberstellung die tatverdächtige Person anhand bestimmter Merkmale, z. B. Tragen eines Ringes, bestimmte Bilder von Tätowierungen, bestimmte Auffälligkeiten an der Kleidung (Beschädigungen, typische Verschmutzungen) wieder.

---

57 Vgl. RZ 36 dieses Kapitels.

58 Vgl. Eisenberg, S. 558.

59 Vgl. RZ 37 dieses Kapitels.

VIII

Beachte

Hat sich der Zeuge nur wenige Merkmale eingeprägt, so sind auch hier Ähnlichkeitstäuschungen möglich.[60]

Die beschriebenen psychologischen Grundlagen von **Wahrnehmen, Einprägen/Speichern und Aktualisieren von Gedächtnisinhalten** sind im Rahmen von Vernehmungen, dem Erstellen von subjektiven Porträts und im Wiedererkennungsverfahren als die wichtigsten Faktoren zur Aussagegewinnung zu beachten. Besonderheiten der Gedächtnisprozesse sind aufzuklären, um die Ergebnisse der Aussage oder der Wiedererkennung bewerten zu können.

1.3.2 Durchführung von Wiedererkennungsverfahren

1.3.2.1 Notwendigkeit der Wiedererkennungsverfahren

Die Vorbereitung und Durchführung von Wiedererkennungsverfahren erfordert einen hohen Organisationsaufwand. Deshalb ist zu klären, ob das angestrebte Ziel durch eine andere Ermittlungshandlung erreicht werden kann, die weniger aufwendig ist und die möglicherweise einen noch höheren Beweiswert hat. **75**

Es ist zu prüfen, inwieweit die Wiedererkennungsmaßnahme sich in die Gesamtheit der Ermittlungshandlungen einpasst. Hier sind insbesondere kriminaltaktische Aspekte zu beachten, z. B.,

- ob der Beschuldigte bereits Kenntnis darüber hat, dass gegen ihn ermittelt wird oder
- ob die Zeugenaussage zur Wiedererkennung das bisher einzige Beweismittel im Verfahren ist und so bei negativem Ausgang die Gesamtaufklärung des Verfahrens in Gefahr gerät.

1.3.2.2 Personelle Voraussetzungen

Die personellen Voraussetzungen einer Gegenüberstellung zum Zwecke der Identifizierung beziehen sich auf fünf Personengruppen: **76**

- Vergleichspersonen,
- Tatverdächtige,
- Wiedererkennungszeugen,
- Polizeikräfte, die die Gegenüberstellung durchführen,
- weitere anwesende Personen (z. B. Erziehungsberechtigte, Verteidiger/Pflichtverteidiger).

60 Zu weiteren Fehlerquellen beim Wiedererkennen vgl. Dowling, Gundlach, S. 288 ff.

VIII

77 **Merke**

Vergleichspersonen müssen dem Tatverdächtigen in Geschlecht, Hautfarbe und ethnischer Zugehörigkeit entsprechen. Sie sollten

- im Alter,
- in der Größe,
- in der Gestalt,
- in der Kleidung,
- im Aussehen

dem Tatverdächtigen ähnlich sein.

Besondere Merkmale, die z. B. durch den Zeugen im Rahmen der Vernehmung beschrieben worden sind, müssen alle Vergleichspersonen aufweisen. Hat der Tatverdächtige Besonderheiten, die durch den Zeugen nicht erkannt wurden, sollten diese verdeckt werden (maskenbildnerisch).

123 Als taktisch-methodische Hinweise für die Auswahl von Vergleichspersonen gilt es zu beachten:

- Es sollte nicht nur auf Polizeibeamte als Vergleichspersonen zurückgegriffen werden, denn der Wiederzuerkennende zeigt vitale Reaktionen (Schwitzen, Unruhe usw.), die im Regelfall bei Polizeibeamten nicht erkennbar sind.
- Dem Wiedererkennungszeugen dürfen die Vergleichspersonen vorher nicht bekannt sein oder bekannt gemacht werden.
- Die Vergleichspersonen sind auf die Gegenüberstellung vorzubereiten. Dazu ist der Ablauf der Wahlkonfrontation mit den Personen durchzusprechen. Besondere Aufmerksamkeit ist darauf zu legen, dass die Vergleichspersonen so vorbereitet sind, dass sie bestimmte Gesten, Mimiken, Bewegungen ausführen, wenn der Wiedererkennungszeuge solche Merkmale z. B. in seiner Vernehmung benannt hat oder während der Gegenüberstellung den Wunsch äußert, bestimmte Bewegungsabläufe darstellen zu lassen.
- In der Vorbereitung sollte der Hinweis gegeben werden, sich während der Gegenüberstellung am Tatverdächtigen zu orientieren. D. h., führt er Bewegungen aus, schneidet er Grimassen o. Ä., so sollten die Vergleichspersonen eine gleiche Verhaltensweise durchführen.
- Es sollten insgesamt sechs bis acht Vergleichspersonen (einschließlich des Tatverdächtigen) gegenübergestellt werden. In ihrer Einweisung ist darauf hinzuweisen, dass sie gleiches Verhalten wie der Tatverdächtige zeigen sollen.

Bei einer **simultanen Gegenüberstellung** stellen sich die Vergleichspersonen und der Beschuldigte in einer Reihe nebeneinander auf. Der Beschuldigte hat freie Reihenfolge- und Ziffernwahl. Eine aktive Teilnahme (z. B. Bewegen in irgendeiner Art und Weise) ist nicht erzwingbar. 79

Beachte

Es sollte jedoch vermieden werden, dass der Beschuldigte den ersten oder letzten Platz in einer Reihe einnimmt, „... unsichere Zeugen, die von der Situation beeindruckt oder überzeugt sind, dass sich unter den Vorgeführten der Täter befinden müsse, neigen eher dazu, die Personen auf dem ersten oder letzten Platz als Täter zu benennen. Eine richtige Einordnung des Verdächtigen in die Personengruppe beugt also einem Identifizierungsirrtum vor."[61]

Die zwangsweise Durchsetzung einer Wiedererkennungsmaßnahme birgt die Gefahr in sich, dass der Zeuge nicht unbeeinflusst den Wiedererkennungsvorgang absolviert. Eine Anwendung von Zwang gegenüber einer Person hat in jedem Fall eine suggestive Wirkung, sodass das Ergebnis der Gegenüberstellung von geringem Beweiswert sein kann. Gibt es Anzeichen, dass der Beschuldigte nicht bereit ist, an der Gegenüberstellung mitzuwirken, oder dass er die Gegenüberstellung stören will, sollte eine sequenzielle Gegenüberstellung erfolgen oder eine Gegenüberstellung mittels Aufzeichnungsmedium. Bei der sequenziellen Gegenüberstellung könnten die Vergleichspersonen dazu aufgefordert werden, sich genauso wie der Beschuldigte zu verhalten. Damit wäre die Verwertbarkeit des Identifizierungsergebnisses gegeben. 80

Tatverdächtiger 81

In Abhängigkeit von der ausgewählten Gegenüberstellungsmaßnahme ist der Tatverdächtige auf die Wahlgegenüberstellung vorzubereiten. Dazu kann es unter Umständen gehören, dass sein aktuelles Aussehen den Bedingungen zur Tatzeit angepasst werden muss. Rechtliche Voraussetzung bildet dafür der § 81a StPO. Eingriffe in die körperliche Substanz müssen durch eine Fachkraft durchgeführt werden. Zur Durchsetzung dieser Veränderungen kann Zwang angewendet werden (z. B. Festhalten).

Dem nicht aussagebereiten Beschuldigten sollte vor der Gegenüberstellung nochmals die Gelegenheit gegeben werden, sich zur ihm zur Last gelegten Tat zu äußern.

---

61 Römer (1984b), S. 192.

VIII

82 **Wiedererkennungszeuge**

Wiedererkennungszeugen sind Personen, die im Zusammenhang mit einem kriminalistisch relevanten Sachverhalt Wahrnehmungen über Personen und Sachen gemacht haben und in der Lage sind, Personen (in der Regel Tatverdächtigenmerkmale) bildlich zu reproduzieren sowie den Tatverdächtigen bei Gegenüberstellungen oder anderen Wiedererkennungsmaßnahmen zu identifizieren.

Im Regelfall haben sie immer auch weitergehende Wahrnehmungen oder Beobachtungen zur Straftat oder zum kriminalistisch relevanten Ereignis gemacht und sind somit Zeuge wie jede andere im Strafverfahren nicht beschuldigte Person.

Wird im Ergebnis von Ermittlungsmaßnahmen und der Fahndung eine verdächtige Person ermittelt, kann später die Aufgabe der Wiedererkennungszeugen darin bestehen, die verdächtige Person wiederzuerkennen oder auszuschließen.

83 **Merke**

Der Wiedererkennungszeuge muss über folgende Voraussetzungen verfügen:

- er muss das Objekt/die Person richtig wahrgenommen haben, d. h., er muss subjektiv in der Lage gewesen sein, wahrzunehmen, und die objektiven Wahrnehmungsbedingungen ließen eine entsprechende Wahrnehmung zu,
- er muss in der Lage gewesen sein, das Wahrgenommene zu speichern und darf Wesentliches nicht vergessen haben,
- er muss fähig sein, in einer entsprechenden Situation den Gedächtnisinhalt in Form der Wiedererkennung zu aktualisieren.

Darüber hinaus sollte der Zeuge auch in der Lage sein, zu verbalisieren, an welchen Merkmalen (sukzessives Wiedererkennen) bzw. an welchen ganzheitlichen Merkmalskombinationen (simultanes Wiedererkennen) er die zu identifizierende Person erkannt hat.

84 Der Wiedererkennungszeuge ist in der vorbereitenden Vernehmung auf die Gegenüberstellung einzustellen.

Es ist in der vorbereitenden Vernehmung zu klären, welche möglichen Einflüsse während der Wahrnehmung, des Einprägens und Speicherns und des Reproduzierens auf die Gedächtnisleistungen vorliegen. Ihre Wirkung ist einzuschätzen und zu bestimmen, wie sie die Wiedererkennungsmaßnahme beeinträchtigen können. Generell ist zu prüfen, unter welchen Faktoren der Wiedererkennungszeuge das Ereignis und das zu identifizierende

Objekt wahrgenommen hat und welcher Art die Wahrnehmungsbedingungen gewesen sind. Eine Einsicht in die Tatortdokumentation bzw. die Besichtigung des Tatortes lassen diesbezüglich Rückschlüsse zu.

> **Beispiel:**
>
> Einflüsse auf Wiedererkennungsleistungen können sein:
>
> - objektive und subjektive Wahrnehmungsbedingungen (Lichtverhältnisse, Entfernung, Dauer, emotionale Situation, Aufmerksamkeit),
> - Gespräche mit anderen über das Ereignis,
> - die Veröffentlichung von Fahndungsbildern, Phantombildern,
> - der Zeitfaktor zwischen Ereignis und Wiedererkennungsmaßnahme,
> - suggestive Einflüsse,
> - Erfolgsdruck/Wiedererkennungsdruck/Erwartungshaltung,
> - Vergessen,
> - veröffentlichte oder eigene bereits vorangegangene Personenbeschreibungen.

Die Vernehmungssituation ist so zu gestalten, dass **85**

- die Vernehmung in ungestörter Atmosphäre abläuft,
- kein Zeitdruck besteht,
- sicheres und unsicheres Wissen korrekt unterschieden und protokolliert wird,
- Zeugen nicht zu präziseren Aussagen gedrängt werden,
- kein Eindruck des „Aussagezwangs“ entsteht,
- der Vernehmungsbeamte auf die Beschreibung von bisher in der Vernehmung noch nicht geäußerten Merkmalskomplexen hinweist,
- der Vernehmungsbeamte in Einzelfällen mit Vergleichsmerkmalen (z. B. von öffentlich bekannten Personen oder Vorlegen einzelner Abbilder von Merkmalen) arbeitet.

Daneben sollte eine Beschreibung der zu identifizierenden Person erfolgen, auch mit dem Ziel, zu prüfen, ob ein simultanes oder sukzessives Wiedererkennen zu erwarten ist. Durch den Zeugen sind Merkmale zu benennen, an denen er den Verdächtigen identifizieren könnte. Diese Aussagen sind exakt im Vernehmungsprotokoll zu fixieren. **86**

Der Zeuge ist auf die Gegenüberstellung vorzubereiten, indem mit ihm der Ablauf der Gegenüberstellung durchgesprochen wird. Ihm muss mitgeteilt werden, wann und unter welchen Bedingungen (z. B. in direkter Konfrontation mit dem Beschuldigten) er seine Aussage über das Identifizierungsergeb- **87** nis machen soll. Der Zeuge darf nicht dem Druck ausgesetzt werden, unter allen Umständen aus der gegenübergestellten Personengruppe tatsächlich eine Person herauszufinden. Ihm sollte bewusst sein, dass der Täter vielleicht auch nicht unter den gegenübergestellten Personen zu finden ist.

Ein Kontakt zwischen Zeugen, Tatverdächtigen und Vergleichspersonen vor der Gegenüberstellung (z. B. zufälliges Zusammentreffen im Warteraum) ist zu verhindern.

Zu prüfen wäre, ob eine Wiedererkennungsmaßnahme unter den Tatort- und Tatzeitbedingungen durchgeführt werden sollte.

Der Wiedererkennungszeuge ist nach strafprozessualen Grundsätzen zu belehren.

Die Durchführung der Gegenüberstellung ist so zu organisieren, dass der Zeuge in der Lage ist, alle Personen unter gleichen Bedingungen wahrnehmen zu können. Es sollte ihm Gelegenheit gegeben werden, sich während der Gegenüberstellung Notizen machen zu können. Die Betrachtung hat in ruhiger Atmosphäre stattzufinden, suggestive Einflüsse (Gestik, Mimik, Sprache) sind zu unterbinden.

Gegenüberstellungdurchführende

88 Für die Durchführung der Wahlgegenüberstellung sind im Regelfall vier Beamte ausreichend. Der den Ermittlungsvorgang bearbeitende Sachbearbeiter sollte als Leiter der Gegenüberstellung fungieren. Ihm obliegen die Vorbereitung und Durchführung.

Insbesondere hat er folgende Aufgaben zu erfüllen[62]:

- Vorbereitung der an der Gegenüberstellung teilnehmenden Personen,
- Benachrichtigung des Verteidigers vom Termin der Gegenüberstellung,
- Bereitstellen der notwendigen materiell-technischen Mittel,
- Festlegen der Art und Weise der Dokumentation,
- Leitung der Gegenüberstellungsmaßnahme,
- Gewährleistung der Sicherheit aller Beteiligten,
- Vernehmung des Wiedererkennungszeugen nach der Gegenüberstellung.

Der Leiter der Gegenüberstellung hat während der Maßnahme im Raum anwesend zu sein und bestimmt, welche Handlungen von den Vergleichspersonen und dem Tatverdächtigen (z. B. etwas zu sagen, sich in irgendeiner Art und Weise zu bewegen) durchzuführen sind.

---

62 Vgl. Philipp, S. 18 ff.

Ein zweiter Beamter übernimmt die Protokollierung der Gegenüberstellung. Er fixiert den Ablauf, die Reihenfolge der Aufstellung der Vergleichspersonen und des Tatverdächtigen, die Ausgabe der Kennzahlen oder Kennzeichen und deren Verteilung, Besonderheiten des Ablaufs. Gleichzeitig ist er verantwortlich für die Kennzeichnung der an der Gegenüberstellung teilnehmenden Personen durch Ziffern, Buchstaben oder Piktogramme (bei Personen, z. B. Kindern, die noch nicht lesen können).

Ein dritter Beamter ist für die technische Dokumentation (z. B. mittels Fotografie oder Videoaufnahme) zuständig.

Der vierte Beamte überwacht die Einhaltung formaler Erfordernisse (z. B., dass mehrere Zeugen untereinander keinen Kontakt aufnehmen, dass Zeugen rechtzeitig zur Gegenüberstellung vorgeführt werden, dass Zeugen sich getrennt voneinander aufhalten).

Weitere anwesende Personen

Die Anwesenheit weiterer Personen, z. B. des Verteidigers oder Erziehungs- **89**
berechtigten des Beschuldigten, richtet sich nach den rechtlichen Möglichkeiten der Anwesenheit bei Vernehmungen und Gegenüberstellungen im Ermittlungsverfahren.

Dem Verteidiger ist ein Anwesenheitsrecht bei einer Gegenüberstellung mit Beschuldigten im Vorverfahren eingeräumt.[63]

1.3.2.3 Wahl der Art des Wiedererkennungsverfahrens

Nach der Prüfung der personellen Voraussetzungen ist zu entscheiden, **90**
welche Wiedererkennungsmaßnahme durchgeführt werden soll. Kriterien für die Auswahl der Wiedererkennungsmaßnahmen sind u. a.:

- Schaffung der für den Zeugen günstigsten Bedingungen (unter Beachtung der Wahrnehmungsbedingungen),
- Einschätzung des Zeit- und Kräftepotenzials sowie technische Voraussetzungen,
- kriminaltaktische Gesichtspunkte,
- die Wirkung des Wiedererkennens auf den Beschuldigten, z. B. Auslösen der Aussagebereitschaft (offene oder gedeckte Gegenüberstellung),
- Einschätzung der Frage, ob der Beschuldigte Kenntnis von der Gegenüberstellung haben soll oder nicht (verdeckte oder gedeckte Gegenüberstellung),

---

63 Vgl. Abschnitt 1.2.

VIII

- die Art der Wahrnehmung des Zeugen (simultane oder sukzessive),
- das Vorhandensein möglicher Vergleichspersonen zur maßnahmerelevanten Zeit (simultane oder sequenzielle Wahlgegenüberstellung[64]),
- zu erwartendes Verhalten des Beschuldigten bei der Durchführung der Wahlkonfrontation, Bildvorlage bzw. Wahlvideogegenüberstellung oder direkte Konfrontation),
- Sicherheit der Beteiligten.

91 In Abhängigkeit der Kriterien ist nun zu entscheiden, welche Art der Gegenüberstellung zur Identifizierung gewählt wird. Wichtig ist es, dass alle Kriterien eingeschätzt werden und die Maßnahme ausgewählt wird, bei der der Zeuge eine optimale Wiedererkennung leistet.

Merke

Generell ist nur ein Durchgang durchzuführen, Wiederholungen sind nur dann statthaft, wenn der Wiedererkennungszeuge Unsicherheiten zeigt **und** sich bei vorhergehenden Durchgängen noch nicht festgelegt hat bzw. der Beschuldigte mit dem Ergebnis der Wiedererkennungsmaßnahme direkt konfrontiert werden soll.

1.3.2.4 Materiell-technische Vorbereitung

92 Die materiell-technische Vorbereitung ist abhängig von den jeweiligen Möglichkeiten der Polizeidienststellen. Es empfiehlt sich, einen gesonderten Gegenüberstellungsraum vorzubereiten, der direkt auf die Anforderungen von Wahlkonfrontationen eingerichtet ist.

Folgende Minimalanforderungen sind zu erfüllen:

- die Raumgröße ist entsprechend der Anzahl der Personen zu bestimmen, um sie unbeengt aufstellen und eine Dokumentation gewährleisten zu können,
- gute Lichtverhältnisse und evtl. zusätzliche Ausleuchtung müssen vorhanden sein,
- die störungsfreie Durchführung (kein Durchgangszimmer, kein Besucherverkehr o. Ä.) ist zu gewährleisten.

Es muss die Möglichkeit gegeben sein, Aufenthaltsräume für Zeugen, in denen eine gegenseitige Beeinflussung ausgeschlossen werden kann, und Räume, in denen die vorbereitenden und abschließenden Vernehmungen durchgeführt werden können, zur Verfügung zu haben.

---

64 Bei Wahllichtbildvorlagen oder Wahlvideogegenüberstellungen ausschließlich sequenzielle Vorlagen.

Ebenso ist zu bestimmen, welche Hilfsmittel in Abhängigkeit von der Art der Wiedererkennungsmaßnahme im Einzelnen benötigt werden, z. B.: 93

- Lichtbilder,
- Videotechnik,
- venezianischer Spiegel.

Die Auswahl der materiell-technischen Mittel umfasst die Festlegung der Mittel der Dokumentation.[65] Es gilt weiterhin zu bestimmen, zu welcher Zeit die Gegenüberstellung zu erfolgen hat. Die Zeit ist abhängig vom Vorhandensein möglicher Vergleichspersonen (insbesondere bei der simultanen Gegenüberstellung) und wird durch kriminaltaktische Erfordernisse mitbestimmt.

Beispiel:

So kann es z. B. kriminaltaktisch erforderlich sein, eine Gegenüberstellung nach Ergreifen des flüchtigen Täters unmittelbar nach der Tat durchzuführen, da der Wiedererkennungszeuge noch in der Dienststelle ist. Da in diesen Fällen meist nur eine Einzelkonfrontation erfolgt, soll auf den geringeren Beweiswert dieser Wiedererkennungsmaßnahme hingewiesen werden.

In anderen Fällen erweist es sich als günstig, unmittelbar nach erfolgreichen strafprozessualen Zwangsmaßnahmen (z. B. Durchsuchung) eine Gegenüberstellung zu organisieren, da der Tatverdächtige noch unter dem Eindruck des Erfolgs der Maßnahme steht und somit vielleicht eine Aussagebereitschaft zu erreichen ist.

1.3.2.5 Durchführung des Wiedererkennungsverfahrens

Simultane oder sequenzielle Wahlgegenüberstellung

Nach der entsprechenden Vorbereitung erfolgt die Durchführung der Maßnahme, indem sich der Beschuldigte und die Vergleichspersonen in der vorher festgelegten Reihenfolge aufstellen. Danach erhalten die Personen die Zuordnungsnummern. Es erfolgt eine Foto- bzw. Videodokumentation der Aufstellung. 94

Der Wiedererkennungszeuge betrachtet jetzt die ihm gegenübergestellten Personen (unabhängig davon, ob eine offene oder gedeckte bzw. eine simultane oder sequenzielle Konfrontation erfolgt). Dem Zeugen ist Zeit und Ruhe zu geben und es ist keinerlei Einfluss auf den Zeugen zu nehmen.

In Abhängigkeit von der vorher geführten Absprache äußert der Zeuge, wenn er der Meinung ist, die Gegenüberstellung beenden zu können.

---

65 Vgl. RZ 97 ff. dieses Kapitels; vgl. auch Mahl, S. 234.

1.3.2.6 Wahllichtbildvorlage und Wahlvideogegenüberstellung

95 Dem Wiedererkennungszeugen werden jetzt einzeln die Lichtbilder vorgelegt oder am Bildschirm präsentiert bzw. die einzelnen Videoaufnahmen vorgeführt. Der Zeuge betrachtet, wählt aus und trifft ein Urteil. Wie bei den anderen Maßnahmen auch ist ihm Zeit und Ruhe zu geben, damit er mit Aufmerksamkeit die Maßnahme realisieren kann.

Nach jedem Bild sollte er zur Identifizierung bzw. zum Identifizierungsausschluss aussagen.[66]

Nach der Gegenüberstellung ist das Ergebnis in einer Vernehmung zu protokollieren, worin inhaltlich die folgenden Aspekte zu berücksichtigen sind:

- Darstellen des Verlaufs und Ergebnisses der Gegenüberstellung,
- Gründe für das Erkennen bzw. Nichterkennen der tatverdächtigen Person,
- Kriterien und Merkmale des Wiedererkennens,
- Beschreibung des Ganzheitseindrucks,
- Besonderheiten im Ablauf (z.B. Ursachen für Unsicherheiten).

In der Zeugenvernehmung genügt es nicht, festzustellen, dass es sich bei der gegenübergestellten oder ausgewählten Person um den gesuchten Täter handelt. Vielmehr sind im Sinne eines individualisierenden Merkmalsvergleichs in der Zeugenvernehmung alle Fakten aufzunehmen, die dafür oder dagegen sprechen, dass es sich um die gesuchte Person handelt. Der vernehmende Kriminalist muss neben der Darstellung der Methode und des Verlaufs des Wiedererkennungsprozesses vor allem auf charakteristische Merkmale, Einzelheiten und Besonderheiten eingehen, anhand derer der Zeuge oder das Opfer die gesuchte Person erkannte oder nicht erkannte. Letztlich geht es darum festzustellen, inwieweit eine Aussage objektiv, gültig und zuverlässig ist, also die Validität festzustellen.[67]

1.3.2.7 Ergebnisse von Wiedererkennungsmaßnahmen

96 Die Ergebnisse der durchgeführten Wiedererkennungsmaßnahmen können sein:

1. Der Wiedererkennungszeuge identifiziert die gesuchte Person bei der Gegenüberstellung eindeutig.[68]

---

66 Vgl. Frings, S. 334.
67 Frings, Kersting berichten über ein Forschungsprojekt Validität zu Wahllichtbildvorlagen.
68 Sauerland, Krix, Merckelbach befassen sich mit der subjektiven Sicherheit von Zeugen bei der Bewertung von Personenidentifizierungsentscheidungen.

2. Der Wiedererkennungszeuge scheidet bei der Gegenüberstellung die in Verdacht geratene Person kategorisch aus. Das führt in der Regel zu erneuten Prüfungen. Die charakteristischen Merkmale der gesuchten Person müssen erneut bewertet werden.
3. Der Wiedererkennungszeuge ist sich unsicher. Er hat Zweifel und kann nicht mit Sicherheit bestätigen, dass es sich um die gesuchte Person handelt, kann diese jedoch auch nicht begründet ausschließen. Derartige Identifizierungsergebnisse bestätigen die eingangs begründeten, im subjektiven Bereich menschlicher Wahrnehmungs- und Reproduktionsfähigkeit liegenden Grenzen dieser Methode.

   Im vorliegenden Fall ist aus kriminaltaktischen und beweisrechtlichen Gesichtspunkten die Aussage zu treffen: die verdächtige Person ist nicht auszuschließen, es muss durch andere kriminaltaktische Ermittlungsmethoden und Beweisverfahren geprüft werden, ob die in Verdacht geratene Person endgültig als die gesuchte ausgeschlossen werden kann.

   Sauerland, et. al. fordern deshalb, nach jeder getroffenen Entscheidung die Frage zu stellen „Wie sicher sind Sie sich der gerade getroffenen Identifizierungsentscheidung?“ und treffen Ableitungen, warum ein „Ich bin mir sicher“ aufschlussreich für die subjektive Sicherheit der Bewertung ist.[69]

1.3.2.8 Dokumentation

Beachte 97

Die Frage, wie sicher sich der Wiedererkennungszeuge bzgl. der getroffenen Identifizierungsentscheidung ist, erlangt besondere Bedeutung, da eine nochmalige Gegenüberstellung (z. B. im Hauptverfahren) nicht durchgeführt werden kann (Reproduktion der Reproduktion). D. h., die polizeiliche Wiedererkennungsmaßnahme gilt als Beweismittel und muss den strengen Beweismittelanforderungen entsprechen.

Die Dokumentationspflicht lässt sich aus § 168b StPO ableiten.

Bei Wahllichtbildvorlagen sind die vorgelegten Lichtbilder vollständig zu den Akten zu nehmen und eine Vernehmung (mit Protokollierung) des Zeugen zur Personenbeschreibung und zu den Wiedererkennungsmerkmalen ist durchzuführen. 98

69 Sauerland, Krix, Merckelbach, S. 673.

Bei Wahlgegenüberstellungen sind folgende Unterlagen zu fertigen:

- **Protokoll** über die Wahlgegenüberstellung
  - Ort und Zeit der durchgeführten Gegenüberstellungsmaßnahme,
  - Reihenfolge der gegenübergestellten Personen,
  - Ziffern und zugeteilte Nummerntafeln,
  - Namen der gegenübergestellten Personen mit Protokoll und Foto,
  - weitere mitwirkende Personen,
  - Zahl der Durchgänge,
- **Bericht** über die Wahlgegenüberstellung oder Aktenvermerk
  - Schilderung des Ablaufs der Wiedererkennungsmaßnahme,
  - Besonderheiten der Gegenüberstellung, wie Reaktionen, Äußerungen von Tatverdächtigen und Zeugen,
  - Entscheidungszeiten,[70]
- **Vernehmungsprotokoll** des Wiedererkennungszeugen,
- **Farbfoto** zur Situation der Gegenüberstellung von jedem Durchgang,
- **Tonbandaufnahmen** von Sprechproben.

Angestrebt werden sollte jedoch eine Aufzeichnung der Wiedererkennungsmaßnahme mittels Videotechnik. Dabei sind die schutzwürdigen Interessen der Teilnehmer zu berücksichtigen.[71] Der gesamte Gegenüberstellungsablauf ist aufzuzeichnen.

1.3.2.9 Auswirkungen des Wiedererkennungsverfahrens

99 Es gilt einzuschätzen, welche Reaktionen der identifizierte/nicht identifizierte Tatverdächtige (z.B. Geständnisbereitschaft, Gefühl der Sicherheit) zeigen wird.

Wichtig ist es ebenso, zu bestimmen, welche Auswirkungen die Wiedererkennungsmaßnahme auf den Zeugen ausüben wird (z.B. Angst vor Tatverdächtigen, Unsicherheit, aus Interessenlage heraus bewusst falsche Angaben). Unter Umständen ist es erforderlich, nach neuen Beweismitteln zu suchen.

---

70 Vgl. Artkämper (2009) (Vorbereitung und Durchführung der Maßnahme).

71 Insbesondere die seit dem 13.12.2019 in Kraft getretene Regelung des § 58a StPO (Aufzeichnung der Vernehmung in Bild und Ton). Ggf. sind zwei Kameras einzusetzen (Aufzeichnung der Reaktionen der Vergleichspersonen und des Tatverdächtigen sowie Aufzeichnung der Reaktionen des Zeugen).

In Fällen, die von vornherein Anhaltspunkte für die Gefährdung der Maßnahme durch das Verhalten des Verdächtigen aufweisen, empfiehlt sich eine Gegenüberstellung mittels Aufzeichnungsmedium.

1.4 Besondere Wiedererkennungsverfahren

1.4.1 Wiedererkennungsverfahren am Tatort[72]

Eine Gegenüberstellung unter den Bedingungen des Tatortes sollte immer **100**
dann erfolgen, wenn örtliche und zeitliche Bedingungen für die Wahrnehmung des Wiedererkennungszeugen von Bedeutung waren.

> **Beispiele:**
>
> Solche Bedingungen sind:
>
> - ungünstige Sichtverhältnisse,
> - veränderte Konturen und fehlerhafte Farbwahrnehmungen in der Dämmerung oder künstlicher Beleuchtung (Straßenlaternenlicht),
> - tatortspezifische Hindernisse, die der Täter überwinden musste (Überklettern eines Zauns),
> - die Gangart bei beschleunigtem Schritt.

Liegen derartige Bedingungen vor und sind diese nicht künstlich nachzu- **101**
vollziehen, erfolgt eine **Rekonstruktion der Handlungen am Tatort**, in die der Zeuge unmittelbar einbezogen wird. „Tatortrekonstruktionen sind in der Strafprozessordnung zwar nicht ausdrücklich geregelt, können aber auf die Generalklausel der §§ 161, 163 StPO gestützt werden, die auch eine Anwesenheit des Beschuldigten grundsätzlich zulässt. Eine ausdrückliche Regelung dieser Ermittlungsmaßnahme in der StPO verlangt die Richtlinie[73] nicht.“[74]

Da im Regelfall die Bedingungen des Tatortes nur eine Person handeln lassen können, ist eine sequenzielle Wahlgegenüberstellung anzustreben. Die Organisation, Durchführung und Dokumentation erfolgt unter den spezifischen Tatortbedingungen nach den allgemeinen Grundsätzen der sequenziellen Wahlgegenüberstellung. Positiv können Assoziationen wirken, die dem Zeugen helfen, Gedächtnisinhalte zu mobilisieren. In der nachfolgenden Vernehmung des Wiedererkennungszeugen sind vor allem die spezifischen Merkmale hervorzuheben, an denen der Tatverdächtige erkannt wurde.

---

72 Vgl. Römer (1984b), S. 193.

73 EU-Richtlinie 2013/48/EU.

74 Deutscher Bundestag, Drucks. 18/9534, S. 14.

VIII

Beachte

Diese Art der Wiedererkennung setzt immer das **aktive Mitwirken des Tatverdächtigen** voraus. Zwang zum Mitgestalten dieser Maßnahme kann gegenüber dem Verdächtigen nicht angewendet werden.

Es sind entsprechende Sicherheitsvorkehrungen (z. B. bei Teilnahme von Untersuchungsgefangenen oder zur Verhinderung von tätlichen Auseinandersetzungen) zu treffen.

1.4.2 Wiedererkennen der Stimme

102 Beim Wiedererkennungsverfahren der Stimme gelten die gleichen[75] Grundsätze[76] wie beim optischen Wiedererkennen. Der Wiedererkennungszeuge muss eine unbeeinflusste Wahlmöglichkeit haben.[77]

103 Als günstige Bedingungen für eine Identifizierung der Stimme werden benannt[78]:

- der Zeuge sollte während der Tat nur die Stimme des Tatverdächtigen wahrgenommen haben,
- er sollte sich bewusst gewesen sein, dass er diese Stimme evtl. wiedererkennen muss (bewusstes Einprägen),
- die Dauer des Sprechens des Täters sollte mindestens eine Minute betragen haben,
- der Täter sollte mehrere verschiedene Sätze gesprochen haben,
- die Stimme des Täters sollte nicht verstellt gewesen sein,
- eine Identifizierung sollte in einem relativ kurzen Zeitraum nach der Tat durchgeführt werden,
- der Wiedererkennungszeuge sollte aus einer Vielzahl ähnlicher Stimmen auswählen,

---

75 Eine Anordnung gemäß § 81a Abs. 1 und 2 StPO; Wahlgegenüberstellung samt Stimmvergleich angeordnet (AG Lüneburg, Beschluss vom 5.9.2014).

76 Vgl. Artkämper (2009); (keine) Besonderheiten bei einer Stimmidentifizierung.

77 „... Für die Identifizierung eines Tatverdächtigen aufgrund eines Stimmvergleichs müssen diese Grundsätze (des Wiedererkennungsverfahrens, d. A.) entsprechend gelten. Es ist sicherzustellen, dass der Zeuge die Stimme des Verdächtigen nicht isoliert, sondern neben anderen Stimmen hört. Die Vergleichsstimmen müssen eine gewisse Klangähnlichkeit aufweisen. Es dürfen dem Zeugen auch nicht etwa neben dem mit einem fremdländischen Akzent oder einem Dialekt sprechenden Verdächtigen Stimmen einer anderen Sprachheimat vorgestellt werden. ...“ (Aus den Urteilsgründen des BGH-Urteils vom 24.2.1994 – 4 StR 317/93 zum Beweiswert des Wiedererkennens einer Stimme, in: NStZ 1994, Heft 6, S. 296 und StV 6/94, S. 282).

78 Vgl. Hammersley, Read, S. 113 ff.

- der Zeuge sollte keine Hörbeeinträchtigungen besitzen,
- der Zeuge sollte keinen Grund zur Annahme haben, dass eine bestimmte Person Sprecher ist.

Die Dokumentation der Stimmidentifizierung erfolgt mittels akustischer Aufzeichnungstechnik. Es ist der vom Zeugen wahrgenommene Gesprächsteil aufzunehmen. Die Aufzeichnung ist zu den Akten zu nehmen. 104

In einer anschließenden Zeugenvernehmung sind die Merkmale der Stimme zu beschreiben, die die Identifizierung ermöglichten. Liegen auch Sprachaufzeichnungen vor, so sind gleichermaßen die Möglichkeiten der phonetischen Sprechererkennung für die Beweisführung zu nutzen.[79]

1.4.3 Die Vorlage von Sachen

Die Vorlage von Sachen kann entweder zur Identifizierung von Diebesgut oder zur Wiedererkennung von Gegenständen, die bei Straftaten von Bedeutung waren (z. B. Tatwerkzeuge oder verwendete Hilfsmittel), dienen. 105

Die Vorlage beginnt mit einer Zeugenvernehmung, in der der Wiedererkennungszeuge die Gegenstände detailliert beschreibt und auf besondere Merkmale (Gravuren, Gerätenummern, Beschädigungen, selbst angebrachte Kennzeichen) hinweist. Ist die Beschreibung detailliert und entspricht sie dem vorzulegenden Gegenstand (die Kenntnisse über diesen Gegenstand dürfen jedoch nicht allgemein bekannt sein, z. B. Beschreibung eines Kunstwerkes, das entwendet wurde und in Katalogen beschrieben worden ist), kann eine Einzelkonfrontation ausreichen. 106

Grundsätzlich sollte der Zeuge die unbeeinflusste Wahlmöglichkeit haben, also eine Wahlvorlage (sequenziell oder simultan) ist zu organisieren. Im Anschluss an die Wahlvorlage ist der Zeuge erneut zu vernehmen. Inhaltlich sollten die Merkmale im Mittelpunkt stehen, an denen der Zeuge den Gegenstand erkannt hat. Fehlen derartige Merkmale, ist lediglich eine Gruppenidentifizierung möglich. D. h., der Zeuge sagt aus, dass es sich um einen ähnlichen Gegenstand handelt.

Beachte 107

Bei der Identifizierung von Sachen, die bei Straftaten verwendet wurden, muss die Besonderheit beachtet werden, dass der Wiedererkennungszeuge diese Gegenstände im Regelfall nur sehr kurzzeitig wahrgenommen hat und somit individualisierende Merkmale selten zu benennen sind. Der Wiedererkennungszeuge wird in diesen Fällen nur eine allgemeine Beschreibung geben können

---

79 Dubielzig, Meinerz, S. 536 ff.

und eine Gruppenidentifizierung vornehmen. Darüber hinaus hat die Identifizierung von Diebesgut (z. B. nach erfolgten Durchsuchungen) zur Klärung von Besitzverhältnissen Bedeutung für die Beweisführung. Bei ihrer Identifizierung sollten analoge Grundsätze beachtet werden.

108 Benennt der Zeuge einen Gegenstand als Tatgegenstand, so ist festzuhalten, welche spezifischen Wiedererkennungsmerkmale dieser Aussage zugrunde liegen.

Die Dokumentation der Vorlage von Sachen sollte nach den Grundsätzen der direkten Wahlgegenüberstellung erfolgen.

1.4.4 Das Vorweisen einer Leiche

109 Diese Maßnahme dient dazu, **unbekannte Tote zu identifizieren.** In der Regel wird mittels Lichtbildvorlage eine tote Person identifiziert. In Ausnahmefällen kann aber auch eine Einzelkonfrontation durchgeführt werden. Eine Wahlkonfrontation ist aus ethischen Gründen abzulehnen, kann jedoch bei außergewöhnlichen Schadensereignissen wie Luftfahrtunfällen, Eisenbahnkatastrophen oder Naturkatastrophen notwendig werden.

Eine Leiche vorzuweisen kann immer dann notwendig werden, wenn die Feststellung der Identität nach dem Auffinden der Leiche unter Umständen die erste und für die weiteren Ermittlungen entscheidende Maßnahme ist.[80]

Liegt keine zeitliche oder kriminaltaktische Dringlichkeit vor, kann das Vorweisen einer Leiche durch eine Lichtbildvorlage ersetzt werden.

110 Bei der Durchführung dieser Art der Gegenüberstellung sind jedoch besondere methodische Aspekte zu berücksichtigen[81]:

- Wiedererkennungszeugen werden im Regelfall aus dem persönlichen Nahbereich stammen, sie sind entsprechend vorzubereiten,
- eine Vermutung über die Identität der Leiche wird vorausgesetzt, weil nur auf dieser Grundlage Wiedererkennungszeugen ausgewählt werden können,
- die vorbereitende Vernehmung ist dadurch gekennzeichnet, dass
  - Identifizierungszeugen den Toten meist längere Zeit gekannt haben und so in der Lage sind, bestimmte Identifizierungsmerkmale zu benennen, die über den optischen Eindruck einer Gegenüberstellung hinausgehen (z. B. Narben, Merkmale, die auf ärztliche Eingriffe zurückgehen),

80 Vgl. Wirth (2023a), S. 586.
81 Vgl. Römer (1984b), S. 196.

  - der Wiedererkennungszeuge in einer psychischen Ausnahmesituation steht,
  - Identifizierungsirrtümer können (selbst bei nahen Verwandten) auftreten, da der/die Tote entstellt ist,
- die Leiche sollte in der Bekleidung vorgewiesen werden, in der sie aufgefunden wurde.
- In der nachfolgenden Vernehmung ist zu klären, an welchen körperlichen Merkmalen die Leiche identifiziert wurde.
- Erfolgte die Identifizierung einer entstellten oder verstümmelten Leiche nur anhand der Bekleidung oder mitgeführter Gegenstände (z. B. Schmuck), so ist dieses Ergebnis besonders hervorzuheben. Die Identifizierung basiert in diesem Fall nur auf Schlussfolgerungen. Es ist zu berücksichtigen, dass die Identitätsfeststellung unter Umständen nur vorgetäuscht sein kann oder irrtümlich erfolgt.
- Die Angaben des Wiedererkennungszeugen, die vorher gegeben wurden, sind durch den Ermittlungsbeamten zum einen mit der Leiche selbst und auch mit den nachfolgenden Aussagen des Wiedererkennungszeugen zu vergleichen.
- Die Dokumentation erfolgt nach den üblichen Grundsätzen einer Gegenüberstellung.
- Die Durchführung einer **Lichtbildvorlage** einer Leiche orientiert sich an den oben beschriebenen Besonderheiten. Auch hier sind die Besonderheiten der Situation und der Spezifik des Vorweisens einer Leiche zu berücksichtigen.

Es gibt weitergehende Ermittlungs- und Identifizierungsmöglichkeiten, wie z. B. das Wiedererkennen von Personen, die aus einer Gruppe heraus Straftaten bei Krawallen, Demonstrationen oder Clan-Auseinandersetzungen u. a. begangen haben. Die Zusammenhänge sind komplexer Natur (Aufzeichnung; Beweiswert; Identifizierung von Tathandlungen; Beurteilung von Bildsequenzen, Wiedererkennungschancen; Herstellung besonderer visueller Fahndungshilfen), sodass diese im Rahmen dieser Veröffentlichung nicht behandelt werden können.

VIII

2 Subjektives Porträt

2.1 Begriff und Zielstellung

111 Neben den Wiedererkennungsverfahren gibt es kriminalistische Maßnahmen, die dadurch gekennzeichnet sind, dass ein Zeuge eine Beschreibung von Merkmalen einer Person abgibt. Dazu gehören:

- die Beschreibung einer Person im Rahmen der Zeugenvernehmung (Personenbeschreibung) oder
- die Erstellung des **subjektiven Porträts**, bei der Bilder vom Gesicht oder dem Oberkörperbereich der infrage kommenden (gesuchten) Person angefertigt werden können.

112 Die Bezeichnung **subjektives Porträt** ist ein **Oberbegriff** für aus dem Gedächtnis gezeichnete oder unter Zuhilfenahme technischer Verfahren hergestellte Porträts. Es sind Skizzen oder Bildnisse von Menschen „mit weitgehend plastischer Darstellung der individuellen Gesichtszüge, basierend auf der Personenbeschreibung durch einen Zeugen".[82]

Die Bezeichnung der auf der Grundlage von Wahrnehmungen der Zeugen oder Opfer hergestellten Bilder, Zeichnungen oder Porträts ist breit gefächert. Im europäischen Raum ist die Bezeichnung **Phantombild** am weitesten verbreitet. Dieser Begriff charakterisiert die im Bereich der **Wahrnehmungspsychologie** liegenden wissenschaftlichen Grundlagen des Verfahrens unzureichend, weil lediglich eine **Methode** der Herstellung eines Porträts beschrieben wird. Die Bezeichnung ist auch der Medizin entlehnt, die den Begriff **Phantom** für die **künstliche Nachbildung** eines Organs oder eines Körperteils verwendet.

Die Merkmale des Äußeren können nicht am unmittelbaren Objekt, also der gesuchten Person festgestellt und objektiv fixiert werden, deshalb hat der Begriff des subjektiven Porträts in der Kriminalistik Eingang gefunden.[83]

Durch Spezialisten wird das im Gedächtnis eines Zeugen oder Opfers haften gebliebene Bild von der gesuchten Person über den Weg der opti-

---

82 Wirth (Hrsg.), S. 603.

83 Vgl. Snetkow, Sinin, Delang. Diese Begriffsbestimmung, die dem psychologischen Wesen der Methode näher als jede andere begriffliche Beschreibung kommt, vollzog sich international im Ergebnis von kriminalistischen Forschungsarbeiten in der ehemaligen DDR und in den Ostblockländern. Ungeachtet dessen wird jedoch in der Polizeipraxis meist der Begriff „Phantombild" verwendet.

schen Anschauung und verbalen Reproduktion, seiner sprachlichen und textlichen Wandlung grafisch in eine Zeichnung, ein Bild, ein Porträt umgesetzt.

Das Porträt wird während der Vernehmung „des Zeugen mithilfe eines Computerprogramms aus gespeicherten Bildelementen angefertigt (Formen von Stirn, Wangen, Kinn, Augenbrauen, Augen, Nase, Mund, Ohren, Bart, Frisur, Kopfbedeckung, Hals, besondere Merkmale), mit zeichnerischen Elementen ergänzt und nach Angaben des Zeugen stetig korrigiert.“ [84]

Der Einsatz rechnergestützter Bilderstellungssysteme bzw. o.g. Verfahren führt zu sehr brauchbaren Fahndungsbildern, die sozusagen als Oberbegriff für alle Verfahren auch **visuelle Fahndungshilfe** genannt werden.

In den Bundesländern werden von Polizeizeichnern bzw. Porträtisten unterschiedliche Herstellungsverfahren verwendet.[85]

Merke 113

Ein **subjektives Porträt** ist ein nach verbaler Beschreibung durch einen Zeugen oder ein Opfer mit technischen Mitteln gestaltetes Bild, welches zum Zwecke der Wiedererkennung von unbekannten Personen (vorrangig Täter oder Verdächtige) bei der kriminalistischen Ermittlungstätigkeit und der polizeilichen Fahndung verwendet wird.

2.2 Rechtsgrundlagen

Rechtliche Grundlage für das Anfertigen subjektiver Porträts ist der § 163 StPO, in dem festgelegt ist, dass alle Maßnahmen zu treffen sind, um einer Verdunklung der Sache entgegenzuwirken und Ermittlungen jeder Art vorzunehmen sind.[86] 114

Die rechtliche Stellung eines Wiedererkennungszeugen ist die jedes anderen Zeugen. Seine Vernehmung erfolgt gemäß §§ 48–71 sowie § 163 Abs. 3 StPO.

Die Vernehmung des Wiedererkennungszeugen wird unter Beachtung der rechtlichen und kriminaltaktischen Regeln sowie unter Berücksichtigung möglicher schutzwürdiger Interessen gem. § 48a StPO[87] durchge-

---

84 Wirth (Hrsg.), S. 603.

85 Vgl. Bundeskriminalamt: Beilage zum Bundeskriminalblatt Nr. 136/94. Vgl. dazu auch Mendelin; Wortmann.

86 Vgl. Meyer-Goßner/Schmitt, § 163 StPO, RZ 1.

87 Vgl. Kap. XIII.

führt. Die Aussagen des Wiedererkennungszeugen gehen, wie die jedes anderen Zeugen als personales Beweismittel in das Strafverfahren ein. Der Zeuge wird umfassend zu allen Wahrnehmungen im Hinblick auf die Tataufklärung, insbesondere den Tathergang und alle anderen für die Beweisführung zur Straftat bedeutsamen Umstände, vernommen.

Das zu fertigende Zeugenvernehmungsprotokoll muss in beweiswürdiger Form den Komplex aller Aussagen beinhalten, die der Wiedererkennungszeuge zum Tatablauf/Sachverhalt und zur gesuchten unbekannten Person machen kann. Die Anfertigung des Protokolls ist Aufgabe des Polizeivollzugsbeamten in seiner Eigenschaft als Ermittlungsperson der Staatsanwaltschaft und es muss der Form und dem Inhalt nach alle Anforderungen von §§ 168a und 168b StPO erfüllen.

Das subjektive Porträt ist ein Fahndungshilfsmittel und seiner rechtlichen Natur nach eine Abbildung gem. § 131 Abs. 4 StPO.[88] Somit ist die rechtliche Voraussetzung gem. § 131b StPO[89] gegeben, das subjektive Porträt zum Zwecke der Fahndung (Identitätsfahndung) zu veröffentlichen. Das ist zulässig, wenn eine Straftat von erheblicher Bedeutung vorliegt oder wenn die Aufklärung der Tat, insbesondere die Feststellung der Identität des unbekannten Täters, mit anderen Mitteln nicht möglich ist oder sich weniger erfolgversprechend darstellt.[90] Die Anordnung einer solchen Maßnahme erfolgt auf Grundlage des § 131c StPO durch den Richter, bei Gefahr im Verzug durch die Staatsanwaltschaft und ihre Ermittlungspersonen (gem. § 152 GVG).

Die polizeiliche Suche und Fahndung nach Menschen, die der abgebildeten Person ähnlich sehen, erfolgt im Rahmen der gesetzlich zulässigen strafprozessualen Regelungen sowie der Polizeiaufgabengesetze der Länder.

Werden verdächtige Personen festgestellt, wird geprüft, ob sie mit der gesuchten Person identisch sind. Rechtliche Grundlage dafür sind die Regelungen des § 163 StPO[91] sowie des § 163b StPO (Feststellung der Identität). Im Ergebnis wird diese Person als die gesuchte identifiziert oder ausgeschlossen.

---

88 Vgl. Meyer-Goßner/Schmitt, § 131, RZ 5.

89 Vgl. Meyer-Goßner/Schmitt, § 131b StPO RZ 1.

90 Vgl. Meyer-Goßner/Schmitt, § 131b, RZ 1 ff.

91 Vgl. Meyer-Goßner/Schmitt, § 163 StPO, RZ 28, 28a, 34; näher erläutert in RiStBV Ziff. 39–43.

2.3 Anfertigen von subjektiven Porträts und deren Nutzung

2.3.1 Das Anfertigen von subjektiven Porträts

2.3.1.1 Entscheidung zur Anfertigung des subjektiven Porträts

Bei geeigneten kriminalistisch zu untersuchenden Sachverhalten stellt **115**
sich die Frage, **ob und wann** es notwendig ist, ein subjektives Porträt anfertigen zu lassen.

> **Merke**
>
> Es gilt der Grundsatz, dass ein subjektives Porträt sobald wie möglich anzufertigen ist und nicht erst als letztes Mittel genutzt werden soll.

Als Voraussetzungen für die Anfertigung von subjektiven Porträts gilt:

- Es wurden Zeugen festgestellt, die sich das Aussehen des Verdächtigen eingeprägt haben.
- Sie sind in der Lage, ihre Wahrnehmungen sprachlich so wiederzugeben, dass ein subjektives Porträt gestaltet werden kann.
- Andere Ermittlungshandlungen führen nicht eindeutig zur Ermittlung des Tatverdächtigen.

Unter diesen Umständen sollte die Möglichkeit der Anfertigung eines subjektiven Porträts geprüft werden.

2.3.1.2 Prüfungszeitpunkt

Bereits bei der Durchführung der Aufgaben und Maßnahmen des Ersten **116**
Angriffs, insbesondere des Auswertungsangriffs, ist festzustellen, ob es Zeugen oder Opfer gibt, deren Aussagen über den Täter so prägnant sind, dass daraus mit ihrer Hilfe ein subjektives Porträt gefertigt werden kann.

Die Möglichkeiten, das zu prüfen, ergeben sich im Wesentlichen:

- während der Anzeigenaufnahme, insbesondere bei solchen Delikten, bei denen das Opfer einen unmittelbaren Kontakt mit dem Täter hatte (z. B. Körperverletzung, Sexualstraftat, Raub) oder bei denen die gesuchte Person längere Zeit beobachtet werden konnte;
- bei der Zeugenermittlung im Wahrnehmbarkeitsbereich und der ersten Befragung von Zeugen während des Ersten Angriffs;
- im Verlauf von weiterführenden planmäßigen Ermittlungsmaßnahmen nach dem Ersten Angriff, wenn diese zur Feststellung von neuen Zeugen führen.

Merke

Allein die Tatsache, dass ein Opfer den Täter wahrgenommen oder ein Zeuge diesen beobachtete, reicht für den Einsatz eines Spezialisten zur Anfertigung von subjektiven Porträts nicht aus.

Die zum Täter gemachten Angaben über Merkmale des Äußeren – des Gesichts – müssen so prägnant sein, dass Zeuge oder Opfer den markanten Tätertyp beschreiben oder „zusammensetzen" und die gesuchte Person nach Möglichkeit wiedererkennen können.

2.3.1.3 Zeugen-/Opfervernehmung

117 Zeugen und Opfer sind zunächst zu belehren und danach zu folgenden Aspekten zu vernehmen:

- Kurze Schilderung des Tatablaufs,
- allgemeine Personenbeschreibung,
- Beschreibung der Bekleidung,
- Erfragung von markanten bzw. typischen Merkmalen zum Gesicht des Täters (Kopfform, Haare, Nase, Ohren, Augen, Lippen u. a.),
- Feststellen, inwieweit signifikante Wiedererkennungsmerkmale so durch den Zeugen beschreibbar sind, dass aus bildlichen Vorlagen zu Elementen des Gesichts durch ihn solche ausgewählt werden können, die dem Aussehen des Unbekannten nahekommen,
- bekannte Personen (als Test) beschreiben lassen,
- Personengedächtnis prüfen,
- Klären, mit welchem Grad von Wahrscheinlichkeit bei Gegenüberstellung die Identifizierung möglich erscheint.

118 Es ist zu prüfen, ob der Zeuge oder das Opfer als Wiedererkennungszeuge geeignet sind. Dies beinhaltet, ihre geistige Reproduktionsfähigkeit zu prüfen und festzustellen, ob sie in der Lage sind, das zur Person Wahrgenommene möglichst adäquat wiedergeben bzw. in einem Gesichtselementespeicher (Folien, elektronische Datenspeicher) wiederfinden und eine Beschreibung wiedergeben zu können.

Bewertungskriterien dabei sind u. a.:

- „Qualität und Umfang der Wahrnehmung
- Entfernung des Zeugen zum Täter
- Voll-/Teilmaskierung des Täters
- Sehfähigkeit des Zeugen

- Lichtverhältnisse zum Beobachtungszeitpunkt
- Dauer der Beobachtung
- Erinnerungsvermögen des/der Zeugen
- Ausdrucksfähigkeit des/der Zeugen bei der möglichen Täterbeschreibung
- Kooperationsfähigkeit und Kooperationswilligkeit der/des Zeugen
- Glaubwürdigkeit des Zeugen“[92]

Diese Erkundungsaufgabe obliegt dem sachbearbeitenden Kriminalisten, was in jedem Falle einer vernehmungspsychologischen Sachkenntnis bedarf.

Beachte 119

- Trotz der Notwendigkeit der Prüfung keine ins letzte Detail gehenden Fragen stellen!
- Die weitere detaillierte Befragung des Wiedererkennungszeugen soll dem dafür besonders geschulten Spezialisten zur Anfertigung subjektiver Porträts vorbehalten bleiben, deshalb: Keine „Vorwegnahme“ der Spezialistenbefragung!
- Den Test im Rahmen des üblichen Maßes der Erfragung von äußeren Kennzeichen und Merkmalen, die für die Auslösung einer Sofortfahndung, Nahbereichsfahndung oder Ringalarmfahndung erforderlich sind, durchführen!
- Am Ende des Tests ist zu entscheiden, ob der Zeuge oder das Opfer sich als Wiedererkennungszeuge eignet oder nicht. Nach Feststellung der Geeignetheit bezeichnet man diese Auskunftspersonen als **Wiedererkennungszeugen**.

2.3.2 Vernehmung des Wiedererkennungszeugen

2.3.2.1 Bedeutung des Wiedererkennungszeugen

Der Wiedererkennungszeuge erlangt aus **kriminaltaktischer** Sicht in zweierlei Hinsicht an Bedeutung: 120

- als allgemeiner Zeuge, der zum Tatgeschehen oder anderen Sachverhalten Aussagen machen kann,
- als Wiedererkennungszeuge, weil er über seine allgemeine Zeugeneigenschaft in der Lage ist, zur Herstellung eines subjektiven Porträts beitragen zu können.

Aus praktischen Gesichtspunkten haben sich die folgenden Wege der Vernehmung eines Wiedererkennungszeugen bewährt.

92 Frings, S. 391.

VIII

2.3.2.2 Vernehmung durch den Vorgangssachbearbeiter (Ermittlungsperson)

121 Nachdem die Geeignetheit als Wiedererkennungszeuge festgestellt ist[93], muss entschieden werden, ob der Zeuge oder das Opfer durch den Sachbearbeiter der Kriminalpolizei **sofort** zum Sachverhalt vernommen wird **oder** zunächst eine **Vernehmung durch den Porträtspezialisten** zweckmäßig ist. Welche Entscheidung getroffen wird, ist von verschiedenen Faktoren abhängig, beispielsweise von:

- der Schwere und Öffentlichkeitswirksamkeit des Deliktes,
- von der psychischen und körperlichen Verfassung des Zeugen,
- der Wichtigkeit seiner Aussagen für die Fortführung des Ermittlungsverfahrens,
- von der Notwendigkeit der Anordnung strafprozessualer Zwangsmaßnahmen,
- der Verfügbarkeit des Porträtspezialisten,
- der zeitlichen Distanz zwischen Wahrnehmung und Wiedergabe des Gesehenen zur Porträtanfertigung,
- operativ-taktischen Erwägungen,
- und der Fahndungslage.

Weitere objektive Faktoren für die zu treffende Entscheidung sind die Beurteilung der örtlichen Gegebenheiten sowie die technisch-organisatorischen Voraussetzungen.

122 Eine Möglichkeit ist, dass sich der Spezialist vor Ort begibt und dort gemeinsam mit dem Zeugen das subjektive Porträt erarbeitet. Aus aussagepsychologischen Gründen sollte der für den Zeugen angenehmste Ort gewählt werden, weil dadurch gewisse psychologisch bedingte Hemmschwellen abgebaut werden können.

Diese Vernehmung schließt ein, den Zeugen auch zu den Merkmalen zu befragen, anhand derer er in der Lage ist, an der Erarbeitung eines subjektiven Porträts mitzuwirken und später die gesuchte Person identifizieren zu können. Es ist falsch, davon auszugehen, dass dieser Komplex lediglich „Sache des Porträtspezialisten“ sei.

Das Zeugenvernehmungsprotokoll muss in beweiswürdiger Form den Komplex aller Aussagen beinhalten, die der Wiedererkennungszeuge zum Tatablauf/Sachverhalt und zur gesuchten unbekannten Person machen kann. Die Anfertigung des Protokolls ist Aufgabe des Polizeivollzugsbeamten in seiner Eigenschaft als Ermittlungsperson der Staatsanwaltschaft.

---

93 Vgl. RZ 82 ff. dieses Kapitels.

2.3.2.3 Vernehmung durch Porträtspezialisten

Eine oben bereits erwähnte weitere Möglichkeit ist, den Zeugen nach einer ersten Vernehmung, in der seine Eignung als Wiedererkennungszeuge protokollarisch festgestellt wurde, sofort durch einen Spezialisten für die Anfertigung von subjektiven Porträts vernehmen zu lassen. Diese Verfahrensweise impliziert, **andere sachverhaltsbezogene** Wahrnehmungen zunächst nicht vordergründig zu erfragen. Die Vernehmung zum gesamten, über die Porträtbeschreibung des Unbekannten hinausgehenden Sachverhalts sowie die Ausfertigung eines Zeugenvernehmungsprotokolls erfolgt bei dieser Variante erst, nachdem ein subjektives Porträt angefertigt wurde. Da die Wahrnehmungen von Wiedererkennungszeugen zum Täter jedoch in bestimmte Tatabläufe eingebettet sind, kann und darf es zwangsläufig zu keiner isolierten Betrachtung von Geschehnisabläufen kommen. Zu berücksichtigen ist allerdings, dass ein Porträt-Spezialist auch Sachverständiger sein kann und vor Gericht aussagen muss. In diesem Fall darf er nicht im Sinne der Verfahrensaufklärung als Ermittlungsperson ermittelnd tätig sein. Er hat dann die Möglichkeit, den Zeugen gem. § 80 StPO zur Vorbereitung des Gutachtens zu vernehmen. Er kann aber nach § 80 Abs. 2 an der Vernehmung eines Wiedererkennungszeugen durch eine Ermittlungsperson teilnehmen und dem Zeugen entsprechende Fragen stellen. **123**

Es ist zu gewährleisten, dass der das subjektive Porträt Herstellende den Wiedererkennungszeugen sachkundig vernehmen kann. Die Besonderheit besteht darin, dass er sich dabei vordergründig auf die Erarbeitung der zur Wiedererkennung geeigneten Merkmale des Gesichts/Oberkörpers und ausgeprägte Merkmale der Kleidung konzentriert und das übrige kriminalistisch und strafrechtlich relevante Tatgeschehen nur insofern berührt, als Zusammenhänge zur Wiedererkennung bestehen, z. B., ob der Zeuge während des Tatverlaufs eine bestimmte Feststellung überhaupt getroffen haben konnte oder nicht.

Merke

Das Befragungsziel ist die Erlangung von Informationen (signifikanten Merkmalen des Gesichts), die es dem Porträtspezialisten ermöglichen, die im Bewusstsein des Zeugen gespeicherten Wahrnehmungen zum unbekannten Täter, die mit Worten beschrieben werden können, in ein anschauliches Bild zu transferieren.

2.3.2.4 Reproduktions- und Wiedererkennungsprozesse

124 Die Anfertigung eines Porträts beruht auf subjektiver Basis. Grundlage für die Anfertigung des Porträts bilden die Wahrnehmungs- und Gedächtnisprozesse.[94] Als Resultat der vom Zeugen gemachten Wahrnehmungen und Beobachtungen prägt sich in dessen Bewusstsein ein Bild von der im Zusammenhang mit einer Straftat oder einem kriminalistisch relevanten Sachverhalt beobachteten oder wahrgenommenen Person ein. Dieses Bild muss sich im Bewusstsein des Zeugen (oder Opfers) infolge seiner Wahrnehmung so manifestiert haben, dass er in der Lage ist, später seine Beobachtungen zu Merkmalen des Gesichts oder des Oberkörpers sprachlich wiedergeben bzw. eine entsprechende Auswahl vornehmen zu können. Der Porträtspezialist versucht im Rahmen seiner Befragung Gedächtnisprozesse zu aktivieren, das heißt, die Reproduktion der Gedächtnisinhalte zu fördern.

125 Im Rahmen der Vernehmung wird versucht, den Wiedererkennungszeugen anzuregen, sich an bestimmte Merkmale wie die Kopfform, den Haaransatz, die Nase, die Augen usw. sowie Abläufe oder Erscheinungen zu erinnern und diese so objektiv wie möglich zu beschreiben. Das setzt aktive Gedächtnisleistungen voraus. Entscheidend für das Reproduzieren und das spätere Wiedererkennen oder die Identifizierung ist der Grad der Bewusstheit der Beobachtung bzw. Wahrnehmung, die Fähigkeit des Merkens und der Reproduktion sowie auch die Taktik und Methodik des Porträtspezialisten.

126 Für die praktische **Grundlagengewinnung zur Porträtherstellung** durch den Spezialisten ist bei der Vernehmung des Wiedererkennungszeugen noch von Bedeutung:

- **Psychologischer Zustand** des Opfers oder Zeugen[95]

127
- **Wahrnehmungs- und Interpretationsfehler**[96]

  Der Porträtspezialist verfügt gedanklich und sprachlich meistens nicht exakt über den gleichen „Zeichenvorrat" des Zeugen. Das hat zur Folge, dass bestimmte Elemente des Gesichts nicht so dargestellt werden, wie es der Zeuge eigentlich im Gedächtnis hat und selbst bei der später folgenden bildlichen Umsetzung durch den geübten Porträtzeichner können wiederum Interpretationsfehler auftreten. Derartige „Zeichenfehler" können vorrangig auftreten, wenn „Handzeichner" die Aussagen umsetzen.

  Andernfalls bestimmt der Zeuge konkret das von ihm gewollte und ausgewählte Gesichtselement.

---

94 Vgl. Abschnitt 1.3.1.

95 Vgl. RZ 48 dieses Kapitels.

96 Vgl. RZ 51 dieses Kapitels.

VIII

- **Darstellungsgrenzen** 128

Auch bei Zusammentreffen aller nur denkbaren günstigen Umstände wird niemals ein Porträt des **„nämlichen Menschen"**, sondern immer nur das eines **„ähnlichen Menschen"** des Typs entstehen. Bei der Anfertigung des subjektiven Porträts stützt man sich auf Fragmente von Gesichtselementen, die letztlich einen hohen Abstraktionsgrad haben und niemals Individualität widerspiegeln können. Je größer die Anzahl von Elementen ist, umso geringer ist der Abstraktionsgrad. Zudem ist zu berücksichtigen, dass die Zeugen den Täter oft nur wenige Sekunden und unter Umständen gesehen haben, die das personenbezogene Aufmerksamkeitsverhalten einschränken. In manchen Fällen war dem Zeugen zum Zeitpunkt der Personenwahrnehmung der Zusammenhang mit einer Straftat noch nicht einmal bekannt.

2.3.3 Die Herstellung des subjektiven Porträts

Nachdem sich der Porträtspezialist durch Befragung des Zeugen oder Opfers eine Übersicht verschaffen konnte, beginnt zusammen mit dem Wiedererkennungszeugen die **Bildherstellung.** 129

Es gibt eine Vielzahl[97] von technischen Verfahren und ständig werden neue Verfahren entwickelt oder bestehende weiterentwickelt. Diese konzentrieren sich vorrangig auf die Verfeinerung der Merkmalsbestimmung sowie auf visuelle Darstellungsmöglichkeiten. So lassen sich mit dem im LKA Rheinland-Pfalz entwickelten und patentierten Verfahren „GEMINUS" computergesteuerte Phantombilder mit zwei- und mehrperspektivischer Darstellung erzeugen. Sie ermöglichen die Betrachtung aus fünf Perspektiven.[98]

Der Kern der meisten Verfahren zum Anfertigen von subjektiven Porträts besteht in Folgendem:

Es werden „bestimmte" Gesichtselemente, hauptsächlich Stirn, Frisur, Augen, Augenbrauen, Mund, Kinn, Kinnpartie, Ohren etc., in einer größeren Anzahl und jeweils typischen Formen bzw. ihrer vorkommenden Artenvielfalt und der Bevölkerungspopulation als Bildfragmente gespeichert. 130

Je nach verwendetem System können aus Grundkombinationen verschiedene neue Bildkomponenten zusammengestellt werden. Der Wiedererkennungszeuge wählt, nachdem die infrage kommenden Formen vorgeführt wurden, die Gesichtselemente aus, die er als diejenigen der gesuchten Person wiedererkannt hat.[99]

---

97 Z.B. das System „Facette", vgl. Facette; vgl. Frings, S. 391.

98 Vgl. Heinisch.

99 Unter anderem hat der Wiedererkennungszeuge die Wahl aus etwa (z.B. Facette) 12–15 Kopfpartien, 40–50 Kinnpartien, 160 Mundpartien, 200 Nasen, 320 Augenpaaren, 360 Fri-

Die Anfertigung eines subjektiven Porträts vollzieht sich so, dass, nachdem der Wiedererkennungszeuge ausführlich vernommen wurde, er aus dem „Speicher“ direkt am Bildschirm ein Basisbild, das dem Gesuchten am nächsten kommt oder einzelne Gesichtselemente (z. B. aus Fotos oder Zeichnungen) auswählt.

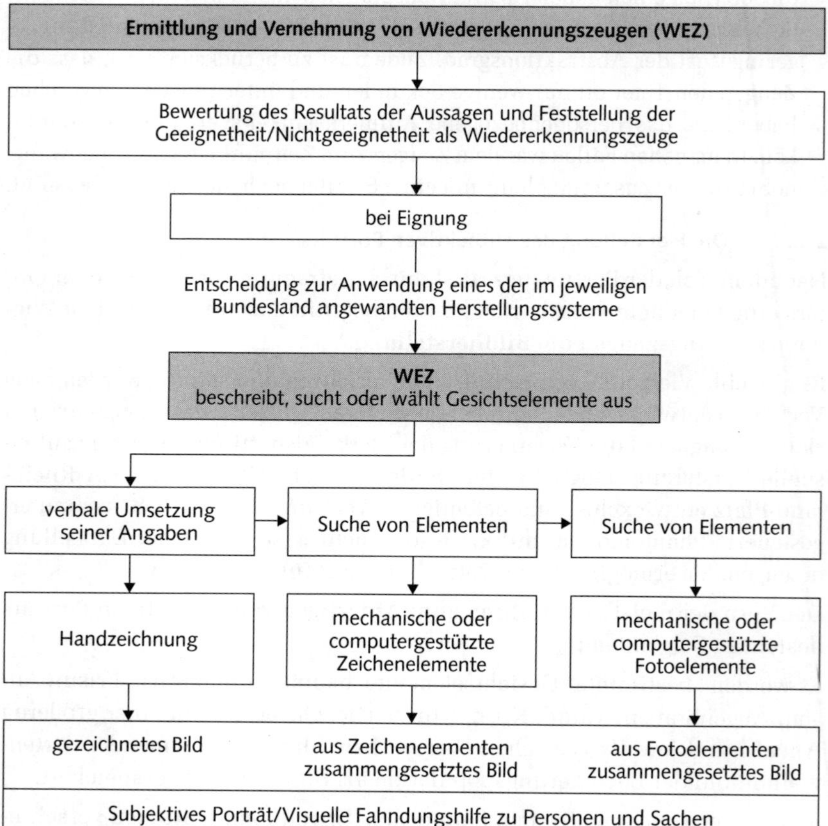

Abb. VIII.4 Schematische Darstellung des Prozesses der Herstellung subjektiver Porträts unter Berücksichtigung verschiedener Herstellungsverfahren

suren sowie einer Vielzahl von Augenbrauen, Ohren und weiteren Gesichtselementen. Die verwendeten Elemente werden ständig ergänzt, damit Veränderliches, wie z. B. Frisuren, Bärte oder Brillen dem aktuellen Modetrend entsprechen.

Nachdem die Form und die horizontalen sowie vertikalen Ausmaße bestimmt sind, werden Nase und Augenbrauen ausgewählt. Die Auswahl gestaltet sich oft sehr schwierig, da die Elemente (z. B. Höhe und Breite der Nase sowie Form der Nasenflügel) sich sehr ähneln. Es folgt dann die Bestimmung des Mundes bzw. der Mund-Kinnpartie. Haar und Frisuren, einschließlich eines Bartes bei Männern, folgen und als Letztes werden die Augen und deren Abstand zur Nasenwurzel bestimmt.

Danach kann durch interaktive zeichnerische Eingriffe das ergänzt, vervollkommnet oder verändert werden, was sich als abweichend herausgestellt hat. Es wird so lange nachgebessert, bis letztendlich das Bild entsteht, das demjenigen nahekommt, welches der Wiedererkennungszeuge in seinem Gedächtnis gespeichert hat. Dieser Vorgang ist bereits eine erste Phase des „Wiedererkennens", wenn der Zeuge das fertige Porträt beurteilt und feststellt, **„so sah der Täter aus"** bzw. **„Ich bin mir sicher"**[100]. 131

Das subjektive Porträt (Phantombild) kann nunmehr für die polizeiliche Ermittlungstätigkeit eingesetzt werden.

2.4 Die Nutzung subjektiver Porträts

2.4.1 Allgemeines

Bereits die terminologische Bezeichnung „visuelle Fahndungshilfe" weist darauf hin, dass ein nunmehr geschaffenes subjektives Porträt oder Sachfahndungszeichnungen keine anderen polizeilichen Aufgaben zur Täterermittlung ersetzt, sondern es als Hilfe und zur Unterstützung der polizeilichen Arbeit gedacht ist. Allein die Existenz eines mit oder ohne technische Hilfsmittel geschaffenen Bildes darf nicht dazu führen, andere Ermittlungsmöglichkeiten zu vernachlässigen. Es genügt nicht, das Bild zusammen mit einem Mithilfeersuchen zu veröffentlichen. Es muss unter Beachtung der Tatzusammenhänge, der Tatzeit, des Tatortes, der Wahrnehmungsmöglichkeit der Tat, den gesicherten Spuren, Beweismitteln und Aussagen und dem wahrscheinlichen Aufenthaltsort des Gesuchten vor und nach der Tat festgelegt werden, wie mithilfe des Bildes polizeilich aktiv ermittelt wird. 132

Bei der Verwendung des subjektiven Porträts bei den weiteren Ermittlungen bzw. im Rahmen der Fahndung ist zu berücksichtigen, dass ein subjektives Porträt keine wirklichkeitsgetreue Abbildung ist. 133

Es beschreibt den Typ oder markante Züge der gesehenen Person. Selbst wenn die Möglichkeit besteht, aus Hunderten Augen, Nasen, Ohren, Stirn-

100 Vgl. Sauerland, Krix, Merckelbach.

partien, Frisuren usw. auszuwählen und diese noch korrigieren zu können, gründet sich die bildliche Darstellung nicht auf Merkmale, die objektiv und unabhängig vom menschlichen Bewusstsein festgestellt wurden.

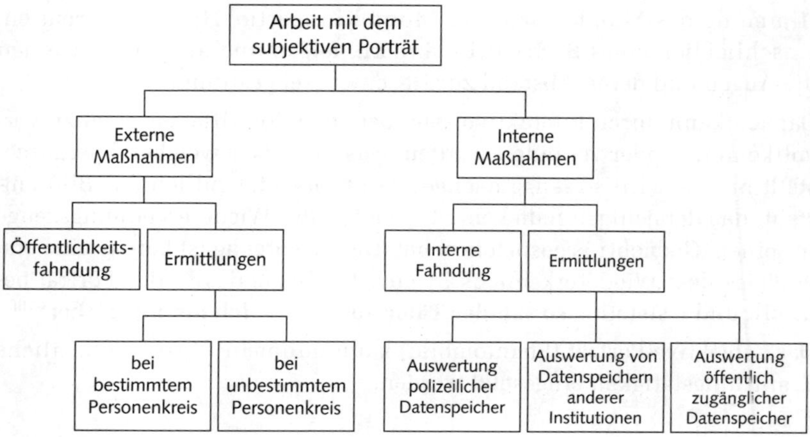

Abb. VIII.5 Arbeit mit dem subjektiven Porträt

Die Arbeit mit dem subjektiven Porträt kann in unterschiedlichen Richtungen (**intern** und/oder **extern**) erfolgen. Ziel ist es dabei, in allen Fällen Hinweise auf die Identität des Tatverdächtigen zu erlangen.

2.4.2 Externe Arbeit mit dem subjektiven Porträt

134 Die öffentliche Arbeit mit dem subjektiven Porträt umfasst zwei wesentliche Bereiche:

- das Aufgabenfeld Ermittlungen und
- die Öffentlichkeitsfahndung.

Die externe operative polizeiliche Ermittlungsarbeit erstreckt sich insbesondere darauf, das subjektive Porträt einem bestimmten[101] oder auch unbestimmten[102] Personenkreis individuell vorzustellen:

- die Verwendung bei Verfolgung der aufgestellten kriminalistischen Versionen zum Täter, der Nachprüfung individueller Ermittlungs- und Verdachtsrichtungen, Täterhinweisen bzw. „Täterspuren";

101 Als bestimmter Personenkreis wären z.B. mögliche Beziehungspersonen eines Tatverdächtigen anzunehmen oder Personen, die sich mit Bestimmtheit zur Tatzeit in der Nähe des Tatortes aufgehalten haben.

102 Als unbestimmter Personenkreis wären z.B. Personen anzunehmen, die sich in der Nähe des Tatortes aufgehalten haben (z.B. Angestellte eines Einkaufszentrums, die vor oder

- die Vorlage des subjektiven Porträts bei möglichen Identifizierungspersonen bzw. ausgewählten Personenkreisen, z.B. bei Ermittlungen im Wahrnehmbarkeitsbereich;
- die differenzierte Einbeziehung von bestimmten Berufsgruppen, z.B. Beschäftigten von öffentlichen und privaten Nahverkehrsbetrieben, Gaststätten, Sportstätten und anderen Personengruppen zur Verdächtigenermittlung;
- die Vorlage bei Personen im Bereich bevorzugter Aufenthaltsorte oder Schlupfwinkel (z.B. Diskotheken, Vergnügungsparks, Treffpunkte krimineller oder kriminell gefährdeter Personen, Treffpunkte von Gruppierungen unterschiedlichster Art);
- die individuelle Vorlage bei Einzelpersonen im Zusammenhang mit Alibiermittlungen und der Verdächtigenprüfung;
- die differenzierte Verteilung von Handzetteln im Rahmen von Öffentlichkeitsfahndungsmaßnahmen an ausgewählte Adressatenkreise bzw. Beziehungspersonen im engeren oder weiteren Sinne, bei denen ein mögliches Auftauchen des Gesuchten erwartet werden kann;
- die örtlich begrenzte Ausstattung der Schutz- und Kriminalpolizei, um im Zusammenhang mit der planmäßigen Dienstausübung an örtlichen Kriminalitätsschwerpunkten und Brennpunkten Verdächtige feststellen zu können.

Merke

Die externe operative Arbeit mit dem subjektiven Porträt darf sich nicht allein auf die Verfolgung der Merkmale des Äußeren einer gesuchten Person beschränken. Wichtig ist, auch **alle übrigen zur Person bekannt gewordenen Informationen** mit zu berücksichtigen!

Alle Angaben, die zur Feststellung und Identifizierung der gesuchten Person geeignet sind, müssen durch den ermittlungsführenden Polizeibeamten in einem verbal beschreibenden Teil mit dem Porträt verbunden werden.

Eine weitere Möglichkeit externer Anwendung des subjektiven Porträts **135**
ist die Öffentlichkeitsfahndung.[103] Sie umfasst gezielte Fahndungsmaßnahmen zur Suche nach der porträtierten Person und wendet sich im Regelfall an einen unbestimmten Teil der Bevölkerung im Fahndungsraum.

---

nach der Tat möglicherweise den Tatverdächtigen wahrgenommen haben könnten) bzw. noch ermittelt werden müssen.

103 Vgl. Kapitel IX.

Andererseits können sich Maßnahmen der Öffentlichkeitsfahndung auch auf einen ganz bestimmten ausgewählten Teil der Bevölkerung richten. Diese zielgruppengerichteten Maßnahmen sind oft effektiver. Sie werden angewandt, wenn aus den Ermittlungsergebnissen Aussagen dazu getroffen werden können, dass die gesuchte Person in einem bestimmten Gebiet oder in einer bestimmten Bevölkerungsgruppe aufgespürt werden kann.

Wie bei jeder Öffentlichkeitsfahndung, die entweder unter Einschaltung der Medien (Presse, Rundfunk, Fernsehen, Internet, App) oder nur mit polizeilichen Mitteln durchgeführt wird, sind die Vor- und Nachteile vor einer Entscheidung gut abzuwägen.[104]

136 **Vorteile:**

- Ein breiter oder differenziert ausgewählter Personenkreis kann angesprochen werden;
- Schnelligkeit der Informationsübermittlung;
- Täter kann verunsichert werden, wenn er erkennt, dass das Fahndungsbild ihm ähnlich sieht und geeignet ist, seine Identifizierung herbeizuführen;
- es gehen oft sehr viele Informationen ein;
- vorbeugende Wirkung einer schnellen Tataufklärung;
- es kann eine allgemeine Präventivwirkung erreicht werden, die Bevölkerung wird gewarnt, die Wiederholung gleicher oder ähnlicher Straftaten kann eingeschränkt werden.

137 **Nachteile:**

- Der Täter kann gewarnt werden und sein Verhalten sowie Merkmale des Äußeren verändern;
- Nachahmungseffekte können eintreten (Trittbrettfahrer);
- Beweisinformationen, die später zur Überführung des Täters dienlich sein könnten, müssen vorzeitig offengelegt werden;
- Die hohe Reizüberflutung der Bevölkerung, die vor allem durch eine zu häufige Veröffentlichung von subjektiven Porträts erzeugt wird, schränkt den Wert taktischer Maßnahmen der Öffentlichkeitsfahndung ein.

---

104 Vgl. Meyer-Goßner/Schmitt, § 163 StPO, RZ 28a, 34 ff. und RiStBV Ziff. 39–43 sowie Anlage B RiStBV Ziff. 2.2.

2.4.3 Interne Arbeit mit dem subjektiven Porträt

Die interne Arbeit mit dem subjektiven Porträt erfolgt als interne Fahndung oder Ermittlungen. 138

Die interne **Fahndung** erfolgt in Form von Sonderinformationen in polizeilichen Informationssystemen, um z.B. aus anderen Polizeidienststellen Hinweise auf die Identität des Tatverdächtigen zu erhalten.

Die **Ermittlungen** beziehen sich im Regelfall auf die aktive Auswertung vorhandener Datenspeicher. Eine erste Möglichkeit der Nutzung des subjektiven Porträts wäre die Auswertung **eigener polizeilicher Datenspeicher.**[105] Das subjektive Porträt (und andere zum Vergleich geeignete Merkmale, wie Modus Operandi, die dem Täter zuzuordnen sind) wird insbesondere daraufhin geprüft,

- ob Personen mit gleichen Merkmalen bereits erfasst sind;
- ob dem Typ nach zuzuordnende Personen bereits in Täterlichtbildsystemen einliegen;
- ob dem Typ nach gleiche oder ähnliche Personen bereits im örtlichen Bereich porträtiert wurden;
- ob in anderen Behörden, Ländern oder dem Bundesgebiet bereits ähnlich beschriebene und porträtierte Personen auffällig geworden sind.

In die Ermittlungen einzubeziehen wäre als zweite Möglichkeit, auch in den Datenspeichern anderer Behörden zu recherchieren[106] (z.B. Einwohnermeldebehörden, Passbehörden). 139

Die dritte Möglichkeit besteht im Vergleich des subjektiven Porträts mit Bildern in öffentlichen Datenbeständen[107] (Internet, soziale Netzwerke). Das Erkennen von Personen erfolgt im Wesentlichen auf der Basis von Fotografien und „Phantombildern". Die in den Länderpolizeien eingesetzten digitalen Auswerteverfahren beruhen auf „Gesichtserkennungstechnologien", welche die in einer Datenbank gespeicherten Bilder automatisch nach Ähnlichkeit sortiert und dem Betrachter auf einem Monitor eine gezielte Auswahl von Personen anzeigt, die der Bildvorlage am ähn-

105 „Mit dem seit 2008 im Bundeskriminalamt betriebenen Gesichtserkennungssystem (GES) können einzelne Lichtbilder (oder auch subjektive Porträts d. A.) mit dem Lichtbild-Gesamtbestand abgeglichen werden. Das GES trifft eine Vorauswahl aus dem Gesamtbestand, die anschließend von Lichtbildexperten und -sachverständigen ausgewertet wird.", Bundeskriminalamt: BKA-Erkennungsdienst.

106 Als rechtliche Grundlagen kommen z.B. §§ 22, 22a PassG oder §§ 14, 15 PAuswG infrage.

107 Seit dem 30.10.2024 besteht in bestimmten Fällen die Möglichkeit, Bilder, Videos, subjektive Porträts mit in öffentlichen Datenspeichern vorhandenen Abbildern zu vergleichen. Vgl. Gesetz zur Verbesserung der inneren Sicherheit und des Asylsystems vom 25.10.2024.

lichsten sehen (Vorselektion). Diese Methode eignet sich z. B. für den Vergleich subjektives Porträt – Porträtfoto.

Ebenso ist es möglich, auf rechtlichem Weg erlangte Aufzeichnungen (z. B. Videoaufzeichnungen von öffentlichen Wegen und Plätzen oder Privataufzeichnungen) zu nutzen und auszuwerten.

140 Die Verwendung von **subjektiven Porträts** bei der Fahndung nach dem unbekannten Täter, Tatbeteiligten oder auch nicht beteiligten Personen (z. B. einem dringend gesuchten Zeugen), dient vorrangig der Ermittlung von Verdächtigen und der sich daran anschließenden Personenidentifizierung. Die Verwendung von subjektiven Porträts im Ermittlungsverfahren unterstützt die Täterermittlung, die umfassende Tataufklärung und damit die Beweisführung.

Merke

Die polizeiliche Arbeit mit dem subjektiven Porträt ist eine kriminaltaktische Methode, mithilfe von geschaffenen Bildern solche Personen zu ermitteln, die dem subjektiven Porträt **ähnlich** sind, um sie danach möglicherweise **ausschließen** oder eindeutig als die gesuchte Person **erkennen** zu können.

2.5 Maßnahmen nach Feststellung von verdächtigen Personen

2.5.1 Ermittlungsaufgaben und polizeiliche Prüfungsmaßnahmen

141 Werden aufgrund der eingeleiteten polizeilichen Maßnahmen Personen ermittelt, auf die die im subjektiven Porträt enthaltenen Merkmale zutreffen, beginnt die Prüfphase.

Ihr Ziel ist, festzustellen, ob die bekannt gewordene Person tatsächlich die gesuchte ist.

Die Prüfung der eingegangenen Hinweise muss mit größter Gewissenhaftigkeit erfolgen. Erst nach objektiver und unvoreingenommener Prüfung sollte ein Ausschluss ermittelter Personen erfolgen.

Für die Prüfungs- und Identifizierungsmaßnahmen trägt der jeweilige Vorgangssachbearbeiter die volle Verantwortung. Voreilige und unüberlegte Nachfolgemaßnahmen müssen vermieden werden.

142 Entsprechend der oben genannten Prinzipien sind zunächst **Prüfungsmaßnahmen** durchzuführen, um zu ermitteln, ob die festgestellte Person nach den tatsächlichen und sachverhaltsbezogenen Umständen überhaupt Täter sein kann. Die Prüfung von Personen, die dem subjektiven Porträt ähnlich

sind, darf nicht durch Bildvergleich allein erfolgen. Bei allen Prüfungshandlungen ist stets von der Präsumtion der Nichtschuld auszugehen.

Mögliche Maßnahmen sind:

- Auswertung der polizeilichen Informations- und Auskunftssysteme (z. B. INPOL),
- Alibiermittlungen,
- Beschaffung von Lichtbildern,
- weitere sachverhaltsbezogene Ermittlungen, deren Grundlage nicht nur das vorliegende subjektive Porträt, sondern die übrigen Sachverhalte (Tatumstände, Tatzeit, Tatort, Begehungsweise, Spuren, verwendete Hilfsmittel, Beute, Vor- und Nachtatverhalten usw.) sein müssen.

Oft können durch die dabei gewonnenen Ermittlungsergebnisse bereits Verdachtsgründe ausgeräumt oder der Tatverdacht verstärkt werden.

2.5.2 Weitere Maßnahmen

Vergleich subjektives Porträt – Porträtfoto 143

Im Ergebnis der Ermittlungstätigkeit werden ein oder mehrere Porträts der verdächtigen oder gesuchten Person beschafft. Zunächst wird geprüft, wie vollständig und präzise das Äußere der gesuchten Person im Porträtfoto vermittelt wird. Diese Prüfung beschränkt sich auf die Feststellung des anthropologischen Typs, den Zustand des Äußeren (Gesicht) und sonstige allgemeinphysiologische Merkmale des abgebildeten Menschen auf dem Foto.

Im Weiteren wird das subjektive Porträt mit dem Porträtfoto verglichen. Es werden die einzelnen Merkmale verglichen. Selbst bei Übereinstimmungen und großen Ähnlichkeiten sind dennoch die vorhandenen Abweichungen genau zu prüfen.

Werden beim Bildvergleich große Differenzen zwischen den charakteristischen Merkmalen festgestellt, kann kategorisch geschlussfolgert werden, dass keine Übereinstimmung besteht. Kann kein kategorisches Urteil gefällt werden, sind weitere Ermittlungen erforderlich.

Vergleich subjektives Porträt – Person 144

Bei der Identifizierung nach der Methode „subjektives Porträt – Person" wird eine zu beobachtende Person mit dem vorhandenen subjektiven Porträt verglichen. Diese Methode muss nicht erst am Ende eines Identifizierungsprozesses stehen. Sie findet auch während der kriminalpolizeilichen Ermittlungen zum Aufspüren von Tatverdächtigen Anwendung.

Der Kriminalist beurteilt im Rahmen seiner Beobachtung, die auf unterschiedlichste taktische Art und Weise geschehen kann, durch Vergleich zwischen Porträtfoto und der natürlichen Person, ob und inwiefern Merkmale des Äußeren zutreffen oder nicht. Nicht immer kann die Person dadurch mit Sicherheit ausgeschlossen werden.

145 **Gegenüberstellung Wiedererkennungszeuge – Person**

Sind die Ermittlungsmaßnahmen ausgeschöpft und liegt bisher noch kein eindeutiges Identifizierungsergebnis des Tatverdächtigen vor, kann der Wiedererkennungszeuge zum Zwecke der Identifizierung erneut herangezogen werden.

Maßnahmen der Wiedererkennung sollten jedoch erst als letzte mögliche Ermittlungshandlungen genutzt werden. Andere Maßnahmen wie z. B. Alibiermittlungen, Zeugenvernehmungen oder Spurenvergleiche haben Vorrang. Grund dafür ist, dass mit der Gegenüberstellung zum Zwecke der Identifizierung eine wiederholte Wiedererkennung erfolgt. Eine wiederholte Wiedererkennung hat einen **sehr eingeschränkten** Beweiswert[108], weil der Zeuge gedanklich das subjektive Porträt (das er selbst gefertigt hat) mit den gegenübergestellten Personen vergleicht und nicht das Erinnerungsbild vom Tatzeitpunkt. Somit identifiziert der Zeuge sein eigenes Erinnerungsbild (Reproduktion der Reproduktion[109]).

146 Die Erstattung von Sachverständigengutachten gem. § 72 ff. StPO, die im Ausnahmefall im Rahmen der Identifizierung durch anthropologische Sachverständige notwendig werden kann, soll an dieser Stelle nicht behandelt werden.

2.6 Nachbildung von Sachgegenständen

147 Neben der Herstellung von subjektiven Porträts umfasst das Tätigkeitsfeld der Porträtspezialisten auch die Anfertigung von Handzeichnungen zu Sachgegenständen.

Vielfach genügen verbale Beschreibungen von Sachen und Gegenständen, die mit der Straftatenaufklärung, Täterermittlung, Fahndung und Beweisführung in Zusammenhang stehen, nicht. Beschreibungen vermögen nicht immer den bildhaften und räumlichen Vorstellungseffekt von der gesuchten Sache zu erzeugen. Deshalb werden kriminalistisch interessie-

108 Vgl. Artkämper (2009) (Reihenfolge der Präsentation und wiederholtes Wiedererkennen) und Meyer-Goßner/Schmitt, § 58, RZ 13 und Köhnken (1990), S. 166.

109 Römer (1984a), S. 89.

rende Sachen bzw. Gegenstände durch Porträt- oder Polizeizeichner bildlich dargestellt.

Häufige Anwendungsgebiete: 148

- Nachzeichnung von gestohlenen Gegenständen (Diebesgut wie Schmuck, Ringe, Ketten, Uhren, Antiquitäten, Kunstgegenstände, Kleidungsstücke, Teppichornamente, Tafelsilber etc.),
- Nachzeichnung von verwendeten Tatwerkzeugen und Hilfsmitteln, z. B. Messer und Waffen,
- Nachzeichnung von vom Täter mitgeführten Gegenständen oder getragenen Kleidungsstücken, z. B. Motorradhelme, Rucksäcke, Masken.

Fahndungsbilder von Sachgegenständen werden entweder nach Angaben 149
des Zeugen frei Hand gezeichnet oder unter Verwendung von ähnlichen Vorlagen, Mustern, Prospekten usw. in der individuellen Form nachgestaltet.

Für die Herstellung und nachfolgende Ermittlungstätigkeit gelten im Wesentlichen die in diesem Kapitel genannten Grundsätze.

Zeichnungen von Sachgegenständen dienen dem Aufspüren der gesuchten Sachen bzw. Gegenstände zum Zwecke der Beschlagnahme, Wiedererkennung und Beweisführung. Die auf diese Weise entstandenen Fahndungsbilder werden in den polizeilichen Fahndungsmitteln ausgeschrieben oder im Rahmen der Öffentlichkeitsfahndung entweder selbstständig oder im Zusammenhang mit einem subjektiven Porträt veröffentlicht. Mit dieser Methode wird der ermittlungstaktische Grundsatz verwirklicht „über die Sache zum Täter".

2.7 Super-Recognizer

2.7.1 Definition

Im Rahmen von Wiedererkennungsmaßnahmen wurden in letzter Zeit 150
Super-Recognizer in die kriminalistischen Ermittlungen einbezogen.[110]

> „Als **Super-Recognizer** bezeichnet man Menschen, die weit überdurchschnittlich gut Gesichter verarbeiten, sich einprägen und (wieder-)erkennen können. In der neurowissenschaftlichen Forschung sind Super-Recognizer ein verhältnismäßig neues Phänomen, das noch nicht abschließend erforscht ist."[111]

110 Vgl. Wyss, S. 243 ff.

111 Becker.

Man geht davon aus, dass Super-Recognizer verschiedene Fähigkeiten[112] besitzen sollen, z. B.:

- sich innerhalb kürzester Zeit (Sekundenbereich) das Gesicht einer unbekannten Person einzuprägen und wiedererkennen zu können, auch wenn sich das Äußere verändert hat.
- Identifizieren von Personen auf Bildern von minderer Qualität (z. B. schlechte Bildauflösung), [113]
- Erkennen von erwachsenen Personen anhand von Kinderfotos.

Darüber soll es Merkmale geben, die Super-Recognizer von anderen Wiedererkennungszeugen unterscheiden.[114]

2.7.2 Rechtsgrundlage

151 Die Rechtsgrundlage für den Einsatz von Super-Recognizern im Rahmen kriminalistischer Ermittlungen bildet der § 163 StPO. Gemäß dem Grundsatz der freien richterlichen Beweiswürdigung gem. § 261 StPO entscheidet der Richter über die Zulässigkeit des Beweismittels.

„Angesichts der wissenschaftlich nicht abschließend geklärten Qualifikation von „Super Recognizern" dürfte hinsichtlich des Beweiswerts von Identifizierungen oder Wiederkennungsleistungen solcher Zeugen davon auszugehen sein, dass insoweit keine anderen Maßstäbe gelten, als bei anderen Zeugen. Das muss jedenfalls gelten, solange ein höherer Beweiswert wissenschaftlich nicht begründet ist; solches wäre gegebenenfalls vom Tatgericht – naheliegend mit sachverständiger Unterstützung – aufzuklären und im Urteil in einer für das Revisionsgericht nachprüfbaren Art und Weise darzulegen."[115]

2.7.3 Einsatz von Super-Recognizern

152 Im Rahmen der kriminalistischen Aufgabenbewältigung kommt der Gesichtserkennung eine große Bedeutung zu. „Es gilt, sowohl die Personen möglichst schnell zu finden, die eine Straftat begangen haben, um das Strafverfahren durchzuführen sowie Personen, von denen eine Gefahr ausgeht, zu identifizieren und somit gefahrenabwehrend tätig sein zu können."[116]

---

112 Vgl. Sticher, Grasnick, S. 372.

113 Vgl. Becker.

114 Vgl Sticher, Grasnick, S. 372/373.

115 BGH, Beschluss vom 24.4.2024 – 5 StR 21/24.

116 Sticher, Grasnick, S. 369.

Somit ist der Einsatz von Super-Recognizern immer dann möglich, wenn eine Aufzeichnung (Bild, Video) eines Täters vorliegt (z. B. Aufnahme während der Tatbegehung von einer Überwachungskamera) und diese abgeglichen werden soll mit anderen vorhandenen Aufzeichnungen (z. B. Datenspeicher der Polizei).

Erste Anwendungen gibt es in verschiedenen Landespolizeien[117]. Einsatzmöglichkeiten wären:[118]

- Tätigkeiten im Rahmen der Auswertung von Täterlichtbildern,
- Identifizierung von vermissten Personen z. B. durch Auswertung von Aufzeichnungen von öffentlichen Plätzen oder öffentlichen Verkehrsmitteln,
- Abgleich vorhandener Fotos mit unbekannten toten oder hilflosen Personen,
- Erkennen von Personen bei Veranstaltungen (i. S. d. Prävention), die möglicherweise ein Zutrittsverbot zu einem bestimmten Objekt haben,
- Ausschluss von möglichen tatverdächtigen Personen und damit das Entlasten von Verdächtigen.[119]

Der Einsatz von Super-Recognizern in der Polizei könnte es ermöglichen, „die Aufgaben wie den Schutz von Veranstaltungen, die Fahndung nach Straftätern oder die kriminalpolizeiliche Ermittlungsarbeit mit noch höherem Erfolg durchzuführen. Notwendige Voraussetzung hierfür ist die Verfügbarkeit von ‚Vergleichsmaterial'."[120]

Beachte

Durch die bisher noch nicht wissenschaftlich abschließend geklärte Qualifikation von „Super Recognizern" sollte ihr Einsatz vorrangig der Verdachtsschöpfung dienen und nicht der Identifizierung, da suggestive Elemente nicht ausgeschlossen werden können. Darüber hinaus müssen bei der Vorlage von Bildern und Aufzeichnungen die Standards des Wiedererkennungsverfahrens[121] berücksichtigt werden.

Grundsätzlich sollte ebenfalls ein Sachverständiger hinzugezogen werden, der ein anthropologisches Vergleichsgutachten erstellt.

---

117 Vgl. Wyss, S. 243 ff. und Sticher, Grasnick S. 369.
118 Sticher, Grasnick, S. 374.
119 Wyss, S. 246.
120 Sticher, Grasnick, S. 374 oder Wyss, S. 245.
121 Vgl. RiStBV, Ziff. 18.

KAPITEL IX
Polizeiliche Fahndung

IX

Inhalt

1 Ziele und Aufgaben der Polizeilichen Fahndung

1.1 Begriff

1 Die polizeilichen Tätigkeitsbereiche Fahndung und Ermittlung sind nicht eindeutig gegeneinander abgrenzbar und überschneiden sich in der polizeilichen Praxis häufig. Fahndungs- und Ermittlungsmaßnahmen gehen in der Fallbearbeitung oft nahtlos ineinander über.

Grobe Unterscheidungsmerkmale sind:

- Bei den **Ermittlungen** stehen die Informationsgewinnung sowie die Erforschung von Sachverhalten im Vordergrund, um eine beweissichere justiziable Entscheidung treffen zu können (Was ist passiert? Wer ist verantwortlich? Wie ist das Verhalten juristisch zu bewerten?).
- Dagegen dient die **Fahndung** dem Aufspüren oder der Ortsbestimmung von Personen und/oder Sachen sowie deren Identifizierung.

Arbeitsgrundlage für die polizeiliche Fahndung sind die Polizeidienstvorschriften

- Fahndung PDV 384.1, VS-NfD[1],
- Polizeiliche Beobachtung, PDV 384.2, VS-NfD,
- Vermisste, unbekannte Tote, unbekannte hilflose Personen, PDV 389.

Da wesentliche Teile der PDV 384.1 und 384.2 als „VS-NUR FÜR DEN DIENSTGEBRAUCH" eingestuft sind, kann im Folgenden nicht detailliert auf alle Bereiche eingegangen werden. Die Ausführungen beschränken sich auf die offenen (nicht eingestuften) Teile oder zitieren aus sonstigen offenen Quellen.

Polizeiliche Fahndung ist die planmäßige, allgemeine oder gezielte Suche nach Personen oder Sachen im Rahmen der Strafverfolgung, der Strafvollstreckung, der Gefahrenabwehr sowie der Durchführung ausländerrechtlicher Maßnahmen. Daneben dient sie der Informations- und Verdachtsgewinnung.

1.2 Bedeutung, Zwecke und Ziele

Die Fahndung ist ein wesentlicher Bestandteil polizeilicher Aufgabener- 2
füllung und daher ist Fahndungsarbeit – auch ohne besonderen Auftrag – Aufgabe eines jeden Polizeibeamten.

Die Fahndung erfolgt in aller Regel aufgrund von Hinweisen, Auswertungsergebnissen, polizeilich relevanten Ereignissen oder Ersuchen. Sie kann aber auch ohne konkreten Anlass durchgeführt werden.

Fahndungen können nach dem Fahndungs**objekt** unterschieden werden in

- Personenfahndung und
- Sachfahndung.

1 Stand: PDV 384.1; PDV 384.2; PDV 389.

Ebenso ist eine Unterscheidung nach **staatlichem Hoheitsgebiet** des Fahndungsraumes üblich in

- nationale Fahndung und
- internationale Fahndung.

Dabei umfassen internationale Fahndungen, die Suche nach Personen oder Sachen

- im Ausland auf Ersuchen einer inländischen Polizeidienststelle, Justizbehörde oder sonstigen zuständigen Stelle,
- im Inland auf Ersuchen einer ausländischen Polizeidienststelle, Justizbehörde oder sonstigen zuständigen Stelle.

Eine internationale Fahndung kann also auch im Inland stattfinden!

Vom Hoheitsgebiet des Fahndungsraumes ist der **geografische Fahndungsraum** zu unterscheiden. Hiermit ist der festgelegte Bereich, in dem gefahndet werden soll, gemeint. Dieser Bereich kann örtlich sein, den Grenzbereich umfassen, bestimmte Verkehrswege bezeichnen, national oder auch z. B. auf weitere Staaten als die Bundesrepublik ausgedehnt sein oder z. B. das Internet betreffen.

Im Sprachgebrauch erfolgt zudem eine Differenzierung zwischen Fahndungszwecken und Fahndungszielen, wenngleich diese sprachliche Differenzierung nicht immer stringent beachtet wird.

Fahndungszwecke sind demnach (unabhängig davon, ob Personen- oder Sachfahndungen auf nationaler oder internationaler Ebene betrachtet werden):

- repressive Fahndungszwecke (Strafverfolgung oder Strafvollstreckung), z. B. Festnahme von flüchtigen Tatverdächtigen, Aufenthaltsermittlung von Zeugen, Ergreifung von entflohenen Strafgefangenen, Sicherstellung von inkriminierten Gegenständen, Sicherstellung/Beschlagnahme von Sachen, die als Beweismittel von Bedeutung sind,
- präventive Fahndungszwecke (zur Gefahrenabwehr), z. B. Ingewahrsamnahme von vermissten Minderjährigen, Aufenthaltsermittlung von vermissten Volljährigen, Sicherstellung/Beschlagnahme von gefährlichen Sachen,
- ausländerrechtliche Fahndungszwecke (zur Durchführung ausländerrechtlicher Maßnahmen) z. B. Festnahme zur Aufenthaltsbeendigung, Aufenthaltsermittlung.

Sowohl mit der Personenfahndung als auch mit der Sachfahndung, jeweils national oder international, werden eine Vielzahl von **Fahndungszielen** verfolgt, die sich grob folgenden allgemeinen Kategorien zuordnen lassen:

- Ermittlung von Personen oder Sachen
- Festnahme bzw. Ingewahrsamnahme von Personen
- Sicherstellung von Sachen
- Wiederbeschaffen von Sachen
- Erkennen der missbräuchlichen Benutzung von Sachen (z. B. von Personaldokumenten)
- Unterstützung weiterer Fahndungsmaßnahmen
- gezielte Kontrolle von Personen oder Sachen
- Gewinnung von sonstigen polizeilich relevanten Erkenntnissen.

Einen Überblick über die Ziele der polizeilichen Fahndung gibt die nachstehende Abbildung.

Ziele der Personen- und Sachfahndung

Personenfahndung		Sachfahndung	
Nationale Fahndung	Internationale Fahndung	Nationale Fahndung	Internationale Fahndung
Ermittlung/Festnahme/ Ingewahrsamnahme von Personen die sich – der Strafverfolgung – der Strafvollstreckung – dem Strafvollzug – anderen freiheitsentziehenden oder freiheitsbeschränkenden Anordnungen entziehen die widerrechtlich in das Gebiet der Schengen-Vertragsstaaten einreisen wollen oder sich darin unerlaubt aufhalten von denen eine polizeiliche Gefahr ausgeht zur Sicherstellung von Führerscheinen zur Feststellung der Identität zur Durchführung von ED-Maßnahmen und von DNA-Probeentnahmen Zeugen- und Auskunftspersonen	**Ermittlung von Personen** insbesondere – Festnahme zur Auslieferung oder Überstellung – Ingewahrsamnahme – Aufenthaltsermittlung – Einreiseverweigerung oder aufenthaltsbeendende Maßnahmen bei verbotswidriger Einreiseabsicht oder unerlaubtem Aufenthalt – zur gezielten Kontrolle	**Ermittlung** – von Sachen, die zur Begehung einer Straftat benutzt oder durch sie hervorgebracht oder ansonsten für die Strafverfolgung von Bedeutung sind – Eigentümer- oder Besitzermittlung **Erkennen** missbräuchlicher Benutzer von – Personaldokumenten – fahndungsrelevanten Legitimationen **Wiederbeschaffung** gestohlener oder sonst abhanden gekommener Sachen **Sicherstellung** von Sachen, von denen Gefahren ausgehen **Unterstützung** der Personenfahndung	**Ermittlung** von – gestohlenen Sachen – sonst abhanden gekommenen Sachen – von Sachen zur Sicherstellung oder Beweissicherung im Strafverfahren – Sachen zur gezielten Kontrolle

Abb. IX.1 Ziele der Personen- und Sachfahndung

Fahndungstaktisch wird grundsätzlich unterschieden:

Allgemeine Fahndung 3

Die allgemeine Fahndung ist die Suche ohne bestimmte, konkrete Hinweise auf gesuchte Personen oder Sachen. Sie wird u.a. auch als verdachts- oder ereignisunabhängige Fahndung durchgeführt.

Gezielte Fahndung 4

Die gezielte Fahndung ist die Suche aufgrund von konkreten Hinweisen, von Auswertungsergebnissen bzw. aufgrund besonderer Anlässe.

Einen Überblick über die Struktur der polizeilichen Fahndung gibt die nachstehende Abbildung.

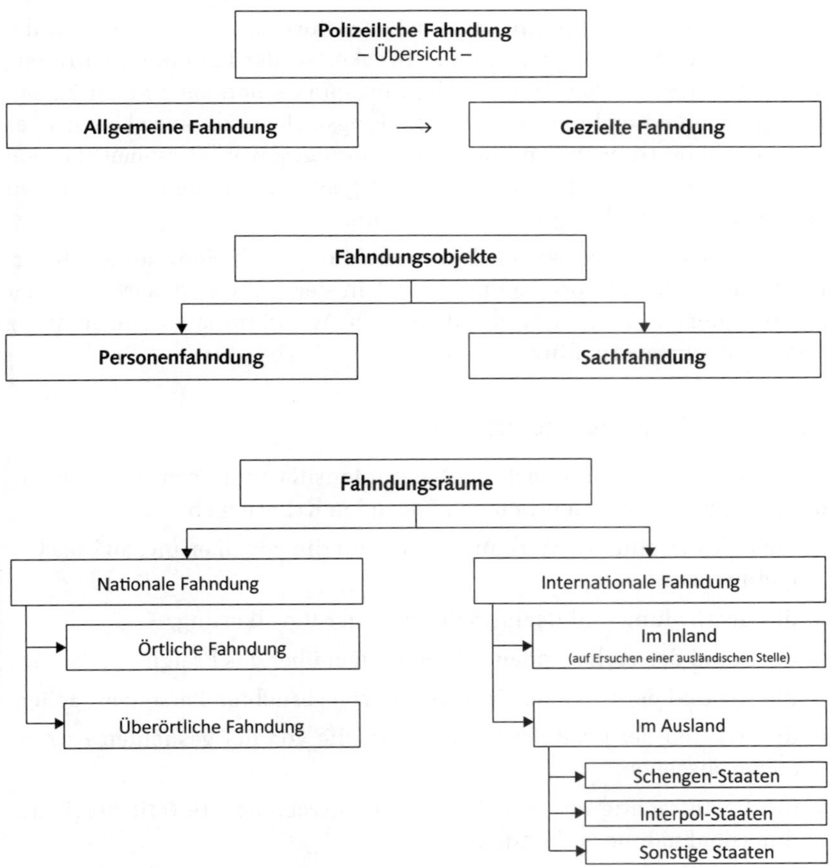

Abb. IX.2 Polizeiliche Fahndung

Daneben können Fahndungsarten auch nach **fahndungstaktischen Schwerpunkten** unterschieden werden:

5 - Ortsbezogene Fahndung

  Der Fahndungsschwerpunkt beschränkt sich auf bestimmte, festgelegte geografische Fahndungsbereiche, einschließlich des Internets.

6 - Personen-/Sachenbezogene Fahndung

  Fahndungsschwerpunkte sind gesuchte Personen oder/und Sachen.

7 - Deliktsbezogene Fahndung

  Im Mittelpunkt der Fahndung steht die Suche nach deliktsbezogenen Erkenntnissen. Im Schwerpunkt handelt es sich hier um Maßnahmen der sogenannten erkennenden Fahndung bzw. der strategischen Fahndung.

8 Die Festlegung der fahndungstaktischen Schwerpunkte richtet sich danach, welche Fahndungsziele und -zwecke mit der Fahndung vorrangig erreicht werden sollen. In der Fahndungspraxis handelt es sich jedoch häufig um eine Kombination von Fahndungszielen und -zwecken, d.h. es werden mit bestimmen Fahndungsmaßnahmen sowohl Personen als auch Sachen gesucht, wobei sich die Fahndung auf bestimmte Orte oder/und auf bestimmte Delikte konzentrieren kann.

Das Erfordernis, eine solche Unterscheidung nach Fahndungsschwerpunkten überhaupt vorzunehmen, liegt in der Verschiedenartigkeit der anzuwendenden Fahndungstaktiken nach Art, räumlicher Ausdehnung und Kräfteeinsatz im Einzelfall begründet.

1.3 Umfang und Intensität

Die Wahl der Fahndungsart, Umfang, Intensität und Formen der Fahndung hängen ganz wesentlich von folgenden Kriterien ab:

- die Schwere und die Wirkung der Tat auf die Bevölkerung, auf das Gemeinwesen,
- die Gefährdung und Beeinträchtigung der Bevölkerung,
- der Stand der vorliegenden Informationen über das Ereignis,
- die Art und der Grad der Gefährdung von gesuchten Personen/Sachen,
- die Art und der Grad der Gefährdung, die von der gesuchten Person/Sache ausgehen,
- die Beeinträchtigung von Persönlichkeitsrechten, die mit der Fahndungsmaßnahme verbunden ist.

2 Rechtsgrundlagen

Fahndungen sind nur im Rahmen gesetzlicher Bestimmungen zulässig. 9

Der Auftrag für die Polizei zur Fahndung generell ergibt sich im Bereich der Strafverfolgung aus § 163 StPO, im Bereich der Gefahrenabwehr aus den Polizeigesetzen der Länder.

Bei der Fahndungstätigkeit der Polizei ist der **Grundsatz der Verhältnismäßigkeit** besonders zu berücksichtigen.

Die Erhebung und das Verarbeiten personenbezogener Daten im Rahmen der Fahndung stellen i.d.R. Eingriffe in das Recht auf informationelle Selbstbestimmung und damit Grundrechtseingriffe dar. In Beantwortung der Frage, ob in jedem Fall ein grundrechtsrelevanter Eingriff vorliegt, stellt das Bundesverfassungsgericht einschränkend auf den „Verwendungszusammenhang" und die „Art" der Angaben ab.[2]

In Auslegung des Urteils ist nicht jede Verarbeitung personenbezogener Daten im Rahmen der Fahndung ein Eingriff in das Recht auf informationelle Selbstbestimmung (z.B. wenn diese Daten von Geschädigten freiwillig und in Kenntnis des Verwendungszweckes übermittelt werden).

Fahndungsmaßnahmen sind kriminaltaktisch vielfältig und von unterschiedlicher rechtlicher Qualität. Die Notwendigkeit der Maßnahmen und das Vorliegen entsprechender Eingriffsermächtigungen sind deshalb in jedem Einzelfall zu prüfen.

2.1 Wesentliche Eingriffsgrundlagen der StPO und des BZRG

Nachfolgend wird auf ausgewählte Rechtsvorschriften hingewiesen, die 10
für die Einleitung und Durchführung von Fahndungsmaßnahmen grundsätzliche strafprozessrechtliche Bedeutung haben.

Haftbefehl, § 114 StPO 11

Der Haftbefehl ist die schriftliche Anordnung eines Richters, eine namentlich bestimmte Person zum Zwecke der Untersuchungshaft in Haft zu nehmen. Der Haftbefehl dient der Verfahrenssicherung.

Der Beschuldigte muss genau bezeichnet werden, damit Verwechselungen nicht möglich sind. Die Vollstreckung des Haftbefehls ist Aufgabe der Staatsanwaltschaft und der Polizei.

2 BVerfG, Urteil vom 15.12.1983, Rn 151.

Soweit zur Vollstreckung des Haftbefehls nach dem Beschuldigten gesucht wird, ist die Durchsuchung der Wohnung zur Ergreifung des Beschuldigten statthaft.

12 **Unterbringungsbefehl, § 126a StPO**

Der Unterbringungsbefehl ist die schriftliche richterliche Anordnung zur einstweiligen Unterbringung eines Beschuldigten in einem psychiatrischen Krankenhaus, einer Entziehungsanstalt oder einer sozialtherapeutischen Anstalt. Zweck der Maßnahme ist nicht die Verfahrenssicherung, sondern der Schutz der Allgemeinheit vor gefährlichen Rechtsbrechern.

13 **Vorführungs- oder Haftbefehl, § 457 Abs. 2 StPO**

Gem. § 457 Abs. 2 StPO ist die Vollstreckungsbehörde befugt, zur Vollstreckung einer Freiheitsstrafe einen **Vorführungs- oder Haftbefehl** zu erlassen, wenn der Verurteilte die Strafe nicht angetreten hat, der Flucht verdächtig ist oder ein Strafgefangener entwichen ist.

Nach flüchtigen Personen ist zum Zwecke der Vollstreckung des Haftbefehls, des Unterbringungsbefehls, des Vorführungsbefehls/Haftbefehls zu fahnden. Sie sind u. a. in den Fahndungshilfsmitteln zur Festnahme auszuschreiben.

Haft- und Unterbringungsbefehl sind rechtliche Voraussetzungen für die Ausschreibung der gesuchten Person in den Fahndungshilfsmitteln zur Festnahme.

14 **Ausschreibung zur Festnahme, § 131 StPO**

§ 131 Abs. 1 StPO ermächtigt zur Ausschreibung zur Festnahme bei Vorliegen eines Haft- oder Unterbringungsbefehls. Die Anordnung zur Ausschreibung treffen grundsätzlich der Richter oder die Staatsanwaltschaft, bei Gefahr im Verzuge auch die Ermittlungspersonen der Staatsanwaltschaft (im Regelfall Beamte/-innen des Polizeidienstes).

Abs. 2 ermöglicht die Ausschreibung durch die Staatsanwaltschaft oder deren Ermittlungspersonen zur Festnahme in Fällen, in denen Haft- oder Unterbringungsbefehl noch nicht erlassen, die Voraussetzungen für den Erlass jedoch vorliegen und für die Ausschreibung eine besondere Eilbedürftigkeit besteht, z. B. bei plötzlicher Flucht dringend Tatverdächtiger und der Notwendigkeit, zum Zweck der vorläufigen Festnahme überörtliche Fahndungsmaßnahmen unverzüglich einleiten zu müssen. Nach Abs. 1 Satz 2 ist in diesen Fällen die Entscheidung über den Erlass eines Haft- oder Unterbringungsbefehls unverzüglich, spätestens binnen einer Woche herbeizuführen.

Abs. 3 enthält die Ausschreibungsermächtigung gesuchter Personen (Haft- oder Unterbringungsbefehl) zur Öffentlichkeitsfahndung. Weitere Ausführungen entnehmen Sie der nachfolgenden Gliederungs-Nr. 11 Öffentlichkeitsfahndung.

Ausschreibung zur Aufenthaltsermittlung, § 131a StPO 15

§ 131a Abs. 1 StPO ermöglicht die Ausschreibung von Beschuldigten und Zeugen zur Aufenthaltsermittlung, sofern deren Aufenthalt nicht bekannt ist.

§ 131a Abs. 2 StPO ermöglicht die Ausschreibung zur Aufenthaltsermittlung eines Beschuldigten soweit diese zur Sicherstellung eines Führerscheins, zur erkennungsdienstlichen Behandlung, zur Anfertigung einer DNA-Analyse oder zur Feststellung seiner Identität erforderlich ist.

§ 131a Abs. 3, 4 und 5 StPO regeln die Voraussetzung zur Öffentlichkeitsfahndung in diesen Fällen sowie die Aufnahme in Fahndungshilfsmitteln der Strafverfolgungsbehörden.

Veröffentlichung von Abbildungen des Beschuldigten oder Zeugen, § 131b StPO 16

Durch die Bestimmungen des § 131b StPO werden die Möglichkeiten der Öffentlichkeitsfahndung nach Zeugen und u. a. noch nicht identifizierten Beschuldigten geregelt.

Bei der Öffentlichkeitsfahndung nach einem Zeugen muss erkennbar sein, dass die abgebildete Person nicht Beschuldigter ist.

Anordnung und Bestätigung von Fahndungsmaßnahmen, § 131c StPO 17

Mit dieser Bestimmung werden Verfahrensfragen geregelt.

Fahndung nach Sachen, § 163 Abs. 1 StPO 18

Strafrechtliche Fahndungsmaßnahmen unterhalb der Eingriffsschwelle der §§ 131 ff. StPO und außerhalb von deren Anwendungsbereich – wie z. B. Sachfahndungen – werden auf die Ermittlungsgeneralklausel gestützt (§§ 161, 163 Abs. 1 Satz 2 StPO).

Bestimmungen des Bundeszentralregistergesetzes (BZRG) 19

Das Bundeszentralregistergesetz enthält Bestimmungen zur Speicherung eines Suchvermerkes zu Personen, die zur Festnahme oder zur Feststellung des Aufenthalts ausgeschrieben sind. Konkret handelt es sich um die Paragrafen

- § 27 BZRG Speicherung,
- § 28 BZRG Behandlung sowie
- § 29 BZRG Erledigung.

2.2 Sonstige Vorschriften und Richtlinien

2.2.1 Polizeidienstvorschriften

20 Grundsätzliche Aussagen zur Fahndung trifft die PDV 100, Führung und Einsatz, Nr. 3.7. Die PDV 384.1, Polizeiliche Fahndung, regelt die Personen- und Sachfahndung bundeseinheitlich für alle Polizeien des Bundes und der Länder. Die PDV 384.2, Polizeiliche Beobachtung, regelt bundeseinheitlich die polizeiliche Beobachtung. Mit ihr wird der Zweck verfolgt, durch verdeckte Informationserhebung Erkenntnisse über Personen und Fahrzeuge im Rahmen der Strafverfolgung, der Strafvollstreckung und der Gefahrenabwehr zu gewinnen. Die PDV 384.2 ist insoweit eine Vorschrift, die im Schwerpunkt ihrer Zielsetzung auf die Informationserhebung und nicht auf die Suche von Personen oder Sachen abstellt. Ein Sonderfall der polizeilichen Beobachtung ist die Überwachung im Rahmen der Führungsaufsicht. Die PDV 384.2[3] enthält alle speziellen Fahndungsmaßnahmen in Bezug auf diesen Personenkreis. Die PDV 389, Vermisste, unbekannte Tote, unbekannte hilflose Personen, enthält Regelungen zur Fahndung nach Vermissten und zur Identitätsfeststellung unbekannter Toter sowie unbekannter hilfloser Personen.

2.2.2 Fahndungsrichtlinien

21 Folgende Fahndungsrichtlinien sind im Besonderen bei der Fahndung nach Personen und Sachen zu beachten:

- Richtlinien für das Straf- und Bußgeldverfahren (RiStBV), Nr. 39–43 (Fahndung).
- Gemeinsame Bekanntmachung des Innenministeriums und des Justizministeriums über die Inanspruchnahme von Publikationsorganen und die Nutzung des Internets sowie anderer elektronischer Kommunikationsmittel zur Öffentlichkeitsfahndung nach Personen im Rahmen des Strafverfahrens i. d. F. v. 17.11.2004, Anlage B zu den RiStBV, PDV 384.1, Anl. 13.
- Richtlinien über die internationale Fahndung nach Personen, insbesondere im Schengener Informationssystem (SIS) und aufgrund eines Europäischen Haftbefehls vom 5. Januar 2009, Anlage F zu den RiStBV.
- Grundsätze für die bundesweite Ausstrahlung von Fahndungsmeldungen im Fernsehen, PDV 384.1, Anl. 11.

---

3 Siehe PDV 384.2, Nr. 6. Zum Begriff der Führungsaufsicht als Maßregel der Besserung und Sicherung wird hingewiesen auf § 61, Ziff. 4 StGB i. V. m. § 68 ff. StGB.

- Kriterienkatalog für unter Mitwirkung der Polizei von Medien initiierte Fernsehproduktionen zum Zwecke der Öffentlichkeitsfahndung, IMK-Beschluss v. 28.05.1998, PDV 384.1, Anl. 12.

Die Aufzählung ist nicht abschließend, siehe Anlagen zur PDV 384.1.

Im Zusammenhang mit internationalen Fahndungen sind u. a. folgende Regelungen von Bedeutung: 22

- Gesetz über die internationale Rechtshilfe in Strafsachen (IRG)
  - § 17 IRG, Auslieferungshaftbefehl
  - § 18 IRG, Fahndungsmaßnahmen
  - § 19 IRG, Vorläufige Festnahme
- Richtlinien für den Verkehr mit dem Ausland in strafrechtlichen Angelegenheiten (RiVASt)
  - Nr. 85 Internationale Fahndung
- Schengener Durchführungsübereinkommen (SDÜ)
  - Art. 93 SDÜ, Ziel
  - Art. 94 SDÜ, Gespeicherte Daten
  - Art. 95 SDÜ, Datenaufnahme bei Festnahmeersuchen
  - Art. 96 SDÜ, Speicherung von Daten über Drittausländer
  - Art. 97 SDÜ, Speicherung von Daten über Vermisste
  - Art. 98 SDÜ, Speicherung von Daten über Strafverfolgte
  - Art. 99 SDÜ, Speicherung von Daten zur verdeckten Registrierung
  - Art. 100 SDÜ, Speicherung von Daten zur Sicherstellung oder Beweissicherung im Strafverfahren
  - Art. 101 SDÜ, Zugriff auf die im Schengener Informationssystem gespeicherten Daten
  - Art. 101a SDÜ, Datenzugriff durch Europol
  - Art. 101b SDÜ, Datenzugriff durch Eurojust

3 Fahndungsarten

Die PDV 384.1 nennt und beschreibt die in der nachstehenden Grafik (Abb. IX.3 Fahndungsarten) aufgeführten polizeilichen Fahndungsmaßnahmen nach Praxis und Methode. Ausführliche Erläuterungen zu den einzelnen Fahndungsarten enthält die vorliegende Veröffentlichung nicht, da die 23

Vorschrift als VS-NfD eingestuft ist. Hinweise zu fahndungstaktischen Zielsetzungen sowie zur praktischen Durchführung der Fahndungsmaßnahmen entnehmen Sie bitte der Vorschrift.

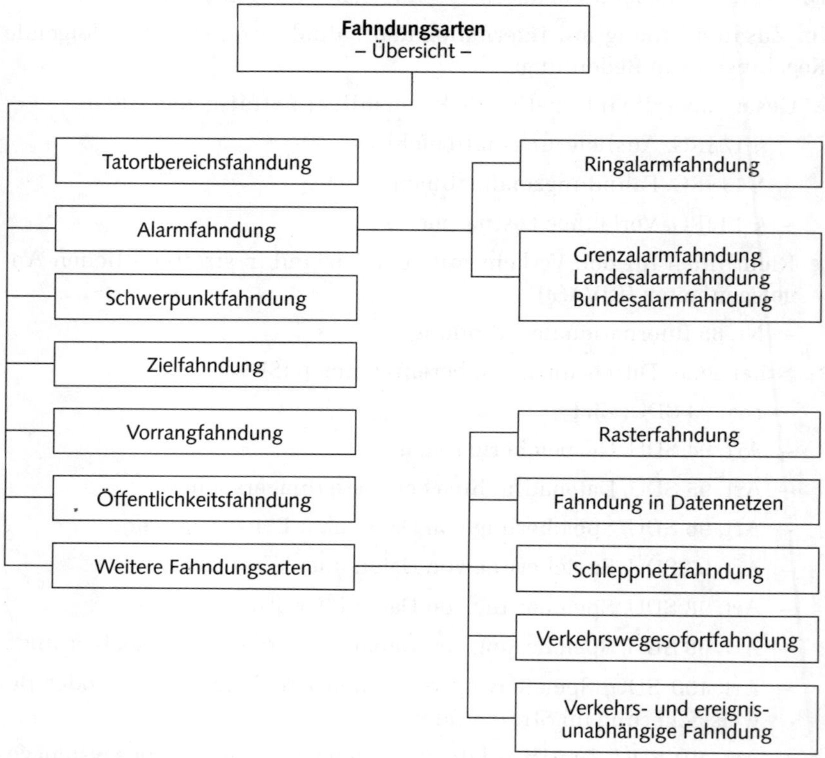

Abb. IX.3 Fahndungsarten

4 Fahndungshilfsmittel

24 Fahndungshilfsmittel sind Informationssysteme, Dateien, Unterlagen oder sonstige Mittel, mit denen Fahndungen ermöglicht, betrieben oder unterstützt werden.

Die PDV 384.1 zählt unter Nr. 6 die der Polizei hauptsächlich zur Verfügung stehenden Fahndungshilfsmittel auf. Die Vorschrift unterscheidet zwischen 25

- interne Fahndungshilfsmitteln (Nr. 6.2)
  z. B. Schengener Informationssystem
- externen Fahndungshilfsmitteln (Nr. 6.3)
  z. B. Publikationsorgane
- sonstigen Fahndungshilfsmitteln (Nr. 6.4)
  z. B. Dateisysteme gemäß § 483 StPO

Die Aufzählung der in der PDV 384.1 zitierten Fahndungshilfsmittel ist nicht abschließend, da die Möglichkeiten der Fahndung nach Art, technischer Entwicklung sowie der rechtlichen Voraussetzungen vielfältig sind und einer fortschreitenden Veränderung unterliegen. Auf eine Darstellung wird deshalb verzichtet. Entnehmen Sie die Information zu den Fahndungshilfsmitteln der Fahndungsvorschrift.

§§ 483 ff. StPO, Verfahrensdateien 26

Unter der Bezeichnung „Sonstige Fahndungshilfsmittel" verweist die PDV 384.1 Nr. 6.4 auf die gesetzliche Ermächtigung hin, gem. §§ 483 ff. StPO personenbezogene Daten, die bereits aufgrund einer speziellen Ermächtigungsgrundlage erhoben worden sind, in Dateien zu speichern und für Strafverfahrenszwecke zu verwenden.

§ 483 StPO gestattet als Generalklausel die Speicherung, Verarbeitung und Nutzung personenbezogener Daten.[4] Sie enthält keine Ermächtigung zur Datenerhebung.

Näheres wird jeweils durch Errichtungsanordnungen (§ 490 StPO) geregelt.

Für **künftige Zwecke** des Strafverfahrens dürfen bereits in einem Strafverfahren erhobene Daten nach § 484 StPO verwendet werden. 27

Andere fahndungsgeeignete Mittel 28

Darüber hinaus kann auch mit jedem anderen geeigneten Mittel gefahndet werden, wie z. B. mittels Lautsprecherdurchsage, Plakataushang, Handzettel, Fahndungsaufruf in den Presseorganen, im Fernsehen oder in telefonischen Ansagediensten, im Internet, in sozialen Netzwerken, über Mobilfunk, unter Auswertung von Verdachtskalendern.

---

4 Meyer-Goßner/Schmitt, § 483 StPO, RZ 1–5.

5 Personen- und Sachfahndung

29 Gegenstände der polizeilichen Fahndung sind Personen und Sachen, die zum Zwecke der Gefahrenabwehr oder der Strafverfolgung gesucht werden.

Wegen unterschiedlicher rechtlicher Voraussetzungen, Verfahrensabläufe, Fahndungsziele und -maßnahmen unterscheidet die PDV 384.1 in ihren Regelungen zwischen Personenfahndung und Sachfahndung im nationalen und internationalen Bereich.

30 Ausgangspunkt jeder Fahndung nach Personen oder Sachen ist stets der örtliche Bereich. Die Fahndung kann sich – je nach der Festlegung des Fahndungsraumes im Einzelfall – sowohl auf das Inland (nationale Fahndung) als auch auf das Ausland (internationale Fahndung) erstrecken. Aufgrund der hohen Mobilität gesuchter Personen wird neben örtlichen Fahndungsmaßnahmen regelmäßig die überörtliche Fahndung im Inland veranlasst, soweit die rechtlichen und tatsächlichen Voraussetzungen vorliegen.

Internationale Fahndungen werden regelmäßig nur dann ausgelöst, wenn Hinweise dafür vorliegen, dass sich die gesuchte Person oder Sache im Ausland befindet. Einen Überblick über die Ziele der Personen- und Sachfahndung, differenziert nach nationaler Fahndung und internationaler Fahndung, gibt Abb. IX.1 Ziele der Personen- und Sachfahndung.

5.1 Fahndungsmaßnahmen der Personenfahndung

31 Grundsätzlich ist der örtliche Bereich Ausgangspunkt der Personenfahndung.

5.1.1 Taktische Grundsätze

32 Als örtliche Bereiche kommen in erster Linie infrage

- der Wohnort oder der letzte Aufenthaltsort der gesuchten Person,
- der Tat- bzw. der Ereignisort.

33 Je nach den Fahndungserfordernissen des Einzelfalles sind folgende **Standardmaßnahmen** der Fahndung nach gesuchten Personen zu veranlassen:

- Ausschreibung der gesuchten Person im INPOL-System/im SIS,
- Ausschreibung im EXTRAPOL und/oder in den Landeskriminalblättern,
- Ausschreibung in anderen geeigneten Fahndungshilfsmitteln,
- Auswertung von polizeilichen Unterlagen im Hinblick auf fahndungsrelevante Informationen und Verwertung von Erkenntnissen anderer Behörden,

- Niederlegung von Suchvermerken in Dateien anderer Behörden und Institutionen, soweit nach der Fahndungslage davon ein Fahndungserfolg zu erwarten ist,
- Durchführung von Fahndungskontrollen, -streifen und Observationen an lokalen Kriminalitätsbrennpunkten,
- gezielte Suche an Orten, an denen sich die gesuchte Person verborgen halten könnte.

Lageabhängig können u. a. an der Fahndung beteiligt werden:

- Außendienste oder Fachdienste anderer Behörden,
- Berufs- und Fachverbände,
- Geldinstitute und Versicherungen,
- Werkschutz und Bewachungsunternehmen oder
- öffentliche Verkehrsbetriebe,
- andere für die Fahndung geeignete Institutionen.

Überörtliche Fahndungen ergänzen bzw. erweitern die örtliche Fahndung. **34**

Kriterien für die Auslösung der überörtlichen Fahndung sind

- die Feststellung, dass die gesuchte Person den örtlichen Bereich vermutlich verlassen hat,
- das Vorliegen von Informationen, die das Erkennen der gesuchten Person möglich machen,
- ein Fahndungsanlass, der die Fahndung über den örtlichen Bereich hinaus rechtfertigt.

Für die internationale Fahndung nach Personen gelten die in der PDV 384.1 Nr. 3 getroffenen Regelungen. Eine internationale Fahndung setzt die nationale Fahndung voraus.

5.1.2 Ausschreibung zur Personenfahndung

Unter dem Begriff „Ausschreibung“ wird die Aufnahme von Fahndungsdaten in Fahndungshilfsmitteln verstanden. Die Ausschreibung ist unverzüglich von der Polizeidienststelle zu veranlassen, die von einem ausschreibungsrelevanten Sachverhalt Kenntnis erhält. **35**

Ausschreibungsvoraussetzungen und -verfahren für die Ausschreibung gesuchter Personen sind enthalten für Ausschreibungen

- im INPOL-System in der PDV 384.1, Anlage 2, „Regelungen für die Fahndung nach Personen im Informationssystem der Polizei“,

- im SIS in der PDV 384.1, Anlage 4, Nr. 2, „Regelungen für die Fahndung nach Personen und Sachen im Schengener Informationssystem“,
- im EXTRAPOL und den Landeskriminalblättern in der PDV 384.1, Anlage 5, „Regelungen für die Ausschreibung im EXTRAPOL und in den Landeskriminalblättern sowie deren Herausgabe“.

5.2 Fahndungsmaßnahmen der Sachfahndung

5.2.1 Taktische Grundsätze

36 Die Fahndung nach Sachen erstreckt sich im Inland auf den örtlichen und den überörtlichen Bereich. Sie umfasst Fahndungsmaßnahmen der allgemeinen und der gezielten Fahndung.

Soweit die Voraussetzungen dafür vorliegen, ist als erste Maßnahme der Sachfahndung die Ausschreibung der gesuchten Sache im INPOL-System und im Schengener Informationssystem zu veranlassen.

Die unverzügliche Ausschreibung von entwendeten Gegenständen ist fahndungstaktisch von besonderer Bedeutung, weil dadurch Fahndungserfolge noch zum Zeitpunkt der Beuteverwertung oder bei der Überprüfung von Verdächtigen ermöglicht werden.

Maßnahmen der systematischen Sachfahndung bieten Erfolg versprechende Möglichkeiten, im Besonderen bei der Bekämpfung der Diebstahls- und der Hehlereikriminalität.

Der taktische Bekämpfungsansatz liegt in der kriminalistischen Erkenntnis, dass die Täter das Diebesgut im Regelfall verwerten bzw. absetzen. Die systematische Sachfahndung nach gestohlenen Sachen kann zur Aufklärung der Tat bzw. zur Wiederbeschaffung des Diebesgutes beitragen.

Das setzt voraus, dass der Geschädigte in der Lage ist, die entwendeten Sachen identifizierungsfähig zu beschreiben und das entwendete Gut einer entsprechenden Straftat zugeordnet werden kann.

Die genaue Feststellung und Erhebung aller fahndungsrelevanten Daten zur Sachfahndung sollte möglichst schon bei der Anzeigenaufnahme bzw. der Tatbefundaufnahme erfolgen.

Soweit die überörtliche Sachfahndung betrieben werden soll, sind die in der PDV 384.1, Nr. 2.2.2.2 aufgeführten Voraussetzungen sinnentsprechend zu prüfen.

Soweit es geboten ist, kann die Sachfahndung auch als internationale Fahndung betrieben werden. Die Kriminalitätsentwicklung zeigt, dass

z. B. im Deliktsbereich der Kfz-Kriminalität (Diebstahl von und aus Kfz) das Diebesgut oftmals unmittelbar nach der Tat ins angrenzende Ausland verbracht und dort verwertet wird.

5.2.2 Ausschreibung zur Sachfahndung

Ausschreibungsvoraussetzungen und -verfahren für die Ausschreibung von Sachen in den Fahndungshilfsmitteln sind u. a. ausführlich geregelt in den Anlagen 3, 4 und 5 zur PDV 384.1. Auf eine Darstellung wird hier verzichtet. 37

6 Fahndungstaktik

6.1 Fahndungsgrundsätze

6.1.1 Allgemeine Fahndungsgrundsätze

Für eine effektive Fahndung sollten folgende allgemeine Fahndungsgrundsätze beachtet werden: 38

- Der örtliche Bereich ist grundsätzlich Ausgangspunkt jeder Fahndung, weil hier regelmäßig fahndungsrelevante Informationen vorliegen bzw. erlangt werden können. Die Aussage bezieht sich u. a. auf den Ereignisort/Tatort als Ausgangspunkt der Fahndung und auch auf den letzten Wohn- oder Aufenthaltsort der gesuchten Person.
- Die gezielten polizeilichen Fahndungsmaßnahmen orientieren sich bei
  - der Personenfahndung am vermuteten oder festgestellten Fluchtverhalten,
  - bei der Sachfahndung an der vermuteten oder festgestellten Beuteverwertung bzw. Gegenstandsverwendung.
- Die für die Fahndung bedeutsamen Informationen sind zeitnah zur Tat zu erheben.
- Besteht ein enger Zeitbezug zwischen der Tatbegehung, der Flucht des Täters und der Information der Polizei über die Tat, sind im Tatortbereich unverzüglich Raumfahndungsmaßnahmen (Tatortbereichsfahndung) einzuleiten. 39
- Den Fahndungskräften sind zu diesem Zweck gezielte Fahndungsaufträge zu erteilen. Die Fahndungsmaßnahmen sind von zentraler Stelle aus zu leiten und zu koordinieren.

- Zur gezielten Fahndung sind auf der Grundlage der vorhandenen Fahndungsinformationen tatbezogene Fahndungsversionen zur Personen- und Sachfahndung aufzustellen, soweit dazu offene Fragen vorliegen.
- Fahndungsversionen sind wesentliche Grundlage für die Entschließung über Art und Richtung von gezielten Fahndungsmaßnahmen im Einzelfall. Sie bieten die Möglichkeit, durch systematische und folgerichtige Analyse des Täterverhaltens Fahndungsobjekte erfolgreich aufzuspüren.

40
- Bei der Aufstellung von Fahndungsversionen sind allgemeine und personenbezogene kriminalistische Erkenntnisse und Erfahrungen zum Täterfluchtverhalten einzubeziehen.
- Bei identifizierten Flüchtigen ist es unabdingbar notwendig, genaue Informationen über die Person, die persönlichen Verhältnisse, die familiären und sozialen Bezüge sowie, je nach Art der Tat, über die Vermögensverhältnisse zu erhalten.
- Personen- und Sachfahndung ergänzen einander. Soweit möglich, sind daher Verknüpfungen und Verweisungen anzustreben.

6.1.2 Erfahrungssätze zum Täterfluchtverhalten

41 Erfahrungssätze zum Täterfluchtverhalten basieren auf Analysen der polizeilichen Fahndungspraxis. Es sind allgemeine Annahmen mit Wahrscheinlichkeitscharakter, die im Einzelfall mehr oder weniger zutreffen. Ihr fahndungstaktischer Wert liegt u.a. in ihrem Informationsgehalt für die Aufstellung von Fahndungsversionen.

Das tatsächliche Täterfluchtverhalten unterliegt vielfältigen, einzelfallbezogenen und individuellen Einflüssen.

Einfluss auf das Täterfluchtverhalten

► Vom Täter bevorzugte Örtlichkeiten

42 Der Täter wird sich bevorzugt solchen Orten zuwenden, die seine Flucht begünstigen oder seine Entdeckung erschweren. Die Entscheidung wird wesentlich beeinflusst vom Zeitablauf zwischen der Tat und der Tatentdeckung, der Tätermobilität und der Fluchtplanung.

Generell kann gesagt werden, dass bei geringem Zeitabstand zwischen Tat und Tatentdeckung der Flucht- oder Ruheort eher im örtlichen als im überörtlichen Bereich zu suchen ist, häufig nur vorübergehend, um den ersten polizeilichen Fahndungsmaßnahmen zu entgehen und um die Flucht später fortzusetzen.

Der Täter wählt einen Ort,

- an dem er sich gut verbergen kann, den er kennt, z.B. auch das eigene Wohnumfeld;
- an dem er gewohnt ist, sich zu bewegen, z.B. die ihm vertraute Umgebung oder das milieugerechte Umfeld, auf den seiner Ansicht nach die Polizei nur erschwerten oder keinen Zugriff hat.

Der Täter taucht an Orten unter,

- an denen er sich möglichst unauffällig bewegen oder aufhalten kann,
- die öffentlich zugänglich sind wie z.B. Kaufhäuser, Bahnhöfe, Kinos, Kirchen, Menschenansammlungen im Citybereich einer Großstadt.

► Vom Täter bevorzugte Personen

Der Täter wendet sich auf seiner Flucht bevorzugt an Personen,

- mit denen er enge soziale Kontakte hat wie Familienangehörige, Freunde, Verwandte, Haftgenossen und
- von denen er annimmt, dass sie ihm auf der Flucht behilflich sind,
- von denen er annimmt, dass sie ihn vor dem Zugriff der Polizei verbergen können,
- die für ihn ohne Schwierigkeiten und Risiken erreichbar sind.

6.1.3 Beurteilung der Fahndungslage

Die nachfolgenden Fragestellungen zum Täterfluchtverhalten zielen darauf ab, Informationen zu erlangen, die es ermöglichen, Fahndungsversionen aufzustellen und gezielte Fahndungsmaßnahmen nach dem flüchtigen, häufig unbekannten Täter einzuleiten. **43**

Fragestellungen zum Täterfluchtverhalten **44**

- Ist der Täter identifiziert oder ist er unbekannt; liegen eine fahndungsgeeignete Personenbeschreibung oder markante Identifizierungsmerkmale vor?
- Welches Fluchtmittel hat der Täter benutzt; liegt eine identifizierbare Beschreibung vor?
- Erwartet der Täter, dass er von der Polizei identifiziert werden könnte oder noch werden kann, z.B. aufgrund einer Personenbeschreibung, der Identifizierung durch Zeugen anhand einer Lichtbilddatei, aufgrund eines subjektiven Porträts, durch verlorene Gegenstände, durch ein abgelesenes Kfz-Kennzeichen u.a.m.?

- Ist zu erwarten, dass der flüchtige Täter sich darauf einstellt, um die polizeilichen Fahndungsmaßnahmen zu unterlaufen?
- War die Flucht im Rahmen eines Tatplanes augenscheinlich vorbereitet oder erfolgte sie nach spontaner Tat bzw. liegt nach unvorhergesehener Entdeckung der Tat eine spontane Flucht vor?
- Welche Straftat nach Art und Schwere liegt der Fahndung zugrunde? Die Schwereeinschätzung der Tat durch den Täter hat häufig Auswirkungen auf sein Fluchtverhalten.
- Wie groß ist der Zeitvorsprung des Täters; wie groß ist der Zeitraum zwischen der Tatzeit, der Flucht des Täters und der Kenntnisnahme der Tat durch die Polizei bzw. der Fahndungsauslösung? Die Erhebung dieser Informationen hat nicht nur im Rahmen von Sofortfahndungen besondere Relevanz, sondern ist auch bedeutsam für die Beantwortung der Frage, wie viel Zeit dem flüchtigen Täter für die Durchführung seiner Flucht nach der Tat zur Verfügung stand.
- Ist der Täter ortskundig und/oder personenkundig; begünstigen diese Kenntnisse die Flucht des Täters?
- Befindet sich der Tatort im ländlichen Raum oder im städtischen Bereich, in der Innenstadt bzw. im städtischen Ballungsraum? Der Fahndungserfolg bei Sofortfahndungen nach flüchtenden Tätern ist im ländlichen Raum prinzipiell größer als im städtischen Ballungsraum, der die Flucht begünstigt.

45 **Folgende Erfahrungen sollten bei der Informationserhebung berücksichtigt werden:**

- Bei der Befragung von Auskunftspersonen, die mit dem Flüchtigen in familiärer oder sonstiger, enger sozialer Beziehung stehen, ist davon auszugehen, dass sie den Flüchtigen eher decken, d.h., falsche oder keine Angaben machen, als der Polizei wahrheitsgemäße Auskünfte zu geben.
- Hingegen gibt es aus dem sozialen Umfeld des flüchtenden Täters, je nach der Person des Flüchtigen, immer wieder Auskunftspersonen, die ein persönliches Interesse daran haben, der Polizei gezielte Hinweise zur Flucht des Täters zu geben. Die Motive können redlich oder unredlich sein. Grundsätzlich sollten die Befragungen von Auskunftspersonen ohne Zeitverzug und direkt erfolgen. Die Angaben sind auf Glaubwürdigkeit zu überprüfen.

Weiterhin ist die besondere psychische Situation der gesuchten Person in die Beurteilung der Fahndungslage einzubeziehen. Wesentliche Beachtung sollten folgende Aspekte finden:

Es ist davon auszugehen, dass die flüchtende Person

- unter dem emotionalen und sachlichen Eindruck der Tat steht, d.h., sich in einem Zustand der psychischen Instabilität und außergewöhnlichen Erregung befindet,
- Beeinträchtigung in der Rationalität ihrer Entschlüsse und unberechenbare Kurzschlussreaktionen zeigen kann,
- versucht, sich den Folgen der Tat durch Flucht zu entziehen, andererseits den Erfolg der Tat sichern will,
- mit Verfolgung unter Umständen rechnet, mit der Art und Weise der Durchführung jedoch nicht vertraut ist,
- zur Aggression und Widerstandshandlung bereit ist,
- versucht, bei der Flucht als normal zu erscheinen und dabei im Widerspruch zur notwendigen Eile bei der Flucht steht,
- gegenüber tatsächlichen oder vermeintlichen Verfolgungen hoch sensibilisiert ist und zu außergewöhnlichen psychischen und physischen Leistungen in der Lage sein kann.

XI

7 Fahndungsmaßnahmen im Ersten Angriff

7.1 Erkenntnisse aus Täterfluchtverhalten

Die systematische Auswertung des Täterfluchtverhaltens bei Raubüberfällen auf Geldinstitute[5] hat bestimmte verallgemeinerungsfähige Erkenntnisse gebracht, die bei der Beurteilung der Fahndungslage berücksichtigt werden sollten und die Fahndungstaktik beeinflussen können. 46

Es handelt sich im Wesentlichen um folgende **Erkenntnisse**:

- Die Flucht wird genau wie die Tat geplant.
- Je mehr Täter an der Tat beteiligt sind, desto intensiver ist die Fluchtplanung.
- Täter flüchten in zwei bis drei Phasen, die jeweils durch einen Wechsel des Fluchtmittels und/oder der Kleidung bestimmt sind.

5 Ackermann, Clages, Roll, S. 433, RZ. 39; LKA NRW; Schmelz. Allerdings ist die Zahl der Raubüberfälle auf Geldinstitute inzwischen erheblich zurückgegangen.

- Die erste Fluchtphase endet in relativer Nähe vom Tatort, sofern der Tatort im Stadtbereich liegt und nach ca. 5.000 Metern im ländlichen Bereich.
- Tätergruppen trennen sich meist nicht.
- In der **ersten Fluchtphase**, die etwa 5 bis max. 10 Minuten dauert, wird die Täteridentifizierung und somit die Fahndung erschwert durch
  - gestohlene oder entliehene Fluchtkraftfahrzeuge,
  - Verwendung gestohlener Kfz-Kennzeichen,
  - Flucht zu Fuß oder mit dem Fahrrad.
- In der **zweiten Fluchtphase**
  - wird häufig das eigene Kraftfahrzeug mit Originalkennzeichen verwendet,
  - wird die Wohnung als Fluchtziel angestrebt.
- In der **dritten Fluchtphase**
  - wechseln ca. 1/3 der Gruppentäter erneut das Fluchtmittel,
  - streben die Täter Orte an, an denen sie sich in Sicherheit glauben wie Wohnung, Campingplatz, Hotels, Abtauchen in ihrem sozialen Umfeld.

7.2 Sofortfahndung

47 Die Sofortfahndung ist eine Fahndungsmaßnahme, die ausgelöst wird, wenn zwischen der Tat, der Tatentdeckung, der Flucht des Täters und der Kenntnisnahme der Polizei von der Tat ein enger zeitlicher Zusammenhang besteht. Sie ist ein taktisches Element des Ersten Angriffs. Diese Fahndungsart hat sich aus der polizeilichen Fahndungspraxis entwickelt. In der PDV 384.1 ist sie nicht ausdrücklich genannt.

Die Einleitung einer Sofortfahndung orientiert sich an

- der Schwere der Tat bzw. der Art und der Intensität der Gefahr,
- dem Zeitraum zwischen dem Ereignis bzw. der Flucht des Täters und der Kenntniserlangung durch die Polizei,
- den vorliegenden Fahndungserkenntnissen und -hinweisen.

In der polizeilichen Einsatzpraxis wird es sich hauptsächlich um sog. Adhoc-Fahndungen nach dem flüchtenden bekannten oder unbekannten Täter oder nach dem Fluchtfahrzeug handeln. Häufig stehen in dieser Phase des polizeilichen Einsatzes nur lückenhafte bzw. ungesicherte Fahndungsinformationen zur Verfügung, die möglichst unverzüglich durch geeignete Maßnahmen zu verdichten sind.

Die Fahndungsleitung liegt im Regelfall bei der zuständigen Einsatzzentrale der Polizei. Die Auslösung erfolgt über Funk. Je nach Art und Schwere der Tat werden die im Einsatzraum vorhandenen polizeilichen Einsatzkräfte in die Fahndung einbezogen. 48

Die Fahndungsanordnung an die Einsatzkräfte sollte mindestens folgende Lageinformationen und Aufträge enthalten:

- stichwortartige Schilderung des Fahndungsanlasses, 49
- Festlegung der Einsatzkräfte und der Fahndungsräume,
- Information über fahndungsrelevante Erkenntnisse,
- Hinweise zur Eigensicherung.

Eine besondere Art der Sofortfahndung ist die **Nacheile**. Es ist die gezielte Verfolgung von Rechtsbrechern auf frischer Tat. 50

Sie wird erfolgen, wenn

- zwischen Tatbegehung, Flucht der/des Täter(s) und Eintreffen der Polizeikräfte am Tatort ein enger zeitlicher und räumlicher Zusammenhang besteht und
- die Verfolgung mit dem Ziel der Ergreifung der/des flüchtenden Täter(s) Aussicht auf Erfolg verspricht.

7.3 Tatortbereichsfahndung

Die **Tatortbereichsfahndung** wird definiert als gezielte Suche nach Personen oder Sachen aus aktuellem Anlass in einem begrenzten Raum um den Tatort (hierzu zählen auch Fund- oder andere Ereignisorte). 51

Die Tatortbereichsfahndung zielt darauf ab, in der Sofortphase des polizeilichen Einsatzes, d. h., in enger zeitlicher Nähe zur Tat durch kalendermäßig vorbereitete Fahndungsmaßnahmen die systematische und gezielte Suche nach flüchtenden Tätern in einem begrenzten Raum, um den Tatort erfolgreich sicherzustellen und unmittelbar nach der Tat am Tatort oder in unmittelbarer Nähe für die Fahndung nach dem/den Täter(n) bedeutsame Informationen zu erlangen.

Voraussetzung für die Auslösung der Tatortbereichsfahndung ist das Vorliegen von Anhaltspunkten, die dafürsprechen, dass der/die Täter im Tatortbereich noch ergriffen werden oder Fahndungshinweise gewonnen werden können.

Tatortbereichsfahndungen sollten vorbereitet werden.

Weitere Informationen entnehmen Sie bitte der PDV 384.1, Nr. 5.1.

7.4 Alarmfahndung

52 Bei der Alarmfahndung handelt es sich um eine aus akutem Anlass schlagartig durchgeführte gezielte Suche nach Personen oder Sachen.

Die Alarmfahndung wird durch folgende Merkmale gekennzeichnet:

- Die Alarmfahndung wird ausgelöst, wenn ein bedeutsamer polizeilicher Anlass vorliegt.
- Die auszulösenden Fahndungsmaßnahmen sind kalendermäßig vorbereitet; es sind gezielte Fahndungsmaßnahmen nach flüchtenden Personen und/oder nach gesuchten Sachen.
- Die Auslösung erfolgt aus akutem Anlass.
- Sie wird schlagartig eingeleitet.

Soweit die Alarmfahndung im Hinblick auf ihre räumliche Ausdehnung nach

- Ringalarmfahndung,
- Grenzalarmfahndung,
- Landesalarmfahndung,
- Bundesalarmfahndung

unterschieden wird, sind für jede dieser Alarmfahndungsarten fahndungstaktische Besonderheiten zu beachten. Ausführungen zur Taktik der Alarmfahndungsarten Grenzalarmfahndung, Landesalarmfahndung und Bundesalarmfahndung werden hier nicht gemacht.

Weitere Informationen entnehmen Sie bitte der PDV 384.1, Nr. 5.2.2.

Alarmfahndungen sind nur bei schwerwiegenden, die Allgemeinheit beunruhigenden sowie die öffentliche Sicherheit besonders beeinträchtigenden Fällen einzuleiten.

Da es sich bei der Alarmfahndung um eine sehr kräfteaufwendige Fahndungsmaßnahme handelt, ist vor der Auslösung zu prüfen, ob das Fahndungsziel nicht auch mit anderen, weniger aufwendigen Maßnahmen erreicht werden kann.

Als weitere Voraussetzung für die Auslösung der Alarmfahndung ist zu prüfen, ob für den konkreten Anlass ausreichende Fahndungsinformationen vorliegen, die bei Einleitung der Maßnahmen einen Fahndungserfolg erwarten lassen.

Besonders **schwerwiegende Fälle**, die eine Einleitung der Alarmfahndung rechtfertigen, sind in der PDV 384.1 beispielhaft aufgeführt.

Weitere Informationen entnehmen Sie bitte der PDV 384.1, Nr. 5.

7.5 Ringalarmfahndung

Bei der Ringalarmfahndung handelt es sich um eine Alarmfahndung, bei **53**
der grundsätzlich an ringförmig um den Tatort bzw. Feststellungsort festgelegten Kontrollstellen gesucht wird sowie im Innern dieses Radius; der Radius um den Feststellungsort ist jeweils festzulegen.

Die Ringalarmfahndung wird durch folgende Merkmale gekennzeichnet:

- Sie ist eine besondere Art der Alarmfahndung.
- Sie ist eine kalendermäßig vorbereitete Fahndungsmaßnahme.
- Sie umfasst alle Maßnahmen der Tatortbereichsfahndung und der Fahndung an Kontrollstellen nach § 111 StPO.
- Die Kontrollstellen werden in der Regel ringförmig um den Ereignisort bzw. Tatort in einem jeweils festzulegenden Radius angeordnet.
- Soweit geografische Besonderheiten es erfordern, können Kontrollstellen auf geeigneten Begrenzungslinien wie Flüssen, Kanälen, Straßen usw. festgelegt werden.

Als Hilfsmittel stehen den Einsatzkräften Merkblätter und spezielle Unterlagen zur Verfügung.

Für die Auslösung der Ringalarmfahndung gelten die für die Alarmfahn- **54**
dung aufgestellten allgemeinen Grundsätze.

Weitere Informationen **entnehmen Sie bitte der PDV 384.1, Nr. 5.2.1.**

7.6 Ergänzende Fahndungsmaßnahmen im Ersten Angriff

In der Praxis des Ersten Angriffs sind, je nach Fahndungsanlass und **55**
Fahndungsziel, im Einzelfall folgende weitere Fahndungsmaßnahmen zu prüfen und ggf. einzuleiten:

Mitfahndungsersuchen an **56**

- Bundespolizei, insbesondere an Bahnhöfen, Flughäfen, im grenznahen Bereich,
- Kommunale Ordnungsdienste,
- Feldjäger, Militärpolizei,
- Zolldienst.

57 **Fahndungsunterstützung** durch andere Stellen wie

- öffentliche Verkehrsbetriebe,
- Taxibetriebe,
- Rettungsdienste,
- private Sicherheitsdienste.

Mitfahndungsersuchen bzw. Fahndungsunterstützungen haben den Zweck, dass ein sog. Fahndungsschleier über den infrage kommenden Fahndungsraum gelegt wird. Sie zielen auch darauf ab, fahndungsrelevante Beobachtungen zu erhalten.

Mitfahndungsersuchen sollten möglichst kalendermäßig vorbereitet sein.

58 **Observation**

- möglicher Aufenthalts- bzw. Hinwendungsorte der Gesuchten;
- erkannter Fluchtfahrzeuge der Täter oder sonstiger Fluchtmittel; ggf. kann mit der Rückkehr der Flüchtigen gerechnet werden;
- im Bereich möglicher Fluchtwege;
- erkannte oder mögliche Beutedepots.

Bei **identifizierten flüchtigen Personen**

- Ausweitung der Fahndung auf den Wohnort-/Aufenthaltsortbereich; die Entscheidung, ob eine sofortige Absuche und offene Überprüfung nach den Flüchtenden oder zunächst eine Observation zweckmäßig ist, muss nach den Besonderheiten des Einzelfalles getroffen werden;
- Observation möglicher Kontaktpersonen;
- verdeckte Annäherung an das Objekt;
- Eigensicherung der eingesetzten Kräfte.

59 **Erkenntnisgewinnung** zur Person und zu möglichen Verbergungsorten der Gesuchten

- Auswertung von polizeilichen, personenbezogenen Datensammlungen, ggf. Erkenntnisgewinnung aus früheren Ermittlungsverfahren;
- Befragung früherer Sachbearbeiter;
- Befragung orts- oder personenkundiger Polizeibeamter;
- Befragung von Familienangehörigen, Bekannten, Nachbarschaft u. Ä.;
- Erkenntnisgewinnung durch Informanten oder V-Personen.

Auslösen der örtlichen Fahndung.

7.7 Einrichtung von Kontrollstellen

Rechtsgrundlage 60

Rechtsgrundlage für die Einrichtung von Kontrollstellen zur Strafverfolgung ist § 111 StPO. Die Einrichtung von Kontrollstellen zielt auf

- die Fahndung nach Straftätern und
- das Erlangen von Beweismitteln für begangene Straftaten

ab.

Wegen der Schwere des Rechtseingriffs rechtfertigen nur bestimmte, im Gesetz genannte Straftaten die Einrichtung von Kontrollstellen. Der Straftatenkatalog ist abschließend. Es müssen mindestens bestimmte Tatsachen vorliegen, die den Verdacht einer solchen Straftat gegen einen bekannten oder einen noch unbekannten Täter begründen, ohne dass dringender Tatverdacht gefordert wird.[6]

Die Einrichtung von Kontrollstellen nach § 111 StPO ist ausschließlich für Strafverfolgungszwecke zulässig. Strafprozessuale Kontrollen und polizeirechtliche Kontrollen nach dem Recht der Gefahrenabwehr können zusammenfallen. Dies ist in der polizeilichen Einsatzpraxis häufig allein aus der Doppelfunktionalität der Polizei begründet.

An gesetzlich zulässigen Kontrollstellen, die zu anderen Zwecken eingerichtet worden sind, z.B. im Rahmen von Verkehrskontrollen nach der StVO, sind Fahndungen nach Straftätern nicht zulässig.[7]

Die Regelung ist abschließend. Bloße Sichtkontrollen werden dadurch jedoch nicht ausgeschlossen.

Kontrollstellen können eingerichtet werden im öffentlichen Verkehrsraum oder an Orten, die für jedermann zugänglich sind wie an Flughäfen, Bahnhöfen und vergleichbaren Orten.

Erfolgserwartung

Die Maßnahme ist zulässig, wenn zu erwarten ist,

- dass der Täter (oder Teilnehmer) einer der genannten (bestimmten) Straftaten festgenommen oder
- die Sicherstellung von Beweismitteln an der Kontrollstelle erfolgen wird.

---

6 Meyer-Goßner/Schmitt, § 111 StPO Rn 4, 5.

7 Meyer-Goßner/Schmitt, § 111 StPO, Rn 1.

Für die Begründung der Erfolgserwartung genügt eine gewisse Wahrscheinlichkeit, dass der Erfolg eintreten wird. Sie kann gewonnen sein aus kriminalistischen Erfahrungen über typische Geschehensabläufe, so z. B. aus Erkenntnissen über das Fluchtverhalten von Tätern nach Banküberfällen.

Im Allgemeinen ist davon auszugehen, dass die Erfolgserwartung begründet ist,

- wenn die Kontrollstelle in räumlicher und zeitlicher Nähe zum Tatort und zur Tatzeit eingerichtet wird oder
- wenn in Abweichung davon Erkenntnisse über bestimmte Fluchtziele vorliegen oder
- nach Gewaltverbrechern bereits seit längerer Zeit gefahndet wird[8].

61 **Identitätsfeststellung**

An Kontrollstellen ist jede Person verpflichtet, ihre Identität feststellen zu lassen. Dies gilt gleichermaßen für Verdächtige und Unverdächtige. Im Übrigen gilt für die Durchführung der Identitätsfeststellung § 163b StPO.

Die fahndungsmäßige Überprüfung der Person/Sache erfolgt in der Regel vor Ort. Je nach Fahndungsanlass und -ziel werden die Daten in Kontrolllisten für einen späteren Datenabgleich erfasst.

Die an den Kontrollstellen angehaltenen Personen und Sachen, z. B. das Kraftfahrzeug, können nach Beweismitteln durchsucht werden. Eine Erfolgsvermutung wird nicht verlangt, jedoch sind bei der Entscheidung über die Durchsuchung das Fahndungsziel und die Verhältnismäßigkeit der Maßnahme zu beachten.

Die Anordnung zur Einrichtung von Kontrollstellen trifft der Richter, bei Gefahr im Verzuge die Staatsanwaltschaft oder ihre Ermittlungspersonen (§ 111 Abs. 2 StPO).

Die Einrichtung von Kontrollstellen zum Zwecke der Gefahrenabwehr regeln die Polizeigesetze der Länder. Sie dient der Verhütung von schwerwiegenden, im Gesetz genannten Straftaten, die deckungsgleich zu § 111 StPO sind. Kontrollstellen nach Polizeirecht sind von der sogenannten Strategischen Fahndung (Rn 80) rechtlich und taktisch zu unterscheiden.

Weitere Informationen entnehmen Sie bitte der PDV 384.1, Anlage 6.

8 Meyer-Goßner/Schmitt, § 111 StPO, Rn 6 u. 7.

8 Fahndungsmaßnahmen im Ermittlungsverfahren

8.1 Effizienz von Fahndungsmaßnahmen

Einen nicht unerheblichen Teil an Informationen über Straftaten und Straftäter erhält die Polizei durch Dritte wie Anzeigeerstatter, Geschädigte oder Zeugen. Fahndungserfolge kommen häufig nur zufällig zustande, hauptsächlich durch Beobachtungen bei Streifengängen oder auf Streifenfahrten, bei der Überprüfung von Verkehrsteilnehmern im Rahmen von Verkehrskontrollen, bei Einzelkontrollen, bei der Anzeigenaufnahme, durch Observationen oder ähnliche Diensthandlungen. Darüber hinaus werden Informationen u.a. über Gewährspersonen beschafft. Fahndungsinformationen fallen auch bei der systematischen Erhebung und Auswertung von Erkenntnissen über Straftaten und Straftäter durch Lageanalysen an. 62

Eigeninitiative Maßnahmen der erkennenden Fahndung (Rn 81) sind sehr kräfte- und zeitaufwendig, sodass diesem taktischen Ansatz Grenzen gesetzt sind. Daher sind Fahndungen effektiv zu organisieren und anfallende Fahndungsinformationen systematisch zu sammeln und auszuwerten.

8.2 Fahndung im täglichen Dienst

8.2.1 Organisation der Fahndung

Aufgaben der polizeilichen Fahndung sind grundsätzlich allen Polizeibeamten bei der Wahrnehmung der ihnen obliegenden Tätigkeiten übertragen. Im Besonderen fallen Fahndungsaufgaben bei nachfolgenden Organisationseinheiten der Polizei im Rahmen ihrer Regeltätigkeit an: 63

- im Wach- und Wechseldienst,
- im Bezirksdienst, bei Polizeiposten,
- beim Verkehrsdienst, bei Unfallfluchtermittlungsgruppen,
- im Kriminaldauerdienst,
- bei Fachdienststellen.

In den Polizeibehörden der Länder ist die Fahndung in der Aufbau- und der Ablauforganisation nicht einheitlich geregelt.

Allgemein bestehen jedoch Organisationseinheiten, denen im Schwerpunkt ihrer Arbeit die ständige Wahrnehmung von Fahndungsaufgaben übertragen ist:

64 **Fahndungsdienststellen** mit überwiegend folgendem Aufgabenzuschnitt:

- Wahrnehmung von Aufgaben der sog. Bürofahndung wie Administration der Ausschreibungen zur Personen- und Sachfahndung in den Fahndungshilfsmitteln, Abgleich von personenbezogenen Daten aus Kontrolllisten mit Fahndungsdaten, systematische Sachfahndung u. Ä.,
- Vollstreckung von Haftbefehlen,
- Erledigung spezieller Fahndungsersuchen wie Aufenthaltsermittlungen, Fahndungsunterstützung von Fachdienststellen u. Ä.,
- Planung und Durchführung von Schwerpunktfahndungen,
- Durchführung von Fahndungsstreifen,
- Kontakte zu Informanten und V-Personen,
- Aufklärung und Observation an Brennpunkten der Kriminalität.

65 **Fahndungstrupps** mit folgenden Aufgaben:

- Fahndung nach gesuchten Rechtsbrechern,
- gezielte Fahndung nach Personen und Sachen bei aktuellen Ereignissen,
- Überwachung von Orten, an denen sich erfahrungsgemäß Straftäter aufhalten,
- Sammlung von Erkenntnissen über Straftaten und Straftäter.

66 **Operative Einheiten bzw. Einsatztrupps**[9] zur Kriminalitätsbekämpfung (ETK).

67 **Zielfahndungskommandos** beim BKA und den LKÄ.

Merke

Die Fahndung als Gesamtaufgabe einer Polizeibehörde ist ablauforganisatorisch zu regeln und zu koordinieren. Die in den einzelnen Dienststellen oder Organisationseinheiten anfallenden Fahndungsinformationen sind systematisch zu erfassen, auszuwerten, in einen Informationspool zusammenzuführen und zu organisieren, sodass auf diese Informationen jederzeit zurückgegriffen werden kann.

9 Z. B. für das Land NRW: Ministerium des Innern NRW.

8.2.2 Fahndungstaktische Grundlagen

Vor der Einleitung von Fahndungsmaßnahmen sind schon bei den ersten Ermittlungen **fahndungsrelevante Informationen** zu erheben. Dies gilt insbesondere bei der 68

- Entgegennahme der Erstinformation über ein Ereignis,
- Anzeigenentgegennahme und -aufnahme,
- Ereignisortuntersuchung,
- Vernehmung von Zeugen und Auskunftspersonen.

Es sind notwendige Angaben zum **Fahndungsobjekt** zu erfragen bzw. festzustellen. Eine nützliche Hilfe bei Personenfahndungen bietet das Merkblatt für Fahndungsinformationen, Anlage 8 zur PDV 384.1. Dazu gehören: 69

- Auslösender Anlass der Fahndung
  - Polizeilicher Anlass, Gefährdungstatbestand, Art und Grad der Gefährdung, Straftat, dringender Tatverdacht,
  - Haftbefehl oder sonstige Gründe,
  - Ausschreibungsbehörde, sachbearbeitende Polizeibehörde,
  - Durchzuführende Maßnahmen bei Antreffen bzw. Ermittlung der gesuchten Person/Sache.
- Angaben zur gesuchten Person
  - Namen, akademischer Grad, Geschlecht, Geburtsort und -datum, Wohnung oder letzter Aufenthaltsort, Staatsangehörigkeit,
  - Mitführen von Personalpapieren,
  - markante Merkmalsausprägungen zur Personenbeschreibung,
  - Bekleidungsbeschreibung, Auffälligkeiten und Besonderheiten,
  - Vorstrafen, Persönlichkeits- und Charaktereigenschaften,
  - körperliche Verfassung und Gesundheitszustand,
  - Berufsausbildung, Fähigkeiten, Fertigkeiten, Sprachkenntnisse.
- Hinweise auf begleitende Personen, mitgeführte oder benutzte Gegenstände.
- Benutzte Transport- und/oder Fluchtmittel.
- Hinweise auf das Fluchtziel oder Versteck, auf mögliche Anlaufstellen wie Verwandte oder Kontaktpersonen.
- Hinweise auf Waffen-, Munitions-, Sprengstoffbesitz.
- Mitführen eines Mobiltelefons.

- Angaben zu gesuchten Sachen
  - Genaue Art und Bezeichnung, Beschreibung, Individualnummern,
  - Besonderheiten, Beschädigungen, Farbe,
  - Eigentümer, Ort, Zeit und Umstände, unter denen Gegenstände in Verlust geraten sind.

Die erhobenen Informationen sind unter Einbeziehung der Informationsquellen einer kritischen Wertung und Wahrscheinlichkeitseinschätzung zu unterziehen.

8.2.3 Fahndung im Rahmen der Fallbearbeitung

70 Kriminalistische Erfahrungen zeigen, dass im Rahmen der Fallbearbeitung stets bestimmte sog. Standardmaßnahmen zu prüfen und ggf. zu veranlassen sind. Ob und inwieweit die Maßnahmen zu ergreifen sind, richtet sich nach den fahndungstaktischen Erfordernissen des Einzelfalles. Die nachstehende Aufzählung ist nicht abschließend.

71 **Standardmaßnahmen**

- Erhebung von Fahndungsinformationen für die Durchführung gezielter Fahndungsmaßnahmen nach Personen/Sachen.
- Informationserhebungen zu Fahndungszwecken bei der erkennenden Fahndung (Rn 81).
- Kontrollmitteilungen bei Antreffen verdächtiger Personen und Sachen, z. B. durch sog. Anhaltemeldungen.
- Einzelne Fahndungsmaßnahmen wie
  - Observationen von verdächtigen Personen oder Sachen,
  - Aufklärung an Brennpunkten,
  - Fahndung an Kontrollstellen,
  - gezielte Personenkontrollen nach Verdachtsindikatoren,
  - Niederlegung von Suchvermerken in Dateien anderer Behörden wie z. B. Einwohnermeldeamt, Straßenverkehrsamt, Sozialamt.
- Kontaktpflege/Gespräche mit der Bevölkerung.
- Fahndung unter Einbeziehung von Informanten und V-Personen.
- Ausschreibung gesuchter Personen/Sachen in den Fahndungshilfsmitteln.
- Fahndung nach Personen/Sachen bei Festnahmen und/oder Durchsuchungen.

- Fahndungsabfragen von
  - Hinweisgebern, Zeugen, Anzeigeerstattern,
  - Verdächtigen, Beschuldigten,
  - Verkehrsteilnehmern bei Kontrollen,
  - Sachen, z.B. Kraftfahrzeugen, Kfz-Kennzeichen, identifizierbaren Gegenständen u.Ä.
- Lokalisierung mitgeführter Mobilfunkgeräte.
- Recherche in sozialen Netzwerken.

Fahndungsersuchen 72

Fahndungsersuchen sind (eilbedürftige) polizeiliche Nachrichten (Fahndungsinformationen) an einen bestimmten Empfängerkreis mit der Bitte um Beteiligung an der Fahndung nach Personen und Sachen. Sie sind ein in der Praxis häufig benutztes Mittel. Fahndungsersuchen sind vor allem dazu bestimmt, die zeitliche Fahndungslücke zwischen dem Bekanntwerden einer Straftat, der Flucht des Tatverdächtigen und seiner Ausschreibung in den Fahndungshilfsmitteln zu schließen. Sie sollen vor allem fahndungsrelevante Feststellungen über den/die Täter, Tat, Tatort, Tatzeit, Tathergang, Fluchtzeit, Fluchtweg, Fluchtfahrzeug oder Art der Flucht, ggf. Zeugen, Tatbeute oder sonstige Beweismittel enthalten. Vermutungen sind von gesicherten Informationen zu trennen und zu kennzeichnen.

Ersuchen um Mitfahndung sind auch als Sofortinformation zu verbreiten, wenn die unverzügliche Unterrichtung eines bestimmten Empfängerkreises aus kriminaltaktischen Gründen geboten ist, konkrete Anhaltspunkte für eine Mitfahndung aber noch nicht vorliegen.

Fahndungsersuchen werden in der Regel über Datennetze oder mit anderen geeigneten Kommunikationsmitteln verbreitet.

Nähere Informationen (u. a. zu Form und Inhalt von Fahndungsersuchen) entnehmen Sie bitte der PDV 384.1, Anlage 1.

9 Fahndung durch automatisierte Datenverarbeitung, Fahndung in Datennetzen

9.1 Begriffe und Charakteristik

Unter dem Begriff der Fahndung durch automatische Datenverarbeitung werden all jene Methoden zusammengefasst, bei denen mittels maschi- 73 nellen Abgleichs von Daten die systematische Suche nach Personen oder Sachen sowohl im Rahmen der gezielten Fahndung als auch der allgemeinen (erkennenden) Fahndung betrieben wird.

Zu nennen sind:

- Rasterfahndung,
- Schleppnetzfahndung,
- „einfacher" Datenabgleich,
- Abgleich von Fluggastdaten nach dem Fluggastdatengesetz – FlugDaG.

Diese Fahndungsmethoden sind dadurch charakterisiert, dass mit ihnen ausgewählte, personenbezogene Daten und personenbezogene Umstände oder Verhaltensweisen, die als Verdachtsindizien in bestimmten Fällen gelten, mit anderen Datenmengen verglichen und nach einem bestimmten Verdachtsmuster Daten selektiert und herausgefiltert werden. Ziel ist die Einengung eines Personenkreises aufgrund eines Verdächtigenprofils. Die herausgefilterten Personen werden sodann einer weiteren Überprüfung unterzogen, ob sie als Verdächtige infrage kommen bzw. als unbeteiligte Dritte auszuscheiden sind.

In allen Fällen handelt es sich um Eingriffe in die Persönlichkeitsrechte der Betroffenen, zumal beim Abgleich der Fluggastdaten, bei der Schleppnetz- und der Rasterfahndung notwendigerweise Daten von Unverdächtigen abgeglichen werden.

9.2 Rasterfahndung

74 Die **Rasterfahndung** ist eine maschinell ablaufende Suche in übermittelten Datenbeständen öffentlicher und nichtöffentlicher Stellen nach bestimmten Prüfungsmerkmalen (Rastern).

Entscheidend für die Charakteristik der Rasterfahndung ist der automatisierte Abgleich personenbezogener Daten aus (nicht polizeilichen) Dateien, die für **andere** als für Zwecke des Strafverfahrens erhoben und gespeichert worden sind.

Rechtsgrundlage für die Durchführung der Rasterfahndung zum Zwecke der Strafverfolgung sowie die Befugnis zur Anordnung sind die §§ 98a, 98b StPO. Voraussetzung ist das Vorliegen eines Anfangsverdachts im Hinblick auf eine Straftat von erheblicher Bedeutung nach § 98a Abs. 1 Nr. 1 bis 6 StPO.

Die Anordnung des Abgleichs der Daten sowie deren Übermittlung sind dem Richter, bei Gefahr im Verzug der StA vorbehalten.

Die Polizeigesetze der Länder sowie das BKA-Gesetz enthalten Befugnisse zur Durchführung der Rasterfahndung für präventivpolizeiliche Zwecke. Wegen der mit der Rasterfahndung verbundenen, erheblichen Eingriffe in die Persönlichkeitsrechte der Bürger, ist die Ermächtigung zur Durchführung von Maßnahmen der Rasterfahndung nur zur Abwehr erheblicher Gefahren zulässig.[10]

Zur Durchführung der Rasterfahndung werden fallspezifische, tätertypische Merkmale i. S. eines Verdächtigenprofils in der Form eines Rasters zusammengestellt und als Suchkriterien mit Daten, die an anderen Stellen und aus anderen Gründen gespeichert sind, z. B. personenbezogene Daten, die bei Kfz-Verleihern, bei Wohnungsunternehmen, bei Stromversorgern, bei Einwohnermeldeämtern u. Ä. vorliegen, maschinell abgeglichen.

Der fahndungstaktische Zweck liegt in dem Herausfiltern von Personen, die dem vorgegebenen Raster entsprechen und die sodann durch weitere Ermittlungsmaßnahmen kriminalistisch abgeklärt werden müssen. Je individueller das Raster ist, desto weniger Datensätze bleiben zu überprüfen.

Ein weiterer Zweck liegt im Ausschluss von Nichtverdächtigen aus einer größeren Gesamtmenge zunächst unbewerteter Daten von Personen. Die Rasterfahndung wird auch als systematisierte Fahndung bezeichnet.

Kriminaltaktische Durchführung der Rasterfahndung:

- Erstellen eines Rasters aufgrund fallspezifischer tätertypischer Merkmale,
- Festlegung der Art der Datenbestände, mit denen die fallspezifischen Merkmale abgeglichen werden sollen,
- Bereitstellung der Daten und maschineller Abgleich der Datenbestände mit dem Raster sowie Ausgabe der herausgefilterten Verdachtsfälle,
- Überprüfung der Verdachtsfälle nach weiteren Erkenntnissen und nach weiteren Verdachtskriterien,
- Abgleich der Daten aus den Verdachtsfällen mit Erkenntnissen aus polizeilichen Informationssystemen,
- Festlegung der Überprüfungsprioritäten und der Art der kriminalistischen Überprüfung,
- Beurteilung der Ergebnisse.

---

10 Einzelheiten regeln die länderspezifischen Bestimmungen der Polizeigesetze sowie § 48 BKAG.

9.3 Schleppnetzfahndung

75 Als **Schleppnetzfahndung** wird die Speicherung und Verarbeitung personenbezogener Daten in einer Datei für Zwecke der Strafverfolgung bezeichnet, wenn diese Daten bei einer grenzpolizeilichen Kontrolle oder einer Kontrollstelle i. S. d. § 111 StPO erhoben worden sind und deren Auswertung an Ort und Stelle durch Abfrage in den polizeilichen Informationssystemen nicht hinreichend gewährleistet ist.

Die Schleppnetzfahndung wird auch als sog. Netzfahndung oder Kontrollfahndung bezeichnet. Rechtsgrundlage ist § 163d StPO. Die materiellen Voraussetzungen der Anordnung regelt § 163d Abs. 1 StPO. Zulässig sind die zeitweilige Speicherung und Auswertung von Daten über Personen sowie von Merkmalen und Eigenschaften, wenn Tatsachen die Annahme rechtfertigen, dass die Auswertung der Daten zur Ergreifung des Täters oder zur Aufklärung der im Gesetz bezeichneten Straftaten führen kann.

Die Daten, die dem Gesetz nach gespeichert und verarbeitet werden dürfen, sind in erster Linie Identitätsdaten wie Name, Geburtstag und Wohnort. Darüber hinaus ist es zulässig, besondere Umstände zu speichern und auszuwerten, die für die Ergreifung des Täters oder der Aufklärung der Tat von Bedeutung sein können wie Kfz-Kennzeichen, Kfz-Typ, Ort und Art der Identitätsfeststellung.

Die Anordnung trifft der Richter, bei Gefahr im Verzuge die Staatsanwaltschaft oder deren Ermittlungspersonen (Polizei). Erfolgt die Anordnung durch die StA oder durch Ermittlungspersonen der StA, ist die richterliche Bestätigung unverzüglich zu beantragen. Art und Dauer der Maßnahme sind festzulegen.

Die Anordnung ist räumlich zu begrenzen. Die zeitliche Dauer ist für höchstens drei Monate zulässig. In Ausnahmefällen ist eine einmalige Verlängerung statthaft.

9.4 Datenabgleich

76 § 98c StPO ist Rechtsgrundlage für den maschinellen Fahndungsabgleich fallspezifischer, personenbezogener Daten mit Daten, die zur Strafverfolgung, Strafvollstreckung oder zur Gefahrenabwehr gespeichert sind. Zweck der Maßnahme ist die Aufklärung einer Straftat oder die Ermittlung des Aufenthaltsortes einer Person, nach der aus Gründen des Strafverfahrens gefahndet wird. Es handelt sich i. d. R. um den Abgleich größe-

rer Datenmengen von Personen oder Sachen, die bei Ermittlungshandlungen oder Kontrollen erhoben worden sind, mit Daten, die in den polizeilichen Informationssystemen gespeichert sind.

Mit dieser Form des Datenabgleichs wird sowohl der Zweck verfolgt, Informationen zu gewinnen, die geeignet sind, eine Straftat aufzuklären als auch eine gesuchte Person zu ermitteln. Art und Schwere der Straftat sind nicht näher bestimmt. Einer schriftlichen richterlichen Anordnung bedarf es nicht.

9.5 Abgleich von Fluggastdaten

Eine weitere Form der weitgehend EDV-gestützten Fahndung stellt der Abgleich von Fluggastdaten dar. Das Fluggastdaten-Informationssystem dient der Verhütung und Verfolgung von terroristischen Straftaten und schwerer Kriminalität. 77

Mit dem Fluggastdatengesetz (FlugDaG) hat der deutsche Gesetzgeber die entsprechende EU-Richtlinie in nationales Recht umgesetzt und das BKA zur nationalen zentralen Stelle für die Verarbeitung von Fluggastdaten (Fluggastdatenzentralstelle) bestimmt.

Ein wesentliches Element für den Abgleich stellen sogenannte Muster dar (§ 4 Abs. 3 FlugDaG), die unter Einbeziehung der oder des Datenschutzbeauftragten erstellt und regelmäßig, mindestens alle sechs Monate, überprüft werden. Diese Muster enthalten sowohl verdachtsbegründende als auch verdachtsentlastende Prüfungsmerkmale. Darüber hinaus müssen die Merkmale geeignet sein, Personen zu identifizieren, die diese Prüfungsmerkmale erfüllen bzw. Nichtverdächtige auszuschließen.

Über die Fluggastdatenzentralstelle erfolgen im Wesentlichen folgende Fahndungsmaßnahmen:

1. Automatisierter Abgleich von Fluggastdaten vor der Ankunft eines Luftfahrzeuges auf einem Flughafen in der Bundesrepublik Deutschland oder vor dem Abflug eines Luftfahrzeuges von einem Flughafen der Bundesrepublik Deutschland
   a) mit Datenbeständen, die der Fahndung oder Ausschreibung von Personen oder Sachen dienen und
   b) mit den o.g. Mustern

   (sogenannter vorzeitgier Abgleich).

   Dabei werden mögliche Treffer jeweils individuell von der Fluggastdatenzentralstelle überprüft (§ 4 Abs. 2 FlugDaG).

2. Durchführung von Abfragen im Fluggastdaten-Informationssystem auf Grundlage eines richterlich geprüften Ersuchens von zuständigen Behörden aus Deutschland, der Mitgliedsstaaten der Europäischen Union, von Drittstaaten oder von Europol (§ 4 Abs. 5 FlugDaG).
3. Übermittlung von relevanten Fluggastdaten unter engen Voraussetzungen zur weiteren Überprüfung bzw. Veranlassung geeigneter Maßnahmen an zuständige deutsche oder Behörden der Mitgliedsstaaten der Europäischen Union (§ 6 FlugDaG).

Wegen der Eingriffstiefe und der Vielzahl von betroffenen Unbeteiligten unterliegt die Tätigkeit der Fluggastdatenzentralstelle sehr engen rechtlichen Grenzen.

10 Weitere ausgewählte Fahndungsarten

10.1 Fahndung in Datennetzen

78 Eine weitere EDV-gestützte Fahndungsmethode stellt die **Fahndung in Datennetzen** dar.

Dabei handelt es sich um die systematische Suche zum Feststellen polizeilich relevanter Sachverhalte, insbesondere Straftaten in den verschiedenen Bereichen des Internets, der Online-Dienste sowie anderer Datennetze.

Insofern ist die Fahndung in Datennetzen ebenfalls eine Form von erkennender Fahndung. Sie ermöglicht unter Anwendung von Verdachtsrastern das Erkennen von Indizien, die den Verdacht von Straftaten begründen oder Anlass zu weiteren Nachforschungen bieten. Diese Form der Fahndung hat seit der Nutzung des Internets an Bedeutung gewonnen. In nahezu allen Phänomenbereichen wird das Internet zur Begehung von Straftaten genutzt (z.B. sexueller Missbrauch von Kindern, Verbreitung pornografischer, gewaltverherrlichender und radikal extremistischer Schriften, aber auch bestimmte Formen der Organisierten Kriminalität oder Betrugsdelikte). Bei Straftaten dieser Art können Beweismittel oder verdachtsleitende Hinweise in digitaler Form anfallen. Abhängig vom Fahndungsziel wird u.a. in Internetforen oder im Bereich des Onlinehandels gefahndet.

10.2 Schleierfahndung

79 Der Begriff der Schleierfahndung ist kein offizieller Rechtsbegriff, hat sich jedoch in den Sprachgebrauch eingebürgert. Darunter werden **ver-**

dachts- und ereignisunabhängige Kontrollen im Grenzgebiet und an bestimmten Örtlichkeiten (z. B. Bundesautobahnen, Bahnhöfen, Flughäfen) verstanden. Diese Fahndungsmaßnahmen wurden als Ausgleich für die aufgrund des Schengener Durchführungsübereinkommens (SDÜ) aus dem Jahr 1995 weggefallenen herkömmlichen Grenzkontrollen an den Binnengrenzen des Schengenraums gesehen.

Die Schleierfahndung zielt insbesondere auf die Bekämpfung grenzüberschreitender Kriminalität sowie die Verhinderung oder Unterbindung unerlaubter Einreisen bzw. eines unerlaubten Aufenthaltes.[11] Die Polizeigesetze nahezu aller Bundesländer[12] und das Bundespolizeigesetz enthalten entsprechende Regelungen.

Abhängig von den jeweiligen Regelungen gehören zu den typischen Maßnahmen der Schleierfahndung:

- Datenabgleich (z. B. von Kfz-Kennzeichen),
- Anhalten und Befragen von Personen,
- Identitätsfeststellung,
- Durchsuchung von Personen oder Sachen,
- Überprüfung bestimmter Dokumente.

Ziel ist es, verdachtsrelevante Erkenntnisse zu gewinnen, die wiederum Anlass für weiterführende Maßnahmen bieten, um Straftaten zu verhüten, speziell die grenzüberschreitende Kriminalität.

Insoweit handelt es sich um eine Fahndungsmethode der Verdachtsgewinnung im Sinne der PDV 384.1 Nr. 1.1 Satz 3.

10.3 Strategische Fahndung

Bei der Novellierung des Polizeigesetzes NRW wurde die sogenannte Strategische Fahndung (§ 12a – Polizeiliche Anhalte- und Sichtkontrollen) eingeführt, die auf den ersten Blick der Schleierfahndung vergleichbar erscheint. Beide sehen Möglichkeiten der verdachtsunabhängigen Kontrolle von Personen vor. Allerdings erfolgt die Strategische Fahndung nicht anlasslos. Es müssen vielmehr Tatsachen die Annahme rechtfertigen, dass in einem bestimmten Gebiet bestimmte Straftaten begangen werden sollen und die Anhalte- und Sichtkontrollen zur Verhütung dieser Straftaten erforderlich und verhältnismäßig sind. **80**

11 Borsdorff.

12 Ausnahmen: Berlin, Bremen, Nordrhein-Westfalen (hier aber „Strategische Fahndung").

Damit ist der Rahmen der Strategischen Fahndung wesentlich enger geknüpft. Die Strategische Fahndung ist zudem formal anzuordnen und auch grundsätzlich zeitlich befristet. Zulässige Fahndungsmaßnahmen sind dann u. a.

- Anhalten und Befragen von Personen,
- Identitätsfeststellung,
- Inaugenscheinnahme von Fahrzeugen und mitgeführten Sachen.

IX

10.4 Erkennende Fahndung

81 Regelmäßig wird im Zusammenhang mit der allgemeinen Fahndung der Begriff der Erkennenden Fahndung gebraucht, ohne dass dieser hinreichend definiert wird. Der Begriff ist weder in Gesetzestexten noch in der Verwaltungsvorschrift (PDV 384.1) enthalten. Tatsächlich steht nicht eindeutig fest, was damit gemeint ist. Es zeichnen sich aber zwei Deutungen ab:

Einmal meint er all jene Fahndungsmaßnahmen, die im Rahmen einer allgemeinen Fahndung erfolgen, also ohne gezielt nach bestimmten Personen oder Sachen zu suchen. So schreibt z. B. *Seeber* (1980) in einem Beitrag: „Es zeigte sich nämlich, daß Haftbefehle häufiger im Rahmen der erkennenden (ungezielten) Fahndung vollstreckt werden, wenn gesuchte Personen aus irgendeinem polizeilichen Anlaß überprüft werden“[13].

Keller (2024) hingegen sieht die Erkennende Fahndung zwar auch als Teil der allgemeinen Fahndung, stellt aber auf die bewusste Nutzung von Kontakten in strafrechtlich relevanten Brennpunkten und zu Personen (Rotlichtmilieu, Kneipenszene, Jugendbandentreffs, Spielotheken, An- und Verkaufsgeschäften, Beschuldigte etc.) ab, um dadurch Hinweise auf Täter, Straftaten, Beuteverkauf, Hehler etc. zu erlangen.[14]

11 Öffentlichkeitsfahndung

11.1 Begriff, Inhalt, Regelungen

82 Unter dem Begriff **„Öffentlichkeitsfahndung“** wird die Suche nach Personen oder Sachen unter Inanspruchnahme der Bevölkerung verstanden.

---

13 Seeber, S. 158.

14 Keller (2024), S. 296.

Nähere Informationen zur Öffentlichkeitsfahndung entnehmen Sie bitte der PDV 384.1, Nr. 5.6 sowie der Anlage 13 (die zugleich die Anlage B der RiStBV ist).

Unterschieden wird zwischen

- zielgruppenorientierter Öffentlichkeitsfahndung und
- allgemeiner Öffentlichkeitsfahndung.

Adressaten der **zielgruppenorientierten Öffentlichkeitsfahndung** sind Personen, von denen anzunehmen ist, dass sie – bezogen auf das Ziel und das Objekt der Fahndung – Informationen über die gesuchte Person und/oder über die Sache besitzen. Zielgruppenorientierte Öffentlichkeitsfahndungen haben den taktischen Vorteil, dass sie für den gesuchten Täter erfahrungsgemäß nicht erkennbar sind und in der Folge der Täter dadurch nicht veranlasst sein könnte, seine Verhaltensweise den Fahndungsmaßnahmen anzupassen, um sie zu unterlaufen. Soweit es die Fahndungslage erlaubt, ist der zielgruppenorientierten Öffentlichkeitsfahndung der Vorzug zu geben.

Die **allgemeine Öffentlichkeitsfahndung** wendet sich dagegen an einen unbestimmten Kreis der Bevölkerung in der Erwartung, dass durch die Veröffentlichung in regionalen oder überregionalen Medien Fahndungsinformationen gewonnen werden können. Sie erfolgt durch Publikationen in allgemein zugänglichen Informationsmedien sowie durch andere geeignete Mittel, z.B. durch die Auslobung, Verteilung von Handzetteln, Postwurfsendungen, Plakataushang, Ausstellung von fahndungsrelevanten Gegenständen, Telefonansagediensten, Fahndungsaufrufe in den unterschiedlichen elektronischen Medien und Lautsprecherdurchsagen.

Bei der räumlichen Ausdehnung der Öffentlichkeitsfahndung ist nach der Fahndungssituation im Einzelfall zu unterscheiden zwischen Medien mit lokalem, regionalem und überregionalem Verbreitungsgebiet. Das Verbreitungsgebiet der in Anspruch zu nehmenden Medien ist bei der Entscheidung über die räumliche Ausdehnung der Fahndungsmaßnahme angemessen zu berücksichtigen.

Eine weitere Form der örtlichen Öffentlichkeitsfahndung stellt die zielgerichtete Einbeziehung von

- Funkleitstellen der öffentlichen Verkehrsbetriebe,
- Taxizentralen,
- Bewachungsdiensten,
- Rettungsleitstellen,

- objektgebundenen Rundruf-, Hörfunk- und Fernsehanlagen in Kaufhäusern, Supermärkten und Sportstätten und ähnlichen Einrichtungen

dar.

Ihre Einbeziehung ist für die Durchführung von Raumfahndungsmaßnahmen nach vermissten Personen aufgrund der Mobilität, des Kontaktes mit der Öffentlichkeit und der raumdeckenden Präsenz besonders geeignet. Insbesondere kommt sie für Fahndungsmaßnahmen nach vermissten Kindern oder hilflosen Personen infrage.

83 **Rechtsgrundlagen**

Die Öffentlichkeitsfahndung kann aus repressiven (Strafverfolgung, Strafvollstreckung) und aus Gründen der Gefahrenabwehr erfolgen.

Erfolgt die Öffentlichkeitsfahndung aus repressiven Gründen, sind die Voraussetzungen der §§ 131 ff. StPO zu beachten. Bei einer Straftat von **erheblicher Bedeutung** können Richter, Staatsanwälte und bei Gefahr im Verzug Ermittlungspersonen der Staatsanwaltschaft gem. § 131 Abs. 3 StPO die Öffentlichkeitsfahndung veranlassen, wenn andere, weniger gravierende Fahndungsformen den Fahndungserfolg wesentlich erschweren oder weniger Erfolg versprechen.

84 Sollen mit der Öffentlichkeitsfahndung Abbildungen des Beschuldigten, z.B. Fahndungsfotos, veröffentlicht werden, sind die Voraussetzungen des § 131b Abs. 1 StPO zu beachten; die Veröffentlichung von Abbildungen von Zeugen ist unter den rechtlichen Bedingungen von § 131b Abs. 2 StPO gestattet (siehe die nachfolgenden Ausführungen in Abschnitt 11.2 – Fahndungstaktische Grundsätze). Die Anordnung und Bestätigung von Fahndungsmaßnahmen regelt § 131c StPO, in Bezug auf dauernde Veröffentlichung in elektronischen Medien oder bei wiederholter Veröffentlichung im Fernsehen oder in periodischen Druckwerken § 131c Abs. 2 StPO.

Die Voraussetzungen sowie das Verfahren für die Öffentlichkeitsfahndung nach Personen im Rahmen von Strafverfahren enthält die „Gemeinsame Bekanntmachung des …(Justizministeriums) und des …(Innenministeriums) über die Inanspruchnahme von Publikationsorganen und die Nutzung des Internets sowie anderer elektronischer Kommunikationsmittel zur Öffentlichkeitsfahndung nach Personen im Rahmen von Strafverfahren“ in der Fassung vom 01.11.2007, Anlage B zur RiStBV und Anl. 13 zur PDV 384.1.

Die Öffentlichkeitsfahndung aus gefahrenabwehrenden Gründen richtet sich nach den Polizeigesetzen der Länder.

Auf eine detaillierte Darstellung der inhaltlichen Regelungen an dieser Stelle wird verzichtet.

11.2 Fahndungstaktische Grundsätze

Fahndungsaufrufe sollen die Schilderung des Sachverhaltes, der Anlass für die Öffentlichkeitsfahndung ist, und konkrete Fragen an die Öffentlichkeit enthalten. Die Fragen sollten kurz, eindeutig und verständlich sein. Sie sollten so gehalten sein, dass jede Person, die eine sachdienliche Wahrnehmung gemacht hat, sich angesprochen fühlt. Erforderlichenfalls sind Fahndungsaufrufe mehrsprachig zu formulieren. 85

Durch den Fahndungstext soll der Täter nicht mehr als unvermeidbar über den Stand der Ermittlungen informiert werden. Einzelheiten des Tatgeschehens, die den Umständen nach nur der Täter kennen kann und die geeignet sind, ihn als Täter beweiskräftig zu überführen, gehören nicht in den Fahndungstext.

Im Einzelnen sollte der Fahndungstext Informationen **nicht** enthalten, die

- dem Täter Rückschlüsse auf den Informations- und Fahndungsstand der Polizei und den Stand der Beweislage erlauben,
- nach der Festnahme die taktische Vernehmung des Tatverdächtigen und die Geständnisabsicherung erschweren,
- potenzielle Nachahmer animieren, wie z.B. Angaben zur Höhe der Beute, neue Arbeitsweisen, mangelhafte Sicherungseinrichtungen u.Ä.,
- psychisch gestörte, falsche Selbstanzeiger oder Zeugen ermutigen,
- Persönlichkeitsrechte von Geschädigten verletzen, z.B. Rückschlüsse auf die Person des Geschädigten zulassen.

Bei der Textgestaltung ist der Adressatenkreis zu berücksichtigen (z.B. Fremdsprachen).

In geeigneten Fällen können Fahndungsaufrufe mit Vorbeugungshinweisen verknüpft werden.

Vor Auslösung der Öffentlichkeitsfahndung sind frühzeitig die Polizeidienststellen über den Sachverhalt und den Fahndungsaufruf zu informieren, über deren Bereich sich die Fahndung erstreckt. Dadurch wird erreicht, dass Hinweisgeber aus der Bevölkerung wegen fehlender Informationen über die Fahndung nicht abgewiesen bzw. Fahndungshinweise nicht aufgenommen werden.

IX

11.3 Besondere Formen der Öffentlichkeitsfahndung

86 **Plakatfahndung**

Die Plakatfahndung ist eine Fahndungsform durch Plakataushang, meistens an Stellen mit großem Publikumsverkehr. Von ihr wird häufig bei Kapitalverbrechen flankierend zu anderen Fahndungsmaßnahmen Gebrauch gemacht. Es sind Aufrufe an die Bevölkerung zur „Mitfahndung" nach gesuchten Personen/Sachen oder um fahndungsrelevante Hinweise zu erhalten.

Gefahndet wird

- unter kurzer Darstellung des Sachverhaltes,
- nach einem flüchtigen bekannten Täter (oder Tätern) mit Täterbeschreibung und Abdruck des Täterlichtbildes,
- nach einem unbekannten Täter unter Hinweis auf die Täterbeschreibung mit dem Ziel, Täterhinweise aus der Bevölkerung zu erhalten,
- nach tatrelevanten Gegenständen, die einen bestimmten Fahndungswert haben.

Hinsichtlich der Ausgestaltung des Plakataufrufes sind die oben unter Nr. 11.1 aufgestellten Grundsätze zu beachten.

87 **Ausstellung von Gegenständen**

Durch die Ausstellung von Gegenständen aus einer Straftat oder die mit einer Straftat in Verbindung stehen, sollen die Bürger auf die Straftat und die ausgestellten Gegenstände aufmerksam gemacht und Hinweise erlangt werden, die im Zusammenhang mit den Ausstellungsgegenständen stehen und die Hinweise auf die Tat oder den meistens unbekannten Täter geben.

Die Ausstellung von Gegenständen für Fahndungszwecke hat vorwiegend lokalen Charakter.

88 **Fahndung mittels aufgezeichneter Täterstimme**

Wird von der Abspielung der mit Tonträger aufgezeichneten Täterstimme aus Fahndungszwecken Gebrauch gemacht, erfolgt dies im Regelfall im Rundfunk, als Fernsehfahndung oder durch Abfragedienste im öffentlichen Telefonnetz oder in anderer geeigneter Weise. Mit dieser Fahndungsmaßnahme wird das Ziel verfolgt, über die Stimmidentifizierung Hinweise aus der Bevölkerung auf den Anrufer zu erlangen.

89 **Fahndung im Internet**

Eine weitere Möglichkeit der Öffentlichkeitsfahndung bietet die Veröffentlichung durch Fahndungsaufrufe im Internet. Der Fahndungsaufruf kann bekannt gemacht werden durch Einrichtung einer speziell dazu eingerichteten Website der fahndungsleitenden Behörde oder in anderer Form.[15]

Siehe auch die weitergehenden Ausführungen zu den vielfältigen Möglichkeiten der Öffentlichkeitsfahndung in PDV 384.1 Nr. 5.6.5.

12 Auslobung von Belohnungen

Fahndungsaufrufe können mit Hinweisen auf die Auslobung von Belohnungen verbunden werden. Erfolgt eine Auslobung, ist zum Ausdruck zu bringen, 90

- für welche Art der Mitwirkung die Belohnung ausgesetzt wird, z.B. für die Ermittlung des Vermissten, die Ermittlung oder Ergreifung des Täters,
- dass die Zuerkennung und Verteilung der Belohnung unter Ausschluss des Rechtsweges erfolgt,
- dass die Belohnung ausschließlich Privatpersonen und nicht Bediensteten zusteht, zu deren Berufspflichten die Wahrnehmung polizeilicher Aufgaben gehört.

Werden Belohnungen von privater Seite zur Verfügung gestellt, ist darauf ausdrücklich hinzuweisen.

13 Fahndung nach Vermissten

Die in Vermisstensachen durchzuführenden Fahndungsmaßnahmen regeln die PDV 384.1 i.V.m. PDV 389. 91

Art und Intensität der in Vermisstensachen zu treffenden Fahndungsmaßnahmen sind in hohem Maße einzelfallabhängig. Im Wesentlichen stehen sie in Abhängigkeit vom Grad der Gefahr für Leib oder Leben, dem die vermisste Person ausgesetzt ist.

Fahndungstaktisch wird die Vermisstenfahndung unterschieden nach

- Sofortfahndung,
- Öffentlichkeitsfahndung,
- Ausschreibung zur Personenfahndung in den Fahndungshilfsmitteln.

---

15 Ein anschauliches Beispiel bieten die Fahndungsaufrufe des BKA; https://www.bka.de/SiteGlobals/Forms/Suche/Fahndungsliste_Personenfahndung_Formular.html?nn=27082, aufgerufen 30.7.2025.

13.1 Allgemeine Grundsätze

92 Generell wird mit der Öffentlichkeitsfahndung in Vermisstensachen das Ziel verfolgt, die Bürger in die Suche nach der vermissten Person zum Zweck der Gefahrenabwehr und der Aufklärung des Vermisstenschicksals mit einzubeziehen. Speziell dient die Öffentlichkeitsfahndung der Polizei, zusätzliche Erkenntnisse und Hinweise über den Vermisstenfall durch den öffentlichen Fahndungsaufruf zu erlangen.

Welche Möglichkeiten bietet die Öffentlichkeitsfahndung, die Arbeit der Polizei bei der Klärung der Vermisstensache zu unterstützen?

Sie dient

- dem Erlangen von Hinweisen zum möglichen Aufenthaltsort der vermissten Person,
- der Ermittlung von Auskunftspersonen und Hinweisgebern, die für den Vermisstenfall bisher unbekannte, relevante Informationen geben können, z. B.
  - zu zeitlichen, örtlichen und sachlichen Umständen des Vermisstseins,
  - zum Antreffen der vermissten Person an bestimmten Örtlichkeiten nach dem Zeitpunkt des Vermisstseins,
  - zum aktuellen physischen und psychischen Zustand des Vermissten,
  - zur Bewegungsrichtung des Vermissten,
  - zur Personen- und Fahrzeugbewegung am Abgangsort oder innerhalb der Bewegungsrichtung,
  - zu Begleitpersonen des Vermissten,
  - zur aktuellen Bekleidungsbeschreibung und zu mitgeführten Gegenständen,
  - zu Verdachtsmomenten hinsichtlich des Vorliegens einer Straftat,
  - zur Unterstützung durch den Bürger bei der Absuche von ausgewählten Geländeabschnitten und Objekten aufgrund von Orts- oder Sachkenntnis.

Veröffentlichungen von Namen und/oder Lichtbild der vermissten Person im Rahmen der Öffentlichkeitsfahndung sind aus Gründen des Persönlichkeitsschutzes nur statthaft mit Einverständnis der Angehörigen oder des berechtigten Vertreters oder wenn Gefahr für Leib oder Leben der vermissten Person zu befürchten ist.

13.2 Ausgestaltung der Öffentlichkeitsfahndung

Fahndungsaufrufe im Rahmen der Öffentlichkeitsfahndung sind nach Art und Inhalt so auszugestalten, dass sie über den Vermisstenfall angemessen informieren und in geeigneter Form die Öffentlichkeit zur Mitfahndung nach der vermissten Person auffordern. Falls bestimmte Zielgruppen mit der Öffentlichkeitsfahndung angesprochen werden sollen, sind die Aufrufe zielgruppengerecht aufzubereiten und zu formulieren. Der Erfolg der Öffentlichkeitsfahndung ist auch davon abhängig, ob der Bürger sich von dem Fahndungsaufruf angesprochen fühlt und zur Mitwirkung bei der Aufklärung des Vermisstenschicksals bereit ist. 93

Dabei sind folgende Aspekte zu beachten:

- Inhalt und Form des Fahndungsaufrufes müssen so abgefasst sein, dass sie das Interesse und die Aufmerksamkeit der Öffentlichkeit erregen, indem konkret das Ereignis als Vermisstensache benannt und die Notwendigkeit zur Mitwirkung anhand des Gefährdungsgrades verdeutlicht wird.
- Fahndungsaufrufe sind inhaltlich über das Vermisstsein so aufzubereiten, dass bei dem angesprochenen Personenkreis, der relevante Feststellungen oder Beobachtungen gemacht hat, diese auch in Verbindung zu dem Fahndungsaufruf gebracht werden können. Gleichzeitig kann damit auch erreicht werden, dass das Erinnerungsvermögen von Zeugen durch den Fahndungsaufruf gezielt angeregt wird.
- Der Sachverhalt sollte konkret und sachgerecht über das Ereignis informieren, wobei insbesondere solche Informationen zu verwenden sind, die eine Signalwirkung in Bezug auf den angestrebten Fahndungszweck haben.
- Der von der Polizei mit dem Fahndungsaufruf verfolgte Zweck und die erwartete Mitwirkung der Bürger sollte klar und eindeutig formuliert werden, das kann u. a. auch in Form bestimmter, gezielter Fragestellungen an den Bürger erfolgen.

Die Darstellung des Sachverhalts sollte für die Öffentlichkeitsfahndung neben einer kurzen und einprägsamen Personenbeschreibung einschließlich der Beschreibung der von der vermissten Person zuletzt getragenen Bekleidung und ggf. von ihr mitgeführter Gegenstände insbesondere enthalten:

- Wann, wo und unter welchen Umständen wurde der Vermisste letztmalig gesehen?
- Wie waren die Bewegungsrichtung und der Zielort des Vermissten?

- An welchen möglichen oder bevorzugten Aufenthaltsorten ist der Vermisste in der Vergangenheit in Erscheinung getreten?

13.3 Formen der Öffentlichkeitsfahndung

94 Veröffentlichungen im **Fernsehen/Hörfunk** und in überregionalen Presseorganen und Informationsmedien kommen nur in außergewöhnlichen Vermisstenfällen in Betracht, insbesondere dann, wenn der überregionale Aufenthalt der vermissten Person begründet anzunehmen ist und

- besondere Umstände des Einzelfalles eine akute Gefahrenlage für die vermisste Person erkennen lassen. Dieser Tatbestand ist im Besonderen dann gegeben, wenn konkrete Gefahren für Leib oder Leben der vermissten Person drohen, die auf andere Weise nicht abzuwenden sind;
- der begründete Verdacht besteht, dass die vermisste Person Opfer eines Kapitalverbrechens geworden ist,
- ein Kind vermisst wird,
- eine Gemeingefahr von der vermissten Person ausgeht,
- die vermisste Person aufgrund geistiger oder körperlicher Gebrechen hilflos ist.

95 Für die Veröffentlichung in **regionalen Presseorganen** gelten die gleichen Voraussetzungen wie die der oben genannten Tatbestände. Sie ist eine häufig gebrauchte und sehr wirksame Art der Öffentlichkeitsfahndung in Medien und ist dann zu wählen, wenn die Öffentlichkeitsfahndung im konkreten Vermisstenfall auf den örtlichen Bereich begrenzt werden kann.

96 Der Einsatz von **Lautsprecherwagen** zu Fahndungszwecken nach vermissten Personen ist besonders in kleinen abgegrenzten Gebieten wie in einer Gemeinde oder einem Stadtteil als Fahndungsmittel geeignet. Vor allem aber am Abgangsort der vermissten Person und innerhalb der möglichen Bewegungsrichtung des Vermissten sowie deren Umgebung empfiehlt sich der Einsatz des Lautsprecherwagens, um die Bevölkerung anzusprechen und zur Mitwirkung bei der Fahndung aufzurufen.

97 Die Verteilung von **Handzetteln** oder **Fahndungsaushängen** kommt an ausgewählten Orten mit hoher Personenkonzentration und -fluktuation infrage.

98 **Auslobungen** in Vermisstenfällen kommen insbesondere dann zur Anwendung, wenn von der Annahme auszugehen ist, dass die vermisste Person Opfer eines Kapitalverbrechens geworden ist.

13.4 Ausschreibung in den Fahndungshilfsmitteln

Vermisste Personen können im INPOL-System und im SIS zur Ingewahrsamnahme ausgeschrieben werden. Dies trifft für minderjährige Vermisste, für Betreute und für Volljährige, soweit eine Gefahr für Leib oder Leben angenommen werden kann, zu. Vermisste Volljährige können zur Aufenthaltsermittlung ausgeschrieben werden, sofern sie nicht in Gewahrsam genommen werden sollen. **99**

Bei Minderjährigen und bei Betreuten (soweit aus der Art der Betreuung dazu Anlass besteht) ist anzugeben, ob die Person abgeholt wird oder zurückgeführt werden soll. Im Falle der Rückführung ist der Kostenträger zu benennen.

Die Ausschreibung im EXTRAPOL sollte grundsätzlich nur dann in Betracht gezogen werden, wenn die Vermisstensache von länderübergreifendem kriminalistischem Interesse ist. **100**

Diese Voraussetzung ist dann gegeben, wenn

- begründete Anhaltspunkte für einen überregionalen Aufenthalt vorliegen und
- sich aus der Persönlichkeit des Vermissten, den Umständen und der Ursache des Vermisstseins (z.B. wenn der Verdacht besteht, dass die vermisste Person Opfer eines Verbrechens geworden ist) ein besonderes kriminalistisches Interesse an der Aufklärung des Vermisstenschicksals vorliegt, oder
- die Möglichkeit des Auffindens der vermissten Person als unbekannter Toter besteht.

Ausschreibungen im EXTRAPOL haben sowohl ermittlungs- als auch fahndungsunterstützenden Charakter.

Nähere Informationen zur Ausschreibung im EXTRAPOL entnehmen Sie bitte der PDV 384.1, Anlage 5.

13.5 Internationale Fahndung

Ergeben sich Hinweise auf den Aufenthalt der vermissten Person im Ausland, ist für Schengen-Staaten die Ausschreibung im **SIS** zu veranlassen. Für Staaten, die nicht zu den Schengen-Staaten zählen, erfolgt die Ausschreibung über **INTERPOL**. **101**

KAPITEL X
Erkennungsdienst und DNA-Analyse

Inhalt

X

X

1 Erkennungsdienst

1.1 Begriffe und Ziele

1 **Erkennungsdienstliche Maßnahmen** dienen der Beschaffung, Sammlung und Auswertung von Vergleichsmaterial zur Identifizierung oder Unterscheidung von Personen, Toten und Sachen. Personenbezogene Maßnahmen dieser Art werden als „Erkennungsdienstliche Behandlung“ bezeichnet.[1] Der Erkennungsdienst hat unterstützende Funktion im Rahmen der Strafverfolgung, der Strafverfolgungsvorsorge und der Identifizierung außerhalb strafrechtlich relevanter Sachverhalte.

2 **Unterstützung der Strafverfolgung (Repressivfunktion)**
Die Mittel und Verfahren des Erkennungsdienstes dienen dazu, im konkret zu untersuchenden Sachverhalt eine Person als tatverdächtig zu identifizieren bzw. zu entlasten. Diese Aufgabe wird als Repressivfunktion des Erkennungsdienstes bezeichnet.

Im Einzelnen sind es im Rahmen der Strafverfolgung folgende Aufgabenstellungen:

- die Identifizierung von Personen,

1 Vgl. Definition Brodag, S. 214.

- die Identifizierung von Spurenverursachern,
- die Feststellung von Tatzusammenhängen.

Unterstützung der Strafverfolgungsvorsorgefunktion 3

Erkennungsdienstliche Maßnahmen und die Speicherung von Daten zur Personenidentifizierung dienen dazu, im Bedarfsfall effektive Maßnahmen zur Täterermittlung einleiten zu können. Diese Aufgabe bezeichnet man als Strafverfolgungsvorsorgefunktion des Erkennungsdienstes.

Im Gegensatz zu früheren Auffassungen, bei denen der 2. Alternative des § 81b StPO eine Präventivfunktion zugeschrieben wurde, ist der aktuelle Standpunkt[2] der, dass mittels der 2. Alternative keine eigentliche Prävention erbracht werden kann, sondern die Möglichkeit bei erneuter Straftatenbegehung besteht, den Täter effektiv zu ermitteln. Dies wären dann Maßnahmen der Strafverfolgung im weiteren Sinn, nämlich der künftigen Strafverfolgung. Nach *Klein* und *Gammon*[3] wäre denkbar, die Maßnahmen des Erkennungsdienstes der 2. Alternative auch dem Strafverfahrensrecht zuzuordnen.

Unterstützung von Identifizierungsmaßnahmen (Identifizierungsfunktion) 4

Eine nicht strafrechtlich relevante, jedoch in den meisten Fällen polizeirelevante Aufgabe hat der Erkennungsdienst zur Identifizierung von Personen zu erfüllen. Diese Aufgabe dient meist der Unterstützung anderer Behörden, z.B. bei der Untersuchung von Unfällen, Störfällen, Katastrophen. Man spricht hier von der Identifizierungsfunktion des Erkennungsdienstes. Dazu zählen folgende Maßnahmen:

- Durchführung von erkennungsdienstlichen Maßnahmen bei Katastrophen,[4] Störfällen und Massenunfällen,
- die Identifizierung unbekannter hilfloser Personen,
- die Ermittlung der Identität unbekannter Toter (z.B. bei Katastrophen, Unfällen),
- die Identifizierung Vermisster und psychisch Kranker,
- die Identifizierung von ausländischen Personen nach dem Aufenthalts- bzw. Asylgesetz.

---

2 Vgl. Mayer, S. 520; Keller (2014), S. 266; OVG Lüneburg vom 22.4.2015 – 11 ME 58/15.

3 Vgl. Klein, Gammon, S. 171.

4 Vgl. Büchner, S. 94.

5 **Merke**

Generell ist bei erkennungsdienstlichen Maßnahmen zu unterscheiden, zu welchem Zweck sie durchgeführt werden. Unterschiedliche rechtliche Regelungen, aus denen sich spezifische Verpflichtungen (z. B. Belehrungen) ableiten, müssen bei repressiv- und strafverfolgungsvorsorglichen erkennungsdienstlichen Behandlungen berücksichtigt werden.

1.2 Rechtsgrundlagen

1.2.1 Grundtatbestand nach § 81b StPO

6 **Merke**

Die strafprozessualen Grundlagen des Erkennungsdienstes unterscheiden sich in den Grundtatbestand des § 81b StPO[5] und Tatbestände, in denen erkennungsdienstliche Maßnahmen zu anderen Zwecken (z. B. Identitätsfeststellung) durchgeführt werden können.

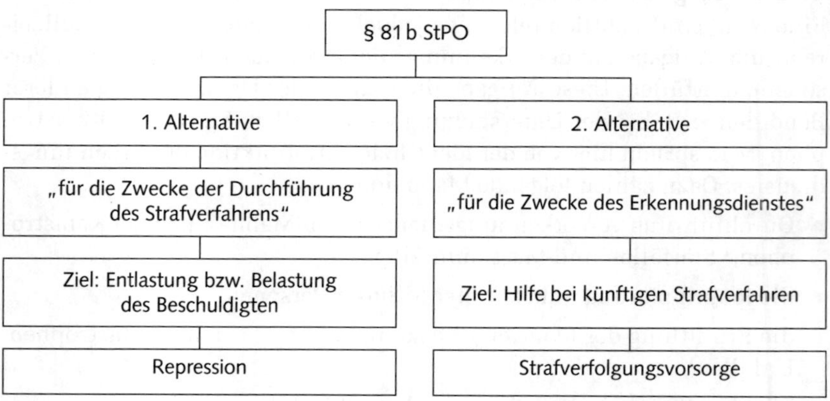

Abb. X.1 Grundtatbestand des § 81b StPO

1.2.1.1 Grundtatbestand § 81b StPO 1. Alternative

7 **Voraussetzungen der erkennungsdienstlichen Behandlung nach § 81b 1. Alt. StPO**

Voraussetzung für die Durchführung einer erkennungsdienstlichen Behandlung nach der 1. Alternative des § 81b StPO ist der Verdacht einer

5 Zu den rechtlichen Grundlagen des § 81b StPO: Meyer-Goßner/Schmitt, § 81b StPO, RZ 1 ff.

Straftat. Personen, bei denen eine solche Maßnahme durchgeführt werden kann, sind vom rechtlichen Status Beschuldigte oder nicht tatverdächtige Personen, soweit es zur Aufklärung einer Straftat geboten ist (z.B. Zeugen, Opfer, tatortberechtigte Personen, Rettungskräfte, Einsatzkräfte, Mitbewohner). In diesem Fall dürfen die ED-Maßnahmen nicht gegen den Willen des Betroffenen durchgeführt werden. Sachverhaltsbezogen muss ein Anfangsverdacht[6] vorliegen.

Das Ziel dieser erkennungsdienstlichen Behandlung besteht darin, für das anhängige Strafverfahren Vergleichsmaterial zur Verfügung zu stellen, um die Identifizierung von Spurenverursachern vorzunehmen.

Mögliche Maßnahmen 8

Als mögliche Maßnahmen des Erkennungsdienstes kommen die in § 81b StPO bezeichneten in Betracht. Dazu zählen:

- die Anfertigung von Lichtbildern (z.B. des Gesichts der Person, der Person insgesamt [auch unbekleidet[7]], besondere Merkmale, Piercings, Tätowierungen),
- die Abnahme von Fingerabdrücken,
- das Durchführen von Messungen,
- ähnliche Maßnahmen (z.B. Personenbeschreibungen, Ohrabdrücke, Sprachaufzeichnungen, Handschriften, Videoaufzeichnung für eine Identifizierungsgegenüberstellung).

Vorbereitung 9

Vorbereitungshandlungen für erkennungsdienstliche Maßnahmen werden vom § 81b StPO mit erfasst.

Beispiele:

- die Säuberung der Finger,
- das Herrichten des äußeren Erscheinungsbildes, dass es so aussieht wie zur Tatzeit, um Lichtbilder anzufertigen,
- die Abnahme/das Aufsetzen von Brillen, Hüten und Perücken,
- die Vornahme von Veränderungen zur Haartracht,
- das Schminken.

---

6 Vgl. Meyer-Goßner/Schmitt, § 81b StPO, RZ 5 und 6.

7 Vgl. Bundeskriminalamt, Bundeskriminalblatt Sonderausgabe Nr. 160 2002 und OVG Lüneburg, Beschluss vom 17.7.2009 – 11 ME 402/09.

Problematisch werden diese Vorbereitungshandlungen, wenn sie einen körperlichen Eingriff nach § 81a StPO darstellen.

Beispiele:

- das Entfernen eines Bartes, der nach der Tat gewachsen ist,
- das Schneiden von Haaren,
- das Nachtönen der Haarfarbe durch einen Maskenbildner.

Diese Maßnahmen[8] sind zulässig, wenn sie von einer fachkundigen Person durchgeführt werden.

Zulässig neben den im § 81b StPO bezeichneten sind nur offene Maßnahmen und nur solche, die ohne körperliche Untersuchung gem. § 81a Abs. 1 StPO dazu dienen, die körperliche Beschaffenheit festzustellen.[9]

X

10 **Anordnung**

Für die **erste Alternative** nach § 81b StPO gilt, dass für die Anordnung[10] einer erkennungsdienstlichen Maßnahme die Staatsanwaltschaft oder die Polizei (nach §§ 163 StPO und 152 GVG) zuständig sein können.

Der Polizei muss in diesem Fall nicht die Eigenschaft einer „Ermittlungsperson" zugeordnet sein. Nach Anklageerhebung ist das Gericht für die Anordnung zuständig. Die Durchführung der erkennungsdienstlichen Maßnahmen obliegt der Kriminalpolizei.

11 **Durchführung der Maßnahme**

Für die Durchführung der Maßnahmen trägt die Polizei die Verantwortung. Die erkennungsdienstlich zu behandelnden Personen werden vorgeladen und in Abhängigkeit vom zu untersuchenden Spurenmaterial erkennungsdienstlich behandelt.

12 **Belehrung/Information**

Die erkennungsdienstliche Behandlung stellt eine Einschränkung von Grundrechten und Freiheiten dar.

Der Betroffene muss demnach auch die Möglichkeit haben, ein Rechtsmittel einlegen zu können und darüber informiert werden. Gegen die Anordnung der erkennungsdienstlichen Behandlung kann der Beschuldigte gem. § 98 Abs. 2 StPO die gerichtliche Entscheidung beim zuständigen

---

8 Vgl. Meyer-Goßner/Schmitt, § 81b StPO, RZ 10.

9 Vgl. Meyer-Goßner/Schmitt, § 81b StPO, RZ 8.

10 Vgl. Meyer-Goßner/Schmitt, § 81b StPO, RZ 13.

Amtsgericht beantragen. Darüber ist der Beschuldigte zu belehren und die Belehrung ist in der Akte zu dokumentieren.

Anwendung von Zwang 13

Es besteht die Möglichkeit, bei Beschuldigten, die sich nicht erkennungsdienstlich behandeln lassen wollen, unmittelbaren Zwang[11] einzusetzen.

Beispiele:

- das Festhalten (während der Fotografie oder Messung),
- zur Vornahme von Handflächenabdrücken dürfen Finger und Hände mit Gewalt gestreckt werden.

Dieser unmittelbare Zwang wird durch körperliche Einwirkung auf den Beschuldigten erzielt. Zur Anwendung von Zwang zählt auch die kurzfristige Freiheitsentziehung. Der Beschuldigte darf zur Durchführung erkennungsdienstlicher Maßnahmen zwangsweise zur Polizeidienststelle geführt und festgehalten werden. Nach Abschluss der erkennungsdienstlichen Behandlung ist er jedoch unverzüglich zu entlassen.

Maßnahmen gegenüber Zeugen sind freiwilliger Natur. Sie dürfen nicht zwangsweise durchgeführt werden.

Merke

Generell gilt für erkennungsdienstliche Maßnahmen der Verhältnismäßigkeitsgrundsatz. Eine durchzuführende Maßnahme zur Erreichung eines angestrebten Ziels muss geeignet und erforderlich sein und der mit ihr verbundene Eingriff darf nicht außer Verhältnis zur Bedeutung der Sache und zur Stärke des Tatverdachts stehen.

Aufbewahrung erkennungsdienstlicher Unterlagen 14

Die gefertigten Unterlagen werden zur Ermittlungsakte genommen und verbleiben dort. [12] Der Staatsanwalt und das Gericht können die Beseitigung anordnen. Abgenommene Vergleichsmaterialien von Personen, die entlastet worden sind, werden unmittelbar nach der Ergebnisfeststellung durch die Polizei oder den Staatsanwalt vernichtet.

11 Vgl. Meyer-Goßner/Schmitt, § 81b StPO, RZ 15.
12 Vgl. Meyer-Goßner/Schmitt, § 81b StPO, RZ 16–19.

1.2.1.2 Grundtatbestand § 81b StPO 2. Alternative

15 **Voraussetzungen der erkennungsdienstlichen Behandlung nach § 81b 2. Alt. StPO**

Die Durchführung der erkennungsdienstlichen Behandlung nach der 2. Alternative des § 81b StPO dient nicht der unmittelbaren Strafverfolgung in einem anhängigen Verfahren, sondern der vorsorglichen Bereitstellung von ED-Material zur Identifizierung in künftigen Verfahren.

Die Durchführung der Maßnahme ist an den Beschuldigtenstatus gebunden. Der Begriff „Beschuldigter" besagt hier, „dass die Anordnung nicht an beliebige Tatsachen anknüpfen oder zu einem beliebigen Zeitpunkt ergehen darf, sondern dass sie durch ein gegen den Betroffenen als Beschuldigten geführtes Strafverfahren veranlasst sein und das Ergebnis dieses Verfahrens auch die gesetzlich geforderte Notwendigkeit der erkennungsdienstlichen Behandlung begründen muss."[13]

Diese Notwendigkeit kann sich aus einer Negativprognose hinsichtlich des künftigen Verhaltens des Beschuldigten ergeben. Zu begründen ist somit die Gefahr, dass der Beschuldigte wiederholt straffällig wird.

Zu würdigen sind alle Umstände[14] des zugrunde liegenden Einzelfalls[15]:

- Art, Schwere und Begehungsweise der Tat,
- Persönlichkeit des Beschuldigten,
- Zeitraum, in dem der Beschuldigte nicht strafrechtlich in Erscheinung getreten ist,
- Anhaltspunkte dafür, dass er künftig oder aktuell weitere Straftaten begeht,
- Anhaltspunkte dafür, dass er aufgrund der veranlassten erkennungsdienstlichen Behandlung als Tatverdächtiger künftig zu ermitteln oder auszuschließen ist.

Eine pauschale Begründung der Wiederholungsgefahr ist nicht ausreichend.[16] In jedem Fall ist deshalb eine Einzelabwägung im entsprechenden Sachverhalt vorzunehmen und darauf basierend zu entscheiden. Es muss geprüft werden, inwieweit die Maßnahme verhältnismäßig ist. D. h.

---

13 Meyer-Goßner/Schmitt, § 81b StPO, RZ 7, S. 357/358.

14 Vgl. OVG Lüneburg, Beschluss vom 29.6.2016 – 11 ME 100/16.

15 Vgl. Kleinschmidt, S. 252.

16 Vgl. dazu VG Kassel, Urteil vom 30.11.2009 – 4 K 1084/08 KS; VG Saarlouis, Urteil vom 21.1.2010 – 6 K 860/08.

konkret, um künftige prognostizierte Straftaten aufklären zu können, muss die ED-Behandlung erforderlich und geeignet sein.[17]

Mögliche Maßnahmen 16

Die in § 81b StPO bezeichneten Maßnahmen sind auch für die 2. Alternative zulässig.[18]

Beachte

Bei der Prüfung der Eignung der jeweiligen durchzuführenden ED-Behandlung ist zu berücksichtigen, dass ihr Umfang auf die Aufklärung solcher Straftaten zu beziehen ist, die prognostiziert worden sind.[19]

Anordnung 17

Zuständig für die Anordnung im Ermittlungsverfahren sind die Beamten des Polizeidienstes, auch wenn sie nicht Ermittlungspersonen der StA sind.[20] Die Polizei handelt hier in eigener Zuständigkeit.

Die Anordnung ist ein Verwaltungsakt und dementsprechend sind die verwaltungsrechtlichen Bestimmungen zu berücksichtigen. Das hat zur Folge, dass bevor eine Anordnung und Vorladung erfolgt, dem Beschuldigten eine Anhörung (mündlich oder schriftlich) gewährt werden muss.

Die eigentliche Anordnung muss eine Begründung enthalten und auch die Vorladung ist zu begründen.[21]

Vorbereitung und Durchführung 18

Maßnahmen zur Vorbereitung und Durchführung von erkennungsdienstlichen Maßnahmen nach der 2. Alternative unterscheiden sich nicht von denen der 1. Alternative.[22]

---

17 Vgl. VGH Mannheim, Urteil vom 29.5.2008 – 1 S 1503/07, VG Regensburg, Urteil vom 28.6.2011 – RO 4 K 1084/08: Eine erkennungsdienstliche Behandlung nach § 81b 2. Alt. StPO bei Verstoß gegen das BtMG (Erwerb und Besitz) wurde verneint, weil es sich um ein Kontrolldelikt handelt. Bei erneuter Begehung (Wiederholung) wäre dabei die Möglichkeit gegeben, ohne Weiteres die Identität des Tatverdächtigen festzustellen, da eine polizeiliche Kontrolle der Identitätsfeststellung vorausgeht.

18 Siehe auch RZ 8 dieses Kapitels.

19 Vgl. Meyer-Goßner/Schmitt, § 81b StPO, RZ 12a.

20 Vgl. Keller, S. 269 und auch Meyer-Goßner/Schmitt, § 81b StPO, RZ 13,

21 Vgl. Klein, Gammon, S. 169.

22 Vgl. RZ 19 und 11 dieses Kapitels.

19 **Belehrung**

Wird eine erkennungsdienstliche Behandlung im Rahmen der zweiten Alternative durchgeführt, hat eine Rechtsbehelfsbelehrung im Sinne des verwaltungsrechtlichen Verfahrens zu erfolgen. Bereits die Vorladung und die Anordnung zur Durchführung einer erkennungsdienstlichen Behandlung sind mit einer Rechtsbehelfsbelehrung zu versehen. Der Inhalt der Belehrung ergibt sich aus § 70 VwGO. Ergänzend dazu regeln Erlasse der jeweiligen Innenministerien der Länder weitere Verfahrensweisen.

20 **Anwendung von Zwang**

Bei Maßnahmen, die ausschließlich strafverfolgungsvorsorgenden Charakter aufweisen, sind erkennungsdienstliche Maßnahmen ebenfalls mit Zwang durchführbar.[23]

Die Anwendung von Zwang setzt voraus, dass sowohl die Vorladung als auch die ED-Maßnahme selbst bestandskräftig sind oder deren sofortige Vollziehung angeordnet wurde.

Die anzuwendenden Zwangsmittel entsprechen denen der 1. Alternative des § 81b StPO[24] und sind unter Beachtung des Verhältnismäßigkeitsgrundsatzes anzuwenden.

21 **Aufbewahrung erkennungsdienstlicher Unterlagen**

Für die Aufbewahrung, Speicherung, Verwendung und Löschung erkennungsdienstlicher Unterlagen, die nach § 81b 2. Alternative angefertigt wurden, sind folgende rechtliche Bestimmungen maßgebend[25]:

- Aufbewahrung und Nutzung gem. § 481 StPO,
- Verwendung für künftige Verfahren gem. § 484 Abs. 4 StPO,
- Speicherung der Daten gem. §§ 483 ff. StPO,
- Löschung gem. § 489 StPO,
- Beurteilung der Daten nach Art. 8 MRK EGMR – Große Kammer – (EuGRZ 09, 299, 308, 311).

Für das BKA regeln die §§ 9 ff. BKAG die Datenerhebung, -verarbeitung und -verwendung durch die Kriminalpolizei des Bundes.

23 Vgl. Meyer-Goßner/Schmitt, § 81b StPO, RZ 15.
24 Vgl. RZ 9 dieses Kapitels.
25 Vgl. Meyer-Goßner/Schmitt, § 81b StPO, RZ 19.

1.2.2 Erkennungsdienstliche Behandlung nach den Polizeigesetzen der Länder

Voraussetzungen der Anwendung 22

Nach den Polizeigesetzen der Länder dürfen erkennungsdienstliche Behandlungen, die zur Verhütung einer künftigen Straftat erforderlich erscheinen, angeordnet werden, wenn eine Person verdächtig ist, eine mit Strafe bedrohte Handlung begangen zu haben und wegen der Art oder Ausführung der Handlung die Gefahr der Begehung weiterer Straftaten besteht.[26]

Die erkennungsdienstliche Behandlung nach den Polizeigesetzen der Länder dient der Gefahrenabwehr.

Beispiele:

Eine Gefahrenabwehr kann angenommen werden, wenn

- die erkennungsdienstliche Behandlung der Abschreckung dient[27],
- wenn der Verdächtige befürchten müsste, „aufgrund der von ihm dann vorliegenden Beschreibungen, Messungen und Fingerabdrücken leichter identifiziert werden zu können, er werde durch diese ED-Behandlung aus der für seine Zwecke vorteilhaften und sicheren Anonymität herausgeholt; dies lasse den Schluss zu, dass er künftig Straftaten gar nicht (mehr) begehen werde.“.[28]

Erkennungsdienstliche Maßnahmen nach den Polizeigesetzen der Länder kommen zur Anwendung bei Personen, die zum Zeitpunkt der Anordnung keine Beschuldigten sind. In Betracht kommen somit[29]:

- Kinder,
- rechtskräftig Verurteilte,
- Personen, bei denen das Verfahren eingestellt worden ist oder die freigesprochen wurden,
- Verdächtige.[30]

---

26 Vgl. LKA M-V: Erkennungsdienstliche Richtlinien des Landes Mecklenburg-Vorpommern.

27 Vgl. OVG Lüneburg, Beschluss vom 22.4.2015 – 11 ME 58/15.

28 Vgl. OVG Lüneburg, Beschluss vom 16.09.2009 – 11 ME 402/09.

29 LKA M-V: Erkennungsdienstliche Richtlinien des Landes Mecklenburg-Vorpommern vom 1.10.2016 – Dez 52–200.37.01 und Mayer, S. 524.

30 OVG Lüneburg, Beschluss vom 17.7.2009 – 11 ME 402/09; „... darf die Polizei erkennungsdienstliche Maßnahmen anordnen, wenn dies zur Verhütung von Straftaten erforderlich ist, weil die betroffene Person verdächtig ist, eine Tat begangen zu haben, die mit Strafe bedroht ist oder wegen einer Straftat verurteilt worden ist und wegen der Art und Ausführung der Tat die Gefahr der Wiederholung besteht.“, S. 37.

23 **Mögliche Maßnahmen**

Art und Umfang der Maßnahmen regeln sich nach den jeweiligen Bestimmungen der Polizeigesetze der Länder. Im Regelfall anwendbar sind:

- die Aufnahme von Finger- und Handflächenabdrücken,
- Lichtbilder (Profil-, Halbprofil-, Frontalaufnahmen, Ganzkörperaufnahmen, Detailaufnahmen),
- die Feststellung von körperlichen Merkmalen und deren Beschreibung,
- Messungen,
- die Personenbeschreibung,
- andere Maßnahmen, die zur Identifizierung geeignet sind (Fußsohlenabdrücke, Ohrabdrücke, Handschriften, Sprechproben).

24 **Anordnung**

Die Anordnung für eine erkennungsdienstliche Behandlung nach den Polizeigesetzen der Länder trifft die Polizei (im Regelfall die sachbearbeitende Dienststelle). Aus rechtlicher Perspektive handelt es sich dabei um einen belastenden Verwaltungsakt.

25 **Vorbereitung und Durchführung**

Die Verantwortlichkeit der Durchführung obliegt dem ED-Sachbearbeiter oder der ED-Dienststelle.[31]

26 **Belehrung**

Wird eine erkennungsdienstliche Behandlung nach den Polizeigesetzen der Länder durchgeführt, hat eine Rechtsbehelfsbelehrung im Sinne des verwaltungsrechtlichen Verfahrens zu erfolgen. Die Art und Weise der Durchführung erfolgt wie bei § 81b StPO 2. Alternative.[32]

27 **Anwendung von Zwang**

Die anzuwendenden Zwangsmittel sind in den Polizeigesetzen der Länder bestimmt und unter Beachtung des Verhältnismäßigkeitsgrundsatzes anzuwenden.

Die Umsetzung von Zwang entspricht der Durchführung wie bei § 81b StPO 2. Alternative.[33]

---

31 In Abhängigkeit von der jeweiligen Organisationsstruktur der Landespolizei.

32 Vgl. RZ 19 dieses Kapitels.

33 Vgl. RZ 20 dieses Kapitels.

Aufbewahrung der erkennungsdienstlichen Unterlagen 28

Im Regelfall werden die erhobenen Daten in den Datenspeichern der Polizei (z. B. Täterlichtbildsysteme, ED-Systeme) aufgenommen. Die Aufbewahrung, Speicherung und Löschung der nach den Polizeigesetzen der Länder erhobenen Daten richtet sich nach länderspezifischen Richtlinien.

1.2.3 Weitere rechtliche Grundlagen der erkennungsdienstlichen Behandlung

Über den Grundtatbestand hinaus haben weitere, nachfolgend aufgeführte rechtliche Regelungen für den Erkennungsdienst praktische Relevanz. 29

§§ 163b und 163c StPO zur Identitätsfeststellung 30

Als weitere strafprozessuale Grundlage der erkennungsdienstlichen Behandlung gelten die Bestimmungen der §§ 163b und 163c StPO. Die gesetzlichen Regelungen gelten ausschließlich für das Strafverfahren. Für präventive Zwecke gelten die polizeirechtlichen Normen.

Voraussetzungen für die Anwendung dieser Bestimmungen sind:

- ein Anfangsverdacht[34] und
- ein Verdächtiger.

Ziel ist die Feststellung der Identität. Die erkennungsdienstliche Behandlung gilt als letzte Alternative zur Feststellung der Identität.

Die Feststellung der Identität ist nach § 163b Abs. 2 StPO auch bei Unverdächtigen möglich. Die Unterlagen sind jedoch nach § 163c Abs. 3 StPO zu vernichten, sobald die Identität festgestellt worden ist. Unverdächtige dürfen jedoch nicht:

- in Bagatellsachen festgehalten werden,
- zwangsweise erkennungsdienstlich behandelt oder durchsucht werden.

Generell ist der Verhältnismäßigkeitsgrundsatz zu beachten.

Neben den strafverfahrensrechtlichen Bestimmungen sind in weiteren Gesetzen Regelungen zur erkennungsdienstlichen Behandlung zu finden.

§ 46 Abs. 1 i. V. m. § 53 OWiG 31

Diese Regelungen enthalten den Grundsatz, dass im Bußgeldverfahren sinngemäß die Vorschriften der allgemeinen Gesetze (im Fall der erkennungsdienstlichen Behandlung die Normen der StPO) gelten. Im Unterschied zu den strafverfahrensrechtlichen Bestimmungen ist im Bußgeldverfahren

---

34 Nach kriminalistischen Erfahrungen muss die Möglichkeit bestehen, dass eine verfolgbare Straftat vorliegt (vgl. Kap. III).

keine präventive Erfassung möglich. Eine erkennungsdienstliche Behandlung ist nur bei Bußgeldverfahren in bedeutenden Sachen möglich.

32 **§ 24 BPolG**

Diese Bestimmung regelt, unter welchen Voraussetzungen erkennungsdienstliche Maßnahmen durch die Bundespolizei vorgenommen werden dürfen. Die Bestimmungen gehen über die Regelungen des § 81b StPO hinaus, da unabhängig von einem Strafverfahren Maßnahmen durchgeführt werden können. Der Betroffene muss nicht die Beschuldigteneigenschaft erfüllen.

33 **§§ 86, 86a StVollzG**

Eine weitere Grundlage für die erkennungsdienstliche Behandlung ist der § 86 StVollzG. Die Zulässigkeit der erkennungsdienstlichen Behandlung ist nicht an eine Mindestvollzugsdauer gebunden. Weiterhin besteht die Möglichkeit, unter bestimmten Voraussetzungen Lichtbilder von Gefangenen anzufertigen, die gemäß § 86a Abs. 2 Ziff. 2a StVollzG an die Polizeivollzugsbehörden des Bundes und der Länder, soweit dies zur Abwehr einer gegenwärtigen Gefahr für erhebliche Rechtsgüter innerhalb der Anstalt erforderlich ist, übermittelt werden dürfen.

34 **§§ 3, 49 AufenthG und § 19 Abs. 4 i. V. m. § 16 Abs. 1, 3 Asylgesetz**

Die erkennungsdienstliche Behandlung von Ausländern basiert auf den o.g. Bestimmungen. Es besteht für Ausländer eine Passpflicht. Um die Identität des Ausländers festzustellen, wird unter Umständen zur Erteilung eines Aufenthaltstitels (Visum, Aufenthaltserlaubnis, Niederlassungserlaubnis gem. §§ 6–9 AufenthG) bzw. der Durchsetzung der Ausreisepflicht (Zurückschiebung, Abschiebung gem. §§ 50 ff. AufenthG) eine erkennungsdienstliche Behandlung erforderlich. Die Zuständigkeit der Polizei (und der Ausländerbehörde) für erkennungsdienstliche Maßnahmen zum Zwecke der Identitätsfeststellung bzw. Identitätssicherung für asylrechtliche Zwecke ergibt sich aus § 19 Abs. 4 i. V. m. § 16 Abs. 1 AsylG. Zulässig ist die Aufnahme der Fingerabdrücke, von Lichtbildern und u. U. von Sprachaufzeichnungen.

35 **§ 43 BKAG i. V. m. § 42 BKAG**

Liegt der Verdacht vor, dass eine Straftat nach § 5 Abs. 1 BKAG begangen werden soll, so kann das BKA Maßnahmen zur Feststellung der Identität nach § 23 Abs. 3, Satz 1, 2, 3 und 4 BPolG ergreifen. Gem. § 43 Abs. 1 BKAG können unter den dort genannten Voraussetzungen erkennungsdienstliche Maßnahmen gem. § 24 Abs. 3 BPolG vorgenommen werden.

Eine Vorladung der Person zur erkennungsdienstlichen Behandlung erfolgt nach § 44 Abs. 1 Ziff. 2 BKAG.

1.2.4 Richtlinien, Dienstvorschriften und Anordnungen

Für die Durchführung von erkennungsdienstlichen Maßnahmen existieren zahlreiche Richtlinien, Anordnungen und Weisungen, deren Einhaltung eine rechtsstaatliche und kriminalistisch effektive Durchführung der erkennungsdienstlichen Behandlung garantieren. 36

Zu den wichtigsten gehören:

- Erkennungsdienstliche Richtlinien,
- Richtlinien für die Führung kriminalpolizeilicher personenbezogener Sammlungen,
- Richtlinien für die Errichtung und Führung von Dateien über personenbezogene Daten beim Bundeskriminalamt,
- DNA-Richtlinien für die Länderpolizeien.

Weiterhin sind in spezifischen Sachverhalten die Polizeidienstvorschriften (wie z. B. „Bearbeitung von Jugendsachen bei der Polizei" oder „Vermisste, unbekannte Tote, unbekannte hilflose Personen") zu berücksichtigen. 37

1.3 Vorbereitung und Durchführung erkennungsdienstlicher Maßnahmen

1.3.1 Das System der erkennungsdienstlichen Behandlung

Das System des Erkennungsdienstes gliedert sich nach dem jeweils angewandten Verfahren. Zu den Maßnahmen des Erkennungsdienstes zählen: 38

- die Anfertigung von Lichtbildern,
- die Abnahme von Fingerabdrücken,
- die Vornahme von Messungen,
- die Durchführung von ähnlichen Maßnahmen.

Zu den ähnlichen Maßnahmen gehören Verfahren zur Personenidentifizierung wie z. B. die Auswertung von Fußsohlen- und Handflächenabdrücken, die Personenbeschreibung, die Stimmidentifizierung, der Handschriftenvergleich, biometrische Verfahren, Verfahren zur Identifizierung von Ohrabdrücken[35], die Auswertung eines Gangbildes[36], Verfahren medizinischer Natur, wie odontologische Untersuchungen oder die Röntgenidentifizierung, Rekonstruktionen (z. B. Schädelrekonstruktionen) oder die Geruchsanalyse.

35 Vgl. Clas (2011) und (2014).

36 Vgl. Heubrock, Dorn, Rodiek, Stadler.

39 Andere Identifizierungsmaßnahmen, die nicht als spezifisch erkennungsdienstliche Behandlung per Gesetz geregelt sind, sondern unter Berücksichtigung der Spezifik des Erkennungsdienstes angewandt werden, sind:

- die „erforderlichen" Maßnahmen und die Identifizierung nach § 163b StPO,
- die Gegenüberstellung zum Zwecke der Wiedererkennung, geregelt in § 58 StPO,
- die körperliche Untersuchung des Beschuldigten, wenn sie seiner Identifizierung als Person oder Täter dient, nach § 81a StPO.

1.3.2 Vorbereitung der erkennungsdienstlichen Behandlung

40 Folgende Faktoren sind bei der Vorbereitung einer erkennungsdienstlichen Behandlung zu berücksichtigen:

- die Bestimmung des Zwecks der erkennungsdienstlichen Behandlung,
- die Benennung des Personenkreises, der erkennungsdienstlich behandelt werden soll,
- die Art der ED-Maßnahme,
- Vorladung zu ED-Behandlung (mit entsprechenden Belehrungen nach der bestimmten Alternative des § 81b StPO),
- die Belehrung, Einweisung und Vorbereitung des Äußeren einer Person (wenn notwendig). [37]

Zu unterscheiden ist hierbei, dass sich die Verfahrensweisen bei Beschuldigten und Nichtverdächtigen unterscheiden. Bei Nichtverdächtigen ist die Maßnahme nur mit Einverständnis (Freiwilligkeit der Person) durchführbar.

1.3.3 Durchführung der erkennungsdienstlichen Behandlung

1.3.3.1 Anfertigung von Lichtbildern

41 Lichtbilder werden generell als Vergleichs- und Fahndungsbilder (Digitalfotografie) gefertigt. Es werden 5 Bilder vom Kopf (Vorderansicht; Halbprofil mit Ohransatz, 45° links und rechts; Profil 90° links und rechts) der betreffenden Person angefertigt. Diese Aufnahmen werden durch Ganzaufnahmen (z.B. gesamte Vorder- oder Seitenansicht, auch unbekleidet[38]) und/oder Detailaufnahmen ergänzt. Unbedingt notwendig sind diese Fotografien, wenn

- im Zusammenhang mit der Tatbegehung z.B. eine auffällige Körperhaltung festgestellt wurde,

---

37 Vgl. RZ 9 dieses Kapitels.

38 Vgl. Bundeskriminalblatt Sonderausgabe Nr. 160/2002.

- die Tatkleidung zur Aufklärung weiterer Straftaten dienen kann,
- besondere Merkmale am Körper vorhanden sind (Narben, Tätowierungen, Missbildungen, Körperschmuck),
- einzelne Körperteile besondere Merkmale aufweisen.

Bei Brillenträgern sowie Trägern von ständiger Kopfbedeckung ist ein weiterer fünfteiliger Lichtbildsatz ohne Brille bzw. Kopfbedeckung zu fertigen. Die Aufbewahrung/Speicherung vorhandener Lichtbilder erfolgt in erkennungsdienstlichen Dateien. Die angefertigten Bilder sind in den landespolizeilichen Informationssystemen sowie größtenteils im System INPOL abrufbar. Damit ist eine elektronische Recherchierbarkeit von Täterlichtbildern gewährleistet, die die Vorbereitung einer Wahllichtbildvorlage [39] oder die Zusammenstellung einer Täterübersicht effektiver macht.

Die Fristen für Aufbewahrung der Unterlagen sind in den entsprechenden Richtlinien festgelegt.

Wird eine Person erneut straffällig, so erfolgt nicht in jedem Fall eine Aufnahme eines neuen Lichtbildes, sondern nur dann, wenn das Aussehen der Person sich verändert hat (künstliche oder natürliche Veränderungen) oder seit der letzten Aufnahme mehr als drei Jahre vergangen sind.

Bild-Bild-Vergleich 42

Die Identifizierung anhand von Lichtbildern erfolgt durch den Vergleich von Fotografien[40] untereinander, wenn festgestellt werden soll, ob eine auf mehreren Fotografien abgebildete Person ein und dieselbe ist. Neben Fotografien können auch Videoaufzeichnungen in den Bild-Bild-Vergleich eingebracht werden.

> **Beachte**
>
> Das Identifizierungsergebnis kann aufgrund von Veränderungen des Aussehens eingeschränkt sein. Als mögliche Ergebnisse der Identifizierungsprozesse können auftreten:
>
> - die Feststellung der kategorischen Nichtidentität,
> - wahrscheinliche Aussagen zur Identität.

Problematisch bei der Ergebnisbewertung sind vor allem

- der Zeitunterschied der Anfertigung der Fotos,

39 Vgl. Kap. VIII.
40 Vgl. Schüler, S. 565 ff.

- der Informationsverlust durch den fotografischen Aufnahmeprozess,
- das Fehlen markanter Merkmalsausprägungen.

Neuere Verfahren des digitalen Bild-Bild-Vergleiches (automatische Gesichtserkennungssysteme)[41] ermöglichen eine Auswertung mittels Computer. Hierbei sind die Erfassung und der Vergleich biometrischer Merkmale[42] die Grundlage.

Neben der oben beschriebenen Aufgabe erfolgt ein Vergleich von Fotografien auch in anderen Situationen:

- Vergleich von Fotografien eines unbekannten Toten und einer vermissten Person,
- Vergleich von Fotografien mehrerer Personaldokumente, die verschiedene Personalien aufweisen und bei denen der Verdacht besteht, dass es sich bei der abgebildeten Person um ein und dieselbe handelt,
- Vergleich von Fotografien, um die Beteiligung von Personen an strafbaren Handlungen festzustellen (gewalttätige Demonstrationen), wenn z. B. präventiv Vergleichsmaterial vorhanden ist.

43 **Bild-Personen-Vergleich**

Eine weitere Alternative der Identifizierung anhand von Lichtbildern besteht im Vergleich von Fotografien mit Personen.

Beispiel:

Situationen, in denen ein Vergleich der Fotografie mit einer Person erfolgt, können folgende sein:

- Prüfung der Identität einer Person anhand der Personaldokumente,
- Prüfung der Identität beim Personenfeststellungsverfahren,
- Prüfung der Identität bei der Verhaftung, Observation, Durchsuchung.

Beachte

Bei der Herausgabe von Fotografien durch Unbeteiligte (oder die Erlangung durch Beschlagnahme) müssen Aspekte der Aufnahmesituation berücksichtigt werden, z. B. die Statik des Bildes (Momentaufnahme), die Betrachtungssicht (künstlerisch oder dokumentativ) oder die Abbildposition.

41 Vgl. Knäpper, Schröder, Schröder, Wicke oder Frankl, S. 130 oder Teichmann, Falker.

42 Biometrie als Körpervermessungen am Lebewesen.

Will man Fotografien für die Identifizierung nutzen, so sollten sie immer im Hinblick auf die Eignung (Aufnahmesituation, fotografische Qualität) geprüft werden.

Auch können vorhandene und abgebildete Merkmale des Gesichts und des Äußeren der Person, z. B. durch ein „Fotografiergesicht", Alterung, Krankheit und Unfälle sowie bewusste mimische Veränderungen des Gesichtsausdrucks, beeinflusst werden.

1.3.3.2 Abnahme von Fingerabdrücken

Der Fingerabdruck hat in der Kriminalistik einen hohen Stellenwert, da er z. B. am Tatort gefunden eine direkte Möglichkeit darstellt (bei vorhandenem Vergleichsmaterial), eine Person zu identifizieren, die sich am Tatort aufgehalten hat. **44**

Die Grundlagen der Identifizierung durch Fingerabdrücke bestehen darin, dass sie

- klassifizierbar,
- konstant von vor der Geburt bis über den Tod hinaus und
- individuell sind.

Zur Identifizierung können verschiedene Merkmale (12 sind bei Gericht ausreichend) genutzt werden, z. B. Grundmusterformen, weiße Linien, Minuzien, Poren, Linienführungen der Papillarleisten. **45**

Für Recherchen und Auswertungen gespeicherter Fingerabdrücke wird das computergestützte System AFIS[43] (**A**utomatisiertes **F**ingerabdruck**i**dentifizierungs**s**ystem) genutzt. Die digitalisierten Fingerabdruckbilder sind dezentral abrufbar (je nach Organisationsstruktur der Polizei) und stehen für Vergleichszwecke zur Verfügung. **46**

Eine Auswertung im Rahmen einer Sofortidentifizierung von Personen, die internationalen Schutz beantragen und Personen, die beim illegalen Überschreiten der Außengrenzen der Union aufgegriffen wurden, ist in der Datenbank EURODAC[44] möglich.

Eine weitere Möglichkeit der Auswertung von Fingerabdrücken besteht durch „Fast-ID". Mittels mobiler Einzelfingerscanner können Abdrücke abgenommen und im Fingerabdruck-Identifizierungs-System recherchiert werden.

---

43 Vgl. Küster.
44 Vgl. Art 17 ff. EURODAC-VO.

47 Die Abnahme der Finger- und Handflächenabdrücke erfolgt mit dem Verfahren „Live-Scan". Damit wird ein „optoelektronisches System zur digitalen Erfassung daktyloskopischer Vergleichsabdrücke"[45] bezeichnet. In Ausnahmefällen ist die Abnahme von Fingerabdrücken auch noch mit herkömmlichen Verfahren (mittels Farbplatte, Farbwalze, Farbe [Druckerschwärze]) möglich.

Für die Anfertigung von Zehnfinger- und Handflächenabdrücken gelten folgende allgemeine Grundregeln:

- Die Fingerabdrücke müssen durch Abrollen von Nagelkante zu Nagelkante abgenommen werden.
- Es ist darauf zu achten, dass alle Papillarlinien, Randbereiche, Musterkern und Delten linienklar und kontrastreich abgebildet sind.
- Die Anfertigung von Handflächen- und Handkantenabdrücken erfolgt nach denselben Prinzipien.
- Können einzelne Papillarleistenbereiche nicht oder nur unvollständig abgebildet werden (z.B. durch Amputation, Unfall, Bandage, Hautkrankheit), ist dies mittels Vermerks zu dokumentieren.

Zur Abnahme von Fingerabdrücken bei Leichen sind Besonderheiten und Hilfsmittel (z.B. Leichenstarre, Totenlöffel, Waschhaut) zu beachten.

1.3.3.3 Durchführen von Messungen

48 Die Vermessung des Körpers oder einzelner seiner Teile (Anthropometrie)[46] wird mit dem Ziel durchgeführt, einen Menschen anhand seiner anatomischen Maße zu identifizieren. Aufgrund moderner und neuer Verfahren der Identifizierung findet dieses Verfahren in der kriminalistischen Praxis nur noch in Kombination mit anderen erkennungsdienstlichen Maßnahmen Anwendung.

Die Grundlagen der Identifizierung durch Messungen bestehen darin, dass das menschliche Knochengerüst von einem bestimmten Alter (etwa dem 20. Lebensjahr) an nicht mehr veränderbar ist und dass die Maße bei Menschen unterschiedlich sind und somit eine Identifizierung zulassen. Voraussetzung ist, dass genügend viele Maße abgenommen werden.

Umfangreiche Vermessungen des Körpers und/oder des Skeletts werden heute bei Leichenfunden durchgeführt.

---

45 Wirth (Hrsg.), S. 412.

46 „Anthropometrie, ein von dem Belgier Adolphe Quetelet Mitte des 19. Jahrhunderts empfohlenes Körpermessverfahren zur Identifizierung von Personen" (Burghardt, Hamacher u.a. (1996), S. 17).

Für die Zwecke des Strafverfahrens oder der Strafverfolgungsvorsorge werden lediglich die Körperhöhe und die Schuhgröße vermessen.

Mit der Weiterentwicklung digitaler Bildaufnahme- und -verarbeitungstechnik sowie der Computertechnologie werden biometrische Messverfahren für die Kriminalitätsbekämpfung zunehmend relevant. So können beispielsweise biometrische Daten des Gesichts, des Ohrs,[47] der Hand und des Auges[48] für eine Identifizierung genutzt werden.

Biometrische Merkmale der Hand 49

Die Größe und die Form der menschlichen Hand sind individuell und weisen charakteristische Merkmale zur Identifizierung auf.

Das biometrische Messverfahren kann wie folgt beschrieben werden: Es erfolgt eine dreidimensionale Abtastung der Hand. Die so erhaltenen Werte zur Handgeometrie werden in einen mathematischen Wert umgewandelt. Dieser Wert kann jetzt mit dem vorhandenen Wert der Handgeometrie der Vergleichsperson verglichen und so eine Aussage über Identität bzw. Nichtidentität getroffen werden.

Neuere Verfahren[49] ermöglichen eine Identifizierung anhand des Venennetzes[50] oder anderer Strukturen des menschlichen Körpers.

Biometrische Merkmale des Auges 50

Für die Identifizierung eines Menschen können die Netzhaut des Auges, die Irisstruktur und das Venennetz genutzt werden.

Das Verfahren zur Netzhautanalyse wird so durchgeführt, dass mit einem Infrarotstrahl die Aderstruktur der Netzhaut analysiert wird. Das festgestellte Muster, das individuell und lebenslang konstant ist, kann genutzt werden, um es mit dem einer Vergleichsperson zu vergleichen.

Als Voraussetzung, um dieses Verfahren anzuwenden, muss der Betroffene auch zur Mitarbeit bereit sein, da die Untersuchung ohne Kooperation nicht realisiert werden kann.

Die Untersuchung der Irisstruktur, die beim Menschen konstant und durch eine Vielzahl von Einzelmerkmalen geprägt ist, erfolgt durch die Registrierung der typischen Pupillenveränderungen.

Für die Zwecke des Strafverfahrens sind diese biometrischen Methoden jedoch nicht relevant.

---

47 Vgl. Clas (2011) und (2014).

48 Vgl. Knäpper, Schröder, Wicke.

49 Vgl. Gruber.

50 Vgl. Pretzel, Kuret, S. 622 ff.

51 **Biometrische Merkmale des Gesichts, Verfahren zur Gesichtserkennung**

Die Nutzung der Merkmale des Gesichts beruht auf der Erkenntnis, dass diese Merkmale relativ konstant sind. Berücksichtigt werden müssen jedoch Alterungsprozesse und künstliche Veränderungen (z. B. durch Operationen, Unfälle).

Das Prinzip dieser Messung (z. B. durch Aufnahme mittels Digitalkamera oder 3D-Scanner) besteht darin, dass charakteristische Parameter des Gesichts[51] (z. B. Augenabstand, Zuordnung von Kinn und Augen, Nasenform usw.), ähnlich wie beim ganzheitlichen Einprägen[52] im Gedächtnis, hier elektronisch erfasst werden. Dabei ist es möglich, dass durch bestimmte Algorithmen Alterungserscheinungen berücksichtigt werden.

Das so aufgenommene Bild kann nun mit den gespeicherten Daten (Täterlichtbildern) oder entsprechendem Vergleichsmaterial verglichen werden.

Ebenso können bestimmte Kriterien herausgearbeitet werden, die eine Vorauswahl für Bilder der Lichtbildvorzeigekarteien ermöglichen. Damit würden dem Wiedererkennungszeugen ausschließlich dem Tatverdächtigen ähnliche Bilder vorgelegt werden können.

52 **Biometrische Merkmale des Ohrs**

Auch mittels Ohrabdruck ist es möglich, einen Menschen zu identifizieren. Insbesondere beim Wohnungseinbruchsdiebstahl ist das Auffinden eines Ohrabdrucks als Spur von Bedeutung.

Die Grundlagen der Identifizierung durch Ohrabdrücke bestehen darin, dass[53]

- die Ohrmuschel trotz Größenwachstums lebenslänglich ihr Grundmuster behält,
- Merkmale existieren, die zur Identifizierung genutzt werden können (z. B. Ohraußenleiste, Wurzel der Ohraußenleiste, die Ausprägung des Ohrläppchens, der Neigungswinkel, die Tiefe und der Öffnungsgrad des Zwischenhöckerschnitts sowie das Ausmaß und die Windung der zur Ohraußenleiste parallel verlaufende Ohrinnenleiste),
- sie individuell (die Individualität wird mit 1 : 300.000.000 angegeben)[54] sind.

51 Vgl. Schüler.
52 Vgl. Kap. VIII.
53 Vgl. Clas (2014), S. 371.
54 Vgl. Clas (2011), S. 177.

Es ist anerkannt, dass anthropologische Gutachten, die auch bei Ohrabdrücken grundsätzlich geeignet sind, einen Beweis für die Täterschaft liefern.[55]

Die Suche nach Ohrabdruckspuren erfolgt nach den Grundsätzen der Daktyloskopie. Die Abnahme von Vergleichsabdrücken erfolgt durch Einschwärzen des Ohres und einer Abdrucknahme.[56]

Künftig können zur Abnahme eines Vergleichsabdrucks auch 2D-Scanner (bzw. 3D-Scanner, die eine fotografische Aufnahme erstellen) eingesetzt werden.

Biometrische Merkmale der Bewegung und des Körperbaus 53

Ein neuartiges Verfahren zur Identifizierung von Personen besteht darin, Daten zu Bewegungsabläufen einer Person und zu Körpermaßen zu erfassen und auszuwerten. „Dabei steht das durch den Körper auf einem digitalen Bild- oder Videoframe abgebildete Muster im Fokus. Im Gegensatz zu anderen Beweisen durch Musterabgleich wird das anthropometrische Muster selbst nicht nur als bloßer Abdruck am Tatort hinterlassen, sondern als greifbare Abbildung auf 2D-Material erfasst, was potenziell die Extraktion präziser genauer biometrischer Daten für den Einsatz in forensischen Untersuchungen ermöglicht.“ [57]

Nicht abschließend geregelt sind in diesem Zusammenhang die rechtlichen Grundlagen für die Durchführung.

1.3.3.4 Durchführen von ähnlichen Maßnahmen

Handflächen- und Fußsohlenabdruck

Die Grundlagen für die Identifizierung sind die gleichen wie bei der Identifizierung anhand von daktyloskopischen Abdrücken. 54

Ziele bestehen darin, eine Identifizierung von Spurenverursachern und den Nachweis von Tatzusammenhängen zu erreichen.

Eine Auswertung kann immer dann erfolgen, wenn zu vermuten ist, dass die betreffende Person bei der Begehung einer Straftat daktyloskopische Spuren hinterlassen hat.

---

55 BGH, Urteil vom 15.2.2005 – 1 StR 91/04; BGH, Urteil vom 27.10.1999 – 3 StR 241/99; OLG Braunschweig, Beschluss vom 5.7.2006 – Ss 81/05.

56 In Hamburg haben sich 3 Vergleichsabdrücke bewährt, in Berlin werden 10 Vergleichsabdrücke genommen. Vgl. Clas (2011), S. 178.

57 Engelhardt, Heuschkel, Richter, Schiemann, Labudde, S. 322.

Personenbeschreibung

55 Die **Personenbeschreibung** ist die systematische und geordnete Zusammenfassung aller sichtbaren Merkmale des Äußeren einer Person.

Sie ist ein unentbehrliches Hilfsmittel, vor allem bei der Fahndung. Ziel ist es, anhand der Beschreibung von äußeren Merkmalen einer Person, sie zu identifizieren. Besondere Bedeutung erlangt die Personenbeschreibung, wenn Fingerabdrücke und Lichtbilder fehlen.

Jede erkennungsdienstliche Behandlung umfasst auch die Aufnahme der Personenbeschreibung.

Mit Informationen zur Personenbeschreibung ist bei:

- Zeugenaussagen zu Verdächtigen,
- Aussagen zu Vermissten,
- Mithilfeersuchen an die Bevölkerung zu rechnen.

56 Die Ziele der Anfertigung von Personenbeschreibungen sind folgende:

- Ermittlung eines unbekannten Tatverdächtigen,
- Überführung einer für ein Strafverfahren benötigten Person, insbesondere eines flüchtigen Beschuldigten,
- Ermittlung einer aus dem Gewahrsam entwichenen Person,
- Identifizierung von Vermissten,
- Identifizierung von unbekannten Toten.

57 Als Hauptmethode zur Gewinnung von Personenbeschreibungen zählt die betrachtende Analyse von Form-, Größen-, Farb- und Funktionsbeschreibungen des menschlichen Körpers.

Merke

Aus taktisch-methodischer Sicht ist eine Unterteilung in

- relativ stabile (z. B. Körperhöhe, Augenfarbe) und
- veränderliche Merkmale (z. B. Frisur, Haarfarbe) von Bedeutung, da für die Speicherung von Personenbeschreibungen in Dateien und Sammlungen relativ stabile, sich über einen bestimmten Zeitraum nicht verändernde Merkmale wichtig sind.

Folgende Merkmale zur Personenbeschreibung werden gespeichert: Geschlecht, Alter, Größe, Gestalt, Körperhaltung, Kopfform, Gesicht, Haar, Bart, Augenbrauen, Sprache, Augenfarbe, Nase, Mund, Ohren und besondere Kennzeichen.

Für die Aufnahme von Personenbeschreibungen sollten folgende methodische Hinweise beachtet werden: 58

- zutreffende Auswahl der Merkmale[58] filtrieren,
- Nutzung der vorgegebenen Terminologie,
- Nutzung sicherer Merkmalsausprägungen[59],
- Nutzung konstanter Merkmalsausprägungen, Veränderungen berücksichtigen,
- Nutzung objektiv festgestellter Merkmalsausprägungen, z.B. Schuhgröße,
- keine Interpretation von Angaben durch aufnehmenden Beamten,
- Aufnahme der Personenbeschreibung nach dem Zweck der durchzuführenden Maßnahme, z.B. Fahndung,
- Aufnahme der Bekleidungsbeschreibung und mitgeführter Gegenstände,
- beachten, dass der Zeuge nur Merkmale wiedergeben sollte, die wahrnehmbar waren, Schlussfolgerungen, Ableitungen und Hypothesen zu Merkmalen (aber auch zu Fähigkeiten und Fertigkeiten) sollten gesondert gekennzeichnet werden.

Stimmidentifizierung

Bei der Stimmidentifizierung im Rahmen des Erkennungsdienstes wird der Klang einer Stimme auf einem Tonträger fixiert und mit relevanten „Tatspuren" verglichen. 59

Die Grundlagen der Stimmidentifizierung bestehen darin, dass durch die menschliche Sprache akustische Spuren erzeugt werden. Dabei wirken verschiedene Organe in solcher Art und Weise zusammen, dass ihr Produkt (Stimme, Ton) individualdiagnostisch verwertbar erscheint.

Eine Auswertung ist in zweierlei Hinsicht möglich[60]:

- phonetisch (das Stimmsignal betreffend),
- linguistisch (die Textbotschaft betreffend). Dieses Merkmal wird im Rahmen des Erkennungsdienstes nicht ausgewertet.

Im Rahmen der phonetischen Auswertung ist es möglich, die Stimme visuell anhand spektraler oder ähnlicher Darstellungen auszuwerten.

---

58 Merkmal ist eine Eigenschaft, die die Qualität einer Erscheinung kennzeichnet (z.B. Geschlecht, Alter).

59 Merkmalsausprägung ist ein Wert, den ein konkretes Merkmal annehmen kann (z.B. Geschlecht – weiblich, Alter – 25 Jahre).

60 Vgl. Dellwo, Hove, Leemann, Kolly. S. 119.

Das Ziel der Stimmidentifizierung besteht darin, Verdächtige aufgrund der aufgezeichneten Stimme als den Sprecher zu identifizieren oder auszuschließen.

Grundsätzlich kann das Ausgangsmaterial als Aufzeichnung (i. S. eines materiellen Beweismittels) vorliegen oder als Gedächtnisinhalt im Bewusstsein eines Zeugen gespeichert sein, „Ohrenzeuge".[61]

60 Als mögliche Verfahren zur Stimmidentifizierung kommen

- die Höranalyse (auditiver Vergleich),
- die Messanalyse (Sonograf-automatischer Stimmenvergleich) in Betracht.

61 Die **Höranalyse**[62] ist eine subjektive Methode (Analyse wird durch einen Wiedererkennungszeugen, sog. Ohrenzeuge, durchgeführt), da hierbei die Auswahl, die Analyse und die Bewertung der Merkmale von der die Analyse vornehmenden Person abhängig ist. Einflüsse auf die Identifizierung der Stimme bei der Höranalyse haben:

- die Qualität der Sprachaufzeichnung,
- die Dauer des Gesprächs,
- die Sprechgeschwindigkeit,
- die Besonderheiten (Sprachfehler).[63]

62 Bei der **Messanalyse** kommen verschiedene Verfahren und Methoden zur Anwendung, die Zustandsgrößen des Tones (z. B. Tonhöhe, Tondauer) von Vergleichs- und „Spuren"-stimme (Aufzeichnung) messen.

Handschriftenvergleich

63 Beim Handschriftenvergleich werden Schriftproben von interessierenden Personen abgenommen, um den Schreiber durch Vergleich des Schriftmaterials zu identifizieren.

Die Grundlagen des Handschriftenvergleichs bestehen darin, dass jeder Mensch eine Konstanz in der Schrift aufweist (Automation des Schreibvorganges) und dass individuelle Merkmalsausprägungen in der Schrift in einer gewissen Variationsbreite, die einer bestimmten Person zugeordnet werden können, auftreten.

64 Bevor eine Experimentalschriftprobe abgenommen wird, sollte möglichst zahlreiches und umfangreiches Schriftmaterial der tatverdächtigen Per-

---

61 Dellwo, Hove, Leemann, Kolly, S. 120.

62 Vgl. Kap. VIII.

63 Zu günstigen Bedingungen für die Identifizierung einer Stimme vgl. Kapitel VIII RZ 104.

son beschafft werden. Es sollte kurz vor oder nach der Entstehungszeit der zu untersuchenden Schrift entstanden sein.

Die Schrittfolge zur Erlangung von Experimentalschriftproben[64] ist wie folgt:

Materialprüfung

Es geht darum, einzuschätzen, ob ganze Textteile (z.B. bei Straftaten, bei denen Drohbriefe oder Erpresserschreiben vorliegen) oder ob nur Unterschriftsproben benötigt werden. Je nach Bedarf muss ein Text vorbereitet werden, in dem Schreibleistungen enthalten sind, die geeignet sind, den Schriftverursacher zu identifizieren (Bezug zur Tatschrift).

Merke

Der durchführende Beamte sollte bei Textproben einen Text vorbereitet haben, der Wortverbindungen, Worte und Zeichen aus dem Tattext enthält. Jedoch darf nicht der Tattext als Vorlage einer Schriftprobe dienen. Auch inhaltlich muss der Text anders gestaltet sein.

Vorbereitung

Zur Vorbereitung gehört, dass eine entsprechende Schreibatmosphäre (Sitz- und Lichtverhältnisse, notwendige Hilfsmittel) geschaffen wird.

Sind besondere Schreibumstände zu berücksichtigen (z.B. Schreiben im Stehen, Schreiben an einer Wand, Unterlagen, Schreibmaterialien), so sind diese auch bei der Experimentalschriftprobenabnahme zu gestalten.

Um eine gewisse Lockerheit und Vorbereitetheit beim Betroffenen zu schaffen, sollte zuerst ein nicht relevanter Text (z.B. Lebenslauf oder Gesetzestext) geschrieben werden.

Schreibgeräte (Kugelschreiber, Bleistift o.Ä.) und Schreibunterlagen (Auswahl eines vergleichbaren Papiers oder anderer zur Tat beschrifteter Unterlagen) müssen bereitgestellt werden.

Es empfiehlt sich, dass der Tatverdächtige über den zu erwartenden Umfang, den allgemeinen Verwendungszweck und die Schriftart vor Beginn der Schriftprobenabnahme informiert wird.

64 Vgl. Richtlinien für die Beschaffung von Schriftproben für die Handschriftenvergleichung, in: Löwe-Rosenberg, § 93, RZ 13 S. 753 ff.

Durchführung

Folgende methodische Hinweise sind zu beachten:

- Die Experimentalschriftprobe muss in der gleichen Schriftart wie der Tattext geschrieben werden. Darauf ist der Tatverdächtige hinzuweisen,
- Der vorbereitete Text ist wörtlich und in Sinnzusammenhängen zu diktieren und der Tatverdächtige ist aufzufordern, ihn zu schreiben. Der gesamte fragliche Text muss diktiert werden.
- Fehler, Interpunktionen, Unterstreichungen, Ränder usw. werden nicht angesagt.

Beachte

Der Betroffene darf nicht unter Vorlage der Tatschrift diese abschreiben, und er darf keine Möglichkeit haben, die eigene, im Rahmen der Schriftprobenabnahme erarbeitete, Schreibleistung abzuschreiben.

- Der fragliche Text ist mehrfach zu schreiben[65],
- einzelne Worte und Ziffern bis zu 20-mal,
- kürzere Texte mindestens 5-mal,
- längere Texte 2-mal,
- Weicht die Experimentalschriftprobe auffällig von der Tatschrift ab, so sind spezielle Einzelanweisungen (z.B. schneller schreiben, größer schreiben usw.) zu geben,

Auch bei Unterschriftsproben ist eine gewisse „Lockerheit" herzustellen. Es ist jedoch nicht in jedem Fall eine intensive Vorbereitung erforderlich.

Merke

Der Betroffene sollte 30–50 Unterschriftsproben geben. Auf einem Blatt dürfen nicht mehr als 5–10 Proben sein. Nach dem Vollschreiben eines Blattes ist dieses sofort dem Einblick des Betroffenen zu entziehen (Gefahr des Abschreibens getätigter Schreibleistungen).

65 Jede Schreibleistung sollte mit dem Abschlusssatz: „Vorstehendes habe ich selbst geschrieben, das bestätige ich durch meine Unterschrift." be-

65 Richtlinien für die Beschaffung von Schriftproben für die Handschriftenvergleichung, in: Löwe-Rosenberg, § 93, RZ 13 S. 755.

endet werden. Über die Abnahme der Schriftprobe ist ein Protokoll zu fertigen. Inhaltlich müssen folgende Bestandteile enthalten sein:[66]

- Dienststelle, Ort, Datum, Registriernummer (Aktenzeichen), Dauer der Schriftprobenabnahme,
- Name des die Schriftprobe abnehmenden Polizeibeamten,
- Angaben zum Schreiber (Personalien, Anschrift, Schulbesuch, Beruf),
- Angabe, ob er häufig oder selten schreibt,
- Körperschäden, Händigkeit, die den Ablauf der Probe beeinflussen,
- Ablauf der Probenabnahme (Bedingungen, Erregung, Schriftverstellung),
- Einzelanweisungen im Wortlaut mit Angabe der Nummer und Stelle der Schriftproben, bei denen sie gegeben wurden,
- Verhalten des Schreibers (insbesondere Reaktionen auf Anweisungen),
- Reihenfolge der Schriftprobe,
- Abweichungen.

Der Vergleich der Schriftproben erfolgt auf Anforderung bei der zuständigen Stelle.[67]

Weitere Identifizierungsmaßnahmen

Die **odontologische Identifizierung** hat zum Ziel, Personen anhand von Bissspuren oder anhand des Zahnstatus zu identifizieren. Grundlage für die Identifizierung ist, dass jedes Gebiss einen individuellen Charakter besitzt. Durch anatomische und röntgenologische Methoden können diese Besonderheiten bestimmt werden. **66**

Die Anwendung der odontologischen Identifizierung hat ihre Bedeutung vor allem bei der Aufklärung von Katastrophen, Unglücksfällen, beim Auffinden von unbekannten Toten oder Leichenteilen (Schädel). Da das menschliche Knochengerüst relativ widerstandsfähig ist (vor allem der Schädel), ist es möglich, anhand seiner Merkmale (Zahnstatus, Gebissaufbau) Rückschlüsse auf die Person zu erlangen.

Die Identifizierung anhand von Bissspuren hat ihre Bedeutung im Strafverfahren. So z.B. bei Körperverletzungsdelikten, Sexualdelikten (sog. „Lustbiss") oder bei den Sachverhalten, bei denen der Täter während der strafbaren Handlungen isst und Nahrungsreste am Tatort zurückbleiben.

---

66 Richtlinien für die Beschaffung von Schriftproben für die Handschriftenvergleichung, in: Löwe-Rosenberg, § 93, RZ 13 S. 756.

67 Sachverständige im BKA, in einzelnen Bundesländern auch beim LKA.

67 Ziel der **Röntgenidentifizierung** ist es, anhand des menschlichen Knochengerüsts eine Person zu identifizieren.[68]

Bei der Röntgenidentifizierung erlangen Besonderheiten des Knochengerüsts, z. B. Brüche und Operationen, einen hohen Stellenwert für die Identifizierung. Voraussetzung für die Nutzung von Verfahren der Röntgenidentifizierung ist, dass behandelnde Ärzte Vergleichsaufnahmen besitzen, die im Strafverfahren als Beweismittel genutzt werden können. Die Röntgenidentifizierung wird bei:

- Stör- und Unglücksfällen, Katastrophen[69],
- der Identifizierung unbekannter Toter oder
- dem Auffinden von Leichenteilen oder Personen ungewisser Identität angewendet.

68 Zu den **anderen Identifizierungsmaßnahmen** gehören

- die „erforderlichen Maßnahmen" und die Identifizierungsdurchsuchung nach § 163b StPO,
- die Gegenüberstellung nach § 58 StPO[70],
- die körperliche Untersuchung des Beschuldigten nach § 81a StPO, wenn sie seiner Identifizierung als Person oder Täter dient.

Aus kriminaltaktisch-methodischer Sicht gelten die gleichen Anforderungen wie bei der erkennungsdienstlichen Behandlung nach § 81b StPO 1. Alternative.

2 DNA-Analyse

2.1 Definition, Voraussetzungen für die DNA-Analyse

69 Eine besondere Form der körperlichen Untersuchung stellt die DNA-Analyse (fälschlicherweise = genetischer Fingerabdruck[71]) dar.

> Die **DNA-Analyse** ist eine „Sammelbezeichnung für verschiedene gentechnologische Untersuchungsmethoden zur Feststellung individualspezifischer, unveränderbarer DNS-Muster."[72]

68 Vgl. Strauch, Wirth, Reisinger.
69 Vgl. Büchner.
70 Zu den rechtlichen Grundlagen der Identifizierungsgegenüberstellung vgl. Kapitel IX.
71 Burghardt, Hamacher et al. (1996), S. 77.
72 Wirth (Hrsg.), S. 150.

Die Auswertung von erbbiologischem Material des Menschen ist sehr gut 70
geeignet zur Identifizierung. Jeder Mensch hinterlässt unbewusst biologisches Material an den Orten, an denen er sich aufhält.

Voraussetzungen für die Auswertung dieses Materials sind, dass

- in jedem menschlichen Zellkern Erbgut vorhanden ist,
- genetische Bausteine individuell angeordnet sind[73],
- Erbgut ein unverwechselbares Muster besitzt,
- die Möglichkeit zur Identifizierung bei Vorhandensein von Vergleichsmaterial besteht.

Im Rahmen der kriminaltechnischen Auswertung von erbbiologischem Material „hat sich in der Spurenkunde die Typisierung von Mikrosatelliten (STR) durchgesetzt. Da die extrahierbare DNS-Menge für die Individualisierung einer Spur häufig nicht ausreicht, muss das Untersuchungsmaterial zunächst durch eine Polymerase-Kettenreaktion (PCR) vervielfältigt werden. Danach schließt sich die Genomanalyse an. Die spurenkundlich genutzten STR sind in den nicht codierten Bereichen lokalisiert.“[74]

Aktuell werden für die Auswertung in Deutschland 14 Merkmale berücksichtigt.

Geeignet für die DNA-Analyse sind verschiedene biologische Spuren.

Grundsätzlich ist bei der Arbeit mit DNA-haltigem Material (Spur, Vergleichsmaterial) darauf zu achten, dass mit größter Sorgfalt vorgegangen werden muss. „Durch unsachgemäßes Vorgehen bei der Suche und Sicherung von Spuren kann andere DNS auf das Spurenmaterial gelangen (Kontamination).“ [75] Ebenso kann DNA-haltiges Material an nicht tatrelevante Orte übertragen werden (Spurenverschleppung), weshalb bei der Tatortarbeit oder Abnahme von Vergleichsmaterial unbedingt **Schutzbekleidung** zu tragen ist.

Neben den beschriebenen Merkmalen dürfen aus der DNA[76] weiterhin ausgewertet werden:

- die Abstammung,
- das Geschlecht der Person.

73 Eine Ausnahme bilden dabei eineiige Zwillinge.
74 Wirth (Hrsg.), 150/151.
75 Wirth (Hrsg.), 151.
76 Meyer-Goßner/Schmitt, § 81e StPO, RZ 11.

Bei Spurenmaterial, das von einer unbekannten Person stammt, können weitere Feststellungen zu:

- Augenfarbe,
- Haarfarbe,
- Hautfarbe,
- Alter

getätigt werden.

Die Untersuchungsmöglichkeiten dienen dazu, „... neue Ermittlungsansätze bei ungeklärten Straftaten zu schaffen und die Wahrheit möglichst umfassend zu ermitteln (BT-Drucks. 532/19 S. 26). Die gewonnenen Erkenntnisse können auch dazu gewonnen werden, den Kreis der freiwilligen Teilnehmer an einer gemäß § 81h StPO geplanten Reihenuntersuchung auf Personen mit den festgestellten Merkmalen zu beschränken oder die Öffentlichkeitsfahndung nach §§ 131 ff. zu erleichtern."[77]

Die Nutzung der oben beschriebenen Merkmale ist nicht unumstritten. So werden als Argumente angeführt:

- Mit der Erhebung dieser Merkmale werden Grundrechte eingeschränkt.[78]
- Die Verlässlichkeit und die Ergebnisinterpretation sind nicht so eindeutig, wie es die Formulierungen annehmen lassen.[79]
- *Dombek*[80] weist darauf hin, dass in Abhängigkeit vom angewandten Verfahren sich die Ergebnisse einer Untersuchung unterscheiden können und dass zur Einschätzung der Wertigkeit der Untersuchungsergebnisse verschiedene Referenzdatenbanken zur Anwendung kommen.

Für die einzelnen Merkmale ergeben sich trotz kritischer Betrachtung auch gute Nutzungsmöglichkeiten für die kriminalistische Untersuchungsführung.

---

77 Meyer-Goßner/Schmitt, § 81e StPO, RZ 11, S. 372.

78 Vgl. Ellebrecht, Weber, S. 45, aber Meyer-Goßner/Schmitt § 81e StPO RZ 11; „Der Gesetzgeber geht davon aus, dass die erweiterten Untersuchungsmöglichkeiten nicht in den absolut geschützten Kernbereich der Persönlichkeit eingreifen und die Neuregelung damit auch einer verfassungsrechtlichen Prüfung standhält (vgl. BT-Drucks. a.a.O. 27; Claus NStZ 20, 58; 62.", S. 372.

79 Vgl. Ellebrecht, Weber und Hoppmann.

80 Dombek, S. 50.

2.2 Rechtliche Grundlagen

2.2.1 DNA-Analyse im Rahmen der laufenden Strafverfolgung

Auswertung von DNA-Spuren 71

Ausgangssituation ist das Vorliegen des Verdachts einer Straftat, bei der DNA-haltiges Material (Spur) gesichert wurde.

Gemäß **§ 81e Abs. 2 StPO** sind molekulargenetische Untersuchungen an aufgefundenem, sichergestelltem oder beschlagnahmtem **Spurenmaterial** im laufenden Ermittlungsverfahren möglich. Ziele sind hier die Feststellung der Abstammung, des Geschlechts oder die Überprüfung, ob das untersuchte Material vom Beschuldigten oder Verletzten stammt. Eine Anordnung zur Spurenuntersuchung kann durch Polizei oder Staatsanwaltschaft erfolgen, die richterliche Anordnung ist in diesem Fall nicht notwendig.

Die gemäß § 81e Abs. 1 und 2 StPO erhobenen Daten werden gemäß § 2 Abs. 4 Ziff. 1 BKAG beim Bundeskriminalamt gespeichert (DNA-Analysedatei [DAD]), verarbeitet und genutzt. Ergänzend zu diesen Bestimmungen gelten für den grenzüberschreitenden Abruf oder Abgleich von DNA-Identifizierungsmustern in der EU die Regelungen des § 3 AusführungsG zum Prümer Vertrag und zum Ratsbeschluss Prüm.

Abnahme und Auswertung von Vergleichsmaterial 72

Eine zweite Ausgangssituation zur Verfolgung von Straftaten ergibt sich aus **§ 81e Abs. 1 StPO**. Hiernach sind molekulargenetische Untersuchungen (einschließlich der Bestimmung des Geschlechts) zur Feststellung der Abstammung oder der Tatsache, ob aufgefundenes Spurenmaterial vom Beschuldigten oder Verletzten stammt, möglich.

Aus kriminalistischer Sicht bedeutet dies, dass hiermit eine Eingriffser- 73
mächtigung besteht für die Abnahme von **Vergleichsmaterial** und deren Untersuchung bei Beschuldigten und anderen Personen (z. B. Opfern). Voraussetzung dafür ist, dass dieses Untersuchungsmaterial auf der Grundlage der §§ 81a oder 81c StPO (körperliche Untersuchung des Beschuldigten oder Untersuchung von Zeugen) erhoben wurde.

Die Anordnungsbefugnis für eine DNA-Analyse in diesem Fall liegt beim Richter gem. § 81f Abs. 1 StPO. Bei Gefahr im Verzug können auch die Staatsanwaltschaft bzw. ihre Ermittlungspersonen (gem. § 152 GVG) die Anordnung treffen. Bekunden die betroffenen Personen schriftlich ihre Einwilligung in diese Maßnahme, so entfällt die richterliche Anordnung. Die Personen sind gem. § 81f Abs. 1 StPO über den Zweck der zu erhebenden Daten zu belehren.

Gem. § 81f Abs. 2 StPO ist nach § 81e StPO erhobenes Untersuchungsmaterial durch einen Sachverständigen auszuwerten.

74 **Reihengentest**

Gemäß **§ 81h StPO** ist es möglich, sog. **„Reihengentests"**[81] durchzuführen.

„Der Reihengentest dient der Feststellung, ob aufgefundenes Spurenmaterial (z. B. Haar, Blut, Speichel) v. einer der zur Teilnahme am Reihengentest aufgeforderten u. freiwillig mitwirkenden Personen o. ihren in I genannten Verwandten stammt."[82]

Voraussetzungen für Reihengentests sind:

- ein tatbezogener Anfangsverdacht (bestimmte Tatsachen, keine vagen Vermutungen),
- eine Katalogtat (Verbrechen gegen das Leben, die körperliche Unversehrtheit, die persönliche Freiheit oder die sexuelle Selbstbestimmung, z. B. Mord, Totschlag, Vergewaltigung) gem. § 81h Abs. 1 StPO,
- die richterliche Anordnung dieser Maßnahme,
- Tätermerkmale (Personen, die bestimmte auf den Täter vermutlich zutreffende Prüfmerkmale erfüllen), die in der Anordnung zu bezeichnen und zu begründen sind. Diese Merkmale führen zur Eingrenzung des Verdächtigenkreises,[83]
- die Verhältnismäßigkeit der Maßnahme (Schwere der Straftat und Anzahl der von der Maßnahme betroffenen Personen),
- die schriftliche Einwilligung der Personen, die sich zur Abgabe von Vergleichsmaterial entschließen (Prinzip der Freiwilligkeit[84], der Betroffene ist nicht zur Mitwirkung verpflichtet). Weigert sich eine Person, freiwillig an einem Reihengentest teilzunehmen, so ist dies grundsätzlich hinzunehmen. Soweit jedoch zureichende Anhaltspunkte den Verdacht begründen, dass diese Person die Straftat begangen hat, kann sie als Beschuldigter behandelt und auf der Grundlage des § 81e StPO eine DNA-Analyse auch gegen ihren Willen angeordnet werden. Allerdings kann allein die Weigerung, an dem Reihengentest teilzunehmen, keinen Tatverdacht begründen.

81 Vgl. Schäfer, S. 506 ff.
82 Meyer-Goßner/Schmitt, § 81h StPO, RZ 1, S. 384.
83 Vgl. Kapitel VI RZ 45.
84 Zur Definition der Freiwilligkeit, die Einflussnahme auf die Freiwilligkeit und ihre rechtliche Bewertung vgl. auch Naumann.

Bei der Abnahme des Vergleichsmaterials sind die betroffenen Personen schriftlich zu belehren, dass diese Maßnahme nur mit ihrer Einwilligung erfolgen darf. Weiterhin sind sie darauf hinzuweisen, dass

- die entnommenen Körperzellen nur für eine Untersuchung nach § 81h Abs. 1 StPO genutzt werden,
- das Untersuchungsmaterial und das Identifizierungsergebnis, wenn sie nicht mehr benötigt werden, unverzüglich vernichtet werden,
- die festgestellten DNA-Identifizierungsmuster nicht zu Strafverfolgungsvorsorgezwecken gespeichert werden.

Mit der Untersuchung des nach § 81e und 81h StPO abgenommenen Materials sind Sachverständige zu beauftragen (§ 81f Abs. 2 StPO). **75**

Eine Auswertung kann folgende Ergebnisse hervorrufen: **76**

- keine Übereinstimmung zwischen Vergleichs- und Spurenmaterial.

  In diesem Fall scheidet die Vergleichsperson als Spurenverursacher aus, das Ergebnis wirkt somit entlastend.
- Übereinstimmung des DNA-Identifizierungsmusters.

  In diesem Fall kommt die Vergleichsperson als Spurenverursacher in Betracht. Im Rahmen der Ermittlungen muss geklärt werden, ob tatsächlich ein Tatbezug vorliegt. Das bedeutet, im kriminalistischen Sinn ist zu prüfen, inwieweit von einem Zusammenhang zwischen Tat und Spurentstehung auszugehen ist. Auszuwertende Kriterien dafür können die konkrete Spurenart (z.B. Blut, Haare), der Auffindeort der Spur und die Frage, inwieweit Spuren anderer Personen ebenfalls an diesem Ort gefunden wurden, sein.[85]

  Darüber hinaus ist zu klären, wie hoch die Wahrscheinlichkeit ist, dass die Person, von der das Vergleichsmaterial stammt, als „Spurenleger" infrage kommt.[86]
- das Feststellen eines „Beinahetreffers".

  Als „Beinahetreffer"[87] bezeichnet man ein DNA-Identifizierungsmuster, das eine auffällige Gleichartigkeit mit dem Spurenmaterial aufweist, aber bei dem keine gänzliche Übereinstimmung zu konstatieren ist. Ein derartiges Ergebnis kann auf ein mögliches verwandtschaftliches Verhältnis hinweisen. Rechtliche Grundlage dafür bietet der § 81h Abs. 4 StPO.

---

85 Vgl. BGH, Beschluss vom 12.10.2011 – 2 StR 362/11.

86 Vgl. de Vries (2013), S. 680/681.

87 Vgl. Meyer-Goßner/Schmitt, § 81h StPO RZ 13a.

- keine Teilnahme am Reihengentest.

  Nimmt eine Person nicht an einem Reihengentest teil, so wirkt es nicht anfangsverdachtsbegründend. Dementsprechend dürfen gegen ihn keinerlei strafprozessuale Zwangsmaßnahmen eingeleitet werden. Eine Weigerung darf auch nicht dazu führen, eine körperliche Untersuchung gem. § 81f StPO anzuordnen. Ein solches Verhalten ist einzelfallbezogen einzuschätzen, zum einen wird mit der Verweigerung ein Beweisverstärkungseffekt angenommen,[88] andererseits wird dieser auch abgelehnt.[89]

77 Sind die Aufzeichnungen über die durch die Maßnahmen (gemäß §§ 81e, 81h StPO) festgestellten DNA-Muster zur Aufklärung der Straftat nicht mehr erforderlich, so sind sie unverzüglich zu löschen. Dieser Vorgang ist zu dokumentieren.

78 **Beachte**

Wird im Rahmen der kriminalistischen Untersuchung ersichtlich, dass die Daten, die für den Zweck der laufenden Ermittlungen (Repressiverhebung) erhoben werden, auch für die Strafverfolgungsvorsorge eingespeichert werden sollen, ist der Betroffene über die Speicherung in der DNA-Analysedatei zu informieren. Er ist auf die Beantragung einer gerichtlichen Entscheidung hinzuweisen.

79 **Feststellung der Identität und des Geschlechts von unbekannten Toten**

Grundlage für die Entnahme von Körperzellen und deren molekulargenetische Untersuchung zur Feststellung der Identität und des Geschlechts von unbekannten Toten ist **§ 88 Abs. 1 StPO**. Mit der Untersuchung des nach § 88 StPO abgenommenen Materials sind Sachverständige zu beauftragen (§ 81f Abs. 2 StPO).

2.2.2 DNA-Analyse im Rahmen der Strafverfolgungsvorsorge

80 Zu strafverfolgungsvorsorgenden Zwecken erlaubt **§ 81g StPO** die Entnahme von Körperzellen und die Durchführung der molekulargenetischen Untersuchung (einschließlich der Geschlechtsfeststellung) bei Beschuldigten. Das Ziel dieser Maßnahme besteht darin, in künftigen Verfahren die Identität des Tatverdächtigen zu ermitteln.

---

88 BGH, Urteil vom 21.1.2004 – 1 StR 364/03.

89 LG Bielefeld, Beschluss vom 29.9.2010 – 10 Qs 404/10 und 10 Qs 405/10.

Voraussetzungen für die Einleitung von Maßnahmen nach § 81g StPO sind:

- ein täterbezogener Anfangsverdacht (bestimmte Tatsachen, keine vagen Vermutungen), 81
- Anlasstaten[90] werden wie folgt beschrieben:
  a) Straftat von erheblicher Bedeutung

  Dazu zählen Verbrechen oder auch schwerwiegende Vergehen, deren deliktstypische Spuren aus körperhaltigem Material bestehen, die der Täter bei künftiger Begehung absondern könnte. Von Bedeutung ist hier die prognostizierte Tat, nicht die Anlasstat des Beschuldigten/Verurteilten.

  b) Straftat gegen die sexuelle Selbstbestimmung

  Zulässig für eine Untersuchung sind Delikte gem. §§ 174 bis 184g StGB. Bei diesen Delikten ist es nicht notwendig, dass es sich um eine Tat von erheblicher Bedeutung handelt. Allerdings muss auch hier eine Negativprognose vorliegen.

  c) Sonstige Straftaten

  Eine Abnahme molekulargenetischen Untersuchungsmaterials und deren Auswertung ist zulässig, wenn Straftaten wiederholt begangen wurden. „Es ist im Einzelfall abzuwägen, ob die Gesamtschau für die wiederholte Begehung sonstiger Straftaten einen gleichen Unrechtsgehalt wie bei einer Straftat von erheblicher Bedeutung ergibt. ... Es ist nicht erforderlich, dass die betroffene Person wegen der Begehung dieser Straftaten bereits verurteilt ist, es genügt vielmehr der begründete – allenfalls schwer zu verifizierende – Verdacht, dass sie wiederholt Straftaten begangen hat.“[91]
- eine einzelfallbezogene qualifizierte Negativprognose.[92]

  Es wird davon ausgegangen, dass der Beschuldigte auch künftig Straftaten von erheblicher Bedeutung begehen wird. Diese Prognose leitet sich ab aus

90 Vgl. Meyer-Goßner/Schmitt, § 81g StPO RZ 7–7c.

91 Vgl. Meyer-Goßner/Schmitt, § 81g StPO RZ 7c, S. 378.

92 Vgl. BVerfG, Beschluss vom 22.5.2009 – 2 BvR 287/09 und 400/09 sowie BVerfG, Beschluss vom 29.9.2013 – 2 BvR 939/13.

- der Art oder Ausführung der Tat (z. B. Tatschwere, kriminelle Energie, Nachtatverhalten, Einbettung der Tat in kriminelles Milieu).

  Es gilt dabei insbesondere die zur Tatausführung notwendige **kriminelle Energie** einzuschätzen. In Bezug auf das Vortatverhalten können z. B. Planungsaspekte oder auch Vorkehrungen zur Verschleierung der Täterschaft bzw. Verhinderung der Entdeckung der Tat maßgebend sein. Die Haupttatphase können z. B. eine brutale Vorgehensweise in der Tatausführung, eine niedrige Gesinnung, die aus der Tat ableitbar ist, die bandenmäßige oder die gewerbsmäßige Tatbegehung charakterisieren. Für hohe kriminelle Energie in der Nachtatphase spricht z. B. die Sicherung der Flucht (die auch vorbereitet wurde) oder das Einwirken auf Verfahrensbeteiligte.

- der Persönlichkeit des Beschuldigten (z. B. kriminelle Karriere, Vorstrafen, psychiatrische Erkrankungen).

  Hier gilt es, die **Gesinnung**, die aus der Tat ableitbar ist, einzuschätzen, z. B. geringe Hemmschwellen gegenüber der Verletzung von Rechtsgütern, rassistische, politische oder religiöse Motive.

  Darüber hinaus gibt die **kriminelle Karriere** Anhaltspunkte zur Persönlichkeit. Es sollten diesbezüglich Indizien, die gegen eine Einzel-, Gelegenheits- oder Zufallstat sprechen, festgestellt, der Zeitraum, in dem der Täter nicht in Erscheinung getreten ist, analysiert und Gründe dafür benannt oder auch erkennbare Steigerungen der Intensität der Tatausführung festgestellt werden.

  Das **soziale Umfeld** des Täters (familiäre Situation, Freundeskreis, Bekanntenkreis, Milieubezug, berufliche und finanzielle Situation) muss für die Prognoseerstellung einbezogen werden.

- sonstigen Erkenntnissen (kriminalistische und kriminologische Erfahrungen).

Der Personenkreis, bei dem eine Maßnahme nach § 81g StPO durchgeführt werden kann, umfasst Beschuldigte, Verurteilte und denen Gleichgestellte.[93]

82 Die erhobenen Daten dürfen beim Bundeskriminalamt gespeichert und ausgewertet werden. Die Löschung erfolgt auf der Grundlage der im BKA-Gesetz enthaltenen Bestimmungen.

83 Die Anordnungsbefugnis für die **Entnahme von Körperzellen** liegt beim Richter. Bei Gefahr im Verzuge können auch die Staatsanwaltschaft bzw. ihre Ermittlungspersonen (gem. § 152 GVG) die Anordnung treffen. Be-

93 Vgl. Meyer-Goßner/Schmitt, § 81g StPO RZ 5 und 10.

kunden die betroffenen Personen schriftlich ihre Einwilligung in diese Maßnahme, so entfällt die richterliche Anordnung. Die Personen sind über den Zweck der zu erhebenden Daten zu belehren.

Aus kriminalistischer Sicht besteht eine besondere Verantwortung von Polizei und Justiz darin, „schon während der Bearbeitung von Ermittlungsverfahren gegen namentlich bekannte Personen zu prüfen, ob vor dem Hintergrund der begangenen Straftat und unter Berücksichtigung der zur Person vorliegenden Erkenntnisse die Speicherung des DNA-Identifizierungsmusters der Person in der DAD gem. § 81g Abs. 1–3 StPO zulässig ist."[94]

Bei der Abnahme des Vergleichsmaterials sind die betroffenen Personen schriftlich zu belehren, zu welchem Zweck die zu erhebenden Daten verwendet werden. Inhalte dieser schriftlichen Belehrungen sind:

- die für die Erheblichkeit der Straftat bestimmenden Fakten,
- die Erkenntnisse und Begründungen zur Negativprognose,
- die Abwägung der jeweils maßgeblichen Umstände.

Die molekulargenetische Untersuchung bedarf ohne schriftliche Einwilligung des Betroffenen ebenfalls der Anordnung des Richters.

Mit der Untersuchung des nach § 81g StPO abgenommenen Materials sind Sachverständige zu beauftragen (§ 81f Abs. 2 StPO). **84**

2.2.3 DNA-Analyse im Rahmen der Vermisstensachbearbeitung

Die Nutzung der DNA-Analyse in der Vermisstensachbearbeitung ermöglicht die Identifizierung von vermissten Personen, die als unbekannte Tote gefunden werden (insbesondere bei längerer Liegezeit). **85**

Gespeichert wird das DNA-Muster in der BKA-Verbunddatei „Vermisste/Unbekannte Tote".

Aus kriminalistischer Sicht ist dabei zu berücksichtigen, dass für die Vermisstensachbearbeitung möglichst schnell ein DNA-Muster erlangt wird, weil dies u. U. für einen Fahndungserfolg entscheidend sein kann. „Deshalb sollte bei Vermissten, bei denen damit zu rechnen ist, dass sie als unbekannte Tote aufgefunden werden, zu einem möglichst frühen Zeitpunkt Vergleichsmaterial für DNA-Analysen sichergestellt/beschafft werden. Gegebenenfalls müssen von Angehörigen der vermissten Person Körperzellen entnommen und untersucht werden. Im Rahmen der Gefahrenabwehr geschieht dies grundsätzlich auf freiwilliger Basis und dem ausdrücklichen Einverständnis des Betroffenen. Die schriftliche Belehrung/

94 LKA M-V, Richtlinie für das DNA-Verfahren Mecklenburg-Vorpommern, S. 7.

Einverständniserklärung schließt die Körperzellenentnahme und -untersuchung sowie die Recherche und Speicherung der DNA-Identifizierungsmuster in der Datei ‚VERMI/UTOT' ein."[95]

Merke

Diese Sicherstellung, Analyse und Einspeicherung des DNA-Musters in die Datei „Vermisste/Unbekannte Tote" setzt immer die Einwilligung von Angehörigen (z. B. Erziehungsberechtigten) oder Rechtsnachfolgern voraus!

2.2.4 DNA-Analyse im Rahmen von Schnelltests

86 Köhnemann, Teifel et. al.[96] weisen auf ein Verfahren hin, das es ermöglicht, ein DNA-Profil in ca. 90 Min. zu erstellen.

Für die kriminalistische Ermittlungstätigkeit hat das den Vorteil, dass der mobile Einsatz oder die Nutzung der Technik in einer Polizeidienststelle dazu dienen kann, Personen als Tatverdächtige auszuschließen oder durch die DNA-Analyse Hinweise auf die Identität einer Person zu erlangen.

2.3 Durchführung der DNA-Analyse

2.3.1 Untersuchung und Auswertung von Spuren

2.3.1.1 Spurenuntersuchung

87 Wurden am Tatort Spuren gesichert, die zellkernhaltiges Material enthalten, so besteht die Möglichkeit, die DNA-Mustererkennung vorzunehmen. Folgende biologische Spuren können für die DNA-Analytik ausgewertet werden:

- Blutspuren,
- Sekretspuren (wie Speichel, Sperma, Vaginalsekret, Schweiß, Nasensekret und andere Körpersekrete),
- Haare mit Haarwurzeln[97],
- Haut (Epithelspuren),

  Diese Spuren können unterschieden werden in:

  – Kontaktspuren

  Diese Spuren entstehen durch normales kurzzeitiges Berühren eines Gegenstandes, (z.B. an Türklinken, am Fensterknauf, am Banktresen,

95 LKA M-V, Richtlinie für das DNA-Verfahren Mecklenburg-Vorpommern, S. 11.

96 Köhnemann, Teifel, Kriegsmann, Weichhold, Simon, Kruger, A., S. 431.

97 Eine Untersuchung von Haaren ohne Haarwurzel lässt die Möglichkeit der Untersuchung der mitochondrialen DNA zu. Vgl. hierzu Groten, Schmelz, S. 358.

auf Geldscheinen und Münzen). Insgesamt sind die Auswertemöglichen bei dieser Spurenart eingeschränkt.

– Hautabriebspuren (Gebrauchsspuren)

Diese werden durch intensives Berühren eines Gegenstandes oder durch mehrmaligen Kontakt mit dem Gegenstand verursacht (z. B. an Fessel-, Drossel-, Knebel- und Strangulationswerkzeugen, u. a. auch bei Schusswaffen [Schlitten]; beim intensiven Hantieren mit Tatwerkzeugen [z. B. Hebelwerkzeuge, kantige Schlagwerkzeuge], beim Entwinden von Gegenständen, etc.).

– Hautpartikel

Meist werden diese Spuren bei tätlichen Auseinandersetzungen unter den Fingernägeln (z. B. bei Abwehrhandlungen) erzeugt.

- Körpergewebe (Muskulatur, Knochen, Zähne),
- Körperausscheidungen (z. B. Urin).

Diese Spuren können u. a. überall dort auftreten, wo der Täter im Zusammenhang mit der Tat gehandelt hat: **88**

- am Tatort,
- am Opfer und dessen Bekleidung (insbesondere bei Delikten, bei denen ein direkter Kontakt zwischen Täter und Opfer bestand, wie Sexualdelikte, Körperverletzungsdelikte, Tötungsdelikte – bei direkter körperlicher Einwirkung auf das Opfer, z. B. durch Würgen),
- an Tatwerkzeugen und Tatmitteln (z. B. Schlagwerkzeuge, Strangwerkzeuge, Schusswaffen, Klebebänder, Fesselungsmaterialien, Transportbehältnisse für Diebesgut).

Diese Spuren werden an den spurentragenden Bereichen nach den Grundsätzen der Kriminaltechnik gesichert und der Auswertungsstelle zur Feststellung des DNA-Musters übersandt. Im Antrag zur Untersuchung des Vergleichsmaterials hat eine spezifische Fragestellung, in welcher Art und Weise die Auswertung vorgenommen werden soll, zu erfolgen. **89**

2.3.1.2 Spurenauswertung

Auswertung von gem. §§ 81e Abs. 2 StPO gesicherten Spuren

Die Auswertung des DNA-Musters kann in verschiedener Art und Weise erfolgen: **90**

- Vergleich mit dem Muster von **Personen, von denen Vergleichsmaterial** abgenommen wurde (gem. §§ 81e Abs. 1 und 81h StPO).

Mit diesem Vergleich erfolgt eine Zuordnung der Spuren zu tatrelevanten Personen. Lassen sich Spuren eindeutig auf die Begehungsweise der Tat zurückführen, so ist es möglich, diese dem Täter zuzuordnen. Diese Zuordnung wirkt verdachtsverstärkend. Kann diese Zuordnung nicht vorgenommen werden oder stimmen die DNA-Muster von Spur und Vergleichsmaterial des Täters nicht überein, so könnte dies verdachtsmindernd wirken.

Beachte

Es ist aber ebenso möglich, dass der Verdächtige keine DNA-Spuren hinterlassen hat (z. B. durch das Tragen von Handschuhen oder durch ähnliche „Schutzmaßnahmen"). Die ausgewertete Spur würde dann von einer bisher nicht bekannten und vor, während bzw. nach der Tat handelnden anderen Person stammen. Diese müsste ermittelt werden und dem Verdächtigen wäre durch andere Beweismittel die Tat nachzuweisen.

- Vergleich mit **DNA-Mustern bekannter, in der DNA-Analysedatei** gespeicherter Beschuldigter (gem. § 81g StPO).

  Dadurch kann eine Zuordnung des aktuell zu untersuchenden Delikts zu bereits bekannten Straftätern erfolgen oder auch ausgeschlossen werden.
- Vergleich mit **DNA-Mustern von anderen in der DNA-Analysedatei** gespeicherten „offenen" Spuren.

  Hier erfolgt die Zuordnung zu anderen Tatortspuren. Dies ist insofern von Bedeutung, dass bei Eindeutigkeit der Spurenlage einem bisher noch unbekannten Tatverdächtigen eine weitere Straftat zugeordnet werden kann. Dieser Vergleich ist auch von Bedeutung für das Erkennen von Tatzusammenhängen und Serienstraftaten.[98]

91 **Beachte**

Gibt es beim Vergleich von Spur und aktuellem Analysematerial (Vergleich Spur – „offene" Spur in der DAD oder Spur – bekannte eingespeicherte Person in der DAD) Musterübereinstimmungen (sog. „Treffer"), bedeutet dies noch keine gesicherte Information über die Aufklärung der Straftat. Es wird lediglich eine Überstimmung zwischen dem Recherchedatensatz und dem in der Datenbank enthaltenen Datensatz festgestellt. Der konkrete Tat- und Täterbezug muss durch weitere kriminalistische Ermittlungshandlungen festgestellt werden.

98 Über den Einsatz einer Software zur Auswertung von DNA-Mischspuren berichten Thurau, Herbst, Menges, S. 422.

Auswertung von gem. §§ 81e Abs. 1 und 81h StPO erhobenem Vergleichsmaterial

Die Auswertung[99] erfolgt, indem man das DNA-Muster des Vergleichsmaterials (Beschuldigte oder Verletzte gem. § 81e Abs. 1 StPO) mit dem DNA-Muster einer am Tatort gefundenen und DNA-analytisch ausgewerteten biologischen Spur vergleicht. Damit gelingt es, Spuren Personen zuzuordnen und so verdachtsverstärkend oder -ausschließend die Spurensituation zu bewerten. 92

Bei Nichtidentität der DNA-Muster ist die Person, von der das molekulargenetische Material stammt, als Spurenverursacher auszuschließen.

Bei Identität kann das Untersuchungsmaterial einer Person (Verfahrensbeteiligter: wie Tatverdächtiger, Tatortberechtigter, Opfer) zugeordnet werden.

Ist eine Übereinstimmung im DNA-Muster zwischen Vergleichsmaterial und ausgewerteter Spur festzustellen, so lassen sich folgende Schlüsse ziehen:

- Das Material wurde von der Person direkt am Tatort hinterlassen.

  Daraus lässt sich ableiten, dass die Person am Tatort war. Das bedeutet für die Beweisführung, dass geklärt werden muss, ob im Zusammenhang mit der Tat das DNA-haltige Material dorthin übertragen wurde.

- Das Material wurde durch Kontamination (Person, Gegenstand) an den Tatort übertragen.

  Für die Beweisführung bedeutet das, zu klären, welche Kontakte und Beziehungen vorliegen oder welche Gegenstände die untersuchte Person genutzt hatte, die es ermöglichten, die DNA zu übertragen. U.U. lassen sich daraus (z.B. Überprüfen des Beziehungsumfeldes) Hinweise auf einen Tatverdächtigen ableiten.

Bei Übereinstimmung von Vergleichsmaterial und Spur ist es somit immer erforderlich, den Zusammenhang zur Tat herzustellen und konkret zu prüfen:

1. Wann ist die Spur entstanden (vor, nach oder während[100] der Tat)?
2. Ist die Spur im Zusammenhang mit dem Handeln während der Tat entstanden?

Erst wenn eindeutig geklärt ist, dass die Spur durch den Tatverdächtigen im Zusammenhang mit der Tathandlung entstanden ist, wird eine Übereinstimmung der DNA-Muster verdachtsverstärkend.

---

99 Vgl. Wirth (2023b), S. 436 zur Frage, welche Merkmale der DNA erhoben und gespeichert werden; vgl. auch de Vries (2013a), S. 681.

100 Ist die Spur während der Tat entstanden, lässt sich daraus noch nicht ableiten, dass es sich um einer Täterspur handeln muss. Sie kann auch durch Zeugen entstanden sein.

Auswertung von phänotypischen Merkmalen gem. § 81e Abs. 2 StPO

93 Wurde Material zur Bestimmung von phänotypischen Merkmalen gewonnen, sind nachfolgende Aspekte im Rahmen der Auswertung zu berücksichtigen.

Phänotypische Merkmale (Haarfarbe, Augenfarbe, Hautfarbe)

„Der Kriminalist muss anhand von Wahrscheinlichkeiten versuchen, eine Vorstellung des äußeren Erscheinungsbildes des Unbekannten zu gewinnen. Durch eine sachverständige Interpretation der statistischen Angaben könnten die bisher validierten äußeren Merkmale, das heißt Augen- und Haarfarbe taktisch sinnvoll in das mögliche Täterprofil aufgenommen werden. Im Rahmen einer Fahndung oder Reihenuntersuchung könnten die Merkmale dabei helfen, Prioritäten innerhalb eines Verdächtigenkreises zu setzen. Dabei müssen die Untersuchungsergebnisse stets im Zusammenhang etwa mit dem Tatort, der Tatzeit oder dem Tatmotiv, also im Rahmen der klassischen Fallanalyse betrachtet werden. Ebenso maßgeblich für den Erfolg der Maßnahme ist der Wert der Wahrscheinlichkeit, d.h. ob das Ergebnis „zu 65 % braune Augen“ oder zu „95 % braune Augen“ ist.

Bei der Haarfarbe, als veränderliches (z.B. durch Färben oder Altern) und auch nicht kontrollierbares Merkmal (da diese in keinem Dokument festgeschrieben ist), scheint der Nutzen zunächst etwas geringer. Bislang können die Methoden den Ermittlern noch keine „Farbpalette“ zur Hand geben, sondern nur sehr helle und dunkle Farben herausfiltern. ... Dennoch können die Merkmale unter Berücksichtigung der Fehlermöglichkeiten den Ermittlern neue Ansätze auf der Suche nach dem Spurenleger bieten.“[101]

Biologisches Alter

Die Analyse des Alters – sofern die Methoden validiert und nicht auf Blutanalysen beschränkt wären – bietet den sichersten Nutzen zur Eingrenzung des Täterkreises sowohl zur Fahndung als auch für die DNA-Reihenuntersuchung. Im Gegensatz zu den Ergebnissen der äußerlich sichtbaren Merkmale ... wird das Alter nicht in statistischen Werten angegeben. Die Jahresangaben bieten eine klare Grenze.

„Es gilt zwar auch hier einschränkend, dass das Alter nicht in jedem Fall äußerlich erkennbar ist und somit z.B. im Rahmen einer Fahndung von der Interpretation des Ermittlers abhängig ist. Das chronologische Alter stimmt aufgrund biologischer und sozio-ökonomischer Faktoren nicht immer mit dem biologischen Alter überein. Die Abweichungen sind aller-

101 Dombek, S. 51, 52.

dings gering. ... Das Alter ist im Rahmen einer Reihenuntersuchung ein wichtiges Tätermerkmal. Die Altersgrenze wurde bisher sehr weit gezogen, das heißt z. B. alle Männer zwischen 18 und 40 Jahren aus der Tatortgemeinde. Ermittlungstaktisch wäre man einen erheblichen Schritt weiter mit dem Wissen, dass der Spurenleger z. B. zwischen 20 und 25 Jahre alt ist. Darüber hinaus könnte die Bestimmung des Alters auch bei der Verwertung der Ergebnisse zu den äußerlich sichtbaren Merkmalen dienen. Gerade die Haarfarbe ändert sich altersbedingt. Bei höherem Alter könnten dann Haarausfall oder Ergrauung bedacht werden."[102]

2.3.2 Abnahme und Auswertung von Vergleichsmaterial

Als Vergleichsmaterial für DNA-analytische Untersuchungen sind **Mundschleimhautabstriche** und **Blutproben**, die nach §§ 81a und c StPO erlangt wurden, geeignet. 94

Beispiel:

Bei einer am Tatort gefundenen Epithelspur soll festgestellt werden, ob sie dem Tatverdächtigen oder einer tatortberechtigten Person zugeordnet werden kann. Aus diesem Grund wird jeweils vom Tatverdächtigen und vom Opfer ein Mundschleimhautabstrich abgenommen, um diesen einer DNA-analytischen Untersuchung zuzuführen.

Beachte 95

Die Abnahme einer Blutprobe nach § 81a StPO obliegt einem Arzt und bedarf ohne Einwilligung des Betroffenen einer Anordnung durch den Richter. Bei Gefährdung des Untersuchungserfolges ist auch eine Anordnung durch die Staatsanwaltschaft und ihre Ermittlungspersonen gem. § 152 GVG zulässig. Die Daten dürfen nur für den Zweck des zugrunde liegenden Sachverhaltes genutzt werden (hier: Entnahme von Körperzellen und deren molekulargenetische Untersuchung zur Feststellung des DNA-Identifizierungsmusters). Der weitere Verfahrensgang (einschließlich der Anonymisierung) ist dem der Abnahme einer Speichelprobe identisch. Mundschleimhautabstriche können durch die Ermittlungsbehörden durchgeführt werden.

Bevor die Maßnahmen durchzuführen sind, erfolgt eine Belehrung der betroffenen Personen, zu welchem Zweck die Daten erhoben werden.[103] 96

---

102 Dombek, S. 63.

103 Wurden diese gem. § 81c StPO bei Dritten erhoben, gelten für die Belehrung insbesondere die Regelungen der Zeugnis- und Untersuchungsverweigerungsrechte.

Erfolgt die Maßnahme im Rahmen eines Massengentests, ist die betroffene Person zusätzlich darauf hinzuweisen, dass die Entnahme und Untersuchung der Körperzellen ausschließlich für das aktuelle Verfahren erfolgt und unverzüglich, sobald das Ergebnis für die Untersuchung nicht mehr benötigt wird, vernichtet wird. In dieser Belehrung wird auch darauf hingewiesen, dass die festgestellten DNA-Identifizierungsmuster nicht für künftige Verfahren in der DNA-Datei gespeichert werden.

97 Als methodische Hinweise für die Gewinnung von Vergleichsmaterial durch einen **Mundschleimhautabstrich** ist abzuleiten:

1. Einholen einer schriftlichen richterlichen Anordnung oder Verfassen der Freiwilligkeitserklärung zur Abnahme von DNA-fähigem Material.
2. Durchführen des Mundschleimhauabstriches mittels Stieltupfer (zweifach). Dabei ist darauf zu achten, dass bei der Abnahme keine Kontamination mit dem Probenmaterial erfolgt.
3. Lufttrocknung der Tupfer.
4. Nach der Trocknung Verpacken in ein Glasröhrchen ohne Nährmedium.
5. Kennzeichnung des Röhrchens mit den **anonymisierten** Daten.

Merke

Bei allen DNA-analytischen Untersuchungen erfolgt eine Anonymisierung der Personendaten.

6. Protokollierung der Abnahme des Vergleichsmaterials (Art des Vergleichsmaterials, Sicherungsbedingungen, anonymisierte Personendaten, zweifelsfreie numerische Bezeichnung des Untersuchungsgutes).
7. Versenden an die Stelle, die die molekulargenetische Bestimmung des Vergleichsmaterials zur Feststellung des DNA-Musters vornimmt. Im Antrag zur Untersuchung des Vergleichsmaterials hat eine spezifische Fragestellung, in welcher Art und Weise die Auswertung vorgenommen werden soll, zu erfolgen.
8. Nach Vorliegen des DNA-Musters erfolgt der Vergleich mit dem DNA-Muster, das im Rahmen der Spurenuntersuchung festgestellt wurde.

2.3.3 Identitätsfeststellung in künftigen Strafverfahren

Die Entnahme von Körperzellen und die DNA-analytische Untersuchung zu strafverfolgungsvorsorgenden Zwecken bedarf der Prüfung spezifischer Voraussetzungen[104]: 98

- Beschuldigtenstatus,
- Anlasstat,
- Negativprognose.

Die o.g. Umstände sind zu prüfen und gegeneinander abzuwägen. Erst wenn eindeutig feststellbar ist, dass die Faktoren eher einen negativen Einfluss auf die weitere Persönlichkeitsentwicklung haben, ist eine Strafverfolgungsvorsorgeerfassung vorzuschlagen bzw. anzuordnen. 99

Als methodische Hinweise für die Durchführung der Entnahme von Körperzellen und deren DNA-analytische Untersuchung zur Feststellung des Identifizierungsmusters lassen sich folgende Schritte ableiten: 100

1. Prüfung der rechtlichen Voraussetzungen einschließlich der Begründung der Notwendigkeit, dass die Daten erhoben werden.
2. Einholen einer schriftlichen richterlichen Anordnung oder Verfassen der Freiwilligkeitserklärung zur Abnahme von DNA-fähigem Material, Belehrung des Beschuldigten, zu welchem Zweck die Daten erhoben werden.
3. Durchführen des Mundschleimhautabstriches oder einer Entnahme einer Blutprobe nach § 81a StPO.
4. Protokollierung der Abnahme des Vergleichsmaterials (Art des Vergleichsmaterials, Sicherungsbedingungen, Personendaten, zweifelsfreie numerische Bezeichnung des Untersuchungsgutes).
5. Versenden an die Stelle (LKA oder andere Institution, z.B. zugelassene und akkreditierte private Untersuchungslabore, Gerichtsmedizin), die die molekulargenetische Bestimmung des Vergleichsmaterials zur Feststellung des DNA-Musters vornimmt.
6. Einspeicherung des festgestellten DNA-Identifizierungsmusters in die DNA-Analysedatei.

104 Vgl. RZ 80 dieses Kapitels.

101 **Beachte**

In sog. „Umwidmungsfällen"[105] ist der Beschuldigte über die Einspeicherung in die DNA-Analysedatei zu benachrichtigen und darauf hinzuweisen, dass er diese Entscheidung gerichtlich überprüfen lassen kann.

102 Die erhobenen Daten werden eingestellt in die DNA-Analysedatei. Grundsätzlich werden mit dieser Datei folgende Zielstellungen und Auswertemöglichkeiten verfolgt[106]:

- das Erkennen von Tatverdächtigen,
- das Zuordnen von Personen zu gespeicherten Spuren,
- das Zuordnen von Spuren zu bereits gespeicherten Beschuldigten,
- das Zuordnen von Spuren eines aktuellen Sachverhaltes zu Spuren bereits begangener anderer Taten,
- das Ausschließen von nicht tatverdächtigen Personen.

In Abhängigkeit vom aktuell zu bearbeitenden Verfahren wird der Datenbestand mit der jeweils entsprechenden Fragestellung ausgewertet (z. B. Vergleich Spur – DAD).

2.4 Beweiswert

103 Das Ergebnis einer DNA-Analyse ist dadurch gekennzeichnet, dass mit sehr hoher Wahrscheinlichkeit die Identität bzw. Nichtidentität zwischen Spurenverursacher und der Person, von der das Vergleichsmaterial stammt, festgestellt werden kann.

Diese hohe Wahrscheinlichkeit darf jedoch nicht dazu führen, dass die Möglichkeiten der DNA-Analyse überbewertet werden. Abhängig ist das Ergebnis von:

- dem Auffindeort (z. B. Türklinke, Tatwerkzeug),
- der Spurenentstehung generell (z. B. Dauer des Kontakts mit dem Spurenträger),
- der Art der Spur, in der DNA-haltiges Material vorhanden ist (z. B. Blut, Sekret, Haar mit Haarwurzel, Zigarettenrest),

105 Als Umwidmungsfälle werden die Verfahren bezeichnet, bei denen die DNA-Analyse für **repressive Maßnahmen** angeordnet wurde, sich aber im Laufe der Ermittlung herausstellt, dass die Voraussetzungen gem. § 81g StPO für eine strafverfolgungsvorsorgende Erfassung vorliegen. Vgl. auch Meyer-Goßner/Schmitt, § 81g StPO, RZ 12b.

106 Vgl. LKA M-V, Richtlinien für das DNA-Verfahren.

- der Möglichkeit der Kontamination der Spur oder des Vergleichsmaterials mit anderen als den kriminalistisch relevanten Bereichen,
- der Möglichkeit der Kontamination von eingesetzten Mitteln der Spurensicherung mit anderen als den in den kriminalistisch relevanten Bereichen angewandten Mitteln,
- der zeitlichen Einordnung der Spurenentstehung,
- der Spurensicherung,
- der Dokumentation der Spurensicherung bzw. der Abnahme des Vergleichsmaterials und weiteren Faktoren.

Merke

Diese Abhängigkeit bedeutet, dass der Zusammenhang der Entstehung der DNA-Spur und deren nachfolgende Auswertung immer mit dem konkreten Sachverhalt (Begehungsweise, Täterverhalten, Opferverhalten, Verhalten Unbeteiligter) in Beziehung gesetzt werden muss, um die tatsächlich kriminalistische Relevanz zu bestimmen.

KAPITEL XI
Durchsuchung/Beschlagnahme

Inhalt

XI

1 Begriffliche Grundlagen, Bedeutung und Ziele

Die **Durchsuchung** als kriminaltaktische Methode ist die planmäßige und lückenlose Suche in Räumen oder freiem Gelände nach Personen, Sachen, Spuren, elektronischen Daten und anderen Beweisgegenständen (Sachen) auf der Grundlage der Strafprozessordnung oder den Polizeigesetzen des Bundes und der Länder zur Gefahrenabwehr. 1

Der Zweck einer Durchsuchung besteht in der Suche (Aufspüren) und dem Auffinden von Personen, Sachen und elektronischen Daten, die im Ermittlungsverfahren als Beweismittel dienen können, insbesondere zur Ermittlung unbekannter Täter, dem Gewinnen von Erkenntnissen zur umfassenden Tataufklärung und der Gefahrenabwehr, eingeschlossen die Suche nach vermissten Personen.

Vorrangig ist das Auffinden von Beweismitteln wie Diebesgut, Sachgegenständen, Aufzeichnungen, elektronischen Daten, Tatwerkzeugen, der zur Tat benutzten Hilfsmittel und anderer Sachen, die im Rahmen des Ermittlungsverfahrens der allseitigen Tataufklärung dienen. Sie umfasst weiterhin die Ermittlung von unbekannten Tätern, die Ergreifung von Tätern oder Verdächtigen, die sich verborgen halten oder Verfolgung von Tätern und Teilnehmern einer Straftat auf frischer Tat, bzw. um aus dem Gewahrsam entwichene Personen wieder zu ergreifen. 2

Ziel der Durchsuchung kann daneben auch das Aufspüren von Vermögenswerten im Rahmen der Vermögensabschöpfung sein. Hierzu können ganz eigenständige Durchsuchungsbeschlüsse beantragt und erlassen werden.

Die Durchsuchung erstreckt sich auf die Durchsuchung von Personen sowie von Sachen, Wohnungen, Räumen, einschließlich Büros, informationstechnischen Systemen[1], Grundstücken und freiem Gelände.

1.1 Durchsuchungsgegenstände

1.1.1 Durchsuchung von Personen

Die Personendurchsuchung erfolgt als zielgerichtetes Betrachten und Abtasten (Leibesvisitation) einer Person unter Beachtung der Eigensicherung. Sie wird in der Regel durch zwei Polizeibeamte durchgeführt, wo- 3

1 Dazu gehören u. a. Personalcomputer, Laptops, Tablets, Smartphones, Festplatten, Clouds, Wallets (Cryptocurrency), Rechenzentren von Unternehmen.

bei ein Beamter sichernd den Betroffenen beobachtet. Die Durchsuchung einer Person umfasst die äußere Betrachtung des Körpers, auch die Suche in Körperhöhlen und -öffnungen wie Mund und Ohren sowie die äußere Betrachtung von After und Scheide. Zur Wahrung der Würde und des Schamgefühls des Betroffenen sind letztgenannte Durchsuchungen (äußere Besichtigung) von Körperhöhlen durch gleichgeschlechtliche Polizeivollzugsbeamte durchzuführen. Die Personendurchsuchung erstreckt sich ebenfalls auf die Bekleidung und von der betroffenen Person mitgeführte Sachen und Gegenstände.

Merke

Die Durchsuchung von Personen ist von der körperlichen **Untersuchung** nach § 81a StPO (Körperliche Untersuchung des Beschuldigten, Blutprobe), § 81c StPO (Untersuchung von anderen Personen) abzugrenzen. Dazu ist § 81d StPO (Untersuchende Person) zu beachten, der regelt, wer geschlechtsbedingt diese Untersuchung vornehmen darf.

Beispiel:

Ein Paar interessiert sich in einem Juweliergeschäft für Damenringe und lässt sich mehrere Kollektionen vorlegen. Die Verkäuferin wird abgelenkt. Plötzlich zeigen die Kunden kein Kaufinteresse mehr. Die Verkäuferin bemerkt jedoch das Fehlen eines bestimmten Ringes.

Zur Rede gestellt streiten die Personen ab, den Ring an sich genommen zu haben. Die Polizei wird gerufen. Verdachtsgründe gegen die Kunden bestätigen sich. Sie verhalten sich ruhig und sicher. Die körperliche Durchsuchung der Personen und Sachen verläuft ergebnislos. Die Polizeibeamten geben sich mit dem Ergebnis nicht zufrieden. Es wird eine körperliche Untersuchung angeordnet und eine Röntgenkontrolle durchgeführt. Ergebnis: Der Ring ist im Körperinneren eindeutig feststellbar. Ob dazu medizinisch angeordnet Abführmittel verabreicht und das Beweismittel zutage gefördert werden kann, setzt neben der Beurteilung der Verhältnismäßigkeit wie auch die körperliche Untersuchung bereits eine Anordnung gem. § 81a StPO voraus[2].

1.1.2 Durchsuchung von Sachen

4 Sachen sind die von betroffenen Personen mitgeführten oder benutzten Gegenstände einschließlich Kraftfahrzeuge. Die Durchsuchung erfolgt unabhängig von den Eigentumsverhältnissen. Entscheidend ist, dass die zu durchsuchende Person den Gewahrsam über die Sache ausübt.

2 Vgl. Meyer-Goßner/Schmitt, § 81a RZ. 22, 25, 25a.

Die Durchsuchung von Sachen führt vielfach zu Hinweisen, Indizien und neuen Anhaltspunkten, die der Aufklärung der Straftat dienen können. Unter kriminalistischen Aufklärungsaspekten müssen dabei auch mitgeführte Sachen und Gegenstände beurteilt werden, die noch nicht eindeutig einen direkten Zusammenhang zur Straftat erkennen lassen.

Beispiel:

Eine Tätergruppe wird auf frischer Tat gestellt, als sie nach Beobachtung einer älteren Dame, die in einer Bank Geld abhob, dieser die Handtasche rauben. Dabei stellt sich heraus, dass die gleichen Täter bereits mehrfach ältere Personen vor Geschäften beobachtet und diesen nach Verlassen der Geschäfte die Handtasche geraubt haben. Bei der Durchsuchung des Rucksackes, den ein Täter mitführte, wurde der Kassenbeleg für ein Jeanshemd gefunden. Auf telefonische Nachfrage im auf der Quittung angegebenen Geschäft stellte sich heraus, dass die Tätergruppe einen Diebstahl begangen hatte. Zur Vorbereitung der Tat hatte man ein Hemd gekauft, um einen Tag später mit einer Tätergruppe in das Geschäft zurückzukehren, den Verkäufer mit der Umtauschabsicht für das Hemd abzulenken und dann blitzartig mehrere teure Kleidungsstücke zu stehlen.

1.2 Durchsuchungsarten

1.2.1 Ermittlungsdurchsuchung

Die **Ermittlungsdurchsuchung** ist eine kriminaltaktische Methode, die der Tataufklärung und Beweisführung dient. Sie hat den Zweck, Gegenstände aufzufinden, die als Beweismittel[3] von Bedeutung sein können, diese in Verwahrung zu nehmen, sicherzustellen und, falls sie nicht freiwillig herausgegeben werden, zu beschlagnahmen. Als traditionelle kriminalistische Methode geht sie von der Vermutung aus, bestimmte Sachen und Gegenstände aufzufinden, die entweder selbst Beweise sind oder zu neuen Beweisen führen. Zum Beispiel zur Tat benutzte Gegenstände, Diebesgut, Tatwerkzeuge, Vergleichsmaterialien. Die Erfolgsvermutung, Sachen mit ermittlungsdienlichem Charakter aufzufinden, ergibt sich aus bereits bekannten Fakten des Einzelfalles sowie aus kriminalistischen Erfahrungswerten und Hypothesen zu möglicherweise vorhandenen Beweismitteln. Auch wenn bei der richterlichen Anordnung der Durchsuchung oft nur unbestimmte Vorstellungen über aufzufindende Beweismittel bestehen, konkretisiert sich dieser Verdacht fast ausschließlich bei jeder Durchsuchung. Der Zweck der Durchsuchung ist es, 5

3 Vgl. dazu: § 94 StPO Sicherstellung und Beschlagnahme von Gegenständen zu Beweiszwecken.

zunächst mögliche Beweismittel aufzufinden. Werden diese nicht freiwillig herausgegeben, sind sie zu beschlagnahmen (§ 94 Abs. 2 StPO).

1.2.2 Ergreifungsdurchsuchung

6 Die Ergreifungsdurchsuchung dient dem Auffinden und Ergreifen von Personen im Strafverfahren. Es kann sich um auf frischer Tat verfolgte Rechtsbrecher handeln, die vorläufig festgenommen werden sollen, oder auch um Täter oder Teilnehmer von Straftaten, gegen die bereits Haftbefehl erlassen ist oder die festzunehmen sind, weil die Voraussetzungen für den Erlass eines Haftbefehls gegeben sind bzw. auch Personen, die sich durch Flucht aus dem Gewahrsam von Behörden entfernt haben.

Ergreifungsdurchsuchungen haben jedoch auch den Zweck, Personen aufzugreifen, die nach den Polizeigesetzen zur Gefahrenabwehr aufgegriffen werden müssen (z. B. Vermisste) oder nach polizeirechtlichen Regelungen zur Durchführung von Identifizierungsmaßnahmen, auch erkennungsdienstlichen Maßnahmen, gesucht werden.

1.2.3 Online-Durchsuchung

7 Dem Wesen nach ist auch die Online-Durchsuchung eine kriminaltaktische Methode, die der Beweis- und Verdachtslehre zuzuordnen ist. Durchsuchen ist eine Methode zur Feststellung, dem Auffinden oder dem Aufspüren von beweisrechtlich relevanten Informationen (elektronische Daten). Die Suche erfasst nicht nur Personen, Sachen, Gegenstände oder Objekte, sondern auch den virtuellen Raum. Sie unterscheidet sich hinsichtlich der Methodik des Vorgehens beim Durchsuchen.[4]

Bei Online-Durchsuchungen ist zwischen der verdeckten Online-Durchsuchung und der offenen Online-Durchsuchung zu unterscheiden.

Die **verdeckte Online-Durchsuchung** ist ein ohne Wissen des Betroffenen vorgenommener Eingriff in ein vom ihm genutztes informationstechnisches System. Die technische Durchsuchung erfasst die einmalige oder sich über einen längeren Zeitraum erstreckende Online-Überwachung, die juristisch in § 100b StPO geregelt ist. Die Möglichkeit, eine Online-Durchsuchung auch ohne Wissen des Betroffenen durchführen zu können, impliziert, dass Durchsuchungen informationstechnischer Systeme auch **mit seinem Wissen** vorgenommen werden können.

4 Vgl. dazu: Kap. XIV „Verdeckte polizeiliche Informationserhebung" sowie Kap. VI „Die Zeugenermittlung".

Die Notwendigkeit, informationstechnische Systeme aus ermittlungstaktischen Gründen auch ohne Wissen Betroffener durchsuchen zu können, ergab sich im Verlauf der letzten Jahrzehnte aus der analytischen Bewertung neuer Kriminalitätsphänomene sowie Tatbegehungsweisen. Die rasant fortschreitende Entwicklung der Kommunikationstechnik[5] und ihre Nutzung zur Begehung schwerster Verbrechen, einschließlich transnationaler organisierter Kriminalität, machte es notwendig, die erforderlichen Aufklärungsinstrumente zu schaffen. Bislang bewegten sich die diesbezüglich angewandten Ermittlungsmaßnahmen auf der Grundlage einer Kombination verschiedener Ermächtigungen.

An ihre Anordnung werden höchste Maßstäbe gesetzt. Die richterliche Anordnung verdeckter Online-Durchsuchungen und die damit verbundene Datenerhebung darf nur dann erfolgen, wenn bestimmte, in § 100b Abs. 1 Ziffer 1–3 gegebene Voraussetzungen erfüllt sind. Diese Voraussetzungen sind:

- wenn bestimmte Tatsachen den Verdacht begründen, dass jemand Täter oder Teilnehmer einer **besonders schweren** Straftat ist,
- die Tat auch im Einzelfall besonders schwer wiegt
- und die Erforschung des Sachverhalts oder die Ermittlung des Aufenthaltsortes des Beschuldigten auf andere Weise wesentlich erschwert oder aussichtslos wäre.

Die dadurch erfassten besonders schweren Straftatbestände im Sinne des Absatzes 1 sind in Absatz 2 definitiv und bindend aufgeführt.

Neben definierten Straftaten aus dem Strafgesetzbuch werden auch in anderen rechtlichen Regelungen enthaltene Straftatbestände erfasst.

Im Zusammenhang mit der erneuten Änderung der Strafprozessordnung (BGBl. I S. 2099), die mit Wirkung vom 1.7.2021 in Kraft getreten ist, erfolgte eine Erweiterung des § 100b StPO. Online-Durchsuchungen sind nunmehr auch bei Computerbetrug in den Fällen des § 263a Abs. 2 in Verbindung mit § 263 Abs. 5 StGB möglich. Es erfolgte eine **Erweiterung der Anwendung** auf Fälle der Bestechlichkeit, Verstöße gegen das Betäubungsmittelgesetz, Gesetz über die Kontrolle von Kriegswaffen, Völkerstrafrecht, Neue-psychoaktive-Stoffe-Gesetz, Waffengesetz und Verstöße

5 Die Verwendung von kryptierter Telefonie wie Sky ECC oder EncroChat durch Täter aus dem Bereich der OK sowie die Entschlüsselung der versandten Nachrichten durch die Polizei hat dazu beigetragen, eine Vielzahl schwerer Straftaten zu klären und gleichzeitig die Notwendigkeit einer Anpassung von Befugnisnormen für die Ermittlungsbehörden deutlich gemacht.

gegen das Außenwirtschaftsgesetz.[6] Mit dem Konsumcannabisgesetz (KCanG) sowie mit dem Medizin-Cannabis Gesetz (MedCanG)[7] wurden auch Strafvorschriften dieser Gesetze in den Katalog des § 100b StPO aufgenommen.

Offene Online-Durchsuchungen sind bei allgemeinen Durchsuchungen im Rahmen weiterer spezieller gesetzlicher Regelungen zulässig. Demnach können elektronische Speichermedien dann offen „durchsucht" werden, wenn es stichhaltige Anhalte gibt, mit dem Durchsuchungszweck dienliche elektronische Daten zu erlangen. Es gilt in etwa eine analoge Verfahrensweise wie bei der **Durchsicht von Papieren**. Dazu regelt § 110 Abs. 2 und 3 StPO, dass ein elektronisches Speichermedium nur dann **„durchgesehen"** werden darf, falls der Verlust der gesuchten elektronischen Daten zu besorgen ist und damit die „Sicherung" dieser Daten gewährleistet wird. Das geschieht bei einer offenen Online-Durchsuchung im Regelfall durch die **freiwillige Herausgabe** oder das in § 98 StPO geregelte Verfahren der Beschlagnahme. Das Beschlagnahmeverbot nach § 97 Abs. 5 StPO ist zu beachten.

Gemäß der Neuregelung[8] zu § 104 Abs. 1 Ziff. 3 ist es nunmehr unter besonderen gegebenen Bedingungen möglich, auch während der Nachtzeit elektronische Speichermedien zu durchsuchen.

Im nachfolgenden Ablauf des Ermittlungsverfahrens werden freiwillig herausgegebene oder beschlagnahmte Computer, Smartphones, Tablets, Festplatten o. a. elektronische Speichermedien/Datenträger, die zur Tat benutzt wurden, auf Anordnung des Richters bzw. Staatsanwalts „durchsucht", d. h. ausgewertet und nach strafrelevanten Informationen und Beweisen durchforstet. Soweit erforderlich und möglich, sind verschlüsselte Speichermedien durch IT-Forensiker zu öffnen und lesbar zu machen. Über die Weiterverwendung oder Löschung der elektronischen Speichermedien/Datenträger, die zur Tat benutzt wurden, wird im Strafverfahren entschieden. Es ist sicherzustellen, dass Datenträger (Laptops), die inkriminiertes Material enthalten (z. B. Kinderpornografie), und nach Gerichtsentscheid herauszugeben sind, vor Rückgabe an den Eigentümer so behandelt werden, dass sie keinerlei strafbare Daten mehr enthalten.

---

6 Die Liste dieser und weiterer schwerer Straftaten, zu denen Online-Durchsuchungen möglich sind, muss dem Gesetzestext entnommen werden.

7 § 100b StPO, Abs. 2 Nr. 5a und 5b.

8 Gesetz zur Fortentwicklung der Strafprozessordnung und zur Änderung weiterer Vorschriften.

2 Rechtsgrundlagen

Durchsuchungen im Ermittlungsverfahren sind auf der Grundlage strafprozessrechtlicher Regelungen der §§ 102–110 StPO zulässig. Darüber hinaus enthalten die Polizeigesetze der Länder zur Gefahrenabwehr spezielle Regelungen zur Durchsuchung von Personen und Sachen sowie zum Betreten und Verfahren bei der Durchsuchung von Wohnungen, Räumen, Grundstücken und freiem Gelände. 8

Obwohl in der Anfangsphase der Straftatenuntersuchung vielfach Konkurrenzsituationen auftreten und doppelfunktionales, polizeiliches Handeln erforderlich ist, konzentrieren sich die Ausführungen im Handbuch im Wesentlichen auf strafprozessrechtliche Belange der Straftatenuntersuchung.

Jede Durchsuchung von Personen oder Sachen stellt einen Grundrechtseingriff dar. Demzufolge darf eine Durchsuchung nur auf der Grundlage gesetzlicher Regelungen vorgenommen werden. Die Durchsuchung ist als Ermittlungsmethode kriminalistisch gesehen der Kriminaltaktik zuzuordnen. Die Anwendung taktischer Mittel, Methoden und Verfahren ist gesetzlich geregelt und nur im rechtlich zulässigen Rahmen möglich.

Im polizeilichen Alltag und unter dem praktischen Handlungszwang ist bei der Durchführung von polizeilichen Aufgaben oft nicht sofort und eindeutig abgrenzbar, ob es sich um eine gefahrenabwehrende oder strafverfolgende Maßnahme handelt. Maßnahmen der Gefahrenermittlung liegen vielfach im Vorfeld des Anfangsverdachts. Andererseits ist jede Straftat immer auch eine Gefahr für die öffentliche Sicherheit und Ordnung. Die Gefahrenermittlung, also die Feststellung von Zuständen und Vorgängen, die Maßnahmen der Gefahrenabwehr erforderlich machen, ist die ureigenste Aufgabe der Polizei. Es muss deshalb jeweils geprüft werden, inwieweit polizeiliche Maßnahmen gegenüber strafprozessrechtlichen Maßnahmen ausreichend sind.

Ist die Rechtslage im Verlauf der polizeilichen Handlung jedoch geklärt, ist ausschließlich auf der Grundlage des zutreffenden Gesetzes zu handeln.

2.1 Grundgesetzliche und strafprozessrechtliche Regelungen zur Durchsuchung

Die folgende Übersicht dient dazu, einen zusammenfassenden Überblick über die wichtigsten rechtlichen Regelungen zu vermitteln, die bei entsprechendem Handlungsbedarf zu beachten sind. 9

Grundgesetzliche und strafprozessrechtliche Grundlagen der Durchsuchung

Art. 2 Abs. 2 GG	Freiheit der Person
Art. 13 Abs. 1 GG	Unverletzlichkeit der Wohnung
Art. 13 Abs. 2 GG	Zulässigkeit von Hausdurchsuchungen
Art. 104 Abs. 1 GG	Freiheitsbeschränkung der Person
§ 123 StGB	Hausfriedensbruch
§ 100b StPO	Online-Durchsuchung
§ 102 StPO	Durchsuchung bei Beschuldigten
§ 103 StPO	Durchsuchung bei anderen Personen
§ 104 StPO	Durchsuchung von Räumen zur Nachtzeit
§ 105 StPO	Verfahren bei der Durchsuchung
§ 106 StPO	Hinzuziehung des Inhabers eines Durchsuchungsobjektes
§ 107 StPO	Durchsuchungsbescheinigung; Beschlagnahmeverzeichnis
§ 108 StPO	Beschlagnahme anderer Gegenstände
§ 109 StPO	Kenntlichmachung beschlagnahmter Gegenstände
§ 110 StPO	Durchsicht von Papieren und elektronischen Speichermedien
§ 111 StPO	Errichtung von Kontrollstellen an öffentlich zugänglichen Orten
§ 163b StPO	Maßnahmen zur Identitätsfeststellung
§ 81a StPO	Körperliche Untersuchung des Beschuldigten; Zulässigkeit körperlicher Eingriffe

10 **Durchsuchungsbeschluss/Anordnung bei Gefahr im Verzug**

Rechtliche Voraussetzung für die Durchführung einer Durchsuchung ist die als **Durchsuchungsbeschluss** bekannte schriftlich abgefasste **Anordnung einer Durchsuchung**. Die Anordnung einer Durchsuchung wird von der Staatsanwaltschaft beantragt, im Regelfall auf Grundlage des Ersuchens einer ermittelnden Polizeibehörde. Sie wird vom Richter nach § 105 (Abs. 1) StPO erlassen. Diese Anordnung ist zu begründen. Sie enthält Angaben über den Tatvorwurf und bezeichnet den Durchsuchungszweck. Eine Durchsuchungsanordnung ist nicht an eine bestimmte Form gebunden, sie impliziert im Erfolgsfall zugleich die Beschlagnahmeanordnung. Sie kann mündlich, telefonisch, meistens jedoch schriftlich, erfolgen.

11 Ergibt sich die Notwendigkeit zur Durchführung einer Durchsuchung wegen Gefahr im Verzug, ist der Staatsanwalt oder auch die Ermittlungsperson der Staatsanwaltschaft zu ihrer Anordnung berechtigt. Dabei ist

der Begriff **„Gefahr im Verzug“** eng auszulegen. Es genügen, insbesondere bei der Anordnung von Wohnungsdurchsuchungen durch den Staatsanwalt bzw. seine Ermittlungspersonen, keine bloßen Spekulationen. Es müssen auf den Einzelfall bezogene Tatsachen vorliegen, welche die Eilfertigkeit begründen. Dabei muss nachgewiesen sein, dass anderenfalls Beweismittel durch Zeitverlust verloren gehen können. Die Eilkompetenz[9] ist nur noch als Ausnahmefall zulässig. Soweit ein Richter bereits mit der Sache befasst war und z. B. die Anordnung zur Durchsuchung erst nach Vorlage der Akte erteilen will, entfällt die Eilkompetenz.[10] Mit weiteren Grundsatzurteilen hat das Bundesverfassungsgericht den Handlungsspielraum von Polizei und Staatsanwaltschaft fühlbar eingeschränkt und dabei den Vorrang der Gerichte bei der Anordnung von Durchsuchungen betont.[11] Der Richtervorbehalt ist streng zu beachten. Die Strafverfolgungsbehörden müssen regelmäßig wenigstens den Versuch unternommen haben, den zuständigen Richter zu erreichen; nur in Ausnahmesituationen, wenn nämlich schon der Versuch, den Richter zu erreichen, den Erfolg der Durchsuchung gefährden würde, dürfen die Behörden selbst die Durchsuchungsanordnung treffen. Zum Problem, dass Richter zur Erlangung einer Durchsuchungsanordnung außerhalb ihrer Dienstzeit oft nicht zu erreichen sind, fasste das Bundesverfassungsgericht 2019 einen Beschluss,[12] wonach die Gerichte verpflichtet sind, tagsüber von 06:00 bis 21:00 Uhr und, falls notwendig, auch nachts einen richterlichen Bereitschaftsdienst einzurichten. Damit gewinnt auch der Richtervorbehalt einen erneut höheren Stellenwert. Notwendige Regelungen dazu sind noch zu treffen, hierzu wurden „Leitsätze zum Beschluss des Zweiten Senats vom 12. März 2019“ verabschiedet. *Vahle* [13] setzt sich damit aus verfassungsrechtlicher Sicht auseinander.

Der richterliche Durchsuchungsbeschluss muss zeigen, dass der Ermittlungsrichter die Eingriffsvoraussetzungen selbstständig und eigenverantwortlich geprüft hat, nicht nur die rechtlichen, sondern die tatsächlichen Hinweise keinen Zweifel zu Ziel und Grenzen der Durchsuchung zulassen.[14]

---

9 BVerfG, Beschluss vom 16.6.2015 – 2 BuR 27/18/10, 2 BvR 1849/11, 2 BvR 2808/11.

10 BVerfG, Beschluss vom 16.6.2015 – 2 BuR 27/18/10, 2 BvR 1849/11, 2 BvR 2808/11.

11 Vergleiche dazu: Pressemitteilung des BVerfG Nr. 54/2015 vom 16.6.2015; BVerfG – 2 BvR 2718/10; 2 BvR 2808/11, 2 BvR 1849/11. Das Urteil stieß in der Praxis auf Unverständnis, insbesondere deshalb, weil die daraus resultierende Voraussetzung, dass Richter auch tatsächlich ständig erreichbar sein müssen, oft nicht gegeben ist.

12 BVerfG Beschluss vom 12.3.2019 – 2 BvR 675/14.

13 Vahle (2019), S. 383–385.

14 LG Bielefeld, Beschluss v. 22.11.2007 – Qs 587/01.

12 Das Vorliegen des Durchsuchungsbefehls ist keine bindende Anordnung zur **sofortigen** Durchführung der Durchsuchung. Die Strafverfolgungsorgane müssen vom Durchsuchungsbefehl auch keinen Gebrauch machen. Die Realisierung der Durchsuchung und ihr Zeitpunkt wird durch **ermittlungstaktische** Aspekte bestimmt. Sie kann so lange aufgeschoben werden, bis sie nach kriminaltaktischen Gesichtspunkten notwendig und nach einsatztaktischer Beurteilung Erfolg versprechend ist. Die Anordnung ist nicht zeitlos, im Strafverfahren haben richterliche Durchsuchungsanordnungen eine Gültigkeit von sechs Monaten.[15]

2.1.1 Durchsuchung bei Beschuldigten

13 Die Strafprozessordnung erlaubt gemäß § 102 die Durchsuchung bei Verdächtigen.

Der Verdächtige kann, braucht aber noch nicht Beschuldigter zu sein. Es genügt die Vermutung, dass er sich als Tatbeteiligter strafbar gemacht haben kann und dafür plausible Gründe erkennbar sind.

Siehe Abb. XI.1.

15 Der Zweite Senat des BVerfG hat in einem Verfassungsbeschwerdeverfahren entschieden, dass richterliche Durchsuchungsanordnungen in strafrechtlichen Ermittlungsverfahren spätestens nach Ablauf von sechs Monaten ihre rechtfertigende Kraft verlieren, wenn nicht vorher mit ihrem Vollzug begonnen worden ist. (BVerfG, Beschluss vom 27.5.1997).

Durchsuchung bei Beschuldigten
§ 102 StPO

Bei wem?
Wer als
- Täter
- Teilnehmer
- Strafvereiteler
- Begünstigter
- Hehler

verdächtig ist

Ziel:
- Ergreifung des Verdächtigen (personenbezogene Verdachtsgründe)
- Auffinden von Beweismitteln

Vermutung genügt!

Wo, was?
- Wohnungen und andere Räume
- Personen und die ihnen gehörenden Sachen

Anordnung
(§ 105 Abs. 1 StPO)
- Richter
- bei Gefahr im Verzuge: StA und Ermittlungspersonen (Eilkompetenz)

Zeitliche Beschränkung
(§ 104 StPO)
zur Nachtzeit, die den Zeitraum von 21 bis 6 Uhr umfasst, dürfen keine Wohnungen durchsucht werden

Ausnahme:
- bei Verfolgung auf frischer Tat
- Gefahr im Verzuge
- wenn Verlust elektronischer Speichermedien zu befürchten ist
- Wiederergreifung entwichener Gefangener

Zufallsfunde:
(vgl. Schema § 103 StPO)

Wichtige Formvorschriften:
- Hinzuziehen von Zeugen (§ 105 Abs. 2 StPO)
- Anwesenheitsrecht des Wohnungsinhabers (§ 106 StPO)
- Durchsuchungsmitteilung und Mitteilung über den Grund der Durchsuchung (§ 107 StPO)
- Verzeichnis/Bescheinigung der in Gewahrsam oder Beschlag genommenen Gegenstände (§§ 107/109 StPO)
- Durchsicht von Papieren nur durch Staatsanwalt; von Geschäftspapieren, die nach dem Gesetz aufzubewahren sind, ebenfalls nur durch Staatsanwaltschaft oder durch andere Beamte nur, wenn Inhaber genehmigt (§ 110 StPO)

Abb. XI.1 Durchsuchung bei Beschuldigten

2.1.2 Durchsuchung bei anderen

14 Im Interesse der Wahrheitsfeststellung und der umfassenden Tataufklärung müssen auch Nichtverdächtige strafprozessrechtlich geregelte Grundrechtseingriffe, allerdings in weit geringerem Maße als ein Verdächtiger, dulden. Nichtverdächtige sind andere oder sonstige Personen, die weder die Verdächtigen- noch die Beschuldigteneigenschaft haben. Voraussetzung einer Durchsuchung nach § 103 StPO ist, dass Tatsachen (und nicht nur Vermutungen) bestehen müssen, aus denen zu schließen ist, dass sich die gesuchte Person, eine bestimmte Spur oder Sache in der zu durchsuchenden Örtlichkeit befindet. Die Durchsuchung bei anderen Personen ist durch Gesetzesänderung nunmehr auch möglich, wenn nach Personen gesucht wird, die der Vorbereitung von schweren staatsgefährdenden Gewalttaten (§§ 89a; 89c StGB), der Bildung von terroristischen Vereinigungen (§ 129a StGB) sowie Bildung krimineller und terroristischer Vereinigungen im Ausland (§ 129a StGB) verdächtig sind.[16]

Siehe Abb. XI.2.

16 Gesetz zur Fortentwicklung der Strafprozessordnung und zur Änderung weiterer Vorschriften.

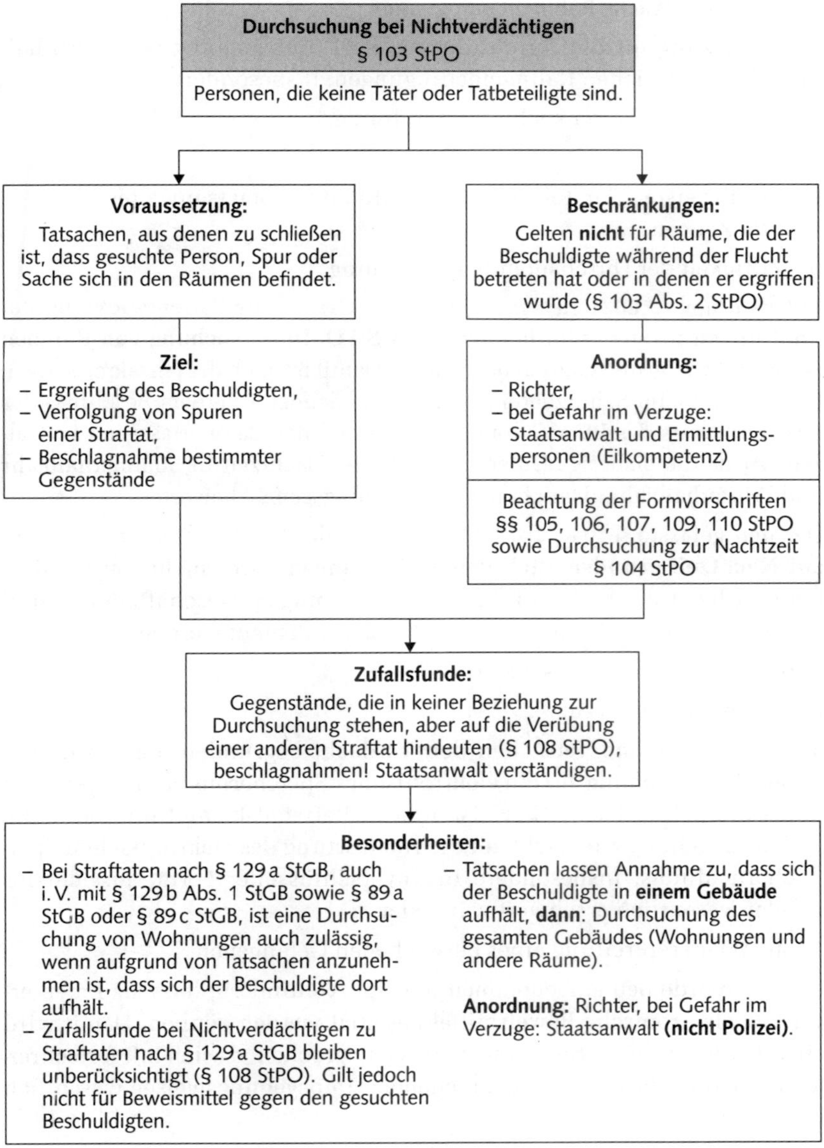

Abb. XI.2 Durchsuchung bei Nichtverdächtigen

2.1.3 Gesetzliche Rahmenbedingungen

15 Voraussetzung für die Durchführung der Durchsuchung ist die Einhaltung der gesetzlichen Rahmenbedingungen, insbesondere:

- Vorliegen der Durchsuchungsanordnung,
- Nachtzeitverbot,
- Gewährleisten der Teilnahme eines Richters, Staatsanwaltes oder von zwei Zeugen,
- Gültigkeit der Durchsuchungsanordnung.

Mit dem am 1.7.2021 in Kraft getretenen Gesetz zur Fortentwicklung der Strafprozessordnung wurde **auch § 104 StPO, Durchsuchung von Räumen zur Nachtzeit,** grundsätzlich neu gefasst. Damit ist auch der jahrelang schwebende Streit zum Schutzbereich der Nacht beendet. In einem Beschluss des zweiten Senats des BVerfG vom 12.3.2019 und den dazu erlassenen Leitsätzen wurde die bisherige Unterscheidung der Nachtzeit in Sommerhalbjahr und Winterhalbjahr als nicht mehr verfassungsgemäß bewertet.

16 Der neu gefasste § 104 Abs. 1 StPO wurde dahingehend verändert, dass zur **Nachtzeit grundsätzlich keine Wohnungen** durchsucht werden dürfen und listet die Fälle auf, in denen Wohnungen, Geschäftsräume und das befriedete Besitztum (als Ausnahme) durchsucht werden können:

1. bei Verfolgung auf frischer Tat,
2. bei Gefahr im Verzug,
3. wenn bestimmte Tatsachen den Verdacht begründen, dass während der Durchsuchung auf ein elektronisches Speichermedium zugegriffen werden wird, das als Beweismittel in Betracht kommt und ohne die Durchsuchung zur Nachtzeit die Auswertung des elektronischen Speichermediums, insbesondere in unverschlüsselter Form, aussichtslos oder wesentlich erschwert wäre oder
4. zur Wiederergreifung eines entwichenen Gefangenen.

Ziffer 3 wurde neu aufgenommen und soll verhindern, dass als Daten erwartete elektronische Beweismittel beseitigt werden können. Damit wird einer Forderung der Ermittlungspraxis entsprochen, da sich mit fortschreitender Digitalisierung die entsprechenden Tatbegehungsweisen wesentlich verändern.

Absatz 2 benennt Örtlichkeiten, die einer Beschränkung der Durchsuchung zur Nachtzeit nicht unterliegen. Mit Wirkung vom 1.4.2024 durch Gesetz vom 27.3.2024 (BGBl. 2024 I Nr. 109) fand Absatz 2 eine nochmalige Anpassung. Zur Klarstellung und Abgrenzung zum Betäubungsmittelhandel wurden auch Orte, an denen mit Cannabis gehandelt wird, von den Beschränkungen zur Nachtzeit ausgenommen.

In Absatz 3 wurde die bisher verwirrende Nachtzeitregelung aufgegeben. Die Neufassung lautet: Die Nachtzeit umfasst den Zeitraum von 21 bis 6 Uhr. Damit wurde die Verfassungsmäßigkeit wieder hergestellt.

Vorbereitung der Hinzuziehung von Durchsuchungszeugen 17

Nach § 105 Abs. 2 StPO sind, wenn die Durchsuchung ohne Beisein des Richters oder des Staatsanwaltes stattfindet, wenn möglich ein Gemeindebeamter oder zwei Mitglieder der Gemeinde, in deren Bezirk die Durchsuchung erfolgt, hinzuzuziehen.

Die Zeugenhinzuziehung soll gewährleisten, dass die Durchsuchung ordnungsgemäß vorgenommen wird und dass dieses nötigenfalls bewiesen werden kann. Es genügt, wenn die Zeugen unmittelbar vor Beginn der eigentlichen Durchsuchung hinzugezogen werden. Sie müssen nicht unbedingt in alle Einzelheiten der Ermittlungshandlung eingewiesen sein.

Die Zeugen sollen unparteiisch sein. Die Verfahrensbeteiligten können unterschiedlicher Auffassungen über die Notwendigkeit der Hinzuziehung sein. Da der Zeuge die Ordnungsmäßigkeit der Durchsuchung bekunden soll, dient seine Anwesenheit sowohl dem Schutz des Betroffenen als auch der Beamten. Selbst wenn der Betroffene keine Zeugen wünscht, hat der Beamte einen Anspruch auf deren Anwesenheit zu seinem Schutz vor späteren ungerechtfertigten Vorwürfen.

Zur Durchsuchung beim Beschuldigten oder bei einem Dritten haben Verteidiger/Rechtsanwälte kein Anwesenheitsrecht. Von Rechtsanwälten abgeleitet wird ein Anwesenheitsrecht vom Status des Betroffenen als Hausrechtsinhaber, der entscheiden kann, welche Personen sich in seinen Räumen aufhalten können[17].

2.2 Polizeirechtliche Regelungen zur Durchsuchung im Rahmen der Gefahrenabwehr

Die Rechtsgrundlagen der Durchsuchung zur Gefahrenabwehr, die der allgemeinen Suche nach Personen, die selbst gefährdet sind, oder nach Personen und Sachen, von denen eine Gefahr für die öffentliche Sicherheit und Ordnung ausgeht sowie der Ermittlung von Gefahrenquellen dient, sind in den Polizeigesetzen der Länder geregelt. 18

17 Vgl. dazu Herrle.

Wegen der Unterschiedlichkeit der Länderregelungen kann nachfolgend lediglich auf den Regelungsgegenstand verwiesen werden. Die gesetzlichen Regelungen müssen den jeweiligen Ländergesetzen entnommen werden.

Wesentliche Regelungsgegenstände des Polizeirechts zur Durchsuchung (Sicherstellung) sind:

- Durchsuchung von Personen,
- Verfahren bei der Durchsuchung von Personen,
- Betreten und Durchsuchung von Wohnungen,
- Verfahren bei der Durchsuchung von Wohnungen,
- Durchsuchung von Sachen,
- Sicherstellung,
- Verwahrung,
- Verwertung und Vernichtung,
- Herausgabe sichergestellter Sachen oder des Erlöses.

3 Vorbereitung der Durchsuchung

19 Jede Durchsuchung muss gründlich und unter Berücksichtigung des Zweckes, der verfahrensbezogenen Zielstellung, der festgestellten Gefährdung und des zu erwartenden Resultats vorbereitet werden.

Die Vorbereitung einer Durchsuchung erstreckt sich auf die strafprozess- oder polizeirechtlichen Voraussetzungen und die kriminaltaktischen Grundsätze zu ihrer Durchführung. Sie wird insbesondere davon bestimmt, ob

- nach Personen,
- nach Sachen,
- nach Personen und Sachen
- oder in informationstechnischen Systemen

zu suchen ist. Zunehmend ist es bei Terrorverdacht, Wirtschaftsstraftaten und OK-Delikten notwendig, gleichzeitig an mehreren unterschiedlichen Orten durch „verfahrensfremde“ Polizeibeamte Durchsuchungen durchzuführen. Auf die Vorbereitung derartiger Aktionen zur sachkundigen Einweisung der Durchsuchungskräfte ist besonderes Augenmerk zu legen. Vielfach dienen aktionsmäßig durchgeführte Durchsuchungen zugleich auch der Festnahme oder vorläufigen Festnahme, z. B. von Verdächtigen.

Der Umfang der Vorbereitung einer Durchsuchung ist abhängig von:

- der Art der Rechtsverletzung,
- der konkreten Gefahrenlage bzw. Gefährdungssituation,
- der Persönlichkeit der von der Durchsuchung betroffenen Personen,
- vom zu erwartenden Verhalten der zu durchsuchenden Person oder der Personen, deren Wohnungen, Räumlichkeiten etc. durchsucht werden sollen,
- der Art, Beschaffenheit und Größe des zu durchsuchenden Objektes,
- der Art und Beschaffenheit der zu suchenden Sachen oder elektronischen Daten,
- den allgemeinen Situationsbedingungen des Verfahrensablaufs und
- dem Stand der Beweisführung.

Die langfristige Vorbereitung von Durchsuchungen ist nicht in jedem Fall 20
möglich und nötig. Häufig werden Zeitpunkt und Notwendigkeit durch aktuelle Ereignisse, Ergebnisse einer Telekommunikationsüberwachung oder andere Handlungssituationen während der Verfahrensbearbeitung bestimmt. So ist die körperliche Durchsuchung von Personen, die auf frischer Tat gefasst wurden oder deren Identität festgestellt werden muss, eine ständige polizeiliche Aufgabe. Im Zusammenhang mit der Ergreifung von Flüchtigen ist sofortiges Handeln notwendig. Grundkenntnisse zur Durchsuchung müssen sich beim Polizeibeamten so verinnerlichen, dass er zu jeder Zeit in der Lage ist, entsprechend den taktischen Grundsätzen der Durchsuchung zu handeln.

Das Handbuch konzentriert sich im Wesentlichen auf Durchsuchungen zu schweren Straftaten im Rahmen der Straftatenbekämpfung.

3.1 Rechtliche Vorbereitung und Anordnung

Dieser Teil der Vorbereitung erstreckt sich auf die Beurteilung rechtlicher 21
Umstände, die in Vorbereitung einer Durchsuchung zu berücksichtigen sind, insbesondere darauf, ob die rechtlichen Voraussetzungen gegeben sind, welche rechtlichen Probleme bestehen können und welche Rechtserfordernisse einzuhalten sind.

Die vorbereitende Klärung umfasst:

- Adressat und Art der Durchsuchung
  - Verdächtiger/Beschuldigter
  - Nichtverdächtiger

- Ergreifungsdurchsuchung
- Ermittlungsdurchsuchung

- Rechtliche Voraussetzungen
  - Notwendigkeit der Eingriffsmaßnahme. Reichen andere Maßnahmen, beispielsweise Aufforderung zur freiwilligen Herausgabe, aus?
  - Erfolgsvermutung bei Verdächtigen
  - Vorliegen von Tatsachen bei Unverdächtigen
- Bestimmung des Durchsuchungszweckes
  - Identitätsfeststellung
  - Festnahme bei Ergreifungsdurchsuchung
  - Vorliegen eines Haft-, Vorführungs- oder Vollstreckungsbefehls bzw. Verfolgung auf frischer Tat (§ 127 StPO)
  - Bei Ermittlungsdurchsuchung: Bestimmung der Beweisgegenstände, Beweismittel, Spuren, Sachen, elektronische Daten und Anhalte zur Tataufklärung
- Anordnung zur Durchsuchung
  - zur Gefahrenabwehr bei Durchsuchung von Wohnungen durch Richter, außer bei Gefahr im Verzuge.
  - im Strafverfahren bei Verdächtigen (§ 102 StPO) und bei Nichtverdächtigen (§ 103 Abs. 1 Satz 1 StPO) durch Richter, bei Gefahr im Verzuge durch Staatsanwalt oder ihre Ermittlungspersonen.
  - Bei Gebäudedurchsuchung zur Ergreifung von Flüchtigen, die verdächtigt werden, schwere Straftaten (§§ 89a, 89c, 129a, 129b StGB) begangen zu haben, durch Richter, bei Gefahr im Verzuge Staatsanwalt, **nicht** durch Ermittlungspersonen.
  - bei Errichtung von Kontrollstellen und Kontrolle nach § 111 StPO durch Anordnung des Richters, bei Gefahr im Verzuge durch Staatsanwalt und Ermittlungspersonen, Anordnung der Durchsuchung durch jeden Polizeibeamten.
  - des Verdächtigen zur Feststellung der Identität nach § 163b StPO, jeder Polizeibeamte.

XI

3.2 Personen- und Sachaufklärung

Die Aufklärungs- und Recherchemaßnahmen in Vorbereitung der Durchsuchung von Personen und Sachen konzentrieren sich auf drei wesentliche Probleme: 22

- Auf die zu suchende Person. Unabhängig davon, ob ihre Personalien bekannt sind oder nicht, muss völlige Klarheit bestehen, wer diese Person ist, welche Persönlichkeitseigenschaften und Charakterzüge bekannt sind und wie sie bei Antreffen möglicherweise reagieren könnte.
- Auf die Betroffenen, bei denen Wohnungen, Gebäude und Sachen durchsucht werden sollen.
- Auf die genaue Bezeichnung zu suchender Gegenstände/Objekte. Es müssen exakte Vorstellungen darüber bestehen, nach welchen Sachen oder elektronischen Daten (Beweismittel, Spuren und Gegenständen) zu suchen ist. Erst wenn darüber Klarheit besteht, kann entschieden werden, wo diese möglicherweise aufzufinden sind oder versteckt sein können.

3.2.1 Personenaufklärung

Die vorbereitende Personenaufklärung umfasst die Informationsbeschaffung über die bei Durchsuchungen aufzuspürenden und festzunehmenden Personen (Ergreifungsdurchsuchung) und Personen, deren Wohnungen, Grundstücke oder sonstigen Einrichtungen entweder zum Ergreifen von Tatverdächtigen oder zur Beschlagnahme von Beweismitteln durchsucht werden sollen. Dabei ist differenziert vorzugehen. Die Durchsuchung bei einem Tatverdächtigen (§ 102 StPO) wird sich im Regelfall anders vollziehen als bei einem Nichtverdächtigen (§ 103 StPO). 23

Folgende Angaben/Informationen sind festzustellen bzw. zu beschaffen:

- Personalien der gesuchten oder betroffenen Person

  Name, Vorname, Geburtstag und -ort, Wohnanschrift oder Aufenthaltsort, u. U. Zweitwohnung;
- Beruf, Tätigkeit, Arbeitsstelle, Arbeitszeiten;
- Personenbeschreibung zur gesuchten oder betroffenen Person;
- Aktuelles Foto des Gesuchten, z. B. aus sozialen Netzwerken;
- Hinweise zur Persönlichkeit

  Charaktereigenschaften, Gewohnheiten, mögliche zu erwartende Verhaltensweisen, Gewalttätigkeit, familiäre Situation, Alkoholiker, BTM-Konsument, ansteckende Krankheiten;

IX

- Informationen zu anderen Personen, die im zu durchsuchenden Bereich möglicherweise anzutreffen sind;
- Feststellung von möglichen Anwesenheits- oder Abwesenheitszeiten;
- Wohnverhältnisse;
- weitere polizeiliche personenbezogene Erkenntnisse,

  kriminell bereits in Erscheinung getreten, früheres Verhalten, Waffenbesitz.

24 **Polizeiliche Methoden des Erkenntnisgewinns**

- Studium aller Unterlagen der den Fall betreffenden Ermittlungsakte.
- Auswertung der im eigenen örtlichen Zuständigkeitsbereich recherchierbaren Daten sowie der in der Zentralstelle des Landes (Landeskriminalamt) gespeicherten personenbezogenen Daten.
- Auswertung örtlich vorhandener allgemeiner Informationsspeicher wie Lageberichte, Lagebilder, Sammlungen, Berichte.
- Auswertung der Datensammlung, die gemäß den Richtlinien über kriminalpolizeiliche personenbezogene Sammlungen (kpS) vorhanden sind.
- Prüfung der weiteren polizeilichen Datenbestände, insbesondere Dateien des INPOL-Systems.
- Kriminalaktenauswertung (KAN).
- Recherchen in öffentlich zugänglichen Datenquellen (OSINT).[18]
- Abfrage von außerpolizeilichen Datenbeständen wie Einwohnermeldeamt (EMA), Bundeszentralregister (BZR), Zentrales Verkehrsinformationssystem (ZEVIS), Ausländerzentralregister (AZR).
- Informationsbeschaffung durch Informanten und V-Personen.
- Feststellung von Informationen durch Befragung von Polizeibeamten, die mit den betroffenen Personen bei der Bearbeitung früherer Strafverfahren Kontakt hatten und „persönliche Kenntnisse oder Erfahrungen“ haben.
- Ausnutzung von Informationsmöglichkeiten, die sich in den örtlichen Behörden, Ämtern und anderen Einrichtungen ergeben wie: Ordnungsämter, Passämter, Ausländerbehörden, Gewerbeämter und ähnliche Einrichtungen.
- Bei gegebenen rechtlichen Voraussetzungen durch den Einsatz verdeckter Ermittler (VE), Observation oder polizeiliche Beobachtung.

---

18 Unter OSINT – Open Source Intelligence – ist die Sammlung und Analyse von Informationen aus frei zugänglichen Quellen (Printmedien, TV, Radio, Sozialen Netzwerken, Streamingdiensten, Web-Applikationen usw.) zu verstehen.

- Durchführung von Ermittlungen im personenbezogenen Umfeld der betroffenen Person wie: Nachbarn, Arbeitskollegen, Bekannte, Hausmeister, Vorgesetzte und andere geeignete Personen.

Beachte

Bei der Nutzung menschlicher Erkenntnisquellen außerhalb des Polizeibereichs ist taktisch geschickt, ggf. unter Legendenbildung vorzugehen. Es soll dabei nicht zur Offenlegung beabsichtigter Maßnahmen kommen!

3.2.2 Sachaufklärung (Sachen, elektronische Daten und Gegenstände)

Die durch den gesetzlichen Rahmen vorgegebene Zielstellung, nach Sachen, elektronischen Daten und Gegenständen zu suchen, die der betroffenen Person gehören und als Beweismittel infrage kommen, muss unter aufklärungstaktischen Aspekten genauer bestimmt werden. **25**

Welche Sachen, elektronischen Daten und Gegenstände das im Einzelnen sind, ist deliktabhängig und vor der Durchsuchung exakt zu bestimmen. Es muss vor Beginn der Maßnahme klar sein, wonach zu suchen ist. Die eingesetzten Durchsuchungskräfte haben im Regelfall nicht die detaillierten Kenntnisse des sachbearbeitenden Polizeibeamten. Sie müssen deshalb genau eingewiesen werden, um Vorstellungen über die Beschaffenheit gesuchter Sachen zu erhalten. Während der Durchsuchung sollte der Verfahrensführende für die Durchsuchungskräfte jederzeit für Rückfragen erreichbar sein.

Das im Zentrum des Ermittlungsverfahrens stehende Delikt bestimmt zunächst allgemein die zu suchenden Sachen.

Beispiel:

Bei der Durchsuchung von Wohnungen oder Aufenthaltsorten der Mitglieder einer rechtsradikalen Gruppe, die politisch motivierte Straftaten begeht, ist verständlich, dass allgemein nach Waffen, verbotenen Schriften, Symbolen, Sprengstoff oder Materialien zur Herstellung von Sprengkörpern zu suchen ist.

Es muss jedoch auch nach den bei der Ermittlung bekannt gewordenen spezifischen Gegenständen gesucht werden.

Zur Bestimmung der zu suchenden Sachen und Gegenstände gehört: **26**

- Exakte Beschreibung der zu suchenden Gegenstände
  - Art, Typ, Größe, Farbe, Identifizierungsmerkmale
  - Abmessungen, Form und Aussehen.

- Aufzählung der Beweismittel, die deliktspezifisch gemäß dem Ermittlungsstand und Erwartungen gefunden werden könnten, z. B. bei Sexualstraftaten pornografische Bilder oder im Wirtschaftsstrafverfahren Rechnungen, Belege, Kontoauszüge, Computerausdrucke, Datenträger.
- Hinweise zu möglichen Aufbewahrungs- oder Versteckorten.
- Genaue Spurenbeschreibung, wenn anzunehmen ist, dass bei der Durchsuchung „Spuren" gefunden werden können.
- Beschreibung von Diebesgut (Sachfahndungslisten).
- Auflistung von Sachen, die Hinweise auf Diebesgut, Absatz oder Versteck geben können, z. B.: Verpackungsmittelreste, Zubehörteile, Garantieurkunden, Bedienungsvorschriften.
- Kennzeichnung von gesuchten Tatwerkzeugen oder anderen Hilfsmitteln.
- Beschreibung von Vergleichsmaterialien, die bei der Durchsuchung zu beachten sind, z. B.: Schuhsohlenprofil, wenn eine Schuhspur verursacht wurde; bestimmte Kleidungsstücke bei Sicherung von Faserspuren u. a.

In vielen Fällen werden Beweismittel in elektronischer Form (Fotos, Belege, E-Mails, Geodaten [Navigationsgeräte oder -Apps]) zu erwarten sein. Da eine Durchsuchung dieser Datenträger nach relevanten Daten im Rahmen der Durchsuchung die eingesetzten Kräfte regelmäßig überfordert, ist deren geeignete Sicherstellung oder Beschlagnahme bereits vor Beginn der Maßnahme zu bedenken, um Datenverluste zu vermeiden.

XI

3.3 Aufklärung der Durchsuchungsobjekte

27 Personen- und Objektaufklärung bedingen sich gegenseitig. Bereits bei der Personenaufklärung[19] werden Kenntnisse über Durchsuchungsobjekte gewonnen und umgekehrt.

Grundvoraussetzung ist, exakt zu bestimmen, was durchsucht werden soll.

28 **Sachen**

Insbesondere: Kraftfahrzeuge verschiedenster Bauart mit unterschiedlichen Versteckmöglichkeiten, Wasserfahrzeuge, Koffer, Taschen, Behältnisse, Kleidungsstücke, mitgeführte Gegenstände.

19 Vgl. Ziffer 3.1.2.

Wohnungen/Aufenthaltsorte

Vorrangig sind im polizeilichen Alltag **Wohnungen** unterschiedlichster Art zu durchsuchen und vorher aufzuklären. Unterschieden wird, ob es sich um Ein-/Zweifamilienhäuser bzw. Grundstücke oder Mehrfamilienhäuser oder Häuserblöcke handelt. Besonderheiten treten auf, wenn Grundstücke, Gärten und Nebeneinrichtungen damit verbunden sind.

Produktionsstätten, leer stehende Objekte 29

Die Aufklärung von **Betrieben, Behörden** und **Verwaltungseinrichtungen** stellt besondere Anforderungen, da ein erhöhtes Risiko für die Offenlegung der Durchsuchungsabsicht besteht.

Bei der Durchsuchung von in Betrieb befindlichen Produktionsstätten müssen insbesondere gefahrbringende technologische oder produktionsbedingte Abläufe und Gefahren beurteilt werden. Stillgelegte Industriebetriebe, Fabriken, leer stehende Gebäudekomplexe oder Wohnhäuser dienen oftmals als Verstecke von Sachen und als Unterkunft von Flüchtigen. Besondere objektgebundene Gefahrensituationen durch Bausubstanz, absichtlich eingebaute Fallen (Hausbesetzer) sowie Verletzungsrisiko beachten!

Freies Gelände 30

Die Aufklärung dient der Feststellung der geografischen und topografischen Situation, insbesondere der Beschaffenheit (Bebauung, Bewuchs, natürliche und künstliche Hindernisse, Berechnung der Durchsuchungsdichte, Geländetaufe u. a.) für einen sogenannten Suchketteneinsatz. Tageszeit und damit einhergehende Lichtverhältnisse sollten Beachtung finden.

Weniger Schwierigkeiten bereitet die **Personendurchsuchung** oder die **Kraftfahrzeugdurchsuchung** im Zusammenhang mit der Einrichtung von polizeilichen Kontrollstellen.

Der Hauptaspekt **der Vorbereitung liegt bei der Aufklärung von Wohnungen, Gebäuden** und der anderer umschlossener bzw. umfriedeter **Grundstücke**. 31 Die Ermittlungen haben das Ziel, sich bereits vor der Durchsuchung eine „räumliche Übersicht" zu verschaffen. Dazu werden nicht nur geeignete Web-Applikationen wie etwa Google Earth [20] zu nutzen sein sondern auch Anwendungen geografischer Informationssysteme (GIS) [21] oder des Building Infor-

---

20 Das Alter der Daten, die Google Earth oder ähnliche Applikationen verwenden, kann je nach Region, Zugänglichkeit und Art der Daten (Street View) einige Monate bis mehrere Jahre alt sein. Sie bieten deshalb lediglich einen Anhalt und sollten zusätzlich vor Ort z. B. durch den Einsatz geeigneter Drohnen erhoben werden.

21 Bei geografischen Informationssystemen werden hauptsächlich geografische Daten verschiedener Art (Satellitenbilder, Kartendaten, Tabellen) analysiert, um dem Nutzer mög-

mation Modeling (BIM), bei dem ein Gebäude in Form eines Computermodells detailgetreu dargestellt werden kann. Dadurch können Einsatzkräften bei der Einweisung vor der Durchsuchung Gefahrenmomente, Durchsuchungsorte, mögliche Unterschlupfmöglichkeiten sowie Verstecke und Ortsumstände genauer erläutert werden. Der Einsatz von Drohnen zur Aufklärung von Objekten aus der Luft stellt ebenfalls eine Möglichkeit der Vorbereitung dar und sollte insbesondere bei Durchsuchungsobjekten, die sich im freien Gelände befinden, geprüft (Rotorgeräusch) werden.

32 Die Aufklärung der zu durchsuchenden Objekte umfasst im Wesentlichen die folgenden Punkte, die Voraussetzung für die Durchsuchung und deren Anordnung sind:

- Art, Lage und Beschaffenheit des Durchsuchungsobjektes,
- räumliche Ausdehnung, einschließlich der räumlichen Anordnung von Wohnungen,
- bauliche Besonderheiten, Lage der Räumlichkeiten zueinander,
- Zu- und Abgangswege,
- Flucht- und Versteckmöglichkeiten,
- Nebenräume wie Garagen, Gartenhäuser und andere Bauwerke,
- Sicherungseinrichtungen am Objekt,
- Erkundung, ob Keller, Boden, Abstell- oder Hobbyräume, Gemeinschaftsräume, Fahrradkeller, Waschräume oder andere Räume, die nicht der alleinigen Nutzung durch Betroffene unterliegen, zum Durchsuchungsobjekt gehören,
- Beschaffung von Lageplänen, Skizzen und Wohnungsgrundrissen,
- unter Umständen Fotografie des Hauses und der Nebengelasse zur Einweisung der Einsatzkräfte,
- Beleuchtungsbedingungen,
- Ortslagepläne.

Zur Aufklärung gehört auch die Feststellung welche Kommunikationsverbindungen (Telefonnetz/Glasfasernetz), Mobilfunk- und WLAN-Netze im und am Durchsuchungsobjekt verfügbar sind. Um die durchgängige Führung der Einsatzkräfte zu gewährleisten, kann auch die Prüfung der Verfügbarkeit von BOS-Digitalfunk von Bedeutung sein.

---

lichst exakte Auskunft über die von ihm begehrten Informationen zu einem geografischen Raum zu geben.

3.4 Zeitpunkt der Durchsuchung

Der Zeitpunkt der Durchsuchung bestimmt das Resultat ebenso wie die ordnungsgemäße Vorbereitung. Vielerlei Faktoren haben Einfluss auf die Festlegung des Beginns von Durchsuchungen. Es sind nicht nur prozessrechtliche Einschränkungen, vorrangig taktische Erwägungen, sondern auch organisatorische Überlegungen, der Umfang und die Kräftelage die einer freien Wahl des Durchsuchungszeitpunktes Grenzen setzen. Daneben gelten bestimmte Grundsätze, beispielsweise bei Tagesanbruch oder in den frühen Morgenstunden zu beginnen, den Überraschungseffekt zu nutzen und die Begründetheit von Vermutungen, dass Durchsuchungsobjekte tatsächlich aufgegriffen bzw. gefunden werden können. 33

Die Festlegung des Durchsuchungsbeginns ist stets von den individuellen Sachgegebenheiten, besonders vom Ermittlungsstand und dem Zusammenhang zwischen den einzelnen Maßnahmen, und nicht nur von der günstigsten Tageszeit abhängig.

Es lassen sich die nachfolgend beschriebenen Faktoren, Bedingungen und Umstände für die Entscheidung heranziehen.

3.4.1 Tageszeitliche Faktoren

Entscheidend für die Vorbereitung und Durchführung der Durchsuchung sind neben dem konkreten Durchsuchungszeitpunkt tageszeitliche Faktoren, die sich fördernd oder nachteilig auswirken können, insbesondere 34

- Jahreszeit,
- Lichtverhältnisse, Nutzung des natürlichen Tageslichtes,
- Witterungsbedingungen, z.B. bei Durchsuchungen im Freien (Regen, Schnee),
- tageszeitliche Aspekte, z.B. An- oder Abwesenheit von Personen; Bürozeiten; Ausdehnung nach Möglichkeit nicht bis Eintritt der Dunkelheit.

3.4.2 Ermittlungstaktische Sachzwänge

Durchsuchungen sollten nicht zu willkürlich festgesetzten Zeitpunkten durchgeführt werden. In welcher Reihenfolge sie vorzunehmen sind, ist von einer Reihe Faktoren abhängig, die als ermittlungstaktische Sachzwänge bezeichnet werden. Die konkreten Ermittlungsumstände bestimmen den Zeitpunkt und die Rangfolge, wie die Durchsuchung in die gesamte Ermittlungsführung einzuordnen ist. Insbesondere sind das: 35

- Einordnung der Durchsuchung in das Gesamtkonzept der Ermittlungen,

- zeitliche Einordnung zu anderen Maßnahmen, z. B.:
  - vor einer Vernehmung,
  - parallel zu einer Vernehmung,
  - nach der Vernehmung des Beschuldigten oder anderer Tatbeteiligter,
  - gleichzeitige schlagartige Durchsuchung an mehreren Orten bzw. bei weiteren Tatbeteiligten,
  - vorgesehene Verhaftung von Personen bei der Durchsuchung,
- Erwartungshaltung zum Durchsuchungsresultat,
- Verhinderung des Beiseitebringens von Beweismitteln oder des Verstecks von Personen; drohender Beweismittelverlust,
- Auffindungschancen,
- Beweisführungskonzept.

3.4.3 Operative Sachzwänge

36 Während ermittlungstaktische Sachzwänge in der Regel zu planmäßig vorbereiteten Entscheidungen führen, muss bei Vorliegen operativer Ausgangslagen häufig ad hoc über die Durchführung, Nichtdurchführung oder den Zeitpunkt von Durchsuchungen entschieden werden. Zu berücksichtigen sind:

- Verfolgung auf frischer Tat,
- Ergreifen von Flüchtigen,
- erforderlicher Kräfte- und Mitteleinsatz,
- Suchbedingungen und voraussehbare Durchsuchungsdauer,
- zu erwartende Unterbrechungen,
- zeitlich nicht beeinflussbare Faktoren, z. B. bei Ermittlungsersuchen anderer Behörden (Amtshilfe),
- Geheimhaltung der Maßnahme und Geringhalten des Ansehensverlustes der Betroffenen.

Die Beurteilung der genannten Faktoren führt in der Regel zur Bestimmung des günstigsten Zeitpunktes. Die konzentrierte und systematisierte Benennung wichtiger Faktoren und Umstände schließt die Existenz weiterer Faktoren, wie sie z. B. *Pick*[22] darstellt, nicht aus.

---

22 Vgl. dazu: Pick, S. 34–36.

3.5 Logistische Vorbereitung – Führungs- und Einsatzmittel

Die richtige Auswahl und die rechtzeitige Bereitstellung zweckmäßiger Führungs- und Einsatzmittel sowie der persönlichen Ausrüstungsgegenstände bilden als Bestandteil der Vorbereitung eine wesentliche Voraussetzung für das Gelingen der Durchsuchung und das Erreichen des Durchsuchungszweckes. 37

Die technische Ausstattung der Durchsuchungskräfte ist abhängig

- vom Durchsuchungszweck und der Deliktbesonderheit,
- von der Durchsuchungsart,
- vom Umfang der Durchsuchungsmaßnahmen, der Beschaffenheit des Durchsuchungsobjektes und der räumlichen Ausdehnung,
- vom Durchsuchungszeitpunkt,
- von vorhersehbaren Gefahrensituationen und
- von der Anzahl der eingesetzten Kräfte.

Auch diesbezüglich gilt der Grundsatz der Angemessenheit. Unter Berücksichtigung notwendiger Aspekte der Eigensicherung und der Spezifik der im Vordergrund stehenden Deliktart soll die technische Ausrüstung vor allem dem Zweck der Maßnahme entsprechen.

Beispiel:

Wird in einem Wirtschaftsstrafverfahren bei der Durchsuchung das Ziel verfolgt, Geschäftsunterlagen, Briefverkehr, Verträge, in der IT gespeicherte elektronische Daten aufzufinden und zu beschlagnahmen, ist an den Einsatz von Sachbearbeitern für Wirtschaftsprüfung (Wirtschaftsreferenten) oder Sachverständigen (LKA) zu denken. Dem Einsatz von Spezialisten für digitale Beweissicherung ist der Unterstützung der Durchsuchung durch IT-Forensiker, die im Gerichtsverfahren ggf. als Sachverständige Zeugnis ablegen sollen, der Vorzug zu geben. Die Diskussion, ob die Mitwirkung von IT-Forensikern bei einer Durchsuchung später dazu führt, dass im gleichen Verfahren von ihnen keine gutachterliche Stellung abgegeben werden kann (Voreingenommenheit), wird kontrovers diskutiert und liegt letztlich im Ermessen des Gerichts.

Bei der Planung kommen im Wesentlichen folgende Gruppen an Führungs- und Einsatzmitteln und Ausrüstungsgegenständen in Betracht[23]: 38

Führungs- und Kommunikationsmittel

- Pläne zur Führung der Einsatzkräfte,
- Fahrzeuge,
- Funkmittel/Mobiltelefone,

23 Aufzählungen nicht abschließend.

- Lautsprecher,
- Diensthunde.

Persönliche Ausrüstungsgegenstände und Schutzvorrichtungen

- Dienstwaffe (Art nach Aufgabe und Gefahrenlage),
- Schutzwesten, Schutzhelme,
- Verbandszeug,
- Schlagstock,
- Reizstoffsprühgeräte, Tränengaswurfkörper,
- Schutzkleidung, Arbeitsmäntel, Gummistiefel, Gummihandschuhe.
- Durchsuchungsausrüstung,
- Nachschließwerkzeuge,
- Beleuchtungsmittel wie: Hand- und Taschenlampen, Halogenscheinwerfer, Scheinwerfer, UV und Infrarotstrahler, z. B. zur Suche nach Spermaspuren,
- Spiegel,
- kriminaltechnische Einsatztasche zur Spurensicherung,
- Foto- und Videoausrüstung, z. B.: Fotografie von Spuren an Verstecken und Gegenständen zum Zwecke der Beweisführung, Dokumentation der Art und des Umfangs von zu beschlagnahmenden Gegenständen, besonders raffiniert angelegten Verstecken,
- Spaten, Metallsonden, Hakenkrallen, Greifwerkzeuge,
- Absperrbänder, ggf. Absperrgitter.

Spezialausrüstung

- z. B.: Tauchgeräte, Geräte zur Ortung und Beseitigung sprengstoffverdächtiger Gegenstände,
- Spezialhunde (z. B. Rauschgiftsuchhund, Sprengmittelsuchhund, Datenspeicherspürhund etc.),
- Lesegeräte,
- Testgeräte Rauschgiftvorproben oder Blutvorproben,
- Metallsuchgeräte,
- IT-Ausstattung [24], Datenträgermaterial,
- Drohnen.

---

24 Dazu gehören u. a. Laptops mit Spezialsoftware zur Datensicherung, Faraday-Taschen zur Sicherung von Mobiltelefonen und Speichermedien zur Erstellung von Images.

Verpackungsmaterial
- Kisten, Kartons, Plastikbehälter u. a. Behältnisse,
- Plastiktüten und -folien,
- Versandtaschen,
- Etiketten, Anhänger, Bindfaden, Klebestreifen, Siegelmarken/-kleber,
- Flaschen, Gläser, Objektträger für evtl. aufgefundene Spuren.

Formulare/Protokolle
- Schreibmaterialien,
- Schreibgeräte, u. U. Laptop,
- Durchsuchungs- und Sicherstellungsprotokolle (Verzeichnis nach § 107 Satz 2 StPO),
- Bescheinigung für erfolglose Durchsuchungen (§ 107 StPO).

Die Mitführung der zuletzt genannten Hilfsmittel unterstützt nicht nur den ordnungsgemäßen praktischen Vollzug der Durchsuchung und die verwaltungsseitige Effizienz. Sie dienen der Kenntlichmachung beschlagnahmter Gegenstände (§ 109 StPO), verhindern Verwechslungen, tragen zum Nachweis der Rechtsstaatlichkeit bei und schützen die Polizeibeamten vor späteren unberechtigten Vorwürfen.

3.6 Durchsuchungsplan – Einsatzkonzept

Ein Grundsatz für jede Durchsuchung ist, systematisch und zielgerichtet 40 vorzugehen. Das setzt Planung voraus. Bestandteil der Vorbereitung einer Durchsuchung ist, im Ergebnis der Personen- und Sachaufklärung, einen Durchsuchungsplan zu fertigen. Der Durchsuchungsplan enthält neben organisatorischen Aspekten die taktische Konzeption, wie man bei der Durchsuchung vorzugehen beabsichtigt, insbesondere die Durchsuchungsziele, die Art und Weise des taktischen Vorgehens und der praktischen Umsetzung, einschließlich der Organisation.

Handelt es sich um einfache überschaubare Durchsuchungsaufgaben, die mit geringem Kräfteaufwand durchgeführt werden können, sowie Durchsuchungen, bei denen (nach dem Ergebnis der Vorermittlungen) keine besonderen Probleme zu erwarten sind, genügt die gedankliche Planung.

Reicht die gedankliche Planung nicht aus, weil wegen der Einsatzabfolge, 41 der Anzahl der Durchsuchungsobjekte, der Anzahl der beteiligten Kräfte und der zu erwartenden Probleme die Überschaubarkeit nicht mehr gegeben ist, erfolgt die **Planung schriftlich**. Grundsätzlich ist schriftlich zu planen, wenn gleichzeitig an unterschiedlichen Orten zu durchsuchen ist. Der Organisation und Koordination der Maßnahmen sowie dem Informationsaustausch kommen vor allem dann große Bedeutung zu, wenn in Ermittlungsverfahren schlagartig an verschiedenen Orten mit Überraschungseffekt zu durchsuchen ist sowie bundesländerübergreifende Durchsuchungsmaßnahmen mit Aktionscharakter erforderlich sind.

3.6.1 Planungsformen

42 Neben der gedanklichen Planung finden folgende schriftliche Formen Anwendung:

- Durchsuchungsplan,
- Einsatzbefehl/-konzept,
- Durchführungsplan.

Grundsätzliches zur Planung ist im Kap. Fallanalyse, Versions- u. Hypothesenbildung, Untersuchungsplanung, nachzulesen.

Welche Planungsform für die Durchsuchung gewählt wird, ist von der Ausgangslage und der Art des Einsatzes abhängig. Bei einer typischen **kriminalpolizeilichen Durchsuchung** im Rahmen eines Ermittlungsverfahrens eignet sich am besten der Durchsuchungsplan, der den kriminalistischen Ermittlungszielen einer ins Detail gehenden Untersuchung am besten gerecht wird.

Tragen die Durchsuchungsmaßnahmen den Charakter von **polizeilichen Einsatzmaßnahmen**, ist ein Einsatzbefehl bzw. -konzept notwendig. Im Einsatzbefehl/-konzept ist die Gesamtheit aller mit einem Einsatz zusammenhängender polizeilicher Tätigkeiten in organisatorischer, taktischer und technischer Hinsicht zu erfassen. Das Einsatzkonzept hat Befehlscharakter. Die Planungsform wird vom Umfang der Maßnahmen bestimmt, wobei die Planung von Durchsuchungen mit Einsatzcharakter besonderer Sorgfalt im Hinblick auf die große Zahl der Einsatzkräfte und verschiedener Durchsuchungsorte bedarf.

Beispiel:

Bei einem Großeinsatz der Brandenburger Polizei wurden gleichzeitig 40 Wohnungen und Geschäftsräume in den Regionen Potsdam, Oranienburg und Berlin durchsucht. Darunter auch vier illegal betriebene Bordelle.

Im Rahmen der Durchsuchungsaktion, bei der 400 Polizisten zum Einsatz kamen, wurden 20 Deutsche und vier Armenier festgenommen. Die zum größten Teil vorbestraften Männer stehen im Verdacht des Menschenhandels, der Zuhälterei, des Betrugs, des Diebstahls sowie der Hehlerei. Gegen fünf der Festgenommenen lag

> bereits Haftbefehl vor. Ein 38-jähriger Armenier, der bei der Festnahme erheblichen Widerstand leistete, konnte von den Polizeibeamten überwältigt werden. Dabei wurde er leicht verletzt. Ein Pitbull-Terrier, der die Beamten angriff, musste getötet werden. Bei den Durchsuchungen wurde umfangreiches Beweismaterial sichergestellt, darunter gestohlene Blanko-Personaldokumente.

Das Beispiel veranschaulicht die mit der Durchsuchungsplanung zu berücksichtigenden Problemfelder der Einsatzvorbereitung.

Sind relativ **abgegrenzte Durchsuchungsaufgaben** zeitlich dringend zu lösen, beispielsweise die Durchsuchung eines bestimmten Geländeabschnittes, so genügt in aller Regel ein **Durchführungsplan**[25] als Hilfsmittel polizeilicher Einsatzplanung. Die Bestimmung der jeweiligen Planungsform orientiert sich vor allem auch am Profil der einzusetzenden Kräfte sowie der Einsatzform. 43

3.6.2 Durchsuchungsplan

Der Durchsuchungsplan ist ein **Spezialaufgabenplan**[26] und wird individuell unter Berücksichtigung der kriminalistischen Ausgangslage sowie der Zielstellung gefertigt und berücksichtigt kriminaltaktische Erfahrungen und daraus abgeleitete Regeln. 44

Vorgeschriebene Formen gibt es nicht.

Er soll im Wesentlichen folgende Angaben beinhalten:

- Kurze Sachverhaltsdarstellung,
- Personalien der betroffenen Personen,
- Anlass und Rechtsgrundlage der Maßnahme,
- Ziel der Durchsuchung,
- Ort und Zeitpunkt der Durchsuchung,
- Beschreibung gesuchter Personen und Sachen,
- Anfahrtswege/Abstellmöglichkeiten für Einsatz-Kfz,
- Zugang zum Objekt,
- Fluchtmöglichkeiten,
- Verhalten bei Antreffen von anderen Personen,
- Benennung der Einsatzkräfte und ihrer Aufgaben,
- Ort und Zeitpunkt der Einweisung der Einsatzkräfte,

---

25 Auch als grafischer Befehl bezeichnet.

26 Die Funktion von Spezialaufgabenplänen ist in Kap. V beschrieben.

- Informations- und Kommunikationswege zwischen den Einsatzkräften und zur Leitstelle,
- Beginn der Durchsuchung,
- Orte der Durchsuchung, Durchsuchungsablauf und Reihenfolge der einzelnen Maßnahmen,
- Grundsätze zur Art und Weise des taktischen Vorgehens, einschließlich Eigensicherung,
- besondere Hinweise zur Durchsuchung und Verhalten, bei Auffinden von Beweismitteln oder Vergleichsmaterial,
- abschließende Maßnahmen.

Der Durchsuchungsplan muss in seinem Inhalt und hinsichtlich der Gestaltung seines Aufbaues von den konkreten Lagebedingungen ausgehen.

3.6.3 Einsatzbesprechung

45 Die Einsatzbesprechung dient der Vorbereitung und Information der Einsatzkräfte auf die Umsetzung der Maßnahmen des Durchsuchungsplanes (bzw. Einsatzbefehls/-konzepts oder Durchführungsplanes).

Um das Ziel der Durchsuchung durch frühzeitiges Bekanntwerden der Durchsuchungsanordnung nicht zu gefährden, kann es erforderlich sein, Einsatzbesprechungen erst kurz vor Beginn der Durchsuchung durchzuführen. Eine konspirative Vorbereitung, die auch innerhalb der Polizei legendiert erfolgt, macht sich nach Beurteilung der Lage häufig bei Durchsuchungen im Phänomenbereich der Organisierten Kriminalität erforderlich.

Die Einweisung der Einsatzkräfte soll sich auf Folgendes konzentrieren:

- Sachverhaltserläuterung, Vermittlung von Lagekenntnissen und Gesamtzusammenhängen;
- Vermittlung durchsuchungsrelevanter Erkenntnisse aus der Vorbereitung (Personen, Sach- und Objektaufklärung);
- Veranschaulichung durch Skizzen, Fotografien, Bau- und Lagepläne sowie topografisches Kartenmaterial;
- Erläuterung des im Durchsuchungsplan enthaltenen Einsatzkonzepts; Vorstellung der Objektführer und zugewiesenen Durchsuchungskräfte
- Besprechung des Ablaufs und der taktischen Konzeption der Durchsuchung, bezogen auf die Verantwortung der Einsatzkräfte (zugewiesene Aufgaben als Innen- oder Außensicherungskräfte bzw. Beobachter und Durchsuchungskräfte);

XI

- Übergabe und Erläuterung von Fahndungslisten und Fahndungshilfsmitteln zu gesuchten Beweismitteln;
- Verhalten in besonderen Situationen wie Antreffen von Personen, Entdecken von Beweismitteln, Störung einer Amtshandlung, Eintritt unvorhergesehener Ereignisse oder Abläufe;
- Hinweise auf kriminalistische Prinzipien wie: Planmäßigkeit, Systematik, Gründlichkeit, Exaktheit, Beibehaltung eines einmal gewählten Vorgehens und Vermeidung von sporadischen Aktionen;
- Erläuterung von möglichen Gefahrensituationen sowie lage- und situationsbezogene Hinweise zur Eigensicherung;
- Nachdrücklicher Verweis auf Einhaltung von **Durchsuchungsprinzipien.**

4 Durchführung der Durchsuchung

4.1 Psychologische Rahmenbedingungen

Psychologische Prozesse beziehen sich auf die inneren Vorgänge, die das Denken, Fühlen und Verhalten eines Menschen steuern. Sie laufen bei **allen** an der Durchsuchung beteiligten Personen ab, unabhängig davon, ob sie sich dessen bewusst sind oder nicht. Sie spielen eine zentrale Rolle für die Art, wie Menschen Informationen wahrnehmen, verarbeiten, speichern und darauf reagieren. Dazu gehören kognitive Prozesse wie die Wahrnehmung, Aufmerksamkeit, Sprache und Denken. Emotionale Prozesse wie Wut, Angst oder Motivation steuern u. U. Handlungen von Einsatzkräften oder von der Durchsuchung Betroffenen. Auch soziale Prozesse wie etwa die Interaktion mit anderen oder die Fähigkeit, sich in andere hineinversetzen zu können (Empathie), bis hin zu gruppendynamischen Prozessen, können bei einer Durchsuchung eine Rolle spielen. Während die habituellen psychischen Eigenschaften[27] der an der Durchsuchung Beteiligten relativ stabil sind, wirken andere psychische Faktoren wie besondere Belastungen während der gesamten Durchsuchung. 46

Psychologische Aspekte bei den Durchsuchenden 47

Eine gute Vorbereitung der Einsatzkräfte unterstützt ihre psychischen Kräfte, um zum geforderten Zeitpunkt, insbesondere auch in Extremsitu-

27 Dazu zählen u.a. Persönlichkeitsmerkmale, Temperament, Einstellungen und Überzeugungen. Motivationale Dispositionen, Selbstkonzept und Emotionale Dispositionen.

ationen, ziel- bzw. zweckorientiert handeln zu können. Sie soll den zur Durchsuchung eingesetzten Beamten die Regulation von Emotionen erleichtern und zu treffende Entscheidungen im Rahmen der Durchsuchung rational und zielführend herbeiführen. Sich als Einsatzkraft gut vorbereitet zu fühlen, beeinflusst auch die Taktik der Durchsuchung und entscheidet oft über Erfolg oder Misserfolg der Maßnahmen.

Die Durchsuchungskräfte sollen äußerlich erkennbare Verhaltensweisen Betroffener erkennen und bewerten sowie unter Umständen daraus Schlussfolgerungen für die Durchsuchung ziehen können.

Eine wichtige Aufgabe ist die ständige Beobachtung der zu durchsuchenden Person oder des Betroffenen, dessen Räume durchsucht werden. Es kommt darauf an, Überraschungseffekte gegenüber dem Betroffenen auszunutzen. Andererseits sind an die Durchsuchungsdurchführenden bestimmte Anforderungen zu stellen.

Vor allem sind das:

- das Aufmerksamkeitsverhalten,
- die Zielstrebigkeit,
- Geduld und Ausdauer als Ausdruck der Willensanstrengung,
- Selbstbeherrschung,

die während des Durchsuchungsverlaufs durch die verschiedenartigsten Umstände beeinflusst werden können.[28]

48 Psychologische Aspekte bei den Betroffenen

Genauso wie der Durchsuchende beobachtet, werden auch die Durchsuchungskräfte vom Betroffenen beobachtet. Nicht selten werden die Durchsuchungskräfte in ihrer Zielstrebigkeit dadurch (bewusst oder unbewusst) beeinflusst, abgelenkt oder irritiert. Das kann durch vorgetäuschte Selbstsicherheit, Formen der Unterwürfigkeit, ablenkende Maßnahmen, freiwillige Herausgabe eines geringfügigen Teils der Beweismittel oder des Diebesgutes und andere Ausdrucksformen geschehen. Der Betroffene reagiert auf das Eindringen von Amtspersonen in seine Privatsphäre möglicherweise scheu, persönlich betroffen, ängstlich, vorgetäuscht selbstsicher. Die Reaktionen sind ebenso von den persönlichen Erfahrungen abhängig, die bei einem mehrfach Vorbestraften anders sind als bei Personen, die erstmalig einen solchen Eingriff erleben. Soweit es sich um eine Durchsuchung gem. § 103 StPO handelt, wird mit anderen Reaktionen zu rechnen sein als bei einer Durchsuchung beim Beschuldigten.

28 Bertram, Beyer kennzeichnen diese Prozesse und Eigenschaften näher, S. 40–45.

Die psychologischen Aspekte im Zusammenhang mit den Verstecken von Objekten können komplex und vielfältig sein. Charaktereigenschaften und psychologische Profile von Beschuldigten können das Verhalten und die Wahl von Versteckorten wesentlich beeinflussen. Einige solcher Wechselwirkungen können sein: 49

1. Impulsivität vs. Überlegung

   Impulsive Personen neigen eher dazu, schnelle und weniger durchdachte Entscheidungen zu treffen. Ihre Verstecke sind häufig leicht aufzufinden und an naheliegenden Orten.

2. Intelligenz und Kreativität

   Personen mit höheren kognitiven Fähigkeiten und kreativen Ansätzen verwenden häufig raffinierte und unkonventionelle Versteckmethoden. Sie könnten Verstecke in alltäglichen Gegenständen einbauen oder schwer zugängliche Orte wählen. Personen mit geringeren kognitiven Fähigkeiten neigen dazu, einfache und offensichtliche Verstecke zu nutzen.

3. Paranoia und Misstrauen

   Personen mit einem hohen Maß an Paranoia oder Misstrauen könnten extrem schwierige und vielgestaltige Verstecke wählen, da sie erwarten, dass Behörden intensiv suchen werden. Sie könnten auch mehrfach versteckte oder sich gegenseitig absichernde Versteckmethoden verwenden.

4. Routinedenken vs. Flexibilität

   Routinedenker neigen dazu, Verstecke zu wählen, die regelmäßig benutzt werden und auf die sie leicht zugreifen können. Diese Verstecke könnten regelmäßig Suchmustern und previsiblen Orten folgen. Flexible und adaptive Personen wechseln oft Verstecke und passen sich den wahrgenommenen Risiken an.

5. Erfahrungen mit Strafverfolgung

   Personen die Erfahrung mit der Strafverfolgung haben, können aus früheren Durchsuchungen gelernt haben. Sie nutzen ungewöhnliche und oft übersehene Verstecke. Sie ergreifen u. U. Maßnahmen, um Spuren zu verwischen. Unerfahrene Personen wissen möglicherweise nicht, welche Verstecke effizient sind und wählen wahllos Orte.

6. Selbst- und Fremdbild

   Personen, die ein starkes Bedürfnis haben als „ehrlich“ oder „regelkonform“ wahrgenommen zu werden, könnten versuchen, Verstecke noch vorsichtiger zu wählen, um Entdeckung unter allen Umständen zu vermeiden.

Jene mit einem rebellischen oder herausfordernden Persönlichkeitsprofil könnten Verstecke wählen, die paradoxerweise leicht zugänglich sind, um damit eine größere Herausforderung an die Suchenden zu stellen.

Diese psychologischen Zusammenhänge können den Erfolg von Durchsuchungen beeinflussen. Erfahrene Durchsuchungskräfte können die Analyse der Verhaltensmuster und psychologischen Profile nutzen, um mögliche Verstecke besser zu deduzieren und ihre Suchstrategien zu optimieren.

Beispiele:

- habsüchtig, argwöhnisch → Versteck in unmittelbarer Umgebung, um ständig kontrollieren zu können
- zaghaft, ängstlich → Versteck weiter weg
- akkurat, vorsichtig → Maximum an Vorsichtsmaßnahmen
- zerstreut, nicht vorausschauend → begeht evtl. ernsthafte Fehler
- faul, leichtsinnig → unternimmt häufig keine Anstrengungen[29]

50 Entscheidend bleibt die Beobachtung des Betroffenen und der anderen anwesenden Personen, um äußerlich wahrnehmbare sensible Reaktionen wie Mimik, Gestik, Angst- oder Schreckreaktionen zu erfassen (Körpersprache). Das menschliche Ausdrucksgeschehen ist die äußere Widerspiegelung emotionaler Reaktionen. Sie können auf unterschiedliche Weise wie Erröten, Erblassen, Zittern, Stimm- und Tonlagenveränderung, heftigen Bewegungen, Schweißausbruch und Ähnlichem auftreten. Sie bilden jedoch keinen sicheren Anhalt dafür, dass man bei der Durchsuchung einem Versteck nahegekommen ist oder der Betroffene leugnet.

4.2 Ablauf der Durchsuchung

4.2.1 Anfahrt und Absperrung

51 Die Anfahrt zum Durchsuchungsobjekt erfolgt auf den festgelegten Wegstrecken.

Sie soll möglichst unauffällig und auf getrennten Wegen geschehen.

- Sondersignale ausschließlich in Eilfällen verwenden und rechtzeitig vor dem Durchsuchungsobjekt ausschalten;
- gleichzeitiges Eintreffen durch Absprachen sichern;
- Fahrzeuge nach Möglichkeit zunächst außerhalb des Aktionskreises abstellen;

29 Zitiert nach Bertram, Beyer, S. 44.

- ist eine äußere Absperrung festgelegt, Einnahme der Absperrpositionen;
- auch bei weniger aufwendigen Durchsuchungen ohne einsatztaktische Absperrung sollte ein Polizeibeamter, nach Möglichkeit verdeckt, beobachten (Außensicherung);
- schnelle und verdeckte Annäherung an das Durchsuchungsobjekt.

4.2.2 Betreten des Durchsuchungsobjektes

Bereits bei der Annäherung und dem Betreten des Objektes ergeben sich oft schon Schwierigkeiten, die von der baulichen Beschaffenheit ausgehen. Ein sicher umzäuntes und verriegeltes Villengrundstück ist zwangsläufig anders zu betreten als ein Mehrfamilienhaus in Stadtlage. **52**

Im Wesentlichen kommen folgende Zutrittsmöglichkeiten in Betracht:

- der Betroffene gewährt freiwillig und ohne besondere Gegenwehr Zutritt;
- das Betreten des Objektes gelingt durch Täuschung, Anwendung einer Legende oder einer besonderen List;
- ist der Betroffene abwesend und die Wohnung muss ohne Aufschub durchsucht werden, darf sie mittels Schließwerkzeugen geöffnet werden (Hinzuziehung von spezialisierten Kräften eines Schlüsseldienstes);
- Abwarten einer günstigen Zutrittsgelegenheit in das Objekt, danach u. U. auch zum Eindringen;
- hält sich der Betroffene im Durchsuchungsobjekt auf und öffnet nicht freiwillig, muss die Wohnung unverzüglich gewaltsam geöffnet oder aufgebrochen werden, um das Beiseiteschaffen von Beweismitteln oder die Vernichtung von Spuren bzw. Verstecken oder Flucht von gesuchten Personen zu verhindern. Neben einfacher körperlicher Gewalt kommt der Einsatz von Hilfsmitteln, auch von Sprengsätzen, in Betracht.[30]

Es sollte bewusst zwischen Betreten des Durchsuchungsobjektes und der Phase des unmittelbaren Eindringens unterschieden werden. Bei den

---

30 Bei dem gewaltsamen Öffnen der Tür handelt es sich um eine Zwangsmaßnahme. Die Gewaltanwendung setzt voraus, dass diese vorher angedroht werden muss und die Einsatzkräfte sich als Polizeibeamte zu erkennen geben müssen. Aus taktischen Gründen ist das meistens nicht zweckmäßig und könnte frühzeitig zur Eskalation führen. Die festzunehmende Person bzw. der Betroffene hätten dadurch die Möglichkeit, einen Fluchtversuch zu unternehmen, Beweismittel beiseitezuschaffen, Waffen und ihre Anwendung vorzubereiten u. a. Die Androhung von Zwangsmaßnahmen ist deshalb nicht realisierbar, es liegt ein unmittelbares Verwaltungsverfahren vor. Das heißt, es ist sofortiges Handeln erforderlich, indem ein schlagartiger Zugriff erfolgt. Der Betroffene braucht jedoch auf seine Rechte nicht zu verzichten. Er kann diese danach gerichtlich geltend machen.

meisten Durchsuchungen, insbesondere von Wohnungen, kommt es zunächst einmal darauf an, sich dem unmittelbaren Durchsuchungsbereich zu nähern und dann in die Wohnung bzw. Räumlichkeiten einzudringen.

Werden Mobile Einsatzkommandos bzw. SEK bei Ergreifungsdurchsuchungen herangezogen, gelten die besonderen einsatztaktischen Regeln für die jeweils entsprechende Einsatzlage.

4.2.3 Eindringen und Durchsuchungsbeginn

53 In den meisten Fällen wird der Zutritt freiwillig gewährt. Wird keine Aktion durchgeführt, gilt es, sich den üblichen orts- und umstandsbezogenen Zugang zu verschaffen. Dabei sind taktische Grundsätze der Eigensicherung zu beachten, immer seitlich zur Tür stehen! Bei Öffnung schnell eintreten und den angetroffenen Umständen entsprechend vorgehen.

Beachte

Die Phase des Betretens des Durchsuchungsobjekts sowie das unmittelbare Eindringen in die zu durchsuchenden Räumlichkeiten (Erstkonfrontation) sind gefährliche Augenblicke. Unmittelbar nach dem Eindringen deshalb Überblick verschaffen (Lagebeurteilung)!

54 In der Phase des Eindringens in das Durchsuchungsobjekt, insbesondere in Wohnungen, ist flexibles Vorgehen zu fordern. Werden Durchsuchungen nach einsatztaktischen Aspekten durch Spezialkräfte durchgeführt, oder erfolgt gewaltsames Eindringen, Gefahrenlage so gering wie möglich halten, weiterer Verlauf ist von der Reaktion der Betroffenen (z.B. Widerstand oder Einsicht) und von den angetroffenen Umständen abhängig. Die konkrete Taktik des Eindringens legt der Polizeiführer ggf. nach Vorschlag des SEK-Führers fest.

Beispiel:

So gab es immer wieder Fälle, in denen SEK und andere Spezialkräfte in falsche Wohnungen eingedrungen sind.

In der Stadt O. sollte eine Wohnung nach Waffen durchsucht werden. Gemäß dem Einsatzkonzept stürmten in den frühen Morgenstunden SEK-Kräfte eine Wohnung, die vorher gewaltsam aufgebrochen wurde. Drei anwesende Personen wurden aus den Betten gerissen, gefesselt und vorläufig festgenommen. Während der Aktion kam aus der oberen Etage ein junger Mann, der den Vorgang beobachtet hatte, mit einem Gewehr und übergab dieses freiwillig. Seine ehemalige Freundin hatte ihn des „Waffenbesitzes" bezichtigt. Es handelte sich um ein nicht funktionsfähiges Sammlerstück. Der Betroffene wohnte ein Stockwerk höher. Die vorläufig festgenommenen Personen hatten mit der Sache nichts zu tun.

Das Beispiel zeigt den engen Zusammenhang zwischen Personen- und Objektaufklärung sowie der exakten Einweisung.

Allgemeiner Ablauf nach Eindringen: 55

- Überblick über anwesende Personen, ggf. auch Tiere, räumliche Lage und Gefahrenmomente verschaffen;
- Vorstellung des verantwortlichen Polizeibeamten;
- anwesende Personen prüfen, bei Erfordernis räumliche Trennung von Personen, bei Vorliegen der rechtlichen Voraussetzungen körperliche Durchsuchung von Verdächtigen und Festzunehmenden durchführen;
- Reaktionen beobachten;
- Sicherungs- und Durchsuchungskräfte nehmen Plätze ein;
- Bekanntgabe des Durchsuchungszweckes an den Betroffenen vor Beginn (§ 106 Abs. 2 StPO);
- Aushändigung der richterlichen Durchsuchungsanordnung;
- erfolgt Durchsuchung auf Anordnung der Ermittlungspersonen der Staatsanwaltschaft wegen Gefahr im Verzuge, Aushändigung der schriftlichen Anordnung und mündliche Erläuterung oder schriftliche Anordnung im Durchsuchungs- und Sicherstellungsprotokoll;
- nimmt kein Richter oder Staatsanwalt teil, vorbereitete unbeteiligte Zeugen vorstellen. Ihre Aufgabe während der Durchsuchung erläutern;[31] Rechtsanwälte haben kein Anwesenheitsrecht bei polizeilichen Durchsuchungen, es sei denn, der Betroffene bestellt ihn als seinen Vertreter, wenn er selbst abwesend ist.
- sollte keine Möglichkeit bestanden haben, Zeugen hinzuzuziehen, so ist dieser rechtserhebliche Umstand zu erläutern und in einem Protokoll zu begründen;
- kurzes Kontaktgespräch mit Betroffenem, um Spannungen und Ängste abzubauen sowie übersteigerten Reaktionen vorzubeugen;
- sollte Durchsuchungszweck mit freiwilliger Herausgabe der gesuchten Gegenstände erfüllt sein, Betroffenen darauf aufmerksam machen, dabei jedoch keine Aufklärungschancen vergeben.

XI

31 Über die Teilnahme von unbeteiligten Zeugen ist von Fall zu Fall zu entscheiden. Verzichtet der Betroffene rechtswirksam auf die Zuziehung von Zeugen, braucht der Polizeibeamte dies nicht erst zu prüfen (OLG Celle, Urteil vom 11.1.1985).

Besonderheiten:

- Inhaber ist im Regelfall anwesend,
- Inhaber darf, muss jedoch der Durchsuchung nicht beiwohnen,
- bei Abwesenheit des Inhabers Vertreter hinzuziehen (es kann sich auch um ein Familienmitglied über 14 Jahren handeln),
- als Vertreter des Inhabers können Nachbarn oder Hausbewohner teilnehmen,
- Verteidiger haben kein allgemeines Teilnahmerecht, nur wenn diese mit der Wahrnehmung der Geschäfte des Betroffenen allgemein oder bezogen auf die Durchsuchung speziell beauftragt sind.

4.3 Taktik der Durchsuchung

56 Das Vorgehen bei der Durchsuchung wird vom Ziel bestimmt. Es besteht entweder darin, eine gesuchte Person zu ergreifen und/oder Sachen, elektronische Daten bzw. Gegenstände, die als Beweismittel infrage kommen[32], aufzufinden. Im Regelfall ist die Ergreifungsdurchsuchung zugleich mit der Suche nach weiteren Beweismitteln verbunden. Es ist möglich, die Art und Weise des Vorgehens bei der Durchsuchung nach der **Durchsuchungsart** als auch nach den spezifischen örtlichen Gegebenheiten, ausgewählten **Durchsuchungsobjekten,** zu bestimmen.

4.3.1 Allgemeine taktische Orientierungen

57 Für die praktische Durchführung der Durchsuchung gelten die folgenden ausgewählten allgemeinen taktischen Orientierungen:

- systematisch und planmäßig vorgehen;
- von einer einmal gewählten Durchsuchungsmethode nicht abgehen;
- von einem gewählten Punkt aus durchsuchen, ähnlich der Systematik der Tatortuntersuchung; abschnittsweise, im Uhrzeigersinn, sektoral, zentrifugal;
- vom Betroffenen nicht ablenken lassen, z. B. provozierende Gespräche, kritische Bemerkungen, Gefühlsausbrüche, Vortäuschen von Krankheiten;
- Spontanreaktionen und psychosomatische Reaktionen beachten;
- sind Verstecke vorher bekannt, nicht sofort zielstrebig an diesen Orten suchen, sondern in die Systematik einbeziehen;

32 Dazu gehören insbesondere Diebesgut oder auch andere Datenträger, die z. B. Kinderpornografie speichern.

- verhindern, dass Sicherungskräfte sich bei fortdauernder Durchsuchung an den Suchmaßnahmen beteiligen;
- Informationsaustausch zwischen Sicherungs- und Durchsuchungskräften gewährleisten;
- darauf achten, dass Betroffene in Räumen, die noch nicht durchsucht werden, keine Veränderungen vornehmen;
- bei nachlassendem Aufmerksamkeitsverhalten oder Konzentrationsschwächen kurze Pausen einlegen;
- unter Umständen Wiederholung der Durchsuchung mit veränderten Suchmethoden.

Zu verinnerlichen sind die drei wichtigsten kriminaltaktischen Grundsätze für Durchsuchungen:

- Systematik,
- Gründlichkeit,
- Planmäßigkeit.

4.3.2 Ergreifungsdurchsuchung

Die taktische Zielstellung der Ergreifungsdurchsuchung besteht darin, in Wohnungen, Häusern, Bauwerken, auf Grundstücken, im offenen Gelände oder anderen Versteckmöglichkeiten Personen aufzuspüren und diese festzunehmen. Diese Aufgabe erscheint zunächst nicht sehr problematisch. Ermittlungstaktische Fehler treten jedoch auch dabei auf, d.h. Personen werden nicht aufgefunden, obwohl sie sich im Durchsuchungsobjekt befinden. 58

Beispiel:

Eine den allgemeinen baulichen Gegebenheiten entsprechende 3-Zimmer-Wohnung sollte durchsucht werden. Aus einer Nachricht war bekannt geworden, dass ein Ehemann seine Frau ermordet hat. Es wurde nach dem Ehemann und der Leiche gefahndet. Die Durchsuchung der Wohnung blieb zunächst erfolglos. Ebenso eine zweite Durchsuchung. Erst bei der dritten Durchsuchung, bei der es nicht nur zu einer oberflächlichen „Besichtigung" kam, wurde die Leiche auf dem Balkon in einem Fernseher-Verpackungskarton gefunden. Man hatte nicht nur oberflächlich durchsucht, sondern sich auch keine Gedanken darüber gemacht, in welcher räumlichen Ausdehnung eine Leiche versteckt werden kann.

Werden gesuchte Personen nicht sofort im Rahmen der Inaugenscheinnahme der Räumlichkeiten festgestellt, wird eine Suche erforderlich.

Wichtigster Grundsatz:
Durchsuchungsobjekte dahingehend beurteilen, wo Menschen sich auch in untypischen Haltungen oder Stellungen verborgen halten oder versteckt worden sein könnten.

- räumliche Verhältnisse beurteilen;
- Ausdehnung beachten;
- untypische Verhältnisse berücksichtigen;
- beachten, dass Menschen längere Zeit in untypischen oder unbequemen Haltungen verharren können;
- Nebenräume beachten;
- natürliche oder künstliche Hohlräume suchen;
- bauliche Veränderungen berücksichtigen;
- Rückschlüsse aus erkennbaren räumlichen Veränderungen ziehen;
- allgemein übliche, den situativen Bedingungen und Ortsverhältnissen entsprechende Versteckmöglichkeiten beachten wie: Schränke, Kisten, Kästen, Balkone, in Hohlräumen, unter Treppen, in Zwischenräumen, in Versorgungsschächten für Aufzüge, Heizung;
- Lüftung, Energie und Abwasser;
- technische Hilfsmittel zur Kontrolle von Räumlichkeiten verwenden;
- Diensthunde einsetzen;
- Vielfalt weiterer Versteckmöglichkeiten nach Objektbeschaffenheit berücksichtigen, z.B. Scheunen, Ställe, Geräteschuppen bei der Durchsuchung von landwirtschaftlich genutzten Gebäuden.

Wird die gesuchte Person aufgefunden, sofort ansprechen und der Eigensicherung dienende Aufforderungen erteilen, die unterbinden, dass Widerstand entgegengesetzt wird, Waffen angewendet werden, Beweismittel vernichtet oder beseitigt werden. Dabei couragiert vorgehen, höflich und bestimmt eingreifen; fesseln, wenn mit Widerstand zu rechnen ist. Es muss Klarheit bestehen, dass es sich um die gesuchte Person handelt (Identifizierung).

Nach Feststellung und Festnahme der ergriffenen Person erfolgt deren Durchsuchung.

59 Störung der Durchsuchung

Treten während einer Durchsuchung von beteiligten oder unbeteiligten Personen Störungshandlungen auf und widersetzen sich die Betroffenen den Anordnungen des Leitenden, diese zu unterlassen, so ist der leitende Polizeibeamte nach § 164 StPO befugt, diejenigen Personen, die die Amtshandlung stören, unter Beachtung der Verhältnismäßigkeit festzunehmen. Die Festnahme ist aufzuheben, wenn die Durchsuchung beendet ist. Der Betroffene darf jedoch nicht über den folgenden Tag hinaus festgehalten werden. Der Vollzug der Festnahme soll so geschehen, dass keine weitere Störung der Amtshandlung mehr möglich ist. Der Störer kann in einen Nebenraum gebracht und bewacht werden. Es ist auch möglich, die Person so lange in einem Kraftfahrzeug der Polizei oder auch in einem Gewahrsamsraum unterzubringen.

4.3.3 Ermittlungsdurchsuchung

Die Ermittlungsdurchsuchung unterscheidet sich hinsichtlich der Grund- 60
sätze zum taktischen Vorgehen nur unwesentlich von der Ergreifungsdurchsuchung. Die Vielfalt der Versteckmöglichkeiten wird wegen der oft geringeren Dimension gesuchter Sachen und Gegenstände größer.

Eine vollständige Aufzählung von Verstecken ist praktisch nicht möglich. Versteckvarianten sind beinahe unbegrenzt und nicht nur von den zu suchenden Sachen sondern vor allem von den räumlichen Gegebenheiten abhängig. Ungeachtet dessen gibt es typische Versteckmöglichkeiten, beispielsweise in Wohnungen, in Kraftfahrzeugen oder landwirtschaftlich genutzten Gebäuden. Ausgangspunkte kriminalistischer Überlegungen zur Frage, wo zu suchen ist, sind die sach- bzw. gegenstandsbezogenen Aspekte

bei zu suchenden Sachen, Gegenständen und Beweismitteln

- Größe,
- Beschaffenheit,
- Form und Aussehen,
- Umfang,
- Gewicht,
- Aggregatzustand,
- Eigenschaften, insbesondere Gebrauchseigenschaften,
- Zerlegbarkeit,
- üblicher und möglicher Verwendungszweck

und die räumlichen Aspekte wie

- Art des Durchsuchungsobjekts,
- bauliche Beschaffenheit,
- Ausstattung der Räumlichkeiten des Durchsuchungsobjektes,
- Geländebeschaffenheit bei Durchsuchungen im Freien.

Können die zu suchenden Beweismittel noch nicht näher definiert werden, sind auch Schlussfolgerungen zu ziehen, die sich aus dem Tatvorwurf und Verdachtsgründen ergeben. Zu suchen sind bei einem Erpresser beispielsweise Schreibmittel, Tinten, Klebstoffe, Kopiergeräte, ausgeschnittene Zeitungen, Druckkästen, Computer, externe Festplatten, Smartphones, Schreibmaschinen, weggeworfenes Schriftmaterial, Kopien, vergegenständlichte Schreibversuche, Terminnotierungen u.Ä. und es kann daraus abgeleitet werden, **wo** vordringlich danach zu suchen ist.

Unter Berücksichtigung dieser Faktoren und von praktischen Durchsuchungserfahrungen haben die nachfolgenden Hinweise für die Suche und das taktische Vorgehen Hinweischarakter im Sinne von Empfehlungen:

- systematisch suchen, zielstrebig vorgehen, planmäßig handeln;
- überlegt und schrittweise vorgehen, gründlich suchen, sich nicht unter Zeitzwang setzen lassen;
- Eigenarten, Fähigkeiten, Fertigkeiten und Berufserfahrungen des Betroffenen zur Wahl von Verstecken beachten;
- kalkulieren, welche Möglichkeiten der Betroffene hatte, um ein Versteck bewusst auszuwählen;
- mit der Möglichkeit rechnen, dass Beweismittel offen platziert (sog. psychologisches Versteck) sind und sich homogen in ein Gesamtbild einordnen können und dadurch leicht übersehen werden;
- berücksichtigen, dass im Grunde genommen jeder Gegenstand geeignet ist, als Versteck zu dienen;
- während der Durchsuchung Sachen und Gegenstände vergleichen, z.B. um eingezogene Trennwand zu erkennen;
- wiegen, um Gewichtsdifferenzen festzustellen, z.B. Münzen in Zuckerdose versteckt;
- abklopfen von Fußböden, Wänden, Schränken, Behältnissen, um Hohlräume zu erkennen; Vergleich von Maßen zu Bau- und Lageplänen.

4.4 Besonderheiten der Durchsuchung von ausgewählten Objekten

4.4.1 Wohnungen

61 Bei Wohnungsdurchsuchungen besonders beachten:

- Wände, Decken, Fußboden, Fenster, Bodenbelag, Scheuerleisten, Lichtschalter, Steckdosen, Leuchten, Vorhänge, Gardinenleisten, Bilder;

- Schränke, Polstermöbel, Einrichtungsgegenstände, vor allem Fußblenden, Hohlräume, doppelte Böden, natürliche oder künstlich geschaffene Versteckräume;
- Prüfen durch Abklopfen: z.B. hohlklingendes Tischbein entpuppte sich als Waffenversteck;
- angeklebte oder sonst an unzugänglichen Stellen befestigte Sachen, z.B. Geldschein unter ein Möbelstück geklebt;
- Haushaltsgeräte wie Spülmaschine, Staubsauger, Radios und Fernsehgeräte;
- Verkleidungen;
- Be- und Entlüftungsschächte;
- Revisionsschächte, Verkabelung;
- allgemeine Gebrauchsgegenstände wie Geschirr, Behältnisse, Wohnungsschmuck, Vasen, Blumentöpfe;
- Kleidungsstücke in Garderoben und Kleiderschränken, Wäschekörbe, sich in Gebrauch befindliche Sachen, einschließlich Akten- oder Handtaschen;
- besonders beliebt sind Verstecke an schwer zugänglichen Orten, die nur mühevoll oder unter großer Kraftanstrengung zu erreichen sind, und sogenannte Problemzonen wie schmutzige Wäsche, Abfalleimer, Toilette, Toilettenspülung u. Ä.

4.4.2 Kraftfahrzeuge

Bei **Kraftfahrzeugen** besonders beachten: 62

- Fahrzeug so abstellen, dass ungestörte Durchsuchung möglich ist und keine Gefahrenmomente entstehen;
- Insassen aussteigen lassen;
- zuerst Personenkontrolle, Identitätsfeststellung;
- Flucht von Personen verhindern;
- Motor abstellen, Zündschlüssel und Fahrzeugschein sowie Papiere aushändigen lassen;
- mit Prüfung des amtlichen Kennzeichens und Identifizierungsnummer beginnen; technischer Datenvergleich.

Der nachfolgende Ablauf der Durchsuchung ist vom Durchsuchungszweck sowie der Fahrzeugart und den unterschiedlichen Fahrzeugtypen abhängig. Unter Umständen sollten, z.B. bei Großraumlastkraftwagen, spezialisierte Polizeibeamte oder Sachverständige hinzugezogen werden. Oft muss die Kraftfahrzeugdurchsuchung auch mit der kriminaltechnischen Suche und Sicherung von Spuren verbunden werden.

Unter Umständen ist das Fahrzeug in eine Liegenschaft der Polizei zu verbringen um die Durchsuchung dort intensiver (Röntgen von Hohlräumen) und ungestört zu realisieren. Droht durch das Verbringen des Fahrzeugs ein Verlust an Beweismitteln (etwa durch Lageveränderung von Gegenständen in einem Wohnmobil), so ist die Durchsuchung wie auch die Suche und Sicherung von Spuren vor Ort durchzuführen. Erforderlichenfalls ist der Bereich um das Fahrzeug abzusperren, durch Polizeikräfte zu sichern und vor Umwelteinflüssen (Zelt) zu schützen.

Versteckmöglichkeiten in Pkw:

- mitgeführte Sachen und Gegenstände, Kleidung, Behältnisse;
- Ladung;
- Motorraum:
  - Luftfilter, Heizschläuche, Gebläsegehäuse
  - Behälter für Waschanlage und Bremsflüssigkeit
  - Kühlwasserbehälter, Tank, Batterie, Schalldämpfer- und Abgasanlagen
  - Hohlräume innerhalb Motorhaube
- Fahrgastraum:
  - Türinnenverkleidung, Seitentaschen, unter Armaturenbrett
  - zwischen Federkern der Polsterungen, zwischen den Schonbezügen, Sitzkissen, in Kopfstützen, in Armlehnen
  - Innenspiegel, Sonnenblende, Kardantunnel, unter der Konsole auf Kardantunnel
  - unter der Fußmatte, hinter dem Fahrzeughimmel
  - im Aschenbecher, Sanitätskasten, Lautsprecher, Feuerlöscher
- im Kofferraum:
  - Tank, Reservekanister, Reserverad
  - Bodenabdeckung, Werkzeugkasten, Behältnisse für Zubehör
  - Luftpumpe, Hohlräume innerhalb der Kofferraumklappe

XI

- in der Karosserie:
  - hinter Scheinwerfern, Blinkleuchten, Rückleuchten
  - in Stoßstangen, Kotflügeln, Dachholmen
  - in Hohlräumen hinter dem Schiebedach, im Schiebedach in Außenspiegeln
  - in Belüftungsschlitzen
- im Unterbau:
  - Längs- und Querträger
  - Auspuffanlage, Räder, Radkappen
  - in zusätzlich befestigten Behältnissen.[33]

4.4.3 Gelände

Bei Durchsuchungen im **freien Gelände** beachten: 63

Unter freiem oder offenem Gelände sind außerhalb umfriedeter Gärten und Grundstücke liegende Geländeabschnitte zu verstehen. Durchzuführen sind im Wesentlichen Maßnahmen der Suche. Gesucht wird im Regelfall nach flüchtigen oder aus dem staatlichen Gewahrsam entwichenen Personen und deren Verstecken. Ebenfalls nach entführten Personen, nach verstecktem Diebesgut, Tatwaffen aller Art oder Gegenständen sowie abgestellten Fahrzeugen. Sehr häufig ist nach vermissten Personen oder nach Leichen (Opfer; Suizid) zu suchen; zugleich nach Spuren, allgemein nach Beweisstücken, Tat- oder Hilfsmitteln zu Straftaten oder bei der Flucht weggeworfenen Gegenständen. Im Zusammenhang mit großen Schadenereignissen, konzentriert sich die Suche auf Vermisste, Verletzte, Leichen, Leichenteile oder auf die Suche von Trümmern/Wrackteilen bzw. Streugut bei Flugzeugabstürzen.

Die Suche im freien Gelände ist eine polizeitaktische Maßnahme, sie ist an keine eingriffsrechtlichen Voraussetzungen gebunden und bedarf keiner richterlichen Anordnung.

Die Suche erfolgt durch zusätzlich eingesetzte Kräfte in Form eines stabsmäßig vorbereitenden Sucheinsatzes.

Für die Vorbereitung und Planung gelten die in Abschnitt 3 bereits behandelten Vorbereitungs- und Planungsmaßnahmen. Für die Suche selbst ist das Prinzip „Gründlichkeit" der kriminalistischen Durchsuchungstaktik von besonderer Bedeutung. Soweit es um die Suche nach Vermissten geht,

33 Bertram/Beyer, S. 69.

sind zuerst das Abgangsobjekt und angrenzende Gebäude intensiv zu durchsuchen. Das gilt auch wenn durch dort aufhältige Personen bezeugt wird, dass sich die vermisste Person dort nicht aufhält! Oberflächliche Durchsuchungen gibt es öfter, wenn Gruppen in Objekten oder freiem Gelände Durchsuchungen durchführen. Es ist kein Einzelfall, dass gesuchte Objekte/Gegenstände oder Vermisste erst nach wiederholten Suchmaßnahmen aufgefunden werden oder auch Suchräume ungenau bestimmt werden.[34]

Darüber hinaus ist zu beachten:

- Sammlung aller Erkenntnisse über das Gelände und einzelne Geländeabschnitte, z. B. Form, Bewuchs, Begrenzung, Bebauung;
- kartografische Aufbereitung des Geländes, nach Möglichkeit Verwendung von Luftbildern; Verwendung von Geoinformationssystemen;
- exakte Einteilung der Geländeabschnitte nach Planquadraten, natürlichen oder künstlichen Begrenzungen wie Eisenbahnlinie, Straßen, Wege, Flüsse, Zäune, eindeutige Begrenzung des Durchsuchungsraumes und der Abgrenzung zwischen den Suchtrupps; zur Sicherheit Überlappung;
- rechtzeitige Hinzuziehung ortskundiger Personen wie Förster, Mitarbeiter von Landschaftsschutzgebieten, Waldarbeiter;
- gründliche Einweisung der Suchkräfte; Erteilung von Handlungsorientierungen; klare Abgrenzung der Suchabschnitte, auf Nahtstellen besonders hinweisen; genaue Information über die zu suchenden Personen, Sachen oder sonstigen Gegenstände; gleichmäßiges Durchsuchungstempo; an den Schmalseiten des Geländes beginnen; kein Abdriften von Suchgruppen zulassen;
- Belehrung über das Verhalten bei Auffinden von gesuchten Objekten:
  - keine weiteren Spuren setzen,
  - Suchketten anhalten,
  - Markierung, sofortige fotografische Sicherung,
  - sofortige Information des Leitenden, wenn keine Sofortmaßnahme (z. B. Festnahme) notwendig ist;

---

34 Ein Beispiel aus dem Jahr 2020: Eine aus geordneten Verhältnissen stammende junge Mutter verschwand völlig unmotiviert und unerklärbar aus einer brandenburgischen Asylunterkunft. Nach verspäteter Einleitung von Maßnahmen zur Vermisstensuche durchkämmte eine Polizeihundertschaft über mehrere Tage 32 Hektar stark bewachsenes Waldgebiet, das mit Kampfmitteln kontaminiert war, erfolglos. Ca. zwei Monate später wird eine skelettierte Leiche in einem direkt an das Asylheim angrenzenden Wald gefunden und durch DNA-Abgleich als die Vermisste identifiziert.

- Fortsetzung der Suche nach Entscheidung des Leiters der Suchkräfte;
- Ausrüstung muss dem Suchauftrag und Grundsätzen der Eigensicherung entsprechen, zum Auffinden und Aufstöbern geeignete Hilfsmittel wie Sonden, Hakenkrallen, Metalldetektoren, Greifwerkzeuge, Stocherstangen, Beleuchtungsmittel mitführen;
- der Einsatz weiterer Kräfte und Einsatzmittel neben den Suchgruppen wird durch das Suchziel bestimmt, z. B.:
  - Hubschrauber,
  - Drohnen,
  - Wärmebildkamera,
  - Taucher,
  - Spezialkräfte.
- Tageslicht nutzen; ist Suche bei Dunkelheit unumgänglich, Scheinwerfer und Lichtmastkraftwagen einsetzen. Soweit nach flüchtigen und ggf. bewaffneten Straftätern im freien Gelände gesucht wird, ist unter Aspekten der Eigensicherung zu entscheiden, ob eine Suche während der Dunkelheit verhältnismäßig ist.

4.5 Durchsicht von Papieren und elektronischen Speichermedien

Wird es bei einer Durchsuchung erforderlich, Papiere zu suchen und zu 64
durchsuchen, gelten die besonderen strafprozessrechtlichen Regelungen des § 110 StPO. Im Strafverfahren ist gemäß § 110 Abs. 1 StPO der Staatsanwalt berechtigt, diese Papiere durchzusehen. Demnach dürfen das private und das geschäftliche Schriftgut wie Briefe, Listen, Bilanzen, Buchungsunterlagen, Geschäftsunterlagen und Papiere, Werk- und Lagezeichnungen u. a. Aufzeichnungen durch die Polizeivollzugsbeamten nur auf Anordnung der Staatsanwaltschaft[35] durchsucht werden. Diese Anordnung kann auch noch während der laufenden Durchsuchung mündlich erfolgen. Papiere in diesem Sinne sind alle möglichen Träger von Gedankeninhalten. Es geht nicht um die stoffliche Substanz des „Papiers“, sondern um den Inhalt. Gedruckte Werke wie Bücher und Zeitschriften fallen nicht darunter, jedoch Manuskriptniederschriften oder Druckfahnen. Strafprozessrechtlich neu geregelt ist in § 110 Absatz 3 die Durchsicht eines elektronischen Speichermediums. Bei dem von der Durchsuchung Betroffenen darf die Durchsicht eines elektronischen Speicherme-

35 Vgl. § 110 Abs. 1 StPO.

diums auch hiervon räumlich getrennte Speichermedien, soweit auf sie von dem Speichermedium aus zugegriffen werden kann, erfassen, wenn anderenfalls der Verlust der gesuchten Daten zu besorgen ist.

Die Ausnahmeregel nach § 110 Abs. 2 StPO sieht die Möglichkeit vor, Papiere durch andere Beamte durchzusehen, wenn der Inhaber die Durchsicht genehmigt. In diesen Fällen sollte der die Durchsuchung leitende Beamte zur Sicherheit diesen Tatbestand ausdrücklich protokollieren bzw. im Durchsuchungs- und Sicherstellungsprotokoll vermerken und vom Inhaber gegenzeichnen lassen.

Werden Papiere zur Durchsicht mitgenommen oder Daten vorläufig gesichert, gelten die §§ 95a und 98 Abs. 2 StPO entsprechend. D.h. nach § 98 Abs. 2 Satz 1 StPO muss unter den dort genannten Voraussetzungen innerhalb von drei Tagen eine gerichtliche Bestätigung eingeholt werden.

65 **Durchsuchung und Beweissicherung von Informationstechnik**

Mit der fortschreitenden Digitalisierung und Globalisierung ist die Suche und Sicherung von Informationstechnik aller Art regelmäßig das Ziel von Durchsuchungsmaßnahmen in Strafverfahren. Zu suchen sind nicht nur Personalcomputer sondern auch Tablets, Smartphones und die verschiedensten elektronischen Speichermedien wie externe Festplatten, USB-Sticks, Speicherkarten oder Wallets. Darüber hinaus werden auch Cloud-Speicher und andere virtuelle Möglichkeiten zur Aufbewahrung von elektronischen Daten zu suchen sein. Ein Auffinden dieser IT ist oft erst nach dem Auslesen von auf Routern gespeicherten Verbindungen möglich. Straftäter nutzen nicht selten technische Möglichkeiten, um das Auffinden, insbesondere die Sicherstellung, und die Auswertung dieser Beweismittel zu vereiteln. So werden u.a. Mechanismen verwandt, die sicherstellen, dass z.B. mit dem Abschalten der Technik alle Daten gelöscht werden. Es sind Fälle bekannt, bei denen es erforderlich war, Eingabegeräte permanent zu bewegen, um Datenverlust vorzubeugen. Um den Erfolg der Durchsuchung nicht von vornherein zu gefährden, sind deshalb Aufklärungsmaßnahmen im Vorfeld erforderlich. Dazu gehört u.a., in Erfahrung zu bringen:

- welche Art von IT-System wird verwendet (PC, Laptop, Tablet, Netzwerk mit Servern und Clients, Cloud),
- besitzt der User Backups und wo befinden sich diese (externe Speicher, Cloud),
- welche Arten von Sicherung werden durch den User genutzt (Passwörter, biometrische Sicherungssysteme, Verschlüsselungssysteme),
- welche Software, insbesondere welches Betriebssystem, wird genutzt,

- wie erfolgt der Zugang ins Internet (WLAN, Glasfaser, Telefon) und wer ist der zuständige Provider.

Empfehlenswert ist das Hinzuziehen von Digitalen Beweissicherungseinheiten der Polizei, die eine spezielle Tatortarbeit zur Suche und Sicherung digitaler Spuren beherrschen. Der Einsatz solcher Spezialkräfte birgt den Vorteil, dass IT-Forensiker nicht bereits in diesem Verfahrensstadium hinzugezogen werden müssen und später eventuell als Gutachter ausfallen.

Durch das BKA werden zur Unterstützung und Erfassung von digitalen Entitäten Werkzeuge wie die Cybertoolbox angeboten.

Ein Datenverlust ist im Rahmen der Durchsuchung in jedem Fall zu verhindern. Hier steht die Polizei vor außerordentlichen Herausforderungen. Die Datenmengen, welche zu durchsuchen sind, erreichen häufig einen Umfang der ohne die Nutzung einer geeigneten Analysesoftware nicht zu realisieren ist.

Für die Verfahrensweise zur Sicherstellung von digitalen Beweismitteln, die Dokumentation der Auffindesituation, Sichtung von Datenträgern und Anlegen von Images zur späteren Auswertung sowie die Sicherstellung von IT, die Datensicherung, ihre Asservierung und den Transport gibt es Empfehlungen des BKA, auf die hier nicht näher eingegangen wird.

Es darf nicht der gesamte Datenbestand beschlagnahmt werden. Das Bundesverfassungsgericht hält „eine sorgfältige Sichtung und Trennung der Daten je nach ihrer Verfahrensrelevanz geboten“ (Az. 2 BvR 1027/02). Die praktische Umsetzung stellt die Polizei vor große Herausforderungen, da die Sichtung des gesamten vorgefundenen Datenbestandes auf relevante und beweiserhebliche Daten im Zuge der Durchsuchung oft aufgrund der Menge nicht möglich ist.

In diesen speziellen Fällen sind die Bestimmungen des § 110 Abs. 3 StPO zu beachten.

Verfahrensweise bei Durchsuchung ohne Staatsanwalt und Nichtgewährung der Durchsicht von Papieren und Unterlagen durch den Betroffenen: 66

- relevante Papiere feststellen;
- auf den Betreff ausgerichtete grobe Durchsicht, selektieren, aussondern;
- Papiere sofort und in Gegenwart des Betroffenen sowie eines unbeteiligten Zeugen in einem geeigneten Behältnis unterbringen;
- Behältnis verschließen, mit Siegelstreifen und Amtssiegel versehen. Der Betroffene kann auch selbst versiegeln und der Entsiegelung beiwohnen;

- Aufnahme des Behältnisses in das Durchsuchungs- und Sicherstellungsprotokoll unter Angabe der Art und Weise der Versiegelung;
- unverzügliche Übergabe an Staatsanwalt nach der Durchsuchung.

Zur Herausgabe/Sicherstellung von Papieren und Unterlagen, die sich in Behörden und staatlichen Einrichtungen befinden, gibt es landesbezogen besondere Richtlinien und Erlasse, welche die praktische Vorgehens- und Verfahrensweise beinhalten und zu beachten sind.

4.6 Verhalten bei Auffinden von gesuchten Sachen und Gegenständen

67 Werden, insbesondere während Ermittlungsdurchsuchungen, Sachen, Gegenstände, Spuren, Vergleichsmaterialien oder andere Beweismittel aufgefunden, so ist die sofortige Dokumentation erforderlich. Wenn sich das nicht bereits aus dem Durchsuchungsablauf zwangsläufig ergibt, werden der beteiligte Richter, Staatsanwalt oder die teilnehmenden Zeugen unverzüglich auf den Fund aufmerksam gemacht.

Im Regelfall genügt es, festzuhalten bzw. zu veranlassen,

- wo die Sache gefunden wurde (exakte Fundortkennzeichnung);
- wie sie aufbewahrt, versteckt und gefunden wurde;
- Beschreibung der Sache/des Gegenstandes;
- verwechslungssichere Kennzeichnung der Sache mittels Anhänger oder Aufkleber (wenn die Sache selbst kein Spurenträger ist);
- Eintrag in das Durchsuchungs- und Sicherstellungsprotokoll.

Je nach Sachlage kann es erforderlich sein, die Umstände des Auffindens genauer in einem zusätzlichen Protokoll verbal zu beschreiben. Es erweist sich als sinnvoll, aufgefundene Verstecke fotografisch zu dokumentieren. Ergeben sich aus der Besonderheit der Auffindesituation weitere Hinweise zur Tataufklärung und Beweisführung, sind diese entsprechend nachzuweisen, beispielsweise durch die sofortige Spurensicherung am Durchsuchungsort. Werden Sachen aufgefunden, die nicht Gegenstand des Ermittlungsverfahrens sind, zu welchem die Durchsuchung angeordnet wurde, ist es ebenfalls zweckmäßig, die Fundstelle und das Versteck fotografisch zu sichern.

Beachte

Gegen den Willen des Betroffenen darf in seiner Wohnung nur fotografiert oder videografiert werden, wenn die Aufnahmen der Beweisführung dienen (Schutz der Persönlichkeitsrechte/Intimsphäre).

4.7 Zufallsfunde

Es ist relativ häufig, dass bei Durchsuchungen verdächtige oder zur Fahndung ausgeschriebene Gegenstände gefunden werden, die mit dem Verfahren, im Rahmen dessen die Durchsuchung stattfindet, in keinem direkten Zusammenhang stehen. Diese werden nach § 108 StPO als Zufallsfunde bezeichnet. Die Funde können vorläufig beschlagnahmt werden. Der juristische Rahmen erlaubt es nicht, die Durchsuchung bei Verdächtigen, auch nicht bei solchen, die in Verdacht stehen, weitere Straftaten oder Serienstraftaten begangen zu haben, darauf auszurichten, dass solche Sachen, Gegenstände oder Beweismittel zielgerichtet gesucht werden, die nicht Gegenstand der Durchsuchung sind. Ungeachtet dessen sind bei Durchsuchungen auch Hilfsmittel mitzuführen, die es ermöglichen, Sachen oder Gegenstände zu erkennen, die aus anderen Straftaten stammen können. Werden solche gefunden, die in keiner direkten Beziehung zur Durchsuchung stehen, aber auf die Verübung anderer Straftaten hinweisen, so spricht man von Zufallsfunden nach § 108 Abs. 1 StPO. Diese Sachen sind einstweilen in Beschlag zu nehmen. 68

Bei der damit verbundenen Inverwahrnahme handelt es sich um keine Beschlagnahme im Sinne der §§ 94, 98 StPO. Werden Gegenstände aufgefunden, bei denen davon auszugehen ist, dass sie weder dem Wohnungsinhaber gehören, noch sich rechtmäßig in seinem Besitz befinden, so darf die Polizei diese Gegenstände aus Gründen des Eigentumsschutzes sicherstellen (vgl. dazu: VG Karlsruhe, Urteil vom 10.5.2001 – 9 K 2018/99). Kriminalistisch ist unmittelbar durch Auswertung und Vergleich in den polizeilichen Informationsspeichern zu prüfen, ob ein Zusammenhang zu anderen Straftaten besteht und unter Umständen das Ermittlungsverfahren zu erweitern und die Beschlagnahme anzuordnen ist. 69

Merke

Staatsanwaltschaft von Zufallsfunden in Kenntnis setzen!

Zufallsfunde im Sinne des § 108 StPO sind keine Gegenstände, die aufgrund einer richterlichen Anordnung nach § 98 StPO zur Beschlagnahme in den Fahndungsmitteln ausgeschrieben sind. Diese sind zu beschlagnahmen.

Beispiel:

Während der Durchsuchung eines Gebäudekomplexes in einer anderen Sache werden zwei zur Sachfahndung ausgeschriebene Personenkraftwagen festgestellt. Sie wurden auf der Grundlage einer richterlichen Anordnung schon vor der

Durchsuchung in die Fahndungsmittel aufgenommen und sind daher zu beschlagnahmen, obwohl sie nicht zum aktuellen Durchsuchungsgrund gehören.

Nach einer höchstrichterlichen Entscheidung (Bundesverfassungsgericht 2 BvR 2225/08) hat sich die Rechtsauffassung zu Zufallsfunden und zur Verwertung von illegal erlangten Beweismitteln bei einer rechtswidrigen Durchsuchung verändert. Im konkreten Fall waren die Wohnungen von vier Personen durchsucht worden, die in Verdacht standen, mit gefälschten Markenuhren und Computerprogrammen im Internet zu handeln. Bei der Durchsuchung wurden keine Uhren und Plagiate gefunden, jedoch 465 Gramm Haschisch und zwei Feinwaagen. Zur Verwertbarkeit gab es eine Verfassungsbeschwerde. Diese blieb ohne Erfolg. Letztlich wurde entschieden, es gebe keinen Rechtssatz, wonach bei fehlerhafter Beweiserhebung die Verwertung der gewonnenen Beweise stets unzulässig wäre. Nur besonders schwerwiegende Fehler könnten ein solches Verbot nach sich ziehen. Im konkreten Fall sei das öffentliche Interesse an einer effektiven Strafverfolgung höher einzuschätzen als die Grundrechtsverletzung bei der Wohnungsdurchsuchung.

4.8 Protokollierung und Abschluss der Durchsuchung

70 Die Durchsuchung wird beendet, wenn sämtliche vorgesehenen Räume, Orte, Behältnisse oder Sachen vollständig durchsucht sind[36].

Sinnvoll ist es, vor dem Ende ein kurzes Abschlussgespräch zu führen. Der leitende Polizeibeamte vergewissert sich in einer Rücksprache mit den Durchsuchungs- und Sicherungskräften, ob alle Orte durchsucht sind, nichts vergessen wurde, die Maßnahmen des Durchsuchungsplanes abgearbeitet sind, alle Nebengelasse, Keller, Gärten, Kraftfahrzeuge u. a. berücksichtigt wurden, die zu beschlagnahmenden Gegenstände erkannt sind, welche bisher nicht aufgefunden wurden und ob allgemeine Beobachtungsergebnisse verwertet wurden. Unter Umständen ergibt sich daraus noch die Notwendigkeit einer sofortigen Nachsuche.

Ist keine weitere Suche nötig, erfolgt die Ausfertigung eines Durchsuchungs- und Beschlagnahme-/Sicherstellungsprotokolles. Der Form nach

36 Die Durchsuchung dauert während der Durchsicht von Papieren oder zur Durchsicht mitgenommener Daten im Sinne von § 110 StPO fort und kann nicht vor Ort beendet werden. Erst wenn alle Datenträger und Papiere durchgesehen sind, ist die Durchsuchung abgeschlossen. Dieser Zeitpunkt ist in den Akten zu vermerken. Das kann im Einzelfall länger als ein Jahr dauern.

unterschiedlich werden in den Bundesländern Vordrucke verwendet, die mindestens folgende Kernangaben enthalten:

- Behörde, sachbearbeitende Dienststelle,
- Name des leitenden Beamten,
- Namen der sonst anwesenden Personen (Zeugen),
- Rechtsgrundlage/Anordnung,
- Grund bzw. Zweck der Durchsuchung,
- Datum, Beginn und Ende der Maßnahme,
- Aufzählung der sichergestellten und beschlagnahmten Gegenstände, einschließlich der Beschreibung des Fundortes,
- Hinweis auf den Verbleib der Gegenstände.

Werden nicht bewegliche Sachen/Gegenstände beschlagnahmt, sind diese ebenfalls aufzuführen und die Art ihrer Sicherung zu vermerken. Papiere bzw. Daten, die als beweiserheblich festgestellt wurden, müssen im Anschluss mittels gesonderten Beschlusses beschlagnahmt werden.

Aushändigung von Verzeichnissen an Betroffene 71

Gemäß § 107 StPO ist nach Beendigung der Durchsuchung, auch wenn nichts Verdächtiges gefunden wurde, dem Betroffenen eine schriftliche Mitteilung zu machen. Diese muss den Grund der Durchsuchung enthalten und zu Durchsuchungen bei Verdächtigen nach § 102 StPO zusätzlich die Straftat bezeichnen. Es erweist sich als zweckmäßig, diese Bescheinigungen (Mitteilung) an Ort und Stelle auszufertigen und dem Betroffenen zu übergeben.

Die Mitteilungen können im späteren Verfahrensverlauf insbesondere dann Bedeutung erlangen, wenn die Durchsuchung ergebnislos verlaufen ist.

Wurden Sachen/Gegenstände beschlagnahmt bzw. sichergestellt, ist dem Betroffenen, ebenfalls auf sein Verlangen hin, ein Verzeichnis der in Verwahrung oder Beschlag genommenen Gegenstände auszuhändigen. In diesem Fall enthält das Durchsuchungs- und Beschlagnahme-/Sicherstellungsprotokoll alle gesetzlich geforderten Angaben. Dem Betroffenen wird ein Duplikat dieses Protokolls ausgehändigt.

Insbesondere bei in Form von Razzien durchgeführten Großeinsätzen zur Durchsuchung einer größeren Anzahl Gebäudekomplexe oder Räumen im Freien ist eine kritische Analyse als „Nachbereitung" des Einsatzes notwendig, um Schwachstellen und gut gelungene taktische Einsatzvarianten festzustellen, die bei späteren Durchsuchungen berücksichtigt werden müssen. 72

5 Beschlagnahme/Sicherstellung/Einziehung

73 Durchsuchung und Beschlagnahme sind unterschiedliche Rechtsbegriffe, zwischen ihnen besteht aber ein unmittelbarer Zusammenhang. Ein Ziel der Durchsuchung ist, Beweismittel (Sachen und Gegenstände wie Tatwerkzeuge, Tatmittel oder Diebesgut, Vermögenswerte bzw. Wertertäge) aufzufinden, die sich im Besitz oder Gewahrsam von Verdächtigen oder anderen Personen befinden und diese aus deren Zugriff zu entziehen. Das geschieht durch **Sicherstellung** oder **Beschlagnahme**. Unter Beschlagnahme ist im strafprozessrechtlichen Sinne die förmliche Bemächtigung einer Sache oder eines Gegenstandes durch ein Strafverfolgungsorgan zum Zwecke der Durchführung eines Strafverfahrens zu verstehen.

Die originäre kriminalistische Aufgabe besteht darin, bei einer Durchsuchung vorgefundene Beweisgegenstände, die nicht freiwillig herausgegeben werden, so zu sichern, dass sie im weiteren Strafverfahren zur Verfügung stehen.

74 **Merke**

Derjenige, der einen der Sicherstellung unterliegenden Gegenstand/Sache im Besitz oder Gewahrsam hat, ist verpflichtet (§ 95 Abs. 1 StPO), ihn nach Aufforderung vorzulegen und auszuliefern. Wird die Sache nach Aufforderung nicht freiwillig herausgegeben, ist sie zu beschlagnahmen (§ 94 Abs. 2 StPO).

Darin erschöpft sich der Sinn und Zweck einer Beschlagnahme jedoch nicht, da diese auch aus anderen Rechtsgründen außerhalb des Strafprozesses[37] erforderlich werden kann.

5.1 Begriffe

75 Der kriminalistischen Zielstellung entsprechend kann von folgender Definition ausgegangen werden:

Beschlagnahme ist die zwangsweise Wegnahme einer Sache bzw. eines Gegenstandes, dessen Sicherstellung zulässig ist.

---

37 Die zwangsweise Sicherstellung durch Beschlagnahme ist auch notwendig zur Sicherung privater und anderer rechtlicher Belange, z.B. im Rahmen von Konkursverfahren, bei der Immobiliarvollstreckung oder bei Zwangsversteigerungen. Auch im Bußgeldverfahren sind Beschlagnahmen statthaft. Dem Charakter des Handbuches entsprechend wird jedoch im Folgenden vorrangig auf die strafprozessuale Beschlagnahme und erforderlichenfalls auf Sicherstellungs- und Beschlagnahmeregelungen im Polizei- und Ordnungsrecht eingegangen.

Damit wird über eine bestimmte Sache ein öffentlich-rechtliches Verwahrungsverhältnis begründet. Die Sache wird demjenigen, der über sie verfügt, entzogen und in Verwahrung genommen. Es ist eine gegen den Willen desjenigen, der eine Sache besitzt oder die Verfügungsgewalt darüber hat, gerichtete Maßnahme, wenn er die Sache nicht freiwillig herausgibt. Gibt der Betroffene den Gegenstand nicht heraus, können Zwangsmittel festgesetzt werden (§ 95 StPO Herausgabepflicht).

Definitionen zur Beschlagnahme werden im allgemeinen Rechtsgebrauch und auf das Strafverfahren bezogen allerdings durch weitere unterschiedliche Begriffsinhalte geprägt.

„**Sicherstellung** ist die Begründung eines öffentlich-rechtlichen Verwahrungsverhältnisses über eine Sache durch die Polizei oder Ordnungsbehörde. Die Sicherstellung umfasst – zumindest soweit ein Verfügungsberechtigter als Adressat anwesend ist – neben der eigentlichen Gewahrsamsbegründung die vorherige Anordnung an den Verfügungsberechtigten, die Sache herauszugeben. Die Sicherstellung ist insoweit als Verwaltungsakt zu charakterisieren."[38] **76**

Entweder befindet sich eine sicherzustellende oder zu beschlagnahmende Sache in der Verfügungsgewalt eines Verfügungsberechtigten, dem sie abverlangt oder beschlagnahmt wird, oder es sind Sachen sicherzustellen, über die niemand die tatsächliche Verfügungsgewalt ausübt, z. B. verloren gegangene Gegenstände, Fundsachen oder deregulierte Gegenstände. Ein Unterschied zur Beschlagnahme besteht auch insofern, als die Sicherstellung nicht zu Beweiszwecken, vielmehr zur „Sicherung" der Einziehung im Strafverfahren oder der Unbrauchbarmachung dient.[39]

Einziehung ist vom Begriff her ein Rechtsinstitut, das den früheren Begriff des Verfalls ersetzt und erweitert. Die Einziehung dient der Abschöpfung der vom Täter oder Teilnehmer durch eine rechtswidrige Tat oder für sie Erlangtes. Das sind direkt aus der Tat erlangte Sachen/Werte, einschließlich deliktischer Vermögenswerte, Tatmittel, Hilfsmittel und sonstige Vermögenswerte. Einziehung (§§ 73–73d StGB) dient der Entschädigung von Opfern und Verletzten und dazu, unrechtmäßig erworbenes Vermögen abschöpfen zu können. **77**

Die Einziehung wird erst im Urteil durch das Gericht angeordnet. Polizeiliche Maßnahmen, die die Einziehung vorbereiten, sind die Pfändung so-

---

38 Vgl. Rupprecht, S. 478–480.

39 Vgl. Werner (2025a).

weit ein Arrest erlassen ist oder die Beschlagnahme, wenn es sich um direkt aus der Straftat Erlangtes oder Tatmittel handelt. Durch Pfändung oder Beschlagnahme werden Verfügungs- und Veräußerungsverbote erwirkt.

5.2 Polizeirechtliche und strafprozessrechtliche Sicherstellung/ Beschlagnahme

78 Die polizeirechtlichen und strafprozessrechtlichen Regelungen zur Sicherstellung und Beschlagnahme unterscheiden sich, obwohl das angestrebte Ziel und auch die Art und Weise ihrer Durchführung wesensgleich sind.

Sicherstellung ist die Grundform des Vollzugs einer Beschlagnahme. Das heißt, Voraussetzung für die Beschlagnahme von beweglichen Sachen, Grundstücken und Forderungen ist das Vorliegen von Gründen für ihre Sicherstellung. Erst wenn der Eigentümer oder Besitzer eine Sache, die sicherzustellen ist, nicht freiwillig herausgibt, diese somit gegen den Willen des Besitzers oder Eigentümers in Gewahrsam genommen werden muss, spricht man von Beschlagnahme.

XI

79 Für die Inbesitz- oder Ingewahrsamnahme von Sachen verwendet das Polizei- und Ordnungsrecht der Länder bis auf wenige Ausnahmen den Begriff der Sicherstellung, in einigen Bundesländern jedoch auch Beschlagnahme. Im Rahmen der Straftatenbekämpfung wird generell von Beschlagnahme als der förmlichen Bemächtigung eines Gegenstandes durch ein Strafverfolgungsorgan zum Zwecke der Durchführung des Strafverfahrens gesprochen.

Beschlagnahme ist also ein Sonderfall der Sicherstellung, die auch als schlichte (formlose, einfache) Sicherstellung erfolgen kann. Abgrenzungskriterium ist dabei keineswegs nur die Freiwilligkeit der Herausgabe. Allerdings bedarf es immer der Beschlagnahme, wenn der Gewahrsamsinhaber den Gegenstand nicht freiwillig herausgibt (§ 94 Abs. 2 StPO). Strafprozessrechtliche Beschlagnahme und einfache Sicherstellung unterscheiden sich nur durch den förmlichen Charakter der Beschlagnahme.

5.2.1 Polizeirechtliche Sicherstellung

79 In den Polizei- und Ordnungsgesetzen sind im Wesentlichen die Sicherstellung, die Verwahrung von sichergestellten Sachen, ihre Verwertung bzw. Vernichtung sowie die Herausgabe sichergestellter Sachen oder des Erlöses bzw. der Kosten geregelt.

Die polizeiliche Sicherstellung[40], die präventiven Charakter hat, ist möglich,

- um eine gegenwärtige Gefahr abzuwehren;
- um den Eigentümer oder rechtmäßigen Inhaber der tatsächlichen Gewalt vor Verlust oder Beschädigung einer Sache zu schützen;
- wenn sie von einer Person mitgeführt wird, die nach den Polizeigesetzen oder anderen Rechtsvorschriften angehalten wird, und die Sache verwendet werden kann, um
  - sich zu töten oder sich zu verletzen,
  - Leben oder Gesundheit anderer zu schädigen,
  - fremde Sachen zu beschädigen oder
  - die Flucht zu ermöglichen oder zu erleichtern.

Die polizeiliche Sicherstellung ist eine allgemeine polizeiliche Befugnis. Die Polizei kann die notwendigen Maßnahmen treffen, um eine im Einzelnen bestehende konkrete Gefahr für die öffentliche Sicherheit oder Ordnung (Gefahr) abzuwehren. Einer richterlichen Anordnung bedarf die Sicherstellung nicht. Ist die Sicherstellung jedoch mit weiteren Eingriffsmaßnahmen wie mit einer Festnahme/Verhaftung oder der Durchsuchung von Wohnungen, Grundstücken oder freiem Gelände verbunden, gelten die dementsprechend geregelten richterlichen Anordnungsbefugnisse.

Erfolgte eine Sicherstellung aus Gründen der Gefahrenabwehr und ergeben sich in der Folge von Prüfungsmaßnahmen Anhaltspunkte für das Vorliegen einer Straftat und der Gegenstand kann als Beweismittel von Bedeutung sein, kann eine Umwandlung in eine strafprozessuale Beschlagnahme stattfinden.

5.2.2 Strafprozessrechtliche Sicherstellung/Beschlagnahme

Unter die strafprozessuale Beschlagnahme fallen: 80

- Gegenstände, die als **Beweismittel** von Bedeutung sein können;
- **Führerscheine** (§ 94 Abs. 3 StPO);[41]
- bewegliche Sachen, die der Einziehung von Taterträgen bei Tätern und Teilnehmern (§ 73 Abs. 1 StGB) unterliegen;

40 Die speziellen Regelungen der Bundesländer müssen bei Anwendung herangezogen werden.

41 Zur Sicherstellung/Beschlagnahme des Führerscheins gem. §§ 94 Abs. 3, 111a StPO, 69ff. StGB sollte vertiefend nachgelesen werden. Vgl. auch Meyer-Goßner/Schmitt, § 111a, RZ 15; Pieper, S. 527.

- sonstige **Einziehungsgegenstände**. Sie können durch Beschlagnahme sichergestellt werden, wenn dringende Gründe für die Annahme vorhanden sind, dass der Täter oder Teilnehmer diese durch eine rechtswidrige Tat erlangt haben bzw. als Taterträge aus einer Straftat erlangt worden sind.

Im Strafverfahren wird zwischen der **beweissichernden** und der **vollstreckungssichernden** Beschlagnahme unterschieden.

5.2.2.1 Beweissichernde Beschlagnahme

81 Gemäß § 94 Abs. 1 StPO unterliegen Gegenstände, die als Beweismittel für die Untersuchung bedeutsam sein können, der Beschlagnahme. Sie sind in Verwahrung zu nehmen oder in anderer Weise sicherzustellen[42].

> Unter **Beweismittel** sind alle beweglichen und unbeweglichen Sachen und Gegenstände zu verstehen, die Rückschlüsse auf den Tathergang, das Tatgeschehen, Anlass, Ursache, Motive und Beweggründe der Tat geben können und somit der Tataufklärung dienen.

Welche Sachen als Beweismittel zu beschlagnahmen sind, ergibt sich aus der Beurteilung der Beweislage und obliegt im Ermittlungsverfahren dem Ermessen des Staatsanwaltes bzw. dem ermittelnden Polizeibeamten.

82 Bei der Beschlagnahme als Beweismittel sind das hauptsächlich:

- zur Tat benutzte Werkzeuge und Hilfsmittel;
- Mobiltelefone, zur Erhebung von Verkehrsdaten entsprechend dem Telekommunikationsgesetz dürfen diese nur bei richterlich angeordneten Durchsuchungen auf der Grundlage von §§ 100g und 100h StPO beschlagnahmt werden (vgl. BVerfG, Beschluss v. 4.2.2005, 2 BvR 308/04);
- durch die Straftat erlangte Sachen und Gegenstände, z.B. das Diebesgut;
- Vermögenswerte, die nach §§ 73, 73a–d, 74, 74a–c StGB der Einziehung unterliegen;
- die durch die Straftat hervorgebrachten Gegenstände wie gefälschte Telefonkarten und Wertmarken, Falschgeld, gefälschte Ausweispapiere;

42 In anderer Weise sicherzustellen, bezieht sich z.B. auf Grundstücke oder Räume, die nicht in Verwahrung genommen werden können. Hier ist eine andere Art der Sicherstellung als die Verwahrung erforderlich, beispielsweise durch das Anbringen eines amtlichen Siegels oder das Errichten von Absperrungen.

- vor, während und nach der Tat entstandene materielle Spuren und andere Beweisgegenstände einschließlich elektronischer Speichermedien sowie Spurenträger;
- zum Spurenvergleich und zur Identifizierung geeignete Gegenstände;
- Schriftstücke, Aufzeichnungen sowie
- andere zur Beweisführung geeignete bewegliche Sachen, z.B. auch Leichen und Leichenteile.

Der Beschlagnahme im Strafverfahren unterliegen auch unbewegliche Gegenstände, sofern diese als Beweismittel oder Träger von Spuren in Gewahrsam des Strafverfolgungsorgans genommen werden müssen. **83**

Das sind beispielsweise:

- Gebäude, Gebäudekomplexe, Grundstücke bzw. darin befindliche Ereignisorte wie Leichenfundort, Brandort, Katastrophenort, Verkehrsunfallort;
- Gegenstände, die nicht mit dem Boden verbunden sind, aber wegen ihrer Beschaffenheit nicht oder zeitweilig nicht beweglich sind wie Schienen-, Straßen- und Triebfahrzeuge, Flugzeugwracks oder -teile;
- Betriebs- und Produktionsanlagen nach Havarien, Unfällen und Ereignissen mit Straftatverdacht.

Die Beschlagnahmeverfügung ist an den Inhaber, Besitzer bzw. Betreiber unabhängig von bestehenden Eigentumsverhältnissen zu richten. **84**

Beschlagnahmefreie Gegenstände (Beschlagnahmeverbot) **85**

Die Beschlagnahme von Gegenständen zu Beweiszwecken ist nicht uneingeschränkt möglich. Detaillierte rechtliche Regelungen enthält § 97 StPO. Demnach unterliegen dem Beschlagnahmeverbot:

- Schriftliche Mitteilungen zwischen dem Beschuldigten und zeugnisverweigerungsberechtigten Personen (52 StPO);
- Schriftliche Mitteilungen zwischen dem Beschuldigten und Berufsgeheimnisträgern (§ 53 Abs. 1 Satz 1 Nr. 1–3b StPO);
- Aufzeichnungen, welche die o.g. Geheimnisträger über die ihnen vom Beschuldigten anvertrauten Mitteilungen oder über andere Umstände gemacht haben, auf die sich das Zeugnisverweigerungsrecht erstreckt;
- Andere Gegenstände, einschließlich der ärztlichen Untersuchungsbefunde, auf die sich das Zeugnisverweigerungsrecht der Berufsgeheimnisträger bezieht.

Insbesondere betrifft das Beschlagnahmeverbot die im Besitz von Ärzten, Rechtsanwälten, Notaren und anderen zur Verweigerung des Zeugnisses

XI

berechtigten Personen befindlichen schriftlichen Unterlagen, den Briefverkehr, Sachen und andere Gegenstände. Die in § 97 StPO genannte Aufzählung ist nicht vollständig. Das Beschlagnahmeverbot gilt auch nur, solange sich die betreffenden Gegenstände im Gewahrsam des Zeugnisverweigerungsberechtigten befinden.

86 Das Beschlagnahmeverbot erfasst neben anderen beschlagnahmefreien Gegenständen auch Schriftstücke, Ton-, Bild- und Datenträger, Abbildungen und andere Darstellungen, die sich im Gewahrsam zeugnisverweigerungsberechtigter Personen oder der Redaktion, des Verlags, der Druckerei oder einer Rundfunkanstalt befinden.[43]

87 **Beschlagnahmeverbot für amtliche Schriftstücke**

Ein weiteres Beschlagnahmeverbot ergibt sich aus § 96 StPO. Demnach dürfen Akten oder andere sich in amtlicher Verwahrung befindliche Schriftstücke in Behörden und bei öffentlichen Beamten nicht beschlagnahmt werden, wenn deren oberste Dienstbehörde erklärt, dass das Bekanntwerden des Inhalts dem Wohl des Bundes oder eines deutschen Landes Nachteile bereiten würde. Die Rechtmäßigkeit einer solchen Sperrerklärung muss die oberste Dienstbehörde gegenüber dem Gericht umfassend begründen.

> **Beispiel:**
>
> Im Zusammenhang mit der Untersuchung von Straftaten der Organisierten Kriminalität wird die Forderung nach Herausgabe von Akten über die Identität eines verdeckten Ermittlers erhoben.
>
> Die Herausgabe würde erhebliche Auswirkungen auf geheim zu haltende Sachverhalte bei der Bekämpfung der Organisierten Kriminalität haben.

Dem Gericht muss die Begründung der Sperre verständlich erläutert werden. Oberste Dienstbehörden sind zu Gegenvorstellungen anzuhören. Hat eine oberste Dienstbehörde eine Sperrerklärung endgültig nicht oder ohne hinreichende Begründung und deshalb ohne Bindungswirkung für das Gericht abgegeben, so bleibt die aktenführende Behörde verpflichtet, die Akten auf Verlangen der Staatsanwaltschaft oder des Gerichts herauszugeben.

Die Justizministerien der Länder haben zur Auskunft über und zur Herausgabe in amtlicher Verwahrung befindlicher Schriftstücke sowie zur

43 Die Vielfalt der in viele Details gehenden Regelungen kann im Rahmen von vordergründig angelegten taktischen Orientierungen zum Vorgehen bei der Sicherstellung/Beschlagnahme nicht näher behandelt werden. Vgl. zur Vertiefung: Meyer-Goßner/Schmitt, § 97, RZ 1.

Vorgehensweise entsprechende Richtlinien oder Regelungen getroffen, die zu beachten sind.[44]

Beschlagnahmeanordnung 88

Beschlagnahmeanordnungen erteilt gemäß § 98 Abs. 1 StPO der Richter. Geht der Beschlagnahme eine Durchsuchung voraus, impliziert diese die Anordnung der Beschlagnahme der bei der Durchsuchung aufgefundenen Beweismittel.

Bei Gefahr im Verzug darf die Beschlagnahme durch die Staatsanwaltschaft und ihre Ermittlungspersonen erfolgen. Davon ausgeschlossen ist die Beschlagnahme in Räumen, die der Pressefreiheit unterliegen und nach § 97 Abs. 5 Satz 2 StPO geschützt sind, sowie die Postbeschlagnahme (siehe Abschnitt 5.3). Diesbezügliche Beschlagnahmen (vgl. Abschnitt 5.2) obliegen ausschließlich dem Richter.

Wird die Beschlagnahme durch die Polizei in ihrer Eigenschaft als Ermittlungspersonen der Staatsanwaltschaft angeordnet, weil Gefahr im Verzug vorliegt, sollte diese Anordnung, auch wenn sie zunächst nur mündlich gegenüber dem Betroffenen verkündet wird, nachträglich auch schriftlich verfügt werden. Die zur Gefahr im Verzug führenden Gründe sind aktenkundig zu machen.

Richterliche Bestätigung 89

Eine vom Richter angeordnete Beschlagnahme bedarf keiner Bestätigung, wie auch die von der Staatsanwaltschaft oder deren Ermittlungspersonen angeordnete Beschlagnahme keiner richterlichen Bestätigung bedarf.

Gemäß § 98 Abs. 2 StPO, Verfahren bei der Beschlagnahme, muss jedoch der Beamte, der einen Gegenstand ohne richterliche Anordnung beschlagnahmt hat, binnen drei Tagen die richterliche Bestätigung beantragen, wenn

- bei der Beschlagnahme weder der davon Betroffene noch ein erwachsener Angehöriger anwesend war oder
- wenn der Betroffene oder im Falle seiner Abwesenheit ein erwachsener Angehöriger des Betroffenen gegen die Beschlagnahme ausdrücklichen Widerspruch erhoben hat.

---

44 Der Bundesgerichtshof hat in seiner Entscheidung (BGH, Beschluss vom 18.3.1992) klargestellt, dass die aktenführende Behörde für den Fall, dass die oberste Dienstbehörde eine Sperrerklärung nicht oder ohne hinreichende Begründung und deshalb ohne Bindungswirkung für das Gericht abgegeben hat, verpflichtet ist, die Akten auf Verlangen der Staatsanwaltschaft oder des Gerichts herauszugeben. Dabei stelle die Einflussnahme einer Behörde auf ein Strafverfahren mithilfe einer Sperrerklärung einen Eingriff in den Gang der Rechtspflege dar, der auf Ausnahmefälle beschränkt bleiben müsse.

Unabhängig davon kann der **Betroffene** jederzeit die richterliche Entscheidung über die Beschlagnahme beantragen. Über seine Rechte im Zusammenhang mit der Beschlagnahme muss er nach § 98 Abs. 2, letzter Satz, StPO belehrt werden.

90 **Beachte**

Nach erfolgter Beschlagnahme stehen die Gegenstände unter dem Schutz des § 136 StGB (Verstrickungsbruch/Siegelbruch). Damit soll verhindert werden, dass gepfändete oder in Gewahrsam genommene Sachen zerstört, beschädigt oder unbrauchbar gemacht oder der Verstrickung gänzlich entzogen sowie angebrachte Siegel beschädigt werden. Mit § 133 StGB – Verwahrungsbruch – soll die ordnungsgemäße Verwahrung sichergestellter Gegenstände gewährleistet werden.

5.2.2.2 Vollstreckungssichernde Beschlagnahme/Einziehung

91 Im Strafverfahren ist neben der Sicherstellung/Beschlagnahme von Beweismitteln auch die vollstreckungssichernde Beschlagnahme möglich. Diese Art der Beschlagnahme von Gegenständen, Vermögensvorteilen sowie Rechten und Forderungen dient zur Sicherung der Einziehung und/oder der Unbrauchbarmachung und ist nach § 111b StPO zulässig, wenn dringende Gründe für die Annahme vorhanden sind, dass die Voraussetzungen für ihre **Einziehung** vorliegen. Damit wird der Zweck verfolgt, sicherzustellen, dass ein erwartetes Urteil mit dem Ausspruch der Einziehung oder einer Vermögensstrafe auch tatsächlich vollstreckt werden kann und die betreffenden Sachen, Werte bzw. Rechte nicht beiseite geschafft werden können. Damit ist diese Beschlagnahme eine vorbereitende und verfahrenssichernde Maßnahme für den späteren Eingriff in das Eigentum des Betroffenen.

Im Strafverfahren obliegt die Anordnung einer Beschlagnahme von Einziehungsgegenständen grundsätzlich dem Richter, der diese und den Arrest schriftlich verfügt.[45]

Die Beschlagnahme von Einziehungsgegenständen erfolgt gem. § 111b StPO durch eigenen Beschlagnahmebeschluss. Auch bei freiwilliger Herausgabe muss der Gegenstand beschlagnahmt werden, weil sonst kein Verfügungsverbot entsteht.

Die Anordnung eines Arrestes erfolgt nach § 111e StPO und wird durch Pfändung vollstreckt.

---

45 Vgl. zur Anordnungsbefugnis der Ermittlungspersonen der Staatsanwaltschaft und zur richterlichen Bestätigung der Beschlagnahme von Verfalls- und Einziehungsgegenständen insbes. §§ 111c, 111d, 111e StPO.

Beschlagnahme zur Opferentschädigung Vermögensabschöpfung 92

Bis zum 1.7.2017 galt im Strafgesetzbuch die sogenannte „Verfallsregelung". Sie war darauf ausgerichtet, die durch Straftaten erlangten Güter, Sachwerte, Gegenstände etc. zurückzugewinnen, um Ansprüche von Opfern zu befrieden. Die Regelungen des „Verfalls" und des „erweiterten Verfalls" konnten nicht alle Ansprüche befriedigen, waren unübersichtlich und das Ziel der strafrechtlichen Vermögensabschöpfung, dem Täter sämtliche Vorteile aus seiner rechtswidrigen Tat zu entziehen, konnten nicht erfüllt werden. Mit dem Gesetz der Reform der strafrechtlichen Vermögensabschöpfung[46] wurde in einer grundlegenden Reform das Verfahren vereinfacht und Abschöpfungslücken geschlossen. Das Rechtsinstitut **Verfall** wurde durch **Einziehung** ersetzt.

Damit wurde zudem die Richtlinie 2014/42/EU des Europäischen Parlaments und des Rates vom 3.4.2014[47] in innerstaatliches Recht umgesetzt. Es soll zugleich eine effektivere Bekämpfung der grenzüberschreitenden Straftaten im Bereich der Terrorismusfinanzierung, der Organisierten Kriminalität und Korruption im europäischen Raum gewährleistet werden.[48] 93

Diese Aufgabe umfasst bei der kriminalistischen Untersuchung im Strafverfahren das **Aufspüren** von Vermögen, die **Sicherung** des Vermögens und die endgültige **Entziehung** des Vermögens (durch die Gerichte).

Zur vollstreckungssichernden Beschlagnahme gehört im Ermittlungsverfahren der Polizei die Gewährleistung der Einziehung, die im Siebenten Titel des StGB, in den §§ 73–76d geregelt ist. Die Einziehung wird durch kriminaltaktische Maßnahmen der Beschlagnahme und Pfändung vorbereitet. In der folgenden Übersicht werden ausgewählte Regelungen zur Einziehung, welche für das polizeiliche Ermittlungsverfahren eine besondere Bedeutung haben, genannt:

§ 73 StGB Einziehung von Taterträgen bei Tätern und Teilnehmern 94

Es geht grundsätzlich nicht nur um den einzelnen erlangten Gegenstand (z. B. Diebesgut), vielmehr unterliegt der Einziehung alles, was Täter oder Teilnehmer durch eine rechtswidrige Tat oder durch diese „erlangt" haben. Wurden Nutzungen aus dem Erlangten gezogen, unterliegen diese der Einziehung. Ebenso können Gegenstände, die Täter oder Teilnehmer erworben haben, durch Veräußerung des Erlangten oder als Ersatz für dessen Zerstörung, Beschädigung oder Entziehung eingezogen werden.

---

46 Gesetz zur Reform der strafrechtlichen Vermögensabschöpfung.

47 Richtlinie 2014/42/EU.

48 Für ein vertieftes Kennenlernen der Vermögensabschöpfung im gesamten Strafverfahren (nicht nur Ermittlungsverfahren) ist zu empfehlen: Peters, Bröckers.

XI

§ 73a StGB Erweiterte Einziehung von Taterträgen bei Täter und Teilnehmer

Ermöglicht, wenn eine rechtswidrige Tat begangen wurde, die Einziehung von Gegenständen des Täters oder Teilnehmers auch dann, wenn diese Gegenstände durch andere rechtswidrige Straftaten oder für sie erlangt worden sind.

§ 73b StGB Einziehung von Taterträgen bei anderen

Unter den im Gesetzestext enthaltenen Voraussetzungen kann das aus Straftaten Erlangte auch bei anderen Personen, die nicht Täter oder Teilnehmer sind, eingezogen werden. Damit soll entgegengewirkt werden, dass Täter oder Teilnehmer das Erlangte (z.B. Immobilien) eigentumsrechtlich an Nichtteilnehmer der Straftat übertragen.

§ 73c StGB Einziehung des Wertes von Taterträgen

Nach § 73c StGB ist es möglich, Vermögenswerte des Betroffenen, oft des Täters, einzuziehen, die selbst nicht direkt aus der begangenen Straftat stammen. Es wird die Einziehung eines Geldbetrages angeordnet. Diese Anordnung, der Arrest, wird durch Pfändung auch in legal erworbenes Vermögen vollzogen.

§§ 73d und 73e StGB regeln Fragen der Schätzung des Wertes von Erlangtem und Wertersatz

§ 74 StGB Einziehung von Tatprodukten, Tatmitteln und Tatobjekten bei Tätern und Teilnehmern

95 § 74 StGB ermöglicht, Gegenstände, die durch eine **vorsätzliche** Tat hervorgebracht (Tatprodukte) oder zu ihrer Begehung oder Vorbereitung gebraucht worden sind oder bestimmt gewesen sind (Tatmittel), einzuziehen (Kannbestimmung).

Das betrifft auch die Einziehung von Tatprodukten, Tatmitteln und Tatobjekten bei anderen (§ 74a StGB), wenn sie mindestens leichtfertig dazu beigetragen haben, dass die Gegenstände als Tatmittel verwendet worden oder Tatobjekt gewesen sind, oder sie in Kenntnis der Umstände, welche die Einziehung zugelassen hätten, in verwerflicher Weise erworben haben.

Hunsicker beschäftigt sich ausführlich mit dem gesetzgeberischen Ziel, das Recht der Vermögensabschöpfung zu vereinfachen und erläutert die präventive bzw. gefahrenabwehrende Sicherstellung von Gegenständen, auf die in dieser Schrift nicht näher eingegangen wird. Der Beitrag ermöglicht, die komplexen Zusammenhänge der in diesem Abschnitt behandelten Grundregelungen der Vermögensabschöpfung besser zu verstehen.[49]

49 Vgl. Hunsicker.

Unbrauchbarmachung 96

Der Einziehung gleichzusetzen ist die Unbrauchbarmachung. Dazu regelt § 439 StPO zu den der Einziehung gleichstehenden Rechtsfolgen: „Vernichtung, Unbrauchbarmachung und Beseitigung eines gesetzwidrigen Zustandes stehen im Sinne der §§ 421 bis 436 der Einziehung gleich." Werden in einem Urteil Schrift-, Ton- oder Bildträger oder andere Darstellungen wegen ihres im Falle der Verbreitung strafbaren Inhalts eingezogen, so wird zugleich die Unbrauchbarmachung (§ 74d StGB) angeordnet.

> **Beispiel:**
>
> Ein Täter stellte pornografische Filme im Zusammenhang mit dem sexuellen Missbrauch Minderjähriger her oder Jugendliche stellen CDs zur Verbreitung von Propaganda verfassungswidriger Organisationen her.

Die Unbrauchbarmachung ist im Unterschied zur Einziehung auch eine vorbeugende Sicherungsmaßregel, aber keine Strafe. Sie entzieht dem Betroffenen nicht das Eigentum, sondern beschränkt sich darauf, dem Gegenstand die Eigenschaften zu nehmen, die seine Benutzung zu einer Straftat ermöglicht. Zum Beispiel werden auf Ton- oder Datenträgern die inkriminierten Texte oder Darstellungen entfernt.

5.3 Postbeschlagnahme und Auskunftsverlangen

Die Postbeschlagnahme nach § 99 StPO umfasst die Beschlagnahme der an den Beschuldigten gerichteten Briefe, Sendungen und Telegramme auf der Post und das Verlangen nach Auskünften von Postdiensten über Postsendungen. 97

§ 99 StPO erfuhr mit dem Gesetz zur Fortentwicklung der Strafprozessordnung und zur Änderung weiterer Vorschriften (BGBl. I S. 2099) eine entscheidende ermittlungsunterstützende Erweiterung, was sich schon in der Bezeichnung der Rechtsnorm „§ 99 Postbeschlagnahme **und Auskunftsverlangen**" niederschlägt.

Die bisherige Regelung des § 99 Abs. 1 StPO blieb bestehen. Die Postbeschlagnahme umfasst damit die Beschlagnahme der an den Beschuldigten gerichteten Postsendungen und Telegramme, die sich im Gewahrsam von Personen oder Unternehmen befinden, die geschäftsmäßig Post- oder Telekommunikationsdienste erbringen oder daran mitwirken. Nicht direkt an den Beschuldigten gerichtete Sendungen können beschlagnahmt werden, wenn Tatsachen vorliegen, aus denen zu schließen ist, dass sie vom Beschuldigten herrühren oder für ihn bestimmt sind.

Das Auskunftsverlangen ist in Absatz 2 neu aufgenommen und bestimmt, dass es unter den Voraussetzungen des Absatzes 1 zulässig ist, von **Personen** oder **Unternehmen**, die geschäftsmäßig Postdienste erbringen oder daran mitwirken, **Auskunft** über Postsendungen zu verlangen, die an den Beschuldigten gerichtet sind, von ihm herrühren oder für ihn bestimmt sind.

Die **Auskunft** umfasst gemäß Absatz 2:

1. Namen und Anschriften von Absendern, Empfängern und, soweit abweichend, von denjenigen Personen, welche die jeweilige Postsendung eingeliefert oder entgegengenommen haben,
2. Art des in Anspruch genommenen Postdienstes,
3. Maße und Gewichte der jeweiligen Postsendung,
4. Die vom Postdienstleister zugeteilte Sendungsnummer der jeweiligen Postsendung sowie, sofern der Empfänger eine Abholstation mit Selbstbedienungs-Schließfächern nutzt, dessen persönliche Postnummer,
5. Zeit- und Ortsangaben zum jeweiligen Postsendungsverlauf sowie
6. Bildaufnahmen von der Postsendung, die zu Zwecken der Erbringung der Postdienstleistung erstellt wurden.

Auskunft müssen die benannten Personen und Unternehmen auch zu solchen Postsendungen erteilen, die sich noch nicht oder nicht mehr in ihrem Gewahrsam befinden.

Der Schutz des grundgesetzlich verankerten Brief-, Post- und Fernmeldegeheimnisses stellte besondere Anforderungen an die Postbeschlagnahme. Deshalb stellt diese Regelung eine Beschränkung der allgemeinen Beschlagnahmevorschriften aus §§ 94 ff. StPO dar und ist ihnen gegenüber Lex specialis.

98 Zur **Anordnung** der Postbeschlagnahme und eines Auskunftsverlangens ist nur der Richter, bei Gefahr in Verzug auch die Staatsanwaltschaft, nicht aber die Ermittlungsperson, befugt. Das ergibt sich aus der Neufassung von **§ 100 StPO Verfahren bei der Postbeschlagnahme und Auskunftsverlangen**. Nach Absatz 2 der Neufassung erstreckt sich die richterliche Anordnung auch auf das Auskunftsverlangen.

Das **Verfahren** bei der Postbeschlagnahme und dem Auskunftsverlangen wird im Detail in § 100 StPO (Neufassung) vorgeschrieben. Im Wesentlichen erfolgt der Vollzug der Postbeschlagnahme, indem an die entsprechenden Postdienststellen Weisungen erteilt werden, die vorliegenden oder erwarteten Sendungen auszusortieren und dem Strafverfolgungsorgan zu übergeben. Das Gesetz hat nicht geregelt, wie sich das Auskunftsverlangen im Einzelnen vollzieht. Nach üblicher Ermittlungspraxis kann dies vollzogen werden, indem mündlich oder schriftlich Auskünfte vom Postdienstleister verlangt werden (die zu protokollieren sind), und Unterlagen an die Ermittlungsbehörden (z.B. Postlaufwege), auch Bilder, Dokumente, Angaben über Maße, Gewichte sowie über Zeit- und Ortsaufnahmen übergeben werden.

Der Vollzug der Postbeschlagnahme erfolgt, indem den entsprechenden **99**
Postdienststellen (Dienstleister) Weisungen erteilt werden, die vorliegenden oder erwarteten Sendungen auszusortieren und dem Strafverfolgungsorgan zu übergeben. Das Auskunftsersuchen sollte im Regelfall schriftlich abgefasst und die auf das Verlangen ausgerichteten Fragestellungen über Personen- und Ortsangaben, Sendungen, Orte, Verläufe und andere Auskunftsgegenstände müssen eindeutig formuliert sein. Der eigentliche Vollzug der Beschlagnahme erfolgt erst, nachdem der Richter (§ 100 Abs. 3 StPO) die ausgelieferten Sendungen geöffnet, geprüft und entschieden hat, dass diese den Zweck des Verfahrens berühren und zu beschlagnahmen sind. Rechtlich ungeregelt ist, ob auch die „Auskünfte" zunächst der richterlichen Prüfung bedürfen. Das Öffnen der Postsendungen kann vom Richter auf den Staatsanwalt, niemals aber auf die Ermittlungspersonen, übertragen werden.

IX

5.4 Vollzug der Sicherstellung/Beschlagnahme

Der Vollzug der Sicherstellung/Beschlagnahme erfolgt in Abhängigkeit von **100**
der Beschaffenheit der Sache, den Verwahrungs- und Verwertungsmöglichkeiten und anderen spezifischen Umständen zur tatsächlichen Möglichkeit der Ausübung des Gewahrsams. „Die Beschlagnahme einer beweglichen Sache wird dadurch vollzogen, dass die Sache in Gewahrsam genommen wird. Die Beschlagnahme kann auch dadurch vollzogen werden, dass sie durch Siegel oder in anderer Weise kenntlich gemacht wird"[50]. Es kann sowohl bewegliches als auch unbewegliches Vermögen beschlagnahmt werden (Organisierte Kriminalität, Banden- und Clankriminalität). Voraussetzung für die Beschlagnahme von unbeweglichem Vermögen ist, dass es sich um direkt aus der Tat erlangtes, unbewegliches Vermögen handelt oder Tatobjekt beziehungsweise Objekt einer Geldwäsche war. Dann erfolgt die Sicherung der Vermögenswerte durch Beschlagnahme. Ein Vermögensarrest wird zur Sicherung der Wertersatzeinziehung nach 73c StGB angeordnet. Hier erfolgt die Sicherung der Vermögenswerte immer durch Pfändung.

50 § 111e StPO.

Beschlagnahmte oder sichergestellte Gegenstände werden als Asservate (lat. das Aufbewahrte) bezeichnet. In den Bundesländern gibt es unterschiedliche Verwaltungsvorschriften über die Verwahrung von Asservaten, die nach Ressortverantwortung getrennt (Polizei, Staatsanwaltschaft, Gerichte) oder einheitlich für alle Strafverfolgungsorgane in „Asservatenordnungen" geregelt sind.

101 Beim Vollzug der Beschlagnahme/Sicherstellung ist zu beachten:

- die Verantwortung für die Sache geht zunächst an den Beamten über, der die Beschlagnahme vornimmt;
- bewegliche Sachen werden durch Mitnahme sichergestellt, sofern die Beschaffenheit des Gegenstandes dies zulässt;
- ist die Sicherstellung/Beschlagnahme mit einer Durchsuchung verbunden gewesen, exakte Erfassung und individuelle Kennzeichnung jedes einzelnen Gegenstandes im Durchsuchungs-/Sicherstellungsprotokoll;
- Anfertigung eines Sicherstellungsprotokolls (formlos, in einigen Ländern Vordrucke) mit exakter Auflistung und Kennzeichnung der Gegenstände, wenn keine Durchsuchung vorausging;
- sofortige Übergabe an Asservatenstelle, wenn es sich nicht um zur kriminaltechnischen Auswertung vorgesehene Spuren und materielle Beweismittel handelt;
- unbewegliche Gegenstände wie Grundstücke, Räume oder unbewegliche Sachen amtlich versiegeln bzw. auf geeignete Weise kenntlich machen. Beschlagnahme muss nicht immer mit Besitzergreifung durch Behörde verbunden sein. Die Gewahrsamsausübung kann auch dadurch erfolgen, dass nicht bewegliche Sachen für sichergestellt oder beschlagnahmt erklärt werden oder ein Betretungsverbot ausgesprochen wird. Beschlagnahme hat Verstrickung der Sache zur Folge (Belehrung des Betroffenen über strafrechtliche Folgen des Verstrickungsbruches nach § 136 StGB sowie des Verwahrungsbruches nach § 133 StGB);
- werden Sachen, z.B. Leichen, nicht unmittelbar in polizeiliche Verwahrung genommen, ist ausdrücklich die angeordnete Beschlagnahme zu erklären;
- insbesondere bei großen Schadensereignissen wie Flugzeugabstürzen, Eisenbahnverkehrsunfällen u.Ä. darf die Beschlagnahme und Inverwahrnahme von Bauteilen, die zur Beweisführung dienen und oft an kilometerweit entfernten Orten liegen, nicht vergessen werden.

Besonderheiten: 102

- Die Polizeibehörde bzw. Staatsanwaltschaft kann auch private Unternehmen durch Vertrag (§§ 688 ff. BGB) mit der Verwahrung von beschlagnahmten oder sichergestellten Sachen, beispielsweise Kraftfahrzeugen, beauftragen;
- Waffen, Gifte, Gefahrgut wie radioaktive Materialien, Chemikalien bzw. weitere besondere Sachen/Gegenstände verlangen getrennte Aufbewahrung unter Beachtung gesetzlicher Regelungen zur Aufbewahrung, dem Umgang und der Verwertung;
- Beschlagnahmte verderbliche Waren unterliegen der Notveräußerung. Vor der Herausgabe oder bei drohendem Verderb ist in Absprache mit dem zuständigen Staatsanwalt festzulegen, wie eine sachkundige Beweissicherung erfolgt. Die Sachen können genau bezeichnet und beschrieben werden, sollten jedoch auch fotografisch oder mittels anderer geeigneter kriminaltechnischer Spurensicherungsverfahren gesichert werden;
- dem Betroffenen wird auf sein Verlangen gem. § 107 StPO ein Verzeichnis der beschlagnahmten/sichergestellten Sachen übergeben (vgl. dazu: Abschnitt 4.8).

IX

5.4.1 Übergabe/Weitergabe

Die in amtlicher Verwahrung der Asservatenstellen befindlichen Sachen befinden sich in einem öffentlich-rechtlichen Verwahrungsverhältnis. Dieses verpflichtet die Polizeibehörden, die Asservate sorgsam zu behandeln. Sie müssen gegen Verlust, Entwertung, Beschädigung, Verderb, unbefugten Gebrauch und vor Beeinträchtigung des Beweiswertes geschützt werden.[51] In nicht wenigen Fällen führt eine unsachgemäße Verwaltung von Asservaten zu Beweisverlusten. Das trifft z. B. auf asserviertes Spurenmaterial zu, welches oft nach Jahren (Cold Cases) mit neuen kriminaltechnischen und wissenschaftlichen Verfahren auf mögliche Spurenverursacher untersucht werden soll. 103

Im Umgang mit im Strafverfahren beschlagnahmten Sachen ist zur Vermeidung von Schadenersatzansprüchen, Verlust, Entwertung, Beschädigung oder Beeinträchtigung des Beweiswertes eine strenge Ordnung einzuhalten.

Dazu gelten folgende Grundregeln:

- exakte Erfassung,

---

51 RiStBV Nr. 74.

- unzweifelhafte Kennzeichnung,
- übersichtliche Aufbewahrung,
- ständige Kontrolle,
- Herausgabe nur an Berechtigte,
- keine Übergabe ohne Anordnung und Protokoll.

Eine besonders korrekte Gewahrsamsausübung ist bei den in den einzelnen Verfahrensstadien erforderlichen Übergaben oder Weitergaben der Asservate walten zu lassen. Das betrifft die Übergabe bei Sachbearbeiterwechsel ebenso wie die Übergabe sichergestellter oder beschlagnahmter Gegenstände an den Staatsanwalt oder das Gericht. Soweit es sich um Asservate (z.B. Laptops, Computer) handelt, die nach Abschluss der Ermittlungen bzw. nach Auswertung enthaltener elektronischer Daten wieder an den Eigentümer herausgegeben werden müssen, so sind diese bevorzugt auszuwerten. Die Asservatenregelungen der Länder sind zu beachten.

5.4.2 Herausgabe und Verwertung beschlagnahmter Sachen

104 Bei der Herausgabe und Verwertung ist jeweils zu unterscheiden, ob die Sicherstellung

- im Rahmen der Gefahrenabwehr,
- als beweissichernde Beschlagnahme oder
- als vollstreckungssichernde Beschlagnahme erfolgte.

Zur **Gefahrenabwehr** sichergestellte Sachen können von der Polizei unter Beachtung der landesspezifischen gesetzlichen Regelungen zurückgegeben, verwertet, unbrauchbar gemacht oder vernichtet werden.

Bei der **Beschlagnahme im Strafverfahren** sind vor jeder Verwertung oder Herausgabe die bestehenden Rechtsverhältnisse, insbesondere Eigentums- und Besitzverhältnisse genau zu prüfen. Es gelten § 111n StPO, Herausgabe beweglicher Sachen und § 111o StPO, Verfahren bei der Herausgabe.

Festzustellen ist dabei,

- ob die Sachen im Strafverfahren als Beweismittel noch benötigt werden;
- ob die Rückgabe an Verletzte möglich ist;
- ob die Sachen an den letzten Gewahrsamsinhaber herausgegeben werden können oder
- begründete Ansprüche Dritter bestehen oder
- ob die Sache durch eine in das Verfahren einbezogene oder noch unbekannte Straftat in den Besitz gekommen ist.

Die **Verwertung, Unbrauchbarmachung oder Vernichtung** unterscheiden sich von der Herausgabe an Berechtigte. **105**

Die Verwertung, auch von Beweismitteln, kommt dann infrage, wenn der Verderb, beispielsweise von Lebensmitteln, oder eine wesentliche Wertminderung droht (ein Cabriolet steht längere Zeit im Freien). Die Rückgabe oder Verwertung ist auch dann in Erwägung zu ziehen, wenn die Verwahrung, Pflege oder Unterhaltung mit hohen Kosten oder besonderen Schwierigkeiten verbunden ist. „Diese sollen nach spurentechnischer Untersuchung und fotografischer Dokumentation regelmäßig wieder an den letzten berechtigten Gewahrsamsinhaber herausgegeben bzw. vernichtet werden, wobei besonderes Augenmerk auf die ordnungsgemäße Dokumentation der Spurensicherung zu richten ist, um gegebenenfalls späteren Einwendungen der Verteidigung wirksam begegnen zu können."[52]

Die jeweiligen Entscheidungen werden von dem Grundsatz getragen, dass im Strafverfahren beschlagnahmte/sichergestellte Sachen, deren Einziehung oder Unbrauchbarmachung nicht in Betracht kommt, vorbehaltlich einer anderen Entscheidung nach § 111i StPO (Insolvenzverfahren) herauszugeben sind, sobald sie für das Strafverfahren entbehrlich sind.[53] Die Modalitäten und speziellen Regelungen zur Herausgabe an den letzten Gewahrsamsinhaber oder an andere Personen, sofern deren Ansprüche offensichtlich begründet sind, entscheidet der Staatsanwalt unter Zugrundelegung der Regelungen der RiStBV Nr. 75 zur Herausgabe. **106**

52 RiStBV Nr. 75.
53 RiStBV Nr. 76.

KAPITEL XII
Verhaftung und vorläufige Festnahme

Inhalt

1 Begriffliche Grundlagen, Bedeutung und Ziele

1 Freiheitsentziehende und freiheitsbeschränkende Maßnahmen stehen unter Vorbehalt des Grundgesetzes. Die Freiheit der Person ist unverletzlich (gem. Art. 2 Abs. 2 GG). Man kann sie nur aufgrund eines förmlichen Gesetzes und nur unter Beachtung der darin vorgeschriebenen Formen beschränken (vgl. Art. 104 Abs. 1 GG). Diese Grundrechte sind in Art. 19 Abs. 1 Satz 2 des Grundgesetzes unter bestimmten Voraussetzungen als einschränkbar erklärt worden.

2 „Unter einer **Freiheitsentziehung** (Art. 104 GG) ist der totale Entzug der Fortbewegungsfreiheit ohne Einwilligung des Betroffenen zu verstehen."[1]

„Eine Freiheitsentziehung liegt vor, wenn einer Person gegen ihren Willen oder im Zustand der Willenlosigkeit insbesondere in einer abgeschlossenen Einrichtung, wie einem Gewahrsamsraum oder einem abgeschlossenen Teil eines Krankenhauses, die Freiheit entzogen wird. Freiheitsentziehung ist die Unterbringung einer Person gegen ihren Willen oder im Zustande der Willenlosigkeit in einer Justizvollzugsanstalt, einem Haftraum, einer abgeschlossenen Verwahranstalt, einer abgeschlossenen Anstalt der Fürsorge, einer abgeschlossenen Krankenanstalt oder einem abgeschlossenen Teil einer Krankenanstalt."[2]

3 **Freiheitsbeschränkung** ist eine zeitweise, in der Regel kurzfristige Einengung der Bewegungsfreiheit einer Person zur Realisierung polizeilicher Maßnahmen oder Ermittlungshandlungen. Die Freiheitsbeschränkung kann sowohl eine örtliche (z. B. gem. § 164 StPO) als auch eine zeitliche (z. B. gem. § 163b StPO) sein.

„Der Begriff Freiheitsbeschränkung wird oftmals auch als Oberbegriff verwendet, der damit auch die Freiheitsentziehung umfasst. Der Unterschied liegt darin, dass eine Freiheitsentziehung lediglich in den Fällen vorliegt,

1 Brodag, S. 137.
2 Rodorf, Freiheitsentziehung und Freiheitsbeschränkung.

XII

in denen die körperliche Bewegungsfreiheit nach jeder Richtung hin und für eine gewisse Mindestdauer aufgehoben wird (vgl. dazu auch BVerfGE 105, 239, 248; 94, 166, 198), während eine Freiheitsbeschränkung bereits bei jeder kurzfristigen Behinderung der Fortbewegungsfreiheit vorliegt.

Freiheitsbeschränkungen können von zuständigen Amtsträgern mit unmittelbarem Zwang durchgesetzt werden. Die Anordnung einer Freiheitsbeschränkung bedarf grundsätzlich keiner richterlichen Entscheidung. Für die Anordnung einer Freiheitsentziehung oder ihrer Fortdauer bedarf es hingegen gem. Art. 104 Absatz 2 GG einer richterlichen Entscheidung."[3]

Maßnahmen freiheitsbeschränkenden Charakters, die besondere Bedeutung für das Ermittlungsverfahren haben, sind die vorläufige Festnahme, die Verhaftung (Untersuchungshaft), die Festnahme von Störern und die einstweilige Unterbringung.

Allgemeine Ziele von freiheitsbeschränkenden und freiheitsentziehenden Maßnahmen sind: 4

- die Sicherung des Strafverfahrens,
- die Sicherung der späteren Strafvollstreckung,
- die Verhinderung des Vernichtens von Beweismitteln,
- die Verhinderung weiterer erheblicher Straftaten vor Aburteilung des Verdächtigen.[4]

Für die polizeiliche Tätigkeit gibt es zahlreiche förmliche Gesetzesgrundlagen, die die Freiheit einschränken.

XII

2 Rechtsgrundlagen

2.1 Allgemeine Übersicht

Die für die Untersuchungsführung im Strafverfahren relevanten Rechtsvorschriften sind: 5

- §§ 112, 112a, 114 StPO – Untersuchungshaft,
- §§ 127, 127b ff. StPO – Vorläufige Festnahme,
- § 164 StPO – Festnahme von Störern,
- § 126a StPO – Einstweilige Unterbringung,
- § 163b StPO – Identitätsfeststellung,

3 Radtke, GG Art. 104 Rn. 10–16.
4 Vgl. Burghardt, Hamacher u. a. (1996), S. 334.

- § 81b StPO – Erkennungsdienst,
- §§ 81a, 81c StPO – Körperliche Untersuchung, Blutprobe, Untersuchung von Zeugen, Untersuchungsverweigerungsrecht,
- §§ 131, 131a–c StPO – Ausschreibung zur Festnahme, Öffentlichkeitsfahndung,
- § 111 StPO – Errichtung von Kontrollstellen an öffentlich zugänglichen Orten,
- § 135 StPO – Sofortige Vernehmung/Vorführung vor den Richter,
- §§ 81, 80a StPO – Unterbringung zur Beobachtung des Beschuldigten, Vorbereitung eines Gutachtens,
- §§ 133 Abs. 2, 134, 230 Abs. 2 StPO – Vorführung/Vorführungsbefehl,
- Bestimmungen für den Europäischen Haftbefehl.[5]

6 Darüber hinaus können für das Strafverfahren die nachfolgend aufgeführten Bestimmungen Bedeutung erlangen:

- Haftbefehl, Steckbrief der Vollstreckungsbehörde gem. § 457 StPO,
- Haftbefehl bei Widerruf gem. § 453c Abs. 1 StPO,
- Ersatzfreiheitsstrafe gem. § 459e StPO,
- Beugehaft gem. §§ 70 Abs. 2 und 161a Abs. 2 StPO,
- Ungehorsamshaft gem. §§ 230 Abs. 2, 236, 329 Abs. 4 und 412 StPO,
- Ordnungshaft gem. §§ 177, 178 Abs. 1 GVG und § 70 StPO,
- Hauptverhandlungshaft gem. § 127b i. V. m. §§ 417 ff. StPO.

7 Neben den freiheitsentziehenden und -beschränkenden Maßnahmen im Strafverfahren sind für die polizeiliche Tätigkeit die Bestimmungen in den Polizeigesetzen der Länder (Kontrollstellen, Platzverweisungen, Gewahrsamnahme, Identitätsfeststellungen, Erkennungsdienstliche Behandlung) und im Aufenthaltsgesetz/Asylgesetz maßgebend.

2.2 Vorläufige Festnahme

8 Der Begriff **„vorläufige Festnahme"** beinhaltet eine vorübergehende Ingewahrsamnahme bzw. ein vorübergehendes Festhalten einer Person zur Identitätsfeststellung oder dann, wenn die Voraussetzungen für einen Haftbefehl gegeben sind. Sie ist ein „Jedermanns-Recht" und bedarf keiner richterlichen Anordnung.

---

5 Rahmenbeschluss des Rates der EU vom 13. Juni 2002.

Die rechtliche Grundlage für die vorläufige Festnahme bildet § 127 StPO. Danach hat in der **ersten Alternative**

- jedermann das Recht, eine Person vorläufig festzunehmen, die
- auf frischer Tat angetroffen[6] oder verfolgt wird, wenn sie der Flucht verdächtig ist oder
- deren Identität nicht geklärt werden kann.

Ziele dieser Festnahme können bei Vorliegen des Verdachts einer Straftat[7] sein: 9

- jemanden festzuhalten bei Antreffen auf frischer Tat[8] oder
- jemanden zu ergreifen bei Verfolgung auf frischer Tat.[9]

Voraussetzungen für die vorläufige Festnahme sind:

- die Person ist der Flucht verdächtig oder
- die Identität kann nicht sofort festgestellt werden. Die rechtliche Grundlage für die Identitätsfeststellung bildet der § 163b StPO.

Die vorläufig festgenommene Person kann so lange festgehalten werden, bis ihre Identität zweifelsfrei geklärt ist. Praktisch wird sich die Vorgehensweise so gestalten, dass „Jedermann" die Person bis zum Eintreffen der Polizei festhält. Dies bedeutet, die Person wird mittels Zwangs festgehalten, eingesperrt oder bewacht, um ein Entfernen vom Ereignisort zu verhindern, und zwar so lange, bis die Polizei eintrifft. Die Polizei ist befugt (im Gegensatz zu Jedermann), die Identität gem. § 163b StPO festzustellen.

Offensichtlich strafunmündige Kinder dürfen nicht auf der Grundlage des § 127 Abs. 1 StPO festgenommen werden, weil der Zweck, sie der Strafverfolgung zuzuführen nicht erreicht werden kann. Gleichwohl hat die Polizei gem. § 163 StPO die Pflicht, Straftaten zu erforschen und einem Verdacht nachzugehen. Daraus kann abgeleitet werden, dass ein Festhalten eines tatverdächtigen Kindes zur Klärung der Identität, des Alters (mit Verweis auf § 163 StPO) sowie zur Befragung durchaus zulässig ist.[10] Für Privatpersonen besteht soweit sie betroffen sind (Selbsthilfe- 10

XII

6 „Bei Begehung einer Straftat" setzt zumindest den dringenden Tatverdacht voraus (vgl. OLG Celle, Urteil vom 26.11.2014 – 32 Ss 176/14).

7 Vgl. Meyer-Goßner/Schmitt, § 127 StPO, RZ 2, 3.

8 Vgl. Meyer-Goßner/Schmitt, § 127 StPO, RZ 5: „Auf frischer Tat betroffen ist, wer bei der Begehung einer rechtswidrigen Tat oder unmittelbar danach am Tatort oder in dessen unmittelbarer Nähe gestellt wird."

9 Vgl. Meyer-Goßner/Schmitt, § 127 StPO, RZ 6: „... liegt vor, wenn sich der Täter bereits vom Tatort entfernt hat, sichere Anhaltspunkte (z. B. Tatspuren) aber auf ihn als Täter hinweisen u. seine Verfolgung zum Zweck seiner Ergreifung aufgenommen wird."

10 Verrel, S. 284.

recht) die Möglichkeit, Kinder auf der Grundlage des § 229 BGB zur Durchsetzung zivilrechtlicher Ansprüche festzunehmen.

11 Die Feststellung der Identität erfolgt unter Beachtung des Verhältnismäßigkeitsgrundsatzes in folgenden Schritten:

1. Prüfung der Ausweispapiere zur Identitätsfeststellung

   Ist das ausreichend für die eindeutige Identitätsfeststellung, sind die Personalien zu dokumentieren und die Person ist freizulassen, wenn dem keine Gründe entgegenstehen.

Merke

Die festgestellten Personalien müssen in jedem Fall vor der Freilassung fahndungsmäßig überprüft werden!

2. Durchsuchung der Person und mitgeführter Sachen, um Hinweise auf deren Identität zu erlangen

   Gibt ein Verdächtiger an, dass seine Papiere an einem anderen Ort sind, so ist er zu durchsuchen und entsprechend dem Grundsatz der Verhältnismäßigkeit sollte mit ihm gemeinsam dieser Ort aufgesucht werden, um eine Identitätsfeststellung durchzuführen.

3. Festhalten der Person zur Identitätsfeststellung

   Die Person, die vorläufig festgenommen wurde, kann so lange festgehalten werden, bis ihre Identität geklärt wurde (vgl. § 163c Abs. 1 und 2 StPO).[11] Zum Festhalten gehört unter Umständen auch das Verbringen der tatverdächtigen Person zur Dienststelle.

4. Durchführen einer erkennungsdienstlichen Behandlung zur Identitätsfeststellung

   Kann die Identität auf andere Art und Weise nicht geklärt werden, ist als letztes Mittel eine erkennungsdienstliche Behandlung möglich.

Beachte

Die durchzuführenden Maßnahmen der Identitätsfeststellung sind unter Beachtung der Eigensicherung zu realisieren.

Bei freiheitsentziehenden Maßnahmen zur Feststellung der Identität ist der Grundsatz der Verhältnismäßigkeit unbedingt zu beachten![12]

XII

11 Längstens jedoch 12 Stunden, vgl. Meyer-Goßner/Schmitt, § 163c StPO, RZ 15; längeres Festhalten verstößt gegen Art. 5 Abs. 1c MRK (EGMR).

12 Vgl. BVerfG vom 8.3.2011a – 1 BvR 47/05 und 2011b – 1 BvR 142/05.

Ist die Identität eindeutig geklärt und wurde festgestellt, dass gegenüber der Person keine weiteren strafprozessualen Zwangsmaßnahmen realisiert werden müssen (z. B. Vollzug eines Haftbefehls), ist sie unverzüglich freizulassen. 12

Die **zweite Alternative** der vorläufigen Festnahme beinhaltet ein Festnahmerecht gem. § 127 Abs. 2 i. V. m. § 112 StPO für Staatsanwaltschaft und Polizei. Dafür bedarf es besonderer Voraussetzungen: 13

- das Vorliegen von Gefahr im Verzug,
- das Vorliegen der Voraussetzungen für einen Haft- oder Unterbringungsbefehl.

Gefahr im Verzug bedeutet in diesem Fall, wenn durch die Zeit, die bis zur Erwirkung eines richterlichen Haftbefehls vergeht, der Erfolg der polizeilichen Maßnahme gefährdet ist. Es ist ausreichend, wenn nach pflichtgemäßer Würdigung der Umstände die Polizeibeamten den Untersuchungszweck als gefährdet sehen. 14

Der Tatverdächtige ist unverzüglich, spätestens am Tag nach der Festnahme (Art. 104 Abs. 3 GG), dem Richter vorzuführen. Hält er die Gründe für berechtigt, wird der durch den Staatsanwalt beantragte Haftbefehl durch den Richter erlassen, vorgelesen und in Vollzug gesetzt. In einigen Fällen erlässt der Richter den Haftbefehl schon kurz vor der Vorführung, sodass der Haftbefehl im Rahmen der Vorführung nur noch verkündet wird. Der Beschuldigte wird im Rahmen dieser Vorführung auch zur Sache vernommen, soweit er nicht von seinem Recht zu schweigen Gebrauch macht. 15

Hält der Richter die vorläufige Festnahme für nicht gerechtfertigt, wird der Beschuldigte freigelassen. Für die kriminalistischen Untersuchungen bedeutet dies, dass die Straftatenaufklärung nach den allgemeinen Grundsätzen der Ermittlungsführung fortgesetzt wird. Dabei ist immer wieder zu prüfen, inwieweit neue Haftvoraussetzungen bestehen bzw. die Gründe, die zur Ablehnung des Haftbefehls führten, inzwischen nicht mehr existent sind. Die in der Vernehmung beim Richter hervorgebrachten Angaben sind zu überprüfen. 16

2.3 Festnahme bei Störung einer Amtshandlung

Die Festnahme von Störern einer Amtshandlung ist in § 164 StPO geregelt. Dieses Festnahmerecht beinhaltet, dass derjenige, der Amtshandlungen leitet, berechtigt ist, unter Beachtung der Voraussetzungen, Personen vorübergehend festzunehmen, um seine Tätigkeiten ordnungsgemäß realisieren zu können. 17

18 **Amtshandlungen** im Sinne der StPO sind alle strafprozessual zulässigen Maßnahmen (z. B. Tatortarbeit, Durchsuchungen), insbesondere Grundrechtseingriffe, jedoch keine polizeirechtlichen.

19 Das Stören bzw. Widersetzen einer Amtshandlung kann sowohl

- durch aktives Tun (um strafprozessuale Maßnahmen zu behindern, erschweren, unmöglich machen) als auch durch
- passives Verhalten (Beeinträchtigung durch Unterlassen, sofern diese Beeinträchtigung nur unter Anwendung physischer Kraft überwunden werden kann) erfolgen.

20 Die Festnahme ist nach Beendigung der Maßnahme aufzuheben, spätestens jedoch am nachfolgenden Tag. Der Unterbringungsort ist gesetzlich nicht festgelegt. Das Festhalten kann z. B. im Polizeigewahrsamsraum, in Dienstzimmern, aber auch im Dienstfahrzeug erfolgen.

Befugt zur Anordnung ist der leitende Beamte (dienstgradhöchste/dienstälteste Beamte) vor Ort. Wird ein Grundrechtseingriff im Ermittlungsverfahren realisiert und dieser gestört, ergeht, wenn der Staatsanwalt vor Ort ist, die Festnahmeanordnung durch ihn.

2.4 Untersuchungshaft

21 **Untersuchungshaft** darf durch den Richter gegen den Beschuldigten angeordnet werden, wenn ein dringender Tatverdacht besteht, es Haftgründe gibt und die Untersuchungshaft in Bezug zur Straftat und zur zu erwartenden Strafe verhältnismäßig ist. Das Ziel der Untersuchungshaft besteht in der Sicherung des Strafverfahrens und der Verhinderung weiterer deliktischer Handlungen durch den Beschuldigten. Sie ist keine vorweggenommene Bestrafung.

22

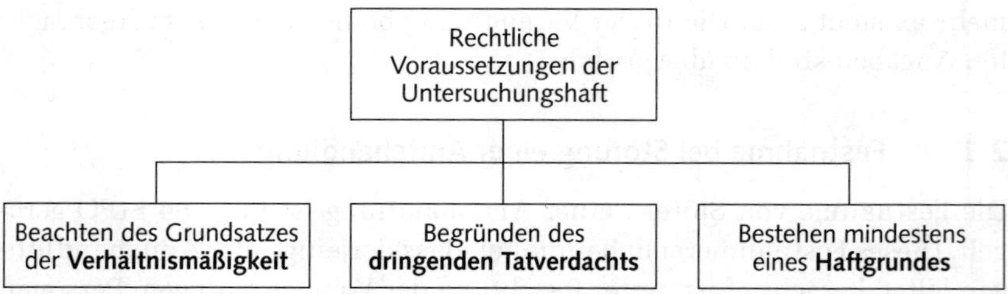

Abb. XII.1 Rechtliche Voraussetzungen der Untersuchungshaft

2.4.1 Verhältnismäßigkeit

Der Grundsatz der **Verhältnismäßigkeit** (§ 112 Abs. 1 StPO) wird unter anderem gekennzeichnet durch:[13] 23

- Anwendung des mildesten, Erfolg versprechenden Mittels,
- Übermaßverbot als eine wertende Abwägung zwischen Bedeutung der Straftat für die Gesellschaft und den Nachteilen für den Beschuldigten,
- Zulässigkeit der Maßnahme, bis ihr Zweck erreicht ist,
- Ermittlungsverfahren, bei denen Beschuldigte in Untersuchungshaft sitzen, unterliegen dem Beschleunigungsgebot[14].

2.4.2 Begründung des dringenden Tatverdachts

Der **dringende Tatverdacht**[15] besteht, wenn mit hoher Wahrscheinlichkeit anzunehmen ist, dass der Beschuldigte die Straftat als Täter oder Teilnehmer schuldhaft begangen hat. 24

2.4.3 Haftgründe

Die rechtlich vorgesehenen **Haftgründe** (§§ 112, 112a StPO) können sein: 25

- Flucht oder Verborgenhalten gem. § 112 Abs. 2 Ziff. 1 StPO,
- Fluchtgefahr gem. § 112 Abs. 2 Ziff. 2 StPO,
- Verdunkelungsgefahr gem. § 112 Abs. 2 Ziff. 3 StPO,
- Wiederholungsgefahr gem. § 112a StPO,
- Schwere des Delikts (absolute Haftgründe) gem. § 112 Abs. 3 StPO.

Darüber hinaus sind weitere Haftgründe nach § 127b StPO zu berücksichtigen.

Zusätzlich kann ein Haftbefehl gem. § 230 StPO angeordnet werden, wenn der Angeklagte zur Hauptverhandlung nicht erschienen ist.

Der Annahme eines Haftgrundes gem. §§ 112 Abs. 2 oder 112a StPO müssen Tatsachen als objektive Erkenntnisse aus dem Verhalten und der Persönlichkeit des Tatverdächtigen zugrunde liegen. Diese Tatsachen lassen sich ableiten 26

- aus der unmittelbaren Sachlage,
- nach Kausalitätsgesichtspunkten,
- aufgrund von Lebenserfahrung oder von kriminalistischen Erkenntnissen.

XII

---

13 Krauß StPO § 112 StPO Rn. 43–50.1.

14 Vgl. Art. 2 Abs. 2 Satz 2 GG.

15 Der dringende Tatverdacht wurde im Kap. VI bereits definiert. Aus diesem Grund erfolgen an dieser Stelle keine weiteren Ausführungen.

Diese Informationen müssen eindeutige Schlüsse auf die Haftgründe zulassen. Weder die Vortaten noch die Lebensumstände allein sind ausreichend für die Begründung der Haftgründe.

2.4.3.1 Flucht

27 Der Haftgrund **Flucht** (§ 112 Abs. 2 Nr. 1 StPO, flüchtig oder sich verborgen haltend) ist erst dann anwendbar, wenn der Festzunehmende für die Strafverfolgungsbehörden nicht mehr erreichbar ist. Flüchtig ist eine Person z. B., wenn sie[16]

- ihre Wohnung aufgegeben hat, ohne eine neue zu beziehen,
- nicht ihre Anschrift angibt, sodass Post sie nicht erreichen kann,
- ständig den Aufenthaltsort wechselt,
- den Willen zum Ausdruck bringt, längere Zeit unerreichbar zu sein (z. B. durch Absetzen ins Ausland),
- sich tatsächlich entzieht.

Verborgen[17] halten bezieht sich darauf, dass die Person sich entweder unangemeldet, unter falschem Namen oder an einem unbekannten Ort aufhält.

2.4.3.2 Fluchtgefahr

28 Der Haftgrund **Fluchtgefahr**[18] (§ 112 Abs. 2 Nr. 2 StPO) beschreibt bestimmte Tatsachen, die eine Gefahr begründen, dass sich der Beschuldigte dem Strafverfahren entziehen werde.

„Der Beschuldigte entzieht sich dem Verfahren, wenn er oder mit seiner Billigung andere Personen ein Verhalten zeigen, das den von dem Beschuldigten beabsichtigten, erkannten oder in Kauf genommenen Erfolg hat, den Fortgang des Verfahrens dauernd oder vorübergehend durch Aufheben der Bereitschaft zu verhindern, für Ladungen, Vollzugs- und Vollstreckungsmaßnahmen zur Verfügung zu stehen."[19]

29 Die Beurteilung der Gefahr einer möglichen Flucht richtet sich nach

- allen Umständen der Tat,
- der dem Beschuldigten vorgeworfenen Tat,
- der Person des Täters/Vorleben,
- den persönlichen und wirtschaftlichen Lebensverhältnissen,

---

16 Vgl. Meyer-Goßner/Schmitt, § 112 StPO, RZ 13–16.
17 Vgl. Meyer-Goßner/Schmitt, § 112 StPO, RZ 14.
18 Vgl. auch Meyer-Goßner/Schmitt, § 112 StPO, RZ 17–25.
19 Benfer, S. 78.

XII

- der Straferwartung,
- dem Verhalten vor und nach der Tat.

„Fluchtgefahr begründen in der Regel auffälliger Wohnungs- und Arbeitsplatzwechsel, Verwendung falscher Namen oder Papiere, Flucht in einem früheren Verf. o. Verfahrensabschnitt und Zugehörigkeit zu einer Terroristenbande. Für Fluchtgefahr sprechen auch die charakterliche Labilität des Beschuldigten, seine Neigung zu Glückspiel o. Drogenmissbrauch, das Fehlen fester familiärer o. beruflicher Bindungen, leicht lösbare Wohnungsverhältnisse u. das Fehlen einer festen Wohnung o. eines festen Aufenthaltes. Auch Beziehungen zum Ausland, insbesondere dort befindliches Vermögen, und gute Sprachkenntnisse können die Fluchtgefahr begründen.“[20]

Bei der Tat ist nicht die Schwere der Straftat entscheidend, sondern be- **30**
rücksichtigt werden muss die Ausführung der Handlung, die Motivation des Täters und die Einbindung in eine kriminelle Subkultur. So sind Straftaten der Organisierten Kriminalität (insbesondere Rauschgiftdelikte, Menschenhandel, Waffendelikte, Kunst- und Antiquitätendiebstahl, Kraftfahrzeugdiebstahl) schon allein von ihrer Art und Weise der Ausführung durch hohe Flexibilität, Mobilität und Internationalität gekennzeichnet. Diese Faktoren begünstigen die Gefahr der Flucht, da es Tatverdächtigen schon anhand der Struktur der Begehungsweise leicht möglich ist, sich der strafrechtlichen Verantwortlichkeit zu entziehen.

Bei der Begründung der Fluchtgefahr aus persönlichen und wirtschaftli- **31**
chen Verhältnissen des Täters sind insbesondere zu beachten:

- Familienstand,
- Wohnsituation,
- familiäre Bindungen,
- Arbeitsverhältnis,
- Vermögenslage.

Alle Faktoren sind immer komplex und hinsichtlich der verfahrensrele- **32**
vanten Zusammenhänge zu würdigen. Indizien für die Begründung einer Fluchtgefahr können sich insbesondere daraus ergeben, dass der Tatverdächtige keinen festen Wohnsitz (behördliche Anmeldung) hat. Auch der Grad der Möblierung der genutzten Wohnung bietet einen Anhaltspunkt für die Einschätzung der Fluchtgefahr.

---

20 Meyer-Goßner/Schmitt, § 112 StPO, RZ 20.

Zur Begründung der Fluchtgefahr aus Kriterien, die die Person des Täters bestimmen, sind insbesondere das Alter, die Mobilität, psychische Stabilität und der Gesundheitszustand zu berücksichtigen. Lediglich lose oder keinerlei familiäre Bindungen sind als Kriterium bei der Beurteilung der Fluchtgefahr einzubeziehen. Hinweise auf eine Fluchtgefahr können sich ebenfalls aus einer bekannten Drogen-, Medikamentenabhängigkeit ergeben, die u.U. dazu führt, dass die Person zu Kurzschlusshandlungen neigt.

33 Die Straferwartung ist lediglich ein Faktor, der Rückschlüsse auf eine Fluchtgefahr zulässt. Die Höhe der zu erwartenden Strafe sollte über ein Jahr Freiheitsentzug liegen. Allein die Fluchtgefahr als Haftgrund aus dieser Tatsache heraus zu begründen, reicht für den Erlass eines Haftbefehls zumeist nicht aus.

Merke

Generell ist zwischen den für Fluchtgefahr sprechenden Umständen mit den dagegensprechenden abzuwägen. Die Qualität der Tatsachen ist festzustellen. Insbesondere sind von Bedeutung:

- der Bruch sozialer und menschlicher Beziehungen und
- die Psyche des Straftäters.

2.4.3.3 Verdunkelungsgefahr

34 Der Haftgrund **Verdunkelungsgefahr**[21] (§ 112 Abs. 2 Nr. 3 StPO) liegt vor, wenn Beweismittel vernichtet, verändert, beiseitegeschafft, unterdrückt oder gefälscht werden.

Dadurch muss eine Gefahr erzeugt werden, die die Wahrheitsermittlung erschwert bzw. verhindert. Wichtig bei der Prüfung dieses Haftgrundes ist, dass eine Einwirkung auf Beweismittel durch den Beschuldigten erfolgt. Diese Beweismittel müssen dem Gericht, der Staatsanwaltschaft oder der Polizei nicht bekannt sein, sondern entscheidend ist die objektive Eignung dieser Mittel. Es ist irrelevant, ob der Beschuldigte berechtigt über die Gegenstände verfügt. Verdunkelungsgefahr besteht auch, wenn der Täter versucht, Beweise zu vernichten, die die Staatsanwaltschaft oder ihre Ermittlungspersonen schon in ausreichendem Maße gesichert haben. Auf die tatsächliche Beweislage und einen eingetretenen Verdunkelungserfolg kommt es bei der Frage des Vorliegens eines Haftgrundes der Verdunkelungsgefahr nicht an.

21 Vgl. Meyer-Goßner/Schmitt, § 112 StPO, RZ 26–39.

Verdunkelungshandlungen sind:

- **Vernichten** – wenn die Beweiskraft vollkommen und unwiederbringlich beseitigt oder seine physische Existenz aufgehoben wird, 35
- **Verändern** – wenn ein anderer als der ursprüngliche Beweiswert beigelegt wird,
- **Fälschen** – wenn Beweismittel eigens zu Täuschungszwecken angefertigt wurden, aber der Anschein erweckt wird, es sei vor tatsächlicher Anfertigung entstanden. Durch die Manipulation wird eine andere als die ursprüngliche Beweiskraft erzeugt.
- **Beiseiteschaffen** – die Beweismittel werden ihrer Zugriffsmöglichkeit entzogen, sodass sie weder den Ermittlungsbeamten noch dem Gericht zeitlich oder sachlich unverändert zur Verfügung stehen.

Die Verdunkelungshandlungen setzen ein aktives Handeln und Einwirken (z.B. auf Personen) durch den Beschuldigten voraus. Ausnutzen von anderen Prozessen (z.B. biologischen – Abbau von Blutalkohol im menschlichen Körper) stellen keine Verdunkelungshandlungen dar.

Mit zunehmender Digitalisierung wird auch die Frage zu beantworten sein, inwieweit die Löschung oder Veränderung von elektronischen Daten ebenfalls eine Verdunkelungshandlung darstellt. Hier kommt es darauf an nachzuweisen, dass beweiserhebliche Daten gelöscht oder verändert wurden. Die ausschließliche Feststellung, dass ein elektronischer Datenspeicher gelöscht oder neu formatiert wurde, dürfte dafür nicht ausreichen. Im Zuge der Wiederherstellung derartiger Datenträger mit Mitteln der IT-Forensik kann der Nachweis jedoch gelingen und bewiesen werden, dass versucht wurde, belastendes Datenmaterial zu vernichten oder zu verändern.

Ebenso sind als Verdunkelungshandlungen zu würdigen, wenn auf Beweispersonen Einfluss genommen wird, indem auf Mitbeschuldigte, Zeugen oder Sachverständige in unlauterer Weise eingewirkt oder andere zu diesem Verhalten veranlasst werden.

Diese Alternativen der Verdunkelungsgefahr beschreiben das Einwirken auf Personen, die mit ihrer Aussage als Beweismittel infrage kommen können. Die Einwirkungen müssen unlauter sein, d.h. nicht im Einklang mit der Rechtsordnung stehen und gleichzeitig für den Beschuldigten eine Verbesserung der Beweislage darstellen. 36

Beispiel:

Dazu zählen,

- ein falsches Gutachten,

- die Befundtatsachen falsch zu bekunden.
- Nicht als Verdunkelungshandlungen des Beschuldigten sind zu werten:
  - die Aussageverweigerung (Aussageverweigerungsrecht),
  - das Nichtbefolgen der Ladungen der Ermittlungsbehörden,
  - die Verweigerung Festnahme/Blutprobe.

Um Hinweise auf die Verdunkelungsgefahr zu erlangen, sind frühere Handlungen einschränkend verwertbar, allein jedoch als Begründung unzureichend. In der Lebensführung des Beschuldigten sollte es Anhaltspunkte auf Verdunkelungshandlungen (z. B. Lügen, Unzuverlässigkeit im sozialen Nahraum) geben. Aber auch die Realisierung von bestimmten Tatbestandsmerkmalen (Täuschung, Verheimlichung, Verdeckung, Drohung, Gewaltanwendung, Zuordnung zur Organisierten Kriminalität oder zum Terrorismus) können Verdunkelungshandlungen begründen.

2.4.3.4 Wiederholungsgefahr

37 Der Haftgrund **Wiederholungsgefahr** (§ 112a StPO) hat präventiven Charakter. Es wird davon ausgegangen, dass der Beschuldigte **vor** einer rechtskräftigen Verurteilung weitere erhebliche Straftaten gleicher Art begehen oder fortsetzen wird.

38 § 112a StPO nennt die rechtlichen Kriterien für den Haftgrund Wiederholungsgefahr.

- Wiederholungsgefahr nach § 112a Abs. 1 Nr. 1 StPO
  - Straftaten gegen die sexuelle Selbstbestimmung §§ 174, 174a, 176 bis 178 oder nach § 238 Abs. 2 und 3 StGB[22].
  - Tatsachen, die eine Gefahr für ein neues Delikt vor der Aburteilung ableiten lassen.

    Aus der Vergangenheit (Vortat) und den Lebensverhältnissen des Tatverdächtigen müssen Hinweise (schwere Persönlichkeitsmängel) abgeleitet werden, die zu einer Prognose führen, dass der Beschuldigte erneut weitere erhebliche Straftaten gleicher Art vor Aburteilung begehen oder die Straftat fortsetzen könnte.

39 - Wiederholungsgefahr nach § 112a Abs. 1 Nr. 2 StPO

  Der Beschuldigte muss wiederholt oder fortgesetzt eine die Rechtsordnung schwerwiegend beeinträchtigende Straftat der bezeichnenden Art begangen haben:
  - §§ 89a, 89c Abs. 1 bis 4 StGB,

22 Der Straftatenkatalog ist abschließend.

- §§ 125a, 224 bis 227, 243, 244, 249 bis 255, 260, 263, 306 bis 306c, 316a StGB,
- § 29 Abs. 1 Nr. 1, 10 oder Abs. 3, § 29a Abs. 1, § 30 Abs. 1, § 30a Abs. 1 Betäubungsmittelgesetz oder nach § 4 Abs. 3 Nr. 1 Buchstabe a des Neue-psychoaktive-Stoffe-Gesetzes.

Wiederholt bedeutet in diesen Fällen, wenn in mindestens zwei Fällen der Tatbestand desselben Gesetzes durch selbstständige, verschiedene Handlungen verwirklicht wurde. Als wiederholte Begehung von Taten ist es ausreichend, wenn eine Vorstrafe einschlägig war[23] und die jetzt geahndete Tat, für die der Haftbefehl beantragt werden soll, aus dem Straftatenkatalog stammt.

Tatsachen, aus denen sich die Wiederholungsgefahr ableiten lässt, sind: **40**

- eine starke innere Neigung des Beschuldigten zu einschlägigen Delikten,
- Vorstrafen und die zeitlichen Abstände zwischen ihnen (Einschlägigkeit muss nicht gegeben sein)[24],
- die äußeren Bedingungen, unter denen sich der Beschuldigte bei der Straftatenbegehung befunden hat,
- Anhaltspunkte für die weitere Begehung von Straftaten noch vor Aburteilung,
- Serienstraftaten, die durch den Beschuldigten begangen wurden.

Die Wiederholungsgefahr nach § 112a Abs. 1 Nr. 2 setzt eine bestimmte Straferwartung voraus. Das erfordert im Einzelfall eine Rücksprache mit dem zuständigen Staatsanwalt oder dem Gericht. Geprüft werden muss in jedem Fall die Erforderlichkeit der Haft. § 112a StPO dient dem Schutz der Allgemeinheit vor Straftätern. Die Heranziehung des Haftgrundes Wiederholungsgefahr ist nur dann gegeben, wenn die Haft zur Abwendung der Gefahr erforderlich ist.

Voraussetzung, um eine Person gem. § 112a StPO zu verhaften, muss ihr rechtlicher Status als Beschuldigter oder Angeklagter sein.

Wenn der Betroffene nicht schuldhaft gehandelt hat, kommt u. U. ein Unterbringungsbefehl zum Schutz der Allgemeinheit in Betracht.

Die weiteren rechtlichen Bestimmungen für die Durchsetzung eines Haftbefehls werden in der Reihenfolge ihres Auftretens stichpunktartig dargestellt.

XII

---

23 Aus dem Katalog des § 112a StPO stammend.

24 Vgl. Meyer-Goßner/Schmitt, § 112a StPO, RZ 15.

2.4.3.5 Verfahrensablauf zum Erlangen eines Haftbefehls

41 **Vorschlag an den Staatsanwalt zur Beantragung eines Haftbefehls durch Polizei**

Inhaltlich sind sämtliche Haftgründe zu benennen, der dringende Tatverdacht zu begründen und der Grundsatz der Verhältnismäßigkeit darf nicht verletzt werden. Entsprechende Beweismittel müssen die Voraussetzungen für die Untersuchungshaft begründen und aktenkundig sein.

42 **Beantragung des Haftbefehls durch den Staatsanwalt bei Gericht**

Auf der Grundlage vorhandener Beweismittel beantragt der Staatsanwalt den Haftbefehl gem. §§ 125, 128 StPO. Eine Ausnahme besteht bei Unerreichbarkeit des Staatsanwalts (wenn der Staatsanwalt nicht rechtzeitig vor Ablauf der Vorführungsfrist gehört werden kann) und Gefahr im Verzug[25] besteht. Dann erlässt der Richter von Amts wegen den Haftbefehl.

43 **Anordnung des Haftbefehls**

Der Erlass des Haftbefehls erfolgt schriftlich durch den Richter gem. § 114 Abs. 1 StPO. Inhaltlich unterliegt er dem Begründungszwang gem. § 114 Abs. 2 StPO:

- Personalien des Beschuldigten,
- die Tat, Zeit und Ort der Tatbegehung, die gesetzlichen Merkmale der Straftat und Strafvorschriften, aus denen sich dringender Tatverdacht ergeben muss,
- Haftgrund mit Begründung, Flucht- und Verdunkelungsgefahr sind nebeneinander aufzuführen,
- Verhältnismäßigkeitsgrundsatz nur, wenn Anwendung naheliegt oder Beschuldigte sich auf ihn beruft gem. § 114 Abs. 3 StPO.

44 **Aushändigung des Haftbefehls gem. § 114a StPO**

Der Haftbefehl ist dem Beschuldigten bei Verhaftung bekannt zu geben. Liegt der Haftbefehl nicht vor, ist dem Beschuldigten vorläufig mitzuteilen, welcher Tat er verdächtig ist. Der Beschuldigte erhält eine Abschrift des Haftbefehls. Gem. § 114b StPO ist der Verhaftete unverzüglich über seine Rechte zu belehren. Die Belehrung hat schriftlich zu erfolgen und der Beschuldigte soll schriftlich bestätigen, dass er belehrt wurde. Weigert er sich, so ist das zu dokumentieren.

Der Beschuldigte ist darüber zu informieren, dass er spätestens am Tag nach der Ergreifung dem Gericht vorzuführen und vom Gericht zu ver-

25 Ohne sofortigen Erlass des Haftbefehls besteht die Gefahr, dass die Verhaftung des Beschuldigten nicht mehr möglich sein wird.

nehmen ist und dass das Gericht über seine weitere Inhaftierung zu entscheiden hat. Der Beschuldigte ist über seine Rechte zu belehren,

- sich zur Beschuldigung zu äußern oder von seinem Aussageverweigerungsrecht Gebrauch zu machen,
- Beweisanträge zu stellen,
- sich einen Rechtsbeistand zu wählen bzw. einen Pflichtverteidiger beigeordnet zu bekommen, wenn er dies beantragt[26],
- sich einer Untersuchung durch einen Arzt oder eine Ärztin seiner Wahl zu unterziehen,
- einen Angehörigen oder eine Person seines Vertrauens zu benachrichtigen,
- nach Maßgabe des § 147 Abs. 4 StPO Auskünfte und Abschriften aus Akten zu erhalten, soweit er keinen Rechtsbeistand hat,
- darauf hinzuweisen, dass ein Akteneinsichtsrecht gem. § 147 StPO für seinen Rechtsbeistand besteht.

Ausländische Staatsangehörige sind darüber hinaus darauf hinzuweisen, dass sie im Verfahren gem. § 187 Abs. 1–3 GVG einen Dolmetscher verlangen können. Sie sind darüber zu belehren, dass sie die konsularische Vertretung ihres Heimatlandes konsultieren können und dieser Mitteilungen zukommen lassen können.

Bei erfolgter vorheriger vorläufiger Festnahme nach der 2. Alternative gem. § 127 Abs. 2 StPO erfolgt die Bekanntgabe unmittelbar nach Erlass des Haftbefehls.

XII

Vollstreckung gem. § 36 Abs. 2 StPO und §§ 160, 162 GVG 45

Ist der Beschuldigte flüchtig, obliegt dem Staatsanwalt die Vollstreckung des Haftbefehls. Er bedient sich dazu seiner Ermittlungspersonen. Bei Aufgreifen wird der Haftbefehl dem Beschuldigten bekannt gegeben. Danach erfolgt die Vorführung vor den Richter.

Vorführung vor den Richter 46

Die Vorführung beim **zuständigen** Richter erfolgt gem. § 115 Abs. 1 StPO. Zuständiger Richter ist der, der den Haftbefehl erlassen hat. Nach Ergreifen muss die Vorführung unverzüglich erfolgen.

26 Vgl. § 141 Abs. 1 StPO.

Die Vorführung beim **nächsterreichbaren** Richter (in dem Amtsgerichtsbezirk, in dem der Beschuldigte ergriffen wird) basiert auf § 115a Abs. 1 StPO (z. B. Verhaftung in einem anderen Bundesland).

Gründe für die Vorführung beim nächsterreichbaren Richter können sein:

- zu große Entfernung bis zum zuständigen Amtsgericht,
- Erkrankung des Beschuldigten, die eine Vorführung beim zuständigen Richter nicht möglich macht.

Die Vorführung hat unverzüglich, spätestens am Tag nach der Ergreifung zu erfolgen.

47 **Vernehmung durch den Richter**

Die Vernehmung durch den **zuständigen** Richter erfolgt gem. § 115 Abs. 2 StPO nach der Vorführung, spätestens am nächsten Tag. Inhalt dieser Vernehmung sind die Belehrung, der Gegenstand der Beschuldigung sowie die Verdachts- und Haftgründe.

Die Vernehmung durch den **nächsterreichbaren** Richter basiert auf § 115a Abs. 2 StPO. Sie ist unverzüglich, spätestens am Tag nach der Vorführung durchzuführen. Ergeben sich aus der Vernehmung Anhaltspunkte dafür, dass der Haftbefehl aufgehoben wird, die Aufhebung durch die Staatsanwaltschaft gem. § 120 Abs. 3 beantragt wird oder die ergriffene Person nicht die ist, die im Haftbefehl bezeichnet ist, so ist der Ergriffene freizulassen. Erhebt der Beschuldigte nicht offensichtlich unbegründete Einwendungen gegen den Haftbefehl (oder dessen Vollzug) oder hat das Gericht Bedenken gegen die Aufrechterhaltung der Haft, so muss das Gericht unverzüglich die Bedenken dem zuständigen Gericht und der zuständigen Staatsanwaltschaft mitteilen. Das zuständige Gericht hat unverzüglich zu prüfen, ob der Haftbefehl aufzuheben oder außer Vollzug zu setzen ist.

Wird der Beschuldigte nicht freigelassen, so ist er auf sein Verlangen dem zuständigen Gericht gem. § 115a Abs. 3 StPO zur Vernehmung vorzuführen. Über dieses Recht ist der Beschuldigte gem. § 115 Abs. 4 StPO zu belehren.

48 **Vollzug**

Der zuständige Richter ordnet den Vollzug des Haftbefehls gem. § 125 StPO an. Im Rahmen der Anordnung können dem inhaftierten Beschuldigten zur Abwehr einer Flucht-, Verdunkelungs- oder Wiederholungsgefahr Beschränkungen gem. § 119 Abs. 1 Ziff. 1 bis 5 auferlegt werden. Die Anordnung trifft das Gericht. Kann eine derartige Anordnung nicht rechtzeitig herbeigeführt werden, so ist die Staatsanwaltschaft oder die Vollzugsanstalt befugt, eine einstweilige Anordnung zu erlassen.

Davon ausgeschlossen sind Rechte des Beschuldigten gem. §§ 148, 148a StPO und der Verkehr mit den in § 119 Abs. 4 StPO aufgezählten Institutionen.

Ergeben sich aus der Vernehmung Anhaltspunkte, die einen Haftbefehl nicht rechtfertigen (z.B. kein dringender Tatverdacht, das Nichtvorliegen der im Haftbefehl aufgeführten Haftgründe), wird der Beschuldigte freigelassen.

Die kriminalistische Untersuchungsführung erfolgt dann weiter nach den allgemeinen Ermittlungsgrundsätzen.

Benachrichtigung gem. § 114c StPO 49

Einem Verhafteten ist unverzüglich Gelegenheit zu geben, einen Angehörigen oder eine Person des Vertrauens zu benachrichtigen, wenn der Zweck der Untersuchung damit nicht gefährdet wird.

Wird gegen einen Beschuldigten die Untersuchungshaft vollzogen, oder trifft das Gericht eine Entscheidung zur Fortdauer der Haft, hat das Gericht die Benachrichtigung eines Angehörigen oder einer Person des Vertrauens anzuordnen.

Rechtsmittel 50

Der Beschuldigte ist gem. § 114b Abs. 2 Ziff. 8 StPO darüber zu belehren, dass er

- eine Beschwerde gegen den Haftbefehl einlegen oder eine Haftprüfung (§ 117 Abs. 1 und 2 StPO) und eine mündliche Verhandlung (§ 118 Abs. 1 und 2 StPO) beantragen kann,
- eine gerichtliche Entscheidung gem. § 119 Abs. 5 StPO beantragen kann, wenn eine Beschwerde unstatthaft ist,
- eine gerichtliche Entscheidung gem. § 119a Abs. 1 StPO gegen behördliche Entscheidungen und Maßnahmen im Untersuchungshaftvollzug beantragen kann.

Auf Antrag durch den Beschuldigten oder Angeklagten erfolgt durch den Richter die Haftprüfung gem. § 117 Abs. 1 StPO. Der Beschuldigte oder Angeklagte hat das Recht der Haftbeschwerde gem. § 117 Abs. 2 StPO.

Untersuchungshaftdauer gem. § 121 StPO 51

Die Haftdauer beträgt 6 Monate. Sie kann darüber hinaus gem. § 121 Abs. 1 StPO verlängert werden, wenn

- die besondere Schwierigkeit oder der besondere Umfang der Ermittlungen oder ein anderer wichtiger Grund das Urteil noch nicht zulassen und die Fortdauer der Haft rechtfertigen. Das Oberlandesgericht ordnet die Fortdauer der Untersuchungshaft gem. § 121 Abs. 2 StPO an. Werden die Akten dem Oberlandesgericht vor der im § 121 Abs. 2 StPO bezeichneten Frist (Sechsmonatsfrist) vorgelegt, ruht der Fristenlauf bis zur Entscheidung des Oberlandesgerichts[27];

- wenn nicht der Vollzug des Haftbefehls nach § 116 StPO ausgesetzt wird.

Eine weitere Darstellung der rechtlichen Voraussetzungen soll an dieser Stelle nicht gegeben werden, da dieses das polizeiliche Tätigkeitsfeld weit überschreiten dürfte.

2.5 Einstweilige Unterbringung

52 Die einstweilige Unterbringung ist geregelt in § 126a StPO. Diese erfolgt, wenn dringende Gründe für die Annahme vorhanden sind, dass die strafbare Handlung in einem Zustand der Schuldunfähigkeit (§ 20 StGB) oder verminderter Schuldfähigkeit (§ 21 StGB) begangen wurde und zu erwarten ist, dass eine Einweisung in ein psychiatrisches Krankenhaus (§ 63 StGB) oder eine Entziehungsanstalt (§ 64 StGB) erfolgt.

Das Ziel dieser Maßnahme besteht darin, die Öffentlichkeit zu schützen; somit trägt diese Maßnahme präventiven Charakter. Voraussetzungen für die Unterbringung sind:

- dringende Gründe für die Annahme der Tat.

  Diese entsprechen dem Tatverdacht i. S. d. § 112 StPO.
- Gefahr für öffentliche Sicherheit.

  Der § 126a Abs. 1 StPO setzt eine Individual- oder Gemeingefahr voraus. Eine Selbstgefährdung wird nicht erfasst.

53 Zur Einschätzung, ob eine Person einstweilig untergebracht werden soll, wird die Tat als Gesamtheit beurteilt. In der Regel beauftragt das Gericht oder die Staatsanwaltschaft ein Psychiatrisches Gutachten zur Klärung dieser Fragen. Stellt sich heraus, dass die Voraussetzungen für einen Unterbringungshaftbefehl doch nicht vorliegen, kann dieser in einen Haftbefehl umgewandelt werden und umgekehrt.

> **Merke**
>
> Alle Kriterien der Tat sind komplex zu prüfen!

27 Vgl. Meyer-Goßner/Schmitt, § 121 StPO, RZ 30.

Bei der Prüfung der Anhaltspunkte für eine einstweilige Unterbringung gem. § 126a StPO gilt es

- die Tat,
- den Anlass des Verfahrens,
- die Gesamtpersönlichkeit,
- Erkrankungen,
- das Vorleben der verdächtigen Person zu berücksichtigen.

Der Unterbringungsbefehl wird vom Gericht gem. §§ 126a Abs. 2, 114 bis 115a, 116 Abs. 3 und 4, 117 bis 119a, 123, 125, 126 StPO erlassen. Die Bestimmungen der §§ 121, 122 StPO gelten entsprechend. Grundsätzlich entspricht er inhaltlich einem Haftbefehl.

3 Anforderungen an die Planung, Vorbereitung und Durchführung der Verhaftung

3.1 Allgemeine Anforderungen

Für die Verhaftung ergeben sich zwei allgemeine Grundsituationen: 54

- Notwendigkeit des Handelns aus der Situation heraus und
- Verhaftung einer Person an einem bekannten Aufenthaltsort.

Daraus leiten sich verschiedene taktische Verhaltensmaßregeln ab.

Notwendigkeit des Handelns aus der Situation heraus (operative Entscheidung) 55
Das kann der Fall sein, wenn eine Person auf frischer Tat gestellt bzw. verfolgt wird. Ebenso ist es möglich, dass im Rahmen von Fahndungsmaßnahmen oder im Zusammenhang mit dem Vollzug anderer polizeilicher Maßnahmen eine gesuchte Person wiedererkannt wird und sofort gehandelt werden muss.

Eine dritte Konstellation kann sich nach oder während Ermittlungshandlungen (z. B. nach Durchsuchung einer Wohnung, nach Beendigung einer Beschuldigtenvernehmung) ergeben.

Diese Situation ist dadurch gekennzeichnet, dass eingeschränkte Vorbereitungsmöglichkeiten bestehen. Somit ist das Sicherheitsrisiko höher einzuschätzen als bei vorbereiteten Verhaftungen, die Anzahl der eingesetzten Kräfte ist häufig der Situation nicht angemessen. Das bedeutet besondere Verantwortung für die eingesetzten Kräfte in Bezug auf die Gewährleistung der Sicherheit.

Beachte

Der Gefährdungsgrad kann nicht genau eingeschätzt werden.

56 Ein Misserfolg der Verhaftung hat die Auswirkung, dass der Betroffene über seine durchzuführende Verhaftung Kenntnis erhält. Das wiederum kann sich negativ auf die kriminalistische Ermittlungslage auswirken (z. B. Vernichten von Beweismitteln, Flucht).

Nach folgenden Grundsätzen ist zu verfahren:

1. Entschlossenes Auftreten.
2. Keine Unsicherheiten aufkommen oder anmerken lassen.
3. Energische Aufforderung, sich der Polizei zu stellen.
4. Unverzügliche Belehrung über mögliche Folgen der Flucht bzw. eines Fluchtversuches.
5. Nach Ergreifung entschlossen vorgehen und sofort die verhaftete Person zur Eigensicherung und zum Auffinden eventueller Beweismittel durchsuchen.
6. Wenn die Situation ein sofortiges Ergreifen nicht zulässt, Person verfolgen und im Blickfeld behalten.
7. Taktische Varianten des weiteren Vorgehens lageangepasst vorbereiten.
8. Bei Notwendigkeit weitere Kräfte anfordern.

57 **Durchführen von Festnahmen von Personen an bekanntem Aufenthaltsort (planmäßige Festnahme/Verhaftung)**

Diese Maßnahme wird im Regelfall gut geplant und vorbereitet. Es wird versucht, das Risiko zu kalkulieren und entsprechende Einsatz- und Verhaltensalternativen zu bestimmen. Diese Verhaftungssituation wird in den nachfolgenden Abschnitten näher beschrieben. Eine besondere Variante ist das gleichzeitige Festnehmen von mehreren Personen an unterschiedlichen Orten. Hier kommt es darauf an, dass der Zugriff parallel und zum selben Zeitpunkt erfolgt. Dies erfordert ein sehr enges Zusammenwirken der eingesetzten Kräfte und eine sehr gute Vorbereitung. Zu verhindern ist, dass sich die zu verhaftenden Personen gegenseitig warnen oder Beweismittel vernichten können. Besonders häufig wird diese Maßnahme beim Bearbeiten von Straftaten im Bereich der Rauschgiftkriminalität, Clankriminalität, Organisierten Kriminalität oder Wirtschaftskriminalität anzutreffen sein.

XII

3.2 Vorbereitung und Planung

Generell ist einzuschätzen, dass die Vorbereitung und Planung dieser Maßnahme der einer Durchsuchung[28] (insbesondere der Durchführung einer Ergreifungsdurchsuchung) entspricht. Aus diesem Grund werden an dieser Stelle nur hervorzuhebende oder ergänzende Aspekte benannt, die sich aus der Spezifik der Festnahme/Verhaftung ergeben. 58

Folgende Vorbereitungs- und Planungskomplexe sind zu berücksichtigen:

- Personenaufklärung,
- Objektaufklärung,
- Festlegen des Zeitpunktes der Festnahme,
- rechtliche Vorbereitung,
- Kräfte und Mittel,
- Erstellung des Festnahmeplanes (auf seine Darstellung wird verzichtet, da er analog eines Durchsuchungsplanes gefertigt werden kann).

Als Informationsquellen sind auszuwerten:[29] 59

- die in der Ermittlungsakte dokumentierten Informationen,
- Hinweise aus internen Datenspeichern (z.B. INPOL, Vorgangsbearbeitungssysteme der Länder), Auswertung öffentlich zugänglicher Datenquellen (OSINT),
- Informationen, die durch verdeckte Ermittlungshandlungen bekannt wurden, z.B.
  - Observationsberichte,
  - Ergebnisse des Einsatzes Verdeckter Ermittler,
  - Erkenntnisse aus anderen Maßnahmen (z.B. TKÜ),
  - Angaben von Informanten und V-Personen,
- Informationen von anderen Vollzugsbeamten, die bereits Kontakt mit der festzunehmenden Person hatten,
- Unterlagen, Berichte anderer Institutionen.

28 Vgl. Kap. XI.
29 Vgl. Brodag, S. 137.

3.2.1 Aufklärung der Person

60 Die Aufklärung der Person erfolgt unter zwei Aspekten:

- direkt zur Person,
- weitere Lebensverhältnisse (Umfeld der Person).

Sie ist analog den Maßnahmen in Vorbereitung auf eine Durchsuchung zu organisieren. Jedoch sind spezifische Ausnahmen zu berücksichtigen.

61 Die Aufklärung **direkt** zur Person hat zum Ziel, möglichst umfassende und genaue Angaben zur Person des Festzunehmenden zu erlangen, um die Verhaltensweisen, die Persönlichkeit, eventuelle Gefährdungssituationen, Charakteristika (Gewalttäter, BtM-Konsument, Krankheiten) und Reaktionen prognostizieren zu können.

Wichtig ist es, folgende Daten zu erheben:

- vollständige Personalien,
- Lichtbild und Personenbeschreibung (Feststellen der Identität, schnelles Einleiten der Fahndung bei Nichtantreffen oder Flucht der Person),
- Einschätzung von Persönlichkeitscharakteristika (gewalttätig, besondere Fähigkeiten und Fertigkeiten).

In jedem Fall ist zu prüfen, ob die Person als Jäger oder Sportschütze legalen Zugang zu Schusswaffen hat (NWR)!

62 Die Aufklärung der **weiteren Lebensverhältnisse** dient dazu, Lebensgewohnheiten der Person festzustellen (z. B. in Bezug auf die Festlegung des Festnahmezeitpunktes). Wichtig ist es, Familienverhältnisse, das soziale Umfeld mit Kontaktpersonen, Freundeskreise aufzuklären, damit von vornherein eingeschätzt werden kann, welche Personen sich unter Umständen zum Zeitpunkt der Verhaftung ebenfalls am Festnahmeort aufhalten könnten.

Es gilt dabei zu beurteilen, wie ihre Reaktion auf die Durchführung dieser Maßnahmen sein wird. Diese kann von Unterstützung bis hin zum Widerstand gegen die Festnahme/Verhaftung reichen. Besondere Bedeutung erlangt die Aufklärung der Wohnverhältnisse (welche Personen wohnen z. B. mit der zu verhaftenden zusammen?). Auch hier gilt es, den Aspekt der Reaktion dieser Personen zu bewerten. Ebenfalls von Bedeutung ist die Tatsache, dass vor der Festnahme bestimmte Eigentums-, Besitz- und Nutzungsverhältnisse (z. B. von der Wohnung, von benutzten Hilfsmitteln wie z. B. Kfz) aufgeklärt werden müssen, damit u. U. eigentumssichernde und -schützende Maßnahmen eingeleitet werden können.

Neben den allgemeinen Informationsquellen ist es möglich, zur Aufklärung der Person auch Kenntnisse von anderen Polizeibeamten, Sozialarbeitern oder Bewährungshelfern zu erlangen. In Abhängigkeit vom Sachverhalt können ebenfalls Informationen über die festzunehmende Person durch Nachbarn oder Kollegen dieser gegeben werden. Hier ist jedoch mit Umsicht und Vorsicht vorzugehen. 63

3.2.2 Aufklärung des Verhaftungsortes (objektbezogene Aufklärung)

Im Rahmen der Aufklärung des **Verhaftungsortes** sind bekannte Aufenthaltsorte des zu Verhaftenden zu überprüfen, die Wahl des Festnahmeortes (Arbeitsstelle, Wohnung, Freizeitort) ist zu kalkulieren und es ist der Ort zu bestimmen, der eine Festnahmedurchführung nach Möglichkeit 64

- mit geringem Sicherheitsrisiko (vor allem für Unbeteiligte),
- ohne Zwischenfälle,
- und ohne Aufsehen zulässt.

Die konkreten Umstände der Tat und des bisherigen Verhaltens des Festzunehmenden sind bei der Festlegung des Festnahmeortes zu berücksichtigen. Wichtig ist es, dass solche Festnahmeorte gewählt werden, die von vornherein nicht kalkulierbare Situationen (wie z. B. Geiselnahmen, Bedrohungen) ausschließen. Die Wahl des Ortes ist abhängig von 65

- der Anwesenheit der zu verhaftenden Person am Verhaftungsort,
- der Anwesenheit anderer Personen,
- vorhandenen Fluchtmöglichkeiten,
- vom zu erwartenden Aufsehen in der Öffentlichkeit,
- von der Möglichkeit sich verdeckt an den Verhaftungsort anzunähern,
- vom Vorhandensein von Unterlagen (Lageskizzen, Grundrisspläne) und deren Auswertung,
- von den Ergebnissen der objektbezogenen Aufklärung.

XII

3.2.3 Festlegen der Verhaftungszeit

Bei der Bestimmung der **Verhaftungszeit** ist zu berücksichtigen, dass hier die objekt- und personenbezogenen Aufklärungsergebnisse einfließen müssen. Die rechtlichen Voraussetzungen müssen gegeben sein, vorhandene Unterlagen (Haftbefehl, Identifizierungsunterlagen) müssen beschafft werden. 66

Die Verhaftungszeit ist abhängig von

- der An- bzw. Abwesenheit der zu verhaftenden Person am Verhaftungsort, 67

- der Anwesenheit anderer Personen,
- den erforderlichen personellen und materiellen Voraussetzungen,
- der Gefahr eines Widerstandes der zu verhaftenden Person bzw. anderer anwesender Personen,
- dem gleichzeitigen Zugriff bei mehreren zu verhaftenden Personen,
- der Möglichkeit, unauffällig Kräfte und Mittel heranführen zu können,
- dem Stand des Ermittlungsverfahrens und der Beweislage,
- taktischen Aspekten, insbesondere der Kenntniserlangung dieser Maßnahme bei Mittätern.

Bei der Festlegung der Zeit ist zu berücksichtigen, dass die Verhaftung zu einem solchen Zeitpunkt realisiert wird, die es zulässt, später noch weitere im Zusammenhang stehende Ermittlungen (z.B. Vernehmungen, Durchsuchungen) durchführen zu können.

3.2.4 Bereitstellen der Kräfte

68 Es ist generell zu unterscheiden, durch wen die Verhaftung durchzuführen ist. Möglich wäre die Vornahme der Verhaftung durch Ermittlungspersonen, Streifenbeamte oder Spezialkräfte (z.B. SEK). Diese Entscheidung ist vor dem Beginn der Einsatzmaßnahmen situationsangepasst zu planen.

Die Kräfteauswahl richtet sich nach[30]

- der Person des zu Verhaftenden sowie seiner Persönlichkeitseigenschaften (z.B. gewalttätig),
- anderen anwesenden Personen, die u.U. Einfluss nehmen können,
- dem Anlass und der Gefahr (Waffenbesitz des zu Verhaftenden),
- der Art und dem Umfang der Maßnahme,
- der Lage und der Ausdehnung des Einsatzortes,
- sonstigen Umständen (z.B. Spezialkräfte [SEK], weibliche Beamte).

Die Kräfte müssen im Rahmen der Vorbereitung genau eingewiesen werden, jedem Polizeibeamten ist seine konkrete Aufgabe zuzuteilen. Generell sollten mindestens drei Beamte die Verhaftung vornehmen. Ist eine anschließende Durchsuchung des Objektes geplant, ist die Anzahl der durchführenden Beamten lageangepasst zu erhöhen.

30 Vgl. Brodag, S. 139.

3.2.5 Bereitstellen der Führungs- und Einsatzmittel

Generell ist eine Unterteilung der mitzuführenden Mittel, die in Abhängigkeit von der Verhaftungssituation vorzuhalten sind, möglich: 69

- Mittel, die der Gewährleistung der Sicherheit der Beteiligten und der Verhaftung dienen (z.B. Schutzweste, Dienstwaffe, Elektroimpulsgerät, Schlagstock, Handfesseln, Sprechfunkgeräte, Mittel zum Abtransport des Verhafteten),
- Unterlagen (z.B. Haftbefehl, Identifizierungsmittel),
- sonstige Mittel (z.B. Mittel zum Öffnen von Schließeinrichtungen, Beleuchtungsmittel, Dokumentationsmittel, Unterlagen der Beschreibung der Örtlichkeit [Lagepläne]).

3.2.6 Planung der Verhaftung

Kriminaltaktisch sind verschiedene Planungskomplexe zu berücksichtigen: 70

- Art und Ziel des Einsatzes

  Es ist zu planen, ob der Einsatz ausschließlich der Verhaftung einer Person dient oder ob u.U. weitere Ermittlungshandlungen am Ort der Verhaftung (z.B. Durchsuchung) folgen. Klar muss formuliert sein, welche Personen aus welchem Grund verhaftet werden sollen.

- Personalien des Verhafteten 71

  Angaben zur Person des zu Verhaftenden sind vollständig und den Anforderungen des Haftbefehls entsprechend zu erheben. Darüber hinaus sollten ebenfalls Informationen zu anderen möglicherweise anwesenden Personen und deren Verhältnis zur Person des zu Verhaftenden vorhanden sein. Geklärt werden muss die Art und Weise der Identifizierung. Alle Einsatzkräfte müssen Kenntnis zur Identität des zu Verhaftenden haben.

- Ort und Zeit der Verhaftung 72

  Eine genaue Planung des Zugriffs hat zu erfolgen. Wichtig ist, in Abhängigkeit vom Ereignis, die Kräfte zielgerichtet einzuweisen. Das bezieht sich auch auf die Aufgaben der Voraufklärung bzw. auf die Maßnahmen, die der eigentlichen Festnahme vorausgehen.

- Zeit, Ort der Einweisung der Einsatzkräfte 73

  Die Faktoren müssen konkret geplant werden. Zu beachten sind jedoch auch solche Umstände, dass beispielsweise bei Straftaten im Milieu der Organisierten Kriminalität eine solche Einweisung aus Geheimhaltungsgründen erst kurz vor Beginn der Handlungen erfolgen soll. Es ist darauf zu achten, dass Einsatzkräfte unmittelbar nach der Einweisung nicht mehr telefonieren oder anderweitig mit Personen, die nicht zu den Einsatzkräften gehören, kommunizieren und der Einsatz unverzüglich beginnt.

74 ■ Festlegen der Einsatzkräfte und Verantwortlichkeiten

Eine klare Aufgabenzuweisung hat zu erfolgen; der Zeitpunkt der Einweisung hängt von den konkreten Tatumständen und den beteiligten Kräften (z. B. SEK) ab.

- Ort, Zeit, Art der bereitzustellenden Führungs- und Einsatzmittel,
- Art und Weise der Annäherung an den Verhaftungsort (Überraschungsmoment),

75 ■ Festlegen der Schutz- und Sicherungsmaßnahmen

Die Schutz- und Sicherungsmaßnahmen sind in mehreren Richtungen zu planen:

- Sicherheit der eingesetzten Beamten,
- Schutz unbeteiligter Personen,
- Schutz der Personen aus dem Umfeld der zu verhaftenden Person,
- Schutz der zu verhaftenden Person,
- Maßnahmen der Eigentumssicherung.

76 ■ Methode des Vorgehens

Eindeutig bestimmt werden muss die taktische Vorgehensweise (z. B. das Eindringen zum Verhaftungsort, das Überwinden von Widerstand). Soweit die Verhaftung durch Spezialkräfte realisiert wird, unterbreiten diese dem Polizeiführer mögliche taktische Varianten. Es liegt in der Entscheidung des Polizeiführers, welche Variante umgesetzt wird.

77 ■ Festlegen weiterer Maßnahmen

Diese Maßnahmen umfassen vor allem die Planung von Ermittlungshandlungen im unmittelbaren Anschluss und an die Verhaftung, z. B. die Identitätsfeststellung anwesender Personen, Vernehmungen.

- Abtransport
- Maßnahmen der Koordinierung und des Zusammenwirkens
- Festlegen der Nachrichtenverbindung

78 ■ Handlungsvarianten

Diesbezügliche Vorbereitungen sind insbesondere von Bedeutung, wenn es dem Tatverdächtigen gelingen sollte, zu fliehen. Es müssen

Maßnahmen zur unmittelbaren Verfolgung des zu Verhaftenden geplant werden (Einleitung der Fahndung). Dazu zählen aber auch solche Vorbereitungen, bei denen im Bedarfsfall unverzüglich die Hilfe von verletzten Personen (Notarzt) eingeleitet werden können.

3.3 Allgemeine taktisch-methodische Aspekte der Durchführung der Verhaftung

Folgende Aspekte bestimmen die Durchführung der Verhaftung: **79**

1. Gewährleistung der Geheimhaltung und Sicherheit

   Das betrifft die Maßnahme insgesamt, die so durchgeführt werden soll, dass der zu Verhaftende nicht vorher Kenntnis erlangt. Des Weiteren ist die Annäherung an den Verhaftungsort in einer Art und Weise zu vollziehen, dass der Beschuldigte nicht auf die bevorstehende Verhaftung aufmerksam wird.

2. Sicherung des Zugangs zum Verhaftungsort **80**

   Das Eindringen in das Objekt hat so zu erfolgen, dass der Tatverdächtige keine Möglichkeit mehr erhält, sich durch Flucht zu entziehen, Beweismittel zu vernichten[31] oder andere Personen i. S. einer Geiselnahme in die Verhaftung einzubeziehen.

   Um die persönliche Sicherheit zu gewährleisten, sind Türen (innerhalb des Objektes) grundsätzlich von der Seite her zu öffnen. Schusswaffen sind unter Beachtung der Anwendungsvorschriften bereitzuhalten.

3. Die Verhaftung hat überraschend, zügig, entschlossen und umsichtig zu erfolgen. **81**

   Bei der Verhaftung ist das Überraschungsmoment auszunutzen. Vom Grundsatz her ist zu agieren, nicht zu reagieren, d. h., das Handeln am Verhaftungsort wird durch die Einsatzkräfte bestimmt.

4. Identifizierung, Legitimation, körperliche Durchsuchung (Lichtbild, Personenbeschreibung) **82**

   Der Beschuldigte ist zu identifizieren und körperlich zu durchsuchen. Es ist ständig darauf zu achten, dass er sich nicht durch Flucht entzieht oder Beweismittel vernichtet. Bei der Notwendigkeit des Überwindens von Widerstand sind unter Beachtung des Grundsatzes der Verhältnis-

31 Insbesondere wenn es um die Löschung elektronischer Daten als Beweismittel geht, ist durch einen überraschenden Zugriff zu verhindern, dass der zu Verhaftende noch Veränderungen an der von ihm genutzten IT vornimmt (Vgl. Kapitel XI).

mäßigkeit die Bestimmungen der Strafprozessordnung und der Polizeigesetze der Länder anzuwenden.

83 5. Verhalten gegenüber anderen angetroffenen Personen (Personalien, Fahndung)

Es ist zu prüfen, welche Personen anwesend sind. Ihre Personalien sind festzustellen und eine fahndungsmäßige Überprüfung hat zu erfolgen. Die anwesenden Personen sind zu beobachten, um mögliche Fluchthilfen oder das Vernichten von Beweismitteln zu erkennen.

84 6. Ständige Beobachtung des zu Verhaftenden

Die Ziele der Beobachtung bestehen darin, die Sicherheit aller Beteiligten zu gewährleisten und zu verhindern, dass Beweismittel vernichtet werden.

7. Abtransport.

3.4 Spezifische taktisch-methodische Aspekte bei unterschiedlichen Verhaftungsorten

3.4.1 Verhaftung in der Wohnung

85 Das Verhalten der eingesetzten Kräfte richtet sich nach:

- der Beschaffenheit der Wohnung,
- den Feststellungen, die während der Vorbereitung getroffen wurden,
- der Schwere der begangenen Straftat,
- der Überprüfung anwesender Personen.

86 Folgende Verhaltensgrundsätze bei Verhaftungen in Wohnungen[32] sind zu berücksichtigen:

1. Verdeckte Annäherung.
2. Vorhandene Zu- und Abgänge (Fluchtwege) sind zu sichern.
3. Schnelles Eindringen (Öffnen der Haus- oder Wohnungstür)
   - Berücksichtigung des Grundsatzes der Verhältnismäßigkeit.
   - Erreichen des Öffnens der Wohnungstür durch
     - ein (erfundenes) vertraut erscheinendes und unter nahen Bekannten übliches Klopf- oder Klingelzeichen,
     - einen Nachbarn, der die festzunehmende Person bittet, die Tür zu öffnen (Beachte dabei ein erhöhtes Sicherheitsrisiko),

32 Vgl. Brodag, S. 141.

- das Nachschließen des sichernden Schlosses (Schlüsseldienst oder Spezialisten der Kriminaltechnik),
- sofortiges gewaltsames Eindringen.

4. Überblick verschaffen.
5. Wohnung betreten, zu verhaftende Person ansprechen, Verhaltenshinweise an weitere anwesende Personen
6. Sofortige Durchsuchung der verhafteten Person.
7. Erklärung der Folgen bei Fluchtversuch gegenüber der verhafteten Person.
8. Bekanntgabe des Haftbefehls.
9. Identitätsfeststellung weiterer anwesender Personen und Prüfung in polizeilichen Fahndungsmitteln.
10. Bei Verlassen der Wohnung ist zu prüfen, ob von dieser keine Gefahr ausgehen kann, z. B. ob
    - elektrische Geräte ausgeschaltet sind,
    - Wasser und Gas abgestellt sind,
    - pflegebedürftige, Kinder und/oder Haustiere versorgt sind; notfalls ist die zuständige Kommunalbehörde zu informieren.
11. Kranke Festgenommene sind ärztlich hinsichtlich ihrer Haft- und Transportfähigkeit untersuchen zu lassen.

Die Vorteile bei Verhaftungen in der Wohnung bestehen darin, dass eine 87
relativ gute Überschaubarkeit gewährleistet ist, dass die Wohnung gut aufklärbar ist, die Möglichkeit besteht, sich recht unauffällig anzunähern und meistens ein leichter Zugang zur Wohnung besteht. Diese Faktoren sind jedoch abhängig von den konkreten Umständen vor Ort. Die Öffentlichkeit ist weitestgehend ausgeschlossen. Informationen über diese Verhaftung (z. B. Mittäter) dringen außer über die engsten sozialen Beziehungspersonen (die sich ebenfalls in der Wohnung aufhalten) nicht nach außen. Das kann vom Zeitfaktor ein kriminaltaktischer Vorteil sein. Nachteile sind darin zu sehen, dass der zu Verhaftende sich in seiner Wohnung sehr gut auskennt und somit einen „Heimvorteil" besitzt. Nachteil kann ebenso sein, dass unbeteiligte Personen gefährdet werden. Nachteilig kann sich auch eine gewisse räumliche Enge auswirken.

3.4.2 Verhaftung am Arbeitsplatz

88 Die Verhaftung am Arbeitsplatz lässt drei generelle Varianten zu:

- die Verhaftung direkt am Arbeitsplatz,
- die Verhaftung an anderen Orten (z.B. im Büro des Vorgesetzten, Personalchefs),
- die Verhaftung auf dem Weg zum oder vom Arbeitsplatz.

89 Die **erste Variante** ist dadurch gekennzeichnet, dass sie im Regelfall einen hohen Kräfteeinsatz erfordert. Der zu Verhaftende kennt das Objekt im Vergleich zu den eingesetzten Kräften sehr gut und somit besteht u.U. auch eine Vielzahl von Fluchtmöglichkeiten, die nicht alle von vornherein kalkulierbar sind. Nachteilig kann sich auswirken, dass Kollegen dem zu Verhaftenden helfen oder dass sie Kenntnis (eventuelle bisher noch nicht ermittelte Mittäter) von der Verhaftung erhalten. Ausgeschlossen werden kann auch nicht in jedem Fall die Gefährdung von Unbeteiligten. Ein Arbeitsplatz ist im Rahmen der Vorbereitung der Verhaftung nicht immer vollständig aufklärbar. Es ist vorher zu ermitteln, ob der zu Verhaftende Schwierigkeiten mit Kollegen oder dem Arbeitgeber hatte, um sich taktisch auf das Verhalten einstellen zu können. Generell ist die Wahl der durchzuführenden Methode von den Aufklärungsergebnissen abhängig.

90 Die **zweite Variante**, das Bestellen der zu verhaftenden Personen unter einer Legende zu einem leitenden Angestellten und dort die sofortige überraschende Festnahme, hat den Vorteil, dass die zu verhaftende Person relativ unbekümmert diesen Ort aufsucht. Der Überraschungseffekt ist hoch. Jedoch bedeutet diese taktische Variante eine Abschätzung des Sicherheitsrisikos und derjenige muss über die Tat und das Ziel der Verhaftung in Kenntnis gesetzt werden. Das wiederum ist sorgfältig zu prüfen, denn häufig finden sich Mittäter oder Tatbeteiligte unter Kollegen.

Vorteile bietet dieser Verhaftungsort in der Beziehung, dass das unmittelbare soziale Umfeld (Privat- und Freizeitbereich, eventuelle Tatbeteiligte) nicht sofort Kenntnis von dieser Maßnahme erhält.

Im Anschluss an die Verhaftung sollte nicht vergessen werden, dass der Arbeitsplatz, u.U. auch der Umkleideschrank, unter Beachtung der rechtlichen Voraussetzungen der verhafteten Person zu durchsuchen ist.

91 Die **dritte Variante** der Verhaftung auf dem Weg zum oder vom Arbeitsplatz würde einer Verhaftung im Freien bzw. einer Verhaftung beim Verlassen von öffentlichen Gebäuden gleichkommen. Vorteilhaft ist hier, dass der zu Verhaftende von dieser Maßnahme überrascht wird. Diese Handlungsweise bedarf jedoch einer vorherigen Aufklärung der territo-

rialen Verhältnisse. Es ist die Möglichkeit in die Vorbereitung einzubeziehen, dass die zu verhaftende Person durch sie begleitende Personen Unterstützung erhält.

3.4.3 Verhaftung in öffentlichen Gebäuden

Eine Verhaftung in öffentlichen Gebäuden (z. B. Gaststätten, Spielkasinos, Hotels, Geldinstituten, Kaufhäusern, Ämtern) ist stets problematisch, da eine vorher nicht genau bestimmbare Öffentlichkeit gegeben ist. Eine Gefahr der Geiselnahme oder das Sympathisieren (Parteiergreifen) für den Straftäter ist nicht auszuschließen. 92

Als allgemeine taktische Grundsätze sind zu beachten: 93

- Wird damit gerechnet, dass die Person in Kürze das Objekt verlässt, ist so lange zu warten und zu observieren. Ein Zugriff erfolgt bei Verlassen des Objekts durch die Person.
- Hat die gesuchte Person nicht die Absicht, das Objekt in Kürze[33] zu verlassen, ist aufzuklären, wo genau sie sich befindet. Ausgänge und Treppenaufgänge sind zu sichern. In Abhängigkeit von der Situation sollte das Überraschungsmoment genutzt werden und der Zugriff konsequent erfolgen.

Von Vorteil bei der Auswahl dieses Verhaftungsortes ist, dass das engste soziale Umfeld (Familie, Freizeitpartner) nicht sofort von dieser Verhaftung erfährt. Positiv wirkt auch, dass der zu Verhaftende sicherlich nicht mit einer Verhaftung in öffentlichen Gebäuden rechnet und somit das Überraschungsmoment relativ groß ist. 94

Nachteilig kann sich auf die Verhaftung auswirken, dass Unbeteiligte Gefahren ausgesetzt werden können, somit ein Sicherheitsrisiko besteht, ein relativ großer Kräfteaufwand notwendig und die Verhaftung sehr öffentlichkeitswirksam ist. Wichtig ist es, zu berücksichtigen, dass nur eine beschränkte Möglichkeit besteht, den Verhaftungsort vorher aufzuklären, und es ist erforderlich, dass man weiß, in welche öffentlichen Gebäude sich der zu Verhaftende begibt. Das bedarf u. U. einer vorherigen Observation. 95

33 Unter dem Aspekt, die Gefährdung für Unbeteiligte so gering als möglich zu halten, ist so lange zuzuwarten, bis der zu Verhaftende das Objekt verlässt. Soweit ein weiteres Verbleiben des zu Verhaftenden im Objekt ebenfalls Gefahrenmomente entstehen lässt, muss nach Beurteilung der Lage abgewogen und entschieden werden.

3.4.4 Verhaftung im Freien

96 Die Verhaftung im Freien bestimmt sich grundsätzlich nach folgenden taktischen Schwerpunkten:

- Aufsehen vermeiden,
- Verhinderung der Gefährdung Unbeteiligter und eingesetzter Kräfte,
- Kenntnis der Verhaftungsörtlichkeiten,
- Festlegung taktischer Varianten der Annäherung und Blockierung der Fluchtwege,
- sofortige Durchsuchung,
- Vorbereitung von Maßnahmen zur Verfolgung bei Flucht.

97 Als Vor- und Nachteile sind die gleichen wie bei der Verhaftung in öffentlichen Gebäuden zu benennen. Besonders hervorzuheben ist die Tatsache, dass die Verhaftung nicht im unmittelbaren sozialen Umfeld (Wohnumgebung, Arbeitsstätte, Bekanntenkreis) bekannt wird. Ebenso zu beachten ist der Überraschungseffekt. Als problematisch ist der noch höhere Kräfteeinsatz und die Gefahr der Flucht einzuschätzen, da bei einer Verhaftung im Freien eine Vielzahl von Fluchtmöglichkeiten besteht. Zudem ist noch eher die Gefahr gegeben, dass unbeteiligte Personen in diese Maßnahme einbezogen werden. Die Verhaftung im Freien setzt immer eine Observation voraus. Problematisch kann es sein, den richtigen Zugriffszeitpunkt festzulegen.

3.5 Transport des Verhafteten/Festgenommenen

98 Vor dem Transport[34] ist, soweit nicht schon während der Verhaftung geschehen, der Verhaftete/Festgenommene über die Folgen einer Flucht bzw. das Leisten von Widerstand zu belehren. Soweit die zum Transport eingesetzen Kräfte nicht bereits bei der Verhaftung mit der Durchsuchung der Person beauftragt waren, ist die Person vor Transportbeginn durch die zum Transport eingesetzen Kräfte nochmals zu durchsuchen.

Insbesondere das Verbringen aus dem Festnahmeobjekt in das Transportfahrzeug und später in eine Gewahrsamszelle der Polizei oder zu Gericht (soweit nicht eine geschlossene Liegenschaft angefahren werden kann) sind als kritische Momente zu betrachten, da sich hier objektiv Möglichkeiten der Flucht ergeben.

---

34 Zur konkreten Vorgehensweise vgl. Brodag, S. 143 ff. und Leitfaden 371.

Um den Verhafteten zu transportieren, bestehen u.a. drei Möglichkeiten:

- Transport zu Fuß,
- Transport mit Dienstkraftfahrzeug,
- Transport in öffentlichen Verkehrsmitteln.

Der **Transport zu Fuß** ist in der Art und Weise vorzunehmen, dass der Verhaftete so geht, dass der Beamte die beste Einwirkungsmöglichkeit hat und die geringste Fluchtmöglichkeit besteht. Unter Beachtung der Situation am Verhaftungsort sollte der Verhaftete mit Transportgriffen, Schließketten oder Handfesseln transportiert werden, damit Flucht- bzw. Angriffsmöglichkeiten eingeschränkt werden. 99

Generell hat der Transport zu Fuß durch mindestens zwei Beamte zu erfolgen.

Der **Transport in Kraftfahrzeugen** ist nur dann zulässig, wenn außer dem Kraftfahrer ein weiterer Beamter zur Bewachung und ständigen Beobachtung des Verhafteten anwesend ist. Der Verhaftete darf nicht neben oder unmittelbar hinter dem Fahrer sitzen. 100

Es ist erforderlich, den Verhafteten vor dem Transport gründlich zu durchsuchen (insbesondere ist auf Waffen, aber auch auf im Verfahren benötigte Beweismittel zu achten).

Der **Transport in öffentlichen Verkehrsmitteln** ist grundsätzlich abzulehnen, da er unkalkulierbare Gefahrenmomente und hinreichend Fluchtmöglichkeiten aufweist. Soweit zur Verbringung von Festgenommenen (z.B. nach Zielfahndungen im Ausland) die Nutzung von Linien- oder Charterflügen erforderlich ist, sind besondere Sicherheitsbestimmungen einzuhalten, auf die hier nicht näher eingegangen wird. 101

3.6 Folgemaßnahmen

Folgemaßnahmen der Verhaftung sind: 102

- nochmalige Durchsuchung des Verhafteten bei Übergabe/Übernahme von Transportkräften an Sachbearbeiter,
- erkennungsdienstliche Behandlung (falls die Identität noch nicht eindeutig geklärt werden konnte),
- u.U. Beschuldigtenvernehmung,
- Vorführung vor den Richter,
- Erledigung von Melde- und Benachrichtigungspflichten,
- bei einer Festnahme ist ein Festnahmebericht zu fertigen.

Soweit die Verhaftung einen komplexen Charakter (Einsatz- und Durchführungsplanung, Einsatz verschiedener Kräfte) hatte, wird eine Einsatznachbereitung empfohlen.

Weitere Handlungsnotwendigkeiten ergeben sich aus den rechtlichen Bestimmungen zur Verhaftung.[35]

35 Vgl. Abschnitt 2. dieses Kapitels.

KAPITEL XIII
Polizeiliche Vernehmung

Inhalt

XIII

1 Allgemeines und Ziel der Vernehmung[1]

1 Die Vernehmung ist eine der wichtigsten und am häufigsten gebrauchten kriminaltaktischen Methoden zur Untersuchung von Straftaten, kriminalistisch relevanten Sachverhalten sowie zu Ermittlungen bei Ordnungswidrigkeiten.

Allgemein gesehen ist die Vernehmung ein rechtlich geregeltes, unter Beachtung kriminalistischer Gesichtspunkte, psychologischer Anforderungen und taktischer Regeln geführtes Gespräch, dessen Verlauf an gesetzliche Vorschriften gebunden ist. In einer mündlichen Anhörung, die ein Kommunikationsprozess unter besonderen Bedingungen ist, wird das Wissen einer anderen Person zu einem rechtlich oder kriminalistisch bedeutsamen Sachverhalt durch den Vernehmungsbeamten erhoben und in beweiswürdiger Form dokumentiert.

Obwohl es keine abschließende Definition des Begriffes Vernehmung gibt, kann die Definition des BGH dafür gelten: „Zum Begriff der Vernehmung gehört, daß der Vernehmende dem Zeugen in amtlicher Funktion gegenübertritt (z. B. als Polizei- oder Zollbeamter, als Staatsanwalt oder Richter) und in dieser Eigenschaft von ihm Auskunft verlangt.“[2] Obwohl der BGH hier nur auf Zeugenvernehmungen abstellt, hat er die Definition später auch auf Beschuldigtenvernehmungen und die Vernehmung von Sachverständigen erweitert.[3]

Die Vernehmung als Kommunikationsprozess ist eine bedeutsame Methode zur Erlangung von Informationen im Strafverfahren.

Beachte

Die Vernehmungslehre stützt sich nicht allein auf die kriminalistische Taktik. Ebenso bedeutungsvoll sind die angewandten Erkenntnisse der kriminalistischen Psychologie mit ihrem Teilgebiet Vernehmungspsychologie. Das verlangt, zunächst diejenigen Grundlagen der Vernehmungspsychologie zu behandeln, welche die Voraussetzung für das Verstehen der praktischen Vernehmungsdurchführung bilden. Das sind insbesondere Prozesse der Wahrnehmung, des Einprägens/Speicherns, des

1 Inzwischen existiert eine Fülle an Fachliteratur zum Thema „Vernehmung“, auf die in diesem Teil des Handbuchs im Einzelnen nicht eingegangen werden kann. Die Überarbeitung dieses Kapitels zu strafprozessualen Rechtsgrundlagen beruht auf der Grundlage der Strafprozessordnung in der Fassung der Bekanntmachung vom 7.4.1987 (BGBl. I S. 1074, 1319), die zuletzt durch Artikel 2 des Gesetzes vom 17.7.2025 (BGBl. 2025 I Nr. 163) geändert worden ist.

2 BGH, Urteil vom 21.7.1994 – 1 StR 83/94, Rn. 9.

3 BGH GSSt 1/96 – Beschluss vom 13.5.1996, Rn 21.

Behaltens sowie der Aktualisierung von Gedächtnisinhalten. Diese Prozesse der Aufnahme und Widerspiegelung von Gedächtnisinhalten spielen sich gleichermaßen bei der Vernehmung, wie auch bei der Wiederkennung von Personen und Sachen ab. Diese Grundlagen werden detailliert im Kapitel VIII „Wiedererkennungsverfahren und subjektives Porträt", vorrangig in den Abschnitten 2.1. bis 2.5 behandelt. Ihre Inhalte zu kennen und zu verstehen, sind Voraussetzung für das Verständnis der nachfolgenden Behandlung der Durchführung von Vernehmungen.

Die Ausführungen dieses Kapitels konzentrieren sich vorrangig auf das kriminaltaktische Vorgehen und behandeln juristische, strafprozessrechtliche und andere tangierende wissenschaftliche Fachgebiete im Zusammenhang mit ausgewählten Problemen.

Mit der Vernehmung werden unterschiedliche Ziele verfolgt. So sind **Zeugenvernehmungen** bei Straftaten mit unbekanntem Täter neben der umfassenden Tataufklärung und der Erhebung von Beweisen zusätzlich darauf ausgerichtet, Informationen, z. B. über den Täter, sein Aussehen oder einzelne Tatabläufe (Fahndungsansätze) zu erhalten. Bei Straftaten mit bekanntem Täter stehen die Kenntnisse des Zeugen zur Tat und zum Täter im Mittelpunkt. 2

Die **Beschuldigtenvernehmung** hat zunächst das Ziel, dem Beschuldigten Gelegenheit zu geben, sich zum Tatverdacht zu äußern (rechtliches Gehör) und gegebenenfalls bestehende Verdachtsgründe auszuräumen. Sie soll zur umfassenden Tataufklärung einschließlich des Nachweises der Erfüllung der objektiven und subjektiven Tatbestandsmerkmale sowie zur Feststellung des Motivs und der besonderen Umstände der Straftat beitragen. Dabei sind auch kriminalistisch interessierende Fakten festzustellen, die allgemein und präventiv die Durchführung des Strafverfahrens, beispielsweise den Straftatenvergleich, unterstützen (taktische Vernehmung). 3

Im Vordergrund steht also die Informationserhebung und nicht das Geständnis! Die in der Vergangenheit erhobene Forderung nach der „Herstellung von Geständnisbereitschaft" entspricht weder den rechtlichen Regelungen noch dem ethischen Anspruch der Polizei in einem demokratischen Rechtsstaat. Gleichwohl leuchtet ein, dass ein Teil der oben genannten Ziele nur mit einem aussagebereiten oder geständigen Beschuldigten erreicht werden kann.

Die rechtlichen Regelungen für Zeugenvernehmungen und Beschuldigtenvernehmungen unterscheiden sich. Trotzdem sollte kein struktureller Unterschied zwischen Zeugen- und Beschuldigtenvernehmung gemacht werden. 4

5 **Die Vernehmung dient im Allgemeinen dazu,**

- Informationen von der zu vernehmenden Person zu erlangen;
- den zu Vernehmenden durch taktisch kluges und psychologisch fundiertes Verhalten zur wahrheitsgemäßen Aussage zu veranlassen;
- dem zu Vernehmenden bestimmte Informationen zu vermitteln (z.B. Zeugen- oder Beschuldigtenrechte, Tatvorwurf);
- Beweismittel zu prüfen und weitere be- und entlastende Beweismittel zu erschließen;
- Widersprüche aufzuklären;
- bestehende Versionen zum Tat- bzw. Handlungsablauf oder zu Details der Straftat zu prüfen;
- weitere, bisher unbekannte Erkenntnisse über die Tat und den Täter zu gewinnen sowie neue Ermittlungsansätze zu finden, die zur Wahrheitsfindung und umfassenden Tataufklärung beitragen;
- kriminalistisch relevante Sachverhalte aufzuklären (z.B. bei der Todesermittlung);
- bisher nicht erkennbare Zusammenhänge zu klären;
- Ursachen, Anlass und Motivation sowie andere Persönlichkeitsfaktoren festzustellen;
- zu prüfen, ob eine Straftat vorliegt; insbesondere die Prüfung der Schuld (Erfüllung oder Nichterfüllung der objektiven und subjektiven Tatbestandsmerkmale) sowie
- Feststellung von Schuldausschließungsgründen (z.B. Hinweise auf eine verminderte Schuldfähigkeit) oder Entschuldigungsgründen (z.B. Notwehr);
- Verteidigungsstrategien der Betroffenen für das weitere Vorgehen bei der Beweisführung zu erkennen.

Der Charakter von Vernehmungen richtet sich nach der Stellung, die der zu Vernehmende im Strafverfahren einnimmt. Demnach werden im polizeilichen Ermittlungsverfahren anzuhörende Personen als **Zeuge** oder als **Beschuldigter** vernommen. Von ihrer rechtlichen Stellung, den vorliegenden Verdachtsgründen, ihren möglichen Kenntnissen bzw. vorhandenem Wissen oder ihrer Beteiligung an der Sache sowie ihrer Persönlichkeit ist es abhängig, welche Vernehmungsstrategie bzw. -taktik bei der polizeilichen Vernehmung zu wählen ist.

Merke

In der polizeilichen Vernehmung von Zeugen und Beschuldigten wird durch Einbindung materieller Beweismittel der Grundstein für die vollständige Tataufklärung sowie den späteren Verlauf der Hauptverhandlung und somit der Wahrheitsfeststellung gelegt.

Tatsachen, die frühzeitig durch eine qualifizierte und den prozessrechtlichen Anforderungen entsprechende Vernehmung festgestellt werden, sind später meist unwiderruflich. Anschaulich beschreiben das z. B. *Artkämper* und Mitautoren.[4]

1.1 Zeugenvernehmung

Im Strafverfahren ist die Zeugenvernehmung eine strafprozessrechtlich geregelte Methode der Befragung, um durch ein ziel- und zweckgerichtetes Gespräch Erkenntnisse über eine Straftat oder ein kriminalistisch relevantes Ereignis zu erlangen. Sie verfolgt das Ziel, möglichst umfassende Informationen bzw. vorhandenes Wissen in Form von Aussagen zu gewinnen und diese so zu sichern, dass andere Beteiligte am Strafverfahren das Ergebnis in einem rechtlich geordneten Verfahren verwerten können. Der Zeuge ist persönliches Beweismittel und bekundet in einem nicht gegen ihn gerichteten Strafverfahren bei einer Vernehmung seine persönlichen Wahrnehmungen über ein von ihm beobachtetes Ereignis bzw. bei ihm vorhandene sonstige für das Strafverfahren relevante Kenntnisse. Seine Vernehmung dient dazu, weitere Anhaltspunkte oder Beweismittel zu finden, die der Tataufklärung dienen und seine getroffenen Aussagen gerichtsfest zu machen (vgl. Kap. II Beweislehre/Beweisführung). Die Zeugenvernehmung ist einerseits Ermittlungsmaßnahme, andererseits Methode der Beweisführung. 6

1.2 Beschuldigtenvernehmung

Grundsätzlich unterscheidet sich die Beschuldigtenvernehmung nicht von der Zeugenvernehmung. Auch sie ist im Strafverfahren eine strafprozessrechtlich geregelte Methode der Befragung, um durch ein ziel- und zweckgerichtetes Gespräch Erkenntnisse über eine Straftat oder ein kriminalistisch relevantes Ereignis zu erlangen. Sie verfolgt das Ziel, möglichst umfassende Informationen bzw. vorhandenes Wissen in Form von Aussagen zu gewinnen und diese so zu sichern, dass andere Beteiligte am Strafverfahren das Ergebnis in einem rechtlich geordneten Verfahren ver- 7

4 Artkämper, Floren, Schilling, Keller, Metzger, May.

werten können. Wesentliche Unterschiede bestehen aber in der Rechtsstellung der Betroffenen (Zeuge: grundsätzlich Pflicht zur wahrheitsgemäßen Aussage, Beschuldigter: grundsätzlich keine Pflicht zur Aussage) sowie in den Interessen (Zeuge macht Angaben in einem nicht gegen ihn gerichteten Verfahren; Beschuldigter sagt in dem gegen ihn gerichteten Verfahren aus). Auch die Beschuldigtenvernehmung ist ebenfalls eine Methode der Beweiserhebung. In der Vernehmung wird dem Beschuldigten die Möglichkeit gegeben, vorliegende Verdachtsgründe zu beseitigen bzw. den gegen ihn erhobenen Tatvorwurf zu entkräften. Das schließt auch ein, entlastende Umstände festzustellen. Der Beschuldigte hat im Strafverfahren bestimmte Rechte, z. B. Anträge zu stellen und sich eines Verteidigers bedienen zu können. Er ist einerseits Prozesssubjekt, andererseits ist seine Aussage selbst Beweismittel.

Da der Beschuldigte weder zur Aussage generell noch zu wahrheitsgemäßen Aussagen verpflichtet ist, kann ein Teil der Ziele nur dann erreicht werden, wenn der Beschuldigte sich freiwillig wahrheitsgemäß zur Sache äußert. Insofern besteht ein prozessuales Interesse daran, seine Aussagebereitschaft zu erreichen.

1.3 Befragung

8 Jede **Vernehmung** geschieht aus kommunikativer Sicht **durch Befragung** (Bitte um Auskunft) eines Zeugen oder Beschuldigten. Darüber hinaus ist die Befragung von Personen eine allgemeine polizeiliche Methode zur Erlangung von sachverhaltsbezogenen Informationen. In der Form einer informatorischen Befragung **(Erkundungsgespräch)** werden erste Auskünfte eingeholt, die es ermöglichen, einen Sachverhalt zu beurteilen. Unabhängig von der Entscheidung über eine spätere prozessrechtliche Verwertung der durch Befragung erlangten Informationen sind Erkundungsgespräche insbesondere im Ersten Angriff und im Rahmen der Tatbefundaufnahme notwendig. Ziel ist, differenzieren zu können, ob es sich bei angetroffenen Personen um Opfer, Verletzte, Anzeigeerstatter, Tatbeteiligte, Verdächtige oder sonst in das Tatgeschehen verwickelte Personen handelt, deren Status als Zeuge oder Beschuldigter meistens erst später feststellbar ist. Dabei geht es auch um mögliche Maßnahmen der Gefahrenabwehr und die Priorisierung des polizeilichen Handelns. Im Regelfall kann das rechtsförmliche Verfahren einer Zeugenvernehmung oder Beschuldigtenvernehmung erst nach einer solchen ersten (informatorischen) Befragung eingeleitet werden.

Der Begriff Befragung wird als rechtlich zulässige Methode auch im Zusammenhang mit der Ladung des Angeklagten (§ 216 Abs. 2 StPO) verwendet. Der Wortlaut der Befragung und seine Anträge müssen beurkundet werden.[5]

Die polizeiliche Befragung[6] ist zulässig, und die Auskunftspflicht von Personen nach dem Ordnungswidrigkeitsgesetz oder den Polizeigesetzen der Länder bzw. des Bundes (BKAG, BPolG) besteht, wenn Tatsachen die Annahme rechtfertigen, dass eine Person sachdienliche Angaben machen kann, die zur Erfüllung einer bestimmten polizeilichen Aufgabe erforderlich sind. Bei einer Befragung gewonnene Daten unterliegen aber der Zweckbindung und ihre Verwendung im Strafverfahren ist begrenzt.

Im Ordnungswidrigkeitsverfahren wird häufig auch der Begriff Anhörung verwendet, insbesondere wenn schriftliche Einlassungen gefordert sind.

Problematisch ist, wann eine Befragung durch erkannte Aussageinhalte in eine Zeugen- oder Beschuldigtenvernehmung und damit in das prozessrechtlich geregelte Verfahren übergehen muss, um die Verwertbarkeit der bis dahin erlangten Erkenntnisse im Strafverfahren zu gewährleisten (Belehrungspflichten und Wahrung anderer gesetzlich vorgeschriebener Rechte der zu vernehmenden Person).[7]

Beispiel:

Aus einer Gaststätte wird telefonisch gemeldet, dass eine „Schlägerei" zwischen vier bis sechs unbekannten Personen stattfindet. Diese zerschlagen auch Einrichtungsgegenstände der Gaststätte und bedrohen den Wirt. Die durch den Dienstgruppenleiter eingesetzten Polizeibeamten haben in der typischen Konkurrenzsituation zwischen Gefahrenabwehr und Strafverfolgung zu handeln. Insofern gelten zunächst die eingriffsrechtlichen Regelungen zur Gefahrenabwehr, um erst einmal schadensabwehrend tätig zu sein. Zugleich werden dadurch Erkenntnisse gewonnen, die

1. einen Straftatverdacht wegen Körperverletzung und Sachbeschädigung beinhalten, die Einleitung eines Ermittlungsverfahrens begründen und
2. eine erste Differenzierung der Beteiligten nach ihrem Status in Zeugen und Beschuldigte erlauben.

XIII

5 Meyer-Goßner/Schmitt, 67. Aufl., § 216, Rn 17.

6 Die polizeiliche Befragung ist gesetzlich, z.B. im Brandenburgischen Polizeigesetz unter § 11 Befragung, Auskunftspflicht, geregelt.

7 Eine erste informatorische Befragung am Tatort Anwesender oder sonst mit der Straftat im Zusammenhang stehender Personen löst noch keine Belehrungspflicht über das mögliche Schweigerecht des Befragten aus (BGH, Beschluss vom 27.2.1992 – 5 StR 190/91, Rn 26).

Merke

Ist der Status eines Zeugen oder Beschuldigten festgestellt, so ist die Befragung in eine Vernehmung überzuleiten, die den rechtsförmlich geforderten Bedingungen, insbesondere den Belehrungspflichten, gerecht wird. Den Unterschied zwischen Beschuldigten- und Zeugenstatus beschreibt *Füllkrug* näher.[8]

Neben der **informatorischen Befragung** spielen in der Praxis gelegentlich Spontanäußerungen eine Rolle. Dabei äußern sich z.B. Beschuldigte oder zeugnisverweigerungsberechtigte Personen spontan, ungefragt und aus freien Stücken außerhalb einer förmlichen Vernehmung oder informatorischen Befragung zum Sachverhalt. Diese Angaben unterliegen daher nicht dem Verwertungsverbot des § 252 StPO (Saarländisches OLG, Beschluss vom 6.2.2008 – Ss 70/2007 (78/07), Rn 13).

Sie dürfen verwertet werden, insbesondere durch Vernehmung der Polizeibeamten, denen gegenüber die Spontanäußerung abgegeben wurde.

9 Vernehmungsarten

Von der strafprozessrechtlich geregelten Stellung der Vernehmenden werden die **Vernehmungsart**, ihre Bezeichnung sowie ihr **Rechtscharakter** bestimmt. Kriterium für die unterschiedliche Bezeichnung von Vernehmungen ist demzufolge der **Rechtsstatus** desjenigen, der die Vernehmung verantwortlich führt.

Demnach wird unterschieden zwischen:

- der polizeilichen Vernehmung durch Ermittlungspersonen (§ 163a Abs. 4 StPO in Verbindung mit § 136 Abs. 1 Satz 2–4, Abs. 2, 3 und § 136a StPO),
- der staatsanwaltschaftlichen Vernehmung (§§ 161a Abs. 1, § 163a Abs. 3, 168b Abs. 2, 239 StPO),
- der richterlichen Vernehmung (§§ 135, 136, 58, 59, 70, 238, 250 bis 255a, 257b, 257c StPO).

In diesem Kapitel steht die **polizeiliche Vernehmung** mit den Schwerpunkten Zeugen- und Beschuldigtenvernehmung im Vordergrund. Der Verlauf einer Vernehmung wird nicht allein von der jeweiligen Taktik des Vorgehens bei der Vernehmung, sondern vor allem auch durch die bei Vernehmungen zu beachtenden Rechtsvorschriften bestimmt. Diese sichern ein rechtsstaatliches und faires Ermittlungsverfahren. Im Rahmen dieses kriminaltaktisch angelegten Handbuches wird nur auf solche Rechtsgrundlagen eingegangen, die einen direkten Bezug zur jeweiligen Aufgabe haben.

8 Füllkrug.

2 Allgemeine Taktik und Methodik der Vernehmung

10 In der Vernehmungsliteratur werden die Begriffe „Vernehmungsstrategie“, „Vernehmungstaktik“, „Vernehmungstechnik“, „Vernehmungsmethoden“ und „Vernehmungsmodelle“ verwendet. Ihre Inhalte sind jedoch von Autor zu Autor verschieden und nicht konsistent. Daher scheint eine kurze Definition für das vorliegende Kapitel erforderlich. Dabei wird sich zum einen am Kriminalistik-Lexikon[9] sowie an den vorherigen Auflagen dieses Buches orientiert:

Vernehmungsstrategie ist die grundlegende Orientierung für eine konkrete Vernehmung, um das konkrete Vernehmungsziel zu erreichen. Der Begriff zielt also immer auf den Einzelfall und eine konkrete Vernehmung ab.[10]

Vernehmungstaktik ist die effektive und effiziente Gestaltung einer konkreten Vernehmung zur praktischen Umsetzung der Strategie und damit zur Erreichung des Vernehmungsziels (z. B. Ort und Zeit der Vernehmung). Vernehmungstaktik zielt also ebenfalls immer auf eine konkrete Vernehmung ab.[11]

Vernehmungstechnik ist die Art und Weise der Kommunikation in einer Vernehmung, mit der der Vernehmer versucht, eine möglichst realitätsnahe Aussage zu erreichen.[12] Die Vernehmungstechnik ist nicht auf die konkrete Vernehmung beschränkt, sondern findet sich in jeder Vernehmung wieder (z. B. offene Fragen, Fragen zur Herstellung von Rapport). Nicht gemeint hingegen sind technische Hilfsmittel, die im Rahmen einer Vernehmung eingesetzt werden (z. B. Aufzeichnungsgeräte).

Vernehmungsmethoden bezeichnen konkrete Vorgehensweisen in Vernehmungen und sind daher Teil der Vernehmungstaktik (z. B. Sondierungsmethode, Festlegungsmethode, Überzeugungsmethode). Auch sie gehören zum „Werkzeugkasten“ und sind unabhängig von einer konkreten Vernehmung.

XIII

9 Wirth (2021).
10 Wirth (2021), S. 680.
11 Wirth (2021), S. 680.
12 Wirth (2021), S. 680.

Vernehmungsmodelle wiederum sind „Vorschläge für den grundsätzlichen, gesamtkonzeptionellen Ablauf einer Vernehmung" (AG Vernehmungsstandards: Empfehlungen zur Durchführung und Umsetzung des Modells VERITAS sowie für eine Standardisierung der Vernehmungspraxis in Deutschland (Stand: 10.3.2025).[13] Vernehmungsmodelle sind z. B. das britische PEACE[14]-Modell.

2.1 Vernehmung als Kommunikationsprozess

11 Vernehmung ist kein allgemein üblicher Kommunikationsprozess. Sie ist, wenn es sich um keine freiwillige Aussage (z. B. eines Zeugen) handelt, ein einseitig veranlasster Kommunikationsprozess. Die mit der Vernehmung verbundene Kommunikation ist an bestimmte Persönlichkeitseigenschaften und unterschiedliche Interessen der Beteiligten gebunden und sie richtet sich auf einen besonderen inhaltlichen Gegenstand, das Strafverfahren.

Beachte

Entscheidende Voraussetzungen für den Erfolg einer Vernehmung sind die Beherrschung der psychologischen Grundlagen des Entstehungsprozesses von Aussagen. Das sind spezielle Fragen der Wahrnehmung, der Wahrnehmungsbeeinflussung, des Einprägens, des Gedächtnisses, des Behaltens von Wahrgenommenem, der Speicherung, der Aktualisierung, der Reproduktion (Wiedergabe) und viele andere. Diese psychologischen Grundlagen sind auch für die „Wiedererkennung" von besonderer Bedeutung und **wurden in Kap. VIII „Wiedererkennungsverfahren und subjektives Porträt" behandelt.**[15] Sie bilden das Fundament für erfolgreiche Vernehmungen von Zeugen und Beschuldigten.

Gesprächspartner sind der Vernehmer und die zu vernehmende Person (Zeuge oder Beschuldigter), die jeweils von weitgehend unterschiedlichen Interessen geprägt sind.

13 Bei der AG Vernehmungsstandards handelt es sich um eine Arbeitsgruppe aus dem Kreis der Lehrenden für Kriminalistik des Bundes und der Länder.

14 PEACE steht für Planning and Preparation (Planung und Vorbereitung), Engage and Explain (Einbeziehen und Erklären), Account (Bericht), Closure (Abschluss) und Evaluation (Auswertung). Für weitere Informationen siehe z.B. College of Policing (o.D.) (https://www.college.police.uk/app/investigation/investigative-interviewing/investigative-interviewing#peace-framework).

15 Siehe, bezogen auf Vernehmung, dazu auch: Belitz, Rüffer.

Auf der einen Seite steht der Polizeibeamte als **Vernehmer**, dem strafprozessrechtliche Befugnisse zur Durchführung von Vernehmungen eingeräumt sind. Er verkörpert als Angehöriger einer Strafverfolgungsbehörde staatliche Machtpositionen. Er ist der Informationssuchende. In den meisten Ermittlungsverfahren besteht ein hohes Maß an spezieller Informationsbedürftigkeit. Dieses kann nur unter Wahrung der Rechte der zu Vernehmenden befriedigt werden. Es gibt dabei keine uneingeschränkten Möglichkeiten, das Wissen und die Kenntnisse des zu Vernehmenden abzufragen, etwa durch Androhung von Gewalt oder Willensbeeinflussung 12

Auf der anderen Seite steht der **zu Vernehmende**. Er ist Informationsträger. Er verfügt über meist wichtige und umfangreiche Kenntnisse zur Tat, ganz gleich, ob er sich dessen bewusst ist oder nicht. Dabei ist die besondere Stellung als Zeuge oder Beschuldigter zunächst einmal unerheblich. Der Vernehmer hat in allen Fällen während des Kommunikationsvorganges (dem besonderen Gespräch) die Aufgabe, den Betroffenen mit Gesprächskunst, Geschick, Menschenkenntnis, Erfahrung und Geduld zu veranlassen, alles zu berichten oder zu offenbaren, was der Tataufklärung dient.

Auch wenn eine Vernehmung an die Berücksichtigung allgemeiner vernehmungspsychologischer Grundsätze gebunden ist, bleibt jedes dieser Vernehmungsgespräche individuell. Das erfordert fall- und personenbezogenes Vorgehen. Jede schematische Übertragung von sogenannten Vernehmungsregeln und taktischen Empfehlungen ist schädlich. Der Vernehmer muss im Kommunikationsprozess äußerst wendig, geschickt und disponibel sowohl auf die Person als auch auf die Vernehmungsumstände und die Situation möglicher Gesprächs- bzw. Aussagewilligkeit eingehen können. Überhastete Vernehmungen erbringen keinen Zeitgewinn, sondern wegen erforderlicher Nachvernehmungen Zeitverlust.

An die Persönlichkeit eines Vernehmers müssen besondere Anforderungen[16] gestellt werden.

Insbesondere sind dies:

- Kommunikations- und Konzentrationsfähigkeit,
- psychologisches Einfühlungsvermögen,
- Menschenkenntnis,

XIII

16 Die Wissenschaft Kriminalistik bezeichnet diesen Prozess nicht ohne Grund als *„Vernehmungskunst“*, die nicht zwangsläufig in einem allgemeinen Ausbildungsgang erlernt werden kann. Durch praktische Tätigkeit und Erfahrung entwickeln sich sowohl in den Fachkommissariaten der Kriminalpolizei als auch bei ausgewählten Organisationseinheiten der Schutzpolizei besonders geeignete Vernehmer.

- Fähigkeit zu aktivem Zuhören,
- Erkennen des nonverbalen Verhaltens des zu Vernehmenden,
- Beurteilungsfähigkeit von emotionalen Gefühlsausbrüchen,
- kommunikative verbale Ausdrucksfähigkeit; Sprachstil und Sprachgewandtheit,
- Verständnis für menschliche Notlagen und persönliche Schwierigkeiten,
- Verantwortungs-, Takt- und Feingefühl,
- Fähigkeit zur intellektuellen Arbeit mit und nicht gegen den zu Vernehmenden,
- Fachkompetenz und hohes Allgemeinwissen,
- Beherrschung der Vernehmungstaktik,
- sichere straf- und strafprozessrechtliche Kenntnisse,
- eigenes hohes Anspruchsniveau,
- Sachlichkeit und Objektivität,
- Fähigkeit, sich schriftlich exakt auszudrücken und die Aussagewirklichkeit adäquat fixieren zu können,
- Strukturiertheit und Beweglichkeit des Denkens,
- Konzentrationsfähigkeit,
- Anpassungsfähigkeit,
- Geduld, Ausdauer,
- Selbstbeherrschung,
- eigene psychische Belastbarkeit,
- von moralischen und geistigen Werten sowie von Sachkunde getragene Autorität und souveräne Ausstrahlung.

Darüber hinaus haben auch weitere mit den Persönlichkeitseigenschaften des Vernehmers verbundene Aspekte Bedeutung, die Einfluss auf den Vernehmungsverlauf haben können, beispielsweise das Geschlecht (bei Sexualdelikten sollten z. B. weibliche Opfer vorrangig durch Polizeibeamtinnen vernommen werden), das Alter, Empathie, Sympathie oder Antipathieverhalten.

Die Kommunikationsfähigkeit, soziale und fachliche Kompetenz sind wesentliche Grundlage für erfolgreiche Vernehmungen.

13 In diesem Kommunikationsprozess spielt auch die **Vernehmungstechnik** eine entscheidende Rolle. Unter Vernehmungstechnik ist (vor allem die psychologische) Fertigkeit des Vernehmers zu verstehen, mit der er eine mög-

lichst realitätsnahe Aussage zu erreichen sucht, sowie die Nutzung und Anwendung von Methoden und Hilfsmitteln, die den reibungslosen Verlauf einer Vernehmung ermöglichen sollen. Letztlich geht es um die ehrliche und Vertrauen erzeugende Gestaltung der Art und Weise des Vorgehens bei einer Vernehmung, die den freien Bericht des zu Vernehmenden geschickt mit der nachfolgenden Befragung verbindet. Oft findet sich in Lehrbüchern der Hinweis, keine Suggestivfragen zu stellen. Das reicht nicht aus. Ein Vernehmer muss sich auch mit anderen Fragetechniken auskennen, nicht nur mit den sogenannten offenen Fragen, sondern z. B. auch mit Alternativfragen, reflektierenden Fragen oder Entscheidungsfragen. Wichtig sind berufliche Erfahrung und Fachwissen, um in unterschiedlichen Vernehmungssituationen jeweils taktisch geschickt reagieren zu können. Diese Fertigkeit umfasst u. a., zum richtigen Zeitpunkt das richtige Wort zu finden, die zweckmäßigste Form der Rhetorik und die Fähigkeit, den zu Vernehmenden davon zu überzeugen, die Wahrheit zu sagen, ohne dabei Druckmittel oder unerlaubte Vernehmungsmethoden anzuwenden.

2.2 Vorbereitung und Planung der Vernehmung

Die hohe Komplexität von Vernehmungen lässt sich am besten beherr- 14
schen, wenn Vernehmungen nach einem bestimmten **Ablauf** oder **Schema** durchgeführt werden. Nicht anders ist das z. B. bei einer Tatortuntersuchung, die ebenfalls nach strengen Regeln und Prinzipien systematisch, planvoll und in einzelnen Phasen abläuft. Schon aus gesetzlichen Forderungen (Belehrung, Vernehmung zur Person, Vernehmung zur Sache) wird eine bestimmte Systematik, Reihenfolge bzw. Struktur des Vorgehens bestimmt. *Schröder/Hermanutz* empfehlen, einen strukturierten Vernehmungsleitfaden mit Vernehmungskarten zu verwenden.[17] *Mohr*, *Schimpel* und *Schröer* bezeichnen das für die Beschuldigtenvernehmung als „Phasenverlauf".[18] *Berresheim* und *Weber* haben die wissenschaftlichen Grundlagen einer „Strukturierten Zeugenvernehmung" schon 2003 veröffentlicht und danach die „Methode einer strukturierten Vernehmung" als Gesamtkonzept weiter entwickelt.[19] Auch international gibt es eine Reihe von Vernehmungsmodellen[20] (z. B. das bereits erwähnte PEA-

17 Schröder, Hermanutz.

18 Mohr, Schimpel, Schmer.

19 Berresheim, Weber; Weber, Berresheim; Berresheim, Capellmann; Adler, Hermanutz.

20 Zu den internationalen Entwicklungen: Walsh et al. (2016a und b).

CE-Modell aus England und Wales[21], das norwegische KREATIV-Model[22] oder das PRICE-Model aus Schottland[23]). Sie beschränken sich jedoch nicht auf den strukturellen Ablauf einer Vernehmung, sondern haben sich inhaltlichen Fragen des Kommunikationsverhaltens von Personen mit und ohne Aussagewiderstand und den Interaktionsprozessen während einer Vernehmung zugewandt. Die Kenntnis solcher Grundfragen zum systematischen Vorgehen bei der Vernehmung sind auch für die Vernehmungsplanung Voraussetzung. Diese muss sich nach den unterschiedlich anzutreffenden Ausgangssituationen richten. In der Praxis ist es nicht immer möglich, jede Vernehmung im Voraus gründlich zu planen, wie es in der Theorie gefordert wird. Außerdem kann nicht jede Vernehmung mit dem gleichen Aufwand vorbereitet und durchgeführt werden. Auf Ad-hoc-Situationen muss häufig reagiert werden. Daher ist exaktes und situationsbedingt unmittelbar anwendbares **Grundwissen** zum Vernehmungsablauf Voraussetzung für den Erfolg einer Vernehmung. Wichtig ist, dass der Vernehmer zielgerichtet, systematisch und planvoll vorgeht, voll über die Sachlage informiert ist, den Stoff (problematischen Sachverhalt) kennt, weiß, wo die Schwerpunkte zur Tätermittlung und der Beweisführung liegen und ausreichend über die Details informiert ist.

21 Planning and Preparation (Planung und Vorbereitung), Engage and Explain (Einbeziehen und Erklären).

22 Das Akronym wird unterschiedlich umschrieben:
a) Kommunikasjon (Kommunikation), Rettssikkerhet (Rechtssicherheit), Etikk og Empati (Ethik und Empathie), Aktiv bevisstgjøring (Aktive Bewusstseinsbildung), Tillit gjennom åpenhet (Vertrauen durch Offenheit), Informasjon og Vitenskapelig forankring. (Information und wissenschaftliche Verankerung) bzw.
b) Kunnskap (Wissen), Relasjon (Beziehung), Empati (Empathie), Aktiv lytting (aktives Zuhören), Tid (Zeit), Involvering (Beteiligung), Verifisering (Überprüfung).

23 Preparation (Vorbereitung), Rapport (Beziehungsaufbau), Information Gathering (Informationserhebung), Confirming the Content (Bestätigung der Inhalte), Evaluation (Bewertung) and Action (Handlung) (Drummond).

Planung und Vorbereitung der Vernehmung

Inhaltliche Aspekte – Vernehmungsgegenstand – Tatbestände – taktische Varianten	**Beweislage-einschätzung** – Art und Umfang der Beweismittel – obj. und subj. Beweislage – Vernehmung als einziges Beweismittel	**Studium der Persönlichkeit des zu Vernehmenden** – Beschuldigter/Zeuge – Wahl Vernehmungsmethode – Glaubwürdigkeit – Besonderheiten (Kinder)
Festlegung der Zeit der Vernehmung – Dringlichkeit – Gesundheitszustand – Leistungsfähigkeit – taktische Varianten – Korrelation mit anderen Ermittlungshandlungen	**Festlegung des Ortes der Vernehmung** – Diensträume/ Privaträume – Tatörtlichkeit – Vermeidung von Störungen – Atmosphäre	**Festlegen der Teilnehmer der Vernehmung** – Vernehmungsbeamter – zu vernehmende Personen (Zeugen, Beschuldigte) – StA, RA – Sachverständiger
Planung des Ablaufs – Vernehmungsplan – zu klärende Umstände – Vernehmungstaktik/ -methodik – Beweismittelvorlage – Fixierung Verlauf (ev. Ton-Video-Aufzeichnung)	**Ladung zur Vernehmung** – schriftlich – inhaltliche Darstellung, was sollte mitgeteilt werden	**Besonderheiten** – Kinder, Jugendliche – Ausländer – Dolmetscher – Diplomaten – Abgeordnete

Abb. XIII.1 Vorbereitung und Planung der Vernehmung

Dennoch: Unvorbereitet in eine Vernehmung zu gehen, ist einer der unverzeihlichen Fehler kriminalistischer Ermittlungstätigkeit. Planlose Vernehmungen führen ins Leere. Sie helfen weder bei der Ermittlung unbekannter Täter noch bei der Überführung von Tatverdächtigen als Beschuldigte und ebenso nicht bei der umfassenden Tataufklärung, Geständniserlangung und Wahrheitsfeststellung. Also ist zumindest eine bewusste gedankliche Vorbereitung auf die Vernehmung zu fordern.

Das Resultat von Vernehmungen ist am **Erkenntniszuwachs** messbar, den die Ermittlungsperson auf dem Weg der Wahrheitsfeststellung gewinnt. Insofern bemisst der Ziel-Resultat-Vergleich nach einer Vernehmung auch die Effizienz der Vorbereitung und Planung.

Folgende Überlegungen sind bei der fallbezogenen Vernehmungsplanung und -vorbereitung zu berücksichtigen:

15 **Jede** Vernehmung muss gedanklich und bei komplizierten Sachverhalten schriftlich in Form eines **Vernehmungsplanes** vorbereitet werden. Er soll die wesentlichsten Aspekte beinhalten, wie der Beamte vorzugehen beabsichtigt, von der Kontaktaufnahme, Vertrauensgewinnung, dem Vernehmungsgespräch bis hin zum erwarteten Ergebnis. Der Vernehmungsplan dient der Sicherstellung eines strukturierten, logischen und folgerichtigen Vorgehens sowohl in formell-juristischer, vor allem aber in kriminaltaktischer Hinsicht. Im Folgenden wird öfter auf den Fall *Niels Högel*[24] eingegangen, um theoretisch angesprochene Aufgaben bei einer Beschuldigtenvernehmung hinsichtlich praktischer Anwendbarkeit darzustellen.

Nicht nur für die Vernehmung eines Serienmörders gilt es, ein Vernehmungskonzept zu fordern. „Jeder hat seinen Stil, seine Philosophie, wie mit dem polizeilichen Gegenüber je nach dessen Status im Ermittlungsverfahren umzugehen ist. Wie aber vernimmt man einen möglichen Serienmörder, dessen mögliche Anzahl an Einzeltaten alle bisherigen Dimensionen des persönlich Erlebten sprengen?“[25] „Es bedurfte also eines Konzeptes, also struktureller Überlegungen, welche sowohl die Persönlichkeit des Beschuldigten, die strafprozessualen Rahmenbedingungen, die inhaltlichen Aspekte einer möglichen Aussage und die schlicht erforderlichen administrativen Herausforderungen analysieren und bewerten.“[26] Zweck und Ziel der Vernehmungsplanung sind damit dem Wesen nach praktisch umrissen.

16 Ein Vernehmungsplan als Konzept wird, ausgehend vom Vernehmungsziel, sachverhaltsbezogen und individuell zugeschnitten, aufgestellt. Der Vernehmungsplan ist weder Formular noch Vordruck. Ungeachtet dessen, bedarf dieser Plan jedoch einer systematischen Gliederung bzw. Struktur. Diese ist nicht verbindlich festgeschrieben. Das in Abb. XIII.2 vorgestellte Modell dient als Anregung zur eigenständigen Niederschrift der vom Vernehmenden erkannten **Schwerpunkte.** Im Plan soll festgehalten werden, welche konkreten Sachfragen aufgeklärt werden sollen, wie man dabei vorgehen möchte und welche weiteren Informationen[27] der Ermittlungsbeamte während der Vernehmung erlangen möchte.

24 Niels Högel gilt als der größte Serienmörder in der Nachkriegsgeschichte Deutschlands, er wurde wegen Tötung von 100 Patienten in Krankenhäusern angeklagt (Schmidt).

25 Schmidt, Teil 3, S. 17.

26 Schmidt, Teil 3, S. 18.

27 Im allgemeinsten Sinne. Speziell sind das alle beweiserheblichen Tatsachen, die der „Aufklärung“ der Sache dienen.

Vernehmungsplan
zur Zeugen-/Beschuldigtenvernehmung – Name, Vorname

I.	II.	III.	IV.	V.
Ablauf und Vernehmungsphasen	Grundsatzfragen der Vernehmung; Offene Untersuchungsfragen; zu klärende Umstände	Bei Notwendigkeit Formulierung konkreter Fragestellungen; Notizen zu wichtigen Rechtsgrundlagen	Vermerke zu Quellenmaterial; Hinweise auf besondere Probleme; Fundstellen in Akten für Vorhalte, Richtigstellungen, Widersprüche	Besondere Vermerke/ Notizen; Ergebnisse oder offen gebliebene Fragen
1: **Kontaktphase**				
2: **Personalienfeststellung und -überprüfung**				
3: **Belehrung**				
4: **Vernehmung zur Person** ▪ Offene Fragen ▪ Persönliche Entwicklung ▪ Persönlichkeit				
5: **Vernehmung zur Sache** ▪ Freie Schilderung ▪ Befragung zu offenen Problemen aus der freien Schilderung ▪ Befragung zu weiteren ungeklärten Sachfragen ▪ Aufklärung von Widersprüchen ▪ Vorhalte/Vorlagen von Beweismitteln ▪ Unter Umständen Gegenüberstellungen				
6: **Protokollierung der Aussage und Vernehmungsabschluss**				
7: **Ergebnisbewertung/ Ableitung weiterer Ermittlungsaufgaben**				

8: **Raum für fallbezogene Individualkonstellationen – aber auch:** ■ Vorladung, ■ Vernehmungsort, ■ Vernehmungszeit, wenn es Besonderheiten gibt.				

Abb. XIII.2 Struktur eines Vernehmungsplans

Es genügt in den meisten Fällen, sich ein Blatt Papier im Querformat in Spalten und Zeilen aufzuteilen und die wichtigsten Hinweise **handschriftlich** niederzuschreiben. Spaltengröße und Zeilenabstand können dabei beliebig vergrößert oder weggelassen werden. Entsprechend der vorgeschlagenen Grundstruktur lassen sich die Querverbindungen zwischen Inhalt und Aufgaben der Vernehmungsphasen und den in der Kopfzeile benannten Fragestellungen (Matrix) in Beziehung setzen. Der Plan soll einfach, übersichtlich und gut handhabbar sein. Er soll Gedankenstütze sein, Selbstverständliches muss darin nicht erwähnt werden. Beispielhaft soll das zur Vernehmungsphase **Belehrung** gezeigt werden:

Je nach Sachlage könnte als Vernehmungsplan auch ein in zwei Spalten aufgeteiltes Blatt ausreichen, in welchem linksseitig die in Frage stehenden Sachverhalte in der Reihenfolge des Ablaufs einer Vernehmung aufgenommen werden. Rechts könnten die dazu jeweils erforderlichen „Gedächtnisstützen" aufgenommen werden. Wichtig ist, dass ein Vernehmungsplan ein persönlicher **Leitfaden** zur Umsetzung eines strukturierten und systematischen Vorgehens ist. Der Vernehmungsplan soll als **Hilfsmittel** für den Vernehmer gestaltet sein, damit dieser sich während der Vernehmung schnell zurechtfindet und nichts vergisst und die Kontinuität einer dialogorientierten Vernehmung nicht verloren geht. In der Fachliteratur werden weitere Hilfsmittel für die Vernehmungsplanung empfohlen, z.B. die „Strukturierte Vernehmung mit Vernehmungskarten".[28] Einsatzkarten für die „Vernehmung von Zeugen" und „Vernehmung von Kindern" haben *Heubrock* und *Donzelmann* veröffentlicht.[29]

Hauptsächlich konzentriert sich der Inhalt eines **Vernehmungsplanes** auf

- Ort und Zeitpunkt der Vernehmung, das Vernehmungsziel,
- offene Fragen zum Sachverhalt/Tatablauf,

28 Adler, Hermanutz; Hermanutz, Adler (2012).
29 Heubrock, Donzelmann.

- strafrechtliche Fragen, insbesondere zum Nachweis der Tatbestandsmäßigkeit,
- Fragestellungen zur Beweisführung,
- Vorhalte,
- Hinweise auf aktenseitiges Auffinden von entgegenstehenden Aussagen,
- erkannte Widersprüche,
- offene Problemfragen zur Tataufklärung (Tat und Täter),
- die taktischen Varianten eines psychologisch begründeten Vorgehens.

2.2.1 Vernehmungsort und -zeitpunkt

2.2.1.1 Ort der Vernehmung

Die Wahl des Ortes und der räumlichen Bedingungen entscheiden nicht unwesentlich über den Vernehmungserfolg. Auch hierbei ist zwischen der langfristig geplanten Vernehmung und einer sich aus der Lage ergebenden Sofortvernehmung zu unterscheiden. Bei vorsätzlichen Tötungsstraftaten sowie besonderen Straftaten/Beschuldigten ist seit 1.1.2020 der Ort der Vernehmung ein speziell mit Videotechnik ausgestattetes Vernehmungszimmer. 17

Grundsätzlich ist zu beachten:

- Ausgestaltung der Räumlichkeit sollte so sein, dass das Aufmerksamkeitsverhalten der zu Vernehmenden nicht unnötig beeinträchtigt wird;
- streng amtliche Ausstattung sollte vermieden werden. Insbesondere dem Zeugen sollte keine abschreckende Büroatmosphäre zugemutet werden; wenn möglich, den für den Aussagenden optimalen Ort wählen;
- keine Störungen zulassen. Hinweisschild anbringen „Vernehmung – bitte nicht stören“. Telefongespräche vermeiden, keine Unruhe durch Betreten und Verlassen des Zimmers zulassen;
- besonders in Polizeiwachen auf abgeschirmte Atmosphäre achten;
- Vernehmungen nach Möglichkeit in Dienstzimmern der Polizeibehörden durchführen. Nur ausnahmsweise unter Beachtung situationsbedingter Umstände von diesem Grundsatz abweichen. Von Vorteil sind speziell eingerichtete Vernehmungszimmer mit technischen Möglichkeiten zur gedeckten Beobachtung und audiovisuellen Protokollierung von Aussagen;
- Fenster geschlossen halten;
- Sitzordnung so wählen, dass für Verdächtige/Beschuldigte keine Fluchtmöglichkeit besteht, den zu Vernehmenden mit dem Rücken zur Tür und dem Gesicht zum Licht platzieren;

- mögliche Angriffe des Beschuldigten auf den Vernehmer müssen unterbunden werden können;
- bei Wahl der Sitzordnung kann enge räumliche Nähe zu der zu vernehmenden Person den Kontakt fördern. Eine solche Sitzplatzwahl kann andererseits aber ebenso als Druckverstärkung durch den Vernehmungsbeamten auf den zu Vernehmenden verstanden werden;
- Gegenstände, die als Waffe verwendet werden könnten, einschließlich Beweismittel, außerhalb der Zugriffsmöglichkeit für den Zeugen oder Beschuldigten belassen;
- für die Vernehmung von Kindern besondere örtliche und räumliche Anforderungen beachten. Handelt es sich um kindliche Opfer (z. B. Sexualstraftaten), sollten speziell eingerichtete Kind-Opfer-Vernehmungszimmer benutzt werden. Befragung als strukturierte Kindervernehmung mit der Bildkartenmethode,[30] unter Verwendung von anatomisch korrekten Puppen u. a. Demonstrationsobjekten gestalten;[31]
- bei in Untersuchungs- oder Justizvollzugsanstalten einsitzenden Personen werden Vernehmungen in speziell eingerichteten Vernehmungszimmern durchgeführt;
- Vernehmungen direkt am Tat- oder Ereignisort werden zunächst als informatorische Befragung abgewickelt. Sollte sich die Notwendigkeit strafprozessrechtlicher Vernehmungen ergeben, sollten diese nach Möglichkeit nicht am Tatort durchgeführt werden;
- bei Serienstraftätern, die eine Vielzahl von Straftaten begangen haben, können Vernehmungen am Tatort sinnvoll sein, weil bei Ansicht der örtlichen und räumlichen Verhältnisse Assoziationen geweckt werden können, welche die Gedächtnisleistung mobilisieren. Diese Form der Vernehmung wird auch als Aussagedemonstration bezeichnet;[32]
- Vernehmung in Wohnungen oder an der Arbeitsstelle von Zeugen oder Beschuldigten dürfen nicht die Regel sein. Vernehmungen im gewohnten Milieu fördern die Selbstsicherheit (geeignet zum Aufbau einer psychologischen Schutzmauer, Vernehmender wird in die „Gastrolle" gedrängt);
- nach den RiStBV sollen Personen, die sich in Haft oder sonst amtlicher Verwahrung befinden, in der Regel in der Anstalt vernommen wer-

---

30 Hermanutz, Adler (2009) sowie Eggler.

31 Vgl. dazu: bildliche Einrichtungsmuster in Nöthen-Schürmann (1997).

32 Vgl. Römer (1984a).

den.[33] Vernehmungen in Krankenhäusern, sozialen Einrichtungen u. Ä. konzentriert und besonders aufmerksam durchführen. Fluchtgefahr beachten! Nach Möglichkeit Sprachaufzeichnung durchführen;

- Einrichtung von „Vernehmungsstützpunkten“ in Behörden, staatlichen Einrichtungen, Gefangenensammelstellen oder anderen geeigneten Orten, wenn Besondere Aufbauorganisationen (BAO) eingerichtet werden und sofortige Vernehmungen vor Ort, z. B. bei Bränden, Unfällen, großen Schadensereignissen, Kapitalverbrechen u. a., erforderlich werden;
- Vernehmung in speziell ausgerüsteten Dienstkraftfahrzeugen.

Im Zuge der weiteren Digitalisierung wird auch die Möglichkeit eröffnet, in bestimmten Fällen Vernehmungen online durchzuführen.[34]

2.2.1.2 Zeitpunkt der Vernehmung

Der Zeitpunkt der Vernehmung darf außerhalb sofort notwendiger Befra- 18
gungen oder Vernehmungen während des Ersten Angriffs nicht dem Zufall überlassen bleiben. Auch der gewählte Termin kann sich auf die Qualität der durch die Aussage erwarteten Informationen bzw. Erkenntnisse auswirken. Der Zeitpunkt wird ebenso nach taktischen Erwägungen bestimmt, z. B. vor oder unmittelbar nach einer erfolgreichen Durchsuchung, nach vorläufiger Festnahme, erfolgreicher Identifizierung, nach Gegenüberstellung oder zu erwartenden Auswirkungen auf andere Tatbeteiligte.

Merke

Vernehmungen so frühzeitig wie möglich durchführen. Dennoch beachten, dass ausreichende Vernehmungsgrundlagen vorhanden sind, um wiederholte Nachvernehmungen zu vermeiden!

Die Bestimmung des richtigen Zeitpunktes ist von vielerlei weiteren Faktoren abhängig.

Beispielsweise:

- Stand der Ermittlungen;
- Aussagekraft und Umfang der bisher vorhandenen Beweismittel bei Beschuldigtenvernehmungen;

XIII

33 RiStBV Nr. 20.

34 Zum Beispiel in Nordrhein-Westfalen: Runderlass über die Vernehmung im Wege der Bild- und Tonübertragung im Ermittlungsverfahren („Onlinevernehmung“) Ministerium des Innern; Ministerium der Justiz NRW.

- zweckmäßige Einordnung in den zeitlichen, logischen und kriminalistisch zweckmäßigen Ablauf der übrigen Ermittlungsmaßnahmen;
- das vordringliche Erkenntnis- bzw. Ermittlungsziel und die Dringlichkeit des Aussageergebnisses für die Realisierung weiterer polizeilicher Aufgaben und Maßnahmen;
- die Gefahr, die durch mögliche Absprachen zwischen Tatbeteiligten entstehen kann;
- die Möglichkeit des Verlustes oder der Vernichtung von Spuren/Beweismitteln bei Verzögerung der Vernehmung;
- welche weiteren Vernehmungen und Untersuchungsaufgaben (z. B. Durchsuchungen oder Verhaftungen) aufeinander abgestimmt werden müssen, vor allem bei geplanten polizeilichen Aktionen mit Einsatzcharakter im Ermittlungsverfahren;
- der Zeitabstand zwischen Wahrnehmung und Vernehmung;
- Zeugen sollten so früh wie möglich vernommen werden, da Einzelheiten des Eingeprägten verloren gehen können oder die Wahrnehmungen mit anderen Eindrücken vermischt werden. Andererseits kann eine später durchgeführte Vernehmung zu einem besseren Ergebnis führen, wenn der Zeuge über die Sache nachdenkt und sein Gedächtnis diesbezüglich reaktiviert;
- bei geeigneter Sachlage taktisch angestrebte Überraschungseffekte nutzen;
- von der Wichtigkeit und erforderlichen Rangfolge der einzelnen Vernehmungen bei Gruppenstraftaten (oder einer größeren Anzahl von Zeugen);
- Vernehmungen sollten in Abhängigkeit von der beweisrechtlichen Bedeutung, dem zu erwartenden Zeitumfang bzw. -bedarf und der möglichen Widerstandsenergie Beschuldigter zeitlich so gelegt werden, dass kein Zeitdruck für den Vernehmer entsteht;
- von den rechtlichen Erfordernissen, z. B. der Beschuldigte ist, sofern es nicht zur Einstellung kommt, spätestens vor Abschluss des Ermittlungsverfahrens zu hören;
- die Notwendigkeit der Hinzuziehung dritter Personen, z. B. eines Staatsanwaltes, Sachverständigen oder aus taktischen Gründen nach Ermessen der Polizei eines Verteidigers;
- wichtige Vernehmungen sollten in den Morgenstunden durchgeführt werden. Die mentale Verfassung, Spannkraft und Energie des Polizeibeamten ist zu beachten. Vernehmungen nach einem aktionsreichen polizeilichen Tagesablauf sind wenig Erfolg versprechend;

- von der Erreichbarkeit zeitweilig hinzuzuziehender Personen, beispielsweise bei Gegenüberstellungen und weiteren, der jeweiligen Sachlage entsprechenden Faktoren;
- Zeitdruck vermeiden.

Der Zeitpunkt und mögliche Zeitrahmen (Dauer) beeinflussen das Vernehmungsergebnis entscheidend. Der Vernehmungsbeamte muss zudem den kriminaltaktischen Aspekten der zeitlichen Vorbereitung einer Vernehmung die gleiche Bedeutung wie der Einhaltung rechtlicher Anforderungen beimessen.

2.2.2 Ladung des Zeugen und Beschuldigten

Ergibt sich die Anwesenheit eines Zeugen oder Beschuldigten nicht bereits aus der Situation des Tat- und Einsatzgeschehens, sind diese ordnungsgemäß vorzuladen. Die Vorladung zur Vernehmung ist die an eine bestimmte Person gerichtete Aufforderung, zu einem festgelegten Zeitpunkt an dem von der Behörde vorgegebenen Ort zu erscheinen. Der Grund der Vorladung ist verständlich anzugeben.

Vorladungen sind rechtlich möglich, wenn erwartet werden kann, dass die zu vernehmende Person sachdienliche Angaben machen kann, die der Erfüllung einer polizeilichen Aufgabe, hier der Durchführung des Ermittlungsverfahrens, dienen.

Eine Vorladung ist keine Freiheitsentziehung im Sinne des Art. 104 Abs. 2 GG.

Die Vorladung erfolgt schriftlich in einem verschlossenen Brief. Die schriftliche Vorladung durch Postkarte ist im Interesse des Schutzes der Persönlichkeitsrechte nicht zulässig.

Vorladung von Zeugen 19

Die Ladung muss erkennen lassen, dass die Person in einer bestimmten Sache als Zeuge vernommen werden soll. Ins Detail gehende Sachverhaltsdarstellungen sollen unterbleiben. Handelt es sich um ein Strafverfahren mit einem bekannten Täter soll der Name des Beschuldigten, wenn der Zweck der Untersuchung nicht gefährdet wird, angegeben werden. Sind Einflüsse auf den Gang der Untersuchung durch die Namensnennung zu erwarten, kann diese unterbleiben. Der Sachverhalt (Vernehmungsgegenstand) wird genannt, wenn dies zur Vorbereitung der Aussage durch den Zeugen erforderlich ist. Ist zu erwarten, dass der Zeuge Schriftstücke oder andere Beweismittel besitzt, die in der Sache von besonderem Belang sein können, soll er in der Ladung aufgefordert werden, diese mitzubringen.

Mit dem Gesetz zur effektiveren und praxistauglichen Ausgestaltung des Strafverfahrens vom 17.8.2017, veröffentlicht am 23.8.2017 (BGBl. I 2017 S. 3202), wurden hinsichtlich der Ladung und Aussagepflicht von Zeugen durch die Polizei weitreichende Änderungen der StPO vorgenommen.

Gemäß § 163 Abs. 3 Satz 1 StPO ist der Zeuge verpflichtet, auf Ladung vor Ermittlungspersonen der Staatsanwaltschaft zu erscheinen und zur Sache auszusagen, wenn der Ladung ein Auftrag der Staatsanwaltschaft zugrunde liegt. Es ist auch möglich, dass der Staatsanwalt einen Zeugen zur Polizei vorlädt. Dieser ist danach verpflichtet, bei der Polizei zu erscheinen und auszusagen. Die eidliche Vernehmung bleibt jedoch dem Gericht vorbehalten.

Sollte es Zweifel an der Zeugeneigenschaft geben (Zeuge könnte Verdächtiger sein), ist mit dem Staatsanwalt Rücksprache zu halten.

Beachte

Besonderheiten sind bei der Vorladung von Kindern und Jugendlichen zu beachten. Gemäß PDV 382 ist die Vorladung eines Minderjährigen an die Erziehungsberechtigten zu richten.

Vorladungen an Jugendliche sind unmittelbar an diese zu richten, wenn sie mit Erziehungsberechtigten nicht in häuslicher Gemeinschaft leben. Die Erziehungsberechtigten müssen jedoch von der Vorladung gleichzeitig unterrichtet werden.

Im Einzelfall ergeben sich daraus unter Beachtung der Regelungen der Polizeidienstvorschrift zur Bearbeitung von Jugendsachen bei der Polizei[35] Teilnahmemöglichkeiten von Erziehungsberechtigten, Jugendämtern oder sonst zuständigen Behörden.

20 Vorladung von Beschuldigten

Die Vorladung ist, wie auch beim Zeugen, die an eine Person unter Angabe des Grundes gerichtete Aufforderung (öffentlich-rechtliche Verpflichtung, nicht bloße Bitte), zu einem von der zur Vorladung ermächtigten Behörde bestimmten Zeitpunkt an dem von ihr bestimmten Ort persönlich zu erscheinen.[36]

Bereits die Vorladung soll erkennen lassen, dass die betreffende Person als Beschuldigter vernommen werden soll. Der Gegenstand des Verfahrens ist kurz anzugeben, damit der Beschuldigte weiß, um was es geht.

35 PDV 382, Nr. 3.6.

36 Rupprecht, S. 566.; Huzel.

Der Sachverhalt darf nicht anonym bleiben. Er muss identifiziert werden können, z.B. wegen „unterlassener Hilfeleistung" oder wegen „Diebstahls". Weitergehende Details sollen der Vernehmung jedoch aus rechtlichen und taktischen Gründen nicht vorweggenommen werden. Die Ladung des Beschuldigten im Strafverfahren ist in § 133 StPO geregelt; Absatz 2 bestimmt, dass die Ladung unter Androhung seiner Vorführung im Falle des Ausbleibens geschehen kann. Die sofortige Vorführung regelt sich nach § 134 StPO. Sie kommt infrage, wenn Gründe vorliegen, die den Erlass eines Haftbefehls rechtfertigen würden. Zwangsmaßnahmen können nur zu einer richterlichen oder staatsanwaltschaftlichen Vernehmung angedroht werden. Sie erfolgt, wenn unentschuldigt ferngebliebene Beschuldigte nicht erscheinen.[37]

Die zwangsweise Vorführung durch die Polizei zum Zwecke der Aufklärung von Straftaten ist nur dann zulässig, wenn die Voraussetzungen zur vorläufigen Festnahme gem. § 127 Abs. 1 StPO gegeben sind.

2.3 Vernehmungsbeginn

2.3.1 Kontaktphase

Die Vernehmung beginnt, indem sich der Vernehmer der zu vernehmenden Person vorstellt. Die erste Begegnung, als Beginn der kommunikativen Phase, hat entscheidenden Einfluss auf den Verlauf der Vernehmung. Der Vernehmer sollte schon zu diesem Zeitpunkt um die Herstellung einer aufgeschlossenen, unverkrampften, von gegenseitiger Achtung geprägten Atmosphäre bemüht sein. Die erste Kontaktphase soll dazu genutzt werden, Gesprächsbereitschaft zu erzeugen. Es empfiehlt sich, das Gespräch zunächst auf allgemeine situationsabhängige Probleme (z.B. die Anreise) hinzulenken. Floskelhafte Äußerungen oder der Situation unangepasste Plattheiten helfen nicht, einen „inneren Draht" zu der zu vernehmenden Person herzustellen. Der Aufbau einer vertrauensvollen Beziehung sollte mit der nötigen Lockerheit vonstattengehen. Diese Phase des Beziehungsaufbaus und der daraus folgenden weiteren Beziehungsgestaltung zwischen Vernehmer und zu Vernehmendem wird auch mit dem Fachbegriff „Rapport" bezeichnet.[38] Der Zeuge oder Beschuldigte soll erkennen, dass er in einem Strafverfahren vernommen werden soll, 21

37 Im gerichtlichen Verfahren gegen einen ausgebliebenen Angeklagten findet keine Hauptverhandlung statt. § 230 Abs. 2 StPO ermöglicht die Anordnung der Vorführung oder den Erlass eines Haftbefehls.

38 Heubrock, Palkies.

auch wenn noch kein Bezug zum Sachverhalt hergestellt wird. Ziel ist, eine entsprechende Gesprächsebene zu schaffen, die Sprachmächtigkeit des „Gegenüber“ auszuloten sowie dessen Intelligenz- und Gemütslage festzustellen. Das Gespräch soll die Aussagemotivation fördern. Die Kontaktphase ist dennoch kein Vorgespräch[39] der Vernehmung, weil es kein auf inhaltliche Probleme der Vernehmung hinführender und statusabhängiger Gedankenaustausch ist.[40]

2.3.2 Personalienfeststellung

22 Vor Beginn der Vernehmung werden die Personalien der zu vernehmenden Person erhoben und überprüft, um die Identität der Person festzustellen und diese nicht ungerechtfertigten Vorhalten oder Vorwürfen auszusetzen. Es darf nicht stillschweigend vorausgesetzt werden, dass die erschienene Person tatsächlich der Vorgeladene ist.

Die Personalienfeststellung ist auch ein Element der Eigensicherung des Vernehmers. Wenn die Person nicht bereits persönlich bekannt ist und sich entsprechende Anhaltspunkte ergeben, dass die Person in Fahndungsmitteln ausgeschrieben sein könnte, erfolgt eine INPOL-Abfrage. Die Personalienfeststellung ist noch keine Vernehmung und nicht mit der Feststellung der persönlichen Verhältnisse eines Beschuldigten zu verwechseln. Die Überprüfung erfolgt anhand des Personalausweises oder eines anderen amtlichen Dokumentes (z. B. Reisepass oder ausländischer Pass), indem die darin enthaltenen Angaben mit der Person verglichen werden.

Die Identitätsprüfung anhand von biometrischen Daten und anderen Identifizierungsmerkmalen in Pässen ist zulässig und in § 16a PassG geregelt.[41]

2.3.3 Belehrung

23 Ist die Identität der Person durch Personalienüberprüfung festgestellt, beginnt die Vernehmung mit der Belehrung. Die Belehrung von Zeugen und Beschuldigten dient der Wahrung ihrer strafprozessual geregelten Rechte. Die Unterlassung erforderlicher Belehrungen und die damit verbundene Verletzung von Persönlichkeitsrechten, können zur erheblichen Beeinträchtigung der späteren Beweisführung, bis zum Beweisverwertungsverbot führen. Selbst eine teilweise unzutreffende oder nicht ausreichende Belehrung kann zur Unverwertbarkeit der Aussage im Strafverfahren füh-

---

39 Vgl. Artkämper, Floren, Schilling, Keller, Metzger, May, Rn. 201.

40 Vgl. Artkämper (1998b).

41 Passgesetz (PassG).

ren. Die Belehrung ist kein formaler Akt, wenngleich durch die in Vernehmungsvordrucken enthaltenen „Fußnotenhinweise“ und anzukreuzenden „Ja-Nein-Kästchen“ zur Belehrung diesen formalen Eindruck hinterlassen. Die Belehrung muss umfassend, in der zutreffenden Weise, ausführlich und inhaltlich so vorgenommen werden, dass der Betroffene ihren Sinn versteht und daraus für sich persönlich eine Entscheidung ableiten kann.

Art und Umfang der Belehrung müssen sachverhalts- und individuell personenbezogen sein. Die unterschiedlichen Belehrungsinhalte müssen verständlich vermittelt und protokolliert werden.[42]

Es erweist sich als sinnvoll, den Vernehmungsvordruck durch Niederschrift dessen, worüber die Person belehrt wurde, zu ergänzen, den exakten Zeitpunkt festzuhalten und diesen Passus ggf. (besonders bei schwierigen Rechtslagen) unterschreiben zu lassen. In einigen Bundesländern gibt es spezielle Belehrungsblätter für Zeugen und Beschuldigte, in denen sämtliche Belehrungsmöglichkeiten aufgeführt und der Inhalt verständlich erklärt wird. Nach erfolgter Erläuterung wird dieses Blatt durch die betreffende Person unterschrieben.

Bestandteil der Belehrung ist die eindeutige Feststellung des strafprozessualen Status der zu vernehmenden Person. Unabhängig davon, dass dies bereits bei der Vorladung zu beachten ist, erfolgt vor der Vernehmung unter Berücksichtigung der aktuellen Rechtslage erneut die Feststellung, ob die Person als **Zeuge oder Beschuldigter** zu vernehmen ist. Die Prozessrolle der Person muss bei Vernehmungsbeginn eindeutig sein. Ergibt sich während einer zeugenschaftlichen Vernehmung allerdings eine neue Sachlage, die den Anfangsverdacht zu einer begangenen Straftat durch den Zeugen begründet, muss dieser veränderte Status dem Betreffenden nicht nur mitgeteilt werden. Er ist nunmehr einer ordnungsgemäßen Beschuldigtenbelehrung zu unterziehen. Dabei ist seine neue Stellung im Ermittlungsverfahren und die Veränderung seiner Rechte zu erklären (z. B. Wegfall der Wahrheitspflicht, Recht zur Verteidigerkonsultation).

Zeugenbelehrung 24

Die Zeugenbelehrung umfasst:

- die Erläuterung des Zeugnisverweigerungsrechtes nach § 52 StPO;
- ggf. die Erläuterung des Zeugnisverweigerungsrechtes gemäß §§ 53, 53a, 54 StPO aus beruflichen Gründen;

42 Vgl. Artkämper (1996, S. 393–399 und S. 471–473). Er beschreibt ausführlich die Voraussetzungen, den Umfang, die Tiefe, Zweckgerichtetheit und Individualität der Belehrung.

- den Hinweis auf das Auskunftsverweigerungsrecht nach § 55 StPO zu Sachverhalten, die den Zeugen oder einen nahen Angehörigen (§ 52 StPO) selbst belasten oder der Strafverfolgung aussetzen würden;
- den Zeugen darauf hinzuweisen, dass er gemäß § 163 Abs. 3 StPO gesetzlich verpflichtet ist, vor der Polizei zur Sache auszusagen;
- den Zeugen zur Wahrheit und über die strafrechtlichen Folgen einer unrichtigen oder unvollständigen Aussage (abgeleitet aus § 57 StPO) zu belehren;
- je nach zutreffender Sachlage Belehrung nach dem 3. Opferrechtsreformgesetz (2015), wie: Anzeigenbestätigung, Recht über Auskunft zum Stand des Verfahrens, psychosoziale Prozessbegleitung, entsprechend § 406i StPO (Unterrichtung des Verletzten über seine Befugnisse im Strafverfahren).

Die Belehrung soll so erfolgen, dass sich der Zeuge bei der Ermahnung zur Wahrheit der Bedeutung seiner Aussage bewusst wird. Der Hinweis auf den Eid, die Bedeutung des Eides und die Folgen einer unrichtigen oder unvollständigen Aussage sowie die oben aufgeführten Rechtsgrundlagen müssen dem Betroffenen inhaltlich in verständlicher Art und Weise vermittelt werden.

25 **Beschuldigtenbelehrung**

Die Belehrung des Beschuldigten ist bei jeder Vernehmung zu wiederholen bzw. durchzuführen.

Dadurch sollen die Beschuldigtenrechte auch bei neu eingetretenen Verfahrenssituationen, die möglicherweise eine neue Rechtslage zur Folge haben könnten, gewahrt werden.

Die Beschuldigtenbelehrung umfasst:

- die Eröffnung, dass er als Beschuldigter gem. §§ 163a, Abs. 4; 136 Abs. 1 StPO vernommen werden soll und welche Tat (Tatvorwurf) ihm zur Last gelegt wird. Die Eröffnung des Tatvorwurfes sollte sich auf die Wiedergabe eines tatsächlichen Lebenssachverhalts beschränken und nicht rechtsförmlich verklausuliert werden;
- aus dem umfassenden und allgemein gehaltenen Tatvorwurf muss der Beschuldigte erkennen, welcher Tat bzw. Handlung er verdächtigt wird. Auf Detailfragen und spekulative Hinweise zu noch nicht ausermittelten Sachverhalten darf zu Vernehmungsbeginn noch nicht eingegangen werden. Die Straftat muss zu diesem Zeitpunkt nicht in allen Einzelheiten und Nuancen dargelegt werden;

- ggf. wird im Verlauf der Vernehmung der Tatvorwurf erweitert und der Beschuldigte dazu ausdrücklich und nachweislich belehrt. Diese Schwierigkeit entsteht insbesondere, wenn der Beschuldigte mehrere gleich- oder verschiedenartige Straftaten begangen hat und unterschiedliche Tatbeteiligung vorliegt;
- den Hinweis an den Beschuldigten, dass es ihm freisteht, sich zu der Beschuldigung zu äußern oder nicht zur Sache auszusagen (Aussageverweigerungsrecht zur Sache);
- die Pflicht des Beschuldigten, zur Person aussagen zu müssen (§ 111 OWiG);
- die Erläuterung seines Rechtes auf Verteidigung und sich in jeder Lage des Verfahrens eines Verteidigers bedienen zu können (§ 137 StPO);
- die Belehrung über das Recht auf Bestellung eines Pflichtverteidigers. Darauf ist der Beschuldigte nach § 136 Abs. 1 Satz 3 StPO bereits in seiner **ersten** Vernehmung zu belehren. Das schließt ein, ihn auch darüber zu belehren, dass er im Falle der Bestellung eines Verteidigers die dadurch entstehenden Kosten nach § 465 StPO insoweit zu tragen hat, als das Verfahren gegen ihn zu einer Verurteilung führt;
- die Belehrung darüber, dass nach § 136 Abs. 1 StPO dem Beschuldigten offen steht, auch schon vor seiner Vernehmung, einen von ihm zu wählenden Verteidiger zu befragen. Dazu hat der Vernehmungsbeamte Informationen zur Verfügung zu stellen, die es ihm erleichtern, einen Verteidiger zu kontaktieren.

  Wird dem Beschuldigten der Tatvorwurf bei der Belehrung eröffnet und er hat in den vorgesehenen Fällen noch keinen Pflichtverteidiger, wird ihm unverzüglich ein Pflichtverteidiger bestellt, wenn der Beschuldigte dies nach Belehrung ausdrücklich beantragt. Unabhängig von einem Antrag ist jedoch unter den in § 141 Abs. 2 StPO genannten Voraussetzungen ein Pflichtverteidiger zu bestellen. Das kann natürlich die operative Handlungsfähigkeit der Polizei in bestimmten Gefährdungssituationen behindern.

  § 141a StPO erlaubt demnach im Vorverfahren Vernehmungen von Beschuldigten oder Gegenüberstellungen vor der Bestellung eines Pflichtverteidigers abweichend von § 141 Abs. 2 und auch abweichend von § 141 Abs. 1 StPO durchzuführen, wenn der Beschuldigte einverstanden ist. Voraussetzung ist, dass dies zur Abwehr einer gegenwärtigen Gefahr für Leib oder Leben oder für die Freiheit einer Person dringend erforderlich oder zur Abwendung einer erheblichen Gefährdung eines Strafverfahrens zwingend geboten ist.

- den Beschuldigten auf die Möglichkeit hinzuweisen, sich auch schriftlich zur Sache äußern zu können;
- dem Beschuldigten bereits während der Belehrung den vorsorglichen Hinweis zu geben, dass er sein Recht zur Stellung von Beweisanträgen (§§ 163a Abs. 2; 136 Abs. 1 StPO) während der gesamten Laufzeit des Verfahrens wahrnehmen kann.

Der gewaltige Umfang der Belehrungspflichten birgt die Gefahr in sich, etwas zu vergessen oder Sachaspekte der folgenden Vernehmung in den Hintergrund treten zu lassen. Von *Marquardt*[43] wird erläutert, was bei Belehrungen zu beachten ist, um Verwertungsverbote zu vermeiden.

2.4 Durchführung der Vernehmung von Zeugen und Beschuldigten

2.4.1 Vernehmung von Zeugen

26 Aussagen von Zeugen sind die häufigsten Beweismittel im Ermittlungsverfahren. Zeugen werden umgangssprachlich deshalb auch als die Verbündeten der Polizei bei der Wahrheitsfeststellung bezeichnet. Dennoch gestaltet sich die Abrufung gespeicherten Wissens auch bei einem aussagewilligen Zeugen aus gedächtnispsychologischen Gründen oftmals sehr schwierig. Die Art und Weise der Durchführung der Zeugenvernehmung (wie mache ich es) und die zu wählenden taktischen Vorgehensweisen sind von der Einschätzung abhängig, ob es sich um einen aussagewilligen, unbeeinflussten, neutralen Zeugen handelt oder einen Zeugen, der aus unterschiedlichsten Beweggründen seiner Pflicht zur Aussage nur widerwillig nachkommt, möglicherweise zum Schutz seiner eigenen Person oder von Beteiligten nur das wiedergibt, was ihm während der Vernehmung im Gespräch „abgerungen" wird.[44] Unter Berücksichtigung der allgemeinen Grundsätze des Vorgehens bei Vernehmungen bieten sich dazu Grundmuster des Vorgehens an. Diese werden weitgehend von den strafprozessrechtlichen Regelungen bestimmt.

Die Vernehmung eines Zeugen kann zur Sicherung schutzwürdiger Interessen von Personen unter 18 Jahren in Bild und Ton aufgezeichnet werden (§ 58a StPO). Das gilt auch, wenn zu besorgen ist, dass die Person in der Hauptverhandlung nicht vernommen werden kann. Beispielsweise zur Wahrung schutzwürdiger Interessen bei Straftaten gegen die sexuelle Selbstbestimmung.

XIII

---

43 Marquardt.

44 Die Varianten des Zeugenverhaltens bei der Vernehmung und die auslösenden Ursachen sind sehr vielseitig. Die Ursachen reichen von Grenzen der persönlichen Wahrnehmungsfähigkeit über Protestverhalten bis zum extremen Geltungsbedürfnis.

Vernehmung zur Person 27

Als eine wichtige Voraussetzung der kriminaltaktischen Vorbereitung wurde die vorausgehende Erarbeitung eines „Vernehmungsplanes" (siehe Abschnitt 2.2) für Zeugen/Verletzte bereits behandelt.

Strafprozessrechtlich gilt für die Vernehmung eines Zeugen zur Person § 68 StPO, der mit der StPO-Änderung 2021 inhaltlich wesentlich verändert und neu gefasst wurde. Demzufolge enthält § 68 StPO drei Regelungsbereiche:

- Informationen zur Person des Zeugen zu erlangen,
- Angaben über seinen Wohnort zu beschränken
- sowie den Schutz des Zeugen.

Die Vernehmung des Zeugen beginnt nach Beendigung der Kontaktphase und Belehrung mit seiner Befragung zur Person.

Er wird gemäß § 68 StPO

- zum Vornamen, Nachnamen und Geburtsnamen,
- dem Alter (Geburtsdatum),
- dem Beruf
- sowie zu seiner vollständigen Anschrift

befragt.

Besteht Anlass zu der Besorgnis, dass der Zeuge durch die Angabe des Wohnortes gefährdet wird, gilt Abs. 2 Satz 1, „Einem Zeugen soll zudem gestattet werden, statt der vollständigen Anschrift seinen Geschäfts- oder Dienstort oder eine andere ladungsfähige Anschrift anzugeben, wenn ein begründeter Anlass zu der Besorgnis besteht, dass durch die Angabe der vollständigen Anschrift Rechtsgüter des Zeugen oder einer anderen Person gefährdet werden oder dass auf Zeugen oder eine andere Person in unlautererer Weise eingewirkt werden wird." Zeugen, die ihre Wahrnehmungen in amtlicher Eigenschaft gemacht haben (z. B. Polizeibeamte) können statt der vollständigen Anschrift den Dienstort angeben.

Bei richterlichen Vernehmungen in Anwesenheit des Beschuldigten muss ebenfalls nicht die vollständige Anschrift des Zeugen, sondern nur dessen Wohn- oder Aufenthaltsort angegeben werden.

Während § 68 Abs. 2 StPO regelt, dass Rechtsgüter des Zeugen **gefährdet** werden könnten, erfasst Abs. 3 den Schutz des Zeugen, wenn **Leben, Leib oder Freiheit des** Zeugen oder anderer Personen gefährdet sind, falls seine Identität oder sein Wohn- oder Aufenthaltsort offengelegt werden. Die daraus folgenden rechtlichen und polizeilichen Zeugenschutzmaßnahmen sind umfangreich und können hier im Detail nicht behandelt werden.

Beschränkung des Fragerechts

Im weiteren Verlauf der Befragung des Zeugen zur Person sollen die persönlichen Beziehungen zum Beschuldigten, sofern dieser bekannt ist, festgestellt werden. „§ 68a StPO Beschränkung des Fragerechts aus Gründen des Persönlichkeitsschutzes" setzt dazu gewisse Schranken. Abs. 1 bestimmt „Fragen nach Tatsachen, die dem Zeugen oder einer Person, die im Sinne von § 52 StPO Abs. 1 sein Angehöriger ist, zur Unehre gereichen können oder deren persönlichen Lebensbereich betreffen, sollen nur gestellt werden, wenn dies unerlässlich ist".

Ist es erforderlich, können auch Fragen nach Tatsachen gestellt werden, welche die Glaubwürdigkeit des Zeugen in der vorliegenden Sache betreffen. Nach Vorstrafen soll der Zeuge nur dann befragt werden, wenn geprüft werden muss, ob Voraussetzungen zur Anwendung von §§ 59, 60 StPO, Eid oder Vereidigungsverbot, gegeben sein können oder um seine **Glaubwürdigkeit** beurteilen zu können.

Dabei kann es in Einzelfällen auch erforderlich sein, Fragen nach Tatsachen zu stellen, die dem Zeugen oder einen seiner Angehörigen zur Unehre gereichen können (z. B. zu Vorstrafen oder zum Lebenswandel oder andere den persönlichen Lebensbereich betreffende Fragen). Der Vernehmer darf sich dazu nur entscheiden, wenn dies zur exakten Bewertung des Zeugen im Zusammenhang mit dem aufzuklärenden Sachverhalt zur Feststellung seiner Glaubwürdigkeit unerlässlich ist.

Ist beispielsweise mit der Vernehmung von schwer geschädigten Opfern eine erhebliche psychische Belastung verbunden, wird ihm mit besonderer Einfühlung und Rücksicht zu begegnen sein.[45] Es kann, wenn der Zweck der Untersuchung nicht gefährdet ist, auch eine Vertrauensperson nach § 406f Abs. 2 StPO bei der Zeugenvernehmung eines Verletzten anwesend sein.

Aus praktischen Gründen wird nach Abschluss der Fragen zur Person der erste Teil des Vernehmungsvordruckes ausgefertigt, falls dies den Ablauf der Vernehmung beim Übergang zur Sache nicht unterbricht.

XIII

45 RiStBV, Nr. 19a.

Vernehmung zur Sache

28 Der Vernehmer macht den Zeugen mit dem Gegenstand seiner Vernehmung näher vertraut, d.h. er erläutert, zu welchem Sachverhalt er vernommen werden bzw. zu welchen Fragen er Stellung nehmen soll. Bei der Unterrichtung zum Vernehmungsgegenstand dürfen nicht von vornherein Tatsachen und Kenntnisse vermittelt werden, die möglicherweise als Resultat der Aussage erwartet werden.

Zum Sachverhalt wird deshalb im Regelfall zunächst von einer komplexen, den Sachverhalt kennzeichnenden Fragestellung ausgegangen. Er wird mit dem Gegenstand vertraut gemacht und soll veranlasst werden, anzugeben, was ihm zum Gegenstand seiner Vernehmung bekannt ist. Er soll dies zunächst im Zusammenhang darlegen (§ 69 Abs. 1 StPO). Diese Hinführung zum Sachverhalt bildet den Ausgangspunkt der Vernehmung zur Sache, die im Wesentlichen in drei zusammenhängenden Phasen abläuft:

- zusammenhängende Sachverhaltsschilderung (freier Bericht);
- Befragungsphase (zu Details, nicht erwähnten Sachverhalten, Rückfragen u.a.);
- Klärung von Widersprüchen (gemäß Wissens- und Kenntnisstand).

Während der Vernehmung geht der Ermittlungsbeamte stillschweigend von der einen zur anderen Phase über, ohne den Kommunikationsverlauf zu unterbrechen. Vernehmung ist ein Prozess. Dabei darf nicht dogmatisch vorgegangen werden; das verbietet sich insbesondere, wenn sich aus den Aussagen unvorhergesehen neue zu verfolgende Aspekte aus der Sachverhaltsschilderung ergeben.

Beachte

- Ruhe ausstrahlen, keine Hektik erzeugen;
- Hemmungen und Erregungszustände des Zeugen abbauen;
- verständliche Fragen stellen;
- Hilfestellung zur Reaktivierung seiner Gedächtnisinhalte geben;
- zur Mitarbeit und aktiven Teilnahme am Vernehmungsverlauf anregen;
- Pausen zum Nachdenken geben;
- stets versuchen, die Erinnerungsleistung und Qualität des Aussageinhalts zu verbessern;
- keine Suggestivfragen stellen;
- Aussagefehler und Widersprüche erkennen;
- Vorhalte nur bei erheblichem Zweifel an der Richtigkeit der Zeugenaussage.

29 Dem Zeugen wird nach einer komplexen Fragestellung die Möglichkeit der **zusammenhängenden Darstellung** eines bestimmten Ablaufs, der Schilderung eines Sachverhaltes oder des Wahrgenommenen gegeben. Das Prinzip des **freien Berichts** hat nach Ergebnissen aussagepsychologischer Forschung einen hohen Zuverlässigkeitsgrad. Freie Berichte führen zu einem meist umfassenden und genaueren Überblick über Zusammenhänge. Eine Fragekanonade würde in dieser Phase oft die Wiedergabe der Gesamtheit des Wahrgenommenen zerstören. Die Erzählung des Zeugen sollte nicht unterbrochen werden. Er sollte höchstens durch einzelne Stichworte angeregt oder zur Fortsetzung ermuntert werden. Freie Berichte beinhalten oft schon großen Detailreichtum. Der Vernehmer ist allerdings angehalten, während des freien Berichts für ihn erkennbare Lücken oder fehlende Details zu erfassen und keine unterbrechenden Fragen zu stellen.

Methodisch gilt:

- Zuhören, nicht unterbrechen;
- freies Darstellungsverhalten des Zeugen fördern;
- Notizen für Protokollierung machen;
- unklare Fragen/Probleme/Widersprüche erfassen;
- nonverbales Verhalten beobachten;
- Ableitungen zur Fortführung der Vernehmung in der Befragungs- oder Gesprächsphase treffen.

Beispiel:

Die Zeugin war Kundin der Sparkasse, als zwei maskierte Männer mit Waffen in den Kassenraum stürmten und die Kunden aufforderten, sich auf den Boden zu legen, da sonst „etwas passiere". Sie verlangten von der Kassiererin Bargeld, welches sie auch bekamen und danach flüchteten. Die Zeugin wird ca. 45 Minuten nach dem Raubüberfall vernommen, wirkt psychisch gefasst, aber steht offenbar noch unter dem Eindruck des Tatgeschehens. Bei einem solchen Sachverhalt wird die Zeugin aufgefordert, zunächst zusammenhängend ihre Wahrnehmungen von der Annäherung und dem Betreten der Bank, ihren Aufenthalt in der Sparkasse und deren Handlungen bis zur Flucht darzulegen.

30 Erst nach der geschlossenen Sachverhaltsaussage werden der Zeugin ergänzende Fragen, z.B. zur Beschreibung der Personen und ihrer Bekleidung, zu mitgeführten Gegenständen, zur Möglichkeit der Wiedererkennung u.a. gestellt.

Jeder Vernehmer ist angehalten, sich ein logisches System des Vorgehens anzueignen und dieses sach- und personenbezogen unter Berücksichtigung der

Individualität der zu vernehmenden Person anzuwenden. Dafür wurde der Begriff der strukturierten Zeugenvernehmung[46] geprägt. Anzumerken ist, dass wohl jedes methodische Vorgehen bei einer Vernehmung auch ohne diesen Begriff zu verwenden, strukturiert ist. Als methodisches Hilfsmittel wird auf die Erfahrungen des „Kognitiven Interviews" verwiesen. Mit einer solchen Interviewmethode, die mnemotechnische Hilfsmittel anbietet, können Ergebnisse der Zeugenvernehmung verbessert werden. Die Methode geht davon aus, dass der Vernehmer (Interviewer) eine ausführliche Beschreibung des Zeugen im Sinne eines freien Berichts anleitet und die Befragungsphase gestaltet. Einen Leitfaden zur strukturierten Vernehmung und Glaubhaftigkeit haben auch *Hermanutz/Litzke/Kroll* vorgelegt.[47]

Als **gedächtnispsychologische Hilfen** werden genannt: 31

- „Wiederherstellung des Wahrnehmungskontexts. Der Zeuge wird aufgefordert, sich mental in die Ereignissituation zurückzusetzen und Umgebungsdetails und seine eigenen Gedanken, Gefühle, Absichten und mit den Sinnen wahrgenommene Situationsdetails in Erinnerung zu rufen.
- Berichte alles. Der Zeuge wird ermutigt, alles zu berichten, an das er sich erinnern kann, unabhängig davon, ob ihm die Details trivial oder unwichtig erscheinen.
- Abruf in veränderter Reihenfolge. Der Zeuge wird hierbei aufgefordert, das Erlebte in veränderter Reihenfolge wiederzugeben, sei es vom Ende her rückwärts zu berichten, oder von dem Teil des Erlebnisses, den er am besten erinnert, zu dem Teil, den er am zweitbesten erinnert, und so fort.
- Aufforderung zum Wechsel der Perspektive. Hier wird der Zeuge aufgefordert, das Ereignis zu schildern, wie es eine andere anwesende Person, z. B. der Täter, hätte wahrnehmen können."[48]

Dem freien Bericht schließt sich die **Befragungsphase** an, die jedoch vernehmungspsychologisch nicht als einseitig geführtes formales Frage-Antwort-Gespräch zu verstehen ist, bei dem der Zeuge lediglich zu antworten hat. Ziel ist, die Gedächtnisleistung des aussagewilligen Zeugen voll auszuschöpfen, ihn durch geschickte Fragestellungen zu Details und Sachverhalten hinzuführen, die noch nicht hinreichend erklärt sind oder aus seiner Sicht evtl. unwichtig sind. Bei diesem Interaktionsverlauf darf dem Zeugen, wie selbstverständlich auch Beschuldigten, nichts suggeriert[49]

---

46 Berresheim, Weber.

47 Hermanutz, Litzke, Kroll.

48 Berresheim, Weber.

49 Vgl. Römer (1984a, S. 85).

werden. Die Suggestion kann in sämtlichen Vernehmungsphasen auftreten, vorrangig jedoch, wenn es um die Abfrage zu Gedächtnisinhalten geht. Suggestivfragen sind Fragen, die lenkende Hinweise über die Antwort enthalten. Sie dürfen bei einer Vernehmung nicht gestellt werden.

Besonders gefährlich für die Wahrheitsfeststellung sind Suggestivfragen, die sich nicht von anderen zulässigen Fragen unterscheiden, deren Wirkung sich jedoch erst aus Herstellung des Zusammenhangs zu anderen Fragen ergibt. Das heißt, man geht (stillschweigend oder bewusst) von einer bestimmten Voraussetzung aus.

Beispiel:

Ein Zeuge, der zwar am Brandort gewesen ist, jedoch noch nicht zu seinen Wahrnehmungen in der Gesamtheit gehört wurde, wird gefragt, ob die Flammen, die nahe der Hobelbank herausschlugen, bläulich waren.

Suggestivfragen beinhalten eine vom Fragenden erwartete Antwort. Suggestives Verhalten kann auch über Mimik, Gestik oder verbal erzeugt werden. Auf die Folgen wies *Schneickert*[50] bereits im Jahr 1926 hin und auch aktuell[51] wird dieses Phänomen experimentell, allerdings ohne repräsentativ zu sein, beleuchtet.

Auch bei der gezielten Befragung zu offenen Sachfragen muss der Zeuge spüren, dass **seine** Informationen große Bedeutung für die Sachverhaltsaufklärung haben.

Methodisch gilt:

- planmäßig, logisch folgerichtig (strukturiert) vorgehen;
- vorbereitete und bisher nicht beantwortete Fragen stellen;
- Fragen nach Handlungskomplexen, Tatabläufen oder zu beteiligten Personen ordnen;
- an eigene Aussagen des Zeugen anknüpfen;
- assoziative Verknüpfungen herstellen;
- keine abstrakten Fragen stellen;
- Fragen an außerhalb des Sachverhaltes stehende Ereignisse und Abläufe knüpfen;
- Unterstützung der Reproduktion von Gedächtnisinhalten durch Vorweisung von Objekten (Zeichnungen, Tatortübersichtsaufnahmen, u. a. sachliche Beweismittel).

50 Schneickert (1929).

51 Reinhold, Schweizer, Scheer.

Die **Klärung von offenen Widersprüchen** folgt der Befragungsphase. 32
Meistens handelt es sich dabei um grundlegende Fragen, die im Dialog und unter Umständen unter Verwendung von Vorhalten geklärt werden müssen. Häufig sind es Widersprüche in der Aussage, denen andere Aussagen oder Tatsachen entgegenstehen und solche zwischen den Informationen aus anderen bereits vorliegenden Beweismitteln.

Eine frühzeitige Klärung von Widersprüchen fördert die Wahrheitsfeststellung. Der Vernehmer muss sich zuerst die Frage stellen, warum Widersprüche entstanden sein könnten und wo möglicherweise die Ursachen dazu zu finden sind.

Widersprüche in den Aussagen lassen sich nicht nur bei aussageunwilligen Zeugen feststellen. Ursache von Widersprüchen können neben objektiven Gründen (ein Zeuge konnte tatsächlich nicht alles sehen oder sah es aus einem anderen Blickwinkel) auch Falschaussagen sein. Experimente zeigten, dass aus „einer unstrukturierten Zeugenaussage wie einem freien Bericht 90 Prozent korrekt sind. Allerdings schilderten in seinen Experimenten die Zeugen nur 21 Prozent der möglichen Informationen in dieser freien Berichtsphase.“[52] Daraus ist erkennbar, welche großen Chancen es durch eine gut vorbereitete und geplante Vernehmung gibt, den Informationszuwachs und Erkenntnisgewinn zu erhöhen.

Bei der Klärung von Widersprüchen ist zu unterscheiden zwischen: 33

- wissentlichen Falschaussagen (aus unterschiedlichen Motiven),
- unwissentlichen Falschaussagen (Täuschung, Irrtum).

Falschaussagen des Zeugen sind schwierig zu durchschauen, wenn es keine konkreten Anhaltspunkte dafür gibt, dass er wissentlich andere Personen decken möchte, bestimmte Antipathien (z.B. bei einem Widerstand gegen Vollstreckungsbeamte) hegt, sein eigenes Verhalten oder das Verhalten anderer Beziehungspersonen vertuscht oder „verschönt“ werden soll.

Bei der Klärung aufgetretener Widersprüche kommt es auch darauf an, motivierte Falschaussagen als Lügen im Sinne von scheinbar frei erdachten Angaben festzustellen. Es ist schwierig, Indikatoren für Falschaussagen bei Zeugen eindeutig zu formulieren. Signale oder Anzeichen dafür können unter Beachtung natürlicher Aussagefehler sein: Betonung der Zeugenrolle, dramatisierende Ausschmückung von Sachverhalten, unlogische Darlegungen oder betont vorsichtige Aussagen unter Vorbehalten.

52 Zitiert nach Berresheim, Weber, S. 757.

2.4.2 Vernehmung von Beschuldigten

34 Die Literatur zur Beschuldigtenvernehmung ist stark von strafprozessrechtlichen sowie allgemeinen vernehmungspsychologischen Orientierungen geprägt. Der kriminalistisch bedeutsame Aspekt der Differenzierung zwischen den in der Praxis zu vernehmenden sehr unterschiedlichen **„Typen" von Beschuldigten** wird kaum beachtet. Aber gerade von deren Persönlichkeitsstruktur ist abhängig, ob und wie eine Vernehmung erfolgreich durchgeführt werden kann. Notwendig ist, frühzeitig mögliche Verhaltensmerkmale bzw. die von Verhaltensbereitschaft geprägte Charakterstruktur und Wertehaltung Verdächtiger und Beschuldigter zu erkennen. Dies festzustellen, ist meistens nur bei geplanten Vernehmungen möglich. Vor oder zu Beginn einer polizeilichen Vernehmung von Beschuldigten sollten deshalb nicht nur die persönlichkeitsbezogenen **Besonderheiten**, sondern auch die **taktisch unterschiedlichen Ausgangssituationen** beurteilt werden.

Innerhalb polizeilicher Vernehmungen hat die **erstmalige Vernehmung** (§ 136 StPO) einen herausragenden Stellenwert. Jede **weitere** nachfolgende Beschuldigtenvernehmung ist ebenso von weiteren Besonderheiten geprägt, die hier jedoch unberücksichtigt bleiben müssen.[53] Den hohen taktischen sowie beweisrechtlichen Wert einer frühen Erstvernehmung haben *Marquardt* und *Bettels*[54] in einer überzeugenden und an der Praxis orientierten Studie bewiesen.

Bei der erstmaligen polizeilichen Vernehmung von Beschuldigten treten die schon genannten vielfältigen Ausgangssituationen auf, die das Vernehmungsverhalten[55] des Beschuldigten bestimmen können und die dementsprechende Taktik des vernehmenden Polizeibeamten erfordern.

35 Der Vernehmungsbeginn wird in der Praxis von typischen **situationsbezogenen** und **täterbezogenen Ausgangssituationen bestimmt.**

Situationsbezogene Ausgangssituationen:

- Täter wird auf frischer Tat gestellt und muss sofort vernommen werden;
- Täter steht noch unter dem unmittelbaren Eindruck des Tatgeschehens, evtl. sogar unter Schockwirkung;

XIII

53 Solche Besonderheiten werden von der notwendigen Anzahl mehrerer weiterer Vernehmungen, neuen Beweissituationen, von möglicher Haftdauer, Einfluss von Mitgefangenen, Abstand zur Sache, Zurechtlegen neuer Verteidigungsstrategien, Zeugenbeeinflussung, Widerruf von Geständnissen u. a. Faktoren geprägt, die jeweils auch ein anderes kriminaltaktisches Vorgehen des Vernehmers erfordern.

54 Marquardt, Bettels.

55 Vertiefende Erkenntnisse zur Vernehmung von Personen mit und ohne Aussagewiderstand sind nachlesbar bei: Berresheim, Capellmann.

- Beschuldigter wurde vorgeladen und kann sich auf die Vernehmung einstellen;
- Selbstbezichtigung des Täters (häufig bei Tötungsdelikten; Anhalte zur Straftat liegen der Polizei oft nicht vor);
- der Beschuldigte ist verletzt und befindet sich in ärztlicher oder stationärer Behandlung;
- die Vernehmung muss aus unterschiedlichen Gründen in der Wohnung des Beschuldigten durchgeführt werden;
- die Vernehmung findet im Untersuchungshaftvollzug statt;
- Vernehmung eines aus der Untersuchungshaft vorgeführten Beschuldigten.

Täterbezogene Ausgangssituationen:

- Ersttäter;
- mehrfach vorbestrafter Täter;
- mehrfach vorbestrafter Beschuldigter mit Hafterfahrung;
- geständiger Beschuldigter;
- nicht geständiger Beschuldigter;
- planmäßig vorbereitete Vernehmung von Beschuldigten mit Migrationshintergrund;
- Vernehmung von auf frischer Tat gestellten Ausländern;
- Vernehmung von Personen, deren Status noch nicht eindeutig bestimmt ist, beispielsweise im Zusammenhang mit Landfriedensbruch;
- Vernehmung eines Selbststellers bei eindeutiger Beweislage;
- Vernehmung zu einer vorsätzlich geplanten Tat;
- Vernehmung zu einem Fahrlässigkeitsdelikt;
- Vernehmung von Einzeltätern;
- Vernehmung von Gruppentätern;
- Vernehmung von ausgewählten Tätergruppen (Kinder; Jugendliche; psychisch gestörte Personen, ältere Menschen usw.).

Diese genannten und weiteren Situationsbedingungen haben unmittelbaren Einfluss auf die **Planung und Vorbereitung von Vernehmungen**, insbesondere auf die Art und Weise ihrer **Durchführung** zur Erlangung von Aussagen, die neben der Beweisführung auch operativen polizeilichen Zwecken dienen (z. B. zur Präzisierung von Fahndungs- oder weiteren Ermittlungsmaßnahmen), bis hin zur Protokollierung der Aussagen unter bestimmten Situationsbedingungen.[56] Davon beeinflusst werden auch die Aussagetüchtigkeit, die Qualität der Aussage an sich und die Aussagezuverlässigkeit.

Merke

Das Vernehmungsverhalten von Beschuldigten ist von Persönlichkeitsfaktoren, aber auch von der Schwere der Straftat, der zu erwartenden Strafe, von der Besonderheit der Tatsituation und von der Vernehmungssituation (Ort, Zeit, Umstände usw.) abhängig.

Jede Beschuldigtenvernehmung ist **individuell,** verallgemeinerte Erfahrungen zur Vernehmungsdurchführung müssen nicht in jedem Fall zutreffend sein!

Die Vernehmungsvoraussetzungen während der Dauer eines Ermittlungsverfahrens verändern sich häufig, oft wird dadurch die spätere polizeiliche Ermittlungstätigkeit erschwert.

Die polizeiliche **Erstvernehmung**[57] entscheidet wesentlich über den weiteren Fortgang des Verfahrens und die Sachaufklärung. „Die Erfahrungen der letzten Jahre in der Arbeit mit Kapitaldelikten belegen, dass die beste Chance zu Wahrheitsfindung nur in der Frühphase der Ermittlungen besteht, und auch die Klärung des der Tat zugrunde liegenden Motivs am ehesten in dieser Phase herausgearbeitet werden kann."[58] Die weiteren Ausführungen der Verfasser bestätigen damit auch theoretisch vertretene Standpunkte der Kriminalistik.

36 Ablauf von Beschuldigtenvernehmungen

Der Kern des **formellen** methodischen Ablaufs der Beschuldigtenvernehmung ist:

- Belehrung (einschließlich Erhebung des Tatvorwurfs),
- Vernehmung zur Person,
- Vernehmung zur Sache,
- Protokollierung.

XIII

56 Der methodische Ablauf orientiert sich an der ersten polizeilichen Vernehmung, auf weiterführende Probleme geht die „Vernehmungslehre" ein.

57 Gemeint ist nicht die durch die StPO-Änderung 2021 vorgenommene Streichung des Wortes „Erste" in § 136 StPO. Erstvernehmung ist ein kriminaltaktischer Begriff, der insbesondere eine erstmalige, frühzeitige, zügige, „auf dem Fuße folgende" Vernehmung beschreibt und sich nicht auf die wiederholte Belehrung bei nunmehr allen Vernehmungen bezieht.

58 Marquardt, Bettels, S. 378.

Im Regelfall sind Einzeltäter als Beschuldigte zu vernehmen. Besondere Anforderungen an die Beschuldigtenvernehmung ergeben sich jedoch, wenn Gruppentäter (z. B. Organisierte Kriminalität) zu vernehmen sind. Das betrifft vor allem die Reihenfolge und die günstigste Taktik der Vernehmung der Mitglieder von kriminellen Gruppierungen. Ausgehend von der Täter- und Persönlichkeitsstruktur, der Tatbelastung, der Position des Vernehmenden in der Hierarchie der Gruppe und dem Erfordernis der gleichzeitigen Durchführung weiterer Maßnahmen wie Verhaftungen oder Durchsuchungen ist zu entscheiden, ob Parallelvernehmungen oder zeitlich aufeinanderfolgende Vernehmungen zweckmäßig sind. Der Kommunikation zwischen den Vernehmenden zum Zwecke des Informationsaustausches ist dabei besonderes Augenmerk zu widmen.

Das Gesetz regelt die Art und Weise (das taktische Vorgehen) der Beschuldigtenvernehmung, außer verbotene Vernehmungsmethoden, nicht näher. Den Handlungsspielraum im Rahmen strafprozessrechtlich zulässiger Vernehmungsmethoden bestimmt die kriminalistische Taktik und Methodik. Vernehmungstechnisch hat die Beschuldigtenvernehmung drei Schwerpunkte:

- Kontaktphase,
- freie zusammenhängende Sachverhaltsschilderung (Anhörung),
- Befragung (Klärung aller offenen Fragen; Geständniserlangung).

Zu Kontaktgespräch, Belehrung und Personalienfeststellung gelten sinngemäß die in Abschnitt 2.3.1 gegebenen Orientierungen.

2.4.2.1 Belehrung des Beschuldigten/Verteidigungsrechte

Neben den in unterschiedlichen strafprozessrechtlichen Bestimmungen 37
enthaltenen grundsätzlichen Belehrungspflichten ergeben sich im Zusammenhang mit der notwendigen Verteidigung weitere Pflichten für die Vernehmenden. Die wichtigsten Regelungen sind in den §§ 141 bis 144 StPO festgelegt.

Notwendige Verteidigung

§ 140 StPO regelt die **notwendige Verteidigung**, sie beinhaltet Folgendes: Wenn bestimmte Voraussetzungen gegeben sind, welche in Abs. 1, Ziffern 1 bis 11 benannt sind, ist die Bestellung eines **Verteidigers** zwingend. Abs. 2 regelt, dass ein Fall der notwendigen Verteidigung darüber hinaus auch vorliegt, wenn wegen der Schwere der Tat, den zu erwartenden Rechtsfolgen oder wegen der Schwierigkeit der Sach- oder Rechtslage die Mitwirkung eines Verteidigers geboten erscheint oder auch wenn der Beschuldigte sich nicht selbst verteidigen kann.

Da die Entscheidung, einen Verteidiger zu benennen, noch **vor der** Beschuldigtenvernehmung erfolgen muss, bringt diese, aus dem gerichtlichen Verfahren ins Ermittlungsverfahren vorgezogene Verfahrensweise, erhebliche praktische Schwierigkeiten für den polizeilichen Vernehmer.[59]

Eine weitere Regelung betrifft die Bestellung eines **Pflichtverteidigers** und den **Zeitpunkt** seiner Bestellung. § 141 Abs. 1 StPO regelt: „In den Fällen der **notwendigen Verteidigung** wird dem Beschuldigten, dem der Tatvorwurf eröffnet worden ist und der noch keinen Verteidiger hat, unverzüglich ein Pflichtverteidiger bestellt, wenn der Beschuldigte dies **nach Belehrung ausdrücklich beantragt**."

Eine Beschuldigtenvernehmung darf nach Eröffnung des Tatvorwurfs auch nicht beginnen, wenn die in § 141 Abs. 2, Ziff. 1 bis 4 StPO gegebenen Voraussetzungen vorliegen. Demnach ist **unabhängig von einem Antrag** dem Beschuldigten, der noch keinen Verteidiger hat, in den Fällen der notwendigen Verteidigung ein Pflichtverteidiger zu bestellen, z. B. wenn er einem Gericht zur Entscheidung über Haft oder einstweilige Unterbringung vorgeführt werden soll. Die genannten Regelungen vereinfachen das Vorverfahren nicht. Vielmehr bergen sie die Gefahr, dass entlastende Umstände durch die Betroffen nicht unmittelbar vorgebracht werden, weil zunächst die Konsultation mit dem Verteidiger abgewartet werden muss. Zudem zeigt die polizeiliche Erfahrung, dass eine anwaltliche Beratung im Zusammenhang mit Kapitaldelikten oftmals dazu führt, dass Beschuldigte keine Angaben zur Sache machen.[60]

Zudem wird es schwerer, frühzeitig ein objektives Bild zum Tatgeschehen zu erlangen (Verschleierung verhindern; Unterbrechen von Straftaten; Verhinderung von Beweismittelverlust usw.). Ähnliches gilt auch für erforderliche Sofortmaßnahmen zur Wahrung rechtlicher Interessen sowie zum Schutz von Opfern und Verletzten. Zur Verteidigerbestellung gibt es allerdings auch **Ausnahmeregelungen**, die zu Beginn einer Beschuldigtenvernehmung wirksam werden können. Unabhängig von dem Recht des Beschuldigten, jederzeit, auch schon vor der Vernehmung, einen von ihm zu wählenden Verteidiger zu befragen (§ 173 StPO), ist nach Einschätzung der jeweiligen aktuellen Tat- und Gefährdungssituation zu Vernehmungsbeginn geregelt:

59 Z. B.: Woher soll der Vernehmer zu diesem Zeitpunkt wissen (in § 140 Abs. 1, Ziff. 1 StPO gefordert), ob zu erwarten ist, dass die Hauptverhandlung im ersten Rechtszug vor dem Oberlandesgericht, dem Landgericht oder dem Schöffengericht stattfindet?

60 Peglow.

§ 141a StPO Vernehmungen und Gegenüberstellungen vor der Bestellung eines Pflichtverteidigers.

Im Vorverfahren dürfen Vernehmungen des Beschuldigten oder Gegenüberstellungen mit dem Beschuldigten vor der Bestellung eines Pflichtverteidigers ***abweichend*** *von § 141 Abs. 2 und, wenn der Beschuldigte hiermit ausdrücklich einverstanden ist, auch abweichend von § 141 Abs. 1 durchgeführt werden, soweit dies*

1. *zur Abwehr einer gegenwärtigen Gefahr für Leib oder Leben oder für die Freiheit einer Person dringend erforderlich ist oder*
2. *zur Abwendung einer erheblichen Gefährdung eines Strafverfahrens zwingend geboten ist.*

In § 142 StPO wird geregelt, dass der Antrag des Beschuldigten nach § 141 Abs. 1 Satz 1 bei den Behörden oder Beamten des Polizeidienstes oder bei der Staatsanwaltschaft anzubringen ist. Weiterhin sind in dieser Rechtsnorm detaillierte **Verfahrensfragen** zur Bestellung eines Pflichtverteidigers geregelt. All diese Belehrungspflichten müssen nunmehr über den Rahmen bisher üblicher Belehrungen hinaus Berücksichtigung finden.

Belehrungsinhalt

Beachte

Der Beschuldigte muss durch die Belehrung erkennen, dass er bei einer Vernehmung die Möglichkeit hat, Beweisanträge zu seiner Entlastung stellen zu können. Beantragt er die Erhebung von Beweisen, so sind seine Forderungen im Vernehmungsprotokoll aufzunehmen und zu erheben, wenn sie von Bedeutung[61] sind. Das geschieht jedoch im Regelfall nicht unmittelbar während der Vernehmung.

Der Beschuldigte muss wissen, dass er sich in jeder Lage des Verfahrens **38**
eines Rechtsbeistandes bedienen kann (§ 137 StPO). Das heißt, er kann diesen auch vor oder während einer Vernehmung konsultieren. Die Belehrung des Beschuldigten hat in einer eindeutigen, verständlichen und juristisch nicht verklausulierten Sprache zu erfolgen. Sie soll dazu führen, dass der Sinn und Zweck des Belehrungsinhalts unzweideutig verstanden wird.

61 Der Beschuldigte kann Beweisanträge (etwas zu beweisen), aber auch Beweisermittlungsanträge stellen, z.B. einen bestimmten Ort zu besichtigen, einen Zeugen zu vernehmen oder andere Feststellungen zu treffen. Anträge, die dem Verfahren nicht förderlich sind oder der Verfahrensverzögerung dienen sollen, können abgelehnt werden. Sie sind jedoch zu protokollieren und dem Staatsanwalt zur Kenntnis zu geben. Erforderlichenfalls ist sofortige Rücksprache mit der Staatsanwaltschaft zu halten.

Kurz zusammengefasst ist der Beschuldigte über die folgenden wesentlichen Inhalte zu belehren:

- Eröffnung des Tatvorwurfs/Gegenstand des Verfahrens;
- welche Tat ihm konkret (jedoch noch nicht detailliert) zur Last gelegt wird;
- welche Strafvorschriften in Betracht kommen;
- sein Recht, sich zur Beschuldigung zu äußern oder nicht zur Sache auszusagen;
- unter gegebenen Voraussetzungen sich auch schriftlich zur Beschuldigung äußern zu können;
- sich jederzeit eines Rechtsbeistandes bedienen zu können, auch schon vor einer Vernehmung;
- die Möglichkeiten zur Bestellung eines Pflichtverteidigers nach § 140 StPO, nach Maßgabe des § 141 Abs. 1 und § 142 Abs. 1 StPO;
- Hinweis, den Beschuldigten im angemessenen Umfang bei der Verteidigersuche unterstützen zu können;
- Hinweis auf die Kostentragungspflicht eines Verurteilten nach § 465 StPO und
- über Möglichkeiten eines Täter-Opfer-Ausgleichs.

Dem Beschuldigten soll mit der Belehrung verständlich gemacht werden, dass er gegen ihn gerichtete Verdachtsgründe beseitigen und zu seinen Gunsten sprechende Tatsachen geltend machen kann. Es soll ihm dabei vermittelt werden, dass es in einer polizeilichen Vernehmung um die allseitige Tatsachenfeststellung geht (auch wenn die Gewährung rechtlichen Gehörs im Vordergrund steht).

Eine unzureichende Belehrung bzw. Verstöße gegen die Belehrungspflicht können ein Beweisverwertungsverbot nach sich ziehen.

Bereits während der Belehrung ist der Beschuldigte neben dem Tatvorwurf darauf hinzuweisen, dass er jederzeit, auch schon vor seiner Vernehmung (§ 137 StPO), einen von ihm zu wählenden Verteidiger kontaktieren kann. Er ist dabei zu unterstützen.[62]

62 § 136 Abs. 1 Satz 3 StPO: Möchte der Beschuldigte vor seiner Vernehmung einen Verteidiger befragen, sind ihm Informationen zur Verfügung zu stellen, die es ihm erleichtern, einen Verteidiger zu kontaktieren.

Sowohl während der Vernehmung als auch bei sogenannten Identifizierungs- und Vernehmungsgegenüberstellungen besteht ein Anwesenheitsrecht des Verteidigers (§§ 58 Abs. 2, 140; 141 Abs. 1 und § 142 Abs. 1 StPO).

Auch bei Anwesenheit des Verteidigers führt und leitet der Polizeibeamte die Vernehmung. Während seiner Vernehmung sind keine Eingriffe des Verteidigers erlaubt. Allerdings ist dem Verteidiger – und auch der Staatsanwaltschaft – nach der Vernehmung des Beschuldigten Gelegenheit zu geben ist, sich dazu zu erklären oder Fragen an den Beschuldigten zu stellen (§§ 168c i. V. m. 163a Abs. 3 StPO). Das Protokoll der Vernehmung ist entsprechend der aufgeworfenen Fragen zu ergänzen.

2.4.2.2 Vernehmung zur Person

Die Vernehmung des Beschuldigten zur Person beschränkt sich nicht auf die Feststellung der identifizierenden Personalangaben des Vernommenen. Die Auskunftspflicht geht über die in § 111 OWiG geforderten Personalangaben hinaus. Sie umfasst die Feststellung des Komplexes der persönlichen Verhältnisse des Beschuldigten nach § 136 Abs. 3 StPO. Demnach ist bei der ersten Vernehmung des Beschuldigten zugleich auch die **Ermittlung** seiner persönlichen Verhältnisse vorzunehmen. Das verlangt mehr als die alleinige Entgegennahme personaler Grunddaten. Ermittlung bedeutet aktives Nachforschen, was im Zusammenhang mit der Tatschilderung auch Bestandteil der Vernehmung zur Sache sein kann.[63] 39

Die Auskunftserteilung zur Person schließt auch Angaben zu seiner Herkunft, Entwicklung der Persönlichkeit, sozialen Stellung[64] und seinen Bezügen zu relevanten Personen und Umständen im konkreten Fall mit ein, einschließlich der Frage nach erworbenen Erlaubnissen (Führerschein, Waffenschein, Jagd- u. Fischereischein). Diesen Angaben kommt vornehmlich im Falle der Beschuldigtenvernehmung zu persönlichkeitsbezogenen Straftaten (z. B. sexuell motivierte Gewaltdelikte) eine nicht zu unterschätzende Bedeutung zu.

Bereits hier bietet sich die Möglichkeit, die Gesamtpersönlichkeit und mögliches Vernehmungsverhalten auszuloten und Schlussfolgerungen für das weitere methodische bzw. vernehmungstaktische Vorgehen zu ziehen.

Die Aufklärung der persönlichen Verhältnisse ist eine Aufgabe der **erstmaligen** Vernehmung, wenngleich auch bei **späteren** Vernehmungen wei-

63 Meyer-Goßner/Schmitt, 67. Aufl., § 136, Rn 5.

64 Die RiStBV regelt in Nr. 13 im Einzelnen, welche Angaben zur Feststellung der persönlichen Verhältnisse zu erheben sind.

tere, vor allem tatbezogene und das Motiv klärende Fragen/Ermittlungen zur Persönlichkeit, erforderlich werden können.

Die Angaben zur Person bereiten die richterliche Bewertung der Persönlichkeit des späteren Angeklagten vor. Darüber hinaus können sie auch schon im Vorverfahren aus rechtlichen (z.B. Möglichkeit und Zulässigkeit eines Strafbefehls oder eines beschleunigten Verfahrens) oder verfahrenstaktischen Gründen (z.B. vorsorgliche Erstellung eines Gutachtens) von Bedeutung sein.

Für die Angaben zur Person des Beschuldigten existieren in den einzelnen Bundesländern Vordrucke, in welche die zur Persönlichkeitscharakterisierung erforderlichen Standarddaten bzw. weitere individuelle Ergänzungen aufgenommen werden.

2.4.2.3 Vernehmung zur Sache

40 Dem Beschuldigten ist es freigestellt, zur Sache auszusagen, und er hat im Gegensatz zum Zeugen auch keine Wahrheitspflicht. In der Vernehmung zur Sache wird dem Beschuldigten rechtlich die Möglichkeit des Gehörs gegeben. Kriminalistisch besteht dabei stets die Zielstellung, dem Beschuldigten nahezulegen, Aussagen zur Sache zu machen, weil diese – auch im Interesse der Entlastung vom Tatvorwurf – einen entscheidenden Beitrag zur Tataufklärung im umfassenden Sinne leisten und zugleich zu einer späteren gerechten gerichtlichen Urteilsfindung beitragen können.

Die Beschuldigtenvernehmung ist mehr noch als die Zeugenvernehmung ein ungleicher Kommunikationsprozess[65], der rechtlich dadurch geprägt ist, dass der zu Vernehmende sich nicht selbst belasten muss. Wenn er aussagt, kann das aus sehr unterschiedlichen Motiven heraus geschehen. Oft wird aus Angst vor Strafe oder öffentlicher Bloßstellung keine Aussage gemacht oder nur Entlastendes dargestellt.

Vernehmungstaktisch sollte ein geschickt gewählter Übergang von der Vernehmung zur Person zur Vernehmung zur Sache erfolgen. Da der Beschuldigte bereits zu Beginn ausführlich über seine Rechte belehrt wurde und den Tatvorwurf in groben Zügen kennt, bedarf es zu diesem Zeitpunkt nicht erneut einer Erläuterung. Der Beschuldigte wird gebeten, nach seinen Vorstellungen die bedeutsamen **Tatsachen und Ereignisse im Zusammenhang** zu schildern.

Der Beschuldigte soll spüren, dass der Vernehmende mit Interesse und verständnisvoll zuhört. Durch die Vernehmung zur Sache wird dem Be-

65 Vgl. dazu: Schröer.

schuldigten rechtlich Gehör gewährt. Er kann somit auch gegen ihn gerichtete Verdachtsgründe beseitigen. Die Anhörung (freier Bericht) ermöglicht es dem Beschuldigten, sich zunächst zusammenhängend äußern zu können. Das schließt nicht aus, dass der Vernehmende rückkoppelnde Bemerkungen macht oder sich nonverbal (Mimik, Gebärden, zustimmendes Nicken u.a.) äußert. Auch eine kurze Bemerkung oder ein Hinweis verletzen das Prinzip der zusammenhängenden Anhörung nicht. Sie können die Bereitschaft zur offenen Darlegung und zu vollständigen Angaben unter Umständen steigern.

Vernehmungstaktisch soll die Anhörung so gestaltet werden, dass der Beschuldigte von sich aus so viele eigene Kenntnisse zu den Verdachtsgründen und bestehenden Zusammenhängen wie möglich erläutert. Wenn der zusammenhängende Berichtsfluss dadurch nicht beeinträchtigt wird, soll der Vernommene Skizzen anfertigen oder Abläufe demonstrieren, andenfalls ist dies Bestandteil der nachfolgenden Befragung.

Die Anhörung ist aus Sicht des Vernehmenden ein weitgehend passiver Vernehmungsteil, der durch aktives Zuhören geprägt ist.

Dessen ungeachtet sind **Aufgaben während der Anhörung**: 41

- konzentrierte Verfolgung der Aussageinhalte;
- Erfassen der Positionen des Beschuldigten zu Tatvorwürfen;
- Erkennen von Widersprüchen oder Falschaussagen;
- gedankliche Bewertung von neuen Informationen und Einordnung in die bereits vorhandenen Erkenntnisse;
- Anfertigung von Notizen zu Widersprüchen, von zu klärenden Fragen sowie neuen Aspekten;
- Beurteilung von Verhaltenssymptomen des Beschuldigten wie:
  - Angst- oder Stresssymptome,
  - vermeintliche Lügensymptome[66],
  - Verdecken oder Überspielen von Schuldgefühlen,
  - bewusste oder überzogene Schuldvorwürfe gegenüber anderen Beteiligten,
  - Überspielung von Wahrnehmungslücken;
- Erfassung aller den Tatvorwurf entkräftenden Angaben (Präsumtion der Nichtschuld);

66 Es ist inzwischen anerkannt, dass es keine verlässlichen „Lügensymptome“ gibt.

- Feststellung von Irrtümern;
- Festhalten von Aussagen, die einer sofortigen Aussagenprüfung bedürfen sowie Veranlassung der Prüfung;
- Notizen zur erforderlichen Aufklärung von Details, speziellen Handlungsabläufen und Möglichkeiten der weiteren Beweismittelerhebung.

Dem Beschuldigten soll nach Beendigung seiner eigenen Darstellungen die Möglichkeit zu einer weiteren zusammenhängenden Ergänzung gegeben werden, wenn dazu Anhaltspunkte vorliegen. Kommt das nicht zustande, wird die Vernehmung mit der ausführlichen **Befragung** zu allen unklar gebliebenen Fragestellungen fortgeführt.

Es ist die eigentliche Vernehmung, das „Verhör" im ursprünglichen Sinne. Der Vernehmende setzt sich in dieser Phase unter Verwendung von Interviewtechniken mit dem Inhalt des bisher Ausgesagten und dem sonst bekannten Sachverhalt auseinander. In einem Frage-Antwort-Dialog soll weitmöglichste Klarheit über den Tatvorwurf und den Aussageinhalt geschaffen werden. Das Vernehmungsgeschick, die Fähigkeit des Vernehmenden zur kritischen, unvoreingenommenen und rechtlich sauberen Kommunikation ist, was das Wesen und den Erfolg einer Beschuldigtenvernehmung ausmacht. Der Vernehmungsbeamte sollte stets bemüht sein, die bestehenden Interessenkonflikte zu lösen und sie nicht eskalieren zu lassen. Eine dialogorientierte Vernehmung soll künstlich entstehende Pausen verhindern. Wie das praktisch am wirkungsvollsten geschieht, beruht auf Vernehmungserfahrungen, Kenntnissen aus Vernehmungstraining und den angewandten Vernehmungsmethoden.

Der konkrete Ablauf der Befragung ist abhängig vom Beschuldigtentyp **und** der bestehenden Ausgangssituation. Das Vernehmungsziel ist, Klarheit in der Sache zu schaffen (Tataufklärung) und nicht das Geständnis, das fälschlicherweise oft als die Krone der Vernehmung bezeichnet wird. **Den Prozess der Wahrheitsfindung zu unterstützen ist das oberste Ziel einer Beschuldigtenvernehmung.**

Die Vernehmungsmethoden sind vielfältig, vom Beschuldigtentyp sowie der durch diesen gewählten Verhaltensstrategie gegenüber dem Vernehmungsbeamten abhängig. Entscheidend ist ebenso, ob zunächst die Aussagebereitschaft angestrebt werden soll oder ein aussagewilliger Beschuldigter tatsächliche Tat- bzw. Handlungsabläufe objektiv (d.h. im tatsächlichen Verlauf) darstellen soll.

Für jede Vernehmung ist wichtig, mit dem Beschuldigten ins **Gespräch zur Sache** zu kommen bzw. im Gespräch zu bleiben. Die aussagepsychologischen Grundkenntnisse und Erfahrungen müssen in der individuellen Situation richtig umgesetzt werden, um nicht bei der Vernehmung zu scheitern. Die Art und Weise des Vorgehens bei einer Beschuldigtenvernehmung gilt selbst im Rollenspiel nur schwer lehr- und erlernbar und erst langsam bildet sich ein gewisses Maß an praktischen Vernehmungserfahrungen und Geschick heraus. Für die Vorbereitung komplizierter Beschuldigtenvernehmungen kann ein Vernehmungscoaching[67] hilfreich sein.

Die kriminalistische Taktik verlangt, bereits im Vorfeld zu beachten, dass der Vernehmende auch aus kommunikationspsychologischer Sicht zum Beschuldigten „passt", um nicht von vornherein natürliche Barrieren oder Hemmnisse aufzubauen. Die Überwindung der Hemmschwelle („Aussagewiderstand"), sich zum Sachverhalt äußern zu wollen, ist der schwierigste Teil der Vernehmung zur Sache. Dabei ist dem Beschuldigten bewusst zu machen, dass, wenn er aussagen möchte, er wahrheitsgemäße Aussagen machen muss. Daher gilt es, in jeder Vernehmungssituation immer wieder neue sachliche „Anknüpfungspunkte" zu finden, um die Kommunikationssituation im Fluss zu halten. Eine wichtige Voraussetzung dafür ist die gedankliche oder schriftliche Vorbereitung und Planung der Vernehmung (vgl. auch Kap. V). Sie muss sich auf alle im Verfahren offenen Fragen und zu klärenden Umstände in rechtlicher und sachlicher Hinsicht konzentrieren. Das schließt allerdings auch nicht aus, die im Verlauf der Vernehmung und der zusammenfassenden Sachverhaltsschilderung gewonnenen Erkenntnisse, insbesondere solche, die bis dahin unbekannt waren, zu nutzen.

2.4.2.4 Vernehmungsstrategie und -taktik

Unter **Vernehmungsstrategie** soll die grundlegende Orientierung für eine konkrete Vernehmung verstanden werden, um das konkrete Ziel dieser Vernehmung zu erreichen. 42

Vernehmungstaktik meint die effektive und effiziente Gestaltung einer konkreten Vernehmung zur praktischen Umsetzung der Strategie und damit zur Erreichung des Vernehmungsziels (z. B. Ort und Zeit der Vernehmung).

Vernehmungstechnik ist schließlich allgemein die Art und Weise der Kommunikation in einer Vernehmung, mit der der Vernehmer versucht, eine möglichst realitätsnahe Aussage zu erreichen.

Bei der Befragung im Rahmen der Beschuldigtenvernehmung geht der Vernehmer nach einer gewissen Strategie vor. Davon abhängig bestimmt

67 Schmidt, S. 19.

er seine Vernehmungstaktik, wie er die Strategie umsetzen will, welche Vernehmungstechnik er anwenden und welche Varianten seines Vorgehens er wählen möchte, z.B. Ausnutzung von Überraschungseffekten, Vorhalte usw. Die einmal gewählte Vernehmungsstrategie/Vernehmungstaktik ist nicht starr. Ein mehrfacher Wechsel des taktischen Verhaltens in einer Vernehmung kann erforderlich werden. Deshalb ist es richtiger, von **taktischen Grundlinien** oder Grund**richtungen** zu sprechen. Diese werden zwar bei der Vernehmungsplanung bestimmt, können aber im Vernehmungsverlauf nicht immer umgesetzt werden.

Der Vernehmer muss sich in die Lage des Beschuldigten versetzen können. Er muss versuchen, selbst in die Gefühlswelt des zu Vernehmenden einzudringen. „Längst nicht alle Täterinnen oder Täter sind kaltblütig. Auch für sie bedeutet die Begehung eines Kapitaldelikts häufig eine enorme seelische Belastung. Geräusche wie das letzte Schnappen nach Luft, die Gegenwehr des Opfers, ein evtl. vorangegangener Streit, die Folgen für den Täter und die Familie – alles Punkte, die an einem Täter nicht spurlos vorübergehen. Viele bereuen zeitnah nach der Tat zutiefst, was gerade auch die hohe Anzahl an Geständnissen am Tatort zeigt.“[68]

43 Allgemeine auf Erfahrung beruhende vernehmungstaktische **Hinweise** zum Vorgehen bei der Befragung sind:

- Bezugnahme auf Inhalte der Anhörung;
- klare und verständliche Fragen formulieren;
- nicht unter Zeitdruck setzen lassen;
- Hemmschwellen des Beschuldigten abbauen;
- keine ständig wiederholten, bohrend-quälende Fragen stellen;
- spitzfindig abfällige Bemerkungen unterlassen, sie beeinflussen das Aussageverhalten negativ;
- Überzeugung vermitteln, dass den Beschuldigten ein faires Verfahren erwartet;
- keine Versprechungen machen, die nicht eingehalten werden können;
- suggestive Fragestellungen vermeiden;
- Fragen so stellen, dass sie dem Vernommenen Aussagegestaltungsspielraum belassen, insbesondere zur Darstellung des Detailreichtums und von Einzelheiten der Handlung;

XIII

68 Marquardt, Bettels, S. 379.

- Fragen und Antworten müssen dazu beitragen, Annahmen bzw. Vermutungen von Tatsachenwahrnehmungen zu trennen;
- Kontrollfragen stellen;
- Antworten zur Beurteilung der Glaubwürdigkeit heranziehen;
- Befragung nutzen, um vom Vernommenen gegebene Informationen dadurch abzusichern, dass dieselben Inhalte mehrmals mithilfe unterschiedlicher Fragestellungen und -techniken erfragt werden;
- nicht versuchen, erkennbare problematische Widersprüche oder Falschaussagen sofort aufzuklären. Aussageinhalte dokumentieren und für die spätere Tatsachenfeststellung nutzen;
- bei anderen belastenden Angaben kritisch prüfen, inwieweit Motive für eine (fälschliche) Belastung oder Beschuldigung vorliegen könnten;
- Ausdrucksgeschehen (verbal; nonverbal) beobachten;
- Vernehmung im Regelfall durch nur einen Beamten bzw. eine Beamtin;
- Vernehmung durch zwei Personen mit wechselnden Aufgaben und unterschiedlichen Methoden in schwierigen Fällen;
- Sachverständige/Spezialisten hinzuziehen, wenn Spezialkenntnisse zur Sachverhaltsaufklärung erforderlich sind;
- Vertrauen/Rapport zur vernehmenden Person aufbauen und aufrechterhalten;
- kein kumpelhafter Umgang mit dem Beschuldigten;
- Triebkräfte zur wahrheitsgemäßen Aussage mobilisieren;
- als Vernehmender kein provozierendes und überhebliches Verhalten an den Tag legen;
- sich durch Verhaltensweisen des Beschuldigten nicht zu Affekten hinreißen lassen;
- in Bezug auf jedes einzelne Problem (zu Episoden) nur eine Frage stellen;
- Frageformulierung so, dass nur eindeutige Antworten gegeben werden können, ggf. nachfragen;
- Erstvernehmung so früh wie möglich;
- Gefühle des zu Vernehmenden durch geschickte Verknüpfung rationaler und emotionaler Gesprächsinhalte ansprechen;
- nicht auf oberflächliches Frage-Antwort-Spiel einlassen; Gesprächsführung so gestalten, dass innere Widerstände zur Offenbarung von belastenden Erkenntnissen überwunden werden;

- Beherrschung und emotionale Engagiertheit des Vernehmers sichern den Vernehmungserfolg;
- Distanz wahren und persönliche Zuwendung durch kriminaltaktisch klug formulierte Fragen und zielorientierten Frageablauf herbeiführen.

Gleichzeitig ist besonders bei Beschuldigtenvernehmungen auf Eigensicherung zu achten.

Diese Hinweise sind als Empfehlungen aufzufassen. Sie tragen Auswahlcharakter und müssen je nach Ausgangssituation, dem Schweregrad einer Straftat, der Persönlichkeitsstruktur und dem erkennbaren Aussagewillen des Beschuldigten individuell modifiziert werden.

Besondere Probleme bereiten in der Erstvernehmung Beschuldigte, die der deutschen Sprache nicht mächtig sind, da die oben genannten taktischen Orientierungen wegen der Sprachbarriere nur teilweise umgesetzt werden können.

Verhaltenspsychologische Feststellungen während der Vernehmung sind schwer zu deuten und risikobehaftete Übersetzungen durch Dolmetscher reduzieren das kriminaltaktische Vorgehen weitgehend auf formelle Fakten und detailarme Aussagen zu Sachverhalten.

44 **Widerspruchsklärung**

Erfolgt die **Klärung von Widersprüchen** nicht bereits im Verlauf der Befragung, sollten diese am Ende der Vernehmung ausgeräumt werden. Unter Umständen muss diese Aufgabe auch einer weiteren Beschuldigtenvernehmung vorbehalten bleiben. Die Existenz eines erkannten Widerspruchs sagt zunächst noch nichts darüber aus, ob die Aussage richtig oder falsch ist. Widersprüche treten meistens nur zu einzelnen Aussageinhalten auf, z. B. zum Zeitpunkt des Aufenthaltes an verschiedenen Orten oder zum Grad der Tatbeteiligung.

Bevor auf einzelne Widersprüche eingegangen wird, sollte sich der Vernehmungsbeamte Klarheit darüber verschaffen, ob bestimmte Aussagen oder Teilaussagen wahr oder falsch (Irrtum oder Lüge) sind, was allerdings oftmals nicht einfach ist. *Prof. Dr. Max Steller*, ein anerkannter Aussagenpsychologe, der vor allem als Sachverständiger für Glaubhaftigkeitsgutachten tätig war, beschreibt diese Schwierigkeiten sehr anschaulich.[69]

Für die **Klärung von Widersprüchen** ist zu beachten:

- festgestellte Widersprüche genau bezeichnen, erklären, worin inhaltlich (z. B. logisch, rechtlich, formal) der Widerspruch besteht;

69 Steller.

- feststellen, ob die Beschuldigtenaussage in sich logisch widerspruchsfrei oder widersprüchlich ist;
- prüfen, zu welchen Zeugenaussagen die Aussagen des Beschuldigten in Widerspruch stehen;
- beurteilen, welche materiellen Beweismittel und Spuren im Gegensatz zur Beschuldigtenaussage stehen und umgekehrt;
- Bewertung der Informationen in und zwischen den anderen Beweismitteln, Herstellung von Querverbindungen;
- Gegenüberstellung der Aussagen mit Sachverhaltsdarstellungen anderer Tatbeteiligter;
- prüfen, inwieweit Widersprüche dadurch entstanden sind, dass auf bewusst oder unbewusst falsche oder unterdrückte Informationen zurückgegriffen wurde. Ebenso prüfen, ob Wahrnehmungsfehler oder fehlende Wahrnehmungsmöglichkeiten Ursache für widersprüchliche Aussagen sein könnten;
- bestehende Differenzen unter dem Gesichtspunkt der Aussageehrlichkeit (Glaubhaftigkeit) bewerten. Selbst wenn der Vernommene Teildarstellungen zu einem späteren Zeitpunkt im Ergebnis der Widerspruchsaufklärung korrigiert oder modifiziert, muss nicht von einer Falschaussage oder fehlendem Wahrheitswillen ausgegangen werden, da die Situation bei der Wahrnehmung oder auch bei der Wiedergabe ursächlich sein können.

Methodisch gibt es u. a. folgende Möglichkeiten, Widersprüche aufzuklären:

- Problemformulierung und erneute Fragestellung zu erkannten Widersprüchen;
- Besprechung des strittigen Vernehmungskomplexes unter Einbeziehung anderer Erklärungsmöglichkeiten (Versionen – wie könnte es noch gewesen sein?);
- gegenständliche Vorlage von Beweismitteln;
- Konfrontation mit anderen Aussageinhalten (Vorhalte);
- Ortsbesichtigung und Aussageprüfung an Ort und Stelle;
- Gegenüberstellung mit Zeugen oder mit anderen Beschuldigten bzw. Tatbeteiligten zur Identifizierung bzw. zur Klärung von Aussagewidersprüchen;
- Durchführung von Experimenten und Rekonstruktionen;
- Vorlage von Bildberichten oder Tatortdokumentationen, sofern dadurch der Weg der weiteren Beweisführung nicht beeinträchtigt wird;

- erneute Vernehmung des Beschuldigten, anderer Tatbeteiligter oder von Zeugen.

Die Ergebnisse der kriminalistischen Maßnahmen zur Klärung von Widersprüchen müssen dokumentiert werden (z. B. in Gegenüberstellungsprotokollen, Nachvernehmungen oder im Protokoll über eine Beweismittelvorlage), unabhängig davon, ob der Widerspruch geklärt werden konnte oder nicht.

45 **Schriftliche Einlassungen des Beschuldigten**

In geeigneten Fällen soll der Beschuldigte auf die Möglichkeit hingewiesen werden, sich **schriftlich zu äußern** (§ 136 Abs. 1 Satz 4 StPO). Dabei soll er auch auf Möglichkeiten des Täter-Opfer-Ausgleichs hingewiesen werden. In den meisten Fällen reichen allerdings schriftlich gegebene Erklärungen des Beschuldigten nicht zur umfassenden Sachverhaltsermittlung aus.

Andererseits sind nicht nur einfache Sachen im Sinne von § 163a Abs. 1 Satz 2 StPO geeignet. Vielmehr kommen alle Fälle in Betracht, in denen der Beschuldigte voraussichtlich willens und in der Lage ist, eine sachgerechte *schriftliche Darstellung* zu geben. Bei besonders umfangreichen Sachverhalten kann eine schriftliche Darstellung eine sinnvolle Ergänzung der Vernehmung sein. Die Entscheidung hierüber trifft der Vernehmende.[70] Es kann für die Sachverhaltsaufklärung dienlich sein, wenn sich ein Beschuldigter neben seiner polizeilichen Vernehmung ergänzend in schriftlicher Form durch Zeichnungen, Skizzen u. a. äußert.

Die generellen Voraussetzungen zur schriftlichen Äußerung des Beschuldigten sind in den Bundesländern in aller Regel durch Erlasse der Justizministerien geregelt und beziehen sich auf einfache Sachverhalte, bei denen die schriftlichen Äußerungen erwarten lassen, dass durch ihren Inhalt die Aufklärung der Sache möglich ist. Im Wesentlichen handelt es sich um Bagatellkriminalität durch nicht vorbestrafte Personen.[71]

> **Beispiel:**
>
> Ein Beschuldigter beging im Zusammenhang mit einem Verkehrsunfall eine fahrlässige Körperverletzung mit keinen erheblichen Folgen. Der Beschuldigte ist geständig. Der Sachverhalt ist einfach und aufgeklärt. Die schriftliche Äußerung erscheint hier ausreichend.

---

70 Frister, Rn. 48, 49 und Meyer-Goßner/Schmitt § 136 Rn 12.

71 Z. B.: Ministerium für Justiz, Europa und Verbraucherschutz und Ministerium für Inneres, ländliche Räume, Integration und Gleichstellung: Zusammenarbeit von Staatsanwaltschaft und Polizei, Nr. 4.2.

Für die schriftliche Äußerung finden Vordrucke (sogenannte Anhörungsbogen) Verwendung, die alle strafprozessrechtlichen Belange wie Belehrung, Aussage- und Auskunftspflicht beinhalten, auf die Pflicht zur Aussage zur Person und damit verbundene Konsequenzen hinweisen, die Aussagewilligkeit zur Sache berücksichtigen und eine freie Sachverhaltsschilderung ermöglichen.

2.4.2.5 Geständnis

Das Geständnis unterlag in der historischen Entwicklung des Strafver- 46
fahrens einem mehrfachen Bedeutungswandel[72]. Falsche Auffassungen zum Inhalt und zur Bedeutung des Geständnisses im Beweisprozess finden sich leider auch heute noch. Thesen wie: „Das Geständnis gilt – auch vor dem Hintergrund des Sachbeweises – als Königin der Beweise" entbehren ebenso wie andersartig postulierte Auffassungen, z. B. der Haftbefehl sei die Krone des Ermittlungsverfahrens, jeglicher strafprozess- und beweisrechtlichen Grundlage. Auch wenn ein Geständnis mit rechtsstaatlichen und rechtlich zulässigen Vernehmungsmethoden erlangt wurde, kann es nicht Königin des Beweises sein. Das Geständnis ist ein erstrebenswertes Ziel kriminalistischer Vernehmungstätigkeit, unterliegt im Strafverfahren jedoch – wie jedes andere Beweismittel – der freien Beweiswürdigung. Es ordnet sich in den komplexen Charakter des Beweisverfahrens in seiner Einheit von Personal- und Sachbeweis ein.

Im weitesten juristischen Sinne bedeutet Geständnis auch, dass von einer Partei, einem Beteiligten oder Beschuldigten eine von anderer Seite behauptete Tatsache als wahr bezeichnet wird.[73]

Diese Definition bezieht sich auf den Erkenntnisprozess und weniger auf den kriminalistisch bedeutsamen Aspekt der **Geständniserlangung**, wenn Beschuldigte leugnen bzw. bisher nicht zugegebene oder bestrittene Umstände nicht einräumen. Die Schwierigkeit besteht darin, dass es auch heute nicht möglich ist, eindeutige Lügensymptome eines Beschuldigten zu erkennen. *Niehaus* setzt sich mit der Täuschungsfähigkeit auseinander und kommt zu dem Schluss: „Die gut entwickelte menschliche Täuschungsfähigkeit steht in deutlichem Widerspruch zu unserer weitgehenden Unfähigkeit, Täuschungshandlungen unseres Gegenübers aufzudecken."[74] Zum anderen ist die Unschuldsvermutung integratives Element einer „Geständniserlangung". „Etwas genauer formuliert: Wir fragen uns, mit welchen

72 Zur Historie siehe u. a.: Busam oder Sickor.

73 Werner (2025).

74 Niehaus, S. 509.

Verfahren es Vernehmungsbeamten alltäglich gelingt, Beschuldigte in Anbetracht deren Verteidigungsinteressen und deren verfahrensrechtlich starken Position dazu zu motivieren, ihre Tat zu gestehen.“[75] Der freie Bericht des Beschuldigten führt in den seltensten Fällen zum Geständnis, deshalb ist die **Befragungsphase** von besonderer Relevanz.[76]

Die 5. und 6. Fachtagung der DGfK befasste sich mit dem Leitthema „Vernehmung zwischen Konfrontation und Kooperation“.[77] Eine Erkenntnis daraus ist: auch wenn im Einzelfall psychologische Orientierungen zum Erkennen der Lüge bzw. Hinweise zur Förderung der Geständnisbereitschaft existieren, entwickelt sich die polizeiliche Beschuldigtenvernehmung zu einer immer schwieriger statt einfacher zu lösenden Aufgabe.

47 Es ist unrealistisch, anzunehmen, dass **jeder** Beschuldigte von vornherein bedacht sei, die Unwahrheit sagen zu wollen. Das sollte während einer Vernehmung ständig berücksichtigt werden. Bei der **Geständniserlangung** in einer Vernehmung sollte beachtet werden:

- Das Geständnis ist nicht das Hauptziel einer Vernehmung. Es geht darum, gesicherte Erkenntnisse zum Sachverhalt zu erlangen.
- Der Unterschied zwischen einer Aussage und einem Geständnis besteht darin, dass der Beschuldigte durch ein Geständnis etwas „zugibt“, einen von ihm bislang bestrittenen Sachverhalt einräumt und Umstände darstellt, die ihn belasten.
- Ein Geständnis enthält die Offenbarung bekannter oder der Ermittlungsbehörde auch noch nicht bekannter Tatsachen zur Straftat. Es beinhaltet somit eine Selbstbelastung des Beschuldigten.
- Vernehmungspsychologie und -taktik während einer Vernehmung müssen so aufeinander abgestimmt sein, dass der Wille des Tatverdächtigen, die Wahrheit sagen zu wollen, gefördert und unterstützt wird.
- Die Selbstüberwindung des zu Vernehmenden soll durch Offenlegung seiner persönlichen Ansichten erreicht werden. Er muss ohne Zwang zur freien Willensbildung geführt werden. Aufgabe des Vernehmers in diesem Selbstüberwindungsprozess des Tatverdächtigen ist es, diesen zum Geständnis zu führen, dessen Eigenerkenntnisse und seine Einstellung zur Wahrheit zu fördern sowie Einsichten zur Wahrheitsfindung oder den erkennbaren Willen zur umfassenden Sachverhaltsaufklärung zu unterstützen.

---

75 Schröer, S. 525.

76 Vgl. Belitz.

77 Roll (2008), (2009).

- Der Tatverdächtige/Beschuldigte muss sich bei einem Geständnis in einem die freie Willensentscheidung nicht beeinträchtigenden Zustand befinden, d. h. sein psychischer, körperlicher und emotionaler Zustand muss so sein, dass er die Bedeutung eines Geständnisses und die daraus für ihn entstehenden Folgen voll erkennt.
- Die zu einem Geständnis führenden Aussagen müssen freiwillig, ohne Zwang oder Einwirkung von verbotenen Vernehmungsmethoden (vgl. § 136a StPO) erlangt sein.
- Gelingt es, während der Vernehmung ein Geständnis zu erreichen, ist zu beurteilen, ob das Geständnis **Täterwissen** beinhaltet sowie Tatsachen und Zusammenhänge zur Straftat erklärt.
- Zu beachten ist auch, dass abgelegte Teilgeständnisse dem Zweck der Verheimlichung oder Vertuschung anderer Sachverhalte und Straftaten dienen können.
- Es muss ein bestimmtes Maß an gesicherten Informationen und Erkenntnissen zur Straftat (Beteiligung des Beschuldigten) vorliegen. Es wäre aber lebensfremd zu fordern, dass bereits vorher alle Beweise dazu lückenlos vorliegen müssten.
- Auch im Rahmen eines Geständnisses kommt es darauf an, weiteres Täterwissen zu erlangen. Täterwissen beinhaltet Erkenntnisse und Informationen, über welche einzig und allein der Täter verfügt und die bis zum Zeitpunkt der Preisgabe in einer Vernehmung oder sonstigen Äußerung des Beschuldigten dem Ermittlungsbeamten bzw. dem Staatsanwalt oder dem Richter nicht bekannt gewesen sind.
- Nach der Erlangung von Täterwissen ist die sofortige ins Detail gehende Protokollierung erforderlich (sofern keine Videoaufzeichnung erfolgt). Darüber hinaus sind weitere Ermittlungsmaßnahmen zur Beweisführung einzuleiten, um festzustellen, welche Aussagen mit Täterwissen den Sachverhalt objektivieren.

Beispiele:

Im Zusammenhang mit einem Gewaltverbrechen leugnete der Beschuldigte B. die Tat längere Zeit. Erst während einer weiteren Vernehmung legte er ein Geständnis ab. Die Tatwaffe, ein Messer, fehlte bisher. Im Geständnis offenbarte B., das Messer auf das Dach eines S-Bahnhofes geworfen zu haben. Diesen Ort kannte nur der Täter. Die Überprüfung erfolgte unmittelbar. Das Messer wurde in der Dachrinne an der bezeichneten Stelle gefunden. Ohne Offenbarung von Täterwissen wäre es, da der Fundort weit außerhalb des Tatortbereiches lag, niemals aufgefunden worden.

Bei einem Sexualmord wurde die Leiche nicht am Tatort untersucht. Sie wurde zum Gerichtsmedizinischen Institut der Humboldt-Universität zu Berlin transportiert, um die Leichenuntersuchung dort durchzuführen. Kurz darauf wurde der Täter sozusagen noch auf frischer Tat gestellt und vernommen. Er gab an, Sexualpraktiken am Opfer mit einer Kerze ausgeführt zu haben. Der Vernehmer informierte die Rechtsmediziner, die mit der Leichenuntersuchung noch nicht begonnen hatten. Sie prüften die Aussagen des Täters und entdeckten, wie von ihm beschrieben, in der Vagina des Opfers eine Kerze.

48 **Geständnissicherung**

Hat ein Beschuldigter ein Geständnis abgelegt, so besteht die unmittelbare Aufgabe in der lückenlosen und situationsadäquaten Dokumentation der Aussage, wenn keine audiovisuelle Aufzeichnung erfolgte. Dabei sind lückenlos alle Details der Aussage so zu erfassen, dass sie später nach Möglichkeit nicht in Zweifel gezogen werden können. Insbesondere trifft das auf solche Tatsachen zu, die bisher durch das Ermittlungsorgan noch nicht festgestellt waren. Diese durch den Aussagenden erstmals offenbarten Geständnisinhalte beinhalten meistens Täterwissen, über das bis zu diesem Zeitpunkt ausschließlich der Beschuldigte verfügt.

49 Die Geständnissicherung umfasst auch die **Geständnisbewertung und -prüfung**.

Dabei sind folgende Aufgaben und Maßnahmen von Bedeutung:

- Unverzügliche Überprüfung von einzelnen Fakten, Episoden und bisher noch nicht bekannten Tatumständen, Beschaffen der neuen Beweismittel und die entsprechende Dokumentation des Prüfungsresultats;
- Aufklärung von Widersprüchen, die sich aus dem Geständnis ergeben;
- Kriminalistische Verarbeitung der aus dem Geständnis neu gewonnenen Informationen, die geeignet sind, die Schlüsselprobleme des Ermittlungsverfahrens zu erkennen, sowie weitere Ansatz- und Knotenpunkte zur umfassenden Tataufklärung zu erlangen;
- das Geständnis bildet demzufolge einen Ausgangspunkt für die Ermittlung und das Auffinden von weiteren Beweismitteln, insbesondere zur
  - vollständigen Aufklärung aller Tatumstände,
  - zur Aufklärung anderer bisher nicht aufgeklärter Straftaten,
  - zur Ermittlung weiterer Tatbeteiligter,
  - zum Auffinden weiterer objektiver und subjektiver Beweismittel;

- bei der Beweisführung darf man sich nicht auf das Geständnis allein verlassen, alle weiteren Ermittlungen müssen so aufgebaut sein, als gäbe es kein Geständnis.

Beweiswert eines Geständnisses 50

Das Geständnis ist Bestandteil der Beschuldigtenaussage, insofern hat es keinen eigenständigen prozessformalen Platz im Strafverfahren. So gehört das Geständnis als Bestandteil einer besonderen Phase der Vernehmung nach § 244 StPO förmlich auch nicht zur Beweisaufnahme im Strafverfahren. Es wird zum Bestandteil der Beweisaufnahme im Hauptverfahren. Bei einem Geständnis muss der Beschuldigte den der Straftat zugrunde liegenden Sachverhalt nicht unbedingt in jedem Detail dargestellt haben. Die Aussagen im Geständnis müssen jedoch Tatsachen und bestimmte erklärungsbedürftige Zusammenhänge erläutern. Vermutungen und Schlussfolgerungen des Beschuldigten ersetzen keine Fakten und sind nicht als Geständnis von Tatsachen anzusehen.

Bei der **Beurteilung des Beweiswertes** gilt:

- Das Geständnis stellt rechtssystematisch ein persönliches Beweismittel dar.
- Es unterliegt, wie alle übrigen Beweismittel, der freien richterlichen Beweiswürdigung nach § 261 StPO.
- Ein Geständnis besitzt keine Vorrangstellung gegenüber anderen Beweismitteln. „Der forensische Beweiswert eines bei der Polizei abgegebenen Geständnisses, insbesondere bei einem Widerruf, muss besonders beachtet werden. Auch das Geständnis ist nur ein Beweismittel, von dessen Richtigkeit sich der Richter überzeugen muß.“[78]
- Die kritiklose losgelöste Überbewertung des Geständnisses als Beweismittel verbietet sich.
- Jedes Geständnis geht in die Beschuldigtenvernehmung ein. Beweismittel ist allerdings nicht die Beschuldigtenvernehmung an sich, sondern die Aussage des Beschuldigten als persönliches Beweismittel.

Geständniswiderruf

Für den Geständniswiderruf gibt es hinlänglich bekannte Ursachen und Gründe. Geständnisse werden nach polizeilichen Vernehmungen, nach Verteidigerkontakten, oft auch bei der späteren richterlichen Vernehmung widerrufen. Vielfach wird das mit einem Geständnis eingeräumte Schuldaner-

78 Nack (1995), S. 398.

kenntnis erst später begriffen oder der Aussagende wird sich der Folgen eines Geständnisses (Strafe) bewusst. Kommt es zu einem Widerruf, ist zu prüfen, ob es sich um ein echtes oder ein falsches Geständnis handelte, welche Ursachen dem Geständniswiderruf zugrunde liegen, inwieweit die Glaubhaftigkeit des Inhaltes des Geständnisses bewiesen werden kann und wie es um die Glaubwürdigkeit des Aussagenden bestellt ist, unter welchen Umständen das Geständnis zustande kam, wie die Geständnisbereitschaft erzeugt wurde und was zur Geständnissicherung getan oder versäumt wurde.[79] Alle im Zusammenhang mit einem Geständniswiderruf stehenden Fakten und Begleitumstände sollten vom Vernehmenden sorgfältig protokolliert werden. Sie können unter Umständen zum Zweck der Beweisaufnahme gem. § 254 StPO bei hervortretenden Widersprüchen während der gerichtlichen Beweisaufnahme verlesen werden. Insbesondere die audiovisuelle Aufzeichnung kann dazu beitragen, gegenüber dem Vernehmer erhobene Vorwürfe der „Geständniserpressung“ objektiv beurteilen zu können.

51 Der Widerruf eines Geständnisses bedeutet allerdings nicht, darin enthaltene Fakten beweisrechtlich nicht wie jeden anderen Beweis bewerten zu müssen, es sei denn, das Geständnis wurde mit unlauteren Mitteln erreicht.

Kommt es zum **Geständniswiderruf**, ist zu beurteilen:

- Ausgangssituation vor Geständnis
- Zustandekommen des Geständnisses (Entstehungsgeschichte)
- Begleitumstände
- Geständnismotive vor Widerruf
- Widerrufszeitpunkt
- Widerrufsumstände
- Widerrufsmotive bzw. -begründungen.

Um Geständniswiderrufe zu vermeiden, muss bereits nach Offenbarungen des Beschuldigten alles getan werden, das Geständnis durch andere Beweismittel zu untermauern, es zu ergänzen oder zu bestätigen. Insbesondere ist die Herausarbeitung von Täterwissen[80] wichtig. Ein Geständnis darf nicht zu erschüttern sein. Es muss beweis- und gerichtsfest gesicherte Tatsachen enthalten, und es ist in der polizeilichen Vernehmung alles zu vermeiden, was den Verdacht unzulässiger Vernehmungsmetho-

79 Busam, S. 69.

80 Unter Täterwissen sind Kenntnisse über die Straftat zu verstehen, über die allein der Täter verfügt und die auch der Ermittlungsbehörde bis zum Zeitpunkt der Offenbarung durch den Täter nicht bekannt gewesen sind.

den erregen könnte. Das erfordert zugleich eine exakte, den Verlauf der Erlangung des Geständnisses widerspiegelnde Aussagenprotokollierung.

2.5 Protokollierung

Die Niederschrift oder Protokollierung von Vernehmungen erfolgt nach traditionellen Verfahrensweisen in Vernehmungsprotokollen. Die Vordrucke sind in den Bundesländern ihrer Form nach nicht einheitlich. In früheren Jahren beschränkten sich die Protokolle im formalen Teil auf die Personalangaben. Jetzt ist der formatierte Teil eines Vordrucks der Beschuldigtenvernehmung sehr umfänglich. Das hat **Vorteile**: Wichtige Angaben werden nicht vergessen, rechtlichen Anforderungen wird Rechnung getragen, systematische und PC-gestützte Auswertung ist möglich und die Angaben vermitteln den Strafverfolgungsorganen eine schnelle Übersicht über bestimmte Fakten. Die **Nachteile**: der formale und abstrakte Charakter von Belehrungen, die Gefahr, die auf Rechtsgrundlagen bezogenen Belehrungen nicht mehr überblicken zu können, und der Zweifel, ob der eigentliche Sinngehalt dem zu Vernehmenden noch verständlich ist. 52

Neben den formalen Angaben wie Erscheinen aus eigenem Antrieb, Vorladung oder Vorführung, Personalien, Ort der Vernehmung, anwesende Personen, Zeitangaben einschließlich Unterbrechungen und deren Zweck, Unterschriften und dergleichen, bildet die verbale Äußerung der zu vernehmenden Person und die Protokollierung dessen, was sie ausgesagt hat, den wichtigsten Teil der Vernehmungsniederschrift.

Unter Berücksichtigung der Änderung der Strafprozessordnung vom 1.7.2021 gilt für die Protokollierung, dass **jedes** Ergebnis von ermittlungsbehördlichen Untersuchungshandlungen aktenkundig zu machen ist. Das gilt gemäß § 168b StPO auch für die Vernehmung des Beschuldigten, der Zeugen und Sachverständigen.

Die Protokollierung auf der Grundlage des bisherigen § 168 StPO für die Ermittlungsbehörden wurde aufgegeben. § 168 StPO gilt künftig nur noch für die Protokollierung **richterlicher** Untersuchungshandlungen.

Art, Verfahren, Inhalt und Formfragen der Protokollierung sind in § 168a StPO als grundlegende Neufassung/Neuordnung geregelt. Die Richtung der Änderung ist bereits aus der Überschrift erkennbar. Alte Fassung: Art der Protokollierung richterlicher Untersuchungshandlungen. Neue Fassung: Art der Protokollierung; Aufzeichnung. Die neu in sechs Absätzen geordnete Regelung gilt demzufolge auch weiter für die Ermittlungsbehörden. An der Protokollierung im Strafprozess Beteiligte werden durchgängig als „Personen" *(nicht Richter oder Ermittlungsbeamter)* bezeichnet. Anwendungsbezogen wird in den folgenden Abschnitten näher darauf eingegangen.

2.5.1 Allgemeine Anforderungen

53 Gemäß den in § 168a StPO geforderten rechtlichen Inhalten und Formen soll sie kriminalistisch gesehen:

- rationell sein;
- die vom Zeugen oder Beschuldigten vorgebrachte Sachverhaltsschilderung sowie die von ihnen gewählten Worte und Ausdrücke wörtlich wiedergeben;
- das Zustandekommen von Geständnissen oder Widerrufen und die Begleitumstände nachvollziehbar erkennen lassen;
- Äußerungen der Vernommenen nicht ins Amtsdeutsche oder den Wortlaut von Strafrechtstatbeständen übersetzen;
- die schriftsprachliche Umsetzung des Inhalts der Aussage erkennen lassen;
- keinesfalls eine gestylte und stilistisch homogene Wort- und Ausdruckswahl beinhalten, denn das Protokoll soll keine Auskunft über Kenntnisse und Fähigkeiten des Protokollierenden geben;
- den Verlauf einer Vernehmung nachvollziehbar widerspiegeln;
- das nonverbale Geschehen, bestimmte Reaktionen und Verhaltensweisen bei der Vernehmung für andere Verfahrensbeteiligte nachvollziehbar dokumentieren;
- während der Vernehmung eingetretene Unterbrechungen bzw. eingelegte Pausen, das Reichen von Erfrischungen oder Mahlzeiten und Zwischenfälle nachweisen,
- sowie die Forderung nach einer insgesamt möglichst exakten Wiedergabe des Vernehmungsinhalts erfüllen.

Die RiStBV fordert zur Form der Vernehmung und Niederschrift: „Für bedeutsame Teile der Vernehmung empfiehlt es sich, die Fragen, Vorhalte und Antworten möglichst wörtlich in die Niederschrift aufzunehmen. Legt der Beschuldigte ein Geständnis ab, so sind die Einzelheiten der Tat möglichst mit seinen eigenen Worten wiederzugeben. Es ist darauf zu achten, dass besonders solche Umstände aktenkundig gemacht werden, die nur der Täter wissen kann. Die Namen der Personen, die das Geständnis mit angehört haben, sind zu vermerken."[81]

81 RiStBV Nr. 45 Absatz 2.

2.5.2 Audiovisuelle Aufzeichnung

Ausgewählte Beschuldigtenvernehmungen müssen verpflichtend audiovisuell aufgezeichnet werden. 54

Ziel und Zweck der audiovisuellen Aufzeichnung

Mit der audiovisuellen Aufzeichnung soll den Beteiligten im Strafverfahren eine wirksame Sicherung ihrer Grundrechte gewährleistet werden. „Zentrales Anliegen des Strafprozesses ist die Ermittlung des wahren Sachverhalts, ohne den sich das materielle Schuldprinzip nicht verwirklichen lässt. Dem Täter müssen Tat und Schuld prozessordnungsgemäß, also unter Beachtung aller Verfahrensrechte des Beschuldigten nachgewiesen werden.“[82] Dazu ist die Bild-Ton-Aufzeichnung eine geeignete Methode, die bereits seit 1998 für Zeugen angewandt wird Dem Grunde nach wird dies auf einen begrenzten Bereich von Beschuldigtenvernehmungen ausgeweitet, insbesondere zu schweren Gewaltstraftaten und zum Schutz von Beschuldigten mit eingeschränkten geistigen Fähigkeiten.

Durch die audiovisuelle Dokumentation wird der gesamte Ablauf einer Vernehmung sozusagen unverfälscht wiedergegeben. Wahrnehmungen, Belehrungsinhalte, Aussageeinhalte, Verhalten der Beteiligten usw. werden authentisch protokolliert. Protokollierungsfehler können ausgeschlossen werden. Die Fehlerhaftigkeit wie bei der herkömmlichen Aufnahme eines schriftlichen Protokolls ist ausgeschlossen (auch wenn die audiovisuelle Aufzeichnung nicht frei von Fehlerquellen ist[83]). Das Vernehmungsverhalten des Beschuldigten als auch des Vernehmers kann nachvollzogen werden. Unterschiedliche Wahrnehmungen von Sachverhalten lassen sich nachverfolgen. Körpersprachliche (nonverbale) Verhaltensweisen, Mimik, Gestik, Tonlage, Reaktion, Gegenreaktion, Stimmungen, Emotionen können neben dem Gesprächston bildlich erfasst und später ausgewertet werden (z.B. von Sachverständigen). Der Vernehmer kann vor falschen Anschuldigungen geschützt werden, das Zustandekommen eines Geständnisses kann bei späterem Widerruf authentisch beurteilt werden. Das gilt auch für die Entkräftung oder Bestätigung von Vorwürfen, unerlaubte Vernehmungsmethoden gebraucht zu haben. Und es gibt weitere Gründe, die bei einem vollständigen Mitschnitt mittels Videoaufzeichnung (Protokollierung) von Vorteil sind. Zugleich ist aber auf einen erhöhten technischen Aufwand zu verweisen.

In der aktuellen Fassung des § 58a StPO (Aufzeichnung der Vernehmung in Bild und Ton) wurde in Absatz 3 das Recht der Zeugen verändert. Wi-

82 Deutscher Bundestag – 18. Wahlperiode, Drucks. 18/11277, S. 13.

83 Kölbel, Walter, Kap. VI.

derspricht der Zeuge der Überlassung einer Kopie seiner Vernehmung, so tritt an deren Stelle die Überlassung des Protokolls an die zur Akteneinsicht Berechtigten.

Rechtliche Regelung
§ 136 Abs. 4 StPO lautet:

„(4) Die Vernehmung des Beschuldigten ***kann*** *in Bild und Ton aufgezeichnet werden. Sie ist aufzuzeichnen, wenn*

1. *dem Verfahren ein vorsätzlich begangenes Tötungsdelikt zugrunde liegt und der Aufzeichnung weder die äußeren Umstände noch die besondere Dringlichkeit der Vernehmung entgegenstehen oder*
2. *die schutzwürdigen Interessen von Beschuldigten, die erkennbar unter eingeschränkten geistigen Fähigkeiten oder einer schwerwiegenden seelischen Störung leiden, durch die Aufzeichnung besser gewahrt werden können.*

§ 58a Abs. 2 (Aufzeichnung der Vernehmung in Bild und Ton) gilt entsprechend."

Absatz 4 stellt allgemein eine „Kannbestimmung" dar, die jedoch verpflichtend wird, wenn die in Ziffer 1 und 2 beschriebenen Kriterien zutreffend sind. Daraus ergeben sich einige praxisrelevante Fragen:

Der Beschuldigte darf eine audiovisuelle Aufzeichnung nicht ablehnen. Obwohl es sich um einen Eingriff in die Persönlichkeitsrechte des Betroffenen handelt, wird das staatliche Interesse an der Strafverfolgung und einer damit verbundenen umfassenden Wahrheitsfindung höher bewertet. Der Betroffene muss daher zur audiovisuellen Aufzeichnung kein Einverständnis geben. Allerdings kann der Beschuldigte, wenn er keine Aufzeichnung wünscht, von seinem Aussageverweigerungsrecht Gebrauch machen. Der Umfang der Aufzeichnung einer Beschuldigtenvernehmung wurde nicht geregelt. Ebenso sind Fragen der technischen Umsetzung (wie das z. B. in § 85a StPO der Fall ist) nicht geregelt. Da in § 136 Abs. 4 StPO nicht enthalten, bleibt offen, welche Protokollierung über die Videoaufnahme hinaus erfolgen soll. Ebenso betrifft dies Verfahrensfragen, sowie Probleme der Weitergabe und Weiterverwendung bei den Gerichten u. a.

Die technischen Anwendungssysteme sind heterogen und nicht immer kompatibel zu den Akteuren Polizei – Staatsanwaltschaft – Gericht.

Einen guten Überblick zu den praktischen Fragen, den Lösungsmöglichkeiten und den Fallstricken geben Kölbel und Walther[84].

84 Kölbel, Walther.

2.5.3 Weitere Protokollierungsmöglichkeiten

Unabhängig von der audiovisuellen Aufzeichnung von Aussagen gelten die weiteren bisher üblichen Protokollierungsarten. 55

Vollständiger Mitschnitt mittels Tonaufzeichnungsgerät

Diese Art entspricht einer Idealvorstellung und ist nur in Ausnahmefällen möglich. Vom Kontaktgespräch über die Personalienaufnahme, die Belehrung, die Benennung der anwesenden Personen und das Einverständnis zum Mitschnitt wird der gesamte Verlauf der Vernehmung aufgezeichnet. Dem Vorteil dieser vollständigen Protokollierung steht der Nachteil gegenüber, den Mitschnitt anschließend zu transkribieren[85] und dem Vernommenen zur Unterschrift vorzulegen. Die Handhabung im folgenden staatsanwaltschaftlichen und richterlichen Strafverfahren ist sehr zeitaufwendig und unübersichtlich. Das Tonband selbst ist als vorläufige Aufzeichnung zu werten. Mit der Frage, ob und ggf. auf welcher rechtlichen Grundlage Tonbandmitschnitte polizeilicher Vernehmungen aufzubewahren sind, befasste sich der BGH. Der Tonbandmitschnitt ist demnach das Ergebnis staatsanwaltlicher Untersuchungshandlungen und ist gemäß § 168b StPO aktenkundig zu machen. Diese Vorschrift wendet der BGH auf polizeiliche Protokolle entsprechend an. § 168b Abs. 2 StPO verweist auf § 168a Abs. 2 StPO, wonach Tonbandmitschnitte als vorläufige Aufzeichnungen aufzubewahren sind und erst gelöscht werden dürfen, wenn das Verfahren rechtskräftig abgeschlossen oder sonst beendet ist.[86]

In diesem Zusammenhang wird auf § 58a Abs. 1 Satz 1 StPO hingewiesen, der als sogenannte „Minusmaßnahme" auch eine Tonaufzeichnung (anstatt Bild und Ton) der Vernehmung von Zeugen erlaubt. Von dieser technischen und rechtlichen Möglichkeit sollte nach Möglichkeit in allen Vernehmungen Gebrauch gemacht werden. So werden Erst- und Folgeaussagen authentisch, vollständig und jederzeit reproduzierbar allen Verfahrensbeteiligten uneingeschränkt zur Verfügung gestellt. Darüber hinaus steht die Aufzeichnung auch als überprüfbare Erkenntnisquelle für das Zustandekommen der Aussagen und Übersetzungsleistung durch Dolmetscher oder Sprachmittler zur Verfügung.[87]

85 KI-gestützte Lösungen („Speech to Text") werden hierbei eine zunehmende Unterstützung leisten und damit den Aufwand reduzieren.

86 Vgl. BGH, Beschluss vom 19.6.1997 – 1 StR 168/97.

87 Märkert (2020b), S. 24.

56 **Niederschriften**

Die **vollständige Niederschrift** kommt einer Niederschrift des gesprochenen Wortes gleich. Sie wird selten angewandt und stört vernehmungspsychologisch gesteuerte Abläufe der Frage-Antwort-Kommunikation.

Die **sinngemäße Niederschrift** der wesentlichen Aussageinhalte, in denen die Worte des Aussagenden in einer geschlossenen verbalen und berichtsförmigen direkten Rede richtig und in entscheidenden Aussageinhalten wörtlich wiedergegeben sind, bilden die häufigste Form der konzentrierten Niederschrift des Vernehmungsresultats.

Frage-Antwort-Protokollierung

Die **Frage-Antwort-Protokollierung** ermöglicht, Kernfragen der Vernehmung durch exakt formulierte Fragen und dazu gegebene Antworten niederzulegen. Derartige Protokolle zeigen die innere Logik und Systematik der Vernehmung, wobei auch diese Protokollform nur den wesentlichen Inhalt und nicht den gesamten tatsächlichen Verlauf der Vernehmung reproduzieren kann.

57 **Gemischte Vernehmungsniederschrift**

Das Protokoll der **gemischten Vernehmungsniederschrift** besteht aus verbalen Teilen mit zusammenhängender Sachverhaltsschilderung und der Frage-Antwort-Protokollierung zu speziell ausgewählten oder besonders wichtigen Aussageinhalten. Derartige Niederschriften werden den sich in der Vernehmungspraxis vollziehenden Abläufen am besten gerecht. Es entspricht den rechtlichen Erfordernissen und taktischen Orientierungen, den Vernommenen nach Belehrung und Bekanntgabe des Sachverhalts bzw. Vorhalt einer Straftat die Gelegenheit zu geben, sich zunächst zusammenhängend und nach Möglichkeit ohne Unterbrechung zu äußern. Den folgenden Fragen des Vernehmers können sowohl Einzelantworten als auch zusammenhängende Schilderungen folgen.

Zeitpunkt der Protokollierung

Ein **Zeitpunkt der Protokollierung** kann nicht dogmatisch festgelegt werden. Die Aufgabe einer Vernehmung ist zwangsläufig zunächst die Gewinnung der Aussage. Eine sofortige Protokollierung würde den kommunikationspsychologischen Informationsfluss zwischen den Beteiligten unterbrechen. Zudem ist zu Beginn der Vernehmung die zusammenhängende Schilderung des Sachverhaltes durch den Vernommenen erforderlich. Hinzu kommt, dass nicht jedes gesprochene Wort in einer Vernehmung tatsächlich protokollwürdig ist. Für die Beweisführung ist es ebenso ungeeignet, lediglich fragmentarische Teile zu protokollieren. Der Protokollierung geht deshalb vom Grundsatz her immer das Gespräch voraus. Der Vernehmungsverlauf, die Dauer der Vernehmung, die Anzahl der Vernehmungskomplexe und situationsbedingte Umstände haben Einfluss darauf, wann das „Protokoll" geschrieben wird. Meistens ist es eine Zug-um-Zug-Protokollierung. Das heißt, nach Abhandlung bestimmter **Vernehmungskomplexe** wird protokolliert. Die Frage-Antwort-Protokollierung verlangt dagegen eine sofortige Niederschrift. Ohne zeitliche Festlegung sieht § 168b Abs. 2 StPO vor, das Protokoll aufzunehmen, soweit dies ohne erhebliche Verzögerung der Ermittlungen geschehen kann.

Die **Protokollierung des Aussageverhaltens** („Eindrucksvermerk") dient dazu, besondere Reaktionen von Zeugen oder Beschuldigten während der Vernehmung darzustellen. Die Erfassung des nonverbalen Verhaltens während der Vernehmung, die Reaktion auf bestimmte Fragen, z.B. auch die Heftigkeit einer vertretenen Ansicht, äußerlich gezeigte Reue, Tränenausbrüche und ähnliche Verhaltensweisen können für die spätere Beweisführung von Bedeutung sein. Das Protokoll des Vernehmenden wird zur Akte genommen und später können dem Angeklagten daraus Vorhalte gemacht werden, bzw. wird der Polizeibeamte dazu vom Gericht gehört (§ 254 StPO).

2.6 Unerlaubte Vernehmungsmethoden

Die Anwendung verbotener inhumaner Vernehmungsmethoden, wie sie **58**
aus der historischen Entwicklung des Rechts und der Instrumente der Umsetzung des Strafrechts mittels Folter und anderer Zwangsmittel bekannt sind, widerspricht einer rechtsstaatlichen polizeilichen Ermittlung. Die Bedeutung dieses allgemein gehaltenen Satzes erschließt sich wohl erst, wenn der Vernehmungsbeamte einmal einen Blick auf die damals zur Geständniserlangungen gerichtete Folter wirft. Das „erfolterte" Geständnis war nicht nur „Wahrheitsforschungsmittel", sondern im eigentlichen Sinne sogar „Schulderforschungsmittel." In sogenannten „Formularien" sind die Foltergrade, die Methoden der Anwendung der Folterinstrumente bis ins kleinste Detail beschrieben und bildhaft dargestellt. *Forker* hat in dankenswerter Weise „Folterwerkzeuge und ihre Anwendung 1769" im Zusammenhang mit der Vorstellung der Constitutio Criminalis Theresiana in einer Reprint-Ausgabe aufgearbeitet.[88] Die freie Willensentschließung und Willensbetätigung darf nicht durch die Anwendung verbotener Mittel bei der Vernehmung beeinträchtigt werden.

88 Forker (Hrsg.), 10. Reprintauflage.

Die Persönlichkeitsrechte des Betroffenen sind in jeder Phase des Ermittlungsverfahrens zu achten.

Die Anwendung unerlaubter Vernehmungsmethoden schadet nicht nur dem Ansehen des Rechtsstaates, sie verletzt die Menschenwürde, schränkt die Zuverlässigkeit der Sachverhaltsermittlung ein und bietet keine Gewähr für die Wahrheitsfindung.

Das Verbot inhumaner Vernehmungsmethoden nach § 136a StPO, das über § 163a Abs. 3 und 4 StPO auch für staatsanwaltschaftliche und polizeiliche Vernehmungen gilt, ist als gesetzliche Ausformung des Grundrechts von Art. 1 GG zu verstehen. Demnach dürfen die Freiheit der Willensentschließung und Willensbetätigung bei Vernehmungen des Beschuldigten nicht durch

- körperliche Misshandlungen,
- Ermüdung,
- körperliche Eingriffe,
- Verabreichung von Mitteln,
- Quälerei,
- Täuschung,
- Hypnose,
- Zwang, der nicht durch das Strafverfahrensrecht zulässig ist,
- Drohung mit einer nach seinen Vorschriften unzulässigen Maßnahme,
- Versprechen oder Gewährung von gesetzlich nicht vorgesehenen Vergünstigungen oder Vorteilen

beeinträchtigt werden.

Ferner sind auch Maßnahmen, die das Erinnerungsvermögen oder die Einsichtsfähigkeit des Beschuldigten beeinträchtigen, nicht gestattet.

Die kriminalistische Vernehmungstaktik baut deshalb auf **erlaubten Vernehmungsmethoden** auf, die jedoch im Einzelnen rechtlich nicht geregelt sind. Der taktische Verhaltensspielraum des Kriminalisten reicht von der Forderung nach wahrheitsgemäßer Aussage bis zur Entkräftung von Lügen und Falschaussagen aufgrund vorliegender Beweismittel und anders lautender Feststellungen zum Sachverhalt. Im Interesse der Wahrheitsfeststellung und Wahrung der Rechte der Verletzten ist es gestattet, Beschuldigte durch Darstellung von Widersprüchen in eine Lage zu bringen, welche die Ausweglosigkeit weiteren Leugnens verdeutlicht. Dazu gehört es auch, Darstellungen ad absurdum zu führen. Wer z.B. einen Beschuldigten, der die ihm zur Last gelegten Taten leugnet, mit unwiderlegbaren Personen- und Sachbeweisen konfrontiert, um ihn zum Geständnis zu bewegen, wendet keine verbotene Vernehmungsmethode an. Auch die Anwendung einer situationsbedingten kriminalistischen List ist erlaubt. Ebenso das Verschweigen von bestimmten Tatsachen.

Merke

Die Grenze zwischen unerlaubten Vernehmungsmethoden und offensivem kriminaltaktischen Vorgehen zur Erlangung von Aussagen, die der Wahrheitsfeststellung dienen, insbesondere von Beschuldigten, ist nicht eindeutig. Ein gewisser kriminalistischer Handlungsspielraum bei Vernehmungen darf allerdings die Grenzen der Menschenwürde sowie die Freiheit der Willensentscheidung und Willensbetätigung nicht überschreiten!

In der polizeilichen Vernehmung spielt gerade dieser Handlungs- bzw. Ermessensspielraum im Zusammenhang mit bestehenden Gefährdungssituationen und möglicher Gefahrenabwehr eine wichtige Rolle. Eine solche konfliktbehaftete Situation wird nachfolgend am Beispiel *„Daschner"* gezeigt.

Beispiel:

Der Knabenmörder *Magnus Gäfgen* entführte den 11-jährigen Bankierssohn Jakob von Metzler und erstickte diesen, um für die Freilassung des (bereits toten) Opfers ein hohes Lösegeld zu erpressen. Bei der Abholung des Geldes war er beobachtet und später festgenommen worden. Im Rahmen seiner anschließenden Vernehmung machte er keine Angaben zum Verbleib des Opfers. In der Folge wurde ihm auf Weisung des Frankfurter Polizeivizepräsidenten Wolfgang *Daschner* (in der Annahme, das Leben des Kindes so möglicherweise noch retten zu können) die Zufügung von Schmerzen angedroht, wenn er den Aufenthaltsort des Entführungsopfers nicht preisgebe. Aus Angst vor den angedrohten Maßnahmen machte er daraufhin Angaben, die zum Auffinden der Leiche führten. Diese Gewaltandrohung rechtfertigte der stellvertretende Polizeipräsident mit Hinweis auf die §§ 32 und 34 StGB (Nothilfe und rechtfertigender Notstand). Das Landgericht Frankfurt am Main lies diese Gründe nicht gelten und verurteilte ihn in einem aufsehenerregenden Prozess wegen Nötigung zu einer Geldstrafe auf Bewährung, ebenso den mitangeklagten Vernehmungsbeamten[89].

Dieser Fall löste bundesweit und international eine äußerst konträr geführte Diskussion aus und zeigt, wie schwierig es ist, in einer akuten Handlungs- und Entscheidungssituation den kriminaltaktischen Spiel-

89 LG Frankfurt a. M., Urteil vom 20.12.2004 – 5/27 KLs 7570 Js 203814/03 (4/04) sowie BVerfG (3. Kammer des Zweiten Senats), Beschluss vom 14.12.2004 – 2 BvR 1249/04).

raum so zu gestalten, dass einerseits Persönlichkeitsrechte von Beschuldigten gewahrt, andererseits aber auch Gefahren für das Leben und die Gesundheit von Opfern abgewehrt werden.

Obwohl in den meisten Polizeigesetzen in der Bundesrepublik ein Schuss, der mit an Sicherheit grenzender Wahrscheinlichkeit tödlich wirken wird („finaler Rettungsschuss"), unter bestimmten, extremen Umständen zulässig ist (sofern er das einzige Mittel zu Abwehr einer gegenwärtigen Lebensgefahr oder der gegenwärtigen Gefahr einer schwerwiegenden Verletzung der körperlichen Unversehrtheit ist) und damit die Tötung eines Menschen gerechtfertigt wird, bleibt die Androhung von Folter (einschließlich der sogenannten „Rettungsfolter" in Vernehmungen verboten.

59 **Taktische Handlungsspielräume**

Eine Charakteristik der polizeilichen Vernehmung ist, dass Zeugen und Beschuldigte **erstmalig** zu einer Sache Stellung nehmen oder eine Schuld eingestehen müssen. Diese Situation unterscheidet sich wesentlich von der späteren richterlichen Vernehmung. Es kommt in den meisten Fällen darauf an, dem Zeugen/Beschuldigten zunächst einmal klarzumachen, warum eine wahrheitsgemäße Aussage der umfassenden Tataufklärung und damit einer gerechten richterlichen Entscheidung dient. Die Erlangung eines Geständnisses stellte neben anderen Informationen oftmals ein Element der Beschuldigtenvernehmung dar. Mit kriminalistischem Gespür, psychologisch fundierten Kenntnissen, taktischem Geschick bei der Fragestellung und den Vorhalten, Menschenkenntnis und Lebenserfahrung sowie unter Ausschöpfung aller zur Verfügung stehenden rechtlichen Möglichkeiten soll dieses Ziel erreicht werden.

Unbestritten ist, dass jede Misshandlung bei der Vernehmung unzulässig ist. Nicht jedes Unwohlsein und damit einhergehende Beeinträchtigung des körperlichen Wohlbefindens darf jedoch als Misshandlung ausgelegt werden. Ärztliche Konsultationen verzögern zwar die Vernehmung und beeinträchtigen die Vernehmungssituation, sichern den Kriminalisten jedoch vor ungerechtfertigten Vorwürfen, die meistens erst später erhoben werden.

Ein völlig normales, leicht zu überwindendes Nachlassen der Leistungsfähigkeit, des Aufmerksamkeitsverhaltens und ein allgemeines Ruhebedürfnis widerspricht dem Verbot der Ermüdung zur Erlangung eines Geständnisses nicht. Die objektiv nötige Zeitdauer eines normalen bloß ermüdenden Verhörs ist unvermeidbar und taktisch zulässig.[90] Unzulässig

90 BGH, Urteil vom 15.5.1992 – 3 StR 419/91, S. 2903.

sind allerdings Dauervernehmungen mit Wechsel der Vernehmer, um dadurch auf den Willen des Beschuldigten Einfluss zu nehmen.

Eindeutig verboten sind **körperliche Eingriffe** wie etwa die Eingabe von 60
Pharmaka, sogenannte Plauderdrogen, die Verabreichung von Narkotika oder von Spritzen. Während der Vernehmung ist es allerdings zulässig, Stärkungsmittel anzubieten, um einer entkräfteten Person bei der Vernehmung „wieder auf die Beine zu helfen". Dazu zählt die Verabreichung einer Mahlzeit, von Kaffee, Tee oder alkoholfreien Getränken ebenso wie die Erlaubnis zum Rauchen oder das Anbieten von Zigaretten, wenn dies nicht mit dem Ziel des „Gefügigmachens", also der Beeinflussung der Willensentscheidung, geschieht. Ebenso ist der Einsatz eines Lügendetektors oder ähnlicher, die Körperfunktionen erfassender technischer Mittel unzulässig.

Quälerei ist das bewusste Hervorrufen körperlicher oder seelischer Schmerzen. 61

Das können beispielsweise Vorhalte sein, die sich auf Familienangehörige beziehen. Keine Quälerei sind allerdings verfahrensnotwendige Unannehmlichkeiten wie z. B. wiederholte Vernehmungen, Vernehmungen zur Nachtzeit, wenn diese aus Sachumständen des Verfahrensablaufs erforderlich werden, und andere Lasten, die zwangsläufig bei einer Vernehmung entstehen. Das gilt auch, wenn aus Sachgründen wiederholt Fragen zu Sachverhalten gestellt werden müssen, die oft schon offenkundig als Unwahrheit bzw. Lüge zu erkennen sind.

Schwierig ist die Abgrenzung zwischen Täuschung und kriminalistisch zulässiger **List**. § 136a StPO schließt nicht jede List bei der Vernehmung aus, verbietet aber eine Lüge, durch die der Beschuldigte bewusst irregeführt wird und dessen Aussagefreiheit beeinträchtigt wäre. Der Vernehmer ist nicht verpflichtet, das gesamte Wissen über die Straftat sofort und umfassend offenzulegen. Der zu Vernehmende darf allerdings über bestimmte Tatsachen nicht hinweggetäuscht werden. Es darf bewusst kein Irrtum erregt oder hervorgerufen werden, der durch Darstellung verschiedener möglicher Varianten seines Verhaltens dazu führt, dass der Beschuldigte bewusst auf die für ihn ungünstige oder dem Vernehmer angenehme Variante gelenkt wird. Besteht bei dem zu Vernehmenden allerdings ein Irrtum über einen Sachverhalt, ist der Vernehmer nicht dazu verpflichtet, diesen aufzuklären. Ebenso ist es nicht verboten, logische und tatsächlich vorhandene Beweis- oder Indizienketten vorzuhalten. Die Aufdeckung und Auseinandersetzung mit objektiv vorhandenen Widersprüchen in den Aussagen, Sach- und Detaildarstellungen sind keine

Täuschung. Täuscht der Polizeibeamte z.B. vor, ein Mittäter habe bereits ein Geständnis abgelegt und ihn belastet, so ist das eine verbotene Beweiserhebungsmethode. Den Beschuldigten jedoch darauf aufmerksam zu machen, dass sein Mittäter noch zu vernehmen sei und dieser etwas aussagen könnte, was ihn belasten könnte, darf nicht als Täuschung aufgefasst werden. Dem Vernehmenden ist ein vernehmungspsychologisch geschicktes Vorgehen, um den aussageunwilligen Beschuldigten zu ihm nachteiligen Angaben zu veranlassen, nicht verwehrt.[91]

Der überlegte Einsatz der vorhandenen Beweise, der richtige Zeitpunkt für Vorhalte, die Abfolge von Fragestellungen unter Berücksichtigung möglicher Antworten sind keine Täuschungshandlungen. Auch die Tatsache, dass ein Beschuldigter lügt, muss den Kriminalisten nicht veranlassen, diesem weiter geduldig zuzuhören. Es ist zulässig, ihn im entscheidenden Augenblick auch deutlich klarzumachen, dass seine Lüge durchschaut ist. „Unerlässlicher Grundsatz bei der Anwendung solcher und ähnlicher Methoden, die im Übrigen auch für lügende Zeugen Gültigkeit haben, ist, dass der Untersuchungsführer selbst nie zur Lüge, zur Manipulierung von Beweisen, als taktisches Mittel greifen darf."[92] Diese Forderung ändert nichts daran, dass dem Betroffenen nicht alle Tatsachen offenbart werden müssen oder ein beim Beschuldigten bereits bestehender Irrtum ausgenutzt wird. Es darf sich jedoch um keine bewusst herbeigeführte Täuschung handeln. Auch fahrlässige Fehlleistungen eines Vernehmungsbeamten erfüllen den Tatbestand des § 136 StPO nicht.[93]

62 Im Dialog mit dem zu Vernehmenden wird es oft notwendig, Sachverhalte zu besprechen, die verfahrensrechtlich oder strafrechtlich von Bedeutung sind und den Vernehmungsausgang unter Umständen beeinflussen können. Dabei besteht die Gefahr, dass einem Beschuldigten als Gegenleistung für seine Aussage Vorteile versprochen werden. Unerlaubtes Mittel ist das **Versprechen eines Vorteils** dann, wenn zwischen dem Vorteil, der dem Beschuldigten versprochen wird, und seiner Aussage eine kausale Verbindung besteht. Auch hier ist im Einzelfall eine Grenzziehung zwischen Vor-

XIII

91 Pfeifer, Fischer, S. 336.

92 Römer, 1984a, S. 114.

93 BGH, Urteil vom 10.2.2021 – 6 StR 326/20 oder BGH, Beschluss vom 21.5.2004 – 1 StR 170/04. Hier 1. Leitsatz des Bearbeiters „Liegen nur fahrlässige Fehlleistungen bzw. Fehlinformationen der Ermittlungsbeamten vor, fehlt es an einem gezielten Einsatz unzulässiger Mittel im Sinne des § 136a StPO". In concreto hatte ein Vernehmungsbeamter dem Beschuldigten eine – nach dem damaligen Stand der Dinge – objektiv unvollständige Auskunft über ein Obduktionsergebnis gegeben bzw. vorgehalten. Der Betroffene war indes *nicht bewusst* über die Verdachtslage getäuscht worden.

teilsversprechen und Taktik der Vernehmungsführung sehr schwierig. So ist beispielsweise die sachverhaltsbezogene Erläuterung des Strafrahmens der begangenen Straftat zulässig, und es ist auch nicht verboten, zu vermitteln, dass unter bestimmten Voraussetzungen im Allgemeinen Teil des StGB geregelte Strafzumessungsgründe wirken können. Ein Deal, wie vorn bereits beschrieben, darf einem Beschuldigten während einer polizeilichen Vernehmung jedoch nicht angeboten werden.

Keller hat einige Beispiele für zulässige Vorgehensweisen zusammengestellt[94]. Danach sind u. a. folgende Handlungen zulässig: 63

- den Beschuldigten zu Beginn der Vernehmung über einzelne Tatsachen im Unklaren lassen,
- Fangfragen,
- Fragen, die dazu bestimmt sind, den Beschuldigten in Widersprüche zu verwickeln,
- Ausnutzen eines Irrtums des Beschuldigten über Tatsachen (aber nicht das Herbeiführen, Ausweiten, Verstärken oder Vertiefen des Irrtums),
- Auswahl und Bestimmung des Vernehmungsorts und des -zeitpunkts,
- Wechsel des Vernehmungspersonals,
- Vernehmungspsychologisches Vorgehen, z.B. das Vorspiegeln einer freundschaftlichen Gesinnung,
- Wahl der Vernehmungs- bzw. Fragetechnik,
- Ausnutzen von Situationen, die durch zulässige Beweissicherungs- oder Eingriffsmaßnahmen entstanden sind, z. B. Vernehmung unmittelbar nach einer vorläufigen Festnahme oder einer erfolgreichen Durchsuchung nach Beweismitteln,
- Vorhalt von Ermittlungsergebnissen, die den Einlassungen widersprechen oder der Vorhalt früherer, widersprüchlicher Aussagen,
- einzelne Tatsachen aus ihrem Zusammenhang lösen und sie gesondert oder in anderer Verbindung erörtern,
- Hinweis auf die Möglichkeit der strafmildernden Auswirkung eines Geständnisses oder der Vermeidung von Untersuchungshaft (im Sinne von Belehrungen, aber nicht als Versprechen).

94 Keller (2024), S. 402–403 mit weiteren Nachweisen.

Schlussbemerkungen

Die in diesem Kapitel vorgestellten Methoden der Vernehmung sind allgemeingültig, d.h. sie vermitteln Kenntnisse der Allgemeinen Kriminalistik und gehen nicht auf **spezifische** Vernehmungsarten bzw. **Besonderheiten** ein, die hinsichtlich ausgewählter Personengruppen oder in Abhängigkeit von der Deliktart bzw. dem Status der zu vernehmenden Person (z.B. mehrfach vorbestrafte Verdächtige) zu berücksichtigen sind. Solche **Besonderheiten** gibt es z.B. bei der Vernehmung/Befragung von:

- Personen aus anderen Kulturkreisen (interkultureller Kontext) und mit Dolmetscher,
- Abgeordneten und der Immunität unterliegenden Personen,
- Diplomaten und anderen von der inländischen Gerichtsbarkeit befreiten Personen,
- Bundeswehrangehörigen und Angehörigen ausländischer Streitkräfte,
- Kindern und Jugendlichen (Minderjährigen),[95]
- Frauen und Opfern von Gewaltstraftaten,
- Gehörlosen, Taubstummen und Blinden,
- Personen mit psychopathologischen Störungen,
- Personen im höheren Lebensalter.

Die dazu notwendigen Ausführungen bedürfen einer gesonderten Betrachtung und konnten deshalb aus Platzgründen nicht aufgenommen werden.

95 Eggler, 2009.

KAPITEL XIV
Verdeckte polizeiliche Informationserhebung

Inhalt

XIV

1 Begriffliche Grundlagen, Bedeutung und Ziele

1 Die Art und der Umfang der polizeilichen Informationserhebung werden bestimmt durch die der Polizei übertragenen gesetzlichen Aufträge

- Verhinderung und Verfolgung von Straftaten und
- Abwehr von Gefahren für die öffentliche Sicherheit.

Die Realisierung der Gesetzesaufträge findet ihre Grenzen in dem verfassungsmäßig garantierten Schutz der Persönlichkeitsrechte der Betroffenen und den daraus resultierenden eingriffsbeschränkenden Gesetzen. Mit der polizeilichen Informationserhebung zur Strafverfolgung oder der Gefahrenabwehr ist im Allgemeinen die Erhebung personenbezogener Daten verbunden und damit das Recht auf informationelle Selbstbestimmung tangiert.[1]

1 Nach allgemeiner Rechtsauffassung gibt es grundsätzlich keine belanglosen personenbezogenen Daten.

Polizeiliche Ermittlungsmaßnahmen sollen deshalb grundsätzlich offen, d.h. für den Betroffenen erkennbar, erfolgen, dies gebietet das Rechtsstaatsgebot. Eine wirksame Kriminalitätsbekämpfung – insbesondere bei schweren Formen der Kriminalität – erfordert jedoch regelmäßig verdeckte Ermittlungsmaßnahmen zur Aufklärung des Sachverhaltes und der beweiskräftigen Überführung der Täter. Konventionelle Methoden der Verbrechensbekämpfung sind dafür nicht ausreichend. In besonderem Maße gilt das für die Bekämpfung der Organisierten Kriminalität (OK), der Rauschgiftkriminalität als auch für die Kontrolle terroristisch motivierter krimineller Strukturen. In diesen Deliktfeldern schotten sich Täter regelmäßig ab, gehen konspirativ vor und ergreifen nicht selten aktive Maßnahmen, um polizeiliche Ermittlungshandlungen auszuforschen (Gegenobservation). 2

Polizeiliche Ermittlungen werden folglich sowohl offen als auch verdeckt durchzuführen sein. Die zu wählende kriminalpolizeiliche Bekämpfungsstrategie und -taktik ist den kriminellen Strukturen und dem Täterverhalten so anzupassen, dass auf der Basis geltenden Rechts beweissicher Tatsachen erhoben werden können. Der Grundsatz der Verhältnismäßigkeit der Maßnahmen ist dabei zu beachten.

Vorbehalte gegen verdeckte Ermittlungsmaßnahmen im Strafverfahren 3
werden vor allem von der Besorgnis getragen, dass sich der Betroffene (Beschuldigte) aufgrund mangelnder Kenntnis von der Maßnahme mit prozessualen Mitteln nicht dagegen zur Wehr setzen kann. Daraus ist nicht zu schließen, dass für den Betroffenen verdeckt erhobene Erkenntnisse rechtsstaatlichen Verfahrensgrundsätzen widersprechen. Verdeckte Ermittlungen zur Bekämpfung schwerer Formen der Kriminalität sind weder verfassungsrechtlich noch einfachgesetzlich verboten. Das BVerfG hat mit Beschluss vom 27.11.1985 verdeckte Ermittlungshandlungen ausdrücklich als zulässig erklärt. Die Rechtsprechung ist damit der Erkenntnis gefolgt, dass bestimmte Formen schwerer Kriminalität anders nicht wirksam bekämpft werden können.[2]

Die Polizei ermittelt in der überwiegenden Anzahl der Fälle offen, d.h. für den Betroffenen sind die Ermittlungshandlungen erkennbar.

> **Beispiele:**
>
> Befragung oder Vernehmung von Zeugen und Beschuldigten, Durchsuchungen von Personen, Sachen oder Wohnungen, Beschlagnahme von Beweismitteln, Fahndungsmaßnahmen nach Personen oder Sachen.

---

2 Schmidt-Sommerfeld, S. 483.

4 Verdeckte Informationserhebungen sollen ihrer Art und ihrer Zielsetzung nach gegenüber dem Verdächtigen, Beschuldigten oder dritten Personen nicht offenbar werden. Die Heimlichkeit der Maßnahme liegt darin begründet, dass ihr Zweck ansonsten vereitelt würde. Wesensmerkmal der verdeckten Ermittlung ist also die Verheimlichung der Tatsache, dass gegen den/die Betroffenen ermittelt wird.

Die nachfolgenden Ausführungen sollen einen Überblick über die in der polizeilichen Praxis bedeutsamen Ermittlungshandlungen der verdeckten Informationserhebung geben. Dabei wird auf eine differenzierte Darstellung von Ermittlungstaktiken verzichtet. Erörtert werden im Schwerpunkt Ermittlungshandlungen und die korrespondierenden Rechtsvorschriften nach dem Strafprozessrecht. Vorschriften der Gefahrenabwehr, die in den Polizeigesetzen der Länder geregelt sind, werden nicht weiter ausgeführt.

Beachte

Polizeiliche Maßnahmen der Datenerhebung nach der StPO dienen der Aufklärung von Straftaten, insbesondere der Ermittlung und beweiskräftigen Überführung der Tatverdächtigen. Maßnahmen nach den Polizeigesetzen zielen schwerpunktmäßig darauf ab, Straftaten zu verhindern oder Dauerdelikte zu beenden. Zur Gefahrenabwehr werden üblicherweise auch die Maßnahmen gerechnet, die im Vorfeld des Anfangsverdachts oder der konkreten Gefahr liegen. Sie werden der vorbeugenden Bekämpfung von Straftaten i. S. einer Straftatenvorsorge zugerechnet. Dazu zählen auch Maßnahmen der Datengewinnung, die Hinweise auf künftig zu erwartende Delikte einer Person geben. Sie zählen nach der Auffassung des BVerfG zu den Tätigkeiten der Strafverfolgung.

5 Ihren Wesensmerkmalen nach können grob folgende Formen der verdeckten Informationserhebung unterschieden werden:

- Observation,
- Technisch-akustische Wohnraumüberwachung,
- Überwachung der Telekommunikation,
- Einsatz verdeckter Ermittler,
- Nicht offen ermittelnde Polizeibeamte,
- Scheinkäufer,
- Verdeckte Ermittlungen im Internet,
- Legendierte Kontrollen,
- Automatische Kennzeichenerfassung,
- Zusammenarbeit mit Informanten,

- Einsatz von Vertrauenspersonen,
- Polizeiliche Beobachtung.

Unter kriminaltaktischen Aspekten überschneiden sich die verschiedenen Formen der verdeckten Informationserhebung häufig. Sie werden nach Zweck, Schwierigkeitsgrad und Komplexität der aufzuklärenden Straftaten kombiniert und ergänzen sich.

Die Dokumentation der verdeckten Informationserhebung nach §§ 100b, 100c, 100f, 100h StPO ist zunächst nicht Gegenstand der Ermittlungsakten. Die Aktenführung erfolgt getrennt von den Hauptakten durch die StA in Form von Sonderheften.[3]

2 Rechtsgrundlagen

Die Rechtsgrundlagen, die der Polizei eine verdeckte Informationserhebung ermöglichen, wurden nach der Einführung neuer technischer Mittel regelmäßig angepasst. Letztlich ist der Staat gefordert, Staatsanwaltschaft und Polizei bestimmte Möglichkeiten der verdeckten Ermittlungsführung einzuräumen, um rechtssicher insbesondere gegen Straftäter vorzugehen, die über nahezu unbegrenzte finanzielle Mittel und damit auch über alle existierenden technischen Möglichkeiten verfügen, Straftaten vorzubereiten, durchzuführen und zu verschleiern.

Diese Maßnahmen stehen im Spannungsverhältnis zwischen effektiver Strafverfolgung und dem Schutz von Grundrechten[4].

Aus polizeilicher Sicht ist zu fordern, dass zukünftige rechtliche Anpassungen etwa des § 100 StPO technikneutral ausfallen. Anderenfalls entsteht jeweils eine „Befugnislücke" für die Ermittler. Zwischen dem Aufkommen neuer technischer Möglichkeiten, derer sich Straftäter bedienen und der Einführung einer entsprechenden strafprozessualen Befugnisnorm, die beweiskräftige und rechtssichere Ermittlungen ermöglichen, liegen nicht selten Jahre der Rechtsunsicherheit. Hin und wieder erinnert der Ablauf an die Geschichte von „Hase und Igel". Darüber hinaus ist insbesondere bei der Neuformulierung von Rechtsbefugnissen auf Praktikabilität zu achten (überflüssiger Richtervorbehalt, Dokumentationsbedarf etc.), um z. B. das Instrument des Einsatzes von Vertrauenspersonen nicht von vornherein obsolet zu machen.

3 Zum weiteren rechtlichen Verfahren siehe Meyer-Goßner/Schmitt, § 101 StPO, RZ 2.

4 Vgl. Anwaltspraxis.

Auf eine zusammenfassende Darstellung der Rechtsgrundlagen zur verdeckten polizeilichen Informationserhebung ausschließlich aus Gründen der Einheitlichkeit des Handbuches wird an dieser Stelle verzichtet. Stattdessen werden die rechtlichen Grundlagen der Spezifik der Maßnahmen folgend im jeweiligen Abschnitt dargestellt.

3 Observation

3.1 Begriffliche Grundlagen, Bedeutung und Ziele

6 **Observation** ist die systematische Beobachtung von Personen oder Objekten zum Zwecke der Strafverfolgung oder der Gefahrenabwehr. Observationen können sowohl offen als auch verdeckt durchgeführt werden.

Die Regel ist die verdeckte, d.h. die mit konspirativen Methoden und technischen Mitteln durchgeführte Beobachtung von Personen und Objekten.

Im Rahmen der Abhandlungen geben die nachfolgenden Darstellungen zur Observation lediglich einen Überblick über die rechtlichen und taktischen Grundlagen dieser speziellen Form der verdeckten Informationserhebung.[5]

7 Ihrem Wesen nach ist die Observation[6] eine operativ-taktische Maßnahme der verdeckten Informationserhebung durch Beobachtung und Dokumentation kriminalistisch relevanten Verhaltens von Personen/Personengruppen sowie ausgewählten Erkenntnisobjekten vorwiegend zum Zweck der Beweiserhebung im Strafverfahren, der Aufdeckung latenter Straftaten, der Ergreifung flüchtiger Täter oder der Gefahrenabwehr.

8 Die Methoden und Mittel der Observation sind vielfältig. Observationen von Personen oder Objekten können, je nach Anlass und Schwierigkeitsgrad der Informationserhebung, von sehr unterschiedlicher Dauer und Intensität sein. Sie können kurzfristig, durch einfache Beobachtung oder über einen längeren Zeitraum erfolgen. Sie werden überwiegend unterstützt durch den Einsatz technischer Mittel der Bild-, Video- und Tonauf-

5 Zur Vertiefung siehe Glitza sowie Keller (2017).
6 So auch Roll (2002), S. 124.

zeichnung. Räumlich betrachtet können sie – je nach Anlass – im öffentlichen Raum sowie innerhalb und außerhalb von Wohnungen erfolgen.

Die taktische Entscheidung über die im Einzelfall anzuwendenden Methoden und Mittel richten sich regelmäßig nach

- den mit der Observation angestrebten polizeilichen Ermittlungszielen,
- der Art und Schwere der Anlasstaten,
- den der Anlasstaten zu Grunde liegenden Täterstrukturen sowie
- dem justiziellen Erfahrungsgrad der Zielpersonen/Zielgruppen,
- den örtlichen und räumlichen Situationen, unter denen die Observationen durchzuführen sind, sowie den damit verbundenen besonderen Umständen,
- den gesetzlichen Eingriffsbefugnissen.

Hochkomplexe Observationsmaßnahmen werden überall dort erforderlich sein, wo Delikts- und Täterstrukturen nach außen und innen abgeschottet sind und konspirativ agieren, z. B. im Terrorismusbereich, in der Organisierten Kriminalität, sowie im Bereich der professionellen Bandenkriminalität.

Observationen werden je nach Komplexität, den einzusetzenden techni- 9
schen Mitteln und der Dauer der Observation von Spezialeinsatzkräften der Polizei, sog. Mobilen Einsatzkommandos (MEK), den Kräften mit speziellen Kenntnissen, den anzuwendenden technischen Einsatzmitteln und den einsatzpraktischen Durchführungen vorgenommen. Bei der Bekämpfung der Alltagskriminalität, z. B. der Straßenkriminalität, werden u. a. Zivile Einsatzgruppen (ZEG) oder sog. polizeiliche Einsatztrupps offen oder verdeckt eingesetzt.

Ausgehend von der Intensität der Dauer der Eingriffsmaßnahme unterscheidet der Gesetzgeber zwischen kurzfristiger und längerfristiger Observation.

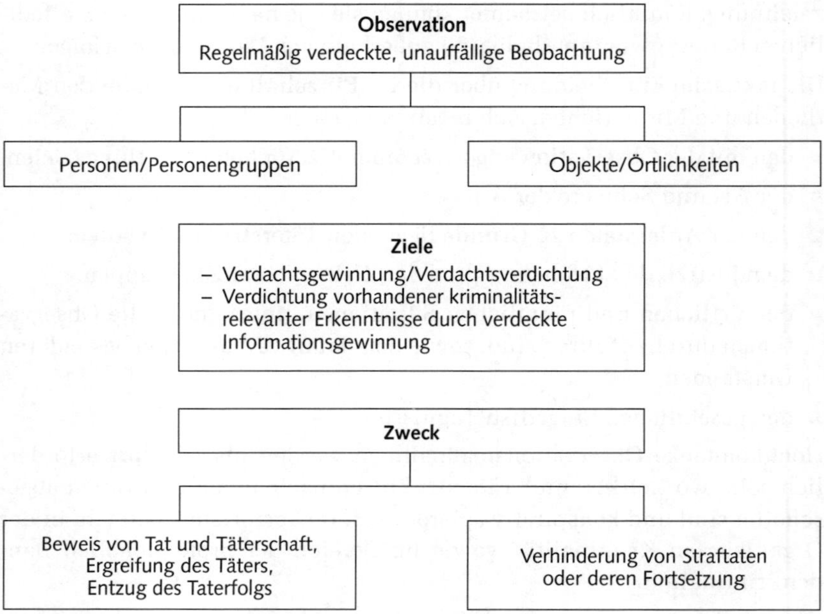

Abb. XIV.1 Observation im Überblick

3.2 Rechtsgrundlagen

3.2.1 Kurzfristige Observation

10 Die kurzfristige Observation ist durch eine relativ geringe Eingriffsintensität in die Rechte des Betroffenen gekennzeichnet.

Die rechtlichen Grundlagen für die Anordnung und Durchführung kurzfristiger Observationen ergeben sich aus den §§ 161 Abs. 1 (Ermittlungsauftrag der StA), 163 Abs. 1 (Ermittlungsauftrag der Polizei) StPO.[7] § 163 StPO stellt eine Befugnisnorm dar, nach der die Polizei berechtigt ist, notwendige Ermittlungshandlungen jeder Art vorzunehmen. Schwerwiegende Grundrechtseingriffe wie längerfristige Observationen können darauf jedoch nicht gestützt werden.

7 Weingarten, § 161 StPO Rn. 1–1c.

Beispiele für kurzfristige Observationsmaßnahmen:

- Die kurzfristige verdeckte Überwachung von Kriminalitätsbrennpunkten zur Ermittlung der Täter oder zur Festnahme von Tätern auf frischer Tat,
- die Beobachtung von Objekten zur Festnahme flüchtiger Tatverdächtiger,
- die beweiskräftige Dokumentation der Täterschaft durch Beobachtung der Aktivitäten des Tatverdächtigen,
- die Beobachtung von Tatverdächtigen zur Feststellung von Mittätern, von Kontaktpersonen pp.,
- zur Sicherstellung der Tatbeute.

Stellt sich bei einer zunächst als kurzfristig angelegten Observationsmaßnahme heraus, dass die Beobachtung längerfristig erforderlich sein wird, d.h. die Fristen überschritten werden müssen, ist die richterliche Anordnung nach § 163f Abs. 3 StPO ohne Verzug nachzuholen.

Beachte

Werden sowohl bei der kurzfristigen als auch bei der längerfristigen Observation technische Mittel eingesetzt, sind ggf. §§ 100f StPO sowie 100h StPO zu beachten.

3.2.2 Längerfristige Observation

Längerfristige Observationen zum Zwecke der Strafverfolgung sind nach § 163f StPO zulässig. Eine Legaldefinition der **„längerfristigen Observation“** enthält § 163f Abs. 1, Nr. 1. u. 2. StPO. 11

Die Maßnahme wird wie folgt charakterisiert:

- Es handelt sich um eine planmäßig angelegte Beobachtung.
- Die Beobachtung ist **durchgehend** länger als 24 Stunden Dauer angelegt oder
- soll an mehr als zwei Tagen stattfinden.

Die Maßnahme ist nur zulässig, wenn zumindest **„zureichende tatsächliche Anhaltspunkte“** (Anfangsverdacht) dafür vorliegen, dass eine Straftat von **erheblicher Bedeutung** begangen worden ist. Es handelt sich hierbei um einen generalisierenden, auslegungsbedürftigen unbestimmten Rechtsbegriff. Darunter fallen alle Verbrechen nach § 12 Abs. 1 StGB. Da- 12 rüber hinaus sind nach allgemeiner Rechtsauffassung auch qualifizierte Straftaten der mittleren Kriminalität erfasst, die

- den Rechtsfrieden empfindlich stören und
- geeignet sind, die subjektive Rechtssicherheit der Bevölkerung erheblich zu beeinträchtigen.[8]

Beispiele:

Serieneinbrüche in Wohnungen, Diebstähle hochwertiger Kfz, Raubdelikte durch Serientäter, bandenmäßig begangene Taschendiebstähle, Häufung von überfallartigen Vergewaltigungen, qualifizierte Rauschgiftdelikte u. ä. Straftaten.

13 **Subsidiaritätsprinzip**

Als weitere Voraussetzung verlangt das Gesetz, dass andere, geringer einschneidende Maßnahmen erheblich weniger Erfolg versprechen oder den angestrebten Zweck wesentlich erschweren würden.

14 Die Observationsmaßnahme richtet sich gegen den Beschuldigten. Als Beschuldigter gilt der Tatverdächtige, gegen den Ermittlungen wegen des Verdachts einer strafbaren Handlung geführt werden.

Darüber hinaus ist es auch zulässig, sog. Kontaktpersonen eines Beschuldigten in die Observation einzubeziehen, wenn aufgrund bestimmter Tatsachen anzunehmen ist, dass sie mit dem Täter in Verbindung stehen oder mit ihm in Verbindung treten werden und wenn zu erwarten sein wird, dass durch die Maßnahme wichtige Erkenntnisse für die Tataufklärung oder die Ermittlung des Aufenthaltsortes des Täters gewonnen werden können und andere Ermittlungen weniger Erfolg versprechen oder wesentlich erschwert wären (§ 163f Abs. 1 Satz 3 StPO).[9]

15 Die Anordnung der längerfristigen Observation steht unter Richtervorbehalt. Bei Gefahr im Verzuge können Maßnahmen der längerfristigen Observation durch die Staatsanwaltschaft oder deren Ermittlungspersonen angeordnet werden, die innerhalb von 3 Werktagen durch das Gericht bestätigt werden müssen. Anderenfalls tritt die Anordnung außer Kraft.[10]

Die längerfristige Observation ist gesetzlich auf den Zeitraum von 3 Monaten befristet. Die Verlängerung ist zulässig.[11]

---

8 Auf einen abschließend definierten Deliktskatalog hat der Gesetzgeber hier verzichtet, vgl. von Häfen, § 163f StPO Rn. 8.

9 Ebend. Rn. 5–7.

10 Ebend. Rn. 11.

11 Näheres regelt das Gesetz.

3.3 Allgemeine Grundsätze der Observationstaktik

Für die Planung und Durchführung von Observationsmaßnahmen gelten als Mindeststandard folgende taktische Grundsätze: 16

- Kriminalistische Beurteilung der Observationslage

  Vor jeder Entscheidung über eine beabsichtigte Observation ist die sorgfältige kriminalistische Beurteilung der Observationslage unerlässlich, denn jede Observationsmaßnahme bedarf der gründlichen Planung und Vorbereitung sowie einer sorgfältigen Prüfung der Rechtsgrundlage.

- Beurteilung des Informationspotenzials 17

  Grundlage für die Lagebeurteilung sind die über die geplante Observationsmaßnahme vorliegenden Informationen. Es liegt in der Natur der Sache, dass zu Beginn der kriminalistischen Ermittlungen regelmäßig nur lückenhafte Informationen über den polizeilichen Anlass vorliegen. Die jeweiligen Informationsdefizite gilt es zu erkennen.

  Der erste Arbeitsschritt liegt folglich darin, zunächst das Ausgangsmaterial, das Basis für die Lagebeurteilung ist, sorgfältig zu sichten, auf seinen Informationsgehalt hin zu prüfen und die Einzelinformationen auf ihren Aussagewert und Wahrheitsgehalt hin zu bewerten.

- Ermittlungen im Vorfeld der Observation 18

  Vorfeldermittlungen dienen der gezielten Erhebung von Informationen, mit denen die vorliegenden Ausgangsinformationen ergänzt oder verdichtet werden sollen.

Im Hinblick auf die beabsichtigte Observationsmaßnahme sollten die Vorfeldermittlungen mit folgenden Zielen geführt werden:

- Konkretisierung der vorliegenden Straftat/Straftaten nach Art und Schwere,
- soweit notwendig, Konkretisierung des Täterverdachts sowie Erkenntnisgewinnung über die Zielperson(en), deren Verhaltensweisen, über Persönlichkeitsmerkmale und die von diesem Personenkreis ggf. ausgehenden Gefährdungen[12],
- Gewinnung von Informationen über das personale und soziale Umfeld der Zielpersonen, kriminelle Vernetzungen zu anderen Personen oder Personengruppen,
- Abklärung der Objekte, auf die sich die Observationsmaßnahme voraussichtlich beziehen wird,

---

12 Prüfung im Nationalen Waffenregister sowie ggf. bei Ordnungsbehörden zum Besitz von Schusswaffen.

- Abschätzen der erforderlichen personellen und materiellen Mittel wie Observationskräfte, Einsatzfahrzeuge, technische Observationsmittel.

(Die Auflistung ist nicht abschließend. Die Art und Schwerpunkte der Vorfeldermittlungen orientieren sich an den konkreten Erfordernissen des Einzelfalls.)

Merke

Das Entdeckungsrisiko und damit ein Fehlschlag der Observationsmaßnahme ist umso größer, je observationserfahrener die Zielpersonen sind.

3.4 Formen der Observation

19 Die Formen, d.h. die konkrete Ausgestaltung der Observationsmaßnahmen, richten sich nach den Erfordernissen des Einzelfalls. Diese können hauptsächlich sein:

- Besonderheiten des Observationsauftrags, der Zielpersonen oder der Zielobjekte,
- spezielle Ziele und Zweckrichtungen, die mit der Observation verfolgt werden,
- der Schwierigkeitsgrad der Observationsmaßnahme sowie der Einsatz spezieller Observationstechnik,
- Besonderheiten des Einsatzraumes.

Im Wesentlichen werden folgende Formen unterschieden (siehe Abb. XIV.2).

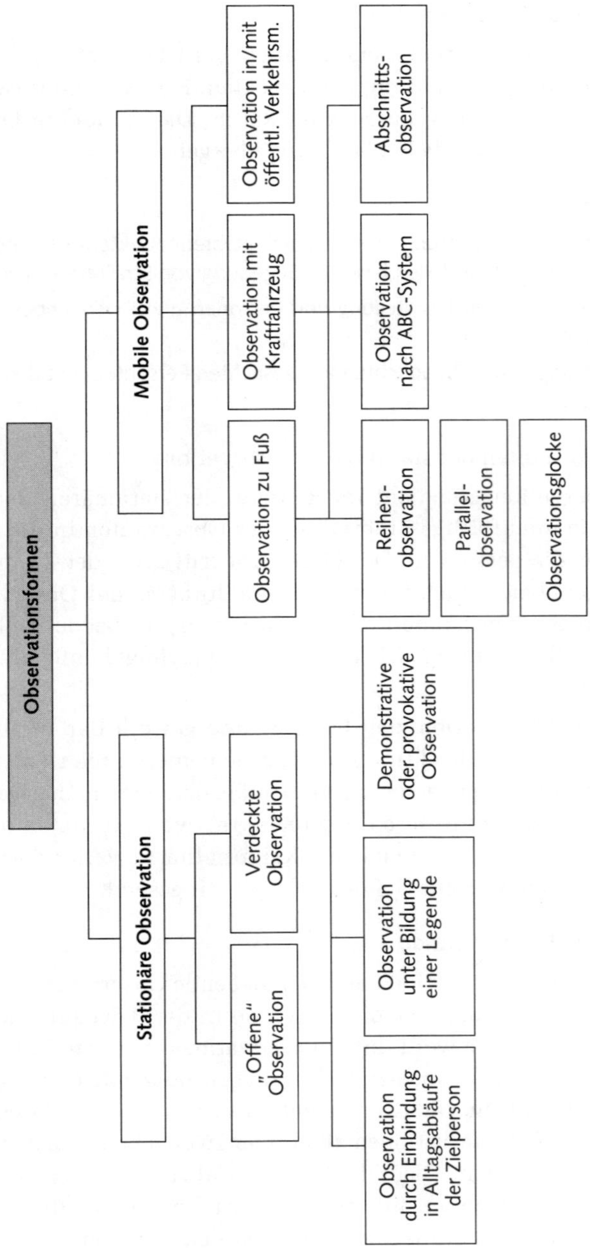

Abb. XIV.2 Observationsformen

3.4.1 Stationäre Observation

20 Die stationäre Observation dient vor allem der Überwachung von Örtlichkeiten durch die Beobachtung von Objekten, Personen oder Fahrzeugbewegungen in einem eng begrenzten Raum. Die stationäre Observation kann auch in eine mobile Beobachtung übergehen.

Beispiele:

- Verdeckte Beobachtung von Kriminalitätsbrennpunkten mit dem Ziel, Täter auf frischer Tat zu stellen bzw. die Begehung von Straftaten zu verhindern
- Beobachtung und Feststellung von Personen und Personenbewegungen an inkriminierten Orten
- Erwartung von zu beobachtenden/gesuchten Person(en) mit dem Ziel der Ergreifung.

Taktische Varianten der stationären Observation:

21 - Die Observation geschieht im Rahmen der stationären Beobachtung durch die unauffällige Einbindung des Observanten in die Alltagsabläufe der Zielperson(en). Der Observant tritt zwar der Zielperson „offen“ gegenüber, jedoch unter Geheimhaltung seines Observationsauftrags. So gesehen handelt es sich der Natur der Sache nach um eine verdeckte Beobachtung. Die Durchführung erfolgt häufig unter Einsatz von V-Personen.

22 - Die offene Observation zielt bewusst und gewollt darauf ab, dass die Zielperson die Beobachtungsmaßnahme bemerkt. Sie richtet sich u. a. gegen gewaltbereite Personen, sog. Gefährder, oder auch gegen erkannte Intensivtäter, um diesen Personenkreis von Straftaten abzuhalten bzw. ein weiteres Abgleiten in die Kriminalität zu verhindern. Sie wird u. a. als Maßnahme zur Gefahrenabwehr eingesetzt.

3.4.2 Mobile Observation

23 Mit der mobilen Observation (auch als fließende Observation bezeichnet), erfolgt die Beobachtung der Zielperson/en in der Bewegung. Mobile Observationen können sowohl durch Observationskräfte zu Fuß, unter Verwendung von Observations-Kraftfahrzeugen oder mit öffentlichen Verkehrsmitteln erfolgen. Nicht selten entwickeln sich aus mobilen Observationen stationäre Observationsmaßnahmen, wobei beide Varianten häufig ineinander übergehen. Diese taktische Erfahrung ist bei der Observationsplanung im Hinblick auf die bereitzustellenden Kräfte und die speziellen Führungs- und Einsatzmittel zu berücksichtigen.

Als operative Formen mobiler Observationen finden Anwendung:

- Die **Reihenobservationen**. Die Observationskräfte werden entweder als Fußobservanten oder im Rahmen der Fahrzeugobservation in Reihe hintereinander angeordnet. Eine spezielle Variante ist die Doppelreihe oder Parallelobservation, bei der auf der entgegengesetzten Straßenseite eine zweite Observationsreihe gebildet wird. **24**
- Die Observation nach dem **ABC-System**. Es handelt sich um eine Fußobservation, bei der regelmäßig drei Observanten eingesetzt werden, die – je nach Bedarf oder den sich ergebenden Situationen – nach einer bestimmten Zeit abzulösen sind. Typisch für das sog. ABC-System ist folgende Anordnung: Observant „A" geht hinter der Zielperson, dahinter befindet sich der Observant „B"; Observant „C" befindet sich auf der gegenüberliegenden Straßenseite etwa in Höhe der Zielperson. Unumgänglich ist die ununterbrochene Sichtverbindung zur Zielperson, ohne dass es zu einer Enttarnung kommt. Zu vermeiden ist, dass stets der gleiche Observant sich im Wahrnehmungsbereich der Zielperson aufhält. **25**
- Die **Observationsglocke**. Die Observation erfolgt durch Rundumstellung der Zielperson bzw. des Zielobjektes. Jeder der umgebenden Observanten hat die Zielperson unter Beobachtung. Eine andere Variante findet Anwendung, wenn sich die Zielperson beispielsweise in einem Objekt befindet und bei Verlassen aufgenommen werden soll. In diesem Fall hält ein Nahobservant das Objekt unter Beobachtung. Die weiteren Observationskräfte umstellen in einem bestimmten Abstand das Objekt. **26**
- Die **Abschnittsobservation**. Sie wird durchgeführt, wenn nur bestimmte räumlich oder zeitlich begrenzte Abschnitte für die Observation relevant sind. Es ist keine lückenlose Beobachtung der Zielperson, sondern sie bezieht sich nur partiell auf bestimmte Abschnitte. **27**

Merke

Nie eine Zielperson unterschätzen!
Stets mit Gegenobservationen rechnen!
Bei ungewollter Enttarnung die Observation regelmäßig abbrechen!

4 Abhörmaßnahmen

4.1 Begriffliche Grundlagen, Bedeutung und Ziele

28 Eine umfassende Abhandlung über die komplexen technischen Möglichkeiten im Rahmen strafprozessualer Maßnahmen und rechtlicher Grenzen der verdeckten Informationserhebung durch Abhörmaßnahmen soll in der vorliegenden Veröffentlichung nicht geleistet werden. Es wird auf die einschlägige Fachliteratur verwiesen. Die folgenden Darstellungen beschränken sich – der Konzeption des Fachbuches folgend – auf einen allgemeinen Überblick.

29 Abhörmaßnahmen dienen der verdeckten Informationsbeschaffung im Rahmen von Ermittlungsverfahren. Sie werden durch das Abhören, die Aufzeichnung von Gesprächen und Kommunikation oder Datenübertragung realisiert. Abhörmaßnahmen erfolgen zunehmend durch elektronische Überwachungstechnik. Dazu gehören u.a. technische Mittel zum Anfertigen von Bild- und Tonaufzeichnungen sowie spezielle technische Mittel, die im Rahmen von Observationen oder z.B. zur Standortbestimmung bzw. Peilung eingesetzt werden.[13] Mit dem Einsatz derartiger Mittel wird taktisch der Zweck verfolgt, in besonders schwierig gelagerten Fällen Informationen zu erheben, die sowohl der Sachaufklärung, der Beweisermittlung und -sicherung, der Täteridentifizierung, der Überführung der Täter und der Festnahme von Gesuchten dienen und die auf andere Weise mit herkömmlichen Ermittlungsmethoden nur mit unverhältnismäßig großem Aufwand oder gar nicht zu erreichen wären.

Zu den Abhörmaßnahmen zählen insbesondere:

- Abhörmaßnahmen außerhalb von Wohnungen (Kleiner Lauschangriff)
- Fahrzeuginnenraumüberwachung
- Abhörmaßnahmen innerhalb von Wohnungen (Großer Lauschangriff)
- Überwachung der Telekommunikation.

4.2 Rechtliche Grundlagen

30 Der Einsatz technischer Mittel zur Umsetzung von Abhörmaßnahmen hat gegenüber der z.B. durch einfache Beobachtung vorgenommenen Observation eine besondere Eingriffsqualität. Je nach der rechtlichen Tiefe des

13 Zur rechtlichen Zulässigkeit siehe BGH, Urteil vom 24.1.2001 – 3 StR 324/00, zur Zulässigkeit der GPS-Überwachung bei Observationsmaßnahmen.

Eingriffs in die Rechte der Betroffenen knüpft das Gesetz an die Zulässigkeit der Einzelmaßnahmen unterschiedliche, tatbestandliche Voraussetzungen. Der Gesetzgeber differenziert bei den Eingriffsvoraussetzungen u.a. zwischen dem Einsatz technischer Mittel außerhalb und innerhalb von Wohnungen und knüpft mit Blick auf den grundgesetzlich garantierten persönlichen Schutzbereich der Wohnung (Art. 13 GG) und der Privatsphäre an die Zulässigkeit der sog. technisch-akustischen Wohnraumüberwachung besonders hohe Anforderungen.

Der Einsatz technischer Mittel zur Bild- und Tonaufzeichnung im Strafverfahren wurde durch das Urteil des Bundesverfassungsgerichts v. 3.3.2004 teilweise für verfassungswidrig erklärt. Anlass zu dem Urteil des BVerfG war die Überprüfung der Verfassungsmäßigkeit der akustischen Wohnraumüberwachung (sog. Großer Lauschangriff). Eine grundlegende Neugestaltung erfuhren die Bestimmungen mit dem Gesetz vom 17.8.2017.[14]

Nach geltender Rechtslage sind das Abhören außerhalb von Wohnungen (sog. Kleiner Lauschangriff) in § 100f StPO, die akustische Wohnraumüberwachung (sog. Großer Lauschangriff) in § 100c StPO und die Telekommunikationsüberwachung in § 100a StPO gesetzlich geregelt. Erläuterungen zu den rechtlichen Grundlagen finden sich bei der jeweiligen Maßnahme.

4.3 Formen von Abhörmaßnahmen

4.3.1 Abhörmaßnahmen außerhalb von Wohnungen (Kleiner Lauschangriff)

Der sog. Kleine Lauschangriff bezeichnet das Abhören und Aufzeichnen 31
von Gesprächen des **nicht öffentlich** gesprochenen Wortes unter Anwendung technischer Mittel außerhalb von Wohnungen. Die Maßnahme ist an allen Orten außerhalb von Wohnungen zulässig. Dabei muss es sich nicht um einen öffentlichen Ort (z.B. Auto) handeln.

Rechtsgrundlage der Eingriffsmaßnahme ist § 100f Abs. 1 StPO. Die Maßnahme ist durch die Staatsanwaltschaft analog § 100a StPO zu beantragen und durch das zuständige Gericht anzuordnen. Eine Eilzuständigkeit bei Gefahr im Verzug besteht ausschließlich bei der Staatsanwaltschaft. Für Ermittlungspersonen gibt es diese Eilzuständigkeit nicht.[15] Soweit die Staatsanwaltschaft eine Eilanordnung getroffen hat, tritt diese nach drei Tagen außer Kraft, es sei denn, die Maßnahme wurde durch ein Gericht

14 Ausführlich dazu Meyer-Goßner/Schmitt, § 100c StPO, RZ 1.

15 Graf, § 100e StPO Rn. 4, 5.

bestätigt. Erkenntnisse, die innerhalb der Drei-Tage-Frist erlangt wurden, sind verwertbar, da bis dahin die Zuständigkeit der Staatsanwaltschaft vorlag. Das gilt auch, wenn z. B. der Antrag an das Gericht unterbleibt, weil die Maßnahme innerhalb der Drei-Tage-Frist beendet wurde.[16]

Als technische Mittel zur taktischen Umsetzung von Abhörmaßnahmen außerhalb von Wohnungen kommen z. B. Minisender, Richtmikrofone, digitale Tonaufzeichnungsgeräte u. Ä. in Frage. Damit sind auch typische mit dem Abhören verbundene notwendige Vorbereitungshandlungen zulässig.

Das zufällig durch einen Polizeibeamten mitgehörte Gespräch fällt auch dann nicht unter den § 100f StPO, wenn der Polizeibeamte im Anschluss Aufzeichnungen zum Gespräch fertigt.[17]

32 Als tatbestandliche Voraussetzung wird ein auf Grund bestimmter Tatsachen begründeter Verdacht gefordert, dass jemand als Täter oder Teilnehmer eine in § 100a Abs. 2 StPO bezeichnete (im Einzelfall schwere) Straftat begangen hat oder zu begehen versucht und dass nach dem Subsidiaritätsprinzip die Erforschung des Sachverhalts oder die Ermittlung des Aufenthaltsortes des Täters auf andere Weise aussichtslos oder wesentlich erschwert wäre. Ihrem Wesen nach handelt es sich um eine mit der Telefonüberwachung nach § 100a StPO vergleichbare Maßnahme.[18]

Diese Maßnahme darf sich auch gegen andere Personen als den Beschuldigten selbst richten, wenn auf Grund bestimmter Tatsachen anzunehmen ist, dass sie mit dem mutmaßlichen Täter in Verbindung stehen oder eine solche hergestellt werden soll.

4.3.2 Abhörmaßnahmen innerhalb von Wohnungen (Großer Lauschangriff)

33 Die Abhörmaßnahmen innerhalb von Wohnungen, der sog. Große Lauschangriff, stellen eine weitere Maßnahme der verdeckten Informationserhebung zu repressiven Zwecken dar. Mit ihnen wird nicht nur in die durch Art. 13 Abs. 1 GG garantierte Unverletzlichkeit der Wohnung eingegriffen, sondern auch das Recht auf informationelle Selbstbestimmung (Art. 2 Abs. 1 i. V. m. Art. 1 Abs. 1 GG) tangiert. Sie stellen einen tiefen Eingriff in die Grundrechte des Betroffenen dar und unterliegen deshalb hohen Hürden für eine Anordnung.

34 Die allgemeinen strafprozessualen Eingriffsvoraussetzungen für die akustische Wohnraumüberwachung enthält § 100c StPO.

16 Vgl. Henrichs, Weingast, StPO § 100f Rn. 17–21.

17 Hegmann, § 100f StPO, Rn. 5, 6.

18 Meyer-Goßner/Schmitt, § 100f StPO, RZ 2.

Gem. § 100c Abs. 1 StPO darf in einer Wohnung das **nicht öffentlich** gesprochene Wort des Betroffenen (Täter oder Teilnehmer) ohne dessen Wissen mit richterlicher Genehmigung abgehört und aufgezeichnet werden,

- wenn bestimmte Tatsachen den Verdacht begründen, dass die Person eine der in § 100b aufgeführten „besonders schweren" Straftaten begangen hat oder versucht hat zu begehen[19] und
- die Tat auch im Einzelfall schwerwiegend ist, d.h. nicht nur abstrakt, sondern auch konkret,
- auf Grund tatsächlicher Anhaltspunkte anzunehmen ist, dass durch die Überwachung von Äußerungen des Beschuldigten Informationen gewonnen werden, die für
  a) die Erforschung des Sachverhalts oder
  b) die Ermittlung des Aufenthaltsortes eines Mitbeschuldigten von Bedeutung sind **und**
- wenn nach dem Gebot der Verhältnismäßigkeit, z.B. unter Beachtung des Subsidiaritätsprinzips die Erforschung des Sachverhalts oder die Ermittlung des Aufenthaltsortes eines Mitbeschuldigten „auf andere Weise unverhältnismäßig erschwert oder aussichtslos wäre".[20]

Die Maßnahme darf sich grundsätzlich nur gegen den Beschuldigten richten und nur in der Wohnung der Beschuldigten durchgeführt werden (Abs. 2 Satz 1). Unter im Gesetz näher bezeichneten Voraussetzungen ist die Abhörmaßnahme auch in Wohnungen nicht beschuldigter Personen gestattet (Abs. 2 Ziff. 1 u. 2). 35

Vorbereitungs- und Begleitmaßnahmen, die für die Vornahme der Wohnraumüberwachung erforderlich sind, wie z.B. das Eindringen in die Wohnung zum Anbringen von Abhörtechnik, werden von der Rechtsvorschrift miterfasst.[21]

Das Grundrecht auf Unverletzlichkeit der Wohnung (Art. 13 GG) wird durch diese Maßnahme eingeschränkt. Rechtliche Grundlage der Einschränkung des Rechts auf Unverletzlichkeit der Wohnung sind die durch Gesetz v. 1998 in Art. 1 GG eingeführten Abs. 3–6.[22] Im Hinblick auf die verfassungsmäßige Zulässigkeit der heimlichen Wohnraumüberwachung

19 Bei der Strafbarkeit des Versuchs.

20 In diesem Sinne Vahle (2006), S. 641 ff.

21 Als Annexkompetenz aus BGH, Urteil vom 24.1.2001 – 3 StR 324/00.

22 Nähere Ausführungen zur Historie der Wohnraumüberwachung bei Gercke, Temming, Zöller § 100c StPO, RZ 2–4. Ausführungen zur präventiv-polizeilichen Wohnraumüberwachung siehe Gercke, Temming, Zöller § 100c StPO. RZ 6.

regelt Art. 13 Abs. 3 GG die technisch-akustische Überwachung zu Zwecken der Strafverfolgung, Abs. 4 die technisch-akustisch-optische Überwachung zur Gefahrenabwehr, Abs. 5 die technisch-akustisch-optische Überwachung zur Eigensicherung.

36 Der Wohnungsbegriff ist verfassungskonform und damit weit auszulegen; der Schutzbereich des Art. 13 GG erfasst danach außer Wohnungen i. e. S. auch Gartenhäuser, Hotelzimmer, Wohnwagen, nicht allgemein zugängliche Geschäfts- und Büroräume, Personalaufenthaltsräume, Arbeitshallen, Werkstätten, Vorgärten und auch nicht allgemein zugängliche Vereinsbüros.[23]

Nicht dazu zählen u. a. leer stehende Wohnungen oder nicht bewohnte Neubauten, Gemeinschaftsunterkünfte von Polizeibeamten oder Soldaten, Besucherräume in Justizvollzugsanstalten sowie der Innenraum von Personenkraftwagen.[24]

37 Maßnahmen nach § 100c StPO dürfen gem. § 100e Abs. 2 StPO nur auf Antrag der Staatsanwaltschaft durch die im Gesetz genannten Kammern des Landgerichts angeordnet werden, bei Gefahr im Verzuge durch den Vorsitzenden der zuständigen Kammer. Die Anordnung ist befristet auf einen Monat; eine Verlängerung ist möglich. Die Anordnung ergeht schriftlich.

Die Anordnung ist nur zulässig, wenn aufgrund tatsächlicher Anhaltspunkte anzunehmen ist, dass das Belauschen keine Äußerungen erfasst, die dem Kernbereich privater Lebensgestaltung zuzurechnen sind (§ 100d Abs. 1, Abs. 4 StGB). Die Einhaltung dieses Überwachungsverbots stellt erhebliche Anforderungen an die vorzunehmende Prognose[25] über Verlauf und Inhalt der belauschten Gespräche, die teils aufwendige Abklärungen im Vorfeld erfordern.

Die Maßnahme ist unverzüglich zu unterbrechen, wenn sich während der Überwachung Anhaltspunkte in dieser Richtung ergeben. Die gravierende Einschränkung hat für die Abhörpraxis im Regelfall zur Folge, dass auf eine automatische Aufzeichnung verzichtet werden muss. Aufzeichnungen mit privatem Inhalt sind ohne Verzug zu löschen. Erkenntnisse hieraus dürfen nicht verwertet werden. Ausgenommen von diesem Vertraulichkeitsschutz sind Gespräche in Betriebs- und Geschäftsräumen. Die Erfassung der Daten und deren Löschung sind zu dokumentieren.

23 BGH, Beschluss vom 19.6.1997 –StR 168/97; Gercke, Temming, Zöller, § 102 StPO, RZ 13 ff. mit weiteren Ausführungen zum Wohnungsbegriff.

24 BGH, Urteil vom 24.7.1998 – 3 StR 78–98.

25 Vgl. Henrichs, S. 658 ff.

Den Schutz von Zeugnisverweigerungsberechtigten regelt § 100d Abs. 5 StGB.

Der enumerative Straftatenkatalog des 100b StGB (Online-Durchsuchung), auf den sich § 100c StGB, Abs. I, Ziff. 1. (Akustische Wohnraumüberwachung) bezieht, ist recht umfangreich und keineswegs allein auf Delikte der sog. Organisierten Kriminalität beschränkt. Die Anlassdelikte entstammen dem Strafgesetzbuch (Abs. 2 Nr. 1), dem Asylgesetz (Abs. 2 Nr. 2), dem Aufenthaltsgesetz (Abs. 2 Nr. 3), dem Außenwirtschaftsgesetz (Abs. 2 Nr. 4), dem Betäubungsmittelgesetz, dem Konsumcannabisgesetz und dem Medizin-Cannabisgesetz (Abs. 2 Nr. 5, 5a und 5b), dem Gesetz über die Kontrolle von Kriegswaffen (Abs. 2 Nr. 6), dem Grundstoffüberwachungsgesetz (Abs. 2 Nr. 7), dem Neue-psychoaktive-Stoffe-Gesetz (Abs. 2 Nr. 8), dem Völkerstrafgesetzbuch (Abs. 2 Nr. 9), und dem Waffengesetz (Abs. 2 Nr. 10). Insgesamt handelt es sich um mehr als 60 Delikte völlig unterschiedlicher Art. „Klassische" Straftaten wie Bandendiebstahl, Bildung krimineller Vereinigungen, schwerer Raub, Mord und Totschlag, Verbreitung kinderpornografischer Schriften, Straftaten gegen die sexuelle Selbstbestimmung, Menschenhandel, Zwangsprostitution – um nur einige zu nennen – stehen neben Delikten wie Fälschung von Geld- und Wertpapieren, Fällen schwerer Bestechlichkeit, Terrorismus oder Extremismus. 38

Es handelt sich nicht nur um Verbrechenstatbestände. Die Straftaten müssen jedoch eindeutig oberhalb der Schwelle der mittleren Kriminalität liegen.[26] 39

Mit Blick auf die verfassungsrechtliche Relevanz des Rechtseingriffs fordert das Gesetz als besonderes zusätzliches Merkmal nicht nur die Feststellung, dass eine Tat nach dem oben genannten Straftatenkatalog vorliegt, vielmehr ist die Feststellung zu treffen, dass die Tat auch im Einzelfall besonders schwer wiegt.

In der kriminalistischen Ermittlungspraxis ist die akustische Wohnraumüberwachung eher von untergeordneter Bedeutung. Nach einer im Auftrag des BMJ durchgeführten Untersuchung des Max-Planck-Instituts[27] von in den Jahren 1998–2001 durchgeführten 119 Verfahren führten nur ca. 30 % der akustischen Wohnraumüberwachungen zu Ermittlungserfolgen, u.a. auch aus technischen Gründen. Phänomenologisch hat es sich vorwiegend um Verfahren aus dem Deliktsbereich der OK-BtM-Kriminalität und um schwer aufzuklärende Tötungsdelikte gehandelt. 40

26 Zu den Beurteilungskriterien Rauschenberger, S. 655.

27 Meyer-Wieck, S. 17.

4.3.3 Überwachung der Telekommunikation (TKÜ)

41 Unter **Telekommunikation** ist der technische Vorgang des Absendens, Übermittelns und Empfangens von Nachrichten jeglicher Art in der Form von Zeichen, Sprache, Bildern oder Tönen mittels Telekommunikationsanlagen zu verstehen[28].

Zu den nach § 100a StPO erfassten Formen der Telekommunikation gehören nicht nur das „klassische" Telefon, sondern auch der Mobilfunk, die Satellitenübertragung, das Bildtelefon, Telefax, Teletext, Fernschreiben und die Kommunikation mit Online-Diensten[29].

Auch den Zugriff auf Mailboxen sowie den E-Mail-Verkehr hat der BGH diesem Bereich zugeordnet. Die Rechtsprechung des BVerfG hat bewusst auf eine Einschränkung des Telekommunikationsbegriffs mit Blick auf neue technische Entwicklungen verzichtet[30].

Das Wesen und die rechtliche Relevanz der Überwachung der Telekommunikation liegen in der verdeckten Gewinnung strafprozessualer Beweise im Bereich der Schwerkriminalität.

42 Ermächtigungsgrundlage für die TKÜ ist § 100a StPO.

Die Überwachung und Aufzeichnung der Telekommunikation darf gem. Abs. 1 Ziff. 1.–3. angeordnet werden, wenn bestimmte Tatsachen den Verdacht begründen, dass jemand als Täter oder Teilnehmer eines der in § 100a Abs. 2 StPO näher bezeichneten Delikte der Schwerkriminalität begangen hat und

- die konkrete Tat im Einzelfall als schwerwiegend einzustufen ist und
- wenn die Erforschung des Sachverhalts oder die Ermittlung des Aufenthaltsorts des Beschuldigten auf andere Weise aussichtslos oder wesentlich erschwert wäre (Subsidiaritätsprinzip).

Die Anordnung der Telekommunikationsüberwachung darf sich nur gegen bestimmte Personen – i. d. R. Beschuldigte – richten. Die TKÜ darf auch gegen Nichtbeschuldigte angeordnet werden, wenn aufgrund bestimmter Tatsachen und auf Grund eines qualifizierten Verdachts diese als sog. Unterstützer einzustufen sind. Gegen gutgläubige Nachrichtenübermittler, d. h. gegen Unverdächtige, kann sich die Maßnahme ebenfalls richten (vgl. § 100a Abs. 3 StPO)[31].

28 Graf, § 100a StPO Rn. 24.

29 Ebend. Rn. 25.

30 Graf, § 100a StPO Rn. 24–31.

31 Weitere Ausführungen zu dieser Problematik, insbesondere zur Differenzierung des Personenkreises, siehe Graf, § 100a StPO Rn. 163–165.

Die Anordnungskompetenz liegt grundsätzlich auf Antrag der Staatsanwaltschaft beim Gericht. Bei Gefahr im Verzug ist auch die Staatsanwaltschaft anordnungsberechtigt (§ 100e Abs. 1 StPO). Die Anordnung muss sodann binnen drei Tagen richterlich bestätigt werden. Die Dauer der Maßnahme ist im Regelfall auf drei Monate beschränkt. Eine Verlängerung ist nach Maßgabe von Abs. 1 der Vorschrift möglich.

Die Telekommunikationsüberwachung stellt einen schwerwiegenden Eingriff in das Grundrecht des Post- und Fernmeldegeheimnisses aus Art. 10 GG dar. Durch die Maßnahme wird gleichzeitig das Persönlichkeitsrecht (Art. 2 Abs. 1 GG i.V.m. Art. 1 Abs. 1 GG) sowie – je nach der Ausgestaltung im Einzelfall – die grundgesetzlich garantierte Unverletzlichkeit der Wohnung (Art. 13 Abs. 1 GG) tangiert. Aufgrund der Schwere des Rechtseingriffs haben das BVerfG und der Gesetzgeber der verdeckten Informationsgewinnung durch Telekommunikationsüberwachung enge Grenzen gesetzt. Andererseits wird anerkannt, dass die Möglichkeiten, die durch die Nutzung der Telekommunikation für die Vorbereitung und Durchführung von schweren Straftaten geboten werden, geradezu ideal sind, sodass kriminalpolitisch auf dieses Mittel der verdeckten Informationsgewinnung nicht verzichtet werden kann. 43

Die Anlassdelikte sind in einem umfangreichen Straftatenkatalog abschließend (enumerativ) festgelegt (§ 100a Abs. 2 Ziff. 1.–11. StPO). Durch Gesetzesänderungen wurde der geltende Straftatenkatalog inhaltlich und strukturell regelmäßig modifiziert, z.T. auch erweitert[32]. 44

Eine erweiterte Auslegung ist laut BGH auch mit Blick auf § 34 StGB nicht statthaft.

Der Schutz des „Kernbereichs privater Lebensgestaltung“ gilt auch für den Bereich der Telekommunikationsüberwachung (§ 100d StPO). Liegen tatsächliche Anhaltspunkte, z.B. erkennbar aus dem Inhalt der Überwachungsmaßnahme vor, ist die Datenerhebung und -verwertung unzulässig. 45

Die Maßnahme ist unverzüglich zu unterbrechen, wenn sich während der Überwachung Anhaltspunkte in dieser Richtung ergeben. Aufzeichnungen mit privatem Inhalt sind ohne Verzug zu löschen. Die Erfassung der Daten und deren Löschung sind zu dokumentieren.

„Zufallserkenntnisse“ über eine andere Katalogtat als die in der Anordnung bezeichnete, dürfen nur unter Beachtung von § 477 Abs. 2 Satz 2 StPO verwertet werden. Im Hinblick auf Nichtkatalogtaten besteht grundsätzlich ein Beweisverwertungsverbot. Begründen die „unverwertbaren“ 46

32 Zuletzt geändert durch Gesetz zur Fortentwicklung des Völkerstrafrechts.

Zufallsfunde neue Ermittlungsansätze, die eigenständig verfolgt werden dürfen, unterliegen diese Erkenntnisse nicht dem Verwertungsverbot.[33]

4.3.4 Quellen-TKÜ

47 Mit dem Begriff **„Quellen-TKÜ"** wird eine spezielle Art der Telekommunikationsüberwachung bezeichnet. Dabei geht es darum, verschlüsselte Kommunikation zu erfassen[34]. Die Telekommunikationsdaten werden an der Quelle, d. h. an dem zu überwachenden Telekommunikationsgerät (Smartphone oder Computer), vor einer etwaigen Datenverschlüsselung bzw. nach erfolgter Entschlüsselung erfasst. Der Eingriff erfolgt mittels einer sog. Spähsoftware (Trojaner), mit der das jeweilige Endgerät infiltriert wird. Über die praktische Durchführung der Infiltration macht das Gesetz keine Vorgaben[35].

Die Quellen-TKÜ ist erforderlich, da die bislang gesetzlich zulässigen Maßnahmen der Telekommunikationsüberwachung mit zunehmendem Einsatz verschlüsselter Kommunikation ins Leere laufen. Damit würde der Strafverfolgung ein wesentliches Mittel zur Entdeckung und Bekämpfung schwerer Kriminalität fehlen. Die kriminaltaktische Notwendigkeit der Quellen-TKÜ ergibt sich aus der Tatsache, dass die Dechiffrierung verschlüsselter Kommunikationsdaten durch die Ermittlungsbehörden entweder gar nicht oder nur mit erheblichen Schwierigkeiten möglich ist.

48 Ermächtigungsgrundlage für die Quellen-TKÜ ist § 100a Abs. 1 Satz 2 u. 3 StPO[36].

Erlaubt ist die Überwachung und Aufzeichnung der gerade stattfindenden Telekommunikation mit technischen Mitteln (Spähsoftware).

Die Durchführung der Infiltration (heimliches Aufspielen der Spähsoftware) regelt das Gesetz nicht.[37]

Die allgemeinen eingriffsbegrenzenden Bestimmungen für die Anwendung der Quellen-TKÜ entsprechen jenen der TKÜ nach § 100a StPO.

---

33 Graf, § 100a StPO Rn. 211–214.

34 Die Quellen-TKÜ zielt auf die laufende Kommunikation ab und unterscheidet sich somit von der Online-Durchsuchung, die auf Daten des gesamten informationstechnischen Systems abzielt.

35 Zur Vertiefung wird die Veröffentlichung des BKA im Internet zum Thema „Quellen-TKÜ und Online-Durchsuchung" empfohlen.

36 Henrichs, Weingast, § 100a StPO Rn. 42–44.

37 Meyer-Goßner/Schmitt, § 100a StPO, RZ 14d mit ergänzenden Erläuterungen.

Ergebnisse der Telekommunikationsüberwachung werden in das strafprozessuale Hauptverfahren eingeführt. Das erfolgt durch Abspielen der originalen Datenträger im Rahmen des Augenscheins oder in Form der Vorlage von Abschriften der Aufzeichnungen als Urkundsbeweis. 49

4.3.5 Vorbereitung der TKÜ mittels IMSI-Catcher

Vielfach ist den Ermittlungsbehörden nicht bekannt, welche Mobilfunkgeräte und welche SIM-Karten (Subscriber Identity Module) Verdächtige zur Kommunikation benutzen. Mithilfe des IMSI-Catchers lassen sich sowohl die IMEI (International Mobile Equipment Identity) als auch die IMSI (International Mobile Subscriber Identity) von Telefonen abfangen (catch). Technisch betrachtet macht sich der IMSI-Catcher zunutze, dass sich jedes eingeschaltete Mobiltelefon bei der nächsten Basisstation der Funkzelle anmelden muss und dabei seine Kenndaten übermittelt. Der IMSI-Catcher simuliert diese Basisstation und zwingt damit die in Reichweite befindlichen Mobilfunkgeräte, ihre Kennung zu übermitteln. Damit sind i. d. R. der Name des Teilnehmers bzw. seine Rufnummer und sein Standort ermittelbar. Beides gilt als wesentliche Voraussetzung für die Beantragung einer Maßnahme der TKÜ nach § 100a StPO. Darüber hinaus kann auf technischem Weg die von dem betreffenden Mobilfunkgerät (Handy) angewählte Rufnummer ermittelt werden.[38] 50

Rechtsgrundlage für Technische Ermittlungsmaßnahmen bei Mobilfunkendgeräten sowie den Einsatz des IMSI-Catchers ist § 100i StPO.

Zweck der Vorschrift nach § 100i StPO:

- Vorbereitung der Telekommunikationsüberwachung gem. Abs. 1 Nr. 1. In diesem Fall müssen die Voraussetzungen nach § 100a StPO vorliegen,
- gem. Abs. 1 Nr. 2 die Ermittlung des Standortes eines Mobilfunkgerätes, und zwar sowohl zur Erforschung des Sachverhalts als auch zur Feststellung des Aufenthaltsortes des Beschuldigten,
- Vorbereitung von Eingriffsmaßnahmen wie die Unterstützung von Observationen nach §§ 100h (Einsatz weiterer technischer Mittel), 163f (längerfristige Observation) StPO,
- die Vorbereitung von Verkehrsdatenerhebungen nach § 100g StPO sowie
- die Eigensicherung der eingesetzten Beamten.[39]

XIV

38 Vgl. Harnisch, Pohlmann.

39 Hegmann, § 100i StPO § Rn. 7–9.

Voraussetzungen sind

- ein qualifizierter Tatverdacht im Sinne von 100a StPO sowie
- eine Straftat von erheblicher Bedeutung.

Anordnungsbefugt ist grundsätzlich der Richter, bei Gefahr im Verzug auch die Staatsanwaltschaft, nicht die Ermittlungspersonen der StA (Polizei).

Kriminaltaktisch betrachtet hat die Bedeutung des IMSI-Catchers in den vergangenen Jahren zugenommen. Durch immer preiswertere Möglichkeiten des mobilen Telefonierens, werden Mobiltelefone oder SIM-Karten oft in hoher Frequenz durch Straftäter ausgetauscht. Damit sollen Maßnahmen der Telekommunikationsüberwachung unterlaufen werden. Außerdem verwenden Täter zunehmend kryptierte Telefone. Um derartige Kommunikation durch die Strafverfolgungsbehörden zu überwachen, ist die oben beschriebene Quellen-TKÜ erforderlich.

51 Die Metadaten der IMEI und IMSI von kryptierten Telefonen (EncroChat etc.), können ebenfalls durch den IMSI-Catcher erfasst werden. Jedoch bleibt die Verschlüsselung bei derartigen Geräten erhalten, soweit sie nicht anderweitig kompromittiert sind.

5 Online-Durchsuchung

5.1 Begriffliche Grundlagen, Bedeutung und Ziele

52 Die Online-Durchsuchung gestattet den Zugriff der ermittelnden Behörden auf das gesamte informationstechnische System, des Nutzers. Außerdem lassen sich aus dem Nutzungsverhalten des von der Online-Durchsuchung Betroffenen u. U. wesentliche Hinweise gewinnen, wie Straftaten begangen (Modus Operandi) oder verschleiert (Verdunklung) werden. Wesentliches Merkmal ist der heimliche Zugriff auf die von dem Betroffenen genutzten Informationssysteme wie Computer, Mobilfunkgeräte, Server-Cloud-Dienst pp. unter Verwendung einer sog. Spähsoftware, die es ermöglicht, die auf dem Zielgerät (Computer pp.) gespeicherten Daten umfassend abzugreifen. Weiterhin wird durch die Maßnahme ermöglicht, das gesamte digitale Nutzungsverhalten der betroffenen Person zu erkennen. Ihrem Wesensgehalt nach ist die Online-Durchsuchung mit der klassischen Durchsuchung nach § 102 StPO nicht vergleichbar, da sie i. d. R. einmalig und für den Betroffenen offen ist.[40] Das heimliche Aktivieren der Kamera oder des Mikrofons sind **nicht erlaubt**.

40 Weitergehende Informationen Graf § 100b StPO Rn. 11–14.

Allgemeine einsatztaktische Aspekte der Online-Durchsuchung werden in Kapitel XI, Durchsuchung/Beschlagnahme erörtert.

5.2 Rechtliche Grundlagen

Ermächtigungsgrundlage für die Datenerhebung, d. h. den heimlichen Zugriff und die Erhebung der Daten einschließlich der Installation der Spähsoftware ist § 100b Abs. 1 StPO. **53**

Das Gesetz fordert als Eingriffsvoraussetzung den auf bestimmte Tatsachen begründeten Verdacht der Täterschaft/Mittäterschaft einer der in Abs. 2 aufgeführten schweren Straftaten. Die eingriffsbeschränkenden Bestimmungen entsprechen im Wesentlichen jenen der TKÜ (siehe dort).

Werden andere Personen als die Beschuldigten von der Maßnahme betroffen, ist dies nur in den engen Grenzen von § 100b Abs. 3 StPO zulässig[41].

Die Anordnungsbefugnis der Online-Durchsuchung liegt auf Antrag der StA bei der Staatsschutzkammer des zuständigen Landgerichts, § 100e Abs. 2 StPO.

Die Verfahren bei Maßnahmen nach den §§ 100a–100c StPO (z. B. Dauer, Form, Inhalt usw.) regelt § 100e StPO.

6 Einsatz verdeckter Ermittler (VE)

6.1 Begriffliche Grundlagen, Bedeutung und Ziele

Verdeckte Ermittler (VE) sind nicht offen eingesetzte ermittelnde Beamte des Polizeidienstes, die unter einer ihnen verliehenen, auf Dauer angelegten, veränderten Identität (Legende) ermitteln. **54**

Die Legaldefinition enthält § 110a Abs. 2 StPO. Nicht jedes verdeckte polizeiliche Handeln erfüllt die Eigenschaften eines VE.

Wesentliche Merkmale des VE:

- Der Ermittlungsauftrag muss über einen längeren Zeitraum angelegt sein und über einzelne, konkrete Ermittlungshandlungen hinausgehen.
- Erforderlich ist, dass eine unbestimmte Vielzahl von Personen über die wahre Identität des verdeckt operierenden Polizeibeamten zu täuschen ist.

41 Graf, § 100b StPO Rn. 25–28.

- Wegen der Art und des Umfangs des Auftrags muss von vornherein abzusehen sein, dass die Identität des Beamten in einem künftigen Strafverfahren grundsätzlich geheim zu halten ist.

Hinsichtlich der Zeitdauer des Einsatzes hat der BGH eine zeitliche Mindestgrenze des Einsatzes abgelehnt. Bedeutsam sind vielmehr die Gesamtumstände der Verwendung eines Polizeibeamten als VE.[42]

Der verdeckte Ermittler verschleiert bewusst seine Eigenschaft als Polizeibeamter durch eine auf Dauer angelegte Legende, d.h. durch Änderung seiner Identitätsdaten und damit verbunden (auch) der entsprechenden Urkunden und Papiere. Durch die Ausstattung des VE mit Tarnpapieren soll eine glaubwürdige und überprüfbare Legende vorgewiesen werden. Soweit es für die Ausgestaltung oder für die Aufrechterhaltung der Legende notwendig ist, dürfen entsprechende Urkunden (sog. Tarnpapiere) hergestellt, verändert und gebraucht werden (§ 110a Abs. 3 StPO). Die Verwendung der Legende gilt nicht als Täuschung nach § 136a StPO.

6.2 Rechtliche Grundlagen

55 Der Einsatz des VE für Zwecke der Strafverfolgung (Aufklärung von Straftaten) ist in den §§ 110a–110d StPO geregelt. Voraussetzung für den Einsatz ist das Vorliegen von zureichenden tatsächlichen Anhaltspunkten (Anfangsverdacht) von Straftaten von erheblicher Bedeutung, die in § 110a Abs. 1, Ziff. 1–4 StPO näher konkretisiert sind.

Straftatenkatalog:

- unerlaubter Betäubungsmittelhandel,
- unerlaubter Waffenhandel,
- Geld- und Wertzeichenfälschungen,
- Staatsschutzdelikte (§§ 74a, 120 GVG),
- Delikte, die gewerbs- oder gewohnheitsmäßig oder
- von einem Bandenmitglied oder
- auf andere Weise organisiert begangen worden sind,
- zur Aufklärung von Verbrechen, wenn die besondere Bedeutung der Tat den Einsatz eines VE gebietet und andere Maßnahmen aussichtslos wären.

42 Zu den Grundsätzen des Einsatzes eines VE siehe Keller (2017), S. 23 ff., des Weiteren Keller (Hrsg.) (2019), S. 469 ff.

Nach § 100a Abs. 1 Satz 2 ist der Einsatz von VE auch zulässig, soweit aufgrund bestimmter Tatsachen die Gefahr der Wiederholung von Verbrechen besteht.[43]

Die Befugnisse des Verdeckten Ermittlers regelt § 110c StPO. Dabei sind, insbesondere für das Betreten von Wohnungen durch VE strenge Maßstäbe anzulegen. Das Betreten der Wohnung mit Zustimmung des Inhabers stellt keinen hoheitlichen Eingriff in die Unverletzlichkeit der Wohnung dar. Allerdings darf sich der VE über seine Legende hinaus kein Zutrittsrecht zur Wohnung, etwa als Hausmeister oder Schornsteinfeger, verschaffen.[44] **56**

Gem. § 110d StPO dürfen Verdeckte Ermittler auch bei der Bekämpfung von Straftaten gem. § 176e StGB, Verbreitung und Besitz von Anleitungen zu sexuellem Missbrauch von Kindern, sowie Straftaten gem. § 184b StGB, Verbreitung, Erwerb und Besitz kinderpornografischer Inhalte, eingesetzt werden. Dabei handelt es sich um eine spezialgesetzliche Regelung, die im Schwerpunkt für den Cyber-VE-Einsatz Relevanz entfaltet.[45] **57**

Der Einsatz Verdeckter Ermittler ist gem. § 110b Abs. 1 StPO erst nach Zustimmung der Staatsanwaltschaft zulässig. Besteht Gefahr im Verzug und kann die Entscheidung der Staatsanwaltschaft nicht rechtzeitig eingeholt werden, so ist sie unverzüglich herbeizuführen. Wenn die Staatsanwaltschaft binnen drei Werktagen die Zustimmung nicht erteilt, ist die Maßnahme zu beenden. Die Zustimmung ist schriftlich zu erteilen und zu befristen. Eine Verlängerung ist zulässig, solange die Voraussetzungen für den Einsatz fortbestehen. **58**

Da der Einsatz eines Verdeckten Ermittlers nicht gegen den Willen der Polizei erfolgen kann, kommt (nur) eine Zustimmung der StA in Betracht, nicht aber eine Anordnung.

Unter seiner Legende darf der VE am Rechtsverkehr teilnehmen und Rechtshandlungen und -geschäfte vornehmen. Insbesondere darf er Scheinfirmen gründen und Verträge abschließen.[46]

Der VE ist grundsätzlich an Recht und Gesetz gebunden. Er ist von der Strafverfolgungspflicht nach § 163 StPO nicht befreit. Aus kriminaltaktischen Erwägungen können jedoch Ermittlungsmaßnahmen, die in den Auftrag des VE fallen, zurückgestellt werden. Im konkreten Fall ist eine entsprechende, vertrauensvolle Abstimmung mit der Staatsanwaltschaft geboten.

43 Hegmann, § 110a StPO Rn. 14–15.
44 Hegmann, § 110c StPO Rn. 1–3.
45 Vgl. Zimmermann, S. 609.
46 § 110a Abs. 2 u. 3 StPO.

59 Ein Sonderrecht zur Begehung insbesondere milieubedingter Straftaten besteht grundsätzlich nicht. Durch den VE begangene Straftaten sind nur unter den Gesichtspunkten der Notwehr (§ 32 StGB) oder des rechtfertigenden Notstandes (§ 34 StGB) zulässig. Insbesondere darf der VE nicht als sog. agent provocateur zu Straftaten anstiften.

60 Einsätze des VE, die sich gegen einen bestimmten Beschuldigten richten oder bei denen er eine nicht allgemein zugängliche Wohnung betritt, bedürfen grundsätzlich der richterlichen Zustimmung; bei besonderer Eilbedürftigkeit genügt die Zustimmung der Staatsanwaltschaft. Bei Gefahr im Verzug kennt § 110b StPO als Regelfall die staatsanwaltschaftliche Zustimmung und eine Eilkompetenz der Polizei.

Der VE bleibt Polizeibeamter. Im Übrigen hat der VE die Befugnisse, die ihm als Polizeibeamten zustehen. Er kann auf Ermächtigungen aus dem PolG oder aus der StPO zugreifen. Das Problem besteht darin, dass er bei Rückgriff auf polizeiliche Befugnisse in Gefahr der Aufgabe seiner Legende gerät. Ggf. muss dies unter Beachtung der aktuellen Gegebenheit auf dem Weg der Rechtsgüterabwägung gelöst werden.

61 Die Identität des Verdeckten Ermittlers kann auch über die Dauer seines Einsatzes hinaus, d.h. nach Beendigung des Einsatzes nach § 110b Abs. 3 StPO geheim gehalten werden, während des Strafverfahrens nach § 96 StPO (Sperrerklärung) unter den im Gesetz bestimmten Voraussetzungen.[47]

6.3 Spezifische Einsatzfelder von Verdeckten Ermittlern

62 Polizeiliches Handeln ist nach rechtsstaatlichen Prinzipien grundsätzlich offen gegenüber jedermann, d.h. sowohl für den unmittelbar Betroffenen als auch für die Öffentlichkeit erkennbar. Dieser Grundsatz gilt jedoch nicht uneingeschränkt. Bestimmte Kriminalitätsphänomene sind mit herkömmlichen polizeilichen Arbeitsweisen nicht wirksam zu bekämpfen. Sie entziehen sich mit konspirativen Mitteln und Begehungsweisen der Tataufklärung und Beweisführung. Der VE-Einsatz stellt gerade in schwierigen und hochkonspirativen Ermittlungskonstellationen ein besonders wirksames und bisweilen alternativloses Ermittlungsinstrument dar.[48]

Der Einsatz von VE ist zulässig zur Bekämpfung besonders gefährlicher, schwer aufklärbarer Straftaten. Durch das Eindringen in kriminelle Orga-

47 § 110a Abs. 3 Satz 3, erläuternd Gercke, § 110b StPO, RZ 14. Siehe auch die nachfolgenden Ausführungen zu Gliederungs-Nr. 9.2, Rechtsschutz vor Offenbarung von Informanten und V-Personen und Verdeckten Ermittlern.

48 Zimmermann, S. 607.

nisationen sollen insbesondere Erkenntnisse über Tat- und Täterstrukturen und kriminalistisch relevante Informationen im Einzelfall gewonnen werden, die auf andere Weise den Ermittlungsbehörden nicht zugänglich sind.

Für die Bekämpfung solcher Ausprägungen Organisierter Kriminalität, wie etwa Clankriminalität oder Italienische Organisierte Kriminalität, die in höchstem Maße nach Außen abgeschottet sind, stellt der Einsatz von Verdeckten Ermittlern nicht selten das einzig mögliche Mittel zur Gewinnung von Beweisen dar. Gleichwohl gilt es bei derartigen Einsätzen, eine Reihe von Herausforderungen zu meistern, die nicht allein darin begründet liegen, dass zunächst entsprechende Straftaten in das Hellfeld polizeilicher Aufmerksamkeit gelangen müssen.[49] **63**

Mit der zunehmenden Entwicklung von Cybercrime, die insbesondere als „Cybercrime as a Service" einen hohen Organisationsgrad aufweist und in vielen Fällen der Definition von Organisierter Kriminalität genügt, macht sich auch der Einsatz von sogenannten „Cyber-VE" erforderlich. **64**

Mit der Regelung des § 110d StPO ist es möglich, dass der Cyber-VE z. B. mit computergeneriertem Material verdeckte Ermittlungen in Tauschbörsen für Kinderpornografie vornimmt und eine u. U. zu absolvierende „Keuschheitsprobe" besteht. § 184b Abs. 6 StGB schließt die Strafbarkeit der Ermittler aus, wenn ohne dieses Material die Sachverhaltsaufklärung zumindest wesentlich erschwert wäre.[50] Diese Vorgehensweise soll gewährleisten, dass der VE einerseits in derartigen Netzwerken akzeptiert wird und andererseits er sich nicht selbst durch das Verbreiten von echtem kinderpornografischen Material strafbar macht. **65**

Im Zuge der Bekämpfung von Staatsschutzdelikten ist der Einsatz von Verdeckten Ermittlern ebenfalls denkbar. Aufgrund der Gefährdung der inneren Sicherheit, vor allem soweit es sich um Terrorismus handelt, kann der Einsatz von VE angeordnet werden. Allerdings stoßen VE dabei schnell an Grenzen. Da der Grundsatz gilt, dass durch sie keine Straftaten begangen werden dürfen, ist bereits die bloße Mitgliedschaft in einer kriminellen oder terroristischen Vereinigung gem. §§ 129, 129a StGB so niederschwellig formuliert, dass sich VE frühzeitig im Rahmen der Ausführung von Ermittlungshandlungen strafbar machen können.[51] **66**

Im Zuge der Ermittlung in „Cold Case"-Verfahren hat sich der Einsatz Verdeckter Ermittler in der Praxis ebenfalls bewährt, soweit durch die Ermittler die Grundsätze eines fairen Verfahrens nicht unterlaufen werden. So ist **67**

49 Ebd. S. 608.

50 Lackner, Kühl, Heger, StGB § 184b Rn. 8a.

51 Zimmermann, S. 609.

aus Sicht der Rechtsprechung die Täuschung des Beschuldigten über die Identität und die Aufklärungsabsichten des VE nicht problematisch. Die Umgehung des Grundsatzes, dass niemand verpflichtet ist, sich selbst zu belasten und trotzdem verwertbare Aussagen zu gewinnen, ist die Herausforderung, der VE genügen müssen. Dabei darf der Verdächtige nicht durch Druck oder Zwang in eine vernehmungsähnliche Situation gebracht werden, in welcher er dann selbstbelastende Sachangaben tätigt.[52] Das gilt umso mehr, wenn der Beschuldigte bereits im Ausgangsverfahren, welches später eingestellt wurde, Beschuldigtenstatus hatte und explizit von seinem Aussageverweigerungsrecht Gebrauch gemacht hat.

6.4 Dienst- und Fachaufsicht

68 Verdeckt tätige Polizeibeamte unterliegen einer permanenten Dienst- und Fachaufsicht. Sie bewegen sich im kriminellen Milieu und sind dort vielfachen negativen Einwirkungen ausgesetzt. Sie werden generell nur in Verbindung mit einem sog. VE-Führer als Team eingesetzt. Dies sind besonders in der verdeckten Ermittlungsführung geschulte und erfahrene Beamte des Polizeivollzugsdienstes und als fallbezogene Einsatzleiter das Bindeglied zu der ermittlungsführenden Polizeidienststelle/Staatsanwaltschaft. Neben der Dienst- und Fachaufsicht haben VE-Führer auch eine besondere Fürsorgepflicht gegenüber dem als Verdeckten Ermittler tätigen Kollegen, denn der VE unterliegt aufgrund der speziellen Tätigkeit vielfachen psychischen und physischen Belastungen.

7 NoeP – Nicht offen ermittelnder Polizeibeamter

7.1 Begriffliche Grundlagen, Bedeutung und Ziele

69 Unter **NoeP** – den **nicht offen ermittelnden Polizeibeamten** – versteht man einen verdeckt ermittelnden Polizeibeamten bzw. den sog. Scheinkäufer[53] als spezielle Form des verdeckt ermittelnden Polizeibeamten. In Abgrenzung zum VE wird der NoeP jedoch nicht unter einer auf Dauer angelegten fremden Identität tätig. Er kommt eher anlassbezogen und für kurzfristige Einsätze in Frage.

52 BGH, Beschluss vom 15.2.2023 – 2 StR 270/22.
53 Auch als Scheinaufkäufer bezeichnet.

Der NoeP tritt bei seinen Ermittlungshandlungen dem Betroffenen nicht offen als Polizeibeamter gegenüber, d. h. er gibt sich aus ermittlungstaktischen Erwägungen als solcher nicht zu erkennen. Der Zweck derart verdeckter Ermittlungen besteht häufig darin, Beweise zu erlangen, die auf andere Art unerreichbar wären, oder die Beziehungen von Mitgliedern einer kriminellen Gruppierung aufzuhellen und zu erkennen. Dazu muss er mit Tatverdächtigen, Beschuldigten oder Zeugen kommunizieren. Unter Vorspiegelung einer falschen Identität geht es ihm dabei um den Gewinn von Informationen, die dem offen agierenden Ermittler verborgen blieben. Besonders während sich das Ermittlungsverfahren in einem verdeckten Stadium befindet und Beschuldigten die laufenden Ermittlungen verborgen bleiben sollen, kann der Einsatz von nicht offen ermittelnden Polizeibeamten erfolgreich dazu beitragen, Kenntnisse über Hintermänner (Lieferketten), Modus Operandi oder weitere Mittäter sowie genutzte Technik zu erlangen.

Scheinkäufer sind Polizeivollzugsbeamte, die im Einzelfall unter Geheimhaltung ihrer Zugehörigkeit zur Polizei und der Verschleierung ihrer tatsächlichen Ziele zum Handeln als nicht offen ermittelnde Polizeibeamte eingesetzt werden. 70

Der Scheinkauf ist einerseits eine verdeckte Form der Sicherstellung bzw. der Abschöpfung der Tatbeute oder der Tatgegenstände (Betäubungsmittel nach dem BtMG). Andererseits wird er zur Aufklärung erheblicher Straftaten vorgenommen, bei denen die kriminalistische Informationsgewinnung nicht möglich oder unverhältnismäßig erschwert wäre. Der Scheinkauf kann auch als sog. Vertrauenskauf und als Probekauf erfolgen, um das Vertrauen der Zielperson/-personen zu gewinnen oder die Echtheit bzw. die Qualität der angebotenen Ware zu prüfen. Der Scheinkäufer wird u. a. auch in Internetforen zur Anbahnung von Scheinkäufen aktiv.

7.2 Rechtliche Grundlagen

Der Einsatz von nicht offen ermittelnden Polizeibeamten ist in der StPO 71
nicht speziell geregelt. Nach überwiegender Rechtsansicht wird die Zulässigkeit auf die allgemeinen Ermittlungsklauseln der StPO gestützt. Insoweit ist der Einsatz nach §§ 161 Abs. 1, 163 Abs. 1 StPO zulässig.[54]

XIV

54 Vgl. Weisser.

Voraussetzung ist in jedem Fall ein Anfangsverdacht gem. § 152 Abs. 2 StPO. Wenngleich es keinen mit § 110a StPO vergleichbaren Straftatenkatalog als Grundlage des Einsatzes von NoeP gibt, so ist die Verhältnismäßigkeit zu berücksichtigen.

Der nicht offen ermittelnde Polizeibeamte soll gerade nicht dauerhaft unter Bildung einer Legende in die kriminelle Szene eingeschleust werden. Er steht grundsätzlich als Zeuge im Strafverfahren zur Verfügung. Beide Gesichtspunkte unterscheiden das Institut des NoeP wesentlich vom Verdeckten Ermittler (VE).

Aufgrund zunehmender Bedeutung krimineller Plattformen im Internet gewinnt der verdeckte Ermittlungsansatz durch NoeP/Scheinkäufer weiterhin an ermittlungstaktischer Relevanz.

8 Verdeckte Ermittlungen im Internet

8.1 Begriffliche Grundlagen, Bedeutung und Ziele

72 Cybercrime hat sich innerhalb kürzester Zeit zu einem bedeutenden Kriminalitätsphänomen entwickelt. Dabei werden durch die strafbaren Aktivitäten neben hohen materiellen Schäden nicht selten auch ideelle Schäden bei Opfern verursacht. Um Ermittlungsansätze im Cyberspace zu gewinnen und zumindest eine Chance des Ermittelns von Straftätern zu haben, sind u. a. verdeckte Ermittlungen im Internet erforderlich.

Die deutsche Polizei versteht unter **Cybercrime** Straftaten, die sich gegen

- das Internet,
- weitere Datennetze,
- informationstechnische Systeme

oder deren Daten richten (Cybercrime im engeren Sinne). Cybercrime umfasst aber auch solche Straftaten, die mittels dieser Informationstechnik begangen werden (Cybercrime im weiteren Sinne).

Das polizeiliche Gegenüber ist gerade in diesem Phänomenbereich sehr heterogen. Angefangen vom „einfachen“ Kriminellen, der das Internet nutzt um durch Straftaten einen Vermögensvorteil zu erzielen, über pädophil veranlagte Personen, die auf Internet-Plattformen mit Darstellungen von Kinderpornografie handeln, Hacktivisten[55], die mit ihrem strafbaren Tun politische Botschaften verkünden, bis hin zu typischerweise staatlich unterstützten Gruppen, die gezielt APT[56]-Angriffe gegen Wirtschaftsunternehmen, kritische Infrastruktur oder öffentliche Verwaltungen unternehmen, ist alles im Internet vertreten. Die illegalen Aktivitäten im digitalen Raum reichen u.a. vom Abgreifen persönlicher Daten über betrügerische Chat-Räume und Foren, den illegalen Handel mit Rauschgift und Waffen für die Organisierte Kriminalität und internationalen Terrorismus. In Börsen des Darknet[57] wird mit jedem vorstellbaren Gut, legal wie illegal gehandelt. Usernamen und der Zugang zu derartigen Handelsplätzen werden verschleiert sowie die Bezahlung, die oft mit einer kryptierten Währung erfolgt, erschweren Ermittlungshandlungen und die Aufklärung derartiger Straftaten erheblich.

Darüber hinaus haben sich in den vergangenen Jahren zunehmend soziale Netzwerke wie Facebook, X, TikTok, Instagram oder WhatsApp, Telegram, Threema oder Signal etabliert. Neben vielen positiven Nutzungseffekten, werden dabei in Tweets oder Chats auch Straftaten begangen. Darunter fallen u. a. Äußerungen, die Hass und Hetze ausdrücken, Mobbing Straftaten oder Cybergrooming[58]. Das aktuelle Lagebild der Delinquenz im digitalen Raum wird im Hellfeld nicht annähernd realistisch abgebildet. Es wird ein erhebliches Dunkelfeld vermutet. Hinsichtlich der Täterstruktur zeigt sich, dass nach Erkenntnissen des BKA zunehmend Kriminelle ohne spezielle Fachkenntnis das erforderliche Wissen und die spe-

---

55 Bundesamt für Verfassungsschutz: Der Begriff Hacktivismus ist eine Kombination aus „Hacking" und „Aktivismus" und bezeichnet den Einsatz von Mitteln und Methoden der Cyberkriminalität, die aber nicht dem kriminellen Gelderwerb dienen. Die Aktionen sind häufig moralisch oder religiös, aber auch politisch oder ideologisch motiviert. Computer und Netzwerke sind gleichzeitig Tatmittel und Angriffsziele. Attacken von Hacktivisten können beispielsweise zur Umgehung der Zensur autoritärer Regime erfolgen, aber auch zur Desinformation oder zur illegalen Ausforschung von Staatsgeheimnissen.

56 Bundesamt für Sicherheit in der Informationstechnik, Advanced Persistent Threat (APT): Ein APT liegt dann vor, wenn ein gut ausgebildeter, typischerweise staatlich gesteuerter, Angreifender zum Zweck der Spionage oder Sabotage über einen längeren Zeitraum hinweg sehr gezielt ein Netz oder System angreift, sich unter Umständen darin bewegt und/ oder ausbreitet und so Informationen sammelt oder Manipulationen vornimmt.

57 Bundesamt für Sicherheit in der Informationstechnik, Darknet und Deep Web: Das Darknet ist nicht auf herkömmliche Weise auffindbar, die Kommunikation wird verschlüsselt und die Urheberinnen und Urheber der Inhalte sowie seine Besucherinnen und Besucher bzw. die Konsumentinnen und Konsumenten wollen möglichst anonym bleiben.

58 Bundeskriminalamt, Cybergrooming: Unter Cybergrooming versteht man die gezielte Anbahnung sexueller Kontakte zu Minderjährigen.

ziellen Fertigkeiten für die Tatbegehung auf dem kriminellen Markt erwerben – Cybercrime as a Service.[59]

73 Daraus ergibt sich für die Bekämpfung derartiger Straftaten ein breites Aufgabenfeld für die Polizei. Sowohl in präventiver als auch in repressiver Hinsicht müssen Anstrengungen unternommen werden, derartige Straftaten, die zu großen Teilen sogenannte Auslandstaten sind, ihre Opfer aber in Deutschland haben, zu bekämpfen. Neben logistischen Herausforderungen und entsprechender technischer Ausrüstung von Mitarbeitern, die Cybercrime im engeren Sinne bekämpfen, haben sich auch klassische Kriminalitätsphänomene wie Betrug oder illegaler Handel mit Rauschmitteln so gewandelt, dass die Ermittler in der Lage sein müssen, angemessen auf die veränderten Modi Operandi zu reagieren. Das erfordert neben einer qualifizierten IT-Forensik gut aus- oder fortgebildete Mitarbeiter in den jeweiligen Fachkommissariaten.

Bei dem durch die Täter im Internet betriebenen Aufwand zum Verbergen ihrer Identität und weiteren Verschleierungshandlungen wird deutlich, dass die polizeilichen Ermittler, um erfolgreich zu sein, diesen Straftätern zunächst nicht offen gegenübertreten dürfen. Die rechtlichen Möglichkeiten, im Internet verdeckte Ermittlungen zu führen, müssen durch die Polizei ausgeschöpft werden. Das Internet ist kein rechtsfreier Raum.

8.2 Rechtliche Grundlagen

74 Der polizeiliche Online-Zugriff auf allgemein zugängliche Datenbestände, d.h. ohne besondere Zugangsbeschränkungen, ist im Regelfall ohne spezielle Ermächtigungsgrundlage nach §§ 161, 163 StPO (allgemeiner Ermittlungsauftrag für die Polizei) statthaft. Um verfahrensrelevante Informationen zu erheben, führt die Polizei u.a. OSINT[60]-Recherchen durch. Dabei handelt es sich um eine systematische Suche in weltumspannenden Datennetzen unter Anwendung verschiedener Such-Tools. Dafür wird ebenfalls keine über § 163 StPO hinausgehende Ermächtigungsgrundlage benötigt.

Anders stellt sich die Rechtslage dar, wenn der polizeiliche Zugriff auf zugangsgesicherte Inhalte, z.B. unter Überwindung eines geheimen Pass-

59 Bundeskriminalamt, Abteilung „Cybercrime“ (CC): CaaS versetzt Cyber-unerfahrene Nutzer in die Lage, hochentwickelte Tools, die zur Begehung von Straftaten im Internet erforderlich sind, einzukaufen und zu nutzen.

60 Vgl. Wabnitz, Janovsky, Schmitt, Rd. 123a, Open Source Intelligence. Der Begriff erfasst die systematische und gezielte Beschaffung von frei verfügbaren Informationen in den weltweiten Datennetzen unter Nutzung des gesamten Spektrums der öffentlich zugänglichen Informationskanäle.

wortes und unter Verschleierung der wahren Identität erfolgt, so u.a. bei langfristiger Überwachung bestimmter Foren bzw. Chatrooms[61]. In Fällen dieser Art hat die Ermittlungsperson den Status eines Verdeckten Ermittlers (VE). Hier bedarf es einer Anordnung nach § 110a StPO.

„Verdeckte Ermittlungen in sozialen Netzwerken erfolgen überwiegend 75
auf Grundlage der strafprozessualen Befugnis- oder Ermittlungsgeneralklauseln. Die Vorschriften kommen bei Maßnahmen ohne Eingriffscharakter zur Anwendung und sind zugleich Ermächtigungen für geringfügige, auch heimliche und auf Täuschung angelegte Grundrechtsbeschränkungen. Als Ermächtigungsgrundlage kommen §§ 161, 163 StPO in Frage. Aufgrund der in Betracht kommenden Ermittlungsformen dürfte in der Praxis der Schwerpunkt auf Einsätzen von NoeP liegen".[62] Siehe auch die Ausführungen zum NoeP unter Gliederungsnummer 7.1.

9 Legendierte Kontrollen

9.1 Begriffliche Grundlagen, Bedeutung und Ziele

Als **„Legendierte Kontrollen"** werden Durchsuchungsmaßnahmen von Perso- 76
nen und/oder Fahrzeugen einschließlich des Gepäcks unter Vortäuschung zollrechtlicher oder verkehrsrechtlicher Kontrollmaßnahmen verstanden und zwar bewusst unter Verzicht auf eine Durchsuchungsanordnung.

Der Zweck der Maßnahme ist darin begründet, im Deliktsbereich der Schwerkriminalität, insbesondere der Organisierten Kriminalität, inkriminierte Güter sicherzustellen oder den Transport zu unterbinden, so z.B. im Deliktsbereich illegalen Handels und Schmuggels von Drogen.

Die Täuschung über Ziel und Anlass der Kontrollmaßnahme liegt in der ermittlungstaktischen Absicht begründet, verdeckte Ermittlungsmaßnahmen gegenüber den Betroffenen nicht frühzeitig zu offenbaren und damit den Ermittlungserfolg zu gefährden, z.B. durch Beantragung bzw. Aushändigung eines Durchsuchungsbeschlusses nach § 102 StPO als offene Maßnahme.

61 Meyer-Goßner/Schmitt, § 100a StPO, RZ 7, mit weiteren Hinweisen zur Rechtslage. Erläuterungen zur Rechtslage auch bei von der Grün, S. 47.

62 Soiné (2014), S. 248.

Andere Konstellationen sind denkbar, z.B. um die Gefährdung oder Enttarnung eines in die kriminelle Organisation eingeschleusten Verdeckten Ermittlers zu vermeiden.

9.2 Rechtliche Grundlagen

77 Die Rechtslage wird dadurch charakterisiert, dass durch Vortäuschung polizeirechtlicher Maßnahmen, so z.B. Verkehrskontrollen nach § 36 StVO, § 10 ZollVG[63], die Durchsuchung nach polizeirechtlicher Eingriffsbefugnis vorgenommen wird, die in der Zielsetzung der Durchführung von Strafermittlungsmaßnahmen bei Vorliegen mindestens eines Anfangsverdachts, § 152 Abs. 2 StPO, dienen. Die Anordnung der Durchsuchung nach dem Gefahrenabwehrrecht unterliegt nicht dem Richtervorbehalt, anders nach Strafprozessrecht.

Die Legitimität legendierter Kontrollen war in den zurückliegenden Jahren sowohl in der rechtswissenschaftlichen Lehre als auch in der Rechtsprechung heftig umstritten. Zur Erläuterung der Rechtsproblematik wird auf die Ausführungen bei *Keller* verwiesen[64].

Mit Urteil v. 26.4.2017 – 2 StR 247/16 hat der BGH entschieden, dass legendierte Kontrollen grundsätzlich zulässig sind.[65] Die bei gefahrenabwehrrechtlich durchgeführten Maßnahmen erlangten Beweise sind danach unter Beachtung von § 161 Abs. 2 StPO im Strafverfahren verwertbar.

10 Inanspruchnahme von Informanten, Einsatz von Vertrauenspersonen (V-Personen)

10.1 Begriffliche Grundlagen, Bedeutung und Ziele

78 Polizei und Staatsanwaltschaft sind bei der Strafverfolgung besonders gefährlicher oder schwer aufzuklärender Kriminalität häufig auf die Inanspruchnahme von Informanten oder den Einsatz von Vertrauenspersonen (V-Personen) angewiesen. Es liegt im Wesen der Polizeiarbeit, vertrauliche Informationen durch Hinweisgeber/Informanten/Vertrauenspersonen zu erheben.

63 Zollverwaltungsgesetz.

64 Keller (2017), S. 224 ff.

65 Meyer-Goßner/Schmitt, § 105 StPO, RZ 1b, ausführlich auch Nowrousian (2017), S. 320, 321.

Arbeitsgrundlage für die Inanspruchnahme von Informanten sowie den Einsatz von Vertrauenspersonen ist Folgendes:

- Gemeinsame Richtlinien der Justizminister/-senatoren und der Innenminister/-senatoren der Länder über die Inanspruchnahme von Informanten sowie über den Einsatz von Vertrauenspersonen (V-Personen) und Verdeckten Ermittlern im Rahmen der Strafverfolgung (GemRLInanspVPers)[66]

Danach ist eine **Vertrauensperson**, „... eine Person, die, ohne einer Strafverfolgungsbehörde anzugehören, bereit ist, diese bei der Aufklärung von Straftaten auf längere Zeit vertraulich zu unterstützen, und deren Identität grundsätzlich geheim gehalten wird." [67]

Die GemRLInanspVPers unterscheidet zudem den **Informanten**, der lediglich „...im Einzelfall bereit ist, gegen Zusicherung der Vertraulichkeit der Strafverfolgungsbehörde Informationen zu geben."

Dieser Personenkreis kann im Regelfall nur gewonnen werden, wenn ihm die Geheimhaltung ihrer Identität verbindlich zugesichert wird.

Die Inanspruchnahme von Personen, die keiner Strafverfolgungsbehörde angehören, kann in unterschiedlich intensiver Form vorgenommen werden. Ein bloßer Informanteneinsatz liegt vor, wenn die Polizei eine Person einsetzt, die (nur) im Einzelfall bereit ist, den Strafverfolgungsbehörden Informationen zukommen zu lassen. Derartige Informanten stammen nicht zwangsläufig aus dem (kriminellen) Milieu; auch andere Bürger können bereit sein, die Polizei gegen Zusicherung der Vertraulichkeit zu unterstützen.

Eine V-Person ist demgegenüber eine Person, die bereit ist, die Polizei bei der Aufklärung von Straftaten oder im Rahmen der vorbeugenden Verbrechensbekämpfung auf längere Zeit vertraulich zu unterstützen, und deren Identität grundsätzlich geheim gehalten wird.[68]

---

66 Ursprünglich war die Gemeinsame Richtlinie Inhalt der Anlage D der RiStBV. Sie wurde durch den Bund allerdings nicht in Kraft gesetzt. Weshalb die Anlage D seit 30.3.2023 nicht mehr belegt ist. Bundesbehörden orientieren sich an den gesetzlichen Grundlagen und höchstrichterlicher Rechtsprechung. Für die Bundesländer bleibt die GemRLInans pVPers verbindlich.

67 Gemeinsame Richtlinien der Justizminister/-senatoren und der Innenminister/-senatoren der Länder über die Inanspruchnahme von Informanten sowie über den Einsatz von Vertrauenspersonen (V-Personen) und Verdeckten Ermittlern im Rahmen der Strafverfolgung I, Ziffer 2.

68 Nack (1999), S. 171.

79 Welche Beweggründe veranlassen eine Person, als Informant oder V-Person für die Polizei tätig zu sein? Sicherlich sind sie nicht vorwiegend ideeller Natur. Abgesehen vom finanziellen Motiv sind die Antriebe von Informanten oder V-Personen kritisch zu beurteilen. Die Motivlage wird nicht selten durch kriminelle Vorbelastungen, prekäre Lebens- und Arbeitsverhältnisse, durch Revanchegelüste oder egoistische Absichten bestimmt. Hin und wieder bieten Informanten oder Vertrauenspersonen ihre Zusammenarbeit auch aus Idealismus oder einem ausgeprägten Rechtsempfinden an.

80 Informanten oder V-Personen sind folglich auf die Beweggründe, die ihrem Handeln zugrunde liegen, auf ihre Zuverlässigkeit und auf ihre kriminellen Verhaltensmuster, soweit Erkenntnisse darüber vorliegen, sorgfältig und kritisch zu überprüfen, um den Wert Ihrer Informationen beurteilen zu können. Als Orientierung für eine derartige Prüfung kann der AAARG-Test dienen. Dabei werden die Punkte Aktualität, Autorität, Absicht, Relevanz und Genauigkeit des Informanten bzw. der Information geprüft.[69]

In der polizeilichen Praxis wird zur Überprüfung häufig die sogenannte 4x4-Matrix, die auch in anderen Wissenschaftsdisziplinen Anwendung findet, genutzt.

- Klassifizierung der Quellen:

  A: Absolut zuverlässig (keine Zweifel an Identität, Glaubwürdigkeit und Fähigkeit der Quelle).

  B: Meist zuverlässig (in der Vergangenheit überwiegend zuverlässig).

  C: Meist unzuverlässig (in der Vergangenheit überwiegend unzuverlässig).

  X: Unbekannt (bisher nicht erprobt).

- Klassifizierung der Informationen:

  1: Aus eigener Wahrnehmung oder aus unzweifelhafter Herkunft (z. B. Behördenangaben).

  2: Nicht aus eigener Wahrnehmung, aber die Quelle hatte direkten Zugang zur Information.

  3: Vom Hörensagen, deckt sich jedoch mit vorhandenen Informationen.

  4: Vom Hörensagen, ohne bisherige Bestätigung.

Danach sind Informationen die als **A 1** bewertet werden die zuverlässigsten und bei Stufe **X 4** handelt es sich um sehr vage Angaben.[70]

---

69 Der Test geht zurück auf den CRAAP-Test, der an der Bibliothek der California State University Chico entwickelt wurde; vgl. Meriam Library.

70 Vgl. Brainscape.

10.2 Rechtliche Grundlagen

Die StPO enthält keine spezielle Rechtsgrundlage für den Einsatz von Informanten und V-Personen. Trotzdem hält die höchstrichterliche Rechtsprechung den Einsatz von V-Personen zur Aufklärung von erheblichen Straftaten für zulässig.[71] Gleiches gilt für die Inanspruchnahme von Informanten. Voraussetzung ist die Beachtung des Verhältnismäßigkeitsgrundsatzes. Es muss sich um Straftaten von erheblicher Bedeutung handeln, deren Erforschung unter Einsatz anderer Ermittlungsmethoden erheblich weniger erfolgversprechend oder wesentlich erschwert wäre. 81

Eine richterliche Zustimmung für den Einsatz von V-Personen nach § 110b StPO ist nicht vorgesehen, auch in dem Fall nicht, in dem die V-Person gezielt auf einen bestimmten Verdächtigen angesetzt wird.

Hoheitliche Befugnisse stehen V-Personen grundsätzlich nicht zu; sie arbeiten also nicht etwa als Beliehene für einen Hoheitsträger. Sie stehen in keinem dienstrechtlichen Verhältnis zur Polizei, unterstützen diese aber bei der Gefahrenabwehr und Strafverfolgung durch die Einholung von dazu benötigten Informationen; gelegentlich oder regelmäßig, teils mit, teils ohne Bezahlung. Gleichwohl wird ihr Einsatz der jeweiligen Behörde zugerechnet, weil diese den im Einsatz liegenden Informationseingriff maßgeblich steuert und damit für ihn verantwortlich ist.[72]

V-Personen oder Informanten ist es nicht gestattet, sich als sog. agent provocateur zu betätigen, d.h. einen bisher nicht Verdächtigen durch Tatprovokation in kriminelle Aktivitäten zu verstricken.[73] Wird durch Tatprovokation beim Täter erst der Tatentschluss geweckt, d.h. wird der Täter zur Tat angestiftet, so kann dieser Umstand zumindest zu einem gewichtigen Strafmilderungsgrund, zur Einstellung des Verfahrens oder zum Verwertungsverbot führen. Entsprechendes gilt, wenn die Einwirkung der V-Person auf eine „Intensivierung der Tatplanung mit einiger Erheblichkeit" abzielt. Die Tatprovokation verletzt nur dann nicht den Grundsatz eines fairen Verfahrens, wenn der Tatverdächtige in einem vergleichbaren Grad (i.S.v. § 152 Abs. 2 StPO) bereits verdächtig oder tatbereit ist.[74] 82

71 BGH, Urteil vom 21.7.1994 – 1 StR 83/94. Des Weiteren auch Zöller, § 163 StPO, RZ 15.
72 Vahle 2006, S. 641 ff.
73 Recht aktuell (2000), S. 269.
74 Recht aktuell (2001), S. 815.

10.2.1 Voraussetzungen für die Zusicherung der Vertraulichkeit

83 Für die Zusicherung der Vertraulichkeit und die Behandlung vertraulicher Hinweise bei der Verfolgung von Straftaten sind die Gemeinsamen Richtlinien der Justizminister/-senatoren und der Innenminister/-senatoren der Länder über die Inanspruchnahme von Informanten sowie über den Einsatz von Vertrauenspersonen (V-Personen) und Verdeckten Ermittlern im Rahmen der Strafverfolgung sowie die dazu ergangenen ergänzenden länderspezifischen Regelungen zu beachten.

Die Zusicherung der Vertraulichkeit ist danach nur erlaubt:

- bei Delikten der Schwerkriminalität, der Organisierten Kriminalität, des illegalen Betäubungsmittel- und Waffenhandels, der Falschgeldkriminalität und der Staatsschutzkriminalität;
- bei Delikten der mittleren Kriminalität nur ausnahmsweise nach sorgfältiger Prüfung des Einzelfalles **und** nur dann, wenn durch die Massierung gleichartiger Straftaten die öffentliche Sicherheit ernsthaft gefährdet ist. Bei Delikten der Bagatellkriminalität ist die Zusicherung der Vertraulichkeit **nicht** statthaft;
- wenn bei Bekanntwerden der Identität des Informanten dieser erheblich gefährdet wäre oder unzumutbare Nachteile zu erwarten hätte.

Eine uneingeschränkte Zusage der Vertraulichkeit darf **nicht** erteilt werden, wenn bei vorläufiger Bewertung der Sachlage und des Ermittlungsstandes nicht ausgeschlossen werden kann, dass die Offenbarung der Identität des Informanten und seine zeugenschaftliche Aussage im Verfahren „zum Schutz höherwertiger Rechtsgüter“ erforderlich sein wird.[75]

In der Praxis ist eine solche Prognose in aller Regel schwierig, sodass in jedem Einzelfall vor Zusicherung der Vertraulichkeit eine sorgfältige Prüfung und Abwägung der

- Erfordernisse der Unmittelbarkeit der Beweisaufnahme und der vollständigen Sachverhaltserforschung einerseits und
- der Erfüllung öffentlicher Aufgaben im Rahmen der Strafverfolgung durch Zusicherung der Vertraulichkeit andererseits

geboten ist.

75 Gemeinsame Richtlinie über die Inanspruchnahme von Informanten sowie über den Einsatz von V-Personen, Ziff. 3.1., Buchst. a) bis c).

10.2.2 Entscheidungsbefugnis für die Zusicherung der Vertraulichkeit

Vor Zusicherung der Vertraulichkeit ist die Einwilligung der Staatsanwaltschaft herbeizuführen, es sei denn, dass im Einzelfall wegen des damit verbundenen Zeitverzugs der Untersuchungszweck gefährdet wäre. Kann die Einwilligung nicht rechtzeitig eingeholt werden, ist die Staatsanwaltschaft im Nachhinein unverzüglich zu unterrichten. **84**

Innerhalb der Polizei sind die Entscheidungsbefugnis und das Entscheidungsverfahren über die Zusicherung der Vertraulichkeit durch interne Dienstanweisung festgelegt. Nur die in der Polizei durch Dienstanweisung ermächtigten Personen sind im Regelfall befugt, über die Zusicherung der Vertraulichkeit zu entscheiden. Sie führen auch die erforderliche Zustimmung der Staatsanwaltschaft herbei. **85**

Bei Gefahr im Verzug entscheidet der nächste Vorgesetzte des sachbearbeitenden Polizeibeamten, bei dessen Unerreichbarkeit der Sachbearbeiter selbst. Die sonst mit der Entscheidung Beauftragten sind unverzüglich zu unterrichten.

10.3 Kriminaltaktische Hinweise zum Einsatz von V-Personen

- Die vertraulichen Hinweise eines Informanten oder die Feststellung einer V-Person sollten ohne Nennung des Namens und der Wohnanschrift in einer sog. Quellenvernehmung in Protokollform niedergelegt werden. In der Sachdarstellung ist zu vermeiden, dass Dritte aus ihr Schlüsse auf die Identität des Hinweisgebers/der V-Person ziehen können. **86**
- Der Informant/die V-Person ist über Umfang und Grenzen der Zusicherung der Vertraulichkeit zu belehren. **87**

  Die Belehrung soll enthalten,

  - dass die Zusage der Vertraulichkeit entfällt, falls der Hinweisgeber bewusst oder leichtfertig wahrheitswidrige Angaben macht oder sich eine strafbare Beteiligung des Hinweisgebers herausstellt;
  - den Hinweis auf die Strafbarkeit bei vorsätzlich falscher Verdächtigung (§ 164 StGB), der Strafvereitelung (§ 258 StGB) und der Begünstigung (§ 257 StGB);
  - den Hinweis, dass trotz Zusicherung der Vertraulichkeit der Informant als Zeuge vernommen werden kann, wenn andere Umstände auf ihn hindeuten

88 ■ Die Zusicherung der Vertraulichkeit ist zu **dokumentieren**.

Dieses Schriftstück ist nicht Teil der Ermittlungsakte, sondern ist Teil der gesonderten schriftlichen Dokumentation (siehe unten) über die Zusicherung der Vertraulichkeit.

Die Dokumentation soll folgende Angaben enthalten:

- Name und Anschrift des Informanten,
- Anlass und Begründung der Zusicherung der Vertraulichkeit,
- Art und Grad der Gefährdung bei Offenbarung der Identität des Informanten und/oder Begründung der Unzumutbarkeit einer offenen Zeugenaussage,
- Einwilligung der Staatsanwaltschaft mit Datum und Uhrzeit; Name des einwilligenden Staatsanwalts; bei nachträglicher Benachrichtigung der Staatsanwaltschaft ist die Gefahr im Verzug (siehe oben) darzulegen,
- Zusicherung der Vertraulichkeit durch die Polizei mit Datum, Uhrzeit, Name des Berechtigten.

Die Dokumentation ist Teil der Handakten, die polizeiintern in geeigneter Weise sicher aufzubewahren sind. Weder die Dokumentation noch Hinweise darauf gehören in die Ermittlungsakten.

Der Staatsanwaltschaft sind auf Anforderung der Name und die Anschrift des vertraulichen Hinweisgebers zur Kenntnis zu geben. Sie stellt ihrerseits die vertrauliche Behandlung sicher.

89 In Ergänzung zu der oben geschilderten Verfahrensweise ist beim Einsatz von V-Personen zu beachten:

■ Nach Gewinnung einer V-Person und vor deren Einsatz sollten vor allem folgende Aspekte berücksichtigt bzw. bestimmte Fragen geklärt werden:

- Bestimmung eines Polizeibeamten als VP-Führer
- Abprüfung der Person und deren Verlässlichkeit; ist die V-Person bereits vorbestraft oder als Tatverdächtiger in Erscheinung getreten?
- Welches sind die Motive, als V-Person tätig zu werden; sind die Motive glaubhaft? (siehe auch oben die Ausführungen zur möglichen Motivlage und Zuverlässigkeit).
- V-Personen dürfen nicht durch das Versprechen oder das Inaussichtstellen der Nicht-Verfolgung von ihnen begangener Straftaten gewonnen werden (Strafvereitelung im Amt, § 258a StGB).

- Sollte die V-Person nach dem Verpflichtungsgesetz[76] förmlich zur Verschwiegenheit verpflichtet werden? Die Verpflichtung hat zur Folge, dass die V-Person über Angelegenheiten, auf die sich ihre Pflicht zur Verschwiegenheit bezieht, nur mit Genehmigung der zuständigen Behörde vor Gericht aussagen darf. Der Aspekt ist u.a. auch für die Berufung auf das Aussageverweigerungsrecht bei einer möglichen Enttarnung von Bedeutung.[77]

- Vor jedem Einsatz ist das Erfordernis des Einsatzes der V-Person zu begründen, zu dokumentieren sowie die Zustimmung der StA einzuholen; erforderlichenfalls ist die richterliche Zustimmung zu veranlassen.
- Erteilung eines konkreten Auftrags im Einzelfall unter Festlegung von Details und den Grenzen des Handelns der V-Person; Belehrung, dass vor notwendiger erheblicher Abweichung die Zustimmung des VP-Führers einzuholen ist.
- Festlegung von Berichtspflichten.
- Bei der Belehrung einer V-Person sind ergänzend aufzunehmen:
  - kein Ausübungsrecht hoheitlicher Befugnisse,
  - eingehende Belehrung über Grenzen einer möglichen Tatprovokation und deren rechtliche Folgen,
  - eingehende Belehrung über strafrechtliche Folgen der Strafvereitelung (§ 258 StGB) und der Begünstigung (§ 257 StGB),
  - Belehrung über Folgen bei strafbaren Handlungen oder bei erheblich eigenwilligem Abweichen vom Auftrag.

Die persönlichen Verhältnisse der V-Person, der Auftrag und die Belehrungen sind zu dokumentieren!

11 Polizeiliche Beobachtung

11.1 Begriffliche Grundlagen, Bedeutung und Ziele

Polizeiliche Beobachtung (PB) ist eine besondere Form der verdeckten In- **90**
formationserhebung, jedoch polizeitaktisch keine Observationsmaßnahme.[78] Sie umfasst Maßnahmen und Einrichtungen zum unbemerkten Er-

76 Gesetz über die förmliche Verpflichtung nichtbeamteter Personen.

77 Meyer-Goßner/Schmitt, § 54 StPO, RZ 11.

78 Krahl bezeichnet sie als technisierte Sonderform der Observation, S. 339 ff., siehe auch Vahle (2006), S. 641 ff.

heben, Sammeln und Bewerten von Informationen anlässlich polizeilicher Kontrollen. Die Maßnahme ist so zu verstehen, dass die Datenerhebung an bereits bestehenden Kontrollstellen nach §§ 111, 163b StPO, nach den Polizeigesetzen und an Grenzkontrollstellen erfolgt.[79] Mit der Polizeilichen Beobachtung werden folgende Ziele verfolgt:

- Erlangen von Bewegungsbildern verdächtiger Personen, z.B. über Reisewege und -ziele, zeitliche Abläufe, Anlaufpunkte, Kontakte, sonstige kriminalistisch relevanten Umstände aus Anlass der Ausschreibung wie u.a. benutzte Kraftfahrzeuge, amtliche Kennzeichen, mitgeführte Gegenstände.
- Erkenntnisgewinnung über Querverbindungen zu anderen Personen oder Personengruppen mit kriminellem Hintergrund, Erkennen krimineller Verflechtungen.

Die Maßnahmen haben den Zweck:

- Verdachts- bzw. Informationsverdichtung im Hinblick auf kriminelle Strukturen der Schwerkriminalität („… Straftaten von erheblicher Bedeutung …"[80]),
- Sicherstellung der Beweisführung im Strafverfahren und der Strafvollstreckung,
- Abwehr erheblicher Gefahren für die öffentliche Sicherheit.

Zu diesen Zwecken werden die Daten einer zu beobachtenden Person/von Personen in den polizeilichen Informationssystemen ausgeschrieben.[81] Die Ausschreibung erfolgt im Regelfall mit den Personaldaten der Person. Daneben können amtliche Kfz-Kennzeichen zur PB eingestellt werden, auch dann, wenn der Halter unbekannt ist.

Arbeitsgrundlage für die Polizei ist die Polizeidienstvorschrift 384.2. Die Vorschrift ist als Verschlusssache VS-NfD eingestuft, sodass sich weitergehende Ausführungen zum Inhalt der Vorschrift im Rahmen dieser Veröffentlichung verbieten.

11.2 Rechtliche Grundlagen

91 Rechtsgrundlage zum Zweck der Strafverfolgung ist § 163e StPO (Ausschreibung zur Beobachtung bei polizeilichen Kontrollen).

79 Ausführlich Zöller, § 163e, StPO, RZ 3 ff.
80 Meyer-Goßner/Schmitt, § 163e StPO, RZ 5.
81 Die Ausschreibung regelt PDV 384.2.

Liegen zureichende tatsächliche Anhaltspunkte vor (Anfangsverdacht), die darauf hindeuten, dass eine Straftat von erheblicher Bedeutung begangen wurde, ist auf Anordnung des Gerichts die Ausschreibung zur Polizeilichen Beobachtung bei Gefahr im Verzug auch durch die Staatsanwaltschaft möglich (§ 163e Abs. 4 StPO).

Zur Gefahrenabwehr findet sich eine entsprechende Ermächtigung in den Polizeigesetzen des Bundes und der Länder.

Die Maßnahme darf sich primär gegen den Beschuldigten selbst richten, darüber hinaus aber auch gegen andere Personen, wenn diese aufgrund bestimmter Tatsachen mit dem Verdächtigen in Verbindung stehen oder stehen werden.

Neben Personen können auch Kfz-Kennzeichen ausgeschrieben werden. So ist nach Abs. 2 die Ausschreibung des Kennzeichens eines auf den Beschuldigten oder die Kontaktperson (→ Rn. 5) zugelassenen oder von diesem benutzten Kraftfahrzeug möglich. Gleiches gilt für das Kfz-Kennzeichen eines Fahrzeugs, das von einem namentlich nicht bekannten Täter benutzt wird, der einer Straftat von erheblicher Bedeutung verdächtig ist[82]. Unter diesen Voraussetzungen können zudem die Identifizierungsnummern oder äußeren Kennzeichen von Wasserfahrzeugen, Luftfahrzeugen und Containern ausgeschrieben werden[83].

82 Meyer-Goßner/Schmitt/Köhler, Rn. 9

83 Von Häfen § 163e StPO, Rn. 6.

Abbildungsverzeichnis

Die römischen Ziffern bezeichnen die Kapitel, die arabischen Ziffern jeweils die Nummer der Abbildungen in diesem Kapitel.

Stichwortverzeichnis

Die römischen Ziffern bezeichnen die Kapitel, die arabischen Ziffern die jeweiligen Randziffern.

D

E

W

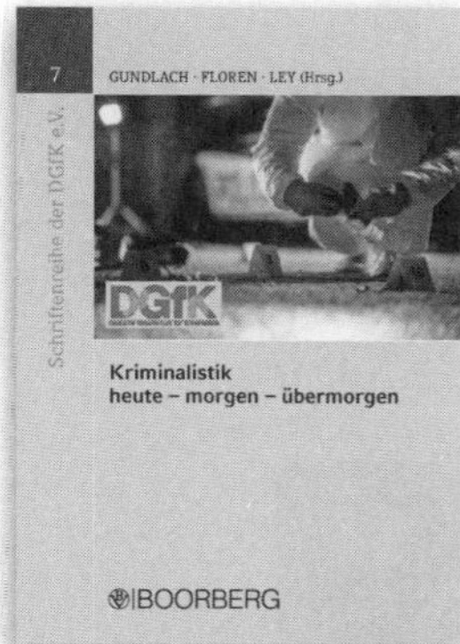

Kompetent.

AUCH ALS E-Book

WWW.BOORBERG.DE

Kriminalistik heute – morgen – übermorgen

hrsg. von Thomas E. Gundlach, Thorsten Floren und Gerd Ley, mit Beiträgen von Richard Benda, Ralph Berthel, Christian Buchert, Thorsten Floren, Jennifer Gaedt, Thomas E. Gundlach, Frank Kawelovski, Christoph Keller, Gerd Ley, Lennart May, Gudrun Rödel und Sigrun von Hasseln-Grindel

2023, 400 Seiten, € 58,–

Schriftenreihe der Deutschen Gesellschaft für Kriminalistik e.V., Band 7

ISBN 978-3-415-07506-1

Die Deutsche Gesellschaft für Kriminalistik e.V. (DGfK) feierte ihr 20-jähriges Bestehen und blickt mit diesem Sammelband auf das Erlebte zurück.
Diese Festschrift ist der mittlerweile 7. Jahresband der DGfK. Die Zusammenstellung enthält 11 Beiträge, die den Forschungsbereich Kriminalistik thematisch vielseitig beleuchten.

Die Herausgeber haben dafür u.a. überarbeitete Vorträge der 17. DGfK-Jahrestagung im September 2022 in Berlin einbezogen. Die Leserin und der Leser können sich rasch einen Überblick sowohl über die Betätigungsfelder der Deutschen Gesellschaft für Kriminalistik als auch über die Herausforderungen für deren Mitglieder verschaffen.

Die abgedruckten Kurzbiografien aller Autorinnen und Autoren spiegeln deren hohe fachliche Kompetenz wider.

BOORBERG
RICHARD BOORBERG VERLAG
BESTELLUNG@BOORBERG.DE TEL 0711/7385-343 FAX 0711/7385-100

RA0126

Prägnant und verständlich.

AUCH ALS E-Book

WWW.BOORBERG.DE

Vernehmungs- und Aussagepsychologie für Polizeistudium und -praxis

von Professorin Dr. Lena Posch, Fachpsychologin für Rechtspsychologie, Hochschule in der Akademie der Polizei Hamburg

2023, 412 Seiten, € 36,80

ISBN 978-3-415-07268-8

Leseprobe unter
www.boorberg.de/9783415072688

Die Autorin zeigt geeignete und weniger geeignete **Vernehmungstechniken** auf und grenzt sie voneinander ab.

Fall- und Transkriptbeispiele veranschaulichen die Praxis. Am Ende der Kapitel werden zudem die Konsequenzen für die Vernehmung behandelt.

Erläutert werden Grundsätze, die generell zur Anwendung kommen sollten – wie ein **ergebnisoffenes Vorgehen, eine unvoreingenommene Haltung** und ein respektvoller, nicht vorverurteilender Umgang mit allen Aussagepersonen.

Das Buch stellt darüber hianus die für Vernehmungen von Opfern, Zeuginnen und Zeugen sowie Beschuldigten relevanten psychologischen Forschungsbefunde dar.

BOORBERG
RICHARD BOORBERG VERLAG
BESTELLUNG@BOORBERG.DE TEL 0711/7385-343 FAX 0711/7385-100

RA0126